1996
中国中西部地区开发年鉴

主　编

陈耀邦

副主编

聂振邦　潘文灿　徐国弟　谢文侠　陈贤经

改革出版社

·北　京·

图书在版编目（CIP）数据

中国中西部地区开发年鉴 1996/陈耀邦主编. —北京：改革出版社，1996. 12
1994 年卷以前，书名为《中国西部地区开发年鉴》
ISBN 7-80072-883-8

Ⅰ. 中… Ⅱ. 陈… Ⅲ. 地区经济-地区开发-中国-中西部地区-1996-年鉴 Ⅳ. F127-54

中国版本图书馆 CIP 数据核字（96）第 18013 号

责任编辑：陈贤经
封面设计：吴寿松
彩图设计：张宝和
责任校对：高金利
监督印制：高金利

中国中西部地区开发年鉴
陈耀邦　主编
改革出版社出版发行
社址：北京市东城区安德里北街 23 号
邮政编码：100011
北京宏伟胶印厂印刷
新华书店经销
1996 年 11 月第 1 版　　1996 年 11 月第 1 次印刷
787×1092 1/16　正文 1250 千字　39 印张　彩图 3.125 印张
印数：2000 册
ISBN7 －80072－883－8/F・531
定价：150.00 元

统筹规划加强中西部地区经济发展

为《中国中西部地区开发年鉴》题

邹家华

一九九五年七月二日

序 言

陈耀邦

“八五”期间，我国各地区的经济发展都很快。按照国内生产总值增长速度，全国平均为11.9%，东部、中部、西部地区分别为16.6%、12.6%和10.5%，各省区市也都在8%～20%之间。也就是说，按三大地区来看，各地区都超过10%的发展速度；按省区市来说，发展速度最低的省区，也在8%以上。这是我国坚定不移地走建设有中国特色的社会主义道路所取得的伟大成就的重要标志。

然而，我们也应该看到，在各地区经济持续快速发展的同时，各地区之间也出现了差距扩大的问题。这个问题必须认真对待，正确处理。正如江泽民总书记在党的十四届五中全会上指出的那样，“解决地区发展差距，坚持区域经济协调发展，是我国今后改革和发展的一项战略任务。”深刻领会其精神实质，具体落实这一战略任务，关系到改革、发展、稳定的大局，具有重要的经济意义和重大的政治意义。

地区差距的出现有其自然和社会经济的原因，是历史上形成的。近年差距的扩大，突出的问题表现在各地区的优势没有得到充分的发挥，地区分工弱化和产业结构趋同，地区间经济利益关系不协调等。这些问题如不及时妥善解决，不仅会影响全国整体效益的提高，进一步加重基础工业与加工工业的失衡，而且会影响到民族团结、社会稳定。

战略上看，逐步缩小地区差距是我们应该长期坚持的一条重要方针。我们要充分认识到地区发展不平衡是一个长期的历史现象，缩小地区差距要有一个相当长的过程。党中央、国务院已经明确，从“九五”开始，要更加重视支持内地的发展，实施有利于缓解差距扩大趋势的政策，并逐步加大工作力度，积极朝着缩小差距的方向努力。

缩小地区差距，要积极推进经济体制和经济增长方式的转变。单靠行政的力量和粗放型的经济增长方式，是难以改变地区差距现状的。促进区域经济协调发展，缩小地区差距，首先要按照统筹规划、因地制宜、发挥优势、分工合作、协调发展的原则，发展各具特色的区域经济。长江三角洲及沿江地区、环渤海地区、东南沿海地区要分别形成我国综合经济带、综合经济圈和外向型经济区，西南和华南部分省区、东北地区、中部五省地区、西北地区要分别形成我国各具特色的工业基地、农业基地和其他各有特色的重点产业区。其次，在中央的扶持和东部地区的帮助下，中西部地区要积极适应发展市场经济的要求，加快改革开放的步伐，加强水利、交通、通信建设，充分利用现有经济技术基础，发挥资源优势，大力发展农林牧业及其加工业,开发能源和矿产资源,积极发展优势产业和产品,提高加工深度,使资源优势逐步变为经济优势。第三,要坚定不移地实施"八七"扶贫攻坚计划,促进老少边穷地区经济和社会的全面振兴,特别是要严格按照计划在本世纪内实现贫困人口的脱贫任务,这是我国实现各地区共同富裕的头一步,也是社会主义根本原则和本质特征的体现,绝不能动摇。其实,上述三个方面的政策措施是相辅相成的,也是缺一不可的。

从全国区域经济的现状看,中西部地区发展的潜力是相当大的,总的趋势也是有利于加快中西部地区发展的。1995年全国主要工农业产品的产量,中西部地区所占比重都相当大。从长远看,我国原煤、原油、粮食、棉花、糖料和肉类等的增产,今后将主要寄希望于中西部地区;一些劳动、资源密集型产业,如纺织、食品和能源、原材料产业正在向中西部地区作战略转移;一些资金、技术密集型产业,通过东西联合协作的形式,在中西部地区也得到了较快地发展。加上国家有关财政转移支付制度、投资和外资政策、资源性产品价格体系的改革和完善,中西部地区的经济环境将得到较大的改善,与两个根本转变相适应的全国区域经济发展新格局正在逐渐形成。

机遇与挑战往往是同时存在的。中西部地区既要抓住前所未有的发展机遇,也要注意克服前进中可能出现新的困难和矛盾;既要解放思想,扩大开放,也要注意避免出现经济过热和新一轮的产业结构趋同问题;要争取国家和兄弟省市的支持和帮助,也要树立主要依靠自力更生和艰苦奋斗的创业精神,来发展本地区的经济。需要指出的是,实施"科教兴国"和"可持续发展"两个战略,对于中西部地区来说,则是格外重要的。

对于中西部地区来说,"九五"是非常关键的发展时期。在这个时期里,中西部地区一方面要为全面实现现代化建设的第二步战略部署而努力,另一方面要为下世纪初开始实施第三步战略部署奠定较好的物质技术基础和经济体制基础。这些目标和任务,既是艰巨的,又是光荣的。改革开放的经验告诉我们,只要我们按照党中央和国务院的部署去努力,我们一定能够顺利地完成历史赋予我们的重任。我们坚信中西部地区的全面振兴和繁荣将指日可待。

1996年版的《中国中西部地区开发年鉴》,全面反映了1995年和"八五"期间中西部地区建设和发展取得的巨大成就,展望了"九五"时期中西部地区美好的开发前景。同时,这部年鉴也将成为我国中西部地区在建设有中国特色的社会主义道路上奋斗进取,不断走向富裕的历史见证,也希望它在促进中西部地区经济发展中发挥更积极的作用。

一九九六年九月

目　　录

序言 ………………………………………………………………………………（1）

文　　献

中国共产党第十四届中央委员会第五次全体会议公报（1995．9．28）…………………（3）
中共中央关于制定国民经济和社会发展“九五”计划和 2010 年远景目标的
　　建议（摘录）（1995．9．28）……………………………………………………（6）
江泽民同志论东部地区和中西部地区的关系（1995．9．28）………………………（11）
李鹏同志在党的十四届五中全会上关于制定国民经济和社会发展“九五”计划
　　和 2010 年远景目标建议的说明（摘录）（1995.9.25）…………………………（12）
江泽民、李鹏同志在中央农村工作会议上发表的重要讲话
　　（1995．2．27）…………………………………………………………………（14）
李鹏同志在山西考察时的讲话——发挥能源基地优势促进经济发展………………（18）
吴邦国同志在甘肃青海调查时的讲话——统筹规划加强西部地区经济发展………（20）
姜春云同志在全国扶贫开发工作会议上的讲话……………………………………（22）
中共中央、全国人大常委会、国务院、全国政协、中央军委电贺西藏自治区
　　成立三十周年（1995．9．1）……………………………………………………（24）
吴邦国同志在西藏自治区成立三十周年庆祝大会上的讲话（1995．9．2）…………（26）
中共中央、全国人大常委会、国务院、全国政协、中央军委致电祝贺新疆
　　维吾尔自治区成立四十周年（1995．10．1）……………………………………（28）
姜春云同志在庆祝新疆维吾尔自治区成立四十周年大会上的讲话
　　（1995．10．1）…………………………………………………………………（30）
邹家华、吴邦国同志在柴达木资源开发研讨会上的讲话……………………………（32）
江泽民等中央领导同志为京九铁路铺通题词…………………………………………（34）
《人民日报》评论员文章：逐步缩小地区发展差距——论“第八条方针”…………（35）
国务院新闻办公室发布《中国人权报告》（节录）……………………………………（37）

指导外商投资方向暂行规定（1995. 6. 7）……………………………………………………（39）

综　　合

1995年中国中西部地区经济发展综述 ……………………………………………………（45）
发挥中西部地区土地和矿产资源优势，促进地区经济发展……………………………（61）

中 部 地 区

山西省…………………………………………………………………………………………（69）
内蒙古自治区………………………………………………………………………………（95）
吉林省 ……………………………………………………………………………………（117）
长春市 ……………………………………………………………………………………（131）
黑龙江省 …………………………………………………………………………………（147）
哈尔滨市 …………………………………………………………………………………（163）
安徽省 ……………………………………………………………………………………（189）
江西省 ……………………………………………………………………………………（207）
河南省 ……………………………………………………………………………………（235）
湖北省 ……………………………………………………………………………………（255）
武汉市 ……………………………………………………………………………………（279）
湖南省 ……………………………………………………………………………………（299）

西 部 地 区

广西壮族自治区 …………………………………………………………………………（321）
四川省 ……………………………………………………………………………………（343）
成都市 ……………………………………………………………………………………（365）
重庆市 ……………………………………………………………………………………（395）
贵州省 ……………………………………………………………………………………（413）
云南省 ……………………………………………………………………………………（435）
西藏自治区 ………………………………………………………………………………（455）
陕西省 ……………………………………………………………………………………（471）
甘肃省 ……………………………………………………………………………………（485）
青海省 ……………………………………………………………………………………（507）
宁夏回族自治区 …………………………………………………………………………（527）
新疆维吾尔自治区 ………………………………………………………………………（549）

政 策 法 规

国家计委办公厅、国家科委办公厅、国家经贸委办公厅关于印发《新能源和

可再生能源发展纲要》的通知（1995. 1. 5） …………………………………（583）
国务院办公厅关于清理整顿以三峡工程名义进行各种非法经济活动的通知
（1995. 1. 9） ……………………………………………………………………（589）
国务院办公厅转发农业部乡镇企业东西合作示范工程方案的通知
（1995. 2. 22） …………………………………………………………………（590）
对外贸易经济合作部关于印发《外经贸部开展对口支援三峡工程库区移民
工作方案》的通知（1995. 3. 22） ………………………………………………（592）
国务院批转农业部关于稳定和完善土地承包关系意见的通知
（1995. 3. 28） …………………………………………………………………（594）
国务院批转中国人民银行等六部门关于加强粮棉油政策性收购资金管理
意见的通知（1995. 6. 7） ………………………………………………………（596）
财政部、国家税务总局关于修订《中外合作开采陆上石油资源缴纳矿区使用费
暂行规定》的通知（1995. 7. 28） ………………………………………………（598）
国务院办公厅关于加强羊绒产销管理的通知（1995. 10. 19） ……………………（600）

附　录

1995 年中西部地区国民经济和社会发展统计资料 ……………………………………（605）
彩色宣传图片

文　　献

中国共产党第十四届中央委员会第五次全体会议公报

（一九九五年九月二十八日）

中国共产党第十四届中央委员会第五次全体会议，于1995年9月25日至28日在北京举行。

出席这次会议的中央委员176人，候补中央委员125人。中央纪律检查委员会常务委员会委员和有关方面的负责同志列席会议。

全会由中央政治局主持。江泽民同志作了重要讲话。

全会审议并通过了《中共中央关于制定国民经济和社会发展"九五"计划和2010年远景目标的建议》，全文共分六部分：一、我国国民经济和社会发展的重要时期；二、主要奋斗目标和指导方针；三、经济建设的主要任务和战略布局；四、改革开放的主要任务和部署；五、社会发展的主要任务和基本政策；六、全党全国各族人民团结起来，为实现"九五"计划和2010年远景目标而奋斗。李鹏同志就《建议》草案作了说明。

全会高度评价了改革开放以来特别是"八五"期间我国社会主义现代化建设取得的伟大历史性成就。经过全党和全国各族人民的共同努力，我们圆满完成了三个五年计划，预计国民生产总值翻两番的任务，今年可提前实现。国民经济迅速发展，国家经济实力显著增强，社会主义市场经济体制正在逐步建立，对外开放总体格局基本形成，各项社会事业取得显著成绩。更重要的是，我们在实践中积累了宝贵的经验，形成了有步骤地实现我国现代化的路线、方针和政策，成功地走出了一条建设有中国特色社会主义的道路。今后15年是我国改革开放和社会主义现代化建设事业承前启后、继往开来的重要时期。我们要充分利用各方面的有利条件，继续集中力量进行经济建设，进一步发展和壮大自己，把一个经济持续发展、社会全面进步、充满生机和希望的中国带入二十一世纪。这是巩固、发展改革开放和现代化建设的伟大成果，实现国家富强、民族振兴和社会长治久安的根本大计。

全会提出，"九五"时期国民经济和社会发展的主要奋斗目标是：全面完成现代化建设的第二步战略部署，2000年，在我国人口将比1980年增长3亿左右的情况下，实现人均国民生产总值比1980年翻两番；基本消除贫困现象，人民生活达到小康水平；加快现代企业制度建设，初步建立社会主义市场经济体制。2010年的主要奋斗目标是：实现国民生产总值比2000年翻一番，使人民的小康生活更加宽裕，形成比较完善的社会主义市场经济体制。经过

15 年的努力，我国社会生产力、综合国力、人民生活水平将再上一个大台阶，社会主义精神文明建设和民主法制建设将取得明显进展，为下个世纪中叶实现第三步战略目标，基本实现现代化奠定坚实的基础。实现上述奋斗目标，关键是实行两个具有全局意义的根本性转变，一是经济体制从传统的计划经济体制向社会主义市场经济体制转变，二是经济增长方式从粗放型向集约型转变。

全会强调，在国际格局深刻变动和我国经济体制根本转变的历史条件下，在十多亿人口的大国推进现代化建设，是一项既充满希望又非常艰巨的开创性事业。要有效地调动和发挥全党全国各族人民的积极性和创造力，必须始终坚持以邓小平建设有中国特色社会主义理论和党的基本路线为指导，牢牢把握"抓住机遇、深化改革、扩大开放、促进发展、保持稳定"的基本方针，妥善处理好改革、发展、稳定的关系，高度重视和下大力气解决关系全局的重大问题。在经济和社会发展中，要认真贯彻以下重要方针：一、保持国民经济持续、快速、健康发展。二、积极推进经济增长方式转变，把提高经济效益作为经济工作的中心。三、实施科教兴国战略，促进科技、教育与经济紧密结合。四、把加强农业放在发展国民经济的首位。五、把国有企业改革作为经济体制改革的中心环节。六、坚定不移地实行对外开放。七、实现市场机制和宏观调控的有机结合，把各方面的积极性引导好、保护好、发挥好。八、坚持区域经济协调发展，逐步缩小地区发展差距。九、坚持物质文明和精神文明共同进步，经济和社会协调发展。

全会指出，今后 15 年，要下大力量切实转变经济增长方式，显著提高国民经济整体素质和效益，使社会生产力有一个大的发展。经济建设的主要任务是：优化产业结构，着力加强第一产业，调整和提高第二产业，积极发展第三产业；广泛采用先进技术装备社会生产各部门，重点改造国有大中型企业，加快国民经济信息化进程；大力发展科技教育，普遍提高劳动者素质，培养各级各类人才，缩小我国科学技术同世界先进水平的差距；引导地区经济协调发展，形成若干各具特色的区域经济，促进全国经济布局合理化。在经济建设中，重点加强农业，水利、能源、交通、通信，科技、教育。同时，振兴支柱产业，培育高技术产业，促进和带动国民经济全面发展。加强国防现代化建设，增强国防实力。

建立和完善社会主义市场经济体制是今后 15 年的战略任务。必须按照十四届三中全会决定的要求，围绕国民经济发展中的深层次矛盾和问题，深化改革，扩大开放，进一步解放和发展社会生产力。要坚持以公有制为主体、多种经济成分共同发展的方针，深化国有企业改革，建立现代企业制度；积极发展和完善市场体系，充分发挥市场机制的作用；转变政府职能，形成以间接方式为主的宏观调控体系；进一步扩大对外开放，完善对外经济体制；加强经济法制建设，建立和完善与新体制相适应的法律体系。

要把社会发展放在重要战略地位。努力控制人口增长，提高生活质量，扩大劳动就业，完善社会保障，加强环境保护，促进社会公正、安全、文明、健康发展。必须大力加强社会主义精神文明建设。坚持不懈地用邓小平建设有中国特色社会主义理论武装全党，教育干部和人民；坚持不懈地加强艰苦奋斗的优良传统教育，倡导敬业创业精神；坚持不懈地加强道德建设和爱国主义、集体主义、社会主义思想教育，树立正确的世界观、人生观、价值观；坚持不懈地加强党风廉政建设，深入持久地开展反腐败斗争；坚持不懈地开展群众性精神文明建设活动；坚持不懈地推进教育科学文化建设，全面提高整个中华民族的科学文化素质。要加强社会主义民主和法制建设，积极推进政治体制改革。要根据“一个国家，两种制度”的方针，继续推进祖国统一大业。

顺利实现“九五”计划和2010年远景目标，关键是加强和改善党的领导。全会强调，要继续按照十四届四中全会关于党的建设的部署，全面加强党的思想建设、组织建设和作风建设，努力提高党的执政水平和领导水平，不断增强党的凝聚力和战斗力。

全会按照党章规定，决定递补中央候补委员耿全礼、马启智同志为中央委员。

全会决定增补张万年、迟浩田同志为中央军事委员会副主席，王克、王瑞林同志为中央军事委员会委员。

全会审议并通过了中央纪律检查委员会《关于陈希同同志问题的审查报告》。陈希同同志在担任北京市委书记、市长期间，严重失职，对原北京市委常委、副市长王宝森的违法犯罪活动负有重大责任；腐化堕落，生活奢糜；利用职权，为其亲属等人谋取非法利益；利用职务和公务之便，收受贵重物品。其所犯错误是严重的。全会决定撤销他的中央政治局委员、中央委员会委员的职务，并建议依照法律程序，罢免其全国人大代表职务。鉴于他在经济等方面的问题有些还没有完全查清，决定对他的问题继续进行审查。

全会号召，全党同志和全国各族人民，在以江泽民同志为核心的党中央领导下，更加紧密地团结起来，高举建设有中国特色社会主义的伟大旗帜，为实现国民经济和社会发展“九五”计划和2010年远景目标，为把我国建设成富强、民主、文明的社会主义现代化国家而奋斗！

中共中央关于制定国民经济和社会发展“九五”计划和2010年远景目标的建议（摘录）

（一九九五年九月二十八日中国共产党第十四届中共委员会第五次全体会议通过）

二、主要奋斗目标和指导方针

（5）经过八十年代以来三个五年计划时期的努力，原定到2000年国民生产总值比1980年翻两番的任务将于1995年提前完成。在此基础上，中央建议，“九五”国民经济和社会发展的主要奋斗目标确定为：全面完成现代化建设的第二步战略部署，2000年，在我国人口将比1980年增长3亿左右的情况下，实现人均国民生产总值比1980年翻两番；基本消除贫困现象，人民生活达到小康水平；加快现代企业制度建设，初步建立社会主义市场经济体制。要加大改革力度，理顺经济关系，推动科技进步，调整产业结构，提高经济效益，增强发展后劲，为下世纪初开始实施第三步战略部署奠定更好的物质技术和经济体制基础。

2010年国民经济和社会发展的主要奋斗目标是：实现国民生产总值比2000年翻一番，使人民的小康生活更加宽裕，形成比较完善的社会主义市场经济体制。要进一步推进经济管理体制和运行机制的规范化、法制化，更好地优化资源配置，显著提高国民经济的技术水平和整体素质，实现经济和社会可持续发展。

经过15年的努力，我国社会生产力、综合国力、人民生活水平将再上一个大台阶，社会主义精神文明建设和民主法制建设将取得明显进展，为下个世纪中叶实现第三步战略目标，基本实现现代化，开创新的局面。

实现“九五”和2010年的奋斗目标，关键是实行两个具有全局意义的根本性转变，一是经济体制从传统的计划经济体制向社会主义市场经济体制转变，二是经济增长方式从粗放型向集约型转变，促进国民经济持续、快速、健康发展和社会全面进步。

（6）根据17年改革开放和现代化建设的实践经验，为了实现未来15年的奋斗目标，全党和全国人民要在邓小平建设有中国特色社会主义理论指引下，坚持党在社会主义初级阶段的基本路线不动摇，以经济建设为中心，坚持四项基本原则，坚持改革开放，自力更生，艰苦创业，勤俭建国。要解放思想，实事求是，一切从实际出发，理论联系实际，把是否有利于发展社会主义社会的生产力，有利于增强社会主义国家的综合国力，有利于提高人民的生活水平，作为检验各项工作的根本标准；要相信群众，依靠群众，加强全国各族人民的大团结，调动一切积极因素，推进改革开放和现代化建设的伟大事业；要执行独立自主的和平外交政策，反对霸权主义和强权政治，维护世界和平，为我国现代化建设争取长期有利的国际环境。

(7) 牢牢把握“抓住机遇、深化改革、扩大开放、促进发展、保持稳定”的大局，是17年来特别是近几年实践经验的科学总结，是必须长期坚持的基本方针。贯彻这个方针，就能总揽全局，抓住机遇，发展和壮大自己。要正确处理改革、发展、稳定三者的关系。发展是目的，改革是动力，稳定是前提。发展需要改革，发展和改革必须有稳定的政治和社会环境，没有稳定什么事也办不成。政治和社会长期稳定又必须通过深化改革和不断发展来实现。

在党的基本理论和基本路线以及基本方针的指引下，今后15年经济和社会发展必须贯彻以下重要方针。

(8) 第一条方针，保持国民经济持续、快速、健康发展。发展是硬道理，中国解决所有问题的关键是要靠自己的发展，争得较快的速度和较高的效益。要把握好速度问题，速度低了不行，速度过高也不行。快是有条件的，要讲效益，讲质量；快是有区别的，各地发展速度可以有所不同；快必须是没有水分的实实在在的速度。要适应国内外市场需求，合理配置资源，充分发挥生产能力，合理控制投资规模和消费基金，保持社会总需求与总供给基本平衡，抑制通货膨胀，防止经济大幅度波动。做到速度和效益相统一，微观活力和宏观调控相统一，总量增长和结构优化相统一。

(9) 第二条方针，积极推进经济增长方式转变，把提高经济效益作为经济工作的中心。实现经济增长方式从粗放型向集约型转变，要靠经济体制改革，形成有利于节约资源、降低消耗、增加效益的企业经营机制，有利于自主创新的技术进步机制，有利于市场公平竞争和资源优化配置的经济运行机制。向结构优化要效益，向规模经济要效益，向科技进步要效益，向科学管理要效益。

(10) 第三条方针，实施科教兴国战略，促进科技、教育与经济紧密结合。科学技术是第一生产力，教育是基础，实施科教兴国战略是历史的必然选择。尊重知识，尊重人才。经济建设必须依靠科学技术，科学技术工作必须面向经济建设，努力攀登科学技术高峰。教育必须面向现代化，面向世界，面向未来，致力于提高国民素质，在各个领域培养一批跨世纪的优秀人才。

(11) 第四条方针，把加强农业放在发展国民经济的首位。农业是国民经济的基础。农业实现现代化，农民生活实现小康进而达到比较富裕，是整个现代化进程中最艰巨的任务。要处理好农业与其他产业的关系，坚定不移地加强农业。在制订计划和部署经济工作时，首先要把农业和支农产业安排好。各级党政主要领导要亲自抓农业，充分调动广大农民、农业科技工作者和农村干部的积极性，各行各业都要为发展农业做出贡献，全面振兴农村经济。

(12) 第五条方针，把国有企业改革作为经济体制改革的中心环节。国有企业是国民经济的支柱。以公有制为主体的现代企业制度是社会主义市场经济体制的基础。建立现代企业制度是国有企业改革的方向。增强国有企业特别是国有大中型企业的活力，发挥国有经济的主导作用，关系到经济体制改革的成败，关系到社会主义制度优越性的发挥，关系到经济和社会发展战略目标的实现。要开阔思路，大胆试验，勇于探索，走出一条具有中国特色的国有企业改革和发展的路子。同时，要大力发展集体经济，鼓励和引导非公有制经济的发展。

(13) 第六条方针，坚定不移地实行对外开放。积极参与国际经济合作和竞争，充分利用国内外两种资源、两个市场，进一步发展开放型经济，运用我国经济的比较优势，提高竞争能力，更好地与国际经济互接互补。对外开放，必须以国家的法律和政策为依据，正确引导，加强管理，维护国家根本利益。

(14) 第七条方针，实现市场机制和宏观调控的有机结合，把各方面的积极性引导好、保护好、发挥好。市场机制和宏观调控，都是社会主义市场经济体制的重要内容。要充分发挥市场机制的作用，使经济活动遵循价值规律，适应供求变化，体现竞争原则。我国是发展中的大国，又处在经济快速增长和经济体制转轨时期，要特别注意加强和改善宏观调控，正确运用宏观调控的方式和手段，把握好时机和力度，保持宏观经济环境的稳定。要发挥中央和地方两个积极性。宏观调控权必须集中在中央，要维护中央政策的权威，中央在制定政策时要充分考虑地方特点和利益。地方要自觉服从和顾全大局，遵循国家统一政策，正确运用国家赋予的必要权力，调节好本地区经济活动，促进区域经济和社会发展。

(15) 第八条方针，坚持区域经济协调发展，逐步缩小地区发展差距。改革开放以来，鼓励一部分地区发展得快一些，先富起来，提倡先富带动和帮助后富，各地经济都有很大发展，人民生活水平都有很大提高。但是，由于多种因素，地区经济发展差距有所扩大。从战略上看，沿海地区先发展起来并继续发挥优势，这是一个大局，内地要顾全这个大局。发展到一定时候沿海多做一些贡献支持内地发展，这也是大局，沿海也要服从这个大局。从“九五”开始，要更加重视支持内地的发展，实施有利于缓解差距扩大趋势的政策，并逐步加大工作力度，积极朝着缩小差距的方向努力。对于部分社会成员之间收入差别悬殊问题，要采取正确政策，保护合法收入，取缔非法收入，调节过高收入。逐步缩小地区发展差距和解决好社会分配不公，最终实现共同富裕，是保持社会稳定的重要条件，是体现社会主义本质的重要方面。

(16) 第九条方针，坚持物质文明和精神文明共同进步，经济和社会协调发展。物质文明和精神文明都搞好，才是有中国特色的社会主义。没有经济的发展，社会发展和精神文明建设就没有物质基础，没有社会的发展和精神文明进步，物质文明建设就没有精神动力、智力支持和思想保证，经济发展目标就难以实现。必须把物质文明和精神文明作为统一的奋斗目标，始终不渝地坚持两手抓、两手都要硬。必须把社会全面发展放在重要战略地位，实现经济与社会相互协调和可持续发展。

三、经济建设的主要任务和战略布局

(22) 引导地区经济健康发展，促进全国经济合理布局。按照统筹规划、因地制宜、发挥优势、分工合作、协调发展的原则，正确处理全国经济总体发展与地区经济发展的关系，正确处理建立跨省（区、市）的具有特色的区域经济与发挥各省（区、市）积极性的关系，正确处理地区与地区之间的关系。

东部地区要充分利用有利条件，多利用一些国外资金、资源和市场，进一步增强经济活力。大力发展外向型经济，靠高新技术、集约经营，重点发展资源消耗少、附加价值高、技术含量高的产业和产品，同时建立比较发达的农业。在深化改革、转变经济增长方式、提高经济素质和效益方面迈出更大的步伐，促进经济又好又快地发展，为全国提供新的经验。中西部地区，要积极适应发展市场经济的要求，加快改革开放步伐，加强水利、交通、通信建设，充分利用现有的经济技术基础，发挥资源优势，大力发展农林牧业及其加工业，开发能源和矿产资源，积极发展优势产业和产品，提高加工深度，使资源优势逐步变为经济优势。国家要采取有力措施，支持中西部不发达地区的开发，支持民族地区、贫困地区脱贫致富和经济发展。主要是：实行规范的中央财政转移支付制度；优先在中西部地区安排资源开发和基础设施的建设项目；积极鼓励国内外投资者到中西部地区投资；理顺资源性产品价格体系；有步骤地引导东部某些资源初级加工和劳动密集型产业转移到中西部地区。东部经济发达地区要采取对口支援等多种形式帮助中西部地区和民族地区发展经济。

按照市场经济规律和经济内在联系以及地理自然特点，突破行政区划界限，在已有经济布局的基础上，以中心城市和交通要道为依托，进一步形成若干个跨省（区、市）的经济区域，包括以上海为龙头的长江三角洲及沿江地区经济带，以珠江三角洲和闽东南地区为主的东南沿海经济区，以辽东半岛、山东半岛、京津冀为主的环渤海经济圈，以亚欧大陆桥和京九等铁路大干线为纽带的经济带。同时，以东北、西南、西北等地区老工业基地和粮食、棉花、煤炭、石油等资源富集地区为依托，形成若干各具特色的重点产业区。

各地区要在国家规划和产业政策的指导下，选择适合本地条件的发展重点和优势产业，避免地区间产业结构趋同化，促进各地经济在更高的起点上向前发展。积极推动地区间的优势互补、合理交换和横向经济联合。

四、改革开放的主要任务和部署

（29）扩大对外开放程度，提高对外开放水平。“九五”期间，要适应我国社会主义市场经济发展需要和国际经济通行规则，初步建立统一规范的对外经济体制。以促进我国经济增长和提高质量效益为目标，扩大对外贸易和对外经济技术交流与合作。

经济特区和上海浦东新区的基本政策不变，在发展社会主义市场经济的过程中，有些具体办法要有所调整和完善。经济特区、沿海开放城市和开放地带要培育新优势，积极参与高水平的国际经济合作和竞争，充分发挥示范、辐射和带动作用。沿交通干线、沿江、沿边地区和内陆中心城市要发挥自身优势，加快开放步伐，发展对外经济合作，促进中西部地区的经济开发和振兴。根据改革和发展的要求，扩大对外开放范围，进一步开放国内市场。统筹规划，加强管理，把对外开放工作引向深入。

继续改革和完善对外经济贸易体制，坚持以质取胜战略和市场多元化战略。改革进口体制，建立有利于改善进口结构、促进技术引进消化、创新的机制；提高出口竞争力，增加出口商品附加值，形成出口增长主要依靠质量效益的机制。进一步降低关税税率总水平，调整关税结构，清理税收减免，规范和减少进出口商品管理的非关税措施，完善统一、科学、公开的外贸管理制度和手段。逐步实行外贸经营依法登记制，发展贸易、生产、金融、科技、服务相融合的具有国际竞争力的企业集团，促进规模经营。广开渠道，发展直接贸易和多种形式的国际经济技术合作，积极参与和维护区域经济合作和全球多边贸易体系，双边和多边贸易相互促进，实现市场多元化。

积极合理有效地利用外资，对外商投资企业逐步实行国民待遇。以吸收直接投资为重点，改善环境，拓宽领域，引导投向，优化结构，增辟融资渠道，加强国内配套。鼓励外商参与重点经济建设项目和现有企业的技术改造。依法管理外商投资企业，保护中外投资者和职工的正当权益。借用外债要根据我国经济发展需要和偿还能力，做到适度和高效，建立责权利统一的借、用、还管理体系。

江泽民同志论东部地区和中西部地区的关系①

（一九九五年九月二十八日）

改革开放17年来，东部地区和中西部地区经济都取得了历史上前所未有的大发展。东部地区由于有较好的经济基础和有利的地理环境，加上国家政策上的一些支持，发展比中西部地区更快一些。对于东部地区与中西部地区经济发展中出现的差距扩大问题，必须认真对待，正确处理。

要以邓小平同志关于让一部分地区、一部分人先富起来，逐步实现共同富裕的战略思想来统一全党的认识。实现共同富裕是社会主义的根本原则和本质特征，绝不能动摇。要用历史的、辩证的观点，认识和处理地区差距问题，一是要看到各个地区发展不平衡是一个长期的历史的现象。二是要高度重视和采取有效措施正确解决地区差距问题。三是解决地区差距问题需要一个过程。应当把缩小地区差距作为一条长期坚持的重要方针。

解决地区发展差距，坚持区域经济协调发展，是今后改革和发展的一项战略任务。从“九五”开始，要更加重视支持中西部地区经济的发展，逐步加大解决地区差距继续扩大趋势的力度，积极朝着缩小差距的方向努力。中西部地区，要适应发展市场经济的要求，加快改革开放步伐，充分发挥资源优势，积极发展优势产业和产品，使资源优势逐步变为经济优势。这次全会已作出了部署，提出了包括中央财政转移支付、优先安排资源开发和基础设施建设项目、鼓励到中西部地区投资、理顺资源性产品价格体系等措施。东部地区要继续充分利用有利条件，进一步增强经济活力，在深化改革、转变经济增长方式、提高经济素质和效益方面迈出更大的步伐。中央对五个经济特区和上海浦东新区的基本政策不变，在发展社会主义市场经济的过程中，有些具体办法要有所调整和完善。要把五个经济特区和浦东新区办得更好。进一步发挥经济特区、沿海开放城市和开放地带在改革与发展中的示范、辐射、带动作用。同时，东部地区要通过多种形式帮助中西部欠发达地区和民族地区发展经济，促进地区经济协调发展。

---

① 本文为江泽民同志在党的十四届五中全会闭幕时的讲话第二部分“正确处理社会主义现代化建设中的若干重大问题”的摘要

李鹏同志在党的十四届五中全会上关于制定国民经济和社会发展“九五”计划和2010年远景目标建议的说明（摘录）

（一九九五年九月二十五日）

六、地区经济协调发展问题

改革开放以来，全国各个地区经济都有很大发展。每个地区与自己过去相比，都有显著变化。但由于发展的起点和条件不同，有的地区发展快些，有的地区发展相对慢些。这就使得地区之间的差距扩大了。这个问题已经引起社会各方的重视。《建议》把重视和解决地区发展差距的问题，作为一条重要的方针提出来，是适时和必要的。

解决地区发展差距问题需要有一个过程。从根本上说，有条件的地区发展得快一些，是有利于增强国家经济实力，从而也是有利于逐步缩小地区差距的。东部沿海地区要充分利用有利条件，继续发挥优势，进一步增强经济活力。同时，国家要更多地考虑支持中西部不发达地区的开发，支持民族地区、贫困地区脱贫致富和经济发展的问题。对于地区差距问题，小平同志说过：“在本世纪末达到小康水平的时候，就要突出地提出和解决这个问题。”我们从“九五”开始，就要逐步加大解决这个问题的力度。采取的主要措施：一是逐步增加对中西部地区的财政支持和建设投资，优先在中西部地区安排资源开发和基础设施建设项目；二是调整加工工业的地区布局，引导资源加工型和劳动密集型的产业向中西部地区转移；三是理顺资源性产品的价格，增强中西部地区自我发展的能力；四是加快中西部地区改革开放的步伐，引导外资更多地投向中西部地区；五是加强东部地区与中西部地区的经济联合与合作，鼓励向中西部地区投资。随着整个经济的发展和中央财政实力的增强，国家对中西部不发达地区的支持将会逐步增加。从中西部地区来说，加快发展，缩小差距，要靠发扬自力更生的精神，努力变资源优势为经济优势，增强自身的经济实力。在经济增长速度上应当从实际出发，不要相互攀比。

为了促进全国经济合理布局，《建议》提出，要按照市场规律和经济内在联系以及地理自然特点，突破行政区划界限，在已有经济布局的基础上，以中心城市和交通要道为依托，进一步形成若干个跨省（区、市）的经济区域。同时，以东北、西南、西北等地区老工业基地和粮食、棉花、煤炭、石油等资源富集地区为依托，形成若干各具特色的重点产业区。全国各地区都要在国家规划和产业政策的指导下，选择适合本地条件的发展重点和优势产业，避免地区间产业结构趋同，促进经济在更高的起点上向前发展。

江泽民、李鹏同志在中央农村工作会议上发表的重要讲话

（一九九五年二月二十七日）

中共中央总书记江泽民，中央政治局常委、国务院总理李鹏，中央政治局常委、国务院副总理朱镕基今天上午在中央农村工作会议上，就如何搞好农业和农村工作等问题，发表了重要讲话。江泽民强调指出，在发展社会主义市场经济的新形势下，一定要正确处理农业、农村和农民问题，全党要比过去任何时候都要更加重视农业和农村工作。

江泽民说，从1993年10月到现在，不到两年时间，中央召开了三次农村工作会议。每次会议都强调农业和农村工作的重要地位。中央为什么反复强调这个问题？主要是因为发展社会主义市场经济是一个新课题，在发展社会主义市场经济中如何把农业搞上去也是一个新课题，需要全党同志认真研究和探索。在我国建立社会主义市场经济体制的历史过程中，农业和农村经济的发展，既面临良好的机遇，又面临新的矛盾。一方面，农业是国民经济最重要的基础产业。经济越发展，全社会对农产品的需求越大，对农业的依赖程度越高；另一方面，农业又是社会效益高而自身效益低的弱质产业。因此，经济越发展，工业化程度越高，越需要加强对农业的保护和扶持。这是历史已经证明的客观规律。

江泽民指出，从这几年的实践情况看，由于思想认识和统筹安排问题还解决得不够好，对农业保护和扶持的力度还不够大，已确定的政策措施又没有完全落实，工业与农业发展速度的差距、城乡居民收入的差距、发达地区与欠发达地区经济发展的差距都还在拉大。这三个差距如果继续扩大下去，将会造成严重后果。一是农产品供求矛盾将会更加突出，牵动物价继续上涨，加大通货膨胀压力。二是农民收入增长缓慢，就难以如期实现农民生活达到小康水平的目标。这不仅会影响广大农民的积极性，还将影响整个社会主义现代化建设的进程。三是如果农民购买力水平提不高，农村消费市场不能日益扩大甚至缩小，就会直接制约工业和整个经济的发展。四是城乡之间，区域之间经济发展差距拉得过大，将导致贫富悬殊，导致整个经济社会严重失衡。

江泽民说，上述情况说明，在建立社会主义市场体制的历史条件下，加强宏观调控，大力保护和扶持农业，促进工业与农业、城市与农村、东部与中西部经济协调发展，关系我国改革、发展、稳定的全局，关系整个现代化事业的成败，关系社会主义政权的巩固。对这个重大问题，全党同志特别是党的高中级干部，务必要从全局的高度，进一步统一认识，统一

意志，统一行动，真正地而不是口头地强化农业这个基础，动员各行各业的力量，采取坚决有力的措施，促进农业的发展、农民的富裕和农村社会的进步，实现既定的奋斗目标。

在谈到实现农业和农村经济发展的主要目标时，江泽民说，要千方百计夺取今年农业丰收，特别是抓紧粮食生产。我们这样一个拥有12亿人口的大国，粮食必须立足自给，供求必须基本平衡。我们必须从政治上、战略上认识粮食问题的特殊重要性。近几年，有些沿海发达地区粮田面积大量减少，单产下降，靠从外地采购大量粮食过日子。这种状况必须迅速扭转。从一个省来说，必须把解决吃饭问题的基点放在增加本地粮食产量上，首先要保证今年粮食生产有较大的增长。江泽民说，要确保“九五”期间生产一万亿斤粮食和农民生活达到小康水平。实现这两个目标，必须下决心调整国民经济结构，调整国民收入分配格局。在确保农业持续稳定发展的前提下，安排整个国民经济的发展规模和速度，安排工农业两大门类资金投放的比例。宁可暂时少上几个工业项目，也要保证农业发展的迫切需要。

江泽民说，农民占我国人口的大多数，农村社会状况如何，对全国的经济社会发展关系极大。因此，农村工作必须始终坚持两手抓，两手都要硬的方针，在抓好农村经济建设的同时，必须抓好农村社会主义精神文明建设、民主法制建设。坚持两手抓，首先要加强农村基层组织建设。这是落实党在农村的各项方针政策、促进农村改革和发展的根本保证，是新时期党的建设这个伟大工程的重要“基础工程”。

江泽民在讲话中要求各级党委必须进一步加强和改进对农村工作的领导，务必实现以下几点要求。

（一）在指导思想和工作布局上，真正把农业放在经济工作的首位。不仅这样讲，而且真正这样做。在计划安排上，切实把农业摆在第一位。在资金投放上，首先保证农业的需要。部署工作，首先安排好农村工作。检查经济工作，首先看农业和农村经济搞得如何，如果“米袋子”、“菜篮子”抓不上去，农民收入不能增加，不能算是合格的领导。

（二）党政主要领导同志要切实负起责任，实行严格的责任制。哪个省“米袋子”出了问题，由那个省的书记、省长负责；哪个城市“菜篮子”出了问题，由那个城市的书记、市长负责。

（三）在党委、政府统一领导下，各部门、各行业要同心协力，步调一致，支持农业和农村工作，形成强大的合力。计划、财政、金融、工业、科技、内贸、外贸等部门，都要围绕实现农业增产增收任务，采取有效措施，充分发挥本部门职能，做出应有贡献。各个涉农部门都要把为农民搞好服务作为自己的重要职责，决不允许以损害农民合法权益来谋取部门私利。

（四）要把加强农业的各项政策措施真正落到实处。这不仅关系农业和农村经济的发展，而且关系党和政府在群众中的威信。今后凡是向群众宣布了的政策措施，都要不折不扣地落实兑现，做到“言必信，行必果”，取信于民。

（五）各级领导同志，要深入基层，深入群众，切实解决实际问题。农村经济社会的发展，需要大批干部到农村去，做深入细致的思想工作、指导工作、服务工作。各级党政领导干部都要虚心向群众求教，通过扎实有效的工作，帮助基层解决群众关心的热点问题，解决障碍农村改革和发展的突出问题，推动农村工作不断取得新的进展。

江泽民说，中央对今年的农村工作已作出了部署，各项工作的指导方针、任务要求、政策措施，都已经明确了，现在的问题是狠抓落实，还是那句话：要落实，落实，再落实。

李鹏总理在会上作了题为《增加粮棉生产开创农村经济新局面》的讲话。

李鹏说，今年农业生产任务是艰巨的。但我们也应看到，完成今年农业生产任务也有不少有利的条件：一是农民生产积极性出现新的高涨。全国农产品市场需求旺盛，农民收入比前几年明显增多，所以生产积极性很高。二是从中央到地方都在加强农业、增加投入。今年中央在财政预算内资金、基本建设投资、信贷资金三个方面对农业的投入都有增加。再加上地方各级政府增加了投入，今年用于农业的资金将有新的增长。

李鹏说，只要全国上下认真贯彻执行中央加强农业的方针、政策，落实好这次会议精神，夺取今年农业丰收，实现90年代农业发展目标，是可以做到的。

李鹏说，解决粮棉问题，归根到底要看各级党、政主要负责人是不是从思想上真正重视了，是不是真正把它放在国民经济的首位了，是不是真正拿出很大精力去抓了。真正这样做了，粮棉问题以至整个农业问题，是可以解决好的。中央要求省一级政府要把当地粮食平衡的责任担起来，把自己吃饭的责任担起来，落实"米袋子"省长负责制，这是解决粮食问题的关键一条。这几年有些地方领导之所以不重视粮食生产，不增加农业投入，对滥占耕地制止不力，都与没有建立吃饭问题的分省责任制有直接关系。如果还是继续吃粮食的"大锅饭"，不落实粮食分省责任制，那么不重视农业的状况就很难改变。同时，各级政府特别是大中城市政府要抓好"菜篮子"工程建设，确保副食品供应。

在讲到农业投入问题时，李鹏指出，农业投入不仅要增加，更要抓落实，使用也要有重点。党中央、国务院决定了的投入措施，一定要坚决落实，不能打折扣。农业与二、三产业不同，季节性非常强，投入不能及时到位，错过一时，就要贻误一年。农业投入资金有限，要保证重点。

李鹏说，依靠科技提高单产、增加总产，是农业发展的一条根本出路。现在，农业科技在农业增长中所占份额达到35%左右，只相当于发达国家的一半。这种实际情况说明，我国农业依靠科技增长的潜力巨大。我们的目标是到本世纪末力争提高到50%左右。当务之急是加快对增产效果显著的先进、适用科技成果的推广应用，中央和地方都要拿出一些钱来增加推广经费，稳定科技推广队伍，保证农业科技的推广实施。

李鹏说，确保我国粮食基本自给的关键，在于抓住适宜发展粮食生产、有增产潜力的主产区。促进主产区发展粮食生产，必须调动地方政府和农民两方面的积极性，核心问题是提高粮食生产的比较效益，建立高效农业体系。这个体系就是：以粮食生产为基础，利用粮食及其副产品特别是大量秸杆发展养殖业，在养殖业基础上发展肉、禽、蛋、奶、皮、毛等加工业、运销业和服务业，形成产业链、企业群。实现多层次增值的高效目标。对贡献大的粮食主产区要有相应的鼓励和扶持政策。今后粮食主产区要多搞经过加工、转化的农产品，尽可能把加工增值的收益留在当地，同时发展乡镇企业，从根本上改变"粮食大县、工业小县、财政穷县"的局面。

关于农业剩余劳动力转移问题，李鹏指出，农业剩余劳动力向二、三产业转移，小城镇的形成，有利于人口整体素质的提高，生育观念的改变，控制人口的增长，是实现经济与社会同步发展的必由之路。剩余劳动力应坚持就地就近转移为主，适量、有序跨地区转移为补充的方针。通过发展乡镇企业和其他非农产业，实行就地就近消化。通过发展乡镇企业和建设小城镇，实现农村振兴，防止农村人口大量涌向城市，是我国的成功经验，要很好地坚持。

李鹏在讲话中强调指出，我们要不断挖掘自然资源潜力，为实现农业的长远发展目标创造条件。他说，我们的国情决定了我们的长远战略方针，应当是建立资源节约型的农业。第一，全社会都要节约用水。要大力开发节水灌溉技术，减少开采地下水，通过工程措施和生物措施，充分蓄存和利用天然降水，把水患变成水利。第二，全社会都要节约用地。严格控制城市建设规模，控制各类开发区、乡镇企业、农民建房占地，建立严格的基本农田保护制度。第三，全社会都要节约用粮，利用丰富的秸杆资源养牛养羊，大力发展水产业，改变食物结构，工业用粮也要节约。

中央政治局常委、国务院副总理朱镕基就会议代表提出的粮食、棉花、化肥购销体制改革的有关政策问题作了重要讲话。

（据《人民日报》北京 1995 年 2 月 27 日讯）

李鹏同志在山西考察时的讲话

——发挥能源基地优势促进经济发展

国务院总理李鹏4月7日至11日在山西考察工作时强调，山西作为国家重要的能源基地，要发挥自己的优势，以煤为主，综合开发，变资源优势为经济优势，增加效益，促进经济发展。

李鹏指出，山西是国家重要的能源基地，全省煤炭年产量达3亿多吨，占全国总产量的1/4以上；煤炭调出量为2亿多吨，占全国煤炭产地调出总量的3/4，对国家的贡献很大，我国现在的一次性能源中间煤炭占到80%，在今后相当一个时期内我们以煤炭为主的能源结构不会有大的变化，山西过去对国家作出很大贡献，今后还要继续作出更大的贡献。

李鹏指出，山西在产业政策中提出的“挖煤、输电、引水、修路”为重点的方针，是符合山西实际的，也符合国家的产业政策。现在已经摸索出一条路子，就是建设坑口电站，把输煤改为输电，实行输煤输电同时并举。这样，既提高了附加值，又减轻了运输负担。

在考察晋城矿务局、平朔安太堡露天煤矿、东易煤矿、阳城电厂施工现场、神头二电厂和山西化肥厂后，李鹏说，随着市场情况的变化，对煤炭的要求越来越高。煤炭要提高质量，以适应市场的需求。煤炭行业要一业为主，多种经营，向以煤为主的综合企业发展。山西采掘工业和原材料工业的初级产品产值占到工业总产值的50%左右，要逐步提高深加工比重，增加附加值，提高经济效益。

李鹏非常关心煤矿工人的生活和工作情况。在晋城矿务局凤凰山矿坑口，他与正准备下井的采煤工亲切交谈，详细询问井下生产、安全、职工生活收入等情况。当综采队副队长许全利答道这个矿井8年安全无事故，年年超额完成生产任务时，李鹏高兴地说：“你们煤矿工人很辛苦。为国家作出很大贡献，国家和人民感谢你们！”许全利眼含热泪说：“我父亲是个老矿工，1962年曾受到周总理接见。今天我又见到李总理，心里很激动。我们一定多挖煤支援国家建设。”

在考察期间，李鹏来到太原钢铁公司，参观了热连轧带钢车间和李双良带领工人们承包治理的渣山。接着，他与部分国有大中型企业负责人就如何搞好国有大中型企业进行了座谈。李鹏在详细询问了国有企业转机建制、经营管理和职工收入等问题后说，搞好国有大中型企业的出路在于深化改革。实践证明，在社会主义市场经济条件下，国有大中型企业是完全可以搞好的，对这一点应充满信心，同时也要付出长期艰苦的努力。他强调，搞好国有大中型企业要抓住重点企业。当前，首先要把关系国计民生的国有大中型企业抓好。各个企业状况有所不同，要从自己的实际出发，解决好本企业的主要矛盾和问题，农业问题是李鹏十分关心的问题。他指出，山西虽然是重工业基地，但仍应加强农业的基础地位。李鹏在平顺县留村考察农业时指出，发展社会主义市场经济，必须加强农业发展农业。留村的群众在党支部的带领下，见缝插针，把所有山坡荒地都开发利用起来，大面积种植花椒、苹果、核桃等果树，大力发展经济林，这个办法好。他赞扬留村为山区人民致富开辟了一条新路子。

李鹏希望山西在进行现代化建设时，要想到全省还有36个贫困县，要积极帮助那里的群众尽快脱贫。

山西省水资源紧缺，制约了经济发展，影响到人民生活。李鹏十分关心和重视山西引黄工程。他在听取该工程的汇报后指出，引黄工程是关系到山西经济发展后劲的大事，必须经过长期艰苦努力，扎扎实实地按照经济规律办事。由于自然条件的限制，山西缺水问题将长期存在，因此从水资源利用的方针来看，不仅要开源，而且要大力提倡节流。要依靠科技进步发展节水工业和节水农业。

在谈到物价时，李鹏说，控制物价上涨幅度是今年宏观调控的首要任务。虽然当前物价涨幅趋缓，但各级政府仍要把稳定物价工作放在十分重要的位置，不能有丝毫松懈，继续采取有力措施，以保证物价上涨幅度达到国家要求的指标，比去年有明显回落。

在谈到大型基础设施建设项目时，李鹏强调指出，基本建设项目不仅应该是有需求的，而且要量力而行，讲求效益。必须严格按基本建设项目程序办事，特别是把好可行性研究这一关，资金一定要落实，不留缺口，这是基建项目实现合理工期、提高投资效益的重要保证。

（据新华社太原1995年4月12日电）

吴邦国同志在甘肃青海调查时的讲话
——统筹规划加强西部地区经济发展

中共中央政治局委员、书记处书记、国务院副总理吴邦国日前在甘肃、青海调查时强调，要按照统筹规划、优势互补、共同发展的原则，支持西部地区的开发、加强西部地区经济发展。

调查期间，吴邦国充分肯定两省在改革和发展等各方面所取得的成就。他说，甘肃、青海是我国重要的能源和原材料工业基地，改革开放以来，是两省经济发展最快最好的时期之一，两省在增强整体经济实力、调整产业结构和扶贫工作中都取得了显著成绩。这些成绩的取得，是与两省广大干部和各族群众在党中央、国务院领导下，坚持以邓小平同志建设有中国特色社会主义理论为指导，同心同德、团结奋斗分不开的。

吴邦国指出，尽管这几年西部地区取得了很大发展，但从全国范围看，东西部差距在拉大。这种差距的形成，有历史、区域、政策的原因。党中央、国务院对这个问题十分关心和重视，并把遏制和缩小东西部差距，作为一项长期坚持的重要经济方针。国家在编制“九五”规划时，要在资金、项目和政策方面进一步扶持西部地区的经济发展，鼓励并提倡先富地区帮助后富地区，以实现共同富裕。同时，西部地区也要转变观念，增强市场意识和竞争意识，进一步改善投资环境，扩大开放度，努力把西部地区的资源、市场和劳动力优势，变成现实的经济优势。

吴邦国强调，要把发展经济的重点转到提高经济增长的质量和效益上来，不要盲目追求数量的增长。他说，国有企业有很好的基础，为了进一步发挥国有企业的优势，重点要抓好工业内部结构的调整。要以产品为龙头，优势企业和骨干企业为核心，带动其他企业的发展。要重点扶持一批领导班子好、经营机制活、市场潜力大、在国内外市场上有竞争能力的优势企业，加大技术改进力度。加大资金投入，通过向优势企业的倾斜，提高整个行业的整体素质。

吴邦国说，对那些经营不善、长期资不抵债、扭亏无望的企业，要在充分做好工作的基础上，依法兼并、破产。使资源向优势企业流动。鼓励中小企业以资产为纽带。跨地区、跨行业与优势企业“攀亲”，以提高整个国有资产的效益。

吴邦国特别强调，当前现代企业制度改革仅是试点，而面上企业重点要强化企业管理。企业管理是企业一切工作的基础，任何外部环境的改善都不能代替企业内部管理。他说，国有企业的困难大，但是潜力也很大，所有企业都要在加强企业管理上下功夫。当前要突出加强财务、资金管理，严格财会纪律，加速资金周转，提高资金利税率。同时，要抓紧产品更新换代，高度重视产品质量、交货期、售后服务等工作，增强市场竞争能力。要根据有市场、有效益、能回款的原则组织生产，对供过于求的产品，继续做好限产压库促销工作。

吴邦国在调查期间还反复强调，要处理好改革、发展和稳定的关系。企业领导干部要进一步发扬艰苦奋斗的作风，全心全意依靠工人阶级，时刻关心职工生活，充分发挥职工群众主人翁的作用。

（据新华社西宁 1995 年 5 月 14 日电）

姜春云同志在全国扶贫开发工作会议上的讲话

中共中央政治局委员、国务院副总理姜春云在今天闭幕的全国扶贫开发工作会议上强调，扶贫攻坚要紧紧抓住难点和重点，加大力度，限期解决群众的温饱问题。

姜春云说，扶贫工作事关我国经济和社会发展第二步战略目标能否圆满实现，事关实现社会主义共同富裕的伟大理想，事关老少边穷地区的社会稳定，各级党委、政府要以强烈的责任感和紧迫感，关心贫困地区人民的疾苦，把扶贫脱贫作为一项特别重大的紧迫任务，切实抓紧抓实抓好，下决心尽快解决贫困地区群众的温饱问题，每一个同志都要动感情、动脑筋、动真格的。

“八七扶贫攻坚计划”实施一年多来，全国贫困人口已由8000万减少到7000万。这7000万贫困人口绝大多数集中在中西部，有50%左右在西南、西北地区。姜春云说，无论从减少的贫困人口的结构分析，还是从现有贫困人口的区域状况分析，扶贫攻坚的难点主要在西南、西北。因此，下一阶段的扶贫工作，一是要区别不同情况，因地制宜，进行分类指导；二是要集中力量，调整部署，抓住重点，攻克难点。总的原则是，东部各省的贫困问题应该依靠自己解决；中部各省扶贫问题应该主要依靠自己力量解决，中央继续给予适当扶持；西部各省，特别是西南、西北地区，要坚持自力更生、艰苦奋斗，加强扶贫开发，同时中央要集中力量重点支持。

姜春云说，要千方百计加大攻坚力度，加快脱贫致富的步伐。去年，中央已增加10亿元专项扶贫贴息贷款和10亿元以工代赈资金。现有扶贫投资规模务必保持，还要适当增加。现在的各项扶贫投资，包括专项扶贫贷款、财政扶贫发展基金和以工代赈资金，到期的不能减，要维持不变，一直延续到2000年。地方政府特别是省、地两级也要增加扶贫投入。特别是贫困面较大的省区，一定要把扶贫开发作为国民经济、社会发展的主要任务，把扶贫作为投资的重点，予以保证。在加大扶贫投入的同时，还要加强扶贫资金管理，提高使用效益。所有的扶贫资金要全部用到扶贫攻坚项目上，对凡是挪用、挤占、贪污扶贫资金的必须严格检查，从严惩处。

姜春云说，要进一步动员组织东部帮西部、先富帮后富。今年要重点抓东西互助、共同发展的问题。各省区也要考虑省区内的经济互助，组织发达的市、县对口帮助贫困县。这几年东西部组织干部交流，相互挂职，起了很好的作用，要继续坚持。

在谈到加强对扶贫攻坚的组织指导问题时，姜春云指出，扶贫开发领导小组是政府负责扶贫事宜的权威机构、责任机构。今后凡是涉及扶贫开发的问题，都要由这个领导小组研究决定，重大问题报告政府决定。这样才有利于统一协调，有利于各项扶贫资金集中使用，真正做到相互配套，形成合力，提高扶贫开发工作的水平。所有贫困地区都要特别重视抓好以党支部为核心的基层组织建设，选好脱贫致富带头人，改变某些基层组织软、散、懒的状况。要狠抓领导责任制，把扶贫攻坚的任务逐层分解，具体落实。

（据《人民日报》北京 1995 年 6 月 9 日讯）

中共中央、全国人大常委会、国务院、全国政协、中央军委

电贺西藏自治区成立三十周年

（一九九五年九月一日）

中共西藏自治区委员会、西藏自治区人大常委会、西藏自治区人民政府、西藏自治区政协、西藏军区：

值此西藏自治区成立三十周年之际，中共中央、全国人大常委会、国务院、全国政协和中央军委向自治区各族农牧民、工人、知识分子、干部和各界爱国人士，向人民解放军驻藏部队和武警官兵，向支援西藏建设的全体同志，致以热烈的祝贺和亲切的慰问。

三十年前西藏自治区的成立，标志着在中国共产党的领导下，经历民主改革，废除了封建农奴制度的西藏，跃入了人民当家作主的新时代，进入了社会主义建设的新时期。

三十年来，西藏发生了翻天覆地的变化，特别是党的十一届三中全会以来，党中央、国务院先后召开了三次西藏工作座谈会，西藏的社会主义建设和改革开放不断开创新局面；民族区域自治制度不断巩固和完善，翻身农奴当家作了主人，民族干部队伍迅速壮大；经济建设成就显著，工农业生产总值实现翻番，现代工业从无到有初具规模，商业、旅游业一片兴旺，交通、通讯、能源等基础设施建设发展迅速；社会事业的发展迈出新的步伐，教育、科技、卫生事业蒸蒸日上，优秀的传统文化得到继承和发展；人民生活水平显著提高，农牧民的温饱问题基本解决，全区人民开始向小康奋进。过去封闭停滞的西藏高原，今日一派改革开放的新气象；昔日贫困落后的世界屋脊，如今到处蓬勃发展，欣欣向荣。

我国是一个统一的多民族国家，地处祖国西南边陲的西藏，是伟大祖国神圣不可分割的一部分。三十年来，西藏各族干部、群众和驻藏人民解放军、武警部队始终高举爱国主义旗帜，像爱护自己的眼睛一样维护西藏的安定团结，坚定不移地同极少数人分裂祖国的活动、同国际敌对势力的渗透、颠覆进行斗争，挫败了他们一次又一次的政治图谋，为维护祖国的统一，为巩固全国各民族的大团结，为保障全国改革开放的顺利进行，做出了重要贡献。

西藏三十年走过的光辉历程，所取得的伟大成就，是西藏各族人民团结一心、艰苦奋斗的结果，是西藏各级党政组织贯彻党在新时期的基本路线的结果，是西藏各族干部辛勤工作的结果。它充分证明了西藏各族人民坚持共产党的领导、坚持走社会主义道路的正确性，体现了社会主义民族区域自治制度的优越性，显示了全国各族人民大团结的伟大力量。

当前，西藏各族干部群众正在认真贯彻落实中央第三次西藏工作座谈会关于加快西藏发展、维护社会稳定的战略决策，一个建设西藏、发展西藏的新高潮正在兴起。西藏地域辽阔，

资源丰富；西藏人民勤劳、朴实、智慧、勇敢；西藏发展的潜力很大、优势很多。今后，在建立社会主义市场经济体制的过程中，党和国家将一如既往地坚持“中央关心西藏、全国支援西藏”的原则，继续实行有利于西藏经济、文化、教育、科技发展的政策措施，全国人民也将继续支援西藏的建设，促进西藏的发展和繁荣。我们相信：在邓小平同志建设有中国特色社会主义理论的指引下，在以江泽民同志为核心的党中央领导下，在全国兄弟省、自治区、直辖市的支援下，西藏自治区各族干部、群众、人民解放军驻藏部队和武警官兵，一定会进一步坚持以经济建设为中心，坚持改革开放，坚持稳定和发展两手抓、两手硬、坚持和完善民族区域自治制度，不断发展壮大爱国统一战线，进一步巩固和增强军政、军民团结，用自己的勤劳和智慧，把祖国的西藏建设得更加美好。西藏将以团结、富裕、文明的新面貌，以充满活力的矫健步伐，跨入二十一世纪。

祝西藏自治区繁荣昌盛！

祝西藏各族人民吉祥如意！

中共中央
全国人大常委会
国务院
全国政协
中央军委
1995年9月1日

吴邦国同志在西藏自治区成立三十周年庆祝大会上的讲话

（一九九五年九月二日）

同志们、朋友们：

在西藏自治区成立三十周年的时候，我们中央代表团带着党和国家的嘱托，带着全国人民的深情厚意，从祖国的四面八方和各条战线来到美丽的拉萨，与西藏各族群众一起，欢度这喜庆的日子。我代表中共中央、全国人大常委会、国务院、全国政协、中央军委，向西藏各族干部群众和各界爱国人士，向人民解放军驻藏部队和武警部队全体官兵，向支援西藏建设的全体同志，致以亲切的问候和热烈的祝贺！

1965年西藏自治区的成立，标志着西藏进入了崭新的历史阶段，西藏各族人民踏上了与全国人民共同建设社会主义的康庄大道。三十年来，特别是党的十一届三中全会以来，西藏自治区党委、政府认真贯彻执行党的方针政策，充分发挥全区人民的聪明才智，团结奋斗，艰苦创业，使西藏的面貌发生了深刻的历史性变化。如今的西藏，民族区域自治制度不断完善和巩固，民族干部大批成长，民族团结进一步加强，改革开放迈出新的步伐，工业和农牧业生产持续发展，教育、科技、文化及卫生事业蒸蒸日上，人民生活水平显著提高，城乡群众开始过上比较富裕的生活，万里高原到处呈现出欣欣向荣、兴旺发达的喜人景象。西藏人民勤劳、朴实、勇敢、智慧，在平均海拔四千米以上的世界屋脊上创造现代文明，这是前无古人的创举，也是当今世界的奇迹！

西藏自治区成立三十年的光辉历史告诉我们：只有在中国共产党的领导下，走社会主义道路，西藏的前途才会充满希望；只有坚持改革开放，加快发展，西藏才能更加繁荣昌盛；只有在社会主义祖国大家庭中，西藏各族人民才会温暖幸福。

同志们、朋友们，从现在起到本世纪末，是我国社会主义建设的关键时期，也是西藏经济建设和社会发展的关键时期。去年中央召开的第三次西藏工作座谈会，作出了加快西藏发展、维护社会稳定的重大战略决策，提出了西藏改革和发展的奋斗目标。紧紧依靠西藏各族人民，认真贯彻落实中央第三次西藏工作座谈会精神，坚持以经济建设为中心，抓好稳定和发展两件大事，必将有力地促进西藏经济的发展，促进社会的全面进步和长治久安，促进人民生活水平的不断提高。

加快西藏的发展，是西藏人民的迫切愿望，也是全国人民的共同期望。邓小平同志指出，

“西藏具有很大的开发潜力”，要“使西藏很快发展起来，在中国四个现代化建设中走进前列”。希望西藏广大干部群众抓住机遇，开拓进取，把潜在的优势变为现实的经济优势，到本世纪末，实现西藏国民生产总值比1993年翻一番的目标，从而使西藏的经济发展和社会进步迈上一个新台阶，为下个世纪的全面腾飞打下坚实的基础。

维护西藏的稳定，是西藏各项事业持续发展和人民生活水平逐步提高的重要保证，对于全国的改革、发展和稳定也具有重大的意义。长期以来，西藏广大干部群众和驻藏人民解放军、武警官兵为保持西藏的稳定，维护祖国的统一，做出了重大贡献，我们相信，在新的历史时期，西藏各族人民一定会更加珍惜西藏安定团结的局面，反对分裂，维护统一，促进团结，为国家的稳定和发展做出新的更大的贡献。

搞好西藏的发展和稳定，要进一步完善民族区域自治制度。民族区域自治是中国共产党为解决包括西藏在内的我国民族问题而制定的基本政策，是国家的一项基本政治制度。实现社会制度的伟大变革，建立和实行民族区域自治制度，引导和保证了处于不同社会发展阶段的少数民族陆续进入社会主义社会。今天，在建立社会主义市场经济体制的伟大变革中，民族区域自治制度的完善和巩固，一定会引导和保证处于不同经济发展水平的少数民族走向共同繁荣、共同富裕。

党中央、国务院和全国人民对西藏人民一直非常关心。毛泽东、邓小平等老一辈无产阶级革命家和以江泽民同志为核心的第三代中央领导集体，都对西藏的建设和发展给予了高度重视。在此，我代表党中央、国务院重申：全国支援西藏的政策长期不变。今后，中央将继续从各方面关心和支持西藏，全国各兄弟省、自治区、直辖市也将进一步支援和帮助西藏。全国人民将永远同西藏各族人民同呼吸、共命运、心连心！

同志们、朋友们，二十一世纪即将来临，我们伟大的祖国前程似锦，作为祖国大家庭重要一员的西藏大有希望。我们坚信，在邓小平同志建设有中国特色社会主义理论和党的基本路线指引下，在以江泽民同志为核心的第三代中央领导集体的正确领导和殷切关怀下，通过230多万西藏各族人民群众的艰苦奋斗和全国人民的大力支持，一个团结、富裕、文明的社会主义新西藏，一定会在不远的将来崛起在西藏高原，屹立于世界之巅！

（据新华社拉萨9月1日电）

中共中央、全国人大常委会、国务院、全国政协、中央军委致电

祝贺新疆维吾尔自治区成立四十周年

（一九九五年十月一日）

中共新疆维吾尔自治区委员会、新疆维吾尔自治区人大常委会、新疆维吾尔自治区人民政府、新疆维吾尔自治区政协、新疆军区、新疆生产建设兵团：

值此新疆维吾尔自治区成立四十周年之际，中共中央、全国人大常委会、国务院、全国政协、中央军委向自治区各族工人、农牧民、知识分子、干部和各界爱国人士，向人民解放军驻新疆部队、武警官兵和公安干警、向新疆生产建设兵团的广大职工，向所有支援新疆建设的同志们，致以热烈的祝贺和亲切的慰问！

四十年前新疆维吾尔自治区的成立，掀开了新疆发展史上的新篇章，标志着新疆进入了社会主义建设的新时期。四十年来，特别是党的十一届三中全会以来，新疆各族人民在党中央、国务院的正确领导下，为建设美丽、富饶、文明的新疆而团结奋进，开创了社会主义现代化建设的新局面，使新疆发生了翻天覆地的变化。党的民族政策深入人心，民族区域自治制度不断巩固和完善，社会主义的新型民族关系已牢固建立；改革不断深化，开放日益扩大，经济建设取得巨大成就，初步形成了门类比较齐全的现代工业体系和我国重要的农产品生产基地，基础设施建设步伐加快；教育、科技、文化、卫生、体育等社会事业有了长足发展，社会主义精神文明建设取得显著成效；城乡面貌焕然一新，人民生活显著改善，正在从温饱向小康目标迈进。今天的新疆，政治稳定，民族团结，边防巩固，经济发展，到处呈现出一派生机勃勃的景象。

新疆地处我们伟大祖国的西北边陲，战略地位十分重要。四十年来，具有光荣革命传统的新疆各族人民，坚持国家利益和中华民族利益高于一切的原则，高举爱国主义旗帜，始终不渝地维护新疆的稳定和民族团结，旗帜鲜明地反对民族分裂主义，挫败了国内外敌对势力的种种政治图谋，为维护祖国统一和巩固全国各民族的大团结，为我国改革开放和社会主义现代化建设做出了重要贡献。

新疆维吾尔自治区四十年来所取得的巨大成就，来自于新疆的社会稳定和民族团结；来自于新疆广大干部群众、驻新疆部队、武警官兵、公安干警和生产建设兵团的艰苦奋斗：来自于新疆各级党政领导认真贯彻执行党的路线方针政策，结合新疆的实际，创造性的工作。新疆四十年的光辉历程雄辩地证明：民族区域自治制度完全符合我国国情，具有强大的生命力；新疆各族人民是经得起各种严峻考验的英雄人民；坚持中国共产党的领导，坚持走社会主义

道路，保持社会稳定和民族团结，是我们事业胜利的根本保证；坚持“一个中心、两个基本点”的党的基本路线，就能沿着正确的方向创造出辉煌的业绩。

刚刚闭幕的党的十四届五中会全，提出了“九五”期间和到二〇一〇年我国国民经济和社会发展的宏伟蓝图。从现在起到二〇一〇年，是我们全面完成第二步战略任务并为实现第三步战略任务奠定坚实基础的重要时期，是我国现代化建设继往开来的重要时期。这十五年，对于新疆的经济发展和社会进步也是一个很关键的时期。新疆地域辽阔，资源丰富，优势很多，潜力很大，发展前景广阔，大有希望。加快新疆的发展，维护民族团结和社会稳定，是新疆各族人民的共同愿望，也是党中央、国务院和全国人民的殷切期望。今后，党和国家将继续高度重视新疆的发展，从各方面给予关心和支持。全国人民同新疆各族人民心连心，同呼吸、共命运，将继续大力支援新疆的建设。

我们相信，在邓小平同志建设有中国特色社会主义理论和党的基本路线指引下，在以江泽民同志为核心的党中央领导下，在全国各省、自治区、直辖市的支援下，新疆维吾尔自治区各族干部和群众，人民解放军驻新疆部队、武警官兵和公安干警，新疆生产建设兵团的全体职工，一定会更加自觉地坚持“抓住机遇，深化改革，扩大开放，促进发展，保持稳定”的指导方针，正确处理改革、发展、稳定的关系，全面贯彻落实党的民族政策，坚持和完善民族区域自治制度，增强各民族的团结和军民、军政团结，解放思想，实事求是，同心同德，开拓进取，把新疆建设得更加美好，为祖国的社会主义现代化事业做出更大的贡献。

祝新疆维吾尔自治区繁荣昌盛！

祝新疆各族人民生活美满幸福！

中共中央
全国人大常委会
国务院
全国政协
中央军委
1995年10月1日

姜春云同志在庆祝新疆维吾尔自治区成立四十周年大会上的讲话

（一九九五年十月一日）

同志们、朋友们：

今天，是新疆各族人民的光辉节日。我们中央代表团带着全国各族人民的深情厚意来到乌鲁木齐，同新疆各族干部群众欢聚在一起，热烈庆祝新疆维吾尔自治区成立40周年。我代表中共中央、全国人大常委会、国务院、全国政协、中央军委、向新疆各族工人、农牧民、知识分子、干部和各界爱国人士，向人民解放军驻新疆部队指战员、武警部队官兵和公安干警，向新疆生产建设兵团的广大职工，向支援新疆建设的同志们和朋友们，致以热烈的祝贺和亲切的慰问！

1955年新疆维吾尔自治区的成立，掀开了新疆发展史上的新篇章，标志着新疆进入了社会主义建设的新时期。40年来，特别是党的十一届三中全会以来，新疆维吾尔自治区党委、政府认真贯彻执行党的路线方针政策，团结带领全区各族人民，开拓进取，艰苦创业，使新疆的面貌发生了历史性的巨大变化。新疆各民族在政治上一律平等，团结和睦，社会主义新型民族关系日益巩固；国民经济持续快速健康发展，工业形成了门类比较齐全的产业体系，农业成为全国重要的农产品基地，物质技术力量显著增强；改革不断深化，对外开放进一步扩大；各项社会事业有了长足的发展，精神文明建设日益加强；城乡面貌焕然一新，人民生活有了显著改善。喜看今天的新疆，政治安定，民族团结，边防巩固，社会进步，经济全面发展，到处呈现出生机勃勃、兴旺发达的景象。勤劳、智慧、善良、朴实的新疆各族人民，创造了新疆历史上从未有过的辉煌业绩，这是值得引以自豪的！

新疆维吾尔自治区40年来取得的巨大成就充分证明：只有坚持中国共产党的领导，走社会主义道路，新疆才有今天这样的大好局面，才有光明美好的前途；只有坚持以经济建设为中心，实行改革开放，才有新疆的繁荣昌盛、社会进步和人民的幸福；只有坚持各民族大团结，维护祖国的统一，才能保持新疆的社会稳定、长治久安、人民安居乐业。

同志们、朋友们，当前我国正处在一个重要的历史发展时期，刚刚闭幕的中国共产党十四届五中全会，为全国“九五”期间和到2010年的经济和社会发展描绘了新的宏伟蓝图，指明了前进的方向。新疆地处我们伟大祖国的西北边陲，地域辽阔，资源丰富，具有广阔的发展前景。只要认真贯彻执行党的路线方针政策，坚持民族区域自治制度，在党中央、国务院的领导下，正确处理改革、发展、稳定的关系，依靠自治区各族人民自力更生、艰苦奋斗，新疆就一定能够发挥得天独厚的资源和地理优势，加快经济和社会发展，胜利实现社会主义现代化建设的第二步、第三步战略目标，开创更加灿烂辉煌的未来。

搞好经济建设是新疆繁荣、稳定的基础。要充分利用新疆独特的气候条件和水土资源优势，把新疆建成全国最大的商品棉基地和重要的畜产品、糖料基地；充分利用新疆丰富的石油天然气资源和矿产资源，积极发展油、气、化工产业和有色金属工业。这是加快新疆经济发展，使全区各族人民走向富裕的重要途径。搞好新疆的经济建设，必须振兴科技、教育，转变经济增长方式，把经济的发展转移到主要依靠科技进步和提高劳动者素质上来，转移到以提高经济效益为中心的轨道上来，使新疆的整体经济实力登上新的台阶。坚持改革开放，是经济发展的强大推动力。要结合新疆的实际，深化改革，逐步建立起充满生机活力的社会主义市场经济体制。要利用新疆毗邻八国和欧亚大陆桥贯通全境的地缘优势，全方位地对外开放，更多地引进资金和先进的技术、管理经验为新疆的经济建设服务。

全面贯彻落实党的民族政策，坚持和完善民族区域自治制度，是新疆长期繁荣、稳定的重要保证。民族区域自治制度适合我国国情，具有强大的生命力。在新的历史时期，要继续坚持和不断完善这一有中国特色的基本政治制度，更好地为民族地区的经济和社会发展服务。加强各民族的团结，是新疆的大局，是振兴新疆的根本前提，要像珍惜生命一样珍惜亲如兄弟的民族团结，要像保护眼睛一样维护情同手足的民族团结。既要加强汉族同少数民族之间的团结，又要加强维吾尔族与其他少数民族之间的团结；既要加强军政、军民的团结，又要加强建设兵团与地方的团结；既要加强干部和群众的团结，又要加强各级领导干部之间的团结。只有党政军民团结一致，才能增强凝聚力，才能战胜各种困难，才能无敌于天下。推进改革开放，促进经济发展，必须有稳定的政治环境和社会环境。要实现社会稳定，必须旗帜鲜明地反对民族分裂主义，要同一切搞分裂、搞颠覆活动的国内外敌对势力作坚决的斗争，同各种破坏安定团结的违法犯罪活动作坚决的斗争。我们相信，新疆各族人民一定会遵循团结、稳定、发展的原则，坚定地捍卫祖国的统一和社会稳定，坚定地维护包括新疆各个民族在内的整个中华民族的最高利益。

党中央、国务院历来非常关心新疆的建设事业，今后将一如既往地从各方面支持新疆的建设和发展。毛泽东、邓小平同志等老一辈无产阶级革命家十分关怀新疆的建设，以江泽民同志为核心的中央第三代领导集体，也十分重视新疆的发展，对新疆的开发、建设和稳定作了许多重要指示。在这里，我代表党中央、国务院重申：国家帮助新疆加快发展的基本方针今后将继续执行；国家给予新疆的现行优惠政策今后将继续有效；国家对新疆必要的财力支持不变，并随着中央财政收入的增加和综合国力的增强，今后将给予新疆更多的支持和帮助。

同志们，回顾过去，我们欢欣鼓舞，展望未来，我们满怀信心。我们坚信，在以江泽民同志为核心的党中央领导下，新疆各族人民一定会以庆祝自治区成立40周年为新的起点，自觉地坚持邓小平同志建设有中国特色社会主义的理论和党的基本路线，更加振奋精神，奋力开拓进取，把新疆的社会主义现代化建设和民族团结进步事业不断推向前进。全国人民将会看到，一个团结、繁荣、文明的社会主义新疆，必将以自己新的雄姿屹立在祖国的大西北，必将为全国的改革、发展、稳定做出更大的贡献！

（据新华社乌鲁木齐10月1日电）

邹家华、吴邦国同志在柴达木资源开发研讨会上的讲话

（一）邹家华同志在柴达木资源开发研讨会上指出，加大资源开发力度，缩小东西部差距

国务院副总理邹家华在柴达木资源开发研讨会上指出，加大柴达木盆地资源开发力度，使之成为不发达地区新的经济增长点，有利于缩小我国中西部地区与东部地区的差距，东部要与西部联合起来，逐步达到协调发展。

邹家华说，中央已经制定了加快中西部地区发展的方针。加快柴达木资源开发步伐，建立有优势，有特色的地方经济，对青海乃至全国都有很大的影响。东部地区要加强与西部的协作与合作，满腔热情地投入广大中西部地区的开发与建设大业中去。

邹家华说，“九五”到2010年期间，我国经济发展要实现两个具有全局意义的根本性转变，即由传统的经济体制向社会主义市场经济体制转变，由粗放经营向集约经营转变，同时，国家将实施有利于缓解东西部差距扩大趋势的政策，青海省要抓住机遇，以柴达木资源开发为突破口，促进全省经济发展。

邹家华指出，资源开发要面向市场，把市场问题放在首要位置，对市场前景广阔、经济效益好的项目，要集中力量，加大投入、争取早建成、早见效。对有资源但市场平淡、效益不好的项目，坚决不能安排。他强调，柴达木盆地资源开发要向深加工方向发展，努力提高技术在经济中的含量，争取做到少投入，大产出、快回收、高效益。

邹家华说，加快柴达木资源开发要搞好统筹规划，做到合理开发，综合利用，实现可持续的快速发展。青海钾肥和水电两方面资源效益是好的，可以先发展起来，要把盐湖资源的开发利用同农牧业、石油天然气、有色金属等资源开发利用结合起来，发挥综合效益。

邹家华说，柴达木资源开发必须走扩大开放、广开门路、多方筹资、联合开发之路，积极利用国外资金、技术、开展国内横向经济技术合作，开发优势资源。他强调，资源开发要打破地区、部门间的界限，发展跨地区，跨部门、跨行业的联合企业，走出一条投资少、见效快的新路。

邹家华说，在柴达木资源开发过程中，要依靠科技，加强地质勘探工作，要加快能源、交通、通讯等基础设施的建设；加强农业，并发展与农产品为原料的深加工的乡镇企业。他特

别强调，在开发资源的同时，要加强环境保护，不能以牺牲环境为代价来发展经济。邹家华最后指出，要把这次会议取得的成果落到实处，由青海省政府和国家有关部委共同把柴达木盆地的资源开发工作做好。

（二）吴邦国同志指出，我国将加快开发柴达木盆地，强调资源开发必须纳入市场机制运行轨道

国务院副总理吴邦国在青海省柴达木资源开发研讨会上指出，大规模开发柴达木资源，能够带动当地一大批产业的崛起，又能够为国内其他地区提供市场急需的部分产品，对缩小东西部发展差距，促进全国各地区的协调发展，是十分必要的。

吴邦国指出，搞好柴达木资源的综合开发，要正确处理好这样几方面的关系：

一是资源与市场需求的关系，开发的思路、规划、方案也要纳入市场机制的运行轨道，以市场为导向，积极推动资源开发与经济发展，实现资源优势与市场需要相统一。

二是在抓好资源开发的同时，把农牧业这个基础搞上去，实行两者并重的方针。

三是搞好资源开发与基础设施建设的关系，今后，跨地区和关系全局的基础设施建设，主要由国家安排；地区性的基础设施建设，主要靠地方自力更生；对于贫困地区、民族自治地区，国家在财力允许的情况下，给予适当支持和帮助。

四是资源开发要充分发挥现有企业的潜力，要注重以改革为动力，把国有企业的优势同资源优势很好地结合起来，探索一条以现有企业为依托，内涵挖潜和外延开发相结合的路子。

五是必须充分重视环境保护工作，科学合理地开发和利用各类资源，做到经济效益、社会效益与环境效益、生态效益相统一。

吴邦国指出，柴达木开发要以青海省自力更生为主，同时争取国家有关方面的帮助与支持。今后国家将积极参与大规模开发项目的科学评估和论证工作；在安排国家建设项目计划时尽可能向包括青海省在内的西部地区倾斜；积极引导东部沿海地区生产要素向西部地区转移、流动。

（据新华社北京10月6日、5日电）

江泽民等中央领导同志为京九铁路铺通题词

江泽民、李鹏、乔石、李瑞环、邹家华等中央领导同志为京九铁路全线铺通分别题词。

江泽民同志的题词是：“建设南北大干线，开发京九经济带。”

李鹏同志的题词是：“劈山越水建京九，创业精神筑丰碑。”

乔石同志的题词是：“建设优质铁路，勇当开路先锋。”

李瑞环同志的题词是：“功在当代，福及后人。”

邹家华同志的题词是：“宏伟的工程，英雄的队伍。”

京九铁路于1995年11月16日全线铺通。京九铁路位于京沪、京广两大南北干线之间，北起北京，南至深圳，连接香港九龙，跨越京、津、冀、鲁、豫、皖、鄂、赣、粤九省市，全长2381公里，另加天津至霸州和麻城至武汉联络线，总长2536公里。京九铁路于1993年初全面施工以来，已完成土石方2.6亿立方米，架设桥梁207公里，开凿隧道56公里。

京九铁路是我国铁路建设史上规模最大、工期最紧、一次建成里程最长的铁路干线。这在我国铁路发展史上是一个创举。加快建成京九铁路，对于大幅度缓解南北铁路运输紧张状况，完善路网布局，带动沿线地方经济发展和革命老区人民致富，促进对外开放和港澳地区的繁荣，都具有十分重要和深远的战略意义。

（据新华社九江1995年11月16日电）

逐步缩小地区发展差距
——论“第八条方针”

《人民日报》评论员

坚持区域经济协调发展，逐步缩小地区发展差距，是党的十四届五中全会《建议》提出的今后15年经济和社会发展必须贯彻的第八条方针。差距问题，是个重要的经济和社会发展问题，也是一个重要的政治问题，关系着改革、发展和稳定的大局。

改革开放17年来，我国各个地区的经济都有很大发展，人民群众生活水平都有很大提高。但是，由于历史、社会和经济发展的诸多原因，造成经济发展差异，沿海地区发展快一些，内陆地区发展慢一些。内地与沿海相比，无论是总量还是人均水平都有很大差距。毫无疑问，我们要提倡一部分地区、一部分人先富起来，提倡先富带动和帮助后富，走共同富裕的道路。但是，现实的问题是东西部差距有所扩大，因此提出坚持区域经济协调发展，逐步缩小地区发展差距，就是十分及时，完全必要的了。

对差距问题，要作科学分析。必须承认发展不平衡是个规律，允许差距的存在，允许并鼓励有条件的地方发展更快更好一些；同时要制定有利于缓解差距扩大趋势的政策并付诸实施。看待差距问题，要讲唯物论和辩证法。世界上很多国家尤其是大国，普遍存在着发展不平衡的问题。我国各地经济发展，无论是在过去高度集中的计划经济条件下，还是在今天社会主义市场经济条件下，向来都不平衡。不仅省、区之间不平衡，同一个省区内，县、市之间甚至有些乡镇之间都有差异。只有正视这个现实，认清道理，才能有效地去解决问题。

差距必须逐步缩小。怎么去逐步缩小？我们决不能以压低沿海发展速度为代价去适应内地速度，只能在沿海发展的基础上增强国家的综合国力，加强国家的宏观调控能力，集中力量更好地支持内地，帮助内地。这是我们贯彻第八条方针的基本指导思想。

强调顾全大局，是第八条方针的一个重点。沿海要顾大局，内地要顾大局，各地都要顾大局。顾大局，就是顾全国各族人民的根本利益，顾我们伟大社会主义祖国的根本利益。

《建议》指出，从战略上看，沿海地区先发展起来并继续发挥优势，这是一个大局，内地要顾全这个大局。经济和社会发展必然有快有慢，有先有后，不可能齐步走。也只有争先恐后，才有你追我赶。才有较快的发展。如果强求齐头并进，同步发展，其结果将是共同落后。沿海发展快一些，对内陆也发挥着示范、辐射和带动的作用。十个指头有长短，对沿海地区较快的发展，内地要理解，要支持。

《建议》又指出，发展到一定时候，沿海多做一些贡献支持内地发展，这也是大局，沿海也要服从这个大局。在我国，无论国土面积，还是人口数量，内地都占大头，比较贫困的7000多万人口，也主要集中在内地。内地不发展，中国就难以发展；内地不稳定，中国就难以稳定。内地必须加快发展的步伐，努力缩小与沿海地区的差距。内地加快发展，要靠中央的好政策，要靠自力更生，艰苦奋斗，也要靠沿海地区的支持。手心手背都是肉，对改变内地暂时的落后状况，沿海要有责任感。

在第八条方针中，促进内地的发展、解决社会成员收入差别悬殊问题，也是一个重点。通过解决经济发展问题，实现社会稳定，体现社会主义本质，这是从政治上看问题，从国家的长治久安看问题。

《建议》指出，从“九五”开始，要更加重视支持内地的发展，实施有利于缓解差距扩大趋势的政策，并逐步加大工作力度，积极朝着缩小差距的方向努力。对于部分社会成员之间收入差别悬殊问题，要采取正确政策，保护合法收入，取缔非法收入，调节过高收入。逐步缩小地区发展差距和解决好社会分配不公，最终实现共同富裕，是保持社会稳定的重要条件，是体现社会主义本质的重要方面。

古人云：“不患寡而患不均”。这句话有积极的一面，也有消极的一面。积极的是主张社会分配公平，这是良好的愿望；消极的是宁可共同“寡”，也要避免“不均”。邓小平同志战略思想的可贵之处则在于，让一部分地区、一部分人先富裕起来，逐步实现共同富裕，既患“不均”，更患“寡”，坚持实现共同富裕是社会主义的根本原则和本质特征。坚持这个社会主义根本原则和本质特征，我们绝不能动摇。

《建议》鼓舞人心，内地大有希望。李鹏同志在五中全会上关于《建议》的说明中指出，从“九五”开始，就要逐步加大解决地区差距问题的力度。解决这个问题采取的主要措施：一是逐步增加对中西部地区的财政支持和建设投资，优先在中西部地区安排资源开发和基础设施建设项目；二是调整加工工业的地区布局，引导资源加工型和劳动密集型的产业向中西部地区转移；三是理顺资源性产品的价格，增强中西部地区自我发展的能力；四是加快中西部地区改革开放的步伐，引导外资更多地投向中西部地区；五是加强东部地区与中西部地区的经济联合与合作，鼓励向中西部地区投资。随着整个经济的发展和中央财政实力的增强，国家对中西部不发达地区的支持将会逐步增加。从中西部地区来说，加快发展，缩小差距，要靠发扬自力更生的精神，努力变资源优势为经济优势，增强自身的经济活力。在经济增长速度上应当从实际出发，不要相互攀比。

《建议》鼓舞人心，沿海更有希望。江泽民总书记在五中全会闭幕时的讲话中，在论述东部地区和中西部地区的关系时指出，东部地区要继续充分利用有利条件，进一步增强经济活力，在深化改革、转变经济增长方式、提高经济素质和效益方面迈出更大的步伐。中央明确提出对五个经济特区和上海浦东新区的基本政策不变，在发展社会主义市场经济的过程中，有些具体办法要有所调整和完善，目的是要把五个经济特区和浦东新区办得更好。

第八条方针，关乎东部和中西部，关乎经济和政治，意义深远。现在，方针明确，措施得力，关键在于统一认识，认真落实。

（原载1995年10月30日《人民日报》）

国务院新闻办公室发布《中国人权报告》（节录）

七、少数民族权利的保障

中国有55个少数民族，中国不仅在宪法和法律上规定各民族一律平等，保障各少数民族的合法权益，而且明确规定要帮助少数民族和民族自治地区发展经济、文化等各项事业，在社会生活中尊重少数民族的风俗习惯。这是中国各民族之间能够长期紧密团结、和衷共济的根本原因。

少数民族参加国家最高权力机关和地方各级权力机关的权利继续受到特殊保护。在第八届全国人民代表大会中，少数民族共有代表439人，占代表总数的14.7%，大大高于少数民族人口占全国人口8.04%的比例，国家重视培养和选拔少数民族干部参加各级政府工作。目前，在全国省（部）级干部总数中，少数民族干部占10.5%；在地（厅）级干部中，少数民族干部占7.9%。

中国在少数民族聚居地区实行民族区域自治。为全面具体地落实《民族区域自治法》。1991年以来，中国制定了20多个民族区域自治条例和一批单行条例，进一步保障了各民族自治地方的自治权。在中国，各自治区主席、自治州州长、自治县县长都由实行区域自治的民族的公民担任。自治区、自治州、自治县的人民政府的其他组成人员，都尽量配备实行区域自治的民族和其他少数民族的人员，法律规定，上级国家机关的决议、决定、命令和指示，如有不适合民族自治地方实际情况的，自治机关可以报经上级国家机关批准，变通执行或者停止执行。民族自治地方的自治机关保障本地方各民族都有使用和发展自己的语言文字的自由，都有保持或者改革自己的风俗习惯的自由，以及依法保障各民族公民有宗教信仰自由。

近几年，国家继续加强对散居少数民族的权利保障。1993年11月，经国务院批准，国家民委发布《民族乡行政工作条例》和《城市民族工作条例》，对保障散居少数民族的政治、经济、文化等各项权利作出了具体规定。

国家对少数民族聚居地区的经济发展一直实行优惠政策，提供资金、技术、人才等方面的支援。1991年12月，国务院下达文件，要求各级政府增加对民族自治地方的投入，推进经济发达地区与民族地区的对口支援；要求各级各类银行适当照顾对民族自治地方固定资产投资项目贷款，各项扶贫资金和物资要更多地用于少数民族贫困地区。

国家和经济发达地区对民族自治地区的支援，促进了民族自治地区的经济发展，1994

年，民族自治地方工农业总产值比1990年增长73.8%，其中农业总产值增长28.1%，工业总产值增长109.1%，铁路通车里程增长27.5%。少数民族人民生活明显改善。1990年，民族自治地方职工年平均工资为2040元，1994年为3970元；农牧民人均纯收入1990年为546元，1994年为944元。

由于西藏位于高寒地区，自然条件恶劣，历史上曾长期遭受封建农奴制的黑暗统治，经济文化较为落后，国家对西藏的发展给予特别照顾。1994年7月中央政府决定全国各地在西藏援建62项工程，计划投资23.8亿元。这些工程主要是水、电、路、能源、通讯、学校、医院等基础设施，目的是为西藏的全面发展奠定良好的基础。现已竣工交付使用的工程40余项，实际总投资已上升至30多亿元。这些工程的完成，有力地促进了西藏地区的经济发展，改善了藏族人民的生产生活条件，提高了藏族人民的生活水平。

由于历史、地理等方面的原因，目前少数民族地区的经济和社会发展水平与内地、沿海地区相比仍有很大的差距。中国政府为缩小这种差距已经作出了巨大努力，并取得了明显的成就。今后，政府将坚持不懈地继续努力，改变少数民族地区相对落后的面貌。

中国政府历来尊重和重视维护少数民族的传统文化，投入了大量资金保护和维修少数民族的文物古迹，从1989年到1994年，政府共投资5300万元，对举世闻名的西藏布达拉宫进行全面维修，完成111个项目，这是17世纪中叶清朝初年修建布达拉宫以来最大的一次维修工程。1991年以来，国家又投资3000多万元，组织人力、物力维修了藏传佛教的青海塔尔寺。

国家大力扶持和发展少数民族的文化艺术。1992年3月，在云南省昆明市举办了全国56个民族参加的第三届中国艺术节。1995年1月，又在上海举办了全国56个民族音乐舞蹈邀请展演，促进了民族音乐舞蹈艺术的发展和繁荣。在政府的支持下，一些少数民族的文化艺术团与外国进行了交流。

国家一贯尊重和保障少数民族使用和发展本民族语言文字的权利。民族自治地方的自治机关在执行职务时，都依照本民族自治地方自治条例的规定，使用当地通用的一种或者几种语言文字。民族自治地方的广播、影视、图书、报纸、杂志，也都使用当地通用的一种或几种语言文字。1991年6月19日，国务院批转了国家民委《关于进一步做好少数民族语言文字工作报告的通知》，要求加强民族语文法制建设，搞好各民族语文的规范化、标准化和信息处理，促进各民族语文的翻译、出版、教育、新闻、广播、影视、古籍整理事业，推进各民族语文的学术研究、协作交流和人才培养。

1991年以来，在政府的支持下，少数民族传统医药学继续得到丰富和发展。民族自治地方从事藏、蒙古、维吾尔、哈萨克、傣等少数民族医药学的人员逐年增加，目前已达6000余人。民族医药机构和民间诊所达500余所。

由于中国政府充分尊重和保障少数民族依法享有的各项权利，重视和支持民族自治地方的政治、经济和文化的发展，今天，中国的民族自治地方政治稳定、经济、文化日益发展，少数民族人民生活水平逐年提高。全国56个民族和睦相处，形成了各民族团结友好、相互支持、相互帮助的局面。

（原载1995年12月28日《人民日报》）

指导外商投资方向暂行规定

（一九九五年六月七日国务院批准　一九九五年六月二十日
国家计划委员会、国家经济贸易委员会、
对外贸易经济合作部发布）

第一条　为了指导外商投资方向，使外商投资方向与我国国民经济和社会发展规划相适应，并有利于保护投资者的合法权益，根据国家有关外商投资的法律的规定和产业政策的要求，制定本规定。

第二条　本规定适用于在中国境内投资举办中外合资经营企业、中外合作经营企业和外资企业的项目以及其他形式的外商投资项目（以下简称外商投资项目）。

第三条　国家计划委员会会同国务院有关部门根据本规定和国家经济技术发展情况，定期编制和适时修订《外商投资产业指导目录》，经国务院批准后公布。

《外商投资产业指导目录》是指导审批外商投资项目的依据。

第四条　外商投资项目分为鼓励、允许、限制和禁止四类。

鼓励类、限制类和禁止类的外商投资项目，列入《外商投资产业指导目录》。不属于鼓励类、限制类和禁止类的外商投资项目，为允许类外商投资项目。允许类外商投资项目不列入《外商投资产业指导目录》。

《外商投资产业指导目录》可以列明不允许外商独资经营以及应当由国有资产占控股地位或者主导地位的外商投资项目。

第五条　属于下列情况之一的外商投资项目，列为鼓励类外商投资项目：

（一）属于农业新技术、农业综合开发和能源、交通、重要原材料工业建设的；

（二）属于高新技术、先进技术，能够改进产品性能、节约能源和原材料、提高企业技术经济效益或者生产适应市场需求而国内生产能力不足的新设备、新材料的；

（三）属于适应国际市场需求，能够提高产品档次，开拓新市场，扩大产品外销，增加出口的；

（四）属于综合利用资源和再生资源以及防治环境污染的新技术、新设备的；

（五）属于能够发挥中西部地区的人力和资源优势，并符合国家产业政策的；

（六）属于国家法律、行政法规规定鼓励的其他项目。

第六条 属于下列情况之一的外商投资项目，列为限制类外商投资项目：

（一）属于国内已开发或者已引进技术，生产能力已能满足国内市场需求的；

（二）属于国家吸收外商投资试点或者实行专卖的产业的；

（三）属于从事稀有、贵重矿产资源勘探、开采的；

（四）属于需要国家统筹规划的产业的；

（五）属于国家法律、行政法规规定限制的其他项目。

限制类外商投资项目，根据国家产业政策和宏观经济调控的需要，分别列入限制类（甲）或者限制类（乙）。

第七条 属于下列情况之一的外商投资项目，列为禁止类外商投资项目：

（一）属于危害国家安全或者损害社会公共利益的；

（二）属于对环境造成污染损害，破坏自然资源或者损害人体健康的；

（三）属于占用大量耕地，不利于保护、开发土地资源，或者危害军事设施安全和使用效能的；

（四）属于运用我国特有工艺或者技术生产产品的；

（五）属于国家法律、行政法规规定禁止的其他项目。

前款规定的外商投资项目，任何公司、企业、其他经济组织或者个人均不得举办。

第八条 鼓励类外商投资项目，除依照国家有关法律、行政法规的规定享受优惠待遇外，从事投资额大、回收期长的能源、交通基础设施（煤炭、电力、地方铁路、公路、港口）建设并经营的，经批准可以扩大与其相关的经营范围。

第九条 限制类外商投资项目，必须遵守国家有关法律、行政法规和下列规定：

（一）限制类的中外合资经营项目，必须约定企业经营期限；

（二）限制类（甲）外商投资项目，中方投资中的固定资产部分必须使用中方投资者自有资金或者属于中方投资者所有的资产。

第十条 鼓励类、允许类外商投资项目，按照现行规定的程序和办法审批、备案。

限制类（甲）外商投资项目，按照现行规定的程序和办法审批、备案。其中，属于国务院规定的审批限额以下的限制类（甲）外商投资项目，按照项目建设性质，分别由省、自治区、直辖市以及计划单列市的计划部门或者主管企业技术改造的部门审批。此类项目的审批权不得下放。

限制类（乙）外商投资项目，属于国务院规定的审批限额以下的，项目建议书由国务院行业归口管理部门审批；项目可行性研究报告按照项目建设性质，分别由省、自治区、直辖市以及计划单列市的计划部门或者主管企业技术改造的部门审批，并报国家计划委员会或者国家经济贸易委员会备案。此类项目的审批权不得下放。属于国务院规定的审批限额以上的，按照现行规定的程序和办法审批。

涉及配额、许可证的外商投资项目，须先向对外贸易经济合作主管部门申请配额、许可证。

法律、行政法规对外商投资项目的审批程序和办法另有规定的，从其规定。

第十一条 属于本规定第六条第一项规定范围的限制类（甲）外商投资项目，产品出口销售额占其产品总销售额70%以上的，经批准可以视为允许类外商投资项目，不受本规定第九条的限制；对于确能发挥中西部地区资源优势且符合国家产业政策的上述外商投资项目，亦可以适当放宽限制。

第十二条 对违反本规定审批的外商投资项目，上级审批机关应当自收到该项目的备案文件之日起30天内予以撤销，其合同、章程无效，企业登记机关不予注册登记或者注销登记，海关不予办理进出口手续。

第十三条 外商投资项目当事人以欺骗等不正当手段，骗取项目建议书的批准的，根据情节轻重，依法追究法律责任；审批机关应当撤销对该项目的批准，并由有关主管机关依法作出相应的处理。

第十四条 审批机关工作人员滥用职权、徇私舞弊、玩忽职守、越权审批的，给予行政处分；情节严重，构成犯罪的，依法追究刑事责任。

第十五条 华侨和香港、澳门、台湾地区的投资者举办的投资项目，参照本规定执行。

第十六条 本规定由国家计划委员会会同国家经济贸易委员会、对外贸易经济合作部组织实施。

第十七条 本规定自发布之日起施行。

※
※※※
※

综　　合

1995年中国中西部地区经济发展综述

1995年是"八五"计划的最后一年。建立社会主义市场经济体制的改革取得重大进展，经济的市场化、社会化程度明显提高。在1993年着重整顿金融秩序和1994年推出宏观调控体系重大改革措施的基础上，1995年把坚决抑止通货膨胀作为正确处理改革、发展、稳定三者关系的关键环节和宏观调控的首要任务。经过各地区、各部门的共同努力，经济稳步发展，经济运行的调控目标得到较好的实现，"八五"计划的主要任务得以顺利完成。党中央更加关注中西部地区的发展，在1995年9月召开的党的十四届五中全会上，中央提出了关于制定国民经济和社会发展"九五"计划和2010年远景目标的建议，在建议中指出：从"九五"开始，要更加重视支持内地的发展，实施有利于缓解差距扩大趋势的政策，并逐步加大工作力度，积极朝着缩小差距的方向努力。这为中西部地区的发展营造了更为有利的政策环境。广大中西部地区在国家各项方针、政策的指导下，奋发图强，经济建设取得了新的成就，为实现国家"九五"计划和2010年远景目标奠定了基础。

一、中西部地区经济向持续、快速、健康方向发展

1995年，中西部地区经济发展的总体情况较好，继续向持续、快速、健康的目标迈进。

（一）各地经济持续快速增长，顺利完成"八五"计划的任务

在1995年里，随着国家各项宏观调控政策、措施的贯彻落实，中西部许多省区的经济增长速度同1994年相比，有不同程度的回落，但仍然保持了较快的发展势头。安徽、吉林和江西等省区GDP增长速度分别比上年下降了6.4、4.6和2.5个百分点；西藏、广西、河南、湖北、江西、安徽、云南、山西和湖南共9个省区GDP增长速度高于全国水平，其中西藏和广西分别高达17.9%和15.3%，位居全国前列。随着经济快速增长，各地的经济规模不断扩大。GDP超过1000亿元的省区由上年的7个增加到13个，四川和河南进入到3000亿元的行列，湖北、湖南、黑龙江和安徽跨上了2000亿元的新台阶。中西部一些省区经济快速发展主要得益于国家对基础产业和基础设施建设的加强，投资的拉动作用较为明显。譬如，三峡工程建设进入投资高峰期，京九、浙赣和南昆铁路以及小浪底水利枢纽工程建设全面铺开，一些能源、原材料基地的建设继续得到加强，这些对于中西部地区的经济增长起到了重要的推动作用。

对于中西部大多数省区而言，"八五"期间是历次五年计划执行得最好的时期，经济运行没有出现大的波动，主要经济指标和建设任务大都提前完成或超额完成。在"八五"时期，安徽、广西、江西、湖北、河南、吉林和四川7省区的GDP年均增长率均超过全国水平，其中安徽、广西和江西分别高达18.75%、18.08%和15.29%。安徽提前6年实现经济总量比1980年翻两番的目标，内蒙古、吉林和陕西等省区提前5年实现这一目标，经济基础较为薄弱的贵州也将于1996年实现该目标。

（二）地区经济结构向合理化方向发展，综合实力进一步增强

在三次产业结构上中西部各省区表现出第一产业所占的份额普遍下降，第二、第三产业所占的比重普遍上升的特点。1995年江西、安徽、西藏、广西、湖北、河南、湖南、新疆等省区第二产业增加值比上年的增长幅度均超过全国水平；甘肃、西藏、云南、广西、江西等大多数中西部省区第三产业增加值的增幅也高于全国水平。在GDP中，第一产业所占比重中部和西部地区分别为25%和26%，第二产业所占比重中部和西部地区分别为46%和42%；第三产业所占比重中部和西部地区分别为29%和32%。同"七五"期末相比，中西部共有12个省区第一产业比重下降了5个百分点以上，15个省区第三产业比重上升了6个百分点以上。

在整个经济结构中，中西部地区非国有经济比重显著提高。“八五”期间，在工业总产值中非国有经济中部地区年均增长46.6%，西部地区年均增长45.5%。内蒙古乡镇企业总产值和其中的工业总产值分别比“七五”期末增长11.2倍和9.5倍，乡镇企业的工业产值已占全区工业总产值的三分之一。贵州在“八五”期间，非国有经济在工业总产值中的比重提高了8.6个百分点，在市场销售额中提高了7.7个百分点。云南集体、个体和其他经济成份在经济结构中所占比重已达20%以上，形成了多种经济成份共同发展的格局。中西部地区经济结构发生的变化，标志着各地经济发展水平和整体素质有了较大提高，工业化和现代化步伐进一步加快。

（三）固定资产投资的调控力度有所加强，重点建设完成情况较好

根据党中央、国务院确定的经济工作的指导方针，固定资产投资按照“深化改革，控制总量，调整结构，提高效益，保持投资适度增长”的原则，中西部地区采取切实有效的措施，加强对投资总规模和投资结构的宏观调控，取得了显著成效。

固定资产投资规模得到较好的控制，既抑止了增幅提高过快的势头，又保证了中西部地区投资份额的逐步提高。1995年中西部固定资产投资完成6895.0亿元，其中中部和西部分别为4120.6亿元和2774.4亿元，同上年相比增幅分别为19.91%、20.74%和18.68%，均比上年的增幅有所回落，但中部地区和整个中西部地区的增幅都高于全国水平。西藏、湖北、河南、黑龙江、江西、四川等省区全社会固定投资增幅均高于全国，其中西藏和湖北的增幅高达74.5%和39.7%；除西藏、河南、湖南等少数省区外，各省区全社会固定资产投资的增幅都有不同程度的回落。中西部地区固定资产投资在全国所占的比重由1994年的35.12%提高到35.46%，其中中部地区由20.85%提高到21.19%。中西部地区国有经济固定资产投资增加较快，为17.48%，比全国高1.4个百分点，其中中部增幅高达19.26%。

投资结构有所改善，房地产投资受到控制，更新改造投资和基本建设投资得到保证。在国有经济固定资产投资中，中部地区和西部地区房地产投资分别仅占7.98%和7.69%，比全国低3.68和3.93个百分点；中西部更新改造投资在国有经济固定资产投资中所占的比重为25.59%，其中中部为26.60%，均高于全国水平；中部和西部基本建设投资在国有经济固定资产投资中所占的比重分别为59.95%和60.67%，比全国高1.27和1.99个百分点。对基础产业和基础设施的投资继续得到加强。山西对农业和交通运输邮电业的投资分别占全部投资的0.32%和29.59%，比上年增加0.02和4.49个百分点；吉林用于农业的投资增长24.1%，用于能源的投资增长25.4%，用于化工的投资增长76.7%，均远高于全部固定资产投资10.9%的增长速度；甘肃在国有经济投资中，用于能源的固定资产投资增加68.52%；江西基础设施建设投资额比上年增长21.4%，其中用于能源建设的投资增加了5亿元，达到25.4亿元。

重点建设完成情况较好。一批国家重点建设项目建成投产，包括铁路的兰新复线、浙赣线、商阜线，电力的云南漫湾水电站、吉林双辽电厂，等等。中西部各省的重点建设也进展顺利。甘肃全部建成投产的重点项目有8个，完成了京呼银兰光缆工程、金川公司二期扩建、永昌嘉峪关送变电工程等；云南全年施工的42项重点建设项目共完成投资106.4亿元，比上年增长24.7%，已有大理机场、丽江机场、昆明醋酸纤维丝束厂等16个重点项目和单项工程建成投产；广西建成投产或部分投产的项目包括岩滩水电站、柳州火电厂扩建工程、平果铝厂等11项；江西基本建设和更新改造共安排重点工程项目72项，完成投资88.31亿元，全面完成了建设计划。其中基本建设重点工程34项，完成投资82.86亿元，新余电厂和东津水电站已并网发电，九江大化肥工程已基本建成，福杭贵成光缆江西段已交付使用。安徽全面建成和基本建成21项重点工程，完成重点建设投资74.84亿元，比上年增长20.63%，建成项目和投资总额都是历史上前所未有的，建成的项目主要有：合九铁路、阜淮复线、商阜复线、阜九铁路、桃园煤矿、铜陵长江大桥等。

（四）外资西移初见端倪，对外经贸工作稳步发展

根据我国的经济和社会发展规划，借用中长期国外贷款主要用于生产性的投资建设，重点支持基础设施、基础产业，并积极发展出口创汇产业。中西部地区是我国基础设施和基础产业建设的重点地区，1995年利用外资取得新进展。借用国外贷款建设的大中型项目主要有：农业方面的甘肃引大入秦工程；能源方面的五强溪水电站、内蒙古准格尔黑岱沟露天煤矿、大庆油田萨尔图南二区、新疆克拉玛依油田稠油开发；交通通信方面的宝中铁路、内蒙古集通铁路、武汉天河机场、四川成渝高速公路、黄石长江公路大桥；原材料方面的贵州瓮福磷矿，安徽安庆石化总厂，新疆、中原乙烯工程，陕西渭河化肥厂，乌石化聚酯工程，等等。

1995年经国务院批准，国家计委、国家经贸委、外经贸部发布了《指导外商投资方向暂行规定》和《外商投资产业指导目录》。这是我国首次公布鼓励、限制、禁止外商投资的领域，并在原有基础上显著扩大了鼓励外商投资的范围，拓宽了对外开放的领域。这对于中西部地区吸引外商直接投资也有很好的促进作用。1995年，中部地区外商投资显著增加，东部沿海地区一部分外资企业的劳动密集型和资源开发型产品已开始向中西部地区转移，签署的合同数、协议投资额和实际投资额分别为5383个、73.85亿美元和33.24亿美元，占全国份额分别为14.54%、8.09%和8.86%，比1994年提高1.06、1.46和1.16个百分点。1995年8月，国家计委、电力部和交通部下达了《关于试办外商投资特许权项目审批管理有关问题的通知》，决定将BOT投资方式引入我国的火电、水电、高等级公路、桥梁、隧道等基础设施建设中来，建立投资竞争机制。我国第一个BOT试点项目——广西来宾电厂B厂的试点工作进展顺利，境外投资者踊跃投资。

1995年，国内外较为宽松的经济环境为进出口的扩大创造了有利的条件。国家继续从严控制固定资产投资，实行适度从紧的财政、货币政策，国内需求增长放缓，促使企业更加注重将产品推向国际市场；通货膨胀得到初步抑制，有利于外贸企业控制换汇成本，扩大出口；国家取消了部分商品的进口配额，促进了进口的增加；世界经济增长较快，国际市场需求转旺，为扩大对外贸易提供了机遇。中部和西部地区进出口总额分别为236.1亿美元和151.6亿美元，分别比上年增加15.59%和10.16%。中部地区出口和进口分别增长14.11%和17.40%，进口增幅高于全国3.2个百分点；西部地区出口增幅高达27.44%，比全国高4.56个百分点。山西、贵州、宁夏、甘肃、云南、河南、内蒙古、安徽、湖北、湖南等省区的进出口总额的增幅都高于全国，其中山西和贵州分别高达58.84%和53.00%，比全国高40.24和34.40个百分点。

一些省区对外开放迈出更大的步伐。云南加大对外开放力度，加强同东亚、南亚和世界各国的经贸合作，成功举办了第三届“昆交会”、“国际花卉博览会”，促进了云南的全方位对外开放，加快了对外经济技术合作步伐。全年进出口总额超过23亿美元，增长28%以上；外商直接投资总额10.8亿美元，注册资本7.97亿美元，外资实际到位2.21亿美元；完成对外工程承包劳务合作合同额2.2亿美元，营业额1.03亿美元，比上年分别增长1.1倍和2.13倍，进入全国各省市对外经济技术合作十强行列。江西着力加强招商引资工作。1995年6月在深圳举办'95江西招商引资新闻发布会，精选出了530个招商项目；8月参加全国赴美招商引资活动，取得了一批成果；10月在南昌举办了'95赣台经贸洽谈会暨台资企业产品展销会，签订项目160多个，总金额3.57亿美元；10月联合其他省市在香港举办“京九铁路及沿线经济状况推介会”，签约4.06亿美元，成果之丰居各参展代表团之首。甘肃外商投资企业发展较快，到1995年底，全省外商投资企业已发展到1037家，注册资金达到16.4亿美元，合同利用外资额为6亿美元，项目投资规模越来越大，前来投资的国家和地区不断增加。外商投资企业在全省国民经济发展中已占据一定的位置。1995年，全省外商投资企业共向国家交纳各种税金1.6亿元人民币，产品出口创汇2240万美元。外商投资领域已从饮食服务业拓展到工业、农业的各行各业，能源工业、交通等基础产业和基础设施项目正在成为外商投资的热点；此外，外商投资企业从资源开发型向国有企业嫁接扩展，推动了企业的技术进步和现代企业制度的建立。

（五）财政状况得到改善，金融形势平稳

1995年重点解决在科学划分事权前提下政府间财力分配问题，进一步完善了分税财政体制。取消了原体制上解的递增率；结合解决民族地区的困难和问题，按照因素法适当增加了一些补助，为将来在全国实行规范的转移支付制度积累了经验；进一步研究中央与地方的事权划分问题，原则上中央财政不再负担应由地方财政负担的开支；推进和规范省以下的分税制改革。与此同时，巩固和扩大了新税制的成果。进一步解决了增值税征管中小规模纳税人、企业期初库存扣税等问题；省级政府过去批准的减免征税政策，1995年是执行的最后一年，中央财政要求各地做好恢复征税的各项工作。在这种背景下，中西部地区加快财税体制改革步伐，并努力增收节支，注意培育骨干财源，财政收入有较快增长，财政状况得到了一些改善。西藏、河南、江西、湖北、云南、新疆、山西、四川、陕西和黑龙江等省区的地方财政收入的增幅都超过全国水平，其中西藏、河南、江西和湖北的增幅分别达40.8%、31.9%、29.9%和28.6%。

1995年我国金融政策以抑止通货膨胀为首要目标，配合国有企业改革，进一步巩固和发展了上一

年金融改革和宏观调控的成果。金融法制化建设取得突出进展；中央银行尝试使用货币政策，同时加强对金融机构的监管，取得了一定成效；专业银行向商业银行的转变正在积极稳步推进；政策性银行全面运作，业务开展顺利；城市合作银行开始组建；金融秩序进一步得到整顿和规范。总体上看，中西部金融形势较为平稳，存款余额稳步增加，现金投放有所控制，信贷结构得到调整。云南、河南、四川、山西、新疆等省区金融机构存款余额的增幅都在30%以上。四川落实适度从紧的货币政策，把好现金和信贷投放两个闸门，1995年末金融机构各项存款余额和贷款余额分别比年初增加616.68亿元和525.45亿元，现金投放比上年减少52.56亿元，完成了上级下达的回收短期融资和调剂资金的任务；全省银行在用好增量资金和盘活存量资金上下功夫，采取新增贷款“五挂钩”等办法集中资金保重点，对农业、重点工商企业和重点建设项目的贷款都有较大增长，人民银行还运用再贴现业务支持重点企业和农副产品收购。贵州1995年末全部金融机构各项存款余额较年初增加116.4亿元，在各项存款增加额中，储蓄存款增幅最大，企业存款由降转升，企业资金紧张的状况有所缓解；贷款比上年多增33.4亿元，是近年来增加最多的，贷款结构得到调整，短期贷款特别是商业贷款增加较多。宁夏全年货币净投放量为14.58亿元，比上年同期减少1.92亿元，下降11.6%。湖南金融机构存款余额比年初增加272.4亿元，超额完成省政府的任务，贷款余额比上年同期增长20%以上，增长幅度高于国民经济增长速度。山西贷款余额中短期贷款增加较快，信贷资金主要用于支持大中型企业正常的原材料购进及其他生产急需和商业企业的商品购进，特别是农副产品的购进；现金投放增势趋缓，全年全省银行现金收支相抵净投放现金134.3亿元，略低于上年水平。

（六）物价涨幅普遍回落，人民生活逐步提高

中西部各级政府、各个部门认真贯彻落实党中央、国务院关于抑制通货膨胀的各项政策、措施，抓紧“米袋子”、“菜篮子”建设，努力发展生产，保障供给，整顿和加强市场管理，控制物价取得了一些成效。各省区居民消费价格指数和商品零售价格指数与上年相比，都有不同程度的下降，其中安徽、江西、河南和山西居民消费价格指数下降的幅度高于全国水平，安徽、吉林、黑龙江、河南、山西消费价格指数低于全国水平；安徽、湖南、江西、新疆、陕西、广西、四川和青海等省区的商品零售价格指数下降的幅度高于全国水平，安徽、吉林、黑龙江、山西商品零售价格指数低于全国水平。

城镇和农村居民收入有了一定的提高。湖南、广西、新疆和四川等省区城镇居民平均每人全年全部收入超过4000元，其中湖南和广西高于全国水平；中西部大部分省区农村居民平均每人全年纯收入超过1000元，黑龙江和吉林还高于全国水平。

（七）存在的主要问题和困难

中西部地区经济发展在取得较大成就的同时，还存在着一些问题和困难，主要表现为：

一是中西部地区在全国经济总格局中处于较为落后位置的状况并没有根本改观。尽管中西部一些省区特别是中部省的经济增长速度有所提高，但整个中西部的GDP在全国的份额仅为44%，比上年提高0.8个百分点，其中中部占27.2%，提高0.8个百分点，而西部才占16.7%，同上年一样，只有黑龙江、新疆两省区的人均GDP高于全国平均水平。这表明，要缩小中西部地区与东部地区的差距，的确任重而道远。

二是资金不足的困难依然如故。中西部大多数省区是贷大于存的地区，实行《商业银行法》，按照资产负债比例发放贷款，使这些地区资金不足的困难加剧；随着投融资市场机制的建立，全国资金总流向的趋势是向投资回报率较高的地区和行业集中，由于中西部自身产业结构层次较低，投资环境较差，因而对资金的吸引能力不强；中西部大多数省区经济实力较弱，财政较为困难，建设资金尤为紧缺。由于中西部地区的经济增长主要靠要素投入的增加，资金不足是制约其发展的重要原因。

三是国有企业改革滞后，生产经营困难。中西部地区国有企业在经济结构中所占比重较高，但是，在经济体制转换时期，改革的步伐相对较慢，不少企业由于经营机制不适应市场经济的要求，粗放型经济生产的产品不适应市场需求的变化，造成企业经营亏损，包袱沉重，负债率高，部分职工失业。

四是物价上涨幅度仍旧较高。虽然经过中西部广大干部和群众的艰苦努力，物价涨幅普遍有所回落，但同东部地区相比，物价涨幅仍然偏高，物价总水平仍在高位运行。西部所有省区和中部的部分省区无论是居民消费价格指数，还是商品零售价格指数，都高于东部大多数省市，也高于全国水平。全国共有14个省市商品零售价格涨幅控制在15以内%，属于中西部地区的仅有4个；涨幅在15～16%的全国共有5个省区，其中有4个属于中西部地区；涨幅超过16%的全国共有11个省区，全部属

于中西部地区。

五是市场仍处于平稳偏淡的状况。中部和西部社会消费品零售总额名义增长率略低于东部地区，加之物价涨幅较高，扣除价格因素，实际增幅比东部地区更低一些，社会消费品零售总额占全国的比重分别为26.5%和15.6%，比上年下降了0.4和1个百分点，反映出有效消费需求不足，市场偏淡。

六是基础设施薄弱。农业生产条件得不到明显的改善，水利化程度较低，抗御自然灾害能力较差，许多地方基本上还是靠天吃饭；水、电、路等基础设施对经济的“瓶颈”制约依然严重。

二、区域经济的基本形势

在一些相对较为发达的地区继续保持发展势头的同时，一些发展缓慢的地区加快了发展步伐，区域经济发展走向协调。

（一）一些省区发展较快，一些重点地区保持强劲的发展势头

中部大多数省和西部一些省区经济发展速度较快，成为带动中西部地区经济增长的“火车头”。

安徽GDP增长速度高达14.3%，GDP达到2003.6亿元，迈上了2000亿元的大台阶，在全国的比重由上年的3.31%上升到3.55%，提前6年实现GDP总量翻两番、提前5年实现人均GDP翻两番的战略目标。全省“八五”计划主要指标超额实现，工业总产值由1990年的646.4亿元提高到2300亿元，在全国的位次从第14位提升到第11位；农业总产值由1990年的370.9亿元增加到980亿元，1995年粮、棉、油、肉、水产等主要农产品产量均创历史最高水平；财政收入在“八五”期间增加了1.55倍；外贸进出口总额增加了2.85倍，年均增长23.3%，占国内生产总值的比重提高了近3个百分点；1995年城乡居民储蓄存款余额达550亿元，是“七五”末期的3.4倍。

广西努力克服上年洪涝灾害造成的影响，继续保持了经济快速增长的势头，1995年GDP增长速度为15.3%，GDP为1600亿元，在全国的比重从上年的2.75%提高到2.88%，在西部地区的比重从上年的15.91%提高到16.86%。工业增加值587亿元，增长23%，产品销售基本衔接；粮食总产量为1525万吨，增长9.1%，创历史最好水平；全年财政收入完成130亿元，增长16.2%，其中地方财政收入76.5亿元，增长22.9%。1995年全区国民经济和社会发展取得的成就，标志着“八五”计划的胜利完成，对外开放的总体格局基本形成，社会生产力迅速发展，综合经济实力明显增强。

江西战胜了百年未遇的特大洪涝灾害，全面完成和超额完成年度计划和“八五”计划规定的各项主要指标。1995年GDP比上年增长14.5%，GDP为1205亿元，在全国的比重从上年的2.29%提高到2.34%，在中部地区的比重从上年的8.31%上升到8.40%。工业生产克服资金短缺、销售不畅等诸多困难，保持快速增长，全年完成工业增加值521.4亿元，是1990年的两倍，比上年增长25.1%，轻工业生产发展快于重工业，工业经济实力进一步增强，新增工业产值来自科技进步的因素达35%；农业围绕“三稳三增三保”的目标，相继采取了一系列措施，在大灾之年又夺得了丰收，农业总产值达631亿元，比上年增加5.2%，主要农产品除棉花外继续增产，粮食在早稻因灾减产10亿斤的情况下，总产量仍然达到321.5亿斤，增产0.8亿斤；财政收入105亿元，比上年增长18.5%，其中地方财政收入64亿元，增加29.9%，连续5年实现财政收支平衡，财政收入超亿元的县（市、区）增加到21个。

黑龙江加快国有工业企业经济体制改革和经济增长方式转变，努力搞活国有大中型企业，全面启动现代企业制度试点，组建了245个股份公司、有限责任公司和企业集团，并在一批国有大中型企业建立“高新技术角”。1995年，工业总产值达到2204亿元，比上年增加16.2%，其中国有经济增长7.3%，结束了连续两年负增长的局面，均为改革开放以来的最大增幅。此外，黑龙江还着力建设农业强省，积极培育新的经济增长点，终于出现了可喜的转机。1995年，全省GDP达到2020亿元，在全国的排名由末尾跃居中游。

一些发展条件较为优越的重点地区发展势头强劲，起到了地区经济核心区的作用。四川继续实施“两点、两线、两翼”发展战略，成渝两市和“江油—峨眉山”、“成都—重庆”两条线发展步伐加快。哈尔滨—长春地区、武汉—黄石地区、皖江—昌九地区、郑州—洛阳—开封地区、关中地区、南宁—北部湾地区、太原—大同地区、以兰州为中心的黄河上游地区和新疆天山北坡地区等，发展也较快，它们构成了中西部地区的重要增长极。

（二）沿江开放方兴未艾，沿边开放取得进展

沿江地区对外开放步伐进一步加快，成为中西部对外开放程度较高的地区。沿江各省都把沿江地区作为各自开发开放的重点地区，基本上形成了以沿江地区为依托的对外开放格局。长江流域正成为

国际产业转移的基地。长江上游的四川省已成为外商投资的重点地区之一。其批准建立的“三资”企业和引进的外资数，在中西部地区名列前茅。全省几十个开发区都已成为外商投资的热点。其中重庆经济开发区和高新技术开发区已有台湾、香港、日本、美国、新加坡等16个国家和地区的近200个企业前来落户，引进外资4亿多美元。位居长江中游的湖北省更多地吸引了欧洲国家的投资。仅武汉市目前就有欧洲各国投资企业70多家，总投资额达到16.6亿美元。地处长江中下游的安徽早在1990年就作出了“开发皖江，呼应浦东”的战略部署；1995年上半年，安徽又通过了《中共安徽省委、省人民政府关于进一步推进皖江开发开放若干问题的意见》和《安徽省长江经济带开发开放规划纲要》，确定了皖江新一轮开发开放的总体战略：“外向带动、整体推进、重点突破、形成支柱”。安徽主动接受长江三角洲的辐射，大力吸引外商投资，1995年共批准外资企业753家，协议外资12.06亿美元，实际利用外资4.8亿美元，分别比上年增长20%、71%和37%。安徽省的支柱产业和优势产业成为外商投资的热点，投资结构进一步优化，外商投资领域从过去的轻纺加工业为主逐渐扩展到机械、电子、化工、医药、冶金、建材、农林水产、旅游、房地产等行业，外商投资企业每项协议外资额的平均规模从“七五”时期的33万美元扩大到“八五”时期的84万美元，扩大了1.5倍。此外，国有企业同外资联合，使家用电器生产迈上新台阶，已名列全国前茅。

沿边开发开放取得新成就。沿边开放城市继续加大基础设施建设投入，绥芬河铁路站场改造后大大提高了货场的吞吐能力，北安—黑河铁路的改扩建工程进展顺利，塔城机场投入运营，东兴口岸的中越北仑河大桥建成开通，此外，珲春、黑河、东兴、满洲里、绥芬河市的旧城改造进展顺利。面对边贸发展中出现的困难，边境开放城市从规范边贸程序、提高出口商品质量入手，找准双边合作的结合点，提高经贸合作的层次，探讨经贸合作的新方式，由过去单一的易货贸易向易货、现汇、旅游、劳务输出、技术合作等多元化发展，一些省区的边境贸易开始走出低谷。黑龙江成为对俄边贸大省，自1987年以来，全省已累计实现对俄边境贸易总额80亿美元，约占我国同期对俄边贸总额的2/3，1995年对俄边境贸易额已由1987年的不足1亿美元发展到26亿美元，其中现汇贸易已占边贸总额的一半以上，品种也发展到20大类2万多种。新疆5000公里边境沿线边贸渐趋活跃，我国最西北的塔城巴克图口岸于1995年7月正式对外开放，集公路、铁路于一体的阿拉山口口岸的过货量达到113万吨，1995年从红其拉甫、阿拉山口、霍尔果斯、塔克什肯等十几个国家一类口岸出入境的超过40万人次。南边对越南、老挝、缅甸等国的边贸也十分活跃。

建立图们江、澜沧江国际合作开发区的工作有了新的进展。1995年12月，联合国开发计划署召开会议，中、俄、朝三国政府代表正式签署了《关于建立图们江地区开发协调委员会的协定》，中、俄、朝、蒙、韩五国政府代表正式签署了《关于建立图们江地区经济开发区及东北亚开发协商委员会的协定》和《图们江地区经济开发及东北亚环境准则谅解备忘录》，表明了图们江地区相邻国家共同合作开发该区域的政治承诺。澜沧江—湄公河国际航道的改造已基本符合航行要求，昆明—曼谷公路已在做前期论证，有关部门正在讨论利用国际合作方式修建下游水电站的途径。

（三）横向经济联合协作出现好势头，加快了区域经济的发展

中西部区域经济合作和经济网络组织已有数十个，主要分为省（区）际间经济协作区、省毗邻地区经济协作区、省内经济协作区和城市间经济协作网络。这些组织开展的活动既有中西部同东部地区的协作，也有中西部地区内部的协作。中西部地区的横向经济联合已形成了资金、技术、物资、人才全方位、多层次、多领域展开的格局，正在向规模化、区域化、集团化方向发展，在促进产业结构、地区结构、企业组织结构和技术结构调整，发育市场体系，完善市场机制等方面，发挥了重要作用。

于1988年成立的由山东、山西、河南、内蒙古、陕西、甘肃、宁夏、青海和新疆9个省区组成的黄河经济协作区进入大联合、大开发时期。协作区以黄河为纽带，以市场为导向，以开发促规模，在各省区之间结成一种新型的经贸合作关系。这种区域横向联合，在加速资源开发、加快市场培育、扩大经贸往来、深化行业协作、促进科技成果转化等领域取得了显著成效。7年来，各省区间已建立约10对省区和70多对地市的友好合作关系，结成一批行业协作联席会，先后达成万余个协作项目，省际间融通资金数亿元，物资协作总金额约200亿元。协作区东部省的资金、技术和人才优势正在加速与中西部省区的资源优势相结合，煤炭、水电、石油天然气、有色金属、盐湖、建材以及农牧业资源、旅游资源的联合开发得到全面加强。目前，协作区内已经形成一大批在全国占有重要地位的资源开发项目，开始形成能源与交通互济、基础工业与加工工业并重、具有鲜明地域特色的大型经济联合体。

上海与中西部地区的联合走上新台阶。上海同宁夏、云南、新疆、西藏4省区建立对口支援已有10年以上的历史，支援和合作项目已超过2000项。1995年以来，这种合作关系出现新特点：一是协作项目层次提高，规模扩大。上海纺织系统已向新疆转移6万纱锭，投资规模达数亿元。上海白猫集团在四川万县一地的项目投资就达1700万元。在1995年，上海向中西部各省市的投资总额达6亿多元，是历史上最多的一年。二是对口支援向多元化方向发展。上海援建的西藏日喀则上水工程已经完工，拉萨传染病医院建设进展顺利，上海教育、卫生、邮电、公用各部门也出资出力，支援西部4省区建立"希望小学"。三是开拓市场的力度加大。上海纷纷在内地举办商品博览会，广设销售网点。在武汉、西安等地举办名牌产品大联销，销售额约23亿元。中西部地区在上海兴办的企业累计达1万余家。1995年，有30多个中西部地区的城市在上海举行招商洽谈会和产品展示会。

中西部之间的协作也取得新进展。西南五省七方经济协调会在原有的基础上进一步巩固和加强，围绕落实国务院已经批准的西南和华南部分省区经济发展规划纲要开展了大量的工作，在联合建设交通、通信、能源、水利等基础设施，以及自然资源的开发利用、产业的分工协作、物资的交流调剂、市场体系的培育完善和生态环境保护等方面取得了较大成就，走出了一条优势互补、联合开发、共同发展的路子。社会主义市场经济的发展，打破了湘鄂川黔边区昔日省际间的条块分割和区域封锁，广泛开展经济协作，撤除了关卡壁垒，使1200个城乡集市按商品经济的自然流向形成优势互补的区域大市场，近年来，仅新建的边区工业品、蔬菜、水果、木材、牲畜等各类专业和批发市场就达80多个，协作的工商企业有8000多家，累计协作物资价值80多亿元；4省边区互设窗口和摊点的工商户以及进入边区市场的全国各地工商户4.42万户，边区社会商品零售总额上升到69亿元。

江西积极开展横向经济联合与协作，引进省外资金与技术，推动了县域经济的发展。抓住京九铁路贯通的有利时机，打京九牌，促县域经济，是1995年横向联合的新特点。沿京九铁路江西段的有关县相应推出一批横向联合项目，把招商引资的重点放到沿海发达地区，采取请进来、走出去的方法，承接沿海地区转移的项目。京九铁路江西段沿线1995年签订的合同项目近千个，引进资金4亿多元，其中大多数项目是同沿海发达地区签订的。

（四）城镇数量增加，城市化水平有所提高

伴随着经济发展水平和工业化程度的提高，中西部地区城市化步伐加快，中西部一些经济较为发达的地区城市人口增加较快，城市化水平迅速提高。中部地区市镇非农业人口占总人口的比重接近全国的平均值，其中吉林、黑龙江、内蒙古已达30%以上；西部地区青海、新疆和宁夏的市镇非农业人口占总人口的比重均高于全国水平。

1995年全国共有640个城市，其中中部、西部地区城市数分别为234个和133个，均比上年增加了4个，城市数分别占全国城市总数的36.56%和20.78%。同年，全国建制镇达到16992个，其中中部、西部地区的建制镇分别为5154和4728个，各占全国建制镇总数的30.33%和27.82%；在全国新增加的782个建制镇中，中部增加了284个，西部增加了193个，分别占全国新增建制镇的36.32%和24.68%；湖南新增建制镇达到120个，居全国之首，广西、四川和河南也都增加了70个以上。在主要交通通道，尤其是哈大线、陇海—兰新线、焦枝—枝柳—湘桂线、浙赣—湘黔—贵昆线、宝成—宝昆线等铁路沿线已逐步形成连带状的城市带，长江沿岸的芜湖、九江、武汉、黄石、岳阳、重庆、合肥、南昌、长沙、成都等城市，共同形成了沿长江城市带。

（五）扶贫工作取得新成效，欠发达地区的经济状况有所好转

1995年，在中西部各级政府的积极扶持、贫困地区人民自身努力和社会各界的大力支持下，扶贫工作出现新局面。

国家有关部门按照《国家"八七"扶贫攻坚计划》规定的职责，相继制定并开始实施专项扶贫规划。扶贫攻坚已经成为国家计委国民经济和社会发展计划的重要组成部分，国家科委制定了科技扶贫计划，电力部制定并开始实施"电力扶贫共富工程"，交通部制定了交通扶贫规划，邮电部制定了贫困地区的通讯规划，水利部制定了解决人畜饮水困难的规划，农业部开始实施"乡镇企业东西合作示范工程"及扩大了"温饱工程"的规模，国家教委会同财政部开始实施"国家贫困地区义务教育工程"，卫生部、民政部、国家民委也都制定了扶贫规划和措施。

各省区的党委和政府按照《国家"八七"扶贫攻坚计划》的要求，结合各自的实际情况，制定了加强扶贫攻坚规划和措施，对实施扶贫攻坚计划作出具体部署。各地进一步明确了扶贫攻坚的重点乡、村，资金、物资、技术等扶贫投入集中向特困乡、村和贫困户倾斜。省区政府加大了扶贫开发工作的力度，增加扶贫投入，加大到贫困地区的税后转移支付。

中央扶贫投入增加，扶贫资金管理进一步规范化。1995年中央投入的财政支援中西部不发达地区发展资金、以工代赈资金和扶贫专项贷款总额达到100亿元左右。国务院各部门也结合各自的扶贫专项规划的实施，加大了对贫困地区的投入力度，以工代赈资金和扶贫专项贷款已全面实行项目管理，使扶贫资金管理使用规范化。中央决定在原先2亿元的基础上，1995年增拨2亿元义务教育专款，并在3年内增加到每年10亿元，用于实施“国家贫困地区义务教育工程”，在中西部贫困地区改善小学、初中的办学条件，重点支持《国家“八七”扶贫攻坚计划》确定的国家扶持贫困县。

以工代赈工作进一步加强。1995年国家扶贫以工代赈的总规模达到40.4亿元。根据《国家“八七”扶贫攻坚计划》和年初中央农村工作会议的要求，各级计划部门坚持“直接面向农村贫困人口，综合配套治理，提高扶贫效益”的原则，进一步加强了以工代赈的管理工作。第六批和第七批以工代赈由国家同时下达资金计划和项目计划，严格按照基本建设程序实行项目管理。除个别续建项目以外，1995年扶贫以工代赈资金全部投放到国家确定的贫困县，并把贫困人口集中、经济发展水平落后的西北、西南地区作为重点实施的区域。

党政机关和企事业单位积极参与对口扶贫工作。对口单位通过科技扶贫、智力扶贫和信息扶贫等方式，有力地促进了贫困地区的经济和社会发展。“希望工程”、“文化扶贫”、“万人培训计划”和“光彩事业”等，对贫困地区的发展起到了重要作用。贫困地区与经济发达地区和大中城市的经济联合与技术合作进一步加强。目前正在组织9个沿海经济发达的省、市对口扶持西部10个贫困省区，推动优势互补，共同发展。

在扶贫领域的国际合作取得重大进展。《国家“八七”扶贫攻坚计划》为我国的扶贫领域内与国际社会开展合作打下了基础，世界银行、联合国开发计划署、亚洲开发银行、孟加拉乡村银行等，都积极表示愿意与我国扩大扶贫合作。世界银行贷款2亿多美元的西南扶贫项目于1995年开始进入实施阶段，国家教委利用世界银行3.2亿美元贷款扶持贫困地区和少数民族地区发展基础教育的项目进展顺利。

中西部许多省区扶贫工作取得突出成效。河南在近年来开始实施由救济性扶贫向开发性扶贫的战略转变，成立专门的扶贫机构，增加扶贫投入，1995年国家和地方共计设入4亿元扶贫资金，交通、通讯、人畜饮水以及农田灌溉条件均有较大改善，全省又有110万人跨越温饱线。青海各级政府认真实施扶贫攻坚计划，全年共投入1.69亿元以工代赈资金，使全省农村牧区近20万贫困人口实现了脱贫。贵州实施“开发非耕地资源”的扶贫新战略，改善生态环境，既扩大了农民的生存空间，又拓展了农村经济的发展空间，1995年又有120万人摆脱贫困。广西在扶贫中实施的特困人口“移民搬迁、异地开发”工程进展顺利，1993年到1994年两年内广西共筹资2亿多元，搬迁安置移民5.7万人，1995年广西又筹集1亿多元资金，将3.5万人搬出贫困地区。

（六）区域经济发展中值得注意的若干问题

区域经济发展还存在一些值得注意的重要问题，主要包括：

一是中西部同东部地区的经济差距仍旧明显。1995年中西部地区的经济发展速度较快，但东部地区由于拥有较好的经济基础和优越的区位条件，高速发展的势头继续延续下来，经济增长速度明显高于中西部地区。东部地区同中西部地区无论在绝对差距还是相对差距方面，都呈扩大之势，这对于全国国民经济的健康发展和社会稳定会带来不利影响。

二是地区经济运行的宏观调控体系有待于健全和完善。由于中央和地方的事权、财权的划分不够科学，也不够明确，尚未构筑起完善的分级调控体系，特别是规范的财政转移支付制度没有建立起来，中央政府对地区经济发展和地区经济运行的干预手段及调控能力有所削弱，条块分割的现象依然存在，诸侯经济问题还很严重，中西部地区存在已久的“二元结构”矛盾并未很好地解决，这阻碍了区域大市场的建立，抑制了产业的活力，制约了中西部地区的经济发展。

三是地区产业结构趋同愈演愈烈。由于价格扭曲以及市场经济体制不够健全，中西部许多地区没有根据国家的发展战略和自身的比较优势来选择主导产业和调整产业结构，仍旧追求价高利大的加工工业的扩张。过去一轮以家电为主的产业结构趋同的问题尚未解决，现在，以汽车、石化、机械、电子等产业为主的新一轮产业结构趋同的现象又见端倪。这势必造成中西部地区资源优势得不到很好地发挥，制约全国经济发展的能源、原材料“瓶颈”不能得到消除，分工效益和规模经济效益也将丧失。

三、农业和农村经济稳定发展

1995年国家在宏观调控中十分重视加强农业基础，为农业生产和农村经济发展创造良好的条件。当年3月中共中央召开了农村工作会议强调落实中央制定的一系列农村工作政策，在资金投入上予以保证；并且确定了实行粮食地区平衡和省长负责制，粮食议购价格随行就市，较大幅度提高棉花定购价格等政策措施。国务院召开了粮食、棉花、化肥购销体制改革会议，进一步落实粮食省长负责制，并建立和完善了中央调控下的棉花省长负责制。中西部加强了对耕地资源的保护，确定了基本农田保护区，对荒弃的土地进行普查、复垦，保证粮棉等大宗农产品种植面积的稳定。在湖南、湖北、江西、黑龙江、西藏、陕西、甘肃、宁夏等省区遭受较为严重的自然灾害的情况下，粮食等主要农产品产量全面增长，农村经济稳定、健康发展。湖南在1995年夏秋两季遭受了严重的洪涝灾害和特大干旱，各级党委和政府带领广大群众投入抗灾斗争和灾后自救，全省受灾的县（市）都做到了“灾年不减产，农民不减收”，主要农产品仍保持全国领先地位，粮食总产居第五位，稻谷总产居第一位，棉花总产居第六位，油菜籽总产居第五位，柑橘总产居第四位，生猪总量居第二位，株洲已成为我国第一个吨粮地级市。江西农业在遭受百年未遇的特大洪涝灾害的情况下，仍取得较好的收成，形势比预料的更好，粮食生产在早稻大面积受淹减产的情况下，总产量仍比上年略有增长，主要经济作物产量除棉花、烟叶因受灾大面积绝收而减产外，均有较大幅度的增长。

（一）农业产值普遍提高

1995年，中西部地区农林牧渔业总产值达到11089.5亿元，中部和西部分别为6785.4亿元和4304.1亿元，比上年增加了3447.1亿元和2257.1亿元。中西部各省区农林牧渔产值普遍增加，其中河南、广西、安徽、湖北等省区的增幅较快，高于全国水平；从绝对数量来看，河南、四川、湖南、广西和湖北等省区的增加量都超过200亿元，其中河南的增加量高达420.98亿元。

农业总产值达到6877.4亿元，中部和西部分别为4225.3亿元和2652.1亿元，比上年增加了887亿元和605.1亿元。所有省区都有不同程度的增加，增加额在100亿元以上的有河南、四川、安徽、湖北、广西和湖南等省区，其中河南的增加额高达256.2亿元。

林业总产值达到403.8亿元，中部和西部分别为238.7亿元和165.1亿元，比上年增加了30.9亿元和20.6亿元。大多数省区都有所增加，增加较多的省区是云南、河南、四川等，增加额都在5亿元以上。

牧业总产值达到3432.2亿元，中部和西部分别为2047.6亿元和1384.6亿元，比上年提高了511.5亿元和300.4亿元。绝大多数省区都有不同程度的增加，增加幅度较大的省区有河南、湖南、广西、四川和吉林，增加量均在50亿元以上，其中河南的增加量高达153.3亿元。

渔业总产值达到352.5亿元，中部和西部分别为249.6亿元和102.9亿元，比上年增加了49.5亿元和30.5亿元。大多数省区都有所增加，增加幅度在10亿元以上的省区是安徽、湖北、广西和江西，其中安徽和湖北的增加幅度超过了20亿元。

（二）主要农产品产量继续增加

1995年，中西部各省区积极采取有效措施，在大灾之年农产品仍获好收成，主要农产品产量继续增加，其中，棉花、油料、糖料和猪牛羊肉产量在全国的比重分别比上年增加2.92、2.94、1.29和0.44个百分点。

谷物产量达到26410.1万吨，中部和西部分别为17254.0万吨和9156.1万吨，比上年增加了588.2万吨和482.4万吨。除甘肃、贵州、江西和青海等省受灾严重，造成谷物产量下降外，其余省区的产量都有所增加，其中四川、广西、安徽和河南增加幅度较大，都在100万吨以上，四川超过250万吨，增加量居中西部各省区之首。

虽然受自然灾害的影响，部分省区的棉花减产，但整个中西部的棉花产量仍然增加，达到326.3万吨，中部和西部分别为209.1万吨和117.2万吨，比上年提高25.7万吨和16.0万吨，河南、湖北和新疆等省区的增加幅度都超过10万吨。

在一些省区糖料减产的情况下，中西部的糖料产量保持增产的势头，达到5605.7万吨，中部和西部分别为1341.3万吨和4264.4万吨，比上年增加159.3万吨和355.1万吨，广西、黑龙江和云南增产幅度较大，分别达235.3万吨、178.1万吨和127.8万吨，为中西部地区糖料增产做出了突出贡献。

各省区猪牛羊肉产量普遍增加，整个中西部地区的产量达到2739.2万吨，中部和西部分别为1556.5万吨和1182.7万吨，比上年增加253.3万吨和124.4万吨，江西、四川、湖南和广西的增产幅度较大，均在10万吨以上。

（三）水利建设进一步加强

在中西部许多地区，水利建设对于改善农业生产条件有至关重要的影响。1995年，各级政府对水利建设更加重视，将这项工作推上了新台阶，为大灾之年夺取丰收提供了保证。

地处西北内陆的陕西是个严重缺水的省份，全省5100万亩耕地中，灌溉面积仅占38%，比全国低12个百分点，缺水是制约陕西农业发展的关键因素之一。自1994年以来，全省每年都有数百万干部和群众投入到农田水利建设第一线，两年共投入资金10多亿元，新建抗旱灌溉设施1.5万处，新修水地84.2万亩，治理水土流失面积达8000多平方公里，并解决了116.23万人的饮水困难。1995年遇到大旱，全省粮食总产仍获得90亿公斤的平年水平，其中，因水利设施发挥作用而挽回的粮食损失达39.74亿公斤。

甘肃境内水资源贫乏，亩均水资源量仅为全国平均水平的30%。各级党委和政府视水利为农业的命脉，按市场经济的要求深化水利行业的改革，初步建成水利投资、固定资产管理、价格、法制和服务五大体系，水利事业进入全面发展的新时期。现已逐步建立起多渠道、多层次、多元化的水利投资体系。1994年以来，每年从农田水利事业费中拿出6%建立水利综合经营基金，从水利基建投资中拿出5%建立水利项目前期工作基金，省、地、县三级水利部门还建立了水利发展基金，同时，还大力引进外资兴办水利。“八五”期间，全省水利建设投入逐年增加，由1991年的4.7亿元增长到1995年的7.87亿元。建国以来，甘肃水利建设总投资约70亿元，形成固定资产近60亿元。1995年底，全省水利单位基本结束了清产核资工作，开始按照投资主体、产权关系明确的原则进行固定资产经营管理。省政府和水利厅还按成本核定供水价格，推进水价改革，1995年，全省水费收入接近2亿元。在“八五”期间，全省共出台涉及水资源、水利工程管理的地方性法规和规范性文件400多个，使水利法制体系不断健全。此外，甘肃还建立了功能齐全、优质高效的水利服务体系。

在陕甘宁三省（区）有关方面的共同努力下，为解决宁夏盐池、同心两县和甘肃环县、陕西定边县部分地区人畜饮水，发展灌溉，改善生态环境的盐环定扬黄引水工程建设进展顺利，已进入到尾声。11座泵站和11条干渠中的1至10泵站、1至10干渠以及相应的供电、通信等配套设施已先后建成并相继投入运行。宁夏境内已解决灌区的人畜饮水问题，并开发灌溉面积6万亩。甘肃专用工程的甜水堡灌区将于1996年春灌时灌地0.6万亩。

青海水利行业以建立水利改革五大体系为突破口，以搞好水利政策法规建设为保障，按照水利产业化的要求，走建设、管理、经营、开发、服务一体化的路子，收到良好的效果。因地制宜兴建的一批水电工程已初步形成了防洪、灌溉、供水、水保、发电等除害兴利的基本体系，为农牧业服务的供水设施已成为当前水利经济的主体。截止到1995年底，全省已建供水设施固定资产总值近13亿元，兴建支渠以上供水渠道近1.1万公里，兴建供水管道0.8万公里，农业灌溉面积达300多万亩，工程可供826万头（只）牲畜饮水，为农牧业发展发挥了重要作用。

新疆坚持把农田水利基本建设摆在国民经济基础设施建设的首位，探索出一条符合新疆实际的“节水型建设为主，增水型建设为辅”的水利发展新路，努力建设高效节水型大农业，以节水为中心的农田水利基本建设形成规模的体系。在整个“八五”期间，国家和自治区共投入水利、水电基本建设资金10亿元，完成了克孜尔水库、塔里木河应急输水等16个重点项目的建设，开工兴建了乌鲁瓦提枢纽等9项重点工程，完成了伊犁河等9条大河的流域规划及一批引水总干渠等重点骨干工程的前期工作。同时，在全疆范围内开展了农田水利基本建设“天山杯”竞赛活动，制定了“谁投资，谁受益”的政策，建立、健全了农村劳动积累工制度，极大地调动了群众集资投劳兴办水利的积极性，5年中共投劳3.72亿工日，集资10亿元，新打机电井5000多眼，新建防渗渠道2万多公里，节水20亿立方米。此外，新疆把建立节水农业作为一项全局性战略措施来抓，大力推广节水灌溉技术，在5.8万公里的渠道上进行了衬砌防渗，占全疆渠道总长度的1/5，每年可节水6亿立方米，扩大灌溉面积100多万亩。

江西的干部和群众以高度的水患意识大兴水利建设。1995年，全省水利岁修普遍动手早、声势大、进度快、质量好，实现了超常规大干的既定目标。早在主汛刚过，全省各地就迅速开展了以修复水毁工程为主要内容的水利岁修工作，比往年提早15到20天。1995年，全省投入水利岁修资金多达4亿多元，比上年同期增加5000万元；完成土石方2.29亿立方米，占年度计划的114%，比上年多3500万立方米；累计投工3.6亿个，最高峰时上工劳动力达到634万人。这些工作的开展，为夺取农业新丰收打下了坚实的基础。

（四）农业综合开发取得成效

起步于1988年的农业综合开发在中西部地区

取得显著成效。这项工作是建立在“国家引导，配套投入，民办公助，滚动开发”的新型投入机制基础上的，着眼于改善农业基本生产条件，着重提高农业综合生产能力，按照经济布局和自然条件，实现成片开发，实行山水田林路综合治理，做到农田成片，农林成网，形成良好的生态环境。在农业综合开发过程中，长江上游水土保持和防护林工程、太行山绿化工程等有效地起到了保持水土、防风固沙、调节气候的作用，改善了农业生态环境，促进了农牧业的发展。农业综合开发面向大农业，实行农林牧副渔全面发展，促进了粮棉油肉糖等主要农产品生产基地的建设，这些生产基地的建成，对于缓解农产品社会供需矛盾、提高开发效益、增加农民收入，发挥了重要作用。

吉林省从1988年实行农业综合开发以来，已累计集中连片改造中低产田837万亩，开荒20万亩，造林120万亩，增产粮食20亿公斤，占全省同期粮食增产总量的30%，并积累和创造了许多宝贵的经验。经过一段时期的探索和实践后，吉林省的农业综合开发正由相对粗放型向集约型转变，由高产稳产向优质高效农业园区转变，由传统式开发机制向开放式、经营式开发机制转变。

自1989年以来，内蒙古先后在8个盟市、43个旗县开展了农业综合开发活动，以水利建设为中心，运用综合手段改善农牧业生产条件。6年来，累计投入资金超过13亿元，共改造中低产田522万亩，开垦宜农荒地114万亩。全区农业综合开发总投资的60%用于水利建设。在水利建设中，旱作区抓住以水为中心的基础建设，全区新增灌溉面积313万亩，改善灌溉面积168万亩。河套地区盐碱荒地改造项目以排灌配套、降低地下水位、改造盐碱为重点，现已改造中低产田13.5万亩，大批盐碱地和沙地变成良田。通过农业综合开发，全区新增粮食综合生产能力134万吨，占全区同期粮食综合生产能力总增加量的四分之一以上，从而使自治区粮食产量连续4年保持在1000万吨以上。

河南实施农业综合开发，使项目区的95个县的农村经济面貌发生了根本性变化。农业综合开发区共有耕地近9000万亩，占全省耕地总面积的87%。7年来，河南省农业综合开发共投入各类资金23.7亿元，改造中低产田1550万亩，植树造林119万亩，使农业生产条件得到很大改善，形成了旱涝保丰收的生产新格局。到1995年底，项目区新增粮食生产能力18.5亿公斤，棉花0.6亿公斤，油料1.2亿公斤，肉类0.95亿公斤。

到1995年底，湖南省两大项目区已开工324处，完成中低产田改造近30万亩，开荒1.54万亩，造林16.2万亩，开荒种果4.14万亩，完成水利建设土石方544万立方米，开挖沟渠近1000公里。1995年5至7月，国家农业综合开发办公室组织有关部门对湖南省第二期湘南和怀化地区项目进行了全面的检查验收。评比结果表明，湖南项目区名列全国11个项目区之首，被评为良好开发项目。1995年末，第三期开发项目全面启动，工程进展顺利。

青海从农业生产的深度和广度入手，进行农业综合开发，注重发展立体农业和生态农业，闯出了一条有自身特色的新路子。青海将深度开发作为农业综合开发的重点，通过改造中低产田提高单产、增加总产。全省农业综合开发一期工程改造中低产田12.2万亩，二期工程已完成中低产田改造24万亩，而且是边建设、边受益。1995年，项目区增产粮食1150万公斤，油料500万公斤，农民人均收入增加了200多元。在广度上，积极扩大耕地面积，保证播种面积。农业综合开发一期工程扩大耕地54万亩，正在进行中的二期工程已扩大耕地面积1.5万亩，全省耕地面积由开发前的850万亩增加到870万亩，人均达到1.9亩。青海在农业综合开发中还注重发展立体农业。将农业和牧业紧密结合，做到农中有牧、牧中有农，以肉换粮，以油换粮。近来推广的西繁东育、农区秸杆养牛，取得了很好的效果。此外，青海农业综合开发还强调生态农业意识，注重植树造林，小流域治理和水土保持，一期开发造林5.7万亩，二期开发提前一年完成6.02万亩的造林任务。通过几年的努力，这个产粮小省的粮食亩产和总产量都有所提高，全省粮食自给率已达82%。

长江中上游防护林体系建设成效显著。1995年，林业部受国家农业综合开发办公室委托，对1989～1994年长江中上游防护林体系建设项目进行验收，结果表明，长防林建设的总投资和总任务完成较好，造林面积核实率和造林合格率达到或超过林业部部颁标准。长防林建设提高了森林覆盖率，减少了水土流失。6年间，工程新区新增森林面积3147万亩，森林覆盖率由28%提高到35%，水土流失面积、土壤侵蚀模数、土壤侵蚀量分别减少18%、18%和27%。这一工程还改善了农业生产条件，促进了粮食稳产高产。工程区内160个县的粮食总产量，已由治理前的1749万吨增加到1995年的2667万吨。长防工程除重点建设防护林外，还因地制宜发展了一批经济林、薪炭林、用材林。据测算，该项目6年来营造的薪炭林、经济林效益近40亿元。

（五）乡镇企业蓬勃发展

中西部各省区采取有效措施，加快扶持乡镇企业，为国民经济的发展增添了新的活力。

1995年，安徽乡镇企业继续快速、健康发展，完成营业收入3000亿元，实现利税220亿元，完成出口产品交货值60亿元，分别比上年增长59.7%、38.2%和40.2%。全省有5个地市营业收入超过300亿元，8个地市超过200亿元；22个县（区、市）超过50亿元，56个超过30亿元。骨干企业的发展得到加强，36家乡镇企业进入国家大中型企业的行列，两家建筑公司通过国家一级资质审查，全省共有25家亿元企业。各地还将发展外向型经济作为促进乡镇企业第二次腾飞的突破口，通过组织出口产品展览会、制定并实施培训计划、帮助创汇企业开展进出口自营申报工作等措施，加大推进力度。各地还加快了产权制度改革步伐，到1995年底，全省乡镇企业中实行股份合作制的已达55800个，股份资产累计为56亿元，34%的乡村集体企业实现了转型改制。此外，1995年还出台了《安徽省乡镇企业科技经济一体化50亿元工程规划》，并重点实施全省乡镇科技进步“511”计划，大力推进科技进步，着力提高整体水平。全省乡镇企业开发新产品550个，获省级乡镇企业进步奖76项。

从1995年以来，黑龙江努力创造条件，促进乡镇企业的“南联”和东西合作，全省乡镇企业共实现合作项目近800项，引进省外资金13亿元，合作项目新增产值50亿元。黑龙江着重在“南联”上大作文章，1995年全省共组织南下东西合作工作团600多个，出访人员万余次，走访全国20多个省市和数百个县乡，新结了一大批合作对子，实现了一大批合作资金，为全省乡镇企业的发展注入了活力。黑龙江以资源的深度开发为核心，以发展加工工业为重点，引联了一批技术起点高、技术含量大、附加值较高的项目，有力地促进了产业结构、产品结构和技术结构的优化。

甘肃乡镇企业继续保持了快速发展的良好势头，1995年完成总产值421亿元，比上年增长48.5%，向国家上交税金13亿元，增长29%，实现利润28.5亿元，增长44.8%，农民人均从乡镇企业获取收入204元，占人均纯收入的23.5%。为完成省委、省政府确定的发展目标，从1995年年初开始，全省上下层层发动，逐级落实目标责任制，掀起了大发动、大发展的热潮，各地结合自身实际，出台了落实省上目标的具体措施。企业注重依靠科技进步上规模、促效益，据不完全统计，1995年，全省技改投入4.5亿元，完成技改项目570项。全省新产品开发项目和实施“星火计划”项目79项，达到国际、国内先进水平的有5项，同时，一大批先进适用的技术得到普及。另外，有一部分乡镇企业开始向集团化发展，共组建了20多个有一定规模的企业集团。全国乡镇企业东西合作示范工程的实施，为甘肃乡镇企业的发展提供了机遇。各地建立健全了示范工程领导小组和管理机构，在抓好基础设施建设的同时，积极开展招商引资和重点项目建设，加快了示范小区的建设步伐。1995年，全省11个示范区投资总额6.94亿元，完成总产值19.6亿元，实现利税1.8亿元。

青海以资源开发为突破口，努力开拓，乡镇企业发展取得显著成绩。继1994年全省乡镇企业总产值提前1年完成省委、省政府确立的在1992年基础上翻一番的目标之后，仍保持了较快的发展势头，1995年总产值达到16亿元，“八五”后3年全省乡镇企业年均发展速度为32.1%。从地区上看，西宁、海东地区持续发展；起步较晚、发展较慢的牧业区，立足当地资源优势，发展步伐加快。乡镇企业经济、社会效益同步增长，经济综合指标逐年上升。1995年，全省乡镇企业营业收入完成20.57亿元，比上年增长31.7%；实现纯利润8115万元，上缴税金8723万元，5年分别平均递增26.8%和25.3%；出口创汇持续增长，出口产品交货值达到1.78亿元，5年翻了两番多；重点开发项目力度加大，新建、扩建和技改项目进展顺利，1995年新建、扩建和技改项目达365个，总投资11.8亿元，分别比上年增加59%和97%。工业产值达12亿元，占乡镇企业总产值的58.95%，在农副产品加工、采矿及加工、冶炼、盐化工等领域有新的突破，初步形成具有地方特色的、以工业为主体，以开发优势资源为支柱，以骨干行业为“龙头”的乡镇企业新格局。

宁夏乡镇企业保持了高速发展的态势，实现了产值、收入、利税大幅度同步增长，进入了由量的扩展到质的提高的新阶段。全区乡镇企业在保持强劲发展的基础上，开始向规模化方向迈进。1995年，全区乡镇企业数量比上年增加10.2%，职工人数增加13%，其中乡、村企业进入全面调整期，企业数量比上年减少。这主要是因为：乡、村企业通过聚合、联合和其他改革措施，开始由小型逐步转向适度规模，一批骨干企业发挥出更加明显的带动作用。乡、村企业的数量减少的情况下，产值分别增长27.5%和39.2%，效益高于全区平均水平。此外，南部山区严重的自然灾害使乡镇企业经受了严峻考验，大灾之年，山区乡镇企业仍保持了正常年份的发展势头，产值比上年增长 51.6%，比灌区高 6.6 个百分点。

（六）存在问题

中西部农业生产和农村经济运行中还存在一些突出的矛盾和问题：

一是农业基础设施薄弱的状况没有根本改变。由于农业基础设施薄弱，抵御自然灾害的能力较差。1995 年入汛后，长江中下游及其以南地区降雨偏多，湖南、江西等省的长江干支流和一些省的中小河流发生大洪水，东北的吉林部分地区发生特大洪水；北方地区持续干旱，陕西、甘肃、内蒙古等黄河中上游地区和黑龙江、吉林等东北部分地区旱情较重。由于水利设施年久失修，造成许多地方农业生产受损，减产较多。

二是农民对粮食定购价格与市场价格差距过大，农业生产资料价格高，各种收费、摊派及集资负担较重等反映强烈。

三是农业剩余劳动力转移速度减缓。由于市场竞争强化，产品档次和技术、管理水平低的矛盾日益突出，迫使这些企业增加资金和技术投入，资金和技术对劳动力的替代使农业劳动力转移速度减缓，农村剩余劳动力转移的压力增大。

四、工业经济发展取得较大成就

1995 年，中西部地区工业发展取得了新的成就，工业经济运行情况从总体上看是良好的，为增强中西部地区的经济实力，促进全国国民经济持续、快速、健康发展做出了新贡献。

（一）工业生产在平稳回落中保持良好的增长势头

1995 年，中西部地区工业总产值达到 23724.3 亿元，在全国的比重为 36.17%，比上年提高了 0.21 个百分点；中部和西部分别为 15242.8 亿元和 8481.5 亿元，比上年增加了 3164.4 亿元和 1492.9 亿元，相比而言，中部工业总产值的增加更快一些，这使中部在全国的比重上升了 0.46 个百分点。除西北地区外，其他省区的增长速度都有所回落，但仍保持了较快的增长势头。安徽、河南、江西、湖北和广西等省区的增长速度均高于全国平均水平，其中安徽和河南的增长速度高达 23.23%和 21.65%，分列全国前两位。增加幅度较大的有河南、安徽、湖北和四川等省，增加数额都在 400 亿元以上。

国有工业总产值达到 14817.6 亿元，其中，中部和西部分别为 9229.5 和 5588.1 亿元，比上年增加 1202 亿元和 732 亿元，在全国的比重也提高了 0.37 和 0.24 个百分点。除个别省外，中西部各省区都有一定的增长，增加幅度较大的是河南、黑龙江、安徽和四川，增加幅度都在 150 亿元以上，其中河南和黑龙江两省超过 200 亿元。

集体工业总产值达 6833.2 亿元，其中，中部和西部分别为 4677.3 亿元和 2155.9 亿元，比上年提高了 1331.2 亿元和 458 亿元，在全国的份额增加了 2.23 和 0.15 个百分点。所有省区都有不同程度的增加，增加幅度较大的有四川、安徽、湖北和河南等省，都超过了 200 亿元。

其他经济类型工业产值达 2070.5 亿元，其中，中部和西部分别为 1332.9 亿元和 737.6 亿元，在全国的比重提高了 1.96 和 0.56 个百分点。绝大多数的省区均有不同程度的增加，增加幅度超过 100 亿元的有吉林、河南、湖北和四川等省。

（二）主要能源、原材料产品继续增加

中西部地区能源、原材料等优势工业生产尽管遇到了种种困难，但是，经过广大干部和职工的艰苦努力，大多数产品产量继续增加。

煤炭产量达到 103233 万吨，其中，中部和西部分别为 74111.1 万吨和 29231.9 万吨，比上年增产 4807.4 万吨和 2005.8 万吨，在全国的比重提高了 0.17 和 0.16 个百分点。大多数省区的产量都有所增加，增加幅度较大的是山西、四川、内蒙古、河南和湖南，增幅基本上都在 500 万吨以上，山西高达 1429 万吨。

原油产量达到 8521.6 万吨，比上年增加 26.22 万吨；其中，中部和西部分别为 6621.9 万吨和 1899.7 万吨，中部比上年减少约 200 万吨，西部提高了 223.4 万吨，在全国的份额提高了 1.4 个百分点。中部主要产油的省产量都有不同程度的减产，但西部多数省区继续保持增产的态势，以新疆贡献为大，增产 136.8 万吨，抵消了中部地区减产的影响，从总体上看，中西部地区的产量仍然有所增加。

发电量达到 5222.9 亿千瓦小时，其中，中部和西部分别为 3247.3 和 1975.6 亿千瓦小时，比上年提高了 881.5 和 164.7 亿千瓦小时，在全国比重提高了 6.91 和 0.11 个百分点。中部所有省区和西部多数省区的发电量都有所增加，增加幅度较大的是河南、四川、山西和湖南等省，都超过 40 亿千瓦小时。

化纤产量达 65.2 万吨，其中，中部和西部分别为 50.5 和 14.7 万吨，在多数省区普遍减产的情况下，河南、黑龙江和新疆等省区仍旧保持较大幅度的增产，使中西部地区化纤产量比上年增加 0.54 万

吨。

（三）一些省区的工业经济效益有所提高

1995年全国的工业经济效益总体水平不高，工业经济效益综合指数下降了6.97，单项指标中除产品销售率和流动资产周转次数外，都有不同程度的下降。但中西部一些省区，努力克服困难，在工业经济效益的某些方面仍有提高。

从工业经济效益综合指数来看，河南和宁夏都较上年有所增加；云南、黑龙江、河南、广西和湖北等省区均高于全国水平，其中云南和黑龙江都超过了100。

从产品销售率来看：中部的多数省区和西部的部分省区比上年有所提高；山西、云南、河南、宁夏、湖北和湖南等省区高于全国水平。

从资金利税率来看：仅宁夏比上年有所提高；云南、黑龙江、湖北、河南、湖南和安徽等省高于全国水平。

从成本费用利润率来看：甘肃和宁夏比上年有所提高；云南、黑龙江、山西和河南等省高于全国水平。

从劳动生产率来看：西部的多数省区和中部的部分省区比上年有所提高；云南和广西高于全国水平。

从流动资产周转次数来看：中部所有省区和西北的多数省区均比上年有所增加；高于全国水平的有安徽、湖南和河南3省。

从增加值率来看：四川和甘肃比上年有所提高；绝大多数的省区都高于全国水平。

（四）基础工业进一步加强

以能源、原材料为主体的基础工业是中西部地区的优势之一，在1995年中，中西部各省区以市场为导向，以效益为中心，采取有效措施，克服资金不足、运输紧张等困难，基础工业得到进一步巩固和加强。

1. 石油工业

多数石油生产大省继续保持强劲的增长势头，实现原定目标，有的还创下生产新记录。

新疆的石油工业获得了突飞猛进的发展，1995年，塔里木、吐（鲁番）—哈（密）、准噶尔三大盆地油气田的石油总产量超过1200万吨，比上年增加180万吨，已成为我国陆上石油天然气工业的重点发展区域。其中塔里木油田生产原油253万吨，完成计划的101.25%，实现了开发5年，年年超额完成原油生产任务的目标，5年间，原油产量每年递增60万吨以上，成为迄今为止国内开发速度最快、水平最高、效益最好的油田。

我国最大的石油开采基地—大庆油田，注意加大对地下的薄层、特薄层和特低渗透层的勘探力度，在近几年中，大庆油田每年新增的可开采储量接近当年原油产量，从而为持续高产、稳产提供了重要的资源保证。1995年，大庆油田共探明石油地质储量9052万吨，控制石油地质储量6454万吨，预测石油地质储量1.24亿吨；探明天然气储量13.82亿立方米，控制天然气储量25.49亿立方米，预测天然气储量52.25亿立方米。同时，在1995年，大庆油田生产原油近5606.9万吨，创历史最高水平，并且以年创利税199亿元荣居中国500家最大工业企业之首。

2. 煤炭、电力工业

中西部煤炭工业取得了长足的进步，许多省区的煤炭产量都有较大幅度的增加，整个中西部地区煤炭产量在全国的比重接近80%，比上年提高了0.33个百分点。其中神府东胜煤田开发成效尤为显著，一个现代化的能源基地正在陕北崛起。神府东胜煤田由神华集团责任有限公司承担开发经营，项目动态投资近890亿元，是我国仅次于三峡工程的又一项跨世纪工程。为搞好这项巨大的系统工程，煤田自开发伊始，就打破行业和地域界限，实行矿、电、路、港、航一体化开发建设，产、运、销一条龙经营，走出我国煤炭工业发展的一条新路子。经过10年艰苦创业，神华工程建设取得重大成就。截止到1995年底，累计完成投资103亿元。已经建成和正在建设的矿井有13处，其中投产8处，年生产规模为516万吨；加上地方及乡镇煤矿，整个矿区已形成年生产能力900万吨。自备电厂一期工程已经建成，二期扩建正在进行当中。包（头）神（木）铁路已于1989年建成，西煤东运的第二大通道—神（木）黄（骅）铁路神（木）朔（州）段于1995年底全线铺轨完成，计划1996年上半年开通运营。3500万吨级的黄骅港一期工程也开始启动。

山西立足丰富的煤炭资源，将电力工业向大机组、大电厂的高水平方向发展。在“八五”期间，完成电力建设投资92亿元，建成两台30万千瓦、两台50万千瓦机组。山西已建成60万千瓦以上的电厂6座，并拥有4座百万千瓦的大电厂，成为全国拥有百万千瓦电厂最多的省份，全省发电总装机容量达到911.26万千瓦。与此同时，山西着力加强跨省区的大电网建设，在整个“八五”期间，山西新增110千伏以上输电线路1390公里，全省110千伏及以上输电线路已达10530公里。山西电力工业规模化经营收到良好的成效。首先是发电量稳定，1995年发电量达到505.2亿千瓦小时，5年年均递增9.99%，高于全省装机的递增速度。同时，外输电量持续增加，1995年外输电量已达105.97亿千瓦小时，5年年均增长12.47%。

宁夏电网1995年的总发电量达到105.48亿千瓦小时，首次突破年发电量百亿千瓦小时的大关，比上年增长10.52%，净增发电量10.04亿千瓦小时。1995年年初以来，由于新投产机组减少和因干旱水电受影响，宁夏及西北电网出现了前所未有的缺电局面。面对严峻的形势，宁夏电力系统把大机组安全、稳定运行作为发电量增长的关键，采取多种措施促进主力电厂、大机组多发电。大武口电厂不仅实现了连续安全生产1000天的全区火电厂安全运行最高记录，而且使机组年均利用小时创全国同类机组最高水平，发电量也创建厂以来最高记录。宁夏最大的电厂—大坝发电厂把稳定机组运行放到首位，使机组年均利用小时达6836小时，跨入全国30万千瓦机组先进行列，全年发电41.02亿千瓦小时，为年计划的115.54%。此外，石嘴山电厂、中宁电厂、青铜峡水电站也都努力克服不利因素，超额完成了全年发电任务。

3. 有色金属工业

西北地区的有色金属工业在发挥比较优势的基础上迅速崛起，成为推动中西部地区有色金属工业加快发展的重要力量。

“八五”期间，甘肃加快金川、白银、兰州和陇南四大有色金属工业基地建设，使有色金属工业继续在全国保持优势地位。金川有色金属公司经过“七五”末和贯穿“八五”的二期扩建工程，实施了包括矿山、选矿、冶炼等5个单项、183个子项工程，每年可新增镍产量2万吨、铜1万吨、钴300吨、硫酸22万吨，并相应回收铂族贵金属的综合生产能力，使镍、铜冶炼工艺技术达到国际先进水平。1995年，金川公司镍产量达到3.3万吨。白银有色金属公司经过“二次创业”，兴建了西北铅锌冶炼厂、白银铝厂和厂坝铅锌矿，有300多项技术改造项目用于生产，使矿山生产能力增加30万吨，新增有色金属冶炼能力22.75万吨，并使公司完成了由单一铜硫生产向铜、铝、铅、锌、金、银、硫综合方向发展的转变，成为我国唯一的多品种综合有色金属冶炼企业。1995年，甘肃稀土公司完成了焙烧四系统改造工程，使公司氧化稀土的生产能力扩大到2.4万吨。甘肃在进行有色金属老工业基地改造的同时，还组建了黄河铝业有限公司、连海铝业有限公司和宝川铝业有限公司等一批新的不同所有制企业。此外，青海依托强大的电力加快发展高耗能的铝工业，1995年铝锭产量达到11.17万吨，比1990年翻两番，年均增长率超过30%；新疆阿勒泰、伊犁黄金和有色金属基地建设进一步加强。

（五）存在问题

中西部地区工业发展存在的问题主要有：

一是西部地区落后的状况仍未改观。从工业总产值总量看，西部地区在全国所占比重仅为12.93%，比上年还下降了0.25个百分点；从工业总产值的增长速度看，西部除广西外，均低于全国水平。

二是由于产业结构、所有制结构和经营管理等方面的原因，中西部地区工业经济效益从总体上看仍处于较低的水平。在中西部19个省区（含广西）中，仅有5个省区的工业经济效益综合指数高于全国水平，3个省区的成本利润率和流动资产周转次数高于全国水平，2个省区的劳动生产率高于全国水平。

三是重建设、轻改造的现象还很严重。许多地方不重视利用现有的基础，通过技术改造，挖掘潜力，提高生产能力，而是热衷于上新项目，铺新摊子。譬如，1995年国有企业固定资产投资中更新改造投资所占比重，中部和西部分别为26.60%和24.07%，不但分别比东部少3.59和6.12个百分点，而且还比上年下降了0.87和2.15个百分点。一方面原有企业设备陈旧、技术落后、产品老化、缺乏市场应变力和竞争力；另一方面存在大量的低水平重复建设，结构趋同现象又有抬头。

五、1996年中西部地区经济发展前景展望及政策取向

1996年是我国实施“九五”计划的头一年，在国家进一步抑制通货膨胀，大力推进经济体制和经济增长方式转变的政策背景下，中西部地区要适应发展社会主义市场经济的要求，加快改革开放步伐，加强基础设施建设，充分利用现有基础，尽快将资源优势转变为经济优势。同时，国家要采取有力措施，支援中西部不发达地区的开发，支持民族地区、贫困地区脱贫致富和发展经济。中西部地区的经济发展可能将呈现以下趋势：

一是受加快长江开发开放政策的影响，以及得益于原有的发展条件和发展基础，中西部沿长江地区资源开发和产业发展将继续得到加强，这些地区

经济增长速度仍居中西部之首，成为中西部地区经济发展的先行区。

二是中西部地区投资增幅将继续超过东部地区。随着三峡工程、小浪底水利枢纽工程进入投资高峰，中西部一批交通、通信、能源重点工程续建项目建设进度加快，东北老工业基地改造加强，以及东北平原、江汉平原、洞庭湖平原、鄱阳湖平原等大型商品粮基地和新疆棉花基地建设进入快速发展时期，将使中西部地区的投资比重稳步提高。

三是各地区高度重视抑制通货膨胀，物价涨幅回落速度加快。

四是随着对外开放的扩大、投资环境的改善和国家的政策引导，将有更多的外资进入中西部地区，外向型经济将逐步加快。

从"九五"开始，国家要更加重视内地经济的发展，实施有利于缓解地区差距扩大的政策，并逐步加大工作力度，积极朝着缩小差距的方向努力。1996年，国家应采取各种有效措施，大力支持中西部地区的开发建设，促进地区经济协调发展。

第一，国家要大力开发中西部地区的优势资源，优先在中西部地区安排资源开发建设项目；在项目的审批、投资、信贷、利用外资等方面予以倾斜和照顾；在实行项目资本金制度时，根据中西部地区的实际困难，适当放宽标准；此外，对一些建设项目试行项目业主制，提高建设效率，更好地同国际接轨。

第二，以国家投资为主，在中西部地区建设跨地区的能源、交通等重大基础设施项目；同时，要求各地尽可能以各种形式支持这些工程的建设，如土地使用、劳务投入、资金配套等；扩大对外开发，吸引更多的外资特别是国外优惠贷款投向这些领域，在建设中采取BOT等新的利用外资方式；尝试基金、债券、股票等新型筹资方式。

第三，加快沿江、沿边地区和内陆中心城市的对外开放步伐。制定有关政策，鼓励、引导国外投资者在中西部这些投资环境比较好的地区投资；将一些条件成熟的、设在省会、首府城市的开发区升格为国家级的开发区，加快图们江国际合作开发区、黑河边境合作区以及绥芬河边境合作区等的建设；在一些中心城市进行外贸试点，扩大企业的外贸经营权，比照经济特区实行登记制，由所在省区自行审批。

第四，进一步作好财税体制改革工作，尽快提高财政收入在国内生产总值中的比重、中央财政收入在整个财政收入中的比重；由现行的税收返还制度向规范的、按因素法确定的分税制过渡，使中西部地区享有同东部地区均等的公共服务，从而为其经济发展创造良好的条件。

第五，在以往工作的基础上，进一步深化价格体制改革，理顺资源性产品的价格，特别是水、煤炭、原油、电力、有色金属、运输等重要基础产品和服务的价格。运用价值规律，引导中西部地区开发其丰富的自然资源，在加强与东部地区的分工、合作中获得更多的比较利益，从而提高自我积累和自我发展能力。

第六，按照"八七扶贫攻坚计划"的要求，加大对中西部贫困地区和少数民族地区的扶持力度。认真落实国家已有的扶贫政策和措施，按排资源开发和基础设施建设项目；在进出口贸易和利用外资上给予重点支持；在实施国家产业政策时，允许在某些领域、某些方面采取更加灵活的措施；在信贷、财税方面给予优惠。继续鼓励和支持东部地区与贫困地区按照互惠互利、风险共担、优势互补的原则，采用签定合同、联合开发项目、联合兴办企业等形式，带动贫困地区的发展；此外，动员社会力量支持贫困区开发建设。

第七，支持东部地区与中西部地区的联合协作。结合产业结构调整，通过联合，促进东部地区产业的有序转移，并提高中西部地区开发、利用优势资源的能力；围绕优化农业生产结构、改善农业生产条件及提高乡镇企业素质等方面开展联合协作；大力推进以内联为基础、发展外向型经济的"中中外"式的联合；开展资金横向融通，组建以大中城市为依托的商商联合体，共同培育劳务市场、科技市场、信息市场和人才市场等。

第八，贯彻落实"科技兴国"和"可持续发展"两个战略，促进中西部地区经济和社会沿着持续、快速、健康的轨道发展。只有牢固地树立"科技兴国"的思想，并把这一思想作为重要的战略，中西部地区的经济、社会才能得到更快的发展；实施"可持续发展"战略，对于中西部地区来说格外重要，这是中西部地区实现持续和健康发展的重要保障。

（徐国弟　刘　源　杨　洁　撰稿）

发挥中西部地区土地和矿产资源优势，促进地区经济发展

党的十一届三中全会以来，我国在改革开放和社会主义现代化建设方面取得了历史性成就，成功地走出了一条建设有中国特色的社会主义道路。尤其是“八五”计划期间，经济持续快速发展。社会生产力、综合国力和人民生活水平都上了一个新台阶，提前5年实现国民生产总值比1980年翻两番的战略目标，为实现2000年人均国民生产总值比1980年翻两番和下世纪中叶达到中等发达国家的水平奠定了坚实的基础。“八五”期间，全国国民生产总值年均增长12%，是建国以来增长速度最快，波动幅度最小的5年。在此期间，中西部地区的经济也有了长足的发展，国内生产总值年均增长9%，经济实力明显增强，但由于东部地区的国内生产总值的年均增长速度大大高于中西部地区，使得中西部地区与东部地区的差距进一步扩大。

八届人大四次会议通过的《“九五”计划和2010年远景目标纲要》(以下简称《纲要》)是我国今后15年国民经济和社会发展的宏伟纲领，《纲要》为我国的经济建设指明了方向。但是在前进的道路上，还面临着不少问题和困难，其中有些是长期制约经济发展的不利因素，如人均拥有的耕地和石油等一些重要矿产资源相对不足等。

我国地域辽阔，资源分布不均匀，经济发展不平衡，而经济发展相对落后的中西部地区具有较大的资源优势。在今后一段时间内，应更多地考虑发挥中西部地区的资源优势，处理好东部与中西部之间的经济发展的关系，防止差距进一步扩大，加快资源省区的经济发展是缩小我国地区差距的关键所在。

一、中西部地区土地、矿产资源相对丰富

1. 全国人均占有可利用土地资源相对不足，而中西部地区具有较大的开发潜力。我国的国土面积为960万平方公里，居世界第三位，其中可利用土地占土地总面积的81.3%。目前已利用土地占可利用土地的84.5%。在已利用土地中，耕地占19.2%，林地占30.2%，草地占40.1%；待开发利用土地占可利用土地的15.5%。据统计，中西部地区土地总面积828.5万平方公里，占全国的86.2%，其中：耕地10.1亿亩，占全国的71%，人均占有耕地1.36亩，高于全国平均水平16%；林地占全国的83.5%；草地47.1亿亩，占全国的94.9%；未利用土地占全国的84.1%，其中可垦荒地占全国的84.2%。

我国是一个人口大国，随着人口不断增加，经济迅速发展，耕地总量呈下降趋势。“八五”期间，我国人口增加6788万人，而耕地净减少2600多万亩，人多地少的矛盾更加突出。据土地资源调查结果，我国可供开发利用的土地11.1亿亩，占土地总面积的7.8%。其中50亩以上的大片荒地9.3亿亩，65.6%的大片荒地集中在新疆、内蒙古、云南和黑龙江4省区。全国可供开发的耕地后备资源约2亿亩，其中成片宜农荒地约1.4亿亩，其次是零星分散的荒地、工矿废弃地和沿海滩涂。成片宜农荒地主要集中分布在中部地区的三江平原、松辽平原、大小兴安岭等地。这些地区土地比较肥沃，开发后可成为我国重要的商品粮基地。

2. 中西部地区拥有丰富的矿产资源。建国40多年来，我国的地质勘查和矿产开发取得了巨大成就，已发现矿产168种，有探明储量的矿产151种，为国民经济建设提供了矿产资源保证。从现已探明的矿产资源和开发利用情况看，中部地区资源优势最大，开发利用潜力也大；东部地区部分矿种有一定的资源优势，但矿产开发利用程度相对较高；西部地区地质工作程度相对较低，具有较大的资源潜在优势。据统计，中西部地区人口占全国的62.1%，而45种主要矿产资源的潜在价值占全国的91%。煤炭、天然气、水电等能源矿产；铬矿、锰矿等钢铁原料矿产；铝、铜、铅、锌、钨、锡、锑、钼、镍等有色金属矿产；稀土矿；钾盐、芒硝、磷矿、硫铁矿等化工矿产在中西部地区占绝对优势。我国主要矿产资源的地

区分布情况见表1。

我国主要矿产资源的地区分布（%）

表1

矿　产	东部	中部	西部
煤	5.3	56.2	38.5
石　油	43.8	40.5	15.7
天然气	21.9	6.9	71.2
铬	12.5	7.1	80.4
铁	47.0	27.9	25.1
锰	8.8	21.9	69.3
金	27.6	47.5	24.9
银	24.1	45.3	30.6
镍	0.8	9.8	89.4
铅	25.6	31.1	43.3
锌	21.3	31.6	47.1
铜	10.5	37.2	52.3
铝土矿	4.4	58.8	36.8
磷	8.5	38.1	53.4

（1）能源矿产非常丰富。到1994年底，中西部地区一次能源保有储量占全国的93.6%，其中煤炭保有储量占全国的94.7%。以山西为中心的能源基地是我国最重要的煤炭产区，晋、陕、蒙、豫、宁5省区煤炭产量占全国的42.9%，向全国供应煤炭，同时也是我国煤炭出口的主要产地。新疆煤炭十分丰富，预测2000米以内煤炭资源总量达1.6万亿吨，占全国的31.7%，居第一位。但新疆煤炭资源因受交通运输条件的限制，难于大规模开发。贵州、云南是我国南方最重要的产煤省份，除了满足省内需要外，还可以向邻近省区供应。中西部地区石油剩余可采储量占全国的64.3%，产量占全国的57.5%。天然气剩余可采储量占全国的80.2%，产量占全国74%，其中四川天然气产量占全国的43.8%，陕北的天然气有较好的找矿前景。随着东部油气资源的不断减少，陆上石油工业发展将采取西移战略。

此外，中西部地区水能资源也比较丰富，可开发的水能占全国的90%以上。西南地区集中了全国68%的可开发水能资源，具有很大的开发潜力。

（2）黑色金属矿产中，锰矿、铬矿和钛铁矿在中西部地区具有一定优势，保有储量分别占全国的87.5%，53%和91.2%。锰矿主要分布在湖南、广西和云南，但富锰矿主要集中在云南，其储量占全国的一半。铬矿主要分布在西藏、甘肃和新疆，但开发利用条件欠佳。钒钛磁铁矿集中分布在四川的攀枝花地区。

（3）金、银等贵金属矿产在中西部地区分布较广泛。金、银保有储量分别占全国的72.4%和75.9%。铂族金属主要集中在甘肃，但勘探程度较低。

（4）铝土矿、镍、铜、铅、锌等有色金属矿产在中西部地区也具有突出的优势。保有储量分别占全国的95.6%、99.2%、89.4%、74.4%和78.7%。铝土矿主要分布在山西、贵州、广西和河南4省区，豫、晋、黔3三省铝土矿产量占全国的96.2%。广西平果将建成为我国新的铝都，二期工程规划年产氧化铝120万吨、电解铝50万吨和铝型材30万吨。铜矿主要分布在长江中下游的安徽、江西、湖北和西南地区的云南、西藏。从目前产量看，以江西、云南和安徽居多，3省铜精矿产量占全国的一半。镍主要集中分布在甘肃金昌地区，产量占全国的76%

（5）中西部地区是化工原料矿产的重要产地。钾盐几乎全部分布在青海的柴达木盆地；磷矿以湖北、云南和贵州3省居多，保有储量占全国的58.5%，产量占全国的66%。开发中西部地区化工原料矿产资源，对我国化肥生产，确保农业持续发展将起重要作用。

二、土地、矿产资源开发利用中取得的成就和需要解决的问题

中西部地区丰富的土地资源为该区农业发展创造了有利条件。"八五"前4年农业总产值年均增长7%，主要农产品产量增长较快，但粮食产量徘徊不前。1994年由于多数省区遭受较为严重的水、旱等自然灾害，同1990年相比，除了内蒙古、黑龙江和贵州3省区粮食产量增幅较大外，其余多数省区粮食产量减少。

中部地区拥有全国重要的商品粮、棉、油基地。1994年粮食产量为18839万吨，占全国粮食总产量的42.3%，人均粮食占有量为442公斤，高于全国平均水平11.3%。棉花产量占全国的42.2%。土地资源丰富的黑龙江，大豆、甜菜、马铃薯和亚麻的种植面积和产量均居全国首位，全省粮食商品率达60%以上。吉林人均粮食产量为801.3公斤，居全国之首，为全国平均水平的2.1倍。素有"鱼米之乡"的湖南和湖北，人均粮食产量420多公斤，粮食商品率增加。

值得可喜的是，长期需要调入粮食的西北地区，随着农业基础地位的加强和生态环境改善，粮食自给能力明显提高。新疆、宁夏已成为粮食调出省区，人均粮食产量超过400公斤，高于全国平均水平24公斤；陕西、甘肃和青海通过省内调剂，粮食自给率

明显上升。近几年新疆棉花发展迅速，棉花产量已占全国的五分之一。

“八五”期间，中西部地区在植树造林、加快森林资源培育方面也取得一定成效。湖南、湖北、广西、安徽、江西、吉林6省区实现了基本消灭宜林荒山的任务。

中西部地区矿业发展已形成相当大的规模，对全国矿业和经济发展有重要贡献。1994年，中西部地区一次能源产量占全国的76.5%，其中原煤产量占全国的80%，原油占全国的57%，天然气占全国的74%；铝、铜、铅、锌、镍、锡等有色金属矿产量占全国的比重多数在85%以上；化工矿产中，硫铁矿占全国的70%、磷矿石和钾盐的95%以上由中西部生产。中西部地区矿产资源开发不仅满足自身的需要，而且对全国经济发展作出了重要贡献。矿业的发展也带动了其它相关行业的发展，对当地经济发展起着重要作用。“八五”期间，中西部地区能源、原材料产量不断增加，其中原煤产量增加2.1亿吨，占全国煤炭产量的比例提高1.5个百分点，原油产量增加近600万吨；有色金属和化工矿产产量增幅较大。

但是，中西部地区将资源优势转化为经济优势的能力还明显低于东部地区。土地、矿产资源开发利用中还存在不少需要解决的问题：

1. 土地资源未能充分利用，土地生产率不高。耕地是土地的精华，是农业生产最基本的不可替代的生产资料。但目前耕地利用中存在重用轻养、数量减少、质量退化等问题。西部地区粮食产量低而不稳，抗御自然灾害的能力弱。据统计，1994年西部10省区的耕地面积占全国的26.5%，而粮食产量只占全国的22%，粮食单产为3384公斤/公顷，为全国平均水平的83.3%（除新疆和四川粮食单产高于全国平均水平外，其余8省区均低于平均水平），人均占有粮食仅为全国平均水平的83.6%，多数省区不能实现粮食自给。因粮食不能有效保证，部分地区人民生活困难，脱贫致富难度较大。

草地数量减少、质量退化比较严重。因草地长期过载，不合理利用等，使我国草地每年净减少70万公顷；草地退化大约以每年200万公顷的速度发展。据调查估算，我国北方和西部牧区草地退化面积已占草地总面积的23.5%，其中严重退化面积占退化草地的17%、产草量明显下降一半以上，单位面积产草量仅为世界平均水平的30%。

森林面积增加，但生产力下降。第四次（1989～1993年）与第三次（1984～1988年）森林资源清查结果相比，全国有林地面积增加803万公顷，森林蓄积量增加31.5亿立方米，扭转了过去森林蓄积量持续下降的局面，但森林资源单位面积蓄积量和生长量下降。据统计，两次清查期间，林分平均每公顷蓄积量下降0.79立方米，用材林平均每公顷蓄积量下降1.33立方米。我国的森林面积仅占林业用地面积的一半，中西部地区尚有大量的林地没有得到合理利用。

2. 地质勘查和矿山建设投入不足。“八五”前四年，全国地勘费投入年均增长17.5%，其中中央财政预算内地勘费投入年均增长13.4%，略低于同期财政支出年均增长13.8%的水平。扣除物价上涨因素，地勘费投入增幅不大。中西部地区的地质勘查投入低于同期全国平均水平，1994年中西部地区地勘费投入占全国地勘投入的57.3%。由于找矿难度不断加大，实际用于矿产勘查的投入资金的比重逐年减少，万元投资的探明储量越来越少，主要矿产后备储量增长缓慢，与中西部丰富的矿产资源有待勘查很不相称。

矿山建设投入也不足，“八五”前四年全国基本建设投资年均增长39.4%，同期矿产采掘业基本建设投资年均增长仅17.9%。中西部地区由于自身经济实力有限，除了国家投入用于大型矿山建设外，自身的投入的资金主要用于乡镇集体和个体矿山采矿，矿山发展滞后于冶炼工业和加工工业。

3. 矿产开发经济效益低，资源优势并未真正转变为经济优势。中西部地区矿产资源量大，矿产开发在经济发展中占有一定的比重，但由于矿业结构和产品结构比较单一，矿产品深加工水平较低。加之矿产品价格与下游产品比价不合理，以及税制改革使上游产品税赋增加等因素，致使矿产资源的开发并没有给中西部地区带来多大的实惠。长期以来，中西部地区优势矿产的经济效益转移到下游产业和沿海地区，矿山及其所在地缺乏应有的积累和自我发展能力。矿业结构调整和矿业增长方式转变缓慢，矿产开发的整体效益较低。以石油、天然气开采为例，1994年中西部地区共有独立核算的油气开采企业73个，亏损企业达21个，亏损面为28.8%。国有矿山企业经济效益普遍较差，多数处于亏损状态。

4. 乡镇集体矿山企业和个体开采生产技术水平低，资源浪费比较严重。我国矿产资源的特点是中小型矿多，大型、超大型矿较少，在矿业开发中实行以大矿山为骨干，大中小矿并举的方针是合理的。并且中小乡镇矿山的矿石产量在全国已占有一定比重。如煤炭有三分之一是由小煤矿生产的，铅锌矿一半是由小矿山生产的。但有些乡镇小矿山和个体采矿者受经济利益的驱使，非法无证开采、越界开采、滥采乱挖、破坏浪费资源的现象屡见不鲜，如小秦岭非法采金就是典型的例子。

5.矿产开发对环境破坏比较严重。西部地区，尤其是西北地区地广人稀、植被覆盖率低，生态环境比较脆弱。开矿势必破坏植被，由于矿产开采引起地面沉降、水土流失、土地沙化，固体废弃物排放、大气污染和水环境污染等问题。较为严重的是尾矿和采矿的剥离物任意堆放占地，引起河道堵塞等。据统计，1994年全国矿业固体废弃物（包括尾矿、煤矸石、粉煤灰）产生量为4.1亿吨，占全国工业固体废弃物产生量的66.4%。历年累计堆存的矿业固体废弃物已达45.5亿吨，占地34万亩，其中大部分是由中西部地区矿产开发堆积而成的。有些地方因矿产开发造成环境污染和生态破坏已影响人民的生产和生活，危害人们的身体健康。

三、促进土地、矿产资源合理开发利用的对策建议

近几年，中部和西部地区经济发展的差距在不断缩小，而中西部地区与东部地区发展差距却在不断扩大，加快中西部地区经济发展，是缩小我国地区差距的根本措施。中西部地区的不少省区都属于资源省区，今后要充分发挥资源优势和沿边对外开放的地理优势，将潜在的资源优势逐步转化为产业和产品优势，形成各具特色的优势产业和产品。

1.因地制宜发展农林牧业。中西部地区土地资源丰富，光、热、水等农业资源各地差异较大。干旱、半干旱的西北地区地域辽阔，光、热资源非常丰富，而水资源不足；土质和水分条件较好的东北地区，热量不足；水资源较好的中部5省区和西南地区，山地多、平地少，可利用土地资源非常有限。因此要根据各地农业资源的优势，本着宜农则农、宜林则林、宜牧则牧的原则，因地制宜发展各具特色的农林牧业产品。

根据各地区粮食生产潜力和生产水平分析，近期粮食增产的重点应主要放在中部地区。中部地区粮食产量的增减对全国粮食平衡起着决定性作用，全国主要粮食调出省区几乎全都集中在中部地区。今后一段时期内，可在粮食增产潜力较大的三江平原、松嫩平原、江汉平原、洞庭湖平原等地加快农产品基地建设，努力提高中部地区粮食产量和商品率。西部地区要加快中低产田改造，在河西走廊、宁夏和内蒙古河套地区发展粮食生产，提高粮食自给能力。可在光热条件较好的新疆等地发展棉花生产，预计到2000年新疆将成为全国最大的优质棉生产基地。

国家要通过改革农产品购销体制，建立中西部发展基金，促进有利于发挥中西部优势的资源加工型和轻纺工业的发展。国家在安排农业投入上应有所倾斜。

2.发挥土地资源优势，提高农业生产效率，推进农业产业化进程。中西部土地资源丰富，光热条件也要优于东部地区，是我国农业发展潜力最大的地区。中西部地区农业发展更要注意提高生产效率。首先，要提高农作物单产。中西部地区中低产田所占比例高，增产潜力大，今后要加强中低产田改造和农田水利等基础设施建设。据调查，1986～1994年中部地区每亩增施1公斤化肥，可使粮食增加7.8公斤，而东部地区仅增加4.9公斤。增加有效灌溉面积、采用农膜覆盖技术等对中西部地区农作物增产效果也有显著影响。第二，在农业生产稳定发展的基础上，发展高产、优质高效农业。农业仍是中西部地区的支柱产业，而强化这一产业的核心是如何使农业从低效弱质产业成长为高效强质产业。要充分利用光热资源丰富的优势，调整农业结构，以市场为导向，发展具有当地优势的农副产品加工业，提高农业整体效益。第三，加快实现农业产业化。要把农业生产与加工销售结合起来，打破原有的家庭分散经营的局面，走农业产业化道路。在长期坚持稳定农村以家庭联产承包为主的责任制和统分结合的双层经营体制的基础上，大力培育农村市场。根据东部地区农业发展的经验，可采取“公司＋农户”等形式，发展贸工农一体化，生产、加工、销售一条龙的生产服务体系。通过公司或龙头企业与农户签订合同，形成规范的责、权、利关系，提高农产品的市场竞争力和比较利益。

3.改革矿业投资体制，加大矿产资源勘查力度。“八五”期间，我国地勘投资体制改革取得了一定的成绩，地勘投资主体多元化，筹资方式多样化等。地勘部门从事多种经营和地质市场获取的货币工作量已超过国家预算内地勘投入。

《纲要》提出了我国投资体制改革的方向。今后投融资方式改革的重点是：国民经济各行业要根据各自的特点，将建设项目划分为竞争性、基础性和公益性三类。竞争性项目以企业投资为主体，通过市场筹集建设资金。基础性项目主要由政府集中必要的资金进行建设，并引导社会资金、企业资金和外资企业参与投资。公益性项目主要由各级政府运用财政资金安排。实行建设项目法人责任制和资本金制度。

根据全国经济发展的需要，中西部地区也要加快矿业投资体制改革，打破现有的探、采分离的投资体制。组建探、采、选冶、加工一体化的大型企业集团，促进地勘单位与矿山企业的联合、兼并。对竞争性矿业项目可实行资本金制度，但鉴于中西部地区财力有限，建议对国家急需的矿种和具有全国性意义的矿产开发项目，适当降低资本金比例。国家在投资上实行倾斜政策。对跨地区的能源、交通等重大基础工业和基础设施项目，仍要以国家投资为主。

鉴于西部地区地质工程程度较低，而矿产资源又丰富的特点，未来15年要加大地勘投入，提高地质工作深度，选择一些具有重要成矿远景的地区，如西南三江铜多金属成矿带、新疆天山金铜多金属成矿带等组织找矿攻关等。并可加大吸引外资勘探西部矿产资源的步伐，为国家找到可供开发的后备基地。

4. 实施矿业专项规划，促进中西部矿产资源后备基地的勘探和开发。矿业是投资周期长、风险大的产业，为了保证我国矿业的可持续发展，应加速中西部地区矿产资源富集区资源的勘探和开发。在国家中长期规划的指导下，充分发挥矿业专项规划的作用，集中力量重点建设若干对全国经济发展有重要意义的能源、原材料后备基地，进而促进中西部地区经济发展。

可选择滇东南－桂西北有色金属基地，川西、滇西北、藏东多金属成矿区，塔里木盆地南、北缘、天山西南及柴达木盆地南、北两侧金属矿产成矿远景区；塔北、吐哈及藏北油气远景区作为矿产勘查的重点地区。

在中西部地区选择若干资源富集、开发条件较好地区建成全国重要的能矿和原材料基地：以山西为中心的能源、有色金属、重化工基地；以兰州为中心的水能、有色金属、化工基地；攀西－六盘水地区能源、化工、冶金基地；乌江水电和铝、磷基地；红水河有色金属基地等。

5. 实行与产业政策相配套的税收政策，引导资源加工型产业向中西部地区转移。税收优惠政策是市场经济体制下政府调节经济活动的一项常规性政策，但税收优惠政策不应该按区域设置。而应与国家产业政策相配合，支持国家急需产业的发展。今后在制定支持中西部地区发展政策时，不宜套用东部发展模式，给中西部新的区域性税收优惠政策，而应把税收优惠重点放在支持农业、能源、原材料等基础产业的发展上。鼓励国内外企业按国家产业政策的要求，积极参与自然资源开发，加速中西部地区经济发展。国家要进一步引导资源加工和劳动密集型产业向中西部地区转移，有计划地把以中西部初级产品为原料的资源加工型产业向西部转移。

（王国平　撰稿）

※

※※※

※

中部地区

山　西　省

主　　编：兰光东
副主编：董小恺　张　超
编写人员：马小民

山西省分目录

山西省概况……………………………………………………………………………………(71)
国民经济和社会发展……………………………………………………………………………(71)
经济体制改革和对外开放………………………………………………………………………(78)
山西省“九五”计划和2010年远景发展规划摘要 ……………………………………………(80)

专题介绍

山西的铝土矿资源………………………………………………………………………………(82)
黄河万家寨水利枢纽工程………………………………………………………………………(82)

地区发展规划选编

晋西区域规划……………………………………………………………………………………(84)

1995年改革开发大事记…………………………………………………………………………(86)

山西省概况

面积：15.63万平方公里

人口：3077.3万人

行政区划：5个地区，6个地级市，14个县级市，86个县

省委书记：胡富国

省八届人大常委会主任：卢功勋

省长：孙文盛

省七届政协委员会主席：郭裕怀

山西省国民经济主要指标（单位：亿元）

项　　目	1995年	1995年比上年增长（%）
国内生产总值	1088.9	27.5
工农业总产值	2127.27	28.4
工业总产值	1081.03（乡及乡以上）	21.9
重工业产值	885.45	21.88
轻工业产值	195.58	22.1
农业总产值	299.68	36.8
全社会固定资产投资	295.8	1.68
国有固定资产投资	226	－0.36
社会消费品零售总额	375.9	21.8
零售物价总指数（%）	115.6	15.6
职工工资总额	215.46	17.68

国民经济和社会发展

一、国民经济发展情况

1995年，全省人民在省委、省政府的正确领导下，振奋精神，激扬干劲，集中力量打好“四大战役”，全力以赴完成“五个一工程”，整体推进经济社会发展，宏观调控取得显著成效，国民经济形势呈现良好局面，全省全年国内生产总值1088.9亿元，比上年增长11.4%，其中，第一产业增加值149.0亿元，增长3.9%；第二产业增加值563.7亿元，增长14.7%；第三产业增加值376.2亿元，增长9.4%。经济发展中也存在着一些应该重视的问题，主要是物价涨幅依然较高，经济增长中结构和效益问题，部分企业生产经营困难较大，农业基础薄弱等。

（一）农业生产稳步增长

1995年，山西省进一步重视和加强农业，狠抓旱作农业、节水农业和农田水利基本建设三项工程，

因地制宜、统筹规划农业生产，通过政策引导，利益驱动，掀起了全民动手，全社会参与农业建设的新高潮，使全省农村经济在严重自然灾害面前取得稳步、健康发展的好成绩。1995年，全省农业增加值149.0亿元，比上年增长20.3%，按可比价计算比上年增长3.9%，占到国内生产总值的13.7%。全省全年粮食总产量91.7亿公斤，比上年增产2.7亿公斤，增长3%，为历史上第三个高产年。全省棉花总产量9082万公斤，比上年增产601万公斤，增长7.1%。蔬菜产量542.9万吨，比上年增长9.8%。全省造林绿化成效显著，据统计，全年共完成造林面积405.2千公顷，比上年增长52.3%。全省5个“百万亩林业工程”基本建成，15个县已实现了绿化达标。畜牧业快速发展，1995年猪年末存栏数达561万头，比上年增长16.3%，羊年末存栏数达915万只，比上年增长13.7%，大牲畜年末存栏数358.6万头，比上年增长12.6万头。渔业生产稳定增长，1995年，全省继续狠抓了集约化养殖，“小网箱”养鱼进一步得到发展，全省全年水产品产量达到1.8万吨，比上年增长11.5%。乡镇企业继续保持了较高的增长速度，据乡镇企业管理部门统计，1995年全省乡镇企业实现总产值1436.0亿元，比上年增长39.5%；完成营业收入1172.6亿元，增长34.8%。农业现代化水平继续提高，1995年末全省农业机械总动力1315.3万千瓦，比1994年末增长1.3%。农用化肥施用量（折纯）77.1万吨，增长7.9%；农村用电量46.1亿千瓦小时，增长11.1%。农田水利建设进一步加强，全省新增有效灌溉面积14.4千公顷，比上年增长18.9%。

（二）工业经济快速发展

1995年，山西省大力调整经济结构，积极培育新的经济增长点，促进工业生产持续快速增长，全年共安排技改项目289项，其中投产项目116项，每年可新增产值31.5亿元，利税8.4亿元；同时，全省各地进一步加快了建立现代企业制度的步伐，工业企业活力进一步得到加强。全省独立核算工业企业全年共完成工业增加值353.8亿元，比上年增长12.6%。全省乡及乡以上工业完成工业总产值1081亿元，比上年增长14.2%。其中，轻工业完成195.6亿元，增长12.6%；重工业完成885.4亿元，增长14.6%。全省全部工业总产值完成1827.6亿元，比上年增长23.1%。全省乡及乡以上工业全年实现工业销售产值1060.8亿元，比上年增长15.8%，工业企业产品销率为98.1%，达到了近年来的最好水平。全省乡及乡以上独立核算工业亏损面较上年下降5个百分点，实现利税120.1亿元，比上年增长17%。工业产品产量继续增长，1995年全省原煤总产量33972.5万吨，比上年增长4.4%；焦炭（机焦）总产量1204.1万吨，比上年增长26.2%；发电量495.6亿千瓦小时，比上年增长10.7%；钢总产量337.7万吨，比上年增长3.0%；氧化铝66.6万吨，比上年增长51%。工业实现利税增长较快，1995年，全省工业坚持效益优先的原则狠抓企业内部管理和产品质量管理，进一步加强煤焦的产运销管理，坚决执行“三不政策”，加大了货款回收和清欠力度。但工业产品库存积压和资金相互拖欠的现象仍较严重，综合经济效益指数仍然偏低，1995年全省乡及乡以上独立核算工业企业综合经济效益指数为86.3%，比上年有所下滑。建筑业生产经营持续稳定发展，全省县及县以上各种经济类型的建筑业增加值为48.4亿元，比上年增长24.6%。国有建筑企业房屋建筑施工面积为1125.7万平方米，增长12.4%；房屋建筑峻工面积390万平方米，增长12.7%。按增加值计算的全员劳动生产率为12770元，比上年提高25.6%，人均创利税1421元，增长24.5%。

（三）消费品市场繁荣活跃

1995年，全省城乡市场繁荣，商品供应充裕，全年社会消费品零售总额达到375.9亿元，比上年增长21.8%，扣除价格因素，实际增长5.4%，其中市的零售额213.1亿元，增长22.8%；县的零售额86.1亿元，增长15.1%；县以下零售额76.7亿元。增长27.6%。分经济类型看，国有经济消费品零售额130.2亿元，比上年增长23.5%；非国有经济零售245.7亿元，增长21.0%。生产资料市场平稳。全省全年县及县以上物资供销企业生产资料购进70亿元，比上年增长19.9%；销售总额74亿元，增长23.4%。但是生产资料价格指数偏高。

（四）财政收支基本平衡，金融保险形势稳定

财政形势基本正常。1995年，全省进一步加强税收征管工作，认真实施分税制，有力地推动了财政收入的增长。全省全年财政总收入完成128.3亿元，比上年增长29.1%。全省地方可用财力达到103.2亿元，超过了预定100亿元的奋斗目标。全省地方财政收入完成71.4亿元，比上年增长33.1%，其中，工商税收完成51.8亿元，增长24.0%。全省财政支出执行113.9亿元，比上年增长33.1%，其中基本建设支出、文教卫生事业费支出和行政管理费支出分别增长37.6%、12.7%和15.2%。全省财政收支

基本平衡，首次扭转了近10年来年年发生赤字的被动局面。金融形势稳定，存款稳步增加，贷款结构进一步改善。年末全省金融机构各项存款余额1288.3亿元，比上年末增加306.9亿元，增长31.3%。各项贷款余额为1223.1亿元，比上年末增加191.9亿元，增长18.6%。全年全省银行现金收入1503.2亿元，比上年增长43.3%，现金支出1637.5亿元，增长38.3%，收支相抵净投放现金134.3亿元，比上年下降0.8%。保险事业进一步发展。全年全省保险承保总额1525亿元，比上年增长12.2%，保险收入10.41亿元，比上年增长17.6%。到1995年末，全省有7197户企业参加了企业财产保险，有61.6万户居民参加了家庭财产保险，有482.2万人参加了人身保险。全省保险企业共处理国内财产险赔案11.9万件，支付赔款5.1亿元，支付人身保险金2.7亿元。

（五）旅游业得到长足发展

1995年，来我省旅游、访问、从事商务以及各项活动的外国、台湾、港澳人士和华侨达7.1万人次，比上年增长34.1%，旅游外汇收入2061.6万美元，比上年增长57.3%。

（六）人民生活水平进一步提高

居民收入迅速增长。1995年全省城镇居民人均生活费收入2927元，比上年增长30.3%，扣除价格因素，实际增长11.7%；农村居民人均纯收入1208.3元，比上年增长36.7%，扣除价格因素，实际增长7.8%。职工工资水平进一步提高。1995年全省职工工资总额210.3亿元，比上年增长14.9%；职工平均工资4526.5元，增长13.3%。城乡居民储蓄存款继续增加。1995年末全省城乡居民储蓄存款余额844.5亿元，比年初净增228.5亿元，增长37.1%。居民金融投资意识不断增强，购买股票、债券等有价证券也明显增加。城乡居住条件继续改善。1995年全省城镇新建住宅竣工面积488.5万平方米，农村新建住宅407万平方米。

二、国民经济结构现状

1. 二、三产业产值比重仍不够高。1995年山西省国内生产总值中三次产业的比例为13.7：51.8：34.5，与全国平均水平相比，第一产业比重较低，第二、第三产业比重较高。但二、三产业比重远低于沿海省份。

2. 工业内部构成呈超重型，尤以煤炭采掘业比重最大，而加工工业比重小。1995年全省轻重工业比例为18.1：81.9，煤炭工业占工业总产值的23.6%，居第一位；冶金工业占19.3%，居第二位；机械工业占14.8%，居第三位；化学工业占12.5%，居第四位；其次是电力（6.2%）、食品（5.6%）、纺织（4.8%）、建材（4.8%）等工业。

3. 农业内部结构以种植业为主。1995年农、林、牧、渔产值比为62.2：5.9：31.5：0.4。种植业结构中粮食作物与经济作物的比例为56.6：43.4。经济作物所占的比重由1978年的25.3%上升到1995年的43.4%。

三、基础设施状况

（一）交通运输稳步发展

截止1995年底，全省铁路营业里程达到2671公里；公路线路里程33644公里，其中高速公路94公里，一级公路130公里，二级公路4079公里；省城太原对外航线已达18条，可直通全国30多个城市。全年全省各种运输工具完成货物运输量65962万吨，比上年增长5.4%，其中铁路货运量26095万吨，增长1.5%，公路货运量39776万吨，增长8.1%。农村交通条件进一步改善。年末全省已达到了乡通公路村通车，其中通油路的乡镇达到了59.4%。

（二）邮电通信事业高速发展

全年邮电业务总量13.8亿元，增长50.3%。新发展城乡电话用户21万户，到1995年末，全省电话户数达到63.7万户。局用交换机总容量达到2.5万门；用户交换机容量39.5万门，其中程控电话17.3万门，程控化比重达44.0%。邮电通信网进一步发展，全年新增邮路5033公里，新增邮电局所60个。

（三）能源工业效益进一步改善

1995年全省全年国有单位能源工业投资完成70亿元。全年新增采煤能力1052万吨，发电设备装机容量11万千瓦。实施能源工业变输煤为输煤输电并举战略取得新进展，原煤的转化和深加工得到加强，二次能源生产增速明显加快。1995年全省一次能源生产折标煤2.9亿吨，比上年增长4.1%；二次能源生产折标煤1.1亿吨，增长25.1%。能源外输量基本稳定。全年全省共外输煤炭2.24亿吨，与上年基本持平，外输煤炭占到产量的66%，其中出口煤炭1609万吨，增长1.6%。全年共向省外输送电力124亿千瓦小时，占到发电量的25%。

（四）水源供需缺口较大

全省现有大中型水库58座，小型水库716座，总库容43.6亿立方米；万亩以上自流区108处，机电灌站67处，配套机电井76672眼，各种小型水利工程9730处，水利工程总供水量39.72亿立方米，其中农业供水量36.08亿立方米，有效灌溉面积1707万亩，工业及城镇生活自备井5000余眼，城镇自来水厂70余座，全省全年实际供水量57.25亿立方米，其中河川径流供水量22.77亿立方米，地下水供水量34.44亿立方米，全省全年需水量为71亿立方米，缺水近14亿立方米。

四、社会事业发展状况

（一）科技成果转化进一步加快

科技工作通过实施"科技兴晋五大工程"，大力促进科技成果向生产力转化，加速科技经济发展一体化步伐，增强了全省综合经济实力和发展后劲。科技队伍进一步扩大。1995年末，全省国有企事业单位共有各类专业技术人员（不包括中央驻晋单位）55.6万人。科技领域的8支队伍建设，到目前已选定：攀高峰队伍150人；应用研究开发队伍300人；星火企业家队伍100人；科技企业家队伍100人；技术经纪人队伍100人；科技宏观管理队伍100人；外向型科技人才队伍100人；软科学队伍50人。年末，全省政府部门所属的县级以上国有独立研究与开发机构发展到了263个。科学技术坚持面向经济建设取得明显效益。1995年，全省新建和完善了11个科研开发中试基地，已有7个建成投产，开始发挥效益，两个高新技术产业集团组建工作也取得了一定的进展。全年全省共完成工业科技攻关项目21项，农业科技攻关项目23项。1995年全省计划开发新产品项目360项，实施275项，新产品实现产值6.2亿元。一年中全省共受理各项专利申请917件，授权专利569件。全省技术市场共签定技术合同493份，合同金额18454.1万元，实现金额1218.7万元。科技开发区建设稳步发展，太原高新技术产业开发区和长治高新技术产业开发区高新技术企业达到285家。其中太原高新技术产业开发区认定高新技术企业203家，职工人数达到1.3万人，高新技术产品400项，技工贸收入达7.6亿元。

（二）教育事业取得新进展

全年全省高等院校（包括部委所属院校）共招收研究生524人，比上年增加117人；在校研究生1336人，增加255人。普通高等学校招收本、专科学生20926人，增加5.0%；在校学生67420人，增加1003人。中等职业技术教育继续发展。1995年，各类中等职业技术学校在校学生23.6万人，（含技工学校在校生5.1万人），占高中阶段在校学生总数42.6万人的55.4%。普及九年义务教育进一步发展。全省初中在校学生131.9万人，小学在校学生327.0万人。小学学龄儿童入学率达99.3%；小学毕业生升学率由上年的85.3%提高到89.3%。普通初中和小学学生辍学率分别为2.4%和1%。成人高等学历教育迅速发展，多种形式的技术培训蓬勃展开。1995年全省成人高等学校招收本、专科学生（包括电大、函授及夜大等招收的学员）2.0万人，与上年基本持平；在校学生5.2万人，增长15.6%；成人中等专业学校在校学生4.3万人，增加0.9万人；成人技术培训学校培训学员198.3万人次，成人中、小学在校生25.8万人；1995年文盲率为2%，比1990年下降1.72个百分点。

（三）文化事业进一步繁荣

年末全省共有艺术表演团体162个，文化馆118个，公共图书馆119个，博物馆62个，档案馆130个，广播电台53座，中、短波广播发射台和转播台21座，电视台31座，1千瓦以上电视发射台和转播台46座。广播人口覆盖率68%，电视人口覆盖率84.1%。全年省级单位共拍摄电视剧12部80集，发行电影片1部。全省省级和地市级报纸共出版59254万份，各类杂志出版3586万份，图书出版13919万册（张）。1995年，在全国精神文明建设"五个一工程"评选中，山西省共获6项大奖。

（四）医疗卫生条件继续改善

1995年末，全省医院共有病床10.2万张，与上年基本持平。专业卫生技术人员14.2万人，增长1.4%；其中，医院医生4.9万人（含中、西医师），增长4.3%；护师、护士3.5万人，增长6.1%，其中医院护师、护士3.1万人，增长14.8%。1995年传染病报告总发病率135.36/10万，比上年下降4%；死亡率0.1/10万，比上年下降80%。

（五）计划生育取得积极成效，人口出生率继续降低

据1%人口抽样调查，1995年全省人口出生率为16.6‰，死亡率为6.12‰，自然增长率为10.48‰，比上年降低0.28个千分点，完成了控制目标。年末全省总人口3077.3万人，比上年末增加32万人。

（六）劳动就业工作稳步发展

各类职业介绍所发展到2047家，全省城镇新增就业人员7.6万人。年末城镇职工463.4万人，比上年末减少2.6万人。城镇私营企业从业人员和个体劳动者34.4万人，增加7.9万人。

（七）社会保险制度改革取得新进展，城乡居住条件继续改善

全省有187万名企业职工参加了失业保险，178.7万名企业职工参加了基本养老保险，37.7万名离退休人员参加了社会统筹。各级劳动部门为1.5万名失业职工提供了失业救济。帮助1.3万名职工实现了再就业。社会福利事业日益发展。1995年，全省城乡各种社会福利院发展到1374个，拥有床位17276张，收养10130人；农村收养五保户26084人；全省被救济人次数达3274428人次。全省已有12%的乡镇建立了农村社会保障网络，城镇社会服务网络也有了较快的发展，已建立起各种社区服务设施970个。1995年全省城镇新建住宅竣工面积488.5万平方米，农村新建住宅407万平方米。

（八）环境保护事业进一步得到重视和发展

1995年末全省环境保护系统人员达4918人，各级环境监测站106个，环境监测人员1820人。全省各级自然保护区11个，保护区总面积10816公顷。其中国家级自然保护区2个。全年共完成环境污染限期治理项目205个，投资21668万元。累计建成烟尘控制区65个，总面积258平方公里；建成环境噪声达标区9个，面积26平方公里。

五、资源简况与发展前景

（一）资源现状及特点

1. 土地资源 山西省土地总面积为15.68万平方公里，折23513万亩，约占全国总土地面积1.63%，居全国第十九位。1990年人均土地面积为8.11亩，低于全国人均12.59亩的水平，属于土地资源较少的省份之一。

按土地利用现状分类，全省各类土地的数量为：耕地7347万亩，园地226万亩，林地5354万亩，牧草地3077万亩，居民点及工矿用地1157万亩，交通用地210万亩，水域556万亩，未利用地7567万亩。

山西土地资源具有鲜明的特点。(1)地貌类型复杂多样，山多川少。既有山地、高原、又有丘陵、盆地。全省山地面积为11461.0万亩，占全省面积的48.7%；丘陵为7135.5万亩，占30.4%；平川面积为4916.7万亩，占20.9%。(2)黄土覆盖广泛，水土流失严重。山西有53.2%的土地为黄土和次生黄土所覆盖。黄土质地疏松，易开垦，便耕种；然而，由于历史上长期乱垦滥伐，植被遭到破坏，导致山西成为全国水土流失严重的区域之一。(3)土地类型多样，宜林宜牧地潜力大。山西土地以成土条件可分为粟钙土、栗褐土、褐土、草甸土、盐渍土、沼泽土等各种土壤类型。不同的土地类型具有不同的限制性因素及各自不同的适宜程度和适宜性，从而为全省开展多种经营和农、林、牧、副、渔各业的综合发展提供了有利条件。(4)人均土地资源相对丰富，耕地后备资源缺乏。山西人均土地虽低于全国平均，但比沿海及邻省要高，这为能源重化工基地建设和国民经济发展提供了有利条件。由于农垦历史悠久，土地垦殖率高，可垦荒地很少，约有380万亩土地可改良为耕地。(5)土地质量较差，生产率低。山西除中南部盆地外，土地的质量一般都较差。耕地普遍缺磷少氮。全省土壤有机质含量在1%以上的耕地仅占耕地总面积的1/4，瘠薄坡耕地、盐碱地等低产田占总耕地面积的2/3以上。土地的生产力水平很低，在全国属于中等偏下水平。

2. 水资源 山西水资源分属黄河与海河两大水系，其中属黄河流域面积为9.75万平方公里，属海河流域面积为5.93万平方公里，分别占全省总面积的62.2%和37.8%。山西水资源的主要补给来源是当地降水。全省多年平均（1956～1984年）降水量524毫米，折合水体819亿立方米；全省多年平均（1956～1984年）河川径流量为108.6亿立方米，折合径流深69.5毫米；地下水资源量93.1亿立方米。扣除重复量63.6亿立方米后，全省多年平均天然水资源总量为138.1亿立方米。在全国26个省区中仅高于宁夏回族自治区，居倒数第二位。水资源丰枯悬殊，时空分布不均，年际变化很大。丰水年211亿立方米（1964年），枯水年仅87.5亿立方米（1972年）。同时，在年内分配也很不平衡，约有65%～70%的来水量集中在7～9月，且变率很大。在地区分布上，东山地区水资源约占全省的38.3%，西山地区约占21.6%，而人口、经济集中的六大盆地只占40.1%。目前，全省除西部黄河沿岸和东南部漳河、沁河流域水量相对丰富外，大部分地区缺水或者严重缺水。

山西河流含沙量很大，多年平均悬移质年输沙量为4.56亿吨，造成水库淤积严重，总库容减少了1/3左右。此外，山西岩溶大泉水水量集中，有利于开发，但多出露在省境边缘，水低地高，给利用增加了困难。

3. 矿产资源 山西矿产资源十分丰富。据对全国各省、区主要能源矿产和金属矿产储量价值计算，山西的一次能源无论是绝对量还是人均量均居全国首位，45种主要矿产资源潜在价值量和人均量均居

全国第一位，绝对量居全国第二位。截止1990年，在世界上已利用的150多种矿产中，山西已发现了115种矿产，矿点及矿化点3000余处，已经地质勘查工作证实有一定价值的矿区1350余处。其中已有探明储量的矿种58个，产地735处，其中燃料矿种2种，黑色金属矿5种，有色金属矿6种，贵金属矿产2种，稀有和分散金属矿产4种，冶金辅助原料矿产7种，化工原料矿产8种，建材及其它非金属矿产24种。山西有34个已探明储量的矿种居全国同类矿产的前10位。煤、铝土矿、耐火粘土等8种居全国首位，铁矿居第二位，芒硝居第四位，熔剂灰岩居第五位。

煤炭是山西第一大矿种，素有"煤炭之乡"著称于世。截止1990年底，全省累计已探明煤炭保有储量达2573.81亿吨，占全国总量的近1/3，特别是炼焦煤达1495.1亿吨，无烟煤达498.5亿吨，均占到全国的一半左右。在质量上，大同、朔州的动力煤、乡宁、离柳的焦煤，沁水煤田的无烟煤，均为能源、炼钢、化工和居民生活的优良用煤。山西煤种齐全，煤质优良，煤层埋藏较浅，地质条件好，构造简单，容易开采，这些在全国乃至世界的煤田中均属少见。

铝土矿是仅次于煤炭资源的第二大矿种。发现矿点64处，累计探明储量7.81亿吨，占全国总量的40%以上，居全国之冠。其中，孝义、保德—兴县、平陆、阳泉、宁武—原平五大矿区的探明储量占全省的80%以上。其矿石品位高，铝硅比在4～8的储量占84%以上，皆属高铝、高硅的中级～水型硬铝石。同时，矿床埋藏浅，地质构造简单，易于开发利用。

此外，山西的铜、铁矿产资源在全国也占有一定地位。石灰岩、石膏、石棉、硅石、水泥粘土、大理石等建材矿产资源也很丰富，分布甚广，对建材工业的发展十分有利。

4. 旅游资源 山西素有"表里山河"之称，是中华民族的重要发祥地之一，也是中国古代文明、传统文化的发祥地之一。几千年的文明历史，给山西留下了丰富多彩的文化遗产，壮丽的山河，使山西充满了神奇的色彩和诱人的魅力。

山西被外界称为"中国古代文化艺术博物馆"，全省共有名胜古迹260处，居全国第三位，其中属于国务院公布的重点文物保护单位30处。精美的大同云岗石窟，闻名中外的佛教圣地五台山，世界最大的黄河瀑布吉县黄河壶口瀑布，中国著名的历史人物关羽故里运城关帝庙，众多的、历史悠久的古代彩塑、壁画、石雕、建筑、吸引着中外旅游者。除了具有很高的旅游价值外，对于研究我国古代历史、科学和文化也是极珍贵的资料。特别是辽金以前的木结构古建筑有106座，占全国同时期木结构古建筑的70%以上。其中应县佛宫寺辽代木塔，为中国现存最大最高的一座木结构塔建筑。山西又是抗日战争中八路军英勇杀敌的主战场，革命遗址和革命纪念地遍布全省，达几百处。列为国家重点保护单位的有武乡县八路军总司令部旧址、平型关战役旧址和五台县松岩口白求恩模范病室旧址。珍贵的革命文物是中国革命史上永不磨灭的丰碑。山西自然景观雄奇壮美。五台山山峦峰绵交错，以清凉避暑圣境享誉海内外。北岳恒山群峰奔突，气势磅礴，素称"人天北柱"。五台山和恒山均被国家列为全国重点风景名胜地。

（二）资源开发方向与布局

山西省资源开发方向应以资源地位和市场需求为主导。山西是一个资源大省，在全国占有绝对优势或相对优势的矿产资源有煤炭、铝土矿、铁矿及多种建材矿物等。土地资源开发潜力较大，宜林宜牧面积广阔，有利于林牧业的迅速发展。旅游资源丰富，开发前景看好。但水资源严重短缺，成为工农业发展的主要制约因素。

到本世纪末中国能源缺口将达3亿吨标准煤。山西地处离沿海工业集聚带最近的富煤区，又是煤电能源消费扇面中心，因此，大力开发煤炭资源符合资源结构特点和市场需求，故应当把煤炭工业继续作为支柱产业予以发展，扩大煤炭产量和洗选能力，增加外运量，以发挥资源优势和开发潜力，满足市场需求，提高经济效益。

中国是金属生产和消费大国，尤其是铝的消费量巨大，而目前生产能力有限，铝钢比低于发达国家水平一半左右，每年需进口氧化铝约40万吨以上。山西铝土矿占全国总储量的1/3以上。因此大规模开发山西的铝土矿，将铝工业发展成为新型的支柱产业既有条件，又有必要。

山西铁矿和建材资源亦具有一定优势，今后一个相当长的时间内，全国钢铁需求量仍较大，因此，继续大规模开发铁矿资源，发展冶轧工业是符合省情的。建材非金属资源市场广阔，建立骨干生产基地，发展新型高级建材产品，对建材资源富有的山西省切实可行。

山西粮食要达到自给，必须合理开发土地资源，充分发挥土地资源潜力，一方面要切实做好耕地保护和地力更新，增加农业投入，积极发展节水农业和旱作农业，建设好粮棉油商品生产基地和城郊农副产品基地。另一方面则要大力开发广大丘陵山区，建设立体农业和生态农业，农林牧副业全面发展，使现有的土地创造出更大的农业经济效益。

山西旅游资源在全国占有重要地位，发展旅游业具有得天独厚的条件。目前山西旅游业尚处于起步阶段，但它具有巨大的开发潜力，“九五”时期，山西要以市场为导向、以质量效益为中心，贯彻超前、加速发展方针，加大投入，强化基础，突出重点，集中配套，争取在本世纪末或更长一段时间内把山西建成中国北方的旅游经济大省。

六、扶贫情况

1995年山西省扶贫工作在省委、省政府的高度重视下，按照国家八七扶贫攻坚计划要求，加大攻坚力度，以解决381万贫困人口稳定脱贫为目标，以492个贫困乡为主战场，突出抓好基本农田、基础设施、主导产业　基层领导班子“四项重点建设”，用主导产业覆盖贫困乡村，做到项目覆盖到贫困户，效益落实到贫困户。全年新修基本农田37万多亩，新造经济林40万亩，水、电、路、讯、教育卫生等各项基础设施建设都有新的进展。

1. 增加资金投人，改革管理办法　1995年，国家分配山西省的扶贫资金共有19120元，比上年增加500万元。山西省拿出的扶贫资金共有4500万元，比上年增加700万元。为了管好用好扶贫资金，强化扶贫项目管理，1995年，山西省实行了扶贫领导组会议统一研究下的项目资金双轨制管理，项目管理又实行分级负责的办法，并制定了《山西省扶贫资金管理办法》。切实将扶贫资金集中投向基本农田建设、经济林、养殖业、农副产品加工业等能够解决贫困户温饱问题的主导产业进行扶持。1995年全省扶贫资金的投向结构为：35%用于基本农田建设；35%用于发展经济林、养殖业；20%用于农副产品加工龙头骨干项目和续建扶贫项目的缺口资金；10%用于贫困地区农业利用外资重点项目的配套。

2. 加大社会扶贫力度，六项基础设施建设又添新成果。全省扶贫有关部门增加扶贫投入，狠抓路、电、水、话、教育和卫生六项设施建设的落实，取得显著成效。全年新建乡通公路150公里；建成35千伏输变电工程4项，10千伏通电线路534.4公里；通电行政村达140个；通电农户16560户，65428口人，解决了79个乡镇企业的用电问题与270处人畜吃水工程供电问题。完成人畜吃水工程624处，解决666个村20.35万人口、3.43万头大畜的饮水问题。新建农话自动交换点30处，装机容量达到11052门(线)，新通电话的行政村2750个，使全省通电话的行政村占到了总数的41.52%。在全省贫困地区新建小学530所，其中34个国家级贫困县新建成小学364所，16个省级贫困县新建小学166所。在34个国家级贫困县投入资金72万元，建成乡镇卫生院(所)18个；在16个省级贫困县投资52万元，建成15所乡镇卫生院（所)。

3. 强化科技培训，引进实用技术，培训工作取得新突破。1995年山西省统筹协调农科教三方面的力量，坚持“适地、适用、实效”的原则，展开一场大规模的科技推广和科技培训活动。全年全省培训人数达到25万人次以上。各大中专院校、科研单位都开展了科技扶贫工作，联系一个或几个县，开展科技培训、技术服务。省农科院还成立了科技扶贫领导组，以科技培训为主要手段，开展新技术推广，实施科技扶贫工程。

1995年山西省扶贫开发工作虽然取得了明显成效。但也存在着不容忽视的困难和问题。一是遭受百年不遇的自然灾害，使国家扶持下经过多年艰苦奋斗辛勤劳动取得的大量生产、生活成果毁于灾害，给扶贫攻坚造成极大困难。据初步统计，24个贫困县遭受的经济损失达34.8亿元；粮食减产五至八成。二是资金到位迟。由于种种原因，扶贫资金到12月底才基本到位。

经济体制改革和对外开放

一、企业改革不断深化

1995年我省的企业改革本着“抓住大的，放开小的；抓住原则，放开形式；抓住重点，促进一般”的方针，以建立现代企业制度、城市优化资本结构和区域性配套改革等试点为突破口，从七个方面采取了增资轻装措施，在深化企业改革上取得重大进展。我省30户现代企业制度试点企业的改制形式已全部明确，有20户企业已按新的体制运行。企业组织结构调整步伐较大，全省共组建企业集团60多家，为发挥规模优势奠定了良好的基础。股份制企业发展到371户，股本总额达到48.3亿元。在放开搞活国有中小型企业方面，改革力度大，效果好。经过近两年的实践，总结出了小型企业改革的“一种思路，十种形式”，即以理顺产权关系为重点，以股份制为基本形式，重塑国有企业产权制度的改革思路和以存量折股，增资扩股；出售存量，吸纳增股；分配存量，匹配增量；转债变股权；租股结合，能人控股；抽资租赁，个体式经营；引进外资，嫁接改造；划转兼并，组建集团；公开拍卖，民有民营；依法实施，破产处理等为主要内容的十种形式。全省已有500多户国有中小型企业，实施了多种形式的改革。从我省中小型企业改革的特点来看，已经形成了“北有朔州、中有榆次”等地的经验，为中西部地区以至全国的中小型企业改革作出了示范”。

二、政府机构改革取得新进展

全省上下继续实施《山西省党政机构改革方案》，政府机构改革由省级向地市、县、乡三级层层推进。全年遵循政企分开和精简、统一、效能的原则，突出转变各级政府职能，调整机构，简政放权，取得了阶段性成果。通过调整机构，撤销合并了一批重复、交叉、相近的机构，增强了综合经济部门的宏观管理职能，转变部分专业经济部门为企事业单位，简化了行政部门办事程序，促进了工作效率大幅度提高。通过缩减行政编制，分流富余人员，解决了机构膨胀、人员超编、财政负担沉重等问题，使机关人员比机构改革前有明显减少，财政拨款数额进一步下降。

三、横向经济联合迅速发展

1995年我省加快发展经济协作实力，加强协作煤炭管理，大力扶持乡镇企业，全方位开展横向经济联合与协作，促进了全省区域经济的可持续建设。1995年在省城太原召开“环渤海地区市长联谊会”，在会上签定了一批有影响力的协作项目，并对1994年环渤海对外招商洽谈会上达成的项目做了进一步的落实和跟踪服务。突出进行了黄河协作区中的小区域协作，在山西北部大力开展晋冀蒙协作区的边贸活动，在中部充分发挥太原内陆开放城市的优惠政策和中心城市的辐射力，组织企事业积极进行以高新技术产业和食品工业为主的科技成果洽谈，在南部继续加强了晋陕豫金三角协作区的经济技术合作。进一步发展和壮大了经协实体，使各地市的经济实体向国家上交利税比上年均有不同程度的增加。继续清欠了一部分煤炭债权债务，积极筹建和搞好协作煤发煤站，全年完成协作煤外运600多万吨。建立山西乡镇企业与沿海地区农村经济的联系和协作，利用沿海地区的技术人才优势，建设小康示范村。

四、市场体系建设稳定发展

对商品市场更加重视市场组织化、规范化程度，强化监督管理，改善交易秩序，保护公平竞争；积极发展“直销”商品市场。太原市设直销市场60个，大同市17个，长治市4个，减少流通环节、降低物价；严格价格管理，每日公布指导价和参考价，对关系人民生活的重要商品实行最高阶价，1～6月份查处价格违章行为360余起。健全和完善农副产品价格监控联系制度。到6月底，全省各类商品市场已达2100多个。其中集贸市场成交额已达65.1亿元，比去年同期增长52.85%。要素市场建设取得新进展。全省规范性的资金拆借市场已有5个，年拆借资金70亿元。省外汇调剂市场，1994年调剂外汇1.84亿美元。证券交易市场和机构已有43家。全省已有技术市场及交易机构27个，年技术转让达1.07亿元。劳动力市场共有122个，年成交20多万人次。房地产市场全省已建立96个，1994年土地转让收入达4亿多元。另外新建成产权交易市场及机构8个，正积极促进产权交易的发展。

五、利用外资和开展国际经济技术合作的规模扩大

利用外资方面，全省批准外商投资企业178家，直接利用外资协议额2.32亿美元，为年计划的100.6%。利用外国政府贷款列入计划13项，间接利用外资协议额3844万美元。到1995年底，全省累计批准“三资”企业1587家，协议外资2.96亿美元。1995年继续扩大对外交流与合作，加大外事、侨务工作为经济建设服务的力度，全年共接待外宾264批2360人次，比上年增加22%。全年因公出国5006人次，其中进行经贸交流、项目洽谈人次占68%。派出劳务人员512人，比上年增加30%。开展了一会(经贸洽谈会)一节(锣鼓节)活动，共接待来自31个国家和地区的外商和外宾686人，共引进外资2.9亿美元。与德国北威州、意大利阿布鲁佐大区兰恰诺市、美国田纳西州、日本埼玉县等友好州市进行了经济合作洽商，并新建立与津巴布韦中原省、乌兹别克斯坦的塔什干州、科威特的贾哈拉省的省级友城关系，新建立市级友城关系三对。加强了同东南亚的经济贸易交流，利用宗亲关系，继续开展了同海外王氏、郭氏宗亲的联谊活动，利用侨务渠道，开展了同东南亚各国的经贸交流。

六、进出口贸易增长迅猛

全省进出口总额完成13.69亿美元，比上年增长39.7%，其中出口完成11.56亿美元，为年计划的136%，比上年增长20%。全省外贸出口收汇率为92%，超过了国家规定80%的要求，比上年高出5个百分点。批准引进设备和技术合同24项，金额4562万美元；技术出口合同9项，金额534万美元。1995年全省出口商品的国别地区108个，其中1000万美元以上的18个。市场多元化的发展，使我省的资源优势转化为出口优势，其中焦炭出口近3亿美元，煤炭为2.6亿美元，分别比上年增加1.1亿美元和6000万美元。

山西省“九五”计划和2010年远景发展规划摘要

“八五”时期，山西省坚持改革开放，加快现代化建设步伐，为经济和社会发展打下了较好的基础，可是，同沿海省市相比，还存在较大的差距。未来15年，山西要抓住机遇，迎接挑战，集中力量搞好经济建设，努力实现省委、省政府提出的赶超战略，再铸三晋辉煌。

一、“八五”计划执行情况

“八五”是山西省历史上成就最为显著的一个五年计划时期，全省国民经济保持了持续、快速、健康发展的良好势头。“八五”时期除1991年经济增长速度较低外，后4年均保持了较快的发展。1995年全省国内生产总值1088.9亿元，年均增长10.1%，人均国内生产总值达到3557元，年均增长8.8%。主要产品产量1995年与1990年相比，原煤由2.86亿吨增到3.4亿吨，发电量由314亿千瓦时增至495.6亿千瓦时，钢由239万吨增至337.7万吨，粮食平均年产量由“七五”时期的82.2亿公斤，提高到88亿公斤。

各项社会事业得到蓬勃发展。科技队伍不断壮大，1995年地方国有企事业单位拥有各类专业技术人员55.6万人，比1990年增长1.4倍。基础研究、应用开发研究和培植高新技术产业取得了可喜的成果。各级各类教育全面发展，小学适龄儿童入学率已达99.3%，城市基本普及了初等教育，各类中等职业教育(含技工学校)在校学生占高中阶段在校生人数的55.4%。普通高校发展到26所，“八五”期间累计培养大中专毕业生20多万人。文化、新闻、出版、广播、影视、卫生、体育、计划生育、环保、旅游等事业都取得了新的成绩。

城乡人民生活进一步改善。1995年农民人均纯收入达到1208元，城镇人均生活费收入达到2927元，扣除价格因素，分别比1990年增长29.3%和20%，城市和农村人均居住面积分别达到7.6和16.7平方米。

二、“九五”和2010年发展战略、目标和方向

“九五”和到2010年山西省将实施跨世纪的“三步走”战略目标，总体规划在15年内，经过“三步走”，人均国内生产总值等几项主要经济指标达到并力争超过全国平均水平，使山西落后面貌得到基本改观。第一步，到本世纪末，人均国内生产总值达到中西部地区先进水平；第二步，下世纪初的头5年，主要经济指标接近并力争达到全国平均水平；第三步，从2006年到2010年，人均国内生产总值、人均财政收入、城乡居民人均收入等几项重要经济指标，达到并力争超过全国平均水平。

“九五”国民经济和社会发展主要奋斗目标是：1996年实现国内生产总值比1980年翻两番，2000年达到1920亿元，年均增长12%。人均国内生产总值达到5970元，年均增长10.9%。粮食力争年均达到100亿公斤，比“八五”提高12亿公斤，实现基本自给；棉花达到1.1亿公斤，比1995年增加0.19亿公斤；原煤达到4亿吨，比1995年增加6000万吨；发电量达到800亿千瓦小时，比1995年增加304亿千瓦小时；钢达到500万吨，比1995年增加162万吨。城镇居民人均生活费收入达到6000元，农民人均纯收入达到2500元，扣除物价因素，分别年均增长8%左右。

2010年国民经济和社会发展远景目标是：实现人均国内生产总值比2000年翻一番，人民的小康生活更加宽裕，形成比较完善的社会主义市场经济体制。人均国内生产总值等几项主要经济指标达到并力争超过全国平均水平。国内生产总值达到5000亿元，年均增长10%。人均国内生产总值达到1420元，年均增长9%。

“九五”期间要切实把农业放在发展国民经济的首位，保证粮棉油等基本农产品稳定增长，大力发展乡镇企业，努力增加农民收入，加快贫困地区脱贫致富的步伐，确保农民生活达到小康水平。继续加强基础设施建设，集中力量建设一批水利、交通、邮电通

信等项骨干工程，着力缓解和消除经济发展的“瓶颈”制约。继续加强能源基地建设，在实行煤电并举战略的同时，坚持能源开发与环境治理同步。要下功夫培育和发展冶金、机电、化工、建筑建材四大支柱产业，加快人民生活密切相关的轻纺、食品、医药工业的发展，重视发展军工企业的优势。加快第三产业发展步伐，重点建立现代基础设施体系、现代市场体系、现代服务和保障体系，突出发展交通通信、商品流通、金融保险、科技教育、旅游服务等行业。要全面调整产业结构，实施发展优势产业、培育优势产品、扶持优势企业的“三优工程”，实现产业升级，逐步建立适合山西特点的、结构合理的产业体系和支撑经济增长的企业群、产品群。

专题介绍

山西的铝土矿资源

山西铝土矿资源极为丰富，是全省仅次于煤炭的第二大矿种。预测分布面积1.8万平方公里，预测总储量约在23亿吨以上。已发现产地54处，探明保有储量7.8亿吨，占全国总储量的40%以上，居全国之冠。全省铝土矿储量的4/5以上集中分布在孝义—交口—汾阳、阳泉—盂县、原平—宁武—五台、兴县—保德、平陆、沁源等六大矿区。

山西的铝土矿资源主要形成在中石炭系本溪组地层下部的铁铝岩中。含矿岩系分布范围基本与石炭系含煤地层一致，总面积6万平方公里。铝土矿成层出现，层位比较稳定，产状平缓，倾角一般为10～30度，矿石矿物主要为一水硬铝石，次要矿物有高岭石、地开石和极少量的三水铝石。矿石化学成分三氧化二铝含量多在50%～76%之间，二氧化硅含量为3%～22%，三氧化二铁含量不等，有些矿区含量小于2%，有些则大于15%。四级品（三氧化二铝不少于62%、铝硅比大于5）和五级品（三氧化二铝不少于58%，AL/Si大于4）占全省总量的72.21%，一、二级品（铝硅比不小于9）占11.4%，中等品位的矿石比重较大）。从全省范围讲，东部阳泉等地多为高铝低铁型矿石，西部柳林一带属低硅、低铁型，兴县—保德片属高铁型，而沁源一带属于低硅、低铁型。因而，富矿以兴县—保德、介休—沁源—古县、原平—宁武等地较为集中。矿石的熔出性能好，矿石熔出时间只有贵州、广西所产矿石的2/3和1/2，矿物浸出率高，一般在90%以上，赤泥沉降性能好，沉降速度一般为0.52～0.61米/小时，矿石中钾、钠、钛的氧化物含量也较低，宜于工业利用。

矿层（石）中，共、伴生矿产丰富，有耐火粘土、铁矾土和镓。其中最重要的是高铝粘土矿，储量占到全国高铝粘土储量的47.53%，具有很大的优势。

山西铝土矿矿床埋藏浅，地质构造简单，易于开发利用。在已探明的54个矿区中，矿床规模普遍较大，大、中型矿区数分别为16处和25处，有1/3以上的矿区可露天开采。对于电能源条件充足的山西来说，发展铝工业具有得天独厚的优越条件。

黄河万家寨水利枢纽工程

万家寨水利枢纽是国家“八五”重点水利水电工程。它位于黄河北干流托克托至龙口河段峡谷内，是黄河中游规划开发的8个梯级中的第一个，左岸隶属山西省偏关县，右岸隶属内蒙古自治区准格尔旗。河段两岸邻近地区蕴藏着丰富的煤炭资源，是华北的主要能源基地。枢纽的主要任务是供水结合发电调峰，同时兼有防洪、防凌作用。枢纽年供水量14亿立方米，向内蒙古准格尔供水2.0亿立方米，向山西平朔、大同供水5.6亿立方米、太原供水6.4亿立方米，枢纽水电站装机108万千瓦，年发电量27.5亿千瓦小时。

万家寨水利枢纽电站属于华北电力系统。该系统构成以火电为主，水电装机占电网装机容量的5.4%，调峰容量严重不足，电网被迫采用拉闸限电的办法来解决调峰容量不足的矛盾。万家寨电站建成后，可以提供调峰容量。

本地区干旱少雨，水资源严重不足，严重制约能源基地的工农业发展和人民生活水平提高。万家寨水利枢纽电站建成后，将承担晋、蒙电网尖峰负荷，并向晋、蒙能源基地供水，对缓解山西、内蒙能源基地缺水的紧张状况和改善华北地区电网运行条件都起到重要的作用。

一、自然条件

黄河万家寨库区河道以拐上为转折点，拐上以上为平原型河道，比降平缓为1/7500，拐上以下至龙口河段长99公里为峡谷河道，比降约为1/800，库区黄河穿行于寒武系白云岩、灰岩和奥陶系灰岩地层中，位于新华夏系和祁吕贺山字型两个构造体系展布范围内的相对稳定地块，地层相对比较稳定。

水利枢纽坝址控制流域面积39.5万平方公里。多年实测平均流量790立方米/秒，多年平均实测径流量249亿立方米，设计年径流量192亿立方米，20年一遇洪峰流量8350立方米/秒，千年一遇洪峰流量16500立方米/秒，万年一遇洪峰流量21200立方米/秒，多年平均输沙量1.49亿吨，多年平均含沙量6.6公斤/立方米。

库区两岸为干旱、半干旱的黄土高原丘陵区，属温带季风大陆性气候。年平均气温为7℃左右，绝对最低气温－31.0℃，日温差较大。冬季严寒，冰冻期长达5个月，气候干燥且多风沙。多年最大年平均风速12.5米/秒，记载最大风速达20米/秒。

坝址两岸为下奥陶系、上寒武系白云岩、灰岩、页岩、泥灰岩、坝基为中寒武系灰岩、页岩与泥灰岩。岩性致密坚硬，完整性好，地质构造简单，无需特殊处理断层及裂隙。坝址地震烈度较低，基本烈度为6度。河床坝基下分布有张夏组第四、二层为灰岩、泥灰岩、页岩互层，岩性相对较为软弱，其中张夏组第四层在坝基下埋藏相对较浅，位于持力层范围内，其层面局部范围有剪切带或夹泥层，为坝的深层滑动控制面。

二、工程规划

万家寨水利枢纽坝顶高程982米，最大坝高90米。水库总库容8.96亿立方米，调节库容4.45亿立方米。为实现水库年内冲淤积末端上延不超过拐上，保持水库长期使用，水库采用“蓄清排浑”的运用方式。水库正常蓄水位977米，最高蓄水位980米（每年10天左右），汛期限期水位966米，排沙期日调节运行水位952～957米，最低冲沙水位948米。经大量计算试验表明，采用以上运行方式可使库尾淤积不影响拐上，水库保持4.45亿立方米调节库容。同时可满足电网对本枢纽电站各月峰荷出力的要求。

水轮机设计水头63.1米，额定水头68米，电站装机6台18万千瓦水轮发电机组，总装机容量108万千瓦，保证出力18.5千瓦，多年平均发电量27.5亿千瓦小时，年利用小时数2546，为晋、蒙能源基地工业和城市用水以及部分农业补水，年供水量14亿米。本枢纽水库淹没损失较小，淹没耕地3782亩，迁移人口3186人，枢纽静态总投资25.6亿元，动态总投资39.5亿元。单位千瓦投资为2372元（静态）。

三、枢纽布置

万家寨水利枢纽由拦河坝、泄水建筑物、电站厂房、开关站、引黄取水口等组成。坝顶高程处河谷宽420米，枯水期河面宽约300米，18万千瓦容量水轮发电机组中心距24米，布置6台机组需占前沿宽144米，余下一半前沿宽度正好布置泄流排沙建筑物。

选用的枢纽布置为混凝土重力坝，坝顶高程982米，坝长436米，最大坝高90米。泄水建筑物有8个4×6米的底孔，进口高程915.0米，最大单宽流量76立方米/秒；4个×8米的中孔，孔口高程946.0米，最大单宽流量70立方米/秒；1个14×10米的表孔，进口高程970.0米，最大单宽流量45立方米/秒。采用长护坦挑流消能，万年一遇洪水下泄流量8326立方米/秒，千年一遇洪水下泄流量7899立方米/秒，排沙期最低运用水位952.0米时总下泄量大于5000立方米/秒，满足水库排沙要求。坝后式水电站厂房布置在右岸，其进水口高程932.0米，钢管直径7.5米。在进水口下部912.0米高程设管径为2.7米的排沙孔，以防电站进水口被泥沙淤堵。主厂房长195米，厂房上部宽27米，下部宽43.3米，总高度为56.7米。主厂房装有6台单机容量18万千瓦的水轮发电机组，机组中心距24米，安装高程895.0米。副厂房长64米，宽15米，与主厂房成T字形布置。220千伏户内式开关站布置在厂坝间平台上，布置GIS18个间隔。引黄取水口设于左岸第二、三坝段，采用闸门顶溢流分层取水结构型式，引水道底板高程948.0米，钢管直径4.0米，单孔引水流量24立方米/秒，两孔总引水量48.0立方米/秒。

万家寨枢纽主体工程量，混凝土及钢筋混凝土为170万立方米，土石方开挖104万立方米。施工导流采用分期导流方式，施工总工期六年半，另需筹建期一年半，第五年第一台机组发电。

地区发展规划选编

晋西区域规划

晋西地区东倚吕梁山，西临黄河，区域包括16个县，分属忻州行署、吕梁行署、临汾行署管辖。面积2.4万平方公里，占全省国土面积的15.5%。人口240多万人。

一、区情现状

本区地处晋陕蒙交通要道，是全国经济开发主轴线黄河沿岸综合经济开发带的组成部分。但是，由于自然条件很差，地貌为千沟万壑的黄土丘陵，又是全国集中连片贫困区之一。本区煤、铝等矿产资源丰富，又毗邻黄河，有若干大型水源地，但适宜工矿和交通建设的平坦土地很少。

近年来，本区以经济建设为中心，以稳定脱贫为目标，积极推进各项改革，大力发展生产，国民经济取得很大成绩，但经济发展速度与全省相比，差距继续拉大。经国家扶持，解决了大多数农民的温饱问题，但温饱状态尚不稳定，农业生产条件没有发生根本性的变化，抵御自然灾害的能力很低，贫困人口随年景好坏波动较大。

交通、电力、通讯等基础设施建设落后，成为制约本区经济开发的"瓶颈"，本区交通运输主要靠公路，有的乡至今不通公路，少数行政村不通机动车，电力仅有一些小型发电厂，尚有一部分村不通电；人畜吃水问题在部分贫困山村还未得到根本解决。通讯在农村十分落后，80%以上的村不通电话。

科教文化事业通过近年来新建一批中小学校，加强师资队伍建设，有了一定改善，但全区文化教育仍较落后，人民群众的文化素质仍较低。

二、区域生产力布局

（一）战略思想

进一步解放思想，全方位对外开发，以经济建设为中心，以特殊政策为动力，破除封闭守旧的经济意识，增强市场经济观念，搞好资源配置，多层次深度加工，区域化规模经营，优势互补，区域推进，抓住机遇，拓展经济，打破行政区分割和部门分割，加强产业间的关联渗透，促进企业实现市场化、集团化，以科技为先导，促进产业部门走向高级化、现代化，强农、重工、兴商，逐步形成集中连片的主导产业群，打出具有区域特色的拳头产品，参与国内外市场竞争，保证当地社会稳定，经济繁荣，人民尽早脱贫致富，向小康迈进。

（二）产业发展方向

1.选择具有区域优势又为市场紧缺的煤电为主导产业。发展煤炭加工，实现单纯采掘型向采掘加工型的转变，努力提高煤炭洗选、炼焦的加工质量，增加优质精煤和焦煤在煤炭生产中的比重，争取将产品打入国际市场；积极筹措资金引进技术设备，加快电力工业的发展，不断增加输电在能源输出中的比重，使电力工业尽快成为一项主导产业。

2. 加强农业、交通、通讯、城镇基础设施、教育、科技等基础产业的建设。巩固农业的基础地位，靠科学、靠政策、靠投入发展农业，促进粮、油、肉、蛋、奶、菜、果等农产品生产的稳定增长，建立高标准生产农田，争取粮食产量的基本自给，充分利用山地资源，大力发展林、牧、副、渔等多种经营，建设牛羊、油料、干鲜水果、蔬菜等生产基地，不断满足区内外工矿建设对农副产品的需求；加快交通、通讯、城镇基础设施的建设步伐，积极改善投资软硬环境，为本区经济的大规模开发做好准备；把教育科技作为战略重点，办好基础教育、专业技术教育、高等教育，发展科学研究事业，培养各类人才，以适应当前经济启动、未来经济发展乃至腾飞的需要。

3. 大力发展煤化工、建材建筑、农副产品加工、轻纺等产业。未来要积极发展以基础化工和支农化工为主的煤化工，提高煤炭的附加值，为轻工业和农业服务；充分利用本区建材资源丰富和市场广阔、建筑力量雄厚的优势，发展水泥、石棉、装饰材料、建筑涂料、卫生陶瓷等建材工业，发展工矿建设和房地产开发建筑业，使之成为剩余农村劳动力转移的一条有效途径；建立红枣、沙棘、海红、核桃、苹果等系列产品加工基地，提高加工精度和深度，形成拳头产品，参与国内外市场竞争；利用牧业、生产煤化工提供的原料，生产合成纤维、羊毛纺织、化学纺织、制革服装、鞋帽等轻纺工业，减少对区外消费品的依赖，提高消费品的自给率。

4. 尽快启动铝工业的建设，使之成为主导产业之一的煤炭生产的替代产业，首先要加强地质勘查工作，搞清可供设计的工业储量，搞好当前已开采的铝土矿炼棕刚玉和焙烧铝矾土熟料的初加工，进而由小到大发展氧化铝和电解铝的生产。

5. 大力发展投资省、见效快、就业容量大的商业物资业、金融保险业、信息咨询业、旅游和房地产等第三产业。要在各县城和交通便利的乡镇建设农副产品、消费工业品、生产资料批发零售市场、煤炭运销市场和房地产市场，集中财力、物力，抓好商业、金融网点和购物中心的建设，并建设不同档次的宾馆、饭店及游乐设施，积极发展风景名胜旅游点及相应的配套服务设施，使之形成本区比较发达的综合旅游产业体系。

（三）地域开发

地域开发应采取点轴开发和据点开发相结合的模式，以沿黄公路、神河、孝柳铁路为主轴线，各县主干公路为二级轴线及区位条件较好的乡镇为据点，与周围广大地区互为依托，共同发展，形成区域网络系统。工业布局沿黄河公路配置梯级水电枢纽和化工等工业，沿神河铁路配置电力、氧化铝、煤炭、化工、煤炭洗选等工业，沿孝柳铁路配置电力、煤炭、煤炭洗选、焦化、建材、食品、冶金等工业。农业布局建设河曲、保德、兴县、临县、柳林、石楼沿黄红枣经济林带和永和、隰县、大宁、吉县、蒲县的苹果、梨、红枣、仁用杏等水果基地和绒山羊基地以及有机旱作农业的开发。

1. 河、保、偏、兴沿黄南北纵列综合工业区。工业建设方向要走煤、电、铝、建综合发展道路，并相应发展化工、轻纺、食品等工业及相配套的商业、金融、饮食服务网点，形成以煤电能源、高耗能产品生产输出为中心的“双主导型”工业体系。随着沿黄公路和黄河梯级水电的建设，本工业带将向南延伸到碛口、军渡。

2. 大武、三交、临县、碛口三角工业区。待孝柳铁路支线交口—店坪—三交—碛口铁路建成后，再适当增大煤炭开发规模，并在店坪、三交、林家坪等地相应布局一些大中型洗煤焦化企业，着手碛口水电的开发，进一步发展红枣、苹果食品加工业，沿湫水河下游地段形成以采煤、洗煤、焦化和红枣系列加工为主体的工业集聚带，万安里经临县至歧道的湫水河中游地段，应建立塑料、鞋类、花炮等轻工业组合区域，在经济技术条件具备时，可进行紫金山含钾岩石的开发。

3. 离石、柳林、中阳三角工业区。地域开发形成以离石、柳林、交口、朱家店、中阳等城镇为中心的产业群和以孝柳铁路为轴线的工矿企业带。离石城区及其相邻的东部、北部地区着重发展食品工业和技术密集、污染少的工业部门，离石西部的交口镇是本区的重要交通枢纽，可布局洗煤、焦化等煤炭初加工企业，逐步形成以煤化工业为主体，配有食品、电子、机械等工业部门的地域组合，柳林沿三川河地带，以煤电开发为主导，配套布局煤炭、洗选、焦化、建材、电解铝、红枣加工等部门，形成规模较大的工业集聚带，中阳沿南川河谷地形成以朱家店镇为中心，南至城关镇，北达金罗的以煤炭、建材（水泥）、冶金、机械为主体的工业集聚带。

4. 交口、石楼工业区。要积极改善投资软硬环境，努力发展煤炭、冶金、化工、建材、农副产品加工，交口在县城抓好小钢厂、金属镁两个龙头企业的建设，交口县的双池、回龙、桃红坡、康城等乡镇布局硫酸、水泥、洗煤、焦化、高铝耐火材料等产业，石楼主要发展红枣水果系列加工产业，形成冶金、建材、化工等部门组合的工业集聚区。

5. 方山轻工业区。扩建现有的酒厂、饮料厂，发展沙棘系列饮料酒精等企业，远期可考虑布局毛纺、羊毛衫等企业，并结合北武当旅游景点的开发，形成以饮料为主体的轻工业集聚区。

6. 隰县、永和、大宁、吉县、蒲县开发区。新建和扩建一些矿井，扩大蒲县煤炭开发规模。开发利用隰县、蒲县、永和、吉县山区草地资源，发展牛绒山羊，搞好水果的深加工与销售。搞好壶口瀑布的旅游景点开发。

1995年改革开发大事记

1月

1日 《山西经济日报》推出1995年山西10大经济新闻：①全省可用财力突破百亿元，全省财政总收入127.3亿元，增长27%；地方可用财力达102.3亿元，增长12%。②太原－旧关高速公路东西两段和武宿立交枢纽工程建成通车。③万家寨引黄第一期工程全面铺开。④全省乡镇企业总收入提前2个月实现全年经济总收入达到1000亿元的目标。⑤全省农民人均纯收入首次突破1000元大关。⑥全省所有市县实现电话程控化，进入国内、国际长途直拨网，全省市内电话交换机总容量达到100万门。⑦“四大战役”、“五个一工程”部署实施。⑧煤炭行业基本实现产销平衡。⑨’95山西国际经贸洽谈会暨锣鼓艺术节在太原举行。⑩1995年秋天，山西省北部遭受严重涝灾，直接经济损失81亿元。大同、朔州、忻州、吕梁部分地区遭灾严重，粮食歉收 经济作物减产、工副业生产受到严重影响。

▲国家“七五”建设重点项目，晋城晋普山矿改造工程建成，年生产能力由70万吨增加到130万吨。

▲《山西省集体农用土地使用权转让租赁条例》即日起施行。

▲山西省地矿局215、216地质队在交口县东南部发现大、中型铝土矿床10处，储量达1.7亿吨。

3日 纪馨芳副省长一行赴西班牙，就山西省已内酰胺项目进行考察洽谈。

5日 山西省第一条钢筋混凝土盒式结构多层建筑体系生产线在太原建成。

9日 山西省煤炭进出口公司和原平矿山机械厂共同开发研制的国内首台YXM—100型移动选煤机通过省级鉴定，此设备是在出口煤矿、煤站煤炭精加工传统固定型设备模式上的一个重大突破，开创了我国深加工选煤机械的先例。

▲山西省公费医疗改革开始实施，确定标准单位与医院分管，规定比例适当与个人挂钩。

▲中德合作山西北部造林KFW援助项目在山西右玉县正式立项。该项目涉及造林面积333.3公顷。

13日 国家“八五”重点工程——京（北京）太（太原）西（西安）光缆干线山西段1063公里的敷设全部完工。

▲山西省科委和省中医药研究院共同投资兴建的山西首家中药制剂中试基地——省中医药研究院中药制剂研究中心建成。

19日 长治市路顺轮胎修补材料有限公司试制成功低温硫化技术轮胎系列修补材料，填补了我国低温硫化橡胶制品的一项空白。

31日 太原市北郊区柴村乡发生ML.3.8级地震。

2月

10日 郭裕怀副省长会见史克瑞伯先生为团长的加拿大国际咨询公司7位水利专家。

11日 彭致圭副省长会见法国尤金公司客人，继续洽谈在不锈钢生产及经济和技术方面的合作事宜。

14日 华北石油地质局九普、五普等单位承担的我国煤层气勘探开发试验，在柳林县初步实现小型井网产气，单井日产最高达7200立方米，标志着我国煤层气勘探开发取得了突破性进展。

15日 省政府顾问吴俊洲会见美国安然天燃气公司总经理利德希·利普斯科姆先生，就合作开发山西省离柳三交矿区的煤层气进行了友好交谈。

16日 山西省政府召开全省煤炭产运销整顿工作会议，坚持以运以销定产，确保煤焦货款回收。

▲太原铁路分局通达集装箱公司陆海分公司成立，为山西省开辟了国际集装箱运输新途径。

18日 山西省农业发展银行成立。

21日 纪馨芳副省长会见以色列UDI公司代

表团，就该公司与山西在电力、农业、能源等方面合作的有关项进行了洽谈。

22日 彭致圭副省长会见德国思诺中国能源原材料有限公司总经理嘎姆斯先生一行，与山西有关部门进一步磋商和洽谈合作建设太原第二热电厂五期工程项目等有关事宜。

24日 中共山西省委书记胡富国会见美国环太平洋公司董事长肖镜如先生和美国缅因州热能公司总裁米歇尔先生一行，就山西煤炭出口欧美等事宜与有关方面洽谈。

28日 山西省农科院棉花研究所获得高抗虫能力的转基因棉花植株，抗虫植株比对照杀虫效果提高100%。抗虫转基因棉花的获得，为进一步培育大田推广的抗虫棉花品种奠定了基础，使消灭或大幅度减轻棉铃虫的危害成为可能。这一研究是山西在生物技术领域中唯一属于国家“863”高技术计划的课题，由山西省农科院棉花所研究员陈志贤主持，标志着我国又一项生物技术达到世界先进水平。

3月

1日 彭致圭副省长会见丹麦中国食物系统公司总裁欧信先生和灵科机械制造公司总司总裁灵科先生一行。

▲ 晋城市郊区川底上乡小河村办煤矿发生瓦斯爆炸事故，14人死亡，24人重伤。

7日 彭致圭副省长会见加拿大泰加国际集团副总裁麦沃克先生，就合资啤酒项目与有关方面进行了洽谈。

9日 山西医学院第二附属医院骨科副主任医师李金生等人成功地施行了山西首例人工椎体置换术，填补了一项省内空白。

12日 据《山西日报》报道，山西省“八五”期间全省农村十大重点工程之一的5个百万亩林业建设基地，已完成林业基地建设面积427.3万亩，占规划面积的85.5%。

▲ 据《山西日报》报道，山西省西山防护林建设到1994年全面完成了二期工程10年规划任务，共完成人工造林、封山育林、飞播造林830万亩，使西山地区的林地面积达到2400万亩，森林蓄积量扩大为4400万立方米。

16日 山西省全面开征矿产资源补偿费。

23日 彭致圭副省长会见意大利千里协会毛里奇先生率领的意大利企业家代表团，就电子项目、制鞋项目、大型水泥管项目和卫生洁具项目等与有关方面进一步洽谈。

22～26日 国务院副总理姜春云在山西调查研究，强调指出要大力开展抗旱双保，夺取全年农业丰收。

29日 省政协主席郭裕怀会见世界银行中蒙局农业处处长歌德保先生。就山西省万家寨引黄工程和扶贫工作等项目进行了交谈。

25～30日 全国妇联妇女参与发展循环贷款项目考察团赴吕梁连环脱贫试点县考察。

30日 彭致圭副省长会见德国北威洲经济部能源司司长利希曼一行。客人此行是出席山西与德国北威洲共同举办的“山西中小煤矿改造研讨会”。对山西省中小煤矿技术改造和煤机制造等有关问题进行了可行性研究。

31日 据报道，山西省一季度旱情十分严重，全省2900万亩耕地受旱，其中冬小麦受旱面积达800多万亩，占到麦田总面积的60%以上，58座大中型水库蓄水量比平常年份减少了30%，284座小型水库，1917座塘坑干涸，2.4万眼水井出水不足。

▲ 山西十佳旅游景点评选揭晓。它们是：五台山、云冈石窟、壶口瀑布、恒山、晋祠——天龙山、解州关帝庙、平遥古城、酒都杏花村、永济普救寺、祁县民俗博物馆（乔家大院）。

4月

1日 山西省煤炭工业管理体制进行重大调整，煤炭部所属的山西煤管局与山西省政府所属的山西省煤炭厅合署办公，共同实施对山西省境内各类所有制和各种隶属关系的煤炭企业的行业管理。

▲ 中共山西省委书记胡富国会见世界银行山西省扶贫开发项目预评估团伏格乐先生一行。

3日 山西省部署第三次工业普查工作。

▲ 刘泽民副省长会见英国达比郡企业协会主席大卫·布克班德和英国能源加工有限公司总裁大卫·拜哥舒一行，就合资成立中央资源加工有限公司，进行洗煤、选煤、炼焦、洗煤设备制造项目同山西汇通实业发展公司合作洽谈。

4日 中共山西省委书记胡富国、省长孙文盛、副省长彭致圭会见中国华能集团副总经理、华能发电公司总经理于新阳一行，双方就山西华能榆社发电厂的电价、电厂的管理模式、二期工程以及华能发电公司山西分公司的成立等事宜交换了意见。

6日 山西省政协主席郭裕怀会见了美国都市建设专家咨询团一行，就山西省交通、环保等方面的问题进行咨询与合作交流。

▲ 彭致圭副省长会见意大利安莎尔多能源集

团公司驻华首席代表兼总经理蒂耐罗先生一行，就该公司与山西省有关方面合资办电厂有关事宜交换了意见。

7日　榆社县两河口乡石源林场、阳泉矿务局林场和管头林场发生森林火灾。

▲全国焦炭出口工作协调会议在太原召开。

10日　我国首家挤擦工艺组合生产线在云岗矿云新实业公司阻燃输带厂试产成功，成为我国首家用挤擦工艺生产八级以上输送带的第一个厂家。该产品具有级别高、抗静点不分层等特点。

7～11日　国务院总理李鹏在山西考察工作，强调指出，山西要发挥自己的优势，以煤为主，综合开发，变资源优势为经济优势，增加效益，促进经济发展。

14日　山西省人民政府发布实施《山西省企业劳动争议处理实施办法》。

18日　阳泉市污水处理项目利用法国政府贷款签字仪式在太原举行，该项目设计能力日处理污水8万吨。

23日　阳泉矿务局五矿攻克高瓦斯矿生产难题，首创瓦斯高抽巷技术，工作面回风流瓦斯流降至0.5%的正常水平。

▲草本咖啡在山西运城地区试种成功，平均亩产300公斤以上。

25日　山西省第一个高产优质芝麻新品种“晋芝1号”，由省农科院驻临汾市小麦研究所科技人员郑立魁选育成功，“晋芝1号”株高170厘米，蒴粒数为79粒，千粒重3.0克，种皮洁白，品质优良，含油率56.2%，而且抗倒、抗旱、抗病、属中早熟品种。

27日　山西省心血管疾病研究所首次对冠心病患者进行了选择性冠状动脉造影，此项技术达到国内先进水平，在山西也是首次开展。

5月

4日　王文学副省长会见以色列耐特菲姆灌溉设备和滴灌系统公司经理金白兰先生，就山西省节水农业项目进行了交谈。

5日　刘泽民副省长会见美国CBM能源集团副董事长彼得丁·福陆先生，就联合勘探、开发、生产和销售临县—兴县地区煤层气资源达成合作协议。

6日　临汾地区襄汾县古城镇古城煤矿发生瓦斯爆炸事故，死亡33人。

11日　省政协主席郭裕怀会见世界银行考察团一行，客人此行是就万家寨引黄工程有关事宜进行考察的。

▲鑫铁煤气化工程在介休市破土动工，这是山西又一现代化程度较高的煤气化工程，总投资5000万元，设计年产冶金焦22万吨，年产值1亿多元。

14日　据《山西日报》报道，万家寨引黄工程分步实施近期集中建设总干和南干的指导思想已经确定。引黄工程已全部走完技术方案审查程序，南干工程即将开始招标。

18日　山西省人民代表大会常务委员会公告《山西省城镇企业职工失业保险暂行条例》、《山西省林木种子管理条例》。

22日　山西光辉生物降解树脂开发有限公司阎万琪攻克塑料膜污染环境难题。利用该技术生产的“生物、光双降解淀粉膜”除具有与普通地膜相同的功能外，在使用期完成后，可自然降解。

23日　大同市左云县木窑乡东沟煤矿（乡办）发生瓦斯爆炸事故，死亡22人。

24日　全国人大环保执法检查组莅晋，对山西环保法执法情况和煤炭资源开发利用的环境保护进行检查。

据《山西日报》报道，临县枣林面积已达50万亩，总产量突破5000万公斤大关，成为全国最大的红枣生产基地县。

25日　省政协主席郭裕怀会见世界银行引黄工程项目考察团，本次考察是该行对引黄项目的第三阶段考察。

26日　省政协主席郭裕怀会见澳大利亚中国技术贸易公司总经理卢西切先生一行，双方就旅游交流、煤气化合作项目等有关事宜进行了友好交谈。

▲彭致圭副省长会见日本电源开发株式会社董事森清国先生一行。日本客人是来检查该国“绿色援助计划”项目之一——太原一电厂烟气脱硫工程的进展情况的。

27日　阳城县兴成化工厂生产出高科技化工产品碳酸钡，填补了山西化工产品的一项空白。

▲沁水县瑞氏镇曲堤煤矿（乡办联营）发生瓦斯爆炸事故，死亡13人。

30日　全省完成国土收益任务现场会在运城召开，孙文盛省长提出8条意见，确保完成全省土地收益指标。

22～30日　莫斯科州政府代表团访问山西省，省人民医院与莫斯科州科学医疗研究所、莫斯科州医疗保健康复中心的代表进行了医疗技术交流并达成有关协议。双方将促成建立中俄合资企业——中医诊疗中心。

31日 太原和平锅炉厂制造成功具有世界先进水平的多功能无压微型锅炉系列产品，填补了国内的一项空白，它具有功能多、体积小、热效高、价格廉、出水量大、供气供暖面积大，可进行动态平衡加水并连续供应热水和开水，且不受能源、燃料种类限制等优点。

29～31日 中共山西省委、省人民政府在临猗县召开“全省县域经济发展现场会”。会议提出，发展县域经济是打好“四大战役”、完成“五个一工程”目标的一项重大措施，要很好地实施“龙头企业特色县”的发展战略。

6月

1日 山西省首家高科技产业的股份制企业——山西康宝生物制品股份有限公司在长治市挂牌成立。

5日 纪馨芳副省长会见美国奔驰骆工程咨询公司执行理事古卡罗先生。客人此次来晋，是对柳林电厂项目进行技术咨询，并对有关引资项目进行探讨和交流。

6日 彭致圭副省长会见瑞士马博坦克斯公司、瑞士联邦银行及意大利千里协会客人。

▲中日合资兴建的阳泉润滑油厂建成投产。

8日 我国第一座皮影艺术博物馆在孝义市落成。馆内收藏有山西、河北、甘肃、四川等地的皮影4000余件，木偶近1000件，皮影剧本180种和皮影戏的成套乐器。

9日 纪馨芳副省长会见丹麦电力公司鲍特森先生一行，客人此行是为柳林电厂二期工程建设的有关情况专程而来的。

11日 以彭致圭副省长为团长的中国人民对外友好协会代表团出访哈萨克斯坦、乌兹别克斯坦、吉尔吉斯斯坦、塔吉克斯坦、土库曼斯坦等中亚5国，加强我国特别是山西与中亚5国的经贸合作。

18日 山西省决定对占用水地收取补偿费，以切实保护和合理使用有限的水资源，保障粮棉生产，稳定农业基础。

13～19日 全国政协副主席吴学谦在山西考察工作。吴学谦副主席在考察中，对山西工农业生产、环保等工作提出了不少指导性意见。

20日 山西省农科院承担的“山西省高产优质多抗小麦品种选育”攻关项目，通过专家验收、经过5年时间的协作攻关，经省农作物审定委员会审(认)定并投入大面积生产的新品种共18个，累计推广面积890.14万亩，增产小麦1.275亿公斤。

▲山西省首家实行公员制的新型技术交易所在太原成立。

21日 方山县人民医院院长王智贤大夫、大同市第二医院内二科主任王有林在美国举办的第二届世界传统医学大会暨“超人杯”世界传统医学优秀成果大奖赛上，分别获得“超人杯”传统医学优秀成果二等奖和三等奖。

▲王文学副省长会见香港对大陆贫困残疾人“关怀行动”执行委员会主席、港事顾问、香港中文大学新亚书院骨科专家梁秉中教授一行。

22日 王文学副省长会见世界银行山西省扶贫开发项目评估团团长伏格乐先生一行。

23日 山西省人民政府发布施行《山西省建筑工程招标投标管理办法》。

27日 纪馨芳副省长会见西班牙TP工程公司总裁亚多先生一行，就山西省己内酰胺项目招标投资的有关事宜进行了友好洽谈。

28日 山西行政学院在太原成立，该院是山西省干部人事制度的改革，是推行国家公务员制度工作的一项重要举措。

30日 世界银行贷款山西扶贫项目评估总结会在太原举行，这标志着历时两年半的山西省申请世行贷款建设农业综合开发项目的准备工作基本完成。该项目涉及运城全区13个县和吕梁地区7个县的549万人，项目总投资17.4亿元人民币，其中审请世行贷款1亿美元，将于1996年全面实施。

7月

6月24日～7月1日 宋平同志在山西考察工作，他强调指出，要加强党的建设，发展壮大集体经济。

2日 洪洞县山头乡笔家庄煤矿（私开个体无证矿）发生一起特大瓦斯爆炸事故，死亡19人。

3日 中共中央政治局委员、书记处书记、中宣部部长丁关根在山西视察工作。

5日 山阴城奶粉厂同荷兰依美口有限公司合资“山西古城依美口有限公司”合同签字仪式在太原举行。

7日 山西省邮电局、中国建设银行山西省分行在太原举行利用德国贷款引进传输设备转贷协议签字仪式。这项贷款为1000万美元，主要用于引进光缆传输设备，使全省年底实现长途传输数字化。

11日 太谷水均衡实验场建设及技术方法通过国家水利专家评审鉴定。该场建设规模居全国之最，技术居国内领先水平，填补了山西水均衡实验观测及土壤运移研究等方面的空白。

14日 彭致圭副省长会见日本油研工业株式会社社长西尾隆先生一行，客人此行是与榆次液压件厂进行栓塞泵合作项目洽谈而来。

▲省政府秘书长赵劲夫会见日本埼玉医科大学理事长丸木清洁先生一行。

18日 纪馨芳副省长会见意大利千里协会总经理毛里奇先生为团长的意大利烟草专卖公司项目洽谈团。

20日 山西省开始全面整顿食盐零售市场，以进一步贯彻落实全国2000年消除碘缺乏病规划及山西省提前3年消除碘缺乏病的目标。

▲山西省人民代表大会常务委员会公告《山西省道路运输管理暂行条例》、《山西省城市公共客运管理暂行条例》、《山西省实施〈中华人民共和国母婴保健法〉办法》、《山西省广播电视管理条例》、《山西省基本农田保护条例》。

21日 省长孙文盛、副省长王文学会见台湾华夏农业采访团一行，就经贸合作，特别是农业合作方面的问题进行了具体探讨和交流。

25日 省政协主席郭裕怀会见加拿大加华电力集团总裁乔治·福廷纳克斯先生一行。

27日 据《山西日报》报道，国家“八五”科技攻关项目——《隰县残塬沟壑区农业发展综合试验研究》通过在试区建立以开发利用为主体的水土流失综合治理研究体系，在治理与控制水土流失、发展旱作农业、调整产业结构和发展农村经济上取得了重大突破。

28日 保德县突降特大暴雨，降水达180毫米，造成历史罕见的特大洪灾。

29日 山西省外贸土畜产进出口公司投资兴建的山西双扶驼鸟试验种场，已开始进入大批量繁殖阶段，成为我国北方地区目前规模最大、繁育最为成功的科学化驼鸟试验种场。

31日 孙文盛省长会见国际奥比斯眼科飞机医院总裁、执行主席福特先生和总干事兼亚洲事务总监赵锦辉先生。

8月

4日 山西省地图集编纂委员会编制的大型专题图集《山西省能源地图集》出版发行。这是建国以来山西省编纂出版的第一部能源地图集，在国内省级区域中尚属首次。

5日 山西省证券管理办公室正式成立，为省政府直属的副厅级事业单位。

6日 山西省三大重点工程之一阳城电厂的前期筹建工作，现场“五通一平”工作，引进国外设备谈判工作及批复可研报告呈报工作，取得突破性进展，这是山西确立输煤输电并举战略后上马的第一个大型外输电工程项目。

▲闻喜县国营陶瓷厂生产出高铝特种陶瓷，广泛应用于电子、机械、纺织等十几个行业的高新技术产品，填补了山西的一项空白。

7日 刘泽民副省长会见日本国香川县大野原町町长平野清先生一行。

▲国家科委、吉林省科委组织的'95“火炬杯”新技术成果、新产品交易博览会上，山西大学黄逢春教授、余长江副教授的专利发明《工业漂洗水的零排放方法及设备》荣获金奖。

9日 山西省人民政府召开会议，安排部署1995年全国1%人口抽样调查工作。

10日 省政府召开会议，安排部署第三次工业普查，了解经济结构变化，增强宏观调控能力。

12日 彭致圭副省长会见美国亚美达科通信公司总裁一行。该公司与我国华通公司合作的山西项目已经签字，将进一步促进山西电信事业的发展。

15日 王文学副省长率团访问加拿大，重点是对加拿大农业商品经济、市场经济的模式和宏观调控机制、农业产业化、畜牧业生产、生态农业、农副产品加工以及农业现代化程度进行考察。

17日 省政协主席郭裕怀会见澳大利亚西沃州中国贸易技术公司总经理卢西切先生一行。

18日 太原五一百货大楼股份有限公司投资兴建的五一大厦奠基，大楼共11层，总面积5.4万平方米。

▲经纬纺织机械股份有限公司成立。该公司将成为山西省和全国纺机行业第一家在香港上市发行H股的企业。

▲纪馨芳副省长会见日本海外经济协力基金总务部长开川纪道先生一行。

16～19日 全国人大财经委副主任、能源部部长黄毅诚对晋东南地区的能源重化工企业进行了实地考察。

20日 省政协主席郭裕怀会见水利专家。以张泽祯为组长的国内外8位知名水利专家将在太原召开引黄工程世界银行贷款项目国际/国内设计审查会，对引黄工程的详细设计进行审查，并赴工程工地考察施工情况。

▲位于河曲县的山西省第一座黄河浮箱桥

——“太子滩黄河浮箱桥”合拢，总长184米。

22日 山西省纪念抗日战争胜利50周年暨八路军总部在太行58周年大会，在武乡县八路军太行纪念馆隆重举行，中共山西省委书记胡富国主持大会，中央军委副主席刘华清发表了重要讲话。

▲山西·香港“关怀行动”在太原拉开帷幕。由香港“关怀行动基金会”组织的对大陆贫困残疾人实行“关怀行动”的康复专家医疗队对全省各地贫困残废患者进行义诊活动。

24日 山西省和日本埼玉县经济合作促进联合委员会第九次联席会议，在太原召开。

25日 联合国副秘书长冀朝铸应邀来山西考察。

▲刘泽民副省长会见日本埼玉县高中生田径赛体育代表团一行，随团而来的埼玉县高中生体育选手与山西选手进行友好比赛。

23～25日 民政部部长多吉才让考察吕梁的灾情和民政工作。

25日 山西医学院第二附属医院承办的中国免疫学术会议在太原召开。山医二院在治疗格林—巴利综合症、重症肌无力、多发性硬化等疾病方面取得了显著疗效，诊治手段达到国内先进水平。

20～27日 全国生态农业建设检查组对山西省全国生态农业试点县闻喜县、中阳县进行了重点考察。山西省的生态农业建设从1983年开始，已由一家一户的小生产模式逐步发展成联户经营和股份制经营等形式，进行统一规划、规模生产经营、集约双高示范开发建设和连山连沟连片综合治理。

28日 中美合资开发吕梁煤层气销售合同签字仪式在省能源产业集团公司举行。

9月

8月29日～9月2日 国内贸易部部长陈邦柱深入大同、忻州、太原等地调查研究，实地考察了解山西省贸易工作。

5日 山西省煤炭科技大会在太原召开。

▲国家水利部部长钮茂生到运城地区实地考察大面积农田渗灌节水工程建设情况。

5～7日 全省企业管理现场会在山西焦化工业（集团）公司召开。

8日 我国10大科研中试基地之一的中国科学院山西煤炭能源化工中试基地通过了由国家计委、财政部、中国科学院和山西有关领导、专家组成的验收委员会的验收。

15日 中共山西省委书记胡富国、副省长纪馨芳会见以社长杉山和男为团长的日本电源开发株式会社客人。客人此行主要是考察中日合作太原一电厂高硫煤脱硫技术工业试验的进展情况。

▲省长孙文盛、副省长彭致圭会见以乌兹别克斯坦国际文化教育交流协会主席米尔卡西莫夫为团长的乌兹别克斯坦代表团一行。

▲副省长刘泽民、省政府秘书长赵劲夫会见以卢胜彦先生为团长的美国企业家代表团。

16日 ’95山西国际经贸洽谈会暨锣鼓艺术节开幕。

17日 全国农田水利基本建设工作会议在太原召开。

16日～19日 国务院副总理姜春云、国务委员陈俊生来山西出席全国农田水利基本建设工作会议。姜春云同志认为山西在旱作农业、节水农业、农田水利基本建设方面所做的探索，为北方地区农业提供了成功的经验。

22日 由大同机车工厂牵头、株洲电力机车研究所、成都机车车辆厂3家共同研制的韶山Ⅰ型电力机车在大同通过铁道部专家团的评审验收。

25日 禹门口黄河提水工程首次试机上水成功。该项工程由枢纽和灌区两部分组成。总规模从黄河提水26个秒立方米，总装机46台机组，41470千瓦，总投资3.6亿元。

27日 潞安矿务局常村煤矿建成投产，该矿是我国煤炭行业首次利用世界银行贷款建设的特大型现代化矿井，年设计能力为400万吨，服务年限103年。

28日 山西轻工业品进出口企业集团、山西轻工业品进出口集团公司在太原成立。

▲太原机场新跑道竣工。新跑道总长3200米，总宽60米，砼厚0.38米，与之配套的导航站11个，全部采用国内外最先进的通讯导航设备；助航灯光系统齐全，可起降各类大中型飞机，也可备降波音747等机型。新跑道由中国民航机场建设工程公司、山西省建筑总公司、铁道部第十二工程局承建。

10月

1日 太原—旧关高速公路一期工程竣工通车。

2日 东观—长治二级汽车专用公路通车。

6日 山西省政协主席郭裕怀在太原长河大厦会见了世界银行引黄工程项目预评估团古纳先生。

▲中共山西省委常委、副省长刘泽民会见日本岩手山西会第十次《日中友好之翼》访华团望月茂先

生一行。

4～7日　省长孙文盛、副省长纪馨芳、省政府顾问吴俊洲在北京参加由国务院副总理邹家华主持召开的阳城电厂国内各方协调会议。

6～8日　旨在集中研究如何推动农村经济产业化、探索新形势下推动农村实现共同富裕等问题的全省第四次农村小康建设现场会议在阳泉市召开。

10日　全省科技大会在太原召开。决定成立由省委书记胡富国、省长孙文盛任正副组长的山西省科技领导小组。

▲彭致圭副省长会见以芝田先生为团长的日本三菱集团山西煤焦行业考察访问团一行。

11日　中共山西省委书记胡富国、省政府顾问吴俊洲在省政府渊谊堂会见美国阿莫科东方石油公司总裁初兆平先生。

18日　山西省人民政府第三十一次常务会议，通过《汾河流域水污染防治实施方案》。

19日　全省义务修路万荣现场会召开。

21日　柳林电厂至汾阳变电站的220千伏输电线路全线竣工投产。这条线路由山西省电力设计院设计，全长102.5公里。由山西省送变电工程公司承建。

27日　副省长纪馨芳在省政府渊谊堂会见美国加州环境保护署吴登中先生一行2人。

29日　山西省目前最长的地方铁路阳涉铁路一期工程全线贯通。

30～31日　副省长彭致圭率工交系统代表，赴万家寨引黄工程第一线慰问参战工人，并与万家寨引黄管理局就今后的合作进行了座谈。

31日　山西省整顿小煤矿工作会议在太原结束，这次整顿，将与运销管理紧密结合起来，强化制约手段，在全省范围内实行煤炭准销票证管理办法，组建省地县三级煤矿安全纠察队。

▲襄汾县陶寺乡铁矿和曲沃县曲塔尔山铁矿在贯通过程中发生爆炸事故，死亡12人。

11月

1日　在第二届中国农业博览会上，山西省乡镇企业的产品获得奖牌61枚。

▲省委常委、副省长刘泽民在省政府渊谊堂会见加拿大阿伯塔省农业部代表团一行3人。

▲中德合作项目—潞安培训中心落成。这个培训中心占地22.05亩，建筑工程近万平方米，是我国也是亚洲培训煤矿技术工人最大的基地。

3日　太旧高速公路管理局成立。

6日　全国企业思想政治工作座谈会在太原召开。

7日　中共山西省委书记胡富国会见以高萩光纪为团长的日本能源株式会社代表团一行7人，副省长纪馨芳也参加了会见。

8日　山西省政协主席郭裕怀在太原会见了以巴特勒先生为团长的美国田纳西州企业家代表团一行5人。

▲山西省最大的专业市场侯马五交化家电家具市场开张营业。

10日　临汾市豁口煤矿自1982年3月1日以来。实施“群体安全保证法”，累计产煤180万吨无死亡事故，取得了连续安全生产5000天的好成绩。

13日　朔州市南榆林乡发生ML4.5级地震。

15日　山西省最大的汽车半轴生产线在闻喜县红星汽车配件厂投产运行，年生产能力10万根，产值可达千万元。

19～21日　全省农村文化暨创建文化先进县工作会议在平定县召开。平定县、太原市北郊区、汾阳县、运城市、榆次市、洪洞县、阳城县、朔州市朔城区、大同市城区、原平市10个县、市、区荣获“山西省文化先进县”称号。

21日　武乡县蟠洪河集中供水工程再次破土动工。这项工程包括水源、三级站、提水站、蓄水池，总工程量为29.9万立方米，总投资573.5万元，可解决该县东部20多个行政村人畜靠天吃水的难题。

▲杜五安副省长会见以羽生哲夫为团长的日本明和产业株式会社考察团一行。

25日　山西水泥厂正式建成投产。该厂设计能力为年产525号硅酸盐水泥75万吨，总投资8.7亿元人民币。该厂是山西省自筹资金，利用加拿大部分政府贷款并引进加拿大福乐—史密斯公司生产工艺和设备兴建的一座大型现代化水泥企业。

29日　山西省首家城市信用联社——太原市城市信用合作社联合社成立。

▲山西省政协主席郭裕怀在省政协会议室会见了澳大利亚悉尼科技大学国际研究学院院长古德曼教授。

30日　山西东风汽车销售技术服务联合公司基地在太原高科技开发区建成投产。该基地有占地1万平方米的东风汽车专业自选展场，可同时展出载重车350辆；有1000平方米的汽车配件及轿车展厅；有轿车、卡车维修车间、备件中转库等。

12月

2日 神头第二发电厂一期工程2台50万千瓦大型火电机组正式通过国家竣工验收。

4日 意大利CMC—SELJ集团公司承建的引黄工程总干线8号隧道进口左侧山体滑坡，造成12名中国籍民工死亡。

5日 纪馨芳副省长会见美国守廉投资公司陈守廉一行。

8日 “八五”国家重点科技攻关项目—山西省火炬计划“500T/Y乙醇胺生产性中试”在长治潞华集团通过验收。

11日 全省抗灾救灾工作会议在太原召开。

14日 万家寨引黄工程二期截流成功，标志着整个工程全面展开。

15日 全省计划生育“三结合”工作会议在太原召开。

20日 山西建筑工程集团成立。该集团是以国有资产和建筑产品为纽带，以提高建筑产品质量和企业经济效益为宗旨，跨行业、跨地区的多法人联合体。

21日 侯马市成为山西省第一个节水化（县）市。

▲全省经济工作会议在太原召开。

23日 晋城市第一化肥厂采用高硫煤造气获得成功。

25日 山西杏花村汾酒厂的万吨低度汾酒技术改造工程竣工投产。

26日 全省经贸工作会议结束。

28日 太原机场候机楼工程荣获全国建筑业协会1995年度建筑工程鲁班奖。

30日 太原第一热电厂六期扩建工程开工。

（李仁贵　整理）

※
※※※
※

内蒙古自治区

主　　编： 千庆弼
副 主 编： 宋玉和　田永明
撰　　稿： 田永明　裴翠梅　单秀林
周春景
工作人员： 呼　和

内蒙古自治区分目录

内蒙古自治区概况…………………………………………………………………………(97)
国民经济和社会发展……………………………………………………………………(97)

专题介绍

内蒙古集通铁路沿线经济发展思路 ……………………………………………………(101)

典型地区

草原明珠——赤峰市克什克腾旗 ………………………………………………………(106)

1995年改革开发大事记 …………………………………………………………………(111)
彩色宣传图片
·内蒙赤峰市克什克腾旗·

内蒙古自治区概况

面积：118.3平方公里

人口：2284万人

行政区划：8个盟，4个地级市，14个县级市，51个旗，16个县，3个自治旗

自治区党委书记：刘明祖

自治区人大常委会主任：王　群

自治区人民政府主席：乌力吉

自治区政协委员会主席：千奋勇

内蒙古自治区国民经济主要指标

（单位：亿元）

项　　目	1995年	1995年比上年增长（%）
国内生产总值	839.61	9.6
工农业总产值	1051.03	10.7

续表

项　　目	1995年	1995年比上年增长（%）
工业总产值	729.65	14
重工业产值	242.97	16.6
轻工业产值	486.68	13
农业总产值	321.38	3.9
全社会固定资产投资	273.11	8.8
国有固定资产投资	209.79	4.5
社会商品零售总额	296	19.7
零售物价总指数（%）	139.69	16.8
职工工资总额	156.2	10.7

国民经济和社会发展

一、国民经济和社会发展情况

（一）“八五”时期各项综合指标

1995年是“八五”计划的最后一年。“八五”时期，内蒙古国内生产总值年均增长9.8%，超额完成“保七争八”的计划，提前实现了比1980年翻两番的目标。农牧业综合生产能力跨上新的台阶，实现了粮食自给有余，主要农畜产品持续、稳定增长，乡镇企业迅速发展，农村牧区经济结构发生了明显变化。一大批交通、通讯和城市基础设施建成，投入运营，具有我区优势的能源、原材料和农畜产品加工业得到较快发展。外贸进出口总额年均递增17.8%。全区财政收入年递增18.7%。城乡居民生活水平明显提高，城镇居民人均生活费收入年均递增20.8%；农牧民人均纯收入年均递增15%。科技、教育和各项社会事业蓬勃发展，5年累计获得自治区级科研成果263项，培养高等学校毕业生5.28万人、中等专业学校毕业生7.73万人。这些成就，为“九五”期间国民经济和社会发展奠定了比较好的物质基础。

（二）农牧业

1995年，大灾之年农牧业生产再获丰收，乡镇企业继续快速发展，农村牧区形势稳定。1995年，内蒙古农牧业多灾并发，受灾的严重程度是近年来少有的。由于全区各级党委、政府加强了对农牧业的领导，采取了一系列切实有效的政策措施，各部门在资金、物资、服务等方面也加大了支农支牧力度，加上农畜产品行情继续看好，农牧民生产积极性高涨，对农牧业投入明显增加，农牧业生产仍获得较好收成。区内粮食产量达到1055万吨，虽比上年减产28万吨，仍是历史上第三个高产年；油料产量70万吨，比上年增产5万吨；甜菜产量263.5万吨，比上年增29.9万吨。牧业年度牲畜总头数达到6065.7万头（只），再创历史最高水平；肉类总产量84万吨，比上年增加8.8万吨，山羊绒、皮、奶、蛋、鱼等产品产量均比上年有较大幅度增长。全年乡镇企业现价总产值660亿元，增长100.6%，农村牧区经济结构进一步得到改善。

（三）工业

工交生产稳定增长，预算内工业企业扭亏增盈取得成效。1995年自治区党委、政府加大了企业改革力度。重点抓了64户建立现代企业制度试点和93户企业集团的组建、充实、提高工作，积极探索债务重组的途径，加快了小穷亏企业产权重组步伐。各地在加强企业改革的同时，积极实施资源转化和名牌推进战略，企业适应市场的能力有所增强。全区完成工业增加值256亿元，增长14%；产品销售率95%，比上年有所提高。预算内国有工业企业亏损面约比上年降低10个百分点，亏损额比上年下降10%左右，扎兰屯纸浆厂等一批亏损大户实现了扭亏或减亏目标。煤、原油、发电量均比上年有较大幅度的增长。纯碱、烧碱、啤酒、乳制品、机制纸及纸板等产品产量完成或超额完成计划。钢材、水泥、木材等投资品受市场影响，没有完成计划。

交通运输和邮电通讯业快速发展，铁路货物发送量达8370万吨，比上年增长7.1%，超额完成年度计划；全年邮电业务总量完成10亿元，比上年增长42.9%，基本满足了社会需求。

（四）物价

经过全区上下共同努力，物价涨幅逐月回落。1995年，零售物价指数由上年末的22.9%逐月回落到12月份的10%左右。全年零售物价总水平比上年上涨16.8%，居民消费价格总水平上涨18%左右，分别比上年回落2.8个百分点和5个百分点。

（五）投资和重点项目

投资结构有所调整，重点建设得到加强。1995年，我区固定资产投资虽然增幅偏低，但国有单位投资结构进一步调整，技术改造得到加强，投资继续向基础产业倾斜。全区全社会固定资产投资完成270亿元，比上年增长7.6%，其中，国有基本建设投资比上年增长0.6%，国有技术改造投资比上年增长25%。在基建和技改投资中，能源、交通、邮电、原材料等行业的投资达80%以上。集通铁路、丰准铁路、呼和浩特火车站、呼集公路及丰镇电厂5、6号机组、达拉特电厂1号机组、呼市电厂6号机组、包钢4号高炉等一批重点建设项目建成，投入运营。新增铁路通车里程1159公里，发电装机78万千瓦。另外，还有74项技术改造重点工程竣工投产。

（六）贸易和对外开放

内外贸易稳步发展，利用外资进展顺利。1995年，全区城乡市场销售稳步增长，农村牧区市场好于城市。全区社会消费品零售总额305亿元，增长23%，其中，农村牧区增长25%，城市增长23%。在全区对外开放工作会议推动下，各地区各部门积极实施对外开放战略，有力地促进了对外开放。年进出口总额完成11亿美元，比上年增长3.6%，其中，出口6亿美元，增长0.7%；进口5亿美元，增长7.3%。外贸进出口中，现汇贸易增长较快，占进出口总额的比重由上年的48.1%上升到72.7%。全年利用外资2.6亿美元，比上年增长75.7%，其中，外商直接投资8500万美元。全区三资企业突破1000家。对外承包工程和劳务合作也比上年有较大幅度增长。

（七）财政、金融

财政金融形势基本正常，人民生活进一步改善。1995年，全区地方财政收入完成76.5亿元，财政支出完成102亿元，完成了年初的预算。金融运行比较平稳，存贷款同步增长。全区金融机构各项存款余额569亿元，各项贷款余额818亿元，分别比年初增加111亿元和144亿元。

（八）城乡收入

全区农牧民人均纯收入预计达1300元，比上年增加240元。城市居民人均生活费收入2600元，比上年增加325元。年末城乡居民储蓄存款金额达400亿元，比上年增长25.5%。

（九）社会事业发展

科技、教育和各项社会事业取得新成绩。1995年，全区教育工作会议、科技大会相继召开，各地区各部门加强了科教兴区和人才开发战略的实施工作。全年登记科技成果421项，其中40%以上已被推广应用，有124项科研成果获得自治区科技进步奖。学龄儿童入学率达到98.5%；民族教育、成人教育和职业技术教育进一步发展，高中阶段的职业技术学校在校生比重达到48.2%；普通高校和中等专业学校分别招生1.1万人和1.65万人，完成了年度计划。全区共安排大中专毕业生2.9万人，对乡镇企业、重点建设项目和名牌企业的人才需要给予了重点支持。全区新安置就业人员近8万人。94%的国有企业职工参加了养老保险。广播、电视和城乡卫生状况进一步改善，人口自然增长率13.2‰。

二、经济发展中存在的问题

在充分肯定各方面成就的同时，还必须清醒地看到内蒙古自治区经济总体上还是粗放型的，而且计划经济的特征比较明显，实现“两个转变”的任务非常艰巨。从当前经济运行的情况来看，突出的困难和问题有如下几方面：

一是物价形势依然严峻。1995年物价涨幅高于全国平均水平约2个百分点，各级财政困难，对物价的补贴有限，加上自发涨价和政策性调价因素，实现1996年控制物价上涨目标难度是相当大的。

二是农业基础薄弱，抗灾能力较低。近年来，我区农牧业生产虽然发展较快，但原有的基础设施日益老化衰退，新的水利工程和农田、草牧场建设跟不上生产发展的要求，农牧业生产的防灾抗灾能力依然很弱，这是一个不容忽视的大问题。

三是部分国有企业生产经营困难，工业整体经济效益不高，在全国加快“两个转变”的新形势下，企业将面临更严峻的挑战。目前，我区有相当一部分国有企业包袱沉重，产品结构不合理，经营管理不善，生产和销售成本较高，缺乏市场竞争能力，经济效益低下。1995年，全区2885户乡及乡以上100万元产值的独立核算工业企业，综合经济效益指数为70，比上年下降2.5个百分点，比全国平均水平低近20个百分点；全区新增工业流动资金贷款基本上被企业产成品增加和应收帐款吃掉，致使生产资金更加紧张，企业利润下降20%左右。

四是城乡居民收入增长缓慢。1995年我区城镇居民人均生活费收入比全国低1255元，增幅低7个百分点；农牧民人均纯收入比全国低250元，增幅低4.6个百分点。特别是部分亏损企业和停产、半停产企业职工生活十分困难，直接影响着社会的安定。

五是财政困难、融资能力较差，投资不足的问题仍然比较突出。

上述这些困难和问题，有待我们在今后的实际工作中，通过实现“两个转变”切实加以解决。

三、未来15年发展前景简介

第九个五年计划时期和下世纪头十年是实现小康和初步建立起社会主义市场经济体制、实施第三步战略目标的关键时期。按照党的十四届五中全会和内蒙古自治区第六次党代会精神，制定和实施内蒙古国民经济和社会发展第九个五年计划和2010年远景目标，要认真总结和借鉴改革开放以来的成功经验，进一步解放思想，更新观念，充分利用各方面的有利条件，通过深化改革，扩大开放，努力解决经济和社会发展中的困难和问题，加快发展步伐。

“九五”期间，内蒙古经济和社会发展的指导思想是要坚持邓小平同志建设有中国特色社会主义理论和党的基本路线，坚持“抓住机遇、深化改革、扩大开放、促进发展、保持稳定”的基本方针，正确处理改革、发展、稳定的关系、紧紧抓住经济体制和经济增长方式转变这一关键，全面实施资源转换、开放带动、科教兴区、人才开发和名牌推进等五大战略措施，切实抓好调整结构、提高效益、开拓市场三个重要环节，促进全区综合经济实力、可持续发展能力和国民素质的全面提高。

根据上述指导思想，内蒙古“九五”期间经济和社会发展的总体目标是基本实现小康和初步建立起社会主义市场经济体制。围绕这一总体目标，要努力实现两个提高，即提高财政收入水平，提高城乡人民生活水平。具体目标是：

1. 保持国民经济持续、快速、健康发展。按1995年价格水平计算，2000年全区国内生产总值达到1320亿元，年递增10%，其中第一产业年递增4%，第二产业年递增12%，第三产业年递增12.2%，三次产业结构由29：39：32调整到22：43：35。到1997年自治区成立50周年时实现人均国民生产总值比1980年翻两番。

2. 不断提高经济运行的质量和效益。到2000年，全部独立核算工业企业经济效益综合指数达到90%以上，资金利税率达到10%，全员劳动生产率达到2万元，产品销售率达到96%以上。

3. 促进社会事业全面发展。到2000年，人口总量控制在2452万人以内；科技进步在经济增长中的贡献率达到40%以上；基本普及初等义务教育；社会保障、医疗卫生服务和其他社会事业基本达到小康要求。

4. 大力发展外向型经济。到2000年，外贸进出口总额达到20亿美元，年递增12.7%，其中出口

10.6亿美元，年递增12%。利用外资总额累计达到60亿美元。

5.保持固定资产投资的适度增长。全社会固定资产投资总额5年合计达到2300亿元，年递增15%。其中地方投资1200亿元，地方国有单位投资910亿元；基建470亿元，技改350亿元。

6.全区财政总收入年增长率确保11%以上，2000年达到126亿元以上，基本满足行政事业支出的需要，并有一定的财力用于经济建设。

7.城乡人民生活水平基本达到小康。按1990年价格水平计算，全区城镇居民人均生活费收入达到2100元（相当于1995年价格的3964元）。农牧民人均纯收入达到1050元（相当于1995年价格的1802元）。基本解决农村牧区250万贫困人口的温饱问题。

8.促进市场繁荣，抑制通货膨胀。到2000年，社会消费品零售总额（1995年价格）达到490亿元，实际年递增10%；零售物价上涨幅度控制在国家规定的范围以内。

实现上述奋斗目标，关键在于实行两个根本性转变，即经济体制从传统的计划经济向社会主义市场经济转变，经济增长方式从粗放型向集约型转变。如果在实行两个转变的进程中跟不上全国的步伐，我们的目标和任务就难以实现，内蒙古经济发展与全国的差距就会越拉越大。完成两大历史性任务，实现两个提高，必须突出抓好以下重点：

一是继续加强农牧业的基础地位。紧紧围绕提高农牧业综合生产能力，保证农畜产品的有效供给，不断提高农牧民实际收入这一中心任务，加快发展“高产、优质、高效”农牧业，把我区建成国家重要的现代化农畜产品基地。

二是进一步强化科技教育。坚定不移地实施“科教兴区”战略，切实把经济发展转移到依靠科技进步和提高劳动者素质的轨道上来，推动经济增长方式由粗放型向集约型转变。

三是继续充实基础设施。加强交通、通信、水利等基础设施建设，努力缓解基础设施的瓶颈制约，为改革开放和经济建设创造良好的投资环境。

四是加快发展支柱产业和优势产业。工业要加大结构调整力度，延长产业链，走综合开发和加工、转化、增值的路子，充分发挥轻工、能源、冶金、机械、电子、化工、建材、森工等支柱产业和优势产业的作用，带动全区经济的持续、快速、健康发展。

五是大力培育新的经济增长点。放手发展非国有经济，加快发展第三产业。积极培育和发展三资企业、乡镇企业、个体私营经济、第三产业等新的经济增长点。

专 题 介 绍

内蒙古集通铁路沿线经济发展思路

为了贯彻落实自治区党委六届三次全委会议精神及“自治区国民经济和社会发展第九个五年计划和2010年远景目标纲要”所提出的任务，加快集通铁路沿线经济发展步伐，制定内蒙古集通铁路沿线经济发展思路。

一、沿线经济发展的基础和环境

(1) 内蒙古集通铁路东西长943公里，途径乌盟、锡盟、赤峰市和哲盟。按集通铁路两侧路网联系和经济辐射范围可涉及18个旗县市，其中有10个国定贫困旗县，占自治区国定贫困旗县总数的三分之一，区定贫困旗县2个。区域面积15.4万平方公里，占自治区总面积的13%。人口410多万，占自治区总人口的18%。铁路沿线地域辽阔、草场、耕地、矿产等地上地下资源十分丰富，具有很大的开发潜力。1995年，国民生产总值约96亿元，占自治区国民生产总值的11.4%。农牧民人均纯收入1090元，是自治区平均水平的83.8%。

(2)集通铁路沿线是自治区比较贫困的地区，经济发展落后，农牧业人口比重大，大部分地区经济结构单一，仍以草原畜牧业和农业种植业为主，农畜产品加工工业和矿产资源开发利用处在起步阶段，资源开发利用程度很低。农牧业基础还不够稳固，抗御自然灾害的能力较差；国民经济整体素质不高，产业结构不合理，产品初加工或单一，市场竞争力不强；经济建设的投资需求大，资金短缺；交通、通信等基础设施仍很薄弱；经济增长的质量和效益不够理想，地方财政困难等。上述困难制约这一地区的经济发展，必须通过深化改革和加快发展来解决。

(3) 集通铁路是我国目前已建成的最长的地方铁路。这条铁路的建成运行，成为连接我国东北、环渤海和西北三大经济区的一条重要陆路通道，起到了改善全国铁路网布局，沟通欧亚大陆桥在我国中东部联系的又一条铁路运输通道，对加强内蒙古和东北地区及环渤海经济区的经济往来，加快自治区中部地区开发和建设，逐步缩小与发达地区的经济差距，促进少数民族地区经济的繁荣，增强民族团结，巩固祖国北部边疆有着十分重要的作用。

(4)从发展环境看，集通铁路东部通辽市是6条铁路的交汇枢纽，面对广阔的东北市场，是自治区中西部煤炭和其它物资进入东北及东部大兴安岭木材和工业品进入内蒙古中西部或西北经济区的物资集散地。集通铁路西端集宁市联结呼和浩特、包头等大中城市，是自治区南进北京、天津的门户和北上蒙古、俄罗斯的交通要道。集通线中段的大板镇面对赤峰市并经锦州可建出海通道。桑根达赉镇距北京只有300多公里，由207国道相连，对集通沿线物资的出入十分便利。

从这一区域自身的条件看，沿线地域辽阔，矿产丰富，有发展农牧业、轻工、能源、原材料等产业的资源优势，随着社会主义市场体系的不断完善，将会进一步加快资源优势向经济优势的转化步伐。随着国家实施缩小东西部差距的政策，也将促进和带动沿线地区经济的发展。可以说，今后15年是加快沿线经济和社会发展的一个有利时期。因此，充分利用集通铁路，带动沿线资源开发和经济发展，尽快帮助铁路沿线贫困地区农牧民脱贫致富，是自治区加快实施资源转换战略，实施“两个提高”，实现“九五”计划和2010年远景目标的重要内容。

二、沿线经济发展的指导思想、目标和任务

(5)“九五”和2010年期间，铁路沿线国民经济和社会发展的指导思想要紧紧抓住经济体制和经济增长方式转变这一关键，进一步解放思想，以加快脱贫致富和提高地方财政收入为目的，资源开发为龙头，市场为导向，增值增效为核心，全面实施资源转换战略；充分利用集通铁路综合运输网的带动作

用，点线结合，合理布局重点项目，大力发展乡镇、集体和私营企业，推动沿线经济快速、健康、持续发展。

（6）经过“九五”期间的努力，使铁路沿线在稳定脱贫的基础上，同自治区一道基本实现经济社会发展的第二步战略目标。到2010年，集通铁路沿线初步建成自治区农畜产品加工、能源、原材料基地和新型的旅游地。形成联接欧亚大陆桥我国中东部的新通道和自治区沟通东西部的新型经济带。

（7）铁路沿线经济发展的任务首先要放在养殖业、加工业和资源开发上，走种、养、加、贸、工、商一体化的路子。逐步形成以农牧业为基础，以发展交通运输业为纽带，加快轻纺、矿产开发、能源、建材、有色冶金工业发展，积极开发旅游资源。在铁路沿线以城镇建设、商品流通、集贸市场建设为核心发展第三产业，促进沿线乡镇企业迅速起飞。要加强集通铁路自身建设和运营管理，为带动地方经济发展创造必要的条件，加快科技、教育发展步伐，提高人口素质，加大对生态环境保护和整治的力度，改善生产和生活条件。

三、巩固和加强农牧业的基础地位，提高农牧业生产效益

（8）种植业和畜牧业是铁路沿线十分重要的基础产业，要按自然条件和现有基础，分别在平原农业区和牧区加强商品粮基地和畜牧业商品畜基地建设，大力发展市场急需的农畜产品。农畜产品除满足农牧区自给外，要向铁路沿线集镇和相邻地区的城市提供粮食、肉、奶、蛋、蔬菜供应。在丘陵区要搞好旱作农业生产，力争实现粮食稳定自给。

种植业重点要搞好西辽河流域平原区商品粮基地建设。这个基地以通辽市和开鲁县为主。本区地表和地下水充足，日照长、土地平坦，对农业生产发展很有利。在商品粮基地建设中要进一步推广科学种田，完善以农田水利为重点的农业基础设施，改造中低产田，提高粮食单产水平，为市场提供更多的商品玉米。按照市场需求，大力发展农区畜牧业。粮食主产区的乡镇，要搞好玉米、秸杆转化。当地政府要制定鼓励政策，支持发展养猪、养牛、养鸡、养鹅专业户、专业村，加快乡村向一村一品、种养加结合、相互促进、全面发展的种养业格局发展。

乌盟北部、锡盟南部，即察右后旗、化德县、商都县、多伦县、太仆寺旗等阴山丘陵旱作农业区，要改变长期以来形成的广种薄收的耕作习惯，发展生态农业。为了本区粮食稳定自给，要坚持开展旱作稳产高产田建设工程，在丘陵区水土条件相对好的大中小滩川盆地开展农田水利建设，使农业人口达到人均1亩水浇地，2亩旱作稳产田。在其它旱作农业区，积极发展小杂粮和效益好的经济作物。以提高农业生产效益为核心，逐步建成具有特色的旱作农业体系。

（9）集通铁路沿途大部分为草原牧区，畜牧业是本区民族经济的传统产业。目前铁路沿线的天然草场载畜能力基本饱和，发展的潜力在于草业生产和养殖业生产一起抓，以建设商品畜基地为重点，使畜牧业生产走上科技进步为先导，稳定、优质、高效的发展道路。

赤峰市北部铁路沿线4旗要以肉牛生产加工出口体系建设为主，同时搞好肉羊、细毛羊规模养殖，建设白绒山羊基地。以克旗好鲁库种羊场为核心，加快培育引进国外良种肉牛、肉羊，积极发展羊、牛胚胎移殖等畜牧业高科技产业。锡盟兰旗等中南部地区要搞好肉牛、细毛羊基地建设。乌盟北部半农半牧区要利用现有的基础和农副产品、秸杆丰富的条件，因地制宜地发展养羊、养牛及养兔、禽等。通辽、开鲁、商都等市县农民有养猪的习惯和基础，要支持其进一步发展规模养殖，搞集约化经营。

（10）加快铁路沿线农畜产品加工业的发展，把丰富的农畜产品资源通过加工转化，提高产品的附加值，增加农牧业生产效益，带动和促进旗县财政收入和农牧民收入的增长。

要利用沿线旗县所在地和集镇交通便利、信息灵通、人才集中等比较优势，依托集体和个体企业，重点发展畜产品毛、皮、肉和农产品玉米、土豆、蓖麻籽、甜菜、葵花籽及苦杏仁、蕨菜等优势土特产品和麻黄等药材资源进行初加工，充分利用各旗县现有国营中小型企业技术和设备搞新产品开发，提高农畜产品的加工深度。各级政府要引导各类加工企业开展多种形式的联合和协作。

要以通辽市为中心，建设以蓖麻籽、玉米为原料的精细化工生产基地，提高资源转化的深度。沿线盟属和旗属糖厂、乳品厂、皮毛加工厂等以当地农畜产品为原料的加工企业，要把握市场变化，调整产品结构，解决好企业原料稳定供应问题，实现农牧业生产与加工工业的有机结合。国有中小企业都应建立稳定的原料供给基地。集体和个体企业，要采用企业加农户的方式，发展产加销一条龙的企业。

各类农畜产品加工企业要积极开展与区内外、国内外多领域、多形式的联合。在优势农畜产品和土特产品开发上，重点建几个科研和生产相结合的龙

头企业，创出名优产品。同时要抓紧人才培养，办好各类培训基地。搞好企业的技术改造、技术引进和新产品开发。努力提高企业的素质和水平。力争使各类农畜产品加工企业成为促进沿线地区经济发展、增加农牧民收入和旗县财政收入的主要来源。

四、合理开发矿产资源，搞好基础工业和基础设施建设

(11) 有色金属是铁路沿线最富集的矿产资源，以赤峰市北部5个旗县为主，这个区域地处大兴安岭中南段，金属成矿条件好，形成有色金属及稀有金属富集区。现已发现矿种有铅、锌、铜、锡、钨、钼、铌、钽等十几种。已探明主要有色金属保有储量400多万吨。该地区过去因外部环境较差，地质工作程度较低，因此找矿潜力大。随着铁路开通和沿线能源项目的建设，为开发本地区资源创造了良好的外部环境，前景十分广阔。

目前这个地区已开发的有色金属矿山中小型采、选厂十几处。根据资源条件、外部条件和市场预测，“九五”期间要重点搞好白音诺尔铅锌矿、黄岗梁铁锡矿、大井子银铜矿、乌兰达坝铜锌矿等几个大型矿山开发建设。除了以上4个大型矿山外，还有梧桐花铅锌矿、玛尼吐铜锡矿、毛登锡矿、安乐锡矿等十几个有色金属中小型矿山要加强地质工作程度，改善外部环境，逐步开发利用。

有色金属冶炼工业的建设布局以赤峰市锌冶炼厂、林西县锡冶炼厂和白音诺尔铅锌矿铅冶炼厂为基础，根据矿山开发规模和市场开拓情况来扩建冶炼能力，将以上3个冶炼厂逐步建成以锌、锡、铅为主的有色金属冶炼基地。在克什克腾旗宇宙地建设铁锡分离厂。考虑集通铁路西运回头货不足因素，本区生产的海绵铁运往呼和浩特市炼钢厂冶炼。

(12)集通铁路沿线已发现非金属矿20余种。非金属建材资源以水泥灰岩、石英砂和装饰石材为优势，是建材工业三大支柱。

水泥灰岩开发重点是乌盟察右后旗水泥灰岩矿，“九五”期间要建成乌兰水泥厂。锡盟兰旗、赤峰市天山和林东镇水泥矿山资源、配料及煤、电、运外部条件较好，在2000年以后根据市场的需要可在这些地区建设水泥生产基地。

优质石英砂主要产地在通辽市附近。目前除供应通辽玻璃用砂外，还生产型砂等其它用砂，并远销区外。要以通辽玻璃厂为龙头，建成玻璃制品综合利用基地。

克什克腾旗、巴林右旗、阿鲁科尔沁旗及林西县等地的装饰石材品种多，数量大，块度好，是市场畅销品种，可建设成自治区品种比较齐全的装饰石材基地。

铁路沿线兰旗、克什克腾旗等地高品位硅石资源极丰富，可供建设较大规模的硅铁厂。化德、商都两县要加快优质硅藻土资源的开发和深加工利用工作。

(13) 煤炭是铁路沿线主要能源资源。要积极争取国家在集通铁路沿线建设一些大型煤电基地，逐步增强沿线经济的实力。

铁路沿线煤炭大都是褐煤，其特点是煤层厚，埋藏浅，可供露天开采。铁路沿线正兰旗、巴林右旗、开鲁县水资源能满足大型火电厂建设需要，为煤电同步开发提供了有利条件。要积极开发胜利煤田，为沿线电力工业发展提供煤源。可在兰旗、大板、开鲁等地建大型路口火电厂。铁路沿线可安排1000多万千瓦电力装机，成为环渤海、东北经济区特别是京、津、唐地区重要电力供应基地。

(14)要加快科尔沁油田和二连油田的开发建设工作。二连油田主要为呼和浩特炼油厂实现规模生产提供原油，2000年前科尔沁油田要力争为呼和浩特炼油厂提供原油50万吨/年。一方面使呼和浩特炼油厂尽快达到合理规模，另一方面解决集通铁路运回头货的问题。

(15) 为完善铁路运输网，集通铁路需要配套建设支线铁路，重点工程有锡兰铁路和赤大铁路。建设赤大铁路，沟通集通铁路与京通、赤沈、赤锦等南北铁路运输线，可将内蒙西部煤炭及其它物资经集通线、赤大线、赤锦铁路运往锦州港出海。

(16)综合交通运输网中的公路建设要搞好集通铁路沿线公路新建和扩建。使公路与集通铁路相配套，形成公路铁路联运网，为发展地方经济服务。集通公路西起集宁市东止通辽市，全长980公里，其中省道化德到兰旗段200公里需要新建。303国道克旗到通辽450公里需要扩建。新建303国道锡林浩特一克什克腾旗80公里断头路。为配合矿山开发，赤峰北部建设一批重点矿山公路；其它地区应完善县乡公路。

(17)城镇是区域经济社会发展的中心和生产力集聚点。搞好沿线城镇布局和市镇建设规划，促进沿线城镇的形成和发展，对带动沿线地区经济、社会全面进步有着十分重要的作用。

自治区城镇建设主管部门要组织力量，在沿线按照不同的城市功能，近期重点对经济中心城市通辽市、集宁市，交通类枢纽城镇贲红、大板镇、桑根

达赉镇，大型能源基地敦达浩特镇、开鲁、矿山开发型城镇及沿线旗县所在地开展城镇布局研究和市镇建设规划，为沿线城镇布局和市镇建设提供科学的决策依据。

自治区各有关部门和地方各级政府都要加强对各类城镇的给排水系统、邮电通信、电力供应、仓储设施等城市基础设施建设的指导，在投入上给与倾斜。

五、鼓励多种经济成份共同发展，逐步壮大旗县经济实力

(18)“九五”期间，铁路沿线要在发挥国有经济主导作用的同时，加大所有制结构的调整力度，加快个体、私营、集体、外资等非国有经济和混合型经济的力度。努力培植乡镇企业、个体私营经济和第三产业，成为壮大旗县经济实力的新的增长点。

(19)要把发展乡镇企业作为铁路沿线振兴和发展旗县经济的突破口来抓。坚持从实际出发，因地制宜，分类指导，以铁路沿线旗县所在地通辽市、大板镇、白旗等城镇为依托，有计划有重点地加快中小城镇建设，积极引导乡镇企业向小城镇集中，把发展乡镇企业与建设小城镇结合起来。加快乡镇工业小区和工贸小区建设，争取建设若干个工贸业示范小区。

(20)进一步解放思想，放宽政策，大力发展个体私营经济。农村牧区个体私营经济发展要依托资源，重点发展矿产资源开发加工、农畜产品加工、建筑业以及为农村牧区生产生活服务的信息业、咨询业、科技服务和其他服务行业。沿线旗县市、乡镇所在地要通过优惠政策和有利条件，组织动员城镇个体工商户向乡镇工业投资，合办、联办商业、饮食服务、修缮、仓储、运输等社区服务业。组织和引导发展个体私营经济区和“一条街”。同时要引导个体私营经济由服务型向生产型转变，积极开拓新的生产、经营领域，开展与国有经济、外商投资经济的联合。在不断扩大经营规模的同时，努力提高个体私营经济的质量和效益。

(21)第三产业的重点是在集通线两头的通辽市、集宁市和沿线大板、白旗等城镇发展商品流通、信息、咨询等行业。沿线旗县要为商品流通业的发展提供有利的条件。加强对铁路沿线主要货运站场基础设施建设和改造。旗县和乡镇要加快发展商品流通体系，培育商品集散市场。在沿线集宁、土木台、桑根达赉、大板、开鲁和通辽等交通枢纽城镇，加快煤炭、建材、牲畜、皮毛、粮油等市场建设，分期分批建设一些具有区域优势和特色的综合型和专业化的大中小型生产资料批发市场，促进铁路沿线产品和资源的市场化、商品化进程，提高沿线产品在区内和国内外市场的占有率。

(22)要把开发利用沿线旅游资源作为沿线第三产业发展的重要内容之一，做好规划和实施工作。在赤峰市克旗热水镇，要利用温泉资源发展疗养康乐性旅游渡假区，在达里湖建设草原湖泊风光旅游区。在锡盟南部草原和沿线的浑善达克、科尔沁沙地要围绕开发沙漠景观、历史古迹、民族风情等旅游资源，加快旅游景点建设，改善客运和住宿条件，完善旅游业的硬环境建设。自治区旅游主管部门要向国家申请建立集通铁路沿线对外开放区，以利于拓展外国旅游业务。沿线旗县要加强对旅游产品生产和旅游服务人员的培训。

六、加快科技、教育事业发展，走可持续发展之路

(23)铁路沿线区域经济发展相对落后，今后要实现经济增长方式由粗放型向集约型转变，必须把科技和教育置于优先发展的战略地位。加速科技、教育与经济一体化进程，促进资源的高效利用。要加快实施人才开发战略，培养适应经济建设需要的各类人才，不断提高城乡居民的文化水平和整体素质。

(24)集通铁路沿线穿越内蒙古阴山丘陵风沙危害区、浑善达克和科尔沁沙地。干旱、沙漠化及草场退化是铁路沿线的主要环境问题。国土开发的重点区域也是国土整治的重点区域。因此，沿线各级领导和项目建设单位，都要认真贯彻国家颁布的环境保护法、森林法和草原法等法规、法令。坚持统一规划，分工负责，谁破坏谁治理。谁污染谁治理的原则。按照因地制宜、综合治理，防治并重，治用结合，突出重点，讲求效益的基本治理方针，把治山、治水、治穷和扶贫工作结合起来，加强领导，依靠广大群众，在集通铁路沿线积极开展生态环境治理和保护工作。

林业部门在管理保护好现有林业资源，培育高效经济林，开展全民造林绿化中要发挥主导作用。水利、畜牧等部门要在水土保持、小流域治理、改良草场和开展草库伦建设上分工负责。铁路部门在沿线风口、沙带要营造防护林，矿山开发破坏的植被要由建设单位复植。地矿部门要加强监督管理。

集通铁路沿线生态环境条件差，治理难度大，治理的投入量也大。除了自治区各有关部门、地方各级政府加大投入量和沿线群众的投工投劳外，要积极争取国家支持和国外的合作，在沿线加大生态环境治理的力度。

七、沿线经济发展的措施

(25) 做好开发前期工作，加强资源管理。建设前期工作是沿线各项开发工作的基础性工作，前期工作搞不上去就会制约区域经济的发展。自治区和沿线各地都要加大前期工作的力度。矿产资源开发要加强地质勘探工作，提高地质工作程度，加快矿山路、电建设，进一步改善其外部环境。

沿线各级政府部门都要充分利用现代媒体开展市场调研，为沿线各类建设项目提供信息咨询服务。各盟市每年都要筛选一批比较成熟的项目在国内外加强招商活动。

要进行资源的综合开发利用研究。加强对土地、草场资源的利用管理。对重要矿产开发要严格采取许可证制，定点、限量综合开采利用，以免破坏和浪费资源。

(26) 要确立依靠多方筹资搞建设的观念，到区外和社会上找资金。沿线各地方凡符合市场需要的经营性项目，应主动到国内外招商引资，实行横向经济联合，多方筹资。要认真贯彻执行《内蒙古自治区鼓励外商投资的优惠政策》、《内蒙古自治区进一步扩大横向联合的优惠政策》和《内蒙古自治区鼓励引进国内外资金的奖励办法》，吸引国内外投资者在资源开发、旅游、金融、保险等领域进行投资；鼓励国内外投资者以出资购买、参股、控股等方式开发资源。

(27)多方筹集资金，支援沿线经济建设。

对沿线重点建设项目，象锡盟煤、电、路三项工程、大板电厂、赤大铁路等，应积极争取国家在投资方面的支持。

自治区负责政策性投资的投融资机构，要筹建集通铁路沿线开发建设基金，通过区内外和国内外的融资渠道筹集资金，用于铁路沿线的开发建设。

积极争取外国政府贷款对沿线生态农牧业发展的支持。特别是在阴山北麓风蚀沙化区，要利用国外贷款向生态治理和扶贫工作倾斜的机遇，搞一些集中成片的生态农牧业开发项目。

自治区在每年财政超预算资金中要拿出一块经费，以便对沿线重要项目的前期开发工作在资金上给予倾斜，扶持沿线开发性项目做好前期工作。

开发沿线丰富的矿产资源需要大量的资金投入。自治区矿产开发管理部门要制定地方地质勘探优惠政策，积极采用“三拼盘”、“探采结合”等方式吸引国家地勘专业部门的资金，做好地质前期工作。允许区内外地质部门以勘探经费入股参与地方矿山开发。允许区内外有实力的大公司以独资和合资方式来铁路沿线参与矿产资源的开发。

自治区大中型企业要开展对沿线中小企业的对口支援，从转移加工设备、技术和人材培养等方面入手，支持沿线经济的发展。

自治区金融部门在安排农畜产品收购资金时，向铁路沿线倾斜，使沿线粮食、油料等农产品和肉、毛、绒等畜产品按时收购。对沿线市场需求大，效益好的农畜产品加工项目要在贷款上给予支持。

(28) 加强宏观调控，协调好沿线经济发展的重大问题。

集通线开通后，铁路沿线区域经济发展中重大建设项目的落实、地方利用铁路的配套建设、地方铁路和国铁的衔接等重要问题都需要自治区综合管理部门加强协调力度，指导、协调和监督自治区有关部门和沿线各盟市落实区域经济发展的目标和重大建设项目；指导沿线盟市、旗县开展区域经济发展中长期规划、工农业布局、开放开发、经济协作、招商引资、宣传等工作；加强对全区地方铁路行业发展的统筹规划和管理，争取和配合国家加快现有地方铁路的延伸和改造，发展以铁路为主的综合交通运输网。

(29) 集通线通车后，为使集通线发挥经济桥梁作用，加强集通铁路自身建设和管理，争取早日建成高效运输网络。

自治区要加大对集通铁路有限责任公司的宏观指导，协调有关部门理顺关系，减少运输环节，组织运量，争取尽快达到运量的盈亏平衡。要进一步完善铁路站场建设，强化职工培训和运营管理，为带动沿线经济发展创造条件。

西煤东运是集通铁路主要任务之一。自治区计划、经贸等部门要继续抓紧这方面工作的计划、组织及与有关方面的联系协调工作，争取西部煤炭的足量东运。此外，集通线开通后，东西两头过货分流要落实好。地铁管理机构要在通辽和集宁设立规格适宜的运营管理机构，以便于和两头国铁分局的协调。

集通铁路西部出口贲红到集宁段，目前只有300多万吨剩余运力，集宁北站的编组能力也满足不了集通线初期达到700万吨运力的需要。应协调国家有关部门加强这段国铁的扩能改造。

(30) 进一步加强对铁路沿线开发工作的宣传。

充分发挥广播、电视、报刊等宣传媒介的作用，大力宣传集通铁路建成通车的重要意义；宣传沿线各地区丰富的自然资源、主要优势产业、独特的人文景观和草原风光。通过宣传使沿线各地干部、群众拓宽视野，放开手脚，在用好用足铁路上迈出大步；树立起良好的对外形象，推动招商引资的步伐。

典 型 地 区

草原明珠——赤峰市克什克腾旗

一、资源概况

被誉为“草原明珠”的克什克腾旗地处内蒙古东北部，赤峰市西北部。东与赤峰市林西县、翁牛特旗为邻；南与河北省围场县、赤峰市松山区接址；西与锡林郭勒盟阿巴嘎纳尔旗、正兰旗、多伦县交界；北与西乌珠穆沁旗毗邻。南北长207公里，东西宽170公里，总土地面积为20673平方公里。全旗辖28个苏木乡镇，14个国营林牧渔场。总人口24.8万人，其中蒙古族占总人口的10%，是一个以蒙古族为主体，以汉族为多数，蒙、汉、回、满等8个民族聚居的少数民族地区。

克什克腾旗地域辽阔，资源丰富，具有广阔的开发和利用前景。概括起来，有以下十大资源：

（一）土地资源

全旗土地有12个土类，25个亚类，81个土属，149个土种。总土地面积为2030916公顷，人均拥有土地9.03公顷，人均占有量居全国之首。

（二）农业资源

全旗宜农土壤面积150万亩，现有耕地面积106万亩。粮豆和经济作物主要有小麦、莜麦、大豆、土豆、甜菜和油料等，粮豆面积80万亩，年产量1.25亿公斤。其中：小麦为主要产品，年产小麦占总产量的50%以上。

（三）牧业资源

全旗可利用天然草牧场2200万亩，草质优良，年产可食草量21亿公斤。畜牧业发展迅速，到1995年9月末，全旗大小畜存栏119.6万头（只）；其中大畜27万头（只），小畜92.7万头（只），大小畜年出栏率达24.8%，商品率达22.7%，年肉类总产量1191.7万公斤。全旗良种及改良畜占牲畜总数的68.4%，发展畜牧业条件得天独厚。

（四）林业资源

全旗宜林土壤面积810万亩，有林地面积484万亩，主要为天然次生林。活立木蓄积量为607万立方米，年产商品木材2万立方米。经济林以山杏和沙棘为主，有天然山杏林32万亩，年产山杏核250万公斤，天然沙棘林115万亩，年产沙棘果6万公斤。

（五）水及水产资源

克旗地表水多年平均径流量7.7亿立方米，主要补给是大气降水；地下水储量丰富，净储量为378.4亿立方米，年可开采1.8亿立方米。

全旗河湖由外流水系和内流水系组成。西拉沐沦河是外流水系中最大的河流，水源充沛，流域面积6142.5平方公里。流经本旗境内130公里。贡格尔河等内流水系流入内蒙古第二大湖达来诺日湖。

远近闻名的达来诺日湖为半咸水湖，pH值在9.6左右，水面近40万亩，年产鲜鱼75万公斤以上，尤以鲫鱼、瓦氏雅罗鱼而驰名区内外，以其体肥、肉嫩、味美倍受消费者喜爱。

（六）能源资源

水力发电、地下褐煤是克旗的两大主要能源，此外尚有薪柴、作物桔杆、畜粪以及太阳能、风能等可供开发利用。

克旗水利资源丰富，西拉沐沦河河床落差大，多悬崖迭跳，可进行梯级开发。全旗水能蕴藏量14万千瓦，其中可开发利用的6.3万千瓦。现已建成大小水电站9座，总装机容量13665千瓦，年发电量3700万度。克旗地下褐煤储量丰富，达40亿吨，可进行热电联产，目前，装机3000千瓦的兴源电厂正在动工兴建。

（七）矿产资源

克什克腾旗地处我国东北成矿带，地质构造复杂，成矿条件优越。矿产资源以其种类多、分布广、储量大、品位高而闻名区内外。已发现的金属、非金属矿共33种，矿床、矿点、矿化点141处。金属矿中主要有金、银、铜、铁、锡、铅、锌、钨等。非金属矿主要有煤、大理石、叶腊石、水晶石、石灰石、玄武岩等。正在建设的黄岗铁锡矿是我国北方最大的锡矿和内蒙古自治区三大铁矿之一，其铁矿石储量达1.08亿吨，锡金属量44.7万吨，铜金属储量1.6万吨，锌金属储量11.6万吨，钨5.4万吨，开发利用前景广阔。年创利税超百万元的安乐锡矿系克旗的骨干工业企业之一。玄武岩的开发利用也在紧锣密鼓中走上旗内经济舞台。

（八）动植物资源

克什克腾旗植物资源有79科，665种，可食牧草250种，药用植物200余种，其中大黄芪、小黄芩等名贵中药材产量高、质量好，在全国名列前茅。

旗境内盛产的蕨菜、黄花、蘑菇是国内土特产珍品，是纯天然、无污染的绿色食品。全旗蕨菜年产量1000吨，以茎粗质嫩、味道鲜美而享誉国内外，深受国际市场青睐，远销日本、南韩等国，蘑菇丰年产量50吨以上，黄花200吨以上。此外，克旗有野生动物820种，主要有马鹿、黄羊、狍子等，旗内珍禽益鸟有130余种，其中丹顶鹤、白枕鹤、大天鹅、小天鹅等17种鸟类被列为国家一、二类重点保护对象。

（九）旅游资源

素有内蒙古缩影之称的克什克腾风光旖丽、历史悠久。既有草木峥嵘、鬼斧神工的奇峰异景，也有草盛林茂、水波潋滟的湖光山色；既有芳草萋萋、广袤无垠的草原盛景，也有林相秀美、蔚为壮观的云杉林海。此外，响水、黄岗密林、鲁王城遗址、乌兰布统古战场、金代边堡和百岔川岩画等人文景观和文化古迹令人神往。有“圣水”之称的热水塘温泉已初步形成了集旅游、疗养、娱乐为一体的多功能疗养区。热水塘镇区山清水秀，环境优雅，疗养区内设施齐全，条件完备，“圣水”温泉含有对人体中枢神经系统有调节作用的氡元素及其它20多种微量元素，对类风湿、皮肤病、冠心病、高血压、腰肌劳损、肾炎及神经性疾病有很好的疗效。相传康熙皇帝曾幸驾到此沐浴，至今尚有康熙木井古迹。每年吸引大批客人到此游览，勘称旅游观光、娱乐疗养之“圣地”。

（十）劳动力资源

克什克腾旗劳动力资源丰富，现有劳动力9.3万人，占总人口的37.5%，除从事工农牧业及其它生产外，尚有剩余劳动力3万余人。

二、经济和社会条件概况

党的十一届三中全会以来，全旗各族人民在各级党委和政府的领导下，同心同德，艰苦创业，国民经济及社会各项事业均得到迅速发展，人民生活水平有了很大提高。1995年全旗国民生产总值达到42133万元，“八五”期间年均递增15.3%；工农业总产值达到39288万元，“八五”年均递增6.7%。财政收入达到2400万元，“八五”年均递增12.7%，乡镇企业总产值达到41622万元，“八五”年均递增62.7%；农牧业基础设施得到改善，技术装备水平进一步提高。“八五”期间我旗对农田草原水利建设加大了投资力度，以每年新修5万亩水平梯田、10万亩高标准节水灌溉农田、40眼机电井和500处草库伦的规模加强农田水利基础设施建设，使农牧业生产条件大大改善，全旗保灌面积达到24.3万亩，水平梯田达到29.16万亩，草库伦面积达到3.6万亩。与此同时，农牧业技术装备水平有了很大提高。1995年末全旗拥有农牧业机械总动力7.2万千瓦。工业基础进一步加强，全旗乡及乡以上工业资产总额2.9亿元。1995年实现工业总产值15860万元，形成了拥有钢铁、煤炭、机械、电力、森工、建材、有色金属、轻纺、食品、民族用品等工业的比较齐全、具有地方特色的工业体系。

交通运输、邮电通讯事业发展迅速。1995年末全旗通车总里程达到1110公里，公路密度为每平方公里0.05公里。目前，旗内有经赤线横贯南北，经锡线纵穿东西，经陈公路的开通营运，沟通了303、305、306国道及平双公路，使旗内公路东西贯通，南北交织，纵横成网。加之，集通铁路的全线贯通和运营，形成了一定的公路、铁路运输规模和能力。

邮电通讯事业随着4000门程控电话并入全国大网，已经实现通迅程控直拨自动化，旗内已有7乡镇进入程控交换，信息沟通极为方便，这为我旗经济腾飞插上了翅膀。

人民生活水平得到了改善，社会各项事业迅速发展。1995年全旗职工人均工资达到3040元，农民人均纯收入达到1113元，牧民人均纯收入达到1366元，人民的生活水平有了很大的提高。全旗的科技教育、文化卫生等各项社会事业都得到了长足发展。

三、2010年经济展望

八届全国人大第四次会议批准的《中华人民共和国国民经济和社会发展“九五”计划和2010年远景目标纲要》，为我们制定了推进改革开放和现代化建设的行动纲领，进一步明确了坚持区域经济协调发展，逐步缩小地区发展差距的方向和政策措施，并提出逐步形成7个跨省区市的经济区域。地处环渤海经济区内的克什克腾旗，要积极参与区域经济开发战略，紧紧抓住国家、自治区乃至赤峰市对边疆少数民族贫困地区在政策、项目、资金等方面给予重点倾斜的大好机遇，充分发挥克旗的资源优势，大力发展具有地方特色的支柱产业，加快经济发展步伐。

今后这段时期我旗经济社会发展的基本思路是：立足优势，面向市场，实施农牧为本、资源转换、工业立旗、科教兴旗和开放牵动战略，以强本固基和改善生产条件为重点，大力发展“两高一优”农牧林渔业；以开放搞活和上项目为重点，大力发展地方工业和乡镇企业；以小城镇建设和旅游业开发为重点，大力发展第三产业。

全旗力争在2000年实现国民生产总值超9亿元，财政收入达到8000万元，2010年在此基础上翻一番，综合旗力大大增强，人民生活更加充裕。为此按照以上发展思路和目标，我旗在经济开发和建设上，要着重作好以下几方面的工作：

（一）提高第一产业，实施农牧为本战略，大力发展“两高一优”农牧林渔业

到本世纪末，全旗粮食总产量达到1.5亿公斤，牧业年度家畜存栏180万头（只），其中大小畜160万头（只），有林地面积达到650万亩，森林覆被率提高到21.5%，鲜鱼总产量达到150万公斤。实现上述目标，最根本的出路是把我旗的农牧业生产由粗放型经营转变为集约型经营上来。

1. 加强农牧林渔业基础建设，进一步提高综合生产能力。到本世纪末，农区、半农半牧区要实现“1315”工程，即农民人均1亩旱涝保收水平畦田，3亩旱作水平梯田，1亩地膜，5亩治理的荒山；牧区实现“五个一”工程，即每户有100亩优质打草场，10亩饲料地，10亩青贮地，1处青贮窖，1处塑料暖棚；林业实现“1555”工程，即建设沙棘林基地100万亩，山杏林基地50万亩，达里地区沙化治理项目区50万亩，赛汗坝落叶松水源涵养用材林基地50万亩；渔业实现“53”工程，即用5年时间，通过生态建设，增强自然繁殖能力，引进新技术和优良品种，提高单位水域养鱼量，力争实现年产鲜鱼300万斤。全面改善大农业的生产条件和生态环境，为实现“两高一优”农牧业提供基础保障。

2. 合理开发和配置大农业各种资源，促进农林牧渔各业全面发展。种植业要在确保粮食稳定增长的前提下，根据市场需求，积极发展高产、优质、高效作物，发展饲草、饲料作物，使粮食作物、经济作物、饲料作物比例达到5∶3∶2；畜牧业要加强畜群、畜种结构调整，年末母畜比例要达到60%以上，良种和改良畜比例要达到90%以上，全旗普遍实施小畜接冬羔和当年育肥出栏，实现大小畜舍饲或半舍饲化；林业要在加强防护林和生态林建设的同时，大力发展经济林和用材林，加强以沙棘和山杏为主的经济林商品生产基地和以落叶松为主的用材林商品生产基地建设；渔业要积极引进新的养殖技术和鱼类品种，以达里湖为中心，辐射各个水库，搞好以鲫鱼和华子鱼为主，大银鱼、鲤鱼和草鱼为补充的商品渔业基地建设。

3. 大力推进农牧结合。推广三个模式，即牧区全面推广西岗更嘎查畜牧业“五个一”模式化技术，每年以1000户的速度推进；农区及半农半牧区全面推广“四配套”模式（每户10亩人工种草或甜菜，1处青贮窖，1处氨化池，1处塑料暖棚），每年要以1万户的速度推进；全旗农村牧区全面推广“李万江立体庭院经济模式”，每年以1000户的速度推进。2000年前，全旗要建成“两高一优”农牧结合旗。与此同时，加强农畜副产品原料基地建设，推进农村牧区产业化进程。根据我旗龙头企业和拳头产品的加工能力和布局以及资源情况，重点建设好土豆种子繁育和种植基地、沙棘林种子繁育和种植基地、麻黄和甘草种植基地、甜菜种子繁育和种植基地、牛羊育肥基地、高产奶牛基地、绒山羊和细毛羊基地、渔业生产基地、胚胎移植良种繁育等十大基地，尽快形成“一乡一业，一村一品”的生产格局。

（二）主攻第二产业，大力推进“工业立旗”战略，在提高工业整体水平和效益上下功夫

到本世纪末，全旗工业总产值达到3.87亿元，地方工业企业的主要经济效益指标达到或接近全市的平均水平，经济结构更加优化，工业的主导作用进一步加强。为此要以“工业立旗”战略思想总揽全局，以建立适应社会主义市场经济的工业体系为目标，以实施“两个根本性转变”为重点，以我旗资源优势、五大支柱产业、10个龙型企业集团和10个名特优产品为依托。坚持上项目和企业技改并重，国有和非国有工业并重，走出一条“立足市场，依托资源，强化开发，加速技改，多路并进”的工业发展新路。

在第二产业发展上，要重点抓好农畜土特产品加工业、矿产开发业、能源开发业、建筑建材业和林业综合开发五大支柱产业，并以此带动其它相关产业的发展，进一步建立有地方特色的工业体系。

农畜土特产品加工业要重点抓好现有企业的满负荷生产，保证原料供应，最大限度地挖掘企业的生产潜能，在此基础上，抓好企业的技术改造和技术进

步，提高企业技术装备水平，延长产品加工链条，促进农畜土特产品向精深加工、高效增值方向发展；甜菜加工、肉类加工、绒毛加工、山野菜综合开发、土豆综合开发、粮油加工等要逐步形成龙头企业带动，基地建设扩展的金字塔型发展模式。

矿产开发业要强化黄岗铁矿开发，以黄岗铁矿一期开发为基础，加快扩建开发步伐，以此带动土城子铁矿、木希嘎铁矿的发展；在发展选矿业的基础上，发展冶炼加工业，加快上马直接还原铁和铁锡分离工程，提高矿业开发的集约化程度，使矿产开发业逐步形成我旗最大的支柱产业，成为我市北部的原料和钢铁生产基地。

能源开发业要立足于现有的小水电，加快上湾子一级电站建设工程，积极引进资金加快开发大石门子等水电资源和牧区风电开发，加快广兴煤矿、兴源电厂热电联产综合开发工程建设，形成水、风、火电并举的电力开发新格局，建成适度规模的区域性电力生产基地；要积极配合国家加快巴彦高勒的油田勘探等地质工作，增加新能源的开发渠道。

建筑建材业要继续加快普通优质水泥、水泥预制件和砖瓦砂石的发展，重点强化石材开发，不断扩大黑色玄武岩、白色大理石和花岗岩等石材开发规模，拉长石材加工链条，提高石材的利用率和附加值率，推动石材开发向产品多样化、系列化、规模化发展，逐步形成以石材开发为主体，其它建筑材料为辅助的新的建材业发展格局。

林业综合开发在加快造林绿化步伐的基础上，要大力发展以木材为原料的林木综合加工业，发展以马鹿驯养为主的野生动物驯养业，发展以山产资源为主的绿色食品和无污染保健食品加工业，发展以森林景观开发为主的森林旅游业，形成以林为主、多业并举、综合发展、规模经营的发展格局。

积极发展其它相关产业。医药工业要以甘草浸膏、B型沙棘油、鹿茸、冬虫夏草等深加工为主，努力提高产品质量，增加产量，提高产业的技术装备水平，使医药工业成为我旗工业发展的新的经济增长点。并加快其它产业发展步伐，提高企业的自我发展能力。

在产业重点明确的基础上，选准突破口，重点发展10个龙型集团和10个拳头产品，充分发挥龙头企业和拳头产品的牵动和辐射作用，推动工业经济上规模、上档次、上水平。10个龙型集团是：①以黄岗铁矿为龙头的矿业开发集团；②以石材开发总公司为龙头的石材系列加工经销集团；③以利达实业有限责任公司为龙头的土豆产品开发集团；④以商办肉联厂为龙头的肉类加工销售集团；⑤以水利水电综合开发中心为龙头的能源开发集团；⑥以皮毛厂为龙头的皮毛、皮革系列加工集团；⑦以制糖有限责任公司为龙头的糖酒饮品综合开发集团；⑧以建筑建材总公司为龙头的建筑建材开发集团；⑨以粮油公司为龙头的粮油加工经销集团；⑩以畜产公司为龙头的绒毛加工集团。10个拳头产品是：山野菜、B型沙棘油、天骄奶酒、青稞酒、甘草浸膏、鹿茸、绿色保健饮料、木制品、淡水鱼、有色金属系列产品。经过3～5年努力，五大支柱产业产值要占全旗工业总产值的90%以上，工业增加值占一、二、三产业增加值的比率要提高到40%以上，10个龙型集团和10个拳头产品对财政收入的贡献率要达到80%以上。

加快乡镇企业结构调整步伐，推进乡镇企业快速、高效发展，尽快实现由速度型向速度效益型的转变，上规模、上档次、上水平。要因地制宜，连片发展，提高聚集效应，在坚持多业并举的同时，要突出发展乡村工业，促进旗10个龙型集团和生产10个拳头产品的技术、设备、资金、人才向乡镇企业扩散，鼓励乡镇企业与国有、集体企业联合兼并，加快形成以工业为主导的乡镇企业发展格局。到本世纪末，乡镇工业产值占全旗工业总产值的比重要达到40%以上。

（三）以上城镇建设和旅游业开发为重点，积极发展第三产业

本世纪末，初步建立起以经棚镇为综合开发中心，其他建制镇所在地为专业化开发中心，各苏木、乡镇所在地为区域性发展中心的功能齐全、布局合理、设施配套、交通便利、通讯快捷、环境优美、各具特色的小城镇网络。小城镇建设的重点是各苏木、乡镇政府所在地，要依据各自经济发展水平、地理条件、自然资源和物产特点，围绕各自的主导产业，合理确定产业布局、产业方向及产业结构，走各具特色的路子。经棚镇要集生产加工、商贸流通、科技信息于一体，成为全旗政治、经济、文化的中心；热水塘镇要向疗养、旅游、渡假、娱乐服务中心方向发展，成为全旗对外开放的窗口；宇宙地镇要以黄岗铁矿为依托，向工业小区方向发展，成为我旗重要工业基地和高新技术产业开发区；土城子镇要大力发展集贸市场和农畜产品专业市场，向跨区域的商业中心和农畜土特产品集散中心方向发展；达来诺日镇要向具有民族特色的草原旅游渡假村中心和畜产品集散地中心方向发展。要加快旅游业开发，以达里湖风光等11处自然景观开发和鲁王城等4处人文景观建设为重点，以热水温泉渡假村为中心，以黄岗梁国

家森林公园和国际狩猎场、达里湖旅游开发区、乌兰布统古战场为三线,形成点线结合的景点格局,真正使旅游业成为我旗的"朝阳产业",实现旅游搭台,经贸唱戏,广交朋友,招商引资。要放手发展个体私营经济,支持个体工商户和私营企业在大力发展商业、饮食业、服务业等传统产业的同时,引导他们向生产型、外向型、科技型方向发展。要加快城镇基础设施建设,改善投资环境,到本世纪末,公路总里程达到1600公里,乡村通车率达到100%。加快邮电通讯业发展,本世纪末,电话交换机总容量达到1.01万门,电话普及率达到19.6%,实现乡乡进程控,村村通电话。

(四)抓住机遇,加大对外开放、横联引进力度,推动开放牵动战略

随着改革的深化,国家促进区域经济协调发展的方向和主要政策措施的进一步明确,今后15年国家将进一步加强能源、交通、重要原材料等基础工业和基础设施项目建设,这为我旗资源的开发建设创造了良好的条件。并且,当前国内外客商的投资热点已经转向资源富集的边疆贫困地区。为此,我旗要抓住这一大好机遇,以资源开发为依托,以国内外市场为导向,实行大开大放大引大联,让发达地区和大中城市的资金、人才、技术等生产要素迅速渗透和波及过来,把本地的资源、劳动力等要素迅速地拓展和延伸出去,加速资源优势向经济优势的转换。

1. 要加强宣传力度,不断宣传、推销自己,提高克旗的知名度。同时以"建立两个机制"为指导,进一步深化改革,在上规模、上档次、上水平、上管理方面下功夫;以质量效益为中心,引进先进技术,促进消化、创新,推动技术进步,增加企业产品附加值,提高产品竞争力和市场占有率,实现集约型增长的目标。

2. 加强对外开放的基础性建设,进一步完善水、电、路、讯等基础设施,优化投资环境。

3. 加强旗内招商引资的工作力度。

(1)走引进的路子。要广交国内外朋友,加强同国内外大公司、大财团以及港澳台企业的合作,吸引技术、人才,兴建一批重点项目。积极有效地争取并用好国外政府优惠贷款和国际金融组织贷款。在引进资金的同时,要注重引进技术、专利、商标、特许经营权及其他知识产权。通过各生产要素的优化配置,加快我旗资源优势向经济优势的转化。

(2)走联合的路子。围绕实施"名牌推进战略",突出十大拳头产品的优势,千方百计地开展与国内不同地区、不同行业和不同所有制经济组织之间的合资、合作。联合方式逐步由松散型向半紧密或紧密型过渡,共同面对市场,参与竞争,实现共同发展。

(3)走嫁接改造的路子。既可以把我旗的企业整体租赁,"嫁接"出去,又可以"一企多制",搞"单枝"租赁或"嫁接"。通过租赁或"嫁接",使我们找到一条经济发展的新路。

(4)走挂靠帮带的路子。以龙头企业牵动,以贸工农、产加销一体化的龙型经济为主导,鼓励全旗企事业单位继续深入地开展与科研单位、大专院校以及知名企业的挂靠帮带,把经济发展转移到依靠科技进步和提高劳动者素质上来,带动乡镇企业和农村经济的发展。

4. 加强项目的储备工作,从项目勘查、可研论证、立项审批等方面做好前期工作,培植一批待上项目,为横联引进奠定基础。

5. 抓紧外经外贸人才的培养,加快建设一支适应对外开放的经贸队伍。

总之,通过5年的调整和发展,全旗国民经济将会迅速增长,综合实力明显提高,人民生活水平进一步改善,到2010年一个文明、健康、美丽、富饶的克什克腾旗将会屹立在祖国北部边疆。届时,克旗将成为自治区较大的农畜产品、原材料和建材生产加工基地,成为风景优美、怡人的内蒙东北部旅游圣地。

1995年改革开发大事记

1月

1日 中共中央政治局委员、书记处书记吴邦国结束了对自治区为期5天的工作考察。他先后考察了呼和浩特和包头市的10多家工业企业，指出加大技改力度是提高企业素质和效益的有效途径。

2日 自治区农牧业利用外资兴办重点项目，已引进外资约1.4亿美元，兴办项目42个。其中，中国北方草原与畜牧业发展项目、水产引进项目、种子工程项目、水稻生产项目等已取得显著成效。

4日 总投资为19555万元的我国北方最大的硫铁矿基地、国家重点项目炭窑口硫铁矿一期二步工程开工。该矿位于巴盟乌拉特后旗狼山南坡，计划两年半建成投产，年产硫精矿45万吨、铜精矿10800吨、锌精矿10680吨。对改变“三北”硫铁供需布局和缓和“南硫北运”的紧张局面将起重要作用。

5日 自治区完成了矿产资源对2010年经济保证程度论证，该论证及规划建议报告通过了国家计委、地矿部等专家的评审。

7日 自治区防砷改水成果报告荣获“中华绿色科技奖”银奖。这个奖项是我国环保领域最高级别的非官方大奖。自治区从1992年开展地方性饮水型砷中毒病区地质环境调查和防砷改水工作以来，通过打井改水、傍渠取水、水质处理三种不同的除砷改水试验工作，到目前已经解决了包括重点病村在内的40个自然村的饮水水源问题，使砷中毒病区12169人结束了饮用高砷水的历史。

8日 自治区沿黄河渔业迅速发展，现已开发利用水面7.3万多公顷，其中养殖水面1.2万多公顷，年水产品总量达1.1万多吨。黄河流经自治区6个盟市、16个旗县，流域面积达14.35万平方公里，该地区于1994年已被国家列为利用外资实施渔业综合开发重点项目区。

11日 自治区风电装机容量已达12000千瓦，在全国名列前茅；全区风力田发电总装机量已达8075千瓦，在全国排名第二。

23日 据报道，自治区科教兴农战略“1122”工程实施一年来，取得了显著的经济效益和社会效益。截止1994年底，项目区共推广标准化、模式化栽培技术2308.6万亩，建立“两高一优”试验示范点510个，培训农民265.9万人（次），有1.37万名科技人员奋战在生产第一线。项目区比前3年平均生产水平增产18.8%，增产粮食11.4亿公斤。

2月

7日 二连油田勘探开发取得显著成绩，1994年增加勘探储量1500万吨原油，产能达到125万吨，产量达到114万吨。

9日 据报道，呼伦贝尔盟已成为全国民族地区最大的开放区。境内有满洲里等9个国家一、二类口岸。盟内已有20家有承交权的企业，为全国1848家企业代理出口业务，在国外设立的68个办事处为全国各地从呼盟出口的企业提供商业信息或代理谈判。在年边境贸易额中，外省区的比例高达67%。呼盟已与全国近30个省区、世界20多个国家和地区建立了贸易和经济技术合作关系。1987年以来，累计实现易货贸易额达12.7亿美元，实现利润2.46亿人民币。

14日 全区农牧业工作会议在呼和浩特召开。自治区领导讲话指出，今年和今后一个时期，在农村牧区经济工作的指导思想上要突出三点：一是以小康目标统揽全局；二是以“三增”作为农牧业生产的主要任务；三是发展“两高一优”农牧业，在保持农畜产品总量稳定增长的基础上，实现数量、质量和效益的同步提高。

24日 据当日报道，呼盟1994年农民人均纯收入达1244元，超过了全国平均1200元的水平。

26日 国家“八五”科研重点攻关项目，自治区半干旱农区农牧业持续发展研究取得阶段性成果

9项。其中筛选出优良抗旱作物品种9个，水地小麦亩产超千斤的综合栽培技术研究，在150多亩示范田上获得亩产512.4公斤的高产纪录。提出了旱地小麦丰产施肥法；旱区自然降水量与施氮效应相关关系研究，确立了旱农区以水定肥的新观点，以及建立了适于半干旱农区采用的发展庭院经济，增加纯收益的适度模式等，同时推广旱地高效施肥、种植等实用技术1.3万亩，取得社会经济效益30多万元。

3月

1日 自治区统计局对1994年经济运行情况得出分析结论：1994年是自治区宏观改革和经济发展富有成效的一年，一、二、三产业全面发展，全年经济增长率为10.1%，三次产业所占比重已由1990年的39.3∶35.7∶25调整为28.6∶38.7∶32.7。

13日 截止2月末，已有来自美国、日本等8个国家和地区以及国内13个城市的190多家企业进入呼和浩特如意开发区投资，合同引进资金9亿多元，投资在1000万元以上的16家企业均为高科技项目。

22日 自治区与美国合资开发辉腾锡勒10万千瓦风力电场，双方代表日前在北京签字。该项目总投资8500万美元，注册资本2900万美元，内蒙古电力总公司与美国顺风公司分别注入资本金的20%和80%。

23日 据报道，自治区土地使用制度改革初见成效。全区100个旗县（市区）中已有96个成立了土地管理局，618个苏木乡镇设立了土地管理站（所），基本形成了覆盖全区的四级管理网络。对非农建设用地实行计划管理，严格控制审批。加强宜农土地开发复垦管理和划定农田保护区规模试点工作。自1987年以来，全区共开发宜农土地37.9万公顷，复垦土地1333公顷。有效地遏制了乱占滥用耕地，保持了耕地总量的基本稳定。

▲据报道，自治区旅游资源经过多年开发，形成了草原风光和民族风情的主题，产品开发、宣传促销、接待服务衔接配套，国际旅游、边境旅游、出境旅游和国内旅游协调发展的合理格局。全区共有旅行社85家，涉外旅游饭店100家，基本满足了国内外旅客的需求。1994年接待境外旅客31.6万人次，创汇8750万美元，边境旅游居全国首位。

25日 “八五”国家重点建设项目北京—呼和浩特—银川—兰州通信光缆干线正式开工。该干线在自治区建设的总长度为929.59公里，投资1.7653亿元，途经5个盟市，区内干线自治区将投资9938万元。

26日 为贯彻落实中央农村工作会议精神，实施科技兴农，自治区确定1995年为“农业技术推广年”。自治区农业厅专门成立了领导小组和专家顾问组，开展立项论证、咨询指导、验收评比等项工作。并决定，全区“丰收计划”中的种植业经费全部用于这项活动，农业综合开发、扶贫开发、各类基地建设及有关事业单位的培训、技术推广经费等，也都围绕这项活动来安排。

27日 为了提高市民的文明素质和城镇整体文明水平，自本月起，全区各个城镇和14个行业的各单位已全面投入了以创优美环境、优良秩序、优质服务、优化管理为内容的“星级文明城镇”和“文明杯”竞赛活动中。

29日 据当日报道，自治区畜牧业发展形成新态势，农区半农半牧区畜牧业地位日显重要，牧畜头数已占全区总数的58%，产值占到农业总产值的27.26%，许多旗县超过了30%。在全区牲畜总量和肉、毛、奶、蛋总量的增长中，农区、半农半牧区分别占到59%、80%、41%和37%、98%，农民纯收入中畜牧业比重占到40%。

30日 自治区政府发出“三七”扶贫攻坚计划，计划用3年时间使贫困人口初步解决温饱，5年内使贫困人口基本脱贫，最后2年巩固提高前5年成果，到2000年基本解决300万贫困人口的温饱问题。

4月

1日 新迁建的乌兰浩特义勒力特民用机场试航成功。该机场总投资6000多万元，可以起降英国146、运—7等客机，年旅客吞吐量规划到2000年可达25000人。

4日 自治区政府发出通知，批转自治区经贸委关于实施名牌战略，争创内蒙古名牌产品的报告。报告提出自治区实施名牌战略的“521工程”目标：到本世纪末，有50个重点产品在国际上享有一定的声誉并具备争创国际名牌产品的能力；有100个重点产品质量达到80年代末、90年代初的国际先进水平；有200个重点产品成为出口创汇高、技术含量高、附加值高、市场信誉高、经济效益好的名牌产品。在全区实施名牌战略，开展争创内蒙古名牌产品活动。

9日 全区乡镇企业会议在呼和浩特市召开。会议确定的战略目标是：今后6年分两个阶段，前3年即以1994年末的329亿元为基数，1995年至

1997年间，要保持45%的平均递增速度；后3年，即以1997年末实现数为基数，1998至2000年间，全区要保持28%的平均递增速度。

12日 自治区代表团圆满结束了对天津的工作访问，达成并签订协议168项，总金额1.8亿元，双方签订了在经济技术及其他领域加强全方位合作的会谈纪要。

25日 据报道，全区第一乡——呼和浩特效区西菜园乡，1994年全乡乡镇企业总产值达到11.2亿多元，占工农业总产值的95%以上，农民人均纯收入2854元，其中75%来自乡镇企业，该乡已连续6年稳坐全区第一乡的金交椅。

26日 自治区召开会议，隆重表彰劳动模范和先进工作者。自治区成立以来，共进行了14次全区劳模评选活动，共表彰劳模5542人次，其中329人次被评为全国劳模。这次表彰的共605名，他们中的72人被评为全国劳动模范和先进工作者。

5月

4日 赴美国参加国际流失控制协会第26届年会的赤峰市林业研究所研究员张凤和侯庆江等人，载誉回国。他们承担的《干旱黄土丘陵营造水土保持林技术》的科研项目，荣获国际流失控制协会第4届环境成就大奖，他们是我国首次获此殊荣的科技工作者。在他们的试验区森林覆被率由1970年试验前的2.9%扩展到现在的54.6%。为此，张凤被授予“国家级有突出贡献的专家”称号。

5日 自治区一批工程被列为国家重点建设项目，这些工程是：准格尔矿区一期、平庄矿区元宝山露天矿及其配套工程、华能精煤公司神府东胜矿区、伊敏煤电联营一期工程、元宝山电厂三期、达旗电厂、京呼银兰光缆等。

6日 据报道，全区外商投资企业健康发展。已有35个国家和地区的外商踊跃投资内蒙古。到1994年底，全区三资企业已累计注册926户，投资总额173393万美元（包括中方、外方），注册资本121345万美元（包括中方、外方），协议利用外资55291万美元。

8日 全区企业技术进步暨内蒙古名牌产品表彰大会在呼和浩特市隆重召开。有58种产品被自治区政府命名为“1995年内蒙古名牌产品”。

9日 世界银行贷款项目——巴盟河套灌区配套工程中的两大水利建设项目通过自治区水利部门验收并交付使用。项目之一的义通干沟排域工程，总投资为2123.53万元，完工后保证了排域内59.45万亩土地的排水和37.3万亩土地的灌溉，冲洗改良盐碱地12.65万亩，改善了37.3万亩耕地的灌排条件。项目之二的七排干沟排域工程主要解决41.2万亩耕地的排水和26.4万亩耕地的灌水问题，工程总投资2115.1万元。两项工程验收时均被评为优良工程。

13日 据报道，额尔古纳市全力推进农业综合开发，实行集约化机械化科学化经营，1994年，每个农业人口向国家交售商品粮4000公斤，被确定为全国产粮大县。全市农民人均纯收入3987元，居自治区各旗、县、市之首。

16日 自治区党委和政府公布了《关于加强科学技术普及工作的实施意见》。

23日 自治区党委作出决定，采取“一推双改”方式（民主推荐、考试与考核相结合），在全区范围内公开选拔自治区部分直属单位副厅级领导干部，首次选拔的副厅级干部共6名。

25日 据报道，自治区合资企业迅速发展，目前有台资企业112家，吸引台资8181.4万美元。

26日 据报道，自治区技术市场发展迅速，截止1994年末，全区从事技术开发、转让、咨询、服务的各类技术贸易机构达769家；技术市场遍布全区12个盟市；从业人员达21000多人，1994年共签订各类技术合同1654份，成交额为1.9亿元，引进技术889项，成交额1.2亿元。

28日 自治区党委、自治区政府公布“关于加快发展乡镇企业的若干规定”。规定中的五项措施是：拓宽投资渠道，增加投入力度；广泛吸引人才，大力培养人才；积极扶持，促进发展；鼓励先进，重奖有突出贡献者；加强领导，狠抓落实。

6月

6日 自治区13个城镇被定为建设部第二批小城镇建设试点。

10日 自治区通辽市、乌审旗和扎兰屯市被国家科委评为1994年度全国“科学技术工作先进县（市）”。

12日 据当日报道，自治区杭锦后旗被评为全国农技推广先进单位。

14日 自治区“日光温室设计”荣获联合国颁发的“发明创新科技之星”奖。这项技术从1987年开始试点，1990年边中试边示范，先后在一些贫困旂县大面积推广，累计已获经济效益1亿多元。

24日 据报道，自治区牛羊胚胎生产数量总和、移植总数名列全国榜首；移植妊娠率处于全国领先水平；牛羊平均采集可利用胚胎数达到国际领先水平；胚移技术在自治区已经形成了一定规模，走进了生产领域。

26日 据报道，自治区实施机械化旱作农业试点工程3年，取得显著经济效益。10个试点乡村累计推广面积139万亩，增产粮食4257.9万公斤，农民增收3734.9万元，为旱地发展“两高一优”农业和农民脱贫致富提供了一条有效途径。

7月

1日 第九届中国东北地区暨内蒙古出口商品交易会在大连开幕，有近3000外商参加，参展商品有20多个大类、5000多个品种。

3日 据报道，自治区自1984年以来历经11年共飞播牧草1395万亩，取得十分可观的经济、生态和社会效益。

4日 据报道，自治区农业综合开发获巨大效益。自1989年被国家列为重点农业综合开发区以来，6年中全区累计投入农业综合开发资金12.9亿元，改造中低产田522.2万亩，开垦宜农荒地114.29万亩，增加灌溉面积315.13万亩，造林91.79万亩，改良草场244.46万亩，新增粮食生产能力13.3亿公斤，纯增收入19.75亿元，投入产出比为1：1.53，项目区农牧民人均收入高于全区平均水平。

10日 为综合治理阿拉善地区生态环境恶化问题，国务院派调研组专程赴额济纳进行为期一周的考察。

16日 铁道部和自治区政府合资经营集通铁路合同书签字暨内蒙古集通铁路有限责任公司揭牌仪式隆重举行。双方决定按照“联合经营、统一运输、独立核算”的原则共同经营集通铁路。

17日 自治区“耕翻改良退化羊草草场技术规程”荣获联合国“发明创新科技之星”奖。

20日 据报道，自治区1995年实施“1122”工程取得新进展，全区共有11946名科技人员下乡，建立了141个示范点，培训农民228.5万人次，标准化栽培面积达到2252万亩。

24日 据报道，自治区农村实施“温饱工程”取得明显成效。全区实施“温饱工程”地膜面积达到73.4万亩，是国家下达任务的2倍，超自治区任务的50%。

8月

4日 呼和浩特成为全国科教兴市试点城市。该市在全国较早提出和实施科教兴市战略，从1992年起，连续3年以每年100万元巨资重奖科技功臣。近5年科技进步贡献率年均提高1.2个百分点，1994年达到41.5%。近几年全市获得科技成果320项，其中达到国际先进水平的约占4%，达到国内先进水平或领先水平的约占35%，成果转化率达45%。

5日 自治区西部人才市场在包头隆重开业，首次人才交流大会同时召开，有3万多人次参加交流。

6日 据报道，自治区“日光温室T-45-1节能模式设计研究”得到大面积推广应用，推广面积已近1.5万亩。该成果解决了在高寒、高纬度、高海拔地区冬季栽培各种新鲜蔬菜的难题。该技术的4项研究内容达到国内领先水平，其中的数学模型和参数表，达到国际先进水平。

11日 自治区敖汉旗成为全国科技兴林示范旗。该旗推广科学造林技术，全旗造林成活率、保存率达86.9%，在“三北”干旱地区居领先地位。现在全旗林地面积达458.24万亩，占全旗总土地面积的36.8%。

20日 全区对外开放工作会议在呼和浩特召开。会议确定的当前和今后一个时期对外开放和横向联合的总思路是：“解放思想，更新观念，抓住机遇，发挥资源、地缘、土地及劳力价格低廉的优势，实施外向带动战略，大力吸引国内外资金、技术、人才和先进的管理经验，以开放促开发、促发展，形成外资、外贸、外经、横向联合一起上的新格局，推动自治区经济结构调整和国民经济素质全面提高。”

30日 据报道，自治区对外开放硕果累累。全区累计已批准利用外资项目1219个，合同金额18.7亿美元。1995年1至7月，全区新批准注册外商投资企业73家，合同金额3亿多美元。自1992年提出“北开国门、南联内地”的开放战略以来，先后同82个国家和地区建立了贸易关系，利用外资的渠道扩展到30多个国家和地区，同26个国家和地区开展了2500多项科技合作。在南联内地方面，先后同29个省市自治区和900多个县市建立了经济技术贸易协作关系，累计完成横向联合项目6800多项，引进资金36亿元，内地在自治区兴办各类企业1000多家。全区已有1000多个企业在引进中得到技术改造，培养科技人才20多万人，开发新产品5000多种。出口产品由几年前的十几种扩大到现在的700余种，年创汇额超过百万美元的商品就有几十个。几年来利用沿边开辟的18个口岸，每年都为内地省市出口货物500万吨以上，并帮助内地省市在满洲里、二连等口岸兴办边贸公司上千家。

9月

7日 据报道，1995年自治区畜牧业生产战胜严重干旱夺得特大丰收，全区牧畜总数首次突破6000万，达到6065.7万头（只），比上年纯增354.4万头（只），纯增6.2%。其中，草食家畜首次跨过5000万头台阶，生猪存栏首次达到1000万头目标，创改革开放以来的最高水平。

8日 自治区党委和政府公布“关于进一步扩大对外开放和横向联合的意见”36条。

13日 自治区政府公布“关于鼓励外商投资的优惠政策（试行）”21条。

14日 自治区政府公布“关于进一步扩大横向联合的优惠政策（试行）”34条。

20日 自治区政府公布“关于鼓励引进国内外资金的奖励办法（试行）”10条。

27日 自治区党委、政府公布“关于进一步加强水利建设的决定”。

10月

2日 据报道，自治区能源工业飞速发展。全区原煤年产5800万吨，每年有大量煤炭运往区外和出口创汇。电力装机总容量527万千瓦，年发电量280亿千瓦时，不仅满足区内用电，而且将大量电能送往东北、华北、北京以及蒙古国。石油和天然气的开发加工，已使自治区进入了主产油省区行列。

3日 据报道，改革开放以来，自治区城镇建设迅速发展，目前全区共有地县级城镇104个，城镇居民达700多万人。

9日 自治区政府与蒙古国贸工部经贸合作协商会在满洲里举行。会议就筹建蒙中合资乌兰巴托贸易中心等问题进行了友好协商。

11日 1995年哲盟推广稻田养鱼8000亩，范围达4个旗县市，平均亩能增效益200元。

17日 据报道，自治区牧业示范项目建设取得显著成果。自1987年以来，通过实施防灾基地、草原示范和育草基金等项目建设，大力发展畜牧业，推广适用科技，有力促进了项目区内42个贫困旗县的经济发展，使这些地区畜牧业总产值增幅达到51.9个百分点；各旗县财政收入平均增长38.7%；农牧民人均纯收入翻了一番；增长速度均高于全区平均水平。

18日 呼和浩特火车新客站落成启用，举行庆典剪彩。其现代化程度为国内同类一流，建筑面积3.8万平方米，可容纳5000多人同时候车。总投资近1.3亿元，国务院副总理邹家华为新客站题写了站名。

19日 据报道，自治区科技事业取得巨大成就。1994年，全区162个自然独立科研院所经营性收入达2亿元，占全年经费收入总额的60%。全区民办科技机构已发展到800多家，年创产值2.5亿元以上。1985年以来，全区已登记重大科技成果3928项，其中有1307项成果分别获得国家、自治区和部委的奖励。

21日 据报道，“火炬计划”为自治区经济发展注入新活力。该计划在实施7年中，自治区共组织项目60项，投入资金近3亿元；并先后筹建了包头稀土高新技术产业开发区和呼和浩特如意开发科技园2个高新技术产业密集区。目前这些项目和高新技术开发区都取得了明显的经济社会效益。

22日 自治区承担的国家“八五”重点星火项目《北方肉羊产业技术开发》通过了国家验收。这个项目的开发使自治区商品化肉羊生产由“七五”期间的100万只跃至“八五”的1227.78万只，猛增10倍之多。累计实现产值35.8亿元，社会效益21亿元，出口创汇2184万美元。专家认为这是一项具有国内领先水平的重大突破，并建议“九五”在全国推广。

23日 据报道，自治区开发利用新能源成效显著。1986年以来，全区已累计安装小型风力发电机11万台，建成太阳房7.5万平方米，太阳能畜舍150万平方米，解决了10万多户牧民的生活用电问题。10年来自治区安排了80多个新能源开发利用科研和示范攻关项目，已研制出22种型号的风力发电机，使风力发电机发电能力从50瓦发展到5000瓦，先后确定了17个新能源主机及配套生产企业，小型风力发电机年生产能力达到3.5万台，产值3000万元，居全国同行业之首。

24日 自治区党委、政府公布“关于实施科教兴区战略加速科学技术进步的意见”6条。

30日 全区发展个体私营经济工作会议在呼和浩特召开。自治区党委、政府公布“关于进一步加快个体私营经济发展的决定”32条。

▲据报道，自治区个体私营经济发展加快。到1994年底，全区个体工商户达34.8万户，从业人员54.3万人，自有资金24.7亿元，年产值12.8亿元，营业额64.9亿元，其中商品零售额45.6亿元，约占全区社会商品零售总额的18.4%，个体工商户数、

从业人员、自有资金和营业额分别为1981年的13.5倍、16.9倍、389.9倍和371倍。私营企业已发展到5000多户，从业人员7.4万人，年产值7.6亿元。1990年至1994年私营企业累计向国家缴纳税金15.7亿元，仅1994年就纳税4.6亿元，占当年全区地方财政收入的12.7%，部分旗县已占到40%。

11月

3日 全区旗县以上城市全部实现了市内电话交换程控化。

11日 截止今年10月底，全区乡镇企业现价总产值已经突破540亿元，提前两个月超额完成了自治区今年下达的500亿元的计划任务。

17日 自治区农业最大的开发建设项目——第二期农业综合开发工程、巴盟河套地区盐荒地农业综合开发项目及草原蓄牧业示范项目同时通过国家验收。第二期农业综合开发共完成改造中低产田243.9万亩，开荒37万亩，造林50万亩，改良草场19.9万亩，共形成粮食生产能力68.54万吨，农牧民人均纯收入由563元增加到1039元。

19日 据报道，自治区推广羔羊育肥配套技术取得显著成效。近两年，全区生产育肥羔羊6161.1万只，新增产值1.85亿元。此项技术的推广使羊的出栏期由2至3年缩短到7至10个月，使出栏率由27.9%增长到34.15%，还加快了畜群的周转速度。

20日 据报道，自治区加快国有企业改革进程。据对全区10081户企业统计，采取各种形式改制的企业已达8219户，占81.5%，全区已组建80家企业集团，嫁接、兼并、拍卖、破产的小企业达到506户。

▲据报道，自治区实施科技成果推广计划成效显著。1990年以来自治区多渠道投入资金13792.3万元，有组织有计划地将213项先进适用及成熟的科技成果推入经济建设主战场，据初步统计，这些项目实施累计新增产值32亿多元，新增利税1.56亿元，增收节支2.6亿元，创汇106万美元。

27日 据报道，自治区大规模全方位扶贫开发成效显著。1986年以来，在31个国家重点、19个自治区重点贫困县开展扶贫，到1994年共投入专项资金13.5亿元，使500万贫困人口越过温饱线，近300万农牧民摆脱贫困。

28日 据报道，自治区加紧实施电力扶贫工程，5年中使388万户农牧民用上电。5年中投入建设资金6亿多元，建成35至110千伏送电线路2698公里，建成农用变电站58座，全区新增电灌面积164.78万亩。1995年底，全区实现100%的旗县、85.62%的苏木乡通电，87.8%的农牧户用上电。

12月

1日 自治区政府和铁道部在集宁隆重召开大会，热烈庆祝集通铁路开通运营。中共中央政治局委员、书记处书记、国务院副总理吴邦国、全国人大常委会副委员长布赫以及铁道部、国家计委、民委、经贸委、财政部的负责同志出席了大会。

2日 国家重点建设项目、达拉特电厂一期工程的第一台33万千瓦发电机组正式投产发电。当日自治区政府在达拉特电厂举行了隆重的祝捷大会和剪彩仪式。

7日 据报道，自治区农业今年在遭受干旱霜冻等重灾情况下，仍获得丰收，成为全区历史上的第3个高产年，全区粮食总产达105.54亿公斤。

9日 据报道，“八五”期间自治区电力工业发展创下4项全国第一；电力发展速度全国第一；人均发电装机容量、人均电量、人均向区外输电均居全国首位。

16日 包头内蒙古一机厂引进的北方—奔驰重型汽车项目通过国家验收，已形成年产6000辆的生产能力。

18日 据报道，自治区光彩事业招商引资卓有成效。今年以来有来自8个省市的50多名私营企业家及港澳地区的企业家来自治区考察，并签订正式合同、合作和意向性协议90余项，协议总投资为18亿元，其中客方投资13亿元，目前正式合同投入资金超过3亿元。

19日 自治区政府正式批准农业厅的报告，决定在阴山北麓开展生态经济型农业建设。该地区属半干旱农牧交错生态脆弱地区，东起锡盟的多伦县，西至巴盟的乌拉特中旗。该区域11个旗县中有10个是国家级贫困县。目标是到本世纪末实现整体脱贫。

30日 据报道，自治区电力工业95112工程全面告捷。“95112”工程是1993年内蒙古、北京市、电力部联合办电协议形成的。“9511”是指到1995年11月自治区要向北京送电达90—110万千瓦，“2”是既保证北京用电又保证自治区用电。而1995年已向北京输电43亿千瓦时，约占北京市用电量的四分之一。最高12月份送电达到了90万千瓦，兑现了三方联合办电的协议合同。

（裴翠梅 撰稿）

吉 林 省

主　　编：任　重
副 主 编：张全胜　牛连俊
编写人员：孙世义　汪晓梅　隋剑英
李　昕　李伟红

吉林省分目录

吉林省概况 …………………………………………………………………… (119)
国民经济和社会发展 …………………………………………………………… (119)

典型地区

国家重要的化工工业基地——吉林市 ……………………………………………… (122)

1995 年改革开发大事记 ………………………………………………………… (125)

吉林省概况

面积：18.74 万平方公里

人口：2500.87 万人

行政区划：1 个自治州，8 个地级市，19 个县级市，19 个县，3 个自治县

省委书记：张德江

省八届人大常委会主任：何竹康

省长：王云坤

省八届政协委员会主席：刘云沼

吉林省国民经济主要指标（单位：亿元）

项　　目	1995 年	1995 年比上年增长（%）
国内生产总值	1129.20	9.7
工农业总产值	1560.70	10.6

续表

项　　目	1995 年	1995 年比上年增长（%）
工业总产值	1434.15	12.0
重工业产值	975.22	8.4
轻工业产值	458.93	13.5
农业总产值	490.27	5.9
全社会固定资产投资	341.85	13.0
国有资产投资	279.78	12.1
社会消费品零售总额	481.53	21.4
零售物价总指数（%）	114.2	14.2
职工工资总额	221.00	20.8

国民经济和社会发展

一、各行业发展概况

1995 年吉林省认真贯彻中央关于“抓住机遇，深化改革，扩大开放，促进发展，保持稳定”的基本方针，注意把握改革、发展与稳定的关系，全面地完成了年度计划和“八五”计划。全年国内生产总值达到 1129 亿元，比上年增长 9.7%，略高于计划目标。其中：第一产业增长 7.7%，第二产业增长 11.5%，第三产业增长 11%，“八五”期间，全省国内生产总值年平均增长 11%，提前 5 年实现比 1980 年翻两番的目标。

（一）农业生产稳定增长，农村经济全面发展

粮食总产量在大灾之年达到 200.75 亿公斤的较好收成。肉类总产值达到 134.5 万吨，比上年增长 33.2%。水产品产量达到 11 万吨，比上年增长 5.1%，乡镇企业总产值完成 620 亿元，比上年增长 28%，农民人均纯收入达到 1609 元，比上年增加 337 元，扣除物价因素，实际增长 6.5%。

（二）工业生产持续增长，产销衔接有所

改善

全省工业增加值完成460亿元，比上年增长11.6%。国有大中型企业完成值676.2亿元，比上年增长22%，集体企业完成值216.4亿元，增长20.9%，其它经济类型企业完成值262.8亿元，增长47.4%。全省工业产品销售率达到95.4%，比上年略有提高。工业企业资金利税率达到6.8%，低于上年水平。

（三）固定资产投资适度增长，重点建设进展顺利

全社会固定资产投资341亿元，比上年增长13%，投资率为28%，其中国有单位投资279亿元，增长8.1%。在国有单位中基本建设投资161.4亿元，增长17.6%，技术改造受资金不到位的影响，完成投资53.1亿元，下降2.4%。城市供水、排水、供热、煤气、道路等市政公用设施有所改善。“安居工程”进展较快，开发面积约52万平方米。

（四）市场供需基本平衡，物价涨幅明显回落

省里动用粮食、副食品调节基金1.2亿元，对稳定市场，平抑物价起到了调控作用。全年零售物价涨幅控制在14.2%，实现了国家要求控制在15%的目标。城乡消费品市场货源充足，粮油市场基本稳定。全年消费品零售额为476.9亿元，扣除物价上涨因素实际增长5.3%左右。

（五）外经外贸有升有降，外向型经济稳步发展

受国家调整政策和控制粮食出口等因素影响，全省外贸出口下滑，企业经营亏损，全年外贸进出口总额完成29.3亿美元，比上年下降18.2%，其中出口14.2亿美元，比上年下降29.7%。全年实际利用外资9亿美元，比上年增长11.6%。

（六）财政收入稳定增长，银行存贷款增加

全年实现财政收入117.5亿元，按可比口径比上年增长15.40%；其中地方级收入完成63.3亿元，比上年增长19.8%，完成预算收入的109.6%，财政支出完成120.4亿元，比上年增长13.1%，完成预算支出的82%。全省银行各项存款余额达到791亿元，比年初增加188亿元，比上年增长29.4%。各项贷款余额达到1303亿元，比年初增加203亿元，比上年增长18.5%。

（七）科技，教育进一步发展，社会事业取得积极成果

全省组织实施科教兴省战略，启动科技攻关，工业性试验等重点科技项目400余项。全省科技进步对经济增长贡献率提高到35%左右。教育事业继续发展。全省各县（市）、区九年义务教育普及率达到78%以上，基本扫除文盲。省属普通高校招生16003人，比上年增长3.2%，中专招生36683人，比上年增长17.4%。城镇中小学教职工住房建设7414套，竣工面积55.5万平方米。年末全省总人口为2592万人，人口自然增长率6.81‰。社会保障制度改革取得积极进展，国有企业职工基本上都参加了养老和失业保险；各市县普遍推广了农村社会养老保险，25个市县建立了大病医疗保险制度。全省安置就业达到10万人，城镇失业率为2.5%左右。城镇居民人均生活费收入达到2914元，比上年增加603元，扣除物价因素，实际增长9.5%左右。环境保护、国土整治和文化、新闻出版、广播电视、体育、旅游等事业都有新的发展。

二、经济发展中存在的主要问题及对策

（一）主要问题

一是农业基础仍很薄弱，抗御自然灾害能力不强。水利设施欠帐较多，大型灌区和涝区没有达到配套标准。二是经济发展还没有摆脱外延扩张的增长方式，运行质量不高，经济效益差，高速低效的矛盾比较突出。吉林省综合经济效益指数低于全国平均水平，高附加值产品、名优产品少，市场占有率低。三是国有企业生产经营困难，包袱沉重，管理体制和经营机制不适应市场需要。四是物价涨幅较高，对宏观环境、生产经营活动和人民生活影响较大。

（二）主要对策

一是加快步伐，积极有效地推进改革。着眼于整个国有经济，坚持改革、改组，改造与加强管理相结合，有效推进国有企业改革，促进资产合理流动和重组增值。按照统筹规划，抓好各项改革试点，探索路子，扩大范围。围绕建立现代企业制度，重点抓好国家和省里确定的30户企业试点；抓好长春市优化资产结构试点，总结经验，逐步推广。坚持“抓大放小”的原则，鼓励大企业、大集团进行集约经营，发展规模经济。同时，大力发展非国有经济，促进第三产业健康快速发展。搞好城乡集体经济，推行股份合作制。继续深化财税、金融、投资等宏观领域改革，推进社会保障体制改革。

二是突出重点，推进经济增长方式改变。要改革现有基础，加大技术改造与技术创新力度，坚持走内

涵发展路子，力争技术改造投入有较大幅度增长。充分利用为汽车工业发展机遇，下力气抓好零部件配套发展，扩大省内配套份额。组织实施乙烯下游产品深加工规划，发展精细化工。抓好粮食加工转化，加快实施百万吨玉米深加工项目，提高加工深度和效益。走企业集团化道路，下决心调整不符合规模经济、目前经营又比较困难的企业。以名牌产品和骨干企业为龙头，发展企业集团和规模经济，推动资产技术向合理经济规模流动。推进科技进步，把一些科研机构改造为面向行业和中小企业的工程研究开发中心、产品开发中心和新技术推广中心，逐步建立和形成企业技术进步创新机制。加强管理，降低能源、原材料消耗，减少资金占用，提高能源和资金利用效率。

三是加强调控，综合运用经济杠杆。充分发挥计划的导向作用，搞好经济总量平衡，理顺经济关系，推进结构优化和地区经济协调发展。大力开辟财源，加强税收征管，进一步完善新税制。合理安排信贷资金，帮助那些产品有市场、经营效益好的企业发展生产和转制经营。注重运用价格杠杆，加强对价格的宏观管理，计划、财政、金融及价格等手段相互配合，形成合力，增强调控能力。

典 型 地 区

国家重要的化工工业基地——吉林市

一、区域概况

吉林市位于吉林省中东部，东接延边朝鲜族自治州，西临长春、辽源两市，南连白山市和梅河口市，北靠黑龙江省。吉林市是吉林省第二大城市，国家级开放城市，是全国30多个特大城市之一。全市辖市区（含左家特区）、永吉市、舒兰市、蛟河市、桦甸市和磐石县。面积27120平方公里，总人口425.4万人，分别占全省的14.5%和16.4%。吉林市是全省经济比较发达的地区，是全省以化工为主的重工业基地和水稻生产基地。

吉林市地处长白山向松辽平原的过渡地带，位于松花江的上游地段。区内东部为中低山区，属长白山地，多覆盖天然次生林；西部为主要农耕地带，多低山丘陵，松花江流荡其间，形成了宽阔的河谷平原。丘低谷宽，是主要的粮食和蔬菜产区。总计广泛错落于山地中的台地和河谷平原地约占全区面积的五分之一。本区地处东部湿润地区向中西部半润滑地区的过渡地带，气候上的东西差异和垂直差异均较显著。年积温和日照时数自西北部的河谷平原向东南部山区逐渐降低，而降水和相对湿度则逐渐增高。

吉林市山多水多，资源比较丰富。水资源丰富，松花江流域面积约占全区的80%以上，占全省径流总量的44%。土壤类型多，质地较好，山地多暗棕壤，多数土层较薄，部位较高的耕地以白浆土和暗棕壤为主，河谷、岗间等较低部位以草甸土、泥炭土和沼泽土为主，冲积土是主要耕作土壤之一，见于江河两岸。地带性原生植被为针阔混交林，有林地覆盖率约50%，是吉林省木材生产基地之一。动植物资源比较丰富，有野生植物人参、黄芪、贝母、木耳和蘑菇等1300多种，有野生动物东北虎、梅花鹿、黑熊等40多种，丰富的动植物资源组成了不同类型的生态系统，对维护生态平衡和经济持续发展有重要的作用。矿产资源已探明储量的有27种，钼、镍、金、硅灰石、方解石、电石和水泥用石灰岩、粘土等在省内占有重要地位，尤以化工和建材用的非金属矿产种类多，储量大，为发展相应的工业提供了资源保障。此外，吉林市的旅游资源也很丰富，主要有全国重点风景名胜区松花湖和被誉为中国四大自然奇景之一的吉林雾凇，还有滑雪基地等。

1995年全市人民在认真贯彻党的十四届四中全会精神，正确处理改革、发展、稳定的关系，坚持以提高经济运行质量和效益为中心，全面完成了“八五”计划目标，国民经济持续快速增长，综合经济实力明显增强，社会事业取得新的成果。全年完成国内生产总值150.2亿元，比上年增长11.2%。其中，第一产业完成增加值18亿元，比上年下降1.6%；第二产业完成82.6亿元，比上年增长14.9%；第三产业完成增加值49.6亿元，比上年增长10.5%。

经济结构得到调整，产业升级步伐加快。三次产业结构调整为12：55：33。种植业在农业总产值中的比重降低到45%。支柱产业和优势产业带动作用进一步增强，非国有经济占工业经济的比重提高到29%。

农业生产条件继续改善，农村经济保持了较好的发展势头。1995年，由于部分地区遭到了历史罕见的特大洪水的自然灾害，使粮食生产减产，但多种经营和乡镇企业有新的发展。全市全年农业总产值实现27.8亿元，比上年下降1.9%。林业生产又有新发展，实现林业产值0.59亿元，比上年增长22.2%。畜牧业发展较快，全市畜牧业产值达10.3亿元，比上年增长27.4%。渔业生产持续发展，全市渔业养殖面积5.1公顷，全年水产品产量1.8万吨，比上年增长5.1%，实现渔业产值0.55亿元，增长5%。乡镇企业保持较快增长，乡镇企业总产值达到了95.4亿元，比上年增长19.5%。

工业生产持续增长，经济效益有所提高。1995

年全市工业深化企业改革，积极调整结构，突出抓好重点项目、重点企业和重点产品，较好地完成了全年的任务。1995年全市全口径工业总产值完成255亿元，比上年增长10.9%。其中乡及乡以上工业总产值220亿元，比上年增长10%。在乡以上工业中，重工业发展速度较快，重工业产值完成167亿元，轻工业产值完成53亿元。吉林市化工、电力、冶金等企业闻名全国，当年的“三大化”已发展成为以煤和石油为原料，以染料、化肥、电石、炼油、有机合成为主体的大型综合性石油化工联合企业。

固定资产投资保持稳定增长，重点建设步伐加快，投资结构得到改善，投资效果有所提高，推动了国民经济和社会事业的发展。

对外开放步伐加快，外向型经济迅速发展。1995年全市贯彻大外经、大外貌、大外资的“三外”并举方针，深化外贸体制改革，大力推行代理制。全市全年完成出口产品收购总量19.2亿元，比上年增长46.7%。自营出口创汇总额1.9亿美元，增长34.5%，实际利用外资4000万美元，增长11.9%。

城市基础设施建设加快，综合服务功能显著增强。改造扩建了吉林火车站和铁路西货场，建成了吉林一口前一级公路等，吉林机场投入运营。市话机械容量达28万门。城市供水能力增加到29万吨/日，气化率达70%。

科技和教育成果显著，各项社会事业全面发展。高新技术开发区、龙潭化工星火技术密集区、左家高效农业星火技术密集区建设有了一个较好的开端。1995年科技进步对经济增长的贡献率达45%，基本普及了九年义务教育。人口自然增长率降到8‰。

人民生活水平有所提高，生活质量不断改善。1995年农民人均纯收入达到1461元，城市居民人均生活费收入达到3167元。城市人均居住面积6.55平方米。

二、经济发展战略

1. 指导思想

坚持党的基本理论、基本路线和基本方针，正确处理改革、发展、稳定的关系，全力实行“两个转变”，以开放为先导，以改革为动力，立足发挥区位优势和资源优势，强化教育、科技基础，优化国民经济结构，工农贸旅协调并进，市县乡村一体发展，使全市经济和社会发展提高到一个新的水平，为建设现代化工业城市和国际性旅游城市开拓新局面。

2. 地域发展战略

经济发展战略本着区位优势与产业布局相结合的原则，统筹兼顾，因地制宜，强化大城市的中心作用，完善小城市的综合功能，加快城乡一体化建设步伐，促进城乡经济协调发展。

——建设吉长工贸走廊，发挥集聚、辐射、扩散和带动效应。

——建设九站化纤纺织、松源食品工业区，大力发展江南高新技术开发区和龙潭化工星火密集区，合理调整城市中心区工业布局。

——加速永吉、舒兰、磐石、蛟河、桦甸等小城市发展，形成区域政治、经济、文化中心。

——有计划、有步骤地搞好小城镇建设，形成本区域的农副产品加工基地和集市贸易中心。

3. 调整优化产业结构

到2000年，初步实现产业结构由适应性调整向战略性调整的转变。到2010年产业结构得到进一步优化，达到一个新的水平。

一是巩固加强第一产业。以发展“两高一优”农业为目标，围绕农民增收致富这个中心，依靠科技进步，合理配置资源，调整农业内部结构，形成粮食、畜牧业、多种经营和乡镇企业全面发展的农村经济格局。二是调整优化第二产业。调整产业结构，发展化工、冶金、电力、汽车、纺织、电子、医药、食品八大支柱产业，壮大化工、化纤、造纸等十二大企业集团。调整产品结构，培育发展化工、轻型汽车、新闻纸、粘胶纤维、电冰箱、啤酒等“吉林名牌”产品。调整技术结构，提高企业技术装备水平。三是发展第三产业。重点是建立和完善市场体系、城乡社会化综合服务体系、社会保障体系。

4. 深化改革和扩大开放的重点

加大国有企业改革力度，建立现代企业制度。理顺国有资产管理体制。组建一批企业集团，培育一批骨干企业。加快国有小企业改革，搞好资产重组、优化，放开经营。转变政府职能，增强政府经济调节能力。发育和培育市场体系，进一步完善批发市场，特别是区域形骨干批发市场。积极培育和规范金融市场和土地、劳动力等要素市场。加快社会保障制度改革，加快养老保险、待业保险、医疗保险步伐，实现城镇住房商品化。深化农村改革，在完善以家庭联产承包为主的责任制和双层经营体制的基础上，鼓励土地使用权合理流动，在具备条件的乡、镇、村全面推行社区型股份合作制。大力发展非国有经济、拓宽非国有经济的发展领域，改善非国有经济发展的社会环境。

实施开放带动战略，大力发展外向型经济，加速全市经济与国际接轨。积极扩大对外贸易，坚持“以质取胜”和“市场多元化”的方针，加快出口商品基地建设，扶持一批名牌拳头产品。在重点发展港、澳、台市场的同时，把市场辐射面扩大到东南亚和东北亚各国，拓展欧美市场，坚持全方位开放。加快利用外资步伐，提高利用外资的规模、质量和效益。为外商投资创造良好的环境。加大招商引资力度，在积极吸引外商直接投资的同时，大力推动利用外国政府贷款、国际金融组织贷款等其它利用外资形式。加强对三资企业管理，积极培育样板企业，扩大对外经济技术交流与合作。鼓励兴办涉外投资企业，进行跨国经营。继续发展对外劳务输出，搞好对外工程承包。进一步扩大同友好国家和地区的经济、科技、文化、教育等方面的交流与合作。

1995年改革开发大事记

1月

3日 省长高严发布《吉林省人民政府令》第26号，施行《吉林省最低劳动工资暂行规定》和《吉林省1995年度最低劳动工资标准》。

8日 《吉林日报》报道，本省劳动体制综合配套改革试点城市辽源市已有96.6%的企业实行了劳动合同制度，有95.5%的职工与企业依法签订了劳动合同。

8～12日 在长春的全国和省人大代表进行了为期5天的集中视察，主要是了解计划、财政预算执行情况；维护市场秩序方面的法律法规的执行情况；视察高新技术开发区、经济技术开发区和“引松入长”工程等。

9～11日 省政府召开全省经济工作会议和计划工作会议。省经贸、经济体制改革、商业、财政、银行、劳动、冶金、物价、工商、审计、政治、旅游、社会发展、检察等工作会议也相继召开。

12日 吉林大学社会发展研究中心成立，它是以社会发展研究所为依托单位的全校性的跨学科综合性研究机构。

16日 省政府召开“四长”高速公路建设专题会议。

20日 本省首届股份制企业风貌实力展示会开幕，48家股份制企业参加了展示。

25日 省人大通过了《吉林省省级开发区管理条例》和《长春市经济技术开发区劳动管理规定》，并公布施行。

2月

8～12日 省政协七届三次会议召开。会议审议并通过了政协常委会工作报告，提案委员会工作报告。协商讨论了《政府工作报告》（征求意见稿）、《关于吉林省1994年国民经济和社会发展计划执行情况与1995年计划草案的报告》（征求意见稿）和《关于吉林省1994年预算执行情况和1995年预算草案的报告》（征求意见稿）。

10～13日 法国塞利斯达公司来本省与有关部门洽谈合资建设松原市50万吨玉米深加工项目。

13日 省八届人大第十五次会议召开。会议审议通过了《吉林省人民代表大会常务委员会工作报告》，审议了《省人大常委会1995年度工作要点（草案）》。

14日 省长高严主持召开省政府第28次常委会议，明确和落实了1995年度省政府重点工作目标责任制等问题。

15日 从2月15日到5月30日本省对省直行政机关、事业单位中投入经营活动的国有资产使用情况进行全面的检查、纠正。

17日 本省与朝鲜国家贸促会签订了中国吉林省和朝鲜关于发展经济贸易合作协议书。

17～22日 省人大八届三次会议召开。会议通过了关于政府工作报告的决议，关于1994年国民经济和社会发展计划的决议、关于1994年预算执行情况和1995年预算的决议，关于人大工作报告的决议，关于吉林省高级人民法院工作报告的决议，关于吉林省人民检察院工作报告的决议。

23日 沈阳金杯汽车股份有限公司正式归并一汽集团公司。

28日 长春市洗衣机厂破产还债。

▲ 全省最大的食品加工企业——长春第一食品厂与美国美登公司举行合资签字仪式。

3月

3日 中国农业发展银行吉林省分行成立。

4日 省政府与各地签订2000年以前6年的路网建设责任书。

7日 《吉林省人民政府关于命名“吉林名牌”产品决定》公布。

▲ 本省最大的白酒骨干企业吉林酿酒总厂与

韩国株式会社真露举行合资签字仪式。

9日 引松入长工程的重要组成部分——原水、供水、污水截流管线的3个招标合同在长春签字。

▲本省首家硫酸钾生产线建成投产，年产1万吨。

▲韩国江原道驻本省经贸办事处开馆。

10日 《吉林省建筑市场治乱纠风实施方案》制订。

18日 中国一汽生产的100辆捷达轿车作为我国首次被指定为世界级体育大赛的专用轿车开往天津。

31日 《吉林省农民承担劳务管理办法》发布施行。

4月

1日 本省国有企业的清产核算工作在全省范围内全面展开。

3日 图们江区域国际通信会议在延吉召开。

▲省政府召开全省第三次工业普查电话动员会。

4日 《吉林省屠宰税征收办法》公布。

5日 省政府印发了《国有中小型企业产权出售改制经营若干问题的意见》。

6日 本省抚松、双阳、龙井被"首届中国特产之乡"命名大会分别命名为"人参"之乡、"梅花鹿之乡"、"中国苹果梨之乡"。

7日 美国国际贸易公司总裁瑞·海南德斯被本省聘为经济顾问。

8日 省政府办公厅转发了省经贸委《关于进一步搞好我省工业产品结构调整的意见》。

10日 省八届人大常委会第十六次会议在长春举行。

16日 省政府印发《吉林省城镇企业职工养老保险制度改革实施方案》。

17日 本省开发区招商团参加了历时一周的第四届北京国际博览会，成果丰硕。

18日 吉林盐业集团组建并开始运行。

19～20日 省委召开各市、州负责同志会议，研究部署维护稳定工作。

20日 《吉林省森林防火务例》、《吉林省农村集体资产管理条例》公布实施。

22日 "吉化"号液体化学品专用海轮在大连港开始首航营运。

24日 省电力设备物资进出口公司宣告成立。

▲临江市万吨金属镁工程举行奠基典礼，这是目前国内最大的金属镁生产工程。

25日 敦化市制药厂正式被命名为"全国中医脑病急症协作组临床药物研究地"。这是国家中医药管理局、全国脑病急症协作组在本省组建和设立的第一家全国药物研究基地。

5月

5日 省政府召开全省"九五"计划和到2010年规划编制工作会议，就今后15年的发展目标、重点、重大政策措施，进行全面系统的规划部署。

9日 省政府办公厅转发省计委提出的《关于鼓励工业制成品出口的意见》。

10日 国家认定100个企业技术中心，本省一汽集团和吉化公司榜上有名。

13日 1995年春季全国日用百货商品交易会在长春举行。

15日 四平金士百集团与美国巴斯集团合资协议在北京人民大会堂签字。

18日 省政府确定1995年吉林省重点建设项目30项。

21日 省经贸团赴日参加"'95（东京）中国吉林省经济贸易展览洽谈会"。

24日 省政府召开双向电视会议，要求各地认真彻底清理检查"小金库"。

▲省政府发出通知，对选定的86户重点利税大户在1995年实行"三优先三增加"目标责任制，重点支持利税大户。

25日 省长高严主持召开省政府第31次常务会议。会议通过了《吉林省公物拍卖管理办法》和《吉林省人民政府制定地方性法规草案和规章办法》，并讨论了粮食深加工问题。

28日 长春汽车贸易城近百家机动车配件商店同时开张营业，进而使其成为全国最大的汽车中心批发市场。

▲投资2.24亿元的吉化30万吨乙烯配套项目——污水处理厂改扩建工程开工建设。

30日 全省50万吨专储玉米调拨会议召开。本省继第一批百万吨专储粮调出后又将调出50万吨储玉米给生猪主产区，以平抑饲料价格，扶持生猪生产。

6月

1日 一汽举行"都市高尔夫轿车在一汽批量生产"仪式。

2日 长春市对已运行38年的现行行政区划作出调整。

3日 《吉林省城镇企业职工养老保险制度改革实施方案》公布。

5日 省长高严主持召开第二十二次省长办公会议。

6日 中共中央决定由张德江接替何竹康任中共吉林省委书记，王云坤任副书记。

7日 《吉林省环境状况公报》在《吉林日报》公布。

11日 北方4省区化肥深施验收会议在本省榆树结束。

12～16日 省八届人大常委会举行第十七次会议，决定接受原省长高严的辞职请求，同时任命王云坤为吉林省副省长，代理省长。会议还通过了其他一些决定。

14日 省政府召开专题电话会议，要求各地确保实现全年物价控制目标。

18～20日 本省与俄罗斯滨海边疆区签署了双方《会谈纪要》和《关于建立经济贸易及文化联系的协议》。

19日 省委、省政府召开双向电视电话会议，落实中共中央、国务院《关于加速科学技术进步的决定》。

21日 本省吉发集团与香港粤海集团合资的百万吨玉米深加工程的又一个开工项目——黄龙公司二期扩建翻番工程签字仪式在长春举行。

22日 釜山——符拉迪沃斯托克——珲春运输线路正式开通。

23日 北方13省区工商行政管理经济检查协作会议在长春召开。会议制定了《北方十三省区经济检查办案协作方法》。

25日 省政府批转了省经贸委《吉林省实施名牌带动战略的若干意见》。

26日 国家主席江泽民在长春主持召开东北三省国有大中型企业座谈会，听取了有关企业的汇报并发表了《坚定信心，明确任务，积极推进国有企业改革》的重要讲话。

▲ 省政府决定在全省范围内全面实施“再就业工程”。

28日 一汽集团公司与美国福特公司首次合作成立一汽——福特联合铝制散热器有限公司。

29日 本省与俄滨海边疆区混合工作组在珲春市举行会谈，并签订了《边境会谈纪要》和3项合作协议。

7月

2日 省政府发出通知，要求各地对农副产品收购资金供应和管理情况进行一次检查，以落实粮棉油收购工作由各级政府行政首长负责制等。

3日 省有关领导到太平池水库检查防汛情况。

▲ 双辽“百万只羊工程”全面启动。

▲ 由联合国工业发展组织、联合国开发计划署和吉林省政府共同举办的本省图们江地区开发项目说明会在香港会议展览中心举行。

4日 本省与俄滨海边疆区组成的中俄省区混合工作组就互设办事机构，开展经贸合作，开通航线等提出具体的落实措施，签订了协议。

5日 代省长王云坤主持召开省政府第32次常务会议。

7日 本省第一所公办民助中学在吉林市成立。

11日 省政府办公厅转发了省农业厅《关于稳定种猪生产的意见》。

▲ 珲春——斯拉夫扬卡国际公路客运班车首次试运行。

13日 代省长王云坤主持召开省政府八届十一次全体会议。

16日 省政府办公厅转发省人事厅等部门《关于培养跨世纪学术和技术带头人的意见》。

20日 全省银行经营管理工作会议在长春召开。

21日 东北师范大学国际工商管理学院成立。

22～24日 中共吉林省委六届五次全会召开。全会审议通过了《吉林省社会主义精神文明建设规划（1995—2000）》。

25日 省防汛指挥部发出关于进一步做好防大汛，抗大灾的紧急通知。

26日 中共中央政治局候补委员、书记处书记温家宝到本省调研。

▲ 全国人大常委会委员长乔石到本省考察。

28日 吉林玉米批发交易市场被国内贸易部确定为全国性粮食批发市场，并更名为“吉林玉米中心批发市场”。

28～30日 本省中南部地区暴雨成灾，辽源市、通化市、白山市发生特大洪水、东丰、梅河口、辉南、柳河、靖宁等县城大面积进水，损失严重。省党、政主要领导亲自指挥部署抗洪抢险救灾。

8月

1日 省委书记张德江深入灾区查看灾情，慰问受灾群众和救灾抢险官兵并部署了下一步工作。

▲ 省政府召开部署抗洪抢险救灾工作的紧急会议。

6日 新型墙体材料——德利板（水泥刨花板）生产线在白山市正式建成投产，填补了我国建材行业的一项空白。

8日 全省乡企经济技术合作服务大会召开。

10日 中国外运吉林集团公司最近成功地开辟了两条海上国际运输新航线。

14日 省八届人大常委会举行第十八次会议。会议通过了《吉林省市政公用设施管理条例》和六项地方性法规。

15日 四川长虹电器股份有限公司与长春市无线电一厂在长春举行了合作组建长春长虹电器有限公司签字仪式。

16日 全国最大的柴油机生产企业常州柴油机股份公司与长春拖拉机厂联姻，在榆树市正式成立常柴长春柴油机有限公司。

18日 省委、省政府决定成立吉林省赈灾委员会。

24日 吉林省专家协会在长春成立。

9月

6日 长春汽车电子集团在长春成立。

14日 代省长王云坤主持召开省政府第34次常务会议，通过了《吉林省暂（寄）住人员户口管理规定》、《吉林省外商投资财产鉴定管理办法》等5个法规文件。

18日 吉林省农业利用世界银行贷款项目土建工程开标大会在长春举行。

26日 省金鹰实业有限责任公司降解塑料厂宣布正式投产。

▲ 省职业介绍服务中心开业。

28日 国家教委和吉林省政府共同组织的吉林大学和东北师范大学“211工程”部门预审工作正式开始，29日此两大学通过了部门预审。

10月

2日 日本国日中农业交流事业团理事长神内良一先生率日本农业代表团来本省考察访问，并被省农业学校聘为首位终身名誉校长。

6日 省委召开全省党员负责干部会议。

8日 本省与波兰华沙省及马佐夫什（八省联盟）的合作协议在本省签署。

▲ 全国汽车更新订货会在长春召开。

9～14日 省八届人大常委会第二十次会议召开。会议通过了《吉林省农村水利管理条例》、《吉林省外商投资企业、私营企业工会条例》及有关决议。

10日 1995年中国图们江地区国际投资贸易洽谈会在延吉开幕。

12日 敦化至白石山公路提前半年建成正式通车。

16日 省政府召开电话会议布署春节前税收、财务、物价大检查。

17～31日 省人大常委会主任何竹康率吉林省友好代表团赴日本宫城县进行友好访问，中日双方签署了在长春动植物园内建设“友谊园”的协议书”

18日 全省西部地区抗旱工作现场会议在白城结束。

▲ 一条可生产全套计算机用纸的生产线在长春经济技术开发区良达公司正式竣工投产。

20日 中美合资临江聚宝电站合同签字仪式在长春举行。

24日 全省第三产业工作会议召开。

27日 省委、省政府作出关于实施科教兴省战略加快科学技术进步的决定。

▲ 长春到吉林输油管线正式通油，年输油量300万吨，长156公里。

30日 电力工业部在长春举行命名长春热电二厂为“一流火力发电厂”的命名仪式。

31日 1995年中国吉林省对外经济技术合作项目洽谈会在深圳闭幕。

11月

1日 中外合资吉林奇峰化纤有限公司合同签字仪式在长春举行。

3日 历时4天的全省科学技术大会在长春闭幕。

6日 为期两天的全省农区发展畜牧业座谈会在东丰结束。

8日 中日合资兴办的吉林省德惠佐竹金穗有限公司在长春举行了签订合资合同仪式。

9～21日 代省长王云坤率团赴日本鸟取县和岛根县，在鸟取县参加了第二届“环日东海地方政府首脑会议”，在岛根县举办了“吉林省投资贸易及图们江地区开发说明会”。

11日 省政府发出通知，要求做好粮食收购工作。

14～15日 吉林省和俄滨海边疆区混合工作组第二次会议在俄罗斯的斯拉夫扬卡举行。

19日 长春市车灯厂、德国海拉公司、香港迅捷实业有限公司三方合资兴办长春海拉车灯有限公司的签约仪式在长春举行。

23日 省委、省政府召开百户国有大中型企业调查汇报会。

▲由一汽集团实业总公司、香港港龙投资有限公司合资兴建的长春一汽实业港龙重型车有限公司成立。

28日 本省吉化、一汽等10户国有企业被评选进中国国有企业500强。

31日 本省作为全国首家森林防火先进省，已实现了连续15年无重大森林火灾。

12月

1日 代省长王云坤主持召开省政府第三十七次常务会议，原则上通过了省法制局提交的《吉林省实施〈中华人民共和国残疾人保障法〉办法》（草案）共9个法规文件。

5日 国家计委批准吉化集团从1996年在国家计划中实行单列。

6日 中、朝、俄、韩、蒙5国副部长级代表正式签署《关于建立图们江地区开发协调委员会的协定》、《关于建立东北亚和图们江经济开发区协商委员会的协定》和《关于东北亚和图们江经济开发区环境准则谅解备忘录》。

7日 全省环境保护产业协会召开，省政府决定从现在始实施“3.3、9.9”工程，即在市州所在城市共建烟尘控制区300平方公里，噪声达标小区90平方公里。

8日 吉林省化工代表团在访问西班牙、意大利期间与外方正式签署了吉化30万吨合成氨和52万吨尿素项目引进技术设备及贷款协议。

▲吉林省石油天然气开发有限责任公司同中国国际金融有限公司融资委托签约仪式在北京举行。

▲吉林省种子集团在长春宣告正式成立。这是我国第一家省级种子集团。

11日 九台市卡伦镇被国家体改委第11个部委列为57个全国小城镇综合改革试点单位之一。

11～17日 省八届人大常委会第二十一次会议召开。会议通过、批准了《吉林省人民代表大会常务委员会关于召开吉林省第八届人民代表大会第四次会议的决定》等8项地方性法规和决定。

13日 省政府作出《关于加快发展县（市）城工业的决定》。

15日 由省委统战部、省工商联联合创办的吉林省光彩事业促进会在长春成立。

▲由一汽集团公司与北京玉渊潭农工商总公司合资经营的一汽北京汽车有限责任公司正式成立。

18日 经沈阳铁路局批准，吉林至长春间旅游25/26、27/28次列车正式开行。

19日 省委召开全省党员负责干部会议，部署明年全省经济工作。

20日 全省农村工作会议在长春召开。会议提出，要经过15年的艰苦努力，把本省建成粮食大省、畜牧业大省、农业品加工业大省，成为农村经济强省。

▲通化市政府与沈阳药科大学签订长期合作协议。

21～23日 省委召开六届六次全体会议。会议讨论和原则通过了《吉林省国民经济和社会发展“九五”计划和2000年远景目标纲要（草案）》，并作出决议。

25日 国家科委在北京举行“九五”国家科技攻关重中之重项目《水稻、小麦、玉米、棉花、大豆大面积高产综合配套技术研究开发与示范》实施协议签字仪式。国家确定在本省实施《玉米大面积高产综合配套技术研究开发与示范》项目。

※
※※※
※

长　　春　　市

主　　编：张　明
副 主 编：石济民　杨　翔
编写人员：穆学武　肖　群
董永吉　许宪波

长春市分目录

长春市概况 …………………………………………………………………………………… (133)
国民经济和社会发展 ……………………………………………………………………………… (133)
经济体制改革和对外开放 ………………………………………………………………………… (138)
长春市“八五”计划执行概况和“九五”计划展望 ……………………………………………… (143)
附录：长春市“九五”计划和2010年远景目标表 ……………………………………………… (145)

长春市概况

面积：18881 平方公里
人口：667.3 万人
行政区划：3 个县级市、1 个县
市委书记：米凤君
市长：宋春华
市十届人大常委会主任：张明远
市八届政协委员会主席：裴希敏

长春市国民经济主要指标（单位：亿元）

项　目	1995 年	1995 年比上年增长（%）
国内生产总值	391.9	11.5
工农业总产值	566.4	11.2
工业总产值	421.9	10.3
重工业产值	332.7	13.1
轻工业产值	89.2	5.6
农业总产值	144.5	15.4
全社会固定资产投资	108.6	13.1
国有固定资产投资	93.5	13.1
社会消费品零售总额	131.8	29.4
零售物价总指数（%）	114.4	14.4
职工工资总额	66.3	15.1

国民经济和社会发展

1995 年，长春市人民在市委、市政府的领导下，认真贯彻中央提出的“抓住机遇、深化改革、扩大开放、促进发展、保持稳定”的基本方针，按照建设现代化国际性城市的总体战略目标，积极推进了财税、金融、外贸等项改革，国民经济发展步伐加快，城乡人民生活水平显著提高，各项社会事业取得新的进展，城市的总体功能和综合经济实力得到进一步增强。

一、国民经济发展情况

1995 年，全市国民经济呈现稳步发展的势头，全年国内生产总值实现 391.9 亿元（现价），比上年增长 11.5%，提前 7 年实现比 1980 年翻两番的战略目标。

（一）农业

1995 年，在认真贯彻中央农村工作会议的同

时，全市加大了对农业的资金、物资和科技投入，农业的基础地位得到巩固。减轻农民负担的工作深入开展，加上粮食市场的价格拉动，农民的种粮积极性进一步提高。在部分地区遭受百年不遇的特大洪涝灾害的情况下，粮食生产又获丰收。1995年全市农业完成增加值84.9亿元，比上年增长7.5%；粮食产量再创历史最高水平，达691.2万吨，比上年增长2%，其中玉米产量达542万吨，比上年增加6.4%；稻谷产量达75.5万吨，比上年下降0.5%；大豆产量达22.4万吨，比上年下降31.1%。

畜牧业发展步伐加快，其专业化、集约化程度不断提高，正在向相对独立的产业过渡。全年畜牧业产值达53.7亿元，比上年增长40.6%。全市生猪、黄牛、家禽发展数分别达到448.5万头、111.4万头、14087万只，分别比上年增加25.2%、33.6%、53.1%，年末存栏数分别达到208.5万头、79.1万头、4188万只，分别比上年增长15.6%、24.4%、23%；猪牛羊肉产量可达27.1万吨，比上年增长43.4%；禽蛋产量17.2万吨，比上年增长34.1%；奶类产量4.2万吨，比上年下降2%；鹿茸产量25219公斤，比上年增长7.2%。

植树造林和绿化工作取得了新的进展，加速了农田防护林体系的建设。1995年全市实现造林面积7649公顷，比上年增长3.6%，造林质量不断提高。当年育新苗面积531公顷，比上年增长2.9%。

多种经营迅速发展，并逐步向产业化迈进。1995年全市多种经营产值达15亿元，比上年增加32%。果品产量5.5万吨，比上年增长22%；水产品产量16415吨，比上年增长7.4%。

乡镇企业快速增长，项目开发成果显著。1995年，全市乡镇企业发展到15万家，其中乡、村两级企业5700户，从业人员63万人，分别比上年增长2.1%和2.2%；乡镇企业总产值完成220.7亿元，实现利润13.8亿元，上缴税金7亿元，分别比上年增长36%、14%和2.9%；出口交货额24641万元，比上年下降15.4%；全年完成固定资产投资12.5亿元，共开发项目1614个，其中投资百万元以上项目有388个。随着改革开放的进一步扩大，外向型企业已达88家，并建立了27个省级乡镇工业小区。乡镇企业产值超亿元的乡镇达30个，其中产值超10亿元的乡4个，产值超亿元的村35个。并正在逐步建成一批科技含量较高、规模较大、效益较好的乡镇企业群体。

农业生产条件进一步改善。1995年全市农业生产资料销售量比上年有较大提高，其中销售化肥105万标吨，比上年增长26.6%；农药690万吨，比上年增长10%；农膜2200吨，比上年增长13.6%。农村用电量5.6亿千瓦时，比上年增长0.9%；年末拥有农业机械总动力164.8万千瓦，比上年增长14.8%；大中型拖拉机5336台，比上年下降6.7%；小型拖拉机49672台，比上年增长21.2%；农用载重汽车1907辆，比上年增长8.9%。

（二）工业和建筑业

1995年，全市工业借助长春是全国综合配套改革试点和优化资本结构试点城市的东风，在调整结构、提高素质，增进效益方针指引下，克服各种困难，保持了工业经济持续、快速健康地发展。全市工业总产值完成443.85亿元，比上年同期增长20.2%。其中乡及乡以上工业完成347.5亿元，同比增长17.9%；村及村以下工业完成96.4亿元，同比增长29.2%。在全部工业中，国有企业完成产值248.7亿元，同比增长9.4%。而集体经济和其它经济类型经济则分别以26.5%和74.3%的增幅支撑全市工业经济的快速增长。国有大中型企业的骨干带动作用明显增强，全市国有大中型企业占全部工业企业的30.2%，但产值和利税增幅却分别占92%和102.2%。支柱产业规模进一步扩大，对经济增长的带动作用进一步增强，1995年，汽车工业及其配套产值比上年增长15.8%，占全市工业总产值的比重达46%；农副产品加工业产值比上年增长13.9%，占全市工业总产值比重达15%。轻工业完成增加值42.7亿元，比上年同期增长17.2%；重工业完成增加值125.3亿元，比上年同期增长10.2%。全市完成工业增加值168亿元，比上年增长12%。产销衔接均衡，主要产品产量全面增长。1995年，全市乡及乡以上工业完成销售产值465.4亿元，产销率达97.1%，比上年提高1.25个百分点。全市重点考核的40类产品中，畅销占42.5%；平销占50%。全年实现新产品产值52.5亿元，新产品率达15.7%；重点投入试生产640项，实现产值12.5亿元，比上年增长30.4%；实现利税2.2亿元，比上年增长34.1%。

但工业经济运行质量较低，国有企业生产经营困难。全市独立核算的工业企业资金利税率由上年的8.07%下降到6.24%。1995年，我市乡及乡以上工业企业亏损单位800个，比上年增加229户，亏损面达26.3%，比上年扩大7个百分点。相当一部分国有企业技术陈旧，产品开发和自我改造能力弱，生产经营难以为继。

建筑业稳定发展。1995年，全市建筑业完成增加值14.4亿元，比上年增长11.3%。完成施工面积467万平方米，比上年下降9.5%。完成竣工面积239.7万平方米，比上年下降15%。

（三）商业、物价

1995年，我市的市场建设步伐加快，重点培育了汽车贸易城、果品批发、蔬菜批发等3个国家级市场和华正、桂林路商业批发市场等10个区域性市场，初步形成了以批发市场为主体，以集贸市场为基础，大中小结合、综合与专业匹配、批发与零售兼有的多层次、开放式的市场网络新格局。市场商品货源充足，供需基本平衡，市场销售平稳增长。全年实现社会消费品零售总额131.8亿元，比上年增长29.4%，扣除物价因素后实际增长13.2%左右。全市城乡各类市场已发展到420个，其中消费品市场341个，生产资料市场73个。各类市场成交总额达148.9亿元，比上年增长60%。各类商业服务网点11.3万个，从业人员达57.6万人。

市场物价涨幅逐月回落，调控目标得以实现。随着价格改革步伐的进一步加快，物价水平曾一度大幅度上扬，元月份零售物价涨幅达20.4%。市政府综合运用经济、法律和行政手段，全面实行物价控制目标管理，对23种人民生活必需品实行重点监控，对部分重要商品实行最高限价，动用价格调节基金600万元用于猪肉储备和蔬菜的经营活动，使物价涨幅逐月回落，全年商品零售价格涨幅控制在14.4%以内，实现了国家下达的物价调控目标。但价格反弹的潜在因素较多，一些公用事业如水、电、气等收费价格过低，造成企业亏损严重，调价呼声较高；粮食生产成本的上升，粮价的上涨，将带动其它食品价格的上涨；政府财力较弱，用经济手段调节物价的能力有限，因此，物价调控目标的任务仍然是很艰巨的。

（四）金融、保险业

1995年，金融形势继续保持平稳发展的势头。年末银行存款余额290.8亿元，比上年末增长32.3%；全市城乡居民储蓄存款余额243.2亿元，比上年末增长42.4%，其中，城镇居民储蓄余额225.3亿元，比上年末增长43.3%。银行贷款余额385亿元，增长18.5%，全年银行现金收入1068.6亿元，比上年增长31.2%；现金支出1065.7亿元，增长29.8%；货币净回笼2.9亿元。

全市保险事业蓬勃发展，1995年全市承保总额达675.5亿元。全市有80万职工参加失业保险，有42.4万人城镇职工参加基本养老保险。中小学平安保险承担面达95%以上。1995年全市保险费收入24288万元，比上年增长16.7%。其中财产保险费收入18084万元；人身保险费收入3660万元，财产险赔款金额14142万元，比上年增长18.3%，人身险给付金额1550万元，比上年增长41%。

（五）外贸、旅游业

1995年，我市外经外贸稳步发展，招商引资力度不断加强。全市实现进出口贸易总额达1.79亿美元，其中，出口创汇1.45亿美元。全市新签利用外资协议项目323个，协议利用外资5.9亿美元，实际利用外资1.8亿美元，外商投资规模不断扩大。

1995年我市对外交流与合作进一步扩大，与60多个国家和地区建立了经济合作关系，与9个城市结为友好城市。旅游业继续发展，全年共接待外国人及港、澳、台胞29732人次，比上年下降5.3%，其中接待外国人24494人次。旅游创汇收入1000万美元。旅游服务企业发展到42家。

二、国民经济结构调整情况

1995年，全市根据国民经济的发展和国家产业政策的要求，坚持以公有制经济为主体、多种经济成分共同发展的方针，加速了国民经济结构调整的步伐。

（一）三次产业结构

随着产业结构调整的力度不断加大，我市第三产业继续保持稳步、健康的发展态势，一、二、三产业结构也出现了可喜的变化。1995年，第一产业完成增加值84.9亿元，比上年增长7.5%；第二产业完成增加值182.4亿元，比上年增长11.9%；第三产业完成增加值124.6亿元，比上年增长13.5%。第三产业的增加值占国内生产总值的31.8%。从事第三产业的劳动者人数已发展到95万人，占全社会劳动者人数近30%，第三产业在国民经济的整体地位显著增强。1995年，一、二、三产业结构为21.7：46.5：31.8，第三产业比重比上年提高3.7个百分点。

（二）行业结构

各行业内部结构得到相应改善，逐步朝体现我市优势和特点的方向发展。其一，第三产业在进一步发展商贸、交通、金融、通信等产业的基础上，拓展了科技、信息、证券、房地产等新兴产业，为产业结构类型的更新，完善产业体系的整体功能，强化综合发展实力迈出了具有实质意义的一步。其二，着力于打基础、蓄后劲，进一步调整工业结构，大力发展汽车制造及相关工业。对新上项目，充分注重高起点、高标准，保证了投资项目的先进性。1995年全市汽车工业总产值完成197亿元（90年不变价），比上年增长15.4%，占工业总产值的58%；其三，第一产业在大力发展粮食生产的同时，不断加大对畜牧业生产的投入，使畜牧业占第一产业比重不断加大，正在向拥有独立的产业过渡。1995年全市畜牧业产值达53.7亿元，比上年增长40.6%，占农业总产值的比重达41.4%。

（三）投资结构

固定资产投资结构有所改善，更新改造投资增幅较高。1995年，我市完成固定资产投资108.6亿元，比上年增加12.5亿元，增长13.1%，增幅比上年回落26.6个百分点。其中，国有单位投资额比上年增长50.8%，集体单位投资额比上年增长19.5%。在投资总额中（按可比口径计算），用于基础产业投资发展较快。用于农林牧渔业投资1.4亿元，比上年增长33.1%，用于工业建筑业投资50亿元，比上年增长1.2倍。基本建设投资完成47.5亿元，比上年增长10.3%；更新改造投资完成21.5亿元，比上年增长39.4%。在更新改造中，用于增加产品产量的更新改造投资完成5.2亿元，比上年增长30%。用于增加品种和提高产品质量的更新改造投资完成11.2亿元，比上年增长33.3%。

（四）所有制结构

在坚持公有制为主体的同时，非国有经济呈现高速发展。1995年我市非国有经济发展势头强劲，集体经济和其它类型经济增长速度分别达26.5%和74.3%，对全市工业增长起到了重要的支撑作用。

三、基础设施完善情况

（一）交通运输

1995年，我市交通运输业进一步发展。全年铁路货物发送量完成882.9万吨，比上年下降16.9%；铁路旅客发送量2448.1万人次，比上年下降2.6%。1995年，全市交通部门公路货运量580.6万吨，比上年下降8%。公路客运量1569.7万人，比上年增长6.4%。公路货物周转量完成13226.2万吨公里，比上年增长2.4%。公路旅客周转量完成78927.8万人公里，比上年增长3.5%。1995年，全市民航发送旅客34.4万人，比上年增长25.5%。货邮发送量2931.2吨，比上年下降2.4%。旅客吞吐量69.8万人，比上年增长27.3%。货邮吞吐量9073吨，比上年增长4.2%。

（二）邮电通讯

1995年是我市邮电通讯事业迅速发展的一年，业务量大幅度增长，全年邮电业务总量完成7.8亿元，比上年增长51.3%。其中函件增长2%，报刊增长10.4%，电报下降28.3%。新增38万门程控电话已投入使用，长途电话增长45.8%。全市城镇电话户数已发展到37.4万户，比上年增长37.1%。

（三）城市建设

1995年，是我市城市基础设施建设取得令人瞩目的成绩的一年。城市总体功能不断增强，建设现代化城市的步伐加快。全年安排重点工程23项，其中新开工11项，完成投资20亿元。铁路客运站建设已竣工并投入使用。“引松入长”工程建设项目进展速度加快，第三、四水厂提前开工建设。热电一厂“一机一炉”简易投产已开始供热，增加面积120万平方米。城区热化率已达53.9%。市政道路建设发展较快。北二环路扩建工程已完成铺装面积20万平方米，实现快车道全线通车，人防工程建设进展顺利。人行步道百万平方米铺装任务超额完成。1995年，全市新铺装道路20万平方米，新改建道路13万平方米，到1995年末全市铺装道路总面积已达898万平方米。全市日供水能力已达65.7万吨，城市规划区使用自来水人数已达173.9万人。全市日供应煤气能力达31.3万立方米。市区使用煤气、石油液化气户数达52.8万户。全市拥有营运公共电、汽车1457辆，年末行车线路长度911.6公里。城区植树72万株，绿地面积达5085公顷，绿化覆盖率为37.1%。

四、社会发展情况

（一）科学技术

1995年，我市继续贯彻科技兴市和“经济建设必须依靠科学技术，科学技术必须面向经济建设”的战略方针，科技长入经济过程的步伐不断加快，科学技术对经济增长的贡献率达45%。1995年全市各级各类专业技术人员达31.9万人，比上年下降0.7%。其中，自然科技人员15.3万人，比上年下降0.8%；社会科技人员16.6万人，比上年下降0.6%。全市独立科学研究机构已发展到104个。其中自然科学研究机构76个，社会科学研究机构22个，科技情报与文献机构6个。1995年，全市通过鉴定登记的科技成果231项。其中，属于国际首创（领先）的6项，达到国际先进水平的60项；属于国家首创（领先）的8项，达到国内先进水平的61项，达到省内先进水平的15项。1995年，科技推广与科技转让又有新进展，据231项有经济效益的项目统计，累计新增产值5.6亿元，新增利税1.3亿元，农业增收5.2亿元。

（二）教育事业

1995年，我市整体教育质量进一步提高，办学条件有所改善，全市已建成一级一类学校103所，新建、扩建中小学校舍245所，新建教工住宅24.8万平方米。1995年全市27所普通全日制高等院校共招收本、专科生2.2万人，毕业生1.8万人，年底在校生7.1万人。全市各类成人高等学校招收本、专科学生1.3万人，毕业生0.9万人，年底在校生3.2万人。全市各类中等学校617所，在校生43.2万人。其中，中等专业学校4.2万人，农职中学3.8万人，技工学校2.2万人，普通高中5.4万人，普通初中27.6万人。全市1916所小学年底在校生69万人，学龄儿童入学率达99.8%。

（三）文化事业

1995年，我市文化事业取得可喜成绩。推出了《三醉酒》、《希望之光》等一批弘扬爱国主义旋律、艺术水准较高的精神产品。到1995年末，全市电影事业机构已发展到618个，其中，电影放映点611个。文化事业机构230个。其中，艺术表演团体10个，剧场影剧院9个，公共图书馆、图书流通站10个（图书总藏量175万册），其中，少儿图书流通站1个（藏书6.7万册）。群众文化事业机构181个（其中乡镇文化站149个），其它文化事业机构11个。文物事业机构7个，其中，博物馆2个。长春电影制片厂全年共生产故事片23部，译制片10部。

（四）卫生事业

1995年，我市卫生事业整体水平不断提高。到年末，我市卫生医疗机构发展到830个，其中，医院303所。全市拥有医疗疗养床位2.5万张，比上年增长6.9%。全市专业卫生技术人员达3.8万人，比上年增长3.2%。1995年末，全市个体医疗开业人员达914人，比上年增长5.4%。全市农村村级卫生医疗点已发展到2492个，比上年下降0.3%。乡村医生和卫生员达6337人。

（五）体育事业

1995年，我市体育事业蓬勃发展，竞技体育取得可喜的成绩。我市运动员在全国比赛中共获金牌43枚，银牌10枚，铜牌16枚。并夺得第八届全国城市冬运会金牌总数第一名。在国内外大赛中，共3人获7项世界冠军。有13名运动员被入选参加亚洲第三届冬运会比赛。全年向国家队输送27名运动员。体育设施不断改善。长春万人综合体育馆于1995年9月份破土动工，目前已投资3100万元，工程基础已经完成。该体育馆是按国际体育比赛标准设计的，是一座融体育、文化、娱乐、康复、经营于一体的综合性体育设施，能满足承办国内外各种大型体育比赛及适应广大群众对体育设施的要求。

经济体制改革和对外开放

1995年，我市以率先建立社会主义市场经济体制的基本框架为目标，以全面实施城市综合配套改革，着力搞活微观经济为主线，积极抓住深化改革的机遇，加大力度，注重配套，突出重点，推动了改革在各条战线、各个领域、各个层次上的深化，促进了全市经济的发展，增强了整体经济发展的活力。国民经济保持了高速增长，各项主要经济指标实现了较大突破。全市全口径财政总收入实现36.5亿元，比上年增长20.6%；城市人均生活费货币收入3305元，农民人均纯收入1660元，分别比上年增长570元和244元。

一年来，我市坚持以城市综合配套改革试点统领各项工作，坚持靠综合配套改革促进各项工作的开展，坚持把综合配套改革试点与实施长春市建设现代化国际性城市的战略决策相结合，构筑形成了全市改革与发展的五个基本工作特色：一是由一事一改转向总体设计，分步实施；二是由单项突破转向综合配套，整体推进；三是由解决浅层问题转向解决深层问题；四是由政策性调整转向制度创新，体制攻坚；五是全方位的改革促进了经济的全面发展。

一、以试点为契机，整体设计城市综合配套改革

开展城市综合配套改革试点工作，是全面贯彻落实党的十四届三中全会《决定》精神的重要举措，为我市全面深化改革，促进经济建设和各项事业快速、健康发展提供了千载难逢的历史机遇。在具体工作中，我市着力把握了四个基本环节。

1. 统一认识，全面动作。1995年2月，市政府将《长春市建立社会主义市场经济体制综合配套改革总体方案》及25个专项分方案统一下发全市各相关部门，根据试点方案和全国及省体改工作会议的部署，各县（市）区、各单位制定了年度体改工作计划，将综合配套改革各项工作目标纳入了市政府统一的工作目标责任制考核体系。

2. 整体设计，协调配套。《总体方案》突出了十四届三中全会《决定》所勾画的社会主义市场经济体制框架的各个要素。在具体实施工作中，着力体现了城市改革与农村改革相呼应；市场建设、社会保障制度、住房制度、分配制度改革与企业改革相配套；科技、教育、文化、卫生等社会事业改革与工农业改革相贯通；经济体制改革与政治体制相协调；微观改革与宏观改革相适应。努力使各方面改革相互渗透，协调配套。

3. 立足市情，突出特色。紧紧围绕建设现代化国际性城市这个长春市人民的奋斗目标，设计实施建立社会主义市场经济体制基本框架的综合配套改革。从建设现代化国际性城市的需要和解决经济发展中存在现实问题出发，以改革的手段实现“扬三优，改两短”。“扬三优”就是通过改革，力争使我市的科技、教育优势在转为经济优势、效益优势上实现新的突破；使粮食优势在转为产业优势、产品优势上实现新的突破；使汽车工业优势进一步发展壮大。“改两短”就是通过改革，尽快改变长春这个内陆城市在对外开放中存在的“先天不足”；改变第三产业发展相对滞后的状况。

4. 注重实效，求实务实。放眼长远目标，努力构筑社会主义市场经济体制的基本框架；瞄准中期目标，在重点领域建立起适应市场经济发展的新机制和新秩序；立足当前，解决经济发展中的突出矛盾和问题。解决的重点是集中精力搞好国有企业这个事关经济发展和改革成败全局的大问题；攻坚的难点是努力解决企业资金紧张、包袱沉重、社会保障制度不健全等严重制约企业改革深化的关键性的问题；注重的热点是妥善解决消费价格指数和社会商品零售物价总指数涨幅较高等关系广大群众切身利益的问题；探索的开拓点是结合实际，不断拓宽改革领域和拓深改革层次，探索改革促发展的新途径，不断推出新的改革举措。

二、以试点为动力，整体推进各项改革，力求重点突破

按照《长春市建立社会主义市场经济体制综合配套总体方案》的设计，前二年打基础，后三年初步实现奋斗目标，第一阶段的任务目前已基本完成，各方面的改革取得了明显的进展。

（一）以搞活国有企业为中心，企业改革迈上建立现代企业制度新阶段

从搞活国有经济全局出发，以国有企业改革为重点，着眼于机制转换、制度创新，通过重组生产要素、重塑经营模式、调整债务结构、创新经营机制等改革措施，着力解决了一些企业的现实问题、难点问题，使大多数企业生产、经营、管理状况发生了深刻的变化，增强了市场竞争能力、应变能力。

1. 现代企业制度试点稳步有序展开。

成立了以市长为组长的“长春市建立现代企业制度试点工作领导小组”，统筹组织推进试点工作。以长府[1995]1号文件下发《长春市建立现代企业制度试点工作安排意见》。举办30余期各有关部门和企业工作人员参加的现代企业制度试点工作培训班、研讨班，培训各级各类骨干人员、工作人员、厂长（经理）等5500多人次。首选25户不同类型、不同层次的试点企业全部制订了“试点实施方案”，有22户通过了论证。目前25户试点企业全面进入实施阶段。其中2户为国家试点，4户为省试点，长春摩托车集团有限公司、高新技术产业股份有限（集团）公司、长春银龙纺织（集团）有限公司已正式改制挂牌运营。制订出台了解决试点企业现实难点问题和历史遗留问题的6个配套性政策和10个方面工作的意见，促进了试点企业在完善企业法人制度、明确产权关系、健全组织领导管理体制与运行机制，以及调整负债结构、强化科学管理、加快改组改造等方面实现超前探索、率先突破。在试点工作逐步取得深化的同时，试点范围进一步扩大，各县（市）、区、局都选择了1～2户大中型骨干企业进行了第二批试点。

2. 着力解决企业现实困难与难点问题，深入搞活国有经济。

围绕产业结构、企业资产结构和组织结构的调整，遵循市场经济规律，在市场机制作用下，积极进行了重塑企业经营模式、重组生产要素、调整企业负债结构和创新企业经营机制的改革，有力地促进企业存量资产的流动与盘活，探索了搞活国有企业、摆脱困境的出路。

（1）因厂制宜重塑经营模式

——**股份制经营**　到1995年末，全市累计组建各类股份制企业2381户，其中股份有限公司33户，股本总额26.3亿元；有限责任公司539户，注册资金9.8亿元；股份合作制企业1809户。41%的国有资本支配了59%的社会资本。股份制企业实现了资本高速增值，经营规模迅速扩大。33户股份有限公司有5户组建了集团，兼并劣势企业12户，出资参股、控股企业72户，新上技改项目56个。有2户成为股票上市公司，有4户正在积极争取上市。股份制经济成为支撑全市经济快速发展的重要主导力量之一。

——**合资合作经营**　市属预算内工业企业中有30%左右的企业进行了引资嫁接和合资合作经营。长春汽油机股份有限公司与马来亚金狮集团合资，引进资金2.5亿元，合资的摩托车项目达产后可实现年产值40亿元。长春电动工具厂将部分生产设备折成30%的股份同瑞典阿特拉斯·科普柯公司合作，引进外资5880万人民币，提高了技术水平和产品档次。

——**资产重组、分立经营**　到1995年末，全市有58户企业实行分立经营后，走上了死一块、活一块，以活养死的生存发展之路。

——**国有民营，公有民营**　经过严格规范，全市采取租壳卖瓤、企业租赁等方式实行国有民营和公有民营的各类小型企业已达954户，其中租壳卖瓤的133户，企业租赁的821户。调动、发挥了承营者的积极性，促进企业由封闭经营走上了广开门路放开经营。

（2）盘活资产重组生产要素

从明晰产权关系入手，重组生产要素，促进了存量资产的合理流动和生产要素潜能的发挥。

——**卖**　全市通过“土地转让，部分场地出售；部分产权出售；全部产权出售；零价出售，有偿转让；全员入股”等方式进行产权出售、改制经营的企业已达62户，中小企业产权重组、改制经营试点取得了明显成效。

——**破**　结合“优化资本结构”试点，全市实施破产的企业已达14户，仅1995年就有3户终结，3户进入履行法律程序阶段，6户正在进行之中。

——**并**　通过合并、兼并实现劣势企业向优势企业、劣制产品向优制产品、劣势产业向主导产业的靠拢，实现资产合理配置。到1995年末，全市被兼并的各类企业总数已达108户。解决了一大批停产、半停产企业的生产经营困难。

——**联** 我市通过各种途径和方式实现优势互补，联合经营的企业已累计达200多户。组建市属企业集团总数达52户，以资本为纽带，携手并肩闯市场的企业越来越多，促进了规模经济的发展。市属大型商业企业实行“连锁经营”的企业已达12户，连锁店铺200多个。

——**转** 利用土地级差收益促进黄金地段的工业企业向城郊、城边转移，实行“搬迁改造”工程。全市有70多户工业企业拟迁出繁华地段，其中已有9户企业出让了老厂区，获得资金3亿元。实施第二产业向第三产业转移，已有十几户经营不景气的工业企业由二产经营转移到第三产业经营。全市有30%左右的停产企业职工从事第三产业。

到1995年末，全市已累计对70多户企业进行了组织结构调整，使近8亿元的固定资产净值流向优势企业，促进了生产资源、生产要素优化配置。

(3) 探索途径调整负债结构

从卸包袱入手，以结构性调整为基础，不断探索企业增资减债的有效方法和途径，实现企业债务重组。

——实行新旧两本帐，调整债务结构。对部分产品有市场、有效益，但债务过重难以为继的企业实行新老帐分立。新帐执行现规定，老帐由分立企业逐年偿还。已有7户企业取得明显效果。

——外引资金，调整债务结构。向外商或国内企业出让部分资产或折股合资，用所获得的资金偿还债务，补充流动资金和进行新的改造。长春电动工具厂在这方面取得了成功的经验。

——财政举债，调整债务结构。把企业对银行的外汇债务，转为企业对财政的人民币债务，避免汇率风险，由企业按计划逐年偿还财政。

——“冲、核、转、缓”调整债务结构。“冲”即用清产核资后固定资产重估价值增值部分冲销待处理财产损失，历年应补未补的亏损，两年冲销8.2亿元。“核”即用银行呆帐准备金对客观原因造成的呆死帐，予以核销，两年核销1.5亿元。“转”即对使用“拨改贷”和基本建设经营基金的企业，经批准转增国家资本金。“缓”即对停产、特困企业由银行给予计息、缓收息、不罚息的照顾。通过冲、核、转、缓两年共帮助国有企业卸掉12.5亿元的包袱。

——实施“两则”，调整债务结构。贯彻实施财会“两则”，把市属预算内工业企业1993年6月底以前的各种潜亏，全部转为明亏，给予相应的优惠政策，帮助企业卸掉2.4亿元的包袱。

——通过分立经营、兼并、联合、土地级差效益及债权转股权等方式，实现资产重组，调整债务结构。

(4) 深化内部改革创新经营机制

——构建法人治理结构，建立新的领导体制，完善约束机制。促进企业公司制改造，建立起股东会、董事会、监事会和经理层职能明确的法人治理结构，形成所有者、经营者、生产者三者制衡的机制，建立对企业经营者进行离任审计和年终审计的企业考核制度。促进了企业政企分开、产权明晰，保证企业重大决策的正确。全市有200多户企业初步建立起这样的公司制领导管理体制。

——实行新的劳动、人事、分配制度，建立健全用人、用工管理机制和利益激励机制。全市90%以上的企业确立了新的劳动、人事、分配制度，99.06%的企业职工签订了劳动合同。企业管理人员的国家干部身份界限被取消，职工、干部公平竞争，择优上岗。全市国有企业全部实行了岗位技能工资。制订了“年薪制”试点的政策意见。

——分流剥离，减人增效。全市有80%以上的企业将托儿所、食堂、浴池、车队、工程维修队等福利部门和生产辅助部门从生产经营主体分离出去，面向市场，实行独立经营，减轻了企业负担。85%左右的大中型企业将富余人员逐步分流出去，创办经济实体或兴办第三产业、退休、自谋职业等。长纺两年来分流人员1218人，年节支974万元。

——完善科学管理制度，增强企业实力。按照发展市场经济和企业内部经营管理的需要，强化了成本、财务、质量、营销等基础管理；借鉴国际国内的先进经验，引进精益管理、成本倒贴法、奥迪特质量管理法等科学管理方式，提高了管理的科学化水平；贯彻《劳动法》、《公司法》等，进一步完善职工民主管理制度。管理机制的逐步完善与科学化，保证并促进了企业经营放开搞活。目前全市工业企业中，有30%左右管理达到先进水平，50%达到管理合格水平。

(二) 市场建设初步形成体系

1. 消费品市场的总体格局基本形成。全市已形成了重庆路、光复路、红旗街等八大商贸中心街区。这八大商贸区不仅是商业服务区，而且也将发展成为长春的金融中心。1995年长春蔬菜批发市场、果品批发市场被国家内贸部正式批准为国家级市场。

2. 生产资料市场建设速度快。长春生产资料综合批发市场、汽车贸易城等一批规模大、起点高、功能全的生产资料市场相继投入运营，集散批发范围辐射到全国。长春汽车贸易城于1994年被批准为国家级批发市场；生产资料综合批发市场和光复路综合市场的规模正向国家级市场发展。依靠地域优势兴建起来的黄牛、粮食、鹿茸、羽绒、中药等一批各具特色的地方产品批发市场不断发展壮大。

从总体上看，全市已建成各级各类商品市场414处，其中消费品市场341处，生产资料市场73处。伴随着《长春市商品交易市场管理条例》和《长春市商场建设发展规划》等一批市场法规、文件的出台，长春市的市场建设和管理工作已向法制化轨道迈出了重要的一步。

3. 要素市场初具雏型。生产要素市场的培育发展是我市培育完善市场体系的关键性工作。几年来，不断加大了劳动力、房地产等骨干生产要素市场的建设力度，使其运营发展状况始终处于全国领先地位，其经验、做法在全国得到推广、交流。

劳动力市场 全市现有综合性劳动力市场11处，城区的59个街、县（市）的89个镇（乡）都组建了劳动力服务站，各种各类职业咨询、服务、介绍机构达到230多个，形成城乡一体化的劳动力市场网络，目前已累计接待用工单位1.1万个，介绍就业成功70多万人次。在全国范围内加快了“再就业实施工程”的步伐。

人才市场 长春市人才交流大厦已竣工交付使用，正抓紧与全国人才市场实现微机联网。公布了《长春市流动人才档案管理办法》。一年为620户企业推荐、输送各类专业人才7000余人。长春市企业家市场于1995年10月正式成立并挂牌营业。

房地产市场 集各类土地使用权出让、转让，房地产买卖、互换、抵押、租赁、典当、评估、托管等二十几项业务于一体的房地产交易大厦运营良好。1994～1995年累计成交房地产交易5650件，交易及评估面积412.4万平方米，交易及评估额达26亿元。

金融市场、科技信息市场、产权交易市场及期货市场 近两年迅速发展，特别是经营证券、股票业务的注册证券交易机构已发展到16个，业务网点扩展到56个。其中专营股票交易的17个，年实现交易额50亿元以上。资金拆借市场融通资金的业务不断拓展，城市合作银行的筹建工作进展顺利。全市共有各类技术贸易机构1126家，累计实现技术合同成交额7亿元。长春市产权交易市场于1995年6月建成并投入运营。

各类市场中介组织应运而生，培育了无处不在的市场行为机制。仅为企业提供信息咨询服务的机构就达800余家，从业人员上万人。经纪商、典当行、拍卖所相继出现。可以说，实施城市综合配套改革以来，我市的生产要素市场得到了长足发展，促进了整个市场体系的培育与完善。

（三）社会保障制度改革取得重要进展

1. 新的养老保险制度启动实施。

市政府确定了“改革旧的现收现付筹资模式，实行社会统筹与个人帐户相结合的部分基金积累模式”的改革长春市养老保险制度的基本思路。为确保新的养老保险制度的如期实施，各相关部门卓有成效地开展了一系列的前期准备工作。

成立了长春市社会保障委员会，兴办了培训班，完成了缴费工资分解、工资基数核查工作和地毯厂、新华商场两户企业建立养老保险个人帐户的先行试点。成立了测算小组，开展对养老金筹集、支付水平、养老金积累、支付高峰期等项目的测算。转发了省《实施方案》和《实施细则》，印发了建立个人帐户所需的表、帐、卡、册，从1995年7月1日起为参加省级社会统筹的职工建立了养老保险个人帐户，使全市职工养老保险进入到全面实行新制度的历史阶段。出现了覆盖面增加、缴费基金增加的好形势。据统计，1995年国有企业养老保险参保户达2284户，比上年增长3%，收缴养老基金2.18亿元，比上年增长1%；集体企业参保户达1724户，比上年增加5%，收缴养老基金6800多万元，比上年增长6%。

2. 失业保险制度、医疗保险制度改革步伐加快。

制订了《关于深化长春市城镇职工失业保险制度改革实施方案》，失业保险覆盖面扩大。1995年国有企业失业保险的参保户达3240户，比上年增长2%，收缴基金1000万元，比上年增长2%；集体企业参保户数达5000户，比上年增长10%，收缴基金350万元，比上年增长34%。建立了转业培训和生产自救基地。适时为离退休职工和失业职工支付了各种保险金。

根据国家及省职工医疗保障制度改革试点意见的精神，制定了《长春市职工医疗制度改革方案》的征求意见稿。选择了榆树市进行医疗保障制度改革试点。同时积极探索了工伤、生育保险制度改革试点，制定了试点办法。

3. 住房制度改革全方位推进，取得了可喜成效。

颁布实施了《长春市深化住房制度改革方案》和《长春市出售公房管理办法》。

全面推行公积金制度，逐步建立单位住房基金和城市住房基金。1995年公积金建户已达33万户，占应建公积金总户的47%，收缴基金近1亿元。全市认购住房债券2361万元。

加大租金改革力度，稳步出售公有住房。全市实行新租标准的住房1180万平方米，占公有住房总面积的84%。全市累计出售公房51万平方米，已收回房款7800万元。到1995年末，可出售公房总量的10%，收回房款近2亿元。

积极开展合作建房和解困建房。累计合作建房36万平方米，吸收个人资金1.7亿元，解决了6275户职工住房问题。解困房建设竣工17万平方米，使3300户住房困难户迁入新居。

实施"安居工程"，积极探索建立面向中低收入家庭的具有社会保障性质的经济适用房供应体制。列入国家"安居工程"的4个小区已开工兴建了26万平方米。

（四）政府机构改革，转变政府职能进入深层次

重点抓了四个方面的工作：

1. 弱化对企业的行政管理职能，转移经济管理职能。

一是构建了国有资产监管运营体系的雏型。制定了《长春市国有资产管理体制改革方案》，组建了由国有资产管理委员会、国有资产管理局、国有资产经营公司，企业等三个层次构成的国有资产管理经营体系。国有资产投资经营公司已正式挂牌运营，另有2户国有资产经营性公司正在筹建中。完成了对1330户国有企业的清产核资、产权界定工作，初步摸清了国有资产底数和企业负债状况。选择1户大型企业集团长春摩托车集团有限公司进行了国有资产授权经营试点。

二是发展一批适应市场经济的具有一定经济监管职能、服务功能的中介组织机构。如具有评估、审查和规范企业行为，确保公开、公平竞争，维护国家、企业、个人合法权益的中介机构已达46个，其中资产资信评估所18个，审计事务所9个，会计事务所19个。具有社会监督职能的公证、认证机构已达29个，其中律师事务所（含公证处）20个，质量检验机构9个。同时发展了行业协会、商会等自律性组织361个，其中经市政府批准的商会1个、行业协会360个。

2. 改善政府的宏观管理职能。

按照国家和省的统一部署，进行了财税、计划、投资、金融等各项宏观管理体制的改革。加强对宏观管理体制改革后出现的新情况、新问题的研究解决。目前，专业银行向商业性银行转换工作已经开始，国税局、地税局的分设工作已结束。

3. 强化政府的服务功能。

一是强化市场服务。市政府及有关部门在国内外共举行6次较大规模的产品展销会、经贸洽谈会和招商引资会。签订对外经济技术合同86项，引进外资达2.84亿美元，国内贸易成交总额88.78亿元。

二是强化政策服务。市政府及有关部门出台政策性文件37个，有力促进了企业搞活和经济发展。

三是强化协调服务。1995年以来，仅市长、秘书长主持召开的现场办公会、政策协调会就有500多次，及时地帮助企业解决了自身难以解决的问题。

4. 改革政府机构。

目前，长春市市级政府机构改革及所辖的县（市）、区机构改革已基本结束。主要进行了五个方面的工作：一是分解职能，转变职能；二是明确职责，理顺各方面的关系；三是精简内设机构，改善内部结构；四是紧缩人员编制，严控领导指数；五是进行人员分流，安置富余人员。改革后，市直党政机关机构设置60个，精简幅度为32.6%，人员压缩20%。

（五）对外开放进一步扩大

我市以长春高新技术产业开发区、经济技术开发区、净月潭旅游经济开发区、汽车贸易城和德惠农畜产品出口加工区等几个国家级或省级开发区、开放区为龙头，以一大批为数众多的外经外贸进出口企业为辐射点，进一步改善了投资环境，加大了招商引资的力度，全方位加快了对外经济、技术贸易合作与交流，在城市基础设施建设、交通、能源、电讯、通信、支柱产业等重点大项目的合作开发建设上取得了可喜的成效。

德惠土畜产品出口加工区的德大公司与外商合资建成了肉鸡、肉牛一条龙产业，每年可创产值6亿元以上，带动的当地养鸡户每年创产值也在3亿元以上。目前区内已有落户企业27户，正在积极申报国家级开发区。长春汽车贸易城作为全国规模和容量最大的汽车整车及零配件专业批发市场之一，1995年促进各类机动车交易10000余辆，实现交易额5.12亿元。

开发开放区的迅速发展，有力地牵引和带动了全市的对外开放。目前，全市已累计成立"三资"企业897户，总投资19.1亿美元，合同利用外资8.03亿美元。全市出口商品行销50多个国家和地区，在全世界60多个国家和地区设立了办事机构。全市仅外贸企业每年就可完成进出口创汇额1.5亿美元以上。

此外，长春市还加大了科技、教育、文化、医疗卫生体制改革的力度，不断深化农村经济体制改革，取得了一定成效。

长春市“八五”计划执行概况和“九五”计划展望

一、“八五”计划执行概况

“八五”期间，全市人民以建设有中国特色的社会主义理论为指导，解放思想，锐意改革，扩大开放，奋力拼搏，使国民经济和社会事业取得了巨大成就。提前两年完成了“八五”计划确定的主要经济任务和各项社会事业目标。

1. 国民经济持续快速增长，综合经济实力明显增强，各项社会事业协调发展，人民生活水平不断提高。

“八五”期间，全市经济实现了持续发展，1995年全市国民生产总值实现391.9亿元，这一时期平均每年递增19%。第一产业完成增加值84.9亿元，平均年递增4.4%；第二产业完成增加值182.4亿元，平均年递增24.3%；第三产业完成增加值124.6亿元，平均年递增24.4%。人均国民生产总值达5434元，平均年递增17%。财税状况良好，1995年全市全口径财政总收入36.5亿元，平均年递增22.7%。农村经济全面发展，粮食产量1995年可达691.2万吨。城乡市场繁荣活跃，1995年全市社会消费品零售总额达131.8亿元，超额完成了“八五”计划目标。城乡人民生活水平不断提高，1995年城市居民人均生活费收入3305元，比“七五”期间增加1882元；农民人均纯收入1660元，比“七五”期间增加901元。城市居民住房条件有很大改善，人均住房面积7.23平方米，比“七五”期间增加1.1平方米。科技作为第一生产力展现出巨大力量，为经济发展起到了重要作用。科技进步对经济增长贡献率不断提高，1995年达45%。教育事业有了较大发展，师资素质和教学质量得到提高，办学条件明显改善，普及了九年义务教育，普及了城区高中教育，高等教育得到了巩固和加强，“八五”期间，27所普通高等院校为国家和地方输送毕业生7.3万人。文化、卫生、体育等项社会事业也有了长足发展。

2. 经济体制改革不断向宽领域、深层次推进，经济运行机制发生了深刻的变化，国民经济的市场化程度明显提高，经济发展的生机与活力显著增强。

“八五”期间，我市以改革总揽全局，不断加快各项改革步伐，从农村到城市，从微观到宏观，全面展开，逐步深化。农村的统分结合双层经营体制不断地得到完善和发展，乡镇企业和集体经济发展日新月异。城市综合配套改革试点和优化资本结构试点工作取得阶段性成果。市场体系建设向深层次拓展，金融、劳动力、房地产、技术等要素市场初具规模。社会保障制度改革不断取得新成果。宏观管理体制和经济调节手段不断完善，政府职能逐步由直接管理转向间接管理，更多地运用了经济政策、经济杠杆和法律、法规手段。科技、教育、文化、卫生体制改革全面启动。

3. 对外开放初见成效，进出口贸易迅速增长，招商引资步伐加快，外向型功能有所增强。

“八五”期间，我市始终坚持以开放促发展，全方位实施对外开放战略。提出并制定了以开发区建设为先导的战略方针，带动了全市对外开放。1995年，高新技术产业开发区进入全国十佳行列，技工贸总收入达40亿元，出口创汇1500万美元；1995年，经济技术开发区被列为国家级开发区，基本建设累计投资13亿元，出口贸易额1700万美元；汽车贸易城被批准为国家级汽车批发市场；净月潭旅游经济开发区的规划和建设也取得很大进展。全市外经外贸有很大发展，出口创汇大幅度增长，1995年全市进出口总额达1.75亿美元（市属），“八五”期间平均增长38.5%；利用外资不断增加，协议外资金额8.3亿美元。对外交往不断扩大，与60多个国家和地区建立了贸易合作关系，与9个城市结为友好城市。旅游业也有较快的发展，“八五”期间，全市共接待海外游客16.1万人次，外汇收入3851万美元。

4. 产业结构不断调整优化，三次产业的比例关系趋于协调，支柱产业日益壮大，县域经济发展初具规模。

第三产业发展步伐加快，三次产业的比例由1980年的31：51：18变为1995年的21.7：46.5：31.8。乡镇工业迅猛发展，乡镇工业占全市工业总产值的比重已达19.8%。汽车工业和农副产品加工业作为全市支柱产业不断壮大，1995年占全市工业总产值的比重分别达58%和15.6%。

5. 城市建设步伐加快，基础设施承载能力明显提高，环境综合治理成效显著，城市面貌发生巨大变化。

“八五”期间，城市基础设施承载力明显提高。铁路客运站、公路客运中心站、中日友好水厂、西解放立交桥等一批项目建成并交付使用。城市供气能力达到50万户，综合气化率达81.6%；热网工程发展迅速，城区集中供热面积达1800万平方米，热化率达53.9%；城市通讯有很大发展，市话装机容量达53万门；城市环境进一步改善，绿化覆盖率37.1%，人均占有公共绿地7.7平方米。

6. 精神文明与物质文明同步建设，城市整体文明水平不断提高，社会综合整治力度不断加大，为经济建设创造了良好的社会环境。

“八五”期间，我市正确地处理了改革、发展、稳定的关系，在搞好物质文明建设的同时，大力加强精神文明建设，为改革开放和经济建设创造良好环境。在各行业深入开展以良好职业道德教育为内容的夺杯赛活动，激发和调动广大干部群众进行社会主义现代化建设的积极性。

二、“九五”计划展望

“九五”期间，我们要坚持邓小平同志建设有中国特色的社会主义理论，坚持“抓住机遇、深化改革、扩大开放、促进发展、保持稳定”的基本方针。按照中央提出的全局性的两个转变，切实建立社会主义市场经济体制，切实转变经济增长方式，提高经济素质和效益。以增强综合经济实力和提高人民生活水平为目标，全面发展农村经济，大力发展汽车、农副产品加工和高新技术三大支柱产业，加快发展第三产业，加强城市基础设施和开发区建设，加速科技的产业化、市场化进程，搞好国有经济，积极发展非国有经济，加强精神文明和民主法制建设，促进国民经济持续、快速、健康发展和社会的全面进步。

“九五”期间，国民经济和社会发展主要目标：

1. 经济总量目标

国民生产总值，按1990年价格，2000年达到493.5亿元，5年平均递增13.5%。

国民生产总值中：

第一产业达到60.1亿元，年均递增5%。

第二产业达到260.7亿元，年均递增13.2%。

第三产业达到172.7亿元，年均递增18.2%。

人均国民生产总值达到6800元，年均递增12.4%。

三次产业比重达12：53：35。

全社会固定资产投资，累计完成1100亿元，投资率为31%。

财政收入，市区级全口径收入达到49.1亿元，年均递增11.4%。

进出口贸易总额，达到7亿美元，年均递增31.9%。

实际利用外资总额，累计达到25亿美元。

2. 经济效益目标

科技进步对经济增长的贡献率，达到50%以上。

全部独立核算工业资金利税率，达全国平均水平。

工业全员劳动生产率，达到41000元/人·年。

万元国民生产总值综合能耗，降到4吨标准煤。

3. 城市建设目标

供水总量，日供水能力达到113万吨。

人均占有城市道路，达8平方米。

电话普及率，达到36部/百人。

绿化覆盖率，达到40%。

综合气化率，达到90%以上。

污水处理率，达到50%以上。

4. 人民生活目标

城市人均生活费收入，达到5500元（95年价格），年均递增11.8%。

农村人均纯收入，达到2330元（95年可比价格），年均递增9.5%。

城市人均居住面积达到8平方米以上。

农村人均住房面积达到20平方米以上。

5. 社会发展目标

全市总人口，控制在725万人。其中，市区人口300万人。

人口自然增长率，控制在9.67‰以内。

城镇失业率，控制在4%以内。

“九五”期间，要突出建设的十大系统工程：

(1) 开发区建设工程。

(2) 百万辆汽车、50万辆摩托车及其零部件工程。

(3) 农畜产品深加工工程。

(4) 增产15亿公斤粮食工程。

（5）城市公用设施工程。

（6）“四通三环”道路工程。

（7）长春国际航空港工程。

（8）市场体系建设工程。

（9）城市生态环境工程。

（10）文明城建设工程。

附录

长春市“九五”计划和2010年远景目标表

指标名称	单位	1995年	2000年	“九五”年均增长%	2010年	2000～2010年均增长%	备注
一、经济总量目标							
1. 国民生产总值	亿元	261.9	493.5	13.5	1280	10.0	90年价格
		375.7					现价
其中：第一产业增加值	亿元	47.1	60.1	5.0	102.6	5.5	90年价格
		82					现价
第二产业增加值	亿元	140.1	260.7	13.2	665.4	9.8	90年价格
		180.5					现价
工业增加值	亿元	127.0	234.0	13.0	580	9.5	90年价格
		140.1					现价
建筑业增加值	亿元	13.1	26.6	15.2	85.4	12.4	90年价格
		14.5					现价
第三产业增加值	亿元	74.7	172.7	18.2	512	11.5	90年价格
		113.2					现价
人均国民生产总值	元	3788	6800	12.4	16500	9.3	90年价格
		5434					现价
2. 全社会固定资产投资	亿元	365.5（五年累计）	1100（五年累计）		6428（十年累计）		
投资率	%	30	31		30		
3. 财政收入	亿元	28.5	49.1	11.4	127.3	10.0	市区口径
4. 社会消费品零售总额	亿元	129.0	300	19.1	1200	15.0	
5. 进出口贸易总额	亿美元	1.75	7	31.9	20	11.1	
6. 利用外资总额	亿美元	8.3	25		50		累计
7. 商品零售价格指数	%			7～8		5～6	
8. 乡镇企业总产值	亿元	220	500	17.8	1000	7.2	90年价格
二、经济效益目标							
1. 万元国民生产总值能耗	吨/万元		4.0		3.5		
2. 工业全员劳动生产率	万元/人	2.1	4.1	14.3	10	9.3	
3. 工业产品销售率	%	95.0	97.0		98.0		
4. 科技进步贡献率	%	45	50		62.5		

续表

指标名称	单位	1995年	2000年	"九五"年均增长%	2010年	2000～2010年均增长%	备注
三、生活质量目标							
1. 城市居民人均生活费收入	元	3300	5500	11.8	12000	8.1	95年价格
2. 农村居民人均纯收入	元	1660	2330	7	3980	5.5	95年价格
3. 城市人均居住面积	平方米	6.9	9		11		
4. 农村人均钢筋砖木结构居住面积	平方米	15.5	20		25		
5. 恩格尔系数	%	51.5	45		40		
6. 人口平均预期寿命	岁	71.5	73.5		75.5		
四、社会发展目标							
1. 年末人口总数	万人	691.4	725		775		常住人口
其中：市区人口	万人	280	300		330		
2. 人口自然增长率	‰	9.89	9.67		5.37		
3. 城镇失业率	%	3.0	4.0		6.0		
4. 城市社会保险覆盖面	%	90	95		98		
5. 农村社会保险覆盖面	%	1.5	15		50		
6. 千人拥有病床数	张	2.66	4		6		
五、城市建设目标							
1. 城区建成面积	平方公里	130	150		240		
2. 城市人均占有道路面积	平方米	5.3	8		10		
3. 供水总量	万吨/日	63.4	113.4		200		
4. 绿化覆盖率	%	37.4	40		41		
5. 城市人均绿化面积	平方米	24	27.5		35		
6. 城市综合气化率	%	81.6	90		93		
7. 污水处理率	%	6	50		70		
8. 电话普及率	部/百人	18	36		60		

黑 龙 江 省

主　　编：宋洪福
副 主 编：杜有林　李广智
王伟东　卢玉春
编写人员：王伟东　卢玉春

黑龙江省分目录

黑龙江省概况 …………………………………………………………………………………… (149)
国民经济和社会发展 …………………………………………………………………………… (149)
中共黑龙江省委关于把我省建设成为农业强省的决定 ……………………………………… (154)

1995年改革开发大事记 ………………………………………………………………………… (158)

黑龙江省概况

面积：46 万平方公里

人口：3701 万人

行政区划：3 个地区，11 个地级市，19 个县级市，48 个县，1 个自治县

省委书记：岳岐峰

省八届人大常委会主任：孙维本

省长：田凤山

省七届政协委员会主席：周文华

黑龙江省国民经济主要指标(单位:亿元)

项　目	1995 年	1994 年比上年增长(%)
国内生产总值	2014.5	9.6
工农业总产值	2906.14	
工业总产值	2236.12	
重工业产值	1622.61	
轻工业产值	613.51	
农业总产值	670.02	
全社会固定资产投资	487.52	20.3
国有固定资产投资	379.9	11.3
社会商品零售总额	682.7	8.3
零售物价总指数(%)	114.3	14.3
职工工资总额	328.5	

国民经济和社会发展

1995 年，全省人民在省委、省政府的领导下，继续贯彻中央“抓住机遇，深化改革，扩大开放，促进发展，保持稳定”的总方针，深入实施省委确定的经济发展总体思路和建设农业强省的战略决策，解放思想，深化改革，团结一心，努力奋斗，国民经济发展扭转了前几年低速徘徊的局面，呈现出加快发展的好势头。城乡人民生活继续改善，科学、教育、文化、卫生、体育等各项社会事业进一步发展。

一、国民经济发展情况

初步统计，全省全年国内生产总值达到 2020 亿元，比上年增长 9.5%。其中第一、二、三产业增加值分别增长 7.5%、10.6%、9%，占国内生产总值的比重分别为 19.3%、53%和 27.7%。存在的主要问题是宏观经济好转的基础尚不稳固，相当一部分国有企业生产经营依然困难，经济效益不高，经济发展环境有待进一步改善。

(一) 农村经济全面发展，粮食总产量再

创历史最高水平

1995年全省农业遭受了多种自然灾害，但由于认真贯彻省委、省政府发展农业的多项政策措施，努力增加农业物质投入和科技投入，坚持抗灾夺丰收，农村经济各行业全面发展。粮食作物种植面积在与上年持平的基础上，粮食总产量达2592.5万吨，比上年增加13.8万吨，再创历史最高水平。主要经济作物亚麻、甜菜、烤烟的产量扭转了近两年下降的趋势，分别比上年增长47.5%、55.1%和13.7%。林业生产建设和绿化工作取得新进展，全年造林面积29万公顷，比上年增长16.3%，森林覆盖率有所提高。畜牧业发展步伐加快，主要畜产品产量和牲畜存栏头数保持旺盛增长势头，肉类总产量135.7万吨、禽蛋产量78.9万吨、牛奶产量165.5万吨，大牲畜年末存栏632.6万头、猪年末存栏1140.3万头、羊年末存栏494.6万只，分别比上年增长24.8%、31.3%、16.9%、21.9%、25.4%和23.7%。渔业生产持续发展，水产品产量25.3万吨，比上年增长21.1%，其中养殖产量20.1万吨，增长27.2%。农业生产条件进一步改善，化肥、农膜、农药、柴油、机械、良种和科技投入均比上年有所增加。

（二）工业生产速度继续加快，建筑业稳定发展

全省大力推进企业改革、改组和改造，强化各种基础管理，加强对工业运行的调控，工业生产在上年回升的基础上，继续快速增长，全年实现工业总产值2204亿元，比上年增长16.2%，其中，国有企业产值1483.4亿元，增长7.3%，扭转了连续两年下降的局面；非国有企业产值720.6亿元，增长35.4%。其中集体企业产值481.4亿元，增长34.9%；城乡个体工业产值131.8亿元，增长34%；其它经济类型企业产值107.4亿元，增长38.9%。主要工业产品产量如下：

项目	1995年	比上年增长%
化学纤维	13.7万吨	12.2
布	9416万米	－20.4
呢绒	303.6万米	－30.7
食糖	37.8万吨	85.4
白酒	29.6万吨	15.8

续表

项目	1995年	比上年增长%
啤酒	104.7万吨	6.8
卷烟	78.9万箱	0.1
机制纸及纸板	60.3万吨	22.7
电视机	36.5万部	63.5
#彩色电视机	35.7万部	68.4
塑料制品	10.5万吨	21.5
一次能源产量（折标吨）	13901.0万吨	0.9
原煤	7822.1万吨	2.4
原油	5600.7万吨	持平
天然气	22.9亿立方米	－1.5
汽油	260.6万吨	21.0
柴油	373.9万吨	20.0
润滑油	27.9万吨	49.6
发电量	387.4亿千瓦时	2.4
钢	89.0万吨	－19.5
钢材	82.0万吨	－16.8
铝材	4.5万吨	25.2
木材	1112.1万立方米	－0.2
水泥	675.4万吨	－0.4
平板玻璃	531.0万重量箱	－4.8
硫酸	8.9万吨	20.4
烧碱	9.9万吨	65.0
纯苯	4.1万吨	32.6
化肥（折纯）	54.8万吨	30.6
合成氨	63.8万吨	5.1
乙烯	31.0万吨	－0.1
轮胎外胎	200.1万条	4.2
发电设备	324.1万千瓦	－22.1
金属切削机床	1585台	－34.6
汽车	5.9万辆	142.3
内燃机	277.8万千瓦	89.5
小型拖拉机	6.5万台	89.5

全省全年乡及乡以上（产值百万元以上）独立核算工业企业产品销售收入1489.8亿元，比上年增长22.1%，实现利税262.7亿元，增长6.4%。全省工

业经济效益综合指数为102.4，比上年下降4.3个百分点。企业亏损情况有所好转，亏损面由上年的22.1%降低到21%，亏损企业亏损额达41.2亿元，比上年下降6.6%。但产成品资金占用较多，相互拖欠贷款现象仍比较严重。

全省全年建筑业增加值实现110亿元，比上年增长6.7%。国有建筑企业房屋建筑竣工面积516.9万平方米，比上年增长2%；全员劳动生产率11041元/人，比上年增长13.5%。

（三）市场繁荣活跃，商品货源充足、购销平稳

全省全年实现社会消费品零售总额为666.2亿元，比上年增长23.6%，按可比价格计算比上年增长8.1%。其中城镇578.6亿元，增长22.4%，农村87.6亿元，增长32.3%。各种经济类型在消费品零售总额中的比重，国有经济占33.8%，集体经济占14.5%，其他经济占51.7%。全省城乡消费品市场发展到1899个，成交额达232.8亿元，比上年增长54.5%。农民对非农业居民的零售额增长32.1%。1995年全省商品零售价格比上年增长14.3%，低于全国平均水平，实现了年初制订的物价调控目标。

（四）财政金融形势稳定，货币投放减少

1995年全省地方财政收入101亿元，完成年度预算的111.2%，按可比口径计算比上年增长19.2%；财政支出173.9亿元，完成年度预算的89%，按可比口径计算比上年增长17.2%。

全省年末银行及其它金融机构各项存款余额1555.9亿元，比年初增加378.6亿元，新增存款比上年增长26.7%，其中城乡居民储蓄存款余额1091.1亿元，企业存款余额375.5亿元，分别占各项存款余额的70.1%和24.1%。各项贷款余额1776.4亿元，比年初增加269.3亿元，新增贷款比上年增长5.5%。信贷借差220.5亿元，比上年缩小33.1%。全省银行现金收入3783.5亿元，比上年增加1197.6亿元，现金支出3892.6亿元，比上年增加1148.6亿元，收支相抵净投放货币109.1亿元，比上年减少49亿元，下降31%。

二、国民经济结构调整情况

1995年，全省按照省委确定的经济发展总体思路，坚持以公有制经济为主体、国有经济为主导、多种经济成分共同发展的方针，一业为主、多种经营的方针和资源二次开发、深度开发的方针，大力培育新的经济生长点，国民经济结构得到进一步调整，“瓶颈”制约有所缓解。国民经济中三次产业比例已由1990年的22：51：27，调整到1995年的19：57：28。乡镇企业、区街企业、民营科技企业、个体私营经济和“三资”企业等非国有经济发展迅速，已成为牵动整个经济发展的重要力量。全省非国有经济增加值比上年增长13.2%，占国内生产总值的比重由上年的40.6%上升到42%，对经济增长的贡献率达58.3%。

（一）实施农村产业化战略，推进农业强省建设

从省情实际出发，按照建设农业强省的战略决策，确立了推进农业和农村经济产业化的基本战略，在突出粮、牧、企三大重点，国土资源开发利用、粮食总产和农村经济总量提高等方面均有较大突破。粮食总产量达2592.5万吨，再创历史最高水平，农业总产值实现671.3亿元，比上年增长8.9%，农业增加值390亿元，增长7.5%。

全省粮食作物种植面积750万公顷，与上年持平，但在遭受自然灾害的情况下仍比上年增产13.8万吨。主要因素：一是农业投入增加。全省春耕资金投入79.5亿元，比上年增长33.6%，创历史最好水平；全年投入农田基本建设资金2.5亿元，用于新增和改善水田灌溉、抗旱除涝设施以及草原开荒改造中低产田；吸纳各方配套资金3800万元，更新一批农机具，改善了农业生产条件；在支持效益型农业发展上，仅省级就筹集3400多万元财政资金，重点扶持22个效益型农业示范县和16个贫困县；加大处理粮食企业历史挂帐工作力度，全年处理粮食挂帐7.3亿元。二是种植结构进一步调整，高产高效的水稻、玉米种植面积比上年增加了53.5万公顷。三是农业科技含量加大，玉米大垄双行覆膜和育苗移栽、水稻旱育稀植、大豆垄三栽培、小麦标准模式化栽培、种子包衣等推广面积达到373.7万公顷，占总播种面积的一半。

农村经济打破了传统单一农业的状况，非农产业发展步伐加快。据省乡镇企业局统计，全省乡镇企业总产值810亿元，比上年增长35%；营业收入800亿元，增长35.2%；实现利税54.2亿元，增长20.4%。

以畜牧业为主的多种经营全面发展，奶牛、黄牛、生猪、山绵羊、家禽存栏及水产品产量的增长幅度均在10%以上。全年牧业增加值67亿元，比上年增长19.7%。

（二）以搞活国有企业为重点，组织实施工业结构的战略性调整

全省紧密围绕十大产品基地建设，大力改造传统产业，集中力量培植产业关联度大、对整个经济牵动力强、市场覆盖面广的五大支柱产业，积极发育新兴产业和高新技术产业，工业经济内部结构明显改观。国有企业由于加快了改革、改组、改造步伐和深化管理，发展速度有所加快，按可比口径比上年增长7.3个百分点。但从经济成份看，非国有经济仍然保持旺盛增长势头，增幅比国有经济高出28.1个百分点，其产值占全部工业产值比重由上年的28.1%上升到32.7%，对工业发展的推动作用逐步增强。从轻重工业企业看，轻工业增长速度仍然快于重工业，轻工业增幅比重工业高8.6个百分点。从企业规模看，小型企业增长速度快于大中型企业，小型企业增幅比大中型企业高20.5个百分点。

（三）固定资产投资平稳增长，投资结构进一步改善

在全国适度从紧的宏观调控环境下，全省固定资产投资保持了平稳增长的势头，但增幅比上年有所降低。全年全社会固定资产投资完成480.5亿元，比上年增长21.2%，增幅比上年回落2.9个百分点，其中地方项目投资254.8亿元，增长24.8%。在全部投资中，国有单位投资375.6亿元，增长12.5%。全年5万元以上的基本建设和更新改造项目3244个，比上年仅增加4个。

投资结构有所调整。在国有单位固定资产投资中，基本建设投资189.7亿元，比上年增长6%；更新改造投资87.3亿元，增长17.1%，继续保持快于基本建设投资增长的局面。其他固定资产投资63亿元，增长16.5%；房地产开发投资35.6亿元，增长35.5%。在国有单位固定资产投资中，第一产业投资4.9亿元，所占比重由上年的1.6%下降为1.3%；第二产业投资216.8亿元，所占比重由上年的59.2%下降为57.7%，其中能源工业投资164.7亿元，所占比重由上年的44.5%下降为43.8%；第三产业投资154亿元，所占比重由上年的39.2%上升为41%，其中运输、邮电业投资63亿元，所占比重由上年的14.6%上升为16.8%。

三、基础设施完善情况

运输邮电业稳步发展。1995年全省运输邮电业增加值89亿元，比上年增长8.5%。各种运输工具运输量完成情况如下。

	1995年	比上年增长%
货物周转量	868.4亿吨公里	1.4
铁路	745.4亿吨公里	2.1
公路	58.2亿吨公里	2.1
水运	16.1亿吨公里	−12.9
空运	1.0亿吨公里	11.1
管道	47.7亿吨公里	−4.3
旅客周转量	226.5亿人公里	1.1
铁路	168.2亿人公里	−1.5
公路	46.5亿人公里	8.6
水运	0.2亿人公里	持平
空运	11.6亿人公里	11.3

全年邮电业务总量达27.5亿元，比上年增长48.4%，其中函件15525万件，下降7.4%；特快专递143.6万件，增长43.6%；长途电话30763万张，增长31.4%；无线电寻呼56.4万户，增长1.4倍；电报454.2万份，下降33.6%；报刊发行52145.4万份，增长0.6%；市话程控交换机容量240.3万门，增长54%。市内电话年末达到142万户，增长46.3%。

重点建设取得新进展。1995年全省施工的大中型和重点基本建设项目45个，限额以上更新改造项目35个，分别完成投资97.2亿元和17.9亿元，分别比上年增长35.2%和31.6%。建成投产的大中型及重点建设项目有哈尔滨市供水工程、大庆石油管理局、兴隆林业局、齐齐哈尔嫩江公路大桥、哈尔滨至绥芬河公路；限额以上更新改造项目有哈尔滨亚麻纺织厂三期工程、哈尔滨汽车齿轮厂、佳木斯合成材料厂丝束工程等7个。新增主要生产能力有：原煤开采200万吨/年，原油开采401.9万吨/年，木材采运6万立方米/年，水泥48万吨/年，平板玻璃30.1万重量箱/年，啤酒7.5万吨/年，自来水供水能力28.1万吨/日，新建公路434.6公里，市内电话自动交换机100.7万门。

四、经济体制改革和对外开放情况

适应建立社会主义市场经济体制的要求，计划、财税、金融和外贸等项改革逐步完善。现代企业制度试点工作全面启动，已有3户国家级试点企业组建成国有独资公司，在省级30户试点企业中，省政府授予11户企业国有资产投资主体职能。哈尔滨、齐齐哈尔两市优化资本结构试点工作全面推进，在政企分开、增加企业自有资金、卸掉企业债务包袱、分流富余人员上有所突破。90%的国有小企业初步完成了产权制度改革。企业内部改革进一步深化。按照国家统一部署，完成了清产核资工作。以养老和失业

整体效益。以市场为导向，以效益为中心，稳定发展第一产业，加快发展第二、第三产业，鼓励农民从事多种经营，促进农村剩余劳动力向二、三产业转移。采取谁投资、谁受益和自提自用的办法，加强小城镇和乡镇工业小区建设。改革小城镇户籍管理制度，鼓励农民到小城镇投资办企业。因地制宜地调整区域布局和作物结构。充分利用气候变暖的有利条件和水资源条件，进一步挖掘第二、三积温带的潜力，逐步增加高产高效的水稻、玉米面积，把现已形成的玉米生产带向北拓展。三江平原要由种植大豆、小麦为主，逐步转向以水稻、玉米为主。高纬度地区重点发展大豆、小麦、马铃薯和小杂粮。搞好亚麻、甜菜、烤烟、马铃薯等经济作物生产。有计划地扩大饲料作物种植，逐步建立起“粮、经、饲”三元结构。

6. 搞好农业综合开发。实行内涵开发和外延开发并举，以内涵开发为主。重点抓好现有中低产田改造，提高粮食单产，增加总产。重点搞好松嫩、三江两大平原和大兴安岭、黑河地区大面积宜农荒地的综合开发。采用生物、工程、技术综合措施，实行山水林田路综合治理。在鼓励农民开发的同时，要向全社会开放，积极吸引外资和省内外资金搞合作开发。实行区域统一规划、一体开发，并要加强管理。大力推广生态农业，发展“绿色食品”生产，建设高效生态经济区，促进生态良性循环，实现农业持续发展。

7. 加强农业基础建设，增强农业发展后劲。要以治水、改土、增肥、防灾为重点，建设稳产高产的基本农田。在抓好现有水利工程维修改造的同时，集中力量建设一批防洪、灌溉、除涝、蓄水、引水、发电的水利骨干工程，具备条件的地方要多搞一些井灌区。坚持走增施有机肥与无机肥相结合的路子，不断提高土壤肥力和土地产出率。健全防灾减灾预警系统，及时组织对各种灾害的预防。大力发展农村通讯、交通事业。到2000年，乡村基本普及程控电话，行政村全部通公路。大力发展夏季水上运输。继续实行农机更新和修理补贴政策，采用股份集资等多种形式筹集更新资金，尽快解决大型农业机械技术状态老化问题。搞好粮食及其它农副产品精深加工技术和装备的研究开发。到2000年田间作业基本实现机械化，2010年全面实现农业机械化。

8. 加快发展畜牧业和水产养殖业，使其尽快成为农村经济的支柱产业。畜牧业要以粮食、饲料生产和草原建设为基础，以畜产品加工业为龙头，以推广综合饲养技术和健全服务体系为手段，推动规模化饲养、专业化生产、商品化经营。在千家万户普遍饲养的同时，集中连片发展养畜（禽）专业户、专业村、专业乡和牧业小区。在稳定发展猪、羊、禽生产的同时，重点发展奶牛、肉牛生产。到2000年畜牧业产值要占农业总产值的35%左右，到2010年要达到40%以上。水产养殖业要坚持多种经济成份一齐上，加快现有水面开发利用，提高单位面积产量。

9. 大力发展乡镇企业，搞好农副产品精深加工。要把发展乡镇企业作为建设农业强省的战略重点，坚持短平快与高精尖、大高外相结合，多轮驱动，多元发展。支持乡镇工业小区建设和骨干企业优先发展。大搞内引外联，加速技术改造和体制改革，努力提高现有乡镇企业素质。今后新增的农副产品精深加工项目，要尽量放到原料产地，由乡镇企业去办。抓紧解决低水平重复问题。省要从资金、政策等方面重点扶持100个龙头企业，重点抓好100万吨玉米和100万吨大豆的精深加工项目，围绕“龙头”企业组织联合和兼并。各市（地）也要有计划地扶持一批龙头加工企业。到2000年，乡镇工业产值占全省工业总产值的比重达到50%左右；到2010年达到60%左右。

10. 充分开发利用林区资源，提高林业经济效益和生态效益。实行造林与抚育并举、加快迹地更新和荒山、“四旁”绿化进程，大面积营造速生丰产林，实现森林面积和蓄积量稳步增长。大力发展林产工业，搞好精深加工，力争3年内实现可加工的原木不出省。实行林农、林牧、林矿、林药结合，大力发展多种经营。积极开发绿色食品、保健品，发展森林旅游业。按所有权与经营权分离的原则，积极进行林业局分户经营试点，逐步实行划区管理、分户承包、综合经营。推行“工资田”、“劳保田”、“就业田”，劳动保险林等经营方式，大力兴办家庭林场、家庭农场，解决企业劳动力转移和离退休人员工资问题，加快林区造林和职工致富的步伐。

11. 加大科教兴农力度，提高农村经济增长的质量。稳定基础研究，加强应用技术研究，发展高新技术，力争在培育开发新品种、防御低温冷害、农副产品精深加工、生物工程等方面取得重大进展和突破。建立健全技术推广网络，实行村团支部书记青年星火带头人、村委会科技副主任三位一体配置，解决村级科技推广工作断层问题。全面实施“丰收计划”、“星火计划”、“燎原计划”和“农机化节本增效工程”。采取突破性措施，加速推进以良种繁育、引进推广为内容的“绿色革命”和以保护地栽培技术为内容的“白色革命”。支持省农科院和东北农业大学办好“两高一优”农业示范区和农业高新技术试验园区，积极培植各种民间、民营的技术协会等科技组织。继续推进农科教结合，完善农业普通教育，发展各种形式的职业技术教育，鼓励和倡导社会各方面举办多种形式的技术培训，实施绿色证书制度，提高农民的文化科技素质和参与市场竞争能力。

积极筹建农业科技基金。进一步放开科研机构、放活科技人才，鼓励和吸引大专院校、科研单位、厂矿企业的科技人才到农村进行各种新技术的试验、示范和推广。到2000年，科技进步对农业的贡献率要由现在的40%左右，提高到50%以上；到2010年，达到60%以上。

12. 深化农村改革，增强发展活力。坚决贯彻中央关于土地承包长期稳定的基本政策。进一步明确土地所有权，稳定承包权，放活使用权，建立土地流转机制。在具备条件的地方，积极发展适度规模经营。对草原和水面以县规划，以乡村管理，力争在两年全部承包到户。对苇塘实行统一规划、专业承包、规模经营。按“小政府、大服务”的原则，搞好县、乡两级机构改革。按照还行政权于政府、放经营权于企业的原则，进行农垦、森工体制改革，促进区域经济一体发展。两个总局向公司化、集团化方向发展，搞好资产经营和监管。相应地精简管理层次，改革管理方式。对乡镇企业积极稳妥地实行股份制、股份合作制。种植业、养殖业、水利工程和机耕服务，也要积极试行股份合作制。认真搞好“五小”水利工程产权制度改革，搞好农村社会养老、财产和医疗保险制度改革。

13. 培育和完善农村市场体系，进一步搞活农村流通。在政府宏观调控下，逐步建立农产品主要由市场形成价格的机制。鼓励和支持农民发展各种形式的购销服务组织，以自产自销、代购代销、联购联销、联购分销等多种形式进入流通领域。加快以批发市场为中心、集贸市场为基础的农产品市场体系建设，组建一批辐射、影响全国，与国际市场对接的大型农产品及其加工制品的批发（中心）市场。注重发展社会各消费团体与生产者（或生产者集团）直接见面的横向流通渠道，促使农村经济在区域间形成互为供求的良性循环。积极培育技术、生产资料、土地、劳务等各类生产要素市场。建立全省农业信息中心，完善市（地）、县的农业信息渠道。加强冷冻、冷藏、仓储和运输等流通基础设施建设，扩大市场吞吐能力。建立统一有效的市场规则，加强市场管理。按照规范化、法制化、专业化、国际化的原则发展和完善律师、审计、会计等各类市场中介组织，发挥其服务、沟通、公证、监督作用。

14. 加强社会化服务体系建设。建立健全上下衔接、功能完善的服务网络，增强服务手段，扩大服务范围，提高服务质量。龙头企业要按产业化要求，搞好对原料基地和农户的全方位服务。增强社区性合作经济组织的服务功能，加快向企业法人和市场主体的转变。村级以主导产品为重点，搞好综合服务；乡级以技术推广和农用生产资料供应为重点，搞好产前、产中、产后服务；县级以产业衔接为重点，搞好加工、销售服务。要围绕服务办实体，办好实体搞服务，搞好服务促发展。办实体的社会化服务组织，可享受乡镇企业的各种优惠政策，在启动时财政等部门要给予支持。要充分发挥民间各类专业技术协会、研究会和民营科技组织的作用，引导农民开展技术、生产、供销等方面的互助合作，增强农民的自我服务能力。鼓励农民和农村合作经济组织与国合商业、外贸企业实行经济联合，加速实现与国内、国际市场的对接。供销社要在产业化经营中拓展服务领域，从单纯的购销组织向农村经济的综合服务组织转变。

15. 健全农业发展支撑体系和保护体系，加大对农业的投入。要建立以农民为主体，国家、集体、农户、社会、外资相结合的多元投资体制。每年财政支农支出的增幅要高于总支出增幅的2个百分点。2000年以前，银行对农业、乡镇企业、畜牧业贷款每年按15%比例递增。进一步完善乡村两级农业发展基金、合作基金及劳动积累工、农业承包费上交制度，增加农村集体对农业的投入。动用财政贴息、政策导向等手段，积极引导社会各方资金投入农业开发。完善农村信用合作组织，发挥筹集资金，支持农业发展的作用。继续搞好招商，吸引外资发展农业。认真贯彻执行国家颁布的“农业法”、“农业技术推广法”等法律法规。强化农业资源保护，特别是保护基本农田，严禁滥占乱用耕地。健全主要农产品储备调节制度和农业风险基金。制定以工补农、以商补农的具体政策，每年从农副产品加工企业和流通企业积累中提取一定比例的资金返还农业。加强宏观调控，减少中间环节，严格控制生产资料价格。搞好对农民负担的执法监督，强化对村提留和乡统筹款的使用管理，切实减轻农民负担。

16. 加强农村基层组织建设。按照中央的部署，下功夫抓好以党支部为核心的村级组织配套建设，以增强服务功能为重点的经营体制建设，以民主管理为内容的制度建设。党支部建设要着力选配好领导班子尤其是政治素质好，能带领群众共同富裕的支部书记。根据经济发展的需要，合理调整基层党组织设置。加强乡镇企业党的工作，根据不同类型乡镇企业特点，建立健全党的组织。健全集体经济组织，逐步壮大集体经济实力，充分发挥其生产服务、协调管理、资产积累、资源开发、兴办企业等职能。认真贯彻执行《村民委员会组织法（试行）》，健全村民委员会和村民小组，完善村民选举、村务公开、村规民约制度。加强青年、妇女、民兵等组织的建设。建立健全村级治保组织和人民调解组织。加强乡镇党委和乡镇政权建设，使其切实负起加强村级组织建设的责任。

17. 坚持两手抓，两手都要硬。切实加强精神文明建设，让文明、进步、健康的思想和风尚占领农村阵地。抓好康居工程，加快农村住房改造，力争到2000年，住房砖瓦化率达到60%以上，到2010年，农村住房基本实现砖瓦化。到2000年，80%以上的县达到初级电气化。基本普及九年义务教育，扫除青壮年文盲。建立健全农村三级卫生网，实现人人享有初级卫生保健。抓好改水防病工作，农村安全卫生水普及率达到90%以上。抓好计划生育和优生优育工作，在全省农村广泛深入地开展“少生快富”活动，切实控制人口增长。加强农村社会治安综合治理，搞好依法治村，保持农村社会安定。

18. 切实加强领导。建设农业强省是贯彻实施省委经济发展总体思路的重大战略举措，全省各级党组织必须加强对这项工作的领导。各市（地）、县都要制定具体发展规划并保证实施。地、县主要领导同志要把主要精力放在农业和农村工作上。市带县的市级主要领导要突出抓好农业和农村工作。各有关部门要切实把建设农业强省作为经济工作的首要任务，各司其职，密切配合，形成合力。按照建设农业强省任务的要求，建立健全决策指挥体系、实施推动体系和监督保障体系。建立有效的激励机制，层层分解目标、责任，认真抓好落实。强化农业综合部门和农业行业管理部门职能作用。党委、政府及有关部门在财政支农资金的安排、农业贷款资金的投放、农业生产资料的分配和县乡党政主要干部的配备等方面要充分听取农业综合部门的意见，并赋予其必要的参与权或决定权。今后凡涉农部门都要接受分管农业的领导同志的协调，形成整体合力。实行市带县体制的地方要切实加强对农村经济工作的领导，赋予市级农委更多职权。注重配齐配强县级领导班子，保持相对稳定。加大县级行政管理和中观调控权限，增强其总揽全局和推进本地农村经济发展的能力。要注意抓好典型，分类指导，梯次推进。省里要抓住若干个县（市），各县（市）要首先抓好三、五个乡（镇），以点带面，推动全盘。积极采取结对子和经济联合等多种形式，实行县（市）与县（市）、乡（镇）与乡（镇）之间，强帮弱，富帮穷，优势互补，共同富裕。

1995年改革开发大事记

1月

1日 大庆油田原油年产量首次突破5600万吨，从而使1994年成为第十九个高产稳产年。

5日 第十一届冰雪节暨第二十一届冰灯游园会揭幕。本届冰雪节以把哈尔滨建成东北亚重要国际经贸城市为目标，经贸活动规模大于往年。

11日 据报载，由黑龙江省、农业部、中科院、国家教委联合组织开发的“三江平原农业区域综合治理项目”告捷，该项目获得黑龙江省科技进步奖中农业项目的唯一一等奖。经过5年的时间，该项目试验示范面积89.6万亩，取得直接经济效益5691万元；累计推广各项技术面积6147万亩，获经济效益14.79亿元。

18日 黑龙江省对外经济技术合作洽谈会在德国法兰克福开幕。

19日 邮电部门提出今年工作目标，投资30亿元加速通信基础设施建设，全面超额完成“八五”计划，各项主要通信能力和业务发展主要指标比1993年翻一番。

2月

11日 经国家海关总署批准，饶河海关正式建关。

12日 省委、省政府召开备春耕电话会议，要求迅速掀起备春耕生产高潮。

13日 中国人民政治协商会议黑龙江省第七届委员会第三次会议隆重开幕。

17日 省政府召开全省国民经济和社会发展情况新闻发布会通报，全省国民经济在诸多矛盾交织中，呈现出快速发展的势头，各项社会事业取得新进展，1994年是全省总体经济形势最近10年来增长最快的一年。

18日 中俄美乌苏里江流域土地持续利用规划领导委员会第一次会议在哈尔滨市召开。

22日 黑龙江省第八届人民代表大会第三次会议开幕。田凤山代省长作政府工作报告，提出了全省1995年工作的10项任务。

28日 黑龙江省第八届人民代表大会第三次会议闭幕，会议选举田凤山为黑龙江省人民政府省长。

3月

3日 省政府召开第六次全体（扩大）会议，部署加强政府机关思想作风工作，强调要创造宽松的经济发展环境，完成全省改革和发展任务。

7日 省委、省政府部署全省开展改善经济发展环境讨论。

8日 中国人民银行和黑龙江省政府关于亚洲开发银行贷款的黑龙江省高等级公路项目转贷签字仪式在北京举行。这笔1.42亿美元的贷款将被用于哈同公路佳木斯至哈尔滨段高等级公路建设。

19日 省委、省政府在北京召开振兴黑龙江经济恳谈会。

25日 全省开始实施“米袋子”省长负责制，省政府与各地市负责人签订1995年粮食产购销责任状。

4月

3月30日至4月2日 黑龙江省代表团访问了南斯拉夫联盟塞尔维亚共和国。塞尔维亚共和国总理米·马利亚诺维奇、南斯拉夫联盟副总理尼·沙依诺维奇、塞尔维亚议长托米奇先后会见和宴请了以省长田凤山为团长的代表团全体成员。

8日 省委召开电视会议，要求联系实际、突出重点、认真查摆，把改善经济发展环境的讨论引向深入。

14日 经中国农业银行和俄联邦中央银行批准，黑河与布拉戈维申斯克边贸直接通汇。

23日 省政府发出关于切实抓好春耕生产的

通知。

5月

5日 全省地市委书记、市长(专员)会议结束。会议要求各地振奋精神，自力求强；加快经济发展，务求发展质量。

12日 为切实改善经济发展环境，省直各部门出台一批整改方案。

13日 省委书记岳岐峰在外地考察时提出：从严管理，再创黑龙江机械工业辉煌；抓住机遇，由农业大省向农业强省转变。

17日 省政府设立专款，补助特困大学生。

25日 省领导岳岐峰、王建功、马国良与国家有关部门领导座谈，提出黑龙江省的轻工业要走集团化的路子，大力发展造纸、制糖、矿泉水、山野菜、乳制品、皮革、畜产品、家具，室内装饰等。

29～30日 姜春云副总理在哈尔滨主持召开了黑龙江、吉林、辽宁、内蒙古4省、自治区农业生产座谈会。他强调粮食主产区要抓住机遇，发挥优势，加快农业发展，多增产粮食，为国家多做贡献。

6月

4日 省政府召开会议强调，加快全省的城镇和农村住房建设，提高农民生活质量，带动农村相关产业发展。

9日 省委、省政府召开全省改善经济发展环境讨论总结汇报会。会议认为，前段讨论取得很大成绩，继续解放思想任重道远。

10日 世界银行考察团访问黑龙江省，对全省经济发展状况做进一步了解，并就农业发展项目、大中型企业技术改造、城市交通等项目作深入考察。

15日 中国哈尔滨第六届边境地方经济贸易洽谈会在哈尔滨开幕。全国人大常委会副委员长王光英等为开幕式剪彩。26个国家和地区的外商，24个省、自治区、直辖市、经济特区、国家商会的领导出席了开幕式。

18日 黑龙江省投资规模最大，全国企业投资规模最大的农业开发项目虎林独木河荒原38万亩农业综合开发项目举行签字仪式。项目计划开垦荒原38万亩，总投资3亿元，建成后种植业每年稳定增产5825万公斤。

19日 据新华社报道，近年经济一直处于低速低效运行的黑龙江省，随着经济战略的调整和经营环境的改善，经济呈现出加快发展的势头，1～5月份，全省乡及乡以上工业总产值累计完成755.1亿元，比去年同期增长11.8%。

21日 第六届哈洽会圆满结束。会上签订对外经济贸易合同金额46.4亿美元，协议金额29.8亿美元。本届洽谈会在作用与意义上实现了战略转折，并正向国家博览会跨跃。具体表现为：交易方式由易货贸易向多种经贸合作发展；交易对象由俄罗斯等国家向远洋国家、周边国家和地区发展；交易主体由中介性的贸易公司向有实力的工商科研企业扩展；交易组织方式由政府行为转向按市场经济规律运作。

18～21日 中共中央总书记、国家主席江泽民对黑龙江省进行了视察，在黑龙江省期间，江泽民总书记重点考察了哈尔滨市、牡丹江市的国有大中型企业，并对黑龙江省提出四点殷切希望：进一步振奋精神，扎实苦干，把黑龙江建设得更好；理清思路，为制定好“九五”发展规划作好准备；深化企业改革，搞好老工业基地改造；正确处理改革、发展、稳定的关系。

26日 省政府出台强化土地管理新措施，制止乱占滥用耕地及违法用地批地。

30日 省八届人大常委会第十六次会议通过关于抑制通货膨胀，控制价格上涨的决议。

7月

8日 省委书记岳岐峰在接受《经济日报》、《深圳特区报》和《黑龙江日报》记者联合采访时指出，向大型优势“龙头”企业靠拢、向国内外贸集团企业靠拢、向沿海经济发达地区靠拢、向国外靠拢是当前老企业、老工业基地改造的一个重要的、现实的出路。

14日 省委、省政府召开市地及省直部门负责人会议，传达学习江泽民总书记视察东北三省时的重要讲话精神，提出了全面贯彻意见。

17日 省政府部署乡镇企业发展的主要任务，要求在坚持快速发展的同时提高质量和效益。

18日 省政府举行新闻发布会通报：上半年全省经济运行势头良好，国内生产总值765.8亿元，比上年同期增长8.9%，但存在的问题不容忽视。

20日 第三届冬亚会组委会举行第二次会议，要求组织者和承办者应该有兴奋感、紧迫感、责任感和危机感。

25日 据报载，三江平原科技攻关成就瞩目，获232项成果，其中11项达到国际先进水平；攻关面积95.6万亩，创效益14.79亿元；粮食亩产提高60%以上，人均收入提高3倍多。

20～26日 乔石委员长视察了黑龙江省。在此期间,乔石委员长深入国有大中型企业、军工企业调查研究,到农村了解农业生产状况,并听取了省委、省政府的工作汇报。乔石委员长指出,国有大中型企业的出路在于深化改革,搞改革胆子要大一点,国有大中型企业是很有潜力、很有希望的,是国家的命脉,其作用不可代替。

31日 中共黑龙江省七届四次全体委员(扩大)会议召开,主要议题一是传达江泽民、乔石等中央领导视察黑龙江省时的重要指示精神;二是研究如何把黑龙江省由农业大省建成农业强省的问题。

8月

2日 省委七届四次全委(扩大)会议一致通过了《关于把我省由农业大省建设成农业强省的决定》。

10日 全省第三次工业普查工作启动。

15日 黑龙江省西部地区出现严重伏旱,省长田凤山视察时提出,抗旱是旱区压倒一切的中心工作。

30日 省政府发出通告,自1996年1月1日起,在全省范围内取缔带有博彩性质的电子游戏经营活动。

9月

10～18日 省长田凤山率团赴日本北海道出席北方地区省州长高级会议。

20日 大庆油田隆重纪念开发35周年,稳产20周年。江泽民总书记、李鹏总理题词勉励,国务院发电致贺。

21日 1996年亚冬会的重要基础设施,亚布力滑雪场公路竣工通车。

▲ 齐齐哈尔嫩江公路大桥建成通车。

22日 哈尔滨飞机制造公司生产的运十二Ⅳ型飞机获得美国联邦航空局颁发的CAAC生产评估许可证,该种飞机取得了进入北美地区销售的资格。这是我国飞机制造业发展的重要里程碑。

30日 江苏华西村与黑龙江省肇东市合作开始建设五站镇华西村。

10月

1日 新华社消息:1995年黑龙江省粮食总产稳定在255亿公斤左右已成定局,有望实现90年代以来连续6年的农业丰收。

10日 黑龙江省穆棱撤县设市。

13日 省政府领导强调,各地要全面发动、精心组织,确保快收、多收、增收粮食,把所有能吃、能喂、能加工、能利用的农副产品全部收回来,坚持打好粮食收购这一仗。

16日 第三届亚冬会主会场及配套建设工程竣工,国家体委来电祝贺。

18日 全省开始全面开展税收、财务、物价大检查。

25日 新华社报道:哈尔滨阎家岗机场已开通50多条国内航线,每天140多个航班,跻身于国内大型机场行列;同时还开通俄罗斯、日本、香港等十几条国际航线,成为东北亚重要国际航空港。

30日 圆满结束对意大利、法国、瑞士访问考察,省委书记岳岐峰率代表团返哈。

11月

3日 黑龙江省16个县市进入全国百强产粮大县行列。5个县市进入全国百强农业生产大县行列。

12日 全国第三季度产品质量抽查揭晓,黑龙江省产品合格率居全国第三位。

14日 据报道,黑龙江省工业生产持续稳步增长,呈现出较快增长势头,总体增长质量和经济效益有所提高。1～10月份,累计完成工业总产值1571.1亿元,比去年同期增长14.4%,是本省近年来增长速度最快的时期,增幅越居全国中游,在东北三省领先。

18日 《黑龙江省日报》转载中共中央办公厅刊发的省委书记岳岐峰的文章《把黑龙江建成全国最大的粮食战略后备基地和农业强省的思路》。

20日 黑龙江省推行公务员制度进入实质性阶段,以职位分类为主要特征之一的公务员制度将取代以往以品位分类的干部人事制度。

23日 俄罗斯驻沈阳总领事馆领事维尔钦克,代表俄罗斯总统向曾参加苏联红军的黑龙江省公民颁发了"伟大的卫国战争胜利50周年"纪念奖章,以表彰我国人民在反法西斯战争中所做出的伟大贡献。

24日 省政府召开电话会议动员部署,再掀小城镇和农房建设高潮。

12月

5日 新华社消息:黑龙江省1至10月国有工业企业实现工业总产值1211.5亿元,比去年同期增长7.7%,产品销售收入增长22.2%,一举扭转连续两年负增长局面。

9日 新华社消息：黑龙江省已成为全国最大的奶牛生产“王国”。全省奶牛存栏71万头，奶牛数量和乳制品产量占全国奶牛总数和乳制品总量的五分之一。全省人均占有鲜奶39公斤，比全国平均水平高7倍。

11日 据有关部门介绍，黑龙江省已发现131种矿产，全省各类矿山年产值已达244亿元，仅次于山西省，居全国第二位。

15日 黑龙江省1996年经济体制改革的重要任务之一——草原、水面资源承包经营工作全面启动。

17日 哈尔滨冬亚会圣火在北京点燃，省城举行万人交接仪式。

23日 省长田凤山在省长办公会上指出，要集中财力改造大企业，重振老工业基地雄风。

26日 《黑龙江日报》发表署名文章，综合分析了黑龙江经济发展形势，指出黑龙江省经济基本结束徘徊走出低谷。

27日 全省计划工作会议召开，省长田凤山提出了改革的基本思想和途径，要求加快经济增长方式转变。

※
※※※
※

哈 尔 滨 市

主　　编： 陈瑞之
副 主 编： 张　强　张利祥
编写人员： 张利祥　王伟明　王其元　梁方兴
孙雁英　刘晓旭　邹　宽　李　军
赵亚军　智大勇　刘英杰　赵　鸣
王喜全　曹广顺　邓　辉　常　征

哈尔滨市分目录

哈尔滨市概况 …………………………………………………………………………………… (165)
国民经济和社会发展 ……………………………………………………………………………… (165)
经济体制改革和对外开放 ………………………………………………………………………… (171)
附录一：哈尔滨市部分对外合作项目 ……………………………………………………… (175)
附录二：新形势下招商引资战略探讨 ……………………………………………………… (180)
哈尔滨市国民经济和社会发展“九五”计划和2010年远景目标 ……………………………… (181)

典型地区

哈尔滨经济技术开发区 …………………………………………………………………………… (184)
黑龙江省十强县之一——阿城市 ………………………………………………………………… (187)

彩色宣传图片
·哈尔滨经济技术开发区·

哈尔滨市概况

面积：18466 平方公里

人口：568.90 万人

行政区划：7 城区，1 个县级市，4 个县

市委书记：索长有

市十届人大常委会主任：王人生

市长：汪光焘

市八届政协委员会主席：程道喜

哈尔滨市国民经济主要指标（单位：亿元）

项　目	1995 年	1995 年比上年增长（%）
国内生产总值	393.5	12.60
工农业总产值	577	37.23
工业总产值	489	35.24
重工业产值	297	34.40
轻工业产值	192	36.55
农业总产值	88	49.46
全社会固定资产投资	124.4	21.75
国有固定资产投资	120.38	22.15
社会商品零售总额	201.1	24.80
零售物价总指数（%）	113.2	13.2
职工工资总额	85.3	15.3

国民经济和社会发展

一、“八五”国民经济发展状况简要回顾

“八五”期间，哈尔滨市认真贯彻邓小平同志重要谈话和党的十四大精神及省委、省政府的正确决策，坚持党的基本路线和“抓住机遇，深化改革，扩大开放，促进发展，保持稳定”的基本方针，紧紧依靠全市人民，团结一心，开拓进取，改革开放步伐加快，国民经济和社会事业取得显著成就，圆满完成历次人代会确定的各项任务，提前一年完成“八五”计划，1995 年实现了国内生产总值翻两番的战略目标。

国民经济发展速度加快，综合经济实力明显增强。坚持以经济建设为中心，强化农业基础地位，突出抓好国有大中型企业，大力发展非国有经济，经济呈现加速发展的良好势头，是继“一五”、“二五”之后发展最快的时期。1995 年，全市实现国内生产总值 393.5 亿元（现价），按可比口径比上年增长 12.6%，比 1990 年增长 55.6%，年均增长 9.2%，其中一、二、三产业分别增长 7.3%、8.5%和 10.4%。

累计完成固定资产投资394亿元，是“七五”时期的3.2倍。

工业经济在结构调整中稳步增长。坚持优势发展战略，以带动能力强的大项目为重点，实施“雄风工程”，加快了老工业基地改造的步伐，增强了经济发展的后续能力。完成重点技改项目516项，投资94.5亿元，是“六五”、“七五”时期总和的1.9倍。电站设备、工量具、中小型轴承、制药、亚麻纺织等5个生产基地规模扩大，产品在国际市场竞争能力增强；初步形成了汽车、炼油、卷烟等国内先进水平的骨干行业。能源、原材料等基础工业进一步加强，发电量、水泥产量和原油加工量均比“七五”时期增长30%，煤炭产量增长1倍。

农业和农村经济全面发展。以保证粮食等基本农产品稳定增长和增加农民收入为目标，深化改革，依靠科技，增加投入，以城带乡，加强基础设施建设和综合开发，大力发展高产优质高效农业，农村经济上了一个大台阶。粮食生产连续5年大丰收，1995年粮食总产量28.27亿公斤，比上年增长17.9%，年均增长6.2%；新建了西泉眼水库等重点工程，抗御自然灾害能力增强；“菜篮子工程”成效显著，初步建成100个高产稳产蔬菜基地村；畜牧业成为农村经济发展的重要支柱，产值年均增长15.1%；加快植树造林步伐，完成了“三北”防护林一、二期工程，初步建成环城防护林，森林覆盖率由23%提高到25%。1995年，实现农村社会总产值330亿元，比上年增长74.4%，年均增长45.8%。

商品流通功能显著增强。按照建立“三环式”商业网络的思路，统一规划，合理布局，新建和改造了哈一百、秋林、百货大楼、中央商城等28个大中型零售商业企业，新建和完善了一批商品批发和零售市场，千人拥有商业网点由12.9个提高到15.8个，初步形成了辐射全省、面向全国的大流通格局。1995年，实现社会消费品零售总额201.1亿元，比上年增长24.8%，年均增长18.8%。商品零售价格涨幅为13.2%，低于全国平均水平。

非国有经济成为新的经济增长点。放手发展，积极扶持，非国有经济增长势头强劲，对经济的拉动作用明显增强，占国内生产总值比重由31.3%提高到44.6%。乡镇企业发展步入快车道，1995年实现总产值230亿元，5年翻了3.1番；区街经济产值年均增长18.1%；个体、私营企业发展到11万户，比1990年增长1.5倍。

二、1995年国民经济发展情况

1995年，哈尔滨市人民在省委、省政府，市委、市政府的领导下，解放思想，开拓进取，加快改革开放步伐，实现了国民经济持续、快速发展，经济实力明显增强，各项社会事业进一步发展。初步测算，全年实现国内生产总值393.5亿元，比上年增长12.6%。其中，第一产业48.4亿元，增长16.5%；第二产业139.1亿元，增长15.9%；第三产业206.0亿元，增长9.1%。非国有经济实现增加值175.5亿元，比上年增长17.2%，占国内生产总值的44.6%，比上年提高2.7个百分点。经济发展中存在的主要问题是：经济运行质量不高，企业相互拖欠严重。

（一）农业

农业生产跨上新台阶。1995年，全市进一步贯彻落实党的农村政策，深化农村改革，大力推进科技兴农，增加农业投入，农村经济全面发展，粮食生产连续6年获得大丰收，粮食产量突破25亿公斤大关。全年实现农林牧渔业总产值88.0亿元，比上年增长49.46%。其中，农业产值50.0亿元，增长18.1%；林业产值1.4亿元，增长15.3%；畜牧业产值35.0亿元，增长22.0%；渔业产值1.6亿元，增长15.8%。主要农产品产量如下：

单位：万吨

	1995年	比上年增长%
粮食	282.7	17.9
其中：谷物	250.9	24.0
油料	0.3	13.1
麻类	1.8	6.4
甜菜	13.7	4.1
蔬菜	107.3	11.8
其中：市区	58.5	11.0

主要畜产品产量如下：

单位：万吨

	1995年	比上年增长%
猪肉	7.5	34.9
牛肉	2.6	39.6
羊肉	0.2	23.6
禽肉	5.0	6.7
禽蛋	11.1	14.9
牛奶	14.6	11.2

农业基础地位得到加强，农业生产投入增加。年末，银行对农业贷款余额为10.0亿元，比上年增长25.8%；农村信用社贷款余额为10.3亿元，增长

7.0%。农村机械总动力128.9万千瓦，比上年增长2.1%；拥有大中型拖拉机0.5万台，下降2.1%；小型拖拉机4.5万台，增长1.3%；农用载重汽车0.2万辆，增长3.2%；农用排灌动力机械3.0万台，下降0.4%。化肥施用量（折纯法计算）7.3万吨，比上年增长3.9%；农村用电量3.4亿千瓦小时，增长3.8%。

（二）工业和建筑业

1. 工业

(1) 基本情况

工业生产持续快速发展。1995年，全市实现工业增加值109.7亿元，比上年增长16.4%。完成工业总产值328.0亿元（1990年不变价，下同），比上年增长21.4%；轻工业完成总产值139.2亿元，比上年增长19.9%；重工业完成总产值188.8亿元，增长22.6%。国有工业完成总产值187.2亿元，比上年增长12.7%；非国有工业完成总产值140.8亿元，增长35.4%，占全部工业总产值的42.9%，比上年提高4.4个百分点。其中，乡办工业27.5亿元，增长1.1倍；街道工业12.1亿元，增长21.1%；村办、城乡合作、个体工业51.9亿元，增长50.3%。乡及乡以上工业完成总产值276.1亿元，比上年增长17.2%。

主要工业品产量如下：

	1995年	比上年增长%
化学纤维	6.7万吨	13.8
亚麻布	1582.0万米	1.9
糖	6.8万吨	1.6倍
卷烟	31.1万箱	9.0
啤酒	21.5万吨	7.9
白酒	10.8万吨	5.8
化学医药	0.2万吨	33.3
钢	3.0万吨	−57.3
钢材	13.8万吨	−49.1
人造板	3.3万立米	−10.9
机制纸及纸板	5.9万吨	13.4
水泥	212.6万吨	9.4
平板玻璃	85.8万重量箱	−19.4
汽车	5.9万辆	1.4倍
内燃机	258.0万千瓦	79.1
原油加工量	125.1万吨	13.7
发电量	56.8亿千瓦小时	1.9
发电设备	324.1万千瓦	−21.1

(2) 工业经济的基本评价

工业整体实力增强，工业结构进一步优化。我市已形成以机电、医药、石化、电子、轻工、食品工业为主，纺织、冶金、建材也具有相当规模的工业体系，工业优势和行业特色更加突出。表现在：一是电（大型发电设备制造）、工（工具、量具、量仪制造）、轴（轴承制造）、药（医药工业）、麻（亚麻纺织）5个具有国际先进水平的生产基地基本形成；二是初步形成汽车、卷烟等具有国内先进水平的骨干行业；三是部分新兴行业初具规模。哈尔滨医药集团生物工程项目从无到有，现已掌握18种干扰素的生产技术；四是能源、原材料等基础工业得到进一步巩固和加强；五是企业组织结构进一步优化。“八五”期间，对哈医药等9户国有大中型企业进行了股份制改造，其中哈医药、天鹅、岁宝和哈动力设备股份有限公司的股票已发行上市。按多兼并、少破产的原则，有188户工业企业兼并231户企业，有3亿元资产、68万平方米厂房得到优化重组。对5户企业实施了破产，卸掉债务包袱7754万元，盘活资产2845万元，妥善安置职工3644人。组织工业企业集团48户，扩大了经济规模，增强了企业整体竞争能力；六是技术结构得到进一步的提高。“八五”期间，我市工业经济突出强调增加技术含量，积极采用先进技术，引进先进设备，在全市经济增长中，科技进步的贡献份额由“七五”的25%左右提高到“八五”的38%左右。

2. 建筑业

建筑业生产继续发展。全年实现建筑业增加值29.4亿元，比上年增长13.6%，增长幅度比上年提高6.0个百分点。人均施工房屋建筑面积54.2平方米，比上年增长2.3%；人均竣工房屋建筑面积21.3平方米，下降2.7%；全员劳动生产率33982元/人，增长7.9%。全年验收工程2088项，一次合格2016项，其中，优良531项，在沈阳、长春、哈尔滨3市联合检查评比中，我市有15项工程被评为样板工程，比上年增加3项。

（三）商业和物价

商业市场繁荣，货源充足。1995年，全市实现社会消费品零售总额201.1亿元，比上年增长24.8%。其中，市的零售额182.1亿元，增长26.3%；县的零售额11.1亿元，增长23.1%；县以下零售额7.9亿元，增长20.0%。城乡集市贸易市场280个，成交额90.3亿元，比上年增长71.6%。

非国有经济消费品零售额增幅较大。国有经济零售额比上年增长5.1%，非国有经济零售额增长33.8%，占全部零售额的比重由上年的68.4%上升到73.4%。其中，集体经济下降19.2%，个体经济增长43.6%，私营经济增长3.2倍，合营经济增长1.2倍，股份制经济增长20.1%，农对非增长37.2%。

物价涨幅明显回落。全年城市居民消费价格总指数为115.8，涨幅比上年回落8.3个百分点；商品零售价格总指数为113.2，回落8.0个百分点；农贸市场农产品成交价格指数为115.3，回落6.2个百分点。各类消费品价格比上年上涨幅度是：食品类19.4%，衣着类12.1%，家庭设备及用品类5.1%，医疗保健类8.4%，交通和通讯工具类1.3%，娱乐教育文化用品类5.9%，居住类22.8%，服务项目类10.0%。

（四）财政、金融和保险业

财政收入继续增长。1995年，全市财政总收入42.3亿元，比上年增长15.7%；地方财政收入21.7亿元，增长16.6%。其中工商各税收入18.4亿元，增长18.2%。地方财政支出33.0亿元，比上年增长23.4%。其中，基本建设2.1亿元，增长33.0%；企业挖潜改造5.3亿元，增长59.0%；城市维护费3.5亿元，增长36.4%；文教卫生事业费7.0亿元，增长21.6%；科学事业费0.2亿元，增长3.8%。

银行信贷增加。年末，银行存款余额387.0亿元，比上年末增长34.8%；银行贷款余额419.6亿元，增长17.2%。全年银行现金收入1051.2亿元，比上年增长42.4%；现金支出935.7亿元，增长38.9%。货币净回笼115.6亿元，比上年增长78.4%。城乡居民存款余额279.5亿元，比上年末增长42.9%。其中城镇居民储蓄存款余额265.9亿元，增长43.4%；农村居民储蓄存款余额13.5亿元，增长33.4%。

保险事业有新发展。全市承保国内财产险总额546.1亿元，比上年增长35.3%；人身险总额213.7亿元，增长40.00%；全年处理国内财产险赔案1.3万件，国内财产险给付支出3.0亿元，比上年下降1.7%；人身险给付支出1.1亿元，下降27.3%。

三、投资结构进一步优化，基础设施不断完善

1995年，哈尔滨市固定资产投资结构进一步优化，更新改造投资增幅较高。全社会固定资产投资124.4亿元，比上年增长21.7%。其中，国有单位投资93.7亿元，非国有单位投资28.1亿元，城乡居民个人投资2.6亿元。在国有单位完成投资中，基本建设投资53.3亿元，比上年增长18.3%；更新改造投资32.0亿元，增长36.7%，增幅比全社会投资高15.0个百分点，占投资总额的比重为25.7%。在投资较快增长的同时，投资结构进一步得到调整。一是非生产性建设投资快于生产性建设投资的增长。全年非生产性建设投资62.9亿元，较上年增长31.5%，而生产性建设投资61.5亿元，仅较上年增长13.1%；二是商品房开发增幅继续回落，全年商品房投资35.0亿元，增长16.6%，增幅比上年下降16.0个百分点，占投资总额的比重为28.1%，较上年下降1.3个百分点。全年新增固定资产83.9亿元，较上年增长20.6%。新增了一批生产能力和设施，为哈尔滨市经济发展打下坚实的基础。

（一）能源

全年一次能源生产量92.5万吨标准煤，比上年略有下降，其中，原煤产量129万吨，比上年下降2.3%，天燃气供应量为280万立方米，比上年下降70%。全年二次能源生产达到18.4万吨标准煤，比上年增长17%，其中，地方电厂和企业自备电站（不含哈热电厂和哈发电厂分成电量）发电量为72303万千瓦时，与上年持平；管道煤气供应量11078万立方米，比上年增长54.3%；全市热力供应量76.80百万吉焦，其中采暖供热22.17百万吉焦，生产供热54.63百万吉焦。

万元国民生产总值能耗由上年的5.66吨标准煤，下降到5.50吨标准煤，节能率为2.8%。工业万元产值综合能耗预计由上年的2.29吨标准煤下降到2.24吨标准煤，下降2.18%。全年节约能源27万吨标准煤。

（二）交通

交通运输业生产呈现低速平稳增长态势。全年完成增加值15.4亿元，比上年增长3.2%。全社会完成货运总量5920.6万吨，比上年增长4.0%，其中，非专业运输部门完成货运量4249万吨，比上年增长8.9%，占社会货运总量的71.8%，比上年提高3.3个百分点。全社会完成客运总量4617.4万人次，比上年增长1.2%，其中，非专业运输部门完成

客运量1028万人次，比上年增长2.9%。专业运输部门完成货运量1671.6万吨，比上年下降6.6%，其中，铁路货运量820万吨，增长5.5%；公路货运量702万吨，比上年下降15.5%；水运货运量148.9万吨，比上年下降18%；民用航空货运量0.7万吨，比上年下降4.9%。专业运输部门完成客运总量3589.4万人次，比上年增长0.8%。其中，铁路发送旅客2818万人次，增长1%；公路发送旅客697万人次，比上年下降2.1%；水运发送旅客3.9万人次，比上年下降13.3%；民航发送旅客70.5万人次，增长26.3%，港口吞吐量156.6万吨，比上年下降3.7%。

（三）邮电

邮电通讯业发展迅猛。全年实现增加值5.5亿元，比上年增长40.0%。全年实现邮电业务总量10.2亿元，比上年增长59.8%。函件完成642万件，仓件完成13万件，汇票完成22万张，邮政快件完成45万件，特快专递完成20604件，公众电报完成44万份，用户电报完成88522次，长话业务量完成9868.3万张。年末市话达51万户，其中，住宅用户达40.5万户，公用电话达11408户，分别比上年增加14.1万户和861户。无线寻呼用户达23.5万户，本年发展无线寻呼11.8万户，其中市区无线寻呼达22.1万户，本年发展11万户。移动电话达57582户，本年发展3万户，其中市区移动电话用户达54520户，本年发展移动电话2.8万户。

全年投资10亿元进行建设，长途电路达到1.9万路，长途程控交换机容量达5.8万路端，市话程控交换机容量达770900门，无线寻呼系统容量达50万户。

（四）城市建设

城市基础设施建设继续得到加强。“两路两桥”工程提前竣工通车，完成投资0.7亿元。续建供水三期工程，完成投资1.7亿元，形成供水能力22.5万吨。完成哈火车站站前和道里西十三道街地下人防工程，分别投资1.8亿元和0.4亿元。续建南岗热网和开发区热网工程，完成投资0.6亿元，新增供热面积80万平方米。

城市公用事业持续发展。1995年末，全市公共交通营运线路83条，比上年增加7条；营运车辆1680辆，增加183辆，更新营运车辆159辆。全年客运量5.3亿人次，比上年增长1.9%。全年城市用电量45.7亿千瓦小时，比上年增长5.9%。其中，居民生活用电量11.0亿千瓦小时，增长18.7%。煤气管道长度1182公里，比上年增加69公里；煤气供应量1.3亿立方米，增长93.6%。全年供水总量2.9亿吨，比上年下降1.0%。其中，居民生活用水量1.6亿吨，下降9.1%。全年新增日处理废水能力3000吨，全年治理噪声污染源30处，建成环境噪声达标区15个，环境噪声达标面积56.1平方公里。建成区绿地面积3501公顷，比上年末增加21公顷。城市环境得到改善。

（五）重点项目建设

1995年哈尔滨市确定30项关系全局的重大项目，其中技术改造10项、基本建设20项。在基本建设重点项目中，列入国家计划的重点项目有3项：

1. 哈依煤气工程 日产煤气160万立方米，年产甲醇4万吨，批准总投资为158544万元，1990年开工建设，1996年全部竣工投产。到1995年底累计完成投资165582万元，已具备日产160万立方米煤气和年产4万吨甲醇的能力，并于1994年7月开始供气，到1995年末发展居民用户31.7万户、企业用户1746户，日供煤气45万立方米。

2. 苯酚丙酮工程 年产苯酚1.56万吨、丙酮9662吨，批准总投资26100万元，1994年开工建设，1996年竣工。到1995底累计完成投资14600万元，已完成土建和部分设备安装工程。

3. 西泉眼水库工程 总库容量4.78亿立方米，批准总投资23594万元，1992年开始建设，1996年竣工。到1995年底累计完成投资18402万元，已完成溢洪道、输水洞、大坝等主要工程。

四、社会事业发展情况

科技事业获新成果。全市共组织实施重要科技计划项目171项，投入经费3.3亿元，比上年增长13.9%。其中，科技攻关计划项目76项，星火计划项目26项，火炬计划项目23项，科技成果推广计划项目26项，微机推广应用计划项目20项。

全年共取得科研成果1100项。其中，国际水平150项，国内先进水平527项，国内首创169项。全市申请专利650项，国家专利授权470项。技术市场活跃，全年共签订技术贸易合同1811项，技术合同贸易额4.1亿元，比上年增长5.1%。

教育事业稳步发展。1995年末，全市普通高等学校在校生7.2万人，比上年末增加0.4万人；中等专业学校在校生3.3万人，减少0.1万人；技工学校在校生1.6万人，减少0.1万人；普通中学在校生26.1万人，增加2.8万人；小学在校生53.4万人，减少0.3万人，学龄儿童入学率达99.8%，比上年提高0.4个百分点。

文化、新闻、出版、广播、电视事业保持发展势头。成功地举办了第十一届冰雪节文艺晚会和纪念抗战胜利50周年等大型演出活动，全年创作戏剧作品10部，艺术表演获国家级奖励17项，省级奖励19项。全年共出版图书1.1亿册，比上年下降1.5%；报纸5.1亿份，下降27.1%；杂志5909.3万册，增长1.6%。全市公共图书馆总藏书量465.1万册，比上年增长0.9%。市广播电台每日播出节目59小时50分，增加6小时22分；市电视台每周播放自办节目85小时58分，增加4小时37分。全年新建有线电视片区12个，架设光缆主干线12条、杆路24公里，架设支干线240公里，覆盖达20万户家庭。

卫生事业发展，卫生医疗水平提高。1995年，全市拥有各级卫生机构912所，其中，医院302所。卫生技术人员4.0万人，比上年末增加325人，其中，医生1.8万人，增加749人。全年传染病总发病率比上年下降27.9%，脊髓灰质炎病例未发生。血液病、心血管病研究和烧伤、骨科等医疗技术达到全国先进水平。

体育事业取得新成绩。在国内外重大比赛中，哈市运动员共获金牌44枚，银牌20枚，铜牌22枚。亚冬会主会场及配套建设工程全部竣工，共完成投资1.5亿元，为亚冬会的成功举办创造了良好条件。

五、扶贫开发情况

（一）以工代赈情况

1995年，哈尔滨市继续执行国家江河治理以工代赈计划，下发以工代赈资金673万元，地方配套6033万元。重点对松花江干流、西泉眼水库、永发水库进行建设，并对与农村人民生产、生活相关的地方道路、桥涵、人畜饮水、供销网点进行了建设。西泉眼水库大坝已合拢，永发水库完成溢洪道浇筑，牡丹江回水堤完成1267米护岸。

（二）扶贫开发工作

1995年哈尔滨市按照国家“八七”扶贫攻坚计划，结合自身情况，认真组织实施。一是加强了对扶贫开发工作的领导，将原来政府的扶贫机构，调整充实，由市委、市政府共同抓，并在各区县建立了相应的机构；二是从计划、财政、水利、交通、乡企等10个部门筹集资金，建立了哈尔滨市扶贫开发基金，专门用于扶贫开发；三是组织各区县（市）、各有关部门编制了操作性很强的扶贫开发计划，制订了扶贫开发方向，并对全市贫困地区进行了区划，按地理条件，对贫困地区进行重点扶持开发。

1995年，哈尔滨市人均收入低于500元（90年不变价）的贫困户有4.6万户、19万人，比1994年减少1.6万户、6万人，脱贫比例为24%。

经济体制改革和对外开放

1995年，哈尔滨市经济体制改革的重点是，以建立现代企业制度为目标，加快企业特别是国有大中型企业的改革，配套推进社会保障制度改革和市场体系建设，进一步转变政府职能等其他方面的改革，为社会主义市场经济体制的建立打好基础。

一、以国有大中型企业为重点，大力抓好建立现代企业制度的基础性工作

哈尔滨市以建立现代企业制度为目标，加强各项基础性工作，促进了企业经营机制的转换，使一批企业的活力和市场竞争能力有所增强。一是积极推进以国有大中型企业为重点的公司制改造。对国有大中型企业实行分类指导，进行公司制改组，到1995年底，组建较为规范的股份制企业321户，其中国有大中型企业进行公司制改造的有37户，总股本27.2亿元，占全市股份制企业总股本的67.5%。在上海上市的哈医药、哈天鹅、哈岁宝和在香港上市的哈动力4户股份有限公司，均是哈市国有大中型骨干企业；二是进行建立现代企业制度试点。参照国家和省选择试点企业的标准和条件，选定17户大中型企业进行建立现代制度试点，召开了全市建立现代制度试点工作会议，全面部署了哈市的试点工作，围绕兼并破产、减人增效、增资减债问题，制订了相关的配套文件，做好试点企业的指导工作；三是进行组建综合商社式企业集团试点。依据国家有关精神，学习和借鉴国内外成功经验，结合哈市实际，制订了《关于哈尔滨市进行综合商社式企业集团试点的意见》，采取竞争方式，选择两个企业作为首批试点企业，落实相关的配套政策和扶持措施，实行动态管理；四是深化完善小企业改革。全面开展中小企业产权制度改革，出台了《哈尔滨市中小企业产权制度改革的补充意见》，针对中小企业制度改革中资产、税收、贷款、土地、潜亏挂帐、债务处理等难点问题提出解决办法，并根据企业的实际，分别采取股份制、股份合作制、一企多制、分立经营、委托经营等12种改革模式。到目前，全市进行产权制度改革的中小企业已达3600多户，占全市具备条件的企业总数90%；五是抓好存量资产的优化重组。在企业兼并方面，哈尔滨市已有188户优势企业兼并272户劣势和亏损企业，突破地区、部门、所有制的限制，使3亿元资产，278万平方米场地，68万平方米厂房得到优化重组，3万名职工得到安置。在企业破产方面，采取"先分立后破产、先破产后兼并、先破产后租赁、先破产后收购、先破产后组建、先破产后联营、先破产后股份、先破产后接收"等多种方式，使5户市属企业结束破产法律程序，卸掉债务包袱9000多万元，盘活存量资产3000多万元，妥善安置职工4000多人。各区县属小型企业也有20多户企业实行依法破产；六是推进轻工、机械、纺织3个行业的综合配套改革。轻工、机械、纺织等行业已组建国有资产经营公司，在所属企业进行了职工一次性退养的试点。3个行业盘活一部分存量资产，利用级差地租，开发利用现有场地，调整企业、产业、产品结构，增加了行业发展的能力；七是企业内部改革取得一定进展。以用工、人事、分配为主要内容的企业内部改革不断深化，推行干部聘任制、职工劳动合同制、岗位技能工资制等，目前全市实行全员劳动合同制的企业有138个，职工20多万人，实行岗位技能工资的企业有80个，职工11万余人；八是在部分国有企业中试行委托经营。本着"先搞活企业经营者，再搞活企业"的思路，在5户企业经过公开招标，确立经营者，实行委托经营，引入了能人治理机制和利益风险机制，促进了企业内部改革、机制转换和经济效益的提高。

二、培育以要素市场为重点的市场体系

培育和发展市场体系，重点发展和完善要素市场和批发市场，使市场在资源配置中的基础性作用

得到发挥。

金融市场 哈尔滨市目前各类金融机构达1305家，股份制城市合作银行正在组建，全市股票证券交易场所已达30家，经国家证监会批准，设在哈市的期货交易机构有6个，期货交易品种已发展到10多种。

劳务市场 全市209处，市、区、街三级职业介绍机构配合“再就业工程”，积极安置企业富余职工和失业人员，累计60万人次，办理求职登记，交流成功35万人次，20多万名待业青年办理了正式就业手续。

土地市场 出台了《哈尔滨市国有土地使用权交易管理办法》和《哈尔滨市外商投资企业用地管理办法》等地方性法规，扩大了土地有偿使用范围。

科技信息市场 重点培育和发展以哈工大、哈工程大学、哈电工学院、哈科大为中心的4处科技市场，进入科技市场的技术贸易机构已达7000多个，技术咨询、成果转让、技术交流活跃。

商品市场 通过新建、改建和扩建，全市共有各类商业服务网点64万个，建设各类集贸市场28处，培育有地方特色的木材、建材、机电等生资市场26处，进一步完善了粮油、小食品、服装、百货、鞋帽、纺织品、木制品、蔬菜等大型批发市场。

同时，深化流通企业改革，粮食部门已把政策性业务和商业性经营分开，建立运行制；物资系统通过调整企业结构，推行代理制和物资配送的试点；在商业、粮食系统进行了连锁经营试点。完善了重要商品的储备制度和风险基金，对稳定粮油和蔬菜供应，平抑市场价格起到了积极的作用。

三、推进社会保障制度和住房制度改革

同深化企业改革相配套，改革社会保障制度和住房制度，逐步建立起多层次的社会保障体系，在支撑企业改革，维护社会稳定方面起到了积极作用。

养老保险制度改革稳步发展。出台了《哈尔滨市私营企业职工养老保险办法》，把城镇企业职工养老保险的社会统筹面扩大到私营企业。目前市区参加职工养老保险费用统筹的企业已达6720户，职工99万人，离退休人员26.6万人，覆盖面国有企业达98%，三资企业中方职工达90%，集体企业达30%。农民养老保险试点已在117个乡镇的1543个行政村进行，参加投保的村民达12.7万人。

企业职工失业保险初见成效。国有企业参加职工失业保险的已有2616个，职工74.7万人；3000个集体企业，23万名职工参加失业保险。收缴失业保险金累计9100万元，支付失业救济金1200万元。

医疗保险制度改革开始起步。在依兰县进行了建立社会统筹与个人帐户相结合的公费医疗保险制度改革试点，近万名党政机关干部参加投保；在市冶金工业总公司进行大病医疗费用统筹试点。

住房制度改革取得新进展。全面实施《深化住房制度改革方案》，加大了调整公积金缴纳的基数，交纳基数从标准工资5%调整为工资总额的5%，已有74万名职工进行了登记开户；公有住房租金经过两次调整，已由每平方米租金0.168元提高到0.672元；向职工出售公房100多万平方米即1.75万套；有201个单位集资建房171万平方米，合作建房25.5万平方米，解决42100户职工住房。

四、转变政府职能，改善宏观经济管理

哈尔滨市认真贯彻落实国家出台的一系列关于宏观管理体制改革的措施，颁布了《关于为发展经济创造宽松环境若干问题的规定》，促进了政府各部门的职能转变，在完善政策、简化工作程序，提高办事效率，解决“梗阻”等方面取得了明显的效果。按照市场经济的要求，废除行政规章33件，市政府各委、办、局规范性文件79件，修改补充文件81件，清理整顿了审批、执罚、收费机构，撤并了15个。进一步完善了计划投资、财政税收体制改革，在工商、公安、教育、人事编制、文化、技术监管、对外经贸、城市建设和管理方面，向区级政府进一步下放管理权限。在医药集团、石化集团、建材集团、电子总公司等单位，按“两分四自”的要求进行国有资产委托经营试点，在轻工、机械、纺织3个管理局分别成立资产经营公司，探索建立适应市场经济条件的国有资产经营新体制的试点。

五、横向经济联合发展情况

1995年哈尔滨市的经济技术协作工作紧紧围绕全市经济工作的中心，坚持“南联北开、全方位开放”的方针，以加大“南联”力度为重点，开展全方位、多渠道、多形式的区域经济技术洽谈活动，取得了较好成果。全年共签订、执行各类经济技术合作项目416项，比上年增长6.7%；通过联合为我市实现产值88120万元，比上年增长14.1%；实现利税9180万元，比上年增长23.0%。其突出表现为：

省内区域合作有新发展。实行“圈层分进、轴向拓展”的区域合作发展战略。即：以哈市城区为中心，

把全省分为“城乡圈”、“经济重心圈”、“开放开发圈”三个不同类型的合作区域，突出哈大齐重化工业走廊轴线和大松花江轴线，轴连圈层，横向扩展，推进生产要素的合理流动和优势互补，增强经济相互渗透和融合力，逐步形成以哈市为龙头，以大庆、齐齐哈尔、牡丹江、佳木斯等城市为支柱，以黑河、绥芬河等沿边开放城市为“窗口”的覆盖全省开放式的区域合作格局。一是加强城乡合作，推进城乡一体化。1995年全市以包扶乡企“一上一改”项目为重点，加大城乡对接力度，组织在哈“三大”（大厂、大学、大所）单位及市直各行业50个单位城乡对接洽谈活动，签订意向性协议254份，以原材料基地建设为突破口，加强贸工农、产加销一条龙建设，形成245个市、县、乡村、个体5个层次的一条龙生产运行机制，实施开放城乡合作和包扶乡企项目705项，加快了农村产业化进程；二是加强哈市与省内地市联合，推进省内区域合作。1995年8月，在哈尔滨召开了首届“哈尔滨市区域合作洽谈会”，省内齐齐哈尔、牡丹江、佳木斯、大兴安岭等14个地市参加了会议，共达成经济技术合作项目386项，充分发挥了哈尔滨市中心城市的辐射功能和带头作用，推进了省内经济技术合作，促进了共同发展。

“南联”工作空前活跃。1995年全市加大“南联”工作力度，拓展“南联”合作领域，“南联”工作出现了空前活跃的局面。一是积极开展与中西部地区的经济技术合作。哈尔滨市经济代表团对成都、重庆、宜昌、武汉4城市进行了考察访问，双方就两市经济技术合作进行了广泛探讨，并达成经济技术合作项目50项，成交金额1.7亿元；二是进一步加强与东南沿海发达地区的经济技术合作，哈尔滨经济代表团对广州、深圳两市进行了考察访问，积极开展经济技术洽谈活动，双方签订了以农副产品深加工、高科技开发、房地产开发、发展公共交通事业为内容的37项合作项目；三是抓住“二会”机遇，积极开展“南联”工作。利用冰雪节时空优势，认真组织了第十二届哈尔滨冰雪节洽谈会，会议期间共接待了国内35个城市130余个团组，签订各类合作项目158项。利用“哈洽会”的机会，组织有关部门与国内外特别是东南沿海地区客商广泛接触、洽谈，签订南联项目54项，总投资2.6亿元；四是积极开展调查研究活动，有力指导“南联”工作。市政府组成调研组，在对市内有关部门和区、县（市）及部分企业调研的基础上，对沿海发达地区主要城市大连、烟台、青岛、上海等地进行了调研，着重探讨了扩大和加强与沿海发达地区经济合作所面临的新形势和存在的问题，及在新的经济技术合作面前应采取的对策等，形成了《关于加强与沿海发达地区经济合作的对策研究》的调研报告。

1995年横联工作呈现如下三个特点：一是坚持了“优势互补、互利互惠、形式多样、共同发展”的工作原则；二是联合形式实现了新转变。过去联合主要是合作生产、合资生产、配套协作等，随着经协工作的不断深入，联合方式逐步向租赁、入股、联建支柱企业的方向发展。由一般经营性的松散型的协作向合资、参股、承包、租赁、兼并等资产经营一体化的合作形式转变。由随机性求生存的协作向发展支柱产业、优势产品和资源深加工等方面的合作转变。由以国内合作为主，向国内外协作结合，以国外牵动国内发展的方向转变；三是强化督办，抓项目落实。1995年组织了多次较大规模的经济技术洽谈活动，签订一大批合作项目。为加快项目落实，采取两种督办方法：即加大力度，全面检查推进落实与深入基层检查、抓典型经验宣传促进落实相结合的办法。

六、对外开放取得进一步发展

（一）进出口贸易情况

1.“八五”期间简要回顾

“八五”期间，黑龙江省哈尔滨市进出口总额由1990年的2.95亿美元发展到1995年的8.18亿美元，累计实现32.5亿美元，比“七五”时期增长2.48倍，年均增长22.5%。其中，出口由1990年的2.36亿美元发展到1995年的5.41亿美元，累计实现21.74亿美元，年均增长21.5%；进口由1990年的9035万美元发展到1995年的2.77亿美元，累计实现11.7亿美元，年均增长20.5%。出口商品质量逐年提高，工业制成品占出口总额的比重由1990年的81%提高到1995年的87.1%。

2. 1995年进出口贸易和对外经济合作情况

(1) 对外贸易情况

1995年哈尔滨市进出口总额8.18亿美元，比上年增长10.2%，出口商品收购23.2亿元人民币，比上年下降9%。

1995年哈尔滨市外贸出口总额5.41亿美元，比上年增长11.5%，占全市国内生产总值393.5亿元的11.4%。出口额1000万美元以上的商品有电子元器件、发电设备、亚麻细布、豆粕、铝材、棉坯布等6种，出口额1.9097亿美元，占出口总额的35.3%；出口额在500～1000万美元的有焦碳、棉麻混纺布、冻猪肉、男皮鞋、铝片、飞机、10亿青霉素钾盐、工业轴承等8种，出口额5820万美元，占出口总额10.8%。出口商品主要销往韩国、俄罗斯、香港、美国等92个国家和地区。

进口到货2.77亿美元，比上年增长27.8%。进口商品中初级产品1079万美元，占进口总额的3.9%；工业制成品26621万美元，占进口总额的96.1%。进口额在1000万美元以上的商品有电子元器件、铝、化工原料、电子通讯设备4种，进口额15642万美元，占进口总额的56.5%；进口额在500～1000万美元的商品有内燃机零件、尿素、硝酸铵、高压聚乙稀4种，进口额2556万美元，占进口总额的9.2%。进口商品主要来自韩国、俄罗斯、美国、新加坡、香港等22个国家和地区。

1995年哈尔滨市对独联体和东欧国家易货贸易进出口总额9704万美元，比上年下降55.6%。易货出口在100万美元以上的商品有冻猪肉、牛肉罐头、苹果、鞋、服装等15个品种，出口额2640万美元，占易货出口总额的59.1%；易货进口在100万美元以上的商品有农、林、牧业机械、钢坯、化肥等13个品种，进口额4958万美元，占易货进口总额的76%。

（2）对外经济合作情况

1995年签订对外工程承包和劳务合同32个，合同金额2766万美元，派出劳务人员1327人次，主要派往俄罗斯、韩国、日本等国家和地区。

批准在海外办非贸易性企业14个，中方投资186万美元。

（3）对外经济贸易洽谈会

1995年6月15日至21日，中国哈尔滨第六届边境地方经济贸易洽谈会在哈尔滨市举行，哈尔滨为大会邀请到会外宾1340人，签订贸易和经济技术合作合同6.3亿美元，其中，贸易合同4.2亿美元，经济技术合作合同2.1亿美元。在经济技术合作合同中，境外经济技术合作项目14项，合同金额3024万美元，境内利用外资项目25项，合同金额18378万美元。

（二）利用外资情况

“八五”期间，哈尔滨市积极改善外商投资的软环境，不断开拓国外招商市场，建立健全外商投资的法律保障体系和管理服务体系，实行联合办公，一个窗口对外，先后出台了《哈尔滨市鼓励外商投资的若干规定》和《哈尔滨市外商投资条例》等政策法规，利用外资有了长足发展。5年共批准三资企业1863家，协议外资额15.9亿美元，分别占总数的95.8%、97.6%，年均递增63.8%和119.1%。一是招商引资质量进一步提高。项目规模逐年增大，1995年户均外资额达158.3万美元，年均增长33.8%；审批总投资额500万美元以上的大项目143个。嘉里集团、UDI公司等一些大的跨国公司和财团已开始在我市投资。哈飞汽车有限公司、东安发动机有限公司、阿城继电器有限公司等大型投资项目实现了当年审批、当年投入、当年生产；二是外资来源呈多元化格局。目前来我市投资的国家和地区达35个，由过去香港、台湾占主导地位向韩国、日本、东南亚等周边国家和地区逐步发展，美国、欧盟等国家和地区投资也不断上升；三是投资结构日趋合理。“八五”期间，外商投资主要分布在14个行业，生产型企业占67.4%。完成各类嫁接改造项目129个，通过引资改造，一些频临破产的企业出现了转机，有效地推动了我市产业结构调整和产品的升级换代，电子、汽车制造等行业已成为我市经济发展的主导行业。利用外资进行城市基础设施建设也取得可喜成果，共完成地下商业街改造、城市供水等18个项目；四是三资企业经济社会效益显著。

“八五”期间，全市直接利用外资实际投入达3.3亿美元，占总数的92.2%，年均递增95.3%，1995年达1.3亿美元；三资企业实现产值108亿元，占总数的98.7%，年均递增148%，1995年达60亿元；实现出口创汇3.05亿美元，占总数的95.7%，年均递增114.3%，1995年达1.4亿美元；实现涉外税收4.02亿元，占总数的92.3%，年均递增251.2%；目前三资企业就业的职工达6万余人。我市已出现了一批像双太电子实业有限公司、黑龙江正大实业有限公司等技术先进，对全市经济发展带有牵动作用的大型企业，三资企业已成为我市经济发展新的增长点和出口创汇的重要力量。

附录一

哈尔滨市部分对外合作项目

金额单位：万美元

序号	项目名称	承办单位	建设内容	投资总额	外方投资	合作方式	联系人	电话	联系地址
	城建								
01	哈尔滨市湘江公园开发	哈尔滨市垃圾电厂办公室	拟建十大景观和车库	1765	940	合资合作	刘占廷	3642206	哈尔滨市市政局经贸处
02	工业园区开发建设	哈尔滨市经济开发区工业发展股份有限公司	建设各类厂房25万平米,其它建筑15万平米,共用地30万平米	5800	4640	合资合作	吴彤华	4679084	哈市道里区友谊路58号
03	汇滨大厦	哈尔滨百货总公司	占地面积3000平米 建筑面积3万平米	1440	860	合资合作	耿文惠	8687968	哈市道外区景阳街171号
04	化工大厦	哈尔滨化工原料总公司	占地面积2000平米，建筑面积2.2万平米,1～3层为经营化工产品的商厦，4～10层为宾馆，地下一层为仓库	1500	1000	合资合作	胡启学	4672798	哈市道里区兆麟街111号
05	粮食商业大厦	哈尔滨粮食局	建筑面积为2.5万平米 建筑高度为83米，地上22层，地下一层，星级水准,是一座集饮食,娱乐,宾馆，购物，办公为一体的多功能商业大厦	1565	700	合资合作	刘卫江	8384903	哈市道外区大新街238号
06	哈尔滨松花江越江隧道	哈尔滨松北新区开发建设管理委员会	连通松花江南北两岸。4条机动车道，按城市越江隧道道路主干道Ⅱ级要求设计，工程两端两岸地面道路，隧道全长1852米。	6588.5	6588.5	投资建设经营	赵书然	4626120	哈市松北新区怡园路18号
	纺织								
07	精纺布料	哈尔滨毛织厂	年产60支以上精纺布料100万米	830	398	合资	林有发	8683611	哈市道外区北新街21号

续表

序号	项目名称	承办单位	建设内容	投资总额	外方投资	合作方式	联系人	电话	联系地址
08	汽车用纺织装饰材料	哈尔滨装饰织物厂	年产高档汽车座椅面料（幅宽3米）50万米，复合成型板材（幅宽2米）50万米	800	400	合资	苏松滨	4296427	哈市道里区安广街39号
09	纺纱改造	哈尔滨纺纱厂	年产麻棉混纺纱7500吨	720	240	合资	殷积成	3643073	哈市南岗区护军街4号
10	纺织改造	黑龙江纺织印染厂	年产纱21000吨，布640万米	1600	690	合资		3721202	阿城市科平街
11	亚麻纺纱1万锭	哈市二亚麻纺织厂	年产纱2200吨，亚麻布270万米	3735	1830	合资	冯玉堂	5309608	哈市香坊绢纺街1号
12	织机改造	哈市纺织印染联合工业公司	年产布720万米	615	307.5	合资	王富山	5305742	哈市香坊区新香坊306号
	化工								
13	粘胶长丝	哈尔滨化学纤维厂	粘胶长丝6000吨，其中：133.3分特4800吨，83.3分1200吨	8583	4291.5	合资	卢汉林	7682891	哈市太平区东直路306号
14	粘胶短纤	哈尔滨化学纤维厂	年产粘胶短纤3万吨	9036	6024	合资	卢汉林	7682891	哈市太平区东直路306号
15	金属骨架-塑料复合管	阿城市西城新区办公室	年产DG30，DG125，DG150，DG200，DG250，5种规格管共110万米	1715	857	合资合作	李中立	3729640	阿城市西城新区办公室
16	金属化球团海绵铁生产线	阿城市物资再生利用总公司，黑龙江纺织印染厂	年产10万吨金属化工球团	1180	1039	合资合作	王浩	3721126	阿城市外资管理局

续表

序号	项目名称	承办单位	建设内容	投资总额	外方投资	合作方式	联系人	电话	联系地址
17	玻璃瓶制品	阿城市西城新区	年产6万吨玻璃	586	284	合资独资	赵文举	3729410	阿城市西城新区
	机械								
18	110KV交联电缆	哈尔滨电缆厂	年产110KV以上交联电缆100公里	1084	800	合资合作	董为民	8326422	哈市道外区景阳街30号
19	110-220KV级大型有载调压电力变压器	哈尔滨变压器厂	年产大型电力变压器220万KV	1807	886	合资合作	姜恒滨	4305476	哈市南岗区变兴街1号
20	数控工具系统硬质合金可转位刀具及配套测量装置	哈尔滨量具刃具厂	年产硬质合金可转位刀具99万件	1205	600	合资合作	李振禹	2623021	哈市动力区和平路44号
21	精密量仪	哈尔滨量具刃具厂	年产精密量仪1484台	602	200	合资合作	李振禹	2623021	哈市动力区和平路44号
22	精密复杂刀具	哈尔滨第一工具厂	年产1000万件各类精密复杂刀具	1566	580	合资合作	王炜	8322331	哈市道外区南马路69号
23	高档阻燃铜箔板	哈尔滨绝缘材料厂	年产3500吨	542	500	合资合作	丁玉镇	2102751	哈市动力区付园街178号
	轻工								
24	造纸	哈尔滨造纸厂	年产纸浆2.3万吨，年产机制纸2.5万吨	2940	1470	合资合作	李文阁	3650145	哈市南岗区一曼街189号

续表

序号	项目名称	承办单位	建设内容	投资总额	外方投资	合作方式	联系人	电话	联系地址
25	酿酒	哈尔滨中国酿酒厂	年产酒精3万吨，DOGS 3万吨，蚁王酒50吨	1280	422	合资独资	李文阁	3650145	哈市南岗区一曼街189号
26	皮革	哈尔滨皮革厂	年产皮革100万米	1351	400	合资合作	李文阁	3650145	哈市南岗区一曼街189号
27	大豆蛋白	哈尔滨市粮油综合加工厂	年产大豆分离蛋白1500吨或浓缩蛋白2100吨	570	280	合资合作	张新生	6663088	哈市平房区哈平公路7.5公里处
28	丁基胶抗生素瓶塞	阿城市石化总厂	年产15亿只丁基胶抗生素瓶塞	1628	814	合资合作	富国泰	3722326	阿城市石化总厂
	建材								
29	铝板	哈尔滨铝加工厂	年产铝板及彩铝制品1万吨	710	355	合资合作	李文阁	3650145	哈尔滨市南岗区一曼街189号
30	建设第二炼钢厂	阿城市钢铁集团公司	目前资金自筹第一部分已开始动工，但资金缺口较大，拟合资	3612	1083	合资合作	邵玉峰	3723145	阿城市钢铁集团公司
	电子								
31	树脂浇注变压器	哈尔滨变压器厂	年产树脂浇注变压器30万KVW	602	361	合资合作	姜恒滨	4305476	哈尔滨市南岗区变兴路1号
	医药								
32	1000吨青霉素及下游产品生产项目	哈尔滨制药二厂	1000吨青霉素工业钾盐，300吨氨苄青霉素，100吨头孢及配套工程	8000	4000	合资合作	薛志忠	4611198	哈尔滨市道里区工厂街94号

续表

序号	项目名称	承办单位	建设内容	投资总额	外方投资	合作方式	联系人	电话	联系地址
33	100吨T-ACA和50吨头孢唑啉钠扩建项目	哈尔滨制药二厂	年产T-ACA100吨头孢唑啉钠50吨，以T-ACA为原料的头孢系列产品50吨/年	3100	1500	合资合作	薛志忠	4611198	哈尔滨市道里区工厂街94号
	能源								
34	5万吨水厂	哈尔滨市松北新区开发建设委员会	地下水厂，日供水量5万吨1座	1000		合资合作	张宇	4626120	哈尔滨松北新区怡园路18号
35	燃气	哈尔滨市松北新区开发建设管理委员会	气源：五站－前进－太阳岛，管网50公里，日供气：一期5万立方米；二期30万立方米	1900		合资合作	张宇	4626120	哈尔滨市松北新区怡园路18号
	服务								
36	商服、娱乐中心	哈尔滨帐篷厂	经营面积9700平方米	500	220	合资	王维励	4682180	哈尔滨市道外区钱塘街240号
37	四星级酒店	哈尔滨市经济开发区工业发展股份有限公司	占地面积25900平方米，建筑面积8万平方米	9000	7650	合资合作	吴乃耀	4685771	哈尔滨市道里区友谊路68号
38	豆奶，豆酸奶	宾县宾州企业办	日处理大豆18吨，产豆奶64万罐	678.7	595.2	合资独资合作	王广增	7983735	宾县人民政府项目办
39	综合养殖、加工示范基地	哈尔滨国进经贸公司	年饲养出栏瘦肉猪30000头，加工西式火腿肠9000吨	513	178.6	合资	王广增	7983735	宾县人民政府项目办

附录二

新形势下招商引资战略探讨

新形势下哈尔滨市利用外资工作的思路是：贯彻执行中央制订的“积极、合理、有效”利用外资的工作方针，坚持招商引资和企业管理并重的指导思想，以老工业企业引资改造，城市基础设施建设，高新技术项目和农业项目为引资重点，积极探索新的引资方式和领域，大力开拓国内外两个招商市场，进一步建立管理服务体系和法律保障体系，充分发挥两个开发区在招商引资中的带头作用，使三资企业成为哈尔滨市经济发展中的一支重要生力军。

1. 进一步解放思想，增强全民开放意识。当前要认真落实《中共中央办公厅关于组织广大干部学习利用外资基础知识的通知》精神，学习外资知识，掌握外资理论，充分认识吸引外资是促进哈尔滨市经济腾飞的一项必不可少的战略措施。各单位、各部门要解放思想、协调动作，倡导人人都是投资环境，人人都为改善投资环境作贡献的新风尚，造成一个全市上下共创外资工作新局面的浓厚气氛。

2. 认真搞好投资促进。一是按照一、二、三产业相结合，大、中、小项目相结合，劳动密集型项目、技术密集型项目、资金密集型项目相结合的原则，搞好利用外资项目的规划和论证工作。全市要建立一个以老工业企业改造、城市基础设施、高新技术和农业项目为主的100个大项目库，定期向社会公布招商引资信息；二是要把大中型企业推向招商引资第一线，引导它们与世界上的同行业先进企业开展经济技术合作，在项目准备上必须同老企业的技术改造相结合，用好国家给予的政策和资金。同时要与哈尔滨市的主导产业的发展相结合，增强项目对经济的拉动作用；三是加强对国内外重要投资者的投资导向研究，筛选500家可能对哈尔滨市投资的大跨国公司和财团，进行跟踪走访，促进在我市的投资。

3. 大力开拓国内外招商市场。要积极参加国家外经贸部和贸促会组织的招商活动，在巩固香港优势的基础上，发展韩、日阵地，开拓欧、美、澳市场。组织精干的招商小组，小规模、高层次、多批次地到沿海和经济发达地区招商，吸引剩余资本流入哈尔滨市。利用哈洽会和冰雪节等有利契机，广邀国内外客商来哈市观光、考察、投资。

4. 积极探索新的合作方式和领域。无论是国有企业，还是乡镇企业，不管是工业、农业、还是商业，各个行业都要向利用外资的深度和广度进军，不断提高利用外资水平，在“嫁接”改造方式上，可采取灵活多样的做法，除单枝、多枝、整枝与外商合资合作，有的还可以采取出让、拍卖、租赁承包等形式，做到因地、因厂、因商制宜。城市基础设施建设项目要尝试BOT方式、项目融资、综合补偿、外国政府贷款等多种形式。积极发展外商投资企业控股公司、伞型公司和建筑公司，争取国家的支持，在商业零售、金融保险、对外贸易等领域吸引外资。

5. 努力提高对三资企业的服务水平。要认真研究在由计划经济向市场经济过渡过程中，为三资企业提供高效、便捷、热情、满意服务的措施。一是要继续开好利用外资领导小组会议、联合办公会议、三资企业协调例会。各顶岗办公和联合办公单位要统一动作，协调步调，按职责分工，解决三资企业遇到的各类问题；二是改善工作作风，理顺工作职责，公开办事制度，提高工作效率；三是进一步完善对外商投资企业的综合性服务，建立外商服务中心，加强对外商投资企业中方雇员、合作者的培训、管理和监督，并开展相应的中介服务；四是财政、金融部门要组建三资企业生产发展基金，同时要积极争取一些境外银行在哈尔滨市设立代表处，拓宽融资渠道。

6. 建立健全政策法律保障体系。要根据国家的大政策，结合哈尔滨的实际情况，制订专项的引资政策，同时要抓好已出台政策、法规的宣传和落实。出版《利用外资法律政策汇编》和《哈尔滨市外商投资条例》英文版。出台《哈尔滨市外商投资企业清算条例》。成立外商投诉中心，保障外商投资企业的合法权益，坚决查处弄权勒卡、欺骗外商的事件。

哈尔滨市国民经济和社会发展“九五”计划和2010年远景目标

一、战略方针与原则

1. 转变经济增长方式，保持国民经济持续、快速、健康发展。坚持发展是硬道理，依靠改革、结构优化、科技进步和科学管理，合理配置资源，充分发挥现有生产潜力，实现经济增长方式从粗放型向集约型的转变，做到速度和效益相统一，总量增长和结构优化相统一。

2. 坚持科技是第一生产力，实施“科教兴市”战略，促进科技、教育与经济紧密结合。经济建设必须依靠科学技术，科学技术工作必须面向经济建设，大力发展高新技术，加速推进其产业化进程，实现依靠科技进步和国民经济整体素质的提高推动国民经济迅速发展。尊重知识，尊重人才，教育必须面向现代化、面向世界、面向未来，致力于提高全民素质，在各个领域培养一批适应建设国际经贸城要求的跨世纪优秀人才。

3. 实施农村经济产业化战略，强化农业在国民经济中的基础地位。大力发展农业和农村经济，处理好发展农业与其它产业的关系。以实施农村经济产业化为主线，全面推进农村经济发展，加速实现强市富县目标，把建设经济结构优化、综合生产能力强、整体经济效益高、农民生活富裕的新农村作为经济规划工作的基本着眼点，全面振兴农村经济。

4. 加快经济体制改革，搞好国有大中型企业。以建立现代企业制度为目标，把国有企业的改革作为中心环节，围绕经济运行中的深层次矛盾和问题，开阔思路，大胆试验，勇于探索，着眼于搞好整个国有经济，重点抓好一批在经济中起骨干作用的大型企业和企业集团。坚持少新建、多改造，注重发挥现有基础作用，活化资产存量，优化资产增量，依靠内涵扩大再生产。

5. 实施多元发展战略，培育和壮大新的经济生长点。坚持以公有制为主体，多种经济成份协调发展。在着力搞好国有经济、大力引导和支持国有企业发展多种经营的同时，加快发展乡镇企业、区街经济、民营科技企业、个体私营经济和三资企业，实现多种经济成份共同发展。

6. 实施开放牵动战略，坚持“南联北开，全方位对外开放”。充分利用国内外两种资源、两个市场，进一步发展开放型经济，进而将我市建设成东北亚地区重要国际经贸城市。加快经济循环国际化、经济运行市场化进程，加大引进技术人才和利用外资的力度，提高对外开放的层次和质量。以国家的法律和政策为依据，在对外开放中维护国家根本利益。

7. 坚持以市场为导向，发挥市场配置资源的基础作用，实现市场机制和宏观调控的有机结合。充分发挥市场机制的作用，使经济活动遵循价值规律，适应供求变化，体现竞争原则。同时对市场活动加以正确的指导和调控，正确运用调控手段，把握好时机和力度，调整好本地区经济活动。

8. 坚持物质文明和精神文明共同进步，经济和社会协调发展。必须把社会主义精神文明建设提到战略地位，将物质文明和精神文明作为统一的奋斗目标，始终不渝地坚持两手抓，两手都要硬，努力实现经济与社会相互协调和可持续发展。同时，推进民主与法制建设，规范经济秩序和社会秩序，实现市场经济条件下经济与社会健康、有序发展。

二、基本任务

“九五”期间国民经济和社会发展的基本任务，是切实转变经济增长方式，显著提高国民经济整体素质和效益，使社会生产力有一个大的发展。按照现代化建设分三步走的总体目标，到2000年人民生活达到小康水平，并为21世纪初以高于全国平均水平的快速发展奠定基础。

2010年初步建成东北亚重要国际经贸城市的框架。形成与国内外有广泛经济联系的全方位开放格局，全面参加国际分工和参与国际经济循环，成为东北亚地区国际经济合作与交流的重要空间节点；

形成符合国际惯例的市场经济运行机制，建成能沟通国内外资金流、商品流、技术流、人才流和信息流的现代大市场体系；5个支柱产业得到巩固和发展，其产业集中度由2000年的65%左右提高到75%左右。形成现代化区域性国际中心城市基础设施框架，初具沿松花江两岸繁荣的城市空间布局，并与黑龙江各城市共同构成互为依托的城市群落，开始发挥国际性经济中心城市的集散、生产、管理、服务和创新功能，强化扩散效应，带动黑龙江经济同国际接轨。

三、"九五"期间的主要目标

1. 实现国民经济持续、快速、健康发展。按1990年价格，到2000年国内生产总值预期为400亿元，年均增长12.2%。其中第一产业增加值预期31亿元，年均增长5.3%，第二产业增加值187亿元，年均增长15%，第三产业增加值182亿元，年均增长11%。经济发展综合水平，按1990年人民币与美元汇率4.76∶1计算，到2000年，人均国内生产总值达到6622元，约折合1391美元。产业结构，按1995年价格计算，三次产业结构将从基期的12.3∶35.3∶52.4，预期到2000年为8.9∶41.4∶49.7。进一步优化产业内部结构。加强对农业的支持和保护，围绕粮食的稳产、增产和农民收入的提高，加快农业和农村经济全面发展；通过调整行业结构，扩大经济规模、设备更新和技术改造，实现第二产业在技术层次上的战略升级，建设技术先进的外向型加工制造业基地，逐步确立以技术和资金密集型为主的工业体系；加速第三产业向高级化、集约化的转变，努力促进一、二、三产业的协调发展。

2. 振兴教育和科技，提高国民素质和国民经济总体素质。建立结构合理的终身教育体系，到2000年，普及九年义务制教育，市区基本普及高中阶段教育，扫除农村青壮年文盲；全市主要工业行业技术水平达到国际80年代末、90年代初水平；科技进步对国民经济增长贡献率由32%提高到50%。

3. 增加城乡居民收入，全市在总体上达到小康水平。

(1) 人均收入水平。到2000年，按1995年价格计算，城镇居民人均生活费收入达到4910元（按1990年价格为2410元），按可比价格年均增长8%；农民人均纯收入达到3070元（按1990年价格为1600元），按可比价格年均增长6%。

(2) 居民住房水平。到2000年城镇居民人均居住面积达到8.5平方米，农民住房使用面积达到18平方米，其中钢筋砖木结构面积11平方米。

(3) 生活质量水平。到2000年，城镇居民生活费用支出中用于食品消费比重降至50%以下，人均蛋白质日摄入量达72克以上，人均拥有铺装道路面积6.9平方米。农村95%以上行政村通公路；市区电话普及率每百人35部以上。

(4)精神生活水平。城镇居民生活费用支出中用于教育文化娱乐消费比重达16%。

(5) 生活环境和医疗水平。到2000年，全市森林覆盖率27%，城市人均公共绿地面积7平方米；城市医疗水平进一步提高，农村实现人人享有初级卫生保健。

4. 促进国内外贸易发展。按1995年价格计算，2000年社会消费品零售额达到430亿元，年均增长16.4%；进出口总额16.5亿美元，年均增长15%；其中出口11.7亿美元，年均增长16.7%。

5. 保持合理的投资规模。"九五"期间，固定资产投资率为30%，按1995年价格计算，全社会固定资产投资总规模为834亿元，其中市属投资565亿元。

6. 努力提高经济效益。全社会劳动生产率平均每年提高10.8%，万元国内生产总值能耗由1995年预计的5.5吨标煤下降到4.3吨标煤，固定资产交付使用率由70%提高到75%，工业经济效益综合指数达到87%。

7. 做好财政和控制物价工作。努力扩大财源，增加收入，严格控制财政支出。"九五"期间，不考虑价格因素，财政收入年均递增7.5%，财政支出年均递增6.4%。居民消费价格指数控制在国家计划以内。

8. 坚持经济、社会、环境协调发展。努力创建以人的全面发展为中心的社会发展体系和人与自然和谐的生态环境，实现经济效益、社会效益和环境效益在可持续发展基础上的协调统一。建成面向人民生活、就业各个阶段的开放式终身教育体系；建成多层次、多功能卫生保健体系。大力发展特色旅游，初步形成东北亚地区国际文化旅游名城。

四、2010年的主要指标

1. 实现国民经济的加速发展，国内生产总值年均增长11.6%，按1990年可比价格计算，总量达1200亿元，人均国内生产总值18400元，接近世界中等收入国家水平。

2. 按1990年价格计算，在国内生产总值中，三次产业增加值预期分别为50亿元、510亿元、640亿元，年均计划发展速度分别为5%、10.6%、13.4%。

3. 国民经济整体素质全面提高，经济运行步入良性循环，科技进步贡献率达55%，全社会劳动生产率平均每年提高10.8%，工业经济效益综合指数达到120%。

4. 进出口总额预期达到65亿美元，年均增长14.7%；其中出口47.3亿美元，年均增长15%。

5. 人民生活水平在实现小康的基础上进一步提高。

典 型 地 区

哈尔滨经济技术开发区

【概况】哈尔滨经济技术开发区创立以来，累计投入基础设施建设资金5.3亿元，在综合工业区和管理服务区内实现了"七通一平"，建成了公共保税库和仓储区，修建了2.8公里的铁路专用线。已有790家外资和内联企业落户开发区。外资企业投资总额9.9亿美元，协议外资额4.6亿美元，外资实际到位额1.2亿美元。内联企业投资额18.6亿元人民币。到1995年底，企业开工开业411家，占全部企业的52%。累计实现工业总产值55亿元，实现利税9亿元，出口创汇1436万美元，区内税收1.3亿元。

【基础设施和在建项目】全年共筹措资金9600万元，重点完善热、电、水"源头"建设和可口可乐罐装厂、昆仑商城等重点项目配套建设，以满足进区企业开工生产需要。基础设施建设情况：

1.管理服务区(南岗)：已开发完1.1平方公里，共投入3.1亿元。

给水：日供水20万立方米。

排水：已建道路排水设施基本完善。

煤气：嵩山路集中供气的325次高压干线已穿过开发区，区内环状管网系统初步建成。

供热：主热源由哈尔滨热电厂和发电厂扩建供热机供热，近期将有在建的调峰锅炉房供热，供热能力160吨/日。

电讯：区内建设的长江电讯局装机容量为5万门。

道路：已建道路10余条，路网已形成。

2.综合工业区(平房)：起步区2.4平方公里开发完，共投入2.1亿元。

道路：已建道路10余条，路网已初具规模。

给水：供水能力为8万吨/日。

排水：采取分流制，随道路建设同期铺设，已铺至马家沟河。

电讯：暂由平房电信局提供，规划在开发区内设装机5万门的电信局。

供热：已建成集中供热锅炉房，供热能力4×40吨/时热水和1×20吨/时蒸气。

电力：由平北变提供，2×31500千伏安。

煤气：哈依煤气次高压管325已经哈平副线进入平房区，区内环状次高压管网已按规划与道路同期铺设。

保税库区和仓储区：共9.8公顷(其中保税库区4公顷，铁路仓储区5.8公顷)，已投资0.2亿元，建成2.8公里的铁路专用线及站台、货办、仓库、货场等配套附属设施，已投入试运营，为向"内路港"过渡奠定了基础。

在建项目中，当年竣工的项目有昆仑商城(一期工程)、森警大厦、中银大厦、东鹰小区群楼等。辰龙娱乐城、俄罗斯大厦(一期工程)已完成主体。总建筑面积2万平方米的临建科工贸楼，已竣工1万平方米，部分企业已进入新楼办公。

【软环境建设】1995年，市政府进一步出台了《鼓励在经济技术开发区举办内联企业的若干规定》、《鼓励外商在经济技术开发区投资的若干规定》、管委会制定公布了《关于举办高新技术企业和民营科技企业的优惠政策》及劳动人事管理办法等9个法规文件，在吸引高新产业入区，劳动人事管理，统计工作管理，外资企业申请、审批程序，建设工程招、投标管理，建筑工程质量安全监督，工程建筑项目竣工验收等方面，提出了明确的工作细则和方法，管理与服务日趋规范化、法制化。

经国家批准设立了哈尔滨经济技术开发区海关，已着手开展各项业务，海关联检楼已立项、选址、资金到位。国家又给予哈尔滨经济技术开发区5年内财政返还政策。经济实力进一步增强，进区企业将从税收返还中得到实惠。

先后组建了经济技术开发(集团)有限公司，管委会物业公司，开发区仓储运输公司，使开发区现有资金、房屋、基础设施充分利用起来，强化自身实力和引资能力，同时继续完善服务支撑体系，成立了市政管理所。

【招商引资】招商成果：①新批企业投资额度大。全面审批独资、合资、合作企业42家，投资总额2289万美元，平均每个企业投资额为545万美元。②生产型和科技含量高的企业比重增大。生产型外商投资企业由1994年占总数76%，增加到1995年占总数的85%；科技含量高的企业达到占总数25%。③新批企业直接进区生产经营大幅度提高。全年为16家，占总数的38.5%，比上年提高26.5个百分点。招商策略：①通过做国内投资主体工作促成项目。很多中方主体有土地、厂房、劳动力资源，但是没有能够吸引投资的好项目。为此，招商部门从编制项目库到帮助中方企业选准项目、选择好外商，做了大量工作，促成了大豆深加工、医疗磁卡等20余个项目。②鼓励原有三资企业再投资。对已落户开发区的三资企业，继续在企业管理与服务上跟踪扶持，帮助企业打开市场、占领市场。③前沿招商、全员招商。通过驻美、日、德、香港等国家和地区办事处及招商代表，加大宣传力度，反馈招商信息、介绍投资者。坚持招商是开发区的生命线，鼓励区内外各界人士为开发区引进投资。各局、室分工协作，在人员接待、项目洽谈、企业选址、建设规划等多个环节．密切配合，形成良好的全员招商效应。④组建经济技术（集团）有限公司，以强有力的中方投资主体，充分利用关税政策的宽限期，起步运作一批大型项目。

【科技发展】全年共认定高新技术企业33家，其中内联企业28家，外资企业5家，实现产值8.88亿元，占区内总产值的21%，实现利润1.07亿元，占区内总额的31.2%，技工贸收入10亿元。达到国内先进水平的产品和项目40个，国际先进水平的产品和项目10个。哈尔滨亚麻纺织技术开发中心，是由哈尔滨亚麻厂投资1281万元兴办的国家级技术开发中心，在管理服务区购买科工贸2号楼1、2层及裙房，计2110平方米，资金一次性全部到位。“中心”申报审批的高新技术项目共5项，有2项达到国际领先水平，其中“亚麻高支纱轻薄织物及整理工艺”为纺织部攻关项目。1995年4月，在西班牙召开的第二十三届国际博览会上获金奖，同年11月在巴黎获第九届欧州产品质量金奖。哈尔滨频谱医疗技术开发有限公司生产的“PY-多元频谱治疗仪”，1995年获广州第七届中国新产品新技术博览会金奖和中国第三届专利技术博览会金奖。

对产品技术水平高、经济效益好的项目进行了重点扶持。先后帮助保隆保健品有限公司、科技开发中心、富力机电设备公司等企业解决科技贷款1923万元。哈尔滨保隆保健品公司利用100万科技贷款，在“晨世减肥酥”二代产品的研制、包装的改进及申请美国的FDA质量认证中发挥了作用。科技开发中心自开办以来，培育科技型新项目22项，其中达到国际先进水平的5项，国内先进水平的17项，并通过参股的方式自办3家企业。

【人才交流】设立固定的人才劳动力市场，坚持常年为用人企业与求职人员牵线搭桥，全年共举办7次人才劳务供需见面会，先后有256家企业和11600余人次参会，有126家企业先后与3400人次洽谈达成意向协议，1000多人次被企业聘用。一年来，人事劳动局、人才交流中心为550名流动人员保存了人事档案，为352人次办理了出国的政审，为开发区企业职工两次普调晋升档案工资，为190人办理了保留全民和干部身份的手续。同时，设立了一条龙服务办事窗口，凡涉及劳动、人事等方面业务，如人事调配、劳动力就业、集体转制、招工审批、工资计划审批、建户、职称评定、出国政审、聘干、外商亲属及外地人才落户等，均可在一条龙服务窗口，得到接待和圆满解决。

【企业发展】1995年区内企业涌现出哈飞汽车制造有限公司等3家产值上亿元企业；东安微型汽车发动机有限公司等5家纳税上千万元企业；化工进出口公司开发区分公司、开发区金属材料公司、哈尔滨东方香港食品有限公司等8家纳税超百万元企业；艾玛针织时装有限公司、继嘉抽纱有限公司等5家出口创汇超百万美元三资企业。哈尔滨东安微型汽车发动机有限公司加大技改力度，投资2亿元进行大规模技术改造和新型发动机研制，已形成每年20万台发动机生产能力。本年生产发动机10万台，实现工业增加值22461万元，销售收入96109万元，实现利润6734万元。哈尔滨航馨电子设备有限公司研制的产品成功地解决了部分进口飞机的维修难题，已应用到波音737、747等机种，本年实现工业总产值477万元，利润220万元。

【辟建“内陆港”】参照马来西亚怡保内陆港成功经验，提出利用已建成的综合工业区和铁路现有基础设施，在哈尔滨辟建全国第一个“内陆港”的建议，得到省市领导支持，并会同海关、商检、口岸委、铁路等部门3次组团访问马来西亚，考察内陆港建设过程和日常运作。

辟建内陆港是改革开放由沿海向内陆发展的客观要求，也是建立国际“大通道”，改善开发区和哈尔滨及周边地区投资环境的重大举措。

【发展规划】《哈尔滨经济技术开发区"九五"和到2010年发展规划》经有关部门和专家评审，已列入全市总体规划。

指导思想：以推动哈尔滨市现有产业升级和培育新型高科技产业为重点，大力发展外向型经济，不断提高在全市经济中所占份额，奋进10年，使开发区成为哈尔滨市最大的经济生长点，成功的改革试验、示范区。

目标模式：实行以东北亚为主的资金、技术、资源和劳动力的国际性优化组合；兼有出口产品生产基地和国际经贸中心两大功能；面向独联体、东欧，西方和国内3个市场，开发现代化的二、三产业，建成经济、科技、高度文明的一流内陆开发区。

发展阶段：根据"统一规划、分步实施、重点突破、滚动发展"的原则，针对国内外经济环境的变化趋势和开发区自身的条件，分两个阶段实现。"九五"期间，主要是完善已开发的3.5平方公里内的基础设施，并在此基础上再向前滚动3.5平方公里，在累计7平方公里的土地上全面实现"七通一平"；按照全市"2000年以前，完成老工业基地改造，重点优化产业结构"的总体设想，进一步加大招商引资力度，使招商引资规模与开发拓展相适应；理顺管理体制运行机制，使之完全与国际接轨，在全市率先实现社会主义市场经济体制和现代企业管理制度；加快已开工项目的建设，继续抓好已批准企业的进区、开工、开业和提高效益的工作。2000年，在已开发7平方公里土地上达到3.5平方公里土地上的项目落实，其中2.3平方公里土地上的项目投入生产和营业；建成保税库区和铁路仓储区，积极协办"内陆港"，发挥开发区的整体功能。2010年，主要任务是拓展开发区领域和经济规模，在地域上拓展到20平方公里，在工业经济规模上，达到1995年全市总体水平，充分发挥"改革试验区"的作用，在制造业、外贸业、金融业、信息业、科技业、劳动力输出业等方面进入国际市场。

规划期主要指标：

1. 国内生产总值。2000年达到32亿元，年均增长33.7%；2010年达到100亿元，年均增长12.1%。

2. 人均国内生产总值。1995年为3.75万元；2000年达到6.4万元，年均增长11.3%；2010年达到9.09万元，年均增长3.6%。

3. 第二产业增加值。2000年达到20亿元，年均增长29.5%；2010年达到75亿元，年均增长14.1%。

4. 第三产业增加值。2000年达到12亿元，年均增长73%；2010年达到25亿元，年均增长7.6%。

5. 工业总产值。2000年达到120亿元，年均增长46.1%；2010年达到350亿元，年均增长11.3%。

6. 利用外资。1996年至2000年利用外资4亿美元；2001至2010年利用外资15亿美元。

7. 出口总值。1995年为300万美元；2000年达到2亿美元，年均增长1.3倍；2010年达到10亿美元，年均增长17.5%。

8. 区内税收。2000年达到5亿元，年均增长52.8%；2010年达到20亿元，年均增长14.9%。

9. 区内就业人口。1995年为2万人；2000年达到5万人，年均增长20%；2010年达到11万人，年均增长8.2%。

10. 土地开发面积。1995年为3.5平方公里；2000年达到7平方公里；2010年达到20平方公里。

11. 固定资产投资。主要包括基础设施建设投资和项目建设投资。

(1) 基础设施建设投资："九五"期间累计投资6亿元，年均投资1.2亿元；2001年至2010年累计投资30亿元，年均投资3亿元。

(2) 项目建设总投资："九五"期间累计投资64亿元，2001年至2010年累计投资300亿元。

12. 科技进步指数。1995年为40%，到2000年达45%；2010年达到50%。

13. 区内建筑面积。1995年区内建筑面积、竣工面积累计达到130万平方米和50万平方米；到2000年累计达350万平方米和120万平方米；至2010年累计达到1300万平方米和500万平方米。

黑龙江省十强县之一——阿城市

阿城市具有悠久的历史，是我国金代经济、文化的中心。党的十一届三中全会以来，工农业生产有了飞速的发展，1995年各项主要经济指标排在全省十强县的第二位。

（一）基本概况

阿城市地处哈尔滨市东南28.5公里处，南北长84公里，东西宽75公里，幅员面积为2740平方公里，地势东高西低，五山半水四分半田，平均海拔400米。全市辖9个镇，10个乡，210个行政村，945个自然屯，总人口63.5万人，共有17个民族，其中以汉、鲜、满、回族居多。市区所在地面积13.5平方公里，人口15.5万人，全市绿化覆盖率为33.3%。

阿城市交通十分便利。绥满铁路横贯东西，境内铁路车站有8个，哈阿一级汽车专用公路、哈绥、哈同、哈五、西沈等干线公路穿境而过，乡镇公路纵横交错，构成四通八达的公路网络；阿城市邮电事业较为发达，现有邮电支局25个，装机总容量为4万门；能源方面，现有220千伏变电所一处，热电厂一座，年发电2亿度。

（二）主要资源

1.土地资源：全市耕地面积为11.58万公顷，人均耕地面积为0.18公顷。其中以玉米（4.5万公顷）、水稻（2万公顷）、大豆（1.7万公顷）为主。未利用土地11.6万公顷。

2.农副产品资源：阿城市以黑土为最多，土壤肥沃，最适宜农作物的生长。年产粮食50.3万吨，其中玉米34.8万吨，水稻10.1万吨，大豆3.2万吨。经济作物主要以甜菜、大蒜为主，特别是大蒜，质量优良、驰名中外。副业以生产肉类、山野菜、药材、鲜鱼、家禽为主，1995年黄牛饲养量为20.4万头，生猪饲养量为42.1万头。

3.森林资源：阿城市现有林地11.8万公顷，森林覆盖率为32.3%，多为天然针阔叶混高林及以松树为主的人工林。木材积蓄量为531.3万立方米。

4.水资源：阿城市水资源总量为5.52亿立方米，其中地表水为4.08亿立方米，地下水为1.44亿立方米。年入境水量为3.25亿立方米，水质好，适合生活及农田灌溉用水。

5.矿产资源：阿城市建材资源丰富，其中大理石储量2.1亿吨，饰面石材储量1099.7万立方米，普通建筑石材储量14.2亿立方米，砖瓦粘土储量7.5亿吨，硅石储量35万吨，河道砂石储量1800万立方米。

6.旅游资源：阿城市旅游资源颇丰，分布较广，现有可开发的旅游资源30余处，其中较有开发价值的自然旅游资源6处；人文旅游资源7处；两种兼备的2处。

现已开发的旅游资源有：

(1)阿城市红星水库旅游区，现已初具规模，年接待游客20万人次以上，被列为哈市重点旅游开发区。

(2)松峰山旅游区，史称“金源乳峰”，是东北最早的道教圣地。

(3)金上京历史博物馆，是目前国内唯一一家收藏金代文物的馆所。陈列文物2000多件。

(4)清真寺，该寺建于清乾隆四十二年（公元1772年），是全国百座著名清真寺之一。

(5)玉泉狩猎场，是国内第一大封闭式猎场，既可狩猎，又可观光和度假，年接待国内外游客20万人次以上，是哈市重点旅游开发区。

(6)玉泉滑雪场，系高山滑雪场地，是哈市重要的训练和比赛基地。

待开发资源有：

(1)金上京会宁府遗址，为金代开国都城，建于公元1124年。现为国家级重点文物保护单位。

(2)金代摩崖石刻。

(3)金代开国皇帝完颜阿骨打陵遗址。

(4)金代冶金遗址。

(5)孔庙。

7.野生动植物资源：阿城市野生动植物资源较为丰实。一是有黑熊、野猪、狍子等野生动物；二是有蕨菜、薇菜、刺嫩牙、猴腿等近百种食用价值较高的山产品，蕴藏量在100万公斤以上；三是有山核桃、榛子、山梨、山葡萄等30多种食用野果；四是有木耳、蘑菇等十几种食用菌；五是有人参、刺五加、五味子、平贝等250余种中药材，总蓄量为540万公斤左右。

（三）主要产业现状及发展目标

阿城市是黑龙江省十强县之一，1995年末实现国内生产总值22.5亿元，年平均递增22.4%，人均国内生产总值3530元。社会消费品零售额8.9亿元；财政收入1.33亿元，年平均递增8.3%。

工业总产值1995年实现26.5亿元，“九五”期间要建成五大工业基地，即食品、钢铁、建材、机电、纺织等5个基地。形成5个重点行业，即化工、医药、包装、机械、家电等5个行业。实现工业总产值68亿元，5年平均递增20.7%。

农村社会总产值1995年实现44.1亿元。“九五”期间要加速粮食生产、以牧业为主的多种经营和乡镇企业，重点开发七大产业，一是粮豆系列开发；二是建材产品系列开发；三是畜食产品系列开发；四是林产品系列开发；五是蔬菜、瓜果产品系列开发；六是水产品系列开发；七是山特产品系列开发。至2000年粮食产量达7亿公斤，农村社会总产值达到170亿元，其中乡镇企业产值160亿元，农村人均收入由1995年的2265元提高到5000元。

安 徽 省

主　　编：郭万清
副 主 编：张万奇　叶文卿
编写人员：张万奇　叶文卿　徐和生
耿冬木

安徽省分目录

安徽省概况 …………………………………………………………………………………… (191)
国民经济和社会发展 ………………………………………………………………………… (191)
安徽省人民政府关于加快利用外资的决定 ……………………………………………… (197)
安徽省国民经济和社会发展“九五”计划和2010年远景目标纲要（摘录） ………… (200)

安徽省概况

面积：13.9万平方公里

人口：6013万人

行政区划：6个地区，10个地级市，10个县级市，58个县

省委书记：卢荣景

省人大常委会主任：孟富林

省长：回良玉

省政协委员会主席：史钧杰

安徽省国民经济主要指标（单位：亿元）

项　　目	1995年	1995年比上年增长(%)
国内生产总值	2003.66	14.3
工农业总产值	4136.21	16.5
工业总产值	3155.95	17.1
重工业产值(乡及乡以上)	(1058.6)	
轻工业产值(乡及乡以上)	1004.5)	
农业总产值	980.26	14.2
全社会固定资产投资	496.44	31.9
国有固定资产投资	281.35	29.8
社会消费品零售总额	586.52	29.4
零售物价总指数	112.7	12.7
职工工资总额	228.13	23.7

国民经济和社会发展

1995年是“八五”计划的最后一年。一年来，全省人民在省委、省政府的领导下，认真贯彻党的十四届四中、五中全会和省第六次党代会精神，宏观调控取得积极成效，整体经济运行在稳定中呈现出快速增长态势，人民生活明显改善，各项社会事业进一步发展，综合经济实力明显增强。省政府制定的“八五”计划主要目标得到全面实现，为“九五”时期我省经济再上新台阶打下了坚实的基础。初步测算，全年国内生产总值可达2050亿元，比上年增长16%，这是我省连续第四年经济增长在15%以上，增幅居全国前列。其中，第三产业增加值482亿元，增长9.5%，占国内生产总值的23.5%。经济运行中存在的主要问题是：农业基础仍比较薄弱，企业经济效益还有待进一步改善等。

一、农　业

1995年，我省各级政府十分重视农业生产，把发展农业生产和农村经济放在各项工作的首位，加大对农业的投入，在沿江地区受涝、江淮之间受旱的情况下，获得了农业的大丰收，农业发展是近10多年来形势最好的一年。全年农林牧渔业增加值543亿元，增长13.5%，是近10多年来正常增长最快的一年；占国内生产总值的26.5%。

粮、棉、油、肉、水产品等主要农产品全面创历史最好水平。全年粮食产量2652.7万吨，增长12.3%；棉花产量30万吨，增长16.2%；油料产量191.8万吨，增长24.1%。值得一提的是，1995年我省农产品不仅总产量创历史最好水平，而且油料、水产品等当年净增加量也是历年中最高的。农业的全面丰收，促进了农村经济的全面发展，丰富了城乡市场，增加了农民的收入，对控制物价上涨，保持国民经济持续、快速、稳定发展起了积极作用。

主要农产品产量如下：

	1995年	比上年增减%
粮　食	2652.7万吨	12.3
棉　花	30.0万吨	16.2
油　料	191.8万吨	24.1
#油菜籽	141.6万吨	35.9
蚕　茧	4.3万吨	3.7
茶　叶	4.0万吨	-17.9
水　果	53.0万吨	22.2

林业生产建设和绿化工作取得新进展。1995年，全省造林面积81.6千公顷。畜牧业生产连续十多年保持增长的势头，主要畜产品产量和牲畜存栏头数如下：

	1995年	比上年增减%
肉类总产量	190.0万吨	9.8
#猪牛羊肉	160.0万吨	13.2
牛　奶	2.7万吨	8.0
肉猪出栏数	1511.6万头	6.3
猪年末数	1515.6万头	2.5
羊年末数	569.6万只	22.4
大牲畜年末数	707.7万头	10.1

渔业生产继续保持高速发展的好势头。到1995年底，全省养殖水面达496.8千公顷，比上年增加36.8千公顷；全年水产品总量达75万吨，比上年增长50%。

农业生产条件得到进一步改善。1995年末，全省农业机械总动力1852.5万千瓦，比上年末增长10%；小型和手扶拖拉机88.1万台，增长11.7%；载重汽车3.3万辆，增长6.4%；排灌动力机械390.9万千瓦，增长5.9%；全年化肥施用量（折纯）201万吨，增长6%。农田水利建设得到加强，有效灌溉面积继续扩大。

1995年，我省农村经济持续全面发展，乡镇企业产值继续保持快速增长，农村工业、建筑业、运输业和商业、饮食业等非农产业占农村经济的比重进一步上升。

二、工业和建筑业

1995年，我省继续深化企业改革，积极调整产业和产品结构，增加对企业技术改造的投入，在适度从紧的财政和货币政策下，工业在生产平稳回落中继续保持较快的增长势头。全年完成工业增加值949亿元，比上年增长21.2%，占国内生产总值的46.3%。

主要工业产品产量多数有不同程度增长，80%以上的工业产品完成了“八五”计划要求。

主要工业产品产量如下：

	1995年	比上年增减%
纱	22.65万吨	6.0
布	7.55亿米	-9.4
机制纸及纸板	81.95万吨	37.6
卷　烟	193.84万箱	2.4
合成洗涤剂	14.36万吨	3.9
电视机	73.75万部	-24.0
家用电冰箱	150.21万台	23.7
家用洗衣机	124.71万台	50.1
原　煤	4319.85万吨	6.6
发电量	305.27亿千瓦时	2.3
钢	322.13万吨	3.6
钢材（成品）	257.94万吨	-5.8
十种有色金属	10.88万吨	12.5
水　泥	1976.73万吨	20.5
硫　酸	128.59万吨	14.0
纯　碱	8.89万吨	2.4
化肥（折纯）	145.42万吨	-25.8
化学农药	8272.70吨	46.4
金属切削机床	5934台	-6.3
汽　车	30179辆	-19.1

1995年，全省独立核算工业企业经济效益综合指数为86.75。其中，工业产品销售率为94.19%，资金利税率为9.48%，成本费用利润率为2.25%，流动资金周转次数1.72次，工业增加值率28.69%；全员劳动生产率（按增加值计算）11546元/人。但部分企业亏损仍较严重，工业企业整体经济效益水平有待于进一步改善。

建筑业发展较快。1995年，随着建筑业改革的进一步深化，建筑施工企业生产不断加快。全年完成建筑业增加值76亿元，比上年增长10%；占国内生产总值的3.7%。国有施工企业房屋建筑竣工面积381.8万平方米，增长20.6%。建筑产品质量也有所提高。

地质勘查工作取得进展。1995年，地质矿产部门完成机械岩芯钻探工作量6.9万米，完成1：5万区调5792平方公里，有3个矿种新增探明储量；全年完成货币工作量4亿元，比上年增长20%；实现增加值1.3亿元。

三、固定资产投资

1995年，我省投资继续保持适度增势，投资结构得到改善。全年全社会固定资产投资完成465.97亿元（不包括房地产开发投资），比上年增长23.8%。其中，国有单位投资完成273.5亿元，比上年增长26.2%。投资结构较为合理。全年基本建设投资完成166.5亿元，增长25.6%。更改投资一改上年滞后较多的状况，增长有所加快。全年更改投资完成94.2亿元，增长27.6%，增幅比上年高出11个百分点，高出同期基建投资增幅2个百分点。

重点建设行业投资增长较快。1995年，我省投资的重点主要集中在农林水利、能源、原材料等基础产业以及部分重点行业上。当年国家和省安排重点基本建设项目30个，完成投资74.8亿元，比上年增长20.6%。一大批基础性建设和技改项目建成或基本建成，建成或基本建成的项目主要有：合九铁路326公里、阜淮复线97公里、商阜复线112公里、阜九铁路56公里，阜阳枢纽，合肥新客站，安庆丙烯腈/腈纶工程（丙烯腈5万吨和腈纶5万吨），铜陵长江大桥，裕安大厦，安大教学楼，马鞍山二电厂1号机组30万千瓦，向山硫铁矿年采矿180万吨，此外，还有桃园煤矿年采煤能力90万吨、任楼煤矿年采煤能力150万吨、谢桥煤矿年采煤能力400万吨、312国道大龙段、合——巢——芜公路一期、宿县合成洗涤剂原料厂3万吨酒精工程等项工程也已基本建成或交付使用。这些重点项目的建成或基本建成，进一步改善了投资环境，增强了经济发展后劲，为“九五”计划的全面实施奠定了坚实的基础。

四、交通和邮电

交通运输生产发展较快，邮电业发展取得新成绩。全年运输、邮电业完成增加值90亿元，比上年增长8.5%。全省地方交通客货运输周转量完成情况如下：

	1995年	比上年增减%
货物周转量	209.3亿吨公里	26.4
#公路	60.2亿吨公里	11.3
水运	149.1亿吨公里	33.7
旅客周转量	88.3亿人公里	−16.2
#公路	87.8亿人公里	−16.2
水运	0.5亿人公里	持平

全年完成邮电业务总量22.61亿元，比上年增长45.3%。其中，中央国营业务总量完成20.67亿元，比上年增长43.3%；地方国营业务总量完成1.94亿元，增长71.3%；国际及港澳业务总量8834万元，增长12.9%；特快专递、无线寻呼、移动电话等新业务分别增长67.9%、93.3%和1.65倍。长途电话、市内电话发展速度明显加快。市内电话年末到达户数为102.96万户，农村电话年末到达户数为21.08万户，分别比上年增长42.8%和94%。

五、国内贸易和市场物价

1995年，我省市场销售基本改变了过去滞后于生产的状况，有了显著的转变。商品供应十分充裕，零售市场繁荣活跃。全年商业饮食业完成增加值144亿元，比上年增长13%。社会消费品零售总额达600亿元，增长32.3%；扣除物价因素实际增长17.4%。在消费品零售额中，城市286.9亿元，增长35.7%；县及县以下为137.3亿元和175.4亿元，分别增长35.2%和25.0%。

各种经济类型的商品零售额全面增长。国有单位比上年增长32.7%，集体单位增长28%，个体增长29.9%；农民对非农业居民零售额增长41.5%。从各类消费品销售量看，吃的商品中，粮食销量增长2.1%，食用植物油增长4.2%，鲜蛋增长13.7%；穿的商品中，各种服装销量增长2.4%；用的商品中，彩电销量增长26.1%，电冰箱增长29%，洗衣机增长26.8%，家用空调器和抽排油烟机销售大幅度增加。

1995年，物资流通体制和格局发生了较大变化，生产资料市场供求基本平衡，在物资市场竞争日趋激烈的情况下，我省生产资料市场发展平稳。当年全省物资系统购进各种物资总额133.2亿元，比上年增长7.3%；销售各种物资总额142.9亿元，比上年增长5.8%。

1995年，国家把抑制通货膨胀作为宏观调控的首要任务。由于我省认真贯彻国家有关方针政策，采取切实可行的抑制通胀的各项措施，物价形势发生了明显变化。一是物价涨幅基本保持逐月回落态势；二是圆满地完成了省政府提出的控价目标；三是物价涨幅低于全国平均水平。全年零售物价涨幅为12.7%，比上年降低了10.6个百分点。与人民生活密切相关的"米袋子"、"菜篮子"价格得到了初步控制。

1995年各类价格比上年上涨幅度（%）：

	1995年
一、居民消费价格	14.8
#城 镇	15.9
农 村	13.7
二、商品零售价格	12.7
#食品类	20.8
饮料烟酒类	5.7
服装鞋帽类	14.7
纺织品类	14.4
中西药品类	9.7
化妆品类	9.0
书报杂志类	15.6
文化体育用品类	8.5
日用品类	7.8
家用电器类	1.4
首饰类	−0.7
燃料类	6.3
建筑装璜材料类	8.8
机电产品类	−1.2
三、能源、原材料购进价格	17.9
四、工业品出厂价格	17.1
五、农副产品收购价格	19.0

六、对外经济

1995年，我省各级外经贸部门积极贯彻省委、省政府"外向带动"战略，采取多种措施，扩大外贸出口，外贸进出口保持增长。全年外贸进出口总额达23.1亿美元，比上年增长24.8%。其中，出口总额15.8亿美元，增长23.6%；进口总额7.3亿美元，增长27.6%。出口商品结构进一步改善，初级产品与工业制成品的出口比例由上年的22比78调整到17比83。"三资企业"出口大幅度上升，全年出口额1.8亿美元，比上年增长43.4%，占出口总额的比重由上年的9.8%上升到11.4%。一批高技术含量、高附加值产品的出口有了较大幅度的增长。

1995年我省加大招商引资力度，利用外资取得丰硕成果。1995年，全省外商直接投资4.8亿美元，比上年增长29.7%；当年全省新批"三资"企业753家，比上年增加126家。

1995年，我省旅游业克服各种不利因素，抓住机遇，加快发展，旅游总收入创历史最好水平。全年旅游总收入达12.1亿元，比1994年增长26.1%，其中，旅游创汇4435.9万美元，比1994年增长78.8%；接待国内外游客1796.7万人次，增长27.3%，其中，接待海外游客14.3万人次，22.2万人天，与1994年相比分别增长25.1%和25.4%。1995年，全省对外承包工程和劳务合作新签合同金额1689万美元，完成营业额3621万美元。

七、金融和保险业

1995年，我省金融系统认真贯彻中央适度从紧的货币政策，紧中求活，积极调整信贷结构，加强资金调度，提高资金使用效率，金融形势基本正常。

1995年末，全省银行、信用社各项存款余额1003.17亿元，比上年末增加249.22亿元。其中城镇居民储蓄存款余额496.44亿元，比上年末增加145.43亿元；农村居民储蓄存款余额171.51亿元，比上年末增加44.02亿元。银行、信用社各项贷款余额为1256.11亿元，比上年末增加264.51亿元。

保险事业有较大发展。1995年，全省人保系统共承保国内各种财产总额1160亿元。全省有13687家企业单位参加了财产保险，有387万户城乡居民家庭参加了家庭财产保险，有1137万人次参加了各类人身保险。国内外保险保费收入14.4亿元，比上年增长18.0%，超额完成年度计划。全年国内外业务赔款和给付8.3亿元，为保障国民经济的健康发展和社会秩序的稳定做出了贡献。

八、科学、教育、文化和卫生、教育

科技事业继续发展，科技队伍不断壮大。1995年末全省共有各类专业技术人员81万人，全省县级以上国有独立研究开发机构198个，高等院校办科研机构125个，大中型工业企业办科研机构430多个；从事科技活动人员82500人，其中科学家和工程师47500人。有民营科技企业2080家，职工22800人，其中科技人员11400人。

科技成果十分丰富。全年共取得省部级以上重大科技成果686项。主要科技成果有：ZDB、HDB系列轴流混流潜水电泵，高强高膜聚乙烯醇纤维及其生产线，门脉高压症介入放射学治疗临床研究，高产、优质、多抗杂交籼稻新组合协优78039的选育与应用研究。当年全省自然科学基金资助科学项目100项，资助金额220万元。有国家重点实验室2个，国务院部门重点实验室3个，省级中试基地3

个，全年安排省级以上工业性试验项目9项。

科技服务工作不断完善。全省共有县以上产品质量监督检验机构108个，其中省级产品质量监督检验机构37个。全年共受理专利申请1000件，授权专利555件。气象部门加入了公用数据交换网CHINAPAC，实现了省到地市及部分县计算机联网；省气象台和10个地市县气象部门开展制作电视天气预报。技术市场趋向活跃。全省共签订各类技术合同1606项，金额21852.6万元；其中流向本省的技术1033项，金额11160.6万元。

各类教育事业取得新的进展。1995年，全省共招收研究生1051人，其中高校招收研究生954人；在学研究生2828人，其中在校研究生2569人，比上年末增加364人。普通高等学校招收本、专科生2.9万人，在校生8.8万人。中等职业技术教育不断发展。各类中等职业学校在校学生56.8万人，比上年增加10.5万人。其中，中专学校在校生12.1万人，增加　　万人；职业中学初、高中在校生为20.4万人和14.7万人，分别增加6.1万人和3万人；技工学校在校生9.6万人，增加0.3万人。普通中学中，高中在校学生28.9万人。普及义务教育稳步发展。全省普通初中在校学生252.6万人，小学在校学生606.9万人。小学学龄儿童入学率为99.69%；小学毕业生升学率为98.8%，比上年提高7.4个百分点。

各类成人教育继续发展，多种形式的技术培训蓬勃展开。1995年成人高等学校招收本专科学生1.3万人，在校学生3.7万人；成人中等学校毕业生1.9万人；成人中小学在校学生94.2万人；成人技术培训学校培训学员227.2万人次；全年共扫除文盲84.3万人。

文化事业日益繁荣。1995年末，全省共有艺术表演团体92个，文化馆99个，公共图书馆83个，博物馆30个，档案馆馆藏档案资料411.4万册，库馆面积11.4万平方米。1995年末，全省共有广播电台69座，中波发射台和转播台23座，电视台45座；电视发射台和转播台816座，比上年增加34座。广播人口覆盖率为82.5%，电视人口覆盖率为79%。

1995年末全省共有杂志品种123种，总印数3213.8万册；报纸52种，总印数47569万份；图书品种2036种，其中新版图书1100种。

卫生事业继续发展，医疗条件进一步改善。1995年末，全省医院共有病床10.95万张，比上年增长1.4%。专业卫生技术人员15.1万人，比上年增长1.8%；其中医生6.7万人，增长3.1%；护师、护士3.6万人，增长2.7%。

体育事业取得新成就。1995年，我省运动员在国际和国内的重大比赛中共获28枚金牌、21枚银牌和25枚铜牌。一级运动员发展数为48人，一级裁判员发展数为122人。

测绘事业的发展，为城市规划开发、农业、水利、交通能源和土地等部门提供了及时有力的测绘保障。1995年，省测绘局所属生产单位完成测绘工作量63189工日，测绘产值414.4万元，分别为计划的111.2%和134.9%。完成的主要测绘项目有，各种比例尺地形图外业控制1242幅，调绘1033幅，省内12个大中城市7090平方公里航空摄影，大地控制点成果972点次。

九、人口和人民生活

人口增长速度有所控制。据抽样调查，1995年我省人口出生率为16.07‰，比上年降低0.63个千分点；死亡率为6.41‰，比上年下降0.45个千分点；自然增长率9.66‰，比上年降低0.18个千分点。以此推算，年末全省常住人口为6013万人。

城乡居民收入大幅度增加。据抽样调查，1995年全省城镇居民人均生活费收入3406元，比上年增长23.1%，扣除物价因素实际增长6.2%。全年农民人均纯收入1302.9元，比上年增长33.9%，扣除物价上涨因素，实际增长9.8%。

劳动领域各项改革取得新成绩，劳动就业服务体系正逐步形成。1995年末，全省县以上劳动部门办的职业介绍机构发展到104个，乡镇建立的职业介绍机构1400个，全年城镇新安排就业14万人。劳动合同制有了较大进展，国有单位合同制职工达85.7万人，占城镇全部职工的17.1%。养老保险社会统筹面继续扩大，全省已有205.9万职工参加统筹，这项工作正在向全社会推进。年末全省职工人数为500.5万人，城镇私营企业从业人员和个体劳动者达90.2万人。

职工工资水平进一步提高。1995年，全省职工工资总额216.3亿元，比上年增长17.3%；职工平均工资4393元，增长15.8%。

城乡居住条件进一步改善。1995年全省城乡建成住宅4262.8万平方米；其中城镇建成住宅795万平方米，农村建成住宅3467.8万平方米。

社会福利事业继续发展。1995年，全省各类社会福利院床位达5.6万张，收养4.6万人。城乡各种社会救济达148.1万人次。全省已有20.8%的乡镇建立了农村社会保障网络，城市（镇）社会服务网络建设也有较大进展，已建立起各种社区服务设施8886个，其中社区服务中心262个。

环境保护事业加快发展。1995年末，全省环境保护系统共有职工2376人，各类环境监测站80个，自然保护区10个，全年完成环境污染限期治理项目76个，总投资13101.6万元。到1995年末，已在全省16城市中建成57个烟尘控制区，面积达311.2平方公里，在12城市中建成了31个环境噪声达标区，面积达96.7平方公里。

（注：本文所引统计数据均系快报数）

安徽省人民政府关于加快利用外资的决定

今后5至15年是安徽改革开放和经济发展的关键时期。为实现我省"九五"计划和2010年的奋斗目标，省委、省政府明确提出实施"外向带动"战略，把全方位扩大对外开放作为我省经济腾飞和社会发展的重大举措。利用外资是实施"外向带动"战略的一个重点和突破口。全省上下要全面贯彻党的十四届五中全会和省委六届二次全会精神，进一步扩大对外开放，加快利用外资步伐，促进全省经济建设和社会发展实现新的跨越。为此，特作如下决定：

一、把握形势，调整思路，开拓利用外资工作新局面

自1990年省委、省政府作出开发皖江的决策以来，我省利用外资取得重大进展，外向型经济发展很快，全方位对外开放格局初步形成。但是，与沿海发达地区和我省经济社会事业发展的要求相比，我省的对外开放速度、水平还存在着一定的差距。"九五"期间进一步扩大对外开放，更积极合理有效地利用外资，不仅可以解决发展中的资金、技术问题，而且是推进"两个根本性转变"的重要举措，是带动整个对外开放水平提高的关键所在。目前，利用外资正面临着新的形势，从国际看，世界经济处于新的增长周期，跨国投资显著增加，同时许多国家调整引资政策，经济竞争激烈；从国内看，建立社会主义市场经济体制的步伐加快，国家开放政策开始由地区倾斜逐步转向建立规范高效的体制，并适时实行国民待遇。我省利用外资工作面临着重要的机遇，我们要审时度势，抢抓机遇，从实际情况出发，及时把工作重点转到发挥自身优势，改善投资环境和提高服务质量上来，并抓紧时间实行有效的鼓励外商投资政策，增大对外资的吸引力。与此同时积极引导企业面向市场，参与平等竞争。全省上下要把握形势，调整思路，加大力度，把我省利用外资工作全面推向一个新阶段。

二、发挥优势，在外商投资领域上取得新突破

我省现实的产业基础、丰富的资源、广阔的市场和优越的区位条件，对外资进入，尤其是对国外大公司、大财团有较强的吸引力。我省多数优势行业是国家产业政策鼓励外商投资的领域，要着力发挥好这个优势，退出一批重点建设项目和技改项目，引导外资投向基础设施与基础产业、农业综合开发、高新技术产业和新兴支柱产业，并向第三产业拓展。要在继续鼓励中小外商投资的同时，重点引入国外大财团、大公司的投资，发展一批高科技、高利税、高创汇和高市场容量的大项目，力争在三、五年内形成一批国内、国际的名牌产品，培植一批在市场上具有较强竞争力的优势企业和企业集团。

资源优势是我省吸引和置换境外资金和技术的有利条件，要大力宣传一批"人无我有、人有我优"的特色项目，特别是鼓励外商投资矿产资源、农业资源和旅游资源的开发，培育新的经济优势。我省劳动力资源丰富，且拥有较多的科技人才，科研及开发能力较强，要吸引外资，发展一批劳动密集型加工项目，要加强同境外的科技合作，推动高新技术产业化进程。

发挥我省的市场优势，对外商投资者实行让市场的原则。外商投资国家鼓励的项目，产品可全部内销，并允许其收购产品出口和在银行调剂外汇。积极探索发展新型的市场组织形式和商业管理模式，引导外商投资建设仓储、配送、经营等流通设施，发展商品信息监控和电子交易网络，引进已在国内设店的国际著名商业零售企业来我省兴办连锁商店，经批准可兴办中外合资商业零售企业，并进行批发商业合资合作试点；可与外商试办外贸公司，开拓进出口业务。鼓励外商兴办广告、信息咨询、会计师事务所等中介服务机构，提高第三产业水平，促进市场的发育。在利用外资兴办第三产业上，鼓励各地大胆探

索。

三、采取灵活有效方式，广开引资渠道

今后引进外资的方式要更加务实灵活。外商投资建设交通、能源等基础设施，除国家另有规定外，允许独资、控股和增加投资比例。经批准可向外商出让已建成或在建的交通能源等基础设施项目的股权或一定期限的经营权，带动“BOT”方式的突破。依据规定开放企业产权，允许外商购买，其中国有小企业对外商投资者全面开放。在与外商合资合作中，可以一个产品、一个车间进行“嫁接”改造，也可以一个企业乃至全行业进行“嫁接”改造。以推动国有资产存量的合理调整，形成新的生产力。允许外商在规划区内进行土地成片开发或兴办综合开发项目。允许境外大企业、大财团来皖兴办“伞形公司”，发挥其综合经营的功能。合肥作为金融对外开放城市要积极兴办外资银行、财务公司，并吸引国外金融组织设立分支机构。其它地方要创造条件力求突破。要采取多种融资方式，积极争取一些有条件的企业在境内外发行股票，筹集重大项目建设资金。在多形式吸收外商直接投资的同时，要更积极有效地使用境外借款，特别是国外政府和国际金融组织优惠贷款，加快大型水利工程、农业综合开发项目、交通、环保及市政设施等的建设。

广开各种引资渠道，进一步健全招商引资网络。要不断研究国际资本流动规律和特点，把握外商投资方向，及时发布对外招商信息，调整和推出引资项目。按照重实效、求质量原则，在每年有计划举办几次大型招商活动的同时，更多地按行业或专题招商，鼓励企业对口招商，唱好“主角”，以提高招商引资成功率。充分发挥浦东裕安、香港黄山公司等我省在沿海和境外公司的“窗口”作用，加强同国外驻华商务代表机构的联系，争取更好的招商效果。

四、实行有效的优惠政策，增强对外资的吸引力

要抓住国家鼓励中西部地区利用外资的有利时机，以产业政策为导向，抓紧时间，继续实行鼓励外商投资优惠政策。外商投资能源交通基础设施项目，经省批准，允许其按15%的税率缴纳企业所得税，经营期在15年以上的，从开始获利年度起，企业所得税可以“五免五减半”，同时给予综合补偿。外商投资兴办创汇农业和投资改造乡镇企业项目，企业实际提供出口农产品货源的产值(包括自营出口、外贸代理出口、外贸收购出口）超过当年总产值50%的，经省批准，可享受外商投资产品出口企业优惠政策。外商投资企业生产产品直接出口的，除国家另有规定外，免征增值税、消费税。对经批准利用外资兴办的教育、环保、医疗卫生等社会公益事业项目，可免收土地使用费。外商投资国家鼓励的项目，可按低限原则收取土地出让金，并继续免缴地方所得税。外商投资企业用水增容费，由各地自行决定减免。为加快国家和省级经济技术开发区建设，要认真落实芜湖经济技术开发区5年内新增财政收入全部用于基础设施建设政策。各省级开发区的优惠政策，由所在地市自定。

五、大力改善环境，为外商投资提供高效优质服务

今后利用外资工作要下大力气改善投资软环境，加快建立规范高效的体制。各级政府、各有关部门要进一步增强服务意识，提高办事效率。省已经委托给地市的外商投资项目审批权限继续执行。对属省审批权限的重点项目，各职能部门可联合办公，集中审理，分头限期办结。对国外大财团、大企业以及信誉良好企业投资的项目，可以特事特办。税务、海关、外汇管理、商检、口岸、土地、环保、城建、供电、邮电、金融等部门都要密切配合，增强服务功能，努力提高服务质量和水平。

要广开渠道，积极解决中方配套资金问题。对国家鼓励的重大项目，要集中资金予以扶持。省市两级要优先安排有贷款规模的基建、技改和科研项目对外招商。企业可以产权或无形资产作价，亦可发行债券或集资入股、转让股权作为中方的配套资金。各金融机构要创造条件，设立支持外商投资的专项贷款，对重大项目，一家银行解决不了的，可几家银行联合贷款。对外商投资企业成立后的流动资金贷款，与国有企业一视同仁。

明确部门职责，搞好外商投资企业的管理和服务。计委及有关部门要按照国家产业政策，引导外资投向，优化投资结构，提高投资效益。同时改进项目审批程序，对不需要平衡解决资金、原材料、出口配额、许可证等投资项目，可免批可行性研究报告。外经贸部门要加强和改善外商投资企业合同章程的审批和管理，依法督导外商投资企业认真履行合同章程，提高资金到位率、开工率、出口创汇率和实现利税率。经贸部门要加强和改善外商投资企业成立后的服务和管理，在发挥市场机制作用的同时，尽可能帮助企业解决所需水、电、气的供配和运输、通讯的

调度衔接，办好现有“三资”企业，发挥示范带动作用。工商行政管理部门要改进外商投资企业的登记注册工作，依法加强监督管理。财政、物价部门要负责清理外商投资企业的收费项目，收费标准偏高的要降低，重复收费的项目要合并，不合理的予以取消，并制定统一的收费标准，切实监督实施。旅游服务行业要创造条件，尽快使外商享受与国内居民相同的服务收费标准。各级外商投资企业协会要加强自身建设，充分发挥桥梁和纽带作用，增进中外双方的合作，加强与政府部门之间联系，并设立外商投诉“窗口”，帮助“三资”企业协调解决矛盾和困难。

要进一步完善外商投资的法制环境，规范投资行为，保障外商投资企业的合法权益。外商投资企业的中方高级管理人员的聘免撤换，要按法定程序办理。严禁任何单位和个人干扰外商投资企业合法经营。坚决制止向外商投资企业乱收费、乱集资、乱罚款、乱摊派。要尽快健全会计师、审计师、律师事务所等组织网络，为外商投资提供良好的中介与法律服务。

六、培养和引进并举，建设一支高水平涉外人才队伍

培养涉外人才队伍是扩大对外开放的必要条件，要作为一项特别重要的工作来抓。省计委、教委、人事厅、外办等部门要制定规划，充分发挥省内高等院校的有利条件，建设若干有影响的涉外经济学和法学专业，有针对性地为各地培养输送一批涉外人才。涉外工作任务重的部门和单位，要选调德才兼备、有培养前途的人员到国内高等院校或境外进修深造。各地各部门要大力加强开放意识教育，大兴学习开放政策和涉外经济知识之风。县以上机关干部、大中型企业负责人，尤其是县(处)级以上领导干部，都要学习掌握对外开放知识，提高对外开放工作能力。今后几年，要通过多种形式、多条渠道，在全省上下努力建设一支政治思想好、业务水平高、懂外语的高素质涉外人才队伍，为加快与国际经济接轨奠定人才基础。与此同时，要加大国外智力引进的力度，引进国外学者、教授来皖讲学，聘用国外实用人才到我省工作。发挥海外留学生的作用，鼓励他们回国服务或在海外为我省从事信息咨询、技术交流和商务活动。

七、切实加强领导，保障利用外资工作健康发展

加强领导是扩大对外开放、加快利用外资的重要保证。省政府决定成立省利用外资工作领导小组，统一领导全省利用外资工作。领导小组下设精干的办事机构，负责综合协调和指导工作，充分发挥各职能部门的作用。各行署、市政府也要切实加强对利用外资工作的领导，指定机构负责综合协调工作，建立健全利用外资工作体系。各地各部门对省政府提出的对外开放和利用外资工作目标要进行分解，按照“定目标、定分工、定措施、定期检查”的“四定”原则，建立工作目标责任制，一级抓一级，层层抓落实。县以上人民政府要建立大项目领导责任制，加强协调和督办。省直有关部门要依据本《决定》，制定具体实施办法，并加强协作配合。各地、各部门都要进一步解放思想，开拓进取，共同推进全省的对外开放，实现引进外资的更大突破，创造安徽经济持续快速健康发展的新业绩。

安徽省国民经济和社会发展“九五”计划和2010年远景目标纲要（摘录）

《纲要》是社会主义市场经济条件下安徽省的第一个中长期计划。按照建立社会主义市场经济体制的要求，《纲要》力求体现市场在资源配置中的基础性作用，突出宏观性、战略性和政策性，重点研究事关我省经济发展全局的重大战略、宏观经济调节、产业结构调整、生产力布局，以及基础产业、基础设施和社会发展的方向和任务，提出解决事关经济全局问题的基本政策和措施。《纲要》以“九五”时期国民经济和社会发展为重点，同时力求在把握发展趋势的基础上，对2010年远景目标作出轮廓性构想。

一、“八五”时期的历史性成就

“八五”时期是我省国民经济和社会发展最快最好的时期之一。①经济发展进入快车道，国内生产总值提前翻两番。1995年国内生产总值达到2050亿元，年均增长14.1%；财政收入达147.5亿元；社会消费品零售总额达600亿元；工业总产值达到2300亿元，年均增长28.9%；农业总产值达到503亿元，年均增长6.3%。②经济结构变动加速，结构调整取得成效。一、二、三产业比例由1990年的37.7∶37.7∶24.6调整为1995年的26.5∶50∶23.5；乡镇企业营业收入达到3000亿元；人口城镇化水平达到20%。③投资力度加大，发展后劲增强。“八五”期间，全省全社会固定资产投资完成1481亿元，建成投资大中型基本建设项目58个，限额以上技改项目24个。④经济体制改革全面深化，市场机制的基础性调节作用日益增强。⑤对外开放不断扩大，外向型经济方兴未艾。以皖江地区和合肥、黄山“一线两点”为代表的全省大开放格局已见雏形；“八五”期间，全省实际利用国外贷款7.4亿美元，新增“三资”企业3216家，实际直接利用外资11.7亿美元；1995年进出口总额达到23.1亿美元。⑥科技实力显著增强，教育事业加快发展。全省拥有专业技术人员77万人；5年共取得省级以上科技成果3026项，授权专利2646项。已有51个县（市、区）基本普及九年制义务教育；5年共扫除文盲253万人，青壮年文盲率由19.5%下降到7%；省属高校在校生达5.5万人；各类成人高等学历教育培训达15万人次。⑦社会事业全面进步，精神文明和民主法制建设成绩斐然。人口控制取得突出成绩，“八五”人口自然增长率年均12.14‰，出生人口比计划少139万人；广播、电视人口覆盖率1995年分别达到82.5%和79%。⑧人民生活水平稳步提高，生活质量明显改善。1995年农民人均纯收入达到1303元，城镇居民人均生活费收入3406元；城乡居民储蓄存款余额达到668亿元；200多万贫困群众稳定解决温饱问题。

二、1996～2010年国民经济和社会发展的指导方针和奋斗目标

未来15年，我省国民经济和社会发展的指导思想是：坚持邓小平建设有中国特色社会主义理论，坚持党的基本路线，坚持“抓住机遇、深化改革、扩大开放、促进发展、保持稳定”的基本方针，实施科教兴皖、外向带动、可持续发展三大战略，加大思想解放力度，加大改革开放力度，加大经济发展力度，加大精神文明建设力度，加大工作落实力度，实行两个具有全局意义的根本性转变，即经济体制由传统的计划经济体制向社会主义市场经济体制转变和经济增长方式从粗放型向集约型转变，推动我省经济总量和综合实力不断迈上新的台阶，促进社会全面进步。

根据上述指导思想，未来15年必须牢牢把握以下方针：进一步解放思想，坚持发展是硬道理，立志赶超全国人均水平；坚持以改革为动力，加快实行经济体制的根本性转变；实施科教兴皖战略，优化经济结构，加快实行经济增长方式的根本性转变；实施外向带动战略，推进全方位对外开放；实行可持续发展

战略，正确处理经济发展和人口、环境、生态、资源的关系；坚持物质文明建设和精神文明建设两手抓，两手都要硬；正确发挥省和地市县两个积极性，实行区域经济的协调发展；集中力量，重点突破，带动全省。

"九五"时期国民经济和社会发展的主要奋斗目标是：经济增长率高于全国平均水平，到2000年，力争实现国内生产总值、财政收入、农民人均纯收入和城镇居民人均生活费收入在1995年基础上再翻一番，人均国内生产总值达到全国平均水平；基本消除贫困现象，人民生活达到小康；加快现代企业制度建设，初步建立社会主义市场经济体制；大力推进工业化、城镇化和农业现代化，为我省由农业大省向农业强省、资源大省向加工业大省、人口大省向经济大省的跨越奠定良好的物质技术基础。

主要指标：按1995年价格计算，2000年全省国内生产总值超过3700亿元，城镇居民人均生活费收入达到5170元，农民人均纯收入达到2060元；三次产业比例调整为17：51.4：31.6；经济外向度达到15%以上，外贸进出口总额达到75亿美元，"九五"时期利用外资累计达到40亿美元；科技进步对工业、农业增长贡献率分别达到50%和45%；全省城镇人口占总人口比重达到35%，农村从事第二、第三产业的劳动力比重达到60%以上，城市总数发展到32～34个，建制镇发展到近1000个；全社会劳动生产率年均增长8～9%，万元国内生产总值综合能耗下降到2.37吨标煤；经济增长速度年均12.5%；全社会固定资产投资年均递增25%，5年累计投资总额达到2500亿元；商品零售物价指数控制在全国平均水平；财政收入达到300亿元，年均增长15.3%；人口自然增长率控制在12‰以内，总人口不突破6400万人，城镇失业率控制在4%以内。

2010年国民经济和社会发展的远景目标是：实现人均国内生产总值在2000年基础上再翻一番，人均国内生产总值超过全国平均水平；人民的小康生活更加宽裕；形成比较完善的社会主义市场经济体制；综合省力跨入全国先进行列，并向下个世纪中叶实现第三步战略目标迈出坚实的步伐。

三、"九五"时期国民经济发展的主要任务

1. 加快农村奔小康步伐，推进农业大省向农业强省的跨越

继续坚持"一个稳定增长，两个加快发展"的方针，以增强农业综合生产能力，提高综合效益和增加农民收入为目标，围绕"一优两高"农业和农业综合开发，推动农业生产的商品化、区域化、专业化和市场化，在促进传统农业向现代农业转变和农村工业化方面取得重大突破。

到2000年，主要农产品优质率达到80%以上，农业生产率明显提高，力争粮、棉、油等主要农产品单产增产一成，粮食综合生产能力达到3000万吨，棉花37.5万吨，肉类280万吨，水产175万吨，经济林、用材林面积各达到100万公顷；农村劳动力中从事二、三产业比重达到60%以上；乡镇企业营业收入达7500亿元，从业人员达到1300万人以上，农民新增收入来自二、三产业的比重达到65%以上。

2. 强化基础设施建设，进一步改善发展硬环境

按照"统筹规划，合理布局，突出重点，兼顾一般"的原则，高质量、高效率地建设一批重点骨干工程，同时注重配套、延伸和综合利用，缓解基础设施建设滞后的局面。到2000年，长江、淮河的主要堤防安全防御1954年洪水位，骨干河道和大中型水库防洪能力达到规定标准；公路通车里程达到40000公里，二级以上公路达到6000公里，公路密度达到30公里/百平方公里；铁路正线延展里程争取达到4300公里，营业里程争取达到3000公里；长江主要港口吞吐能力达到7000万吨以上；电话交换机总容量扩大到600万门以上，电话普及率达到全国平均水平；新增城市供水能力360万吨/日，供气能力20万立方米/日，城市道路由目前的人均6.5平方米提高到7.5平方米。

水利 巩固、完善和提高淮河、长江两大防洪体系，争取建设临淮岗控制工程；抓紧引江济淮工程前期工作，争取国家批准开工；提高合肥、芜湖、安庆、蚌埠、淮南等城市的防洪能力；抓好淠史杭、陈村、驷马山、女山湖、花凉亭五大灌区续建配套；加紧治理包浍河、汾泉河、奎濉河等跨省河道；争取兴建港口湾水库；加快巢湖流域综合治理；着力改善江淮分水岭地区供水能力。

交通 重点建设芜湖长江公铁两用大桥，争取建设铜九、宁西铁路，配合国家做好京沪高速铁路安徽段建设的研究和前期工作；重点建设合徐、合界公路，积极建设沿江高速公路、合肥—铜陵—黄山公路、徽杭公路；重点扩建和改造安庆、铜陵、池州、芜湖、马鞍山5个沿江港口，大力发展远洋和江海直达运输；重点抓好合肥机场、黄山机场扩建、阜阳机场收尾，研究迁建蚌埠机场。

邮电通信 加强长途干线网建设，建设和完善以

程控交换机为主的城乡电话网，加快移动通信网建设并实现全国联网漫游；加快合肥等大中城市邮政枢纽建设。

3. 巩固发展基础工业，提高综合生产能力

要把提高综合生产能力和投资效益作为发展基础工业的着力点，在规模扩张、延伸加工和综合配套上下功夫。到2000年，新增煤炭生产能力1000万吨，原煤产量达到5300万吨；新增发电装机300万千瓦以上，总装机容量达到885万千瓦以上；钢产量达到500万吨；粗铜和电解铜能力达到16万吨；新增水泥生产能力1000万吨，水泥产量达到3000万吨。

能源工业 尽快完成“八五”电力续建工程，力争陆续开工建设淮北二电厂、合肥二电厂、铜陵电厂四期工程、池州电厂、阜阳电厂、安庆电厂等机组；同步发展电网，基本形成500千伏网架，进一步加强220千伏主网架，注重抓好110千伏以下电网配套建设。在积极支持国家加强两淮矿区建设的同时，加快皖北、新集等地方煤矿建设步伐。

基础原材料工业 马钢要尽快形成400万吨铁、钢、材综合生产能力和配套能力，向铁、钢双600万吨迈进；实施合钢100万吨钢材规划；完成铜陵有色一冶改造，开工建设冬瓜山铜矿；稳定发展基本化工、支农化工，积极发展有机化工；重点发展沿江地区大水泥、改造、扩建中型水泥厂；积极发展平板玻璃、建筑陶瓷和中高档卫生瓷。

4. 培育壮大支柱产业，带动国民经济全面振兴

根据国家产业政策和我省实际，按照有限目标、择优扶持、集中突破、形成规模的原则和系列化、大规模、高加工度的要求，采取多种手段扶持机械、日用电器和电子、汽车工业、石油化工和精细化工、建筑业和新型建材五大支柱产业，尽快形成经济规模，提高产品深度加工，迅速扩大市场占有率。通过以支柱产业为主体的增量扩张，带动关联产业发展，推进产业结构升级。

机械工业 重点发展基础机械和基础零部件、工程机械和成套设备制造。

日用电器和电子工业 在追踪世界技术潮流改造冰箱、洗衣机、空调器、电视机等现有主导产品的同时，积极发展多样化日用电器产品，开发新型、多能源、智能化新产品。重点发展通信设备、电子材料、多媒体信息技术和投资类电子产品，形成电工薄膜、磁性材料、多媒体产品三大生产基地。

汽车工业 走依托国家重点汽车集团，以底盘为基础，以客车为主导，大力发展改装车和主要零部件，改造提高货车的路子。抓好芜湖一汽扬子汽车项目。

石油化工和精细化工 石油化工，重点发展合成纤维和合成塑料，扩大腈纶、涤纶和粘胶纤维的生产能力，依托安庆石化总厂，建设苯乙烯项目。精细化工，大力发展日用化工、医药、食品饮料添加剂、皮革化学品、染料、涂料等市场适销产品。

建筑业和新型建材 建筑业的重点，一是抓好国家和省重点工程、公共工程建设，二是搞好经济实惠的商品房建设。积极开发轻质、高强、保温、防火、防水的新型建材。

5. 调整改造提高轻纺工业

利用沿海地区产业升级的机会，发挥我省农副产品资源的优势，以创立名牌和扩大出口为主攻方向，形成一批在全国具有明显市场优势的产品群、企业群，在国内争名次，在世界争影响。

轻工业 重点发展食品饮料、造纸及包装材料工业、制革工业、室内装饰品四大系列。

纺织工业 以名牌服装生产为龙头，实行纺织工业结构的全局性调整，提高行业的整体素质和竞争力。

6. 加快发展第三产业，提高三产层次和水平

必须把第三产业发展放在重要的战略位置，广泛动员社会各方面力量兴办第三产业，在继续加强交通、邮电通信、科技教育的同时，巩固提高商品流通业等传统第三产业，大力拓展三产领域，发展金融保险业、旅游业、信息咨询业和房地产业等市场潜力大的新兴行业，提高三产层次和水平，提高三产在国内生产总值中的比重，促进一、二、三产业协调发展。争取到2000年，全省社会消费品零售额达到1340亿元，年均增长17.4%；银行各项存款年均增长21.4%，新增贷款年均增长19.5%，保险业务收入年均增长15%；旅游接待入境游客达到80万人天以上，旅游创汇达到1亿美元。

商品流通、交通运输业 基本建成以药材、粮食、铜商品、茶叶4个国家级批发市场为龙头，众多区域性市场和大型购物中心为骨干，各具特色的初级市场为结点的商品市场体系；积极发展超级市场、连锁商业和配送中心等现代流通组织形式；建立重要商品储备制度和调节基金制度。规范运输市场，挖掘运输潜力，增加运量。

金融、保险业 重点在地方银行和中外合资银行的发展上取得突破；努力把合肥建成区域性的金融中心；积极发展信托投资公司、租赁公司、证券公司和企业财务公司等非银行金融机构。积极发展地区性和专业性保险公司，完善保险业的市场机制。

旅游业 重点发展以黄山、九华山为中心的皖南旅游区，把黄山建成世界级的旅游胜地；加快开发以天柱山为重点的皖西南旅游区，同时开发琅琊山、亳州、寿县等历史文化名城，黄河故道等多种旅游群点；积极组建大型旅游公司、旅游连锁企业。

房地产业 积极培育、规范房地产市场，政府垄断土地一级市场，逐步放开房地产二、三级市场；引导社会资金和外资主要投向中低档住房、社会公共设施和小城镇建设。

7. 优化全省经济布局，形成各有特色的区域经济

以交通干线为依托，打破行政区划，形成分工合理、优势互补的生产力布局和以市场导向为主的区域经济联系，初步实现全省经济布局的合理化，增强全省经济整体功能和综合优势。重点促进以下几种类型经济区域的形成：皖江外向型经济产业带，以合肥为中心的高新技术产业区，皖南综合旅游区，大京九、京沪、亚欧大陆桥沿线新兴增长区域，沿淮和山区脱贫致富区。

8. 大力推进城镇化进程

加快发展大中城市，积极发展小城市，大力发展小城镇，加速推进农村城镇化进程。争取到本世纪末，合肥初步建成现代化大城市；芜湖、蚌埠、阜阳要积极创造条件发展为大城市；黄山、宿州、六安、巢湖、宣州发展成为中等城市；使一批条件较好的县城发展成小城市。加速发展市镇公用事业，加强交通、通讯、供电、供排水、供气、商业网点和环卫绿化等基础设施的建设和配套，改善居民工作和居住环境。

四、"九五"时期科技和教育发展的主要任务

实施科教兴皖战略，促进经济、科技、教育密切结合并相互促进，把经济增长引导到依靠科技进步和提高劳动者素质的轨道上来。

1. 大力发展科学技术，促进科技经济一体化

坚持科学技术是第一生产力的思想，加速科技进步，推动科技经济一体化的进程，促进经济增长方式的根本性转变，不断提高科技进步对经济增长的贡献率。2000 年，初步建立适应社会主义市场经济体制和科技自身发展规律的科技体制。全面实施科技"三个百亿元工程"和八项重点科技工程，科技综合实力达到全国中上等水平。组织开展科技攻关，着重解决国民经济优先发展领域中关系全局的共性技术、关键性技术和配套技术问题。依靠科技进步，推动产业升级。发展高新技术，促进高新技术产业化。2000 年，全省高新技术产业增加值占全省工业增加值的比重达到 15%以上；重点培育新材料、电子与信息、机电一体化、生物技术及新药、新能源、高效节能与环保等跨世纪的先导产业。推动社会发展领域的科技进步，抓好一批社会发展领域中的综合性、关键性重大科技项目和示范工程，建设一批以科技引导社会发展的综合实验区。加强基础性研究。

2. 大力发展教育事业，全面提高国民素质

教育事业的发展要面向现代化、面向世界、面向未来，致力于培养大批适用人才和一批跨世纪的优秀人才，全面提高劳动者素质。逐步形成初等、中等、高等教育相互协调，结构合理，适应经济、社会发展需求的教育体系。重点发展基础教育，特别是以农村为重点的普及九年义务教育和扫盲教育；大力发展和调整以提高劳动者素质为核心的职业教育；进一步调整和优化高等教育结构。

五、"九五"时期经济体制改革的主要任务

1. 加大企业改革的力度，加快建立现代企业制度

要坚持抓大放小、整体搞活、分类指导、全面推进。国有大中型企业改革要采取点面结合、分类指导的办法，抓好试点城市和试点企业改革；全面放开搞活国有小型企业；围绕建立现代企业制度，搞好配套改革，重点建立起权责明确的国有资产管理、监督、营运体系和社会保障体系，为企业改革创造良好条件。

2. 深化投资体制改革

将投融资活动推向市场，充分发挥市场优化投资配置的基础性作用。竞争性项目以企业作为基本投资主体；规范政府投资行为，合理确定政府投资范围；积极推行项目法人责任制；建立和完善建设项目资本金制度；改进投资计划管理方式；加快培育投资市场服务体系。

3. 加快形成统一开放、有序竞争的市场体系

进一步发展和完善商品市场，形成主要由市场决定商品价格的机制，并通过完善重要商品的储备制度和风险基金，健全商品调节机制。按照“突出重点、循序渐进、先试点后推广，逐步规范”的原则，积极培育和规范金融、土地、劳动力、技术、信息、人才等要素市场。

4. 转变政府职能，建立权威、统一、有效的省级宏观调节体系

重点是建立在政府的领导下，计划、财政、金融三者互为配合、互相制约、能够综合协调宏观经济政策和正确运用经济杠杆的体制，实现市场机制和宏观调节的有机结合。

5. 规范和完善初次分配和再分配体制

坚持和完善按劳分配为主体、多种分配方式并存的分配制度；规范和完善其它分配方式，土地、资本、知识产权等生产要素按有关规定公平参与收益分配；坚持效率优先、兼顾公平的原则，继续鼓励一部分人先富起来，依法保护合法收入；通过税收调节、分配政策等措施，解决社会分配差别过大的问题。

6. 加快地方经济立法，进一步完善适应社会主义市场经济体制的法律体系

围绕改革和发展的主要环节，抓紧制定规范市场主体和市场行为，维护市场秩序和加强宏观经济调节的地方性经济法规；发展和规范市场中介组织。

六、“九五”时期对外开放的主要任务

实施外向带动战略，充分利用国际国内两个市场、两种资源，积极推进全方位的对外开放。充分发挥我省相对优越的区位、资源、成本、市场条件，在开放的地区、领域、规模和效益上取得新的突破，加快经济国际化进程。

1. 形成全省大开放格局

皖江地区和合肥、黄山“一线两点”，在全省率先形成开放度高、体制灵活、发展活力强的外向型经济区域，积极参与高水平的国际经济合作与竞争，发挥对全省的示范、带动作用。京九铁路、欧亚大陆桥沿线地区和其它沿交通干线地区，充分发挥自身优势，寻求各种有效途径，加快开放步伐，尽快形成对外开放的新热点。

2. 扩大招商引资

各产业部门都要争取更多地利用外资，第一、第二产业要有明显进展，第三产业要有突破。扩大利用外资规模，提高层次和水平，在坚持大中小并举的前提下，注重引进国际大企业、大财团、大商社。在多形式吸引外商直接投资的同时，更多地利用国际金融组织、外国政府贷款和国外商业贷款。

3. 加快发展对外贸易

实施以质取胜和多元化市场战略，扩大进出口贸易，提高经济外向度。建立有利于改善进出口结构、提高质量和效益的外贸机制。加强出口生产体系建设；加快海外营销网络的建设；合理安排和组织进口。

4. 大力推进对外经济技术合作与交流

继续扩大对外经济技术合作；加强境外、省外的适用技术和智力引进，并努力消化、吸收；加强对外文化交流，扩大影响，以文促商。

5. 加快开发区建设

进一步加快国家级和省级开发区基础设施建设；坚持外向型经济为主、工业性项目为主和高新技术产业为主；建立健全开发区管理体制和运行机制；加大改革力度。

6. 进一步扩大横向经济联合

以长江三角洲地区为重点，大力发展与各省市的横向经济联合；大力推动企业联合向高层次发展，组建一批跨省区的企业集团；加快生产要素的双向流动。

七、“九五”时期社会发展的主要任务

实施可持续发展战略，坚持以人的全面发展为根本，把控制人口、节约资源、保护环境放到重要位置，使人口增长与生产力的发展相适应，经济建设与资源、环境相协调。

1. 严格控制人口增长，努力增加就业，充分利用人力资源

坚定不移地贯彻执行计划生育的基本国策，进一步把工作重点放到乡村两级，加强流动人口的计划生育管理；认真搞好优生优育优教，努力提高人口素质。

充分利用我省丰富的劳动力资源，大力开发非耕地资源，扩大第一产业的就业容量；继续发展劳动密集型的第二、三产业。大力推进劳动制度改革，培育劳动力市场，发展各类市场中介组织，合理引导劳动力的流动。

2. 建立多层次的社会保障体系

加快建立健全社会保险、社会福利、社会互助、社会救济、优抚安置、个人储蓄保障等多层次、全方位、社会化的社会保障体系。

加强对妇女、儿童、残疾人、老年人等社会生活中脆弱群体的保护。

3. 提高人民生活质量和健康水平

努力增加城乡居民收入，提高消费水平；重视公用生活设施建设，不断改善居住、交通和通信条件。

逐步建立适应人民多层次需求的，包括医疗卫生服务、预防保健和卫生监督执法在内的卫生体系。2000年，全省医院病床数达到12～13万张，专业卫生技术人员达到17万人；农村饮用水改水受益率85%；以乡镇为单位的计划免疫接种率巩固在85%以上；基本控制包括血吸虫病在内的地方病。

大力发展体育事业，全面实施“全民健身计划”，提高省会城市和主要城市承办大型运动会的能力。

4. 加强生态环境和自然资源的保护

增强全民环境意识，健全环保法规，依法保护土地、水、森林、矿产等自然资源。实施“碧水蓝天工程”计划，认真抓好重点污染区域和污染源治理，加快淮河、巢湖污染治理和山区水土流失的综合整治。2000年，力争工业废气处理率达到90%，工业废水处理率达到80%，工业固体废弃物综合利用率达到60%；实现淮河和巢湖水域水质变清，环境污染得到基本控制。

增强防震减灾意识，加强对气象、地震等自然灾害的监测和预报。进一步发展测绘事业，加强地理信息系统建设。

八、“九五”时期精神文明和民主法制建设

把社会主义精神文明建设放到更加突出的位置。按照国民经济和社会发展总体规划的要求，制定好精神文明建设专项规划；大力开展关心人、理解人、尊重人、教育人为核心的思想政治工作；大力宣传弘扬“黄山松”精神；继续坚持开展创建文明城市的竞赛活动；在全省农村广泛开展“创文明、奔小康”活动；在城乡各行各业全方位地开展创文明、树新风活动；广泛开展群众性文化娱乐活动，坚持不懈地开展“扫黄打非”斗争；以“五个一工程”为龙头，加强文化艺术、广播电视、新闻出版、理论研究等部门建设；进一步抓好精神文明基础设施重点项目建设。

进一步加强社会主义民主与法制建设。加快推进社会主义民主政治建设，切实保障人民群众依法管理行政事务、经济事务和社会事务的民主权利；坚持依法治省，依法行政，建立和完善与我省改革开放和发展经济相适应的地方性法规和行政规章体系；强化社会治安综合治理。

江 西 省

主　　编：王明善

副 主 编：魏应宽　胡幼桃

编写人员：陈奉斌　姚牧耕　钟海琼
周国兰　陈一星　许国栋
罗贤勇　聂文龙　涂迎九
董福长　刘　玻

江西省分目录

江西省概况 ……………………………………………………………………… (209)
国民经济和社会发展 ……………………………………………………………… (209)
对外开放发展情况及扩大开放战略 ……………………………………………… (216)
附录：江西省对外经济技术合作意向性项目 …………………………………… (218)

典型地区

南昌市 …………………………………………………………………………… (223)

地区规划选编

江西省京九铁路沿线“九五”和2010年区域发展总体规划（送审稿） ……………… (224)

1995年改革开发大事记 …………………………………………………………… (231)

食作物的产值；第二步，坚持以林为主，积极发展多种经营，努力提高山地的综合效益，力争到2005年左右，山地的产值相当于同年耕地的产值。五是以推进农业产业化为途径，把农村改革推向深入。着眼于农户与市场的联结，着眼于农民组织程度和农村经济综合开发水平的提高，在培育主导产业、扶持发展龙头企业、开发建设农业商品基地和搞好社会化服务等方面力争取得突破。

改革、改组、改造和加强管理四管齐下，着力搞好国有企业。围绕企业扭亏增盈，突出抓好三个重点：一是抓好名牌战略的实施，以名牌产品为龙头，资产联系为纽带，形成一批有规模效益的企业群体或集团，力争培植一批有一定竞争力的地方名牌产品；充分发挥资源优势，大力发展具有特色的精深加工产品，将资源优势转变为产业优势。二是加快传统工业的技术改造，大力扶持轻型汽车、食品、医药、陶瓷、林产品加工、有机硅系列、稀土应用等行业的发展，提高工业的整体素质。同时，加快建筑和建材业的发展，形成有地方特色的优势产业群。三是切实加强企业管理。努力提高产销率，提高资金营运效率，提高产品质量，千方百计降低产品成本。关于转换国有企业机制，一是集中力量抓好建立现代企业制度试点。二是对小型国有企业，区别不同情况，采取改组、联合、兼并、租赁、股份合作、承包经营、出售和破产等形式，进一步放开搞活。三是以全面推开社会养老保险为重点，完善社会保障制度。四是切实转变政府职能，真正做到政企分开。

继续加强基地设施和基础产业建设，为“九五”及下世纪的发展培植后劲。一是以防洪排涝为重点，进一步加强水利建设。洪涝灾害一直是江西省的心腹之患，“八五”期间有4年遭受了不同程度的水灾。“九五”期间打算集中力量抓好鄱阳湖治理、泰和水利枢纽工程等12项水利工程建设。二是以电力建设为重点，继续加快能源开发。“九五”期间，我们打算充分利用京九线的运力，集中力量建设一批沿线电厂，力争再新建装机300多万千瓦。三是在配合国家抓好铁路建设的同时，加快干线公路建设，加速形成全省综合运输体系。同时，抓紧扩建长江沿江码头，建成南昌新机场。四是以电信建设为重点，进一步加快省内综合通信网的建设。重点抓好京九光缆江西段和300万门电话增容工程。

四、重点工程完成情况

1995年，重点工程战线的全体建设者按照省委、省政府制定的目标和任务，齐心协力，奋发进取，克服了工期安排紧，施工难度大，建设资金紧，施工任务重等困难，战胜了特大洪涝灾害，保证了重点建设的顺利进行。全年共安排国家和省重点工程项目34个，年计划投资80.2亿元，其中：建成或投产项目12项，收尾项目6项，续建项目13项，新开工项目3项。预计全年完成投资80亿元，略低于上年水平。

计划要求建成投产的12个项目，预计完成投资24.0亿元，占年计划的107%，投资完成情况好于上年。南昌高坊岭立交桥，已于1995年6月1日建成通车；新余电厂1号机组已于1995年6月19日正式并网发电，2号机组基本建成；樟树赣江大桥和吉安赣江大桥分别于1995年10月1日和12月16日竣工通车；东津电站1号机组于1995年7月5日下闸蓄水，7月25日1号机组一次启动成功并网发电，2号机组仅用3个月的时间完成了机组安装和调试，提前在11月23日并网发电；福杭贵成干线光缆通信工程已完成江西省境内970.4公里的干线敷设和27个局站的设备安装调试工作，已于1995年12月26日全线开通；浙赣铁路复线工程已完成江西省境内最后59.5公里铺通任务，至1995年12月25日，江西省境内的564公里复线全部建成和开通使用；九江马回岭机场于1995年11月28日通过总验收，已具备通航条件；景德镇罗家机场和赣州黄金机场由于资金滞后等原因影响了工程进展，但通过各方面努力，到1995年底景德镇机场基本建成，并通过由省民航局组织的预验。赣州黄金机场的工程进度明显加快，土建基本完成，安装工程正在紧张进行；昌九公路拓宽及北端连接线工程在1995年底也基本建成；南昌16万门程控电话扩容工程也于1995年分区陆续建成。

续建项目按计划进展顺利。京九铁路全线已顺利铺通，1995年11月16日在九江和龙南举行了隆重的铺通和接轨仪式，国务院总理李鹏、副总理邹家华出席了庆祝大会，中央和国家机关28个部委的代表及京九铁路沿线9省市的负责同志参加了庆祝大会，李鹏总理作了重要讲话。在全线铺通的基础上，站后工程正在全面展开，向吉段已于1995年12月25日胜利完成了全线141.5公里正线换轨任务。

九江大化肥工程是江西省投资最多规模最大的重要支农工业项目，概算总投资28.5亿元，1995年底已基本建成，广大建设者为实现这一目标，顽强奋战，实行倒计时高强度运转，确保了工程质量和进度，工程将于1996年1月底全线开通，丰城电厂1号烟囱也已建成，1996年年底实现并网发电的目标。信江航运界牌枢纽工程计划1996年9月建成。龙潭水电站由于各方积极努力，1号机组已提前建成，并于1995年12月30日开始冲水，1号机组于1996年1月底整组启动。江西盐矿主厂房土建等工程基本完成，大部分生产设备安装完毕，部分工程已具备单机试车条件。南车水库164米高程大坝已填筑至153.4米高程，溢洪道开挖基本完成，目前正在进行厂房基础开挖和大坝的填筑。斗晏水电站大坝填筑已到216米高程，溢洪道、泄洪洞和厂房基础开挖已完成，目前正在进行厂房基础浇筑和引水洞开挖。罗边水利枢纽土建工程已基本完成，1号机组运行层及其它电缆桥架安装完毕，中间层已到118米高程，机组设备安装正在抓紧进行。九江市乌石矶粮食中转库工程码头桩基础和引桥排架已完成，铁路专用线工程的征迁和立筒库工程招标前的准备工作正在进行。南昌火车站改造工程正在抓紧施工，旅客地道春运时将部分投入使用。南昌火车站邮件处理中心工程征地拆迁工作已进入实质性阶段。

收尾项目完成情况良好。景德镇电厂、江西艺术剧院、宜春造纸厂、赣南制药厂等工程，按照计划的要求，加快进度、抓紧收尾，情况良好。德兴铜矿由于设备质量存在问题，不能达到设计生产能力，1996年将继续增加投入，完成收尾工作。

新列项目如期开工或奠基。九江电厂三期工程于1995年12月22日奠基，水泵房、新油罐区、五通一平等辅助工程正在抓紧施工。新余铁路二通道按计划开工，但地方资金到位不及时，影响了工程进展。昌樟高速公路也于1995年12月18日正式开工。此外，南昌新八一大桥、省博物馆、宜春中密度纤维板厂、大坳水利枢纽导流工程、京九广光缆工程均在1995年底相继开工。

五、社会事业发展情况

1995年江西省科技事业蓬勃发展，科技队伍进一步扩大，科技投入明显增加。截止年底，国有单位专业技术人员共79.5万人，比上年增长4.5%，全省科技机构、高等院校和大中型工业企业等单位从事科技活动人员共7.1万人，比上年增长11.0%，科技活动经费投入8.4亿元，比上年增长12%，各类科技活动机构587个，比上年增加46个。科技活动更加活跃，科技活动项目达5420项，比上年增加624项，全省技术贸易机构发展到1161个，全省签订各类技术合同3051项，成交额21555万元。科技成果硕果累累，共有3项科技成果获国家科技进步奖，3项国家技术发明奖，120项获省科技进步奖。

教育事业取得新的进展。高等教育加快发展，全年全省招收研究生294人，比上年增加40人，在校研究生757人，普通高等学校招收学生26323人，增加1051人，在校学生81999人，增加4023人，毕业生22004人，增加4590人。各类中等职业技术学校在校学生31.26万人(含技术学校7.78万人)，相当于普通中学高中阶段在校学生总数25.45万人的122.8%。成人教育取得新成绩，成人高等学校在校学生5.17万人，成人中等专业学校学生3.21万人。全年参加高、中等教育自学考试的达47.47万人次，其中获得单科合格证的有22.87万人次，获得本科、大专和中专毕业证书的分别为273人、4980人和76人。

文化事业进一步繁荣。年末全省共有各类电影放映单位1859个，艺术表演团体81个，文化馆、群艺馆113个，公共图书馆104个，博物馆82个。广播人口覆盖率62.2%，电视人口覆盖率83.2%。全年共出版各种图书、杂志、报纸1445种，共印图书、杂志1.97亿册，报纸3.49亿份。

卫生事业稳定发展。年末全省共有各类卫生机构5423处，其中：医院2313处，疗养院（所）19处，门诊部（所）2409处，卫生防疫站125处；妇幼保健所、站147处。全省各类卫生技术人员12.26万人，医院病床8.4万张。

六、以工代赈工作

江西省从1984年开始实施以工代赈，取得了显著成绩。11年来累计投入以工代赈资金10.61亿元，新改建县乡公路7745公里，除险加固各类水库、河堤等水利设施900多座处，改造中低产田130万亩，治理水土流失140多万亩，解决了280万人和180万头牲畜饮水困难。这些项目和工程建设一是改善了农业生产基本条件，有效地缓解了贫困群众的吃饭问题；二是贫困地区交通建设取得了前所未有的发展，解决了群众关心的行路问题；三是大批人畜饮水工程的建成，解决了相当一部分群众的吃水困难；四是片区综合治理开发建设取得发展，扶贫整体效益明显提高。

江西省的以工代赈扶贫建设虽然取得了很大成绩，但今后的扶贫工作还面临着不少困难，任务还相当艰巨。目前全省农村还有200多万人口处于温饱线以下，解决这部分人口的脱贫，与前些年相比有许多不同的特点。一是脱贫难度增大。一方面目前处于扶贫攻坚主战场范围内的地方大多是高深山区、严重水土流失区、滨湖易涝易旱区及水库库区，自然条件相对更为严酷，生态环境恶劣，各种制约因素交织形成了恶性循环和“贫困综合症”，是扶贫攻坚的“硬骨头”地区；另一方面，这些贫困地区与前些年那种贫困人口范围集中连片分布状况不同，在分布上呈大分散，小集中的格局，贫困状况容易掩盖在周围的平均数中，不易为人们所重视。

二是返贫因素增多。前些年脱贫的人口基本上是在贫困线上徘徊，并没有完全摆脱贫困的引力，一遇波动，又会重新落入贫困线之下。目前的返贫面临自然风险和市场风险的双重压力。

三是脱贫压力增加。“九五”期间，江西省要解决200多万人的绝对贫困，到本世纪末基本消灭绝对贫困，这是硬指标，没有退路。

（陈奉斌　涂迎九 撰稿）

对外开放发展情况及扩大开放战略

一、利用外资和进出口贸易发展情况

1995年全省利用外资工作保持了较好的发展势头。全年共批准利用外资项目626项，合同外资额6.84亿美元，其中新批三资企业522家，合同外资额5.39亿美元，比上年增长37.8%，新批外资企业平均合同外资金额大幅度增长，达到103.4万美元，比上年平均数增长41.6%；实际使用外资4.54亿美元，比上年增长0.3%，其中外商投资企业进资2.9亿美元，比上年增长10%，外资项目出口1.96亿美元，比上年增长65%。

对外贸易快速发展。1995年全省进出口总额达16.6亿美元，比1994年增长20.3%。其中进口到货2.3亿美元，比上年下降26.2%；出口14.3亿美元，完成年计划的102.0%，比上年增长34.1%。全省出口产品结构继续改善。工业制成品出口12.6亿美元，占出口总额88%，比上年上升5个百分点。大宗拳头出口商品不断增加。全省出口1000万美元以上的商品有活大猪、鞭炮烟花、羽绒制品等15种。

外经工作步伐加快。全省对外承包工程和劳务合作新签合同额6262万美元，比上年增长148%，营业额4003万美元，比上年增长49%，期末在外人数1738人。技术进出口继续扩大，全省技术进出口签约项目61项，合同金额8085万美元，比上年增长23.4%，其中技术出口合同金额2209万美元，比上年增长71.1%。

二、扩大开放战略及实施对策

江西省扩大对开放要立足於以大开放促改革、促开发、促发展，把扩大开放作为实现全省跨世纪经济发展的重要战略选择，努力促进全省对外开放向高层次、宽领域方向发展，不断提高全省经济的外向开拓能力，融入沿海经济增长圈，逐步实现与国际经济的互接互补。

(1)努力推进全省对外开放向高层次、宽领域方向发展。江西省地处长江黄金水道与京九铁路这二条我国扩大开放开发的战略性通道的中心区域，要抓住京九铁路贯通和国家实施沿长江开放开发战略的机遇，把扩大对外开放与拓展生产力布局结合起来，把更多地利用外资与调整产业结构结合起来，发挥省内开放城市的整体功能和示范带头作用。加速昌九工业走廊、京九和浙赣铁路沿线以及长江沿岸的开放开发，逐步建立若干个各有分工，特色鲜明，优势互补，外向能力强的产业带，以此带动全省外向型经济的发展，形成南北向外对接，东西积极推进，既有重点又全方位开放的格局。

(2)不断扩大国际经济技术交流与合作，更多更有效地利用国外资金、技术、市场和管理经验，以吸引外商直接投资为重点，坚持一、二、三产并举，大中小项目并重。并结合国家在地区发展中对中西部地区实行政策倾斜，优先在中西部地区安排资源开发和基础设施建设的有利契机，引导外资重点投向基础设施、支柱产业和优势行业、农业开发、大中型企业嫁接改造和旅游资源开发，进行金融、外贸、商业、服务业领域的外资投资试点。并在吸引境外大公司来赣投资，采取BOT方式兴建基础设施，利用外资成片开放和海外直接融资等方面取得新的进展。

(3)进一步解放思想，转变观念，正确引导，树立大开放意识，以大开放促大开发、大发展。继续加大引资的工作力度，以招商引资的突破推动生产力布局的拓展，千方百计扩大利用外资的渠道，实行国外、境外、省外资金一起抓。在平等互利的基础上，拿出更大的市场、更富的资源、更多的利益，吸引和鼓励更多的外资来江西投资合作，共谋发展。

随着发达国家和新兴工业化国家产业升级过程的加快，我国对香港和澳门恢复行使主权，海峡两岸的经济联系日益紧密，粤港澳、闽台经济合作将向更高层次发展，外商投资正在北上西移。江西省是珠江、长江、闽东南三个三角地带的腹地，加上劳动力资源丰富，劳动力、土地等生产要素成本较低，今后利用外资和发展外向型经济的势头会更好。

(4)按照优势互补，市场统一、体制对接的要求，加强区域经济合作和横向经济联合。江西省地处沿海的腹地，内陆的前沿，战略地位十分显著，为江西省积极参与沿海地区和内陆中心城市经济循环，广泛开发省际间横向联合和协作提供了便利的条件。现在沿海地区已完成与国际经济接轨的初始阶段，正逐步将其淘汰产业向内陆省市转移，要勇于接受，利用其改造、嫁接现有产业，促使全省一二三产业面向国际国内两个市场，充分利用国际国内两种资源、尽早融入国际大循环之中。

江西省具有巨大的开发潜力，发展经济技术协作有着广阔的前景，充分利用长江沿岸中心城市协调会、闽浙赣皖4省9方横向经济联合等区域经济联合组织，以城市和交通要道为依托，以项目为纽带，合理接纳省内外转移的产业和资金技术，尽快进入沿海经济增长圈，促进全省经济发展。

(5)坚持以质取胜和市场多元化战略，把完善外贸体制改革强化内部管理，优化出口商品结构与优化产业结构结合起来，进一步扩大外贸出口。坚持规模与效益的统一，以规模促效益，以效益促规模，实现有效益的外资出口，扩大有效益的出口规模。

(6)按照中央和省委、省政府的工作布置，外贸企业尽快实现两个根本性转变。我国对外经贸已经发展到新的转折点，旧体制框架内的对外贸易已经到了增长的极限，不再可能依赖诸多优惠政策来保持增长，必将促使外经贸企业尽快由速度效益型转向质量效益型的增长轨道，由粗放经营方式向集约化经营方式转移。今后一段时期，要围绕实现两个根本性转变的要求，结合江西省“科技兴赣”战略，实施“科技兴贸”，坚持以效益为中心，把注意力放在依靠科技进步和提高劳动者素质上来；坚持“以质取胜”，使总体经济效益水平有一个明显提高。

(7)按照建立现代企业制度的要求，加快外贸企业向实业化、集团化、国际化方向发展，创造条件加快公司制改革的步伐；逐步将具备条件的国有外贸企业改组成为国有独资公司、有限责任公司或股份有限公司，使之真正成为自主经营、自负盈亏、自我发展、自我约束的经营实体。深化企业内部政策，在提高企业竞争力上取得较大进展。

(8) 把提高效益作为开拓多元化市场战略的基本原则，多形式、多渠道、全方位开拓国际市场，大力开发高价、直销、远洋市场，特别是独联体、东欧市场和广大发展中国家市场。抓住海外市场网点建设，有条件的企业可在海外设立合资或独资直销公司、连锁店、贸易中心或分拨中心。并按国际惯例和灵活贸易的作法，采取进口与出口，易货与现汇，经济合作与出口贸易相结合的办法，抢占市场，扩大出口。适时调整优化出口商品结构，将优化出口商品结构和多元化市场结构结合起来，对现有出口商品进行市场和效益细分，通过比较筛选，创立批市场前景看好，创汇能力强，经济效益好的名牌产品。通过出口商品质量、档次的提高和结构的优化，促使外贸出口向集约型、效益型转变。

(9)努力推动全省外经工作再上新台阶。外经企业要实行经贸结合，一业为主，多种经营，以工程承包带动机电产品、成套设备、技术及其它产品的出口和劳务输出，将援外与境外投资，国际贸易结合起来，抓住国家援外工作改革，推行政府贴息，优惠贷款的机遇，充分发挥江西省劳动力资源丰富的优势，大力拓展对外承包工程和劳务合作。依法经营，维护外派劳务人员合法权益，加强管理，提高劳动者素质与工作效率，办好外援项目，维护对外信誉。

(陈一星　聂文龙　撰稿)

附录

江西省对外经济技术合作意向性项目

编号	项目名称	建设规模	承办单位	地址	电话	联系人
001	电梯、自动扶梯	年产500台	长林机械厂	新余市	(0790) 442107	余炳贤
002	胶印机、模切机	年产胶印机300色组，模切机130台	景德镇市印刷机械总厂	景德镇市	(0798) 441723	周解平
003	深孔钻	年产50万件	江西量具刃具厂	南昌市	(0791) 8332669	黄承愈
004	千分量具、螺纹量具	年产60万件千分、8万件螺纹量具	江西工具有限责任公司	万载县	(07057) 822540	张承宗
005	稀土合金钢	年产6000吨系列产品	赣州市赣南铸锻厂	赣州市	(0797) 441108	李纯仁
006	汽车方向机	年产40万套	江西第二机床厂	永新县	(07064) 722323	熊光明
007	精锻锥齿轮	年产50万套	宁都组合机床厂	宁都县		
008	片式电动机	年产20万台	泰和县政府项目办公室	泰和县	(07062) 222234	邓文平
009	压电陶瓷器件与材料	年产陶瓷器件3000件，陶瓷材料200吨	景华无线电器材厂	景德镇市641信箱	(0798) 441671	陆繁荣
010	稀土永磁铷铁硼	磁性元件1648万件	上饶磁性材料总厂	上饶市	(0793) 223751	金邢安
011	汽车天线	年产天线210万支	江西汽车天线厂	赣州市	(0797) 222167	曾纪发
012	微型面包车整车灯具	年产灯具165万只	江西灯具厂	丰城市	(07058) 423852	杨受根
013	电脑消毒碗柜	年产5万台	江西飞碟电器厂	萍乡市	(0799) 332804	罗　瑛
014	瓷质砖	年产120平方米	景德镇陶瓷厂	景德镇市	(0798) 443443	曹新平
015	拆装式板式家具	年产10万件家具	景德镇木材厂	景德镇市	(0798) 551908	单人钦
016	塑料复合板	年产复合板5000吨，配套型材800吨	萍级市塑料七厂	萍乡市	(0799) 832369	刘培才

续表

编号	项目名称	建设规模	承办单位	地址	电话	联系人
017	古龙酸	年产3000吨	江西樟脑厂	吉安市	(0796) 223835	王道湘
018	易拉罐保健饮料	年产饮料、罐头2万吨	吉安罐头食品厂	吉安市	(0796) 222553	王 战
019	板鸡、保健食品	年产600万只	景德镇板鸡实业公司	景德镇市	(0798) 552077	刘浩元
020	百合系列保健饮品	年产饮料2万吨	万载县百合保健食品厂	万载县	(07057) 822625	欧阳朝升
021	弥猴桃系列食品	年产系列食品1万吨	奉新县弥猴桃食品厂	奉新县	(07053) 622338	邱启迪
022	通心白莲系列食品	年产白莲豆奶500吨 白莲速溶粉1500吨	石城县武夷山白莲食品厂	石城县	(07076) 722161	彭园英
023	乌鸡原浆超细干粉	年产20万公斤	泰和县政府项目办	泰和县	(07062) 222234	邓文平
024	绍洪黄酒	年产1.3万吨	绍洪酒厂	浮梁县	(0798) 51051	姜绍华
025	高麦芽糖浆	年产3万吨	铅山县果糖厂	铅山县	(07035) 337162	李绍裘
026	夏布及系列产品	夏布10万匹等	宜春市计委	三阳镇	(0795) 227324	晏仁海
027	编丝针织丝绸服装	年产丝绸服装12万件	永新县丝绸厂	永新县	(07064) 722603	尹昌仁
028	7-ADCA和头孢氨苄	年产各100吨	江西国药有限责任公司	南昌市	(0791) 8333888	陈小云
029	天寿芝宝片	年产2000万片	江西农大江南制药厂	南昌市	(0791) 3803021	王岳峰
030	氨基酸原料药	年产氨基酸250吨	鹰潭市生化制品厂	鹰潭市	(0701) 221380	梁是森
031	超细碳酸钙	年产4.5万吨	永丰萤石精选矿	永丰县	(07067) 51177	杨文明
032	造纸用金红石钛白粉	年产4000吨	赣东化工厂	抚州市	(0794) 222695	刘双龙
033	分子筛、催化剂	年产分子筛2000吨，催化剂800吨	萍乡化工填料公司	萍乡市	(0799) 411218	王爱怀
034	双酚—A	年产2000吨	前卫化工厂	新余市	(0790) 443417	唐爱新
035	双氰胺	年产8000吨	萍乡湘东化工原料厂	萍乡市	(0799) 441316	邓元开

续表

编号	项目名称	建设规模	承办单位	地址	电话	联系人
036	丙烯酰胺和聚丙烯酰胺	年产5000吨丙酰胺，2000吨聚丙酰胺	江西农大农科化工有限公司	南昌市	(0791) 3801042	牛大同
037	硼砂	年产5000吨	江西高峰陶瓷集团公司	高安市石脑镇	(07056) 605733	罗　斌
038	单水氢氧化锂	年产1000吨	江西锂厂	分宜县	(0790) 441162	肖　钢
040	冷轧钢带	年产7000吨	新余钢铁有限公司金属制品厂	新余市	(0790) 222701	吴春荣
041	大理石	年产13.5万吨板材	德兴市大理石厂	德兴市	(07036) 222686	金女士
042	水泥	年产10万吨	婺源立新煤矿	婺源县	(07034) 292221	黄国山
043	水泥刨花扳	年产3万立方米	江西林业汽运公司	南昌市	(0791) 8360534	刘红奇
044	人造水晶	年产板材100吨，毛片白片1320万片	江西平板玻璃厂	永修县	(0792) 3122121	曹正发
045	花岗石板材	年产10万立方米	万年县非金属矿工业公司	万年县	(07092) 833150	李后兴
046	九江甲鱼养殖	年产商品鳖100吨，幼鳖10万只	九江市赤湖水产养殖厂	九江市	(0792) 6831576	曾少林
047	罗氏沼虾养殖	年产成虾2万公斤，虾苗4500万尾	新余市水产公司	新余市渝水区	(0790) 441323	聂志雄
048	鳗鱼养殖	年产成鳗140吨	临川市鹏程鳗业发展有限公司	临川市河西乡	(0591) 750876	程菘洪
049	红荷包鲤鱼	年产各类鱼2750吨	婺源县水产局	婺源县	(07034) 333931	查秉钧
050	水禽良种繁育加工	年繁育加工400万羽	丰城市凤凰禽制品有限公司	丰城市	(0791) 6216942	陈春萍
051	黑鸡暨华绿保健神蛋	年产黑鸡10万羽，神蛋750万个	东乡县农科所	东乡县	(07042) 232926	徐建生
052	小香猪养殖	年产2万头	恒丰水禽养殖厂	恒丰县垦殖场	(0791) 8333616	陈汝徐
053	万头养猪场	年出栏生猪1万头	吉安县饲料公司	吉安县	(0796) 442340	胡顺根
054	蛇类养殖加工	年处理200吨	会昌县森林苗圃	会昌县	(07069) 222621	池春辉

典 型 地 区

南 昌 市

南昌市是江西省的省会，地处江西中北部，是全省的政治、经济、科技、文化、教育、金融、信息中心。南昌市正式立市迄今已有2千多年的悠久历史，现辖4县、5区，总面积7402平方公里，其中城区面积75平方公里；人口388万，其中市区人口146万，列为全国特大城市之一。

南昌的国民经济以工业为主体，农业、商贸、金融也有相当的发展规模。1995年，国内生产总值达240亿元，一、二、三产业结构比例为15.1∶46.3∶38.6。南昌是新兴的工业城市，是全省综合性工业生产基地，全市有各类工业企业3000余家，形成了冶金、电力、机械、汽车制造、电子、仪表、化工、建材、纺织、服装、食品、造纸、医药、塑料、印刷等35个行业150多个门类的工业体系，1995年工业总产值达394.4亿元。南昌是亚热带季风区，气候湿润温和，四季分明，雨量充沛，土地肥沃，水域宽广，优越的自然条件使南昌成为著名的江南“渔米之乡”，全国重要的商品粮和农副产品基地。出口的名、特、优产品九大类180多个品种。南昌自古以来就是南来北往的交通要道。京九、浙赣、向乐、皖赣铁路主干线纵横穿越。公路运输四通八达，有105、320、316三条国道交汇南昌；九江—南昌—赣州—广东高速公路，其中南昌—九江160公里已建成通车，南昌-樟树70公里已开工。赣江是南昌连接长江的重要航道，离九江外运港口220公里，有千吨轮经鄱阳湖入长江出东海。飞机航班定期往返于北京、上海、广州、香港、福州、西安、海口等之间，昌北现代化国际机场正在建设中。南昌是江西的邮电通讯枢纽。市话总量达到21.6万门，可直接全国各地和国际180多个城市。市区主要干道基本实现了立交化。城市日综合供水能力达108.2万吨，城市气化率达70%。公交线路长1000多公里。

南昌悠久的古城历史和秀丽的山水景色，使这里留下了许多文化遗产和名胜古迹。有气势雄伟的滕王阁，巍巍耸立的绳金塔，清雅秀丽的八大山人纪念馆，典雅古朴的孺子亭，晨钟暮鼓的佑民寺，玲珑剔透的南浦亭，独立湖心的杏花楼，被誉为“小庐山”的避暑自然风景区梅岭，景色宜人、格调雅致的青山湖风景区等，还有八一南昌起义总指挥部旧址等一批革命旧址。1986年，南昌市被批准为国家历史文化名城。

1992年7月，南昌被国务院批准为内陆开放城市，目前已基本形成了多层次、多形式、全方位对外开放格局。同日本、韩国、美国、法国、意大利、泰国、香港、台湾等60多个国家和地区开展了经贸合作，与日本的高松市、马其顿共和国的期柯普里斯市、墨西哥托庐卡市结为友好城市。到1995年底，全市兴办三资企业1402个，实际利用外资4.2亿美元。

随着京九铁路的全线开通，南昌区位优势更加突出。南昌将依托新优势，加快现代化建设步伐，力争到2000年，国内生产总值比1980年翻3.5番，城乡人民生活达到小康水平。

（许国栋　涂迎九　撰稿）

地区规划选编

江西省京九铁路沿线“九五”和2010年区域发展总体规划（送审稿）

根据《江西省国民经济和社会发展“九五”计划和2010年远景目标纲要（草案）》的安排，为促进京九铁路沿线开放开发的顺利进行，特制定本规划。

一、区域范围和基本情况

京九铁路贯穿江西5地市、22个市、县，共700多公里。沿线土地面积38933平方公里，1994年末总人口为1153.36万人，分别占全省的23.3%和28.4%。这一区域是整个京九线上“风景最秀丽、资源最丰富、投资机会最多、发展潜力最大”的地区之一。突出表现在：

——经济基础较好。1994年，沿线22个县（市）国内生产总值385亿元，占全省的37%。现有国家级的商品粮棉基地县12个，省级渔业重点县12个。工业实力雄厚，拥有大中型工业企业193家，人均工业产值比全省平均水平高30.4%。特别是电力、机械、化工、纺织、电子等行业在全省具有明显优势，部分行业和产品在全国占有一定的地位。

——区位优势明显。北接长江黄金水道，南连粤闽经济特区，是国家确定的沿长江和沿京九两大重点开发区域的交汇处，在全国梯度推进的战略布局中处于承接东西、沟通南北的地位，吸引外资，发展外向型经济具有明显的优势。

——城镇化水平较高。沿线22个县（市）中，设市城市有7个，占31.82%；其中大城市1个（省会南昌），中等城市2个（九江和赣州），小城市4个（丰城、樟树、吉安、南康），县城15个，占68.18%。沿线城市化水平达24.57%，高于全省平均水平近4个百分点；沿线22个县（市）的小城镇已呈星罗棋布之势，建制镇已达150多个，其基础与公用设施水平及建成规模，从总体上看，亦略好于全省其它地方。

——资源较为丰富。农业后备资源充足，开发潜力大，适宜发展多种高产、优质、高效农作物。地下资源种类多，配套程度高。沿线现已发现的矿产资源近100种，特别是铜、钨、金、银、稀土等有巨大开发价值。旅游资源丰富。京九线穿越九江、南昌、吉安、赣州等历史文化名城，沿线有国家级风景名胜区2处，省级风景名胜区8处，集中于京九铁路沿线两侧，便于形成旅游网络。

——科技力量雄厚。沿线地区有各类科技活动机构420个，大中专院校184所，分别占全省的22%和64%。有国家级高新技术开发区1个，省级经济技术开发区1个，重点开发开放区13个。而且劳动者素质较高，每百人中拥有的各类专业技术人员数比全省平均水平高49.2%。

在看到有利条件的同时，也要如实地估计到开发建设中可能遇到的困难。沿线生产力发展水平不平衡，浙赣铁路以北地区经济基础好于南部地区；资源分布不平衡，煤、铁、油气等重要资源缺乏；水利设施有老化趋势，赣江上中游水土流失严重，洪涝灾害威胁大；由于面临粤闽经济特区和港澳市场，在日趋激烈的市场竞争中面临十分严峻的挑战。这些问题需要认真研究，以便扬长避短，作出切实可行的规划。

二、布局原则和战略目标

按照党的十四届五中全会和中共江西省第十次代表大会精神，今后15年，我省京九铁路沿线经济社会发展，要以邓小平同志建设有中国特色社会主义理论和党的基本路线为指导，正确处理改革、发展、稳定的关系。在展开生产力布局的过程中必须遵循以下原则：

一是坚持一、二、三产业协调发展，根据现存基础和市场供求变化，沿线产业发展要继续优化农业，着力主攻工业，加快城镇基础设施建设，繁荣第三产业，逐步形成同社会生产力水平相适应的产业结构。

二是坚持以大开放促改革、促开发、促发展，把扩大对外开放作为加速新旧体制转轨的重要条件和推动沿线经济发展的战略选择，使经济发展真正转到以市场为导向，以外向型为重点的轨道上来。

三是坚持经济建设与科技教育紧密结合，把科技、教育摆在经济社会发展的战略地位，加快人才培养，提高国民素质；加速产业的技术进步，不断提高科技进步在经济增长中的份额，推动经济增长方式尽快由粗放型向集约型转变。

四是坚持一手抓开发，一手抓保护，把资源的开发利用与改善生态环境紧密结合起来，逐步建立资源更新的经济补偿机制，促进经济与资源、生态、环境的相互协调和可持续发展。

五是坚持统一规划，分步实施。正确处理当前和长远，重点和一般的关系，“九五”期间，重点加快沿线中心城镇、现有15个国家和省级开放开发区和一批工业小区的建设；下世纪开始，采取更大的力度，加快沿线产业带的形成，促进区域经济协调发展。

“九五”期间我省京九沿线地区发展战略目标是：全面实现第二步战略目标，力争提前实现国民生产总值比1980年翻三番；提前实现与沿海、港澳市场的互接互补；率先实现小康，率先确立新经济体制的主导地位，并向第三步战略目标迈出更大步伐。实现上述目标的具体要求是：

1. 在大力提高经济素质和效益的前提下，使主要经济指标的增长速度高于全省平均水平，力争国内生产总值年均递增12～14%，按1990年价格计算，到2000年国民生产总值由1994年的265亿元上升到523～597亿元。

2. 按80年价格和汇率计算，人均国民生产总值达到1980美元，农民人均纯收入达到2700元，城镇居民人均生活费收入达到6000元。

3. 三次产业的比例由1994年的26.0：44.0：30.0调整为15：50：35。科技进步对经济增长的贡献率达到45%以上。

4. 在基本绿化荒山的基础上，使森林覆盖率达到52%左右，加大控制水土流失力度，排入赣江的污水达到国家规定的标准，环境质量显著改善。

5. 人口自然增长率控制在10‰左右，基本建立比较健全的社会保障体系，率先普及九年制义务教育，大力发展职业教育和成人教育，力争在职职工技术水平提高1～2个等级。

到2010年的远景目标是：在“九五”发展的基础上，沿线综合经济实力再上一个新台阶，实现人均国民生产总值比2000年翻一番以上，居民收入率先达到中等收入国家的平均水平，基本形成比较完善的社会主义市场经济体制，率先实现工业化和城镇化，实现经济和社会可持续发展。

三、产业配置及开发重点

“九五”期间，沿线产业配置要以优化农业、主攻工业、繁荣商贸、打牢基础为重点。下世纪头10年，要着眼于在更高层次和更大范围内拓展生产力布局，力争经过若干年的努力，逐步在京九沿线形成六大基地，即：高质、高产、高效的农副产品生产和系列加工基地；综合优势明显、竞争力较强的部分原材料工业基地；以轻型卡车和家用轿车为主的汽车工业生产基地；面向国际市场，并与沿海地区互补的轻纺、机电等加工工业基地；以大型火电厂和水电站为骨干的电力工业基地；以庐山、井冈山等风景名胜为特色的旅游基地。

（一）继续推进基础设施建设，为沿线经济发展奠定坚实的物质基础。

1. 以加快干线公路建设为重点，加强配套建设，形成以铁路运输为主干，公路运输为基础，水运和航空为补充，多种运输方式并存，功能互补，协调发展的现代化综合运输网络。

——完善铁路运输网络。继续抓紧沿线各客货运站场的配套建设，加快九江至向塘复线和向塘编组站枢纽工程建设，抓紧南昌、九江火车站改造和扩建，争取2000年前建成沿长江铁路（铜九），做好新建韶赣龙铁路的前期工作，着手构思吉安通湘铁路，使京九线上主要城市成为全国或区域性交通网络中的枢纽。

——加速形成公路运输网络。分段建设赣粤高速公路，并配套建设沿线城镇与铁路、高速公路的连接线，使陆上交通形成以京九铁路、赣粤高速公路为主干的鱼骨形运输网络。同时，努力提高现有公路的等级，大力发展集装箱运输，增加通过能力。还要抓紧206国道、316国道、319国道等出省运输通道的建设，特别是作为北京—福州国道主干线一段的入闽通道的建设，进一步强化我省与珠江三角洲和闽南三角区及周边省份的联系。

——水路运输网络。整治渠化赣江航道，分步建设泰和、石虎塘、峡江等梯级水电航运枢纽工程，使湖口至赣州航运常年通航能力逐步达到500吨级标准。改造和新建南昌、九江阎家渡、赣州、吉安等一批重点航运港口。完善九江港水陆转运和江海联运的基础设施，扩大远洋运输和近海运输，使九江成为长江沿线重要的外贸港和全国性的重要交通枢纽。

——航空运输网络。重点建设南昌昌北机场，并创造条件使之成为国际航空港。扩建和完善赣州机场，积极推动井冈山机场兼开民航，努力增加九江马迴岭机场的航线和航班，“九五”后期再建设赣西机场和赣东机场，形成一个遍布全省的航空运输网络。

——管道运输网络。随着石油和天然气工业的发展和消耗量的不断增长，抓紧做好建设九江至南昌的成品油、原油管道运输工程的前期工作，力争早日开工建设。

2. 以电力建设为重点、抓好能源开发。继续坚持大、中、小并举，开发与节约并重的方针，积极开发水电，有计划地建设大中型火电厂，抓紧核电建设的前期工作。“九五”期间，重点建设丰城电厂、九江电厂三期、井冈山电厂、泰和水电站、南昌电厂技改工程、柘林水电厂扩机，并做好抚州电厂、新昌电厂、共青电厂、赣州电厂、峡江水电站建设的前期准备工作。下世纪初开工建设核电站，并积极做好三峡受电的准备，配套建设500、220、110千伏以上输变电线路，加快主要城市城网改造。力争到2010年，在沿线建成几个百万、千万级骨干大电厂，形成江西的火电工业基地。

3. 高起点、适度超前发展通信事业。积极采用国际先进技术，有重点、分层次地大力推进通信网络建设。“九五”期间，将加速建成南昌火车站的邮件处理中心，优先安排沿线5个邮区中心局邮政生产房的建设，新建南昌、赣州航空转运港，并实现沿线的特快专递查询网、邮运调度网。建成京九大光缆，有计划地改造中心光缆和微波线路，加快实施大、中城市和乡镇的程控电话扩容工程。建立与完善七号信令网、数字同步网和电信管理等电信支撑网。有计划建设卫星地面接收站。力争到2000年沿线新增程控电话150万门，新增光缆干线1000公里，改造微波干线800公里。

4. 以防洪排涝和灌溉为重点，加强水利设施建设。在巩固和完善现有水利设施的同时，重点是抓紧鄱阳湖（一、二期）治理、九江长江大堤、赣抚大堤、赣抚平原灌区加固配套、遂川江开发、九江城市防洪工程、南昌城市防洪工程、南车水库灌区工程、泰和水电站、大坳水库、廖坊水库等一批兼有防洪、灌溉、发电、航运等多种功能的大型水利工程建设。以小流域为单元，加快赣江中上游水土流失的防治速度。继续完成一批大中型水库与重点圩堤除险加固，提高抗御水旱灾害的能力。

（二）切实加强农业，尽快建成特色鲜明的“三高”农业示范带。

在确保粮棉稳定增长的同时，着力开发五大特色农产品系列，并逐步形成规模。即，加快鄱阳湖大水面开发，大力发展特种水产，重点发展鲥鱼、银鱼、鳜鱼、蟹、甲鱼等名贵水产系列，力争到2000年沿线水产品产量达到60万吨。以开发草食动物、乌鸡珍禽为突破口，大力发展特色畜牧业，京九线重点开发瘦肉型猪、优质肉牛、乌鸡珍禽、灰鹅及其名特优稀新加工畜产品；力争到2000年形成年产值200亿元的综合生产能力。以面向港、澳、日市场和粤、京、津地区为重点，大力发展一批时鲜蔬菜、反季节蔬菜和花卉生产基地，并建立和发展各具特色的腌制、脱水、泡制、保鲜、速冻等蔬菜加工企业，延长供应期，打入国际市场；开发生产兰藻系列生物制品，满足欧洲市场需求。加快山地资源的综合开发，大力发展特色水果，重点是发展猕猴桃、芙蓉李、梨、甜柚、脐橙、柑桔等水果系列，力争到2000年沿线水果产量达到2500万担。在基本消灭荒山的基础上，大力发展高效林业，建立以杉树为主的人工用材林基地，以松类为主的工业原料林基地，以多种阔叶林为主封改结合的丰产林基地，油茶丰产林基地，毛竹丰产林基地，特种经济林和果木经济林等六大商品基地，力争在2000年以前，在沿线两侧基本形成具有较好的观赏价值和较高经济效益的林业带。

（三）立足优势，主攻工业，逐步建立起由若干支柱产业、优势行业和名牌产品组成的有江西特色的工业产业群体。

1. 加快汽车、机械电子、石油、化工等行业的改造和改组，促其上水平、上规模、上等级，形成有江西特色的支柱产业。

汽车工业：以江铃集团为龙头，大力发展汽车、摩托车行业。“九五”期间，通过加强技术改造和引进外资，滚动引进技术，加快493发动机及其它配附件发展步伐和国产化进程，并开发新的产品系列，力争到2000年整车生产能力达到12万辆，发动机20万台。相应发展汽门芯、减震器、钢板弹簧等零部件，培植一批“小型巨人”。

电子工业：“九五”期间，重点主攻通信、计算机及电子信息系统等投资类产品，突出高新技术，拓宽产品门类；大力发展电视机、电冰箱、高级组合音响等消费类电子产品，创名牌上批量；积极开发新型元器件，扩大出口，提高国内市场占有率。要认真实施八大高新技术电子工程，同时，努力吸引沿海地区劳动密集电子产品的转移，逐步形成若干个以拳头产品为主体的电子工业群体。

机械工业：要以骨干企业为基础，有计划地对沿线企业实施战略性改组，提高生产集中度，集中力量支持内燃机及配附件、农用机械、电力设备、基础机械四大类产品，抓好拳头产品的生产，积极开发研制新产品，并引导发展食品包装机械、建设机械、环保设备行业，带动整个行业的发展和提高。

化学工业：重点发展农用化工、石油化工、精细化工，重点建设以九江石化总厂为龙头的石油化工基地；以星火化工厂为龙头的有机硅基地；以南昌化工原料厂为骨干的白炭黑基地。力争到2000年炼油能力达到500万吨，有机硅生产能力达到6万吨，白炭黑生产能力达3万吨，尿素生产能力达到60万吨。并开发一批附加值较高的后续产品，带动樟树化工厂、赣中化工厂、华新生物化工制品厂、江西樟脑厂、江西亚泰化肥有限公司、庄江化工厂、兴国化工厂、赣南农药厂、赣南化肥厂、信丰化肥厂等10个骨干企业的发展。

2. 大力发展医药、纺织、有色金属深加工、林产化工、木竹加工业，培植一批支撑下世纪经济发展的优势产业。

医药工业：按照“大医药、大规模、大市场，高技术、高水平、高效益”的思路，依托江西制药厂、江西国药厂、赣江制药厂、赣南制药厂等重点企业，大力发展化学原料药及制剂生产，并着力发展生物制药、农用畜用抗生素、食品添加剂、保健品等。以江中、金水宝制药有限公司、泰和、桑海和云山企业集团等企业为骨干，加快中成药和药用包装材料的发展。

纺织工业：以现有企业为基础，以南昌、九江、赣州为中心，以增强织造和后整理能力为重点，加快技术改造，实施名牌战略，大力开发系列服装，培植一批名星企业和名牌产品，促进纺织工业的优化升级。“九五”期间，改造九江化纤厂，形成6万吨粘胶短纤的生产能力；有计划抓好重点服装企业的技术改造，力争“九五”期间创出1～2个名牌服装系列；加快织绸、真丝针织、真丝服装等产品的深度开发，增强印染后整理能力。利用我省劳动力费用比较低廉、服装加工行业基础较好的优势，大力引进优质原材料，积极开展来料加工，扩大出口，增创效益。

建材工业：重点发展水泥、建筑陶瓷、浮法玻璃等基础建设材料，加快发展现有玻纤、水晶等优势建材产业，积极开发非金属矿及深加工产品，因地制宜地发展墙体装饰系列材料等各种新型建筑材料，搞好木竹板材的深度加工，形成具有规模经济和竞争能力的外向型企业群体。“九五”期间，建设瑞昌水泥和信丰水泥厂，新建江西浮法玻璃厂，到2000年，力争沿线水泥生产能力达到800万吨，浮法玻璃240万重量箱。

有色金属和稀土工业：除了配合国家开发铜、钨、稀土之外，主要是发展以铜、钨为主体的有色金属加工业和钨矿各种伴生元素的回收冶炼加工以及重稀土分离分组和稀土深加工应用产品开发等。

食品工业：重点是运用生物技术和高效节能装备，加速食品工业的技术改造，促进食品工业更新换代，大力发展烟、酒、糖、茶、饮料和果蔬、畜禽、水产的速冻保鲜加工，积极开发方便和保健食品系列，注重食品基础原料和辅料的开发。要特别注重适应港、澳、粤的需要，发展高中档食品、滋补性食品。

林产工业：依托区域及周边林产优势，积极发展林产化工、造纸、人造板及木竹资源综合利用等的林产工业。“九五”期间，开工建设井冈山纸浆厂、建成赣州10万立方米、宜春5万立方米中密度纤维板厂，到2000年形成造纸浆生产能力8万吨，中密度纤维板25万立方米，林产加工业产值达到100亿元。

3. 抓好“名牌400工程”的实施，促进名牌产品产业化、规模化。“九五”期间，在沿线实施一批重点技改项目，促进一批产品成长为名牌产品，带动一批重点企业，并以名牌产品为龙头，资金联系为纽带，组建一批大型企业集团，促进沿线工业上台阶。

（四）以繁荣商贸、发展金融和旅游业为重点，大力发展第三产业

适应产业升级和人民生活由温饱迈向小康的需要，加快京九沿线第三产业的发展，使第三产业增长速度快于国民生产总值的增长速度，逐步提高第三产业的比重。近期内要着力抓好市场体系建设和旅游业发展。

1. 市场体系建设

以沿线中心城市、交通枢纽为依托，建设一批全国性、区域性的大市场，并在各中小城镇和集散墟镇，形成一批各具特色的专业批发市场。把京九沿线逐步建成面向港、澳和世界各地的商贸之路。“九五”期间，要抓紧建设一批功能齐全、配套完善的服务设施，在南昌、九江、赣州、吉安、樟树发展一批大型综合批发市场和商业中心，在其余中心城镇和交通枢纽建设专业批发市场，在毗邻粤闽特区边际县（市），发展一批有特色的边贸市场。积极发展金融、保险业，加快组建城乡合作银行，积极引进外资银行，有计划地发展证券和期货业。大力发展技术、信息、人才市场，健全会计、法律、资产评估、业务代理、行业协调等中介服务；有计划地发展房地产

业，形成健康有序的房地产市场。大力发展各类服务行业，建设南昌科技工业展览中心，九江、赣州超级会议中心。力争到2000年或更长一点时间，在沿线形成5个年销售收入超10亿元的大型综合批发市场、20个年销售收入超2亿元的商贸中心，30个年销售收入超亿元大型售货市场或联锁商店；积极创造条件，建成5～10个中外合资零售企业。

2. 旅游业

要着力打好"庐山牌"，充分发挥庐山在京九沿线旅游业的龙头作用。以客源市场为导向，质量效益为中心，旅游资源为前提，交通条件为基础，努力强化京九沿线六大旅游区（庐山、鄱阳湖、南昌、井冈山、赣州、三百山）在全省旅游业中的地位和作用，加快其开发建设步伐，并注意突出景区特色，不断推出具有地方特色和民俗风情的旅游项目，完善配套设施，优化旅游产品结构，提高旅游产品质量，增强市场竞争力。积极调整旅游线区布局，从根本上改变赣北、赣南、赣西南、赣东旅游线路相互分割状况，形成以京九铁路沿线旅游产业带为主轴，带动和促进北部环形旅游线和南部环形旅游线的"一轴带两环"旅游总体格局，增加和提高全省旅游业的整体实力和水平。同时，注意保护开发自然和人文景观，积极改善旅游业发展的内、外部环境，抓好基础设施建设，协调京九沿线旅游业"行、宿、食、游、购、娱"六大环节的开发与建设，逐步形成一个比较发达的旅游综合服务体系，把京九沿线旅游业真正建成集自然景观与人文景观于一体的旅游风景带和经济产业带，成为产业关联度较高、综合性的经济文化产业和创汇产业。

四、区域布局和城镇建设

（一）区域布局

按照省十次党代会确定的全省生产力布局的总体思路，京九沿线区域布局总的原则是：两头先行、中间崛起、东西联动、点面结合、重点突破、分步推进。沿线的开发建设拟分两步进行，"九五"为第一步，主要任务是加快基础设施和基础工业的建设，抓紧植树造林和绿化工作，依托沿线城市各类经济开发区和工业小区，培植新的经济增长点，为下世纪更大范围展开生产力布局创造条件；下世纪头十年为第二步，力争到2010年形成以昌九工业走廊为中心从九江至樟树的北部产业密集带，以吉安为中心从新干至泰和的中部产业密集带和以赣州为中心从兴国至定南的南部产业密集带。

北部产业带：以南昌、九江两市和各开发区为依托，以昌九工业走廊建设为重点，大力发展汽车制造业、建材业、石油化学工业、纺织工业，加快发展高新技术产业，因地制宜地发展"三高"农业，积极发展第三产业，力争经过15年或更长一些时间，把这一地区建设成江西的工业密集带、高新技术产业和发展水平较高的第三产业先导示范区，在全省率先基本实现现代化。着力培植八里湖、沙河、马迴岭、高塘、蒲亭镇、共青、云山、星火、艾城、涂埠、新棋周、金牛、昌北、长头岭、银三角、向塘16个经济增长点。沿途各县要根据总体规划的要求，因地制宜地配置产业，形成各具特色的发展模式。

抚州地区要以南昌经济圈为依托，以临川市为中心，以加强基础设施和基础原材料工业建设为重点，同时面向沿海市场，加快"三高"农业的发展，加快建设直达厦门自由港的通道，在强化与闽南三角区的经济互补中，形成具有自身特色的经济优势。

中部产业带：重点发展医药食品、盐化工和精细化工、造纸及竹木加工业、建材、消费类电子工业、电力工业，配套建设一批中药材、大米、水果、蔬菜等大型专业批发市场，形成一、二、三产业协调发展的格局。重点在京九铁路和赣粤高速公路的中间地带及两侧配置产业，着力建设丰城、樟树、新余、吉安、泰和3市2县，培植三江、张港、荣塘、阁山、大洋洲、金川、水边、八都、醪桥、文峰、敦厚、澄江、文田、冠朝等14个经济增长点。

南部产业带：以赣州市为中心，着力开发高兴、潋江、龙江、南塘、江口、梅林、潭东、蓉江、龙回、嘉定、大塘埠、铁石口、小江、龙南、关西、励市16个经济增长点，重点发展以农副产品生产和加工一条龙的创汇农业；以稀土深加工为主的高科技产业；以钨及其深加工产品为主的有色金属加工业；以高档家具、人造板为主的木竹加工和综合利用的工业；以制糖、卷烟和地方特色食品为主的食品工业，并以大交通为依托，以拳头产品为龙头，形成成衣、家具、水果、土特产、灰鹅、家电等一批专业批发市场。

（二）城镇建设

适应产业升级的趋势，不失时机地加快沿线城镇化进程，力争到本世纪末，形成以南昌、九江、赣州3个大中城市为中心，吉安、丰城、樟树、南康等12个中小城市为次中心，50多个重点镇和11个省级开发区为联接点的现代化城市带。到2000年城市化水平由目前的24%上升到40%，到2010年基本实现城镇化。

南昌市：要以开放型、多功能、高效益、强辐射的现代化城市为目标，加快老城区的改造，加速新城区的建设，按照一江两岸的格局和重塑现代化城市功能的要求，有计划地逐步调整老城区内的功能配置和产业结构，形成以商业和金融为主的内环中心区，以科教文化为主的二环区，以高科技产业和高效益、低污染工业为主的三环区，并以中心市区为依托，发展一批各具特色的功能化卫星城镇，形成以南昌市区为中心的城镇群体。力争到2000年，使南昌市的国内生产总值突破400亿元，城市人口达到180万人左右，成为京九铁路沿线一个重要的政治、经济、文化中心。

九江市：应充分利用区位优势、现有基础和各方面的有利条件，加快对外开放步伐，广泛地发展对外经济技术交流，改善现有城市基础设施，逐步将九江建成长江沿岸一个较大的开放型城市、区域贸易中心和旅游中心。力争到2000年，国内生产总值突破300亿元，城市人口达到80万人左右，经济发展水平和综合经济实力跻身全省前列。

吉安市和赣州市：要集中力量，扩大城市规模，完善城市基础设施，集中布局一批工业和流通业项目，发展城市科技、信息、咨询和教育业。力争经过15年或者更多一些时间的努力，把这两个城市建成多功能、强辐射、能够支撑起我省中南部城镇网络的区域中心城市。到2000年，力争吉安市国内生产总值达到40亿元左右，城市人口达到30万人左右；赣州市国内生产总值达到50亿元左右，城市人口达到40万人左右。

在拓展生产力布局的过程中，高起点、高标准地加快沿线小城镇建设，加速城乡经济一体化进程。“九五”期间，重点是加快三、四级车站所在地和沿线现有开发区、工业小区的建设，使之成为新的农工商贸集结点，成为我省新的经济增长极、周围地区商品集散中心，信息传播中心。要通过建立适应市场经济要求和新型管理体制和发展机制，采取有效政策，引导农村富余劳动力有序地向小城镇转移，大力发展乡镇企业、个体私营经济，并使之与小城镇建设紧密结合起来，相对集中布局，使小城镇建设与二、三产业发展相互促进，共同繁荣。

五、政策措施

1. 加快建立社会主义市场经济体制和运行机制，继续办好赣州“经济体制改革试验区”、吉安“加快建立社会主义市场经济体制改革实验区”和宜春“农业工业化试验区”，发挥九江、南昌作为开放城市在体制改革方面的示范作用，促进沿线地区的体制转换。(1)坚持公有制为主体、多种经济成份共同发展的方针，进一步深化国有企业改革，建立现代企业制度，使企业真正成为自主经营、自负盈亏的法人实体和市场竞争的主体。通过国有资产存量的流动和重组，实现国有经济的战略性改组，全面提高国有经济整体运行效率。调动社会各方面的力量，放手发展集体、个体、私营和三资企业，形成多种经济成份平等竞争的环境。(2)建立统一开放、竞争有序的市场体系，进一步深化价格体系改革，建立主要由市场形成价格的新机制。(3)建立新的就业制度，疏通人才渠道，发挥市场机制对合理配置劳动力资源的积极作用。(4)加快农村经济体制改革，坚持完善以家庭联产承包为主的责任制和统分结合的双层经营体制，逐步建立土地使用权流转机制，推进适度规模经营，促进农业产业化。(5)要进一步转变政府职能，逐步将政府管理经济的方式，由直接管理为主转向间接管理为主，并强化宏观经济调节功能，增强法制观念，健全宏观管理体系。(6)进一步理顺分配关系，建立健全多形式、多层次的社会保障体系。

2. 转变经济增长方式，提高国民经济的整体素质。(1)经济增长要从主要依靠扩大建设规模转到主要依靠对现有基础进行改造、改组和扩建。要提高对现有企业技术改造在固定资产投资中的比重，增加现有企业自我发展能力。(2)要从主要依靠增加生产要素投入转变到主要依靠科技进步，提高科技进步对经济增长的贡献率。通过技术政策和资金的支持，促进先进技术的推广应用。同时，加强对引进技术的消化、吸收和创新，形成独立自主的开发能力。努力使企业成为技术进步和科技投入的主体，加快建立市场、科研、生产结合的企业技术进步机制。(3)建立技工贸一体化的企业集团，实施大企业集团战略，按照规模经济和合理布局的要求，调整投资方向和企业组织结构。同时，按照专业化分工的要求，形成一大批配套的中小企业。(4)要始终把教育放在优先发展的战略地位，发展各类教育事业。大力提高劳动者的文化科技素质，为加快经济发展提供强大的智力支持。

3. 进一步转变融资方式，大力筹措建设资金。(1)明确各级政府的投资范围和责任，充分发挥沿线各级政府发展基础设施和基础工业的积极性。(2)进一步完善省级各专项资金，并根据目前发展态势和产业政策，逐步出台一些新的政策，扩大基金比重；制订切实有效措施，引导各方面资金（包括外资）参与沿线基础设施和基础产业建设。(3)选择一批拳头和优势、名牌产品，加快股份制改革步伐。(4)争取国家支持，引进外资银行，成立地方发展银行，在沿线主要城市组建城市合作银行。鼓励有条件的大中型企业发展财务公司。(5)进一步完善各项鼓励外商投资的政策。

4. 推进经济国际化战略，在更宽领域、更高层次上扩大对外开放。(1)拓宽开放思路，加大开放力度，从资金、技术、劳动力等生产要素的配置利用上，从产品结构、产业结构调整、布局上，更多地面向国际市场。(2)不断增强出口创汇能力，加快转换外贸企业经营机制，鼓励外资企业向实业化、集团化、国际化方向发展。(3)坚持高起点、高标准的要求，引进新的管理模式，建立灵活高效的管理体制和经济运行机制，以科技为先导，以效益为重点，大力引进外资，构筑大、高、外的经济格局，配套发展第三产业，把沿线现有的11个开发区建成国际化、现代化、外向型的城区。

5. 要坚持两手抓、两手都要硬，认真处理好改革、发展与稳定的关系，持之以恒地加强精神文明建设，搞好社会治安综合治理，促进各项社会事业全面进步，为加快京九沿线的经济发展创造良好的社会环境。

（周国兰　董福长　撰稿）

1995年改革开发大事记

1月

12日 省委、省政府召开电话会议，就抓好早稻旱床育秧、旱地套种玉米、水利冬修扫尾和计划生育等工作进行部署。

15～17日 省长吴官正到永新、永丰等地考察时指出，今年经济工作要抓得更紧更实，防止松劲情绪，切实抓好一季度生产和财政收入，争取全年经济工作的主动。

18日 副省长黄懋衡与南昌市有关领导到南昌市麻风村进行慰问，为麻风病人赠送了防寒棉衣和春节慰问金。

20日 全省重点工业企业代表座谈会在南昌召开。

▲ 省政府举行'95江西旅游发展年新闻发布会。

25日 省政府召开工交各厅局长和有关部门负责人会议，就春节期间工交生产和安全工作作出部署和安排。

2月

7～8日 省委、省政府在南昌召开各地市分管农业的书记、专员（市长）会议，贯彻落实全国和全省经济工作会议精神，进一步研究部署全省今年的农业和农村工作。省委书记毛致用与参加会议的地市负责同志一起座谈。

8～10日 全省金融工作会议在南昌召开。会议要求，以抑制通货膨胀为中心，以提高资金使用效益为重点，努力优化贷款投向，加强金融监管，深化金融改革，坚持从严治行，强化内部管理，促进全省经济持续快速健康发展。

10～14日 中共中央政治局委员、国务委员、国家体改委主任李铁映在省委书记毛致用的陪同下，先后在上饶、鹰潭、抚州、南昌等地市和共青垦殖场进行考察。听取了吴官正省长代表省委、省政府作的全面汇报和省委常委、副省长黄智权就全省经济体制改革情况的专题汇报。

26～27日 全省外经贸工作会议在南昌召开。会议指出，要抓住机遇，不断研究分析国际市场的变化，做到发现市场早、开拓市场早、抢占市场早，不断扩大本省产品在国际市场的占有率，同时加快培植新的出口产品。

3月

10日 省政府召开福杭贵成光缆通信干线工程江西段工程建设动员会，就江西段工程全面施工建设作具体部署，并进行战前总动员。

19～23日 中共中央总书记、国家主席、中央军委主席江泽民在省委书记毛致用、省长吴官正、南京军区司令员周辉陪同下，先后考察了九江市共青城、德安县、庐山区、彭泽县、永修县及南昌县等地。

4月

3月31日～4月1日 省委、省政府在南昌召开全省农村工作会议。会议要求各级党委、政府和农村广大干部群众振奋精神，坚定信心，统一思想，抓住机遇，做好工作，狠抓落实，确保实现“三稳三增三保”目标，夺取今年农业的全面丰收，将江西农业和农村工作推上新的台阶。

3～4日 省政府召开支援京九铁路建设工作会议。要求各级支铁办努力工作，出色完成支铁任务。

4日 省政府在南昌召开反腐工作会议。

8～9日 九江大化肥工程建设领导小组召开第四次会议，听取工程建设汇报，审定今年的工作部署。省长吴官正，中国石化总公司总经理盛华仁，副省长、大化肥领导小组组长黄智权，领导小组副组长、中国石化总公司重点建设领导小组长吴协刚出席并讲话。

19～20日 全省精神文明建设工作会议在南昌召开。

5月

5日 省政府召开全省治理公路“三乱”电话会议。会议要求统一思想，坚定信心，真抓实干，确保今年全省治理公路“三乱”取得明显成效。

6日 省委、省政府召集有关部门负责人共商京九铁路沿线展开生产力布局的良策。

12日 省政府召开常务会议，分析1至4月经济形势，研究部署5、6月的经济工作。

18～20日 省委、省政府在萍乡市召开全省乡镇企业工作会议。会议提出，要坚持大发展，突出大提高，着力抓效益，促进乡镇企业持续快速健康发展。省委书记吴官正，省委副书记、代省长舒圣佑出席并讲话。

29～30日 全省农村社会治安集中整治工作会议在南昌举行。

6月

1日 省防汛抗旱总指挥部召开成员会议，研究部署阶段防汛工作，要求各地进一步做好防大汛、抗大灾准备，努力把洪涝灾害损失减少到最低程度。

南昌银三角立交桥建成，省市各界在南昌举行通车典礼。

7日 省政府召开紧急会议，部署赣东北地区抗洪救灾工作。

9～13日 国务委员彭佩云率国务院考察组到九江市进行考察。省委副书记、代省长舒圣佑，省委常委、常务副省长黄智权参加了考察。

21～22日 '95江西招商引资新闻发布会在深圳富临大酒店举行。

29日 副省长黄智权在江西宾馆会见以执行副总裁薄克先生为首的美国福特汽车公司代表团一行。

7月

6月30日～7月1日 国家防汛抗旱总指挥部副总指挥、水利部部长钮茂生代表国务院来江西察看洪水灾害情况，指导抗洪抢险救灾。省委、省政府有关领导向钮部长汇报了江西省灾情及救灾情况。

6～8日 中共中央政治局委员、书记处书记、国务院副总理姜春云受江泽民总书记和李鹏总理的委托，代表党中央、国务院来江西省察看灾情，慰问受灾群众，指导抗洪救灾工作。

25～26日 省委、省政府在南昌召开全省地市委书记、专员市长会议，总结上半年的经济工作，集中研究如何克服特大洪涝灾害带来的困难，妥善安排下半年的工作，努力实现今年经济和社会发展的各项任务。省委书记吴官正、代省长舒圣佑分别讲话，毛致用同志即席讲话。

8月

10～11日 省政府召开各地市分管农业的书记、专员、市长会议，研究部署今后几个月的农业和农村工作。

11～12日 省政府召开全省商业工作会议。会议要求，认清形势，坚定信心，不断深化商业改革，狠抓扭亏增盈，加强网点建设，保持市场稳定。

12～13日 省政府召开全省老建扶贫工作会议。

15～16日 省政府召开全省企业改革暨现代企业制度试点工作会议。

29日 省政府召开′95赣台经贸洽谈会暨台资企业产品展销会调度会，听取省台办和各地市及有关部门关于“两会”筹备情况的汇报。

30日 江西省经济、金融发展现状及前景介绍会在北京举行。来自德国、法国、意大利、日本、韩国、加拿大、荷兰等七个国家的14家外资金融机构的代表应邀出席了会议。

9月

12日 全省机构改革和推行公务员制度工作会议在南昌召开，会议要求：今年内全省基本完成机构改革任务，做好推行公务员制度工作，省、地（市）机关要在今年年底以前完成职位设置和人员过渡，县（市、区）、乡（镇）机关要在明年上半年完成相应工作，到1996年底全省各级行政机关要建立起公务员制度的基本运行机制并入轨运行。

23日 副省长周热平在江西宾馆会见摩托罗拉（中国）电子有限公司总裁赖炳荣先生一行，感谢他们为江西省教育事业作出的贡献。

30日 省政府在江西宾馆表彰宴请在赣工作的外国专家。副省长周热平参加了表彰大会并讲话。

10月

9月30日～10月1日 万里同志在参加了京九阜九段铺通仪式后，在九江市作短暂停留，考察了九江长江大桥和九江新客站建设工地。

7日 全省科技大会在南昌开幕。国家科委发来贺电表示祝贺。

10日 全省表彰高校优秀留学归国人员颁奖仪式在南昌举行。

17～18日 中共江西省委十届二次全体会议在南昌举行。会议进一步学习了党的十四届五中全会精神，审议并通过了《中共江西省委关于制定全省国民经济和社会发展“九五”计划和2010年远景目标的建议》。

18日 ’95赣台经贸洽谈会暨台资企业产品展销会在省展览中心开幕。

19～20日 省委、省政府召开全省地市委书记、专员市长会议，研究和部署如何抓住京九铁路贯通给江西省带来的发展机遇，加快江西省特别是沿线地区开放开发的步伐。

24日 全省税收财务物价大检查工作会议在南昌召开。

31日 全省个体工商户、私营企业代表和基层个体、私营经济协会代表举行庆祝会，庆祝省个体、私营经济协会成立10周年。

11月

5日 南昌新八一大桥正式开工建设。

15日 国务院京九铁路建设领导小组在南昌召开第四次工作会议。国务院副总理 、京九铁路建设领导小组组长邹家华出席并作了重要讲话。国家计委副主任叶青、铁道部部长韩杼滨、电力部部长史大桢、省委副书记、代省长舒圣佑、省委副书记、副省长黄智权及京九铁路建设领导小组各成员单位的代表出席了会议。铁道部副部长、京九办主任孙永福向会议作了工作汇报。

16日 举世瞩目的京九铁路全线提前胜利铺通。国务院京九铁路建设领导小组在九江隆重举行庆祝大会。中共中央政治局常委、国务院总理李鹏出席并讲话。中共中央政治局委员、国务院副总理邹家华出席。李鹏代表党中央、国务院，代表江泽民总书记，向为京九铁路建设作出贡献的全体参建职工，向大力支持京九铁路建设的沿线各省市党委和政府，向广大人民群众，表示热烈的祝贺和亲切的慰问。出席庆祝大会的有：全国人大、全国政协、中共中央办公厅、国务院办公厅、中央军委办公厅、中宣部、国家计委、国家经贸委、铁道部、对外经贸部、电力部、水利部、国内贸易部、广电部、中国人民银行、开发银行、建设银行、国家税务总局、国家土地局、国家审计署、海关总署、国务院港澳办、国务院发展研究中心、轻工总会、总后军教部等部门的领导同志，北京、天津、河北、山东、河南、安徽、湖北、江西、广东等沿线9省市的领导同志。

16～19日 国务院总理李鹏、副总理邹家华在九江参加了京九铁路全线贯通庆典之后，由江西省委书记吴官正、代省长舒圣佑陪同，赴景德镇市就传统产业的技术改造问题进行调查研究。李鹏总理在考察时指出，要认真贯彻十四届五中全会的精神，把企业改革与技术改造相结合，积极推进经济体制和经济增长方式的两个根本性转变。振兴老企业，技术改造大有可为。

18日 由美国能源开发公司风险投资的波阳石油勘探项目，经过几年的前期勘探，正式在南昌县开钻第一探井。

12月

1～6日 民政部副部长杨衍银受民政部党组的委托，率领工作组先后考察了江西省九江、上饶两个地市的冬令救灾救济工作。

12日 省委、省政府召开党员领导干部会议，传达学习中央经济工作会议精神，研究部署贯彻落实措施，以统一思想，提高认识，齐心协力，奋发进取，讲求实效，把明年的经济工作做得更好。省委书记吴官正代表省委、省政府讲了话。

18日 赣粤高速公路南昌至樟树段正式开工。省政府在新建县省庄建设工地隆重举行了开工典礼。

20～21日 省政府在南昌召开地市工业专员市长会议，传达全国经贸工作会议精神，分析总结今年工业生产，制订1996年奋斗目标及其措施。

25日 国家重点通信工程——京九广光缆江西段正式开工。

30日 省委、省政府联合在南昌召开会议，要求各地关心群众冷暖，采取切实措施，千方百计解决部分群众生活困难问题。

（刘　玻　整理）

※
※※※
※

河 南 省

主　　编：夏宗勇
副 主 编：于兆庆　朱小立
编写人员：于兆庆　朱小立
王中华　方　曦

河南省分目录

河南省概况 …………………………………………………………………………(237)
国民经济和社会发展 ………………………………………………………………(237)
经济体制改革 ……………………………………………………………………(243)
附录：关于进一步建立和完善开发区管理体制和运行机制有关问题的
意见 ……………………………………………………………………(246)

专 题 介 绍

郑州市商贸城的建设与发展规划 ……………………………………………………(249)

河南省概况

土地总面积：16.7万平方公里

总人口：9100万人

行政区划：4个地区、13个地级市，23个县级市，93个县

省委书记：李长春

省八届人大常委会主任：李长春

省长：马忠臣

省六届政协委员会主席：林英海

河南省国民经济主要指标（单位：亿元）

	1995年	1995年比上年增长（%）
国内生产总值	3001.04	14.8
工农业总产值	5904.25	
工业总产值	4600	22.1
重工业产值（乡及乡以上）	(1498.94)	19
轻工业产值（乡及乡以上）	(1139.56)	25.4
农业总产值	1304.25	17.6
全社会固定资产投资	805.0	28.3
国有固定资产投资	545.8	26.2
社会消费品零售总额	906.7	29.1
零售物价总指数	114.9	14.9
职工工资总额	347.7	26.4

国民经济和社会发展

1995年，在省委、省政府的正确领导下，全省人民认真贯彻“抓住机遇、深化改革、扩大开放、促进发展、保持稳定”的基本方针，紧密结合河南实际落实党中央、国务院加强宏观调控的政策措施，取得了明显的成效。抑制通货膨胀达到阶段性目标，国民经济继续快速增长，社会保持稳定。全年实现国内生产总值3001.04亿元，比上年增长14.8%，高于计划4.8个百分点，比全国平均增长速度高3.6个百分点，其中，第一产业增长11.9%，第二产业增长17.7%，第三产业增长12.2%。社会商品零售物价上涨14.9%，实现了当年把物价涨幅控制在15%以内的目标。

一、国民经济持续快速发展

（一）农业获得较好收成，农村经济全面发展。

在国家政策和市场需求导向下，全省进一步重视、

加强农业，多渠道增加农业投入。全年财政支农支出5.3亿元，比上年增长19.8%。农民生产积极性高涨。农业结构调整步伐加快。虽然遇到了较严重的旱灾，全年粮食产量仍达3466万吨，比上年增加212.2万吨；棉花总产量77万吨，，增加14.2万吨；油料298万吨，增加73万吨。通过采取积极措施平抑饲料价格，生猪生产扭转了一度出栏多补栏少的局面，全年肉类总产量达到333万吨，比上年增加79.7万吨。林果业、水产业进一步发展，蔬菜种植面积和产量均有增加。农产品有效供给状况改善，对抑制物价过快上涨发挥了重要作用。乡镇企业继续快速发展，预计乡镇工业总产值比上年增长30%。在一些地方的农村，已初步形成了种植业与养殖业互补，农业与非农产业互补，互相促进，协调发展的经济格局。

(二)工业继续保持快速增长，产品结构有所改善。全年工业增加值完成1284.9亿元，比上年增长18.5%。工业产品中，主要农业生产资料特别是化肥产销两旺，能源、原材料产品稳定增长，适销对路消费品增多，乡及乡以上工业产销率达到96.8%。通过实施名牌战略，培育企业集团，推进企业改革、改组、改造和加强内部科学管理，国有企业适应市场变化的能力进一步增加，新飞电器集团、安阳钢铁公司、安阳玻壳公司、莲花味精集团、洛阳春都、漯河双汇、北方易初等一批企业集团的竞争实力进一步壮大，产品市场占有率进一步提高。全省有22个地方工业企业进入全国企业综合评价五百强，成为率领行业发展和开展市场竞争的主力军。

主要工业品产量都完成或超额完成计划。氧化铝74万吨，居全国第一位；原煤产量9752万吨，比上年增长8.5%，居全国第二位；发电量542.85亿千瓦时，比上年增长12.5%；十种有色金属25.66万吨，比上年增长25.1%；家用电冰箱71.84万台，比上年增长39.2%；彩色电视机22.2万部，比上年增长38.7%；卷烟298.6万箱，比上年增长0.7%；饮料酒100.4万吨，比上年增长29.4%；化学纤维11.73万吨，比上年增长23.2%；棉纱38.5万吨，比上年增长19.2%；小型拖拉机23.84万台，比上年增长55.1%；农用化肥（折纯）221.5万吨，比上年增长15.4%；硫酸和纯碱分别达到77.2万吨和26.3万吨，比上年增长35.8%和16.2%。

(三)建筑建材业发展较快，居民的居住条件继续改善。1995年，全省水泥产量达到2454万吨，比上年增长23.5%，平板玻璃产量达到1667.5万重量箱，比上年增长14%。建筑安装施工企业达到1384个，从业人员67.4万人，比上年分别增长3.9%和11.6%。完成建筑业总产值182.1亿元，增长25.1%；房屋建筑施工面积达3386.5亿平方米，增长14.2%，其中，交付使用面积1533.6亿平方米，住宅面积783.7亿平方米，分别比上年增长16%和11.5%，城乡人民居住条件得到明显改善。

(四)城乡市场繁荣，通货膨胀势头得到抑制。随着产品流通体制改革的不断深化，国营商业和供销社独家垄断局面已被打破，股份制商业企业的兴起和连锁经营新形式的出现，促使商业企业向大规模、集团化、股份制方面发展。"国有民营"由点到面逐步推开，初步形成了新型的产品流通体制。1995年，全省独立核算的国内批发网点达到1544个，零售商业网点达到2532个，形成了以国合商业为主体，个体、私营、股份制竞相发展，遍布城乡的商品流通网络。全年完成社会商品零售总额906.7亿元，比上年增长29.1%。从行业上分，批发零售业565.47亿元，增长24%；餐饮业82.43亿元，增长53.6%；制造业126.52亿元，增长21.1%；农民对非农居民零售87.73亿元，增长27%；县以下的零售额265.8亿元，增长33.6%。按经济类型分，国有经济289.2亿元，增长17.2%；集体经济171.2亿元，增长14.3%；个体经济316.2亿元，增长46.5%；其它各种经济类型130.1亿元，增长44.3%。

1995年，全省认真贯彻落实国家抑制通货膨胀、控制物价上涨的各项措施，加大物价监管和执法力度，严格控制调价项目出台，在努力增加有效供给的同时，加强市场调控手段，初步建立了地方粮食储备、粮食风险基金、副食品价格调节基金和猪肉、食糖等主要商品储备制度，有效地抑制了市场物价过快上涨的势头，全年社会商品零售物价上涨幅度由年初的20.6%回落到14.9%，回落了5.7个百分点。

(五)财政收入增长较快，金融运行保持稳定。在经济快速发展的基础上，进一步完善财税体制，加强税收征管，深入开展"两扭两创"活动，全省地方财政收入完成123.1亿元，比上年增长31.9%，按分税制前老口径计算，财政收入完成211.3亿元，比上年增长23.3%。随着县域经济的发展，财政收入（老口径）超亿元的县市已达31个，比上年增加14个，其中超2亿元的县市5个，比上年增加2个。金融机构各项存款余额2131.7亿元，比上年末增加528亿元；各项贷款余额2170亿元，比上年末增加465亿元。国家银行备付金率进一步提高。货币净回笼7.7亿元，比上年少投放69.6亿元。

(六)科技、教育等各项社会事业不断发展，人民生活进一步改善。“科技兴豫”战略广泛深入人心，科技成果产业化步伐开始加快，一批重要技术的攻关取得明显进展。全年共取得科研成果1040项，有404项获得省部级以上奖励。各级各类教育全面发展，全省普及九年义务教育的县(市)区比上年增加22个，累计达到44个。中等教育结构趋于合理，高等教育在种类设置和专业结构调整中稳步发展。计划生育进一步得到重视，人口自然增长率千分之8.13，低于全国平均水平。环境保护得到加强，淮河流域水污染治理重点工程已经起步。文化、卫生、体育、新闻出版、广播电视、旅游等事业都取得了新的成绩。全省医院总床位比上年增加2500张；广播节目人口覆盖率达到89%，电视人口覆盖率达到81%。在经济和社会发展的基础上，城乡人民物质、文化生活进一步改善。全省城镇居民人均生活费收入3030元，扣除价格因素，比上年实际增长8%；农民人均纯收入1232元，扣除价格因素实际增长9.5%。

二、经济结构调整

(一) 产业结构

1995年，全省国内生产总值突破3000亿元大关，达到3001.04亿元，比上年增长14.8%，居全国第七位。其中，第一产业增加值762.99亿元，比上年增长11.9%；第二产业增加值1424.94亿元，增长17.7%；第三产业增加值813.11亿元，增长12.3%。三次产业结构为25.4：47.5：27.1。呈“二、三、一”格局，标志着工业生产在国民经济运行中的主导地位，第三产业在服务一、二产业健康发展方面的作用越来越强，整个经济结构由低层次向高层次合理化方向演进。

(二) 行业结构

农业内部结构　伴随乡镇企业的快速发展，农村经济开始由主要依靠种植业走向综合发展的道路。1995年，全省农林牧渔业总产值达到1304.25亿元，比上年增长17.6%。其中，农业总产值865.82亿元，增长13.3%；林业总产值38.32亿元，增长6.1%；牧业总产值391.1亿元，增长28.5%；渔业总产值9.03亿元，增长15.3%。农林牧渔业产值结构比例为66.4：2.9：30：0.7。与1994年相比，农业所占的比重下降2.6个百分点，林业下降0.4个百分点，渔业下降0.1个百分点，牧业上升3.1个百分点。农业内部结构继续以种植业为基础，在保证粮食稳定增长的前提下，畜牧养殖业得到了迅速发展，成为带动农村经济快速发展，增加农民收入的一支新生力量。

工业内部结构　1995年，全省乡及乡以上工业总产值达2638.34亿元，比上年增长21.7%。其中，重工业产值1498.94亿元，增长19%；轻工业产值1139.56亿元，增长25.4%。轻重工业结构为43.2：56.8。按经济类型分，国有工业产值1523.34亿元，增长16.3%；集体工业产值844.85亿元，增长25.7%；其它类型工业产值270.35亿元，增长44.9%。其结构比例为57.7：32：10.3。公有制经济继续在国民经济中发挥主体作用，其它类型经济在国家宏观政策和市场机制的作用下快速发展。

第三产业内部结构　1995年，全省第三产业增加值813.11亿元，占国内生产总值27.1%。运输邮电、商业、饮食业等传统第三产业继续发展壮大，金融、保险、信息咨询、房地产、产权交易等新兴第三产业迅速崛起，各类市场建设成效明显，在方便生活，促进发展方面发挥了积极作用，有力地促进国民经济社会化、市场化程度的提高。

三、基础设施建设

改革开放以来，河南各项基础设施建设步伐加快，投资环境进一步改善，为加快发展，扩大开放奠定了坚实的基础。

(一) 交通邮电

河南位于我国中部偏东地区，是全国重要的陆路交通枢纽。目前，从境内通过的径向中央铁路有焦枝、京广和京九线，纬向中央铁路有陇海、新菏、漯阜线，加上地方铁路郑平线和汤(阴)濮线，全省初步形成了“四纵四横”的铁路交通网络。1995年全省拥有中央铁路营运里程2098公里，其中70%为复线，电气化里程674公里。郑州站为全国重要的客运枢纽，日均客流量达12万人次；郑州北站为亚洲最大的货运编组站，日均解编24000辆车；郑州至九龙直达集装箱专列的开通，为河南开辟了第一个出海口岸。全省地方铁路正线里程1293公里，居全国首位。1995年全省铁路完成客货运量为4288万人和10373万吨，客货周转量为304.66亿人公里和1233.75亿吨公里。

河南公路交通四通八达，全国“九五”时期建设的两个大“十”字高速公路，有一个“十”交叉高速公路在境内通过。1995年全省公路通车里程为49707公里，其中高等级及次高级公路30299公里，高速公路275公里。开封经郑州至洛阳高速公路的开通营运，从此使河南在高速公里建设方面实现了零的突破。1995年，全省公路货运量达到42692万吨，比上年增长5.6%，客运量达57522万人，与上年持平。

民用航空。1995年全省二级以上机场有3个，即郑州、洛阳和南阳机场，开通航线32条，可通达国内主要城市和沿海开放城市，每周航班达到132个，郑州薛店机场正在抓紧建设，预计1996年底建成使用，届时可起降世界上所有机型的飞机，开通郑州至世界主要城市的国际航班。

邮电通信业发展较快。1995年全省完成邮电业务总量30.26亿元，比上年增长60.2%，市话交换机总容量238.36万门，比上年增长38.8%，其中程控交换机容量237.75万门，增长43.6%。全省17个市地全部建成了本地电话网，县(市)以上城市实现了市话自动化。移动通讯全省漫游，数字移动分组交换，多媒体传输等新业务逐步扩大。

（二）能源建设

河南矿产资源丰富，已发现矿种106种，其中探明储量的矿种有76种，约占全国的1/3，保有储量居全国前三位的有15种，居全国前十位的矿产有43种。矿产资源开采规模在全国占有重要地位，是我国重要的能源、原材料生产输出大省。1995年全省原煤产量达到9752.4万吨，仅次于山西居全国第二位。原油产量达593.6万吨，发电量542.85亿千瓦时，当年建成投产的发电机组有三门峡电厂1#机组，首阳山电厂3#、4#机组，郑州新力电力有限公司3#机组等，预计全年新增发电装机159.6万千瓦，原煤开采能力180万吨。焦作沁北电厂(360万千瓦)、南阳鸭口电厂(120万千瓦)等大型火力发电厂正在筹建之中，黄河小浪底水利枢纽工程可望在2001年建成使用，届时可提供180万千瓦的水力发电能力，对缓解全省供电紧张局面，加大水火调峰力度将发挥重要作用。

（三）市政设施建设

随着全省工业化进程的加快，全省城镇化和城镇化水平不断提高，城市基础设施和服务功能逐步完善。1995年全省设市城市36个，其中省辖市13个，市(地)辖市23个。除极个别县级市外，绝大多数城市基础设施完善，实现了水、电、路、通讯综合配套。城市主干道红线宽度一般在40～60米之间，有的达到80米。省会郑州四桥一路的建成，大大缓解了市内交通的紧张局面，为郑州商贸城建设增添了活力。多数城市建有自来水厂，城市日供水能力达到878.1万吨，城市气化率达到46.6%。

四、“九五”发展展望

（一）基本任务和奋斗目标

1996年～2010年，河南经济和社会发展的指导思想和基本任务是：以邓小平建设有中国特色社会主义理论为指导，坚定不移地贯彻党的基本路线，牢牢把握“抓住机遇，深化改革、扩大开放，促进发展，保持稳定”的基本方针，正确处理改革、发展、稳定的关系，切实加强党的建设、社会主义精神文明建设和民主法制建设，动员和带领全省广大党员和人民群众团结奋进，艰苦创业，加快发展，缩小差距，实现经济体制从传统计划经济体制向社会主义市场经济体制的转变，奠定经济持续、快速、健康发展的体制基础；实现经济增长方式从粗放型向集约型转变，奠定全面振兴的物资技术基础；力争人均国内生产总值达到全国平均水平，综合经济实力和人民生活水平再上一个大台阶。

“九五”时期，全省经济和社会发展的主要任务是：国内生产总值力争在1980年的基础上翻三番，人均国内生产总值增长5倍，基本消除贫困现象，人民生活基本达到小康，初步建立社会主义市场经济体制，全面实现社会主义现代化建设第二步战略目标。其主要奋斗目标是：

1. 经济总量目标。按1995年价格计算，2000年全省国内生产总值达到4860亿元，人均国内生产总值达到5000元以上，比1980年增长5倍。

2. 人民生活目标。按1995年价格计算，2000年，城镇居民人均生活费收入达到4500元，平均每年增长8.2%；农民人均纯收入达1600元，平均每年增长6%；力争达到1760元，平均每年增长8%。人均肉类占有量达到41公斤。城镇居民人均住房面积达到15平方米，农村居民人均钢筋砖木结构住房面积达到18平方米，电视普及率达到90%，实现行政村通电、通车、通邮、通电话，基本消除人畜吃水困难现象。

3. 产业发展目标。“九五”期间，第一产业增加值平均每年增长3%；第二产业增加值平均每年增长13%，其中，工业增加值平均每年增加14%；第三产业增加值平均每年增长12%。第三产业增加值占国内生产总值的比重达到50%以上。

4. 外经外贸目标。2000年，外贸进出口总额达到50亿美元，其中，出口总额36亿美元；利用外资总规模达到65亿美元，其中，利用国外贷款35亿美元。扩大人才、智力引进，广泛参与产品开发、技术设计、经营管理等方面的国际交流与合作。

5. 科技教育目标。2000年，基本普及九年义务教育，基本扫除青壮年文盲。主要工业行业的技术水平达到国际80年代末、90年代初的水平，科技进步对经济增长的贡献率提高到50%。

6. 社会发展目标。2000年，城镇失业率控制在4.5%以下。社会保险覆盖面城镇达到80%，农村达到30%以上。人人享有初级卫生保健。文化事业更加繁荣。开展全民健身运动。

7. 经济效益目标。国民经济在整体素质和经济效益有所提高，2000年，全社会劳动生产率提高到8890元/人，平均每年增长7.4%。万元国内生产总值能耗下降到3.2吨，年节能率3%，基本建设项目交付使用率提高到65%以上。

2001年至2010年，经济和社会发展的远景目标是：实现国内生产总值和人均国内生产总值在2000年基础上再翻一番，按1995年价格计算，2010年，国内生产总值达到11100亿元，人口控制在1.04亿人以内，人均国内生产总值10700元，人民生活达到比较宽裕的程度，形成比较完善的社会主义市场经济体制，实现经济管理体制和运行机制的规范化、法制化。产业结构趋于合理，国民经济整体素质和工业化、城市化水平明显提高。社会主义精神文明建设和民主法制建设取得显著进展，实现经济和社会可持续发展。

（二）战略重点

——切实加强农业的基础地位，增加对农业的投入。稳定提高粮、棉、油等主要农产品产量，大力发展林、牧、渔业和其它多种经营，较快增加农民收入，全面振兴农村集体经济。

——加快工业进程。搞好国有大中型企业，大力发展乡镇工业，调整优化结构，加快技术改造，推动工业产业升级。

——把科技教育放在优先发展的战略地位，真正把经济增长转到依靠科技进步和提高劳动者素质的轨道上来。

——继续加强基础设施建设，积极发展第三产业，进一步加快城市化进程。

——深化经济体制改革。把国有企业改革作为经济体制改革的中心环节，加快建立现代企业制度。大力发展城乡集体经济和其他多种经济成分。

——全面实施开放带动战略，提高经济的开放度，更好地与国际经济互接互补，带动经济体制的转变、经济素质的提高和整个国民经济的持续快速发展。

——把实现可持续发展作为一个重大战略，严格控制人口增长，加强环境保护，合理利用和节约资源，努力使人口增长与社会生产力的发展相适应，使经济建设与资源，环境相协调，实现良性循环。

——加强社会主义精神文明建设和民主法制建设，保持社会政治稳定，为改革开放和现代化建设的提供强大的精神动力和智力支持，创造良好的社会环境。

（三）积极推进经济增长方式的转变

实现“九五”计划和2010年远景目标，关键是实行经济体制从传统的计划经济体制向社会主义市场经济体制转变和经济增长方式从粗放型向集约型转变。要真正把转变经济增长方式作为今后发展最重要的任务。不论是生产建设还是流通领域，不论是经济相对发达地区还是欠发达地区，不论是新兴产业还是传统产业，不论是工业还是农业，转变增长方式的重点和要求可以不同，但都应当作为决定自身命运的重大问题认真抓好。转变经济增长方式的中心任务是：

第一，充分发挥市场竞争作用，使企业真正成为市场竞争的主体。要通过竞争提高效率，实现优胜劣汰，优化资源配置，凡是能由市场决定的，要进一步放开搞活，对由政府调节的基础性项目也要引入竞争机制，促进经济充满活力。

第二，正确处理好新上项目与利用现有基础的关系。除新建一些能够带动结构优化升级和产业技术进步的重点项目外，能够依托现有企业的就不再铺新摊子。对老企业的改造或扩建，不能简单地扩大原有产品的生产能力，要把上质量品种、上技术水平、上经济规模和上效益作为主要目标。

第三，依靠科技进步和提高劳动者素质，增大科技进步对经济增长的贡献。加快科技成果向现实生产力的转化。推动科研单位进入企业或与企业联合，使企业成为科技投入和技术进步的主体。

第四，科学地制定、修订、完善各类经济技术标准定额和行业规范，狠抓资源的节约和合理利用。降低能源、原材料消耗，减少资金占用，堵塞浪费漏洞，淘汰落后产品，提高资源和资金的利用效率，依法加强对矿产资源的保护。

第五，按照社会化大生产与合理经济规模的要求，优化企业组织结构和投资结构。提倡和鼓励打破地区、部门和行业界限，通过联合投资、联合生产，组织专业化协作，发展规模经济。加快存量资产的优化重组，发展企业集团，实施“名牌战略”，实现规模经营。

第六，推动流通领域改革，打破生产、流通分割的状况，按市场经济要求，组建贸农工、产供销一体化的大型商贸集团。注重提高流通效率，减少积压，提高资金周转和经济效益。深化农村流通领域的改革，把分散的小生产同国内外大市场勾通起来。

第七，提高科学管理水平。通过加强企业管理，严格经济核算，提高劳动生产率、资金利税率和市场覆盖率，从而增强企业的市场竞争力。

第八，运用计划手段和产业政策，促进经济增长方式转变。计划要以市场为基础，通过制定发展战略、产业政策、区域规划等，正确运用国家掌握的财力、物力和经济调节手段，引导产业结构优化和地区生产力的合理配置，支持集约型发展，限制粗放型发展。

（四）产业结构调整

产业结构调整的方向是：继续加强农业、水利、能源、交通、通信等基础产业；着力培育发展五大支柱产业，即以汽车、摩托车、程控交换机、彩色显示产品为主体的机械电子工业，以石油化工、医药化工、煤化工为主体的化学工业，以农副产品加工为主的食品工业，以高附加值和出口创汇产品为主的轻纺工业，以建筑业为龙头的建筑建材业；积极发展第三产业。

按照"扶优、扶强"的原则，加大对传统产业的技术改造和技术引进的力度，开发名牌产品，加速产品升级换代。

积极推进高新技术产业化，大力发展新兴产业，重点在电子信息技术、机电一体化、新材料、生物工程和新能源等领域，形成新的优势产业，培育跨世纪产业发展的生长点。

促进企业组织结构的优化组合，培育一批以资产为纽带，集科技、生产、贸易、金融为一体，跨地区、跨行业的企业集团，形成河南现代化工业的骨干。

（五）经济布局

按照社会主义市场经济规律和经济的内在联系，在现有经济布局的基础上，以中心城市和交通干线为依托，逐步优化和拓展生产力布局。

——抓紧抓好郑州商贸城建设，使其逐步成为有较强吸引力和辐射力的经济中心城市，在全省发挥龙头作用。

——加快以郑州为中心的中原城市群的发展步伐，统一规划协调重大基础设施建设、产业布局、城镇体系建设和生态环境规划，加强经济技术协作和分工，逐步成为亚欧大陆桥上的一个经济密集区，在全省经济振兴中发挥辐射带动作用。

——依托交通主干线，改造和建设一批对增强河南经济实力有重大影响的工业基地，催生一批小城镇，发展提高大中城市，建设高新技术相对密集的产业带。重点搞好洛阳、郑州等老工业基地的改造和发展，加快洛阳、濮阳、南阳石化基地，焦作、平顶山、三门峡能源和重化工基地，开封精细化工基地，以及安阳、新乡、鹤壁电子工业基地建设，在全省经济振兴中发挥骨干作用。

——抓住京九铁路全线开通的机遇，加快以商丘及潢川、台前为重点的沿线市、县的开放开发，建设农副产品生产加工基地和永城能源基地，推动豫东和豫东南地区经济的发展。

——抓好黄淮海平原、南阳盆地、豫西山区、豫南山区四大农区的综合开发。黄淮海平原和南阳盆地重点发展粮棉油商品生产和农副产品加工业，提高农业集约化和产业化水平。豫西山区和豫南山区以发展林果业、畜牧业为重点，搞好旱地农业及矿产资源的开发，加快发展步伐。

——重视和支持老区、贫困地区的经济发展，努力改善水利、能源、交通、通信等基础设施条件，加快资源开发，尽快脱贫致富奔小康。

经济体制改革

1995年，在省委、省政府的领导下，我省体改工作紧紧围绕着建立社会主义市场经济体制的总目标，重点推进以建立现代企业制度为目标的国有企业改革，配套推进社会保障制度，培育和完善市场体系，继续深化农村改革，抓好各类改革试点，促进了国民经济的持续、快速、健康地发展。

一、以国有企业改革为重点，企业改革继续向深层次推进

围绕企业改革这个中心环节，抓好大企业，放活小企业，加快企业经营机制的转换，积极探索多种资产经营形式，企业改革取得了新的进展。

（一）现代企业制度试点工作全面展开。省政府建立了由16个省直有关部门参加的省现代企业制度试点联席办公会议制度，多次召开联席办公会议，分析情况，研究对策，协调有关政策，加强组织领导。研究制订了《河南省现代企业制度试点方案》、《河南省百户现代企业制度试点企业组织实施意见》等文件，目前，这些企业基本上都拿出了《实施方案》和有关配套文件，正在组织论证。其中国家试点的安阳钢铁集团有限责任公司、嵩岳集团有限责任公司的试点方案已经国家体改委、省政府联合论证，并批准实施。

（二）股份制试点继续深入发展。我省狠抓股份制的规范、完善工作。针对股份制企业存在的一些不规范问题，下发了《关于有限责任公司和股份有限公司依照〈公司法〉进行规范的通知》，对股份制的规范工作提出了具体要求。转发了国家体改委、国资局《关于做好原有股份有限公司规范工作的通知》，有力地促进了我省股份制试点健康地发展。截止1595年底，全省股份制试点企业已发展到4034家，比上年新增加了1959家，其中有限责任公司3787家，股份有限公司247家，股本金总额167.36亿元。1995年9月20日，洛玻继H股发行上市之后，又成功地发行了A股股票5000万股，募集资金2.5亿元，是全国当年上市额度的第一家。周口味精厂发行B股的额度已经深圳证券所批准，目前正在积极做好发行和上市的准备工作。洛阳春都集团发行B股的申请，已上报国家有关部委待批。郑州百文、焦作碱业、孟县电力等股份制企业，被国家体改委重新确认为继续进行规范化股份制试点企业。安钢按照《公司法》的要求已完成改制，于12月28日正式挂牌。国有企业实行股份制改造后，增强了企业活力，经济效益明显提高。安钢、洛玻、神马等公司已成为我省的行业“排头兵”和利税大户，实现了国有资产的保值增值。

（三）积极探索多种资产经营形式，加快企业组织结构调整。研究制订了《河南省国有独资公司试点办法》，并在嵩岳集团进行了试点。各地加大了推进国有小型企业改革的力度。分别采取了兼并、承包、租赁、出售、拍卖、嫁接、股份合作制、一厂多制、破产等多种资产经营形式，探索搞活国有小企业的路子。1995年，全省被兼并企业84户，其中国有企业被兼并46户；破产企业39户，其中国有企业破产20户；拍卖企业10户，其中国有企业拍卖5户；国有民营企业10户。通过推进一系列改革措施，使国有中小企业焕发了生机，为全省放开搞活小型国有企业提供了经验。

（四）城镇集体企业改革继续深化。我省城镇集体企业改革的重点是完善和发展股份合作制，这一作法对城镇集体经济的快速健康发展起了很大的推动作用。目前，全省城镇集体企业实行股份合作制的已达1900多户，其中新增加700多户。省重点扶持的100户重点企业，产值达亿元的由原来的1户发展到9户，达5000万元以上的达30户，对全省城镇集体经济的发展起到了“龙头”作用。

（五）证券市场管理得到加强。着重加强了证券市场的宏观管理、理顺和完善证券市场管理体制的工作。制订了关于加强我省证券市场管理的意见，完善了河南证券交易中心的功能，拓宽了业务范围。加

强了对从事证券业务的中介机构的监管和指导。目前，全省会计师事务所、审计师事务所、资产评估事务所、律师事务所已达803家。其中，经国家批准具有从事上市证券业务的评估、审计、律师事务所已有7家。同时进一步沟通了国内外证券机构与企业的联系，促进了相互学习和交流。

二、以养老、失业保险为主的社会保障改革的力度进一步加大

（一）积极推进养老、失业保险制度改革。 我省养老保险制度改革，按照建立社会主义市场经济体制的要求，初步建立起适用城镇各类职工和个体劳动者、资金来源多渠道、保险方式多层次、社会统筹与个人帐户相结合、权力与义务相对应、管理服务社会化的养老保险体系，重点研究制定了社会统筹和个人帐户相结合的养老保险制度改革方案，并在洛阳、开封、新乡、安阳4个城市进行了试点，取得了初步成效。目前，全省已有2.5万多家企业、460多万名职工参加了基本养老保险。700多家企业为30多万名职工办理了企业补充养老保险。”近千家企业的20万名职工参加了社会保障机构举办的个人储蓄性养老保险。为了促使失业保险走上法制化轨道，我省1995年研究制定了《河南省失业保险条例》，省政府已原则通过，待进一步修改后报省人大立法。还研究制定了河南省实施“再就业工程”的意见，待省政府批准后，即可在全省实施。目前，全省参加失业保险的企业2.5万多家，职工240多万人。截止去年11月底，共有29.6万人领取失业救济金，通过各种渠道安置失业职工26.9万人。

（二）全面推进住房、土地制度改革。 省政府下发了《发于贯彻国务院深化城镇住房制度改革决定的通知》，各市地全面推行了住房制度改革。全省17个市地房改方案全部审批完毕并出台实施。还先后建立起住房公积金，租金改革力度加大。目前，全省平均租金水平已调整到每平方米使用面积0.5元。公有住房出售稳步推进。1995年初，省政府召开了全省土地使用制度改革工作会议，各市地积极推进土地使用制度改革。全年国有土地使用权有偿出让比例为40%，收取出让金5亿元以上。清理整顿地产市场工作取得了新的进展。土地“五统一”管理工作进一步加强。

三、继续深化流通体制改革，市场体系建设步伐加快

（一）深化流通企业改革，大力发展连锁经营。 商业企业重点研究解决了批发企业的机制转换，通过批零结合、发展连锁经营形式，初步探索出适应市场经济的新路子。截止目前，全省商贸系统已有34个企业试办连锁店332个。重点总结推广了亚细亚集团公司、郑百文股份有限公司的经验。粮、棉、油商品流通体制改革继续深入。出台了《河南省关于深化粮食流通体制改革实行两条线运行的实施意见》，将粮食的政策性经营和商业性经营业务分开，建立起有利于稳定粮食购销和实施宏观调控的新型企业制度。棉花流通体制改革开始起步。省政府决定在睢县建立棉花生产基地试点，该县与洛阳环球公司联姻，产销直接挂钩。

（二）商品市场建设步伐明显加快。 根据省委、省政府把郑州建成商贸城的战略部署，按照结构合理、比例协调的原则，省定的25个大市场目前全部建成投入运营。同时，对正常运转的一大批市场进行了清理整顿，合理疏导，使其逐步形成多元化、多层次、多类型、结构合理、比例协调的市场建设新格局。在搞好郑州商贸城建设的同时，认真抓了全省商品市场建设。商品市场在数量、规模、内涵上都有了很大提高，有效地避免了重复建设和盲目发展，使市场结构、布局更加合理。目前，我省市场总数已达5327个。

强化了对期货市场的监管，我省对期货市场的管理重点放在强化期货市场的规范化运作上，进一步加强监管力度，从而促进了我省期货市场的健康发展。对盲目发展的期货经纪公司进行了认真地清理整顿，对期货经纪公司分支机构和非经纪公司会员进行了审查，及时调查处理了期货纠纷案件，维护了我省期货市场的正常秩序。郑州建材交易所与郑州商品交易所的并入工作进展顺利。积极帮助郑州商品交易所进行会员制改造。

四、不断深化和完善宏观管理体制改革

在财税制度改革方面，巩固和完善新财税制度。我省坚持以法治税，严格征管，妥善处理了新老税制磨合过程中出现的矛盾和问题，制定了新税制与承包制衔接的政策、措施，保证了政策的连续性和财政收入的稳定增长。完善了省对市（地）的财政体制。按照“存量不动，增量微调、平衡过渡、减少震动”的原则，调整了财力增量部分，增加了市（地）县财力，核定了省对市（地）税收返还基数，照顾了各方面的利益，形成了新的财政激励机制，促进了我省经济的发展。在投资体制改革方面，结合我省实际情

况，制定了《河南省固定资产投资体制改革实施意见》，俟《国务院投资体制改革的决定》出台后随之出台实施。在金融体制改革方面，《河南省一九九五年金融体制改革实施要点》，已下发全省执行。《建设郑州金融中心方案》已由省政府批转下发。郑州城市合作银行，已被人民银行总行正式批准为全国第二批城市合作银行试点。在国有资产管理体制改革方面，我省就如何建立有效的国有资产管理体系，实现权责统一，提出了一些改革办法，并初步确定在一些市地进行试点。同时，认真贯彻落实《国有企业财产监督管理条例》，制定了我省的实施办法，以加强对国有资产的监督管理，建立国有资产经营责任制和保值增值考核体系，积极探索国有资产管理和经营的合理形式与途径。

五、农村改革进入新的阶段

（一）全省18个特别试点县（市）改革向纵深发展。 在重点总结了试点县属企业改革、实施开放带动、财源建设和富民工程等方面的经验的基础上，省委、省政府召开了18个试点县（市）工作座谈会。1995年全省18个试点县（市）的国民经济持续、快速、健康发展，继续保持处于全省县（市）的“排头兵”地位。

在全省选择了53个强镇、20个省际沿边镇进行小城镇改革、发展、建设综合试点。部门共同联合下发了《在全省选择若干镇（乡）进行改革、发展、建设综合试点的意见》。目前，小城镇综合试点工作进入了实施阶段。百村综合改革试点已开始运作。各市地非常重视试点镇和试点村的工作。南阳、平顶山、濮阳等部分地市也选择了一些地市级试点，并以地（市）行署、政府文件下发试点实施方案。

（二）认真总结“公司加农户”为主要形式的一体化经营组织的经验。 组织地市体改部门，重点总结了南阳、焦作、信阳3地市“一体化”发展的经验，并向全省作了宣传、推广，促进了“一体化”经营服务组织的发展。

六、综合配套改革试点工作取得新进展。

根据全国体改会议精神，我省研究制定了《河南省一九九五年经济体制改革要点》，重点抓了郑州、漯河市、商丘地区综合配套改革试点，制订了综合配套改革方案。目前，郑州、漯河市的综合配套改革方案，省委、省政府已于1995年年初批准实施，商丘地区的综合配套改革方案，已上报省委、省政府审批，3个市地还制定了专项改革实施。城区综合改革试点工作取得新进展。在全省41个城区中选择8个综合改革试点城区，3个综合改革联系试点城区，并制定了实施方案，已经省政府批准实施。

附录

河南省人民政府批转省计委、科委关于进一步建立和完善开发区管理体制和运行机制有关问题的意见

近几年，我省开发区发展较快，继国务院批准设立郑州、洛阳高新技术产业开发区之后，省政府批准设立了一批经济技术开发区和高新技术产业开发区。在省和有关市、地党委、政府的关心、支持下，各开发区都能够健康发展、正常运转。但也存在一些亟待解决的困难和问题。为使国家级和省级高新技术产业开发区和经济技术开发区（以下统称开发区）尽快建立新型管理体制和高效运行机制，加快开发区的建设，促进全省高技术产业的发展，带动全省国民经济迈上新台阶，根据国家有关规定和我省实际情况，提出以下意见：

一、开发区是实施“科教兴豫”和“开放带动战略”的显示工程，是培育和发展高新技术产业的基础，是加快我省经济发展的新的生长点，是深化改革和对外开放的试验区和窗口。现阶段开发区发展的主要任务是：

（一）发展高新技术产业，推动高新技术成果的商品化、产业化、国际化；

（二）引进技术、资金、人才和先进管理方式，发展外向型经济；

（三）利用高新技术改造传统产业，促进全省支柱产业的发展；

（四）促进企业与高等院校、科研院所相结合，推进科技经济一体化；

（五）率先建立与国际市场接轨、与社会主义市场经济体制相适应的新型管理体制和高效运行机制。

二、省科委、计委分别对高新技术产业开发区、经济技术开发区进行归口管理，并按照国家和省有关法规、政策规定，分别对开发区进行业务指导。省对管理不善的开发区将给予批评，限期整顿，经整顿仍无明显变化的，终止其所享受的优惠政策，直至取消其省级开发区资格或报请国务院取消其国家级开发区资格。

三、开发区管理委员会（以下简称管委会）是所在市人民政府、地区行政公署的派出机构，是开发区的日常管理机构，行使市地级综合经济管理权限，对开发区实行统一领导和管理。其主要职责是：

（一）编制开发区的发展规划和计划，组织实施经批准的开发区总体规划和计划，对开发区建设的土地进行统一管理，并统一规划、组织管理开发区各项基础设施和公共设施；

（二）审批、审核开发区集中新建区内的各类投资项目；

（三）管理开发区涉外事务及有关的进出口行政事务；

（四）负责开发区土地开发管理和土地使用权的有偿转让；

（五）对开发区的企业进行指导，在省计委、科委指导监督下，具体办理企业认定初审、申报事宜；

（六）依法管理开发区财政、税收、规划、环保、海关、商检、劳动人事和工商行政等有关事务；

（七）兴办开发区各项公益事业；

（八）组织开发区内的改革；

（九）负责开发区各项经济技术指标的统计和申报；

（十）行使所在市人民政府、地区行政公署授予的其他职权。

四、管委会要按下述原则，建立新型管理体制：

（一）管委会要本着精简、高效、多能的原则，根据实际需要设立精干的办事机构。

（二）管委会公务人员实行公开考试，择优录用，竞争上岗。要引入竞争、监督、激励机制，建立必要的考核、奖惩、升降、辞职、辞退等制度；

（三）政府职能部门一般不得在开发区设立派驻机构。必须派驻的须经开发区所在市人民政府、地区行政公署批准，其派驻机构受管委会和派出单位的双重领导。派驻机构负责人的任免须征得管委会党委（党组）同意；

金融、保险、邮电、电力、商检、海关等单位，

可以根据开发区的需要和有关规定，在开发区设立分支机构或代理机构，办理有关业务。

（四）管委会办事机构和各派驻机构，应按精简、高效的原则，规范和简化办事程序，提高办事效率。

五、管委会享有下列经济管理权限：

（一）计划管理方面

1. 涉及现行投资、信贷、用电、用地等计划管理时，国家级开发区由省政府实行单列，省级开发区由所在市人民政府、地区行政公署实行单列，直接切块下达。在省、市地切块下达的范围内，由开发区直接审批，省、市地有关部门认可。凡超出市地级经济管理权限的，由管委会直接向省有关部门申报，并报市地有关部门备案。

2. 凡符合国家产业政策，总投资在3000万元以下的基本建设项目和技术改造项目（其中能源、交通、原材料项目在5000万元以下）由管委会审批（即项目的立项、设计、开工报告审批，投资许可证发放和环境保护有关条件的审批等。）其中需申请国家和省级银行贷款的项目，由管委会直接报省有关部门审批，报市地有关部门备案。

3. 凡符合国家产业政策，能自行平衡资金、外汇收支、原材料，产品不涉及出口许可证、配额管理，总投资在1000万元以下的三资企业项目的立项和可行性报告，由管委会审批，并报省、市地有关部门备案。

4. 凡进入开发区的企业都要实行项目法人责任制。符合条件的项目法人可以跨地区向各商业银行和非银行金融机构融通资金。项目法人为有限责任公司或股份有限公司的，允许其按有限责任公司或股份有限公司规定筹集项目投资。

（二）金融管理方面

1. 人民银行和各专业银行在开发区设立的分支机构，在开发区内享有与派出银行相同的业务管理权限，具体负责办理开发区相关业务。

2. 国有商业银行自行安排到开发区的技术改造贷款余额、基本建设贷款余额、科技开发贷款回收再贷部分，属省，市地下达的部分对开发区实行收贷挂钩，多收多贷，留给开发区周转使用。

3. 开发区内国有商业银行在开发区内、外增设营业所等基层营业网点报省人民银行优先审批。开发区根据需要，按照国家有关政策可建立高新技术产业风险投资基金。允许开发区企业组织“贷款担保基金会”，在企业法人授权范围内，承担开发区的企业向银行贷款的担保。

（三）财税管理方面

1. 开发区设立一级财政。开发区财政机构负责开发区的财政管理、国资管理、企业财务管理和财务监督管理等职能。

2. 凡在开发区注册的企业，税务征管事项由开发区税务机构统一管理。开发区内税收收入以1993年为基数，2000年以前，超收部分，除上缴中央和省已定的部分外，全部留给开发区财政统筹安排，用于开发区建设，上级财政不得集中。

3. 经国务院批准的高新技术产业开发区内的高技术企业减按15%的税率征收所得税。新办的高新技术企业，自投产之日起免征所得税两年，两年后按15%征收所得税。

经省政府批准的开发区内的地方高新技术企业，其所得税由开发区税务机构按33%的税率先征，财政返回，使其实际税负仍为15%。新办的高新技术企业，自投产之日起两年内税务机构按法定税率计征所得税，财政全部返还。

4. 开发区内新办的独立核算的从事咨询业（包括科技咨询、法律咨询、会计咨询、审计咨询、税务资询等）、信息业、技术服务业的企业或经营单位，自开业之日起，免征所得税两年。

5. 高等院校在开发区设立的独资独营高新技术企业，符合财政部、国家税务总局财税字（94）001号文件规定的，暂免征所得税。

6. 高等院校、科研单位服务于区内各业技术成果转让、技术培训、技术服务、技术咨询、技术承包所得的技术性服务收入暂免征所得税。

7. 凡经省认定的科技企业和高新技术企业，执行财政部〔1993〕财会字第22号文件规定的新的行业会计制度，设立相应会计科目，并按销售净收入1%的标准提取科技开发风险准备金，报财税部门备案。

（四）外经外贸方面

1. 凡符合国家产业政策、建设生产经营条件，外汇收支不需要国家、省平衡的，产品不涉及出口许可证、配额管理，总投资在1000万美元以下的三资企业的合同、章程委托管委会代省审批，报省、市地有关部门备案。批准证书由外经贸部门统一编号，由管委会发放。省外经贸部门负责开发区有关业务人员的培训。

港、澳、台同胞和海外侨胞投资的企业，参照上述三资企业的办法执行。

2. 省有关部门要积极支持开发区符合条件的企业申报外贸进出口经营权。

3. 开发区可在国家政策允许范围内，按照有关规定，通过转让资源（如土地使用权等）方式吸收外资。允许开发区按照国家的有关规定，在国家下达的计划指标内向国（境）外融通商业贷款。省优先安排贷款规模。

（五）工商管理方面

1. 开发区内各类企业的工商登记注册，由开发区工商行政管理机构按规定权限负责办理或协助办理。

2. 开发区内组建不冠以中国、河南名称的集团有限责任公司、集团股份有限公司（经查询不重名的），由企业向开发区工商行政管理机构办理注册登记手续。

（六）城建规划管理方面

1. 开发区建设是开发区所在城市建设的一部分，相应的公共设施，如供水、供电、电信、通讯等费用均按市区标准收费。

2. 经省、市地批准的开发区总体规划和详细规划，由管委会负责组织实施，开发区的项目建设，由管委会统一管理。

3. 开发区规划范围内的乡（镇）、村，如在总体规划区内兴建项目和房屋，必须符合开发区规划要求并经管委会审查同意。

4. 开发区城建档案资料由管委会负责管理，并纳入所在城建档案统一管理。

（七）机构编制和劳动人事管理方面

1. 管委会负责开发区企事业单位的劳动人事综合管理。

2. 在上级核定的人员编制和机构限额内，管委会内部机构设置和人员调整由管委会自行确定。

3. 除市地管干部外，区内其他人员因公出国，由管委会党委（党组）进行政审。

4. 鼓励开发区从实际出发，采取多种办法吸引人才，奖励先进。允许开发区对做出特殊贡献的人员给以特别奖励。

（八）建立现代企业制度方面

1. 开发区内企业要加强内部管理，提高技术创新能力，适应市场经济要求，建立产权清晰、权责明确、政企分开、管理科学的现代企业制度。

2. 开发区各类企业进行股份制改造时，企业的清产核资、产权界定、资产评估等除按规定需报有关部门批准外由管委会在国家有关政策法规指导下，本着有利于资产流动、重组、增值和企业转换经营机制的原则，妥善处理。

3. 开发区国有资产产权变动，除按规定需报国家有关部门批准外，由开发区自行决定产权转移方式，并按管理权限报上级部门备案。

4. 鼓励开发区企业跨行业、跨地区兼并、收买、联合兴办集团有限责任公司或集团股份有限公司，实现生产要素合理流动。

5. 开发区企业改组为股份有限公司时，由管委会国有资产管理部门界定原有企业净资产产权。对产权一时难以界定的资产，可暂用法人股的形式投入公司，并予以管理。

6. 开发区的股份制企业，高新技术成果作价出资的金额最多可以占到公司注册资本的30%。

六、省、市地政府各职能部门要改进工作作风，简化办事程序，提高办事效率，并按照本部门的工作渠道，对开发区管理权限和管理效能明确予以确认。开发区需要政府职能部门解决的问题，政府职能部门应采取联合办公、分部门办理的形式按照特事特办的原则从速办理。

开发区所在市人民政府、地区行政公署要加强对开发区的领导，及时协调解决开发区建设中的重大问题；要把开发区建设和市地直部门支持开发区建设的工作一并纳入责任目标管理，做为“科教兴豫”的重要内容；要选派具有开拓精神、具有协调市地直部门工作能力的干部担任管委会的主要职务。未经省政府或开发区所在市人民政府、地区行政公署批准，各级行政职能部门不得随意到开发区检查工作和干预开发区的管理事务。

专题介绍

郑州市商贸城的建设与发展规划

1992年4月省政府第十次常务会议明确提出了要把郑州建成辐射中原乃至全国的商贸中心城市，正式确立了以贸促工，以流通促发展的战略，以郑州的振兴带动全省经济的腾飞。几年来，全市上下围绕把郑州建设成为我国中部地区商贸中心城市的目标，在理论和实践两个方面进行了积极的探索，大力培育和发展各类商贸设施，完善消费资料市场，扩大生产资料市场，大力发展生产要素市场，使郑州商贸城建设进入了一个全新的发展阶段，为到本世纪末把郑州建设成为我国中部地区商贸中心城市奠定了坚实的基础。

一、郑州商贸城建设情况

1995年末，全市商业饮食服务业网点7.4万个，从业人员25万人，其中年营业额超亿元的大型零售商场8个，有4家进入全国百强行列。全市有各类商品市场411个，其中，商品批发市场102个，年营业额在亿元以上的26个。另外还有集摊群103个。1995年全市社会消费品零售总额163.6亿元，比上年增长28.7%。国内商品购进总额354.8亿元，增长31.3%；商品销售总额396.1亿元，增长36.5%。全市商品批发市场交易额约12456亿元，其中，期货交易额11956亿元，现货交易额500亿元。市场物价涨幅逐月回落，总水平在全国35个大中城市中居下游，1995年商品零售价格总水平上涨10.4%，城市居民消费价格总水平上涨14.5%，实现了国家把物价涨幅控制在15%以内的调控目标。

“八五”期间，新建、改建、扩建的大型商贸设施有92个，总建筑面积486.8万平方米，计划总投资126.9亿元。到1995年末，完工项目32个，建筑面积64.6万平方米，完成投资11.3亿元；在建项目39个，建筑面积224.9万平方米，计划总投资64.4亿元，已完成投资约21亿元；正在做前期准备的项目21个，建筑面积197.3万平方米，计划总投资51.2亿元。

1. 批发市场建设。随着我国经济体制改革的不断深入和社会主义市场经济的快速发展，我市批发市场建设发展迅猛。“八五”期间，全市新建各类商品批发市场93个，建筑面积95万平方米，总投资8亿元。主要有：中国郑州商品交易所、中国郑州建筑材料批发市场、中国郑州农机交易市场、中国郑州农副产品批发市场、中国郑州农业生产资料批发市场、中原机电产品交易市场、郑州煤炭交易市场、中原贸易中心、郑州中药城、郑州纺织大世界、郑州华中副食品批发市场、郑州敦睦路服装批发市场、郑州工业品批发市场等。这些市场的建成开业使我市商品批发市场的总数达到102个，建筑面积近100万平方米，总投资8.4亿元。形成了以全国性批发市场为龙头，区域性批发市场为骨干，地方性批发市场为基础的不同层次、不同类别的商品批发市场体系。在102个市场中，农副产品市场21个，占20.6%；工业消费品市场45个，占44.1%；生产资料市场36个，占35.3%。全国性批发市场近20个，区域性批发市场30多个，地方性批发市场50多个。郑州商品交易所是国务院确定的我国第一家期货市场试点单位，1993年5月在全国首先推出规范的期货交易，与中国郑州粮食批发市场实行一套机构，两块牌子，期货、现货两种机制同时运行。1995年6月，该所被世界期权（期货）市场协会正式接纳为该协会会员，成为目前我国参加该国际组织的唯一交易所。郑州粮食批发市场300多个会员单位遍布全国20多个省市区。1995年，该所的期货交易额11956亿元，现货交易额40.85亿元。郑州农机交易市场是全国第一家，市场内交易和全国农机展销会的交易总量占全国的四分之一。交易手段全国领先的郑州煤炭交易市场是全国五大煤炭市场之一。郑州纺织大世界、郑州华中副食品批发市场、关虎屯蔬菜批发市场、郑州工业品批发市场、郑州鞋城、郑州敦睦路服装批发市场的购销客户都涉及全国大部分省市区，成为郑州辐射全国的骨干市场。

2. 零售市场建设。依托“七五”打下的良好基础，对市区三级零售商业网络进一步完善提高，上规模、上档次。新建花园商厦，建筑面积2.93万平方米，投资1.42亿元；百货大楼扩建工程，建筑面积4.14万平方米，投资1.89亿元；紫荆山百货大楼配套工程，建筑面积1.67万平方米，投资1.32亿元；华联商厦、商业大厦等大型零售商场进行了新一轮的装修，使我市大型零售商场的规模和档次进一步提高。有20条街道的同类网点相集聚形成特色一条街。1993年以来，市区各主要街道两旁扒墙开店建商业门店，形成了全城皆商的气氛。市区集贸市场不断发展和完善，在城市居民生活中发挥着越来越大的作用，市区已形成以二七塔、碧沙岗、花园路为中心的3个一级市场为龙头，以十几个相对集中的区域性二级市场和同类门店集聚形成的数十条特色一条街为骨干，以遍布全市的集贸市场和居住区的便民小店形成的三级商业群为基础的零售商业服务网络。

3. 积极稳定地发展商业连锁经营。以提高企业经营规模为目标，以便民连锁超市为主要形式的各类连锁企业，截止1995年底已发展到15家，开办连锁店、连锁超市126个，总营业面积23万平方米，总投资额约1亿元，年销售额约10亿元。亚细亚集团在国内9个城市开办了10个连锁店，连锁营业总面积10万平方米。市粮食局在市内成立了良友和阿波罗连锁公司，连锁门店达66个。市饮食公司以老字号“老三记”风味名店为龙头，成立了3个风味名吃连锁公司，经营门店13个。华侨友谊总公司开办连锁门店18个，遍布市内各个角落。河南思达商业有限公司在市内建立了8个连锁超市。拥有28亿元资产的香港金田跨国集团在黄河路兴办了中原第一家金田超市。

郑州商贸设施的发展和完善，吸引了全国不同类别的会议经常在郑召开。有较强吸引力、辐射力的全国性、区域性商品展销订货会每年在郑举办数十次。近几年，郑州先后举办了全国钢材、建材、糖酒、医药、汽车配件、农机等上百次商品交易会。规模最大的全国糖酒商品交易会、已在郑举办7次，参会人员从3万人发展到10万人，成交额从数亿元到突破百亿元；医疗器材交易会、汽车配件交易会、农机订货会等成交额也都突破百亿元。继上海、天津商品交易会之后，郑州商品交易会是国内贸易部批准的第三个全国性商品交易会。该交易会由国内贸易部与河南省人民政府共同主办，郑州市政府承办，1995年初战告捷，与会客商3万余人，成交额52.52亿元，超过了上海、天津的首届交易额，充分展示了郑州办会的水平与能力。今年将举办’96郑州商品交易会，筹备工作正在进行，欢迎各地参会参展。

4. 生产要素市场迅速发展。金融市场方面，1995年末全市各类金融机构2193个，其中市级分行14个，支行70个，办事处81个，分理处616个，储蓄所810个，城市信用社62个。证券交易机构17个。随着金融业的发展，我市资金拆借市场、证券市场、外汇调剂市场、票据贴现市场也日益活跃。1995年融通资金114亿元，证券交易额100亿元，外汇调剂额3.5亿美元。广东发展银行挺进中原，郑州城市合作银行已挂牌营业，全市金融机构电子化装配率达到80%。科技市场注重与经济结缘，开办了技术转让、技术入股、技术服务等有形市场以及技术引进、合作、培训等无形市场。1995年末，全市拥有技术贸易机构3063家，签订技术合同成交项目达4696项，技术贸易成交额2.92亿元。本市连续三届荣获全国市场工作“金桥奖”，连续8年荣获河南省技术市场“黄河杯”奖，跨进了全国技术市场先进行列。河南科技市场是我国中部地区的科技中心。人才市场方面，全市拥有人才中介机构51家，全年组织人才流动1.4万人次。中国中原毕业生人才市场是国家人事部与河南省人民政府联合组建的我国第一个专业性毕业生人才市场。市场内中原人才大厦投资1000多万元，建筑面积5000多平方米。劳务市场，出现了劳务及搬家公司、钟点工服务合作社和运输市场等劳务组织。全市共建各类劳务市场管理机构26个，每年安置待业人员2万多人，引进外省、市劳动力8万多人，劳务输出5万多人。房地产市场方面，全市已有房地产开发公司305家。信息市场初具规模，我市已加入全国可视图文公共信息网，与全国20多个大中城市实施信息联网，拥有用房查询终端2000多个。全市各类信息服务机构达700多家，郑州信息市场已与全国56个省会及中心城市组建协作网络。产权交易市场运营几年来，已为85对企业办理了兼并或产权转让手续，盘活存量资产3.23亿元，转让土地使用权3385亩，安置职工1.4万人。

5. 市场中介组织陆续形成。郑州已拥一批会计师事务所、审计师事务所、律师事务所、公证事务所、经纪公司、资产评估、典当、拍卖等市场中介组织，中介服务范围已从最初的商品市场扩展到某些要素市场，在一定程度上促进了市场的发展。

总之，“八五”期间，郑州商贸城建设在“七五”取得较好成绩的基础上，又上了一个新的台阶，期货市场从无到有，批发市场发展迅猛，零售市场进一步完善提高，形成了商建促商战、商战促商建的发展势头，使郑州中心城市的吸引、辐射功能进一步增强，初步成为我国中部地区商品交易最集中、最活跃的城市。

二、郑州商贸城规划情况

改革开放以来，随着计划经济体制的逐步打破，社会主义市场经济体制的逐步确立，极大地解放和发展了社会生产力，把经济发展推到了一个崭新的阶段。在新的形势下如何实现郑州经济的快速发展，河南省、郑州市的领导决策者和经济专家学者们经过对郑州在全国的地位及郑州发展优势的分析，提出了把依靠“两通”(即交通和流通)，大力发展商贸及第三产业，建设郑州商贸城，作为带动郑州经济振兴的突破口的战略设想。

1992年，根据省委、省政府领导的指示精神，省市有关部门联合成立了郑州商贸城建设课题组，经过多方面的调查和认真分析，编写了《关于把郑州建成全国性商贸中心的总体思路》和《关于加快郑州贸易城建设的若干建议》的调查报告。对建设郑州商贸城的紧迫性、必要性和可能性进行了深入研究，并提出了建设郑州商贸城的规划设想、发展目标及配套政策措施。在向省政府第十次常务会议汇报后，省政府对调研成果给予了充分肯定，并正式确立了把郑州建设为辐射中原乃至全国的商贸中心城市，以贸促工，以流通促发展的战略。

为进一步理清郑州商贸城建设的发展思路，促进郑州商贸城建设，1994年3月，市政府召开了“加快把郑州建成中部地区商贸、金融中心座谈会”，邀请了国家、省、市有关领导和专家学者对建设郑州商贸城进行了充分的研究与论证。进一步统一了思想，形成了共识，明确了目标，理清了思路，对我市商贸城建设具有重要的指导作用。

为加强对郑州商贸城建设的规划、建设和管理，1994年5月，市政府以郑政62号文下发了《关于成立郑州市商贸城建设协调领导小组的通知》，成立了郑州市商贸城建设协调领导小组，下设办公室负责日常工作，明确领导小组的职责是：负责郑州市商贸城建设总体规划的制定及组织实施；依照有关法律法规对市场实施管理，制定市场运行规则和政策措施，建立完善的组织保障体系，并及时对市场进行宏观调控，检查监督，保护公平竞争，打破地区、部门封锁和垄断；各类市场及商业设施建设项目的立项、规划、用地，商业网点拆迁安置及关、停、并、转需主管部门提出意见报领导小组综合研究后方可办理有关手续；市场及商业设施建设项目的建设进度情况应定期上报领导小组；金融部门对建设项目的投资应征求领导小组的意见；各类市场、商场应定期向领导小组报送经营、交易、效益等情况的报表。

为使郑州商贸城建设有序、快速、健康发展，1994年5月，市政府办公厅以郑政办32号文批转了市商管委《关于制定郑州商贸城建设规划的意见》，开始了郑州商贸城建设规划的制定工作。制定规划分现状调查与进行规划两个阶段。5月16日至6月5日，市商贸城建设协调领导小组办公室组织专门力量对市区（西到西环路、北到北环路、东到107国道、南到黄岗寺向东西直线延伸，及郑州高新技术开发区）120平方公里内的各级各类市场、商业网点、金融机构情况进行了全面调查。时间以1993年底为准。对市场依据国家工商行政管理局的分类标准和现有市场状况划分为5类：农副产品专业市场、工业品专业市场、消费品综合市场、生产资料市场和生产要素市场。对商业网点依据经营性质分为4类：商业、饮食业、服务业、仓储业。调查方法是：各级各类市场由市工商局负责，商业网点由市内各区按所辖区段负责，各类金融机构由市人民银行负责，商贸城建设办公室进行汇总。在调查基本情况的同时，还安排市直各部门和各区提出各级各类市场、商业网点、金融机构的规划发展意见。通过调查和征求规划意见工作，澄清了市区各级各类市场、商业网点、金融机构的现状、存在问题和规划意见情况，编制出了《郑州商贸城现状调查及规划设想资料汇编》，并起草了包括现状调查、规划思路、发展目标、规划布局的规划设想经领导小组研究同意后，送市规划院作为规划的一个重要脚本。从6月15日转入规划阶段，根据调查资料和郑州市总体规划，在分析现状、存在问题及综合各方面规划意见的基础上，参考借鉴外省市的先进经验和河南省情、郑州市情、周边省区经济发展情况及郑州在全国经济发展中的地位，研究制定了《郑州商贸城建设总体规划文件》（草案），分近期（2000年）和远期（2010）对郑州商贸城建设进行了全面规划，并绘制了规划图9张。随后，组织召开了多次不同层次的论证会，广泛邀请郑州市、河南省及国家有关部门领导和专家学者对规划方案进行了充分研讨和论证，并进行了多次修改完善。1994年11月，经郑州市十届人大六次常务会审议原则通过，1995年7月河南省人民政府以豫政文〔1995〕154号《关于郑州市商贸城建设总体规划的批复》正式批准。

建设郑州商贸城的基本思路是：深化改革、开放搞活，建立一个以市场机制为基础，具备先进的管理水平和完善的基础设施，城乡通开、内外贸结合，逐步形成适应社会主义市场经济要求的开放、畅通、高效、统一、可调控的流通体系；加快市场发育，健全市场体系，完善消费资料市场，扩大生产及产权交易等要素市场，构成一个各类市场相互配套、交相辉映、功能齐全的市场体系；建立健全市场法规、法则，规范交易行为，逐步确立以公开、平等、竞争、择优为特征的市场机制；坚持统一规划、合理布局，依靠社会力量，依靠政策引导，完善投资机制，以商贸为龙头，增强流通在国民经济中的市场导向功能，提高商贸对三次产业发展的牵动效应，促进资源和生产要素的合理配置，实现经济效益、社会效益和环境效益的高度统一，逐步把郑州建成我国中部地区的商贸、金融中心。

根据上述发展思路，建设郑州商贸城分三步走：第一步到本世纪末，把郑州建成我国中部地区商贸金融中心城市；第二步到2010年，把郑州建成全国性商贸金融中心城市；第三步到2030年前后，把郑州建成国际知名商埠。到本世纪末，郑州商贸城建设主要发展目标是：

——建设20个超万平方米，营业额超亿元的大型零售商场，其中6家的销售额进入全国50强，1家进入全国10强。

——社会消费品零售总额、批发总额及各种交易会成交总额达到或超过周边省会城市发展水平。

——建设1到2个规范化的有一定影响力的商品期货市场，期货交易额要超过周边省会城市的发展水平。

——建设20个大型专业批发市场，使其能够在中部地区真正发挥强吸引和远辐射作用，使几类有代表性的市场，跻进全国同行业批发市场前10名。

——以商贸为主体的第三产业增加值在国民生产总值中的比重高于周边省会城市的水平。

——把郑州建成我国中部地区金融中心，使国家的商业银行在郑州有较大的规模，全国各地方银行在郑建立分行，并能进入10到15家外资银行的分行或办事处。

——大力发展要素市场，逐步把郑州建成集商品、资金、技术、信息、产权交易、劳动力、旅游、服务为一体的功能齐全、相互配套的现代化市场体系。

规划遵循的原则是：①统一规划，合理布局，连片开发，滚动建设，搞好配套，协调发展；②改建、扩建、新建项目要侧重瞄准区外市场，扩展和开拓对外销售；③市场相对集中，形成规模，发挥市场的集聚效应；④重视投入产出效益，注重缓解市区交通矛盾和优化市容景观；⑤完善市场功能，提高市场档次，逐步向大容量、高效率、多功能、现代化的方向发展，增强中心城市的吸引力和辐射力。

按照郑州商贸城建设目标和规划原则，具体规划为：

1. 高起点营造商务中心区

规划在京广铁路以东、陇海路以北、107国道以西、金水大道以南17.2平方公里的区域内，作为第三产业集中发展区，建设一个现代化国际性的商务中心区。其功能以商贸、金融、信息、管理等商务办公业务为主，成为国内外大公司总部、企业集团、财团、银行商会等高级办事机构或分支机构的集聚地，并配置快速便捷的对外交通和区内交通体系，拥有高效的信息处理系统，成为一定区域经济空间的指挥中心和管理中心。

商务中心空间结构为“一轴三区”，即由一条东西向发展轴，串连三个各具特色的功能区，总用地3平方公里左右。

“一轴”CBD主轴，即商都大街（东西大街和郑汴路）

“三区”为：

(1) 以“五彩大世界”为主的商贸、金融区　规划总用地1平方公里，其中“五彩大世界”用地0.38平方公里，拥有众多的商业、饮食、服务、娱乐设施，批准待建、在建的商贸、金融等大型设施达40余项，即将形成商厦林立的现代化商业购物中心。

(2) 燕凤商务、金融区　规划范围在沈庄路以南、机场专用线以东、郑汴路以北、商贸路以西，用地1.5平方公里。熊耳河以南至郑汴路，结合已建的中原博览中心，将用地性质定为大型会议博览中心。熊耳河以北，围绕规划的中央绿地，布置金融、会议、管理、办公豪华宾馆、智能大楼等，形成国内外大公司总部、各种商会、企业集团、银行等办事机构为主体的商务核心区。

(3) 传统文化商业区　该区北接商都大街（东、西大街），南边商代古城，西接德化街“普乐园”，东连“商城博物苑”。规划以南大街为轴线，结合历史文化名城保护，布置数条历史文化风貌各异的商业步行街和几处民俗文化浓郁的“亚文化广场”，构成古色古香的传统文化商业区。

2. 市级商业购物中心规划布局（7个）

根据市区“分散组团式”规划布局，在CBD周围规划布局3个市级商业购物中心。在市区“边缘组团”内规划4个市级商业购物副中心和一个保税区商贸金融中心。

（1）花园路商业购物中心　以现有的紫荆山百货大楼、河南饭店、花园商厦为主，在金水河与黄河路之间的花园路段内，改造沿街商业用房和花园路集贸市场，与在建的金元商贸中心等项目共同构成。

（2）碧沙岗商业购物中心　以商业大厦和在建的天龙广场为基础，结合碧沙岗市场、新市场、中原集贸市场、友爱路批发市场和建设西路改造，以及碧沙岗商业城、豫州大厦、大会酒店等项目筹建，在建设西路（嵩山路至桐柏路之间）两侧兴建具有中原风貌的现代化商业中心。

（3）京广商业购物中心　位于火车头体育场至长途客运总站之间，结合淮河路市场改造（生产资料市场和汽车城等），利用13所空闲土地（临航海路部分），对老赵寨地区进行改造等办法规划建设。

（4）铁路西客站商业购物副中心　结合铁路第二客车站规划和医药城、高新技术开发区建设，在铁炉车站至郑上路之间规划建设。

（5）黄河旅游度假区商业购物副中心　依托“三所”（黄河迎宾馆），结合“豫港城”（娱乐）、超级商场、郑州汽车交易中心等筹建项目在107国道与郑花公路交汇处规划建设。

（6）圃田组团商业购物副中心　结合老机场搬迁改造规划建设。

（7）航空港商业购物副中心　结合孟庄工贸区公建中心规划建设。

保税区商贸金融中心，系保税区三大功能区之一，属“外向封闭型”，待航空港建成运营后，在孟庄东南规划建设。

3. 居住区级商业服务中心规划布局（18个）

在第三产业集中发展区外围，规划布局18个兼具区域功能（含专业批发市场和万平方米以上建筑面积的商业设施）的居住区级商业服务中心。

利用现有商业设施调整改造的中心有：任寨、寺坡、彩虹花园、三官庙、绿东村。在现有设施基础上，侧重新建的有：关虎屯、冉屯、西站路、二里岗、白庙、火车站西广场。以新建或新区开发为主的有：黄家庵、刘寨、郭庄、耿河、老南岗、广武、沟赵。

4. 大型批发市场集中区规划布局

在市区三环路（快速）和城市向外放射的公路主干线交汇点附近，规划布局7个大型现货批发市场集中区，为商品的大规模集散开拓新的发展空间。

批发市场集中区，应由专业批发市场区和小型仓储区、加工包装区三种功能区构成。

现有的批发交易市场要进行改造、完善，不符合城市规划要求的，应逐步迁入“集中区”。

（1）常寨批发市场区　位于107国道以西，东风渠与农业路之间，以农机、名优农副产品批发市场为主。

（2）郑州东站批发市场区　位于107国道以西，航海路与陇海铁路之间，以生产资料和工业品批发市场为主。

（3）兴隆铺批发市场区　位于南阳路北端东、西两侧，西侧以金属材料为主的生产资料批发市场区，东侧以林产品交易为主的农副产品批发交易市场区。

（4）宋庄批发市场区　位于郑上路与西环路交叉口的西南侧，以消费品综合批发市场为主。

（5）黄河公路桥南批发市场区　位于107国道以东、索须河以南，以郑州大米、白藕、黄河鲤鱼等土特产品为主的农副产品批发市场区。107国道西侧有大型汽车交易市场和超级商场。

（6）金海批发市场区　位于航海路以南，嵩山路以西，以糖酒为主的综合批发市场区。

（7）陇海小商品批发市场区　在陇海路以北，乔家门和熊耳河之间，结合豫丰商厦和旧城改造规划建设。位于火车站广场周围的小商品批发市场，要逐步迁入该区。

5. 建设20条特色商业街规划布局

（1）建设西路，具有中原风貌的商业大街。

（2）东、西大街，“传统文脉”与“国际商都”风貌交相辉映的“商都大街”。

（3）德化街，“二七”名胜商业街。

（4）紫荆山北路，商务办公、要素市场街。

（5）城南路，“商代风貌”文化街。

（6）大学路，科技市场及灯具街。

（7）建设东路，装饰材料街。

（8）桃源路，汽车、摩托车配件商业街。

（9）铭动路，水暖器材商业街。

（10）太康路，电子产品商业街。

（11）文化路，办公机具商业街。

（12）东风路，中原科技市场街。

（13）健康路，高档时装街。

（14）金水东路，饮食街。

（15）熊耳街，机动车配件市场街。

（16）华山北路，磨料、磨具街。

（17）华山南路，电缆市场街。

(18) 花园口北路，汽车配件市场街。

(19) 裕元里，地下商业街。

(20) 顺城街，风味小吃街。

6. “马路市场”退路进厅、进店规划

要作好“马路市场”搬迁布局规划，争取2000年全部退路进厅、进店。第一批迁建27条“马路市场”。

三、建设商贸城的政策与措施

1. 动员社会各方面力量共建商贸城。按照总体规划布局，坚持国有、集体、个体一齐上，各行各业一齐上，大中小一齐上，传统行业与新兴行业一齐上的方针，坚持市场建设谁投资、谁所有、谁受益的原则，采取多种形式建市场。①联合建市场。由商工、商农、商商联合建市场；②吸引外资建市场，包括吸引国外资金与国内资金，采用股份制的形式参股建市场；③统一规划、多方集资建市场，市场结构、规模设计定型后，把市场分出若干单元，按照总体规划要求由多家共同兴建；④腾地换业建市场，对一些经营不善，产品无销路的工业企业，采取转行转业，腾出地盘建市场，实现省委提出的“退二进三”的要求。

2. 广开财路、引进外资、搞活内资。一是争取银行贷款规模。银行要加大对第三产业尤其是市场建设的投入比重，争取国家和省支持，增加商贸城建设信贷规模及国外政府和国际金融组织的贷款。二是招商引资。利用郑州交通发达，地理位置优越的有利条件，通过招商引资的办法吸引省内外客商来郑投资开发。三是充分利用外资。在统一规划的前提下，欢迎外商在城区进行成片开发。吸引外资银行在郑设立分支机构，鼓励和吸引外商投资建设商贸设施及城市基础设施，允许在批准期限内自建自营。四是发行股票债券，筹集社会闲散资金。

3. 集中力量搞好商务中心区的建设。商务中心区是郑州商贸城的主体和代表，在本世纪末使其具有一定规模，对商贸城建设具有重要意义。由于这里是老城区，建设有一难度，根据城市发展总体规划，由郑州市土地开发中心对土地实行预征，进行初步开发，实现“四通一平”，以便向外商招标拍卖土地。

4. 采取规划制约与经济利益吸引相结合的办法，促使大中型商业企业向规划商业区、街内集中，形成规模，产生规模效益。 凡在规划商业群区范围内建设，建筑面积在万平方米以上的商业设施，免征市级征收的所有税费。包括土地使用费、城建配套费、水电增容费、投资方向调节税等。

5. 加强商贸城规划立法工作。 商贸城建设总体规划实施后，具有法律效力，任何单位和个人不得随意更改规划布局，对已规划的商务中心区和商贸用地不准挪作他用。

6. 加强商贸城建设的组织领导。赋予郑州市商贸城建设协调领导小组及办公室一定的职责、权限、手段，参与全市各类市场及商贸设施的立项、规划、建设、资金协调、注册登记等项工作。市场建设中涉及到的部门进行单项审批时，须经市场办审核同意后方可进行。建立统计报表及信息反馈制度，配备微机电脑等现代化设备，及时掌握商贸城建设进度和经营管理情况，为领导决策提供依据。

湖 北 省

主　　编：张忠文
副 主 编：方席珍　焦建国　胡昌明　熊新平
　　　　　马清欣　张普安
编写人员：王筱惠　岑建德　刘厚祥　章新平
　　　　　李兴年　杨艳平　闫　奇　杨　虎
　　　　　吴远明　何报寅
工作人员：吴淑萍　张清平　黄丽萍　汪木华

湖北省分目录

湖北省概况 …………………………………………………………………………………… (257)
国民经济和社会发展及对外开放情况 ………………………………………………………… (257)
湖北省国民经济和社会发展“九五”计划主要任务及2000年远景目标展望 ………… (262)

地区规划选编

鄂东区域经济发展规划纲要（摘要） …………………………………………………………… (268)

1995年改革开发大事记 ………………………………………………………………………… (273)
彩色宣传图片
·湖北红旗电缆厂·宜昌市江南铜版纸厂·

湖北省概况

面积：18.59 万平方公里

人口：5772.07 万人

行政区划：1 个地区，1 个自治州，10 个地级市，24 个县级市，43 个县，1 个自治县，1 个林区

省委书记：贾志杰

省八届人大常委会主任：关广富

省长：蒋祝平

省七届政协委员会主席：钱运录

湖北省国民经济主要指标

（单位：亿元）

项　　目	1995 年	1995 年比上年增长（%）
国内生产总值	1565.08	14.6
工农业总产值	3736.63	
工业总产值	2748.10	19.5
重工业产值	1545.58	15.8
轻工业产值	1202.52)	24.2
农业总产值	988.53	14.1
全社会固定资产投资	826.50	39.4
国有固定资产投资	518.76	29.3
社会消费品零售总额	931.8	28.7
零售物价总指数（%）	116.6	16.6
职工工资总额	345.63	

国民经济和社会发展及对外开放情况

一、国民经济和社会发展

1995 年是湖北近几年来宏观经济形势较好的一年。在省委、省政府的正确领导下，全省上下全面深入贯彻中央提出的 20 字方针，紧紧围绕年初确定的奋斗目标，狠抓各项工作的落实，国民经济在 1994 年高于全国平均水平的基础上，继续保持全面快速发展的好势头，各项社会事业进一步发展，提前 5 年实现了国民生产总值比 1980 年翻两番的战略目标，圆满完成了当年的各项计划目标。

（一）国民经济平稳快速运行，三次产业稳步增长

1995年在国家偏紧的宏观调控政策以及经济周期规律的作用下，全省经济增长进一步趋向稳定。初步测算，全年国内生产总值达1565.08亿元，增长14.6%，比全国平均水平高4.4个百分点。"八五"时期年均增长12.9%，比全国平均水平高1个百分点。国民经济其它一些综合指标都保持了较快的增长速度。

1. 农村经济全面发展，实现"三个丰收、一个增加"。1995年在省委、省政府一系列重农政策的推动下，农民的积极性得到了充分的调动，农业投入显著增加，农业科技推广力度加大，多灾之年获得了大丰收，对缓解农产品供求平衡压力和稳定市场价格起到了积极的作用。全年农业总产值增长14.1%。粮棉油夺得全面丰收：粮食产量达2463.8万吨，比上年增产41.7万吨；棉花、油料产量分别达58.6万吨和189.4万吨，增长30.2%和37.5%。肉类、鲜蛋、水产品、水果、蔬菜等主要农副产品产量创历史最高水平。乡镇企业继续保持快速发展态势。农民人平纯收入达1511元，比上年增加341元。

2. 工业持续增长，效益高于全国平均水平。1995年全省认真贯彻以国有大中型企业为重点、以提高经济效益为中心、加大发展力度的方针，工业生产增幅和效益水平高于全国平均值。全省乡及乡以上工业总产值为2097.54亿元，增长19.5%；采用国有工业总产值系数折算后为1891.43亿元，比上年同期增长18.0%，比同口径全国平均值高2个百分点。工业结构调整加快，轻工业增长继续快于重工业，国有工业保持了平稳增长。全省独立核算工业经济效益综合指数为91.26，高于全国平均水平。

（二）固定资产投资稳步增长，重点建设成绩显著

在国家重点建设推动下，全省投资稳步增长。全年全社会完成固定资产投资826.5亿元，增长39.4%，增幅比全国平均水平高20.6个百分点；按计划可比口径计算，完成750亿元，增长26.5%，超额完成计划目标。全年固定资产投资率为34.6%，比上年提高3个百分点。能源、原材料、交通、邮电等基础设施和基础产业建设继续得到加强，一批骨干工程和重点项目建成或基本建成投产，相继发挥效益。武汉机场投入营运，武汉长江二桥、黄石长江公路桥建成通车，宜黄一级汽车专用公路全线贯通。京汉广光缆湖北段建成并试通信，120万门程控电话交付使用，移动通信实现全国联网、自动漫游。黄麦岭、大峪口矿肥结合工程部分投产。五峰锁金山水电站一、二号机组并网发电。三峡工程、神龙轿车工程、武钢扩建工程等一批国家重点项目建设进展顺利。京九铁路湖北段贯通。支援三峡、服务三峡的各项工作都有新起色，移民安置和库区建设步伐加快，投标情况良好。

（三）物价涨幅明显回落，财政、金融形势趋于正常

全省积极贯彻国家各项宏观调控政策，特别是千方百计抑制通货膨胀，加快财税体制改革，整顿金融秩序，较好实现了宏观调控目标。

1. 通货膨胀得到初步抑制，物价涨幅明显回落。把物价涨幅控制在15%左右，是我省1995年工作的首要任务。为实现这一目标，全省各地采取了多种措施。一是突出抓好"米袋子"、"菜蓝子"，增加有效供给，保证市场供应；二是加强工资和银行现金管理，使消费基金的增长保持在适度范围内；三是实行领导责任制，普遍加强对物价的监督与管理。经过努力，物价涨幅明显回落。全年零售物价涨幅由上年的24.6%回落到16.6%，基本接近控制目标。居民消费价格涨幅由上年的25.3%回落到20.0%。

2. 财政收入稳定增长，金融形势正常。改革后的新财税体制在1995年收到了积极成效，全省累计完成财政收入180.46亿元，增长20.7%，财政支出增长18.2%。金融部门执行从紧货币政策的同时，大力调整信贷结构，货币投放少于上年。1995年全省银行累计新增存款274.99亿元，新增贷款350.41亿元，货币净投放44.76亿元，比上年同期少投22.89亿元。

（四）市场趋向活跃，居民收入稳定增长

在供给和需求平稳增长的格局下，全省消费品市场稳中趋活。1995年全省社会消费品零售总额达931.80亿元，增长28.7%，扣除价格因素，实际增长10.4%。全省市场商品货源充裕，95%的商品处于供求平衡或供大于求状态。

在经济稳定增长、农业全面丰收的同时，城乡居民收入明显增加。全年农民人均纯收入达1511元，扣除物价因素实际增长8.6%。城镇居民人均生活费收入3606元，比上年增加600元。居民储蓄存款增加较快，全年城镇居民新增储蓄存款180.12亿元，比上年同期增加16.50亿元。

劳动就业形势比较稳定，失业率和停产半停产企业人数受到控制，就业人员保持一定增长。

（五）“科教兴鄂”迈出新步伐，各项社会事业进一步发展

科技事业在成果转化和关键技术攻关等方面取得新进展，全年共取得省部级以上科技成果500项，已登记的科技成果转化率达到70%左右。全省高新技术产业开发区技工贸总收入达55亿元。“普及九年义务教育”步伐加快，小学升初中入学率达到87.5%。医疗卫生条件进一步改善，预防保健面不断扩大，体育基础设施进一步充实，文化事业蓬勃发展，广播电视覆盖面扩大，旅游业快速发展。人口增长控制在计划目标以内，人口自然增长率为9.27‰，比上年下降2.2个千分点。

1995年全省经济建设和社会发展取得的成绩，标志着“八五”计划的全面完成。“八五”计划是建国以来执行最好的一个五年计划。5年间国内生产总值年均增长12.9%，比“七五”时期高6.6个百分点，比全国平均水平高1.1个百分点。合计利用外资34.25亿美元，超过计划21.45%。累计完成固定资产投资2212亿元，比“七五”时期增长2.25倍，提前1年实现“八五”计划目标。完成投资占全国的比重由“七五”时期的3.44%提高到“八五”时期的3.54%，初步扭转了“六五”以来占全国投资比重一直下滑的局面。电力建设跨上新台阶，发电装机总容量达1000万千瓦以上。交通运输和邮电通信建设取得长足进步，综合运输能力不断增强，通信能力、业务量和经济效益创历次五年计划最好成绩。普通高校和普通中专学校招生提前2年完成“八五”计划。各项社会事业蓬勃发展，人民生活水平显著提高。

在肯定成绩的同时，我们也清醒地看到，全省经济发展中还存在一些突出的困难和问题。

一是农业基础仍较薄弱，保持农业稳产增产的基础不够稳固。部分水利设施老化，防洪标准不高，影响了农业抗御自然灾害的能力；农民负担过重，农业生产资料价格上涨过猛，影响了农民生产的积极性；农业技术推广和种子繁育体系不健全，人口增加与耕地减少的矛盾比较突出，影响着农业持续稳定增长。

二是国有企业债务、包袱较重，部分国有企业经营困难，经济效益不理想。国有工业企业生产增长缓慢，增幅比全省乡及乡以上工业总产值增幅低11.4个百分点。预算内工业企业实现利润下降55.8%，亏损额上升29.9%，亏损面达37.4%。企业经济效益不理想，从客观上看，主要是成本上升，侵蚀利润。据测算，全省预算内工业企业由于原材料涨价、工资福利增加和利息上升造成的减利约占全部利润减少额的80%。另外产品积压、企业相互拖欠以及电力不足等，使企业生产条件趋紧，影响了生产经营和经济效益。从主观上看，企业技术改造欠帐较多，工艺、设备老化，生产消耗和浪费比较严重，生产经营不能适应市场变化，管理不善的问题仍较突出。

三是物价总水平仍然较高。全年零售物价涨幅达16.6%，突破15%的计划控制目标。据测算，在全年物价涨幅中，约有12个百分点为上年的滞后影响。此外，自发涨价、政策性调价的影响，基础产品涨价造成的成本推动，以及社会需求增长较快的拉动等多种原因，共同推动1995年物价上涨突破计划控制目标。

产生上述问题的根本原因，是经济体制正处在转轨时期，较完善的社会主义市场经济体制和运行机制还没有建立起来，经济增长方式仍偏重于数量扩张。解决好这些问题，要按照中央十四届五中全会精神，制定切实可行的政策措施，积极推进两个具有全局意义的根本性转变。

二、对外开放和对外经济工作

1995年是“八五”计划的最后一年，在国家继续加强宏观调控，调整外资外贸政策的形势下，全省外经贸战线认真贯彻中央20字方针，紧紧围绕全省“八五”计划目标和中共湖北省委、湖北省政府年初确定的工作任务，克服困难，加大力度，较为圆满地完成了1995年年度计划和“八五”外资外贸计划目标。为全省国民经济的持续、快速、健康发展起到了较显著的推动作用。

（一）对外经济综合指标完成情况

出口 1995年国家下达湖北省出口计划17.68亿美元，省计划为23亿美元。全省全年外贸出口实际完成23.3亿美元，完成国家计划的131.7%，完成省计划的101.3%，比上年增长11.1%，超过调整后的“八五”计划确定的1995年当年出口22亿美元的目标。

进口 1995年全省进口计划11亿美元。其中省区计划进口6.4亿美元，武汉市计划进口4.6亿美元。全省实际完成14.2亿美元，比上年同期增长38%。

利用外资 1995年全省利用外资计划10.85亿美元。其中，吸收外商直接投资6亿美元，利用国外贷款4.85亿美元。1995年全省利用外资实际完成11.09亿美元，比上年增长18.7%。其中，吸收外商直接投资6.23亿美元，比上年增长3.4%。利用国

外贷款4.86亿美元，比上年增长46.2%。

（二）进出口形势及存在的问题

1. 进出口形势

——出口仍保持增长势头。在国家调整出口退税政策等因素影响下，全省外贸企业抓紧早成交、早出口、早结汇，减少退税政策变化带来的损失。1995年上半年全省外贸增幅高达34%以上。下半年受退税政策和退税指标不足以及收购资金困难等因素影响，增幅逐月回落。

——外（工、商）贸公司完成出口18.6亿美元，占全省出口总额的80%，仍是全省外贸出口的主要力量。自营企业、三资企业出口显示较强增长实力。1995年全省自营出口企业完成出口1.6亿美元，比上年增长60%，占全省出口额的6.8%。三资企业完成出口3.1亿美元，比上年增长44.1%，占全省出口总额的13.2%。

——出口商品结构进一步改善，工业制成品出口比重上升，机电产品出口持续较快增长。1至11月份，全省工业制成品出口19.18亿美元，占全省同期出口总额的87.2%。其中，机电产品出口2.78亿美元，比上年同期增长77.8%。

——三资企业进口和进、来料加工进口增幅较大。1至11月份，三资企业进口完成6.44亿美元，比上年同期增长46.6%。进、来料加工进口完成2.8亿美元，比上年同期增长32.8%

2. 进出口存在的主要问题

——出口商品国内收购价格涨幅仍然较大，导致出口成本上升，并继续高出汇率水平。在上年高物价水平的基础上，1995年出口商品国内收购价格仍呈上涨趋势，尤其是湖北的传统大宗骨干商品，收购价格上升过猛，造成出口亏损，使出口经营举步维艰。

——出口退税指标严重不足。完成1995年湖北省出口计划需要的出口退税指标，加上1994年结转的待退税款，远高于1995年国家下达湖北省出口退税指标。

——外贸企业亏损包袱沉重，收购资金紧张，经济效益欠佳，经营面临困境。目前全省外贸企业亏损严重。由于出口增长，退税不及时，以及物价上涨等因素，外贸收购资金缺口较大，矛盾十分突出。部分省直专业外贸公司经营十分困难。

——受国家宏观政策的影响，进口需求有所抑制。除国家实行减免税中的部分商品外，大部分配额商品进口计划执行情况不佳。

（三）利用外资的形势及存在的问题

1. 利用外资的形势

——外商直接投资实际到资保持稳步增长，单个项目利用外资规模有较大提高。但受多种因素影响，新批三资企业数、项目总投资及协议利用外资总额继续较大幅度下降。1995全省新批外商投资企业881家，项目投资总额26.06亿美元，协议利用外资总额10.8亿美元，分别比上年下降38%、18%和22%。平均单个项目协议利用外资额123万美元，比上年提高约40%。造成近两年来新批外商投资项目全国性持续大幅度下降的主要原因：一是国家宏观控制仍未放松，信贷规模仍然较紧，信贷政策对房地产等非生产性项目和一般加工工业的三资项目有较大制约。二是随着国家外资外贸一系列政策逐步向对外商实行国民待遇方向调整，以利用优惠政策为目的的短期利益投资项目开始减少。三是港澳台投资明显减少。四是“八五”头3年外资成倍增长后，受配套资金、建设条件及投资环境制约，现阶段利用外资需要有一个消化吸收的过程。虽然存在上述不利因素，但到目前为止，历年累计的协议外资总额扣除已到资的部分，还有约34亿美元没有到位。加上部分大中型外商投资项目进展顺利等因素，预计今后几年全省吸收外商投资实际到资仍可保持一定的增长势头。

——在提高外商投资的质量、水平和效益方面呈现较好势头。一是大公司、大财团、大项目有所增加。目前已有100多家国际大公司来湖北及武汉考察项目和投资环境，其中40多家已有投资项目，还有30多家正在洽谈之中。到目前为止，全省单项总投资超1000万美元的项目已近300家。二是以开拓中国内陆市场，转移加工工业，开发利用内陆资源为目标，具有一定资金规模和技术密集度的大中型外资项目开始在湖北落户，如武汉可口可乐、JVC等。三是吸收外商投资方式有所突破，趋向多样化。如武汉长江公路桥、武黄公路有限期出让经营权，及时回收投资，滚动建设新的项目。一些老企业出让股权引进外资和国外技术设备，推动了企业技术进步，提高了规模效益。武汉军山大桥可望作为国家大型基础交通项目BOT试点之一。四是拓宽外商投资领域方面有了新进展。国家已基本同意武汉市设立外资银行和外资零售商业试点工作。

——武汉市及沿江地区仍然是当前外商投资湖北省的热点地区。尤其是武汉市在全省吸收外商投资中发挥了龙头作用。1995年武汉市实际利用外商投资占全省同期利用外商投资的73.5%。

——重点利用国外贷款项目用款比较顺利。黄麦岭磷矿、大峪口磷矿、鄂州电厂，以及城市程控电话等重大外贷项目提款支付进度较快。两湖水利项目及部分政府贷款项目也较好地完成了年度用款计划。全省全年实际利用国外贷款略超过年度计划。

——争取国家批准新的利用国外贷款项目继续取得较大进展，有利于保持“九五”全省利用国外贷款的增长后劲。1995年国家计委正式批准我省外国政府贷款项目30个，利用外资总额39348万美元。重大外贷项目的争取工作也有新的进展。世界银行贷款湖北交通项目追加外资3000万美元。世行贷款湖北工业项目最近已进入前期准备，预计利用外资将突破2亿美元。此外还有部分大中型外贷项目得到国家计委的批准。

2. 利用外资存在的突出问题

——自1994年以来新批外商直接投资项锐减，除政策调整因素外，突出反映了全省现阶段利用外商投资的方式和渠道比较单一，国内配套资金过于依赖银行新增贷款（包括境外融资），依靠优惠政策的短期利益投资项目较多，一般加工工业项目及房地产等非生产性项目较多，小型项目较多，外资的投向、结构、规模不尽合理等等。

——受投资渠道、现行项目审批办法、国外贷款投向等多重因素限制，全省部分利用外资项目（包括部分中、小型外贷项目）还存在规模优势和技术优势不高，对全省国民经济发展带动作用不大等问题。

——外贷项目拖欠债务仍然十分严重。这表明当前全省外债偿还的压力仍然较大，局部性债务问题仍比较严重。

湖北省国民经济和社会发展“九五”计划主要任务及2000年远景目标展望

一、“九五”计划的指导思想和主要目标

根据目前我省经济和社会发展的现实基础、宏观背景和条件，“九五”时期全省国民经济和社会发展总的指导思想是：继续以邓小平同志建设有中国特色的社会主义理论和党的基本路线为指导，以省委、省政府提出的湖北振兴崛起为奋斗目标，以提高经济效益和整体经济素质为着力点，贯彻《中国21世纪议程》和《九十年代国家产业政策纲要》精神，解放思想，抓住机遇，深化改革，扩大开放，加快发展农业和农村经济，着力转换经济增长方式，调整和优化产业结构，拓展和完善区域经济布局，充分发挥湖北的优势，努力缓解“瓶颈”制约，积极推进工业化和国际化进程，使我省尽快成为我国内地优势突出、特色鲜明、经济实力强、发展水平高、综合效益好的经济区域，在本世纪内从总体上实现小康目标，初步建立社会主义市场经济体制，并为实现第三步战略目标打下坚实基础。

根据上述指导思想和方针以及国家既定的总体战略部署，“九五”时期湖北国民经济和社会发展的基本任务是：在1995年提前实现国内生产总值翻两番的基础上，人均国内生产总值到1997年比1980年翻两番，2000年达到4325元，使全省人民生活从总体上达到小康水平，使我省由内陆地区的工农业大省向经济强省跨越，初步建立社会主义市场经济体制。

（一）实现国民经济持续、快速、健康发展，提高国民经济整体水平和综合实力

“九五”期间，全省国内生产总值年均增长12%，比全国高4个百分点，第一产业年均增长4.2%（农业总产值年均增长5%），其增幅略高于全国；第二产业平均增长14.4%（工业总产值年均增长16.7%），比全国增长幅度高出4个百分点；第三产业年均增长13.4%，比全国增幅高出4.9个百分点。2000年全省外贸出口总额50亿美元，“九五”期间利用外资90亿美元，年均增长16.8%。2000年全省粮食总产量达到2650万吨，占全国计划总量的5.3%，棉花总产量65万吨，占全国计划总量的12～15%，发电量达到726亿千瓦时，占全国计划总量的5.1%，钢1150万吨，占全国计划总量的12～13%，汽车65万辆，占全国计划总量的28%；全省社会消费品零售总额年均增长20%。零售物价年均上涨率控制在8～10%。

（二）继续多渠道筹措建设资金，加大投资力度，保证重点建设，增强经济发展后劲

“九五”时期全省全社会固定资产投资总规模为5700亿元（95年价），占全国投资总规模的4.4%，“九五”期间全省技术改造投资占全民单位投资的比重为24.8%～28.9%，固定资产投资率为33.5%（扣除三峡工程投资，全省固定资产投资率为30%），高于全国投资率30%的水平。

（三）继续加强财源建设，努力增强全省宏观经济调节能力

“九五”期间，全省要继续强化依法纳税观念和税收征管工作，继续加强财源建设，努力使全省财政收入的增长快于整个国民经济的增长幅度。初步计划，“九五”期间全省财政收入年均增长13%；全省银行存款余额年均增长19.5%，银行贷款余额年均增长12.8%。

（四）根据经济建设和人民生活的实际需要，提高全省科技教育等社会事业发展水平

到2000年，全省科技进步对经济增长的贡献率提高到50%左右；大力发展教育事业，基本普及九年制义务教育，基本消除青壮年文盲。严格控制人口

数量，坚持优生优育，提高人口质量，力争将全省总人口控制在6110万人以内。增强全省环保意识，加强国土整治，改善生态环境，加强城乡环境综合治理，搞好城市绿化、美化和净化，加强水土流失防治工作，努力实现经济和社会可持续发展。

（五）继续坚持把经济增长的质量放在首位，着力提高经济效益水平

“九五”期间，要努力使全省国民经济的整体素质和经济效益有所提高，万元国内生产总值消耗的能源由1995年的4.43吨下降到2000年的3.71吨，年节能率达到5.32%以上，全社会劳动生产率平均每年提高11%，固定资产交付使用率提高到70%左右，工业流动资金周转次数提高到2.45次。

（六）在经济发展的基础上，进一步提高全省城乡居民的生活水平，在总体上实现小康目标，到2000年，全省在总体上达到小康水平，少数经济发达地区逐步向“富裕型”过渡，部分老少边山穷地区在解决温饱问题后由“温饱型”向“小康型”过渡

1. 经济发展综合水平。2000年，人均国内生产总值达到4514元（按90年价格计算），年均增长11%。

2. 物质生活水平。2000年城镇居民人均生活费收入达到2160元（按90年价格计算），年均增长5%；农民人均纯收入达到1200元（按90年价格计算），年均增长6.6%；城镇居民人均居住面积达到14平方米左右，农村人均钢筋砖木结构住房面积达到20平方米，并且住房质量有较大提高；人均蛋白质日摄入量达到80克以上；城镇居民人均拥有铺装道路面积9平方米；农村基本实现行政村通公路、通邮、通电话。

3. 人口综合素质。城镇人口平均预期寿命达到75岁，中学入学率达到85%。

4. 精神生活水平。城乡居民生活费用支出中用于教育文化娱乐支出的比重达到16%，城乡电视普及率达到70%以上。

5. 生活环境和医疗水平。2000年，全省森林覆盖率达到35%，农村安全卫生饮用水普及率达到85%，每千人拥有医院病床3张。

二、“九五”时期全省国民经济主要部门的发展任务和目标

（一）农业和农村经济

坚持大办农业、办大农业的方针，加固“三支台柱”（粮棉生产、多种经营、乡镇企业），依靠“五化驱动”（规模化、产业化、现代化、股份化、准市场化），实现由农业大省向农业强省的跨越；坚持全社会重视农业、支持农业、搞好农业大合唱，改善农业生产条件，提高农村生产力水平；坚持以市场需求为导向，不断优化产业结构和产品结构；在增加农产品有效供给的同时，提高农业效益和抗御生产及市场两个风险的能力；坚持科技兴农发展战略，靠科技增产增收增效益；坚持在鼓励发达地区快速发展的同时，大力支持落后地区的发展，促进贫困地区尽快脱贫致富；坚持在发展经济的同时，改善农村社会环境条件，推动农村的全面进步。

农业 抓好种植业、林业和森工、畜牧业及水产业的开发与建设。在确保四业可持续发展的基本环境和条件的基础上，加大结构优化的步伐，按照各业所确定的重点工程、重点区域、重点任务，富有成效地推进整个农业的综合开发。

水利 水利是农业的命脉。要搞好长江干堤、下荆江河势、分蓄洪区等大江大河的治理；搞好七大险库及139个中型水库、690个小型水库的整险加固；搞好江汉平原“水袋子”的排涝；搞好平原和山区重点灌区的灌溉建设；做好山区当家田和水土保持工作。

乡镇企业 按照国家产业政策要求，以市场为导向，以效益为中心，以科技为动力，不断深化改革，扩大开放，加强管理，提高企业整体素质，保证乡镇企业高效、持续发展。重点抓技术改造、创名牌产品、建企业集团、上管理水平、求经济效益。“九五”期间，着手抓好“四个一批”即形成一批亿元企业，组建一批企业集团，建设一批工业小区，发展一批名牌产品。到2000年，全省乡镇企业总产值达到6700亿元，年均增长22.5%，其中乡镇工业产值达到3850亿元左右。

农垦、气象、农科、农机 建设有地区特色的农垦经济，力争把农垦建成“两高一优”示范点和农工商、贸工技一体化经营综合协调发展的示范区；提高气象服务质量，加快气象现代化建设步伐，形成现代化程度较高的防灾减灾和农业气候综合利用的气象服务体系；加强农业应用技术研究和以生物技术为主的高新技术的研究、开发和应用，培养、调动农科人员务农热情，使农业科技最大限度地形成现实生产力。

继续加大扶贫力度，促进全省贫困地区经济发展。继续实施温饱工程，加快人平一亩经济林的建设步伐，因地制宜地发展以资源开发和加工增值为主

的乡镇企业,继续用好以工代赈资金,在政策上予以倾斜,加强山区电力、交通、通信等基础设施建设。2000年力争全省贫困地区90%左右的农民达到小康生活水平。

(二)能源、交通和通信

能源、交通、通信等基础设施和基础工业是经济和社会发展的重要物质基础。“九五”时期,要统筹规划、合理布局、突出重点、兼顾一般,高质量、高效率地建设一批重点骨干工程,逐步建立能够支撑国民经济持续、快速、健康发展的基础设施体系。到2000年,基本缓解全省电力供应紧张的矛盾,力争使铁路、公路、水运、民航等主要运输条件有较大改善。

能源 能源建设要实行开发与节约并重的方针,努力提高资源配置效益。配合三峡工程建设,大力加强鄂东火电基地和与三峡水电站配套补偿火电项目建设,积极开发清江、汉江、堵河等干支流大中型水电;因地制宜发展低质煤发电和工业余热发电;积极做好核电和抽水蓄能电站的前期工作。与电源建设相适应,重点建设以500千伏为骨架的主电网,基本建成鄂东单环网,充实和完善220千伏网络,基本解决地县级供电卡口和供电不足问题。加快城乡电网改造和农村电气化建设进程,力争使全省90%以上的行政村通电。同时,要突出抓好节能降耗工作。

交通 交通运输在充分发挥现有设施和条件作用的同时,按照现代化交通运输体系的要求,坚持超前发展,集中人力、物力、财力建设铁路大动脉、公路主骨架、水运主通道和港站主枢纽及集装箱运输,形成各种运输方式合理分工、优势互补、协调发展的综合运输体系。集中力量确保运输大通道建设,尽快建成全省京珠、沪蓉国道主干线和以武汉为中心的大三角现代运输通道。注意发挥水运优势,尤其要提高长江、汉江及内河航运能力。同时,加快贫困地区和少数民族地区对外运输骨架的建设和运输网的普及。

邮电 邮电通信要以提高通信能力为中心,增强全网综合能力,提高服务质量,建立健全综合通信网络体系。坚持高起点、新技术的建设方针,提高通信网的技术装备水平。积极开拓邮政新业务,加快邮件传递速度,增强运邮能力,努力在全省形成一个局所布局合理、技术先进、功能齐全、运邮快捷、服务优良的现代化邮政通信网。以发展电话业务和非话新业务为主线,以增强综合通信能力、提高技术水平为重点,大力发展电话网、数据通信网、移动通信网、智能业务网,力争到本世纪末建成一个规模容量大、技术水平先进、运行高效可靠的现代化通信网。2000年全省电话普及率达到10部/百人。

(三)原材料工业、加工工业和建筑业

要下大力气振兴汽车、冶金、机电、化工、轻纺和建材建筑等六大产业,使之尽快成为带动整个经济增长和结构升级的支柱产业

汽车工业 要围绕“立足东汽、面向全国、走向世界”的发展战略,重点支持以东汽集团为主的百万辆级汽车工程建设。加快神龙轿车工程,尽快把武汉建成全国最大的轿车生产基地之一;巩固和完善以十堰为中心的中型载重车生产优势,提高产品质量和档次;发展轻型车、高档面包车、特种车、改装车、微型轿车和底盘。加强宏观调控,巩固和提高中重型卡车零部件产品生产,重点发展国家产业政策支持的轿车、轻型车零部件产品,把我省建成汽车零部件生产大省。

冶金工业 要以钢铁为重点,进一步增加品种,提高质量,加强管理和技术改造,狠抓节能降耗,全面提高企业素质。重点支持武钢上质量、上规模。地方中小钢铁企业要以连铸为中心进行技术改造,逐步达到较为合理的规模。根据条件,适时开发鄂西高磷铁矿资源。充分利用现有基础和条件,加快有色金属工业和黄金工业的发展。

机电工业 要紧紧围绕经济建设的重点,充分发挥其“装备部”的作用。机械工业要积极发展精密、自动、专用机床、锻压机械及其它成套和成线设备,提高质量和技术水平;要围绕三峡水利枢纽等重点工程建设,大力发展发电和输变设备;根据湖北特点,大力开发为农业和农村经济服务的农机产品;切实改进重要基础机械和基础件性能和质量。电子工业要大力发展局用数字程控交换机、移动通信、光纤通信、计算机软件及网络化;加速发展金融电子、商用电子产品;积极应用多媒体技术,更新换代消费类电子产品;加快开发汽车电子、电力电子产品和新型电子元器件,努力实现微电子技术与传统产业嫁接,不断推进全省经济社会信息化进程。

化学工业 要着力抓好荆门40万吨石化工程和湖北化肥厂双系列改造扩建工程等一批重点项目建设,优先发展农用化学品,大力发展石油化工、精细化工、医药化工产品和轮胎,合理开发利用我省磷、盐等优势资源,逐步建设一批磷、盐化工生产基地,发展与相关工业配套的化工产品。

轻纺工业 要以省内外市场需求和产业政策为导向,以名优产品为龙头,加快存量资产重组,加大

技术改造和建设力度，加快建设和完善造纸、轻机、食品、日用化工和产业用品、化纤、服装和茧丝绸等生产基地，促进重点行业、重点企业和重点产品上规模、上水平。严格控制小棉纺的发展，努力实现规模效益。通过“九五”时期的建设和发展，努力使我省轻纺工业在全国处于领先地位。

建材工业和建筑业 重点发展水泥及其制品、新型建材及其制品，重点建设城乡住房和公共工程。建材工业，要合理规划、建设好一批优质玻璃、陶瓷、石材、非金属矿及无机非金属新材料项目。建筑业，要基本建立适应市场经济发展要求的建筑产业体系，“九五”期间全部工程质量达到合格，并争创一批国优工程。

（四）高新技术产业

高新技术产业是国民经济发展的先导产业，是带动产业结构升级、提高劳动生产率和经济效益的重要途径。要按照“有限目标、突出重点、优势优先、滚动发展”的原则，重点发展电子信息和光纤通信、精细化工、机电一体化、生物技术与现代医药、新材料、高效节能与环保技术等6个高新技术领域，用以改造传统产业。以高新技术产业开发区为重点，以大专院校、科研院所、大中型企业为主要力量，组织实施火炬计划和重点产业化项目，促成区内、区外、军工、民营竞相发展的局面，逐步形成沿长江高新技术产业开发带的大格局。采取扶持政策，加大对高新技术产业的投入，努力培育一批产品多元化、产业规模化、市场国际化、管理现代化的高新技术企业；开发一批技术含量高、附加值大、相关性强、市场广阔的高新技术产品，提高全省高科技产业的产值比重。

（五）财政和金融

财政 坚持依法理财，按照事权与财权相统一的原则，继续完善和深化财税体制改革，进一步理顺分配关系；加强效益财政建设，建立富有生机与活力的新型财政运行机制；努力提高经济运行的质量和效益，使财政收入的增长快于经济增长水平；坚持适度从紧的财政政策，进一步优化支出结构，使财政支出增长水平低于财政收入增长水平，力争“九五”期间实现财政收支基本平衡。

金融保险 进一步完善银行和非银行金融机构的管理，建立比较完善的金融市场、证券市场和保险保障体系，争取在本世纪末把湖北建设成为华中地区乃至长江流域范围内的初具规模的区域性的金融中心。

（六）商品流通业和信息咨询业

商品流通业 继续深化流通体制改革，按照建设大市场、发展大贸易、搞活大流通的指导思想，加快建立以市场化、现代化、国际化为主要标志的商品流通体系。大力发展批发市场，完善商业零售网点，积极发展各种类型的现代化商业组织，逐步建立期货和其他形式的商品市场，建立长江、汉江商贸走廊，扶持省界边贸市场建设，加速灵敏高效的现代化商品市场信息系统。到2000年，全省社会消费品零售额年均增长20%。

信息咨询业 紧紧围绕信息产业工程建设，加速实现信息商品化、产业化和社会化，加快建立以“金桥”工程为基础，专业性与综合性兼备，跨地区、跨行业、多层次、多功能的信息系统，形成以政府信息机构为主体，以民间信息机构为补充的信息市场。要逐步建立健全省级宏观经济决策、企业生产经营和市场机制运行服务的信息咨询综合服务体系，促进信息市场健康发展，推进信息资源的社会共享，推动国民经济信息化进程。要重视和加强综合信息市场基础设施的建设，加大信息资源开发利用力度，推进信息咨询业管理体制的改革和法制建设。

（七）利用外资和对外贸易

利用外资 坚持扩大规模、突出重点、注重质量和提高效益的方针，按照“积极、合理、有效”的原则，解放思想，抢抓机遇，改善环境，增创优势。大力引导和推动外资投向基础设施、先导产业、支柱产业和出口创汇产业，以及老企业技术改造。最大限度地发挥外资对提高我省经济素质、提高经济增长的科技含量、推动产业优化升级和经济国际化进程的积极作用。到本世纪末，力争实现利用外资总量居中西部省区前列，成为外资向中国内陆省区大规模战略转移中最主要的“接力点”和“传递点”，形成对全省固定资产投资规模和国内生产总值增长的较强支撑力。

对外贸易 按照“高起点、高质量、高效益、大规模”的发展方针，积极推动我省与国际间商品与生产要素的双向交流，积极实施多元化战略，重组出口市场结构。建立现代化、高效率，适应国际贸易运作体制的“大外贸”经营体系；依托优势资源、优势产业骨干企业和名优商品，加速调整出口商品结构，使我省经济和社会发展在“九五”期间拥有更多的资源和更大的市场空间。

三、“九五”时期全省社会发展的主要任务和目标

（一）科学技术和教育事业

科技 到2000年，全省科技进步在经济增长中

的贡献率达到50%左右。工业主要行业的技术装备和工艺达到或接近国内先进水平,电子技术、激光与光纤、生物技术等领域达到90年代初期世界先进水平,高新技术产业产值占工业总产值的10%以上;农业主要种植业单产、养殖业料肉比等主要技术指标接近或达到国内同期先进水平,乡镇企业的整体技术达到国内中上水平。

教育 调整内部结构、深化教育改革、充实改善办学条件和大力提高教育质量,初步建立起适应我省经济和社会发展需要、结构合理、水平较高、充满活力的教育体系。到2000年,全省基本普及九年义务教育,即小学适龄儿童入学率达到99%以上,初中入学率达到85%以上;地方普通高校在校生达到8.5万人,连同成人教育在内,使全省18~21岁学龄人口入学率达到10%左右,争取有条件的高校和一批重点学科进入国家"211"工程。

(二)人口、就业和社会保障

人口控制 深入研究新形势下计划生育工作的重点和难点,采取有效措施,降低妇女总和生育率,确保实现人口控制目标。

劳动就业 积极引导农村剩余劳动力转移,以小城镇为依托,大力发展乡镇企业和第三产业,同时,进一步扩展农业生产领域,开发新资源,保持充分的容量吸纳农村劳动力就业,实现农村劳动力的就近、就地转移;在城镇建立新的劳动力资源配置机制,充分利用劳动力资源,形成政府宏观调控、市场配置资源、供需双向选择、社会提供服务、全员同管理的劳动就业新格局。"九五"期末全省失业率控制在3%左右。

社会保障 逐步建立全方位、一体化、多层次、社会化的保障体系。2000年,初步形成社会保险、社会福利、社会救助、社会优抚等社会保障制度的框架。到2000年,养老保险在城镇普及,在85%以上的县、市、农村推行;城市和农村困难户救济比例分别达到80%和60%;有劳动能力的适龄残疾人就业率达到80%。

(三)卫生、体育和文化事业

卫生、体育事业 积极发展卫生、体育事业,提高人民健康水平。到2000年建立基本适应国民经济和社会发展要求、满足城乡居民多层次需要的卫生服务体系,实现"人人享有卫生保健",总体上达到与小康生活相适应的健康水平。城乡居民平均期望寿命分别达到75岁和71岁。

文化事业 发展和繁荣社会主义文化事业、丰富人民的精神文化生活。文学艺术、广播电影电视、新闻出版等各项文化事业,要坚持"为人民服务、为社会主义服务"的基本方向和"百花齐放、百家争鸣"的基本方针,高扬主旋律,以正确的舆论引导人,以高尚的精神塑造人,以优秀的作品鼓舞人,全面繁荣社会主义文化。到2000年,全省广播电视覆盖率达到95%以上。

(四)旅游业

重点围绕武汉、宜昌、武当山、神农架4个旅游区域和长江三峡、古三国、清江和鄂东等4条旅游线进行开发建设;搞好饭店、娱乐设施、交通配套设施、购物设施、卫生设施等基础设施的建设。

(五)人民生活

随着社会生产力的发展和经济效益的提高,逐步增加城乡居民收入。"九五"期间,城镇居民人均生活费收入扣除价格因素,保持年均增长5%的速度,农民人均纯收入以年均6.6%的速度增长。在收入增加的基础上,逐步提高生活质量,改善食物结构、居住条件和卫生条件。

(六)国土整治和环境保护

国土整治 一是要以江河防洪为重点,搞好大江大河治理。本世纪内,长江干堤和重要支堤要更有效地控制常遇洪水;重要河段结合分蓄洪措施,要能防御本世纪可能发生的大洪水,并在遇特大洪水时有一定的应变措施。二是要加强生态环境的治理和保护。重点搞好农用地的保护和改良,大力植树造林,整治水土流失,到2000年,森林覆盖率达到35%左右,水土流失率下降到10~15%,促进平原湖区生态系统逐步恢复良性循环。大力发展城市绿化,加强主要大中城市的绿地建设,改善居住环境。

环境保护 继续控制环境污染和生态恶化的发展势头,重点城市的环境质量基本保持稳定,争取个别城市环境质量有所改善,局部地区生态环境有所好转,逐步使环境与经济、社会发展相协调。

四、"九五"重点建设布局

(一)重点地区开发布局

"九五"时期,要以"金三角"地区为重点,完善生产力空间布局。全省生产力布局的总体格局是:实施长江经济带开放开发战略,按照沿主要交通线展开、梯度开发的原则和"一点四面"的总体构想,重点建设以武汉为中心,以黄石、宜昌、襄樊为顶点,以江汉平原为中部腹地的"金三角"地区,加强其对周边地区的辐射功能,带动全省经济的发展。"九五"时期,要把建设重点集中到这一地区。要根据

“金三角”地区的资源、经济、技术条件的状况，按照地区倾斜和产业倾斜相结合、地区生产专门化与综合发展相结合的原则，选定区域优势产业突破发展，形成合理的地域分工，拓展和完善“金三角”的开发建设布局。

在做好重点地区开发布局的同时，相机发展区域性经济。京九铁路的贯通和京珠、沪蓉高速公路的建设，对鄂东、鄂南地区经济发展具有巨大的带动作用，黄冈、咸宁地区要以此为契机，着力培植新的经济增长带；继续大力扶持贫困山区、少数民族地区加强基础设施建设，并做好清江水布垭电站、枝城经恩施至重庆沿江铁路等增强发展后劲项目的前期工作，改善发展条件，加快恩施州经济和社会的发展步伐。

武汉—鄂州—黄石的鄂东长江沿岸地区 要进一步调整和改造冶金、机械、建材等重工业，配套发展服装、食品和耐用消费品工业，以武汉市“东湖高(新)技术产业开发区”为依托积极发展新兴产业，形成水平较高的综合性工业密集区。

以宜昌为中心的鄂西长江沿岸地区 在三峡水利枢纽建成以前，重点发展建材、机械等为三峡工程建设服务配套的工业，同时发展食品、轻工业；在三峡水利枢纽建成之后，要充分发挥水电、磷、铁等资源的组合优势，大力发展钢铁、磷化工等原材料工业，使本区成为重要的能源、原材料工业基地。

以襄樊为中心的汉江沿岸和汉渝铁路沿线地带 要利用东汽的优势，为汽车产业的发展搞好配套、协作和服务，促进电子、化工、纺织产品的生产；综合开发汉江水力资源，并利用分流的北方煤炭建设火电站；积极发展农副产品加工工业。形成以汽车为主体的专门化和综合发展结合较好的工业区。

以荆沙、荆门为中心的江汉平原腹地 要以纺织、食品、家用电器、日化工业为重点，提高轻纺工业的产品质量和档次，利用荆门石油工业基础，发展石油化工，并发挥卤盐资源丰富的优势，发展盐化工。使本地带成为以纺织、食品、盐化工、石油化工为主体的轻化纺生产和出口加工区。

(二) 重点建设工程

认真抓好“双八工程”等重点建设 为了使全省建设布局的总体框架和开发重点落到实处，“九五”时期，必须依托“金三角”地区，围绕支柱产业及农业、能源、交通等基础产业和基础设施，根据市场需求潜力较大、资源条件较优、现有基础较好、对地区经济乃至全省经济发展具有较强带动作用的原则，选定一批重大骨干项目群—“双八工程”，强化开发建设。“双八工程”是指支柱产业八项骨干工程和基础设施、基础产业的八项骨干工程。支柱产业八项骨干工程包括：以武钢为主的1000万吨钢工程、以二汽为主的百万辆汽车工程、荆沙市30万吨高档纸板工程、荆门40万吨石油化工工程、宜昌50万吨芳烃工程、6万吨聚酯切片工程、以湖北化肥厂为主的70万吨级尿素工程、华新和光化800万吨水泥工程；基础设施、基础产业八项骨干工程包括：一条地方铁路(三峡铁路)，两条国道主干线(京珠和沪蓉国道主干线)，三大电力及外送工程配套项目群(鄂东火电群、鄂西水电群、三峡电力外送工程配套项目群)，四大区域中心城市和26个开发区及820个建制镇，五大农业骨干工程(大江大河治理、水库除险加固、灌溉、排涝等水利系列工程，江汉平原24个县市利用世行贷款以水利为主的综合治理项目，40个县市第三期农业综合开发，39个山区县市人平1亩经济林工程，38个粮棉大县和2个“两高一优”示范区建设)，六类重点市场建设(农产品、钢材、汽车、金融、劳动力、技术市场)，710万门程控电话，8座长江、汉江大桥(5座长江大桥和3座汉江大桥)。

五、2000年国民经济和社会发展远景目标展望

2001～2010年，全省要以经济国际化、产业结构高度化、人口城市化为总体发展方向，推动国民经济和社会发展再上新台阶，基本实现工业化和国民经济现代化，为2050年以前赶上中等发达国家水平奠定坚实基础。到2010年，按1990年不变价计算，全省国内生产总值达到7153亿元，比2000年翻一番以上，年平均增长10%，全省人均国内生产总值超过1万元；经济结构进一步优化，三次产业结构为10∶48∶42；科学技术进步对经济增长的贡献率达到55%左右；农民人平纯收入达到1955元(90年价)，年均增长5%；城镇居民人平生活费收入达到3519元(90年价)，年均增长5%；居民平均生活水平相当于同期世界中等收入国家的生活水平，全省人民的小康生活更加宽裕，人民的营养状况、平均寿命、健康水平等生活质量指标达到或超过同期世界中等收入国家的水平。环境污染得到基本控制。人口自然增长率控制在7.29‰以内，总人口控制在6570万人以内。形成比较完善的社会主义市场经济体制，社会经济生活实现法制化，社会秩序和社会治安良好，形成健康、积极向上的社会风气和高度文明的精神风貌，实现湖北振兴崛起的宏伟目标。

地区规划选编

鄂东区域经济发展规划纲要（摘要）

鄂东区域是京九铁路及其与京广铁路联络线在我省过境和辐射的主要区域，是京九、京广两条南北大动脉H型在中段的结合部，是京广、京九除两个端点以外相距最近的地区。该区域包括黄冈地区所辖的9个县（市），鄂州市，黄石市及其代管的大冶市，武汉市所辖新洲县及黄陂县，咸宁地区的阳新县，共13个县（市），涉及5个地、市。该区域面积约2.6万平方公里，占全省的13.76%；人口1215万人，占全省的21.48%。

京九铁路干线在我省境内北起麻城市西张店，南至黄梅县小池镇，长251.9公里，约占干线全长的十分之一；麻城至武汉的联络线长81.2公里。境内京九干线和联络线共长333.1公里，占全线总长的八分之一。京九铁路的建成将特大城市武汉市与鄂东长江两岸发育较好的黄石、鄂州、黄州、武穴等城镇紧密联接成为一个有机整体，为整个鄂东区域经济一体化创造了前所未有的条件。这里有较为发达的工业、农业、商贸业，有铁路、公路、航空、水运相互配套的综合交通网络，是近中期内京九全线发展前景看好的黄金地段。

鄂东区域处于我国重点开放开发的长江经济带范围内，又是我省“九五”计划和2010年长远规划中“金三角”建设布局的重要组成部分。进一步搞好这一区域的经济发展，在我省的经济发展全局中具有十分重要的战略地位，同时对我国经济发展战略重点由东向西逐渐推进将产生一定的影响。

一、区域经济发展的优势和劣势

（一）区域经济发展的主要优势条件

1.“两个居中”的特殊地理位置和通达便捷的交通网络，为本区域的建设布局提供了优越的区位条件。鄂东区域位于长江中游，又位于京九铁路的正中部，我国经济发展布局的三条重要轴线——长江、京广线和京九线都在鄂东地区交汇。从交通网络看，东西横向有长江黄金水道，武麻、武沙两条铁路线及宜黄高等级公路，南北纵向有京广、京九两条大动脉，构成两纵四横的交通大格局；从武汉到小池口仅200公里的区间内，长江上已建成长江一、二桥、黄石、九江4座大桥，还有拟建的鄂黄、阳逻两座桥，这也是鄂东区域所独有的；加上黄陂县境内的武汉天河国际机场，依托武汉市这个我国内陆的特大城市，共同组成了较为现代化和立体化的鄂东交通网络。

2.较丰富的自然资源和具有一定优势的人文资源，为本区域的经济发展提供了良好的资源保证。

第一，水资源特别丰富，该区域年平均地表水径流量160.52亿立方米，地下水储量24.8亿立方米，总储量达185.32亿立方米，年人均拥有水资源1525立方米。如加上5995亿立方米的过境客水，人均拥有量5.08万立方米。完全可以保证经济和社会发展的需求。

第二，光、热、水、土组合条件较好。该区域以黄棕壤、黄红壤、水稻土为主，大部分地方土层较深厚，土壤肥沃，有机质含量高，理化性状良好，加之农业开发历史悠久，使各类土壤均得到了较好的培育。日照充足，雨量丰沛，雨热同期，四季分明。年均太阳总辐射417～467千焦/平方厘米，多年平均日照百分率40～50%，日照时数1700～2100小时，7月平均温度26～29.47℃，10℃以上年平均活动积温4800～5400℃，无霜期240～270天。年平均降水量1000～1500毫米，相对湿度平均为80%左右。光、热、水、土组合良好，土地生产力较高，十分有利于农业生产。此外，因受北部大别山和南部幕阜山的夹峙影响，还形成了许多局部性的小气候环境，适宜多种作物生长，既有利于种植业的集约化经营，又有利于多种经营的基地化建设。

第三，一些矿产资源有一定优势。矿产资源主要集中于鄂东的江南地带，已探明储量的有50多种。

金属矿品种较多，以铁、铜矿为主，铁矿储量5.4亿吨，铜矿储量294.17万吨，主要分布在黄石、大冶、鄂州、阳新一带，且矿产品位高，是我国少有的富矿集中区之一。非金属矿有大理石、石灰石、花岗岩、石英石、白云石、建筑用黄砂等，主要分布于长江北岸的黄冈地区。

第四，以人文资源为主的旅游资源较丰富，开发潜力较大。鄂东区域地形地貌融汇了北国的雄浑和江南的秀丽，自然旅游资源比较丰富，北有连绵起伏的大别山，南为切割破碎的幕阜山，层峦叠嶂、高山峻岭、飞瀑温泉，具有一定特色。本区域人文资源更为丰富，开发潜力较大。鄂东的旅游景点，也以人文景观著称。在黄梅，有佛教禅宗的两代祖庭——五祖寺、四祖寺；在黄州有著名的东坡赤壁、安国寺；在黄石，有西塞山、东方山；在鄂州，有吴王城、西山灵泉寺、观音阁；在麻城，有柏子塔、帝王庙；还有浠水的舍利塔、闻一多纪念馆，英山的毕升墓，黄陂的盘龙城，新洲的报国寺，以及红安的长征之路微缩景观、黄麻起义原址等。

3. 较高的产业发展水平和较密集的城镇群体，为鄂东的经济和社会发展提供了较好的物质基础。1994年鄂东区域国内生产总值达317.42亿元（当年价，下同），工农业总产值680.45亿元，分别占全省的16.9%、17.85%。财政收入21.03亿元，占全省财政收入的14.1%。农民人平年纯收入在1030～1532元之间，大部分县市农民人平年纯收入高于全省平均水平。

鄂东区域工业存量规模较大。建国后，国家在鄂东沿江地带，主要是江南，注入了大量的资金，形成了一定的工业存量。特别是冶金工业地位突出，拥有一批在全国、全省有影响的大中型冶金企业，形成了鄂东冶金工业走廊，是我国规模最大的冶金工业基地之一。“八五”期间，鄂东区域加快了改革步伐，加大了对外开放和开发的力度，在发展冶金、机械、建材、化工等工业的同时，加快了纺织、服装、食品、饮料、医药工业和电子工业的发展，并创建了一批精品、名牌产品。1994年，鄂东区域工业总产值达518.78亿元，占全省的17.15%。

鄂东区域是湖北省重要的粮、棉、油商品生产基地和农产品外贸出口基地，农业集约化水平较高。农田水利基础设施建设优于全省平均水平，全区域共建有大、中、小型水库1253座，蓄、引、提年均供水达79亿立方米，有效灌溉面积达86%，比全省平均水平高18个百分点。区域内黄冈地区的粮食、棉花、油料单位面积产量均居全省前列。多种经营发展迅速，特别是沿江地带的水产养殖业，大别山区的多种土特产，商品生产基地建设已形成一定规模，有的集种、养、加、销于一体，很有特色。1994年，鄂东区域的农业总产值161.96亿元，占全省的20.58%，粮食总产量469万吨，棉花9.3万吨，油料30.8万吨，水产品30.25万吨，出栏牲猪374.75万头，分别占全省的19.36%、20.67%、22.34%、23.38%、14.89%。农、林、牧、渔产品商品率分别为44%、47%、73%、65%。

以商贸、金融、科教、旅游业为主的第三产业发展较快。1994年，鄂东区域第三产业国民生产总值达81.19亿元，比1993年增长20.37%，快于全省12%的水平。社会消费品零售额94.62亿元。

鄂东沿江城镇群发育较好。区域内现有中等城市2个，县级市4个、县城8个，建制镇和乡镇约350多个。城镇非农业人口239.62万人，城镇化水平为20%。从总体上讲，这里的城镇有四个优势：①城镇分布密集，境内200公里的长江沿岸有5个县级以上城市，重要集镇近20个，城镇之间的平均距离仅20多公里；②城市规模结构比较合理；③交通条件优越，尤其是长江两岸城镇之间，有几座大桥使之连成一环；④工业化水平较高。除了有一些中小城市外，还有一批发展前景较好的小城镇。

（二）区域经济发展的劣势和制约因素

1. 能源短缺，局部地区交通及配套建设不适应经济和社会发展的需要。偏重型工业结构，对能源需求量大，而本地能源资源很少，工业及民用能源主要靠从外地调入，能源供需矛盾很大。从总体上看，鄂东交通基础较好，但由于港口建设滞后，造成公路、铁路与水运的有机结合也不够，长江水道的运输优势未得到应有的发挥，开发长江水运的任务甚为艰巨。在局部范围内，特别是在长江以北的大别山区，长江以南的幕阜山区，公路等级低，路面差，少数村未通公路，还有一些断头路，交通网络尚未完全形成。

2. 人地矛盾突出，水旱灾害尚未根除，农业生产受到一定制约。1994年人均耕地只有0.68亩，其中黄冈地区人平耕地也只有0.7亩，耕地资源不足严重影响农业的发展。水旱灾害仍然是农业生产的重要制约因素。一是长江干流的黄广大堤防洪标准不高，险工险段和各类隐患有待消除；二是江北一些长江支流的防洪建设任务仍很繁重，有些内湖防洪设施差，排涝设备严重老化；三是旱灾对江北的红安、麻城、罗田、浠水、英山、蕲春等地仍构成很大威胁。

3. 部分大中型企业活力不足，老工业基地作用弱化。鄂东区域部分国有企业历史包袱沉重，在运行机制转轨过程中，又一时难以适应，面临活力不足的问题。尤其是作为老工业基地的黄石市、鄂州市，工业企业较普遍地存在设备老化、技术装备落后的状况，原有生产能力衰退，冶金，建材等支柱工业产品结构调整不快，市场竞争力不强。

4. 城镇体系及功能有待进一步完善，生产力布局和地域分工需要进一步调整。鄂东沿江城镇群虽然发育较好，但从整体看城镇体系及功能都存在不少问题：一是城镇各自的特色不鲜明，主要城市产业结构趋同，如黄石、鄂州、大冶都是以钢铁工业为主的重工业城市；二是城镇功能还不健全，有的城市发展空间小，综合功能、经济实力都难以提高，不能承担一定区域内经济中心的重任；三是由于行政管理体制的分割，城镇间的联系不紧密，未能较好做到优势互补。

5. 区域内部经济发展不平衡，老区脱贫任务重。鄂东区域产业布局，主要集中在长江沿线的黄石、鄂州、黄州一带，而在大别山区和幕阜山区，产业布局尚未展开，大别山革命老区还有52万人未解决温饱，脱贫任务重。从总体看，鄂东既有在全省占有重要地位的冶金工业走廊，又有红安、麻城、罗田、英山、蕲春、阳新6个老区、山区贫困县，而且都是国家重点扶贫县。较为发达的城市和贫困落后的山区并存，地域经济呈现为较典型的二元经济结构，区域内部经济发展悬殊大。1994年，区域内的人均国民生产总值最高的是鄂州市，为5385元，而6个贫困县平均只有1900余元，相差两倍多。

6. 区域内部尚未建立必要的经济联系，缺乏合理的分工协作。非经济因素对区域内经济的组织和运行影响较大，开放度不高，阻碍了区域内整体优势的发挥，国民收入流出严重，降低了区域经济发展的整体水平和竞争力。

二、区域经济发展的指导方针

根据鄂东区域经济发展的宏观背景和区域条件，“九五”时期以至21世纪初期，鄂东区域经济发展总的指导思想是：充分利用长江沿江地区开放开发、京九铁路建成通车等重大机遇，以改善区域经济总体素质、提高区域整体竞争能力、促进区域经济一体化、增强区域经济综合实力为目的，坚持“两个根本性转变”和可持续发展的基本方针，转变观念、发挥优势、面向市场、综合开发、合理布局、协调发展，依托大交通、发展大农业、开发大工贸、搞活大流通、实行大开放、促进大发展。在地域开发上，背靠“金三角”的经济中心大武汉，依托以黄石、鄂州、黄州、麻城、武穴为主的城市群，推进以冶金、建材、服装、机械为主的区域产业一体化，把鄂东建成区域经济协调发展、综合实力强、山区面貌有很大改变、发展速度和效益都高于全省平均水平，生态环境得到有效保护和改善的重要区域，成为在长江中游和我国中部鄂、豫、皖、赣交界地区占有重要地位的新的经济增长区。

三、区域发展的总体布局

鄂东区域发展的总体布局，既要考虑到地域、区位条件的不同，原来产业基础和生产力发展水平的差异，又要看到随着大京九的建成，市场经济体制的逐步建立与完善，鄂东区域即将焕发新的活力，区域经济联系可望逐步得到加强。鄂东区域经济布局要以武汉为依托，以长江、京九铁路为发展轴线，以包括黄州、鄂州在内的武东地区为重点，往东沿长江两岸展开，往北向大别山区展开，形成“一主两翼”的发展格局。

1. 武东地区。范围包括武汉市青山区和东部郊县，黄州市和鄂州市。这里区位、交通、经济技术等条件优越，是鄂东区域布局的重点地区。一方面要接应武汉市区的工业转移，发展冶金、化工、机械、建材、能源等传统产业；另一方面要发挥紧靠武汉东湖高新技术开发区的科技优势，开发科技含量高的新型工业，还要利用交通四通八达、长江水资源丰富的有利条件，布置新的工业项目，发展大耗水、大运量工业。在农业发展上，武东地区要利用二、三产业较为发达的有利条件，率先处理好工农、城乡利益关系，充分调动农民积极性，进一步提高农业集约化经营程度，大力发展城郊型农业和创汇农业，加快向农业产业化、现代化迈进的步伐。围绕第一、二产业发展需要，发挥紧靠武汉市中心的优势，武东地区要进一步加快以商贸、信息、旅游、科教为主的第三产业的发展。

2. 东部沿江两岸地区。以黄石市为中心，以江南的大冶市和江北的武穴市为两翼，以黄梅、蕲春、浠水、阳新等县城和众多的小城镇为纽带，逐步展开经济布局。利用江南工业基础好，江北农业发达，黄石、小池口（九江）两座长江大桥贯通南北的有利条件，促进区域内优势互补。江南要加大产业结构调整的力度，在提高原材料工业加工深度的同时，运用江北丰富的轻工业原料，大踏步地扩大轻工业规模；江北既要发挥农业优势，继续稳固农业基础，努力提高农业产业化、现代化水平，又要大力发展轻纺、服装、食品、医药等工业。江南、江北要发挥整体优势，以优质名牌产品为龙头，组建产业集团。这样，促使东部沿江两岸地区形成农业持续发展、工业结构合理、优势互补、市场繁荣、充满活力的二级经济区。

3. 北部大别山区。范围包括麻城、红安、罗田、英山等县市及其它县市的山区乡镇。今后的发展，要以麻城市为中心，强化其中心城市功能。麻城市在京九线上占有重要地位，麻城火车站是全线的十大区段站之一，鄂、豫、皖13个县市参加的大别山经济科技协作会的常设机构，十多年来，一直设在麻城，京九线贯通后，已有一些县市捷足先登，在这里设办事处。因此，要大力加强麻城火车站区和黄金桥开发区的建设，充分发挥交通枢纽作用，发挥商贸、信息、经济辐射等多种功能，带动大别山区经济的发展。各山区县、乡镇要在国家支持下，突出地抓好公路、桥梁等交通配套设施建设，力争较便捷地搭上“京九快车”。要进一步办好多种经营基地，大力发展蚕桑、茶叶、板栗、花生、药材等拳头土特产品，开发非金属矿产。面向国内外两个市场，在原有的基础上，进一步办好土特产品的加工业、建材工业，以及原料、市场两头在外的随机型工业，不断扩大经营规模，发展批量生产，增加科技含量，提高加工深度，形成产品系列。

四、产业发展和建设重点

根据区域条件和经济发展的指导思想，鄂东区域产业发展和建设重点是：充分发挥京九铁路和长江水运的效能，加快交通通信配套建设；调整优化农业生产结构，积极发展集约化、产业化、现代化的大农业；坚持以市场为导向，继续加强能源工业，发展壮大支柱产业，加快培育先导产业；以商贸、旅游为主，加快发展第三产业；依托大交通，积极发展外向型经济；加强国土整治和环境保护，促进可持续发展。

（一）发展大交通效能、加快交通通信配套建设

“九五”时期，鄂东区域应按照建立大交通的思路，树立超前意识，搞好现代化的交通运输体系的建设。一是要以京九铁路、长江和武汉—黄梅的高等级公路为骨架，以鄂东区域内公路建设为重点，搞好交通基础设施建设，形成灵活畅通的交通网络；二是积极发展联合运输；合理利用各种运输方式，加强仓储、货场建设，铁路、公路建设，港口码头建设，提高社会经济效益。同时，大力发展邮电通信事业。

（二）调整农村产业结构，发展集约化、现代化农业

今后农业的发展方向是从传统的粗放型农业向集约化、现代化的大农业转变。为此，要调整优化农村产业结构，建立商品粮棉油基地和农副产品生产加工基地，在保证粮棉油稳定增产的前提下，大力发展多种经营，发展城郊型农业和创汇农业，同时通过发展乡镇企业和个体私营企业，加快二、三产业发展，壮大农村经济实力，以提高农产品及其加工品的有效供给，增加农民收入。

（三）坚持以市场为导向，发展壮大支柱产业，加快培育先导产业

鄂东区域工业发展要顺应京九铁路贯通后区位交通和市场格局的新变化，坚持以市场为导向，瞄准国际、国内、省内、区内不同层次的市场，加快增长方式转变，实施科技兴工战略、精品名牌战略、集团联合战略，调整、优化产业结构和企业组织结构，拓展和完善产业布局，以支柱产业和重点地区带动区域工业经济的发展。在产业发展序列和重点上，继续加强和完善以火电为主的电力工业；调整、改造、提高传统工业，进一步发展壮大以钢铁为主的冶金，以水泥和新型材料为主的建材，以服装、农产品加工为主的轻纺，以基础器械和汽车零部件为主的机电工业等支柱产业；加快培育先导产业，选择发展一些具有优势的高新技术产业、产品。在产业布局和地域分工上，按照因地制宜、发挥优势、合理分工、密切协作的原则，调整和进行新的展布。黄石、鄂州等原有工业基础较好的地域，要加快现有企业的改革、改造、改组，提高科技含量，重点发展占地少、污染小、消耗低的产业，壮大冶金、建材、机械、服装等行业的实力，并提高其素质，形成带动面大、支撑力强的支柱产业；发展高新技术产业，培育新的增长点。新洲、黄陂要利用靠近武汉市区的优势，接受武汉市外移及其扩散工业的资金、技术、人才，壮大电子、建材、非金属矿、加工工业的发展。黄冈地区大部分县市特别是大别山区，要选择既具市场潜力又有自身发展条件、诱导作用强、带动效应大的主导产业作为突破口，抓好已有优势企业的培植与发展，走专业化的小型巨人之路，依托京九铁路运力和未来能源优势，重点发展运量大、纵深开发余地大的机械、建材及农副土特产品加工业。

（四）建立大市场，大力发展商贸旅游业，推动第三产业的发展

鄂东第三产业的发展要依托大交通，通过建立

大市场，发展大贸易、搞活大流通，同时积极发展旅游业，开发新的旅游资源。

1. 市场建设和流通发展。“九五”时期，鄂东地区市场建设，应沿长江及京九铁路展开布局，以武汉、黄石、鄂州等大中城市为依托，以城镇带动农村，将整个鄂东区域市场建成城乡衔接、辐射全省、联系全国和对外开放的市场流通网络。要以交通主干线各城镇为重点，展开市场建设，以有形的批发市场和零售市场为主，建成集商流、物流、资金流、信息流为一体的流通大网络。

2. 旅游开发建设。“九五”期间及至2010年，在原有景区基础上，要突出各地特色，开发、建设一批旅游度假区和旅游热线、热点。

(1)武汉市要在原有三大景区的基础上，重点开发新洲县境内以道观河风景区为主的将军山—道观河—涨渡湖三点一线的风景旅游资源，黄陂境内以木兰山为主的盘龙城—木兰山—东山寺旅游度假区。

(2)黄冈地区要加快“五区三线”旅游格局的形成。“五区”一是以东坡文化为特色，以历史名城为主的黄州旅游区；二是以佛教禅宗文化为特色，包括武穴鼓山文化遗址在内的黄梅—武穴旅游区；三是以中医药文化为特色，以保健疗养、观光为主的蕲州旅游区；四是以革命传统教育为特色，以革命老区为基地的红（安）麻（城）旅游区；五是以风景、疗养、探险为特色的英（山）罗（田）旅游区。“三线”是沿江旅游热线、红安和麻城革命圣地旅游热线以及大别山避暑疗养热线。

(3)黄石市要突出“青铜文化”特色，开发形成以铜录山古矿冶遗址、西塞山、东方山等为主的旅游热点。

(4)鄂州市要重点开发三大旅游点，一是将人文景观和自然景观融为一体的西山风景区；二是以娱乐、保健、疗养和观光为主的洋澜湖——莲花山旅游区；三是以度假、疗养和水上运动为主的梁子湖旅游区。

(五)依托大交通，积极发展外向型经济

鄂东对外经济重点是以优势资源、优势产业为基础，以大中型骨干企业和名牌产品为龙头，建设和扩大出口创汇产业群，以外贸企业为主体，全方位、多层次、多渠道整体联动，建立“大外贸”的经营格局；以开发区为重点，以引进外资为突破口，大力推动鄂东地区与国际市场间的资源、资金、信息、技术的双向流动，从而实现“加大引进外资力度，建设大外贸，推进大开放”的总体战略目标。

“九五”末，利用外资占全区域固定资产投资规模达到25%左右，建成一些投资额超过5000万美元以上的重大项目。商品出口贸易额占全区域国内生产总值（按90年不变价计算）的比重达到20%左右，工业制成品在出口总额中的比重达到90%左右；提高机电产品、高新技术产品、技术和成套设备出口的比重，建立和培植出口产业群。同时，初步形成在国际市场上资源、商品、资金、技术、信息、劳务、人才、旅游等双向流动、多重组合的外向型经济体系，建立与国际经济接轨的技术、管理制度。

(六)加强国土整治和环境保护，促进区域可持续发展

鄂东区域目前生态环境面临着四个突出问题：一是武汉、黄石、鄂州等城市及农村乡镇企业的工业污染严重；二是大别山区的水土流失严重；三是长江干流和江北支流水患较为频繁；四是人口增长过快，耕地逐年减少，人均占有土地和耕地面积少，资源和环境的负荷重。随着京九铁路的贯通和鄂东区域经济发展步伐的加快，问题会更趋严重。因此，一定要全面贯彻实施《中国21世纪议程》，走经济、社会、资源利用和环境保护协调发展的道路。重点是加强区域环境建设和环保工作，减少环境污染，加强土地计划管理，切实保护耕地资源，同时加强生态绿化，防治水土流失，加强江河整治水利工程建设，防治洪旱灾害发生。

1995年改革开发大事记

1月

7日 省委、省政府召开全省大办农业广播电视大会。省委书记、省长贾志杰作动员讲话。

11日 《湖北省社会治安综合治理领导责任制及其一票否决权制实施细则》出台。

15～18日 省委书记、省长贾志杰深入到石首、公安、松滋等县市，专题调查研究荆江大堤防洪保安问题。

23日 省政府决定在全省选择一批小城镇进行综合改革试点。

31日 国家教委和省政府决定，共建武汉大学和华中理工大学。

2月

2日 省纪委、省监察厅颁发《关于违反农民负担管理政策法规的党纪政纪处分暂行规定》。

▲据报道，湖北省上海运贸总公司已成为湖北在上海的一个功能齐全、能提供全方位服务的综合性交通窗口，为长江经济带发展及振兴湖北经济作贡献。

16日 我省召开“中国12亿人口日”座谈会，强调增强计生工作紧迫感，严格控制人口的增长。副省长韩南鹏到会讲话。

24日 华中理工大学建成国内第一个细胞信使实验室，设备和技术均达到国际先进水平，成为我国生命科学研究的新基地。

26日 历时8天的省八届人大三次会议闭幕。蒋祝平当选省长，关广富主持会议并致闭幕词，并通过关于政府工作报告等6项决定。

3月

1日 省政府召开第六次全体（扩大）会议，主要是进行政府工作交接，进一步采取措施，真抓实干，推动《政府报告》提出的各项任务的全面完成，实现湖北的振兴崛起。

3日 以“爱心献社会、真情暖人间”为主旨的湖北省青年志愿者协会正式成立。

6～8日 全省人事工作会议在武汉召开。会议强调要把机构改革和推行公务员制度这两件大事抓紧抓好。

10日 全省农村改革试验区工作座谈会在枣阳结束。与会的理论界经济专家称这种新路子是“世纪之交农业经济发展的新生点”。

11日 国家“八五”重点工程—黄麦岭工程施工进入冲刺阶段。

18日 荆门钙镁磷肥厂正式竣工投产。

21日 我省正式确定47户企业作为建立现代企业制度试点。

24日 省委书记贾志杰在省支援三峡工程建设委员会第三次会议上指出，不失时机地加大支援三峡工程建设力度，是我们全省人民的重大责任，全省上下必须统一认识，明确任务，把支援三峡工程建设推上一个新台阶。

26日 省委、省政府召开乡镇企业现场办公会。省长蒋祝平等领导参加会议。

▲ 省委副书记杨永良邀请在鄂台商座谈，认真听取台商意见，并表示我省将进一步创造宽松的投资环境，使台商能放手经营，大胆发展，为湖北经济作出贡献。

▲京汉广光缆湖北段电路打通。

27日 省政府专题研究供销社改革问题。

23～30日 省三峡移民工作会议在武昌举行。省委、省政府、省人大、省政协领导参加会议。国务院三峡建设委员会办公室副主任漆林出席会议。

▲省重点建设项目——钟祥市万吨啤酒酶工程正式破土动工。

31日 湖北省第八届人民代表大会常委会第十三次会议通过《湖北省集贸市场管理条例》、《湖北省农村集体经济承包合同管理条例（试行）》。

4月

3月31日～4月2日　省委、省政府在武汉召开了全省经济体制改革工作会议。

4日　贾志杰书记、蒋祝平省长考察新华社湖北分社，省广播电视厅和湖北日报社并指出：把握正确舆论导向，为湖北振兴崛起作贡献。

5日　省长蒋祝平会见法国驻华大使，就法国与湖北的合作交流进行了交谈。

7～13日　国务院副总理吴邦国考察我省时强调，当前企业工作重点是搞好生产运行协调和搞好企业发展规划。

10日　第一百八十万辆东风车在东风公司总装厂驶下装配线。

▲ 据报道，4月中旬，宜昌富磷化工集团年产1万吨硫酸钾工程建成投产。该项目的建成，填补了我省此项产品的空白，每年还可为我国节约外汇2000多万元。

15日　天河机场正式通航，为武汉走向世界提供了新的起飞点。

18日　湖北技术交易所在武昌湖北科技大厦开业，这是继上海、沈阳、天津技术交易所之后第四个开业的国家重点指导技术交易机构。

21日　省暨武汉市"'95全国企业家活动日"庆祝大会在武汉石化厂隆重举行。

▲ 省委副书记钱运录会见以越共中央书记院庭肆为团长的越共中央科技代表团全体成员。

22日　省长蒋祝平、武汉市市长赵宝江等在武昌会见了欧洲联盟委员会副主席利昂·布里坦爵士一行。

24日　省内8家具有独立法人资格的商店加盟武商集团，迈开我省特许连锁第一步。

▲ 鄂西北最大中外合作项目　襄樊工人公司在襄阳县奠基。

29日　我省三峡工程临时船闸竞标集团在武汉正式成立。

▲ 我省支援西藏建设的61名党政干部今日启程赴藏。

5月

1日　从今日起，全省党政群机关、事业单位实行新的工时制，每日工作8小时，每周工作40小时。

▲ 美国俄亥俄州贸易代表团访鄂。

3日　据报道，经国务院批准，武昌县改为武汉市江夏区。

▲ 据报道，为维护消费者和经营者的合法权益，湖北进出口商品检验局日前选择中南商业大楼实行CCIB试点。

▲ 省长蒋祝平和美俄亥俄州沃伊诺维奇州长签署了《中华人民共和国湖北省和美利坚合众国俄亥俄州科技合作协议书》。

▲ 由省一轻工业局、湖北日报等6家单位联合举办的我省首届"金龙泉"啤酒节在武汉开幕。

7日　据报道，华中理工大学将成为华中地区高校信息通讯网络中心。

8日　我省首家以电力投资为主的股份有限公司—湖北长源电力发展股份有限公司正式成立，标志着我省社会办电迈出了可喜的一步。

11日　全省农口首届先进企业、优秀企业家表彰大会在汉举行。

▲ 经省政府批准，省国有资产管理局正式授权湖北化纤集团公司经营本公司的国有资产，通过产权纽带建立规范化的现代公司制度，使该集团成为国家级粘胶纤维基地。

▲ 我国第一台自行设计制作的WMS-1型轮机仿真训练器在武汉交通科技大学诞生，经专家验收，认为达到了90年代国际先进水平。

15日　省直机关机构改革动员大会在武汉举行。

17日　新加坡总理吴作栋率团访鄂，省长蒋祝平会见客人并出席合作项目签字仪式。

▲ 省暨武汉市集会纪念第二十七届"世界电信日"。

17～19日　全国部分省市县域经济开发研讨会在京山县举行。

18日　武汉工学院更名为"武汉汽车工业大学"。

22日　省长蒋祝平签署省人民政府第七十四号令，发布实施《湖北省最低工资暂行规定》。

23日　全国纠风专项治理工作会议在武昌举行。

23～24日　省标准局、省计量局联合召开会议，决定设立技术监督行政执行机构，加大"打假"力度。

25日　鄂台交流促进会在汉成立。副省长张洪祥为名誉会长，省台办主任王国耀当选为会长。

6月

1日　'95中国杯国际体操赛在汉举行。

3～5日　第五次日本全国知事会访华团来鄂

访问。

6日 省内首家旨在帮助企业寻求中外合资机会、协助合资企业顺利组成的专业投资咨询机构—中外合作湖北投资顾问中心在武昌成立。

▲ 经省政府决定组建的东风轮胎集团今日揭牌，这是我省最大的汽车零部件配套企业集团。

▲ 省高级人民法院就全国最大破产案—武汉货柜有限公司破产案召集债权人，正式清算还债。债权人共有37家，普通还债分配率20.2%，至此此案已近尾声。

7日 省社会科学界第五次代表大会开幕。

9日 省长蒋祝平与各地市州政府负责人签订“普九”暨粮棉责任制。

11日 据报道，黄石建材化工总厂建成全省最大粉磨灰基地。

▲ 本日结束的’95湖北—汉城经济贸易合作会取得成效，达成合作意向项目53个，签订出口合同2350万美元。

14日 国际智能制造会议在华工大召开。

16日 中南地区第一所新闻学院—武汉大学新闻学院正式成立。

18日 武汉长江二桥今日通车，市区28公里长的内环线由此全线贯通。

19日 由省委书记贾志杰、副省长李大强率领的湖北党政代表团抵达南京，开始对江苏省、上海市进行考察。

▲ 省长蒋祝平会见韩国驻华大使。

22日 武汉冶金科技大学成立。

26日 荆门石化洪湖输油工程正式投用，首批进口原油自洪湖输抵荆门。

30日 全省首届工业精品名牌产品展销会在武汉开幕，这次展销是由省委、省政府确定，省经贸委举办的一次大型经贸活动。

7月

6日 东风汽车公司所属的东风实业开发公司与法国哈金森公司在汉正式签署合资经营“东森”公司协议，这个总投资额达2.3亿元人民币的企业将建在沌口“汽车城”，为我国目前最大的汽车橡胶密封件制品合资企业。

▲ 据统计，今年上半年，我省和中央在鄂企业在三峡工程中标获得63项合同，总金额8.14亿元。

8日 湖北医科大学计划生育教学大楼正式落成。这是国家计生委与高等院校联合办学培养社会计划生育专业后备人才的第一个教学基地。

18日 东汽公司首辆轻型车在襄樊轻型车厂下线。

19日 据报道，武汉钢铁集团日前收到国家计委通知，同意武汉钢铁集团从1996年起在国家计划中实行单列。

22日 武钢三中学生朱辰畅获国际数学奥赛金牌，这是该校获得的第三块金牌。

28日 省委、省政府听取《武汉市城市总体规划》汇报，指出要进一步发挥武汉龙头作用，加快其建设国际性城市的步伐。

8月

2～5日 省政府在襄樊召开了全省企业管理工作现场会，国家经贸委副主任陈清泰到会并讲话。

5日 喀麦隆南方省省长应蒋祝平省长邀请访鄂。

7日 展示绚丽多彩的巴楚文化的“’95湖北民俗风情游”在恩施市隆重开幕。

▲ 我省建成全国最大数字移动通信联网系统。

▲ 为民营企业家扶贫牵线搭桥的湖北省光彩事业促进会在武昌成立。

11日 首届长江文化暨楚文化国际学术讨论会在武汉举行。

14日 具有90年代国际先进水平的我国首台大型轧辊数控激光刻花机床在武汉重型机床厂研制成功，在今日举行了演示会。

▲ 我省最早建成通车的高速公路—武（汉）黄（石）公路的经营权转让协议签字仪式在武昌举行，省交通厅厅长王远璋和马来西亚丹斯里·拿督李三春先生分别在正式协议上签字；同时，我省与马来西亚合作的湖北马鄂高速公路经营公司经注册正式成立。

13～17日 国务院特区办主任胡平到十堰、襄樊考察。

18日 据报道，全国百名农业大县排出座次，我省14县市入圈，襄阳、监利、钟祥位列前五名。

▲ 我省首批“全国商业信誉企业”在武汉授匾，我省有42家企业获此称号。

21日 省委、省政府在武昌召开全省个体私营经济发展工作会议，提出“九五”期间个体私营经济发展新目标和扶持政策。

22～24日 香港知名人士邵逸夫先生访鄂。

26日 全国第六届中学生运动会在汉开幕。

27日 江泽民总书记题写的“全国青少年教育基地”匾牌，分别在武昌和红安挂牌。

28日 黄石市政府主持下陆钢铁总厂进入太原钢铁集团公司交接仪式，同时由下钢更名的太钢集团东方钢铁（有限）公司正式成立。

▲ 据报道，我省考取重点大学的40名农村贫困学子，获得省建行首批专项资金资助。

▲ 由我国自行设计研制的新型常压—重油催化裂化联合装置及十二大配套系统在武汉石油化工总厂投产成功。它标志着我国重油催化裂化技术接近了国际先进水平。

29日 据报道，我国企业界规模最大的裁员行动在东风汽车公司展开，东汽一次精简14500人，使职工安排有序，生产效率大增。

9月

2日 据报道，最近在十堰召开的全省开发区工作会议强调，加大招商引资力度，提高开发区运行质量。

3日 据报道，我省14个农垦企业列入农业部“三百工程”。

4日 省委、省政府发布《关于全面开展农村小康工程建设的通知》。

6日 省委书记贾志杰、省长蒋祝平分别会见新加坡—湖北贸易与投资促进工作小组及顾问小组全体成员。

9日 据报道，《湖北省教师住房建设方案》出台，到2000年教职工家庭人均居住面积将达到小康水平。

▲ 美国博格·华纳公司与十堰汽车变速箱厂共同投资25500万元成立的“华中—华纳变速器有限公司”签字仪式在汉举行，这是我省为配合东风汽车公司制定的发展百万辆汽车规划落实的唯一总成项目，也是目前省内最大的汽车零部件合资项目。

12日 ’95武汉国际汽车零部件及制造技术与装备展览会在汉开幕。

13日 京九铁路湖北段全线铺通。

19日 省委召开常委扩大会议，听取了省政府关于全省“九五”计划和2010年远景规划的汇报。

▲ 省委书记贾志杰、省长蒋祝平会见香港《经济导报》客人。

20日 湖北省慈善总会成立。

▲ 据报道，从今年10月起，省政府决定向在鄂工作的两院院士发放特别津贴，标准为每人每月1000元。

25日 宜黄高速公路江宜段全线完工投入试运行。

27日 苏丹总统巴希尔访问我省。

29日 经专家审查通过，清江平流最大的电站定址水布娅。

10月

4日 中共湖北省委召开全省党员负责干部会议，传达贯彻十四届五中全会的主要精神。

8日 我国第一家按照现代企业制度组建的流域性开发公司—湖北省清江水电开发有限责任公司在宜昌市挂牌成立。

10日 省委书记贾志杰、省人大主任关广富分别会见了阿基坦大区议会主席雅克·瓦拉德先生率领的法国阿基坦大区政府代表团一行和法国驻华大使白乐尚先生。

7～13日 省长蒋祝平在十堰市调查研究时强调指出，全省各地要以党的十四届五中全会精神为指针，加速制定“九五”计划，确立远景目标，抓好当前工作。

11～13日 副省长张洪祥率领省直有关部门负责人，在神农架林区现场办公时指出：神农架应成为湖北旅游业重中之重。

13日 省政府召开深化企业职工养老保险制度改革会议。

15日 省长蒋祝平在晴川饭店会见并宴请了来访的荷兰交通、公共工程和水管理部部长龙里茨玛·莱宾克女士一行。

24日 省委、省政府、省军区隆重召开全省防汛抗灾夺丰收庆功表彰暨农田水利基本建设动员大会。

25日 实施科教兴鄂战略，促进湖北振兴崛起，全省科技大会暨九五年湖北科技节隆重开幕。

26日 省委领导同志贾志杰、蒋祝平、钱运录、杨永良与出席全省高校党建工作会议的代表座谈。贾志杰强调：我省高校有很多方面的优势，在科教兴鄂中要发挥重要作用。

▲ 我省第二届农民运动会在随州市隆重开幕。

30日 省委召开反腐倡廉座谈会，分析反腐败斗争形势，进一步部署反腐倡廉工作。中纪委副书记王德英在座谈会上讲话强调，当前要进一步加大反腐倡廉力度，抓紧突破大案要案。

11月

6日 省委、省政府召开全省深化供销合作社改革电视电话会议，进一步贯彻落实党中央、国务院《关于深化供销合作社改革的决定》精神。

▲省长蒋祝平在东湖宾馆会见了日本第一劝业银行行长奥田正司一行。

8日 我省3名科学家新当选中科院院士，他们是沈韫芳、於崇文、熊有伦，分别属于生物学部、地学部和技术科学部。

11日 我省第一、全国第三的高速公路—宜黄公路全线胜利贯通。正在我省考察的国务院总理李鹏、副总理邹家华一行乘坐的中巴车成为通过这条康庄大道正式开通后的首趟车。李鹏、邹家华为通车剪彩。

14日 湖北省见义勇为基金会在武汉成立。

17日 省长蒋祝平会见了韩国锦湖集团会长朴晟容先生一行。蒋祝平向客人介绍了湖北省情，并就可能进行合作的领域交换了意见。

18～20日 武汉大学、华中理工大学双双顺利通过国家教委组织的"211工程"部门预审。

▲湖北省清江水电投资公司在武汉宣布正式成立。

28日 中南经济技术协作区第八次联席会议在武汉召开。来自河南等省市的代表共商按照市场经济规律、突破行政区划界限，发展区域经济大计。

24～30日 省八届人大常委会第十七次会议召开。会议通过《湖北省个体经营户和私营企业条例》和《湖北省森林采伐管理办法》。

30日 湖北省股份制企业协会在武汉正式成立。

12月

6日 神龙公司武汉工厂总装线上，第一千辆富康车下线。法国外贸部部长、驻华大使和我有关方面负责人来汉祝贺。

▲国家"八五"重点项目—东风轮胎集团公司年产30万套全钢丝载重子午胎项目，通过国家验收，至此该公司已成为全国三大子午胎生产基地之一。

8日 省委书记贾志杰率中共代表团离京出访匈牙利。

11日 "八五"国家重点科技攻关项目—重型机床模块化设计与制造在武汉重型机床厂通过国家级验收。同时，由该厂设计制造的国家级新产品—CKX53150/1型单柱移动数控立式铣车床宣告成功。

15日 副省长李大强率省政府代表团访日。

16日 黄石长江公路大桥正式通车。

18日 据报道，鄂（州）黄（州）长江公路大桥近日被国家批准立项建设。

▲我省首列广告列车—"美尔雅"号列车驶出武汉，这是黄石美尔雅集团以80万元的价格获得原37/38次（武昌—北京）特快列车拍卖的广告发布权。

26日 经海关总署批准，中华人民共和国沙市海关正式开关。

27日 我省表彰"十佳三资企业"和"先进外商投资企业"。

25～27日 省委、省政府在武昌召开全省经济工作会议。传达贯彻中央经济工作会议精神，分析当前经济形势，研究部署1996年全省经济工作。

28日 高速无线寻呼网在全省开通。

本月 省委、省政府提出"湖北精神"—"团结拼搏、求实创新、抢前争先、实干快上"，激励全省人民为湖北的振兴崛起而努力奋斗。

（李兴年　杨艳平　闫　奇　撰稿）

武 汉 市

主　　编：苏忠遂
副 主 编：乔江林
编写人员：朱　卫　李卫民　杨小凡

武汉市分目录

武汉市概况 …………………………………………………………………………………（281）
国民经济和社会发展 ………………………………………………………………………（281）
经济体制改革和对外开放 …………………………………………………………………（286）
附录：武汉市对外经济技术合作意向性项目 ……………………………………………（289）
武汉市国民经济和社会发展“九五”计划和2010年远景目标简介 ………………………（293）

1995年改革开发大事记 ……………………………………………………………………（295）

武汉市概况

面积：8467.11 平方公里
人口：710.01 万人
行政区划：8 个城区，2 个郊区，3 个县
市委书记：钱运录
市九届人大常委会主任：李梅芳
市长：赵宝江
市九届政协委员会主席：李　岩

武汉市国民经济主要指标（单位：亿元）

项　目	1995 年	1995 年比上年增长（%）
国内生产总值	606.91	16.7
国民收入		
工农业总产值	977.92	14.4

续表

项　目	1995 年	1995 年比上年增长（%）
工业总产值	883.58	14.6
重工业产值	552.97	12.3
轻工业产值	330.61	17.9
农业总产值	94.34	12.0
全社会固定资产投资	322.23	56.4
国有固定资产投资	190.13	42.2
社会消费品零售总额	302.61	29.0
零售物价总指数（%）	114.0	14.0
职工工资总额	112.78	13.9

国民经济和社会发展

一、国民经济发展情况

1995 年以来，武汉市人民继续深入贯彻中央 20 字基本方针，紧紧围绕武汉市委、市政府确定的各项奋斗目标，抢抓机遇，努力工作，较好地完成了全年的各项任务。国民经济保持了持续、快速、健康发展的好势头，1995 年，武汉市完成国内生产总值 606.91 亿元，按可比价格计算，比上年增长 16.7%，分别高于全国、全省平均水平 6.5 个和 2.1 个百分点。其中第一产业增加值 60.74 亿元，增长 9.5%；第二产业 294.67 亿元，增长 15.9%；第三产业 251.50 亿元，增长 19.8%。

（一）农业

1995 年末，武汉乡村户数 69.53 万户，乡村人口 273.7 万人，乡村劳动力 123.5 万人。全年实现农业增加值 60.7 亿元，比上年增长 9.5%。实现农林牧渔总产值 94.3 亿元，增长 12.0%。武汉农业生产大力推行集约化经营和“三高”种植模式，主要农产品获得好收成。粮食总产 173.0 万吨，棉花总产 4.53 万吨，油料总产 11.16 万吨。1995 年，围绕

"菜篮子"努力形成蔬菜、水产、家禽、果茶4个农业主导产业，全年蔬菜产量246.14万吨，牲猪（出栏）170.59万头，禽蛋9.43万吨，水产品21.74万吨，牛奶产量2.68万吨。

近年来，武汉市农村非农产业迅速崛起。1995年末，武汉农村非农产业劳动力已达48.13万人，占农村劳动力的34.6%。全年农村工业总产值240.98亿元，建筑业总产值29.76亿元，交通运输业总产值28.68亿元，商业及餐饮业产值62.17亿元。非农产业产值已大大超过了农业总产值，不仅有效地转移了农村剩余劳动力，也促进和带动了农村经济的繁荣。

（二）工业

1995年末，武汉有工业企业35744户，其中乡及乡以上工业4521户，包括大中型工业企业254户。这些工业企业分布在33个工业行业大类及165个工业行业中类之中，分别占国家工业行业分类种数的76.7%和84.2%。1995年，武汉全部工业增加值244.39亿元，全部工业总产值883.58亿元，乡及乡以上工业总产值697.90亿元，其中：国有工业501.86亿元。大中型工业企业总产值488.42亿元，乡及乡以上工业总产量占全部工业的79.0%。大中型工业企业总产值占全部工业的55.3%。一些重要工业产品生产能力大大提高，生铁产量547.21万吨，钢产量543.94万吨，原油加工228.30万吨，发电量68.75亿千瓦小时，汽车产量2289辆，水泥产量179.32万吨，啤酒23.60万吨，服装产量5509.36万件，塑料制品4.78万吨。1995年武汉完成重工业产值552.97亿元，轻工业产值330.61亿元，工业结构仍呈偏重型特征。钢铁、汽车、机电、新高技术四大支柱产业以及服装、食品、化工、建材类产品特色和优势逐渐明晰。

（三）建筑业

1995年末，武汉建筑施工企业共328家，固定资产原值35亿元，拥有建筑机械设备58114台88.91万千瓦。全年完成建筑业增加值50.28亿元，比上年增长49.0%；建筑业总产值107.2亿元，增长34.7%；竣工产值48.5亿元，增长7.8%；实现利润1.8亿元，比上年增长20.0%；实现利税5.00亿元，比上年增长42.9%。验收鉴定单项工程3115个，优良品率34.3%。

（四）商业

1995年，武汉有商业机构9270个，其中国有1889个，集体3234个，其他4147个，分别占20.4%、34.9%和44.7%。年末商业零售网点发展到80362个，其中国有3438个，集体3117个，其他73807个，比重依次为4.3%、3.9%和91.8%。饮食业网点共17558个，其中国有320个，集体757个，其他16481个，比重依次为1.8%、4.3%和93.9%。1995年，武汉社会消费零售总额302.6亿元，是1990年的2.2倍。其中国有及股份制单位零售额111.1亿元，集体单位零售额50.5亿元，个体私营零售额89.7亿元。分别占全社会消费品零售总额的36.7%、16.7%和29.6%，公有制仍居主导地位。1995年，武汉新改扩建商业网点面积约20万平方米，扩大营业面积3.29万平方米，全年新建连锁经营公司15家，配送（售）中心4个，特许连锁、加盟连锁、超市等250多个，成为商业经营与国际接轨的新景观。目前武汉的社会消费品零售总额在全国城市中只次于京、津、沪、穗居第五位，并拥有年销售额超亿元的批发贸易企业65个、零售贸易企业19个，依然是中国内地最大的商业中心。

（五）金融、保险业

1995年末，武汉各级各类金融机构已发展到2154家，其中，当年批设231家。金融机构各项存款余额631.35亿元，比上年末增加146.49亿元，增长30.2%；各项贷款余额634.53亿元，比上年末增加141.83亿元，增长28.8%。其中银行各项存款余额477.62亿元，比上年末增加88.41亿元，增长22.7%；各项贷款余额535.21亿元，比上年末增加103.54亿元。累计净回笼货币73.11亿元，是上年的3.5倍，是近3年平均净回笼的2.3倍。1995年累计融资额318.24亿元，比上年增长79.5%。武汉证券市场全年累计发行各类有价证券21.3亿元，证券交易额2227亿元。武汉证券中心年末会员704家，完成国债交易额1972.6亿元（不含国债期货交易量）。

1995年，武汉保险业务总收入10.59亿元，比上年增长30.3%。其中国内保险费收入8.23亿元，涉外保险收入0.54亿元，保险理赔5.04亿元，其中支付国内赔款4.74亿元，支付涉外赔款0.3亿元。国有企业养老保险覆盖面达到100%，城区集体企业达到85.4%。农村社会养老保险共收取保险费1800万元。

（六）旅游业

1995年，武汉地区共接待海外旅游者达到15.24万人次，比上年增长19.03%，实现国际旅游外汇收入达5598.68万美元，比上年增长20.4%，全市旅游企业经营收入达到10.05亿元人民币，比上年增长27.05%。全市共有涉外饭店38家，床位

1.1万张，其中星级饭店25家，客房4140间。水、陆、空立体化的旅游交通网络开始形成。在旅游资源开发上，近年来集中力量积极招商引资，加快了旅游重点资源的开发，如东湖风景区、新洲道观河风景区、木兰湖旅游度假区、东西湖金银湖度假区的开发建设，新建了一批如东湖钓鱼台、磨山楚城、龟山三国城等具有特色的新景点，使武汉旅游由过去的过境型开始向观光游览、休闲度假目的地转变。

二、国民经济结构调整情况

武汉以建设开放型、多功能、现代化的国际性城市为目标，按照产业结构“三二一”发展及调整的总体方针，近年来呈现出第一产业比重持续下降，第二产业比重稳中有降，第三产业比重迅速上升的变化格局。1995年，一、二、三产业增加值占国内生产总值的比例由1990年的15.6：52：32.4调整为1995年的10：48.6：41.4。第三产业迅速发展，使武汉的城市功能得到明显恢复和发挥，极化和扩散能力显著提高。

在国民经济运行中，工业生产持续稳定增长，产销衔接水平有所提高。1995年除国有工业因受宏观经济运行环境趋紧及其他多种因素的影响而增长缓慢外，乡镇企业、区街企业、三资企业、股份制企业、个体私营企业等多个新经济增长点发展势头依然强劲，继续拉动武汉市工业经济整体攀升。1995年全部工业总产值达到883.58亿元，同比增长14.6%；工业产品销售率达到95.2%，比上年95.1%略高。农业和农村经济呈现稳步发展势头，农业总产值完成94.34亿元，同比增长12%。粮棉稳定增长，油、菜、肉、蛋、鱼等其他重要农副产品都有较大幅度增产，乡镇企业继续保持高速增长，1995年乡镇企业总产值584亿元，比上年增长57.9%。

1995年，武汉市全社会固定资产投资322.2亿元，比上年增长56.4%。其中，基本建设完成投资111.5亿元，更新改造投资73.2亿元，商品房投资91.6亿元。中央、省属在汉投资91.85亿元，增长26%；市属投资193.56亿元，增长73.6%。在全社会固定资产投资总额中，国有经济单位投资190.1亿元，集体单位14.49亿元，其他单位及城乡个人117.61亿元，所占比重由1994年的65：4：31改变为59：4：37。全年基本建设大中型项目13个，完成投资76.11亿元，占全社会投资的比重23.6%；限额以上的更新改造项目33个，完成投资38.67亿元，占全社会投资的比重12%。投资重点继续向基础产业和基础设施倾斜，投资额由1994年的81.79亿元上升到135.94亿元，占全社会投资的比重由39.7%上升到42.2%。国有单位用于能源、交通邮电、原材料建设的投资达114.80亿元，比上年增长58.4%。

三、基础设施完善情况

（一）交通运输

武汉素有“九省通衢”之称，在全国交通运输格局中，是少有的集铁路、水运、公路、航空于一体的枢纽。1995年，完成货运量13252万吨，货物周转量784.17亿吨公里；客运量9471万人，旅客周转量195.15亿人公里。

铁路 武汉是京广铁路与武浔线、汉丹线以及京九联络线的交汇处，拥有沟通南北、联接东西的铁路网络。1995年，新增了武汉至香港的直达集装箱专列；武汉至西安、上海的旅客列车已改为全空调列车，管区内无慢车开行。全年货运量5055万吨，货物周转量563.70亿吨公里；客运量2242万人，旅客周转量119.60亿人公里。武汉铁路分局跻身全国铁路50强企业第九位。

水运 武汉水路运输通江达海，水运航线辐射面积287万平方公里，影响所及三分之一的国土。现有各类船舶2088艘，包括豪华旅游船11艘，总载重140万吨、6万客位，航运综合能力在全国内河居第一位。1995年，武汉轮船总公司建成全空调快班轮运行武汉至九江，运载率保持96%以上。地方水运企业大力发展江海直达、近洋运输，现有运力3万吨，可通航日本、韩国、东南亚及港澳地区。全年货运量2657万吨，货物周转量191.01亿吨公里；客运量625万人，旅客周转量19.60亿人公里。

公路 1995年，武汉新增公路营运车1469辆，累计32802辆，公路营运车辆保有量居全国大中城市第八位。新辟客运线路133条，累计942条。公路长途客运触角延伸至上海、北京、广州、宁波等18个省市，营运半径超过1400公里，客运量为各种运输方式之首。全年货运量5376万吨，货物周转量28.47亿吨公里；客运量6388万人，旅客周转量34.72亿人公里。

航空 武汉民用航空共有飞机17架，其中武汉航空公司9架。1995年，顺利地完成了南湖机场向天河机场的搬迁，随着天河机场的开通，武汉航空运输能力迅猛增强，天河机场吞吐量比南湖机场翻了一番。武汉航空公司新开辟了武汉至合肥、常州、烟台、哈尔滨、济南等5条航线，国内22家航空公司也开通了至武汉的航线。至此，武汉空运航线已达

72条，每周航班385个，通达国内43个城市和地区，并有定期包机直达香港。航空旅客吞吐量在全国居第十位。全年货运量2.7万吨，货物周转量0.27亿吨公里；客运量216万人，旅客周转量21.23亿人公里。

（二）邮电通信

邮政 武汉邮政局是全国七大一级中心局和八大航空邮运中心之一，是鄂、湘、粤、桂、川、滇、黔7省邮运调度中心，也是中南地区最大的邮件集散处理地。邮件经转量居全国第三位，邮政业务量连续5年以平均25%的幅度递增，增幅名列全国省会城市之首。1995年，武汉国际邮件交换局正式成立，结束了武汉国际邮件经上海、广州等地验关出口的历史。现有邮政局（所）329处，信箱信筒1511个，特快专递可通达135个国家和地区以及国内所有大中城市。全年收寄函件17593万件，包裹337.5万件；特快专递127.5万件；订销报刊期发数269.5万份。

电信 1995年武汉电信系统职工6554人（含市辖县邮电局），拥有电报电路501路，挂发电报8.6万份；长话电路25974路，挂发长途电话12346.7万次，其中国际电话去话109.4万次。市内电话交换机全部程控化，总容量达到120.93万门，实现连续3年翻三番，跃居全国城市第六位。住宅电话由27.39万户发展到50.64万户，市区百人占有电话机由上年的15部上升到21.76部，跃居全国城市第十五位。移动电话用户发展到74886万户，为上年的3.4倍，跃居全国城市之首。无线寻呼机用户达372984万户，比上年增长67.3%。

（三）城市建设

道路、堤坊 截止1995年末，武汉市区铺装道路总长度1307公里，道路面积1421万平方米，其中高级和次高级道路长度1253公里，面积1361万平方米，人均拥有道路面积达4.1平方米。供水管道总长度3134公里，下水管道总长度1298公里。江河防洪堤总长度294.5公里，其中当年完成达标防洪堤3.26公里，新建防水墙0.8公里，新建防浪墙1.46公里，加培土堤1公里。

公共交通 截止1995年末，武汉有公交线路226条，其中汽（电）车线路128条（包括郊区线路26条），专线车线路73条，轮渡航线25条。汽（电）车线路长度1300.5公里，轮渡航线长度159公里。拥有公交车船14165辆（艘），其中公共汽（电）车2154辆，转线车1252辆，出租车10719辆，轮渡40艘。公共汽（电）车折合标台4089台。

供水供气 截止1995末，武汉自来水公司有自来水厂12座，日制水能力277.6万吨，平均日供水量245.6万吨，城区非农业人口自来水用水普及率达到100%。年末燃气用气人口225.2万人，其中市煤气公司供用气人口107万人，管道煤气供用气人口52万人，企业、社会自办液化气供用气人口36.7万人，武钢自办煤气供用气人口29.5万人。城区气化率为65%。

四、社会事业发展情况

（一）科学技术

科技实力不断壮大。武汉是中国重要的科研基地，截止1995年末，独立研究与开发机构达160个，独立科研机构有职工24655人，其中科学家与工程师占43.31%。高等院校共建立研究与发展机构376个，科技活动人员50238人，其中科学家与工程师占68.87%。各类专业技术人员共41万余人，包括中科院院士14人，中国工程院院士11人（其中1人兼中科院院士）。

科研活动更加活跃。1995年，武汉市科学技术委员会共安排国家科技计划项目131项，科技项目投资总额1.55亿元。全年登记科技成果176项，评定市科技进步奖93项，其中48项达到国内领先和国际先进水平。武汉市计划委员会共安排科技项目27项，其中已经国家批准立项的6项，当年投入资金1.36亿元，完成项目9个。

技术交易不断扩大。1995年，武汉新成立各类技术交易机构258家，累计达2461家。全年共签订各类技术合同3268项，合同总金额5.86亿元，其中技术交易额3.08亿元；合同实现金额4.71亿元，其中技术交易额3.06亿元。10月23日，武汉技术交易所进入试运行，共收录各类科技信息1000多条，拥有152家会员单位，并建立了技术交易分所7家，初步实现了与各分所的信息联网。

（二）教育事业

教育体系逐步完善。武汉是湖北省乃至华中地区的教育中心，高等教育比较发达，1995年末，武汉拥有普通高校33所，在校学生150019人，专任教师19462人，在全国城市中仅次北京、上海居第三位。中等教育布局合理，有中等职业学校238所，在校学生155235人，专任教师11844人；普通中学523所，在校学生366400人，专任教师25332人。初等教育基本普及，有小学2023所，在校学生769927人，专任教师33339人。幼儿教育初具规模，有幼儿园813所，在园幼儿169291人，专任教师8274人。

此外，还有盲聋哑特殊教育学校 6 所，在校学生 2303 人，专任教师 357 人；成人高等学校 33 所，在校学生 120825 人，专任教师 4109 人；成人中专 58 所，在校学生 33411 人，专任教师 1520 人。

教育质量稳步提高。1995 年，武汉城区基本普及九年义务教育，全市小学在校生巩固率达 99.9%，小学升初中达 95.29%；初中在校生巩固率 97.7%，初中学生升入高中为 71.33%；高中毕业年级合格率 99%，高中毕业学生升入各类高等学校达 56.94%。

（三）文化事业

文化事业不断开创新局面。1995 年末，文化事业机构发展到 81 个，其中艺术事业机构 33 个，图书馆事业机构 16 个，群众文化事业机构 20 个，其他文化事业机构 12 个。有京剧、汉剧、楚剧、歌剧、话剧、杂技、说唱、交响乐、儿童艺术等 9 个专业艺术团体。有各类影剧院 40 多所，登记注册的歌厅、舞厅、卡拉 OK 厅 300 多家，音像放映点 1100 多家，书刊发行销售点 1784 个。

艺术事业持续繁荣。1995 年，武汉地区文艺作品获国际奖 6 项，国家奖 34 项，省级奖 75 项。话剧《同船过渡》获“五个一工程入选作品奖”及“文华大奖”；群众文艺作品《梦中远航》等 4 件声乐作品荣获金、银、铜和优秀“群星奖”。以文化广场为载体、以文体联手为特色，群众文化活动共开展了 1000 余次，观众及表演人数达 400 万人次。对外文化有所突破，新加坡、苏丹国家元首相继来汉出席重大文化活动，市图书馆、少儿馆、艺术学校分别与德、法、英等国建立了长期友好合作关系。

图书出版不断发展。截止 1995 年末，武汉有公共图书馆 16 个，藏书 260.7 万册，阅览室座席 0.3 万个，当年图书流通 137 万册次，总流通人次 103.6 万人次。全年出版图书 3028 种，总印数 35206.72 万册；出版杂志 305 种，总印数 11267.57 万册；出版报纸 61 种，总印数 45767 万份，其中武汉市新闻出版局出版的《万国经济体制比较丛书》获“中国图书奖”。

广播电视发展迅速。截止 1995 年末，武汉共有广播电台 5 座，发射及转播台 7 座，平均每日播出时间 64 小时。共有电视台 4 座，电视发射及转播台 11 座，平均每周播出 839 小时 22 分。武汉人民广播电台全年制作广播剧 4 部集，日采编播新闻 100 条。武汉电视台全年制作电视剧 45 部集，制作电视专题片 420 部集，译制电视剧 63 部集，其中与中国教育电视台合作创办的大型杂志化节目《科技之光》，通过卫星覆盖亚太地区，被联合国科教文组织授予“儒勒·凡尔纳奖”。武汉有线电视台实现城区联网，发展有线电视用户 20 万户，累计达 40 万户，有 22 个频道同时播出。

（四）卫生事业

卫生事业不断加强。1995 年，武汉有卫生事业机构 1443 个，其中医院 224 个，门诊部（所）1088 个，卫生防疫机构 45 个，妇幼保健站（所）14 个，其他医疗、卫生、科研、教学机构 72 个。全市卫生技术人员 5.89 万人，其中中医师 3409 人，西医师 18096 人，中西医结合高级医师 342 人，包括一批著名的医学专家。全市卫生事业床位数 3.64 万张，其中医院病床 2.96 万张。平均每万人口拥有医生 35.3 人，拥有医院病床 42 张。医院年门诊 2278.3 万人次，治疗有效率 95.8%。卫生免疫接种率 94.1%，药品监督覆盖率 91%，血防灭螺面积 6.58 万亩。全年急性传染病发病率为 300.65/10 万，公共场所卫生监督覆盖率和食品卫生监督覆盖率达到 100%，血吸虫疫区居民患病率 11.50/10 万，碘缺乏病患病率 0.13‰。

经济体制改革和对外开放

一、企业和城市综合改革试点情况

（一）建立现代企业制度试点工作全面展开

1995年武汉市累计批准建立现代企业制度试点企业78家，其中市属30家，区县和有关委办属48家。在市属30家试点企业中，28家企业试点方案已经讨论通过，25家企业进行了公司制改造。各项配套改革也取得了实质性进展，市属国有工业企业多渠道累计增资3.56亿元；冲销了部分损失和资金挂帐损失，资产负债率降到60.94%；通过企业内部消化、职工自谋出路、进入失业保险、社会帮助再就业等途径，已分流安置下岗职工5.45万人；采取兴办三产、企业内部提前退休等办法分离职工10万多人。

（二）“五个一批”和“壮大放小”的企业改革继续深入

“五个一批”改革在武汉市健康发展，收到显著成效。1995年，武汉市着手规划和组建一批以支柱产业、骨干企业和优质名牌产品为龙头，以资产为纽带，以收购兼并为基本手段，以扩大市场占有率为目标的大型企业集团，根据企业规模效益及发展后劲等条件，确立了武汉钢铁公司等15家重点企业集团为“壮大”对象。采取改组、联合、兼并、股份合作制等多种形式，加快了国有小企业的改革步伐。拟定了以股份合作制为重点放开放活小型企业的意见。截止1995年底，武汉市共有工业三资企业1458家，其中有683家是利用外资嫁接改造的；有50多家老城区工业企业进行了整体或部分搬迁改造；有4000多家企业实行了股份合作制改造；有4500多家企业实行国有民营或公有私营，其中市工业各局（总公司）实行“两营”的企业105家。

（三）大力推动多种形式的存量资产的流动和重组

武汉市是我国国有资产存量集中的城市之一。目前，武汉市共有股份制企业1640家，其中股份有限公司140家，总股本66.5亿元，股本在5000万元以上的45家。在140家股份有限公司中，59%的股本是企业存量资产转换的。股本总额中，国家股17.27亿元，占26%，法人股38.5亿元，占59.4%，个人股9.74亿元，占14.6%。这说明国有资本以26%的份额控制和支配其他74%的社会资本。

截止1995年底，武汉市累计有65户企业实施破产，其中国有企业33户，集体企业25户，其他企业7户，共涉及职工3.9万人，资产总额6.8亿元，负债总额15.9亿元。企业破产对促进资产重组，形成优胜劣汰的竞争机制等方面都有显著作用。1995年武汉市共有318对企业实现兼并，盘活存量资产8.2亿元，消灭亏损企业300户，消化亏损额1.76亿元，安置职工6.5万人。

（四）农村改革进一步深化

一是土地流转步伐加快。1995年，新增土地流转面积136.9万亩，累计达224.5万亩，占农用地总面积的34.4%，特别是通过土地流转，促进了种养专业大户的发展，目前已达41557家。二是产业化的格局正在形成。武汉市各类农业龙头企业已达550个，基地总面积已达328.68万亩，农产品批发交易市场达125个；运销专业组织达1173个，带动农户达41.4万户。三是小城镇综合改革试点开始起步。滠口镇已正式批准列入全国57个综合改革试点镇，奓山、仓埠、流芳等3个镇可望列入全省小城镇综合改革试点。

（五）科技体制和开发区的改革步伐加快

目前，武汉市一半以上的市属科研院所兴办了科技企业或其它经济实体，从事生产经营活动的在职职工达到52.5%，科工贸总收入连续两年过亿元。在院所合并、兼并和转制改造为企业或实行企业化管理等方面进行了一些探索，涌现出了武汉市电子院、菜科所等一批直接与市场经济接轨、科技与经济相结合的新型科研机构。武汉市民营科技企业已发展到3000多家，技工贸收入过千万元的达15家。

截止到1955年底，武汉市共兴办各类开发区(经济发展区)18个，其中国家级开发区2个。随着改革力度加大，开发区的建设和发展步伐明显加快，1995年，东湖、沌口、吴家山、庙山、滠口等5家开发区（发展区）共实现产值（收入）52.23亿元，实现利税8.62亿元。

二、市场体系建立和完善情况

1995年，武汉市加大了对市场建设的领导和协调，各类市场建设的规模有所扩大，配套设施逐步完善，初步形成区域性中心市场雏形。

（一）商品市场发展比较充分

商品市场网络正在逐步形成，新型网群崛起，市场主体呈现出国营、集体、私营、个体和三资企业并存发展的局面，经营进一步向多样化、规模化、连锁化方向发展。1995年武汉市社会消费品零售总额完成302.61亿元，全市物资供销企业生产资料购进总值160.04亿元，比上年下降8.8%；销售总值165.2亿元，比上年增长0.6%。武汉市现有零售商业网点9万多个，其中年销售额过亿元的零售商场16个；纳入登记的集贸市场405个，其中年成交额超过亿元的集贸市场14个；大型生产资料市场20多个。汉正街小商品市场在全国的地位进一步巩固，1995年成交额突破61亿元，上交税收约6300万元。

（二）区域性、开放性、规范化的金融市场体系初步形成

货币市场快速发展。武汉融资中心的业务已辐射到全国23个省、市、自治区的500余家金融机构，1995年共办理融资业务2941笔，融资量达318亿元，比上年增长80%，创造了武汉融资中心自1993年成立以来的最高成交纪录。证券市场进一步规范和扩大。全市证券网点已发展到160多家，证券一级市场已由单一发行国库券发展到拥有企业债券、城市建设债券、公路开发债券、企业股票等近30多个品种。证券二级市场交易活跃，1995年武汉市证券交易量2208亿元。武汉证券交易中心拥有会员单位704个，其中异地会员占4/5，已形成覆盖全国的会员网络。外汇市场在探索中稳步发展。武汉外汇调剂中心自1992年成立到1995年末累计调剂外汇近13.78亿美元。保险市场初具雏形。保险市场的覆盖面不断扩大，险种不断增加，1995年，武汉市保险费收入达到8.4亿元，同比增长33.3%，保险理赔5.2亿元，同比增长23.5%。

（三）房地产市场迅速崛起

1995年，武汉市新签市区土地批租合同193宗，市区房地产批租面积46.06公顷，规划总建筑面积557.66万平方米，其中住宅面积260.58万平方米。房地产二、三级市场日趋活跃，在制定一系列地方性法规和行政规章的基础上，武汉房地产交易的管理和中介服务组织进一步健全，房地产交易量逐年上升。1995年共办理房地产交易10129起，面积285万平方米，成交产价15.8亿元；办理房地产租赁审核登记14014起，面积39.6万平方米，租金总额1.45亿元；发放房地产权属登记证35357户，面积996.62万平方米；办理房地产抵押审核登记1474起，抵押物价值44.6亿元。目前武汉市有房地产中介服务机构40多家，有51名房地产中介经纪人取得了中介经营资格证书。全市经批准的房地产开发公司有860家，比上年增长6%，其中“三资”公司366家，注册资本总额170亿元，比上年增长9.7%，注册资金100.4亿元，资金到位率达60%。

（四）技术、劳动力和人才、信息、产权等要素市场，都有不同程度的发展

1995年，武汉市成交技术合同3268项，成交金额4.7亿元。劳动力和人才市场已初步形成以常设性市场为主，多形式、多层次、全方位综合服务的市场网络，武汉市现有职业介绍机构178个，1995年进入各类职业介绍机构登记的人数达23.2万人次，意向成交13.38万人次。再就业工程计划3年完成全市现下岗12万人的任务，1995年已经培训4万余人、安置就业3万多人。由国家人事部、湖北省政府和武汉市政府共同在汉组建的区域性人才市场“中国武汉人才市场”，于1995年10月正式开业。武汉市信息市场和产权市场已挂牌营运，市场网络不断扩大。

三、社会保障和住房制度改革情况

新的城镇职工养老保险和改革进入全面实施，武汉市已有4490户国有企业、128.81万职工和1248户集体企业、25.64万职工参加养老统筹，征收养老金5.4亿元，征收率达90%以上。失业保险已在国有企业职工中实行。武汉市已有397家单位开办、32万职工参加互助补充保险。住房租金调整已顺利完成，截止1995年底，出售公有住房1129万平方米，占武汉市住房的24%。全市住房公积金累计归集4.09亿元，归集率达68%。经济适用住房建设全面展开，已落实建设用地2904亩，施工面积达85

万平方米，近两年竣工60万平方米，已售出32万平方米，回收资金2.1亿元。

四、横向经济联合发展情况

横向经济联合和协作取得新进展。1995年，武汉执行国内跨地区、跨部门、跨行业经济技术协作项目6035项，比上年增长9.3%，其中与省内地区协作项目2396项，增长12%。项目协议投资总额57.3亿元，增长11.1%；实际到位资金14.1亿元，增长11%。联合实现工业产值31.7亿元，增长10·8%。

支援三峡工程建设有了新突破。1995年，武汉与三峡工程库区的秭归、兴山、巴东、宜昌等4县，洽淡对口支援项目320项，其中已完成或正在实施128项；协议投资总额7亿元，其中武汉方到位资金2.3亿元；项目全部完成后，将安置库区移民3250人。此外，武汉对口支援大悟、红安、麻城等革命老区的工作也有较大进展，全年共完成对口支援项目154项。

外地驻汉办事机构继续增多。截止1995年末，国内各级地方政府和企事业单位在武汉设立的办事机构已达700个，其中当年新登记115个。进一步提高了武汉"城城通开，城乡通开"的大开放形象，增强了武汉的凝聚力和辐射力。

五、利用外资和开展国际经济技术合作情况

利用外资规模继续扩大，质量和水平进一步提高。1995年，武汉市新批利用外资项目620项；协议外资额9亿美元；实际利用外资11.5亿美元，比上年增长26%，实际利用外资折合人民币约97亿元，相当于当年武汉市全社会固定资产投资额的30%。吸收外商直接投资4.6亿美元（市属），比上年增长4.5%。新批准外商投资企业478家，新开工开业外商投资企业295家。全年三资企业税收2.5亿元，比上年增长56.25%；工业三资企业实现销售收入40亿元，比上年增长73.91%。在实际利用外资中，港澳台投资继续增长，欧美日发达国家的投资也在增加，其中协议外资额比上年增长63.64%。外商直接投资的资金到位率达到44.1%，比上年增长4.2个百分点。借用国外贷款7535万美元（市属），比上年减少18.64%。

外贸出口创历史最好水平，外贸企业的改革取得新进展。1995年，武汉进出口总额11.5亿美元，比上年增长10.9%，其中出口总额达到80109万美元，比上年增长16.8%，创历史最好水平。外贸专业公司完成出口任务70920万美元，占武汉市出口总额的88.63%，比上年增长16.9%，外贸专业公司仍然起着出口创汇主力军的作用。外商投资企业出口6503万美元，比上年增长33%，自营出口企业出口2686万美元，比上年减少13.7%。各外贸企业以扩大出口创汇和提高经济效益为中心，加大了改革力度，在划小核算经营单位的同时，继续推行全员劳动合同制，实行严格的风险抵押承包经营责任制，加快企业内部机制的转换，使经济效益有了一定的增长，在1994年消化了部分历史挂帐的基础上，1995年又支付了历史亏损挂帐利息3000万元，没有出现新的亏损。

国际经济技术合作逐步拓展，旅游创汇收入稳步增长。武汉新签对外承包工程和劳务输出合同金额4500万美元，完成营业额2328万美元，分别比上年增长19%和20.8%。新派出国劳务人员798人，比上年增长21.1%。

旅游事业迅速发展，旅游创汇有较大进展。武汉第一座五星级酒店——香格里拉酒店正式动工兴建。全年接待海外旅客15.24万人次，比上年增长19.03%；旅游创汇5598.68万美元，比上年增长20.4%。

六、口岸管理基本情况

1995年，武汉市把启用天河机场口岸作为工作重点，强化口岸综合管理，完善口岸基础设施建设，加大口岸宣传力度，口岸工作取得新的进展。

1.顺利完成天河机场口岸启用。1995年4月13日顺利地通过由国家口岸办负责人带领的国家验收组的启用验收。完成了机场口岸搬迁工作。保证了南湖机场末班飞机和天河机场首航飞机的正常运行。

2.简化查验手续，积极探索口岸改革新路子。武汉海关深化通关制度改革，改变了过去分块审、分散验货的通关方式，实行通关业务一条龙服务。在天河机场口岸实行敞开通关方式，收效较好。汉口边检站改变对外轮普遍实施梯口监护的传统作法，改由船舶监护、泊位巡视进行管理；对人员上下船舶证件由过去逐一验证为抽查验证的方式进行。港监改革以往登船办理手续的做法，采取由代理负责办理船舶进出口岸手续，缩短了船舶在港停泊时间。商检进行了计算机联网，使查验周期缩短。

3.严格把关，优质服务，积极为武汉经济建设作贡献。武汉海关1995年监管进出口货物49.49万吨，比上年同期增长32.1%，货物总值12.7亿美元，征收关税3.69亿元，查处走私及违规案件117

起。港监全年组织对国际航行船舶进出口检查13艘次，对外轮检查12艘次。边防全年共检查出入境旅客8.06万人次，检查监护出入境船舶12艘次，飞机753架次。卫检全年检疫出入境交通工具760（艘、架）次，检查出入境人员8094人次，对出入境人员实施健康体检11810人。商检全年共检验进出口商品26167批，查出不合格的进出口商品706批，对外提赔金额达1529万美元。动植检全年检疫进出境动物及产品314批次，货值1.9145亿美元，进出境植物及产品894批次，货值3.296亿元。

4. 建立和完善口岸管理法规、规章。1995年，武汉市政府出台了《武汉市航空口岸管理暂行规定》。市口岸办起草了《武汉市水运口岸管理暂行规定》、《关于国际备降飞机的暂行办法》（征求意见稿）等规定。使武汉口岸的管理向规范化、法制化的方向迈进了一大步。

5. 口岸精神文明共建工作得到了充实和加强。海关货管处、港集司、武汉外代三方结对共建中，注重实效，促进了港口国际集装箱运输效能的提高。商检与中南物产储运公司共同开展业务培训活动，既加强了相互间关系，又促进了外贸进出口运输业务的顺利开展。市口岸办注意加强共建中的领导和协调工作，调整组建了武汉天河机场口岸共建办公室、港站片共建办公室，使武汉口岸的共建工作得到了加强。

6. 武汉口岸今后15年发展目标。航空口岸实现全面对外国籍飞机开放。水运口岸要建成5个货运中心和1个国际客运中心。铁路口岸要连接新欧亚大陆桥，开办武汉至欧洲国际集装箱联运。公路口岸发展海关监管车运输，在汉口、武昌建立外运货物集散中心。

附录

武汉市对外经济技术合作意向性项目

编号	项目名称	建设规模	承办单位	地址	电话	联系人
1	电视信号光缆超干线传输系统	总投资5000万元；年产1000系统；①模拟制光缆有线电视信号干线传输系统；②数字式光缆有线电视信号干线传输系统	长江光通信产业集团	汉口沿江大道130号（武汉市项目办）	2827229	李亚乔
2	螺旋藻及制品产业化	总投资2400万元；年产螺旋藻片55吨；胶囊10吨	武汉蓝宝微藻生物技术联营公司	汉口沿江大道130号（武汉市项目办）	2827229	李亚乔
3	年产2000吨电解铜箔生产线	总投资23136万元；年产2000吨中高档铜箔	武汉中安铜箔制造公司	汉口解放公园小区一号楼四楼B座	2793417	高一鸣
4	轻型车车桥项目	总投资56939万元；年产轻型车车桥25万套	东风武轻公司	汉口沿江大道130号（项目办）	2827229	李亚乔
5	富康牌轿车铝合金缸盖铸造	总投资7000万元；年产缸盖毛坯24万件	武汉铝厂	汉口沿江大道130号（项目办）	2827229	李亚乔
6	铁路车辆（冷藏车）项目	总投资2900万元；年产1000个冷藏集装箱；100辆B10单节机械冷藏车	武汉武昌车辆厂	武昌和平大道820号	6811282转336	胡吉恒

续表

编号	项目名称	建设规模	承办单位	地址	电话	联系人
7	铁路车辆（货车）项目	总投资1000万元；年产300～500辆粮食、熟料及颗粒状货物运输漏斗车；600辆铁路集装箱平车	武汉江岸车辆厂	解放大道1378号	2872186转213	王家忠
8	武汉市机床行业“九五”及2005年改建项目	总投资88950万元；企业迁建，把公司建成我国南方最大的组合机床生产厂家和中国最大的通用部件生产厂家等	武汉机床集团有限责任公司	汉口创造街69号	5866697	马定元
9	新建年产6万吨柴油机缸体铸造厂	总投资43300万元；年产铸件毛坯60000吨	湖北省柴油机厂 武汉柴油机厂 武汉内燃机厂	汉口古田路67号	3831234	聂铁钢
10	高参数大容量电站锅炉项目	总投资2亿元；电站锅炉年生产能力3000MW；并保留特种锅炉的生产能力	武汉锅炉集团有限公司	汉口沿江大道130号（项目办）	2827229	李亚乔
11	200MW以下热电联产机组及8米以下轮径水轮发电机组项目	总投资41480万元；产品生产能力由原来的年产760MW提高到2000MW	武汉长江动力公司 武汉汽轮发电机厂	汉口沿江大道130号（项目办）	2827229	李亚乔
12	中美技术合作生产一吨级轻型直升机项目	总投资18759万元；年产100架一吨级轻型直升机生产能力	武汉市直升机开发管理办公室	汉口沿江大道130号（项目办）	2827229	李亚乔
13	光盘驱动器生产线	总投资18000万元；年产10万台CD-R光盘驱动器	武汉二八八厂	武汉市滠口经济发展区	2876808	刘建平
14	合资生产大功率高频开关电源系统	总投资498万美元；年产5000台—10000台（等效100A）	武汉洲际通信电源集团有限责任公司	汉口沿江大道130号	2827229	李亚乔
15	喷墨打印机项目	总投资2900万元；年产喷墨打印机单班3万台	武汉七三三厂	武汉关山一路14号	7801061转462	李传忠
16	武汉市无线电厂搬迁改造及汽车音响和中高档音响生产线改造	总投资4600万元；年产组合音响系列25万台；CD唱机8万台；汽车音响系列15万台；军用无线通信设备增加到1000台套	武汉市无线电厂	武汉市江岸区大智路32号	2831804	程贻幼

续表

编号	项目名称	建设规模	承办单位	地址	电话	联系人
17	年产5.1万吨高档涂布白纸板工程	总投资30000万元；年产5.1万吨涂布白纸板	武汉市东风造纸厂	硚口区东风纸厂	3832261	李义春
18	武汉灯具公司发展机场地面保护系统产品项目	总投资2490万元；年产机场地面保护设施产品10万台（套）	武汉灯具公司	汉口解放公园路32号	2427044	段忠莲
19	双向拉伸聚脂膜（BOPET）	总投资29062万元；年产1万吨BOPET膜	武汉塑料工业集团金鹤制品公司	武汉市汉口西马路301号	5806416	周启元
20	彩色涂层钢板EPS复合板	总投资3044.45万元；年产彩色涂层钢板EPS复合板60万平方米	武汉包装器材厂	汉口新华下路罗家咀5号	5882871	杨邦朋
21	武汉对二苯甲酸（PTA）建设项目	总投资72亿元；精对二甲苯制备，含分离与异构化生产线11套；精对苯二甲酸制备，含氧化与精制生产线11套等	武汉石油油化工厂	汉口沿江大道130号（项目办）	2827229	李亚乔
22	年产1000吨涤纶超细旦长丝纺丝、织造、印染、成衣一条龙生产线项目	总投资31000万元；年产1000吨涤纶细旦、超细旦长丝POY生产线；1000吨涤纶超细旦长丝整经、拉伸、上浆一步法经轴丝生产线；1000万米涤纶细旦，超细旦长丝喷水组机织物生产线；1000万米涤纶细旦，超细旦长丝坏布印染面料生产线	武汉合成纤维有限责任公司	武汉市武昌区丰收村特一号	8874462	史履元
23	武汉化学原料药生产基地	总投资25000万元；年产头孢克罗15吨，维生素H10吨，硫普罗宁5吨，乐可胺3吨，依普那芬2吨，克冠卓1吨	武汉制药厂 武汉健民制药厂	汉口沿江大道130号（项目办）	2827229	李亚乔
24	武汉第四制药厂整体移动搬动改造项目	总投资7000万元；年产片剂12亿片，软胶囊剂5亿粒，硬胶囊剂2亿粒，颗粒剂1亿包，口服液体制剂1亿支	武汉第四制药厂	汉口沿江大道130号（项目办）	2827229	李亚乔
25	系列高压试验设备、电子测试设备生产线项目	总投资5000万元；年产系列高压试验设备、电子测试设备5000台	武汉市高压电器厂	汉口沿江大道130号（项目办）	2827229	李亚乔

续表

编号	项目名称	建设规模	承办单位	地址	电话	联系人
26	新型汽缸垫生产线项目	总投资1000万元；年产新型汽缸垫300万片	武汉汽缸垫厂	汉口沿江大道130号（项目办）	2827229	李亚乔
27	新建大中直径直缝埋弧焊管车间	总投资19800万元；年产10万吨直缝埋弧焊管生产线一条	武钢集团汉阳钢管厂	汉口沿江大道130号（项目办）	2827229	李亚乔
28	武汉港国际集装箱运输工程	总投资134172.33万元；汉阳集装箱码头扩建，集装箱年通过能力15万TEU；阳逻国际标准集装箱码头，年通过25万TEU；青山港集装箱码头，年通过能力5万TEU；汉口24码头扩建，年通过能力3万TEU	武汉港	汉口沿江91号	2840282转2452	许爱萍
29	武汉市城市快速轨道交通一号线一期工程	总投资32.13亿元；轨道交通一号线一期工程线路长15.9公里，全部为全隔离的高架线	武汉市轨道交通建设公司	武汉市汉口京汉街老火车站	2771154	梁汉桥
30	武汉市江汉四桥工程	总投资2.34亿元；桥总长826米，主跨232米，桥型为独塔PC斜拉桥	武汉市政建设管理局	汉口沿江大道130号（项目办）	2827229	李亚乔
31	武汉市环城道路及桥梁工程江汉五桥段项目	总投资3.3亿元；全桥总长640米	武汉市政建设管理局	汉口沿江大道130号（项目办）	2827229	李亚乔

武汉市国民经济和社会发展“九五”计划和2010年远景目标简介

武汉地处华夏腹地，江汉平原东部，扼京广铁路之咽喉，居长江、汉水交汇，面积8467平方公里，人口710万人。是湖北省的省会，全省政治、经济、文化中心，全国特大城市和对外开放城市之一。

从现在起到2010年，是武汉改革开放和现代化建设承前启后，继往开来的重要时期。“八五”时期各个领域取得的成就和积累的宝贵经验，为进一步开拓武汉市现代化建设事业奠定了良好的基础。《武汉市国民经济和社会发展“九五”计划和2010年远景目标纲要》已经明确了武汉市今后15年发展战略、奋斗目标。

一、发展战略

武汉市第八次党代会决定，要把武汉建成“四城”（商业金融城、科技城、汽车城、钢铁城）雄踞，“三区”（东湖新技术开发区、武汉经济技术开发区、阳逻经济技术开发区）崛起，“两通”（交通、流通）发达，在全国经济发展和国际经济活动中具有不同辐射能级的制造业、贸易、金融、交通信息、科技教育中心，成为经济实力强、文明程度高、城乡一体化的开放型、多功能、现代化的国际性城市。

武汉市第九届人民代表大会批准了武汉市“九五”计划和2010年远景目标纲要，提出了今后15年必须完成的四大战略任务：加快推进产业结构高度化，初步形成国际性城市的经济规模和综合实力；加快推进经济运行国际化，建立起比较完善的社会主义市场经济体制；加快推进基础设施现代化，构筑起国际性城市的基础设施框架；加快推进社会发展协调化，创建国际性城市高度文明的社会风貌和现代都市生活模式。

二、奋斗目标

“九五”时期奋斗目标：提前和全面完成现代化建设第二步战略部署，为下世纪发展奠定坚实基础。在1997年实现人均国内生产总值比1980年翻两番的基础上，2000年实现国内生产总值、财政收入和市民人均收入三项指标分别比1995年翻一番；初步建立社会主义市场经济体制；建设一批城市基础设施和精神文明建设的重大项目，使城市基础设施和精神文明风貌进一步明显改善；在增强自身功能的基础上，充分发挥武汉在湖北的龙头作用和长江中游、华中地区的经济中心作用，发挥武汉在我国区域经济发展中承东启西的战略支点作用。

1．经济发展目标。国内生产总值以年均15%左右速度增长，2000年达到760亿元左右（90年不变价，下同），人均国内生产总值达到1万元左右。财政收入达到120亿元以上。三、二、一次产业增加值比例大体调整为4.5：4.9：6。初步形成以支柱产业、优势行业和一批技术先进、规模经营的企业集团支撑国民经济发展的新格局。全社会固定资产投入产出率比“八五”时期提高5～10%，科技进步对经济增长贡献率达到55%左右，万元国内生产总值综合能耗比“八五”末降低15%左右。

2．城市建设目标。形成以商业金融城、科技城、汽车城、钢铁城为主体构架的主城功能分区，合理展开新城和卫星城镇建设和布局。城市基础设施初步适应经济社会发展和人民生活需要，环境质量基本稳定。2000年，年供电量达到170亿千瓦时以上，日供水量达到450万吨，电话局用交换机总容量达到253万门，城区住宅电话基本普及，城市居民人均铺装道路面积达到4.6平方米，城区绿化覆盖率达到33.5%，居民燃气使用率达到80%左右。

3．人民生活和文明建设目标。2000年，全市人口控制在765万人以内，城镇失业率控制在3%以下，城市居民人均生活费收入和农村人均纯收入年均实际增长7%以上，城市居民人均居住面积达到8.5平方米，居民消费支出中食品消费比重下降到45%以下。市民素质大大提高，社会主义精神文明建设达到一个新的水平。

4．市场发展目标。初步形成与国际市场对接的金融、贸易、信息等市场体系以及不同能级的辐射网络。2000年，社会消费品零售总额达到810亿元左右。年出口总值达到20亿美元以上。金融系统存款余额达到1820亿元，贷款余额达到1570亿元。资本和货币市场交易额达到5万亿元以上。邮电业务总量达到42亿元以上。5年累计实际利用外资额力争达到60亿美元以上。

5. 经济体制改革目标。初步建立社会主义市场经济体制。企业真正实现自主经营，多数企业实现规范经营，具有自我改造、自我发展的能力，骨干企业经营运作符合国际通行规则。初步建立公平竞争和法制比较完善的区域性市场体系，覆盖全社会的社会保障体系，科学、高效的宏观决策和调控体系。

2010年主要奋斗目标：国内生产总值达到2500亿元左右，年均增长13%左右，人均国内生产总值达到3万元左右。形成比较完善、活而有序、充满生机的社会主义市场经济体制，并充分体现经济运行的高效率。初步实现城市基础设施现代化。城乡居民生活在小康基础上更加宽裕。社会主义精神文明建设再上一个新台阶。

三、重大建设项目

为了实现武汉市跨世纪发展的宏伟目标，我们精心选择和组织实施一批事关发展全局的重大项目。初步规划15年建设和改造的重点项目200项，总投资约2230亿元，其中：重大项目78项，总投资约1900亿元。

规划在“九五”时期重点实施的项目主要是：

城市基础设施重大项目10项。即阳逻电厂二、三期工程及调峰电厂，京珠、沪蓉国道武汉段工程（含军山长江公路桥、蔡甸汉江大桥、黄陵矶东荆河大桥），白沙洲长江大桥和中环线工程以及汉水三桥、四桥，阳逻集装箱转运中心，150万门程控电话和武汉第二长途通信枢纽工程，城市轨道交通，东湖及墨水湖环境治理，1800万平方米住宅工程，武汉世界博览中心，长江一桥与二桥间江滩开发。

工业结构调整重大项目10项。即1000万吨钢，50万辆汽车，500万吨原油加工，50万公里光纤，百万吨饮料，200万线程控交换机，百万台冷柜及空调器，100架轻型直升机，百万套中高档服装出口生产基地，1000万平方米建筑陶瓷。

农业水利和市场建设重大项目10项。即长江牌洲湾河段武汉辖区护岸工程，杜家台分蓄洪区续建配套工程，市区堤防及城郊接壤未达标堤段建设，武昌县肉鸭系列工程，涨渡湖地区商品渔业基地建设，梁子湖区域生态渔业基地建设，肉牛系列生产建设，50万亩中低产田改造工程，大型农副产品中心批发市场，生产资料交易市场。

精神文明建设重大项目。即图书馆，博物馆，体育中心，美术馆，一、二、中医院扩建等。

武汉市国民经济和社会发展“九五”和2010年远景目标已经明确，武汉人民一定能在以江泽民同志为核心的党中央领导下，按照湖北省委、省政府和武汉市委、市政府确立的发展蓝图，战胜前进道路上的任何艰难险阻，再创武汉辉煌！

1995年改革开发大事记

1月

10日 《武汉市公共场所禁止吸烟暂行规定》颁布，要求武汉市公共场所从1月16日凌晨起开始禁烟。

17日 武汉经济体制改革工作会议确定1995年武汉市改革的主要任务：重点推进以建立现代企业制度为目标的国有企业改革，继续深化“五个一批”的改革，搞好建立现代企业制度和优化资本结构试点，进行社会保障体制配套改革，加快市场体系培育，进一步转变政府职能。

18日 武汉市计划会议确定了1995年武汉市国民经济和社会发展的目标：继续保持经济快速增长势头，1995年全市国内生产总值预定比去年增长12%，将加强和改善武汉市经济调节，抵制通货膨胀，物价涨幅控制在全国35个大中城市平均水平以内。

20日 武汉至香港首列集装箱快运专列从汉西始发，直驶九龙，从而结束了武汉直达港澳地区仅有鲜活物资专列的历史。

24日 武汉市第一座大型室内停车场——汉正街客运中心正式投入使用，该停车场面积2300平方米，可供静态停车22辆。

2月

1日 据报道，在全国16个副省级城市中，武汉引进的台资仅次于深圳、厦门和南京，居第4位。

11日 武汉市作出部署：由市国有资产管理委员会授权武汉国有资产经营公司，对武商、长印、双虎、健民等24家市属股份公司国家股股权进行经营。

28日 武汉市第九届人民代表大会第三次会议在武汉剧院隆重开幕。

3月

8日 由长动集团和芬兰奥斯龙·百炉宝公司合资组建的中芬合资长龙电站锅炉公司成立。

▲ 据报道，1995年武汉市将运用3400万美元的西班牙和美国政府贴息贷款引进28万门程控电话。

22日 赵宝江市长会见了来汉投资兴建国内首家中外合资儿童医疗保健中心的美、港客商张紫珊女士、纪爱华先生一行。

24日 国家计委已正式批准建设武汉长江三桥——白沙洲长江公路桥。其中正桥2040米，引桥1440米，桥面全宽26.5米，按6车道设置，总投资逾16亿元。

4月

8日 武汉市第四届汉货精品展评活动拉开序幕。

10～11日 国务院副总理吴邦国在汉考察国有大中型企业时强调，武汉要充分发挥中心城市的辐射作用。

13日 武汉长江二桥实现了全桥胜利合龙。武汉市委市政府热烈祝贺，钱运录、赵宝江等市领导到现场慰问建桥职工。

15日 武汉天河机场正式通航启用。

21日 武汉市政府在全市建立现代企业制度试点工作会上宣布，武汉市30家试点企业将取消行政级别、经营者实行年薪制。

30日 武汉市4郊县（区）电话号码成功升7位并进入市区电话网。

5月

11日 国家计委副主任，国务院三峡建设委员会常务副主任郭树言由市长赵宝江、副市长殷增涛陪同，视察了武汉长江二桥。

17日 新加坡总理吴作栋率政府代表团及大型经贸团抵汉访问。湖北省、武汉市领导与客人亲切会晤并出席合作项目签字仪式。

19日 武汉新民众乐园在老园址上奠基。

23～24日 湖北省、武汉市领导贾志杰、蒋祝平、钱运录、杨永良等在汉考察工作，表示省委、省政府将一如既往支持武汉发挥龙头作用，进一步发展改革开放的大好形势。

6月

11日 武汉经贸代表团在成功地结束了对法国的访问后返汉。此行共与法国15个企业达成意向21项，内容涉及汽车零部件、通讯、建材、基础设施等。

14日 中国首次国际“智能制造”会议在华中理工大学召开。

18日 武汉长江二桥建成通车典礼隆重举行。中共中央政治局常委、中央军委副主席刘华清和国家副主席荣毅仁分别为二桥通车题词。国务院秘书长罗干代表党中央、国务院表示热烈祝贺。

▲据报道，武汉市滠口镇被纳入国家小城镇综合改革试点镇。

22～23日 《武汉市国民经济和社会发展“九五”计划和2010年规划纲要》全国专家咨询论证会在东湖之滨举行。

23日 由洪山区和平乡徐东村出资800万元人民币建立的武汉交响乐发展基金协议签订。这是武汉市农民创下的一项全国纪录。

7月

1日 武汉第一座五星级宾馆武汉香格里拉大酒店地库工作发包合同签订。

6日 落户于武汉经济技术开发区，由东风实业开发公司和法国哈金森公司共同组建的目前我国最大的汽车橡胶密封件制品合资企业，在汉签订合资经营合同。

26日 武汉锅炉厂顺利通过由国家商检局华中评审中心质量认证，成为湖北省机械行业首家通过这一认证的企业。

28日 湖北省委、省政府听取武汉市总体规划修编工作，与武汉市领导共同研究总体规划以及武汉市跨世纪发展的战略问题。

8月

4日 武汉市首期“女子保安班”开学。

8日 武汉市首家经国家经贸委和湖北省人民政府批准成立的国有独资公司——武汉锅炉集团有限公司正式挂牌成立。

▲可容纳用户15万、覆盖全省地市和经济发达县及乡镇的湖北省联网数字移动电话系统开通。

9日 市长赵宝江会见了日本佳速航空公司访汉团，双方达成包机通航意向。

17日 武汉市委、市政府召开全市进一步放开国有小型企业工作会议。会议正式宣布，武汉市将全面放开国有小型企业，让这些企业自由地选择所有制形式、经营方式、经营范围。

▲据报道，国务院已正式批准设立武汉经济技术开发区海关。

23日 亚太地区学校体育研讨会在汉开幕，来自7个国家和地区的教育官员、专家及教师探讨21世纪人才培养与学校体育之关系。

25日 湖北省委、省政府召开会议，听取武汉市委、市政府关于“九五”计划的汇报，共同探索武汉加快发展的路子，更好地发挥已在全省经济社会发展中的“龙头”作用。

26日 全国第六届中学生运动会在洪山体育馆隆重开幕。

9月

4日 武汉市政府与香港华基泰集团有限公司就合作建设轻轨交通、高档酒店等项目达成全面合作协议。

11日 ’95武汉国际汽车零部件及制造技术与装备展览会在武汉港展厅拉开帷幕。

15日 武汉可口可乐公司正式投产。

22日 第四届汉货精品展评大联展在各大商场拉开序幕。

27日 苏丹总统巴希尔率团访汉，武汉市与喀土穆正式结为友好城市。

10月

10日 ’95武汉法国工业展在汉开幕。

12日 ’95世界华文报刊与中华文化传播国际学术研讨会在汉开幕。

▲据报道，由武汉富拓包装技术公司池洪研究发明的一种取代泡沫塑料进而彻底根治“白色污染”的最新材料“CL无污染发泡材料”在武汉市开发生

产成功。

16日 武汉—荷兰基础设施研讨会在武汉召开。

24日 英中贸易48集团武汉办事处成立。

28日 中国武汉人才市场开业。

11月

3日 武汉市人事局宣布，从现在起，到明年上半年之前完成对全市机关、事业单位工人的首次技术等级岗位考核工作。

▲全国首家高速公路运输公司——湖北高速运输有限公司在武汉成立并投入营运。

13日 武汉市核电前期工作办公室挂牌。这标志着武汉核电计划正式启动。

16～17日 中共武汉市委八届七次全体（扩大）会议隆重召开，全会审议通过了《中共武汉市委关于制定武汉市国民经济和社会发展"九五"计划和2010年远景目标的建议》。

20日 武汉大学、华中理工大学双双通过入选"211工程"的预审。

21日 '95武汉国际冶金展览会在洪山体育馆开幕。

26日 "八五"国家科技攻关项目——武汉东湖污染综合防治技术在汉通过建设部主持的验收。

29日 武汉市集中推出298家国有和集体企业进入产权交易市场。

12月

2日 世界最大的空调冷冻设备生产企业——美国开利公司，与武汉希岛实业股份有限公司签订协议：共同组建一个生产、销售和维修空调和商用冷冻设备的合资企业。

▲据报道，武汉市1995年竣工"安居工程"住房40万平方米，超额完成国家规定竣工30万平方米的安居工程。

6日 神龙汽车公司调试装车的第1000台富康轿车在武汉的总装厂徐徐下线。

20日 武汉市首座高层建筑泰合广场主体结构封顶。

30日 被国家列为汽车零部件"小型巨人"的武汉汽车零部件股份有限公司生产的第100万把轿车门锁下线，这标志着该公司1年为20万辆引进轿车配套的能力已经形成。

湖　南　省

主　　编：颜学顺
副 主 编：杨培焱　彭顺喜
编写人员：彭顺喜　彭艾珍　刘荣焕　卢东南　李碧炎
张家安　徐思干

湖南省分目录

湖南省概况 …………………………………………………………………………………… (301)
国民经济和社会发展 …………………………………………………………………………… (301)
经济体制改革和对外开放 ……………………………………………………………………… (306)
湖南省“八五”国民经济和社会发展情况和“九五”展望 ………………………………… (308)

典型地区

岳阳南湖旅游度假区 …………………………………………………………………………… (310)
湘潭高新技术产业开发区 ……………………………………………………………………… (312)
常德市德山经济科技开发区 …………………………………………………………………… (314)
益阳市朝阳综合经济开发区 …………………………………………………………………… (315)
附录：湖南省开发区管理办法 ………………………………………………………………… (316)

彩色宣传图片

·湘潭高新技术产业开发区·常德市德山经济科技开发区·益阳市朝阳综合经济开发区·

湖南省概况

面　　积：21.18万平方公里

人　　口：6392万人

行政区划：3个地区，1个自治州，10个地级市，19个县级市，66个县，7个自治县

省委书记：王茂林

省八届人大常委会主任：刘夫生

省　　长：杨正午

省八届政协委员会主席：刘正

湖南省国民经济主要指标（单位：亿元）

	1995年	1995年比上年增长（%）
国内生产总值	2195.7	10.9
工农业总产值	3591.56	17.3
工业总产值	2544.87	21.2
重工业产值（乡及乡以上）	1015.32	11
轻工业产值（乡及乡以上）	652.17	15.4
农业总产值	1046.69	8.8
全社会固定资产投资	525.01	24.7
国有及股份制等固定资产投资	362.72	33.4
社会消费品零售总额	831.42	26
零售物价总指数（%）	115.5	15.5
职工工资总额	282	18.4

国民经济和社会发展

一、国民经济发展

1995年是“八五”计划的最后一年。全省人民认真贯彻中央“二十字”方针，紧紧围绕省委、省政府确定的全年工作任务，加快改革开放和经济建设步伐，国民经济保持了平稳增长的态势，社会总供需状况有所改善，宏观调控目标基本实现，各项社会事业取得新成就，主要经济社会指标达到或超过“八

五”计划目标。全省国内生产总值达2195.7亿元，按可比价格计算，比上年增长10.9%。

（一）农业

1995年，湖南农业在遭受严重洪涝灾害的情况下，经过全省人民共同努力，农业生产仍保持了全面发展的好势头，主要农产品获得好收成。全省农业总产值1046.69亿元，比上年增长8.8%，粮食、油料产量均创历史最好水平，其中粮食总产量2753.86万吨，比上年增长3.3%；油料112.04万吨，比上年增长14.1%；水果116.94万吨，比上年增长44.8%；棉花、烤烟、茶叶因面积减少和受灾，产量虽比上年下降，但仍分别达到22.35万吨、7.88万吨和6.14万吨。

林业生产稳步发展。1995年全省完成造林面积10.9千公顷，零星植树1.91亿株，全省森林覆盖率达46%。但油茶籽、生漆、油桐籽等主要林产品产量均比上年有所减产。

养殖业快速发展。1995年，全省畜牧业总产值达366.01亿元，比上年增长15.4%；猪牛羊肉产量达317.36万吨，比上年增长16.6%，其中生猪生产是我省历史上发展最快的一年，肉猪出栏头数4762.28万头，比上年增长15.2%；全年水产品产量86.28万吨，比上年增长16.4%。特种养殖业有较大发展，肉鸽、甲鱼、山鸡等产量增加较快。

丘岗山地开发成效显著。全省改造和新开发面积600千公顷，其中新开垦宜农耕地12.1千公顷，开发草场13.7千公顷，发展干鲜果、药材、茶叶、蚕桑104.9千公顷。全省新开发水面14.9千公顷。

乡镇企业保持快速发展势头。1995年全省乡镇企业完成总产值2201.68亿元，比上年增长49.3%，完成营业收入2039亿元，比上年增长42.9%，实现利税、上交税金均比上年有较大幅度增长。

农业生产条件继续改善。全省开展了以治湖兴水为中心的水利工程整修建设，全年共投入资金20.6亿元，投工5.99亿个，完成土石方5.67亿立方米，新增有效灌溉面积16千公顷。1995年末全省拥有农业机械总动力1526.15万千瓦，比上年增长4.6%，其中农用排灌动力机械383.27万千瓦，增长0.2%；农村用电量37.64亿千瓦小时，增长13.9%；化肥施用量（折纯）167.91万吨，增长5.3%。

（二）工业

工业生产平稳增长，轻工业发展速度快于重工业，非国有工业发展步伐加快。1995年，全省工业总产值2544.87亿元，比上年增长21.2%。乡及乡以上工业总产值1667.49亿元，增长12.8%，其中，重工业产值1015.32亿元，增长11%；轻工业产值652.17亿元，增长15.4%。村及村以下工业产值877.38亿元，增长40.3%。全省工业增加值702.4亿元，增长14.8%。全年乡及乡以上工业企业销售产值1589.59亿元，增长22.9%。在工业销售产值中，国有工业981.6亿元，增长15.9%；集体工业489.43亿元，增长33.7%，其中乡办工业338.08亿元，增长32.4%。全年工业产品销售率为95.3%，比上年略有提高。

主要工业产品产量除部分略有下降外，大部分较上年有不同程度的增加。发电量达329.25亿千瓦小时，比上年增长14.5%；原煤产量4693.61万吨，比上年减少3.5%；钢产量为177万吨，比上年减少17.7%；十种有色金属达41.34万吨，比上年增长5.4%；平板玻璃达822.11万重量箱，比上年增长73.7%；水泥达2146.08万吨，比上年增长9.2%；硫酸97.57万吨，比上年增长20.1%；纯碱10.80万吨，比上年增长8.3%；烧碱21.71万吨，比上年增长58.0%；化肥142.85万吨，比上年增长5.7%；化学农药3.66万吨，比上年增长37.6%；卷烟250.08万箱，比上年减少1.3%；饮料酒44.91万吨，比上年增长17.3%；配混合饲料228.66万吨，比上年增长24.8%；机制纸及纸板82.13万吨，比上年增长11.3%。

新产品开发取得好成效。全年开发新产品336种，新增产值5.37亿元，新增利润和税金1.46亿元。

（三）建筑业

建筑业生产经营状况有所改善。1995年建筑业增加值115.1亿元，比上年增长13%。国有建筑企业全年完成建筑业总产值103亿元，增长21.7%；全员劳动生产率46692元，增长20.6%；房屋建筑施工面积1048.2万平方米，增长3.7%；房屋建筑竣工面积322.8万平方米，减少14.7%。

（四）商业

消费品市场繁荣，流通秩序好转，购销两旺。1995年全省社会消费品零售总额843.42亿元，比上年增长26%，扣除价格因素，实际增长9.1%。其中，国有经济218.9亿元，增长19.6%；集体经济114.4亿元，增长3.1%；私营和个体经济339.88亿元，增长45.6%；农民对非农业居民零售额150.02亿元，增长27.7%；其他经济8.22亿元，增长36.1%。在社会消费品零售总额中，国有经济占

26.35%，集体经济占13.8%，私营和个体经济占40.9%，农民对非农业居民零售额占18%，其他经济占1%。社会消费品零售总额按城乡份额看，城市421.41亿元，增长30.4%；县城158.28亿元，增长17.4%；县以下农村251.73亿元，增长24.8%。

生产资料市场平稳。1995年全省物资系统生产资料购进总额71亿元，比上年增长5.3%；销售总额77亿元，下降6.1%。

市场物价继续上涨，但涨幅有较大回落。全省商品零售价格总水平比上年上涨15.5%，其中城镇上涨14.5%，农村上涨16.8%；居民消费价格总水平上涨19%，其中城镇上升18.1%，农村上升19.5%。商品零售和居民消费价格涨幅分别比上年回落9和6.3个百分点。

生产资料市场价格上升。原材料、燃料及动力购进价格总水平上涨17.5%；工业品出厂价格总水平上涨21.0%；农业生产资料价格总水平上涨29.3%；固定资产投资价格总水平上涨9.5%；农副产品收购价格总水平上涨17.2%。

（五）金融保险业

金融机构存贷款额大幅度增长，货币回笼较上年有很大增加。1995年末全省金融机构各项存款余额1389亿元，比上年增长25.24%，其中城乡居民储蓄存款余额966.27亿元，比上年末增长29%，各项贷款余额1494亿元，比年初增长18.06%。

二、经济结构调整

1995年湖南省围绕“八五”计划提出的“调整提高第一产业，改造发展第二产业，大力发展第三产业”的结构调整目标要求，继续加大宏观调控力度，控制固定资产投资方向，促进了经济结构的进一步调整，使国民经济朝着协调、可持续发展的方向迈进。

1995年，全省国内生产总值2195.7亿元，按可比价格计算，比上年增长10.9%，其中，第一产业增加值680.3亿元，增长6.4%；第二产业增加值817.5亿元，增长14.6%；第三产业增加值697.9亿元，增长10.7%。在第一、二、三产业全面增长的基础上，产业结构进一步改善，三次产业增加值占国内生产总值的比重由上年的31.4：36.5：32.1转变为31：37.2：31.8。

农业经济结构得到改善。农村第二、三产业发展加快，比重提高。1995年全省农村社会总产值2861.81亿元，比上年增长24%，其中非农产值1815.12亿元，增长33.2%；非农产值占农村社会总产值比重达63.4%，比上年提高3.6个百分点。种植业中，优质稻种植面积达69.92万公顷，比上年增长14.8%，农业向优势高产高效方向发展。

在工业内部中，轻工业发展快于重工业，全年重工业完成工业总产值1015.32亿元，比上年增长11%，轻工业产值652.17亿元，比上年增长15.4%，轻工业增幅快于重工业4.4个百分点。轻工业在整个工业中的比重由上年的37.7%上升为39.1%，而重工业则由上年的62.3%下降到60.9%。

第三产业内部五大行业均得到发展，发展速度较快的为金融保险业、房地产业和通信业，持平的为批发和零售贸易、餐饮业，发展减慢的为交通、仓储业。其中，批发和零售贸易业、餐饮业全年完成增加值211.4亿元，比1994年增长9.1%，速度基本持平；交通、仓储业增加值109.5亿元，比上年增长5%，增长速度下降了0.4个百分点；邮电通信业全年完成增加值17.8亿元，比上年增长47.1%；金融保险业在千方百计扩大资金来源的前提下，不断规范经营行为，讲求经营效益，全年完成增加值92.7亿元，比上年增长9.1%，增长速度提高了3.4个百分点；房地产业受安居工程、住房制度改革、旧城改造和沿海经济辐射等因素的影响，房地产开发投资有较大回升，投资结构有所优化，全年国有房地产开发投资达45.75亿元，比上年增长81.4%，全年房地产业实现增加值42.7亿元，比上年增长13%，增长速度提高了1个百分点。

三、基础设施建设

（一）固定资产投资

固定资产投资有较大增长，效益有所好转。1995年全社会固定资产投资完成525.01亿元，比上年增长24.7%，扣除价格因素实际增长13.9%。全年基建、技改新开工项目3887个，比上年减少3.8%。在全社会固定资产投资额中，国有及股份制等经济投资362.72亿元，比上年增长28.2%；集体经济投资42.6亿元，减少19%；城乡个人投资119.69亿元，增长37.0%。国有经济投资中，基本建设投资219.93亿元，比上年增长27.3%；更新改造投资90.57亿元，增长18.5%；房地产开发投资45.75亿元，增长81.4%。分隶属关系看，中央项目投资138.9亿元，增长25.5%；地方项目投资219.82亿元，增长36.6%；其它项目投资4亿元，减少64.3%。分产业结构看，第一产业投资0.94亿元，增长10.6%，占全部投资的比重为0.3%；第二产业投资144.30亿元，增长18.5%，占全部投资比重的39.7%，其中能源工业投资58.94亿元，增长14.4%；第三产业投资217.48亿元，增长38.5%，占全部投资比重的60%，其中交通运输、仓储、邮电、通信投资82.40亿元，增长35.5%。国有经济中，住宅投资59.93亿元，增长17.1%。基本建设、更新改造在建项目总规模874.73亿元，总投资500万元以上项目292个。

重大项目建设进展顺利。全年在建的基本建设大中型项目完成投资63.1亿元，为计划的94.3%，其中有3个项目全部建成投产，3个项目部分建成投产。在建的限额以上更新改造项目完成投资27.09亿元，其中有14个项目全部建成投产。22个重点建设项目全年完成投资144.31亿元，为年计划的115%。其中14个重点施工项目均达到计划要求。1995年全省建成投产及部分建成投产的重点项目有：(1)全部建成投产的重点项目：湘钢高速线材易地改造工程、省邮电“165”通信工程（197万门)、浙赣复线湖南段；(2)部分建成投产的重点项目：五强溪水电站（二、三号机组48万千瓦)、洞庭湖防洪蓄洪一期工程、长沙市东环线工程等。

（二）交通邮电

交通运输业有较大发展，1995年交通运输业实现增加值109.5亿元，比上年增长5%。全年新增航班35个，新开旅客列车3对，新增公路里程368公里，其中汽车专用公路114公里。全年完成货物周转量1036.84亿吨公里，比上年增长3.3%；完成旅客周转量554.04亿人公里，增长2.8%。

邮电通信业发展迅猛。全年邮电业务总量31.63亿元，比上年增长47.1%。报刊累计数127149.4万份，上升7%；长途自动交换机199070路端，增长1.77倍；长话业务电路28113路，增长0.4%；城市电话用户达131.66万户，增长46.9%；农村电话用户达30.64万户，增长83.5%；移动电话比上年增长2.48倍；无线寻呼比上年增长66.8%。市话交换全部实现程控化。

四、社会事业发展

（一）科学技术

科技事业取得新进展，科研机构和科技队伍稳步发展。年末全省拥有县以上独立核算自然科学研究机构177所，人文社会科学研究机构2所，科技情报与文献机构13所，建成的重点试验室19个。全省国有单位拥有各类专业技术人员106.4万人，比上年增长0.5%，其中自然科学技术人员80万人。全省享受政府特殊津贴的科技人员1285人。

科技成果不断涌现。1995年全省共获得科技成果806项，其中，省部级以上重大技术成果项目600个，获省科技进步奖励的项目329个，杂交水稻研究保持全国领先水平，居国际领先水平的鱼类多倍体基因库新品种工程鲫、工程鲤育成。全年受理专利申请2567件，批准专利申请1581项，分别比上年减少14.5%和2.4%。

技术市场活跃，全年全省共签订技术合同13077个，比上年减少1%，合同协议金额10.54亿元，增长11%。科技单位向工业企业转让科技成果1300余项。

（二）教育

教育事业稳步发展。1995年全省有普通高校49所，年内招收研究生1209人，本专科生40612人，比上年增加1531人；在学研究生3307人，本专科生130363人。中等教育发展迅速，小学、初中义务教育继续发展。全省中专在校学生18.61万人，比上年增加3.17万人；职业中学在校学生19.93万人，增加1.66万人。职业学校招生人数和在校人数占高中阶段招生总额和在校生总数的70%以上。

1995年全省成人高校招收本、专科生4.88万人，比上年减少0.99万人，在校学生15.13万人，比上年增加0.64万人；成人中专招收学生7.56万人，在校学生15.13万人，分别比上年增加1.77万人和0.84万人。年内获得大专及以上文凭的成人高校学生3.88万人，比上年增加1.45万人。年内全省脱盲人数达23.46万人。

（三）文化、广播电视、新闻出版

文化、新闻、出版事业又有新发展。文化市场逐步净化，一批内容健康、形式新颖活泼的作品脱颖而出。1995年末，全省有各类艺术表演团体87个，文化馆137个，博物馆55个，公共图书馆116个，档案馆192个，广播电台10座，中短波发射、转播台29座，电视中心台26座，千瓦以上电视发射台和转播台44座。全省电视覆盖率达86.9%。年内摄制电影故事片6部，制作电视剧9部23集，发行各种电影新片190部，其中国产片122部；有7个艺术表演剧目获国家级奖。

1995年全省出版报纸6.28亿份，杂志0.78亿册，图书3.1亿册。有294种(项)图书在全国获奖。新闻出版市场管理不断加强，“扫黄打非”和出版管理整顿工作取得显著成果，查处制黄、贩黄、盗版案件320起，其中大案10起。1995年停办整顿印刷装订厂73家，收缴查禁书刊19.8万册、音像带6.73

万盒、非法镭射激光唱盘7763张。

（四）卫生

医疗卫生工作成绩显著。1995年末全省拥有卫生机构9137人，床位14.95万张，其中医院病床13.52万张，比上年增长0.7%；卫生工作人员23.64万人，其中专业卫生技术人员19.25万人，增长1.4%。在专业卫生技术人员中，医生8.46万人，增长0.9%；护师和护士4.92万人，增长3.8%。

（五）体育

体育事业取得较好成绩。在重大国际比赛中，全年我省运动员共获得金牌18枚、银牌9枚、铜牌10枚，在全国比赛中获金牌30.5枚、银牌39枚、铜牌16枚，1人1次项破亚洲纪录、1人1次项破全国纪录。在第五届全国民运会上，我省运动员获金牌2枚。全民健身活动蓬勃发展，有96.5%的学校实施了《国家体育锻炼标准》，达标率为98.4%。

（六）人口与人民生活

计划生育工作成效显著。据1%人口抽样调查，1995年全省人口出生率为13.02‰，死亡率为7.15‰，人口自然增长率为5.87‰。据此推算，全省年末总人口为6392万人。计划生育工作取得新的成绩，全年计划生育率为90.1%，比上年提高3.34个百分点。

人民生活继续得到改善，城乡居民收入扣除价格因素后均有增长。1995年末全省城镇新增就业人员30.5万人，年末失业人数29.6万人，失业率为3.8%。年末职工人数596万人，比上年末增加6.5万人；职工工资总额282亿元，增长18.4%；全年城镇居民人均生活费收入4069元，比上年增长20.9%；扣除价格因素后实际增长2.4%。全年农民人均纯收入达到1425.16元，比上年净增270.16元，扣除价格因素实际增长5.2%。农民生活消费水平不断提高，1995年全省农民人均生活消费支出1367.3元，比上年增加278.57元，扣除价格因素实际增长7.4%，其中吃、穿、住、用分别增长5.6%、1.9%、11.3%和18.3%。

居住条件继续改善。1995年末城市居民人均居住面积为7.6平方米，农村居民人均房屋面积为25.57平方米，住房质量明显改善，城镇居民住房成套率提高，农村住房中砖木结构和钢筋混凝土结构所占比重上升。

（七）扶贫工作

湖南省按照党中央、国务院部署，于“七五”期间率先在武陵山区12个贫困县进行开发式扶贫，尔后，范围逐步扩大到全省31个贫困县。10多年来，国家和省共投入各类扶贫资金23亿元，贫困人口从1978年的1152万人减少到1995年的385万人，贫困程度明显缓解。在贯彻实施国家“八七”扶贫攻坚计划过程中，湖南省紧紧抓住以工代赈这一扶贫工作的重中之重，先后组织实施了7批以工代赈计划，其中有6批用于贫困地区。湖南省贫困地区累计投入以工代赈资金13亿元，新改建等级公路280条、3800公里，桥梁585座、1.5万米；整治航道330公里；新增数字程控电话4万门，使60个贫困乡镇通了程控电话；兴建饮水工程5500处，解决了118万人、100万头大牲畜的饮水困难，兴建小水电360处，架设输电线路1500公里；整治、完善、配套水利工程2100处，新增改善灌溉面积28万亩，改造低产稻田80万亩；开发山地140万亩，建成了一批果、药、茶、桑基地和畜牧业基地，有的已初步形成了富农富乡的支柱产业，全省每年有200多万人参加以工代赈工程建设，完成劳动工日在4000万个以上。通过以工代赈，改善了贫困地区生产生活条件，为稳定解决温饱问题创造了条件。

经济体制改革和对外开放

一、经济体制改革情况

（一）企业改革向纵深发展

1995年，省委、省政府主要领导亲自组织了几次大的企业调查，进一步理清了改革思路。围绕实施大集团战略，搞好大中型企业，搞好主体，放开其他；实施一厂一策，分类指导，多种形式放活小企业；以兼并重组为主，调整企业组织结构，着力搞活整个国有经济。省政府出台了加快企业改革的34条政策，确定的55户试点企业改革实施方案已有35户批准实施，有4户企业已按现代企业制度进行了重新登记，并正式挂牌运营，其他试点企业正在积极筹备改制的各项工作；382户股份有限公司的规范工作正在摸底。同时，企业兼并、破产也迈出了较大步伐。全省有346对企业实施了兼并，57户国有企业依法进行了破产，1.69万名破产企业职工基本得到安置，推动了存量资产的流动和重组。

（二）农村改革稳步推进

在普遍延长土地承包期，稳定农村基本经营制度的前提下，1995年农村体制改革推出了两大影响深远的举措。一是撤区并乡建镇。全省共撤销226个区公所、1100个乡，建制镇已发展到848个，农村集镇2500多个。二是丘岗山地开发和水面开发，“四荒地”拍卖工作逐步规范，各类专业大户和种养加结合的经营组织有新发展，带动了农村土地、劳力、技术、资金等生产要素的优化配置。

（三）流通体制改革探索了新路子

全省改革完善了粮食购销调拨包干和财务管理体制，粮食企业政策性业务和商业性经营分开，实行两线运行。供销社系统改革方案已经省政府批准实施。现代流通方式试点开始启动，已发展连锁经营企业87个，代理制企业206个。

（四）各项配套改革同步推进

一是社会保障体制改革步伐加快。省政府出台了全省企业职工养老保险改革实施方案，14个地州市都相应制定了实施细则，目前全省国有企业养老保险统筹面已达99%，失业保险覆盖面达89%；临澧、华容等8个县开展了退休职工医疗费用社会统筹和职工大病医疗社会统筹的试点。二是住房制度改革取得较大进展。全省14个地州市和82个县市的房改方案及配套办法已经省审批后实施。有11个省辖市区、2个地区及36个县、市建立了住房公积金制度，归集公积金1.5亿元；出售公有住房1000万平方米，归集售房金近14亿元，累计已达48亿元；调整了公房租金，房租支出占双职工家庭平均工资的5%左右；集资建房近8万套、500万平方米。

（五）横向经济联合不断发展

1995年，湖南横向经济联合取得了较大的成效。全省共实施协作项目920个，引进资金16.1亿元，人才交流3000人次，协作物资总金额28.6亿元，协作项目新增产值33亿元，新增利税3.52亿元，横向联合与协作主要围绕以下几个方面进行：

1. 加强了区域经济协作与交流。如湘桂黔毗邻地州市经济协作区经各方共同努力，年内共实施协作项目1400多个，协作总金额4.6亿元，人才交流5000多人次。其中怀化地区与协作区各地实施协作项目70个，物协总金额2100万元，新增产值10323万元，新增利税1021万元。贵州铜仁地区去年累计向怀化、吉首两地供电达1.4亿多度，支援了两地的工农业生产；怀化地区与贵州黔东南州合作修通了5条断头公路，疏通了怀化地区边界县与贵州、广西的交通，活跃了边界经济。

2. 省际合作朝着经济、务实的方向发展。一是发展与上海支柱产业的配套工作。长沙汽车电器厂、正园动力机厂、岳阳恒立制冷设备股份有限公司都参与了桑塔纳轿车的配套工作，其中岳阳恒立公司配套年产值达200多万元，成为上海大众的免检配套产品。二是引进资金，合作办厂。如深圳市保安集团投资5000万元在长沙河西独资建设望城坡大市场；广东国威集团与常德市联合投资1.9亿元建设城区的液化气管道供应项目；长沙自来水公司与海南富华基础产业投资公司联合投资6亿元兴建日供水100万吨自来水厂等项目；岳阳市从海南引进由外商独资的德国"太阳牌"系列啤酒，项目总投资1.8亿元；衡阳市轧钢厂通过补偿贸易，从上海金属材料总公司引进资金3500万元，进行扩能改造，提高了企业的生产规模，提高了经济效益。

3. 对口支援三峡建设。1994年11月省协作办联合省经贸委、物资厅组织省内30多家企业，共100多人在湖北宜昌举办了湖南名优产品服务三峡新闻发布会，宣传了湖南产品，企业与三峡有关单位建立了联系并签订了一批订货意向，其中湖南特种水泥厂生产的大坝水泥，由于质量过硬、产品可全部由三峡工程建设总公司包销。该公司还投资2300万元与该厂合资修建了一条直通厂区的专用铁路，以满足工地建设的需要。

二、对外开放

（一）大外经、大外贸建设步伐加快

1. 对外贸易形成了外贸、工贸、生产企业和科研院所、三资企业四路大军竟相创汇，共同发展的大外贸格局。到1995年底，全省获进出口经营权的生产经贸企业已达93家，地县经贸公司22家，科研院所5家，有出口实绩的三资企业500家，全省实现出口创汇20.9亿美元，比上年增长11%，其中生产企业和科研院所出口额为2.2亿美元，比上年增长64.97%；地县外贸企业出口额为1亿美元，比上年增长22.8%，"三资"企业出口2.03亿美元，比上年增长43.4%，这3个新的出口增长点出口创汇5.23亿美元，所占比重由1992年的8%提高到1995年的25%。

2. 招商引资力度加大，利用外资继续保持强劲发展势头。湖南省把招商引资作为发展外向型经济的重点，着力改善投资的软硬环境，通过举办各类具有特色的招商活动，如'95湖南对外经济贸易洽谈会、岳阳龙舟节、常德桃花源游园会等，吸引外商，扩大交流，成功地引进一大批外资和技术项目。全年新批利用外资项目726个，合同金额17.4亿美元，比上年增长81.3%，实际利用外资8.7亿美元，增长45.7%。其中对外借款3.7亿美元，外商直接投资5亿美元，分别增长39.1%和51.1%。年末全省登记注册的"三资"企业达326家，比上年末增加297家。在外商投资中，能源基础设施项目的合同外资占合同外资总额的28%，工业技改项目占49.7%。单个项目合同外资规模从1994年的94万美元，提高到236万美元。1995年，世界排名前100家跨国公司中有30家来我省考察、洽谈，已有5家与我省合资兴办了企业。

（二）进出口贸易获得长足发展

1995年湖南省对外经贸在克服宏观政策调整的制约中健康发展，取得了较好成绩。进出口贸易保持了两位数的增长，出口创汇居全国前列。全省完成进出口总额29.2亿美元，增长11%；其中，出口20.9亿美元，比上年增长10%；进口8.3亿美元，增长13%。湖南进出口贸易呈现几个特点：一是出口商品结构进一步优化。过去湖南出口的产品以农副产品和初级产品居多，1995年工业制成品出口15.8亿美元，较上年增长4.4%，占全省出口比重上升到83.36%，比1990年提高14.9个百分点，其中高附加值机电产品出口额由1990年的1.25亿美元增加到1995年的3.23亿美元，增长1.6倍，占全省出口比重为15.41%；初级产品出口3.2亿美元，比上年下降10%。大宗商品出口增多，出口额过1000万美元以上的商品达45种，金额13.9亿美元，占出口总额的66%。二是创汇大户增加较快。1995年出口额5000万美元以上的大户发展到15家，其中进出口总额过亿美元的有9家，出口过亿美元的有3家。15家创汇大户出口额共12.32亿美元，占全省出口总额的58.35%，成为全省出口创汇的支柱力量。

（三）对外经济技术合作发展较快

1995年全省新签对外承包工程和劳务合作合同项目88个，金额4092万美元，实际完成营业额3451万美元，比上年增长56.4%；年末在外人员1096人，增长1%，承包劳务人员被分别派往54个国家和地区；共批准技术、设备引进合同项目达62个，合同总金额21382万美元，实际用汇20382万美元，引进项目来自瑞典、德国、意大利、美国、日本、香港等11个国家和地区。批准技术、设备出口合同项目35个，合同总金额5729.12万美元，年内收汇4845万美元，收汇率高达93.28%。目前技术出口的主要项目是成套设备、国际投标和技术产品，技术出口的国家和地区共有18个。

（四）以旅游促经贸，加速对外开放

1995年，全省共接待来湘旅游访问、从事商务及各项活动的外国、台湾、港澳和华侨旅游者达17.73万人次，比上年增长24.9%，其中外国人7.18万人次，增长92%；港澳同胞5.26万人次，增长3.3%，台湾同胞5万人次，下降4.4%。旅游外汇收入6500万美元，增长44.4%。国内旅游发展加快，1995年全省共接待国内旅客2500万人次，比上年增长38.9%；旅游收入38亿元，增长40.7%。

湖南省“八五”国民经济和社会发展情况和“九五”展望

一、“八五”国民经济和社会发展情况

“八五”期间，在邓小平同志视察南方重要讲话和党的十四大精神指引下，湖南经济建设、改革开放和各项社会事业都取得了很大成就，“八五”计划确定的主要目标和任务都已经完成或超额完成。全省国内生产总值由1990年的744亿元增加到1995年的2195.7亿元，年均增长11%；农业总产值由397亿元增加到1047亿元，年均增长6.1%；工业总产值由713亿元增加到2545亿元，年均增长19.3%；乡镇企业总产值由283亿元增加到2195亿元，年均增长50.6%；财政总收入由70亿元增加到203.5亿元。产业结构调整取得较大进展，一、二、三次产业结构的比例，由1990年的37：34：29调整到1995年的31：37：32，第二、三产业比重分别上升了3个百分点，实现了以一、二、三为序向二、三、一为序的结构转换。主要工农业产品产量和生产能力都有较大增长，粮食产量一直保持在500亿斤以上，1995年达到550亿斤，棉花由12万吨增加到22.4万吨，油料由72万吨增加到112万吨，生猪出栏由2978万头增加到4762万头，水产品由53万吨增加到86万吨；发电量由201亿千瓦小时增加到329亿千瓦小时，煤炭由3300万吨增加到4694万吨，钢由136万吨增加到177万吨，水泥由1000万吨增加到2146万吨，化肥由119万吨增加到143万吨。“八五”期间湖南集中力量抓了路、电、水、通信为重点的基础设施建设，5年共组织重点建设工程56项，已有一批项目先后建成投产或部分投产。5年新增电力装机250万千瓦，新增公路里程1711公里，城乡电话交换机容量由60万门增加到300万门，并建成了七大通信网络。对外开放取得了重大进展，5年新增“三资”企业3700多家，实际利用外资27.5亿美元，比前5年增长近5.6倍。5年进出口总额达到114.3亿美元，其中出口创汇80.8亿美元，分别增加1.9倍和1.5倍。

“八五”全省共取得各类科技成果7789项，两系法杂交水稻研究居世界领先地位、银河Ⅱ型10亿次巨型计算机、银河微型出纳机和全数字仿真机达到当代国际先进水平，材料科学、生物工程、遗传工程的研究也取得了突破性进展。科技成果推广率和对经济增长的贡献率提高。教育改革和发展取得新的进展，已有35个县市区达到“两基”标准，职业学校招生人数和在校学生占高中阶段招生总数和在校生总数的比例均达到70%以上。地方病防治、计划生育和体育工作取得新的成绩。人口出生率总降幅居全国前列，人口自然增长率1995年降到5.87‰，5年中湖南体育运动员在国际国内比赛中共获金牌266枚。

城镇居民人均年生活费收入和农民人均年纯收入1995年分别达到4096元和1425元。城镇居民人均居住面积达8.8平方米，农村居民人均房屋面积25.6平方米。全省贫困人口由560万人下降到400万人。社会主义精神文明建设、民主法制建设、社会治安综合治理等方面都取得了较大成效，全省社会保持了稳定。

二、“九五”国民经济和社会发展的宏观目标

到2000年，全省基本消除贫困现象，人民生活达到小康水平，全面实现第二步战略目标。初步建立社会主义市场经济体制，并为下世纪实施第三步战略部署奠定较好的物质技术基础和经济体制基础。

1. 经济总量目标。按1995年价格计算，2000年国内生产总值由1995年的2196亿元增加到3600亿元，年均增长10%。人均国内生产总值达到5400元，年均增长9%。

2. 人民生活目标，扣除价格因素，城镇居民人均生活费收入年均增长7%，农民人均纯收入平均增长5%。农村400万贫困人口基本解决温饱问题。

城镇人均居住面积达到10平方米，住宅成套率达到70%，农村住房条件进一步改善。全省电话普及率达到10%。人民生活质量有较大提高。

3. 产业发展目标。第一、二、三产业增加值年均分别增长4%、13%和11%。基础设施和基础产业的“瓶颈”制约有较大的缓解。冶金、机械电子、建材建筑、化工、食品行业进一步发展壮大，成为带动经济增长的支柱产业。乡镇企业、个体私营经济、三资企业、第三产业、高新技术产业逐步成为国民经济发展中充满活力的重要组成部分。主要工农业产品产量是：粮食3000万吨左右，棉花30万吨左右，原煤4500万吨，发电量530亿千瓦时，钢400万吨，十种有色金属55万吨，化肥150万吨，水泥3000万吨，纱18万吨。

4. 财政信贷目标。到2000年，努力实现财政收支大体平衡，基本做到各级财政没有赤字，地方财政收入与国内生产总值同步增长，财政困难状况有明显好转。金融机构各项存款5年增加1400亿元，各项贷款增加1300亿元。

5. 科技教育发展目标。到2000年，基础原材料、交通和高新技术等产业的技术水平达到国际80年代末和90年代初的水平，工业通过技术改造和技术引进、消化吸收，产品基本上能适应市场变化。主要农产品品种得到更新。科技进步对工业增长的贡献率达到40%以上，对农业增长的贡献率达到50%以上。全省基本普及九年制义务教育，基本扫除青壮年文盲，城市和经济发达的农村基本普及高中阶段教育；全省基本形成具有中、初等文化技术素质的城乡劳动大军；高等教育专门人才基本满足经济建设和社会发展的需要；初步建立与社会主义政治体制、市场经济体制和科技体制相适应的教育体制，初步形成层次和专业结构合理、规模与经济发展相适应、符合湖南实际的教育体系。

6. 社会发展目标。到2000年，全省人口控制在6730万人以内。城镇失业率控制在3%左右。城镇人口社会保险覆盖率达到80%以上，农村参加社会保险的人口覆盖面达到30%以上。实现人人享有初级卫生保健。广播电视人口覆盖率达到90%以上。环境污染和生态破坏加剧的趋势得到控制。

7. 经济效益目标。国内生产总值能源消耗年节约率为5%，全社会劳动生产率平均每年提高6%，独立核算工业企业全部资金利税率达到13.5%，乡镇企业人均利税率达到3000元，基本建设固定资产交付使用率达到70%，农业商品率达到60%。

8. 外经外贸目标。经常项目在提高经济效益的前提下稳步发展，进出口总额5年累计210亿美元，其中2000年达到50亿美元，年均增长11%。资本项目有一个较大的增加，利用外资5年累计70亿美元，其中2000年达到18亿美元，年均增长15%。国际旅游外汇收入5年累计6亿美元，其中2000年达到2亿美元，年均增长30%。

9. 物价调控目标。继续把抑制通货膨胀作为宏观的首要任务，逐步把“八五”末期过高的通货膨胀降下来。“九五”期间，考虑到结构性供求关系、成本上升、价格结构调整、国际市场变动等因素，力求物价上涨幅度低于经济增长率。

10. 固定资产投资目标。“九五”期间按当年价格计算，5年固定资产投资总规模5000亿元，2000年当年规模达到1400亿元，剔除投资品价格上涨因素，年均实际增长13%。其中，国有单位3200亿元，集体和个体投资1800亿元。在国有单位投资中，基本建设投资2000亿元，技术改造投资1000亿元，其他投资200亿元。国有基本建设投资的70%用于能源、交通、水利、邮电等基础设施、基础产业和社会事业发展中必须建设的重点项目。

11. 结构调整目标。按照产业升级的客观规律，以产业结构优化为目标，着力加强第一产业，调整和提高第二产业，积极发展第三产业。第一产业的发展，要由以量取胜转到以质取胜；第二产业主要是加强基础工业，优化存量，增强实力；第三产业的发展，要以一、二产业发展为基础，形成合理的规模和结构。到2000年三次产业的比例关系大致调整到22比44比34。

12. 社会稳定目标。以实施“长治久安工程”为重点，各项综合治理措施得到落实，重大刑事案件发案率逐步下降，促进社会治安和社会秩序进一步好转。法制建设进一步加强，初步建立起与社会主义市场经济体制相适应的法律保障和服务体系。

典　型　地　区

岳阳南湖旅游度假区

岳阳南湖旅游度假区是1992年10月经省人民政府批准建立的湖南第一个省级旅游度假区，通过4年的建设，已完成4平方公里起步区的基础设施配套工程。先后引进27家国内外投资者，合同利用资金25.2亿元，其中外资2.7亿美元，占88%；到位资金4.5亿元，到位率18%。出让和开发土地1960亩。27个开工建设项目中有10个旅游度假项目建成投入营运，项目投产率达37%。区内固定资产积累4.5亿元，已形成年创产值10亿元、创利税1000万元的能力，年接待游客能力达10万人次以上，其中境外游客万名以上，年创汇能力已超过200万美元。同时，度假区通过连年举办龙舟节，为全市引进项目186个，合同利用外资4.85亿美元，商品成交额56亿元。现在，度假区已初步发展成为岳阳旅游经济新的增长点、湘北重要对外开放窗口、长江中游新兴的旅游度假胜地和世界龙舟中心。回顾过去，我们的主要作法有以下四点：

一、讲求地方特色，高起点编制好规划

有特色、高起点编制好发展规划，是建设好一个度假区的立足之本。岳阳是龙舟的故乡。特别是南湖通过近些年建设和举办国际龙舟节，已成为国内外瞩目的龙舟胜地。因此，度假区一成立，我们对度假区的发展，按照国际旅游度假的要求，力求做到把高标准的国际共性与浓郁的地方特色有机地结合起来，确定了“面向世界，突出龙舟文化和洞庭水乡特色，以旅游度假开发为主，把南湖建设成为国际驰名的旅游度假胜地、龙舟文化圣地和长江对外开放窗口”的总思路。我们先后投入500多万元，邀集国内外知名的设计部门和专家，编制完成了总面积35平方公里（其中水面12平方公里）的整体规划、环境评估，23平方公里的地形测绘，12平方公里的详控规划，4平方公里起步区的修建性规划和部分建筑设计。规划有度假、观光、游乐、体育、商业、综合六大类共38个小区。突出建好十个度假单元，合理安排六大要素，满足三个基本要求。十个度假单元，规划有森林沙滩度假村、龟岛水上度假村、龙舟度假村、气功度假村、楚俗度假村、休闲疗养中心、野营活动中心、鲁班花园、居士园、华夏大观。六大要素，即吃、住、行、游、购、娱。吃，有由30家世界各种名特风味餐馆、酒店组成的美食一条街，并设有自助、自炊餐室；住，有三星级以上的宾馆、酒店共10座，共设置床位1000个；行，修有13条干道、30条连接道和20公里徒步游路，还有出租车队和自行车、马匹出租点；游，有游乐飞机、游船、游艇、游车、跨湖索道、游乐场、狩猎场、动物园、植物园、森林公园、寺庙、洞庭水下龙宫、华夏大观；购，有旅游工艺品商场、购物中心、商贸城；娱，有娱乐城、龙舟赛场、水上运动场、水上歌舞厅、高尔夫球场、网球场、保龄球中心、竞技场、影视城等。三个基本要求，就是建立安全救护、路点标示、预定预报、监视监测、特种服务、教育培训六个系统，让客人感到安全、舒适、方便。

二、狠抓硬件建设，营造优良投资环境

度假区成立后，我们把加强基础设施这个硬件建设作为招商引资的首要条件来抓。4年来，多方筹集资金，总共投入7400多万元用于区内基础设施建设。先后完成了5条近5公里区内干道、约3公里区间连接道的新建和改建工程，并全部配套了供电、供排水、通讯、路灯设施，进行了植树绿化；对南湖龙舟赛场按国际A级标准进行了大的改造，新建了贵宾席、点火台、“龙舟魂”标志，配备了龙舟赛起终点自动启航、计时装置，新建整修观众座位4万多个；完成了南湖不夜城彩（路）灯安装、10000平方米草坪绿化、内部道路和16000平方米广场建设；配

合有关部门修建了11万伏变电站、万门程控电话装置的电讯大楼。这些基础设施和公益事业的建设，使南湖龙舟赛场成为国际上规模最大、设施齐全的龙舟赛场，使起步区的水、电、路、通讯基本配套，为南湖的开发建设营造了一个优良的投资环境。

三、突出龙舟招商，利用外资启动开发

近几年来，我们坚持以龙舟为头，把办龙舟赛事既作为度假区的一大基本任务来抓，又把它作为一种重要的、具有特色的招商手段来抓，利用办龙舟节、赛扩大影响，诚交四方友，广招天下商。龙舟招商形成规模，龙舟旅游形成网络。4年我们总共投入2075万元，为主承办了'93"炎黄杯"世界华人华侨龙舟系列赛、'94第七届全国"屈原杯"龙舟赛暨中国民间龙舟风采展示大赛、全国皮划艇锦标赛、'95第一届世界龙舟锦标赛暨中国民间龙舟夺标赛与风采展示赛、'96中国岳阳龙舟节暨全国摩托艇锦标赛，有亚、欧、北美、大洋洲等40多个国家和地区的13000多名体育、文化、商贸、科技界人士及国内500多万游客参加了龙舟赛、旅游、文化、经贸等活动。我们本着"以舟会友、以文促贸"、"文体搭台，经贸唱戏"的宗旨，通过龙舟招商，不但为全市引进了一大批建设项目，而且为度假区引进一批重点开发项目，其中特力花园、南湖山庄、国际水上俱乐部、南湖不夜城、拉斯维加娱乐城、碧园假日娱乐城、中日富岳文化交流中心、龙兴娱乐宫、南湖欢乐城、国际龙舟赛场等10个项目建成投入营运。还有高尔夫球场、水上世界乐园、休疗养中心、野营活动中心、华夏大观等一批项目正抓紧与外商洽谈。目前，起步区的开发建设已形成规模，并逐步向龙山北坡辐射，不断推出度假休闲型的旅游产品，形成快速发展旅游经济的新格局。通过龙舟旅游，已把南湖与岳阳楼、君山岛、张谷英村、屈子祠等市内著名旅游景点连片成网。目前，度假区借助龙舟，正在走一条"以龙舟促开发，以开发兴旅游，以旅游求发展"的新路子。具有地方特色的龙舟节，不但成为岳阳广招四海客商、广交五洲朋友的一条重要渠道，也成为加速湖南对外开放、发展旅游经济的重要举措。

四、改革运行机制，优化管理服务功能

建区后，我们按照"精干、高效、多能"的原则，已建立起党组与管委会相结合的党政领导体制，健全了党的基层组织和群团组织，管委会设立了"三局一室一处"的内部机构。按照国际惯例和国际度假旅游的要求，市委、市政府将对度假区实行统一有效管理的体制，明确界定管理区域。建立一级财政，给足优惠政策，健全旅游、规划、国土、公安、税务、工商、财政、劳动人事和社会事业等职能机构和社会支撑服务体系，改变过去那种在度假区内办事、到度假区外盖章的现象，真正做到度假区的事在度假区办，实行"一个口对外，一支笔审批，一个单管总，一家管税费"的一条龙服务的运行机制，让外来投资者在度假区办事方便、快捷。同时，我们还建立了劳动就业、培养教育、财务管理和工作目标管理等系列管理规章制度，造就了一支精干、高效、合格的工作队伍，从管委会主任到局室职员，都实行以岗定员，一员多职，不搞照顾，不搞虚设。大家既搞开发建设，又办龙舟赛事。良好的服务和满负荷的工作赢得了国内外朋友和投资者的好评。

"八五"时期是度假区在艰苦创业中形成规模、产生影响的阶段，"九五"时期是度假区在新的机遇下上台阶、创汇创收的阶段。1996年上半年，度假区的招商引资工作呈现出由"冷"转"热"的良好势头，已有80多批次客商来区考察、洽谈，签订合同4个，合同利用外资2.4亿元；签订协议5个，总投资1.9亿元；有意向联系的项目31个，总投资10.1亿元。为"九五"的发展开了一个好头。"九五"时期，在规范管理体制的基础上，力争2000年实现总产值过50亿元、创利税过5亿元的总目标；逐步组建一批支柱产业集团，形成集约经营的竞争优势；配套完善区内基础设施，完成起步区的项目开发建设，拉开全面发展的架势，为"十五"腾飞打下坚实的基础，为实现湖南建成旅游大省的目标、振兴省市经济作出新的贡献。请记住：岳阳南湖欢迎您。

岳阳南湖旅游度假区管委会主任、党组书记
李碧炎
联 系 人：刘耀荣
联系电话：0730—8845586
传　　真：0730—8842274

湘潭高新技术产业开发区

湘潭高新技术产业开发区是1992年6月经省人民政府批准成立的省级开发区。1995年，全区共有各类企业1728个，比上年增加227个；实现技工贸总收入16.5亿元，比上年增长62%，完成工业生产总值20.15亿元，比上年增长61%。开发区自成立以来，在产业发展、城区建设、招商引资等方面都取得了较好成绩，已初步成为湘潭体制改革的样板、市场经济的先导、对外开放的窗口、城区建设的重点、产业发展的龙头。

一、基本情况

湘潭高新区位于湘潭市河东腹地，与市区融为一体。高新区行政管辖面积38平方公里，规划开发面积25平方公里。通过3年多的开发建设，高新区作为经济新区的构架基本形成。

1. 多方投入，基础设施建设逐步完善。高新区多渠道、多途径筹集资金，狠抓了基础设施建设。与长潭高速公路对接，湘潭市区内目前投资最多、配套最好、标准最高、路面最宽、里程最长的芙蓉路已建成通车；吉安路、书院路拓宽工程已经完成；建校路、宝塔路修建进入施工前期；长潭路作为街道建设已开始立项；区内道路网络基本成型。市政府和高新区用于区内道路交通建设投资达2.4亿元。区内主干道自来水管已铺设完毕。煤气管道已接通进区，区内5万立方米的煤气柜已于1995年底建成。投资290万元的开发区及河东排污主体（顶管）工程已近竣工。计划投资3010万元的高新区集中供热工程已列为国家和省重点环保工程，已做好前期准备工作。到1995年底止，全区累计自行审批基建项目53个，投资总额7.05亿元。经过几年的努力，区内水、电、路、气、讯等基础设施已基本完善配套。

2. 突出重点，高新技术产业迅速发展。1995年止，全区累计审批高新技术企业70家，高新技术项目（产品）88项。1994年全区高新技术企业产值跃居全省5个高新区的第二位。1995年又有了更大的发展，高新技术企业技工贸总收入由1994年的2.18亿元上升到6.48亿元，增长1.97倍；高新技术企业产值由1994年的2.12亿元上升到6.91亿元，增长2.26倍；利税由1994年的4000万元上升到1.2亿元，增长2.03倍；出口创汇由1994年的52万美元上升到308万美元，增长5倍。4项指标均在1993年的基础上翻了三番多。一些高新技术企业成功地开发了一批科技含量高、附加值大、市场前景好的产品，填补了国内空白，有的达到了国际先进水平。

3. 加大力度，招商引资卓有成效。1995年底，高新区已累计批（办）进区“三资”项目47个，投资总额17.10亿元，利用外资8829.66万美元。其中1995年审批进区“三资”项目9个，新增投资1亿元，新增到位资金1亿元，直接利用外资740.8万美元，外资到位率80%，全部或部分投产的6家，资金到位7941万元，到位率78%，全部达产可新增年产值约30亿元，新增年利税7亿元，新增年创汇2亿美元。

与此同时，内资项目进区也有了很大发展，迅达集团、国际金融大厦、新塘商住区、明珠、葩金花苑等一大批项目已先后进区。目前，一批大型高新技术项目如顺风空调、高频电焊机等项目和其他项目正在进区洽谈之中，前景看好。

二、优势条件

湘潭高新区是湖南长（长沙）、株（株洲）、潭（湘潭）“金三角”的重要组成部分，具有得天独厚的优势。

1. 区位优越：高新区三面环水、地势开阔、四季分明、地质优良。湘潭公路一、二大桥、铁路大桥和正在新建的三大桥临区鼎立，四面贯通；107、320国道和京（北京）深（深圳）高速公路在这里交汇；湘黔、京广铁路从这里穿越；湘江千吨级航道可通江达海；长沙黄花国际机场距区60公里，经长潭高速公路至机场只需30多分钟；区内现有22万伏和11万伏变电站各1个，120万千瓦装机容量的火力发电厂正在兴建；现有日供水能力25万吨水厂1个，并正在筹建日供水能力40万吨的新水厂；市内煤气管道已接通进区；市内规划的12万门程控电话已通话9.2万门。

2. 科技先进：全市的智力资源雄厚，有利于高新技术产业的开发。市内有大专院校6所，中等专业学校12所，各类科研机构63家，各类专业技术人员7.6万人，其中具有高级职称的3956人、中级职称的21992人，每万名人口拥有科技人员的比重居全省第二。全市的各类科技成果数、成果获奖数、专利申请数和授权数均居全省前列。

3. 产业发达：全市的工业基础较好，可作为区内开发和建设的依托。湘潭是湖南重要的工业基地，初步形成了以机电、冶金、化工、纺织和建材为支柱的工业体系。区内有湘潭化纤厂和湘潭电缆厂等大型企业，湘潭钢铁公司、湘潭电机厂、湘潭纺织印染厂等大型企业都紧靠开发区四周。现在湘潭高新区已成为省、市经济发展的重点区域。湖南省“九五”计划期间60%的重点项目布点湘潭。

4. 服务配套：开发区按照“精简、统一、高效”的原则逐步完善了内部管理体制。开发区管委会下设办公室、招商局、建设局、经济技术局、财政局、工商局、税务局、人事劳动（社会事业）局、国土局、规划局、社会保障局、创业服务中心等办事机构，为开发建设进行有效管理和优质服务。与此同时，工商银行、建设银行等金融机构和律师、会计、公证等服务机构均在区内设立了分支机构，支撑服务体系完善、配套。对外实行一条龙服务。

三、产业导向和发展目标

1. 产业导向：高新区开发高新技术产业的主攻方向将放在充分发挥现有优势，形成规模经济效益和增强国内外市场竞争能力上，初步确定从现在起到2010年，继续重点开发机电一体化和新材料两大高新技术领域，并由此而形成高新区的两大支柱产业。

机电一体化产业的发展主要依托各大中型企业的优势，重点开发新型液压传动系统，智能化的电力、电器设备，新型工业自动化仪表，医用自动化分析仪器等，推广以铸代削，以锻代削新技术、新工艺，加强对柔性制造技术、CHD/CAM应用技术的研究，建成4～6个年产值达亿元的企业集团。

新材料产业的发展主要依托各大专院校和科研院所力量，重点开发新型金属材料、精细化工材料、陶瓷材料、耐火材料、特种合成纤维材料等产品。建成4～5个年产值过亿元的企业集团。推广以塑代钢、以塑代木的新型建筑材料和装饰材料，加强对功能高分子材料、光学纤维材料生产和应用研究。

与此同时，在生物技术、电子与信息、新能源与环保及其它高新技术领域，也将着力进行一些开创性研究与开发，使之成为高新产业的增长点。

2. 发展目标：高新技术产业作为新的经济增长点，对全市经济、科技、社会实现超常增长，再创辉煌起示范和导向作用的引路先锋，必须高于全市经济的平均增长速度，实现集团化、超常规、跨越式发展。初步规划的主要发展指标如下：

(1) 高新技术产业发展规模：2000年全市高新技术企业达到350家，比1995年预计增加270家，其中年产值1000～5000万元的企业35家；5000万元～1亿元的企业集团10家；1亿元以上的企业集团8家。评审认定的高新技术项目达到400项。2010年全市高新技术企业达到600家，比2000年增加250家，其中年产值1000～5000万元的企业50家；5000～1亿元的企业集团20家；1亿元以上的企业集团15家。评审认定的高新技术企业项目达到700项。

(2) 高新技术企业总产值：2000年全市高新技术企业总产值达30亿元，“九五”期间年递增50%，高新技术企业总产值占全市工业总产值的12%；2010年高新技术企业总产值达到70亿元，10年间年平均递增8.9%，高新技术企业总产值占全市工业总产值的20%。

(3) 高新技术企业技工贸总收入：2000年全市高新技术企业技工贸总收入达到50亿元，“九五”期间年递增64%；2010年技工贸总收入达到100亿元，10年间年平均递增7.2%。

(4) 高新技术企业利税总额：2000年全市高新技术企业利税总额达到10亿元，“九五”期间年递增70%；2010年利税总额达到20亿元，10年间年平均递增7.2%。

(5) 高新技术企业出口创汇目标：2000年全市高新技术企业出口供货额达到1.2亿美元，“九五”期间年递增64%。2010年出口供货额达3.6亿美元，10年间年平均递增11.6%。

湘潭高新技术产业开发区工委书记、管委会主任　卢东南

联系人：宋　杰

联系电话：0732—8562905

常德市德山经济科技开发区

常德市德山经济科技开发区是1992年5月经湖南省人民政府批准设立，由常德市人民政府直接领导和具体管辖的省级开发区。该区位于古城常德市东南部，距老城区7公里，具有极其独特的交通、能源、旅游优势。区内基础设施较好，正在兴建的石长铁路横贯全境，有石长线最大的货运区段站，铁路运输十分便捷；319、207国道在境内交汇，长常高级公路与境内的主干道路桃林路接轨；濒临沅江，区内有常德市最大的深水港，通江达海，而且是常德市唯一不受洪水威胁的地区，海拔高度54米；常德飞机场距该区仅4公里，近在咫尺。目前区内已基本形成了水、陆、空立体交通运输网络。区内有年发电量为220万千瓦的德山火电厂和24万千伏的德山变电站及日供水10万吨的水厂，开通了直通全球的万门程控电话。该区山水辉映，风光独好，德山森林公园静卧其中，是常德市唯一的一片自然绿洲，具有很大的旅游开发价值。

根据该区诸方面的独特优势，湖南省人民政府已将该区列为全省十大重点开发区之一，常德市人民政府将该区作为常德市经济发展的新增长点和对外开放的“窗口”和“特区”，决定要用超常规、跳跃式的速度和办法，力争在5年内把该区建设成为一个集工业、商业、能源、储运、加工、出口为一体，汇旅游、娱乐、度假、文化于一地，面向世界大市场的新型工业城市。

常德市德山经济科技开发区是按一座现代化的新型工业城市规划的，行政管辖面积54平方公里，近期规划面积为10平方公里，目前已完成了2平方公里的首期开发任务。长远发展的整体思路是，以发展先进大工业和高科技项目为主，把开发德山工业园、科技园和改造德山现有工业结合起来，加大对外开放和招商引资的力度，突出基础设施和基础产业，同时加强城乡一体综合开发，力争把常德市德山经济科技开发区办成全市的经济技术示范区和重要的新型工业基地。按照规划，德山新区新辟桃林路、善卷路，沿路开发工业、高科技项目，划出了外商企业投资区、内联企业投资区和高科技园区等；新辟有德路、富昌路，改造德山路，围绕铁路货场建仓储区、商贸城等；以德山中路为中心形成金融、行政办公区；配套旧城改造，拓宽改造莲池路，建莲池综合市场，形成商贸区；以德山公园为主体建娱乐城、渡假村，形成旅游区；另设有个体私营经济区以及学校、医院等。到“九五”期末，该区的工业固定资产达30亿元，工业总产值达15亿元；2010年工业总产值达30亿元，城市人口增加到25万人左右，基本实现“开发德山，再造一个常德城”的宏伟蓝图。

常德市德山经济科技开发区成立4年来，按照总体规划的要求，在基础设施建设、招商引资上都已初见成效。截至1995年，区内基础设施建设投入达1亿元，接通了长10公里的道路，进入了产业开发的新阶段。在招商方面，先后与内外客户达成了近30个意向、协议和合同项目，出让土地近1000亩，引进投资8亿元。

常德市德山经济科技开发区自创建以来，常德市市委、市政府一直把它摆在非常突出的位置，给予开发区许多优惠政策措施，其中在招商引资方面实行的主要优惠政策措施有：

1. 投资1000万元以下的生产性项目计划，500万元以下的非生产性项目计划，500万美元以下的外商投资项目计划，由开发区管委会审批，3日内办完一切手续。

2. 外商独资兴办生产出口产品、先进科技产品的企业，免收土地出让金；兴办其它工业性项目和基础设施项目，外商独资的优惠80%，中外合资、合作兴办的，外商投资部分优惠80%。

3. 投资兴办高科技内资项目，用地在10亩以上，其土地出让金全免，其他项目给予适当优惠。

开发区管委会代表常德市人民政府对区内经济建设和社会发展实行统一领导和管理。开发区设有健全的办事机构，设有规划分局、国土分局、财政分局、公安分局、工商分局、国税分局、地税分局和建设分局等，实行一个窗口对外，一站式审批，一条龙服务，办事快速高效，客户申报各种项目不需出区就可办好一切手续。项目进区后，开发区继续搞好优质的跟踪服务。常德市德山经济科技开发区热忱欢迎海内外朋友来区投资兴办企业，进行各种方式的经济技术合作。

常德市德山经济科技开发区党委书记、管委会主任、开发总公司总经理：张家安

通讯地址：湖南省常德市德山经济科技开发区管委会

联系电话：0736—7312598　7312729　7312032

邮　　编：415001

益阳市朝阳综合经济开发区

益阳市朝阳综合经济开发区是湖南省人民政府首批批准的省级重点开发区。位于益阳市东南面，毗邻老城区，总面积为21.8平方公里。开发区辖1个街道办事处，11个行政村，6个居委会，现有人口5.8万人。

开发区具有四通八达的交通网络，地理位置十分优越。北傍资江，从此可入洞庭、通长江；南有石长铁路，客货两站建在开发区内；东靠长益高速公路和319国道，直达长沙仅70公里；南北交通铁路大动脉洛湛线也定在开发区出线，益阳站将成为湘北交通枢纽。

开发区通讯发达，水电充足。已开通程控电话1万门，目前可满足国内外直拨电话、图文传真和用户电报等需要。占地160亩的益阳市邮电枢纽中心正在开发区内建设之中，1998年建成后，将进一步增强开发区的通讯能力。现已建成日产30万吨的自来水厂1座；22万伏和11万伏的变电站各1座，装机容量180万千瓦的益阳火电厂现已完成征地拆迁工作，已进入基础工程施工阶段。

开发区风景宜人。区内属丘陵地形，地表起伏不大。位于开发区中央的梓山湖公园林深叶茂，水光潋滟，风景独好。

开发区规划科学。根据益阳市城市总体规划和益阳市“九五”计划及2010年远景目标的要求，开发区是益阳市未来的“中心城区”，努力建设成为益阳市的一个新的行政区域。开发区的详细规划已经确定，是一个融高新技术产业、房地产综合开发、服务业和旅游业等为一体的综合性区域。计划到2000年人口总数将达到12万人，到2010年人口总数将达到25万人。使开发区成为一个功能齐全的现代化城市示范区。

开发区管理委员会是益阳市人民政府的派出机构，市人民政府一名副市长兼任管委会主任。根据统一领导、统一管理、统一招商、统一建设的管理原则，开发区内设“1办6局3部”，职能齐全，权力集中。进区项目的可行性报告、审批、立项、计划下达、选址定点、征地拆迁等在开发区实行“一站式”审批，“一条龙”服务，所有手续均在开发区一次完成。

开发区通过4年的开发建设，已引进和兴办各类企业84个，其中国家重点项目2个，外商独资、中外合资和中外合作企业5个。开发土地248公顷，引进投资7.4亿元，完成投资4.9亿元。1995年实现工农业总产值3.48亿元，税收1400万元。

开发区作为益阳市重点发展的“中心城区”，具有十分明显的区位优势。一是随着石长铁路和长益高速公路的建成通车，319国道沿线的发展，益阳电厂一期工程的动工、益阳邮电枢纽中心等一批重点项目的兴建，以及城建设施的进一步完善配套，将为开发区扩大招商引资、发展外向型经济创造了有利条件；二是随着城市的发展，开发区建设又迎来一个新的发展时期，益阳市委、市政府已经将朝阳开发区确定为益阳市改革开放实验区、新的经济增长点、高新技术的辐射源和益阳最大的形象工程。在实行“五个统　”的原则下，行使地市级综合经济管理权限，

并规定在法律法规和政策允许的范围内实行特殊政策。益阳市委、市政府要求在朝阳开发区率先建立社会主义市场经济新体制，再造一个益阳新城区。

“九五”时期，开发区在重点规划城区道路网络、构筑新城区基本框架的基础上，抓好各项基础建设，公共设施建设，同时大力发展高新技术产业。“九五”期间，将在开发区建立一个高新技术产业园区，在重点发展电子、轻纺、精密制造、新型建材和食品工业等产业的同时，突出抓好填补国内空白的无纺布、地区级产品柴油机和创造世界名牌的“益鑫泰”麻纺制品等系列产品的开发工作。同时，充分利用开发区的良好的区位优势，多层次、多渠道、多形式地发展第三产业，重点发展交通运输业、商品流通业、综合服务业和房地产业。到2000年，国内生产总值达9亿元，工农业总产值7.25亿元，固定资产投资总额完成12亿元，地方财政收入7000万元。

朝阳开发区热忱欢迎海内外朋友到开发区投资办企业、投资基础设施建设和各种方式的经济技术合作。

湖南省益阳市人民政府副市长、益阳市朝阳开发区管委会主任、中共开发区工委书记　赵小明

益阳市朝阳综合经济开发区管委会副主任　徐思干

地址：湖南省益阳市朝阳路中心广场西侧

电话：0737—4227352　4221265

传真：0737—4227452

邮编：413000

附录

湖南省开发区管理办法

第一条　为加强对开发区的管理，促进开发区的建设，发展我省经济，根据有关法律、法规规定，结合我省实际，制定本办法。

第二条　本办法适用于我省境内经国务院或者省人民政府批准设立，由行政公署、州市人民政府直接领导的经济技术开发区和高新技术产业开发区（以下简称开发区）。

第三条　行政公署、州市人民政府应当加强对开发区工作的领导，组织有关部门做好开发区的规划、建设和招商引资等工作。

省计划委员会、省科学技术委员会应当按照国家和省有关法律、法规、规章和政策规定，分别对开发区进行宏观管理和业务指导。

其他有关部门应当按照各自职责，为开发区的建设提供方便、搞好服务，创造良好的投资环境。

第四条　鼓励境内外公司、企业、其他经济组织或者个人向开发区投资或者输送科技、经营管理人才，到开发区兴建基础设施，兴办先进技术企业、产品出口企业或者科研机构。

鼓励境内外公司、企业、科技机构、高等院校或者个人到开发区进行各种形式的经济技术合作。

第五条　开发区内的单位和个人，必须遵守中华人民共和国法律、法规和本办法，其资产和其他合法权益受法律保护。

第六条　经批准设立的开发区，由其所在地的行政公署、州市人民政府设立开发区管理委员会（以下简称开发区管委会），行使地市级综合经济管理权限，代表本级行政公署、州市人民政府对开发区的工作实行统一管理。

第七条　开发区管委会行使下列职权：

（一）编制开发区总体规划和经济社会发展计划，经批准后组织实施；

（二）制定开发区的行政管理规定；

（三）审核开发区的投资项目，并按照规定权限审批或者报批；

（四）负责开发区内土地的开发管理；

（五）管理开发区各项基础设施和公共设施；

（六）按规定管理开发区的财政、建设规划、劳动、人事、治安、房产、国有资产和环境保护等工作；

（七）兴办和管理开发区的科学、文化、教育、卫生、体育等社会公益事业；

（八）管理开发区的进出口业务和对外经济技术

合作，按照规定处理开发区内的涉外事务；

（九）负责对开发区内的企业进行协调管理；

（十）负责协调有关部门在开发区设立的机构的工作；

（十一）行政公署、州市人民政府授予的其他职权。

第八条 开发区管委会可以根据工作需要，按照精简、高效的原则，内设必要的职能机构，管理有关事务。

行政公署、州市人民政府的有关部门和金融、邮电等单位可以根据实际情况，经批准在开发区设立必要的机构或者派出工作人员，管理本部门、本单位委托的有关事务。

第九条 编制开发区总体规划，应当以土地利用总体规划和城市建设总体规划为依据，并同有关专业规划相协调。

第十条 开发区总体规划，由行政公署、州市人民政府报同级人民代表大会常务委员会（联络工作委员会）审查同意，并报省人民政府批准。

开发区的详细规划，必须符合开发区总体规划。详细规划须报行政公署、州市人民政府或者其委托的城市规划行政主管部门批准，并报省城市规划行政主管部门备案。

第十一条 行政公署、州市人民政府可以根据经济和社会发展需要，对开发区总体规划进行局部调整。调整方案报同级人民代表大会常务委员会（联络工作委员会）和省人民政府备案；涉及开发区总体布局重大变更的，须报同级人民代表大会常务委员会（联络工作委员会）审查同意，并报省人民政府批准。

第十二条 开发区的建设必须符合开发区总体规划和详细规划。

开发区管委会应当按照开发区总体规划和详细规划编制土地利用方案，报行政公署、州市人民政府批准，并报省人民政府备案。

第十三条 开发区内的土地，依法实行有偿有期使用制度，土地使用权可以依法出让、转让、出租、抵押。

第十四条 在开发区内进行建设的单位或者个人，需要申请领取《建设用地规划许可证》、《建设工程规划许可证》和《土地使用证》的，由规划、土地管理部门设在开发区的机构或者派出的工作人员按规定办理。

第十五条 开发区内的土地开发，应当按照建设项目逐步实施，开发一片，建成一片，不得圈占和浪费土地。在规定期限内不使用的，按照《中华人民共和国城市房地产管理法》和《湖南省土地管理实施办法》等有关法律法规的规定收取荒芜费，或者由人民政府无偿收回。

第十六条 在开发区内依法取得土地使用权的单位和个人，必须遵守有关法律、法规，按照规定缴纳有关税费，合理开发、利用、经营土地。不得擅自改变土地出让合同规定的用途，不得荒芜和浪费土地。

第十七条 在开发区内投资、经营可以采取下列方式：

（一）中外合资经营；

（二）中外合作经营；

（三）外商独资经营；

（四）国内投资者独资经营、联合经营；

（五）来料、来件、来样加工与补偿贸易；

（六）租赁经营；

（七）国家法律、法规允许的其他方式。

第十八条 开发区应当重点兴办符合下列条件之一的生产性项目：

（一）生产工艺和制造技术属国际先进或者国内急需的；

（二）产品以外销为主的；

（三）产品能够替代进口的。

第十九条 开发区内禁止兴办下列项目：

（一）技术落后或者设备陈旧的；

（二）污染环境的；

（三）中国政府禁止或者限制的。

第二十条 在开发区内兴办企业、事业，投资者应当向开发区管委会提出申请。对不需要国家和省安排资金、能源和原材料的投资项目，其项目建议书和可行性研究报告由开发区管委会审批，报省、地、州、市计划委员会、经济贸易委员会及其他有关部门备案；需要国家和省安排资金、能源和原材料的投资项目，按照隶属关系转报省人民政府或者国务院有关部门审批。

在开发区内兴办外商投资企业，其合同章程按照前款规定的权限和程序报对外经济贸易部门审批。

在开发区内兴办高新技术企业或者高新技术产业项目，由投资者向开发区管委会提出申请，报省科学技术委员会认定。

投资者按照本条第一、二、三款规定办理审批手续后，应当持有关文件到工商行政管理、税务机关分别办理工商登记和税务登记。

第二十一条 经批准兴办的企业、事业，必须按照规定的期限投入资本、动工兴建。因特殊情况不能按期投入资本、动工兴建的，应当向开发区管委会提出延期申请，经批准后方可延期。

第二十二条 开发区内的企业依法享有经营管理自主权，有权自行制定生产经营计划，依法筹措、运用资金，自行采购生产资料，组织生产，销售产品。

第二十三条 开发区内的企业可以根据生产经营需要，自行确定机构设置、人员编制、工资标准、工资分配形式和奖励、津贴制度，自行聘用或者按照有关法律法规规定辞退职工。

开发区内的企业应当执行劳动法律、法规、规章和政策，建立劳动保护、社会保险和福利制度，按照规定缴纳社会保险基金，保证职工在安全、卫生的条件下作业，保障职工的合法权益。

第二十四条 开发区内的企业应当建立健全财务会计制度，按照规定向开发区管委会及财政、税务、外汇管理、统计等有关部门报送会计报表和统计报表，并接受开发区管委会和有关部门的监督。

第二十五条 开发区内终止经营的企业，应当按照法律、法规的有关规定清理债权、债务，提出经中国注册的会计师验证的清算报告，并持有关文件到工商行政管理和税务机关分别办理注销登记。债权、债务清理完毕后，其资产可以转让，资金可以依法汇出。

第二十六条 开发区内的单位和个人应当严格执行《中华人民共和国环境保护法》及有关法规、规章。污染物的排放和处理必须符合国家和省规定的标准。

第二十七条 开发区内的外商投资企业，按照《湖南省鼓励外商投资条例》的规定享受优惠待遇；高新技术企业，按照国家和省的规定同时享受其他有关优惠待遇。

第二十八条 开发区内企业的固定资产，经开发区管委会和有关部门批准，可以缩短折旧年限，加快折旧回收。

第二十九条 按照法律、法规和有关规定，在开发区收取的土地出让金、建设工程各项附加和房地产交易费，主要用于开发区内基础设施建设和土地开发。

第三十条 开发区内的企业除按照法律、法规和规章规定缴纳各种税费外，任何单位不得向企业摊派和收取费用。对乱摊派、乱收费的，企业有权拒交。

任何单位和个人不得对开发区以及开发区内各单位设置关卡，进行刁难，干扰其工作和生产经营活动。

第三十一条 经省人民政府批准设立，由县、市、区人民政府管理的经济技术开发区，参照本办法的有关规定执行。

第三十二条 本办法自发布之日起施行。

西部地区

广西壮族自治区

主　　编： 黄善保
副 主 编： 苏西华　邱祖强
编写人员： 罗建奇　苏道深　吴　宁　夏孟秋
卢浩贤　林毅雄　李　想　黄继芳
劳力辉　黄奕汉
工作人员： 罗建奇

广西壮族自治区分目录

广西壮族自治区概况 …………………………………………………………………………(323)
国民经济和社会发展 …………………………………………………………………………(323)
广西壮族自治区经济与社会发展“八五”回顾与“九五”展望 ……………………(327)

典型地区

祖国对外开放的南大门——广西南宁地区 ……………………………………………(331)
创造新优势把桂林市建设成现代化国际旅游名城 ……………………………………(333)
从改革开放中崛起的明珠——广西岑溪市 ……………………………………………(334)
前进中的“荔枝之乡”——广西灵山县 ……………………………………………(336)

1995年改革开发大事记 ……………………………………………………………………(339)
彩色宣传图片
·广西维尼纶厂·广西黑五类食品集团公司·广西岑溪市“岑溪红花岗岩”和“五大基地”·广西南化集团公司·桂林能源开发集团公司·广西天等县制药厂·中国柳州微型汽车厂·广西灵山县·

广西壮族自治区概况

面积：23.66万平方公里

人口：4543万人

行政区划：7个地区，8个地级市，80个县(市)

自治区党委书记：赵富林

自治区人大常委会主任：赵富林

自治区人民政府主席：成克杰

自治区政协主席：陈辉光

广西壮族自治区国民经济主要指标

(单位：亿元)

项　目	1995年	1995年比上年增长(%)
国内生产总值	1666	16.5
工农业总产值	2479	15.9
工业总产值	1735.8	15.4
重工业产值	828.3	25.5
轻工业产值	907.5	6.2
农业总产值	743.5	17.2
全社会固定资产投资	410	7.2
国有固定资产投资	216.28	11.5
社会商品零售总额	519.97	24.8
零售物价总指数(%)	116.4	16.4
职工工资总额	172.31	15.3

国民经济和社会发展

1995年，广西继续贯彻实施国家的宏观调控政策，加大改革开放力度，充分发挥大西南出海通道的区位优势，加快基础设施建设，继续加强农业基础，深化工业体制改革，努力抑制通货膨胀，使国民经济继续保持良好的发展态势。

一、国民经济保持较快增长

1995年全区国内生产总值1666亿元，比上年增长16.5%，高于全国6.7个百分点。其中第一产业增加值489亿元，增长14.4%；第二产业增加值657亿元，增长20.8%；第三产业增加值520亿元，增长12.9%。

(一) 农村经济继续保持稳定增长

1995年，广西积极调整农业生产结构，加大农业综合开发力度，农、林、牧、渔业全面发展，全年农业增加值489亿元，比上年增长14.4%，主要农产品均获得较好的收成。粮食、糖料、水果、肉类、水产品再创历史最高水平。全年粮食总产量1553.31万吨，比上年增长11.1%；油料45.35万吨，增长26.4%；甘蔗2542.20万吨，增长9.6%；

水果267万吨，增长20.3%；林业生产在1994年实现灭荒的基础上，1995年造林面积13.02万公顷；各种肉类产量250.17万吨，增长25.1%；水产品总产量101万吨，增长33.1%，其中海水产品63万吨，增长33.3%，淡水产品38万吨，增长32.7%。

乡镇企业继续保持快速发展势头，全年乡镇企业营业总收入2500亿元，比上年增长69.7%；乡镇企业总产值2100亿元，增长67.5%，从业人员558万人，增长24.8%，占农村劳动力的28.4%。

（二）工业生产适应市场需求，积极调整产品结构，继续保持了较快的增长速度

1995年，广西实现工业增加值587亿元，比上年增长23%，高于全国9个百分点。主要产品产量除机糖、化纤产量下降外，均有较快的增长。原煤1045万吨，比上年增长5.7%；钢材87.26万吨，增长10.6%；十种有色金属19.92万吨，增长20.8%；水泥1966.31万吨，增长15.7%；汽车7.42万辆，增长5.6%；平板玻璃218.74万箱，增长1.5%；机制纸及纸板67.36万吨，增长14.4%；化学纤维2.15万吨，下降18.6%；机制糖178.01万吨，下降19.6%。

工业企业经济效益下降，部分企业经营困难，工业经济效益还没有根本好转，工业企业特别是国有企业亏损面大，全区独立核算工业企业亏损面达27%，亏损企业亏损额20.88亿元。

（三）固定资产投资增长幅度明显回落，投资重点突出

1995年，广西全社会固定资产投资完成410亿元，比上年增长7.2%，增长幅度比上年回落31个百分点。在全社会固定资产投资中，国有单位投资完成223亿元，增长15%（其中基本建设投资完成144亿元，增长14.3%；技术改造投资完成65亿元，增长29.3%）；集体单位投资完成57亿元，比上年增长1.8%；个体投资完成90.28亿元，增长8.3%。投资重点突出，继续加大对交通、邮电、能源、原材料等基础设施和基础产业的投资力度。基本建设投资中，能源交通投资额为55.36亿元，比重为38.2%；原材料项目投资额为18.72亿元，比重为12.9%。基础产业和基础设施项目投资完成74.08亿元，占国有单位固定资产投资完成额的33.2%。

重点建设得到加强，1995年，国家和自治区安排的重点建设项目共32项，到年底已全部或部分建成投产或交付使用的大中型项目有7项。建设项目前期工作进展较好，全年共安排前期工作项目243个，已完成199个，占总数的82%，其中国家审批16个。

（四）对外经济贸易进一步扩大，利用外资投向和结构趋向合理

1995年，广西完成进出口贸易总额30.58亿美元，比上年增长29.0%，其中出口总额22.46亿美元，增长40.2%；进口总额8.12亿美元，增长5.7%。出口商品结构进一步改善，工业制成品出口占74%，初级产品出口占26%。全年边贸进出口成交总额26.61亿元，比上年增长9.2%。全年实际利用外资9.64亿美元，比上年下降8.0%，利用外资虽然有所下降，但结构有所改善。1995年广西的10多个大中型利用外资项目，大部分是农业、电力、交通、原材料和城市供水、环保等项目，外资已逐渐投向我区的基础性和生产性领域。到年底，广西实有"三资"企业5175家，比上年增长2.1%。

（五）财政收入增加，金融态势良好

1995年，广西新的财税体制运转正常，全年财政收入133.41亿元(含上划中央两税)，按可比口径计算，比上年增长19.2%。财政支出137.49亿元，增长11.2%，全自治区财政困难仍未根本好转，财政形势还比较严峻。金融形势平稳，银行存贷款同步增长，年末全社会金融机构存款余额1159.84亿元，比上年末增长23.5%，其中企业存款329.57亿元，增长18.2%；城乡居民存款734.39亿元，增长28.3%。金融贷款资金投向继续向重点行业倾斜。贷款余额1009.66亿元，比上年末增长17.7%，其中中长期贷款243.13亿元，增长11.7%，占全部贷款的24.1%；工业贷款、商业贷款、农业贷款均比上年有不同程度的增长。存大于贷150.18亿元。

（六）市场繁荣，物价涨幅有新回落

1995年，广西全社会消费品零售总额519.97亿元，比上年增长24.8%，扣除物价因素实际增长7.2%，低于全国3.1个百分点。市场运行呈现如下特点：一是城乡市场繁荣，城市消费品零售额完成235.75亿元，增长29.8%，扣除价格因素，实际增长12.9%；农村消费品零售额完成157.94亿元，增长27.3%，扣除价格因素，实际增长8.2%；县城消费品零售额实现126.28亿元，增长13.9%。二是各种经济成份竞相发展，国有经济全年实现消费品零售额155.71亿元，比上年增长24.2%。非国有经济全年实现消费品零售额364.26亿元，增长25.1%，略高于国有经济消费增长速度。

1995年，在实施国家宏观调控各项措施的同

时，各级政府采取有力的措施，狠抓粮食生产和蔬菜生产基地建设，努力增加肉、禽、蛋有效供给，有效地遏制了物价过快上涨的势头。全年全区商品零售价格指数涨幅为16.4%，居民消费价格指数涨幅为18.4%，分别比1994年回落了7.5和7个百分点，接近全年的物价控制目标。

（七）国际旅游业逐渐回升

1995年，我区旅游业经过多方面的努力，积极改善软、硬环境，国际旅游业逐渐走出低谷，呈现出回升的势头。全年接待国际旅游人数41.85万人，虽然比上年下降4.5%，但国际旅游收入达10.92亿元，比上年增长6.4%。

二、经济结构进一步优化

1995年，广西在国民经济继续保持较快增长的同时，经济结构也得到了进一步的调整和优化。在国内生产总值中，第一、二、三产业的比重由上年的28.9∶39.1∶32转变为29.4∶39.4∶31.2。第二产业的比重继续上升，产业结构得到进一步的优化。

在第一产业内部，农、林、牧、渔比重有所改善，种植业的比重上升，林、牧、渔比重有所下降，农业综合开发取得新的成绩，农村多种经营不断发展。

第二产业内部，重工业发展继续快于轻工业，轻工业在整个工业中的比重由上年的48.3%下降到46.82%，而重工业则由上年的51.7%上升为53.18%。

在第三产业内部，在交通邮电、商业、饮食业、物资供销及仓储业、广告及金融保险业等传统产业继续较快发展的同时，信息咨询、广告、房地产等也有较大发展。

三、基础设施建设成绩显著

1995年，广西继续围绕大西南出海通道的建设，加强能源、交通、邮电、城建等基础设施的建设，取得可喜的成绩，基础设施继续得到改善。安排能源、交通、邮电等基础设施的重点项目25项，占全部重点项目的78%。其中交通运输邮电业13项；能源项目12项。一批交通、能源工业项目相继建成，加强了与大西南和沿海地区的联系，有力地促进了我区国民经济的快速发展。

（一）交通运输、邮电通信

1995年，广西安排交通、邮电业重点建设项目13项：钦北铁路；盘百公路（广西段）；西江航道整治；桂林两江机场；南昆铁路（广西段）；柳州至桂林一级公路；钦州至防城港高速公路；防城港中级泊位；南宁机场；南宁清川大桥；北海机场扩建；北海港二级工程；广西长途通信干线光缆通信工程等，全年完成投资27.23亿元。其中，投资6.4亿元的钦北铁路（全长98.4公里）已于1995年7月开通，投资2.5亿元的盘百公路（广西段）也已于7月基本建成。柳桂一级公路和钦防高速公路分别完成投资3.4亿元和5.2亿元，占年计划68%和130.1%，桂林两江机场预计1996年国庆前可以通航。南昆铁路、南宁机场扩建、防城港中级泊位、西江航运等工程进展也较为顺利。

邮电通信业继续保持高速发展的势头，净增市话交换机容量49.08万门，使全区市话交换机总量达到124.85万门（不包括农话），长话自动交换机总容量10.11万路端，电话用户75.68万户，移动电话9.91万户，无线寻呼62.36万户。广西长途通信干线光缆通信工程经过几年建设，大部分县市长途通信已实现光缆化，1995年完成投资3.1亿元，新增1、2级干线2053公里。目前，全区已建成长途光缆39条，总长度达6500多公里，基本实现县县通光缆，位居全国各省、市、自治区第五位。1995年底，全区基本实现电话号码升七位，大体形成以地市为中心的10个本地电话网的格局。全年完成邮电业务总量20.43亿元（1990年不变价格），比上年增长53.5%。

（二）能源设施建设

我区继续按照“以水为主，水火结合”的方针，积极开发调节技能好的大中型水电站，相应发展大型火电。1995年，重点安排能源工业项目12个：岩滩水电站及送出工程；柳州火电厂；天生桥二级电站；天生桥一级水电站；昭平水电站；叶茂水电站；浮石水电站；百龙滩水电站；京南水电站；左江水电站；大埔水电站；盘县火电厂等，全年完成投资34.92亿元。年内全部或部分建成投产的能源项目有岩滩水电站4号机组，天生桥二级水电站4号机组、昭平水电站3号机组、柳州火电厂2号机组等。到年底，全区发电机装机容量为558.36万千瓦（不含合资经营的盘县电厂广西应分得装机容量20万千瓦及从天生桥分得容量18万千瓦），比上年新增56.16万千瓦，其中水电338.92万千瓦，新增36.12万千瓦；火电219.44万千瓦，新增20.04万千瓦。年总发电量213.68亿千瓦时，比上年增长17.2%，其中水电136.67亿千瓦时，增长20.9%，火电77.01亿千瓦时，增加7.9%，人均发电量为502千瓦时，约为全国人均的60%。

（三）城市基础设施

1995年，广西继续加大城市基础设施建设的力度，城市基础设施不断完善，城市环境综合整治取得突破性进展，住房、道路、供水、供电、绿化、环保等条件均有改善，1995年在全国评比中，南宁、柳州、桂林、河池、百色、贵港等6个城市荣获全国城市环境综合整治优秀城市称号，梧州、北海获先进城市称号，获奖面在全国排第二位。南宁市还获全国卫生城市和全国园林绿化先进城市等荣誉称号。

四、各项社会事业协调发展

1995年，广西国民经济持续快速发展的同时，各项社会事业得到稳定、协调发展。

科技队伍不断扩大，科学技术研究又有新成就。年末全区国有企事业单位共有专业人员69.21万人，比上年增加1.22万人。全年共取得省部级以上登记的科技成果530项，其中属于国际领先1项，国际先进10项、国内领先32项、国内先进233项；区内领先254项，获自治区科技进步奖164项。科技市场活跃，全年共签订各类技术合同1166项，成交金额达2.06亿元。全年全区主要重大科技成果有：广西天湖水电站超高水头钢管关键技术；自体骨碎骨颅修补一次成型；X窗口下基干图形的超媒体系统XGBH。

各类教育事业枝繁叶茂。全年共招收研究生318人，比上年增长11.6%；普通高等学校招生本、专科生20416人，比上年增长5.8%；各类中等职业技术学校在校生27.66万人（含技工学校学生），比上年增长10.3%；年末实际在校生174.87万人，比上年增长12%；小学在校生639.92万人，增长1.3%。九年义务教育普及率不断提高，7～11周岁小学学龄儿童入学率达98.5%，小学生入学巩固率达96.6%，“希望工程”的实施挽救了一大批学龄儿童失学儿童。

文化事业丰富多彩。文化事业的繁荣昌盛大大丰富了群众的精神生活，有力地宣传了党的改革方针政策，促进了全区精神文明建设和物质文明建设。

医疗卫生条件又有新发展。年末全区共拥有病床8.39万张，比上年增长8.4%，专业卫生技术人员11.65万人，比上年增长2.7%，其中医生5.53万人（含中西医师），增加0.34万人，护师、护士3.69万人，增加0.21万人。

体育事业再传佳讯。在国际赛事中，广西运动员奋力拚搏，共夺得金牌55枚、银铜牌22枚。全区共有5人次创亚洲纪录，在国内重大比赛中共夺得金、银、铜牌89枚。群众健康意识增强，群众性体育运动蓬勃兴起，大大地提高了全民健康体质，为创造辉煌业绩奠定了基础。

城乡居民收入增加，人民生活水平继续改善。全年城镇居民人均生活费收入4289元，扣除价格因素实际增长1.7%；农民人均纯收入1446元，扣除价格因素实际增长11%。就业率增加，社会劳动保险体系进一步完善，全年安置城镇就业人员17.22万人，城镇失业人员为10.08万人，年末失业率为2.4%，随着企业改革的不断深化，各项配套改革措施的逐步到位，社会保障制度将逐步完善。目前全区已有180万职工参加了社会统筹保险，比上年增加36.1万人。城乡居民居住条件进一步改善，城镇住宅人均居住面积达7.5平方米。年末全区总人口4543万人，1995年人口自然增长率为11.0‰，低于控制目标1.9个千分点。

五、扶贫工作成绩显著

1995年，广西全面实施国家“八七”扶贫攻坚计划，紧紧围绕扶贫攻坚真抓实干，取得显著成绩，弥补了1994年特大洪灾所造成的损失。全区又有100万人跨越温饱线，到1995年底，全区未解决温饱的人口降至600多万人。

（夏孟秋　撰稿）

广西壮族自治区经济与社会发展“八五”回顾与“九五”展望

一、“八五”回顾

（一）国民经济持续、快速、健康发展

全区国内生产总值由1990年的449亿元（当年价，下同）增加到1995年的1666亿元，5年平均增速达到16.9%（按可比计算，下同），比“七五”时期高10.8个百分点，比全国同期高5个多百分点，提前5年与全国同步实现比1980年翻两番的目标。在经济快速发展的同时，国民经济结构明显改善。1990年第一产业增加值占国内生产总值的比重高达39.1%，1995年下降到29.4%；第二产业的比重由1990年的26.4%上升到1995年的39.4%，第二产业中工业增加值超过第一产业，第三产业得到较快发展。

（二）农业综合开发水平明显提高

“八五”时期，广西农业增加值年均增长9.6%，农林牧渔业总产值年均增长10.4%，分别比“七五”高4.6和5.5个百分点。(1)粮食综合生产水平有了新的提高。1990年全区粮食总产量为280.5亿斤，1995年达到310.66亿斤，创历史最新水平；(2)农业综合开发成效显著，1990年至1995年，甘蔗产量由1501.8万吨增加到2542.2万吨，增长69.3%；水果产量由91.6万吨增加到267万吨，增长1.92倍；猪牛羊肉产量由90.5万吨增加到204.94万吨，增长1.17倍；水产品产量由32.4万吨增加到101万吨，增长2.1倍；(3)林业发展迅速，全区提前一年实现灭荒达标，森林覆盖率已达到38%；(4)乡镇企业迅猛崛起，1995年乡镇企业总收入达2500亿元，“八五”年均增长88.52%，乡镇企业工业产值占全区工业总产值的比重达到40%左右。

（三）优势产业得到突出发展

“八五”时期，工业增加值年均增长28.3%，总产值年均增长28.9%，分别比“七五”高18.6和16.9个百分点。食糖年平均产量达到200万吨，占全国食糖年总产量的三分之一强；以铝、锡、锰矿等开发加工为主的有色金属工业和水泥、陶瓷、石材等为主的建材工业，在全国也居重要的地位。与1990年相比，1995年汽车产量7.42万辆，增长4.1倍；十种有色金属19.92万吨，增长1.3倍；发电量213.68亿千瓦时，增长70.1%；水泥1966.31万吨，增长1.57倍；机制纸及纸板67.36万吨，增长1.01倍。

（四）基础产业和基础设施建设力度加大

“八五”期间，全区全社会固定资产投资累计完成1301亿元，其中国有单位投资完成733亿元，分别比“七五”增长2.85倍和2.55倍。在国有单位固定资产投资中，基本建设投资完成450亿元，技术改造投资完成213亿元，分别比“七五”增长3.45倍和1.24倍。5年内广西以出海通道建设为中心，加快了基础设施和基础产业的建设，建成南宁至梧州、平果至百色二级公路，新增高等级公路1060公里；建成钦州至北海铁路，新增地方铁路通车里程98公里；建成万吨级泊位和中级泊位各5个，新增吞吐能力361万吨；建成柳州、梧州两个机场，桂林两江国际机场正在加快建设进度，南宁、北海两个机场的扩建工程已全面展开；通信方面先后建成大容量长途光缆和微波干线18条，长度达到4700多公里，新增程控交换机总容量135万门，基本实现县以上城市市内电话程控化；建成岩滩水电站、柳州火电站扩建工程等一批电力项目，新增发电装机容量225万千瓦；建成年产氧化铝30万吨、电解铝10万吨的平果铝一期工程。

（五）对外开放、对外经济贸易和利用外资迅猛发展

“八五”以来，全区对外开放地区面积已达2.11万平方公里，占全区总面积的8.9%，人口650.7万，占全区总人口的14.5%。“八五”时期，全区进

出口贸易总额累计102.5亿美元，其中出口71.2亿美元，分别比“七五”增长1.7倍和1.52倍；同时，5年全区边贸进出口总额累计达到130亿元。利用外资取得突破性进展，全区实际利用外资累计达到32.4亿美元，比“七五”累计增长5.64倍，占改革开放以来累计总额39.39亿美元的82.3%，其中间接利用外资6.63亿美元，比“七五”累计增长1.95倍，占改革开放以来累计总额9.31亿美元的71.2%。

（六）科技事业蓬勃发展

5年来，农业方面，选（培）育出一批粮食新品种，推广了水稻工厂化育秧和种植技术，实施了200万亩粮食大面积丰产综合开发，增产粮食25亿斤，全区累计推广良种面积达2700万亩，使“八五”期间全区年均产粮基本稳定在280亿斤以上，比“七五”期间高出40亿斤左右。在全区的5个蔗区组织实施蔗糖“1105”工程，推广高产、早熟、含糖量高的甘蔗新品种和配套生产技术，使甘蔗亩产提高了0.7吨，含糖率提高了1.01个百分点；大面积推广种植芒果、荔枝、龙眼等水果新品种，使名、特、优水果的产量占水果总产量的比重提高了20多个百分点。工业方面，组织制糖企业实施“2165”工程，93/94榨季与89/90榨季相比，糖份总回收率提高2.24个百分点，百吨蔗耗标准煤降低了1.11吨，万吨蔗增加的利润超过6.5万元；全区试制开发工业新产品1500多个，其中汽车行业就有100多个，投入经费5.4亿元。桂林、南宁、柳州3个高新技术开发区建设加快。社会发展方面，推广应用了一批治理污染技术，有效地防止了污染源的扩大和蔓延；加强了气象预报预测技术、防灾减灾技术、计生和优生、优育技术研究；开发了一批治疗和保健新药物。科技进步对经济增长的贡献率明显提高，由“七五”的20%左右上升到目前的30%左右。“八五”期间，广西科技事业也有了较大发展。现在，全区拥有独立的科研机构231个，国有企事业单位专业技术人员67.99万人，累计全区科技成果获奖991项，专利发明申请量累计达4236项，其中授权2212项，实施率达46%。

（七）教育、文化、卫生、广播、体育等事业不断发展

“八五”期间，适龄儿童入学率达到98.5%，巩固率达到96.6%，城市辖区已基本普及初级教育。1995年各类中等职业学校在校生占高中阶段在校生的比例达到56.1%。全区高等教育在校生达到10.4万人。全区有艺术表演团体118个，图书馆99个，文化馆96个，博物馆35个，电影放映单位3398个，比“七五”时期有了明显增长。1995年，全区有50%的县达到《2000年人人享有初级卫生保健》规划目标的最低标准；农村人口饮用安全卫生水普及率达到65%以上，城镇食品卫生合格率达到90%以上。全区医院病床达到8.39万张，卫生技术人员总数达到11.65万人。人口自然增长率由1990年的13.6‰降到1995年的11‰。全区现有广播电台26座，电视台19座，全区广播人口覆盖率达到66.3%，电视人口覆盖率达到79.5%。全区竞技取得显著成绩，“八五”累计参加各类比赛获金牌数334枚，银牌215枚，分别比“七五”增加145枚和4枚。目前，全区共有各类体育场地设施3.04万个，其中体育场21个，体育馆13个，多项训练基地5个。

（八）城乡居民收入大幅度增加

1995年全区城镇居民人均生活费收入达到4289元，比1990年的1448元增加2841元，年均实际增长7.6%；农民人均纯收入1446元，比1990年的639元增加807元，年均实际增长4.7%。已有88%左右的城镇居民家庭人均居住面积达8平方米以上，比“七五”期末上升16个百分点。同时，“八五”期间，全区累计投入扶贫资金29.5亿元，解决了400多万贫困人口的温饱问题，使全区农村贫困人口由1990年的1000多万人减少到目前的600多万人。

二、“九五”发展主要设想

（一）“九五”奋斗目标

国内生产总值年平均增长速度达到10%以上，力争到本世纪末实现国内生产总值比1980年翻3番，人均国内生产总值达到全国平均水平；基本解决全区现有贫困人口的温饱问题，人民生活总体上达到小康；理顺经济关系，推动科技进步，调整产业结构，转变经济增长方式，不断提高国民经济整体素质和经济效益；加大改革力度，加快现代企业制度建设，初步建立社会主义市场经济体制；社会主义精神文明建设和民主法制建设达到新水平，各项社会事业取得新的进步；为下世纪初开始实施第三步战略部署奠定更好的物质技术基础和经济体制基础。

（二）“九五”发展的主要任务

1. 切实加强农业基础。“九五”广西农业发展，要在保证粮食稳定增产的前提下，调整和优化农业和农村产业结构，走种植业、养殖业、加工业、运输业相结合的路子。为此，农村经济的发展要在确保粮

食总产稳定增长，提高自给率，实现粮食供需的自求平衡基础上，进一步加强综合开发力度，大力发展亚热带农业，优化农业产业结构，继续大力发展乡镇企业，走农业产业化的道路。到2000年，粮食总产量达到16650万吨，甘蔗总产量达到3000万吨，水果总产量达到500万吨，肉类总产量达到310万吨，水产品总产量达到180万吨，乡镇企业营业总收入年均增长要达到30%。

2. 加快基础产业和基础设施的发展。①水利设施建设，重点抓好西江、南流江、左江流域和桂中旱片的综合治理，加强北部湾沿海堤防建设，抓紧对大中型病险水库除险加固；加快建设南宁、梧州、柳州、桂林市的防洪河堤和排涝工程；建设城乡供水工程，解决农村人畜饮水困难。②能源建设。一要抓好“八五”结转项目的建设，尽快建成投产；二要建设北海、来宾火电厂B厂、五合火电厂等大型火电工程，并在本世纪末建成投产；三要抓紧做好长洲水利枢纽和龙滩水电站的施工准备，尽早开工建设。2000年发电装机总容量达到864万千瓦。同时，建设一批输变电工程，完善全区的主电网。完成国家下达的第三批农村电气化达标任务。煤炭工业，主要是抓紧续建和新建填补生产能力的项目，产量稳定在1000万吨左右。③交通建设。公路，以国家主干道为重点，建设贯通东西、连接南北的高等级公路，进一步打通出海出边出省主通道。铁路，重点改造国铁和地铁主干线，新建联网的地方铁路。沿海港口，统筹规划，加快建设一批深水泊位，进一步提高吞吐能力。内河，重点整治西江航运。机场，主要抓好桂林两江国际机场和南宁、北海机场扩建工程的收尾，完善现有机场配套设施。④邮电通信建设。主要建设邮政中心和邮局运行网络，建设大容量通信干线特别是出省光缆干线，提高电话普及率，加强农村通信建设。

3. 加强支柱产业。①蔗糖加工业。大力发展糖的深加工和甘蔗的综合利用。②有色金属业。重点是继续建设平果铝二期工程，开发贵港三水铝，新建铝加工厂。③汽车和机械制造业。重点是发展微型汽车、中吨位卡车和零部件，建立汽车技术开发体系。机械制造，重点发展附加值高、市场占有率高的拳头产品和成套设备。④建材工业。重点发展高标号水泥、平板玻璃、建筑和卫生陶瓷、新型墙体材料、花岗岩、大理石等产品。⑤优势产业和其他工业。主要加快发展我区的食品、林产林化、医药、海产品深加工及锰业等优势产业。⑥建筑业和城乡建设。重点是加快城乡住宅建设和公用设施建设，积极推进城市化进程。

4. 发展第三产业。①发展商品流通业。加快商品流通体系的建设，形成开放、高效、统一、可调控的大市场。②金融业。组建地方股份制商业银行和政策性开发银行，规范发展信托投资公司、基金会、城乡合作信用社等非金融机构。③信息业。建立自治区、地市、县以及各行业、各部门相连通的大信息网络、形成跨地区、跨行业的信息市场。④旅游业。重点是构筑北起桂林、南至北海、贯穿全区的旅游主干线。⑤咨询服务业。积极发展咨询、技术、法律、会计、审计、公证、仲裁、计量、质检等新兴服务业。⑥房地产业。加快实施“安居工程”，推动住房商品化进程。

5. 扩大对外开放。“九五”时期，重点抓好环钦州湾沿海和沿边、沿江地区的开放。进一步加强与西南、华南以及其他各省的联合，利用国内外两个市场、两种资源、技术和资金，大力发展开放型经济，加速我区经济与国际经济的互接互补。

坚持出口创汇和经济效益并重的方针，调整出口商品结构，“九五”期间工业制成品在出口总量中所占的比重达到80%。大力发展边境贸易，“九五”期间，边贸进出口总额年均增长达到10%以上。开展对外工程承包，增加劳务输出，大力发展非贸易创汇。

大力发展“三资”企业和“三来一补”业务，扩大利用国际金融组织贷款、外国政府贷款及商业贷款。鼓励外资更多地投入到农业综合开发、能源、交通、原材料等基础部门、高新技术产业和第三产业。“九五”时期利用外资争取达到70亿美元左右。

6. 加大扶贫力度。“九五”期间，贫困地区要加强水利、砌墙保土、交通、通信等基础设施建设，发展林果业、养殖业、农副产品加工业及矿产业等优势产业和产品；在贫困地区安排一批资源开发和基础设施建设项目；安置好20万大石山区和水库淹没区移民；鼓励和引导国内外投资者到贫困地区开发资源。扶持贫困地区发展科技和教育，通过机关单位挂钩扶贫、成立扶贫基金会、开发扶贫捐赠等措施，动员全社会力量支持和参与扶贫开发。

7. 全面实施科教兴桂战略。“九五”期间，加快推广应用一批技术成熟、面广量大、经济效益好的科技成果，提高经济增长的科技含量，重点是加强对亚热带农业的开发研究和成果推广，提高乡镇企业技术水平。开展科技攻关，解决关键性、基础性和共性的技术难题，加快重点骨干企业的技术改造和优势主导产品的升级换代；开发高新技术产品，推进高新技术产业化；开发海洋资源，建立科技兴海示范基地。

加强对人口控制、医疗卫生、减灾防灾、环境保护、资源节约与综合利用等重点领域的技术开发。发展教育事业，重点放在普及义务教育和发展职业技术教育、成人教育，适度发展高等教育，优化教育结构。到本世纪末，全区基本普及九年义务教育，基本扫除青壮年文盲，各行各业劳动者的文化、技术素质有明显提高。

（苏道深　撰稿）

典 型 地 区

祖国对外开放的南大门——广西南宁地区

南宁地区位于桂西南，总面积2.98万平方公里，占广西总面积的13.7%。行政公署设在广西首府南宁市，共辖横县、宾阳、上林、马山、隆安、扶绥、崇左、大新、天等、宁明、龙州、凭祥12个县(市)。总人口543.8万人，聚居壮、汉、瑶等10多个民族，其中壮族占68%。有大新、宁明、龙州、凭祥4个县(市)同越南接壤，边境线长533公里。南宁地区是祖国对外开放的南大门，具有得天独厚的区位和自然资源优势，"八五"期间经济社会发展迅速，目前发展潜力巨大，前景十分广阔。

一、经济社会发展的优势

南宁地区具有加快经济社会发展的各种优势：

一是区位优势。在地理位置上，近海、沿边、沿江、沿线(铁路线)和沿首府，距离北海、钦州、防城港仅100多公里；和越南接壤的边境线达533公里，有11个口岸、13个边贸点，是我国通往越南及东南亚最便捷的陆上通道；湘桂、南防、南昆和南凭铁路横贯7个县(市)并直达越南河内；流经境内的左江、右江及西江可通航并直抵广州和港澳地区；可直接受到广西首府南宁市经济发展的辐射。

二是政策优势。本地区集"老、少、边、山、穷"于一身，可以享受沿边、沿海、贫困地区、民族地区、革命老区等多种优惠政策。

三是土地资源丰富和气候优越的优势。全地区现有耕地面积615.7万亩，人均1.1亩，目前尚有宜农荒地98万亩，宜林荒地145万亩，宜牧荒地242万亩，土地资源仍有较大开发潜力。本地区属于南亚热带大陆性季风气候，年均气温20.5～22.3C，年均降雨量1177～1790毫米，雨热同季，十分适宜农业综合开发。

四是矿产资源优势。全地区已发现矿藏44种，探明储量26种46处，其中膨润土储量6亿吨以上，是世界罕见的特大型矿床；锰矿储量15亿吨左右，占全国总储量的29.2%、占广西总储量的78.5%，大新锰矿是全国的富矿；石煤储量2.8亿吨，是全国特大型矿床；石灰石、大理石、黏土建材等非金属矿分布广泛、规模巨大、品质优良；银矿、芒硝矿、钒矿也是全国著名。此外，较具开采价值的还有钨、金、铜、滑石、锌、铝等。

五是水利资源优势。全地区水能理论蕴藏量达143万千瓦，可开发利用约100万千瓦，现已开发32.5万千瓦，仅占33%，开发的潜力还很大。

六是旅游资源优势。全地区发现自然景点40多处、人文景观30多处。自然景点主要有溶岩风景、石林、瀑布、亚热带森林和珍稀动植物保护区等；人文景观主要有花山崖壁画、边陲关塞，以及著名的红七军纪念馆等。

七是劳动力资源优势。全地区城乡富余劳动力约150万人，对发展劳动密集型产业、异地开发以及劳务输出十分有利。

二、经济社会发展的主要成果

1.国民经济持续增长。1995年全地区国内生产总值133.5亿元(当年价，增长速度按可比价计算，下同)，"八五"期间年均增长17%，已于1994年提前6年实现翻两番的目标。

2.重点产业发展迅速。1995年全地区工农业总产值210.5亿元，"八五"期间年均增长18.4%，其中工业总产值109.8亿元，年均增长26%；农业总产值100.7亿元，年均增长7.5%。蔗糖、水泥这两大支柱产业稳步发展，糖蔗总产量由1990年的363万吨，发展到1995年的720万吨；机制糖产量也由39.6万吨增加到75万吨。水泥总产量由1990年的129万吨增加到1995年的315万吨。粮食总产量1995年达到172万吨，"八五"年均增长1%。水果总产量1995年达27.8万吨，"八五"年均增长13.6%。乡镇企业总收入223亿元，"八五"年均增长 89.2%。

3.社会固定资产投资增多,基础设施建设加强。“八五”期间全地区全社会固定资产投资累计 61 亿元,年均增长 45.3%。能源、交通、通讯、市场建设、农业基础设施等不断改善。目前,全地区发电装机容量达 40 万千瓦;上等级公路 6065 公里;12 个县(市)全部开通程控电话和移动电话并与南宁市并网。

4.对外开放和利用外资取得显著成就。1995 年全地区边境贸易成交总额达 14 亿元,比 1990 年增加 3 倍;“八五”实际利用外资共 1.2 亿美元,目前“三资”企业达 130 家,为本地区经济发展注入了活力。

5.地方财政收入增加,人民生活水平明显提高。1995 年全地区财政收入(含中央收入)10.6 亿元,“八五”年均增长 22.1%;农民人均纯收入达 1232 元,年均增加 144 元;贫困人口由 1985 年的 219 万人,减少到 1995 年的 94 万人,10 年内平均每年脱贫 12.5 万人;城镇职工生活费年收入 1931 元,“八五”年均增加 206 元。

6. 科技、教育、卫生、文化等社会各项事业取得较大发展,人口控制取得显著成绩。“八五”期间年均人口自然增长率控制在 9‰左右,低于广西、全国同期平均水平。

三、经济社会发展的远景目标及战略措施

今后 15 年,本地区经济社会发展总的奋斗目标是:到 2000 年国内生产总值要在 1980 年的基础上实现翻三番以上,“九五”年均增长 15%,人民生活基本实现小康水平;到 2010 年,力争在 2000 年的基础上再翻一番半,综合经济实力提高到全广西中上水平,人民生活向比较富裕的目标迈进。为了实现上述目标,本地区提出今后 15 年发展的总体思路是:继续改善三大环境,充分发挥十大优势,不断优化三大结构,巩固发展八大优势产业,开拓培育六大经济新长点:

1. 继续改善三大环境。一是基础环境,特别是交通、能源、通讯和农业基础设施,“九五”期间要继续集中力量,抓住重点,不断改善;认真抓好一批基础设施项目建设,使经济发展的“硬”环境更加完善。二是政策环境,按照市场经济的客观要求和国家的方针政策,用好用活各种政策和研究制定相应的配套措施,使经济发展的“软”环境更加良好。三是社会环境,坚持“两手抓,两手都要硬”的方针,搞好“两个文明”建设和社会治安综合治理,打击刑事犯罪和经济领域的犯罪活动,使经济发展具有良好的社会环境作保障。

2. 充分发挥十大优势。这十大优势是:区位优势(沿江近海、沿边、沿铁、沿首府)、气候、土地、矿产、动(植)物、林业、水力、旅游、劳动力等资源优势和政策利用优势。

3. 不断优化三大结构。一是农业结构,要树立大农业、商品化农业、高效农业和现代化农业的观念,抓好种植业的合理布局,切实保护和合理安排好耕地,处理好粮、蔗、果、桑等用地关系;大搞农业综合开发,大力发展养殖业和农副产品加工业,培育农村商贸服务业,推动传统农业向现代化农业转变。二是工业结构,重点是继续抓好制糖及其综合利用为龙头的轻纺工业和建材工业的发展,加快矿产开采冶炼加工业和农副产品加工业的步伐,扶持农用工业的恢复发展,促使整体工业规模不断扩大和经济效益的不断提高。同时提高资源的利用效率,使产品结构更适应市场的需要,增强竞争能力。三是第三产业结构,主要是以商品流通业及服务业为基础,加速农村小城镇建设,以培育各种市场要素及大力发展旅游业、内外贸易业、金融保险业、房地产业等为重点,不断提高第三产业的产业化、社会化和现代化程度及其在整个国民经济中的地位。

4. 巩固发展八大优势产业。主要是巩固现有的制糖、建材两大支柱产业,同时大力发展矿业、林果、旅游、电力、畜牧水产、桑菜茶等土特产,争取形成带有地方特色的支柱产业群。“九五”期间,制糖、建材、矿业、林果要在全广西中占居主要位置,为本地区经济的发展取得新成就。

5.开拓培育六大经济新长点。一是资源基地型,通过本地资源的开发利用,大搞规模经营,形成基地,提高商品率。二是科技开发型,通过积极引进,开发应用高新技术,推广科技成果,增加经济开发的科技含量,培育一批科技型经济,提高科技对经济增长的贡献率。三是城市辐射型,利用首府中心城市的依托和辐射作用,加快城市远郊经济的发展。四是集镇带动型,大力发展农村集镇建设,连接市场与生产,引导乡镇企业相对集中连片,鼓励强乡(镇)、强企业、强(能)人的带动效应,形成有各县(市)特色的集镇经济,促进城乡一体化进程。五是集团发展型,通过政策引导和股份改造,推动生产要素的优化组合,培植一批有较强竞争能力的企业集团,形成具有一定规模、不同类型的集团经济。六是外向联合型,通过激励、优惠措施或政策,引进外资和技术,

同时发展横向经济技术协作，培育多种形式互惠互利的外向型经济、联合经济。

（卢浩贤 撰稿）

创造新优势把桂林市建设成现代化国际旅游名城

改革开放以来特别是进入“八五”以后，桂林市坚持以邓小平建设有中国特色社会主义理论为指针，认真贯彻执行党的“一个中心、两个基本点”的基本路线，国民经济进入高速发展时期，社会生产空前发展，经济建设取得瞩目成就，综合经济实力明显加强，1994年提前6年实现国民生产总值比1980年翻了两番。

到1995年，全市国内生产总值由1990年的20.62亿元增加到70.1亿元，“八五”年均增长16.6%（可比价，下同），比“七五”期高11.16个百分点；人均国内生产总值由1719元增加到5416元，年均增长14.8%，比“七五”期高11.3个百分点。工业生产高速增长，全市工业总产值由1990年29.58亿元增到108.5亿元，年均增长22.3%，比“七五”期高13.2个百分点。初步形成以橡胶、机械、电子、轻工食品、医药、纺织服装为支柱的门类比较齐全的工业格局。企业经济规模不断壮大，工业产值超亿元的企业由两家增加到26家。农村经济全面发展，全市农业总产值由6.16亿元，增加到16.58亿元，年均增长11.32%，比“七五”期高8.35个百分点。乡镇企业营业总收入由1.8亿元增加到42.34亿元。对外经济贸易合作跨跃式发展，外贸进出口总额由2370万美元增加到1.59美元，年均增长46.33%。“八五”实际利用外资2.89亿美元，占同期固定资产投资额的三分之一左右。是“七五”期的2.56倍，三资企业达500多家。5年来，共接待入境人数达208.71万人次，国际旅游营业收入42.13亿元，是“七五”期的2.26倍。社会消费品零售总额由13.18亿元增加到43.68亿元，年均增长22.8%，比“七五”期高7个百分点。财政收入有较大增加，市本级财政收入相当于“七五”期的2.26倍。

“八五”固定资产投资累计完成68亿元，是“七五”期的2.46倍。程控电话交换机容量由1.56万部增加到9万部，电话普及率居全区首位。市区道路由260.33公里增加到311公里。新增居民住宅建筑面积150万平方米。城市日供水能力由22.8万吨增加到32.8万吨。城市污水日处理能力增加到12.85万吨。居民燃料气化率达85%以上。在中央和自治区的支持和帮助下，桂林两江国际机场、桂林火车客运始发站、桂林至柳州和桂林至黄沙河一级公路正在抓紧兴建，年内可望竣工投入使用，交通条件将有较大改善。园林建设、绿化、美化等方面也取得新的成绩，城市面貌和环境保护进一步改观。

科技和各项社会事业协调发展，广大市民在改革和发展中得到实惠。城市居民人均生活费收入由1990年的1490元增加到4966元，农民人均纯收入由513元增加到1568元，城镇居民人均居住面积由8.65平方米增加到12.14平方米，农民人均住房面积由20.7平方米增加到24.27平方米。市民在交通、居住、卫生保健、营养、文化娱乐和环境质量等方面的水准不断提高。

展望未来，桂林市正面临一个不可多得的发展机遇：桂林是国务院确定的著名风景游览城市和历史文化名城，有得天独厚的旅游资源，有发展旅游推动第三产业发展的优势；桂林在国内外知名度较高，是对外开放的窗口，有扩大利用国内外资金、发展对外经济贸易和经济技术合作的条件；科技文化教育比较发达，高新技术产业开发区已经起步，有发展高新技术产业的潜在优势。桂林市《国民经济和社会发展“九五”计划及2010年远景目标》中提出了实现“翻三番”、“达小康”的“九五”奋斗目标和把桂林市建设成为“现代化国际旅游名城”的远景宏伟目标。为实现以上目标，今后15年的发展思路是：始终坚持邓小平同志建设有中国特色的社会主义理论和党的基本路线，全面贯彻“抓住机遇、深化改革、扩大开放、促进发展、保持稳定”的基本方针，营造大环境，创造新优势，努力实现两个根本性转变，抓紧建设基础设施，加快经济结构调整，提高经济整体素质，促进经济、生态环境和精神文明相互协调、快速发展，为把桂林市建设成为经济繁荣、功能完善、环境优美、社会稳定、科技发达、法制健全的现代化国际旅游名城打下坚实的基础。为实现“九五”奋斗目标，市委、市政府强调必须狠抓一个农业基础，推进两个根本性转变，贯彻三个协调发展方针，实施旅游立市、科技兴市、工业强市、商贸富市和外向带动五大战略。

“九五”计划纲要安排国内生产总值年均增长12.88%，既可确保实现“翻三番”，又为提前实现“翻三番”作准备，对此我们充满信心。为此，今后15年，桂林市产业发展的总体要求是：着力加强第一产业，调整优化、提高第二产业，大力发展第三产业。三次产业在发展速度排序上，前5年宜为“二、三、一”，后10年宜向“三、二、一”转变。重点支持基础设施和基础产业，“两高一优”农业、高新技术工业、旅游业、商贸业、房地产业六大产业的发展。工业要在加快技术进步和调整优化结构上下功夫，重点发展电子和机电一体化、汽车、医药、食品四大支柱产业，形成一批拳头产品，组建一批上规模的龙头企业集团。工业总产值年均增长15%以上，到2000年达270亿元。农业狠抓粮食生产、农业综合开发和乡镇企业，大力发展有桂林特色的旅游生态大农业。旅游业以山水特色、多元发展周边开发、国际接轨为方向，建设大桂林旅游圈，成为“广西旅游强省”的龙头和中心。大办商业，建设上档次、有特色、辐射力强的商业街、专业市场、批发市场，努力使桂林发展成购物热点城市。鼓励房地产开发，引导房地产业向新区发展，发展地产二三级市场，探索以地生财的路子。

经济布局主要是：老城区逐步实施“退二还三”战略，突出发展商贸、旅游服务、居民服务、文化娱乐等第三产业。在老城区外围，新建琴潭新区，作为城市中心之一。加强河东高新技术产业区，加快实施西城大工业区，策划临桂——苏桥——永福经济带。开发城北区，发挥车站效应，衔接灵川——兴安——全州经济带。除必要的交通设施外，老城区一般不再上新的大型项目，新建工业项目原则上按不同类型分别进入两个主要工业新区。新城区原有工业能就地改造的，推行清洁生产；不宜就地改造的，要有计划异地建设。市区外围按照资源和产业优势，发展四大区域经济：沿桂阳公路两侧发展旅游经济，包括旅游农业、旅游服务业、游览文娱项目；义江流域发展以粮为主、综合开发的“两高一优”农业经济；漓江中下游发展以旅游、水果为龙头的综合经济；市郊结合部发展基地化城郊型农业经济。

城市将围绕经济布局，按照分工合理、功能清晰、留有余地，既有利于保护名城和环境，又有利于经济社会发展的原则，进行规划和建设。保护老城区，优化、美化中心区，突出发展新城区，打通东西外环路，建设一批卫星城镇。到2010年，将初步建成城区面积约80平方公里、人口100万人（含外常住人口20万人）规模的新城市格局。

（黄继芳　撰稿）

从改革开放中崛起的明珠——广西岑溪市

地处桂东南的岑溪市，东靠广东省罗定市，南临广东省信宜市，是学习广东经验，推进改革开放的好地方。岑溪市原来是广西经济比较落后的穷县，但是72万岑溪人民解放思想，转变观念，克服各种困难，挤上改革开放的时代列车，以敢想、敢干、敢冒、敢为天下先和艰苦创业开拓进取的精神，抓住东资西移的机遇，大胆引进，举债建设，在2783平方公里的土地上创造出一个又一个奇迹：建成全国最大的花岗岩生产基地，“岑溪红”闻名国内外；外向型经济发展迅猛，被赞誉为“广西深圳”；跨进了“广西农村经济实力十强县”行列；荣获“全国造林绿化百佳县”和“全国经济林建设先进县”称号；1995年

9月国务院批准撤县建立岑溪市。

一、资源丰富，发展经济实力雄厚

岑溪市属南亚热带地区，气候宜人，资源丰富，具有发展经济的雄厚实力。拥有丰富的农林资源、水力资源、矿产资源、旅游资源等有待开发。

农林资源丰富。全市总面积27.72万公顷，其中林业用地20.7万公顷，占总面积的74.7%。可发展生产松脂、玉桂、八角、茴香、竹子、水果、木材、土纸、竹芒编等产品，出口创汇潜力大，开发农林资源前景宽广。

水力资源丰富。境内有黄华河、义昌江两条主干线，年均流量达92.3立方米/秒，河流落差大，水能理论蕴藏量达13万千瓦，可开发7.3万千瓦。有塘坪水库、赤水水库、珊瑚坪水库、荔新水管所、石鹤水管所为主的供水、灌溉以至发电设施有待开发和利用。

矿产资源丰富。有钛铁矿、铅、锌、铜、银矿、硫铵矿、萤石矿、砷石矿以及花岗岩矿等，尤以花岗岩矿储量最大，有长23公里、宽8公里，面积达184平方公里的"岑溪红"花岗岩储藏矿脉地带，储量达21亿立方米以上。"岑溪红"花岗岩板材天生丽质、色泽鲜艳、结构紧密、加工性能好、光洁度高，有水晶般的质感，是一种高级华贵的建筑装修材料，可与世界上流行的"印度红"、"巴西红"等名牌花岗岩相媲美。有一系列优惠政策使开发花岗岩等矿产大有作为。

旅游资源丰富，有葛仙岩公园、大山顶公园、河滨公园、天星旅游区以及岑溪八景的修复等有待开发。

地域优势。有玉梧公路、岑罗公路贯穿市境内，是大西南各省区往广东的陆路重要通道；正在筹建的玉梧铁路通过岑溪市境内，建成后将与湘桂、黔桂、南昆、南防铁路相联。

二、坚持改革开放，经济迅速发展，经济综合实力增强

在党的改革开放方针指导下，全市人民解放思想，抓住机遇，扩大开放，努力拼搏，国民经济取得持续高速发展。1995年国内生产总值达25.25亿元，比上年增长43.14%，其中：第一产业达10.68亿元，增长25.50%；第二产业达9亿元，增长33.53%；第三产业达5.5亿元，增长133.05%。

农业连续10年增产丰收，实现"亩产吨谷市"目标。林业大搞综合开发、外向型林业，人工造林2.25万亩，种植玉桂、八角、龙眼、荔枝等名特优林果3.53万亩。1995年松脂产量2.84万吨，比上年增长9.57%，桂皮产量4959吨，增长51.28%。畜牧水产业，打破自给自足传统格局，1995年末生猪存栏52.59万头，增长6.89%；肉猪出栏66.37万头、外销仔猪68.24万头，分别增长24.31%和24.04%；家禽饲养量2439.57万羽，增长26.9%；家禽出栏1969.4万羽，增长51.6%；水产品产量1.05万吨，增长22.8%。全市农业产值15.5亿元，增长21.47%。

工业生产快速发展，总产值达40.1亿元，比上年增长73.82%。1995年主要产品产量：花岗岩荒料达30万立方米，比上年增长48.15%；花岗岩板材达550万平方米，增长31.19%；发电量达1.8亿千瓦时，增长16.35%；水泥11.69万吨，增长46.3%；松香11307吨，增长12.04%；普钙14555吨，增长55.29%；淀粉7016吨，增长72.09%；机制纸及纸板6.2万吨，增长1.02%；柠檬酸2017吨，增长56.96%；皮革227万平方米，增长31.98%。

乡镇企业上新台阶，1995年全市乡镇企业达2891个，总产值达64.68亿元（现价），比上年增长124.37%，营业收入67.68亿元，增长116.23%。以花岗岩系列产品为龙头的乡镇企业发展迅速，全市已开采花岗岩矿山217座，仅花岗岩石材开发生产就实现产值15.9亿元，比上年增长84.88%。

外向型经济迅速发展。全市有外资企业160家，累计合同投资13.54亿元人民币，实际利用外资3900万美元。1995年已建成投产的外资企业有73家，实现产值4.06亿元，上缴税金1022万元，出口创汇928万美元。

1995年财政收入10196.1万元，比上年增长32.47%；全社会存款余额9.23亿元，比上年增加1.32亿元。

1995年固定资产投资完成6.04亿元，比上年增长40.18%。城区建设加快步伐，建成城北市场、城东市场、义洲大道、3.5公里城区防洪大堤、2.3万平方米的人民广场等设施，使城区由1990年5平方公里扩大到15.6平方公里。

交通基本设施进一步完善。投资1亿多元的岑罗二级公路改建工程全面竣工通车；投资650万元、全长134米的市区义洲大桥竣工；新建成4条县乡级公路共36.91公里，使全市公路通车里程达到532.95公里，每100平方公里有公路19.15公里，高出全自治区的平均公路密度。

邮电通讯事业蓬勃发展，1995年业务总量达

1915.51万元，比上年增长54.92%；邮电交换机总容量1.27万门，比上年增长22.76%；长途电话总路241路，增长43.2%；移动电话通讯道扩大到48个，传呼机已覆盖全市，完成电话号码由6位升7位并与梧州市联网。

人民生活有较大改善。1995年农民人均纯收入达到1722元，高于广西平均水平，比上年增加304元，比1990年增加1274元；干部职工年均工资3898元，比1990年增加1750元。目前，城镇居民人均居住面积达8平方米，农民人均居住面积达14.2平方米。

三、本世纪末和2010年发展目标

全市将继续全面贯彻“抓住机遇，深化改革，扩大开放，促进发展，保持稳定”的基本方针，立足本地资源优势和区位优势，实施优势产业优先发展的战略，构成一个以农业为基础，以资源开发型工业为主导，以外向型为特征的经济体系。努力推进“两个转变”，促进国民经济持续、快速、健康发展，把岑溪市建成文明、发达、美丽的城市，2000年人民生活全面实现小康水平。

本世纪末计划和2010年规划：国内生产总值2000年计划80亿元，“九五”年递增16.67%，比1980年翻五番，2010年规划210亿元，10年平均年递增10.13%；农业总产值2000年计划50亿元，“九五”年递增14.87%，2010年规划100亿元，10年平均年递增7.18%；工业总产值2000年计划110亿元，“九五”年递增23.05%，2010年规划300亿元，10年平均年递增10.55%；乡镇企业营业收入2000年计划140亿元，“九五”年递增15.65%，2010年规划300亿元，10年平均年递增7.92%；财政收入2000年计划3亿元，“九五”年递增24.08%，2010年规划12亿元，10年平均年递增14.87%；农民人均纯收入2000年计划3200元，“九五”年递增14.87%，2010年规划8000元，10年平均年递增9.6%。

（林毅雄　李　想　撰稿）

前进中的“荔枝之乡”——广西灵山县

闻名全国的荔枝之乡——灵山县，位于广西南部，辖属钦州市。全县总面积3558平方公里，其中耕地面积78万亩，总人口119.7万人。地理位置造就了灵山县成为大西南出海通道扇轴腹地，广东通往北部湾之咽喉。1986年被国务院批准为对外开放县；全国粮食生产、广西商品粮、水果生产基地县。县政府驻地灵城镇1988年经自治区人民政府批准为沿海经济开放点。

一、得天独厚的资源优势

灵山县属南亚热带季风气候，土地肥沃，雨量充沛，气候温和，生长繁衍着无数亚热带经济作物。经济以农业为主，盛产粮、果、茶、油、菜、鱼、桑、蚕、麻、烟、竹木，素有“粮仓”、“果乡”、“茶乡”之美誉。水果资源特别丰富，荔枝、龙眼、香蕉、椪柑、芒果、菠萝、无核西瓜等名优水果蜚声海内外，尤其是荔枝，有桂味、糯米糍、香荔、黑叶、进奉、三月红、杞子笑、大造、白腊、和荔等15个品种。灵山县被誉为无村不荔枝。1990年6月，国务委员、国家科委主任宋健在一封推荐开发灵山优质荔枝的信中，称赞灵山产的桂味荔枝“肉大、核小、味道相当好。”1992年全国首届农业博览会上，灵山产的桂味、香荔分别获金奖和银奖。用灵山荔枝加工的“双色”罐头象山牌出口欧洲、拉美和东南亚，获得较高的赞誉。1994年，灵山县水果总产在全国县（市）中排第五位。

灵山矿产资源十分丰富，蕴藏着黄金、银、锑、钛铁、锰、铁、铀、磷、石灰岩、石膏、大理石、白花岗岩、红花岗岩等多种矿藏。其中花岗岩储量达1000多亿立方米，优质锰矿57万吨、优质石膏储量5000万吨、铁矿1046万吨。1994年在丰塘镇白马山下发现的一特大上升泉，经国家地矿部勘探鉴定属偏硅酸型优质矿泉水，年可开采10万多吨，可建造一座大型矿泉水厂。1995年5月，灵山县矿泉水厂建成投产，天然纯正甘爽的矿泉水问世，即受到广大消费者的喜爱和欢迎。1996年被国家体委指定为“第二十六届奥运会中国体育代表团专用矿泉水。”

灵山县历史悠久，1960年在县城东面3公里处的马鞍山匐地岩发现“灵山人”化石，证明在旧石器时代晚期这里已有人居住，隋开皇十八年（公元598年）开始设置南宾县，唐观贞十年（公元636年）改为灵山县。据《钦州志》云，灵山这名来源于县城附近的六峰山，还有三海岩、恩胜岩、灵东水库等风光胜景构成了灵山海滨旅游区，景物旖旎秀丽，令人流连忘返。

二、良好的基础设施和经济发展状况

灵山县是全国沿海开放县(市)之一。交通发达。以县城为中心，有5条对外畅通的公路穿境而过，包括柳州至北海的209国道、钦州至玉林的省道，以及灵（山）南（宁）、灵（山）浦（北）、灵（山）北（海）公路；全县镇镇通公路；檀圩至陆屋新坪二级公路扩建工程已完成。贯穿灵山境内的黎钦铁路已于1996年4月28日动工修建。陆屋至钦州一级公路以及沙坪港、商贸城、湖滨公园等正在建设中；县城已开通8000门程控电话、移动电话、中文寻呼台等无线业务；电力建设得到了加强，“八五”期间兴建了35千伏输变电站5个，建设了陆屋110千伏输变电站；供水充足。良好的环境设施将为灵山的繁华注入无限活力与生机。

在改革开放的推动下，灵山的国民经济取得了新的成就。1995年国内生产总值20.5亿元（按90年不变价计算）。“八五”期间年均增长21.0%。其中第一产业增加值9.21亿元，第二产业增加值5.08亿元；第三产业增加值5.93亿元。1994年在广西81县(市)中国内生产总值排14位；第一产业排11位；第二产业排26位；第三产业排10位。农业总产值15.18亿元，“八五”期间年均增长18.21%；工业总产值年均增长36.29%；1995年财政收入1.15亿元；比1990年增长1.4倍，社会商品零售总额8亿元，比1990年增长2.43倍，农民人均纯收入由1990年的531元增加到1995年的1841元。固定资产投资，“八五”期间累计完成11.81亿元，比“七五”增长4.9倍。主要工农业产品产量大幅度增长。水泥由1990年的8.2万吨，增加到1995年的31.79万吨；机制糖由1.62万吨，增加到2.71万吨；硫酸由1.64万吨，增加到3.18万吨。1995年粮食总产量43.53万吨，比历史最高的1990年增加1.4万吨，排广西各县（市）第六位；甘蔗总产量45.42万吨；水果面积57.56万亩，总产达22.86万吨。其中：荔枝25.28万亩，总产1.07万吨；龙眼11.99万亩；香蕉总产16.39万吨，比1990年增长4.86倍；肉类总量6.66万吨，比1990年增长1.75倍；水产品产量1.06万吨，增长3.29倍。

三、工农业“两轮”齐驱动

改革开放以来，灵山经济快速、稳定、健康发展。农业列为全国和自治区的粮食生产基地县，农村产业结构调整和农业综合开发得到加强，发展“三高”农业已成为灵山从农业大县走向农业强县的必由之路。全县先后建起了粮食、荔枝、香蕉、冬菜、茶叶、畜牧水产等一大批商品生产基地，农业对外贸易不断增长，优质大米、荔枝、花炮、松香、竹编、罐头等出口远销欧美、东南亚。

近几年来，灵山县的工业企业发展较快，并初具规模。形成了建材、化肥、轻工、机械、食品、花炮、印刷、纺织、工艺美术为主的工业体系。1995年工业总产值16.81亿元(按90年不变价计算，下同)比1990年增长4.7倍，镇以上工业产值4.29亿元，增长41.4%，按经济类型分：国有工业产值1.9亿元，比1990年增长16.0%，集体工业产值1.85亿元，增长37.2%，村以下工业产值12.5亿元。国有企业中，有日处理甘蔗4300吨的制糖业；年产罐头1.5万吨的食品加工业；有年生产能力56万吨的水泥制造业以及年产100万箱的烟花炮竹业。获区优、部优产品达20个。主要出口品种有蔗糖、果蔬罐头、水泥、石材、柠檬酸、松香、烟花炮竹、皮革制造品、工艺制品、针织毛衫等工业产品。

四、近期目标与远期规划

（一）总的指导思想和目标

“九五”时期灵山县经济和社会发展总的指导思想是：坚持以邓小平同志建设有中国特色的社会主义理论和党的基本路线为指导，全面贯彻“抓住机遇，深化改革，扩大开放，促进发展，保持稳定”的基本方针，正确处理改革、发展和稳定的关系，围绕建设农业强县目标，推动经济体制从传统的计划经济体制向社会主义市场经济制度转变。经济增长方式从粗放型向集约型转变，不断提高质量和效益，使灵山县经济增长速度高于全国平均水平，经济效益高于全区平均水平，人口增长低于市下达的控制指标，加强社会主义精神文明建设和民主法制建设，大力发展各项社会事业，为全面实现第二战略目标而奋斗。

根据中央、自治区和市委确定的奋斗目标，结合灵山的实际，"九五"时期到2010年的奋斗目标分三步走：第一步1997年实现国内生产总值比1980年翻3番；全县人口控制在121.7万人以内，人均国内生产总值2840元（90年不变价），人民生活水平基本达到小康水平，改革迈出新的步伐，各项社会事业全面发展。第二步，到2000年实现国内生产总值比1980年翻4番，全县总人口控制在125.76万人以内，人均国内生产总值比1980年翻3.5番，基本实现农业产业化、工业现代化、城乡一体化、由农业大县变成农业强县，形成经济强县框架，初步建设社会主义市场经济体制，各项社会事业进一步发展。第三步，到2010年，人均国内生产总值和财政收入超过全国、全区、全市的平均水平，全县总人口控制在138.92万人以内，人民的小康生活更加富裕，综合经济实力上新的台阶，形成比较完善的社会主义市场经济体制，社会主义精神文明建设、民主法制建设和各项社会事业达到新的水平，成为交通发达、经济繁荣、社会稳定、城乡一体的充满勃勃生机的桂东南新兴城市。

（二）近期发展重点和布局

灵山的产业发展重点是以发展资源深加工型、劳动密集型的高效益低耗的产业为主。如甘蔗生产及制糖工业；水果生产及深加工。结合抓好交通、通信、港口等基础设施的建设，进一步发展高新科技项目，今后5年重点抓好；

一、基础设施项目：①港口建设　"九五"期间建成吞吐量50万吨的6个300吨级泊位的港口一个（沙坪港）。②公路建设　"九五"期间计划完成灵山至浦北寨圩二级公路和灵山至浦北龙门公路；灵城至大江口；三多至龙镇二级公路的建设。建成丰塘——灵山——武利二级公路的出海大通道。③电力建设　"九五"期间，力争建成220千伏灵山输变电站，新建35千伏输变电站5座，兴建11万伏输变电站1个。

二、农业项目："九五"期间以发展林、果、蔗、菜、麻鸡等经济项目为主体，规划项目共50个。预计总投资为52亿元。

三、工业项目："九五"期间灵山工业以发展建材、医药、纺织、制革、食品加工、冶金机械、化工、造纸、运装为主。工业总项目95个，总投资10.5亿元。

（劳力辉　黄奕汉　撰稿）

1995年改革开发大事记

1月

4日 全区计划会议在南宁召开。

9日 自治区人民政府公布关于进一步发展桂台经济关系若干问题的决定。

14日 自治区政协七届三次会议在南宁开幕。

16日 自治区八届人大三次会议在南宁开幕，成克杰主席代表自治区人民政府向大会作政府工作报告。会议选举赵富林为八届人大常委会主任、彭贵康为副主任，奉恒高为自治区副主席。大会通过了关于政府工作报告等7项决议。

2月

5日 柳州特种汽车厂向缅甸出口200辆特种自卸汽车出厂，这是广西汽车产品首次批量出口。

16日 中越两国在北海草签两国关于对所得避免双重征税和防止偷漏税协定。

3月

24日 自治区八届人大常委会召开第十四次会议，会议通过了《广西壮族自治区测绘管理条例》、《广西壮族自治区人大常委会关于进一步加强我区粮食生产的决议》。

29日 以郑明如为团长的泰国中华总商会代表团一行9人对广西进行为期5天的考察。4月2日，双方在南北高速公路、组建外资银行等6个项目上签署协议和意向书，赵富林、成克杰、雷宇等自治区党政负责人出席签字仪式。

4月

1日 南昆铁路南宁至那厘段正式交付柳州铁路局临管运输。南那段全长107.4公里，为国家一级干线。

8日 西南五省（自治区）七方经协项目洽谈会在防城港市开幕，400多名代表对各方的2000多个项目进行磋商。10日，签订了包括建材、化工、食品加工、旅游等行业的249个项目的协议书。

10日 国务院副总理姜春云开始对广西进行为期7天的考察。在赵富林、成克杰、徐炳松陪同下，姜春云先后考察了北海、钦州、平果等地的果园、养殖专业户、农业综合开发基地、贫困户和重灾户。

16日 梧州机场举行首航仪式。该机场于1992年4月1日动工兴建，1995年4月13～15日通过国家验收。机场可起降波音737飞机。

17日 自治区扶贫基金会在南宁成立。

29日 天生桥一级水电站大坝工程动工。大坝设计长1137米、高178米，在世界上在建的同类大坝中居第二位。

5月

9日 云、贵、川、藏、桂、渝、蓉五省（自治区）七方经济协调会第十一次会议在南宁开幕，250多人出席。中共广西壮族自治区委员会书记赵富林主持会议。会议总结协调会成立11年来的经验，研究和解决加速出海、出境通道设施建设和进一步扩大对外开放问题。会议于11日闭幕，全国政协副主席杨汝岱在闭幕式上讲话。

12日 钦北铁路通车，该路西起南防铁路钦州站，东抵北海市，正线98.42公里。

22日 '95广西投资项目招商洽谈会在香港举行。

25日 南昆铁路铺轨到百色市。

29日 天生桥二级水电站500/200千伏变电站通过试运行，比国家计划提前1个月竣工。

6月

23日 国家重点建设工程岩滩水电站4号机组并网发电。至此，广西目前装机容量最大的岩滩水电站（121万千瓦）机组安装工程全面竣工。

7月

1日 钦（州）北（海）铁路投入运营。上午7时，在南宁举行隆重的客货运营典礼。

8日 平（果）百（色）二级公路和盘（贵州盘县）百（色）公路竣工通车典礼在百色举行。

15日 中共广西壮族自治区委员会、自治区人民政府在柳州召开现场办公会，会议重点解决柳州微型汽车厂技术改造等四大建设工程问题。

25日 中共广西壮族自治区第六届委员会第九次全体会议在南宁召开，至27日结束。全会审议通过了关于召开中共广西壮族自治区第七次代表大会的决议；讨论了自治区党委关于制定广西国民经济与社会发展第九个五年计划和到2010年长远规划纲要的建议；听取了经济工作情况和反腐败关键工作情况的报告。

29日 自治区第八届人民代表大会常务委员会第十六次会议通过《广西壮族自治区企业法人登记管理条例》、《广西壮族自治区道路运输管理条例》、《广西壮族自治区农作物种子管理条例》、《广西壮族自治区技术市场管理条例》。

8月

30日 南昆铁路重点控制工程米花岭隧道贯通。该隧道全长9388米，为南昆线最长的隧道。

9月

17日 全国政协提案委员会赴广西糖业考察组结束对广西11天的考察。下午，成克杰主席等在南宁与考察组成员交换了对糖业生产的意见。

10月

1日 南昆铁路南（宁）百（色）段通车。

8日 梧州至广东封开一级公路建成通车。

18日 '95广西外商投资座谈会在南宁召开，来自美、泰等国家和地区的37位客商应邀到会。

22日 国务委员陈俊生一行到广西进行为期8天的考察。在赵富林、丁廷模、袁正中、李振潜、奉恒高等领导的陪同下，先后考察了南宁、北海、钦州等地。

24日 经国家有关部门验收，梧州地区成为全国第一个农村水电初级电气化地区。

25日 世界银行中国扶贫项目工作会议在南宁召开。江泽民主席向大会致信，国务委员陈俊生、自治区党委书记赵富林等出席会议。

11月

14日 中共中央政治局常委、国务院副总理朱镕基开始对广西进行为期6天的考察。考察期间，他强调扶贫工作要坚持自力更生、各方支援、共同富裕的方针。

30日 平果铝业公司一期工程全面建成投产。累计完成投资39.13亿元，占总投资的90.7%，一期工程九大系统516个子项目中已有504个交付使用，至12月10日，电解铝厂累计启动170台电解槽，生产铝锭4.2万吨。

12月

4日 全国第一座股份制水电站——红水河百龙滩水电站截流成功。

7日 自治区人民政府在北京举行新闻发布会，宣布国内第一个BOT试点项目——来宾火电厂B厂正式招标。

13日 中共广西壮族自治区第六届委员会召开第十次全会，审议通过中共广西壮族自治区委员会向自治区七次党代表大会的报告（草案）和《中共广西壮族自治区委员会关于制定国民经济与社会发展"九五"计划和2010年远景目标的建设》，决定1995年12月18日在南宁召开中共广西壮族自治区第七次代表大会。

15日 中共广西壮族自治区召开在职副省级以上党、政、军党员干部以及综合经济部门主要负责人会议，传达中央经济工作会议精神。

18日 中国共产党广西壮族自治区第七次代表大会在南宁开幕，大会主要任务是：总结第六次代表大会以来的工作，确定今后5年全自治区工作的指导思想、奋斗目标和主要任务；选举产生中共广西壮族自治区第七届委员会和中共广西壮族自治区纪律检查委员会；动员全体共产党员和各族人民，坚定不移地坚持党的基本理论、基本路线和基本方针，全面贯彻落实党的十四届五中全会精神，团结拼搏，艰苦创业，把广西社会主义现代化建设事业不断推向前进。赵富林代表中国共产党广西壮族自治区第六届委员会向大会作题为《坚持党的基本理论和基本路线，为全面实现第二步战略目标而奋斗》的报告；选举中共广西壮族自治区第七届委员会委员和候补委员、自治区纪委委员。通过《中共广西壮族自治区第七次代表大会关于中共广西壮族自治区第六届委员会报告的决议》和《中共广西壮族自治区第七次代表大会关于中共广西壮族自治区纪律检查委员会报告的决议》。

22日 中共广西壮族自治区第七届委员会第一次会议在南宁举行。会议选举赵富林为中共广西壮族自治区委员会书记，成克杰、丁廷模、马庆生、杨基常为副书记，赵富林等13人为常委；批准曹洪兴为中共广西壮族自治区纪律检查委员会书记，侯世华、莫永清、王世民为副书记，曹洪兴等9人为常委。

▲ 历时3年多的黎湛铁路黎塘至贵港区段复线工程竣工通车。为该区段增加运力1/3。

23日 自治区经济工作会议在南宁召开。

26日 受成克杰主席委托，刘洪副主席带领自治区计委、经贸委、水电厅等有关部门负责人到达梧州，分别听取地、市有关“九五”计划安排和重点工程项目建设情况的汇报，并到一些大中型企业和项目建设工地考察，解决问题。

27日 北海扶贫工业园举行奠基庆典。这是国内首次利用世界银行贷款进行异地扶贫开发的试验区。

29日 广西全球通讯数字移动电话、高速数字数据网和会议电视网同时开通投产。

※
※※※
※

四 川 省

主　　编：扎喜旺登
副 主 编：王志兵
编写人员：邓正权　王槐洲

四川省分目录

四川省概况 …………………………………………………………………………………………（345）
国民经济和社会发展 ……………………………………………………………………………（345）
经济体制改革与对外开放 ………………………………………………………………………（349）
附录：四川省重点招商引资项目 …………………………………………………………（353）
1996～2010 年四川省国民经济和社会发展的奋斗目标和指导思想 ……………（358）

1995 年改革开发大事记 …………………………………………………………………………（360）
彩色宣传图片
·欣欣向荣的西南航空港经济开发区·

四川省概况

面积：57万平方公里

人口：11322万人

行政区划：6个地区，3个自治州，2个副省级市，12个地级市，21个县级市，146个县，8个自治县

省委书记：谢世杰

省八届人大常委会主任：杨析综

省长：宋宝瑞

省七届政协委员会主席：聂荣贵

四川省国民经济主要指标（单位：亿元）

项　　目	1995年	1995年比上年增长（%）
国内生产总值	3534	10
工农业总产值	3170.2	
工业总产值（乡及乡以上）（90年不变价）	2286.4	15.8
重工业产值	1395.9	15
轻工业产值	890.5	17
农业总产值（90年不变价）	883.8	4.5
全社会固定资产投资	921.7	19.1
国有固定资产投资	511.9	19.1
社会消费品零售总额	1300.5	29.2
零售物价总指数（%）	117	17
职工工资总额	451.4	15.1

国民经济和社会发展

1995年是“八五”计划的最后一年。一年来，在省委、省政府的领导下，我省认真贯彻落实党中央制定的“抓住机遇、深化改革、扩大开放、促进发展、保持稳定”的基本方针，注意处理好改革、发展、稳定的关系，坚持在紧缩中前进，在调整中发展。经过全省上下的共同努力，全省国民经济继续保持了稳定的增长势头，主要方面都已经完成或超额完成年度计划。全年完成国内生产总值3534亿元，比上年增长10%，超过计划任务。其中，第一产业增长4.2%，第二产业增长13.2%，第三产业增长10.6%。

一、农业实现全面丰收，农村经济稳定发展

1995年，省委、省政府坚持把农业放在经济工作的首位，紧紧围绕稳粮增收的目标，切实加强对农村工作的领导。继续深化农村改革，稳定农村政策，依靠科技兴农，千方百计增加农业投入，推动了全省农村经济的稳定发展。全年完成农业总产值（1990年不变价）883.8亿元，比上年增长4.5%，比计划

高0.5个百分点。粮食总产量比上年增加279.4万吨，比计划增加161.7万吨，达到4511.7万吨，创历史最高水平；棉花11.2万吨，增长67.3%；油料170.1万吨，增长22.5%。全年出栏肉猪7804万头，增长8.6%；肉类总产量595万吨，增长8.1%；水产品产量41.4万吨，增长14.7%，均超额完成计划任务。

乡镇企业在连续3年高速增长的基础上持续发展，经济效益也有所提高，全年实现乡镇企业总产值比上年增长50.4%，实现税金增长29.6%。农村劳务输出保持了健康发展势头，全省农村剩余劳动力转移达1800万人。

二、企业改革不断深化，工业经济持续增长

按照建立现代企业制度的要求和"抓大放小，扶优解困"的方针，1995年省上重点抓了国家和省确定的80户建立现代企业制度试点的企业。企业"面"上的改革不断深化，宜宾、射洪、金堂等县属国有企业"改、转、租、并、卖"的经验得到了进一步推广。积极调整产业结构和产品结构，加大投入力度，组织实施调整工业产品结构的"8+5"（8种重点产品和5个传统产业）规划、"小巨人"规划和名牌战略，取得了初步成效。深入开展"学邯钢"活动。全年全省乡及乡以上工业完成总产值（1990年不变价）2286.4亿元，增长15.8%，比计划高3.8个百分点。完成销售产值3028.6亿元，增长23.1%。工业产销率达到94.4%。主要工业产品产量均已完成或超额完成计划任务。其中，原煤产量达到9887.6万吨，比上年增长12.4%；发电量558.6亿千瓦时，比计划多发12.6亿千瓦时，比上年增长6.4%；成品钢材548.2万吨，比计划多产43.2万吨，比上年增长3.9%；彩电309.3万部，比计划多产89.3万部，比上年增长54.6%；化肥279.3万吨，比计划多产57.3万吨，比上年增长21.1%。军转民调整步伐加快，全年全省国防工业民品产值（1990年不变价）达157.2亿元，增长18.6%。

三、对外开放继续扩大，对外经济贸易和利用外资取得新进展

坚持"大开放促大发展"的方针，努力提高对外开放实效。各级、各部门实行出口创汇目标责任制，大力组织货源，积极调整出口产品结构，努力拓展国际市场。全年全省进出口总额41.4亿美元，增长11.2%，其中出口总额达到25.68亿美元，增长12.7%，超额完成了全年奋斗目标。对外合作领域不断拓宽，利用外资工作取得新成绩。全年直接利用外资额达到5.75亿美元，使用国外贷款达到5.15亿美元，外资投向逐渐向资金密集型、技术密集型和能源、交通、通信等基础产业以及大中型企业的技术改造方面发展。

四、固定资产投资结构继续得到调整，重点建设进一步加强

按照国家产业政策的要求，进一步优化投资结构，多渠道筹集建设资金。1995年全省完成固定资产投资921.7亿元，增长19.1%。基础产业和基础设施建设保持了较快增长，水利投资比上年增长7.2%，交通通信投资增长18.9%，能源投资增长44%，三项合计占基建、技改投资总额的41.9%。房地产投资增幅回落十分明显，高档别墅、写字楼已基本得到控制。继续实行重点建设目标责任制，集中资金保重点。在全省建设资金十分紧张的情况下，重点建设项目进展顺利，全年完成投资183.5亿元，完成年度计划的96.4%。大桥水库、二滩电站、宝珠寺电站、宝成铁路南段复线、成都双流机场扩建工程、成绵高速公路和万县长江大桥、涪陵长江大桥等正在抓紧建设，成渝高速公路已全线通车，重庆电厂技改工程、黄丹电站、数网三期工程、川天化大化肥装置、四川玻璃厂日产300吨浮法玻璃生产线已全面建成，达成铁路东段已铺轨，东西关、铜头、雨城电站也部分投产，提前并网发电。全年新增发电装机63万千瓦，新建光缆微波2000公里，新增程控交换机70万门。

五、市场活跃，物价涨势趋缓，通货膨胀有所抑制

全省市场商品货源充足，品种丰富，市场销售势头旺盛。全年全省社会消费品零售总额达1300.5亿元，增长29.2%，比计划高9.2个百分点。1995年省委、省政府把抑制通货膨胀作为宏观调控的首要任务，继续实行控制物价的目标责任制，努力增加有效供给，充分发挥国合商业平抑物价的作用。进一步完善副食品价格调节基金和重要商品储备制度，适时调控市场物价。整顿流通秩序，加强市场管理。强化物价监督机制，开展物价检查，制止乱收费、乱涨价。全省物价涨幅逐月回落，全年全社会商品零售物价指数117%，比上年回落6个百分点，但比年度计划目标高4个百分点。

六、财税金融体制改革进一步深化，财政收入增加，金融形势保持平稳

新的财税体制运行比较正常。各级财税部门努力增收节支，重点培育骨干财源，强化税收征管。调整财政支出结构，加强财政资金和其它各种资金的审计监督。全年完成地方财政收入165.4亿元，增长21.6%，为预算的111.27%；财政支出279.75亿元，增长18.8%，为预算的93.53%。

随着《中国人民银行法》的颁布实施，金融体制改革步伐加快，金融对外开放进一步扩大。立足于经济发展，全省各级各类金融机构大力吸收存款，积极搞好资金调度，搞活资金融通，调整信贷结构，努力保证农业生产、农副产品收购、企业流动资金、重点建设和技术改造的资金需要。到年底，全省各项专项存款余额2504.2亿元，比年初增加616.7亿元；各项贷款余额2804.2亿元，比年初增加525.5亿元。全省银行净投放资金69.26亿元，控制在计划之内。

七、科技、教育等各项社会事业继续得到加强，人民生活水平不断提高

认真贯彻全国科技大会精神，坚持不懈地实施"科教兴川"战略，研究制定了一系列促进科技发展的政策措施，使我省的科技工作迈出了较大步伐。全年经鉴定的科技成果达2400多项。科技成果的产业化、工程化取得进展，列入国家"八五"计划的190项重点科技攻关、工业性试验项目，以及60项列入省重点攻关和成果转化计划项目，已经取得阶段性成果，部分已在全国、全省推广，经济效益显著。技术开发进一步加强，全年新产品试制成功4000项，新增销售额224亿元，新增利税33亿元。

各级各类教育全面发展，全社会对教育的投入不断增加。普及九年制义务教育工作进一步加强，高等教育更加注重提高质量和效益，职工技术教育、成人教育和在职职工培训有较大发展。坚持为教师办实事的工作，如"广厦工程"等取得实效。全年普通高校招生6.64万人，比上年增长3.25%，其中省属普通高校招生3.19万人，增长2.9%；普通中等专业学校招生9.29万人，增长8.4%，其中地方普通中等专业学校招生8.15万人，增长9.1%。

计划生育成效显著，人口自然增长率9.87‰，年末总人口预计11322万人，比计划少生20万人。努力贯彻可持续发展战略，环境和生态保护工作更加受到重视，全年完成环境污染治理项目1393个，投资额达3.29亿元；工业废气处理率、工业废水处理率、工业固体废物综合治理率等均比上年有所提高。城镇新安置就业28万人，失业率控制在3.65%。社会保障制度改革取得较大进展，95%以上的国有企业职工参加了养老保险，已初步形成了包括养老、失业、医疗、工伤、生育等保险在内的社会保险体系。城市医疗条件进一步改善，农村"三项卫生"建设继续得到加强，全省改造县级妇幼保健站、防疫站和区乡卫生院605个，50%的县达到初级卫生保健标准。《全民健身计划纲要》在全省范围内广泛实施。城市基础设施和公共设施继续得到改善。文化、艺术、体育、卫生、广播、电视、新闻、出版、旅游、地勘、信息咨询等各项社会事业进一步发展。

人民生活水平继续提高。全年农民人均纯收入达1158元，比上年增加212元，是我省历史上增加最多的一年。城镇居民人均生活费收入3586元，增加605元。城乡人民衣、食、住、行消费水平不断提高。

八、统筹规划，分类指导，区域经济不断发展

继续实施"两点、两线、两翼"发展战略，成渝两市和"江油——峨眉山"、"成都——重庆"两条线发展步伐加快，三峡库区移民和攀西川南资源综合开发取得新进展。《四川省七一一八扶贫攻坚计划》顺利实施，全省又有150万人越过温饱线，部分贫困县财政困难状况得到一定程度的缓解。1995年开展的国务院有关部门和沿海中等城市对口支援四川藏区工作进展顺利，部分项目已开始实施。民族地区能源、交通、通信、有色金属等基础产业和基础设施建设进度加快，以民族地区资源优势为特点的二三产业进一步发展，民族经济的整体素质有所提高，一些支柱产业和拳头产品初具规模。农牧民生活不断改善，基本完成了"八五"扶贫越温阶段任务，进入了开发脱贫致富的新阶段。

九、1995年国民经济和社会发展的成就，标志着"八五"计划胜利完成

"八五"时期是建国以来我省发展最好的时期，改革不断深化，对外开放日益扩大，经济实力显著增强，开创了我省现代化建设事业的新局面。5年间，全省经济总量保持了持续、快速增长，5年平均增长11.1%，比"七五"时期高3.9个百分点，为提前实

现“翻两番”的战略目标奠定了良好基础。经济结构得到明显改善，一、二、三产业的比例关系由1990年的35.2：36.1：28.7调整为1995年的27.8：42：30.2。全社会固定资产投资5年累计达到2994.3亿元，比“七五”时期增长2.1倍。水利、能源、交通、通信等基础产业和基础设施建设得到加强，5年新增电力装机448.5万千瓦，新建、改建公路10350公里，国民经济发展的“瓶颈”制约有所缓解。5年实际利用外资30.1亿美元，比“八五”前10年增长1倍；出口总额93.04亿美元，比“七五”时期增长1.2倍。人民生活水平提高，农民人均纯收入由1990年的558元提高到1995年的1158元，城镇居民人均生活费收入由1354元提高到3586元。这些成就为“九五”的进一步发展奠定了较好的物质基础。

经济体制改革与对外开放

1995 年，四川省认真贯彻党的十四届五中全会精神，经济体制改革坚持整体推进和重点突破相结合，重点推进以建立现代企业制度为目标的国有企业改革，配套进行完善社会保障制度，培育市场体系，深化宏观体制改革和其它方面改革，加快了建立社会主义市场经济体制步伐，各项改革进展顺利，成效显著。全省对外开放取得新的进展。

一、企业改革

1. 深化大中型企业改革

——建立现代企业制度。按照国家经贸委、体改委和省委、省政府的统一部署，1995 年重点开展了国家确定的 5 户和省上确定的 80 户建立现代企业制度的试点。

国家确定的 5 户（四川沱牌实业股份有限公司、四川红光实业股份有限公司、四川物资集团股份有限公司、重庆钢铁集团总公司、四川建设摩托集团公司）建立现代企业制度的试点企业完成了试点方案的论证和审批，在明确投资主体、规范组织形式、清理债权债务、法人治理结构、加强管理等方面进行了有益的探索，已转入了试点的实施阶段。

1995 年四川省委、省政府决定在原有 6 个市地的 22 户建立现代企业制度的试点企业基础上，扩大到 23 个市、地、州的 80 户，并出台了《关于扩大建立现代企业制度试点的若干意见》，成立了四川省现代企业制度试点工作领导小组，组织指导全省建立现代企业制度的试点工作。目前，80 户试点企业基本完成了试点方案的制作，进入实施阶段。

——规范股份制试点。四川省是股份制推行面较宽的省份，股份公司规范化运作走在全国前列。到 1995 年底，全省已设立股份有限公司 330 多户，有限责任公司 3000 多户，其中公众公司 53 户，居全国第二位，上市公司 29 户，居全国第三位。股份制试点企业已占全省大中型工业企业的一半以上，通过股份制全省共募集国内外资金 250 亿元，其中，境外 25 亿港元。股份制企业已成为全省经济发展的排头兵。

——组建大型企业集团。围绕经济结构调整的要求，按照公司制的要求，在巩固、完善全省现有企业集团的同时，重点组建了长虹、长钢、物资集团、红光及沱牌等大型企业集团，并按母子公司体制调整了内部组织结构，完善法人治理结构。目前，全省共拥有各类企业集团 170 多个，成为全省国民经济发展的一支生力军。

2. 推进县属企业改革。继 1994 年 4 月宜宾会议之后，1995 年 5 月四川省委、省政府在射洪召开了全省第二次县属企业改革工作会议，进一步推广宜宾、射洪、金堂等县的经验，全面推进县属企业改革。目前全省有 1/3 的县（市、区）进展较快，其中约有 10% 的县（市、区）已基本完成改制、改组工作，宜宾、金堂、新都、犍为、彭山等县的县属国有工业企业已全部完成改制、改组任务，其余县（市、区）企业改制、改组工作也已起步进行试点。全省县属企业改革正在向广度拓展，向深度延伸，取得初步成效。重庆、泸州、遂宁 3 市通过资产流动重组，共盘活县属企业存量资产 19.8 亿元。乐山市在改革中先后转让县级国有资产 2.33 亿元，已收回 1.59 亿元，通过募股筹集资金 13.49 亿元。

3. 深化企业三项制度改革。1995 年全省认真贯彻实施《劳动法》，全面推进企业劳动用工、工资分配、社会保险三项制度改革。一是基本形成了用劳动合同确定劳动关系的新型企业用工制度，1995 年底，签订劳动合同的城镇企业职工已达 543 万人。二是继续实行和改进完善弹性工资计划管理，搞好“以工效挂钩”为主要形式的企业工资总额分级管理、分类调控，落实企业工资分配自主权，改革企业工资制度，制定了《四川省国有企业经营者年薪试行意见》。1995 年全省职工工资总额 451.4 亿元，比 1994 年增长 15.1%。三是搞好企业社会保险制度改革，制定全省企业职工基本养老保险社会统筹和个人账户相结合的有关政策。1995年全省参加养老保险的各类企业达4.1万户，职工500万人，离退休人员146万人。

4. 稳妥地实施企业破产。截止1995年底，全省累计破产企业131户，其中国有企业96户，集体企业35户，涉及职工28539名。在已破产的企业中，1995年新破产企业为51户，涉及职工12247人。

二、市场体系和流通体制

1. 发展集贸市场。1995年四川省集贸市场建设取得新的进展，全省拥有城乡集贸市场1万余个，居全国第一位，社会消费商品零售总额1300亿元，比1994年增长29.2%。市场建设的规模不断扩大，功能更加完善。通过多形式、多层次、多渠道建立了一批容量较大、基础设施较好、辐射能力较强的大型批发市场。

2. 培育要素市场。全省现有各类生产资料和生产要素市场250多个，市场配置资源的功能不断增强。

——金融市场。(1) 在证券市场方面，1995年全省证券机构有了新的发展，证券交易网点增多，成交金额大幅提高，1995年通过省证券交易中心清算的证券交易额400多亿元，居全国第四位。1995年东方电机、成都电缆、重庆庆铃3户企业成功发行H股，筹集港币23.5亿元；建设摩托发行B股筹集资金4.9亿元；东方电机发行A股，筹集资金2.46亿元；长虹、东碳、金路公司通过配股，在股票二级市场筹集资金6亿多元。(2) 在融资市场方面，1995年省融资中心累计融资315亿元，比上年增长84%，全年累计拆入资金95亿元，其中省外拆入资金占42%，在一定程度上缓解了全省资金紧张的矛盾。

——技术市场。全省年末拥有从事技术交易活动人员22万人，其中专职人员15万人，签订技术交易合同2万项，合同金额22亿元，比1994年增长90%，实现金额7.5亿元。全省现有各类科技型企业7213家。成都、重庆、绵阳等高新技术产业开发区发展迅速。成都高新技术产业开发区1995年工业产值达36.9亿元，实现利税7.9亿元，成为全国先进高新技术产业开发区。

——劳动力市场。1995年全省劳动力中介机构、职业介绍所、乡镇劳动服务站的发展有新的起色，劳动力市场已具雏形，以职业介绍、就业培训、失业保险、生产自救为一体的就业服务体系有了很大发展。1995年在各级劳动、就业服务机构的帮助下，全省有24199名失业职工实现了重新就业，比1994年增长1.8倍。全年动用388万元生产自救费建立17个生产自救基地，安置企业内部富余职工1629名。

——期货市场。1995年省政府出台了《关于加强期货市场监管、规范期货市场行为若干问题的通知》，打击了非法期货交易行为，取缔了一批非法期货公司，合并组建了成都联合期货交易所，建立了省期货交易与经纪机构联席会议，期货市场发展无序化状态得到了有效控制。目前，全省拥有2家期货交易所，15家期货经纪公司。

3. 深化商业改革。按照“抓大、放小、建新”的改革思路，推进商业改革。一是进行现代企业制度试点和公司制改造。全省流通企业纳入省上现代企业制度的试点企业7户，国家建立现代企业制度的试点企业1户，组建股份有限公司和有限责任公司179户。二是组建和培育大型商贸企业集团，全省商业系统已组建企业集团17户。三是放开小型商业企业，调整商业企业组织结构。全省现已拍卖小型商业企业69户，兼并和被兼并的企业51户，按破产法处理的企业21户。四是建立新型商业组织，发展连锁商店，全省现已发展较为规范的连锁店54个。

三、宏观体制改革

1. 金融体制改革

——金融改革稳步推进，对外开放迈出新的步伐。1995年，投资银行成都分行挂牌营业，并引进3家外资金融机构入川设立代表处。

——加大金融监管力度，金融秩序进一步好转。1995年强化了各类金融机构的监督管理，认真开展了年检和换证工作，采取坚决措施制止乱拆借、乱集资、乱办金融业务和乱浮动利率，及时开展了对证券回购“卖空”行为的清理和纠正。

——大力开展再贴现业务。1995年累计办理再贴现16.05亿元，余额达8.68亿元。比上年增加7.53亿元，重点支持了国有大中型企业和农副产品购销的再贴现资金。

2. 财税体制改革。1995年，全省财税工作坚持适度从紧政策，探索自求平衡机制，认真贯彻执行《预算法》和各项税收法律、法规、政策，强化财税管理，深挖增收节支潜力，狠抓征管，实现了地方税超收，财政支出控制在预算数额之内。

3. 外经贸体制改革。1995年，全省外经贸体制改革不断深化，在全省23个市地州都获得了对外贸易经营权的同时，加大了外经贸企业自身改革的力度。全面推行三项制度改革，稳步推进企业资产优化、改制、改组、改造工作，并对重点外经贸企业推行“四化”（集团化、实业化、国际化、多元化）经营试点，大大提高了企业对市场的适应与应变能力，有力地促进了四川对外经贸事业的发展。

4. 计划、投资体制改革

1995年四川省进一步深化计划、投资体制改革、初步建立了法人投资和银行信贷风险责任，加强了对固定资产投资的宏观调控，按照不同投资主体的投资范围和各项建设性项目的投资效益，开始将投资划分为基础性、竞争性和公益性三种类型，分别确定投融资渠道，建立资本金注入制度和相应的风险责任。在改革现行计划体系的基础上，推进“宏观调控指标”、“预期指标”、“国家公共基金和资源配置指标”三大类新型计划指标体系，使计划指标更好地适应社会主义市场经济的需要。

四、社会保障制度

根据全省改革的总体安排，为了推进企业结构调整和产权制度改革，1995年四川省把建立社会统筹与个人账户相结合的养老保险制度和覆盖城镇职工的失业保险制度作为社会保障制度改革的重点来抓，城镇企业职工实行社会养老保险的覆盖面继续扩大。全省参加退休费用社会统筹的城镇企业（不含按行业统筹）达4.23万户，占应参加统筹的97%；在职职工496.9万人，占应参加统筹的97%。全省有141个县（市、区）实现了工伤保险费用社会统筹，比上年增加26个县。医疗社会统筹与个人账户相结合已在4个县（市、区）开展。失业保险工作得到进一步加强，全省参加失业保险的单位有3.7万户，职工560万人，生育保险已在67个县（市、区）开展，比上年增加27个县；全省有23个县（市、区）实行了社会保险一体化，比上年增加12个县。年末全省农村建立社会保障网络的乡（镇）911个。社会保障基金会4602个，基金额达1.59亿元。全年开展社会救济348.43万人次，集体供养五保人数25.25万人。此外，以“大病统筹”和工伤医疗保险为主要内容的企业医疗制度改革已初见成效。

五、科技体制改革

1995年，四川省围绕中共中央、国务院《关于加速科学技术进步的决定》和全国科学技术大会精神，继续大力实施科教兴川战略及科技兴川“千亿工程”，取得了初步成效。开展了对开发性科研院所进行以产权制度为基本内容的改革试点，首批试点的单位达6个。

六、改革试点

1. 县级综合改革试点。广汉、涪陵两个国家确定的试点市和宜宾、射洪、金堂3个省确定的试点县，全面推进建立现代企业制度试点，加快国有小型企业和城乡集体企业产权制度改革步伐，深化流通体制改革，加快政府职能转变，完善国有资产经营管理体制和社会保障制度。

2. 城市综合配套改革试点。被国家确定为城市综合配套改革试点城市和试点联系城市的成都、重庆、德阳的各项改革工作全面展开，为率先建立社会主义市场经济体制提供试验示范。国家确定的成都、重庆两市优化资本结构的试点工作也取得一定的进展。

3. 集体和个体私营经济试验。1995年青羊、江北两个集体经济试验区和新津县、成华区、武侯、西昌4个个体私营经济试验区的试点工作取得了显著的成效，为全省集体和个体私营经济发展积累了经验，提供了示范，促进全省集体经济和个体私营经济的发展。

4. 小城镇试点。1995年底，全省共有219个小城镇试点镇。这些试点镇在集镇建设、经济发展方面都取得显著的效果。

5. 商贸流通综合改革试点。四川省确定的德阳、南充两市的商贸流通综合改革试点工作进展顺利，在理顺产权关系，调整资产结构、组织结构、经营结构和所有制结构，发展商贸企业集团和连锁商业网点、代理制等方面进行了有益的探索。

七、对外开放

1995年四川省继续把对外开放摆在经济工作的突出位置，坚持“以大开放促大发展”的方针，以增加开放实效，提高开放水平为重点，全方位、多层次、多形式对外开放，全省开放开发工作取得较大进展。

——对外贸易。1995年全省外贸进出口额完成41.4亿美元，比上年增长11.2%，其中：出口额25.7亿美元，增长12.7%；进口总值15.7亿美元，增长8.8%。对外贸易额居全国第十位，居内陆省、区第一位。

——对外经济。①承包工程和劳务输出规模大，效益好。1995年，全省对外新签承包工程和劳务输出合同96个，合同总金额63120万美元，完成外经贸部下达计划262%，全年完成营业额34722万美元，完成外经贸部下达指标的309%。在劳务输出方面，据不完全统计，1995年全省外派劳务人数为14632人(次)，完成外经贸部下达计划的412%。②经援项目多、工程大。1995年四川省获得对外经济援助项目有桥梁、公路、体育场等。③对境外非贸易企业和境外机构进行清理整顿。1995年对境外的70多家企业进行了逐家核查清理，对38家合作对象选择不当、经营管理不善以及可行性研究与实际情况差距较大等因素造成亏损的境外企业采取了撤销处理。④大力发展国际旅游，1995年全省接待国际游客37.66万人次，创汇收入1.25亿美元，比上年增长26.7%。⑤多方争取接受国际援助项目。1995年，全省共争取到外国政府和机构无偿援助项目共8个，总金额98.9万美元。⑥培训外派劳务人员。为了加强对外承包工程和劳务输出的管理，1995年筹建了"四川省外派劳务培训中心"，在不到3个月的时间内，已培训外派劳务人员106人，提高了外派劳务人员的素质。

——对外引资。1995年，全年新签"三资"企业合同826个，协议利用外资11.5亿美元，外商实际投资5.75亿美元，加上外国政府和银行贷款等间接投资，全省全年实际引进外资共计17.8亿美元，比上年增长51.8%。

——对外开放。按照全面开放，突出重点，分步实施，分层推进办法，全方位拓展开放区域。一是重点实施了国家内陆省会开放城市——成都的对外开放；二是突出抓好重庆、涪陵、万县3个沿江开放城市和三峡经济开放区，四川省开放城市和开放地区，在全国内陆省中位居前列，为全省进一步扩大对外开放创造了良好的条件。三是继续办好全省4个国家级开发区和57个省级及其他开发区。截止1995年底，据不完全统计，开发区累计投入资金达400多亿元，其中，引进境外资金100多亿元，开发成效显著，大部分开发区已初具规模，开发区正逐步成为全省经济发展新的增长点和对外开放的窗口。

附录

四川省重点招商引资项目

1 美元=8.5 元（人民币）

项目名称	承办单位	建设地点	建设内容或产品及生产规模	总投资（万美元）	合作方式	联系人、电话、传真
交通						
成都—乐山公路	省交通厅	成都 乐山	一级公路全长 130.29 公里	28412	合资、合作 BOT	杨坤平、沈恺 电话：（028）5581333—2278 传真：（028）5582635
内江—宜宾公路	省交通厅	内江 宜宾	一级公路全长 107.3 公里	27988	同上	同上
成都—雅安公路	省交通厅	成都 雅安	一级公路全长 128.15 公里	25608	同上	同上
隆昌—泸州公路	省交通厅	隆昌 泸州	一级公路 56.4 公里	10565	同上	同上
国道主干线成都市过境高速公路	省交通厅	成都	建设里程 42.5 公里	14828	同上	同上
泸州港国际集装箱码头及客运港区工程	泸州市港口航运管理局	泸州	货运 5 万标箱、20 万吨重件/年，客运 100 万人次/年	1494	合资、合作	李元一 电话：（0830）232344
攀枝花市机场	攀枝花市计委	攀枝花	机场设计为 4D 级，重要支线机场	9930	同上	汪治全 电话：（0812）333342
能源						
南桠河梯级水电站开发	四川省电力公司	雅安 石棉	装机容量 714MW	18471	合资、合作 贷款	朱荣华 电话：（028）4454285 传真：（028）4441794
黄桷庄二期扩建工程	四川省电力公司	宜宾	装机容量 600MW	14117	合资、合作 贷款	周汝良 电话：（028）6661888—4804 传真：（028）4441794
福堂坝水电站	阿坝州政府 中国华能集团公司	阿坝 汶川	装机容量 440MW	43529	合资	华能四川集团公司 雷孔益 电话：（028）6667471 传真：（028）6672406
天宫庙坑口火电工程	大邑县供电局	成都 大邑	装机容量 50MW	2800	合资、合作	袁燕君 电话：（08238）388142
草坝坑口火电厂工程	彭州草坝坑口火电厂	成都 彭州	装机容量 27MW	970	合资、合作	汪 卓 电话：（08235）841161

续表

项目名称	承办单位	建设地点	建设内容或产品及生产规模	总投资(万美元)	合作方式	联系人、电话、传真
乌江彭水水利枢纽工程	乌江能源开发总公司	黔江彭水	装机容量1080MW	110000	BOT	向登定 电话：(0829) 442213
建材						
水泥生产改扩建工程	四川省峨眉水泥厂	乐山峨眉山	年产水泥70万吨	9017	合资	高仲明 电话：(08426) 578387
川南水泥厂水泥生产线	宜宾地区建材局	宜宾	年产水泥67万吨	9376	不限	郭建民 电话：(0831) 227912、224271
川东浮法玻璃厂	川东浮法玻璃工程筹建处	万县	平板玻璃267万重箱	6046	不限	李良峰 电话：(0819) 222558
纸面石膏板生产线	四川省大为石膏矿	乐山峨眉山	纸面石膏板600万平方米/年	1082	不限	罗永华 电话：(08426) 582088、523534
PVC塑胶异型材生产线	都江堰工业开发区	成都都江堰	5000吨/年	1000	合资、合作贷款	黄新庄 电话：(08236) 283938
冶金						
铜管生产线	峨眉铁合金(集团)股份有限公司	乐山峨眉山	1.5万吨铜管/年	7634	合资	张传武 电话：(08426) 523510 Fax：(0833) 233162
钛精矿扩建工程	攀枝花钢铁(集团)公司	攀枝花	钛精矿10万吨/年	1288	合资	邹小平 电话：(0812) 391741 传真：(0812) 224103
32万吨特殊钢材生产线	重庆特殊钢公司	重庆	年产32万吨特殊钢	31000	合资	刘绍腾 电话：(0811) 969225 传真：(0811) 966167
化工						
子午线轮胎生产线	四川橡胶厂	内江简阳	150万套/年	9883	合资	张勋民 电话：(08410) 725952 传真：(08410) 725411
高纯离子膜钾碱	四川金路股份有限公司	德阳	2万吨/年	2286	合资、合作贷款	周记芳 电话：(0838) 2204317 传真：(0838) 2204384
甲醇装置	涪陵地区化工局	涪陵	10万吨/年	4949	合资、合作贷款	罗　辉 电话：(082) 6635876 传真：(028) 6258820
川南磷铵矿肥结合工程	宜宾天原股份有限公司	宜宾	磷铵(DAP)14万吨/年，三元复合肥(NPK)20万吨/年等	22889	不限	黄兴元 电话：(0831) 223743 传真：(0831) 221446

续表

项目名称	承办单位	建设地点	建设内容或产品及生产规模	总投资（万美元）	合作方式	联系人、电话、传真
磷酸二铵、氮磷钾复肥装置	涪陵地区化工局	涪陵	9万吨/年、12万吨/年	15294	贷款	吴世皋 电话：(0810) 224467 传真：(0810) 224467
轻工						
乐山造纸厂扩建纸浆工程	乐山造纸厂	乐山	年产纸浆68000吨/年	5945	合资	张 力 电话：(0833) 231901—238 传真：(0833) 232318
高档革及制品加工生产线	阆中皮革集团公司	南充阆中	扩大制革200万张/年，高档革服装30万件/年	1000	合资	马学强 电话：(08262) 222953 传真：(08262) 222940
成都啤酒厂扩建工程	成都啤酒厂	成都	10万吨啤酒/年	2405	合资	薛邦成 电话：(028) 5181621 传真：(028) 5181621
机械						
220KV及以下交联电缆	成都三电股份有限公司	成都	电力电缆8000公里/年	1176	合资	陈兴丙 电话：(028) 4441712—2051 传真：(028) 4441403
大中型客车生产线	成都客车厂	成都	3500辆/年	1471	合资	沈 飞 电话：(028) 4442586 传真：(028) 4447624
汽车起重机制造生产线	长江起重机厂	泸州	8～25吨汽车起重机1600台/年等	8235	合资	高显忠 电话：(0830) 223234—545 传真：(0830) 234000
全液压挖掘机技术改造	长江挖掘机厂	泸州	各种挖掘机、钻孔打桩机1500台/年、总计26850吨	2824	合资、合作独资	张大树 电话：(0830) 234702—379 传真：(0830) 234882
CA系列轻型车（小解放）生产线	成都汽车制造厂	成都	3万辆/年（1吨～2吨）	990	合资、合作	董学凯 电话：(028) 3332230—2014 传真：(028) 3332430
微型车用发动机生产线	东风南充内燃机厂	南充	25万台/年	5767	合资	何军伟 电话：(0817) 220722—63329 传真：(0817) 223090
各类工程机械生产线	成都工程机械总厂	成都	年产ZL60型500台，ZL70型400台，全液压挖掘机1000台，铰接式自卸车200台，伸缩臂叉装机2150台，振动式压路机1000台	11235	合资	李孝明 电话：(028) 4443685—3024 传真：(028) 4443914

续表

项目名称	承办单位	建设地点	建设内容或产品及生产规模	总投资(万美元)	合作方式	联系人、电话、传真
中高级客车(17—30座)	四川旅行车制造厂	成都	1万辆/年	9412	同上	刘　正 电话：(028) 3333209—216 传真：(028) 3331950
管线球阀及特殊阀门技术改造	自贡高压阀门股份有限公司	自贡	管线球阀、工业用球阀3500吨/年	1306	同上	邱家永 电话：(0813) 290048 传真：(0813) 290246
轴承	成都轴承集团公司	成都	年产铁路货车轴承10万套,汽车专用轴承100万套,特大型轴承4000套等	2258	合资、合作	马家荣 电话：(028) 3337116 传真：(028) 3337169
聚酯薄膜生产线	东方绝缘材料股份有限公司	绵阳	0.05—0.25mm聚酯薄膜4000吨/年	1857	合资	朱云阶 电话：(0816) 2227850 传真：(0816) 2226860
电子						
有线电缆电视系统	四川九州电器集团有限责任公司	绵阳	500万户终端/年	1000	合资、合作	张　斌 电话：(0816) 2332612—360 传真：(0816) 2333540
热敏传感器生产线	宏明电子实业总公司	成都	年产2.35亿只(PTC1.85亿只、NTC0.5亿只)	882	合资、合作	郑　波 电话：(028) 4441317—8839 传真：(028) 4447617
摩托车机油泵生产线	国营广明无线电厂	广元	100万只/年	524	合资、合作	王明发 电话：(0839) 226848—2408 传真：(0839) 223312
镍氢电池极板生产线	国营四川五州电源厂	绵阳	4000万支/年	776	合资	任建西 省经委外事外经处 电话：(028) 6754396 传真：(028) 6619428
纺织						
全线卡其纺织生产线	内江棉纺织厂	内江	63″全线卡其756万米/年	2353	合资	魏亚川 电话：(0832) 222563—288 传真：(0832) 222564
丝绸						
丝绸印染线技改	四川南泰丝绸集团公司	南充	印花绸200万米/年、染色绸400万米/年、练白绸1000万米/年	1059	合资	何全林 电话：(0817) 224763 传真：(0817) 227052
医药						

续表

项目名称	承办单位	建设地点	建设内容或产品及生产规模	总投资(万美元)	合作方式	联系人、电话、传真
颗粒剂、口服液生产线技改	四川省太极实业股份有限公司	涪陵	颗粒剂、口服液	1443	合资、合作	艾国 电话：(0810) 223206 传真：(0810) 221513
市政建设						
污水处理	德阳市建委	德阳	建设日处理能力10万吨的二级污水处理厂	1129	合资	曾波 电话：(0838) 2203195 传真：(0838) 2202515
德阳市城市供水工程	德阳市水利电力局	德阳	生产符合国家生活饮用水标准的生活及工业用水1.865亿m^3/年	12738	贷款 合资、合作	周厚忠 电话：(0838) 2207780 传真：(0838) 2202800
成都自来水六厂供水项目	成都自来水公司	成都	供水能力80万吨/日	20690	同上	袁红 电话：(028) 7763122 传真：(028) 7776876

1996～2010年四川省国民经济和社会发展的奋斗目标和指导思想

一、主要奋斗目标

（一）“九五”奋斗目标

按照现代化建设三步走的战略部署，四川原定到2000年国内生产总值比1980年翻两番的任务，预计将于1996年提前完成。在此基础上，“九五”四川省国民经济和社会发展的主要奋斗目标确定为：全面完成现代化建设的第二步战略部署，国内生产总值年均增长10%左右，2000年在全省人口比1980年增加2000多万的情况下，实现人均国内生产总值比1980年翻两番；基本消除贫困现象，人民生活达到小康水平；加快现代企业制度建设和配套改革，初步建立社会主义市场经济体制。同时，要为下个世纪初开始实施第三步战略部署打好基础，增添后劲。

——**经济总量目标** 按1995年价格，2000年全省国内生产总值由1995年的3534亿元增加到5690亿元，年均增长10%左右。人均国内生产总值达到4770元以上，年均增长8.5%左右。

——**人民生活目标** 城镇居民人均生活费收入达到5000元，年均增长6.5%。农民人纯收入达到1700元，年均增长8.0%。食品支出占居民生活费支出的比重，城镇降到48%以下，农村降到57%以下。城镇居民人均居住面积达到9平方米以上，住房成套率达到70%。农村居民人均砖木结构和混合结构住房面积达到15平方米，住房质量和卫生条件明显改善。城镇自来水普及率达到97%。电话普及率大中城市城区达到每百人25部，全省达到每百人5部。

——**经济体制改革目标** 初步建立社会主义市场经济体制，基本形成以公有制为主体，多种经济成份共同发展、公平竞争的格局；新型的公司加农户的农村经济组织；政企分开、权责明确的国有资产管理、监督和运营体系；与市场经济体制和产业结构优化相适应的现代企业制度；统一开放、法规健全、竞争有序的市场体系；以按分配为主，其它分配方式为辅的分配制度和收入分配的调节机制；较为完善健全的社会保障制度；在国家宏观调控体系下的稳定、高效的省级区域性经济调节机制。

——**产业发展目标** 第一产业增加值年均增长3.0%，第二产业增加值年均增长12.7%，其中工业年均增长12.9%，第三产业增加年均增长11.6%。2000年三次产业的结构由1995年的27.8：42.0：30.2转变为20.0：47.5：32.5。农业和基础设施的制约作用进一步缓解。机械、电子、汽车、冶金、化工、建筑建材和食品工业进一步发展壮大，逐步成为带动经济增长和结构升级的支柱产业。2000年全省主要工农业产品产量：粮食4800万吨以上，发电量900亿千瓦时，钢850万吨，化肥（折纯）300万吨，汽车60万辆，彩电500万台。

——**科技教育发展目标** 到2000年，科技进步对经济增长的贡献率提高到50%；在占全省人口85%的地区普及九年义务教育，全省青壮年非文盲率达到95%。

——**社会发展目标** 到2000年，全省人口控制在1.2亿人以内；全面完成“七一一八”扶贫攻坚计划，稳定解决全省贫困人口的温饱问题，共同致富奔小康；城镇失业率力争控制在3%左右；人人享有初级卫生保健，群众体育日益活跃；环境污染和生态破坏加剧趋势得到基本控制并局部有所改善；社会稳定，治安秩序良好。

——**经济效益目标** 全社会劳动生产率年均增长7.1%，按1995年价格，2000年人均达到7670元；工业资金利税率2000年提高到15%以上；每万元国内生产总值耗标煤降到1.9吨以下。

（二）下世纪前10年的奋斗目标

实现全省国内生产总值比2000年翻一番，人民的小康生活更加宽裕；形成比较完善的社会主义市场经济体制。同时，要为下个世纪中叶实现第三步战略目标，基本实现现代化，开创新的局面。

2010年，全省国内生产总值按1995年价格达到12300亿元，年均增长8.0%；人口控制在1.3亿人左右，人均国内生产总值达到9360元。基本实现工业化，第一、二、三产业的结构转变为12：52：36；城市人口的比重显著提高，初步形成布局合理的城市体系；社会主义市场经济更加规范化、法制化，市场在资源配置中的基础性作用充分发挥。

农业和农村经济全面繁荣，现代化的农业建设和城乡一体化的进程取得重大进展，抗御自然灾害的能力显著提高，初步形成适度规模的商品化、专业化、区域化生产方式，农村全面实现小康。水利、交通、通信、能源建设取得显著成绩，基础设施和基础产业对国民经济的“瓶颈”制约基本消除。机械、电子、汽车、冶金、化工、建筑建材等支柱产业地位基本确立，成为推动经济增长的主要动力。第三产业全面发展，各项社会事业更加完善。基本改变生态环境恶化的状况，城乡环境有比较明显的改善。

二、发展的指导思想

今后15年，四川加快经济和社会发展的指导思想是：以党的基本理论、基本路线和基本方针为指导，围绕经济体制和经济增长方式的根本性转变，加大改革力度，增强开放实效，依靠科教兴川，推动结构升级，发挥自身优势，实施重点突破，走一条效益好，速度快，人口、经济、社会、环境和资源相互协调的可持续发展道路。

——坚持解放思想，实事求是，牢固树立发展才是硬道理和经济发展隔几年上个新台阶的思想，努力转变思想观念和工作作风，把是否有利于发展社会主义社会的生产力，有利于增强社会主义国家的综合国力，有利于提高人民的生活水平，作为检验各项工作的根本标准，把中央的方针政策同四川的实际情况结合起来，创造性地工作，力争国民经济以高于全国的平均增长速度向前发展，把四川建设成为经济强省。

——坚持“抓住机遇，深化改革，扩大开放，促进发展，保持稳定”的基本方针，正确处理改革、发展、稳定的关系。坚定不移地深化改革，努力解决不利于我省经济发展的现实问题和深层次矛盾；坚定不移地扩大对外开放，充分利用国内外两种资源、两个市场；坚定不移地维护社会稳定，为改革开放的现代化建设提供良好的政治社会环境。

——坚持贯彻中央关于今后15年经济和社会发展的9条方针，处理好关系社会主义现代化建设全局的12个重大关系，继续贯彻我省“依靠科教，调整结构，军民结合，城乡一体，立足盆地，开发两翼”的发展战略，进一步实施“依托两市，发展两线，开发两翼，带动全省”的区域发展部署，加快城市化进程。同时，加大支持民族地区、盆周山区、丘陵地区经济发展的力度，促进区域经济的协调发展。

——坚持把经济体制和经济增长方式的根本性转变作为关键来抓，把握好两者相互联系、相互促进的关系，充分发挥市场机制的作用，依靠科技进步和提高劳动者素质，逐步改变高投入、高消耗、低质量、低产出的状况，多层次地推进经济增长方式的转变，推动结构升级，全面提高国民经济的整体素质和效益。

——坚持物质文明和精神文明共同进步，经济和社会协调发展。认真贯彻《中国21世纪议程》的精神，正确处理好控制人口、保护环境与加快发展的关系，把近期利益和长远利益结合起来，着眼于子孙后代和千秋大业，合理开发利用资源，走可持续发展的道路。坚持“两手抓，两手都要硬”的方针，大力加强思想道德建设和科学文化建设，加强民主法制建设，保持社会稳定，实现社会全面进步。

（王槐洲　撰稿）

1995年改革开发大事记

1月

4日 '95四川——以色列经济合作研讨会开幕。肖秧省长会见以色列驻华大使莫赛·本亚科夫一行。

6日 全省工交经济工作会议召开。

9日 省委、省政府召开全省电话会议，要求各地进一步掀起农田水利基本建设高潮。

12日 省计划会议在蓉闭幕。会议提出今年的工作重点是：抑制通货膨胀，增强开放实效，强化农业基础，保证重点建设。

13日 全省财政税务工作会议在都江堰市召开。会议提出，坚持适当从紧的原则，努力完成1995年财税任务。

15日 四川天然气生产跨越70亿立方米台阶，提前一年实现“八五”目标。

14～16日 全省劳动工作会议在蓉召开。

20日 全省审计工作会议召开，研讨全面贯彻《审计法》，为经济建设服务。

31日 全省经济体制改革工作会议在蓉举行。会议提出今年我省改革的总任务是：以建立现代企业制度为目标，努力实现我省体制改革的实质性突破。

2月

7日 省政府公布1995年春季中小学收费标准和各项有关政策，要求各地遵照执行。

10日 省政府召开电话会议，部署今年加强物价调控和物价管理工作。副省长蒲海清强调：坚决把过高物价和通胀率降下来。

▲ 全省粮食工作会议召开，省政府对1994年度完成粮食定购任务的16个地市州和133个县（市、区）进行了表彰奖励。

11日 全省人民银行分支行长会议在蓉召开。

12日 全省农业局长会议在成都召开。

14日 省政协七届三次会议隆重开幕。肖秧省长在会上作关于《政府工作报告》的说明。

15日 省八届人大三次会议隆重开幕。肖秧省长作《政府工作报告》。

18日 省政府召开反腐败工作会议。肖秧省长在会上强调，今年反腐败工作任务一是抓领导；二是抓基层；三是抓行业，要努力取得反腐败斗争的新成效。

21日 省委、省政府表彰我省乡镇企业十强县。他们是：双流县、新都县、德阳市中区、巴县、广汉市、什邡县、绵竹县、成都市武侯区、重庆市沙坪坝区、成都市金牛区。

22日 省委、省政府召开计划生育工作座谈会。省领导谢世杰、肖秧在座谈会上强调，要进一步抓紧抓好计生和“三结合”工作，促进我省人口与经济社会的协调发展。

25日 全省政法工作会议在蓉召开。省委副书记宋宝瑞在会上指出，今年政法工作的主要任务是：维护社会安定，狠抓队伍建设，为改革开放和经济建设创造良好的社会环境。

27日 全省科技工作座谈会在成都举行。

28日 副省长徐世群代表省政府与全省23个市地州负责人，在各市地州分解的目标任务责任书上签字，科技兴川“千亿工程”全面启动。

3月

2日 全省财贸工作会议在都江堰市召开。会议提出：深化国合商业企业改革，保持市场繁荣稳定。

6日 省委、省政府召开全省春耕生产广播动员大会，号召全省各级干部和广大农民紧急行动起来，迅速投入小春后期田间管理和春耕备耕工作，打好总体战，确保粮食增产。

9日 全省农业综合开发工作会议在三台县结束。

▲ 全省司法局长会议在蓉召开。会议确定了今

年我省司法行政工作总的思路和工作目标。

15日 全省普通高校、中专招生工作会在蓉召开。今年6所高校实行招生“并轨”改革。副省长徐世群在会上强调，招生工作必须严格管理。

20日 省委、省政府作出决定，设立“四川优秀人才奖”，激励各类优秀人才脱颖而出。

21日 我省1994年人口统计工作圆满结束。截止1994年12月31日，全省共有31548404户，110843499人。其中，男性占总人口的52%，女性占总人口的48%。

24日 1995年春季全国糖酒商品交易会在成都落幕。本次糖酒会总成交94.7亿元，比去年下降12%。

27日 国务院已正式批准《四川省党政机构改革方案》，全省党政机关行政编制将精简30%。

4月

9日 省政府日前召开全省工业普查电话会议，部署我省实施第三次全国工业普查工作。

10日 全省道路交通秩序大检查电话会议召开，要求各地抓好春游人员和民工流动的输送。

12日 省三峡移民工作会议在万县召开，省委书记谢世杰发表书面讲话，省长肖秧强调要把资金用好用活。

13日 省委、省政府举行机构改革暨推行国家公务员制度工作会议，安排部署全省各级机构改革和推行国家公务员制度工作。

18日 四川联合大学校董会宣告成立，肖秧被推选为主席。

24～27日 四川省县属企业改革经验交流会在射洪县召开。省领导谢世杰等发表重要讲话，强调加快县属企业改革步伐。

5月

5日 省政府在温江召开农业工作会议，分析农业生产形势，部署当前农业生产，要求各地立足抗灾夺丰收，全力以赴抓好“双抢”。

5～6日 省委、省政府召开全省现代企业制度试点暨企业管理工作会议。

9日 四川、云南、贵州、广西、西藏和重庆市、成都市五省区七方经济协调会第十次会议在广西南宁隆重开幕。省委书记谢世杰率四川代表团参加。

▲ 省委办公厅、省政府办公厅发出通知，要求全省各地全力打好“双抢”战役，为夺取全年农业丰收奠定坚实基础。

13日 新加坡共和国总理吴作栋阁下抵川进行工作访问，省长肖秧等省领导到机场迎接。

19日 省委书记谢世杰在省委、省政府召开的全省抗旱战“双抢”电话会议上要求全省干部群众，集中全力打一场抗干旱战“双抢”硬仗。

▲ 全省政府法制局长工作会议召开。副省长甘宇平代表省政府，要求全省各级政府和各行政执法部门下决心、下功夫规范行政执法行为，大力强化执法监督。

29～30日 省委、省政府在成都召开全省反腐败工作会议。会议强调，要深入持久、富有成效地把反腐斗争进行下去。

6月

1日 省首次防震减灾工作会议在蓉召开，明确提出我省防震减灾10年目标。

5日 四川省第二次藏区工作会议在成都隆重召开，会议的主旨是加快藏区发展和稳定。省领导谢世杰、肖秧、宋宝瑞、秦玉琴等出席并讲话，中央国家机关近30个部门及沿海3省10个城市的负责同志应邀到会指导。

14～16日 省委、省政府在新都县召开“一条线”工作会议，总结前3年“一条线”建设第一期工程取得的成绩和经验，部署后3年第二期工作的战略任务。

16日 省委、省政府表彰、奖励“一条线”建设取得显著成绩的11个县（市、区）。同时受表彰的还有支持“一条线”建设成绩突出的17个省级经济主管部门。

19日 四川省贯彻全国科技大会精神广播电视大会隆重举行。省委书记谢世杰和省长肖秧在会上分别作了题为《全面落实科学技术是第一生产力的思想，坚定不移地实施科教兴川战略》和《切实依靠科技进步，加速我省经济发展》的讲话。

20日 省政府批准合江县、叙永县、南部县、西充县、沐川县、丹陵县对外国人开放。至此，我省已有170个县（市、区）对外国人开放。

23日 全省农村合作基金会工作会在都江堰市召开。

29日 省政府举行新闻发布会，我省将从7月1日起实施最低工资保障制度。

7月

1日 成渝高速公路初通庆典在资阳隆重举行。省委书记谢世杰发表讲话，省领导聂荣贵、宋宝瑞、蒲海清等出席。

5日 省政府清理荒芜土地和越权批地检查组分赴川西、川东、川南、川北地区进行检查。

8日 国家有关部委和省委、省政府决定，我省绵竹县的汉旺镇等10个小城镇进行综合改革试点。

11日 四川省首次赴德国、法国投资贸易洽谈会取得成功，共签合同和协议33项，总投资额21.27亿美元。

13日 省国有大中型企业三项制度改革会议召开。省委副书记、副省长蒲海清强调，下半年将进一步加大改革力度，齐心协力搞好企业三项制度改革。

19日 全省工交经济工作会议在绵竹举行。会议提出，下半年狠抓结构调整与企业管理，省领导肖秧、杨析综、蒲海清、李蒙等出席

21日 省政府发布通告禁止在公路上乱设站卡、乱罚款、乱收费。

24日 省委、省政府召开全省农业工作会议，研究搞好抗大灾、防大汛，确保农业丰收和人民生命财产安全问题。要求各地抓好抗灾救灾，实现农业增产增收。

27日 省委、省政府召开全省深化供销社改革工作会议。

8月

1～2日 省委、省政府在新都召开全省乡镇企业工作会议，总结上半年工作，交流经验，部署今后任务。

4日 省政府召开全省住房制度改革工作会，会议提出，我省近期房改的主要任务是全面推行住房公积金制度，坚持配套稳步推进住房改革。

8日 经省政府批准，四川省对外经济开放特别试验区定址郫县，区管委会正式成立。

9日 全省第三次工业普查工作会议在成都召开。

10日 深圳市对口支援阿坝州、巫山县协议签字仪式在蓉举行。

▲ 全省第十一次扶贫开发工作会议在泸州市举行，会议强调要坚定信心，总结经验，加快扶贫攻坚步伐。

12日 省政府召开紧急电话会议，强调全力以赴抓好抗洪救灾。省领导肖秧、张中伟、甘宇平亲临灾区查看灾情。

12～14日 全省普教工作座谈会在广元市召开。

18日 四川省县级经济综合评价揭晓，什邡、新都等10个县（市、区）进入全省“十强县”行列；彭州市、龙泉驿区、涪陵市、西昌市等县（市、区）分别被评为平原、丘陵、山区及少数民族地区的“类区先进县”。

17～18日 四川省科技界贯彻全国科技大会精神座谈会在大邑县举行，一批科研院所受到表彰。

21日 第二届四川名牌产品确认工作结束，省政府在蓉召开授牌大会。

9月

1日 全国城市卫生检查评比四川检查团开始奔赴全省开展检查工作。

5日 省委、省政府在成都召开全省反腐败工作电话会议，进一步抓好反腐败斗争各项任务的落实。

▲ 我省建立现代企业制度试点正式启动。省委书记谢世杰在新闻发布会上强调，一要认真学习，二要努力探索，加快国企改革步伐，带动全省经济发展。

5～8日 川、滇、黔、桂、湘、藏、渝六省（区）七方智力支边扶贫联系会第十次会议在成都举行。

8日 省政府举行新闻发布会：我省国企改革稳步推进取得成效，新的企业运行机制初步建立，现代企业制度试点企业扩大到80户。

12日 省政府召开电话会议，专题安排我省大春农副产品收购工作。会议要求不打白条，全面完成收购任务。

13日 为了加速高层次人才培养，由218名专家组成的四川省学位委员会首届学科评议组在成都成立。

15日 成（都）渝（重庆）高速公路全线开通。成渝高速公路全长340.2公里，全封闭、全立交、4车道，工期比世界银行规定工期提前10天。

20日 香港—四川省经贸合作研讨会在蓉举行。

▲ 副省长、省重点公路建设领导小组组长甘宇平在成渝高速公路内江收费站广场宣告：“我代表省政府宣布，成渝高速公路现在正式竣工通车。”

21日 ’95中国四川国际电视节隆重开幕。谢世杰致开幕词，孙家正致祝辞，朱穆之、杨析综、聂荣贵等出席，亿万观众通过电视屏幕目睹了开幕式盛况。

25日 四川省第一个面向社会服务的世界信息通道——全球信息高速公路骨干网Internet网络在成都正式开通。

23～25日 全省农田水利基本建设工作会议在

苍溪召开。

29日 我省首部农业机械管理法规《四川省农业机械管理条例》颁布实施。省人大、省政府联合举行新闻发布会，对条例的实施作了具体部署。

10月

4日 省委召开传达党的十四届五中全会精神大会，要求认真学习全面贯彻落实全会精神，制定好四川"九五"计划和远景目标。

5日 全国城市卫生检查团八分团莅蓉检查。

6日 全国人大常委会执法检查组抵川。副省长蒲海清向检查组介绍我省"二五"普法工作开展情况。

8日 省委、省政府考察团赴西藏昌都地区考察。考察的目的是寻求合作途径，加强经贸往来。

▲ 澳大利亚总督海登抵川访问，省长肖秧会见并宴请总督一行。

10日 中国科协第二届青年学术年会四川卫星会议在蓉召开。青年科技工作者济济一堂，共谋"科教兴川"大计。

11～13日 省委、省政府召开全省农村工作会议。省领导谢世杰、肖秧、蒲海清作重要讲话，杨崇汇作主题报告，张中伟作工作部署。

12日 四川省·广岛友好会馆在蓉奠基，省长肖秧等领导出席奠基仪式。

16～20日 '95中国新技术新产品交易博览会在蓉开幕。肖秧、谢绍明、秦玉琴等为大会剪彩。博览会期间，成交项目2591个，交易金额16.8647亿元，创我省技术交易最高纪录。

16日 省政府召开电话会议，动员和部署全省进行税收、财务、物价大检查。

▲ 四川省首次三峡工程库区移民资金财务管理工作会议今天召开。副省长甘宇平强调，要管好用好移民资金。

19日 省政府召开全省经济形势新闻发布会。

22日 全国计划生育"三结合"经验交流会在成都召开。彭珮云作重要讲话，谢世杰致词，徐志坚主持会议。

23日 四川省反腐败查办大案要案成果展览开展。

24～26日 全省财办主任会议召开，按照党的十四届五中全会精神分析当前经济形势，提出明年我省财贸工作思路。

25～29日 由省政府主办、省经委承办的'95四川工业产品博览会在成都举行。1050户企业、13500多种产品参展，5天总成交额75亿元。

31日 省政府办公厅发出紧急通知，要求各地抓住时机，搞好小春播种，抓紧农田基本建设。

11月

2～3日 省委、省政府在广汉召开流动人口管理工作会，研究部署农村剩余劳动力合理、有序流动问题。

5日《四川日报》全文发表省长肖秧《关于制定四川省国民经济和社会发展"九五"计划和2010年远景目标建议的说明》。

5～6日 省委、省政府凉山现场办公会在西昌召开，省领导与凉山州领导、省级有关部、委、厅（局）负责同志共商凉山经济和社会发展大计。

8～9日 全省水利工作会议在南充召开。会议强调，把水利作为基础建设的重中之重。

10日 省政府在内江召开成渝高速公路管理工作会议，强调要坚持"一线两制"坚决依法治路。

13～15日 全省耕地保护工作会议在成都召开。会议强调加强土地管理，切实保护耕地。

20日 省政府召开安全生产会议。副省长蒲海清在会上要求，要坚决落实领导安全责任制，依法及时查处已发生的事故。

22日 省委、省政府召开对口支援西藏昌都地区座谈会。

28日 省委、省政府召开电话会议，要求各地扎实开展农田水利建设"百日战役"，集中力量搞好小春田间管理和大春备耕。

12月

3日 四川省川东片区农田水利基本建设会议在重庆召开。省长肖秧到会讲话，要求掀起治水兴蜀建设新高潮。

1日、4日 四川省代表团分别在日本东京和大阪举行"四川省投资说明会"。

6日 省政府召开电话会议，要求限期解决国、省道公路"三乱"问题。

6～7日 省委宣传部、省政府办公厅召开全省精神文明建设工作会议，要求努力把全省精神文明建设提高到一个新水平。

7日 全省乡镇企业局长会在乐山举行。

▲ 长虹电器股份有限公司推出首批超大屏幕彩电，省政府发贺信热烈祝贺。

8日 省政府在卧龙自然保护区举行现场办公会议，解决保护区建设的具体问题。

14日 省委、省政府在蓉召开川西片区农田水利基本建设会议，省领导谢世杰、肖秧等出席会议并讲话。

15日 经国务院批准，撤销涪陵地区、涪陵市、设立地级涪陵市，市人民政府驻新设立的枳城区。

▲《四川省〈城市民族工作条例〉实施办法》出台。

▲ 四川省大型水电工程第三次移民资金财务管理工作会召开。

▲ 省政府召开全省粮食部门两条线运行工作会议，确保1996年1月1日起顺利运行。

18日 省政府召开电话会议，要求确保中央下达我省增值税、消费税目标任务的完成。

21～22日 省委、省政府在成都召开全省经济工作会议，传达贯彻中央经济工作会议精神，研究和部署我省1996年的经济工作。

26～28日 全省计划会议在成都举行。会议强调切实推进两个根本转变，促进经济和社会发展。

▲ 全省工交工作会议在成都举行，强调要搞好国有企业改革和技术进步；提高经济增长质量和经济效益。

29日 省委、省政府召开农民负担监督管理工作会议，坚决防止农民负担反弹。

成 都 市

成都市分目录

成都市概况 ………………………………………………………………………… (367)
国民经济持续发展，社会事业全面进步 ……………………………………………… (367)
经济体制改革取得新的实质性进展 …………………………………………………… (371)
对外开放进一步扩大 ………………………………………………………………… (373)
附录：成都市人民政府关于鼓励吸纳上海等沿海城市产业转移的政策措施
…………………………………………………………………………………… (374)

专　题　介　绍

“三中心两枢纽”建设成效显著，作用进一步发挥 ………………………………… (376)
府南河综合整治工程初见成效，反响强烈 …………………………………………… (378)

典型地区和典型企业

川西第一汤——得天独厚的大邑花水湾温泉疗养旅游度假区 ………………………… (381)
乡镇企业家具行业全国规模第一的成都八一家具实业公司 …………………………… (382)
房地产开发、建筑企业的一颗明显——成都市向阳房屋建筑开发公司 ……………… (383)
西南地区制冷业的明珠——四川省制冷设备安装维修技能培训中心 ………………… (384)
集种植养殖、科研教学、经营服务为一体的新型企业——四川省都市菜篮子工程
养殖有限责任公司 ……………………………………………………………………… (385)
中国变频器研制生产的骨干企业——成都市佳灵电气制造公司 ……………………… (386)
成都市新兴的卫星城——华阳镇 ……………………………………………………… (387)
四川省小城镇建设试点镇——温江县永宁镇 …………………………………………… (388)
四川省小城镇建设试点镇——金堂县清江镇 …………………………………………… (389)

1995 年改革开发大事记 ……………………………………………………………… (390)
彩色宣传图片
·大邑县花水湾温泉疗养旅游度假区·成都八一家具实业公司·四川省制冷设备安装技能培训中心·成都市向阳房屋建筑开发公司·四川省都市菜篮子工程养殖有限责任公司·成都市佳灵电气制造公司·成都市卫星城华阳镇·温江县永宁镇·金堂县清江镇·

成 都 市 概 况

面积：12390 平方公里
人口：971.60 万人
行政区划：4 县级市，8 个县，7 个区
市委书记：黄寅逵
市 12 届人大常委会主任：段维义
市长：王荣轩
市 10 届政协委员会主席：骆隆森

成都市国民经济主要指标（单位：亿元）

项 目	1995 年	1995 年比上年增长（%）
国内生产总值	715 亿元	12.5%
工农业总产值（90 年不变价）	1144.88	26.1%
工业总产值（90 年不变价）	1060.40	26.1%

续表

项 目	1995 年	1995 年比上年增长（%）
重工业产值（90 年不变价）	550	28.8
轻工业产值（90 年不变价）	510.4	25.4
农业总产值（90 年不变价）	84.48	5.5
全社会固定资产投资	215.63	19.9
国有固定资产投资	108.19	18.8
社会消费品零售总额	286	29.6（扣除物价上涨增长 13.2%）
零售物价总指数（%）	114.5	14.5
职工工资总额	92.65	17.5

国民经济持续发展，社会事业全面进步

1995 年，成都市认真贯彻中央加强宏观调控和深化改革、扩大开放的各项政策，正确处理改革、发展、稳定的关系，国民经济持续、快速、健康发展，主要经济指标全面或超额完成"八五"计划，社会事业全面进步，城市综合实力跃上一个新台阶。全年全市国内生产总值达到 715 亿元，比上年增长 12.5%，增幅高于全国 2.3 个百分点、全省 2.5 个百分点。一、二、三产业稳定协调发展，第一产业增长 3.4%，占国内生产总值的比重为 14.5%；第二产业增长 17.3%，占 44%，第三产业增长 10.2%，占 41.5%。

一、第一产业

1995年，市委、市政府切实加强对农业和农村工作的领导，进一步调整农村经济结构，大力发展"三高"农业和乡镇企业，农村经济全面发展。粮食生产在遭受自然灾害和耕地面积减少的情况下，总产量仍达398.91万吨，比上年增长0.4%。全年农林牧渔业增加值104亿元，比上年增长3.4%。农林牧渔业总产值84.48亿元，比上年增长5.5%。农业投入增长，生产条件进一步改善，农业机械化程度进一步提高。1995年全市拥有农业机械总动力175.94万千瓦，比上年增长8.4%；大中型拖拉机1912台；农用载重车6018辆，增长10.24%；农村用电14.87亿千瓦小时；化肥施用量（折纯量）18.49万吨。全年建设"三田"190.88万亩，改造"三低"23.38万亩，开发"三荒"2.23万亩。全市有8个区（市）县被列入国家农业综合开发项目县，6个市县列入全国商品粮专贷大县，4个区（市）县列入全国高产、优质、高效农业示范区。农村非农产业经济高速发展，形成农业、工业、建筑业、运输业、商业、服务业全面发展的产业格局。全年农村社会总产值达1338.37亿元（现价），其中非农产业的产值占农村总产值的比重达89.2%。乡镇企业继续保持强劲发展势头，全年总产值达1351.84亿元，比上年增长43.5%，营业收入1174.17亿元，增长44%。

二、第二产业

1995年，全市第二产业增加值314亿元，比上年增长17.3%。增加值中，工业占87.4%，建筑业占12.6%。

工业 全市工业以市场为导向积极调整产业结构，克服资金比较紧张、流通渠道不畅等诸多不利因素的影响，在持续快速发展中实现了经济质量的提高。全市工业增加值274.45亿元，比上年增长17.6%。工业总产值1060亿元，增长28.8%，其中：乡及乡以上工业总产值580亿元，增长15.8%。国有及国有控股企业工业总产值265亿元，增长3.9%。242户大中型企业继续发挥骨干龙头和主体作用，总产值在乡及乡以上工业企业中占41%，销售产值占44%，实现利税占64.3%。轻重工业协调发展，轻工业产值236.93亿元，增长23.4%；重工业产值343.22亿元，增长11.10%。工业产品产销衔接逐步好转，全市独立核算工业企业实现产品销售收入473亿元，比上年增长10%。工业企业综合经济效益指数85.09%。六项综合经济效益考核指标分别为：产品销售率95.71%，比上年提高1.1个百分点，资金利税率6.05%，成本费用利润率1.94%，增加值率27.18%，全员劳动生产率18367元/人，流动资产周转率1.33次。

建筑业 全市建筑业增加值39.55亿元，比上年增长14.2%。国有建筑业完成总产值100亿元。竣工产值39.32亿元，施工面积1253.82万平方米，增长9.8%，竣工面积298.18万平方米，其中竣工住宅149.04万平方米。全员劳动生产率比上年提高21.4%。

三、第三产业

1995年全市第三产业完成增加值297亿元，比上年增长10.20%。

运输 全年改扩建乡村道路122公里。总投资6.9亿元；全长220公里、贯通全市14个区（市）县的5条快速通道初步形成通车能力。全市公路通车里程5300公里，年末拥有各种机动车辆24万辆。全年完成货物周转量175亿吨公里，其中铁路137.7亿吨公里；旅客周转量187.4亿人公里，其中铁路53亿人公里。民航全年新增航线7条，年末航线发展到204条，航线长23.14万公里，新增8825公里，航空货物周转量比上年增长18.5%，航空旅客周转量比上年增长22.10%。

邮电 邮政、电信的电子化、自动化程度不断提高，中转处理能力明显增强。全年完成邮电业务总量10.96亿元，比上年增长51%。新增市话程控交换设备总容量14.2万门。新增长话业务电路10037条。年末电话交换机总容量58.44万门，比上年增长32.3%。全市电话用户36.72万户，比上年末新增11.18万户，无线寻呼电话13.01万户。移动电话51671户，增长近1倍。公用电话网点14373个，新增7551个。邮政全年发送信函2.48亿件，发行各类报刊1.86亿份，发送国内外特快专递95万件。

国内贸易 全年全市社会消费品零售总额达286亿元，比上年增长29.6%，扣除价格上涨实际增长13.2%。其中，国有商业完成64.2亿元，增长29%；集体商业完成70.1亿元，增长30%；私营商业完成11.71亿元，增长34%。全市集市贸易成交额229.43亿元，增长88%。成交额在亿元以上的集贸市场达21个，其中，10亿元以上的有5个。生产资料市场供求基本平衡，八大类生产资料销售总额达233.1亿元。

金融、保险 全市年末金融机构存款余额588.85亿元，比年初增长32.4%。贷款余额497.87

亿元，比年初增长23.1%。现金净回笼72.15亿元，创历史最高水平。全年新增金融网点238个，年末国内金融机构2315个，外资金融办事处5个。在蓉证券机构及营业部38个。年末全市保险机构达43个，保险业务种类发展到120个。保险额达1064亿元。全市有4439户企业、127.8万户居民家庭参加了财产保险，参加人身保险的人数达232.7万人次，比上年增长2.4倍。全年保费收入5.56亿元，增长28.6%。保险业务总支出3.57亿元，增长43.3%。处理各种赔案45.98万件，增长33.8%。

科技、教育　1995年，成都全面实施“科教兴市”战略。年末，全市科技人员达44万多人，占全国科技人员数的2.4%。年内评选81名专业技术和管理人员享受市政府特殊津贴。全年组织实施科技攻关计划40项，重点科技成果推广计划19项；实施火炬计划70项，其中完成15项；实施星火计划30项，完成16项，实现产值4.2亿元，利税6288万元，创汇480万美元。为农村培训星火科技人才1.1万人次。全市应用型科技成果的转化率达69%，比上年提高11.1个百分点。科技进步对经济增长的贡献达到45%。各类教育事业取得新的进展。全市拥有普通高校20所，招收本、专科生2.46万人，在校生7.75万人。普通中专招生1.89万人，在校生5.12万人。成人高等教育在校生7.04万人，成人中专在校生12.41万人。职业技术学校在校生5.42万人，毕业生2.03万人，增长24.5%。全市普通中学在校生37.32万人，比上年增加3.07万人；小学在校生76.56万人，增加2.03万人。学龄儿童入学率99.9%，在校生巩固率101.2%，比上年提高0.3个百分点，小学生毕业升学率由上年的95.2%提高到98.1%。

文化和卫生、体育　全市文化事业稳步发展。全国首届对外宣传品“七个一工程”评选活动中，成都选送的参评对外宣传品获三项金奖，总分列全国第二。全年播送广播、电视新闻4.3万条，开办各类专栏节目121个。有线电视用户发展到5万户。专业剧团演出1731场次，比上年增加454场次。全市有艺术表演团体16个，公共图书馆15个，群众艺术馆2个，文化馆16个，博物馆8个，影、剧院30个。卫生事业发展良好。年末全市共有各类医疗机构1559个，医疗病床3.86万张，专业卫生技术人员5.23万人，其中医生2.47万人，护师、护士1.34万人。平均每万人拥有卫生技术人员54人，拥有医院病床34张。体育事业不断发展。全年承办国际级比塞5次，国家级比赛7次，省级比赛15次，市级比赛30次。承办’95全国足球甲A联赛，观众累计达45万人次，创全国各赛区之最，并再一次被评为唯一的“全国最佳赛区”。市运动员参加省和全国各项比赛获第一名225个，第二名158个；第三名125个。参加全国第三届城运会获金牌5枚、银牌3枚、铜牌4枚，打破两项全国青年纪录。积极推行了全民健身运动，全市体育人口超过300万人。全年举办6次市级群众性体育活动，参加人数达3.71万人次。全市3450所学校施行《国家体育锻炼标准》，施行面达90.9%，达标率89.6%，参加人数达到70万人。

城市建设、公用事业、环境保护　城市基础设施建设步伐加快。府南河综合整治工程进展顺利，截止年底，府南河道路完工9段，桥梁完工3座，河堤完工8段，拆迁安置居民3万户近10万人。内环路已形成半环状通车能力。东城根街南、北线的拆迁拓宽改造全面铺开，东城根街北沿线1.53公里道路初步形成通车能力。全年拆除危破房屋23.59万平方米。城市公用事业不断发展，公交营运线路年末达到88条，长1782.22公里。拥有营运标准车1669辆。全年公交客运量2.25亿人次。各种出租汽车4519辆。城区自来水日供水能力85.3万吨，全年供水3.08亿吨。城区使用天然气、液化汽的居民154.27万人，气化率达83.8%。环境综合整治取得成效。城区大气环境质量三项指标均达到目标控制标准。全年城区新增绿化面积39.24万平方米，绿化覆盖率达21.75%。农村完成造林8.6万亩，被省政府授予“四川省实现基本绿化第一市”称号。巩固发展国家卫生城市成效显著，经复查验收合格。

四、固定资产投资

1995年，在国家宏观调控政策的指导下，全市固定资产投资得到有效控制。全年全社会固定资产投资215.63亿元，比上年增长19.9%，增幅较上年回落7个百分点。其中第二产业投资增长7.6%，第三产业投资增长14.4%，住宅投资增长31.4%。投资总额中，市及市以下投资168.15亿元，增长32.9%，占全部投资额的77.9%；国有单位投资108.19亿元，增长18.8%；基本建设投资75.42亿元，增长32.6%；更新改造投资22.42亿元，比上年有较大幅度下降；商品房投资54.54亿元，增长61.1%。在严格控制新开工项目的同时，注重了投资结构的调整和投资效益的提高。投资向基础设施和基础产业中的大中型重点项目倾斜。在建的29个重点项目共完成投资26.65亿元。全年新增固定资产116.26亿元，比上年增长11.5%，固定资产交付使用率53.9%。

五、人民生活

城乡居民生活水平在1995年有了进一步提高。全年职工工资总额92.65亿元，比上年增长17.5%。职工平均货币工资5638元，增长16%。年末城乡居民储蓄存款余额314.51亿元，净增85.33亿元。城镇居民人均年生活费收入4708.99元，增长19.5%，人均生活费支出4502.46元，增长23.7%。农民人均年纯收入1648.73元，增长26.5%，人均年生活费支出1643.49元，增长27.8%。城区居民人均居住面积达到8.8平方米，农民人均住房面积23.13平方米。全年共安置城镇就业人员3.31万人，失业率为1.82%。

经济体制改革取得新的实质性进展

1995年，成都市经济体制改革以建立社会主义市场经济新体制为目标，坚持整体推进与重点突破相结合的原则，正确处理改革、发展、稳定的关系，以深化国有企业改革为重点，加快市场体系建设和社会保障制度改革，加快转变政府职能，同时搞好其他各方面的配套改革，取得了新的实质性进展。

一、城市综合配套改革顺利实施

按照市委、市政府《关于在我市率先建立社会主义市场经济体制的意见》的要求，由市领导牵头，市级各部门密切配合，通力协作，在1994年的基础上，1995年又分层次地制定了涉及全市综合配套改革各方面的49个改革实施方案，其中有39个已经市委、市政府、市人大审议批准颁布施行或由有关部门下发组织实施，保证了全市综合配套改革的顺利进行。

认真贯彻落实市政府《关于深化和完善我市综合配套改革目标管理的意见》，全市19个区（市）县和52个部门结合编制本地区、本部门"九五"计划和2010年远景目标规划，拟定了配套改革分年度实施目标，由市目标办、市体改委汇总后，制订了《成都市1996--1998年综合配套改革目标（草案）》。同时，各区（市）县、各部门都建立了由各级主要领导挂帅，各分管领导负责的改革目标责任制，在全市形成了顺利推进综合配套改革试点的良好环境。

二、国有企业改革全面推进

1995年，成都市在认真总结1994年经验的基础上，坚持"点、线、面"相结合，全面推进国有企业改革。

1. 围绕搞好国有大中型企业，抓好企业改革试点。积极推进13户列入国家、省、市的建立现代企业制度试点。首批进入省上试点的成都制约二厂、成都轴承厂以及第二批进入省上试点的蜀都大厦股份有限公司已按照省、市规定的试点内容开始实施运作。其它试点企业也基本完成了方案论证和报批，即将进入试点实施阶段。

2. 扩大"优化资本结构"试点范围。进一步开展了清产核资，处理资产损失、资金挂账累计冲减资本金10.85亿元；多渠道增补企业流动资金3亿多元；在宏明无线电器材厂和成都玻璃厂、成都发动机公司分别进行了分离企业办学校和医院的试点；通过开发第三产业、转岗培训、退养、向其它产业和企业扩散等8个渠道分流富余人员5000人次。

3. 以贯彻落实《公司法》为主线，提高股份制试点运行质量。继续对全市78户股份有限公司按《公司法》要求进行分类指导和规范。重点抓了试点企业的制度建设、内部管理和经营效益。

4. 全面贯彻实施《转机条例》，做好面上企业建立现代企业制度的各项基础性工作。全市所有企业基本上都实行了全员劳动合同制；80户企业，12万名职工实行了岗位技能工资制；43户企业进行了工资体制改革试点；450户企业改革和完善了工效挂钩办法；通过兼并联合，产权转让，加快了企业存量资产的流动和重组，1995年有6对13户市属国有企业实施了兼并，盘活国有资本9845万元，安置职工2998人。

5. 坚持"抓大放小"，促进国有小型企业改革取得重大进展。全市已有372户国有小型企业通过多种形式进行制度创新。其中市属57户流通国有小型企业、20户工交国有小型企业，区（市）县属295户国有小型企业分别实施了租赁、兼并、联合、分立、出售、股份合作制、合资、破产等形式的改革，全市国有小型企业改革实施面已达31.9%。

三、市场体系建设步伐明显加快

1995年，全市按照统筹规划、抓住重点的工作方针，加快了市场体系建设步伐。

1. 制定完善市场体系建设实施方案。市政府出台了与《成都市建立社会主义市场体系实施意见》相配套的商品市场、金融市场、房地产市场、劳动力市场、技术市场、信息市场建设实施方案，形成了一整套市场体系建设的详细规划，并将目标任务落实到了每一个相关部门，促进市场体系建设按规划要求合理布局，协调有序地进行。

2. 流通体制改革进一步深化。拟定了成都市贯彻执行中发（1995）5号《关于深化供销社改革的决定》的实施意见，积极推进我市供销社体制改革；加快发展连锁商业，成立了全市连锁试点工作领导机构。统筹规划确定8户连锁试点企业，建立正规连锁网点60多个，采用会员制的货仓式平价超市试点开始起步；组建和完善了物资、商品配送中心。

3. 抓住重点，促进各类市场形成完整的体系。一是抓重要市场，带动整个市场网络体系建设。商品市场按照国家级市场为龙头、区域性专业批发市场为骨干、零售市场为基础的建设思路，抓紧部、省、市合办的成都生产资料交易区、成都农副产品中心批发市场区的建设；金融、证券、劳动力、技术信息、产权交易等生产资料要素市场建设取得新的进展。二是抓重点项目建设，改善市场总体面貌。重点抓好城市中心商业区、加工贸易区和生产资料交易区“三区”规划项目；继续建设和完善购物中心、仓储运输中心，开始动工修建商务博览会议中心；继续建设和完善分布在市区和郊县的16个商业群；劳动力交易大楼、房地产交易大楼等一批重点建设项目正在建设之中。三是抓重大交易活动，扩大市场的吸引力和辐射力。四是抓市场软件建设，提高市场综合配套服务功能。各类市场投入5000多万元，运用电视监控、图文传真、光缆技术、计算机网络等先进技术和设备，建立了多个高效、灵敏、具有双向传输功能的市场信息系统；加强了与市场配套的交通、运输、仓储、保险等配套项目建设；建立了工商、税务、公证、稽征等一条龙服务体系，提高了市场的综合服务功能。

4. 加强市场宏观调控，抑制物价上涨。各有关部门加强了市场监管，完善了价格审查程序和办法，继续实行物价工作目标管理行政首长责任制；继续完善了重要商品、物资的储备制度；利用各种有效的调控手段，控制住了物价涨势。

四、社会保障制度改革进一步深化

1. 制定和完善深化社会保障制度改革的配套方案和政策。市政府制定出台了《关于深化成都社会保险制度改革的意见》、《成都市企业职工基本养老保险社会统筹与个人账户相结合实施办法》、《成都市职工失业保险实施办法》、《成都市人民政府关于加快建立农村社会保险制度的通知》、《成都市自收自支事业单位养老保险制度改革试行意见》、《关于企业大病医疗保险有关问题的处理意见》等一系列配套政策和文件；16个区（市）县设立了农村社会保险基金管理委员会。

2. 职工养老保险制度进一步巩固和完善。全市已有9316户企事业单位的137.6万名职工实行了基本养老保险；329户企业为11.3万名职工建立了补充养老保险；集体企业职工由社保局统一管理；城区建立了4个退休人员管理服务片区，在7个大中型企业建设了社会保险派出机构，在18个区（市）县和5户大型企业的离退休人员试行了直发、代发离退休金；在16个区（市）县227个乡镇，93万农民参加农村社会保险。

3. 失业保险覆盖面扩大到全市国有、集体企业和外资企业的中方职工。全市已参加失业保险的企业5632户，职工总数达138万人。从1995年5月1日起，提高了失业职工救济金发放标准；制定了全面实施再就业工程的意见，通过多种途径解决了1万多名失业职工的再就业问题。

4. 医疗保险范围比上年扩大8%。参加大病医疗保险的企业达3600户，职工71万人。17个区（市）县建立了大病医疗保险制度。

5. 工伤保险在8个区（市）县试点进展顺利，取得了明显成效。全市参加工伤保险的企业已达1300户，职工17万人。

6. 住房制度改革取得新的进展。认真贯彻《成都市关于深化城镇住房制度改革的决定》，全面推行住房公积金制度，实施面和归集量均达到60%以上；积极推进租金改革，房屋租金在原来基础上提高近一倍，已占双职工平均工资的6%；实施住房社会化模式取得进展，利用世界银行贷款项目第一笔资金400万美元建成的4.72万平方米住房交付使用；实施“安居工程”成绩显著，结合府南河综合整治工程投入2.5亿元修建“解困房”。

此外，成都市在宏观管理体制和政府职能转变方面也取得新的进展。

对外开放进一步扩大

一、进出口贸易大幅度增长

1995年，成都市对外经济贸易工作继续以“大开放、促大发展”的方针，进一步解放思想，深化外资体制改革，促进了进出口贸易大幅度增长。全市对外贸易在连续5年快速发展的基础上，继续保持良好的发展势头。全年进出口总额6.47亿美元，比上年增长32%(全国18.6%)，其中出口3.83亿美元，增长43%(全国22.9%)，占全省出口比重由上年的11.7%提高到15%；进口2.64亿美元，增长19%(全国14.2%)，均高于全国平均增幅。出口收购额21.73亿元，比上年增长41%。从出口商品构成看，专业外贸公司占51.5%，三资企业占27.7%，生产自营企业占20.8%。

出口商品结构有较大改善。全年出口额上千万美元的商品种类达8个，比上年增加一倍，出口值15950万美元，占全市出口额的41.6%；机电产品的出口比重进一步提高，由上年的6909万美元增长到9383万美元，增长34.6%；加工贸易全年出口8847万美元，成为推动全市出口增长的一种新的贸易方式。

对外经济技术合作稳定发展。全年全市外派劳务161人次，合同额113万美元，营业额163万美元。

国际交流与合作不断加强。成都市先后与法国蒙特利尔、日本甲府、美国菲尼克斯等7个国外城市结为友好城市，与80多个国家（地区）建立了经贸关系；举办了四川国际电视节、成都国际熊猫节、国际金融研讨会和各种大型博览会、产品展示会、对外招商引资会，提高了成都市在国内外的知名度，增进了成都与各国人民友谊，促进了经济、技术、文化等各个领域的合作。

金融进一步对外开放。5月，日本东京银行在成都设立了代表处，这是继上年新加坡华联银行、英国标准渣打银行、泰国盘谷银行和加拿大宏利人寿保险设立代表处后又一家国际金融组织进驻成都市。6月，成都市成功地承办了中国西南地区金融改革开放’95成都国际研讨会，120多位中外专家、学者参加了研讨会，并提出了许多宝贵意见，必将促进成都金融中心的建设，加强成都与国际经济界、金融界的合作与交流。

二、利用外资平稳发展

1995年，成都市加强了对利用外资的配套服务，把吸引外资的重点转移到提高利用外资的质量上来，使全市吸引外商直接投资继续平稳发展。但由于受国家宏观调控和利用外资政策调整的影响，外商投资在数量上有所回落。全市全年共批准外商投资企业252家，协议外资金额25867万美元，外资实行到位9355万美元。批准项目数比上年下降37.90%，协议外资金额比上年下降44.20%，外资实际到位率与历年平均水平持平。截止1995年底，全市累计批准外商投资企业1960家，协议外资金额22.16亿美元，实际到位外资8.4亿美元。

从投资国别（地区）来看，香港地区仍居首位。全年共批准香港客商来蓉投资项目104个，占共批外商投资项目的41.2%，投资金额占全市协议外资总额的50.8%。其次为台湾地区和美国。从外商投资产业来看，第二产业批准外商投资项目175个，占外商投资项目总数的69.40%，协议投资金额16477.7万美元，占协议外资总额的63.7%，比上年提高12.4个百分点。第三产业协议外资占32.7%。

外商投资出口额继续大幅度上升。1995年，全市外商投资企业进出口总额达17933万美元，占全市进出口总额的28%。其中出口5759万美元，比上年增加1543万美元，增长36.6%，占全市出口总额的15%。

利用外资存在的问题是：大项目有所减少；项目平均利用外资额较低；国有大中型企业利用外资进展缓慢；发生纠纷及申请变更的外商投资企业增多。

三、横向经济联合成效显著

全年共签订经济技术协作项目730项，项目总投资9.5亿元；预计新增产值11亿元，新增利税1亿元；引进资金2亿元；协进钢材2.1万吨、石油成品油6.1万吨，协出肉食品8200吨。

区域合作更加巩固。4月上旬，成都市组织了八个区（市）县的31名代表，带着500多个项目赴广西防城港市参加五省区七方项目洽谈会。会上与各方签订了30多个项目，广泛加强了与各方的合作。5月中旬，成都市委书记黄寅逵和副市长何绍华率领成都市代表团，赴广西南宁市出席了五省区七方经济协调会第十一次会议。9月份，黄寅逵书记、王荣轩市长等市领导率四个代表团分赴上海、杭州、苏州、广州、山东等沿海城市学习考察，为区域合作与横向联合工作打下了坚实的基础。另外，成都市还先后配合山东泰安市、杭州市、广州市在成都举办的商品博览会和经贸洽谈会。组团参加了11月下旬在广州市召开的第二届全国物资交流会和全国经协办主任邀请会。接待了湛江市、哈尔滨市、长春市、南宁市、北海市、防城港市、西藏昌都地区等省市区经济考察团和各地驻穗办事处赴蓉考察团的来访。通过这些博览会、洽谈会和考察团的访问，进一步加强了成都与各地的横向联合，签订和达成了一大批联合协作项目，促进了相互之间的优势互补。

对口支援进一步扩大。1995年，成都市为了更好完成中央和省交给的对口支援任务，有效地开展对西藏昌都地区八宿县的支援工作，4月份，成都市派出了三名援藏干部到该县担任县委书记、副县长。7月30日，市委、市政府专门派出了以王少雄副书记为团长的党政代表团和企业考察团赴八宿县进行考察，了解生产和生活状况，共商经济发展思路，同时向八宿县捐赠20万元以发展经济。对口支援仪陇县也加大了力度，市卫生局、大邑县和彭州市等对口支援单位的领导都亲自带队赴仪陇县实地考察，落实对口支援项目19项。成都市全年已为仪陇县办实事12件。对口支援开县移民工作也取得了新的成绩。2月下旬，市经协办组织代表团赴开县考察，与开县开展了卓有成效的经济技术合作。成华区和武侯区与开县的汉丰镇、东华镇签订了一批项目。成都经济技术开发总公司借款1000万元以解决开县电力总公司移民项目迁建工程所需资金。

附录

成都市人民政府关于鼓励吸纳上海等沿海城市产业转移的政策措施

各区（市）县政府、市政府各部门：

为进一步推进我市与上海等沿海城市的经济合作，吸引上海等沿海城市企业来蓉投资、合营企业等，依照国家及省市有关规定，特制定以下鼓励措施：

一、工商注册

上海及沿海城市来我市兴办独资企业、兼并企业、联合经营企业等，工商行政管理部门要特事特办，尽可能减少程序，加快办理，隶属于各城区的企业由区工商分局受理。市工商局负责在接区局报告后十天内办理完审批登记手续。

二、信贷

合资企业、合营企业、兼并企业，均保留原信贷关系。

局部联营实行核算的可开设独立账户，资金实行封闭运行。

兼并我市亏损企业的，原亏损企业的银行贷款本息按国家和我市有关兼并政策办理。

属高新技术、经济效益好的企业，银行优先提供贷款。

三、财政税收

(一)新办独资企业自投产年度起,可享受全返所得税两年,减半返所得税三年。经市科委认定为高新技术企业的,从投产年度起,可享受免征所得税两年,以后年度按15%税率征收所得税。

(二)合资、合营、兼并、租赁、承包、技术入股等形式的生产企业,从投产年度起,两年内新增的所得税,经财税部门审定,全部返给企业,以后年度上缴所得税的55%以低息借款方式返借给企业。

(三)承包、租赁、技术入股我市亏损企业的,从投产年度起,可享受全返所得税两年,减半返所得税三年,以后年度上缴所得税的55%返借企业。

(四)兼并我市亏损企业的,除享受中国人民银行、国家经贸委、财政部联合行文的银发〔1995〕130文件,关于鼓励和支持18个试点城市企业兼并后贷款本息处理的政策外,从盈利年度起,先用所得税弥补亏损,补亏完毕后,可享受全返所得税两年,减半返所得税三年,以后年度上缴所得税的55%返借企业。

(五)独资、合资、合营、承包经营、技术入股等企业发生年度亏损,可用下一纳税年度所得弥补,弥补不足的,可延续弥补,但最长不超过五年。

四、建设收费

新办独资企业,被市科委审定为高新技术的,其建设配套费中属地方征收的实行减半征收;一般性加工项目进行改造需征地、建设的,属地方征收的建设配套费可缓交一年。

合资、合营、承包、兼并、技术入股我市亏损企业的,进行改造需征地、建设的,属地方征收的建设配套费减半征收,并可缓交一年。

合资、合营、租赁、承包、技术入股等形式的生产企业土地使用权仍继续以成都合作方企业名义继续使用,不另交土地出让金。

五、其它

独资、合资、合营、兼并等企业在股份制改造、债券、股票发行等方面,与我市企业同等对待。

合资、合营、承包经营、租赁、兼并等企业原享有进出口经营权的,可继续享有。

六、适用范围

上海等沿海城市来我市投资、合作、合营等,是指上海等沿海城市的企业、事业单位在我市兴办独资企业、合资企业、租赁经营企业、承包经营企业、联合经营企业、兼并企业、技术转让等。

内联、驻蓉企业与我市企业再合营,其中客方投资比例在40%以上的,以及外地企业来蓉投资符合上述条件者亦可享受以上政策措施。

各区(市)县原则上执行上述政策措施,亦可根据上述原则结合本地实际情况制定在本区(市)县实施的鼓励政策。

1993年3月1日

专题介绍

“三中心两枢纽”建设成效显著，作用进一步发挥

1993年6月29日，国务院批转的国家计委关于《西南和华南部分省区区域规划纲要》中，明确要求“充分发挥成都市作为西南地区科技中心、商贸中心、金融中心和交通通信枢纽的作用”（以下简称“三中心两枢纽”）。两年多来，成都市的“三中心两枢纽”建设成效显著，作用也进一步发挥。

科技中心 早在1984年1月11日，国务院在批成都市城市总体规划时，就明确成都是“重要的科学文化中心”。经过10年的建设和发展，成都在西南科技中心的地位进一步为国务院所确认，作用也进一步发挥。1995年，成都市全面实施“科教兴市”战略。为此，由市委、市政府领导牵头，围绕“科教兴市”战略，组织了13个专题的调查研究，最后形成了市委、市政府《关于加速成都科学技术进步的决定》。经过一年的努力，全市应用型科技成果转化率达到69%，科技进步对经济增长的贡献率达到45%，使科技中心建设上了一个新台阶。

成都拥有一支具有数量和质量优势的科技队伍。1995年，全市有科技人员44万多人，占全国科技人员总数的2.4%（人口仅占全国的0.8%），位居全国大城市前列。44万人中，具有中级以上技术职称的占32%，其中，有中国科学院、中国工程学院院士19名，博士导师256名，国家级有突出贡献的专家90多名。有一批科技实力较强、水平较高、科研设备较先进的科研基地、试验示范基地与科技开发机构。全市有20所普通高校，其中5所是全国著名的重点大学，125个独立科研院所，116个企业、公司属研究所，193个高新技术企业，1700多家民营科技企业和一批具有较强科研开发能力的大中型企业。还拥有国家级的全国先进的高新技术产业开发区和新津县星火技术密集区、成都金牛社会综合发展实验区、成都民营科技企业试验区以及一批高校科技工业园区。有科研与技术开发机构2500多个，专业384个、国家重点学科15个，博士点100个，博士后流动站10个。技术中心和实验室几百个，其中，国家级工程技术中心3个，国家级重点实验室6个，国家级专业实验室3个。各部、委在成都还建立了一批水平较高的实验室和测试中心。成都的基础研究、应用研究和科技开发及技术交易成果显著。近10年来，成都地区共获部、省级以上奖励4061项，其中国家级144项。“八五”期间，全市承担“863”项目47项，实施火炬计划项目118项（其中国家级53项），实现产值34亿元，利税5.8亿元。全市拥有2000多家技术贸易机构，8个常设技术交易所。1995年10月在成都举行的’95中国新技术新产品交易博览会共成交项目2591个，交易额达16.9亿元。全国第四个区域性技术交易机构——成都市科技交易中心（西南技术交易所）已在1995年动工兴建。

1996年，成都市将深化科技体制改革，实施六大科技工程，建设三大科技试验示范基地，进一步把科技中心建设好，使其发挥更大作用。

商贸中心 为加速商贸中心建设，成都市在“八五”期间，投入28.95亿元，新建、改扩建商业网点和各类市场1100多个，建筑面积达258.3万平方米，初步形成了多个商业片区和大中小商业网点连成一片的大商业、大流通、大市场的格局。全市现有各类市场572个，其中，日用工业品批发交易市场、小食品市场、电子技术市场、汽车市场、农机市场和蔬菜、粮食、水果等专业批发市场达100多个。有上万平方米的大商场10个，年销售额上亿元的商场7个。外地在蓉设店经商的有1万多家，常年流动到成都经商的达30万人。太平洋百货、协和百货等一批外商已进入成都。商业各项经济指标居全国城市前列。1995年，全市社会消费品零售总额达286亿元，比上年增长29.6%；集市贸易成交额229.43亿元，比上年增长88%，其中，成交额在10亿元以上的集贸市场5个。全市商业服务网点、商业从业人数在全国大城市中名列第三位。全年八大类生产资料销售总额达233.1亿元。

为了保持市场的繁荣和稳定，成都市加强了对

市场的宏观调控，先后建立了副食品价格调控基金，完善了新菜田建设基金，加强了商业网点建设基金的征收、管理和使用，建立了粮、油、肉、糖等重要商品的储备制度，并建立和完善了蔬菜一、二、三线基地和生猪、禽蛋、水果等生产基地。1995年，全市商品零售价格上涨14.50%，控制在国家要求的15%以内。

金融中心 改革开放以来，成都市的银行业、证券业和保险业迅速发展。至1995年末，全市拥有国内金融机构2315个，外国金融办事处5个，银行和城市信用社的储蓄网点达1000多个，并有10万人拥有“龙卡”、“长城”等信用卡。金融机构存款达588.85亿元，比年初增长32.4%，其中银行存款余额432.2亿元，增长31.2%。贷款余额497.87亿元，比年初增长23.1%，其中银行贷款余额385.33亿元，增长23.3%。现金回笼量创历史最高水平，净回笼72.15亿元，增长1.78倍，比上年多回笼46.2亿元。证券交易机构遍布全市，达38个。仅在上海、深圳股票交易所开有，账户的四川股民约43万人，其中，绝大部分在成都地区。外地的证卷机构也十分看重成都证券市场的潜力，上海、深圳、北京、海南、厦门等地的证券商都在成都开设了分支机构，使成都的证券交易机构居西南首位，年交易量达536亿元。全市保险业也迅猛发展，年末已有保险机构43个，保险种类发展到120种。国内人民保险公司、太平洋保险公司、平安保险公司还不断在蓉推出更加灵活、便民的新险种。国外加拿大宏利人寿保险公司已进入成都市场。1995年，全市保险额达1064亿元。全市有4439户企业、127.8万户居民参加了财产保险，232.7万人参加了人身保险。全年保费收入5.56亿元，比上年增长28.6%。保险业务总支出3.57亿元，比上年增长43.4%。保险市场的业务收入在“八五”期间的平均增长幅度，居全国省会城市和副省级城市前列。

交通枢纽 成都是成渝、宝成、成昆、达成（即将修通）铁路的交汇点。成都铁路管理局下设成都、重庆、贵阳、西昌、开远5个分局，管辖川、滇、黔三省境内近6000公里铁路，是西南铁路运输的指挥中心。1995年货物周转量达137.7亿吨公里，旅客周转量为53亿人公里，成都火车站日接送旅客10万余人。随着正在施工的宝成复线的修通、达成铁路的通车、成昆线电气化工程的竣工和成都铁路枢纽西环线、西货场及机保段的建成，成都铁路的客货运量都将进一步提高。

成都是中国公路密度最大的地区之一。现已形成以成都为中心，以川陕、川藏、成渝、成阿等25条省级以上公路为骨干的放射型公路网，有北京至昆明、兰州至昆明、上海至拉萨3条国道经过成都。在“八五”期间，全市公路建设迅速发展，新铺油路276.4公里，新修水泥路458公里，完成公路加宽配套改造961.92公里。协助配合省上完成了成渝高速公里成都段35.8公里、大件公路37.6公里的建设任务。总投资6.9亿元，总长220公里的成仁、成温邛、唐巴、成白、新浦等5条快速通道新改建任务胜利完成，使由市区驱车1小时左右即可到达市属任何区（市）县。全市294个乡镇全部通公路，4605个村基本实现了村村通公路，全市公路通车里程达5300公里。全市拥有各种机动车辆24万辆，全年完成货物周转量37亿吨公里，旅客周转量134.4亿人公里。

成都航空事业发展很快，使成都双流国际机场成为中国四大航空港之一，且改扩建工程已全面展开。现设在成都的有3家航空公司，1995年末，航线发展到204条，航线长度达23.14万公里。其中，开通了成都——香港、成都——新加坡、成都——拉萨——加德满都、成都——曼谷4条地区航线和国际航线。1995年的航空货物周转量比上年增长18.5%，旅客周转量增长22.1%。

通信枢纽 成都市电信局直接承担西南地区长途通讯进口和出口任务，不仅与全国各地建立了通迅往来，而且同世界上180多个国家和地区可直通电话。在“八五”期间，全市电信建设投资达31亿元，使电话容量比“七五”时期增长10倍，而且电信的电子化、自化动化程度不断提高，中转处理能力明显增强。至1995年末，全市电话交换总容量达58.44万门，电话用户36.72万户，城区每4.5户人家有一部电话，电话普及率达到16%。无线寻呼电话13.01万户，移动电话51671户。公用电话网点14373个，磁卡公用电话900部，使公用电话普及率进入全国前茅。长途交换机容量达41000路端，长途电路6600条，打长话难的状况有了根本改善。市邮政局是中国九大邮政通信一级处理中心之一，是西南地区最大的邮件转口局，担负着云、贵、川、藏四省区邮政通信部分进出口和转口任务。1995年发送信函2.48亿件，发行各类报刊1.86亿份，发送国内外特快专递95万件。全年完成邮电业务总量10.96亿元，比上年增长51%。

府南河综合整治工程初见成效，反响强烈

府南河综合整治工程被列为成都市本届政府“一号工程”。该工程从酝酿到决策实施经历了近10年时间。工程从1994年5月全面启动以来，进展顺利，并初见成效，在国内外引起强烈反响。

一、府南河综合整治的必要性

府河、南河均属岷江水道，是都江堰水利工程的组成部分。两河是流经成都市区的主要河流，其中府河流经城区6.67公里，南河5.71公里，为成都留下“两江抱城”的独特景观，从而为成都带来巨大的综合效益，使成都成为华夏古国唯一一个两千多年来城址不变、城名不改的“西南都会”，“天府粮仓”，区域政治、经济、文化中心。然而，由于自然、人为因素的影响，目前的府南河不仅失去了昔日的风彩，相反却给成都带来了严重隐患，成为制约成都经济社会发展的一大障碍。

首先是河岸低矮、河道狭窄，防洪、行洪能力严重不足，在全国省会城市中为防洪能力最差的城市，防洪标准仅十年一遇。往往是一到雨季，洪水在转眼之间便会漫进两岸居民的家门，致使每年的洪灾损失高达两千多万元，人民的生命财产没有保障，对改善投资环境，吸引外资也极为不利。

其次是河水污浊，出流不畅，水质恶化，污染严重。两岸650多个排污口平均每天要排出60多万立方米的污水，有害物质达15种之多，严重危害了全市人民，特别是两岸居民和下游人民的身体健康，尤其是污染严重的水体，及其对土壤的渗透污染，对下游的农灌区无公害农业和绿色食品的发展都将造成巨大障碍，而由这种阻碍所引起的负面效应反过来又会影响广大市民的身心健康。

第三是市政设施简陋，道路狭窄，交通堵塞，管网不全，功能不足，严重制约了成都社会经济的发展和向现代化大都市迈进的步伐。

第四是两岸居民住房破旧，低矮、潮湿，既有碍城市风貌，更无益于两岸居民身心健康。

第五是在城区占据了最佳绿化口岸、最容易营造都市风景线的两河两岸，绿化却严重滞后，垃圾遍地、污水四溢；原有的残留树木，自生自灭，处于无人规划、无人管理的半失控状态。这种被动局面若不彻底扭转，不要说恢复“翡翠项链”的历史风貌，就是城市绿化达标能否保得住都很成问题。更何况我们已经把建设“生态城市”列入了下一个世纪的战略发展目标，不再利用这得天独厚的城区水景观作好绿化配套工作，将给未来的成都造成一个很难弥补的历史失误。

总之，综合整治府南河是全市民心所向，也是城市建设的要求，保护历史文化名城和实施可持续发展战略的需要。

二、整治规划

1985年，地处锦江河畔的成都市龙江路小学全体少先队联名给市长胡懋洲写信呼吁：“还我锦江清水”。此前，社会各界人士也通过各种渠道向政府发出了“治治这条臭河”的呼声。1987年，新华社内参刊发了题为《成都锦江严重污染，沿江数百万人受害》的报道。当时的省市领导都为此作了专门批示，责成有关部门组织专门力量，为解决这个遗留已久的老大难问题，研究一个标本兼治的对策。经过几年的充分酝酿、论证，1992年3月17日、18日，中共成都市委全委会决定对府南河实施综合整治。1993年1月27日，市政府正式批准《府南河综合整治工程实施方案》。1994年2月24日，成都市第十二届人大常委会第三次会议作出了加快实施府南河综合整治工程的决议。

府南河综合整治工程由防洪、环保、绿化、安居、道路管网五大子工程组成。

1. 防洪工程。主要包括河堤、河道、桥梁及配套四项工程，即新建河堤18公里，加固河堤23公里，疏淘河道16公里。新建和改建跨河桥梁17座，新建拦水坝5座，码头12个。整治后河道宽度由原

来的30～80米拓宽到40～120米，行洪总能力由原来的664立方米/秒达到1299立方米/秒，十年一遇的防洪标准提高到两百年一遇。

2. 环保工程。主要包括截污和治污两大部分，即在沿河两侧埋设26公里的排污干管，将污水截流后纳入与配套的污水处理厂进行处理，使其达到国家排放标准后再排入府河。并将沿河有污染的企业搬迁至城外，对沿河的数十座公厕重新布局修建，以净化水质，改善成都水生态环境。

3. 绿化工程。主要包括绿化和文化景观两大部分，即在沿河两岸新开辟、培植近400亩的绿化带和小公园、小游园。辅以多种形式的文化艺术小品和与之相映衬的城市雕塑，形成以巴蜀文化为内涵、各具特色的滨河绿化园，使蓉城的“翡翠项链”名符其实。

4. 道路管网工程。由道路和管网两大部分组成，即在府南河内侧修建长14.79公里、宽25米的内环路，长8.6公里、宽20～40米的外侧道路以及沿河长10.79公里、宽16米的护河通道。与道路建设同步，将污水、雨水、自来水、电力、通讯、路灯、交通监控光缆、天然气等地下管线按照大都市、大发展的要求，通盘考虑，统一规划，同步建设，同步投入使用，以强化城市基础设施综合服务功能。

5. 安居工程。将府南河两侧约4平方公里的范围内的危破房、建筑物以及有污染的工厂按规划进行拆除、搬迁、改造和开发。在旧城内形成占地687亩的新商贸区和占地860亩的商住区，旧城外形成24个居住新区，使沿河两岸的3万户10万余居民，搬进新区，住进套房，彻底改善其居住条件。

府南河综合整治涉及面十分广泛：仅拆迁就涉及3万户10万人，拆迁面积达200多万平方米，单位达1192个。总投资额为27亿元左右。其中，市政拆迁安置费11亿元，市政建设8亿多元，各种专业管线2亿多元，污水处理厂4.5亿多元。时间跨度大，从1992年开始到1997年竣工，其间，1992年至1993年为府南河综合整治工程准备阶段；1994年为全面启动年；1995年为市政拆迁年；1996年为市政建设年；1997年为收尾完善年。

三、工程进展

府南河综合整治工程从1994年5月全面启动到1995年底，进展顺利，特别是1995年的拆迁任务全面完成，为整个工程奠定了良好基础。

一年多来，在市委、市政府的领导下，经过市、区指挥部各成员单位、各相关职能部门的艰苦努力和团结协作，沿线企事业单位及主管部门和沿岸居民的无私奉献和积极配合，1995年拆迁年的各项工作目标业已完成。截止1995年底：

工程市政设计基本完成，各种配套设施规划、雕塑、绿化方案已经审定。

市政拆迁于12月31日全面完成，拆迁面积达60多万平方米。

旧城改造开发地块拆迁达140多万平方米。

拆迁安置房建设已完成400多万平方米，拆迁安置居民近10万人，拆迁安置小区的配套建设正按计划进行，石人、战旗、肖家河、化成、光荣、东光、联合等小区已形成规模。

市政建设完成总投资额14162万元（不含供水供电供气、通讯管网费用），其中：内环路完成5000米，护河通道完成4800米，外侧道路完成2000米；污雨水管敷设28311米，河堤修筑8875米；道路绿化完成5段；桥梁完工5座，包括殷家桥、金仙桥、新东门大桥、502厂人行桥、三洞桥；各专业管线建设与道路同步。

目前，市政工程有29项、绿化工程4段实行了公开招标，护栏、路灯、环卫设施、园林小品招标也全面展开。

四、效果和反响

府南河综合整治工程已初见成效。首先是她的防洪作用。在1995年的特大洪水期间，年年都要遭水淹的柳荫街，太平上、中、下街等低洼地段，破天荒第一次未被洪水困扰，老百姓都深情地说，“是政府整治府南河，才保得了我们一方平安。”

其次，是安居作用。24个居住新区已初具规模，近3万户10万人告别了低洼棚户，搬进新区住进了套房。

第三，对城市服务功能的改善作用。部分道路管网的形成，缓解了城市交通的拥挤状况，强化了城市基础设施服务功能。

第四，对成都经济发展的带动作用。不仅带动了建筑业、建材业、房地产业的发展，还带动了其他相关行业的发展。

此外，该工程的实施还起到了联系党和群众的桥梁作用和宣传成都的载体作用。全市人民以各种形式关心、支持工程建设，主动前去参观府南河工程展览的市民已达10万人，收到捐款近600万元，近90万人次积极参加工程义务劳动。成都市能下如此之大的决心整治府南河，充分说明了地处内陆的成都所具有的开放意识、环境保护意识，从而使更多的人通过府南河认识了成都，了解了成都，并开始关注成都。

成都市的府南河综合整治工程在国内外引起了强烈反响。1995年9月17日，中共中央政治局常委、全国政协主席李瑞环在视察中国居住环境建设成就展四川展区时，详细询问了成都市府南河综合整治工程的情况，并明确指示："一定要把府南河改造工程建好。"来川考察工作的全国人大常委曾宪林特地安排了半天时间考察了府南河工程，他在接受新闻界的采访时说，府南河综合整治不仅对成都有举足轻重的意义，对四川、对全国都有启示。国家建设部副部长李振东考察了府南河综合整治工程后认为，"工程规模在全国大城市旧城改造中名列前茅，综合效益属最佳"。国家重点城市环境综合整治考核小组考核了府南河工程后认为，"成都市以综合整治府南河为龙头带动城市建设，不仅有力地抑制了环境污染发展趋势和生态环境恶化，而且还根本上解决了城市建设的可持续发展问题，在全国带了一个好头，使城市建设迈上了新台阶。"中央、省、市新闻单位都对府南河工程给予了充分的报道。新闻媒介的报道引起了国外许多政府和财团的关注，日本、新加坡、荷兰、英国、美国等都纷纷派出政府官员来府南河进行专项考察。迄今为止，府南河指挥部已接待外国代表团来访达20余人次。来蓉参加'95中国城市水利国际学术研讨会的专家们称赞综合整治府南河的规划"有远见"、"有气魄"，"在中国有示范效应"。日本中国水利学会会长西冈弘晃刚赞叹这项工程"了不起"，他说："规模这么大、综合效益这么好，若是在日本，想都不敢想，只有在你们中国才能做到"。日本岷江治理考察团三次来蓉考察府南河工程。英国特地派出参与了英国梅西河治理工程的专家代表团考察府南河工程。考察后英国专家们纷纷感叹："这么复杂的系统工程，竟然能在短短时间里达到如此整治规模，不仅令人难以想象。而与府南河治理相似的英梅西河工程却要花费25年的时间。这样的建设速度，这样的投资环境更坚定了我们与成都合作的决心。"美中贸易全国委员会会长柯白在参观府南河综合整治工程规划模型时说："解决城市污染在世界发达国家都是一大难题，府南河综合整治工程改善了排污设施，美化了环境，使成都向生态城市迈进，真是了不起！"

典型地区和典型企业

川西第一汤——得天独厚的大邑花水湾温泉疗养旅游度假区

位于四川盆地西部边缘的成都大邑花水湾温泉疗养旅游度假区，离大邑县城36公里，距成都市仅86公里，有高等级公路相连，与中国道教发源地鹤鸣山和国家级风景名胜区西岭雪山同在一条旅游线上，是成都地区方圆200公里范围内唯一一处具有大型医疗保健条件的度假区。1996年7月区内将有部分工程投入使用，陆续向客人开放。

大邑花水湾温泉早在70年代初就已发现，但由于当时对潜在的价值认识不足，没有对水量、水温和水质等进行详细测试分析，数据资料掌握不全。直到1993年，该县县计委会同省级有关单位经科学论证写出了《开发利用花水湾温泉地热资源的可行性报告》之后，才引起世人的极大关注。经成都花水湾温泉有限责任公司投资钻探，终于在1994年8月5日一次性试水成功。温泉井口水温68℃，昼夜出水8400立方米，已探明储量2亿多立方米，可供用水100年以上。花水湾温泉属医疗保健型温泉，含有镭、碘、溴、硼、硫化氢、氯化钠等多种对人体有益的元素和化合物，具有较高的医疗、康复和保健作用。花水湾温泉疗养旅游度假区规划建在沿邮江河支流的川溪河谷地带，周围地势开阔，群山环抱，林木繁茂，自然环境十分优美，属国家二级保护动物大鲵的自然保护区。区内近有小桥流水，远有雪峰耸峙，成千上万亩山坡地和非耕地可供开发利用，是投资建设旅游、度假、休闲娱乐的理想场所。

大邑花水湾温泉是不可多得的大型优质温泉，具有较大的利用价值和较高的开发价值，从而受到省、市、县各级党委和政府的高度重视与大力支持，对这一特殊资源的开发利用已分别列入了市、县国民经济和社会发展“九五”计划和2010年远景目标规划，作为市、县两级的开发重点。大邑县委、县政府专门成立了由县级各主要职能部门和开发公司组成的花水湾温泉疗养旅游度假区管委会，统一负责度假区的规划、建设、管理和保护工作。度假区总体规划面积3平方公里，第一期工程占地面积70公顷。截止1996年5月，已有16家企业和单位进入区内开发建设，其中6家已经动工建设，其余正在进行总体规划和建筑设计，工程进展顺利，建设进度较快，水、电、路、桥梁和通讯等基础设施建设已完成工作量的80%，花水湾温泉宾馆、豪斯温泉大酒店、温泉娱乐大世界等可望在1996年下半年内投入使用。

花水湾温泉的开发利用将为成都地区新增一处富有鲜明特色的旅游项目，它的发展方兴未艾，前景美好。成都花水湾温泉有限责任公司准备联合一些企业组成大型集团公司，负责规划区内的核心地带

黄坝的开发和建设，突出温泉特色，力争把度假区建成高层次、高规格，集休闲、度假、娱乐、康疗和会议、商务、食宿等为一体的多功能、现代化度假区，使之成为四川成都乃至西南地区独具特色的旅游胜地。

乡镇企业家具行业全国规模第一的成都八一家具实业公司

成都八一家具实业公司始建于1985年，地处成都之郊，川藏公路起点处，距成都市中心3.5公里。公司占地面积89000平方米，建筑面积36000平方米，现有职工1200多人，各种专业技术人员和经营管理干部98人，拥有固定资产3455万元，年产值近2亿多元，年利税1500万元。

建厂十年来，在各级领导的关怀和大力支持下，企业始终坚持社会主义经营方向，通过广大职工的共同努力，使企业取得了较好的经济效益，赢得了良好的社会信誉。经济指标年年翻番，职工收入逐年增长。企业对国家的贡献也由少到多，仅1995年一年就上缴税金800多万元，成为武侯区首家纳税大户。企业规模由一个作坊式小厂发展到具有十厂一城的家具集团公司，即：年产20余万床席梦思系列床垫的八一床垫厂，年产50万张保丽板、基材板、三聚氰胺板的八一装饰板厂，年产1000套聚脂家具的鹰牌家具厂，年产8000套富尔特板式家具的中外合资长鹰家具有限公司，年产3万件不锈钢家具的八一不锈钢家具厂，年产2万套紫芳娜床上用品的床上用品厂，年产1200吨针刺棉的针刺棉厂，年产60万平方米的实木切片厂，年产1000套沙发的中外合资沙发厂，年产800吨泡沫的八一泡沫厂；并拥有14000平方米展厅的八一家具城。成为乡镇企业家具行业中全国规模第一名。

近年来，企业通过抓管理，先后荣获四川省先进企业、农业部先进企业、成都市企业管理优秀奖称号，实现了安全达标、财务达标、计量达二级、质量管理达部标、档案管理达省级先进企业的目标；通过抓质量，主导产品席梦思床垫先后荣获成都市优质产品、四川省优质产品、农业部优质产品和中华精品最高优质金奖称号，荣获中国名牌、四川名牌、四川省消费者喜爱产品等诸多殊荣，生产的鹰牌家具也荣获四川省消费者喜爱产品称号。企业的经营管理由原来的粗放型逐步转变为集约型，生产方式由原来的劳动密集型逐步向技术密集型发展，实现了质的飞跃。

为了使八一家具实业公司成为名符其实的家具行业的龙头，达到造福社会，实业兴国的目的。公司制订了扩建八一家具城的规划。八一家具城位于川藏公路线上的成都外南太平园，距市中心3.5公里，紧邻成都市规划的三环路。由于地理条件、经营条件、交通运输极为优越，到场来经营家具的厂商有来自全国各地的185家，场内经销的产品主要有高、中档家具、床垫、沙发、装饰材料及办公家具，年销售额2.5亿元，现基本形成了西南家具批发零售中心。现等待入场的厂商达200多家，有40余家国内国际有名且具有实力的高档家具厂商也等待入场。为顺应家具产业和市场发展急需，决定扩建原八一家具城。扩建后，总占地70亩，使用面积5万平方米，均为一楼一底，城内配有高级写字楼、客房、电话传真、自动报警、消防装置、大型停车场、银行、餐厅等配套设施，规划1997年6月份工程全面完工，扩建后的八一家具城改名为八一家具大世界，它将成为中国西南地区规模最大、管理先进、经济效益好、产品品类齐全、产品质量好、产品档次高起点而又分布合理，信誉好、影响大，立足西南，辐射全国乃至打入国际家俬业的综合家具市场。

房地产开发、建筑企业的一颗明星

——成都市向阳房屋建筑开发公司

成都市向阳房屋建筑开发公司是一家股份合作制的大型企业，位于成都市人民南路立交桥东侧。公司下设房屋开发、建筑施工、向阳大厦3个经济实体，现有固定资产1.1亿元，职工2200余人，是全市唯一具有开发、建筑双二级资质的建筑企业。房屋开发年平均面积10万平方米，建筑施工每年在建面积20万平方米以上，年均优良率37%。1993年产值超1亿元，1994年达2.52亿元；1995年2.2亿元；94、95两年上缴税金1100余万元。先后被评为全省百强房地产开发企业(第58名)、成都市房地产五十强企业(第25名)、全市乡镇企业综合实力排位第二十五名，是武侯区的骨干企业和纳税大户。自1992年起被成都市委、市政府命名为"重点乡镇企业"。公司在成都市、四川省的建筑、房地产开发市场上占有重要的一席之地。

向阳房屋建筑开发公司法人代表、董事长干贵昌曾是一名在部队服役26年的团职干部。1986年由部队复员，以他超人的洞察力和非凡的胆识，毅然丢掉"铁饭碗"，把自己的全部安置费1万元用于抵押，承包了一个濒临解体的五级建筑队，并对这支队伍进行了脱胎换骨的改造，提出了"以质量求生存，以信誉求发展，以速度求效益"的经营思路，迎接市场的考验。在短短的两年中，建筑队以"速度快、质量好、信誉佳"的成绩赢得了用户的信任；施工任务接连不断，队伍很快转危为安并开始呈现迅猛发展的势头。1988年经主管部门批准，建筑队升为三级并建立了公司；1992年又升为二级建筑企业。干贵昌也多次被授予"优秀经理"、"优秀乡镇企业家"称号，并成为荣获全国首届"创业之星"的34名四川省代表之一。

成都市向阳房屋建筑开发公司以"服务社会、面向大众"为宗旨，"以质量求生存，以信誉求发展，以管理求效益"曾是公司的创业法宝，现已成为"向阳人"的工作信条和公司的经营方针。这个方针经受住了市场的考验，向阳公司连年高速发展、引人瞩目，成为全市乡镇企业中的一颗明星。

从公司开拓房地产业务起始阶段，法人代表干贵昌就提出了"以建筑启动开发，以开发带动建筑"这一具有战略性的经营策略。1992年，向阳房屋开发公司成立，征地300余亩，批准立项14个，70余万平方米；1994、1995两年就建成各类住宅及商务用房15万平方米，跨入房地产企业先进行列。3年来的实践证明，在国家加大宏观调控力度，建筑市场竞争异常激烈的情况下，向阳公司建筑、开发联手，使技术、人才、资金、信息等各方面的资源得到了更充分、合理的运用，取得了良好的经济效益和社会效益。

1995年向阳公司又独资修建了高23层、建筑面积2.45万平方米的"向阳大厦"。该大厦按三星级宾馆标准建设，集住宿、会议、餐饮、娱乐、保健浴中心为一体，设备先进，装饰豪华。向阳大厦的建成和营业，既增强了向阳公司内部各行业之间的关联度，又分散了风险，实现了多元化经营的目的，也标志着公司的科学化决策和管理又上了一个新台阶。

西南地区制冷业的明珠

——四川省制冷设备安装维修技能培训中心

四川省制冷设备安装维修技能培训中心（以下简称“中心”）是面向全川经销制冷产品和开展技术维修服务的专业技术公司，也是四川省劳动厅授权，负责全省制冷设备安装维修技能培训和四川省唯一的国家职业技能（暖通制冷专业）鉴定所，是集产品设计、营销、科研、生产、安装、维修及职业培训为一体的具有相当规模及较强的技术实力和综合实力的专业公司。

“中心”是成都南国暖通制冷设备配套公司受四川省劳动厅的委托而成立的。“中心”凭现有的技术和工程技术人员优势为社会及各制冷设备生产企业培训各类制冷专业人才，并具有签发制冷专业技术等级证书资格，如今已累计为社会各界培训、输送的初、中、高各层次人员近千名；1995年经四川省教委批准，“中心”与四川省农牧兽医学院联合办学，开设制冷专业，为“中心”及其它单位输送高层次制冷专业的技术人才，成绩显著，颇受好评。

“中心”以“真诚为消费者服务”为宗旨，多年来始终把售后服务放在第一位，售后服务中心250多名经“中心”严格职业技能、职业道德培训的技术人员和高水平的服务软硬件，可满足企业向消费者提供安装、调试、维修等系列售后服务的需要。为把售后服务提高到一个新的水平，每周定期聘请制冷界的资深教授和专家为维修人员授课，以提高维修人员的业务素质。售后服务中心不断总结经验，积极探索，以新的思路、新的服务方式并运用现代化的管理方法，首创出“南国售后服务新模式”，坚持对所销售的制冷产品严格实行“先检后售，不合格的产品不得销售；购机12小时上门安装调试；24小时电话咨询服务，由专家负责；6小时内上门为城区用户排忧解难，不能及时解决的可提供周转机供用户使用；延长保修期；用户资料输入售后服务中心微机管理系统，实行售后跟踪服务和换季主动上门调试”等措施，这些措施的有效实施，方便了顾客，赢得了声誉，深受广大消费者和上级主管部门及省市技术监督局、省市消协的信赖和支持，多次被市消协推荐为“诚信企业”、“无投诉企业”，并承办了1996年由巴蜀质量跟踪组委会、成都市质量检验协会联合主办的“南国”制冷产品售后服务质量舆论跟踪活动。

为适应公司业务迅猛发展的需要和配合巴蜀质量跟踪组委会、成都市质量检验协会联合主办的“南国”四川·成都制冷产品（空调器、冰箱、冰柜）售后服务质量舆论跟踪活动，成都南国暖通制冷设备配套公司。“中心”在交通方便、住宅密集、消费水平相对较高的成都市三环路口黄金地带共同投资5000多万元，开发兴建南国空调城（占地面积2.5万平方米）。该城的兴建为国内、外企业的制冷产品进入成都市场和在蓉拓展业务提供了一个满意的经营环境；为入场的企业提供系统、完善的服务，可满足企业向消费者提供安装、调试、维修等系列的售后服务；为入场企业提供高品质展厅及配套的独立式写字间、标准间、仓库；筹建银行代办点，建立资金存入、提取、回笼服务体系，为商家、企事业单位及市民购买空调设备及其它制冷设备提供了方便；设有市质量检验协会暖通制冷产（商）品检测中心，市消协商品质量跟踪咨询服务站，市技术监督局“打假”举报、受理投诉站，帮助各进场企业、消费者解决各类问题。各类国产名牌空调、冰箱荟萃其中，消费者购买时选择自由度大，可以最小的付出获得最满意的享受。南国空调城良好的售后服务质量，严守“信誉第一”的原则，得到社会各界（中国质量万里行四川投诉站、技术监督局、巴蜀质量跟踪组委会、质量检验协会、消费者协会等）的支持、依赖和认可。

成都市新兴的卫星城
——华阳镇

成都市双流县华阳镇是双流县工农业生产、商贸、旅游、文教、卫生的重点城镇，也是成都市非县城所在地的第一大镇。该镇幅员面积77.77平方公里，辖31个行政村，9个居委会。建城区面积5平方公里。全镇总人口118800人，其中城镇常住人口52500人。1995年，全镇农业总产值达1.95亿元，粮食总产量3.65万吨，农村人平纯收入2000元，乡镇企业产值15.80亿元，财政收入1325万元。经济发展水平进入“四川省乡镇二百强”前百名之列。

华阳镇历史悠久。公元前337—351年，秦惠文王建广都县于华阳。是古蜀国“三都”（新都、成都、广都）之一。历来商贾云集，市镇繁华。贯穿全镇的府河是四川东南部进入成都的唯一水上通道，系商家必争之地，其悠久的商贸集散地的地位延续至今。

华阳镇区位优势明显，它西北接成都市锦江、武侯两区，成都市区划调整后，有4个村将划归高新技术产业开发区，直接成为双流县与成都高新区相连的桥头堡。东与成都市经济技术开发区遥相呼应，南则是仁寿、彭山等县赴蓉的必经之路。她与省级经济开发区西南航空港、县级开放区牧马山庄又成等距三角相依之势，在成都平原东部经济发展区域中居于重要位置。镇内公路四通八达，交通便捷。由国道213线17公里或元华公路18公里可直接达成都市中心。双华公路10.5公里至双流县城。华黄、华新、华太公路连接县内所有乡镇和成都市各县区。西距成昆铁路二级站—双流火车站4.5公里，成都火车南站14公里，双流国际机场12公里，成乐大件路7公里。东距成都经济技术开发区22公里。府河从成都市东南流入，蜿蜒流贯全镇，境内长16.5公里，是开发成都近郊河流旅游及渡假游乐设施建设的天然条件。

华阳镇坚持基础设施建设先行的原则，为华阳今后的发展创造了良好的条件。镇内有自来水厂2座，日供水3万吨。有110千伏和35千伏变电站各一座，年供电量达2.5亿千瓦/小时。天然气是华阳镇的一大能源优势，镇内有两条川东天然气田的输气主干线，同时向川西地区和云贵两省输气，是四川省天然气调配中心。镇内已有配气站5个，日供气量达85万立方米。华阳邮电支局是全省建制镇中最大的邮电支局，邮电通讯十分便利，现有程控电话4000门，传呼台3个。镇内有省、市属中、高等学校8所，中学7所，小学33所，幼儿园10所。有省级医院1个，县级医院1个，镇级医院3个，专科医院2个，病床500张。有各类金融机构17家，营业网点多，业务项目全。

华阳镇把城镇建设作为改善投资环境的大事来抓，城区由1984年的0.7平方公里扩大到现在的5平方公里。旧城改造成绩斐然，昔日低矮的破瓦房，已被一幢幢现代化的建筑所取代。全镇的旧城改造已基本完成。

华阳镇境内国有企业基础雄厚，辖区内有一批省、市、县属大中型企业，涉及天然气输送，汽车修制、化工实验和生产，工程机械、建筑、电子、纺织、食品等众多行业。

华阳镇乡镇企业异军突起，成为全镇工业的重要支柱。现全镇乡镇企业中包括化工、轻纺、皮革、建筑建材、电子电器、机械冶金、食品加工、饲料生产等行业。产值从1992年的3亿元，增加到1995年末的15.80亿元。乡镇企业的产品不仅销往全国各地，有的还远销东南亚。华阳镇被县委、县政府确定为双流县天然气、化工、煤化工基地和电子电器基地。随着协和高科技产业区的建立，必将促进华阳地区经济的进一步发展。

华阳镇农业的商品化程度不断提高。在稳定粮食生产的同时不断调整产业结构，发展多种经营，提高农业综合生产能力和农副产品商品率。现镇内肉鸡年出栏150万只，肉鸭450万只，鸡、鸭、猪的饲养和加工销售已形成一条龙产业，是成都市重要的肉鸡肉鸭生产基地。

四川省小城镇建设试点镇
——温江县永宁镇

温江县永宁镇位于县境东北，与郫县、成都市青羊区交界，紧邻中央直属大型企业成都飞机公司和温江机场，成温邛高等级公路从其边沿经过，即将修建的成都市外环路纵贯境内，美丽的清水河环绕全境。镇人民政府驻隆兴，东距成都市区仅10公里，东南距火车西站6公里。1996年初经省政府批准撤乡建镇。

永宁镇土地肥沃，物产富庶，因地处三区县交界，素称温江“金三角”。全镇幅员面积23.6平方公里，人口2万人。境内平畴沃野，气候温和，无霜期长，雨量丰沛，年平均气温17℃，属都江堰自流灌区，历来盛产水稻、小麦、大蒜、油菜等，农副产品以及养鸡闻名全川。

1992年，邓小平南巡讲话以来，镇党委、政府抓住机遇，利用得天独厚的区位优势，按照面向大城市，依托外环路，建好“金三角”发展社会经济的思路，制定了“抓住龙头，稳定基础，整体推进的经济发展战略”，把建设“金三角”经济区作为重点，大力招商引资，改善投资环境，发展经济，各项工作取得显著成绩。1995年，全镇实现了3年经济跨三大步，3年翻三番，基本实现小康镇的奋斗目标。多次受到省、市、县各级表彰。

基础设施日臻完善。先后投资700万元建成宽20米、长3.8公里的永（宁）文（家）高等级公路，南接成温邛干线，修建了至郫县合作镇的永合公路，加宽了镇中心至各村的公路，形成四通八达的交通网络。成都市公交公司22路公共汽车从成都百花中心站开往隆兴，交通便利。开通了100对全国直拨电话；用250万元架设一条11万伏专用高压主干线，天然气已投入使用。

镇内有一所中学，13个班，小学6所，43个班，教学设施完善。镇卫生院新建门诊、住院大楼1幢，医疗技术、设施完备。中心文化站1个，其他文化娱乐场所多处。

农业四大基地建设成效显著。近几年来，镇党委、政府始终把发展农业生产放在重要地位，以稳粮、增收、奔小康为目标，把农业基地建设作为推进“金三角”经济区建设的基础，先后投入86万元，整治水利设施，改善了农业生产条件，建成了优质米生产、精细蔬菜生产、养鸡、养猪等四大生产基地，积极引进水稻、小麦、油菜优良品种，确保了粮食的丰收。1995年，全镇农业生产总值达7000万元，粮食总产量达到1600万公斤，生猪出肥5万余头，养鸡50多万只，农村人均纯收入2005.13元，全镇基本实现了小康。

工业园区建设初具规模。镇党委、政府始终把建设工业园区作为建设“金三角”经济区的重点，努力改善投资环境，建成了宽18米，长3.8公里的企业一条街，为投资者提供优惠的政策和良好的条件，先后引进了四川消防机械总厂14分厂、成都阿日山食品开发有限公司、嘉和生化剂等一大批高科技企业。1995年，镇级企业已达29个，总产值3亿元，实现利税1052万元，产品适销对路，深受用户好评。目前一个以机械、食品、建材、饲料、木制家具、生化、医药等为骨干的具有地方特色的工业园区正在形成，成为全镇经济发展的重要支柱。

小城镇建设步伐加快，有力地推动了“金三角”经济区的形成。几年来全镇多方筹资850万元，完成了政府大楼、卫生院、中小学校和两旁新街的建设，新建改建农房13000平方米，通向成都外环路的道路骨架已初具规模。1994年永宁镇被列入省级小城镇试点镇后，利用试点的优惠政策，按照建设“金三角”经济区以发展现代工业和第三产业为主体的思路制定了小城镇发展规划，到2000年，全镇建成面积将达到2平方公里，总人口2.2万人，将建成一个集工、农、商、贸、旅游为一体，城乡一体化的现代化小城镇。

永宁在发展，永宁在腾飞，这里是投资的一方热土，永宁人民热忱欢迎您的到来。

四川省小城镇建设试点镇

——金堂县清江镇

金堂县清江镇于1994年3月经四川省委、省政府批准为省级试点小城镇。该镇位于宝成铁路东10公里、达成铁路西9公里、广汉飞机场东南3公里、距金堂县城所在地赵镇9公里的交汇处。国家二级水泥公路——金广公路穿镇而过，东部北河、西部中河顺金广路奔流而下，汇集于县城成为沱江。清江镇形成了集公路、铁路、航空于一体的交通网络，是一个交通四通八达，出产丰富，风景秀丽的地方。全镇面积20.42平方公里，总人口2.3万人，耕地16000余亩，其中水田13800亩，人均耕地0.7亩。粮食年产量1300余万公斤，历年是全县之冠，有“金堂粮仓”之美称。

清江镇以得天独厚的地理位置，建有两座水力发电站，装机容量2000千瓦，还配有金堂11万伏的高压输电线，西南石油局输气管道穿镇而过，建有日供气3.5万立方米的配气站，充足的电力保障和天然气供给是清江镇经济发展的又一重要条件。

清江镇境内中河、北河穿镇而下，给清江镇带来取之不尽用之不完的优质河沙、卵石，现已投资500余万元，近10余支机械化捞沙船在两河上作业，将优质的河沙、卵石运往成都等大城市。

清江镇工业发展迅速，有国营、集体企业20余家，初步形成了包括机械、电力、电子、轻纺、建材、化工、食品和科研的工业体系，是金堂县第一个产值超亿元的乡镇。

清江镇文化发达，服务齐全。历届党政领导重视教育，群众也积极支持办教育。镇内有“普九”验收合格的中学1所，中心小学、基点校等8所。学校风气好，学生学习热情高。优学率、合格率、巩固率、升学率均列全县前茅。有名的四川省公安厅劳改局直属医院设在风景秀丽的火焚山上，改建了的镇卫生院更是面貌一新。镇内还有饮食服务网点50余个，热情满意的服务方便着八方来客。

清江镇现已建成占地3亩的邮电支局，安装了1000门程控电话；改建了自来水厂，日供水可达2万吨；已建成长2.28公里、宽30米的穿城水泥路，与镇内宽16米、24米、30米的横道交错；镇内输水、输气管道纵横，用水用气十分方便。还建有集餐饮、娱乐、会议于一体的度假村，靠中河岸占地30亩的致远花园一期基础工程已完工。配套工程停车场已建成使用。

清江镇盛产蘑菇、平菇、金针菇、木耳、竹笋、松茸等，是成都市食用菌生产基础之一，年产食用菌350万公斤，产品远销国内外。为了更好组织发展食用菌生产，清江镇正在修建一个占地40亩的食用菌专业市场，对全镇食用菌原料、技术、生产、销售实行一条龙服务。

清江镇按规划将建成以农工贸为主的现代化小城镇。近期目标是：建成区面积2.3平方公里，城区常住人口9500人，全镇国民生产总值6.6亿元。远期规划目标是：建城区面积3.49平方公里，城区常住人口20000人，全镇国民生产总值15亿元。

1995 年改革开发大事记

1 月

5 日 市委书记黄寅逵、市长王荣轩到市外商投资管理服务中心现场办公，要求该中心做好全过程、全方位服务。

4～6 日 95 四川—以色列经济合作研讨会在蓉举行。以色列驻中国大使本·亚科夫等出席并在开幕式上讲话。

6 日 副市长何绍华会见来蓉选点建年出栏 100 万头肥猪养猪场的美国客商。该项目首期投资 2000 万美元。

9 日 成都红旗商场获中国质量协会颁发的“用户满意企业”称号。

10 日 市政府召开全体会议，讨论通过了市政府 1995 年工作要点和为民办实事项目。

13～14 日 市委、市政府召开全市经济工作会议，传达全国、全省经济工作会议精神，部署 1995 年全市经济工作。市委书记黄寅逵、市长王荣轩出席并讲话。

14 日 市委书记黄寅逵等，会见香港新中港集团主席徐展堂一行。该集团与省高速公路建设开发公司合作，修建成都至绵阳高速公路。

15 日 市体制改革工作会议召开。

16 日 《成都市分离企业办社会职能分流富余人员的试行意见》经市政府批转施行。

18 日 由成都倍特发展股份公司与香港海洋资讯系统集团公司合资兴建的电脑生产公司海洋——倍特多媒体资讯有限公司项目举行协议签字仪式。该项目总投资 4000 万元。副市长吴平国前往祝贺。

2 月

6 日 市社会保障制度改革会议召开。副市长朱永明主持了会议。

11 日 ’95 年成都市大中专毕业生供需信息交流会在市体育中心召开。1.2 万张门票迅速销售一空。副市长朱永明到现场视察。

15 日 省长肖秧、市长王荣轩等，会见访川的斯洛文尼亚总理内兹·德尔诺夫舍克。王市长还陪同外宾参观了成都高新技术产业开发区等单位。

13～15 日 中国国际咨询公司专家组在蓉召开红光彩管项目评估论证会。副市长孙家原出席并讲话。

21 日 紫坪铺水库淹没工业及迁建协调会议在金牛宾馆召开。省委书记谢世杰、副省长马麟主持了会议。市委书记黄寅逵等出席。

▲市委、市政府召开府南河综合整治工程动员大会。市委书记黄寅逵、市长王荣轩作动员报告。建设部副部长李振东、副省长李蒙、成都军区后勤部长王世麟分别代表国家建设部、省政府、成都军区讲话，表示将全力支持该工程。市委、市人大、市政府、市政协领导均出席了大会。

3 月

11 日 市政府发出《关于加快建立农村社会养老保险制度的通知》。

20 日 省委副书记宋宝瑞、市委副书记陶武先等，到双流等县（市）现场办公，研究加快“一条线”经济发展问题。

▲《关于深化成都市社会保险制度改革的意见》和《成都市建立社会主义市场经济体制法规规章和监督体系实施方案》经市政府批转实施。

21 日 国务院副总理吴邦国到成都视察工作。省委、省政府领导和市委书记黄寅逵、市长王荣轩在金牛宾馆向他作了汇报。

▲市政府召开企业改革和企业管理工作会议。副市长朱永明、孙家原出席并讲话。

23 日 吴邦国副总理在金牛宾馆召开部分国有大中型企业厂长（经理）座谈会。市委书记黄寅逵、市长王荣轩等参加了座谈会。

24日 市人大常委会审议通过了《成都市矿产资源管理条例》。

▲市重点建设工作会议召开。会议确定全市全年安排重点建设项目52个。市长王荣轩在会上要求集中人财物力，保证重点工程建设。

21～25日 ’95全国春季糖酒交易会在蓉举行。大会总成交金额达94.7亿元。

31日 市召开传达全国人大八届三次会议和全国政协八届三次会议精神大会。市委书记黄寅逵主持大会，市长王荣轩传达“两会”精神。各界各方面负责人500余名参加了大会。

4月

6日 市委书记黄寅逵、市长王荣轩等，陪同邹家华副总理到四川炼油厂预选厂址视察。

3月25～4月7日 田纪云副委员长在蓉视察了新津希望集团、天座商城等，并听取了市委、市政府的汇报。

4～8日 市12届人大举行第3次会议。会议通过了关于政府工作报告等决议，增选了两名人大常委会委员。

8日 副总理邹家华在金牛宾馆听取省市工作汇报。市长王荣轩等参加了汇报会。

▲国务院在蓉召开西南四省区“九五”规划座谈会。邹家华副总理主持会议并讲话。副市长孙家原出席了会议。

▲市政府与世界银行达成的住房与社会保障改革8000万美元贷款项目转贷协议举行签字仪式。副市长狄廷国代表市政府在协议上签字。

14日 市第二农科所选育成功并具有国际领先水平的“蓉油3号”杂交油菜新品种全国推广应用现场会在蓉召开。

17～19日 全国城市综合配套改革试点和现代企业试点工作会议在蓉召开。国务委员李铁映在会上讲话。来自全国试点城市和试点企业的160多名代表参加了会议。

20日 市政府常务会议讨论并原则同意市计委《关于将通信设备制造业加速发展成为我市的支柱产业的请示》。

21日 《关于完善成都市商品市场体系的实施方案》、《关于培育和发展成都金融市场体系的实施方案》、《关于建立成都市劳动力市场体系的实施方案》经市政府办公厅批转实施。

18～21日 ’95中国民营企业科技成果和新产品博览会在蓉举行。大会共签订合同、协议1452项，成交金额4.2亿元。

24～25日 国务委员陈俊生在蓉视察了都江堰水利工程和即将修建的紫坪铺水库坝址，并听取省市关于农业和农村工作的情况汇报。市委书记黄寅逵等出席了汇报会，副书记陶武先陪同视察。

24～27日 全国农业综合开发经验交流会在蓉召开。姜春云副总理发来贺信，国务委员陈俊生在会上讲话。市委书记黄寅逵等和来自全国各省、市、自治区的170多名代表参加了会议。

5月

6日 ’95全国中药材交易暨成都市第九届中药、中成药交易大会在蓉举行。全国中药行业上千名客商参加。

7日 市长王荣轩召开会议，专题研究紫坪铺水库建设的有关问题。

8日 成都电信局引进日本富士通公司SDH传输设备合同举行签字仪式。副市长孙家原出席。

8～12日 以市委书记黄寅逵为团长的成都代表团，在广西南宁出席西南五省区七方经济协调会第十一次会议。黄书记在大会发言中表示，要进一步建设并发挥成都作为西南地区“三中心两枢纽”的作用，为振兴大西南经济作出应有贡献。

13～15日 新加坡总理吴作栋在蓉访问。双方签订了合资兴建成都新成食品工业有限公司等3个协议。市委书记黄寅逵、市长王荣轩等会见了吴作栋总理一行。王市长还陪同新加坡客人参观了新加坡工业园区、成都飞机工业公司和都江堰水利工程。

16日 东京银行成都代表处成立。市长王荣轩会见了前来出席成立仪式的东京银行行长高恒佑先生。

17日 副市长朱永明向李沛瑶副委员长率领的全国人大“建立健全社会保险体系”调研团汇报了成都市建立社会保障体系的工作。

▲副市长贺大经率市经贸洽谈考察团赴美国菲尼克斯市参加23至25日举行的友好城市经贸洽谈会。共签订技术交流和项目合作等7项协议。

30日 市委、市政府印发《关于成都市实施产品发展战略的意见》。

6月

5日 市政府印发《关于全面实行劳动合同制的通知》。

7日 市政府印发《成都市市民文明守则》。

10日 具有90年代国际先进水平的卷烟纸生

产线——四川锦丰公司PM6生产线在成都台商工业开发区建成投产。市委书记黄寅逵等为投产剪彩祝贺。

15～16日 “中国西南地区金融改革开放’95成都国际研讨会”召开。会议由亚洲开发银行、中国人民银行、国务院发展研究中心主办，市政府承办。来自国内外的金融、证券界知名人士和专家学者120多人参加了研讨会。市委书记黄寅逵在会上致辞。市长王荣轩出席了会议。

16日 副市长狄廷国在北京与荷兰政府签订成都污水处理厂二期项目贷款协议。

28日 羊市街西延线金牛段竣工通车。市委副书记苏碧群、市政府秘书长苏培玮等出席了通车仪式。

7月

1日 成渝高速公路举行全线初通运行仪式。副省长甘宇平宣布全线初通，省委书记谢世杰讲话，市委书记黄寅逵等出席。

2～3日 老挝人民民主共和国主席诺哈·马沙万在成都访问。市长王荣轩到机场迎接并陪同他在市内参观。

3日 成都市金堂县委书记晏永和，新津县委书记陈光志进入全国百名优秀县（市）委书记行列，在北京受到中共中央组织部表彰。

12日 市6个商品粮大县和4个“两高一优”农业示范区项目建设工作会议召开。副市长刘家忠出席并讲话。

15日 国家“八五”科技重点攻关项目——“电子陶瓷掺杂材料研究”被成都蜀都电子粉体材料厂等单位联合攻克，并通过专家鉴定，从而结束了我国对该产品依赖进口的历史。

20日 国家考核的37个重点城市1994年环境综合整治结果公布，成都名列第9。

21日 共商双流机场扩建有关问题研究会在锦江宾馆召开。副省长甘宇平、副市长朱永明、国家民航总局领导等出席。

24日 市政府召开全体会议，总结上半年工作，安排下半年工作。市长王荣轩主持会议并讲话。

25～26日 市十二届人大常委会举行第十二次会议，审议通过了《成都市科学技术进步实施条例（草案）》等5个地方性法规。

26日 中韩合资组建成锦运输有限公司合同举行签字仪式。市委副书记张锋、副市长朱永明出席。

8～29日 市委书记黄寅逵率团出访新西兰和澳大利亚。

8月

1日 成都科技交易交流中心工程开工兴建。市委书记黄寅逵等出席了开工仪式。

▲总投资7000万元，位于成渝高速公路成都始点的成都汽车总站建成并举行试运行仪式。

7月28～8月2日 广州商品博览会在蓉举行。大会商品成交额达27.29亿元，签订经济合同和协议共532项。市长王荣轩等出席了博览会开幕式。

8日 经省政府批准，四川省对外经济开放特别试验区定址郫县。该区管委会正式成立。副市长孙家原出席管委会第一次全体会议并讲话。

9日 四川旅行车厂与日本丰田汽车公司合作意向协议书举行签字仪式。副市长孙家原出席。

9～10日 全市“一条线”工作会议在新都召开。市委书记黄寅逵、市长王荣轩等出席并讲话。

21日 四川省第二届名牌产品授牌大会在蓉举行。成都市有22个产品被确认为四川名牌，占全省名牌总数的1/4。副市长孙家原出席授牌大会。

22日 全长8.95公里的国道成都过境线建成通车。

22～24日 全市农村奔小康工作会议在都江堰市召开。市委书记黄寅逵、市长王荣轩等出席并讲话。

25日 我国首条磁光盘生产线在电子科大投产。电子工业部副部长曲维枝、副市长孙家原等出席了投产典礼。

31日 市委、市政府印发《关于创造良好外部环境促进乡镇企业发展的通知》。

9月

1日 顺城街南延线建成通车。

▲市长王荣轩会见美国驻成都领事馆新任总领事葛康。

5～12日 以市委书记黄寅逵为团长、市长王荣轩为副团长的成都党政代表团，赴上海、苏州、杭州三市考察学习。

12日 江泽民总书记在北京国际贸易展览中心参观四川展厅时，对成都市参展的工作人员说，要把杜甫草堂、武侯祠等古迹保护好。

2～14日 市委副书记陶武先、副市长刘家忠率成都市党政代表团赴烟台、青岛、温州考察学习。

14日 第九届中国家禽交易会在蓉举行。全国

400多个厂家、21个外国代表团参加。世界家禽协会主席西蒙斯先生等出席了开幕式。

4～15日 市委副书记张锋率团赴广州、深圳、珠海、东莞、顺德五市考察学习。

21日 成渝高速公路全线竣工正式通车。

▲'95中国四川国际电视节在蓉举行。30个国家和地区的客人和国内外2000多影视嘉宾参加。市委书记黄寅逵等出席了开幕式。

24日 中日技术合作项目——岷江成都段综合整治规划举行签字仪式。副市长狄廷国出席。

25日 全球信息高速公路骨干网INTERNET网络在蓉正式开通，国家科委同时在蓉召开该网络四川节点现场演示会。

29日 市委召开常委（扩大）会议，学习党的14届5中全会公报。

10月

3日 28家中外电视台记者云集蓉城，开始《今日成都》电视采访活动。活动组委会为此举行新闻发布会，市长王荣轩等出席。

4～9日 全国城市卫生检查团在蓉进行创卫复查。结果认为，成都市巩固创卫成果成效显著。

8～9日 澳大利亚总督海登一行在市长王荣轩陪同下参观了都江堰水利工程、文殊院和大熊猫繁育基地。

11日 省、市委向中共中央政治局常委乔石汇报工作。市委书记黄寅逵参加。

12日 市委召开党员领导干部会议，学习贯彻党的14届5中全会精神。市委书记黄寅逵在会上作了题为《认真学习贯彻五中全会精神，抓紧制定好成都市的"九五"计划和2010年远景目标》的讲话。

16～20日 '95中国新技术新产品交易博览会在蓉举行。3000多项新技术新产品参展，大会成交项目2591个，交易额达16.9亿元。

16～21日 市委在大邑召开领导干部学习会，学习邓小平同志建设有中国特色社会主义理论和党的14届5中全会精神。

23～24日 市委书记黄寅逵等陪同中共中央政治局委员、国务院副总理姜春云视察温江、双流县和都江堰市。

22～26日 全国计划生育工作"三结合"经验交流在蓉召开。国务委员彭珮云出席开幕式并讲话。副总理姜春云出席闭幕式并讲话。

26日 市委书记黄寅逵等在金牛宾馆向中共中央政治局委员、副总理姜春云汇报成都工作。

27日 中韩合资成都汽车总站举行开业典礼。市委副书记张锋出席并剪彩。

25～29日 '95四川工业产品博览会在蓉举行。成交总额达75.8亿元，其中成都市为20.6亿元，并有103个产品获金奖，52个产品获银奖，均居全省第一。

12～31日 市长王荣轩率市政府代表团赴斯洛文尼亚和奥地利访问考察。

11月

1日 市政府印发《关于深化城镇住房制度改革的决定》。

10日 电子科大、四川富豪集团与新加坡双鱼集团成立电子科大科技园国际经济技术合作有限公司合同举行签字仪式。市委书记黄寅逵等出席。

17日 成都发动机公司与美国普惠公司合资建立航空零部件制造有限公司协议在北京举行签字仪式。市委副书记张锋出席。

18日 香港银都置业有限公司投资3.6亿元在成都兴建银都花园的国有土地使用权出让及项目用地协议合同举行签字仪式。

21～22日 中共成都市委八届六次全委会在双流县举行。全会审议通过了《中共成都市委关于制定成都市国民经济和社会发展"九五"计划和2010年远景目标的建议》。

23日 成都市获"八五"全国节水先进城市称号。

26日 蜀都大厦股份有限公司股票上市新闻发布会在深圳举行。市委副书记张锋出席。

29～30日 副总理邹家华在蓉视察了双流机场和太平驿电站，听取了市委书记黄寅逵关于成都市"八五"建设情况和"九五"规划的汇报。

12月

1日 李鹏总理为成渝高速公路竣工通车题写的"巴蜀坦途"揭碑。市委书记黄寅逵、市长王荣轩等参加了揭碑典礼。

▲市委、市政府召开制定精神文明建设"九五"规划动员大会。

▲市电信局与瑞典爱立信通讯有限公司举行900兆移动电话（B网）第四期扩容工程签字仪式。该工程总投资1560万美元。副市长孙家原等出席了签字仪式。

8日 市政府召开全市住房制度改革工作会议，部署深化房改工作。市委副书记王少雄、副市长狄廷国出席并讲话。

22日 总投资4.7亿元、日熔化量500吨、年产266.4万重箱的浮法玻璃生产线在成都玻璃厂开工。国家计委、省计委等有关部委代表和副市长孙家原等出席了开工典礼。

26日 市委、市政府召开传达中央经济工作会议精神大会。市委书记黄寅逵、市长王荣轩、市委副书记陶武先分别传达了江泽民、李鹏、朱镕基在中央经济工作会议上的讲话。市级领导、市级各部门主要负责人及各区（市）县委书记、区（市）县长参加了大会。

28日 由国家人事部和市政府共同组建的中国成都人才市场开业。中国成都人才交流大会同时举行。

▲市政府召开全市深化企业职工养老保险制度改革实施动员大会。国家劳动部李伯勇部长、甘宇平副省长、王荣轩市长分别在大会上讲话。市委书记黄寅逵等出席了大会。

重 庆 市

主　　编： 马述林
副 主 编： 胡际权
编写人员： 李　勇　王晓芹

重庆市分目录

重庆市概况 …………………………………………………………………………… (397)
国民经济和社会发展 …………………………………………………………………… (397)
奋进的“八五”，辉煌的成就——重庆市“八五”经济社会发展成就综述 ………… (402)
附录：重庆市基础设施招商项目 ……………………………………………………… (406)

1995年改革开发大事记 ………………………………………………………………… (408)
彩色宣传图片
·重庆新貌·

重庆市概况

面积：23113.95 万平方公里

人口：1520.4 万人

行政区划：11 个区，3 个县级市，7 个县

市委书记：张德邻

市十二届人大常委会主任：于汉卿

市长：刘志忠

市十届政协委员会主席：张文彬

重庆市国民经济主要指标(单位:亿元)

项目	1995 年	1995 年比上年增长(%)
国内生产总值	740	10.8
工农业总产值(90 年不变价)	1112.12	
工业总产值(90 年不变价)	999.42	29.6

续表

项目	1994 年	1994 年比上年增长(%)
重工业产值	642.87	36.7
轻工业产值	356.55	21.6
农业总产值(90 年不变价)	112.70	3.0
全社会固定资产投资	200.93	30.2
国有固定资产投资	103.00	22.5
社会商品零售总额	274.46	25.3
零售物价总指数(%)	116.3	16.3
职工工资总额	102.51	13.3

国民经济和社会发展

一、国民经济发展概况

1995 年，是“八五”计划最后一年，全市人民在中共重庆市委、市人民政府的领导下，坚持党的基本路线，深入贯彻中央“抓住机遇，深化改革，扩大开放，促进发展，保持稳定”的方针，正确处理“改革、发展、稳定”三者之间的关系，解放思想，开拓进取，实现了国民经济持续、稳定、健康发展，全面完成了“八五”计划和市政府年初提出的各项目标任务。城市综合经济实力明显增强，各项社会事业取得新的成就。全市国内生产总值达到 740 亿元，按可比价格计算，比上年增长 10.8%，提前 5 年实现了比 1980 年翻两番的第二步战略目标。其中，第一产业(农业) 154 亿元，增长 3.0%；第二产业（工业和建筑业）340 亿元，增长 11.0%；第三产业 246 亿元，增长 15.3%。人均国内生产总值为 4880 元。

农业和农村经济 1995 年，全市进一步贯彻落实党的农村政策，深化农村改革，大力推进科技兴

农，增加农业投入，农业生产稳步上升，农村经济全面发展。全年农业增加值达154亿元，按可比价格计算，比上年增长3.0%。粮食生产连续3年喜获丰收，粮食产量达587万吨，比上年增长2.3%。生猪出栏963万头，节粮型畜禽发展加快，全年肉类产量76.74万吨，比上年增长2.9%。

农业生产条件进一步改善。年末全市农业机械总动力209.37万千瓦，比上年增长5.2%；全年农村用电量10.26亿千瓦时，比上年增长8.6%；年内农村化肥施用量26.98万吨（折纯量），比上年增长10.0%。林业生产稳步发展，全市造林面积2.5万公顷。

乡镇企业继续保持强劲发展势头。1995年全市农村乡、村两级企业增加65.99亿元，比上年增长35.9%；营业收入226.37亿元，比上年增长41.6%；利润总额4.58亿元，比上年增长12.5%；税金10.22亿元，比上年增长3.1%。乡镇企业已成为我市农村经济发展的主体力量。

工业 1995年，全市工业生产持续稳定发展，实现工业增加值300.0亿元，按可比价计算，比上年增长10.8%。其中轻工业实现增加值92.0亿元，重工业实现增加值208.0亿元。作为全市工业生产主要支柱和优势产品的汽车、摩托车工业增长势头较强，汽车产量10.88万辆，比上年增加2.21万辆，增长24.0%；摩托车产量突破200万辆大关，达219.76万辆，增长29.1%。被誉为重庆市“企业排头兵，效益支撑点”的工业五十强企业再传捷报。据初步统计全年完成销售收入277.84亿元，实现利税41.97亿元，分别占全市工业的47.0%和93.0%。在汽车、摩托车、通信设备、发电设备等优势产品保持较大幅度增长的同时，近几年轻纺工业通过结构调整形成的纯化纤布、日化产品、啤酒、高档日用瓷、玻璃制品等新增长点已显示出强劲的增长势头和良好的经济效益。

工业经济总体效益有待改善。全市乡及乡以上独立核算工业企业实现利税45.2亿元，比上年减少6.66亿元。工业品产销率为96.3%，比上年上升0.9个百分点，资金利税率为6.2%，同比下降2.4个百分点，成本利润率为0.7%，同比下降2.0个百分点；流动资金周转次数为1.28次，加快0.01次。全员劳动生产率（按增加值计算）12997元/人，较上年增长8.8%，工业经济效益综合指数为73.0%，比上年下降7.5个百分点。部分工业企业生产经营困难，全市工业企业亏损面32%，亏损额较上年净增6.25亿元。

建筑业生产继续发展 1995年实现建筑业增加值40.0亿元，按可比价格计算，比上年增长12.8%。全市国有建筑企业经济效益有所好转，全员劳动生产率33920元/人，比上年同期增长11.1%。

商业和市场物价 1995年，重庆市城乡市场繁荣。全年实现社会消费品零售总额274.46亿元，比上年增长25.3%，其中城镇218.02亿元，增长23.7%。农村56.44亿元，增长31.9%。各种经济类型的商业企业竞争激烈。国有及国有控股企业商品零售额比上年下降1.68%，集体企业商品零售额比上年上升14.2%，私营、个体经济零售额大幅度上升，比上年增长39.8%。

城乡集市交易十分活跃。全市集贸市场已达1113个，全年成交额达183亿元，比上年增长49.0%。市场建设投入力度加大，市场设施面貌明显改观。全市用于商品市场建设的资金达12亿元，比上年增长20.0%，新增营业面积60万平方米，市政府确定的67个市场建设目标项目超额完成，重庆作为区域性商品物资集散中心的贸易功能进一步增强。

物价调控取得成效，圆满完成市政府控价目标。1995年，全市各级党政部门加强了对市场物价的监管工作，对关系国计民生的重要商品价格采取了切实有效的调控措施，市场物价涨幅逐月回落，全年商品零售价格总指数为116.3%，比上年回落10.2个百分点，居民消费价格总指数为119.4%，回落10.3个百分点，圆满完成了市政府年初提出的控价目标。

财政、金融、保险业 1995年，全市各级财税部门努力克服困难，积极强化税收征管工作，千方百计开辟财源，财政收入稳定增长。全年地方预算内财政收入完成34.42亿元，比上年增长26.2%。金融形势良好，全市金融部门大力组织存款，年末银行存款余额达391.98亿元，比上年增长28.1%；银行贷款余额460.40亿元，比上年增长21.6%。全市企事业单位投保企业财产、机动车辆、货物运输责任险38万户，有182万户城乡居民投保家庭财产保险。全年共处理各类赔损案9万件，赔付金额达3亿元。

能源 1995年，我市继续加强能源开发和节能工作并取得较好成效。全市一次性能源生产量1445.80万吨（折标准煤，下同），比上年增长1.1%，一次能源消费量1783.85万吨，比上年增长5.4%。其中工业消费能源1238.53万吨。全市工业节约能源64.45万吨，节能率4.9%。

交通运输业进一步发展 1995年交通运输部门完成货运量4911.4万吨，比上年增长2.0%；完成客运总量14941.6万人次，比上年下降2.0%。全市运输部门全年完成货物周转量253.2亿吨公里，比上年增长3.3%。其中铁路周转量159亿吨公里，增长1.0%。交通系统公路周转量3亿吨公里，增长29.9%；水运周转量91.09亿吨公里，增长6.7%；航空货运量4万吨，增长32.5%。全市运输部门运送旅客周转量119.66亿人公里，比上年增长10.6%。其中铁路周转量53.2亿人公里，比上年下降2.6%；公路周转量42.84亿人公里，比上年增长16.9%；水运周转量16.09亿人公里，比上年下降5.0%；航空客运量233.3万人次，比上年增长25.4%；全年港口吞吐量507万吨，比上年增长17.9%。

邮电通讯业迅猛发展 全市完成邮电业务总量8.97亿元，比上年增长57.1%。无线寻呼迅速发展，BP机用户达17.15万户，比上年净增6.18万户，年末市话交换机总容量达67.86万门，移动电话用户3.24万户，增加1.58万户。全年长途电话业务量524.19万张，比上年增长72.1%，其中出口信函49.45万件。城镇居民电话普及率为12.0%，全市居民电话普及率为3.3%。

二、优化投资结构，集中力量保证重点建设

1995年，重庆市继续加强基础产业和基础设施的建设，加大了主导行业和优势产业的投资力度，全市固定资产投资保持较快增长。全社会完成固定资产投资200.93亿元，比上年增长30.2%。其中，基本建设投资42.5亿元，比上年增长6.9%，更新改造投资58.6亿元，增长34.8%，占投资总额的比重为29.2%；商品房投资43.6亿元，增长68.2%，增幅比上年下降75.7个百分点，占投资总额的比重为21.7%。按投资用途划分，生产性建设投资112.05亿元，比上年增长25.2%；非生产性投资88.89亿元，比上年增长37.0%。从投资产业结构看，第三产业投资比重继续上升，其中交通、邮电上升了0.7个百分点。重点工程建设进度较快，大中型项目和限额以上项目完成投资26.93亿元。

1995年，全市竣工工程项目1048个，建设项目投产率为53.7%。新增固定资产110.89亿元，比上年增长12.66%。施工房屋建筑面积3587.4万平方米，比上年增长25.2%，竣工房屋建筑面积2087.62万平方米，增长15.4%。固定资产投资新增生产能力和效益主要有：铝加工5.28万吨/年、发电机组容量20万千瓦、输电线路250公里、水泥34万吨/年、汽车5.6万辆/年、中小学学生席位93816个、市内电话自动交换机43.4万门、长途自动电话交换设备2.5万路端、道路扩建长度9公里、改建公路34公里。重点项目建设继续加强，市政府年初确定的34个重点建设项目全部按计划推进，其中14个项目扫尾竣工或部分投产使用。嘉陵江滨江路和长江滨江路实现两车道通车，和尚山水厂一期工程和梁沱水厂一期工程实现供水；重庆发电厂西厂20万千瓦机组主体完工发电；市彩电中心主体投入使用；自渝50万伏输电线路竣工投产；城市中低压电网改造按计划实施，新建和扩建变电站6座，新增变电容量37.5万千伏安；国道210红双段封闭及路灯工程完工；两路口电动扶梯投入试运行；汉渝、成渝贵福干线光缆竣工；川陶160万平方米釉面砖工程竣工投产；渝港钛白粉工程竣工试生产；5万辆奥拓轿车技改主体完工。国家首期安居工程42万平方米顺利启动，当年竣工5万平方米。为支持区（市）县经济进入"快车道"，实施了区（市）县骨干项目计划，共22个项目，安排资金3.45亿元，加快了区（市）县经济增长点的形成。

1995年，我市城市基础设施进一步完善，城市综合功能明显增强。年末全市城市道路长度达1060公里，人行道324万平方米，人地天桥40座，公共厕所2189座，路灯45415盏。年末拥有环卫车辆349辆，公共汽电车2070辆，其中电车144辆，小公共汽车663辆，城市居民用气增加2.2万户。

城市园林绿化建设取得新发展，全年绿化植树165万株，年末公园达26个，建成区绿化覆盖率为24.6%，人均公共绿地面积2.0平方米。

城市环境质量有所改善。全年完成限期治理污染项目60项，投资3572.5万元，比上年增长67.2%。不断强化环保监察执法，严格处罚各类违规排放水污染物单位，全年征收超标排污费2271.2万元。

三、对外开放进一步扩大

1995年，重庆市继续加大对外开放的广度和力度，全市外贸进出口总额达到14.8亿美元，比上年增长12.9%，其中进口6.2亿美元，增长8.9%，出口8.6亿美元，增长16.0%。

1995年，全市实际利用外资5.1亿美元，比上年下降20%，招商引资质量进一步提高，吸收外资项目朝规模化方向发展。全年新批利用外资项目314项，协议外资金额8.46亿美元，平均每个项目协议外资额比上年增长75.5%。其中，新批各类外

商投资企业261家，协议金额4.8亿美元，实际利用外资3.2亿美元。

截至1995年底，全市共批各类外商投资企业1941家，已工商注册1744家，其中近60%已开业经营，全年实现销售收入85.7亿元，利税3.7亿元，出口创汇6320万美元。

1995年，重庆经济技术开发区加快软硬环境建设，招商引资取得新进展。全年引进外商投资企业26户，投资总额11705万美元，比上年增长2.6倍；利用外资9031万美元，比上年增长1.8倍。新成立内资企业18户，注册资金8839万元。区内国民经济迅速发展，已开工企业达530多家，全年实现国内生产总值7.27亿元，比上年增长17.8%；工业总产值12.94亿元，比上年增长60.0%；完成税收总额9132万元，比上年增长51.8%；完成财政收入7261万元，比上年增长20.0%。经济技术开发区已成为重庆市利用外资和发展外向型经济的重要基地。

国际旅游业取得了良好的经济效益和社会效益。1995年来渝旅游访问以及从事各项活动的外国人、华侨、港澳台同胞12.49万人，其中外国人8.49万人。全年旅游外汇收入达4900万美元，比上年增长8.4%。在扩大对外开放的同时，进一步扩大对内开放，积极发展横向经济联合协作，1995年全市新增经济联合组织386个，执行经济技术协作项目755项，联合项目投资总额14.27亿元，协作引进重点项目资金9.10亿元。

四、社会事业全面发展

科技 1995年，我市继续深化科技体制改革，全面实施“科技兴渝百亿工程”计划，投入资金8亿元，实现销售收入92.6亿元，实现利税10.1亿元，创节汇3636万美元。全年新上重点科技计划项目103项，完成市级重大科研成果380项，重点推广应用科技成果4项，科技攻关项目50项，星火计划项目15项，火炬计划项目12项。发展高新技术企业30家。

1995年，全市获国家科技进步奖13项，发明奖1项，获四川省科技进步奖65项，市级科技进步奖100项。国家专利局批准授予我市专利权316件。

技术市场不断发展，技术商品贸易活跃。1995年签订技术合同2077项，合同交易额达2.64亿元。民营科技企业机构总数达2283个，技工贸总收入达到30多亿元，比上年增长20.0%。

重庆高新技术产业开发区初具规模，区内现有三资企业192家，内资企业1500家，从业人员3.2万多人，注册资金11亿元人民币，全年协议使用外资3.8亿美元，实现技工贸总收入21亿元，比上年增长40%。

教育 普通高等教育不断发展。1995年全市招收本、专科学生2.37万人；在校学生7.18万人，增长2.4%，毕业生2.17万人，其中博士、硕士研究生620人。

全市各类中等职业技术学校在校生6.77万人（含技工学校学生2.76万人），占高中阶段在校学生的比重达到37.0%，初步形成了多层次、多学科、多形式的中等职业技术教育体系。

九年制义务教育进一步普及。全市初中在校学生57.8万人，比上年增加26.2%，小学在校学生133.0万人。7—11周岁学龄儿童入学率达99.9%。小学毕业生升学率达93.2%。小学学生流失率已降至0.1%，初中学生流失率3.9%，比上年下降1.2个百分点。成人教育效果明显。1995年各类成人高等学校招生2万人，在校学生5.66万人，毕业生1.33万人。成人中等专业学校在校学生2.57万人，毕业生0.6万人。成人技术培训学校在校学生98.66万人，毕（结）业学生183.59万人。

文化、新闻、出版、广播、电视事业取得新发展 重庆彩电中心已基本建成，开始投入使用。1995年全市制作广播剧5部5集，电视剧3部20集。市广播电台每日播出节目108小时51分，市电视台每周播放自办节目168小时40分，重庆有线电视台传送节目达到7套。全年共发行各种影片244部，放映电影7.92万场。出版各类图书1007种，15219万册。全市电视覆盖率达到75%，广播覆盖率达到85%，进一步丰富了人民群众的文化生活。

卫生事业稳步发展 1995年全市卫生机构2224个，床位45032张，比上年增长1.1%，卫生技术人员5.6万人，其中医生2.5万人，平均每万人拥有卫生技术人员37名。

体育事业成绩显著 1995年重庆市运动员在第三届世界武术锦标赛中，获得女子刀术冠军；在第九届世界杯跳水比赛中获得男子团体冠军、男子混合团体冠军以及男子10米双人同步跳水冠军和1米板亚军。在第三届全国城市运动会上，重庆市运动员获金牌5枚、银牌16枚、铜牌19枚，取得团体总分和奖牌总数第四的好成绩。在国际国内体育比赛中，重庆市运动员有1人1次创破1项亚洲青年纪录，有3人5次创破4项全国纪录。群众体育活动广泛开展，全市学校施行国家体育锻炼标准达标人数106.64万人，达标率94.1%。

人民生活和人口 1995年，人民生活继续得到改善。全市职工工资总额102.51亿元，比上年增长13.3%，职工平均工资4850元，比上年增长13.8%，据抽样调查资料表明，全市城镇居民年人均生活费收入达到4052.68元，比上年增长20.4%，农民人均纯收入1554.14元，比上年增加399.69元，扣除价格因素，城乡居民实际收入分别增长0.8%和5.7%。城乡居民储蓄大幅度增加，年末居民储蓄存款余额达304.5亿元，比上年净增90.28亿元，增长42.1%。

劳动制度改革向纵深发展，新的就业体系正逐步形成。1995年全市指导安置城镇就业人员5.72万人，就业前培训4.72万人次。随着劳动用工制度改革力度加大，企业全员劳动合同制已在我市全面推进，年末合同制职工达90.70万人，占城镇职工的42.6%。社会保障体系正逐步建立和完善，全市城镇基本实行了“全方位一体化”的养老和失业保险制度，社会保障覆盖率已达85%，有72%的职工享受了养老和失业保险。1995年末全市职工人数为212.90万人，城镇失业率为2.4%。

社会福利事业不断发展。1995年全市建立社区服务设施1385个，便民利民服务网点1776个；国家、集体办各种社会福利院、敬老院736个，床位1.72万张，在院人数1.20万人。1995年，全市新增扶贫户2.95万户，已有2.89万户贫困户脱贫。社会福利企业较快发展，年末全市福利企业达1076个，安置残疾人1.2万人，完成增加值3.92亿元，实现利润5200万元。

1995年末，全市总人口已达1520.4万人，比上年增长8万人，增长0.5%。

奋进的“八五”，辉煌的成就
——重庆市“八五”经济社会发展成就综述

“八五”计划时期，是重庆改革开放、经济建设和社会发展最辉煌的5年。在中共重庆市委、市人民政府领导下，全市人民坚持党的基本路线，认真贯彻中央“抓住机遇，深化改革，扩大开放，加快发展，保持稳定”的方针，开拓创新，真抓实干，改革开放大踏步推进，国民经济持续、快速、健康发展，社会保持稳定并不断文明进步，取得了前所未有的成就，全面完成了“八五”计划确定的各项目标任务。

一、经济社会发展各个领域的历史性变化

1. 改革大步推进，社会主义市场经济体制加速建立。

“八五”期间是我国经济体制向市场化取向改革目标迈进的重要阶段，重庆作为全国第一个综合经济体制改革试点的大城市，充分利用改革的先行效应，加快传统计划经济体制向社会主义市场经济体制转换。整个经济的微观基础基本实现市场化，资源配置形成以市场为基础的良性机制，企业改革还向建立现代企业制度的目标推进。宏观经济管理体制、方式、手段和作用发生了根本性变化，打破了长期以来高度集权而单一的“行政—计划”控制的格局，逐步由直接控制为主转向间接调控为主，经济体制改革已进入全面制度创新阶段，新一轮的综合改革正按计划推进。

2. 经济开放全方位开展，初步形成对外开放的格局。

“八五”期间，重庆及时把握小平同志南巡谈话、长江开发开放、三峡工程建设和库区开发开放所带来的历史机遇，积极推进全方位开放，大力发展外经外贸，努力吸收利用外资，经济发展的开放度大大提高，重庆已经融入我国面向世界开放与交流的大潮之中，已由较为封闭的内陆城市逐步发展成为享有省级外贸经营管理权、拥有国家级的经济技术开发区和高新技术产业开发区的沿江开放城市。一个重点突出、结构合理、整体推进的对外开放新格局已初步形成。按照市场经济的客观规律，大力发展区域经济协作，发挥重庆作为中心城市的依托带动功能，与邻近和相关的三峡库区、长江沿江地区、西南地区展开了全面交流，合作规划发展经济建设重大项目，开展经贸、资金、资源、技术人才的协作，对内开放成效显著。

3. 经济持续、快速、健康发展，工业化、现代化进程加快。

“八五”计划是建国以来我市执行得比较完善也是十分成功的一个五年计划。由于把握住发展机遇，贯彻好中央宏观调控精神，掌握好调控时机和力度，避免了经济发展的大幅波动，保持了持续、快速、健康发展的良好趋势。“八五”全市经济年均可比增长12.8%，是改革开放以来经济增长速度快、增长稳定性好、增长持续时间长的时期。经济的持续快速发展，为全市经济社会发展战略的总体推进，为加快工业化、现代化进程奠定了物质基础。“八五”计划的圆满完成，使我市提前5年实现了国民生产总值比1980年翻两番的第二步战略目标，经济总量成倍增长，社会文明不断进步，人民生活由温饱迈向小康，经济社会发展运行的现代化程度稳定提高，部分领域已达到或接近国际先进水平，总体上正加速向现代化推进。

4. 城市建设旧貌换新颜，城乡经济发展协调展开。

“八五”以来，随着改革开放和社会主义市场经济的发展，重庆作为区域性中心城市的综合功能取得充分发挥。城市建设日新月异，交通、通信、桥梁、供水等城市基础设施重大项目建设和大规模的旧城改造、房地产开发、新城区建设，使山城旧貌换新颜，中心城建成区面积由85平方公里增加到110平方公里，并开始向都市圈拓展，重庆作为我国西部重要的工商业重镇和长江上游的经济中心正以崭新的面貌展现于世。围绕中心城建设，我市城镇体系发展也

全面展开，“八五”期新诞生了江津、永川、合川3个小城市，其它各县城、重点城镇、小城镇也随地区经济发展如雨后春笋般成长壮大，以中心城为核心，通过现代化的交通、通信网络连接小城市、县城、中小城镇的区域城镇体系已初步形成。城镇体系的发展壮大，促进了城乡经济的协调发展和城市化水平的提高，“八五”期间，市委、市府放宽政策、增加投入，努力把区（市）县经济发展推进快车道，各地解放思想，改革创新，大力发展以乡镇企业、集体经济、私营经济为重点的地方经济，使区（市）县经济成为全市经济总量和增量中越来越重要的力量。区(市)县经济的发展和农村工业化的推进大大加快了城市化的进程，“八五”期末我市城市化水平已由“七五”期末的24.8%提高至27%，城乡差距日益缩小，现代文明在城市化过程中加速交融。

二、五年建设发展的辉煌成就

1. 经济实力显著增强，经济结构不断优化。

“八五”期间，我市国民经济持续、快速、健康发展，经济实力显著增强，经济总量迈上新的台阶，全市国内生产总值由1990年的207亿元增加到1995年的740亿元，5年累计实现国内生产总值2209亿元，年均增长12.8%，创历史最好水平，比“八五”计划目标高6.6个百分点，也比“七五”年均增长率高5.8个百分点，并超过了同期全国平均增长11.7%的水平，全市人均国内生产总值也由1990年的1395元增长加到1995年的4862元。经济的发展和财税体制的改革，极大地增加了政府财政收入，城市综合财力也有较大提高，5年累计完成地方财政收入219亿元，比“七五”期间增长92.6%，年均增长19.3%。国民经济总量增加的同时，经济结构也不断调整优化，三次产业结构发生了明显变化，逐步向高级化方向演进，第一、二、三产业增加值在国内生产总值中的比重分别由“七五”期末的27.6：45.6：26.8演变为“八五”末的20.8：45.9：33.3，其中第一产业在总量稳步增加的前提下比重合理下降，第二产业保持总量的增长和比重的稳定，第三产业呈现总量、比重同步增长的势头，这不仅符合经济发展的客观规律，也标志着我市工业化、现代化发展进入一个新的阶段。

2. 农村经济稳步发展，乡镇企业异军突起。

“八五”期间，我市继续把农业和农村经济发展放在重要位置，深化和完善农村第二步改革，不断加强改进农村工作，促进了农业生产的稳步上升和农村经济的持续发展。1995年全市农业增加值达154亿元，比1990年可比增长16.9%，平均每年增长3.2%。粮食生产持续稳定，5年累计生产粮食2881.4万吨，比“七五”期间增加36万吨，并在1991年创造了年产粮食598万吨的历史最高产量，油料、水果、蔬菜等产量也有明显提高。在稳定种植业发展的基础上，以养殖业为重点的多种经营生产也有了大的发展，1995年生猪出栏948万头，禽肉产量6.9万吨，水产品产量8万吨，分别比1990年增加41万头和79.6%、77.8%，农业生产的市场化程度大大提高，农民能根据市场需求生产市场畅销的农副产品。农业生产经营方式逐步摆脱传统的小农经济方式，迈向社会化产业化生产，与此相适应，一批起点高、产量大、品质好的农副产品商品基地建成投产，提高了农业产出效益，高产、优质、高效“两高一优”农业发展取得可喜成效，农业生产正向产业化、市场化、现代化加速推进。

适应农村工业化、城镇化发展，“八五”期间我市乡镇企业由小到大，迅速崛起并保持强劲的发展势头。1995年全市乡镇企业总产值突破900亿元，比1990年增长8倍。乡镇企业迅速发展，使一批亿元村、10亿元乡脱颖而出。围绕我市工业主导产业发展，不少乡镇企业配套发展成长成为快速增长、跳跃前进的明星企业，乡镇企业已成为振兴全市农村经济、吸纳农村剩余劳动力、增加农民收入、推进农村工业化、城镇化、现代化的主体力量。

3. 培育壮大工业支柱产业，壮大经济新增长点。

“八五”期间是自新中国成立以来重庆工业发展最快的时期，1995年全市工业增加值可达300亿元，比1990年可比增长115.9%，平均每年增长16.6%，5年间全市累计实现工业增加值901亿元，比“七五”期间增长1.3倍。“八五”期间，我市把培育壮大支柱产业，壮大经济新增长点作为发展工业经济的重点来抓，通过深化改革、加大投入、更新改造、军民结合等方法，调整优化产业结构和行业结构，优先支持优势行业、骨干企业、拳头产品的发展，交通运输设备制造、电子通信设备制造、自动化仪器仪表和精细化工等行业已逐步发展成为全市工业的支柱行业，其中汽车、摩托车制造业已成为我市工业发展的第一大支柱产业。“八五”期间全市汽车、摩托车制造业增加值平均每年递增48%，1995年汽车产量突破10万辆，摩托车产量已达200万辆，形成了以经济型轿车、轻型车、微型车、重型车、摩托车为重点，改装车、异型特种车为补充，零部件同步发展的汽车、摩托车产营销体系，重庆已成为我国新兴的汽车工业基地。在重点发展支柱产业的同时，也积极引导扶持传统工业的发展，运用市场机制推动轻工、食品、日化、服装等行业的内部改造、新产品开发，形成了一批产量大、质量好、效益高的名优产品，扩大市场占有率。按照“抓大放小”的方针，在工业发展中发挥工业50强作用取得较大成效，1995年重庆工业50强企业实现的工业产值和利税分别占全市工业总产值和利税的45%和95.5%。同时，大批中小企业在市场经济条件下放开搞活，有的正在成长为“小型巨人”，对繁荣全市工业经济起到很好的作用。

4. 强化基础建设，社会物质基础日趋雄厚。

“八五”期间，我市多渠道筹集建设资金，增加经济建设投入，全社会固定资产投资保持了高速增长的势头。“八五”共完成全社会固定资产投资602亿元，是“七五”期累计完成投资额的2.8倍。在投资总量增加的同时，投资结构也不断趋于合理，能源、交通、通信、城市基础设施、农业等基础性投入力度不断增大，支柱产业、重大社会事业项目的投入占有相当比重，保持了经济社会协调发展。高强度的投入有力地支撑和推动了“八五”时期全市国民经济和社会事业的发展，同时也增强了“九五”经济发展的后劲。

“八五”我市投资集中资金加强重点建设，强化基础产业和基础设施，改善投资环境，形成了一批新的生产能力，建成投产的重大项目是历史上最多的一个五年计划。5年中全市新增发电装机100万千瓦，建成成渝高速公路重庆段114公里，新增港口吞吐能力84万吨，新增程控电话82万门，新增供水能力499万吨/日，新建和改造城市道路107.6公里，新增钢生产能力48万吨，铝材加工能力19万吨，汽车、摩托车生产能力成倍增加。新建成的珞璜电厂、成渝高速公路重庆段、重庆火车站、重庆汽车站、重庆港客运站、两江滨江路、菜袁公路、谢陈公路、和尚山水厂、梁沱水厂一大批基础设施工程，极大地增强了城市综合功能。房地产开发建设也迅猛发展，累计竣工974万平方米住宅面积，新建了一大批高层公共建筑，既改善了人民生活，拓展了城市空间，又极大地改变了山城面貌，鳞次栉比的高楼大厦使美丽的山城更加壮丽挺拔。

5. 商业贸易繁荣兴旺，金融形势稳定，市场体系建设取得重大成效。

“八五”期间，随社会主义市场经济的发展和第三产业的崛起，我市按照大贸易、大流通的思路，深化商业体制改革，放开搞活市场经营，市场呈现一片繁荣景象。5年间全市社会消费品零售总额累计实现914亿元，比“七五”期增长1.3倍，年均增长23%，其中1995年全社会消费品零售总额达275亿元，比1990年增长1.8倍。城乡集市活跃，5年成交累计达400亿元，比“七五”期翻了两番多，集贸市场的迅速发展，方便了人民生活，丰富了城乡人民的“米袋子”和“菜篮子”。

“八五”期间，加快金融体制改革，保持金融稳定，促进金融保险业发展，新增各类金融机构网点695个，1995年银行存款余额达398亿元，5年净增243亿元，年均增长29%；贷款余额450亿元，年均增长22%，贷款增幅小于存款，存贷差比例逐步缩小。保险业也得到长足发展，国内外保险费成倍增长，保险业务范围继续拓展，金融保险业的稳定发展，极大地推动了经济快速增长，维护了社会稳定。

社会主义市场经济的发展，推动了重庆市场体系建设。“八五”期间，我市加大投资和引资力度，加快市场设施建设，新建成了友谊、富安、群鹰、新世纪、明日上海广场、百盛等一大批现代化的大型零售商场，同时，重点新建、改扩建了朝天门、菜元坝消费品批发市场，建成了观音桥、学田湾、杨家坪、小龙坎等大型农贸批发市场，极大地改善了重庆的购物环境。发挥重庆既是大的生产中心又是大的消费中心优势，我市生产资料市场建设也得到前所未有的发展，形成了期货、批发、现货交易相结合的多层次市场体系，其中重庆商品交易所、重庆建材市场、重庆钢材市场、西南包装市场、西南机电市场等已发展成为区域性的大市场，在长江上游、西部地区乃至全国都具有较大的影响。此外，资金、资本、科技、人才、房地产等要素市场的发展也不断加强，成为我市市场体系的重要组成部分。配合市场的建设发展，仓储、配送、市场中介、综合服务等市场的配套服务行业也得到相应发展，一个公开、公正、公平、竞争有序、规范化的市场体系已初步建成。

6. 对外开放发展迅速，外经外贸取得重大成就。

“八五”以来，我市加大对外开放力度，加强与国际经济的融合，对外贸易和招商外资工作都取得重大进展。目前，与我市有贸易往来的国家和地区已达150余个，“八五”期对外贸易发展迅速，全市进出口总额累计达52亿美元，比“七五”期净增32亿美元，增长1.6倍。其中出口总额31亿美元，出口结构大大改善，机电产品、化工、医药等工业制成品出口比重不断提高，进口引进了一批先进设备、关键技术和重要商品物资，提高了我市经济和企业素质，弥补了国内市场短缺。“八五”期间，我市积极吸收利用外资，成功举办了香港、新加坡等大型海外招商会，采取走出去、请进来等多种形式宣传介绍重庆，欢迎外商来渝投资，取得了明显成效。5年间我市共签订利用外资项目合同1900余个，协议利用外资金额24.7亿美元，实际利用外资19.5亿美元，兴办外商投资企业1900多家。日本本田、五十铃、雅马哈，美国百事可乐，英国BP公司等国际知名的大公司和香港、台湾、新加坡等地的大财团纷纷来渝投资重大项目，为重庆经济建设和城市发展注入了新的活力。此外，“八五”期间我市还开展了广泛的国际交往活动，重庆与世界全方位的交流日趋频繁，目前我市分别与美国西雅图、加拿大多伦多、日本广岛、法国图卢兹、英国莱斯特、意大利波纶亚和俄罗斯沃罗涅什等7个城市结为友好城市。充分发挥长江三峡旅游和我市地方旅游优势，吸引大批海外游客到重庆观光游览，5年累计接待境外游客53.4万人次，比七五”时期增长一倍，旅游创汇收入达12.31亿元，增长4.6倍，同时增加了世界了解重庆的机会，提高了重庆的知名度。

7. 科技、教育、文化、卫生、体育等社会事业全面发展，精神文明建设得到加强。

“八五”期间，我市大力实施“科教兴渝”战略，发挥科学技术是第一生产力的作用，推进“科技兴渝百亿工程”，5年共完成重大科技项目1113项，获市及市以上科技成果奖励项目800多项，其中有20项分别获国家自然科学奖、国家发明奖和国家科技进步奖。科技成果应用累计实现产值63.4亿元，完成利税14亿元，节、创汇8300万美元，科技进步对全市经济增长的贡献率由“七五”末期的30%提高到38%左右。积极发展教育事业，增加教育投入，改善教育设施，提高教师待遇，强化普及义务教育，发展高等教育，规范成人教育，大力开展职业培训再教育，初步形成了包括高等教育、中等教育、职业技术教育、中小学教育、成人教育和特殊教育的完整教育体系。“八五”全市基本消除青壮年文盲和半文盲，人均受教育年限提高到7年，九年制义务教育正加速普及。稳步发展卫生事业，深化医疗制度改革，建成了一批重点医疗设施，初步形成了从医学科教到预防治疗较为完整的医疗卫生网络。文化事业繁荣兴旺，新闻出版、广播电视发展较快，新建成了重庆彩电中心等骨干项目，创办了重庆有线电视台、重庆商业广播电台、《重庆晨报》等具有较大影响的传媒事业，人民群众的文化生活进一步丰富。体育事业成效显著，通过申办城运会，掀起了全民健身热潮。在世界大赛中，重庆健儿两次创（超）一项世界纪录，三次创（超）两项世界青少年纪录，三次创（超）三项亚洲纪录。城乡精神文明建设取得成效，城市管理水平不断提高，全市性的创卫活动增强了市民的环卫意识，较大地改变了市容市貌。

8. 城乡居民收入大幅度增加，人民生活水平明显提高。

“八五”期间，我市经济持续发展为改善人民生活奠定了物质基础，卓有成效的计划生育控制人口过量增长为增加收入提供了可能。5年中，我市人口净增41万人，1995年达1524万人，人口自然增长率控制在5‰左右，达到“八五”计划控制目标。同期，全市职工工资由1990年的2149元增加到1995年的5150元，增长1.4倍，平均每年递增20%；城市居民生活费收入由1990年的1552元增加到1995年的4050元，增长1.6倍，年均增长21.1%；农民人均纯收入由1990年的688元增加到1995年的1400元，增长1倍，年均增长15.2%，扣除物价上涨因素，城乡居民收入增幅均高于“七五”期的年均递增速度。1995年，我市城乡居民储蓄存款余额已达300多亿元，比“七五”期末增长3倍。经济的发展，收入的增加，大大提高了人民生活水平，城乡居民生活质量、消费档次日益提高。城市人均住房面积由“七五”期末的5.07平方米增加至6.7平方米。居民家庭中彩电、冰箱、洗衣机等已基本普及，空调、电话、电脑等新的贵重消费品拥有量明显增加，人民生活开始由小康走向富裕。

“八五”期间，重庆市经济社会发展取得了前所未有的辉煌成就，纵观走过的历程，这些成就的取得一是市委、市府始终坚持以经济建设为中心，把握“抓住机遇，深化改革，扩大开放，促进发展，保持稳定”的工作大局，正确处理“改革、发展、稳定”的关系，有明确的奋斗目标和方向。二是加强了经济工作的综合平衡，不断改进调控方法，掌握好调控力度和时机，保持经济持续快速增长。三是大力推进产业结构调整优化，巩固基础产业，培育壮大支柱产业，发展经济新增长点。四是集中力量抓好重点建设，形成新的生产力。五是坚持经济社会协调发展，促进社会全面进步。六是全市干部群众齐心协力，群策群力，辛勤创造的结果。这些经验是我市现代化建设的宝贵财富，需要在今后的发展中继续发扬光大。在回顾“八五”建设成就的同时，也要看到，重庆“九五”和跨世纪发展依然存在和面临农业基础较弱、整体经济运行质量不高、国有企业活力不足、市场物价涨幅过大、部分低收入家庭实际生活水平下降等不容忽视的问题，这些问题有的是历史沉淀下来的老问题，也有“八五”改革发展中出现的新问题，但必须在未来“九五”和跨世纪发展中逐步加以解决。

附录

重庆市基础设施招商项目

国道319渝长公路（重庆上桥——长寿段）合作建设经营意向

1. 国道319线渝长公路简介

重庆上桥至长寿公路是国道主干线上海至成都在四川省境内的一段（总里程84.33公里），是中国交通部确定2000年实施的国道主干线的组成部分，也是配合长江三峡水电工程建设，提供必要交通保障的重要项目。

技术标准：一级汽车专用公路标准。

工期：总工期5年，即计划1994年底前陆续完成全段施工图设计，于1995年初开工建设，1998年完成隧道、特大桥等主体工程，1999年底全线建成通车。

交通量预测：2000年，交通量达32508辆；2010年，交通量达64040辆；2020年，交通量达94800辆。

2. 效益分析

(1) 收费预测。参照重庆市财政局、物价局、交通局1994年3月18日批准的成渝公路重庆段收费标准测算，参考物价上涨指数。

(2)管理养护费用测算。参照成渝公路重庆段测算，1995年重庆上桥至长寿段公路管理养护费为3031万元，上桥至童家院子为750万元；以后各年可参考物价指数调整。

(3)效益评价。重庆上桥至长寿桃花街84.33公里，内部收益率IRR20%；投资回收期（包括施工期5年）16年。重庆上桥至童家院子20公里，内部收益率IRR20.5%；投资回收期（包括施工期5年）13年。

重庆汽车西站工程简况和合作建设经营意向

重庆汽车西站位于重庆市沙坪坝区陈家坪，为新建成都至重庆高速公路的终点。经重庆市规划局〔1992〕347号文定点、划红线，重庆市计委〔1993〕49号文批准建设。截止目前，已基本完成红线内9万多平方米土地的征地、拆迁、补偿和安置等工作。

建设总规模：为75150平方米，其中客运站18420平方米；货运站15390平方米，地下车库及停车场41340平方米。

投资估计：总体费用为人民币47223.5万元。其中：土地征用费2215.5万元；三通一平费784万元；土建工程费39874万元；设备购置费4350万元。

经济效益预测：按照首期工程建设立体停车场的经济效益测算，1995年货车日流量1973辆，客车日流量可达4245辆。以递增幅度测算至2010年客货车日流量可达9460辆。立体停车场停车费的收入（计算至2010年）累计总额为人民币14632万元，财务总净收益为8064万元，正常年收入为927万元，投资收回期9年（包括建设期2年）。

主要合作形式和条件是：

(1) 中方以土地使用权和工程项目开发权为合作条件，外方以现金投入为合作条件，共同组建“合作公司”进行建设和经营；

(2) 收益分配中方中51%，外方占49%，或按合同约定进行收益分配；

(3)合作期限15年至20年，或视双方各自的投资额度、经济效益、回收期长短而定；

(4)合作经营期满后，该工程项目的财产所有权和经营权无条件归中方所有。其具体合作条件在协议和合同中商定。

重庆市菜园坝客货综合码头合作建设项目

拟建的重庆市菜园坝港区是重庆地区的客、货由公、铁转水或由水登陆最方便的交通口岸。

建设规模：货运码头，泊位3个，年吞能力80万吨级；客运码头，泊位3个，年通过能力80万人次，客运站2500平方米；大型车库3.4万平方米。

总投资：预计9400万元人民币，建设期预计3年。

年度总货运量预测：2000年客运每年80万人次，货运每年30万吨；2020年客运每年150万人次，货运每年50万吨。

重庆商贸大厦工程概况和合作建设经营意向

重庆市公路运输总公司拟将所属的重庆招商商场改造扩建为重庆商贸大厦，项目座落在重庆市商业贸易经济中心的解放碑地区。

建设规模：本项目于1993年7月28日，经重庆市计划委员会批准立项。确定建设规模为：大厦占地面积5500平方米；建筑总面积37500平方米；其中：拟建23层的高层建筑物一座，大厦主楼建筑面积15000平方米，设计为中高档次的写字间、交易厅等。拟建4～6层裙楼，建筑面积为19500平方米，设计为商业贸易厅堂。地下建3000平方米的车库，顶楼为屋顶花园。

合作建设经营意向：方案1：本项目总投资为3670万美元，中方投资51%，外方投资49%。中方以地产和部分现金投资，外方以现金投资。中外双方组成合作公司合资建设并合作经营，按投资比例分享盈利和分担风险。方案2：中外双方洽商谈判，中方出让地产使用权40年，外方出资购买其使用权，可独资建设与经营。

以上招商项目联系单位：重庆市计划委员会

联系人：马兴蓉

电话：3851294

传真：(0811) 3851258

1995年改革开发大事记

1月

3日 在全国第六届新技术新产品博览会上，我市展团共签订合同金额1.3亿元，24个项目分别获得金奖、银奖。

▲西南车辆制造厂的军转民拳头产品“铁马”载重汽车，年内将向泰国出口441辆，创中国重型汽车批量出口最高记录。这批汽车出口，将为工厂创收人民币2亿元，为国家创汇近2000万美元。

5日 我市21个区（市）县实现基本绿化，绿化栽植率、绿化覆盖率、人均公共绿地分别达到和超过98%、20%和3平方米的要求。

10日 据报道，私营和个体经济已成为我市第三产业的主力。在全市第三产业单位数中，94.7%是私营和个体经济成份，从业人员占41%。全市第三产业企业单位年营业收入105亿元，销售（营业）税金6.5亿元，营业利润13亿元，其中个体户营业收入39亿多元，上交税金2.8亿余元

2月

10日 据报道，我市“科技兴渝百亿工程”首战告捷。迄今，已启动计划项目105项，投入资金5.98亿元，其中贷款2.64亿元，企事业自筹3.34亿元；已新增销售收入16.16亿元，新增利税1.86亿元。

17日 据报道，我市实行计划生育的24年间，累计少生430万人，为国家和家庭节省消费资金520亿。1994年我市人口自然增长率低于全国、全省平均水平。

▲据报道，我市电网建设计划在1995年到1997年间完成基建总投资4亿元。今年将投资1.5亿元，建成投运渝中区临江路、南坪响水洞和石桥铺、巴山、来苏等5个送变电工程。

▲我市中二型国有企业——合川市罐头厂宣告破产。

▲据报道，1994年我市有价证券公司完成各项业务总量达120.22亿元，比上年增长26.5%。全市证券交易额进入中国证券业协会所评前20强，位居第13位。

18日 据报道，今年我市计划投资14.4亿元用于通信事业，比去年增加63.64%，主要建设项目包括江北新牌坊长途枢纽楼工程、汉—渝光缆通信电缆工程、杭州—福州—贵阳—成都光缆工程重庆段建设，卫星地球站通信一期扩容，无线900兆通讯建设4期扩容等，项目建成后，我市通信条件和通信质量将得到极大改善。

▲总投资逾千万元的“市长工程”——大坪至石桥铺绿化街建设工程动工。

27日 我市将利用世界银行贷款544.13万美元、地方配套资金3100多万元，在潼南、铜梁、江津、合川、綦江、万盛、渝北等7个区（市）、县建成数十个无公害生态农业经济开发区。项目分6年完成。

3月

1日 我市开通200长途电话卡（即中国电话卡）业务。它是以密码记账方式使用的国际、国内长途直拨电话业务，为当今国际流行的拨打电话的一项新业务。

2日 珞璜电厂二期扩建工程立项。该工程投资47.5亿元，装机两台35万千瓦燃煤发电机组，预计1996年初动工，1998年建成投产。

4日 据报道，重庆交电站去年以8.5亿元销售额跻身全国最大商业批发企业的第18位。成为西南地区首屈一指的家电经营企业。

7日 据报道，我市投资环境进一步改善，到今年1月底，在渝投资的境外公司已达120多家，外资项目超过2043个，实际使用外资近19亿美元。

10日 我市巴南区、沙坪坝区入选1994年度四川省乡镇企业十强县之列。

11日 我市地方电力发展迅速，地方电力装机规模已达219864千瓦。去年发电量90255万千瓦时，年设备利用小时达4105小时，创历史最高水平，实现了全市乡乡通电。

▲我市江北区“集体经济试验区”挂牌一年来成效卓著，全区新办企业近8000户，注册资金达到8.6亿元，全年工业总产值、乡镇企业总产值、社会消费品零售总额、财政收入分别比上年增长85.2%、111%、70.1%和29.62%。

15日 据报道，我市长江上中游水果开发成绩斐然，5个项目实施县、市、区果园幼树产果和种植短期经济作物收入已达1600多万元。

▲国家级星火计划和我市科技兴渝百亿工程的示范项目——重庆洪宇聚脂厂北碚分厂投产。该厂生产的汽车表面漆经国家级检测中心检测鉴定，已达到国外同类产品的先进水平。该厂年产量可达11500吨，年销售收入突破4亿元，可为国家节约6000万美元的外汇支出。

16日 重庆被列为国家安居工程首批试点城市。今年我市城镇住房施工面积将达480万平方米，其中安居工程42万平方米；竣工住房面积185万平方米；解决人均居住面积4平方米以下困难户1万户。

17日 据报道，我市推广农业先导型技术项目成绩显著。自1991年实施推广项目以来，迄今全市新技术推广面积已达536.1万亩。新增纯收入3.23亿元。

24日 据报道，我市个体私营经济发展迅速。到目前为止，全市个体工商户和私营企业已达24.4万户，其中注册资金在100万元以上的有300户，产值和营业额上100万元的516户，上1000万元的16户，上1亿元的2户。全市个体户和私营企业上缴国家税金去年达4.5亿元，成为国家的一个重要税源。

4月

2日 长安汽车有限责任公司被正式确定为国家五大轿车生产企业之一，公司年产5万辆轿车纳入国家“九五”计划。

▲据报道，由重庆、宜宾、泸州三市和涪陵、万县地区组成的四川沿长江经济带已成为一条颇具活力的经济增长带。1994年，该区域工农业总产值达1192.5亿元。外贸进出口值逾20亿美元，分别占全省的31%和54%。

7日 据报道，连接成都和重庆的“信息高速公路”——成渝数字微波扩容改造工程即将动工。该项目被邮电部列为国家一级干线数字微波扩容改造的样板工程。总投资3400多万元，电路全程349公里，可于今年8月竣工投产。

11日 我市最大的蔬菜批发市场——盘溪市场建成开业。

13日 我市较场口——新山村城市轻轨交通项目。被列入国家利用第四批日元贷款计划。国家对此项工程预计安排1.4亿美元贷款。

18日 香港宝生银行重庆代表处成立并签署支持我市朝天门隧道工程项目400万美元的融资协议。宝生银行系港澳中银集团成员之一。在港拥有总行及15间支行。

▲全程114.2公里的成渝高速公路重庆段全线开通。车辆可一直通行到隆昌县。

▲'95重庆三峡之春招商引资经贸洽谈会落幕，据初步统计，会上谈成项目86个，引资总额50.14亿元。其中城建项目27.45亿元。

5月

6日 重庆长江二桥桥面施工正式开始。

▲据报道，西南航空市场发展势头强劲，去年客货邮吞吐量分别为947万人和15.8万吨，在国内所占比重为12%和10.5%，分别比前年上升24.1%和25.4%。重庆江北机场旅客吞吐量名列全国第十。

8日 重庆变压器厂试制的22万伏12万千伏安大型有载调压变压器通过鉴定。这项产品的试制成功为我市生产三峡大电站需要的大型变压器打下了坚实的技术基础。

12日 我市生物农药基地在渝北区两路镇奠基。预计10月份将从这里生产出符合国际环保要求的新一代生物农药。

13日 中美合资重庆百事天府饮料有限公司投资近5000万元的技术改造工程竣工，开始批量生产国际品牌“七喜”柠檬汽水。

15日 四川陶瓷厂生产的“四维”牌卫生陶瓷荣获国内贸易部举办的'95北京商品博览会金奖。这是我市的卫生陶瓷第一次获得全国大奖，四川陶瓷厂是国家“七五”期间在西南唯一个布局建设的大型建筑卫生陶瓷厂。

25日 我市四川柴油机厂生产斯太尔柴油发动机技术改造项目通过国家验收，项目的工艺水平达到了国内外先进水平。

6月

1日 我市住房公积金制度开始实施运作。首批在22家行政、企事业单位试点，今年内将在我市全面推开。

▲我市31个产品被市政府授予1994年度重庆市名牌产品称号，这些产品包括五十铃QL6470型轻型客车，五十铃NKR55LLA、NKR55ELA轻型柴油载货汽车，长安牌奥托轿车（SC7080）等，连同去年评选31个名牌产品在内，目前我市共有62个名牌产品。

6日 经中国证券监督管理委员会批准。重庆商品交易所成为国内5家试点期货交易所之一。

9日 由重庆检测仪表厂与日本拉索系统株式会社等4方合资570万美元兴建的重庆利时德拉索有限公司成立。

14日 我市建设工业（集团）公司自主设计开发的建设牌JS60型摩托车。被联合国技术信息促进系统中国国家分部发明创新科技之星评选委员会评为“发明创新科技之星奖”，并颁发了奖牌和证书。

22日 中日双方共同出资1300万美元组建的重庆横河川仪有限公司成立。这是目前我国仪器仪表行业最大的一家合资企业。该公司成立后，形成以EJA系列变送器为主导产品，年产变送器5.4万台能力，将建立起具有90年代世界先进水平的变送器仪表生产基地。

23日 国家“八五”重点建设项目之一。福杭贵成光缆工程贵州至重庆487公里铺设成功。

24日 被列为我市重点建设项目之一和市政府“科技兴渝”百亿工程的10个示范项目之一的重庆健新血液制品有限公司工程竣工试产，该公司采用先进的生产工艺，可年生产人血蛋白2吨，人血丙种球蛋白0.5吨，并将开发静脉注射丙种球蛋白、凝血酶原复合物、干扰素等生物制品。

7月

1日 成渝高速公路全线初试通车。该线全长340.2公里，横贯14个县市区，穿越3座大隧道，修建了立交桥20座，总投资43亿元。

▲在美国旧金山举办的'95重庆科技招商会获得圆满成功。这是我市首次以科技项目在境外进行的招商引资活动，会上正式签约9个项目，协议引资2.43亿美元，贸易金额1.9亿美元。

9日 重庆江北机场通过国家验收确认成为国际化口岸，8月1日起对外籍飞机开放，这是我市对外开放的又一重大成果。

12日 国家重点工程——西南铝加工厂技改扩建工程1850毫米CVC冷轧机竣工投产，这标志着该厂已形成26.3万吨的年综合生产能力，进入世界大型铝加工企业之列，并使我国铝加工行业的装备和技术上了一个新台阶。

18日 据报道，我市养老保险制度改革取得新进展。全方位“一体化”社会养老保险体系已逐步形成，全市投保单位由去年的7878个增至目前的8423个，统筹资金收缴由31.851万元增加到39.861万元。

25日 据报道，我市“八五”工业技改成效明显。1991至194年。我市工业总产值和利税总额年平均增长速度分别为16.58%和15%。其中2/3是靠技术改造实现的。4年来，我市共完成技术改造项目1358项，完成总投资128亿元。

▲我市公布农村小康标准，具体指标包括：人均国民生产总值达1750元，人均纯收入达1100元以上（均按1990年价计算）；享受社会五保人口比重占90%以上；基尼尔系数在0.3—0.4之间；恩格尔系数低于50%；人均每天蛋白质摄入量为75克以上；人均衣着消费支出比重占8%以上；钢筋砖木结构住房比重占80%以上；人均文化服务支出的比重达10%以上；电视机普及率为70%以上；平均预期寿命70岁以上。劳动力平均受教育8年以上；已通公路的行政村比重85%以上；安全卫生普及率90%以上；行政村通电话比重70%以上；万人刑事立案件数低于9件。

8月

10日 据报道，三峡电站500千伏大型变压器将在重庆制造，该项目以重庆变压器厂为基础，采取中外合资方式，引进世界一流技术进行制造。

14日 据报道，我市民营科技企业逐渐发展壮大成为一支活跃的科技产业大军，现有从业人员近4万人，年收入超过25亿元。

▲磨心坡公路铁路立交桥改建工程竣工。

19日 渝长高速公路一期工程合同签订。童家院子立交桥和高家花园大轿分别将于今年9月、10月动工，合同造价约为450万元和9875万元。渝长高速公路施工难度为我国公路建设史上所罕见，预计总投资将超过30亿元，全线建成工期为5年。

22日 我市教师住宅“广厦工程”全面启动。在最近3年，全市将投资4.7亿元。新建教师住宅16529套，1988年至2000年投资2.43亿元，新建教师住宅9000套。

▲嘉陵集团公司荣获“中国摩托车之王”称号。公司总裁郝振堃获“中国经营管理大师”称号。这是由第五十届国际统计大会组委会、国家统计局、中国技术进步评价中心依据较长时期对企业主要经济技术指标的分析与评定而授予的。全国仅有8家企业被授予行业之王称号。

▲本市首家授权经营国有资产的重庆华金国有资产经营有限责任公司开始营运，该公司授权经营管理的46户企业，是机械局原预算内国有企业（除庆铃汽车集团单独授权资产经营外），资产总额39亿元，固定资产15亿元。净资产11.2亿元。

9月

2日 建设工业（集团）公司生产的重庆雅马哈CY80型摩托车，被四川省人民政府授予“四川名牌产品”称号，该产品曾多次获得全国最畅销国产商品“金桥奖”等众多荣誉称号。

5日 重庆经济技术开发区引资开发成效显著。1—8月，新批准外商投资企业17家，投资总额6312万美元，比上年同期增长1.4倍。截止8月底，开业的“三资”企业累计已达150家，内资企业363家，占全区企业总数的88%。工业产值、销售收入和税收比去年同期均有较大增加。

11日 我市蔬菜产业化工程着手实施。3年内将投资9180万元，在成渝公路、渝长公路、川黔公路等三大干线两旁距重庆母城区30公里范围之内新建10.6万亩蔬菜基地及其相关设施。

▲由中国乡镇企业局、中国乡镇企业协会等单位联合举办的'95中国1000家乡镇企业评选揭晓，重庆希望饲料有限公司名列第456位；在'95中国饲料工业企业100家最大经营规模企业中排名第四。

12日 中国企业评价协会和管理世界中国企业评价中心评出1995年度中国500家最大工业企业，我市10家企业榜上有名。这10家企业是：重庆钢铁（集团）公司，庆铃汽车（集团）有限公司；中国嘉陵工业（集团）公司；建设工业（集团）公司；长安汽车有限责任公司；重庆特殊钢（集团）公司；西南铝加工厂；江陵机器厂；四川维尼纶厂；中国四联仪器仪表集团公司。

▲为从根本上扭转重庆经济运行状况。我市将在工业、交通、商业、外贸、建筑等领域选择100户大中型企业，从资金、能源、技改等方面加以重点扶持，使之成为我市经济的主要支撑，对小企业将进一步放权搞活。

15日 全长340.2公里的成渝高速公路实现全线双向通车，比国家规定工期提前10天完成。

▲我市沼气建设被评为全国先进，到今年8月底，全市农村已建22万个沼气池，加之节柴节煤灶推广，每年可节约标煤68万吨。铜梁、长寿、江津、合川、渝北区被中央列为全国推广省柴节煤试点区县。

18日 国家级星火计划项目、我市科技兴渝百亿工程项目——重庆市璧山植物生理平衡剂厂研制生产的新型肥料植物生理平衡剂，获国家科委金奖。

▲重庆市电信局与美国视迅公司（CLI）正式签约，引进世界最先进的电视会议系统，在重庆市建立可视会议电话。预计一期工程将于年底开通并投入使用。

▲重庆外滩商城正式投入使用。该商城总投资3亿多元，总建筑面积10万余平方米，可提供交易摊位600多个。

19日 继重钢之后，我市又一家全国百家现代企业制度试点企业——建设工业集团有限责任公司挂牌成立，这也是我国兵器行业首家进行这项改革的企业。

21日 据报道，我市农业综合开发成效显著，从1990年到1995年6月，我市累计投入资金1.49亿元，农民投劳6700余万个，改造中低产田80万亩，建成高标准的“双千田”30万亩、“吨粮田”30万亩，改造坡瘠地18万亩。初步测算，增产粮食1.9亿公斤，油料0.86万吨，肉类1.46万吨，水果、茶叶3.04万吨，水产品1.19万吨。新增产值5.65亿元，增收1.14亿元，项目地区农民人均增收250元。

28日 描绘我市未来25年发展蓝图的《重庆市城市总体规划文本》（1996～2010年）通过国家级专家评议。该规划重点是：完善城镇体系、加速建设小城市（镇）；以人的基本需求为出发点，加强建设城市交通、通信、住房等基础设施；注意改善城市环境质量、优化生态保护系统；强化城市精神文明基础设施建设；作好城市防洪、防火、危岩滑坡等防灾部署。

▲经国务院批准，我市将组建西南首家城市合作商业银行，全市现有的42家城市信用社全部纳入城市合作银行，其主要任务是为城市中小企业提供金融服务。

29日 国际计算机互联网络重庆C节点开通。我市开始跨入全球信息高速公路。

10月

12日　据报道，重庆高新技术开发区已成为推动我市经济发展的重要力量。几年来，高新开发区累计实施国家和地方级火炬项目48项，开发高新技术产品600多个，初步形成电子信息，汽车、摩托车两大支柱产业。目前，区内有科技企业1700余家，三资企业160余家，技工贸总收入由1991年的1.27亿元增加到去年的15亿元，利税总额由1991年的1700万元增加到去年的2.7亿元。

20日　中共重庆市七届五次全委(扩大)会议闭幕。会议审议通过了《中共重庆市委关于制定国民经济和社会发展"九五"计划和2010年远景目标的建议》。

▲农业部23个鲜活农产品市场之一——重庆天星桥农副产品中心批发市场落成。市场占地80多亩，总投资5000万元，建筑总面积3.2万平方米，是西南地区目前最大规模的室内室外批发市场。中心市场年交易总量可达30万吨，年交易总额7.2亿元，每年可为国家创税利400万元。

11月

9日　在由国家经济贸易委员会和国家统计局联合评出的1995年度中国工业综合评价最优500家企业中。重庆5家企业榜上有名：中国嘉陵工业股份有限公司荣获第2名，综合得分100分；庆铃汽车(集团)有限公司列第88名，得分96.02分；长安机器制造厂列第244名，得分91.51；重庆牙膏厂列第391名，得分88.71；重庆三峡油漆股份有限公司列第417名，得分88.30。

10日　据报道，"八五"时期，我市固定资产投资完成550亿元，比"七五"时期增长1.6倍，年均递增22.8%，通过投资建设新增固定资产246亿元，城市综合功能大大增强。

16日　市委市府作出决定，切实抓好百户重点骨干企业。市财政将根据财力情况，每年在预算内安排3000万～5000万元资金，用于补充技术改造基金。对重大技改项目的企业，所得税按规定上交，由市财政按50%的比例返还。其中15%返还给企业，用于补充企业的自有资金；35%由市集中使用。重点骨干企业的技改项目竣工投产后，企业自筹30%的流动资金，不足部分由银行优先增加短期贷款余额。企业承担的自办学校、医院等社区服务性职能，要分期分批地从企业中分离出来。

▲我市"菜篮子"工程之一——400万羽蛋鸡工程启动。长寿、江津、合川、大足、潼南、北碚及我市6个示范乡镇中标，他们将于1997年底完成政府下达的饲养400万羽蛋鸡，年产量5.4万吨的任务。届时，我市城镇人口年人均吃蛋量将超过目前全国城乡人均10公斤鸡蛋的水平。

▲重庆、上海决定联建"重庆大厦"。"重庆大厦"位于距上海滩仅1.5公里的陆家浜繁华地带，紧连豫园商城，占地面积6500多平方米，大厦层高90米、25层。重庆方面负责筹集1.6亿元人民币的建设费用。"重庆大夏"建成后将是重庆在上海的重要窗口，对加强两地经济协作，促进共同发展将起重要作用。

18日　长安汽车有限责任公司"A"线自动化冲压生产线投入生产。这是我国汽车行业单机采取机械手联接、生产微车大型覆盖件的第一条自动化冲压生产线。

23日　我省、市轻工业首家建立现代企业制度试点单位——重庆啤酒(集团)有限责任公司正式挂牌。省、市政府将给予一系列优惠政策，以加速企业改革、改造、改组的步伐。

24日　由我市西南车辆制造厂研制生产的441辆"铁马"重型汽车向泰国发运完毕，创造了我国重型汽车批量出口的最高纪录。

12月

1日　列为国家"八五"重点建设项目的我国规模最大的现代化的重庆高档金红石钛白粉工程竣工投产，这项投资7亿元，年产1.5万吨金红石型钛白粉工程的投产，填补了国内空白，标志着我国钛白粉生产技术跨入世界先进行列。投产后年产值可达3亿多元，年创利税1亿多元。

10日　重庆电厂20万千瓦机组技改工程并网发电成功，重庆电厂总装机容量达到80万千瓦，为重庆经济发展提供了强大动力。

▲国道319线涪(陵)长(寿)高速公路黄草山隧道引道工程开工。

18日　我市綦江齿轮集团实现年产值3.4亿元，成为我国汽车齿轮生产基地。

▲总投资8300万元的重庆港朝天门大厦裙楼投入使用，大厦主体高100米。共31层，建筑总面积3.8万平方米。

20日　据报道，我市外贸出口突破8亿美元大关，达到80231万美元，提前实现预定目标。

25日　我市作物研究所再生稻亩产250公斤栽培技术科研课题通过鉴定，为本市近200万亩再生稻稳产、高产奠定了科学基础。

贵 州 省

主　　编：扈　伦
编写人员：王广成
工作人员：王广成　龙劲松

贵州省分目录

贵州省概况 …………………………………………………………………… (415)
国民经济和社会发展 ……………………………………………………………… (415)
经济体制改革和对外开放 ………………………………………………………… (423)
附录：贵州省对外经济技术合作意向性项目 …………………………………… (425)
贵州省“九五”发展设想 ………………………………………………………… (426)

1995年改革开发大事记 …………………………………………………………… (429)

贵州省概况

面积：17.61[illegible]方公里

人口：3508.08 万人

行政区划：4 个地区，3 个自治州，2 个地级市，9 个县级市，66 个县，11 个自治县

省委书记：刘方仁

省八届人大常委会主任：王朝文

省长：陈士能

省八届政协委员会主席：龙志毅

贵州省国民经济主要指标

（单位：亿元）

项　　目	1995 年	1995 年比上年增长
国内生产总值	639.01	9

续表

项　　目	1995 年	1995 年比上年增长（%）
工农业总产值	899	8.6
工业总产值	569	14.4
农业总产值	330	2.8
全社会固定资产投资	166.17	17.9
国有固定资产投资	102.57	9.4
社会消费品零售总额	200	25.4
零售物价总指数（%）	117.2	17.2
职工工资总额	94.79	7.6

国民经济和社会发展

一、国民经济发展概况

1995 年是“八五”计划的最后一年。一年来，全省进一步贯彻落实党中央关于“抓住机遇，深化改革，扩大开放，促进发展，保持稳定”的基本方针，注意把握改革、发展与稳定的关系，解放思想，开拓进取，真抓实干，不断完善各项改革，积极扩大开放，加强和改善宏观调控，努力克服和解决经济运行中的困难和问题，取得了较好的成绩，基本上实现了宏观调控的主要目标，并达到“八五”计划的要求。1995 年，全省国民生产总值达到 639 亿元，比上年增长 9%，其中第一产业增长 2.6%，第二产业增长 13.7%，第三产业增长 9.9%。“八五”时期，全省国民生产总值平均每年增长 9%，高于“七五”时期年均增长率 2.3 个百分点，是改革开放以来贵州又一个发展较快的时期。

（一）农业

1995 年，全省认真贯彻落实党中央、国务院关于加强农业和农村工作的各项重大政策和措施，进一步加强对农村工作的组织领导，围绕夺取农业丰收，全面发展农村经济做了大量工作，在遭受严重自然灾害的情况下，仍夺得了农业丰收。[illegible]业总产

值329.78亿元，比上年增长2.8%。主要农产品全面增产，其中粮食生产创历史最好水平，总产量达到948.85万吨，比上年增长1.6%；油菜籽产量53.13万吨，增长27.2%，为历史上第二个高产年；烤烟产量33.53万吨，增长3.9%；甘蔗产量26.91万吨，增长7.9%；蚕茧产量1953吨，增长4.4%；茶叶产量1.56万吨，增长4.0%。

1995年，全省造林面积为440万亩，保持上年水平，主要林产品产量为：生漆817吨，比上年增长36.6%；五倍子1313吨，增长24.3%。

畜牧业继续保持良好发展势头，已连续第十七年稳定增产。全年肉类总产量达到105.69万吨，比上年增产10.67万吨，增长11.2%；禽蛋产量5.82万吨，增产0.52万吨，增长9.8%。年末，全省存栏大牲畜729.81万头，比上年增加22.03万头，增长3.1%；全省年末出栏肉猪1044.79万头，肉牛58.88万头，肉羊101.52万头，出栏率分别达到70.6%、9.3%和53.4%，均创历史最高水平。

1995年，全省肉、禽、蛋人均占有量分别达到30.07公斤、1.65公斤和0.39公斤。其中，肉、蛋比上年分别增长9.4%和7.8%；人均猪肉占有量为26.55公斤，增长9.9%。

畜牧业在农业经济收入中所占比重增加，已成为农民收入的主要产业。1995年，全省畜牧产品总量按年平均价格计算，收入达131.45亿元，农民人均为469元，扣除价格因素为352元，占上年农民人均纯收入的44.8%。

农业生产条件继续得到改善。1995年，全省新增、恢复和改善灌溉面积63.6万亩，坡改梯60万亩，保持水土治理面积1000平方公里。全省农业机械总动力年末拥有量达379.11万千瓦，比上年增长5.7%，其中排灌机械45.17万千瓦，增长7.1%；拥有小型拖拉机4.05万台，比上年增长8.3%；农用载重汽车10035辆，增长12.6%；喷灌机械1131套，增长6.5%；农用水泵6万台，增长6.2%。1995年末，全省乡、村办水电站730个，全年农村用电量7.92亿千瓦小时；化肥（折纯）、农药施用量分别为60.77万吨和0.8万吨。

乡镇企业继续保持快速发展势头，全年乡镇企业总产值达到252亿元，比上年增长40%。

“八五”时期，全省农业基础地位得到巩固和加强，农业综合生产能力进一步增强，农村非农产业已发展成为农村经济的重要部分。“八五”时期，全省农业总产值平均每年增长4.8%，高于“七五”时期年均增长幅度0.4个百分点。主要农产品产量5年累计为：粮食总产量4431.45万吨，比“七五”时期增加1020.7万吨，增长29.9%；油茶籽产量241.03万吨，增加56.48万吨，增长30.6%；烤烟产量199.66万吨，增加69.87万吨，增长53.8%；肉类总产量456.86万吨，增加122.49万吨，增长36.6%；水产品总量13.27万吨，增加4.27万吨，增长47.4%。

农村工业、建筑业、运输业、商业及饮食业等非农产业产值占农村社会总产值的比重由1990年的25%提高到1995年的39.3%，提高14.3个百分点。农业商品率由1990年的38.3%提高到45%，提高了6.7个百分点。

（二）工业

1995年，全省工业继续把调整结构提高效益放在突出位置，进一步深化企业改革，加快技术改造和新产品开发，按照：“增畅、限平、停滞”的原则组织生产，保持了工业生产稳定增长。全年工业总产值达到569亿元，比上年增长14.4%，其中乡及乡以上工业增长13.7%。

国有工业增速加快，全年实现工业总产值377亿元。比上年增长9.2%；非国有工业继续保持快速增长，全年集体工业比上年增长28.9%；合资、合作、股份制、私营等其他经济类型增长43.7%。与此同时，非国有工业所占比重上升。1995年，全省非国有工业总产值为97.15亿元，占全省乡及乡以上工业总产值的20.5%，比上年提高0.6个百分点。

国有大中型企业主导地位突出。1995年，全省大中型企业已发展到208家；全年实现工业总产值303.88亿元，占全省乡及乡以上工业总产值的64.2%。

轻工业增长快于重工业，全年乡及乡以上轻工业总产值为155.27亿元，比上年增长18.3%；重工业总产值为318.30亿元，增长11.4%。轻工业增速比重工业快6.9个百分点，轻重工业相对增速差距比上年进一步缩小。

为适应市场需求变化，在产品结构调整中，轻纺工业产品生产持续增长，能源、有色金属工业产品生产增长较快，农用和主要化工产品市场销售情况较好，生产大幅度增长，部分原材料和机电产品生产相应放慢。在主要工业产品产量中，原煤5510万吨，比上年增长9.1%；发电量225.8亿千瓦小时，增长17.1%；十种有色金属31.1万吨，增长11.1%；轮胎外胎152万条，增长26.2%；水泥471.5万吨，增长2.3%；化肥（折纯）61.34万吨，增长6.3%；汽车6500辆，增长75.6%；汽车配件10.69亿元，增长24.3%。

产销衔接状况继续改善，全年乡及乡以上工业销售产值为448.39亿元，产销率为94.7%，比上年提高0.2个百分点。

“八五”时期，全省工业总产值平均每年增长13.7%，高于“七五”时期年平均增长幅度3.9个百分点。其中，国有工业年平均增长8.4%；非国有工业年平均增长28.2%，比“七五”时期年平均增长幅度高0.2个百分点和12.9个百分点。5年累计生产原煤23052万吨，比“七五”增加6927万吨，年均增长8.3%；发电量815亿千瓦小时，增加357亿千瓦小时，年均增长16.8%；水泥2020万吨，增加648万吨，年均增长11.1%；铁合金118万吨，增加54万吨，年均增长14..9%；硫酸57万吨，增加21万吨，年均增长8.4%；磷矿石生产量1709万吨，增加407万吨，年均增长2.6%；卷烟1009万箱，增加159万箱，年均增长0.6%；饮料酒143万吨，增加48万吨，年均增长6.8%。

（三）建筑业

1995年，全省国有建筑企业达到116个，实现增加值12.85亿元，比上年增长2.5%。全省进一步加大建筑业管理力度，在积极推行施工工程招标投标责任制中，国有建筑企业实行招标投标的工程1746个，比上年增长1.02倍；招标投标施工面积296.9万平方米。房屋施工面积730万平方米，增长7.3%；竣工产值18.81亿元；竣工率45.7%，下降14个百分点。按增加值计算的全员劳动生产率9519元，下降15.2%。

（四）固定资产投资

1995年，全省完成全社会固定资产投资166.17亿元，比上年增长17.9%，比上年增幅回落14.7个百分点。其中，国有单位投资102.57亿元，增长9.4%；集体经济投资12.67亿元，增长29.7%；城乡个人投资35.61亿元，增长12.2%；其他经济类型投资15.32亿元，增长168.1%。

在全社会固定资产投资中，基本建设投资完成64.04亿元，比上年增长10.7%；更新改造投资35.65亿元，增长15.3%；房地产投资14.3亿元，增长97.2%。

1995年，全省投资结构继续得到改善，投资效益有所提高，资金投向着重向农业、水利、能源、交通和重要原材料等基础产业、基础设施倾斜，重点建设得到进一步加强。全年用于农业、水利投资10.38亿元，比上年增长13.5%；用于运输、邮电通讯业投资19.37亿元，增长38.5%。年末，已全部建成投产项目2379个，新增固定资产124.49亿元。全省在建大中型基本建设项目23个，完成投资30.37亿元，全部建成投产项目2个；在建限额以上更新改造项目31个，完成投资7.75亿元，全部建成投产项目3个。在全省重点建设项目中，全部建成投产及部分建成投产的项目主要有：东风水电站（51万千瓦）、普定水电站（7.5万千瓦）、盘县K普定Ⅱ回线路（160公里）、东风K站街输电线路31公里、东风K贵阳一回线路（61公里）、铜仁西部电网（264公里）、鸡场变电站扩建（18万千伏安）、玉屏变电站扩建（9万千伏安）、贵阳南郊变电站扩建（12万千伏安）、清镇站街变电站扩建（12万千伏安）、贵阳电厂扩建（20万千瓦）、黎阳公司西南轻汽变速箱总成工程、遵义长征电器公司“八五”技改工程。

1995年，全省固定资产交付使用率为74.9%，项目投产率达52.1%，房屋竣工率41.1%。新增生产能力主要有：煤炭开采30万吨、发电机组容量40.8万千瓦、输电线路长度（11万伏及以上）651公里、变电设备能力（11万伏及以上）64万千伏安、水泥17.4万吨、啤酒1万吨，卷烟18万箱、化肥6.9万吨、新建公路244公里、改建公路148公里、长途电缆1099延长公里、市内电话自动交换机12.07万门、长途自动电话交换设备22768路端、城市自来水供水能力11.32万吨/日等。

“八五”时期，全省累计完成全社会固定资产投资550.68亿元，比“七五”时期增长1.5倍，平均每年增长26.5%，高于“七五”年平均增长幅度16.9个百分点。国有单位投资386.65亿元，增长1.5倍，平均每年增长24.7%；城镇集体单位投资35.4亿元，增长1.7倍，平均每年增长42.8%；城乡个人投资115.71亿元，增长1.2倍，平均每年增长20.8%。

“八五”时期，全省进一步加大了投资结构调整力度，并取得了积极成效。在全社会固定资产投资总额中，第一产业投资累计为33.19亿元，比“七五”时期增长1.5倍，占投资总额的6.0%；第二产业投资267.01亿元，占投资总额的48.5%；第三产业投资250.48亿元，占投资总额的45.5%。第二产业和第三产业的投资比重分别比“七五”时期提高了1.7个百分点和2.2个百分点。在国有单位更新改造投资中，用于改建项目的投资累计为45.53亿元，所占比重由“七五”时期的42.9%上升到50.8%；用于提高产品质量、增加品种、节约能源的投资35.20亿元，所占比重由“七五”时期的25.1%上升到

28.5%。“八五”时期，在全社会投资总额中，工业建设投资累计为268.89亿元，占全社会投资总额的48.8%，比“七五”时期增长1.4倍。其中，用于能源工业的投资96.00亿元，增长2倍；用于原材料工业的投资117.43亿元，增长1.3倍；轻纺工业投资40.69亿元，增长67.7%。全省5年累计建成投产城镇以上建设项目12818个，新增固定资产415.72亿元。

（五）商业

1995年，全省在继续完善流通体制改革、整顿流通秩序、努力增加市场有效供给的同时，加强了市场建设和对物价的监督管理，保持了市场稳定繁荣活跃的局面。全年社会消费品零售总额为200亿元，比上年增长25.4%，扣除价格因素，实际增长7.0%。

市场商品货源充裕，供求基本平衡。1995年，全省批发零售业商品购进总额为284亿元，比上年增长28.3%；商品销售总额328.96亿元，增长25.7%；年末商品库存总额70.25亿元，增长5.3%。消费品市场供过于求和供求基本平衡的商品达90%左右。

非国有商业经济继续保持强劲发展势头，所占比重进一步提高。1995年全省国有商业消费品零售额为61.69亿元，比上年增长22.8%；集体、私营、个体、联营等非国有商业经济消费品零售额为138.6亿元，增长26.6%，比国有商业增速快3.8个百分点。在全省社会消费品零售总额中，国有商业所占比重为30.9%；比上年下降4.6个百分点；非国有商业经济所占比重为69.1%，比上年提高4.6个百分点。其中，集体商业经济占12.7%；个体、私营、联营等其他经济类型商业占56.4%。形成了多渠道流通、多种经济成分共同发展的新格局。

农村市场容量进一步扩大，城乡市场差距趋于缩小。1995年，全省农村市场消费品零售额达到98亿元，比上年增长19.5%，比1990年增长1.1倍，平均每年增长15.6%；城市市场消费品零售额102亿元，比上年增长31.8%，比1990年增长1.6倍，平均每年增长21.5%，城乡市场差距由“七五”时期的7.3个百分点缩小到5.9个百分点。

各类商品销售全面增长，消费结构有所变化。1995年，在消费品销售额中，吃的商品销售额为91.6亿元，比上年增长24.6%；穿的商品零售额为38.8亿元，增长20.1%；用的商品零售额为69.6亿元，增长30.8%。吃穿用三者的比例关系由上年的46.2∶20.3∶33.5变为45.8∶19.4∶34.8。

集贸市场建设继续得到加强。1995年底，全省集贸市场已发展到2749个。其中，城市377个，农村2412个。交易额上亿元的商业网点12个，其中农副产品批发市场9个，日用工业品批发市场2个，综合批发交易市场1个。全年集市贸易交易额达141.2亿元，比上年增长50.4%。

物价过快上涨势头得到初步抑制，物价总水平涨幅仍然偏高。1995年全省商品零售价格总水平上涨幅度为17.2%，比上年回落2.3个百分点；居民消费价格水平上涨幅度为21.4%，比上年涨幅降低1.4个百分点。

“八五”期末，全省社会消费品零售总额比“七五”期末增长1.3倍，平均每年增长18.4%，高于“七五”增幅7.4个百分点。“八五”时期，全省商品零售价格总水平平均每年上涨12.3%，高于“七五”2.2个百分点。

（六）人民生活

1995年，全省城镇居民人均生活费收入为3427元，比上年增长22.2%，扣除物价因素，实际增长2.3%；人均消费支出3251元，增长28.4%，用于食品、医疗保健、交通及通讯、娱乐文教服务等方面的消费支出，分别比上年增长29.5%、29.9%、61%和33.3%。农民收入有较多增加，全年农民人均纯收入达到1087元，比上年增长38.1%，扣除物价因素，实际增长6.3%；农民人均生活消费支出934元，增长36%。

城乡居住条件继续改善，城市居民居住面积人均7.2平方米，农村居民住房面积达到人均15.9平方米。

劳动就业发展平稳。1995年末，全省全部职工人数为228.09万人，国有单位实行劳动合同制的职工人数达到37.9万人，比上年增加1.53万人。城镇私营和个体从业人员29万人；全年新安置就业人员11.8万人。

职工工资水平继续提高。全年全部职工工资总额为94.79亿元，比上年增长7.6%，人均工资4156元，增加286元。

社会福利事业得到较快发展。全省各类社会福利院年末床位达到1619张，收养766人。各类救济对象得到国家救济的达263.44万人。全省城乡926个敬老院收养6670人。城镇各种社区服务设施达1928个，比上年增加321个。

社会保障稳步发展。1995年末，全省参加社会保险统筹的职工达到78.5万人。

（七）金融、保险业

金融运行平稳，存贷款继续增加。1995年末，全省金融机构各项存款余额478.21亿元，比年初增加116.42亿元，各项贷款余额513.41亿元，比年初增加93.23亿元。城乡居民年末储蓄存款余额247.62亿元，比年初增加67.64亿元，占金融机构各项存款余额的比重达51.8%。

保险事业继续发展。1995年，全省承保总额达750.5亿元，保险收入5.43亿元，比上年增长21.8%。全年支付保险赔款2.32亿元，比上年增长6.3%，赔付率为42.8%，其中财产险赔款1.86亿元，人身险赔款0.36亿元。全省参加财产保险的企事业单位达3456户，有128.56万户居民家庭参加了家庭财产保险，348.89万人参加了人身保险，其中参加养老金保险9980人。

（八）旅游业

1995年，全省旅游业按照“一手抓国际旅游，一手抓国内旅游”的方针，进一步加强了对国内外旅游市场的促销，使旅游业得到迅速发展，旅游人数和旅游收入大幅度增长。全年接待来黔旅游、访问、从事商务及各项活动的外国人、华侨、港澳台同胞13.65万人次，比上年增长13%，其中接待外国人7.78万人次，比上年增长2.2倍；接待华侨0.14万人次，减少10.9%；接待港澳台同胞5.72万人次，增长32.8%。在来黔的港澳台同胞中，台湾同胞人数最多，达3.4万人次，比上年增长64.9%，占港澳台同胞来黔人数的59.4%。

在来黔的各大洲旅游者中，最多的是亚洲，其次是欧洲、美洲、大洋洲、非洲。在43个客源国家和地区中，排在前8位的国家是：马来西亚、新加坡、日本、泰国、美国、法国、英国和德国。客源流向主要集中在香港、广州方向和昆明方向，分别占入黔海外游客总数的56.9%和35.7%。

1995年，全省旅游行业接待国内旅游者1753.45万人次，比上年增长3.14%。全年旅游创汇2897.93万美元，比上年增长38%；旅游经营收入9.59亿元，上交税金3839.59万元。增长26.9%。

“八五”时期，全省累计接待海外旅游者47.35万人次，比“七五”时期增长4.02倍，平均每年增长38.2%；旅游创汇7050.49万美元，增长8.8倍，平均每年增长75.2%。5年累计接待国内旅游者7154.37万人次，比“七五”时期增长3.9%，平均每年增长29.1%；回笼货币21.2亿元，增长20倍，平均每年增长71.0%。

二、基础设施概况

（一）交通运输

近年来，贵州交通运输业发展很快，已基本形成了以铁路、公路为主，包括航空、水运等运输方式组成的交通运输网络。1995年底，全省铁路通车里程为1481公里。贵阳铁路分局管辖的铁路营业线路总长1411.6公里（贵州省境内1342.5公里，四川省境内4.8公里，云南省境内64.3公里）。其中，电气化铁路长度1068公里，为贵阳铁路分局总管辖正线里程的77.4%，占黔桂、川黔、湘黔、贵昆4条铁路干线总里程的83.8%。建有车站177个（含7个乘降所）；双线65.8公里；桥梁775座，总长72897.7米；隧道598座，总长212524米；明硐95座，总长7383米；涵渠3257座，总长82509.2米。配属机车320台，其中电力机车194台，内燃机车126台；配属客车726辆。以贵阳南编组站为中心的贵阳铁路枢纽基本形成，日均综合编组能力8000辆，是西南地区目前最大的编组站。

1995年，铁路完成货物发送量2300.8万吨，比上年增长3.1%；完成旅客发送量1515.3万人次，增长4.0%；完成客货换算周转量348.3亿吨公里，增长1.2倍。在重点物资运输中，煤炭运量976.4万吨；磷矿石429.3万吨。年末全省公路通车里程3.25万公里，主要由5条国道公路（总长3065公里）和30条省道公路（总长6843公里）构成以贵阳为中心，连接全省各地、州、市、县的公路网，公路密度为每万平方公里1811公里。在全省公路通车里程中，等级公路1.27万公里，占总通车里程的38.9%；汽车专用公路150公里（一级38公里，二级112公里），一般公路1.25万公里（二级166公里，三级1035公里，四级11310公里），等外公路19826公里。公路桥梁3286座，92436延长米，比上年增加14座1215延长米，其中新建545延长米，改建3座670延长米。目前，贵阳东出口一级汽车专用公路，贵遵一、二级汽车专用公路、安纳公路正在建设之中。到1995年底，全省已通公路的乡镇达到1404个，占乡镇总数的91.9%，通公路的村达到58%。年末全省拥有民用汽车144804辆（交通系统数），其中大型汽车61096辆，180054吨位，214861客位；小型汽车83708辆，28285吨位，241756客位，全年全社会完成公路货物周转量62.76亿吨公里，比上年增长17.6%；旅客周转量146.56亿人公里，增长3.6%。内河通航里程1922公里，主要河段有乌江马洛渡至龚滩283公里，南盘江纳贡至两江口

150 公里，红水河两江口至曹渡河口 107 公里。1995 年建立的由贵州省航运总公司、贵州省赤水轮船公司和贵州宏福实业开发有限总公司出资合营的贵州东方航运有限责任公司，主要经营长江航运、船舶代理、货运代理，中转联运等水运业务，同时兼营国内贸易。目前以湖北枝城为工作基地，开展下至上海 1776 公里，上至四川泸州 903 公里的长江货物运输，年运输能力 20 万吨，并逐步形成 5 万～10 万吨的江海直达和 15 万～20 万吨的海洋运输能力。全省有运输机动船 1314 艘，净载重量 12756 吨位，载客量 15953 客位，功率 34943 千瓦，分别比上年增长 25%、15%、30%和 3%。全年水运完成货物周转量 3.56 亿吨公里，比上年下降 21.4%；旅客周转量 0.55 亿人公里，增长 19.6%。民航共有贵阳至北京、上海、广州、成都、深圳、福州、厦门、南京、汕头、青岛、西安、温州、武汉、南宁、长沙、桂林、北海、海口、泸州、昆明、重庆、宜宾、湛江、香港、三亚、沈阳等 26 条航线。全年共保障各类飞行 44871 架次，比上年增长 18%。其中在贵阳起降的航班 10687 架次，增长 28%。目前正在建设中的贵州龙洞堡机场（4D 级），1997 年可投入运行。全年民航完成货物周转量 38 万吨公里，比上年增长 1.2 倍；旅客周转量 0.97 亿人公里，增长 1.5 倍。

（二）邮电通讯

1995 年底，全省邮政局、所已发展到 2188 处，比上年增加 22 处。其中，自办 1180 处，代办 1008 处。设有邮政储蓄点 512 处，比上年增加 193 处。邮路总条数达到 582 条，比上年增加 26 条；邮路总长度（单程）48201 公里，增加 1462 公里。其中，航空邮路 15841 公里，铁道邮路 6872 公里，自办汽车邮路 13547 公里，委办汽车邮路 7538 公里，其它邮路 4403 公里。年末，全省拥有铁道邮车 11 辆；邮运汽车 418 辆，比上年增加 82 辆。全省已建成电子化支局 35 个，并拥有多媒体电视监控系统、邮运无线调度系统、速递跟踪查询和商函微机处理系统，报刊发行微机化处理已普及到县。

1995 年底，全省长途电话业务电路达到 7389 路，比上年增加 2794 路。其中，自动电路 6678 路，数字电路 3095 路，光缆电路 2555 路。长途自动交换设备容量 55165 路端，比上年增加 31937 路端。其中，程控交换机容量 54961 路端，增加 32130 路端。市话局用程控交换机容量 516845 门，比上年增加 214925 门。其中，程控 509895 门，增加 237075 门。市内电话机总部数 359420 门，比上年增加 97244 部；无线寻呼系统容量 1945500 户，增加 967500 户；移动电话交换机容量 28700 路，增加 4860 路；农村局用交换机容量 64103 门，增加 13324 门；公用电话点 6902 处，增加 4381 处。

经过近年来的迅速发展，全省通讯网技术层次进一步提高，长途传输已由明线、电缆和模拟微波传输为主，开始向以光缆传输为主过渡；程控交换设备已逐步代替了人工和前进制、纵横制交换设备，程控交换机占市话交换机总容量的比重已达到 99%以上。

到 1995 年底，全省已建成光缆线路 2000 公里；90%的县以上城市已建成程控电话，乡镇通话率达到 96.3%；贵阳、遵义等 6 个地州市及部分县建成移动电话并实现全国漫游；无线寻呼已覆盖全省县以上城市并实现区域同播联网；建成贵阳至地州市及 14 个县的公用分组交换数据网。全年发送公众电报 311.48 万份，用户电报 2.14 万次，分别比上年下降 30.0%和 8.2%。国内长途电话 7378.69 万张，比上年增长 61.9%；国际、港澳长途电话 47.89 万张，增长 16.1%；移动电话用户 14088 户，增长 1.45 倍；无线寻呼用户 141200 户，增长 1.47 倍。全年完成邮电业务总量（1990 年价）6.32 亿元，比上年增长 50.3%。

（三）能源设施

1995 年底，全省发电装机容量为 412.45 万千瓦，其中水电装机容量 220.05 万千瓦，占 53.4%；火电装机容量 192.40 万千瓦，占 46.6%。全年水电发电量 106.53 亿千瓦小时，占 47.2%；火电发电量 119.36 亿千瓦小时，占 52.8%。由于水电与火电互济，电网供电的可靠性和连续性较高，季节性变化不大。

在全省发电装机容量中，贵州电力系统发电装机容量为 335.81 万千瓦，占全省全部装机容量的 81.4%。其中，水电装机容量 150.16 万千瓦，占 44.7%；火电装机容量 185.65 万千瓦，占 55.3%。全年发电量 174.3 亿千瓦小时，占全省发电量的 77.2%。

1995 年全省拥有 35～500 千伏高压输电线路 524 条，总长度 9054.8 公里；35 千伏及以上电压等级的公用变电所 350 座，变电容量 9097610 千伏安。目前以贵阳为中心，基本上形成中部 220 千伏双回路网架，并向四方辐射扩散形成五角环网，沿 4 条铁路干线延伸至各地、州、市，通过贵阳、遵义、安顺、六盘水、都匀、凯里、铜仁、兴义，毕节 9 个供电局向各地供电。全省电网已覆盖 64 个县（市区），覆盖率达 77.4%。

全年向省外输送电量27亿千瓦小时，占全省发电量的12.0%。

（四）城市公用设施

1. 城市设施水平 1995年，全省城市人口密度平均每平方公里318人；人均日生活用水量168升；每万人拥有公共交通车辆10.2标台，人均拥有道路面积4.8平方米；人均公共绿化地面积5.9平方米；建成区绿化覆盖率24.3%。

2. 城市供水 全省城市自来水综合生产能力（不含六枝、盘县、水城）日均177.8万吨，供水总量52468万吨，其中生产用水28399万吨，生活用水16822万吨。用水人口274.3万人，计划生活用水量11289万吨，实际取水量10241万吨，生产用水重复利用量1986万吨。

3. 公共交通 全省城市公共交通营运车辆4407辆，折合标准营运车数2572标台，客运总量52644万人次；出租汽车5643辆。

4. 城市供气 全省煤气供应总量为1686万立方米，其中家庭用量1606万立方米，用气人口26.6万人。液化石油气供气总量13176吨（家庭用气），用气人口54.7万人。天然气供气总量129万立方米，其中家庭用量127万立方米，用气人口0.7万人。

5. 市政设施和园林绿化 全省城市道路长度1459公里，其中高级、次高级道路843公里；道路面积1202万平方米，其中高级、次高级道路面积852万平方米。污水年排放量59632万吨，污水年处理量1102万吨。全省城市园林绿化覆盖面积6360公顷；公园53个，公园面积1394公顷，游人量995万人次。

（五）旅游服务设施

1995年，全省共有旅行社57家（一类社3家，二类社12家，三家社42家）；旅游涉外宾馆、饭店32家，其中星级宾馆29家：三星级2家，二星级18家，一星级9家。到1995年底，全省已开发完善了能接待海内外游客的景点200余处；全省国家级风景区已达到8个；省级风景区24个。全省共有全国旅游商品定点生产企业8家，省级旅游商品定点生产企业27家，旅游商品定点经营企业7家，小额贸易出口权的定点单位6个。

三、社会事业发展情况

（一）科技

1995年，全省科技工作围绕经济建设以科技成果转化为重点，狠抓了一批新产品、新工艺的开发和“星火计划”、“火炬计划”的实施工作。重点科技攻关、工业性试验、企业科技进步基础建设均取得较大进展。到1995年底，全省县及县以上独立科研机构已达到145个，民营科技企业发展到846家；全年有4项科研成果分别获得国家科技进步二等奖和三等奖；105项科研成果获得省科技进步奖，其中：二等奖15项，三等奖38项，四等奖52项。“八五”期间，全省共取得重大科技成果934项，开发新产品1718项。

（二）教育

1995年，全省进一步落实教育优先发展战略，全面实施《中国教育改革和发展纲要》，各级各类教育全面发展。年末，全省有研究生点64个，其中博士点2个，硕士点62个；在校研究生277人；普通高等院校在校生34676人；中等专业学校在校生72919人；普通高中在校生13.21万人，普通初中在校生95.21万人。

全省小学在校生475.34万人，学龄儿童入学率96.04%，比上年提高0.93个百分点。小学生辍学率为6.19%，比上年降低0.68个百分点。全省九年义务教育普及率达3.49%，比上年提高2.33个百分点。全年，自学考试报考人数17.13万人；扫除文盲34.7万人。

“八五”时期，全省学龄儿童入学率比“七五”时期提高4.7个百分点，86%的县普及了初等义务教育，5年共扫除青壮年文盲133万人。

（三）文化、出版

1995年底，全省文化事业机构达到1128个，专业艺术表演场所15个，艺术表演团体32个，文化馆85个，群众艺术馆8个，公共图书馆86个，图书总藏量614万册，博物馆4个。

全省有中、短波广播发射台和转播台11座，广播人口覆盖率为61.6%；电视台9座，电视发射台和转播台1919座，电视人口覆盖率72.5%。全年出版各类图书、杂志、报纸685种，各类图书、杂志印数11901万册，报纸印数19381万份。

（四）医疗卫生

1995年底，全省有卫生机构3934个，其中医院1692个，门诊部（所）1518个。拥有医院病床5.45万张。全省有专业卫生技术人员105149人，其中，中医师4452人，西医师22945人，护师11353人，护士8171人。

（五）体育

1995年，全省运动员在国内外重大体育比赛中获奖项目80项。其中，夺得金牌11枚，银牌7枚，铜牌10枚。取得世界比赛1项第三名，1项第四名，1项第五名；亚洲地区比赛3项第一名，1项第二名，1项第三名。全国比赛7项第一名，5项第二名，9项第三名。在世界大学生运动会比赛中，获得1项第一名，1项第二名。在第三届全国城市运动会比赛中，获得4枚金牌，1枚银牌，3枚铜牌。在第五届全国少数民族传统体育项目运动会比赛中，获得2枚金牌，2枚银牌。

全年全省举办县以上运动会823次，参加人数15.2万人。全省有152万人达到国家体育锻炼标准，其中有15万人达到优秀级标准。

（六）环境保护

1995年底，全省环保系统保护人员1363人，其中环保科研人员162人。全年共取得科研成果11项，获奖4项。全省自然保护区29个，面积28.97万公顷，占全省土地总面积的1.6%。全省已建成烟尘控制区24个，面积达75.22平方公里；建成工业型煤生产厂3家。全年完成环境污染源限期治理项目22个。

经济体制改革和对外开放

一、经济体制改革情况

1995年，全省经济体制改革继续推进，财税、金融、外贸外汇、价格等管理体制的重大改革得到巩固和发展；流通体制改革实行了粮食政策性业务与商业性经营“两条线运行”，推进了商业连锁经营和代理制等措施。同时，对解决企业改革中带有普遍性的重点和难点问题进行了积极探索。

国有经济主体地位继续巩固和加强，非国有经济得到迅速发展。1995年，全省在加快经济体制改革，积极推进企业经营机制的转换中，大力促进非国有经济的发展。到1995年底，全省个体工商户已发展到36万户，从业人员达到49万人，分别比1990年增长31.4%和25.3%；私营企业达到7223户，从业人员9.37万人，分别比1990年增长4.5倍和2.3倍。

建立现代企业制度，组建企业集团的试点全面展开。1995年底，全省已组建企业集团56家，组建有限责任公司600多户，股份有限公司46户，其中上市公司3户。全省22户企业建立现代企业制度试点已全面展开。在22户试点企业中，开阳磷矿矿务局、贵州赤水天然气化肥厂为全国百家试点企业，试点方案已通过国家体改委、国家经贸委、化工部和贵州省政府联合论证审批，进入实施。贵州水城钢铁公司、水城水泥厂、贵州轮胎厂、贵州茅台酒厂、国营遵义长征电器公司、贵州大陆集团、贵阳矿山机器厂、中国第七砂轮厂、东方机床厂、贵州虹山轴承厂、贵州遵义铁合金厂等20户企业为省级建立现代企业制度试点企业，已拟定了试点方案，其中6户企业试点方案已通过论证。

社会保障制度改革取得较大进展。1995年初，贵州省人民政府下发了《关于深化企业职工养老保险制度改革的通知》，提出了“中心城市在3年内基本完成将城镇企业职工养老保险制度实施范围逐步扩大到城镇所有企业，具备条件的地区可以扩展到城镇个体劳动者和私营企业主，其他地县应在5年内基本完成上述目标”。年末，全省实行国有企业退休费用统筹的县（市）已达到86个，参加统筹的企业和在职职工占应参加人数的95%，养老金收缴率达90%。集体企业、外商投资企业和国有企业的临时工也开始实行退休金的社会统筹改革。全省已在48个县（市）开始实行，参保人数达1万多人，缴交保险金411万元；外商企业的中方职工养老保险和社会统筹改革已在贵阳市开始起步。全省选择贵阳市和六盘水作为进行社会统筹和个人帐户相结合的养老保险改革试点城市，试点方案已开始实施。失业保险制度改革稳步推进，全省享受失业保险人员的范围已从原来的4类人员扩大到现在的7种人员。公费医疗改革试点已进入实施阶段。全省省、地、县3级医疗制度按照国家、单位、个人共同负担的原则进行了不同程度的改革，有近半数的县（市）和遵义地区、六盘水市、黔西南州3个地、州、市推行了由当地医院管理公费医疗经费的办法。

县级综合改革步伐加快。1995年，在县级单项改革的基础上，全省确定了六枝特区等10个县（市、特区）为县级综合改革试点单位。其中，六枝特区被国家体改委确定为全国综合改革试点县，试点工作已全面展开。贵阳市小河镇、盘县特区红果镇、仁怀市茅台镇被列为全国小城镇综合改革试点单位；贵阳市东风镇等13个镇被列为建设部小城镇试点单位。

二、横向经济联合与协作

1995年，全省进一步实施开放带动战略，大力开展横向经济联合与协作，协作领域进一步拓宽，区域经济联合富有成效。全年全省共完成经济技术协作项目560项，其中引进协作项目200项，技术项目100项。引进资金3.5亿元。全年全省物资协作总金额达12.56亿元，比上年增长4%。其中，协出物资金额7.82亿元；协进物资金额4.74亿元。协出的大宗物资主要有原煤、土焦、磷矿石、重晶石、铝矾土、水泥、生铁、木材、烤烟、酒、农副产品等；协进的物资主要有钢材、石油产品、氮肥、纯碱、汽车、白糖、大米等。协作的主要形式有：培育和发展省际毗邻经济协作小区的专业市场，多渠道开展物资协作和商品贸易。近年来，贵州省在一些主要交通要道和商品集散地兴建了一批木材、工业品、水果、蔬菜、药品等专业市场，使小区间商品流通和生产要素的合理流动有了较大的空间，物资协作和商品贸易活动极为活跃。

五省区七方毗邻边区的经济协作发展迅速，湘桂黔毗邻地区1995年共组织实施协作项目3322项，协作金额4.6亿元。铜仁地区电力公司1995年支援怀化、湘西两地区电力达1.4亿多千瓦小时，有效地缓解了两地用电的紧张状况。玉屏县从湖南一次引进资金80多万元，扩大了生产规模。遵义、毕节地区1995年与重庆经济协作区成员方共办成协作项目18项，投资总金额5391万元，引进资金2455万元。贵阳钢厂、水城钢铁公司、贵州钢绳厂、贵航集团等一批大中型企业免审进入三峡经济区，并举办了“贵州产品展销会”，物资协作和商品交易额达2000余万元。

三、对外贸易

1995年，全省对外贸易进一步扩大，全年外贸进出口总额6.8亿美元，比上年增长25.9%。其中，出口总额4.3亿美元，增长13.6%。出口商品结构继续得到改善。在出口总额中，初级产品占出口总额的20.8%，比上年下降4.1个百分点；工业制成品占79.2%，比上年提高4.1个百分点。在出口的工业制成品中，机电产品出口创汇9631万美元，比上年增加2331万美元，增长31.9%，占出口总额的22.4%。在进口总额中，生产资料占进口总额的73.7%，生活资料占26.3%。

1995年底，与贵州省有进出口贸易联系的国家和地区已增加到90个。其中，出口在1000万美元以上的国家和地区有港澳1.16亿美元，占出口总额的27.1%；日本7052万美元，占16.4%；美国3055万美元，占7.1%；韩国3010万美元，占7%；荷兰2387万美元，占5.6%；缅甸2334万美元，占5.4%；德国1341万美元，占3.1%；马来西亚1033万美元，占2.4%。对这些国家和地区的出口总值占出口总额的74%，创汇3.19亿美元。

四、利用外资

1995年，全省签订利用外资合同113项，合同外资金额1.79亿美元。其中，对外借款项目10个，合同外资金额9232万美元；外商直接投资项目103个，合同外资金额8626万美元。全年实际利用外资9637万美元，比上年增长15.2%。

1995年，在外商直接投资的103个项目中，合资经营企业59项，合同外资金额4390万美元；外资经营企业4个，合同外资金额428万美元；外资企业40个，合同外资金额3808万美元。在103个项目中，农业类2项，11万美元，占外商直接投资总额的0.13%；工业类61个，6140万美元，占71.8%；建筑业类11个，386万美元，占4.5%；交通运输类2个，233万美元，占2.7%；商业饮食业类1个，16万美元，占0.19%；房地产及公共服务业类23个，1705万美元，占19.8%；卫生体育、福利事业类2个，125万美元，占1.4%；其他行业类1个，10万美元，占0.12%。

1995年，外商投资企业和“三来一补”项目出口2194万美元。其中，外商投资企业出口1999万美元，比上年增长8.6%；“三来一补”项目出口195万美元，下降32%。

到1995年底，全省累计批准外商直接投资项目1090个，合同外资金额11.13亿美元，实际利用外资2.11亿美元。

（王广成　撰稿）

附录

贵州省对外经济技术合作意向性项目

编号	项目名称	建设规模	承办单位	地址	电话	联系人
1	兴义至兴仁公路	正线里程48公里，为二级汽车专用线	贵州省黔西南州计委	贵州省兴义市黔西南州计委	(0859) 222191	黔西南州计委
2	黄桶至织金铁路	全长68公里，Ⅱ线干线，内燃牵引	贵州省铁路总公司	贵州省贵阳市瑞金北路1号	(0851) 6851618	贵州省铁路总公司
3	清镇电厂四扩建工程	扩建600兆瓦发电机组及相应的配套输变电工程	贵州省电力公司	贵州省贵阳市解放路132号	(0851) 5821282转3164	贵州省电力公司
4	乌江铝厂一期	年产12万吨普通铝锭，一期6万吨/年普通铝锭	贵州乌江水电开发公司	贵州省贵阳市花溪大道北段163#	(0851) 5823636	贵州乌江水电开发公司
5	贵州高铝水泥生产线	2万吨/年高铝水泥生产线	贵州高铝水泥厂	贵州省林业经济办公室	(0851) 6825687	李兰丽
6	银杏速生丰产基地	5万亩，500万株嫁接苗	贵州省毕节地区农经委	贵州省毕节市毕节地区农经委	(0857) 222279	苟兴彬
7	杜仲资源开发	营建60万亩杜仲林	贵州省林业经济办公室	贵州省林业经济办公室	(0851) 6828687	李兰丽
8	黔西南州顶郊水泥厂	年产60万吨水泥生产线一期30万吨	黔西南州计委	贵州省兴义市黔西南州计委	(0859) 223610	吴泽辉
9	林东矿务局铝煤电联营	电解铝5万吨/年，坑口电厂3×5万千瓦	林东矿务局	贵阳市蒿芝塘林东矿务局	(0851) 4842980	秦建中
10	安顺电厂二期工程	二期2台300兆瓦燃煤机组	贵州省电力公司	贵州省贵阳市解放路32号	(0851) 5821282转3164	张元才

贵州省“九五”发展设想

一、指导思想、目标和主要任务

从“九五”时期到2010年，是贵州经济发展、振兴的关键历史时期。确定这一时期的奋斗目标，应当遵循以下指导思想：坚持以邓小平建设有中国特色社会主义理论和党的基本路线为指导，深入贯彻“抓住机遇、深化改革、扩大开放、促进发展、保持稳定”的基本方针，正确处理改革、发展和稳定的关系；坚持“三个有利于”的根本标准；抓紧建立和完善社会主义市场经济体制，努力转变经济增长方式；按照我国现代化建设分三步走的战略部署和国家产业政策，以及西南和华南部分省区区域规划纲要的要求，因地制宜发展特色经济，创造条件加快变资源优势为经济优势的步伐，提高国民经济增长的质量和效益；在加强物质文明建设的同时，搞好精神文明和民主法制建设；严格控制人口过快增长，促进经济与社会协调发展，解放思想、实事求是，振奋精神，真抓实干，艰苦创业，狠抓落实，推进全省经济持续、快速、健康发展和社会全面进步。

“九五”和2010年，贵州经济和社会发展的总体思路是：全面深化改革，实施两大战略（开放带动战略、科教兴黔战略），开发四大资源（能源、矿产、生物、旅游），突出四个重点（轻工业、机械电子工业、原材料工业、乡镇企业），促进富民兴黔。

根据上述指导思想和总体发展思路，“九五”期间要以提前实现经济翻两番和稳定解决温饱奔小康为目标，努力加快经济发展。到2000年实现人均国民生产总值在1980年的基础上翻2.1番；初步建立起社会主义市场经济体制；使三分之一的农户生活达到小康，三分之一的农户生活接近小康，三分之一的农户基本解决温饱；城市居民生活总体达到小康。

到2000年，国民生产总值按1995年价格计算达到981亿元，平均每年增长9%；出口总额达到8.65亿元，平均每年增长15%；5年累计利用外资总额7亿美元，平均每年增长15.1%；地方财政收入达到62亿元，平均每年增长10%；人口自然增长率14.5‰，人口控制在3779万人以内；按1990年价格计算，农民人均纯收入达到800元；城镇居民人均生活费收入达到2400元。

围绕“九五”的奋斗目标，全省经济和社会发展的主要任务是：

1. 发挥市场和计划两种手段的作用，加快结构调整，优化产业结构。根据贵州目前经济的总体发展水平和对产业结构转换升级的要求，总的调整方向是：着力加强第一产业，发展提高第二产业，大力拓展第三产业。实现产业间的相互促进，协调发展。“九五”期间，重点是克服“瓶颈”产业对经济发展的制约；强化农业基础地位；促进支柱产业的发育成长；大力发展乡镇企业，个体私营企业及其他非国有经济，壮大新的经济增长点。到2000年，结构调整要在三个方面取得明显进展：粮食综合生产能力登上1050万吨的新台阶，初步实现农村粮食基本自给，为逐步实现全省粮食自给创造条件；交通、通讯和城镇供水对经济发展的“瓶颈”制约有所缓解；在巩固、发展和提高烟、酒、电力支柱产业的同时，铝及铝加工、汽车及零部件、煤及煤化工、磷及磷化工、水泥等建材及其制品业等新的支柱产业开始形成，产业技术水平有较大提高。

2. 大力发展科技、教育，提高科技水平和全省人民的文化素质。科学技术面向经济建设，增强科学研究和技术开发能力，围绕产业结构的优化和资源的有效利用，促进传统产业的技术改造、设备更新和技术进步。教育将围绕经济建设的需要，加快智力开发，培养人才和提高劳动者素质和全民受教育水平。“九五”期间，将组织实施“522工程”，即50个大中型企业整体或主体改造；20个高新技术示范项目；建成20个产值超亿元企业。基本普及初等义务教育，基本扫除青壮年文盲；使全民平均受教育程度由“八五”时期的5年提高到7年左右。

3. 合理规划产业布局，促进地区经济协调发展。

在国家统一规划下，按照全省总体布局的要求，结合地区资源、经济、技术特点，搞好地区经济的合理分工，优势互补，共同发展，逐步实现全省经济布局合理化。

4. 深化改革，扩大开放。以建立社会主义市场经济体制为目标，围绕建立现代企业制度，培育市场体系，健全宏观调控体系，形成合理的个人收入分配制度和社会保障制度五个主要环节，积极稳妥地推进各方面的改革，在“九五”期间初步建立社会主义市场经济体制。坚持实施开放带动战略，以南下为重点推动全方位开放。

5. 努力增加人民收入，提高人民生活水平。“九五”期间，继续抓好扶贫攻坚计划的实施，基本解决贫困户温饱，基本解决人畜饮水困难。到2000年，要使三分之一的农户达到小康生活水平，三分之一的农户接近小康生活水平，三分之一的农户基本解决温饱。城镇居民生活总体上达到小康。

6. 进一步搞好环境保护，生态平衡和资源的合理开发与利用。“九五”期间，加强对重点城市的环境综合治理和农业生态工程建设，重点解决城镇供排水和工业污染以及城市环境污染问题，使重点城市的环境质量和局部地区的生态环境有所改善。加强对自然资源的管理，提高资源节约和综合利用水平。

7. 严格控制人口增长。认真抓好计划生育工作，坚持优生、优育，提高人口质量。

8. 坚持经济发展与社会发展的统一。在建设社会主义物质文明的同时，大力加强社会主义精神文明建设，加强社会主义民主和法制建设。继续推进卫生、体育等社会事业的全面发展。

（二）发展重点

1. 农业和农村经济

“九五”期间，要以增加农产品有效供给，努力实现“三增一控”（粮食增产、农民增收、财政收入增长，控制人口过快增长），以稳定脱贫奔小康为目标总揽农业和农村工作全局。在促进主要产品产量增长的基础上，发展“高产、优质、低耗、高效”农业，大力发展乡镇企业，全面振兴农村经济。

坚持“决不放松粮食生产，积极发展多种经营”的方针。粮食生产要增加复种指数，提高单产，增加总产。到2000年，粮食总产量达到1050万吨，比1995年增加101.15万吨。继续发挥烤烟、油菜优势。烤烟生产要依靠科学，稳定政策，主攻质量，提高单产，努力把贵州建成全国优质烟叶基地；油菜籽生产要推广高产双低（低芥酸、低硫甙葡萄糖甙）品种，适应市场需要。到2000年，烤烟产量达到60万吨，油菜籽产量达到65万吨，分别比1995年增加26.44万吨和11.87万吨。积极发展茶叶、桑蚕茧、蔬菜、中药材以及刺梨、猕猴桃等水果的生产，因地制宜发展甘蔗生产。

积极贯彻以营林为基础的方针，努力提高造林成活率和保存率。到2000年，全省森林覆盖率达到25%，加上灌木面积，覆盖率达到30%以上，基本实现绿化贵州的目标。积极发展油桐、生漆、五倍子等林产品。

要把畜牧业作为农村经济的一大支柱，在稳定发展生猪的同时，大力发展牛、羊、禽、兔等节粮型、食草型牲畜，提高牛羊肉在肉类总产量中的比重，增加奶、蛋、毛皮等产品的生产。积极加强商品猪、牛、羊生产基地和城市、工矿区的肉、禽、蛋、奶基地建设；搞好良种、饲养技术和疫病防治体系建设。到2000年，肉类总产量达到115万吨，比1995年增加16.87万吨；牛、羊肉占肉类总产量的比重提高到15%，畜牧业产值在农业总产值中的比重提高到35%。

乡镇企业的发展，要坚持“大发展、大提高”的方针，要把发展乡镇企业作为振兴贵州的战略重点来抓。坚持以市场为导向，走“发展、改革、完善、提高”的路子。重点发展农林牧产品加工业、采掘、冶炼、化工、建筑、建材和农村第三产业。重点建设一批各具特色的乡镇企业工业小区，把发展乡镇企业与小城镇建设结合起来，促进农村剩余劳动力的转移和城镇化水平的提高。到2000年，乡镇企业总产值平均每年增长40%以上；从业人员达到300万人，比1995年增加125万人；农民人均纯收入和县乡财政收入来自乡镇企业的份额要有大幅度提高。

“九五”期间，要继续认真贯彻执行国家和省委、省政府扶助贫困地区经济发展的政策措施，全面实施扶贫攻坚计划。大力加强贫困地区的基础设施建设和对支柱产业的培植；继续实施“温饱工程”，突出解决好粮食生产问题；积极实施对口支援，在技术、物资、资金等方面支持贫困地区的经济发展；积极发展教育事业，抓好智力开发和科技扶贫；切实管好扶贫项目，用好扶贫资金，提高资金的使用效益。经过5年艰苦奋斗，基本解决贫困地区的绝对贫困问题。极贫户要基本解决温饱，人均纯收入按1990年价格计算达到或接近400元，生活有明显改善；贫困户人均纯收入达到500元以上。

2. 基础设施

（1）交通运输。重点拓展南下和东出口通道，提高综合运输能力，缓解交通对经济发展的制约。“九五”期间，重点完成南昆铁路续建工程，建设株州——六盘水复线铁路，力争提前开工建设六盘水——柏果铁路和向北延伸的内昆铁路。公路建设按照“一横二纵三联线”的布局展开。“九五”期间，建成贵阳至遵义、贵阳东北绕城线高等级公路，重点建设贵阳至新寨公路，开工建设贵阳经安顺去云南、贵阳至毕节等高等级公路。“九五”期间将统筹规划机场布局。重点加快龙洞堡干线机场建设，争取1996年基本建成，1997年通航营运。

(2)邮电通讯。“九五”期间，争取开工建设贵阳市邮政枢纽大楼，逐步形成以贵阳为中心的现代化邮政网；建设南宁——贵阳——昆明一级干线光缆；加快900兆赫移动通讯网的建设，实现省内各地与外省联网；力争程控电话装机容量达到100万门，提高电话普及率，实现乡乡通电话和50%的村通电话。

3. 支柱产业

(1)卷烟工业。“九五”期间，重点对生产设备进行更新，提高卷接、包装等配套能力。新建醇化库11万平方米，到2000年卷烟产量达到250万箱；卷烟单箱利税达到全国平均水平以上。

(2)酿酒工业。“九五”期间，扩建茅台酒1000万吨/年；力争完成贵阳、遵义啤酒厂扩建工程。到2000年名优酒产量达到10万吨。

(3)铝及铝加工业。“九五”期间，重点安排贵州铝厂一电解改造，遵义铝厂二期、三期扩建；新建乌江铝厂和铝煤电联营等项目。到2000年铝产量达到40万吨，力争50万吨。

(4)电力工业。“九五”期间，续建盘县电厂(一期)和新建安顺(一期)、金沙等电厂；扩建都匀、凯里电厂、盘县电厂(二期)、安顺电厂(二期)等。水电优先安排乌江和南、北盘江大型水电站的梯级开发。“九五”期间，建成天生桥水电站；开工建设洪家渡、三板溪等水电站，争取开工建设构皮滩、思林、引子渡等水电站。

(5)汽车及零部件。汽车工业要按照国家汽车工业产业政策的要求，充分利用汽车生产“国家定点省”的机遇，加大投入力度，扩大生产规模。到2000年汽车产量达到15万辆，汽车零部件产值达到30亿元。

(6)磷及磷化工。“九五”期间，改扩建开阳磷矿和续建瓮福磷矿，完善矿山配套建设。重点发展重钙和磷铵，建成瓮福磷矿80万吨重钙项目；开工建设开阳磷矿48万吨磷铵一期工程；初步建成开阳——息烽、瓮福——都匀及贵阳3个磷酸盐工业基地。

(7)煤及煤化工。“九五”期间，重点扩建火铺、土城、大河边、汪家寨等矿井；新建金佳、肥田等煤矿；争取开工建设鱼塘、响水等项目，配套建设选煤厂。积极发展煤化工。建成贵州化肥厂13万吨尿素改扩建和赤天化15万吨节能技改等项目；争取建设贵州有机化工总厂年产3.6万吨羰基合成醋酸和10万吨焦油加工等项目。

(8)水泥等建材及其制品工业。“九五”期间，重点新建顶郊水泥厂、红果水泥厂，扩建遵义市水泥厂、东方红建陶厂、凯里玻璃厂。到2000年水泥产量达到700万吨；平板玻璃达到100万重箱。

4. 重点产业基地

(1)乌江干流沿岸铝、电、磷基地。抓好乌江干流梯级水电站的连续开发，对现有电厂和煤矿进行改扩建；通过铝电联营、磷电联营等方式，开发铝、磷、锰等优势矿产资源。扩大铝及铝加工生产能力。重点发展重钙、磷铵及其他磷化工产品。

(2)六盘水能源、冶金、化工基地。重点发展煤炭、电力、钢铁、煤化工和建材，加强基础设施建设。配合煤炭开发，扩建盘县电厂、发展坑口电厂，抓好煤电联营项目的前期工作；扩大水钢生产能力；利用煤炭资源优势发展煤化工及原材料工业。

(3)南、北盘江——红水河能源、原材料基地。加快开发水能资源，开发南盘和北盘江沿岸煤田；加速黄金勘探和开发；抓好锑的采选和冶炼；扩大水泥产量；建成南昆铁路、盘百公路省内区段；整治区内“两江一河”航道，提高运输能力；推进南昆铁路沿线工业布局规划的逐步实施。

(王广成　撰稿)

1995年改革开发大事记

1月

1日 世界银行投资（包括国内配套资金）总额为10.73亿元在贵州实施综合性扶贫工程在晴隆、贞丰、望模、册亨、罗甸、长顺、普定、关岭、紫云、织金、大方、六枝、盘县等13个贫困县（特区）的117个乡（镇）启动，项目区直接受益农户82.6万人。项目包括大农业、乡镇二、三产业、教育、卫生、基础设施、劳务输出等六大类325个子项目。先导投资7400万元，整个扶贫项目将于1995年7月1日正式实施，建成期为6年。

5日 贵阳市总投资1.292亿元、全长3000余米的客车站高架桥系列工程（包括解放路、浣沙路、枣山路一部分、延安西路一部分、客车站高架桥、浣沙桥）全线通车。

6～8日 贵州省经济工作会议在贵阳召开。会议传达贯彻中央经济工作会议精神，总结全省一年来改革和发展工作。明确1995年全省经济工作的主要任务是：坚持把加强农业放在经济工作首位，全面发展农村经济，加快稳定脱贫奔小康的步伐；努力加强和改善宏观管理，坚决抑制通货膨胀；以深化国有企业改革为重点，着力搞好国有大中型企业；加快非国有经济的发展，大力培植新的经济增长点；实施开放带动战略，打一场扩大开放总体战；加大经济结构调整力度，强化管理和推动技术进步，提高经济的整体质量和效益；加快基础设施建设，实现国民经济持续、快速、健康发展。

20日 开阳磷矿息烽重钙厂正式投产。该厂投资2.94亿元，占地40公顷，年产高浓度化肥过磷酸钙10万吨、硫酸10万吨、磷酸4万吨、磷矿粉16万吨和氟硅酸纳0.25万吨。

2月

10日 贵州利用外资800万美元引进美国电话电报公司光缆及光传输通信系统合同正式签字。

10～16日 马来西亚常青集团有限公司董事长张晓卿一行7人抵筑考察，达成3项合作协议：公司意向投资3亿元人民币参与开发“云雀”轿车，希望占其总投资的30%股份；投资6000万元人民币建年产30万吨水泥生产线，占其总投资的60%；投资4900万元人民币建年产10万吨特种水泥生产线，占其总投资70%。双方于16日正式在合作项目书上签字。

13日 中建四局工程机械厂研制成功的SCD200/200型双笼施工升降机通过省级鉴定。

13～14日 省领导陈士能、王广宪等分别会见来黔考察和洽谈与电信电力等方面合作项目的法国阿尔卡特公司代表范克高夫一行。

16～18日 世界银行负责东亚和太平洋地区事务的副行长拉塞尔·奇塔姆及世行中蒙局局长霍普等一行6人在国家财政部世行业务司司长金立群陪同下抵黔，先后到黄果树风景区，普定县贫困省教育项目魏旗小学和新房小学，镇宁自治县棉寨村等处，对世行贷款项目在贵州的执行情况及贫困状况进行考察。

19～24日 国务院特区办主任胡平到遵义、安顺和六盘水等地市及贵阳小河经济技术开发区考察。

19～25日 省八届人大三次会议在贵阳举行。省长陈士能作政府工作报告，提出1995年政府工作的主要任务：努力保持经济的较快增长，国民生产总值确保增长8%，力争9%；确保物价上涨幅度明显低于上年，力争全社会零售价格指数上涨幅度控制在国家要求范围内；保证财政收入稳定增长8%，力争9%。

3月

4日 贵州康星植物油有限公司从法国引进日产50吨高级植物油的自动精炼生产线在金沙县建成投产。

7日 省委、省政府在贵阳召开全省农村工作会议，按中央农村工作会议精神，分析研究当前贵州农业和农村经济的状况，明确1995年农业工作具体目标是：农业总产值289.4亿元，粮食总产量910万吨，油菜籽产量45万吨，烤烟产量40万吨，肉类总产量95万吨，乡镇企业产值有更大增长，农民人均纯收入增加100元以上(贫困县人均增加80元)，力争实现100万以上贫困人口解决温饱。

11日 茅台酒新产品——茅台威士忌通过省级鉴定，批量投放国内外市场。

14日 受中科院指派，经贵州省委组织部认同，以研究员李加田、洪书汤等5位高级专家组成的贵州省世界银行项目顾问组成立。

17～22日 在北京举办的中国专利10年成就展上，贵州送展的“燃煤锅炉烟气脱硫除尘器”，“AEBV全自动汽车紧急制动装置”等7个项目全部获奖，其中金奖5个，银奖2个。

22日 省领导刘方仁，王广宪在筑会见以巴利特伯斯为团长来黔考察贵州乌江干流规划构皮滩电站的世界银行水电项目考察团一行6人。

26～31日 联合国儿童基金会驻华代表普拉多和该会中方项目官员刘冰及卫生部妇幼卫生合作司副司长庞汝彦等一行5人，对贵州妇幼卫生合作项目进行考察。

27日 国际世界宣明会在贵阳正式签署续捐103万元资助纳雍县滑竹箐综合开发项目。

4月

1日 贵州绿叶多元磁化有限公司的一条磁化肥生产线在贵阳建成投产。

6日 中国农学会、中国优质农产品开发服务协会、国务院发展研究中心农村发展研究部、中国特产报、经济日报农村部在京联合举办“首届中国特产之乡”命名暨宣传活动。贵州黔东南州获“中国香猪之乡”称号。这种香猪的特点是体型小，肉味香，基因纯，无污染。

13日 贵州雄华(集团)新能源工业有限公司的一条年产万吨醇水燃料生产线在黔西县建成投产。这种将煤转化为甲醇后再将其合成液态醇醚的醇水燃料，具有燃烧时无烟、无毒、无爆炸危险，提高煤的热利用率等优点。

15～30日 贵州省在春季广州交易会上，总成交额为6800万美元，出口成交的产品主要有矿产品、硅锰合金、焦炭、矾土、磷矿石、磷肥、黄磷、轮胎、轴承、工具、洗衣机、小五金、不粘锅等。

17～22日 中共中央政治局委员、国务院副总理李岚清到贵州，在省领导刘方仁、王思齐、王广宪的陪同下，先后到贵阳、遵义、安顺等地市，深入厂矿企业、机关和学校调研考察。在听取了省委、省人大、省政府、省政协、省军区、省纪委的工作情况汇报后，强调中西部地区要充分利用资源优势，抓好人才培养，促进经济和社会发展。

17～26日 全国政协组织的专家莅筑、会同省政协医卫体委员会先后到普定、镇宁两县和贵阳市，就贵州农村人口与经济协调发展进行联合调查。

29日 省油料科学研究所研究的“双低组合杂101”、“单低油研5号”杂交油菜选育成功并通过省级审定。

5月

2～5日 全国政协常委、国务院港事顾问、新中港集团有限公司主席徐展堂先生一行来筑，先后考察贵阳龙洞堡机场、小河开发区和惠水县惠高酒厂。省领导陈士能、龙志毅先后会见徐展堂先生，并聘请徐先生为贵州省政府顾问。

3日 贵州瓮福磷矿自3月2日正式投料以来，已按设计流程全线负荷试车成功，产品物理指标达到设计要求。

4日 国家计委下达1995年度国家重点建设项目名单，贵州有7个项目入列：电力项目为天生桥水电站一级、二级、东风水电站；铁道项目为湘黔线复线及电气化、南昆线；邮电项目为杭福贵成光缆；化工项目为瓮福磷矿重钙项目。

4～10日 联合国开发署驻华代表亚瑟·霍尔康先生、世界银行驻华代表处副代表达尔德·阿哈迈德先生一行7人，在国家环保局局长解振华陪同下到贵州考察环保和扶贫工作。

9日 经国务院批准，公安部宣布，贵州省又有丹寨、天柱、雷山、麻江、岑巩、剑河、锦屏、平塘、瓮安、龙里、罗甸、晴隆、普安、凤冈、仁怀、桐梓、纳雍、威宁、赫章、石阡、思南、松桃、息烽、开阳、修文、紫云等26个县对外国人开放。

14日 省领导陈士能、莫时仁在筑分别会见澳大利亚矿产国际勘探公司中国项目总经理安得先生一行3人。该公司派员来黔旨在同贵州有关部门交流“贵州烂泥沟金矿”的勘采工作及寻求有关支持。

16～18日 全国政协副主席杨汝岱莅黔，先后到铁道部贵阳车辆厂，贵阳小河经济技术开发区考察。杨汝岱强调，交通条件差是贵州乃至西南地区经济发展的制约因素，在脱贫致富奔小康过程中，要进一步加强基础设施特别是交通建设。

17日 由湛江市委常委，常务副市长谢鉴明率领的经济考察团一行23人抵筑，对贵州煤炭、电力资源和一些军工企业进行考察并参观贵阳小河经济开发区。考察团就“贵州省人民政府决定在湛江兴建5至10万吨级港口、湛江市在东海岛北面深水海岸线无偿提供1000亩土地”，以及有关“贵州港”建设规划和交通、供水、供电、税收等事项与贵州达到协议并举行签字仪式。

18～22日 根据国家将在“九五”期间加快中西部地区交通基础设施建设，编制“九五”交通发展规划和检查贵州的打通南下出海通道的准备情况，以交通部长黄镇东为团长的交通工作考察团一行4人抵筑，实地考察正建设中的贵（阳）遵（义）高等级公路和将于1996年施工的大西南出海口通道，遵义至崇溪河(遵义至重庆公路贵州段)的工程前期准备工作和具体实施情况，了解贵（阳）黄（果树）公路投入使用后的管理运行和经济、社会效益情况，并表示交通部要为打通大西南出海口通道贵州段排忧解难，搞好服务。

26日 贵阳矿山机器厂与加拿大詹森国际集团有限公司正式签署合同，在贵阳小河经济技术开发区合资2500万美元共建詹阳机械工业集团有限公司。

27～28日 以高级项目工程师哈克先生为团长的亚洲银行考察团抵筑，对贵阳钢厂第二期工业节能和环保项目进行考察评估，省长陈士能会见了该团成员。

30日 全国商业服务企业“质量与信誉承诺”暨“星级信誉企业评估”活动在京揭晓。贵州的贵阳市百货大楼、贵州华联股份有限公司等18家企业获“全国商业信誉企业”称号。

6月

1日 经贵州省政府和国家铁道部同意，贵阳至北京87/88次特快列车命名为“茅台号”特快列车。

3～12日 受世界银行委托的国家教委中期检查评估小组，至贵阳、安顺、铜仁、独山、雷山等市、县，就《世界银行贷款中国贫困省教育发展项目开发信贷协定》中贵州获贷款2219.61万美元发展教育事业项目，进行考察和听取有关情况汇报。

10日 贵州航空公司引进的英国BAE146—300型客机首航广州。

13～16日 国家统计局农村调查总队和国家世界银行扶贫项目管理办公室，在贵阳召开西南3省区世行扶贫项目贫困监测调查暨全国贫困研讨会，讨论确定世界银行为中国西南提供包括教育、卫生、劳务输出、基础设施、大农业、乡镇企业和贫困监测在内的综合性开发扶贫贷款项目和实施监测工作。

20～24日 中国西南开放与东南亚、南亚关系(亚洲西南大陆桥发展协作系统)第四届国际学术讨论会在贵阳召开，主题是走向21世纪的中国西南各省（区）的经济社会发展，以及中国西南与东南亚、南亚关系的发展。川、滇、黔、桂、藏、渝五省（区）六方及越南、新加坡、马来西亚、俄罗斯等国家和香港、台湾地区的专家、学者和企业家70余人到会。

21～24日 省科委、省侨办、省台办联合在贵阳举办1995年贵阳高新技术展示暨投资洽谈会，旨在展示贵阳国家高新技术产业开发区建立以来的成就，扩大对外宣传，加大招商引资力度，增进贵州企业与省外、国外企业的交往和了解，促进相互间的经济、技术合作。贵州航天、航空、电子三大军工企业和300多家国有企业及私营科技实体展示了近1000项高科技产品和待开展的高新技术项目。来自美国、法国、保加利亚、新加坡、马来西亚等国家和香港、台湾地区的近100家企业代表参加，达成37个合作开发项目、协议，引进外资总额3.5亿元人民币。

29日 贵州客车厂自行设计制造的CK6120S型双层客车正式投入贵阳市区客运。

7月

11日 贵州省房地产交易市场在贵阳成立并开业。

11～13日 国家科委成果办公室、国家环保局最佳实用技术推广办公室在遵义市召开“PS型燃煤锅炉烟气脱硫除尘器”推广应用会。这项“中国环境保护十大科技难题”之一的脱硫除尘技术是遵义市环保局工程师王明怀发明并获国家发明专利。

18～22日 联合国开发计划署社会发展处处长何进和“中国21世纪议程”即生态环境与经济社会协调发展以及消除贫困问题管理中心孙仁华抵筑了解贵州“21世纪议程”机构设置和实施情况，并探索联合国开发计划署与贵州合作途径。

19日 省数据通信局成立并正式开通联接国际、国内的贵州省公用分组交换数据网。

21日 省林业总站主持研究的适用先进的

CPS全球定位系统和计算机联网图示导航进行飞播造林（还可用于抢险、救灾、航空、航海等）的重大科研课题“CPS图示导航飞播研究”通过省级鉴定。

24日　全长4300多公里的杭福贵成光缆通信敷缆工程全线竣工。

27日　省长陈士能在筑会见来黔考察贵州金矿地质和具体商谈合作风险勘探开发贵州黄金资源的美国贝特山黄金公司董事会主席兼首席执行官艾利尔一行。

8月

4～5日　省领导陈士能、龙志毅在贵阳分别会见来黔了解贵州黄金开采情况，商讨合作开发事宜的马来西亚布基特扬金矿公司总裁林鹏寿先生。

6～10日　1995全国STS（科学、技术与社会）学术研讨会在筑举行，旨在研究先进的科学技术如何带动相对滞后的西部地区的发展，并重点讨论贵州两个专题：西部的经济社会科技发展和贵州军转民与经济发展问题；贵州旅游资源的开发问题。中国科学院、中国社会科学研究院和全国22所高等院校、科研部门和企业的专家、教授、研究员41人出席。

8日　日本三井集团与贵航集团华阳电工厂合资级建三井—华阳汽车配件有限公司在贵阳正式签署协议。公司总投资750万美元，华阳投资占40%。

11日　由武警水电一总队与巴西M．J公司联合承建的坝高178米、坝长1168米的南盘江天生桥一级电站大坝工程开工。

15日　贵州承担的援建西藏山南沃卡电站三级站更新改造工程，通过竣工验收。

28日　贵州金沙县境内发现一储量为8亿吨以上，分布约80平方公里，品位达21.6%的大型金属镁矿床。

▲国家科委、化工部在河南安阳召开现场会，推广贵州研制成功的“YD型冷激式氨合成塔”技术。

9月

8月15日～9月4日　省长陈士能率中国贵州经济代表团一行7人出访新加坡、马来西亚和泰国，与这些国家的政府、民间组织、企业等广泛交流和探讨，对贵州云雀轿车、特种水泥、年产20万吨磷酸氢钙厂、年产18万吨饲料加工厂、养鸡场、顶效水泥厂，以及能源开发、公路建设、电讯工程等项目进行实质性商谈。

10～14日　在贵州参与主办的1995年福建投资贸易洽谈会上，贵州代表团与港、澳、台地区、马来西亚、德国及国内各省市客商共签订合同、协议和意向项目21个，总投资2.8亿美元，可利用外资2.56亿美元。

11日　由海南海王集团公司、海南省民族对外贸易总公司注入资金3000万元，建设赫章冶炼厂粗锌冶炼二期工程的海王集团公司与赫章冶炼厂合作项目，在筑正式签字。

14日　黔南州农科所选育成功的“紫标S—1”和“紫标S—2”籼型两用核不育系稻种通过省科委鉴定。

18日　贵阳南站TWJ—2、TWJ—1两种型号微机控制驼峰溜放自动控制系统建成投入使用，使该站驼峰解体能力提高15%以上。

20日　贵州省委、省政府发布《关于实施科教兴黔战略的决定》。

28日　贵阳发电厂20万千瓦新机组一次并网发电成功。

10月

2～5日　国际大射电望远镜工作组、中科院北京天文台和贵州省科委共同主办的“第三届大射电望远镜工作会议暨球面射电望远镜国际学术研讨会”在贵阳召开。国际大射电望远镜工程。（LT）是一项广泛国际合作的巨大科学计划，由澳、加、中、法、德、印、荷、俄、英、美等10国代表组成。通过遥感研究，实地勘测和无线电干扰测试等工作，已选定贵州平塘、普定两县的喀斯特凹地群为LT计划中球面射电望远镜的优先台址，作为中国方方案参与国际竞争。会议期间，省领导陈士能、龚贤永会见并宴请外国专家。

5日　副省长王广宪在筑会见来黔了解贵州农业发展情况，以便加强合作的以日本爱媛县伊予三岛市市长筱永雄为团长的该市政府代表一行16人。

10日　省救灾电台数传通讯网建成通过省级验收。

18日　贵州省首家按建立现代企业制度试点工作要求组建、运作的“贵州赤天化集团有限责任公司”在贵阳成立。

21日　中科院贵阳地化所环境地球化学国家重点实验室通过国家级验收。

31日　省科委发布1995年度贵州省科学技术进步奖评审公告，获奖项目107项，其中二等奖16

项，三等奖38项，四等奖53项。

▲ 贵州大学被国家教委列为百所中国名校之一。

11月

10月26日～11月4日 在北京举行的第二届全国农业博览会上，贵州参展的十大类223项产品有19项获奖，其中贵兴牌竹荪酱油、龙泉健茗茶、舞阳神高级烹调油等8种产品获金奖。

7～10日 中共贵州省第七届四次全会在贵阳举行。省委书记刘方仁作题为《深入贯彻十四届五中全会精神，为实现跨世纪宏伟目标而努力》的讲话。强调要以江泽民总书记关于12个重大关系论述为指导，着力解决好关系贵州经济和社会发展全局的9个重大问题。省长陈士能就《中共贵州省委关于制定贵州省国民经济和社会发展"九五"计划和2010年远景目标的建议》草案作了说明，会议讨论通过了该《建议》。

9～11日 省首届星火计划新产品博览会在筑开幕。展出表明，10年来贵州实施国家、省、地、州、市和县级星火计划项目564项，投入资金7亿多元，共创产值31亿多元，实现利税5.2亿元，星火计划实施中先进技术和科技成果的转化率为80%以上。

14日 贵州天和磷业股份有限公司第三期扩建工程——年产7000吨的大型磷炉点火投产。

23日 展示2亿4千万年前古生物"贵州龙"(因最早发现于贵州而得名）化石展在贵阳开展。兴义顶效镇发现的"贵州龙"化石是中国已知海相地层中，唯一同时发现三叠纪爬行动物和鱼化石的产地。已发现的古脊椎动物化石除胡氏"贵州龙"外还有意外"兴义龙"、仁怀"混鱼龙"、邓氏"三桥龙"、宋氏"清镇龙"、大方"弯曲龙"和"贵州龙"新属种等。这次展出的各种龙、鱼化石100多件。此前，同年4月国家文物局鉴定委员会及中科院专家组曾抵黔实地踏勘，并对兴义市有关部门收藏的700余件"贵州龙"动物群化石进行鉴定，其中226件各具特色的龙、鱼化石被定为珍贵标本。同时，还发现了贵州中华真颚鱼、兴义亚洲鳞齿鱼等动物化石以及大量的贵州龙种和贵州龙未定属种引起世界注目。展览会在12月23日闭幕。

24～29日 来自42个国家的驻华使节和夫人及2个国际组织的驻华代表飞抵贵阳，先后到贵阳、遵义、安顺等地市的部分企业和建设中的龙洞堡机场参观访问。

30日 国务院批准，撤销仁怀县，设立仁怀市(县级)，以原仁怀县的行政区域为仁怀市行政区域。

▲ 国务院正式批准贵州织金煤矿区立项建设。该矿有9个勘探区，面积308.8平方公里，探明储量25.8亿吨，国家计委核准总规模年产800万吨，项目静态投资控制在35亿以内。

12月

1～10日 以霍南为团长的世界银行、中国卫生部Ⅳ项目（农村卫生人力开发项目）监督团一行13人，到贵州6个项目地区进行该项目实施监督考察，并在筑召开Ⅳ项目第四次监督会，卫生部及贵州、河北、河南、山西、安徽、福建6个项目省的有关负责人与会，会议肯定了贵州在实施Ⅳ项目中取得的成绩。

7日 贵州首家紧密型科技经济联合体——省轻工科研所与贵州安顺合成洗涤剂厂签署合同，成为该厂技术开发中心，实行一套人马两块牌子，双重领导。

14～15日 省扶贫开发工作会议在筑召开。主题是贯彻党的十四届五中全会、省委七届四次全会和全国扶贫开发工作会议精神，总结检查省扶贫攻坚计划实施情况，部署1996年扶贫开发工作。

22日 总投资7200万元，设计能力为年产30万吨的六枝矿务局苦竹林煤矿竣工投产。

22～24日 贵州省经济工作会议在筑举行。主题是贯彻中央经济工作会议精神，按照党的十四届五中全会和省委七届四次全会精神，安排部署1996年全省经济工作。会议强调，做好1996年的经济工作，要抓住经济体制改革和经济增长方式转变这个环节，把实施开放带动战略和科教兴黔战略放在全局位置来抓，大力发展特色经济，做好变资源优势为经济优势的大文章。

23日 省委、省政府举行新闻发布会，公布经国务院批准，原由安顺地区管辖的清镇市和修文、息烽、开阳县划归贵阳市管理，行政区划调整从1996年1月1日起施行。

23～30日 中共中央政治局委员、书记处书记、国务院副总理吴邦国到贵州，在省领导刘方仁、陈士能等陪同下，连续考察了贵阳、遵义、安顺等地的十几家企业，还到龙洞堡机场工地察看工程进度情况，到困难企业慰问，了解企业生产经营、亏损原因，职工工资发放和明年生产安排情况，走访了特困户。

27日 设在贵州大学的中国教育和科研计算机网络西南地区网络贵阳市中心节点与北京网络中

心联通。

▲省经委信息中心经济管理信息系统开通并与省内 31 家企业和各地州市经委联网。

30 日 东风电站最后一台机组(3 号机组)并网发电。至此，装机容量为 51 万千瓦（由 3 台 17 万千瓦机组组成）的东风电站全面建成投产。

云 南 省

主　　编：晁维明
副 主 编：张培光　黄巧谷
编写人员：黄巧谷　朱　平　戴云昆

云南省分目录

云南省概况 …………………………………………………………………………………… (437)
国民经济和社会发展 ……………………………………………………………………………… (437)
云南省国民经济和社会发展“九五”计划和2010年远景目标（摘要） ……………… (442)

专题介绍

发挥区域资源优势，建立新支柱产业
——云南省18生物资源开发工程启动 ………………………………………………… (445)
高原奇观——路南石林 ………………………………………………………………………… (446)

典型地区

玉龙雪山传喜讯
——丽江县实现农村水电初级电气化 ………………………………………………… (449)

1995年改革开发大事记 ………………………………………………………………………… (451)
彩色宣传图片
·云南的花卉业·云南的能源、交通建设·云南的农、牧业·云南的环保和水利工程·

云南省概况

面积：394139平方公里

人口：3989.63万人

行政区划：7个地区，8个自治州，2个地级市，13个县级市，81个县，29个自治县

省委书记：高　严

省人大常委会主任：尹　俊

省长：和志强

省政协主席：刘树生

云南省国民经济主要指标　(单位：亿元)

项　　目	1995年	比上年增长（%）
国内生产总值	1207	10.6
工农业总产值	1704.5	12.5
工业总产值	1230.0	18.8
重工业产值	573.4	18.9
轻工业产值	656.6	16.2
农业总产值	474.5	6.3
全社会固定资产投资	363.81	13.1
国有固定资产投资	260.21	17.7
社会消费品零售总额	370.0	21.3
零售物价总指数(%)	118.1	18.1
职工工资总额	158.9	16.3

国民经济和社会发展

1995年，我省各族人民在省委、省政府的领导下，继续全面贯彻执行中央“抓住机遇，深化改革，扩大开放，促进发展，保持稳定”的指导方针。改革开放取得新的进展，宏观经济调控取得积极成效，国民经济保持快速稳定增长，教育、科技、文化、卫生、体育等各项社会事业也取得新的成绩。初步统计，全年国内生产总值1200亿元，比上年增长10.6%；其中第一、二、三产业增加值分别增长4.0%、13.0%和13.0%。经济运行中的主要问题是：物价涨幅高，农业基础薄弱，部分国有企业生产经营困难。

一、农　业

农业全面丰收，农村经济快速发展。1995年，全省农业增加值达302.0亿元，按可比口径计算比上

年增长4.0%，是“八五”期间农业和农村经济形势最好的一年。主要农作物产量全面增产，粮食、油料、甘蔗、天然橡胶、茶叶均创历史最高水平。

主要农产品产量如下：

	1995年	比上年增长%
粮　食	1188.91万吨	3.7
其中：谷物	1026.72万吨	3.1
豆类	76.28万吨	5.8
薯类	85.91万吨	9.9
油料	20.36万吨	45.9
其中：油菜籽	14.60万吨	61.1
甘蔗	1054.90万吨	13.7
烤烟	76.05万吨	28.4
茶叶	6.74万吨	5.6
水果	55.25万吨	10.2

造林绿化与林业生产取得较好成绩。1995年，全省造林面积达36.09万公顷，超额完成计划。主要林产品产量增加，其中天然橡胶产量12.4万吨，增长9.6%。护林防火取得好成绩。

畜牧业生产持续增长。1995年，全省生猪出栏头数大幅增长，肉、奶、禽、蛋产量都有不同程度增加。

主要畜产品产量和牲畜存栏头数如下：

	1995年	比上年增长%
肉类	126.00万吨	10.1
其中：猪肉	110.77万吨	10.7
牛奶产量	9.46万吨	0.2
肉猪出栏数	1358.47万头	10.0
猪年末存栏数	2290.13万头	3.4
羊年末存栏数	715.39万只	7.4
大牲畜年末存栏数	954.00万头	0.8

渔业生产快速发展。全年水产品产量8.4万吨，比上年增长22.6%。

农业生产条件进一步改善。1995年末，全省拥有农业机械总动力867.9万千瓦，比上年增长2.1%；大中型拖拉机0.95万台，减少9.5%；农用载重汽车3.02万辆；增长13.1%；排灌动力机械75.3万千瓦，增长1.3%；全年农村用电量20.5亿千瓦小时，增长5.5%；新增农田有效灌溉面积52.67千公顷。但农资价格涨幅较大，农业基础比较脆弱。

乡镇企业发展迅速。1995年，全省乡镇企业营业总收入600亿元，比上年增长55.5%，有力地促进了农村经济的全面发展。

二、工业和建筑业

工业生产稳定增长。1995年，我省工业企业在深化改革的推动下，积极开拓市场，努力克服困难，工业生产保持了快速稳定增长的良好势头。全年完成工业增加值475亿元，比上年增长13.5%。其中，国有工业增长7.2%；集体工业增长20.5%，个体、私营和其它经济类型工业增长32.8%。“两烟”优势进一步发挥，烟草加工业总产值增长12.5%。制糖工业发展较快，产值比上年增长11.2%，产业和产品结构调整也取得一定成效，主要能源、化工及支农产品生产增长较快，冶金、机电等行业主要产品生产由于受投资规模控制的影响以及部分轻工产品由于受市场变化的影响，产量有不同程度的下降。

主要工业产品产量如下：

	1995年	比上年增长%
原煤	2774.91万吨	6.8
洗精煤	170.35万吨	4.6
焦炭	362.81万吨	13.0
发电量	224.08亿千瓦小时	10.2
其中：水电	158.36亿千瓦小时	17.9
钢	137.18万吨	1.7
成品钢材	136.71万吨	−1.9
十种有色金属	36.21万吨	5.9
水泥	978.07万吨	13.0
工业木材	136.77万立方米	−19.8
平板玻璃	157.61万重量箱	−5.5
日用陶瓷器	18255万件	16.7
硫酸	97.78万吨	21.1
农用化肥(折纯)	124.42万吨	18.4
金属切削机床	6099.00台	−19.0
小型拖拉机	2.44万台	33.3
配混合饲料	47.22万吨	32.4
农用薄膜	2.15万吨	43.8
纱	3.59万吨	1.4
布	1.35亿米	1.6
服装	1863.7万件	6.1
糖	94.00万吨	16.3
原盐	40.57万吨	−0.4
卷烟	670.29万箱	9.7
精制茶叶	3.94万吨	−8.6
饮料酒	23.04万吨	3.0
机制纸及纸板	30.18万吨	−5.8
自行车	8.55万辆	−28.9
电视机	7.94万部	−20.1
家用电冰箱	2.37万台	−33.1

工业经济效益有所下降。1995年，全省乡及乡以上独立核算工业企业经济效益综合指数为182.0，比上年下降22.6个百分点。其中工业产品销售率为96.9%，比上年提高0.55个百分点，成本费用利润率为17%，比上年下降2.62个百分点；资金

利税率为33%，下降4.01个百分点。工业增加值率46%，下降4.3个百分点；按增加值计算的全员劳动生产率提高8.3%；流动资金周转次数由1.67次减缓为1.44次。

建筑业生产持续发展。1995年，全省建筑业完成增加值59亿元，比上年增长12%。国有建筑施工企业房屋竣工面积为384.37万平方米，比上年增长15.4%；全员劳动生产率42662元，提高13.3%。

地质勘察取得新的成果。1995年，全省地矿局系统完成钻探工作量10.16万米，新发现矿产地5处。

三、固定资产投资

固定资产投资增幅回落。1995年，全社会固定资产投资完成363.81亿元，比上年增长13.1%（扣除投资品价格上涨因素，实际工作量增长8.8%），增幅比上年回落14.9个百分点。其中国有单位投资260.21亿元，增长17.7%；集体所有制单位投资41.98亿元，增长8.5%；城乡居民个人投资38.62亿元，增长9.8%。在国有单位投资中，基本建设投资128.33亿元，增长7.0%；更新改造投资94.42亿元，增长27.5%；房地产开发投资29.72亿元，增长30.8%。从国有单位投资隶属关系看，中央项目完成投资73.4亿元，比上年增长17.7%；地方项目完成投资186.81亿元，增长17.7%。全年国有单位施工项目6556个，比上年下降16.4%。其中本年新开工项目3742个，下降23.0%。

国有单位投资中，农业投资7.21亿元，比上年增长20.5%，投资比重由2.7%上升到2.8%；能源工业投资30.73亿元，比上年增长10.7%；运输邮电业投资38.21亿元，下降7.8%。

重点建设成绩显著。全年施工的42项重点建设项目共完成投资106.4亿元，比上年增长24.7%，已有大理机场、丽江机场、民族博物馆、漫湾电站最后一台机组并网发电、第二条漫昆50万伏超高压输电线路、五里冲水库、西园排污隧道、日供水10万吨的昆明第六水厂北分厂、昆明醋酸纤维丝束厂、昆河公路石林至新哨段、昆曲公路曲靖段、小龙潭煤矿四期工程、西畴新街水泥厂、日处理污水10吨的昆明第二污水处理厂等16个重点项目和单项工程建成投资，为促进我省经济的发展增添了后劲。

四、交通和邮电

交通运输和邮电生产稳步发展。1995年，全省运输邮电业增加值55.2亿元，比上年增长21.0%。各种运输工具运输量完成情况如下：

	1995年	比上年增长%
货物周转量	305.6亿吨公里	3.6
铁路	114.3亿吨公里	6.0
公路	190.0亿吨公里	2.2
水运	0.99亿吨公里	1.0
空运	0.30亿吨公里	15.4
旅客周转量	158.82亿人公里	8.1
铁路	23.03亿人公里	−5.7
公路	114.00亿人公里	12.0
水运	0.34亿人公里	3.0
空运	21.45亿人公里	5.4

邮电通信业迅速发展。1995年，全省邮电业务总量13.84亿元，比上年增长51.3%。全年新增长途电话业务电路6459路，新增长途电话交换机容量2.84万路端。全省市内电话达112.36万门，比上年增加32.11万门，全部县（市）都进入全国长途自动电话网。

五、国内贸易和市场物价

国内消费品市场持续增长。1995年，全省社会消费品零售总额370亿元，比上年增长21.3%（扣除物价上涨因素，实际增长2.7%），市场销售平淡的状况继续好转。其中城市173.62亿元，增长22.2%；县城103.57亿元，增长19.4%；县以下92.81亿元，增长21.8%。分经济类型看，国有经济增长14.8%，集体经济增长12.7%，个体、私营和其它经济类型增长56.3%，农民对非农业居民的零售额增长48%。生产资料销售364.9亿元，比上年增长13.4%。全年农业生产资料销售额为50亿元，比上年增长28.2%（扣除价格因素，实际增长2.2%）。

1995年，市场物价起点高、涨幅大。全年商品零售物价比上年上涨18.1%，其中城镇上涨16.3%，农村上涨20.1%。居民消费价格上涨21.3%，其中城镇上涨20.3%，农村上涨21.8%。

1995年各类价格比上年上涨幅度（%）如下：

1. 居民消费价格	21.3
其中：（1）城镇	20.3
（2）农村	21.8
其中：服务项目价格	20.3
2. 商品零售物价	18.1
其中：（1）城镇	16.3
（2）农村	20.1
其中：食品类	35.4
粮食类	38.9

油脂类	35.8
服装鞋帽类	12.5
日用品类	8.1
文化体育用品类	9.8
书报杂志类	25.5
中西药品类	14.4
建筑装璜材料类	－3.3
燃料类	2.9
3. 农业生产资料零售价格	25.5

六、对外经济

进出口贸易大幅度增长。1995年，全省外贸进出口总额21.18亿美元，比上年增长32.1%，其中出口13.28亿美元，增长26.1%，进口7.9亿美元，增长43.6%。在出口产品结构中，"两烟"出口3.41亿美元，机电产品出口2.5亿美元，化工产品出口1.59亿美元，有色黑色金属产品出口2.07亿美元。

旅游事业进一步发展。1995年，前来我省旅游的外国客人和华侨、港澳台同胞达56万人次，比上年增长7.3%，旅游外汇收入1.6亿美元，增长29%。

利用外资持续增长。1995年，全省实际利用外资金额3.64亿美元，比上年增长15.9%。其中外商直接投资2.21亿美元，增长8.9%。

对外经济技术合作取得较大进步。1995年，全省对外承包工程和劳务合作与设计咨询业务新签合同金额2.3亿美元，比上年增长1.2倍；完成营业额1.05亿美元。

七、金融和保险业

1995年，全省金融系统认真贯彻执行中央各项金融政策，银行存款大幅度增长，信贷投放控制在国家计划内并保持稳定增长。

1995年末，金融机构存款余额达1187.24亿元，比上年净增313.97亿元，增长36%（银行存款余额达962.9亿元，比上年净增246.33亿元），是"八五"期间增长最快的一年，其中居民储蓄存款余额达500.1亿元，比上年净增148.41亿元，增长42.4%，企业存款余额478.89亿元，比上年净增159.35亿元，增长49.9%。在存款大幅增长的同时，信贷投放保持稳定增长。全省金融机构贷款余额924.67亿元，比上年净增207.89亿元，增长29%（银行贷款余额810.6亿元，比上年净增173.9亿元）。加上代理国家开发银行及工行代理政策性贷款26.55亿元，1995年共新增贷款234.44亿元，增长26.4%，为促进云南经济快速发展作出了积极贡献。信贷结构也趋于合理，主要投向国有企业、农业及农副产品收购与重点建设。全年货币投放47.54亿元，比上年增长14.4%。年末货币流通量183.1亿元，增长35.1%。

保险事业迅速发展。1995年，全省各种保险总金额2514亿元，比上年增长30.6%；其中国内财产保险总金额1309亿元，增长37.7%。全省各种保费收入13.98亿元，比上年增长37.7%；其中国内财产保险业务费收入8.26亿元，增长47.8%。1995年末全省有1.22万个企业事业单位参加了企业财产保险，有260.46万户居民参加了家庭财产保险，有782.96万人参加了人身保险。全年保险公司处理国内财产险赔案9.91万件，支付已决案赔款4.13亿元，为10.68万人支付了人身保险赔款5823万元。

八、科学、教育、文化和卫生体育

科技事业取得新的成果。1995年，全省获省级科技进步奖182项，星火奖35项。全年受理专利申请959件，批准专利569件。签订技术经济合同1796项，成交金额达3.91亿元。科技单位向工业企业转让成果135项，金额1743万元。新批准建立省级中试基地4个。

教育事业取得新的进展。1995年，全省教育系统招收研究生343人，增长6.2%。普通高等学校招收本、专科学生1.65万人，比上年增长4.4%；在校学生5.14万人，增长0.2%。普通中等专业学校在校学生10.26万人，比上年增长8.8%。普通高中在校学生17.78万人，比上年增长1.5%；普通初中在校学生109.47万人，比上年增长2.5%；小学在校学生462.41万人，增长2.6%；学龄儿童入学率达97.42%，小学毕业生升学率由上年的71.2%提高到73.9%。成人教育迅速发展。1995年，全省成人高等学校在校学生3.75万人，比上年增长12.3%；成人中等专业学校在校学生4.25万人，增长27.2%；成人初等学校在校学生48.25万人，增长9.1%；全年扫除文盲43.3万人。

文化事业继续发展。1995年末，全省各种艺术表演团体135个，文化馆128个，公共图书馆148个，博物馆23个，档案馆162个，广播电台14座，中短波发射台和转播台41座，电视台15座，一千瓦以上电视发射台和转播台30座，卫星电视地面接收站1.37万座。全年生产电影故事片3部，纪录片1部。

卫生事业稳步发展。1995年末，全省医院共有病床8.40万张，比上年增长0.7%。专业卫生技术人员11.25万人，比上年增长1.4%；其中医生5.95万人，增长3.1%。

体育事业取得新成绩。1995年，我省运动员在世界运动会上获得金牌9枚、银牌3枚、铜牌4枚；在全国运动会上获金牌27枚，银牌29枚，铜牌31枚；为国家和我省争得了荣誉。

云南省国民经济和社会发展“九五”计划和2010年远景目标（摘要）

一、奋斗目标

1. 2000年的发展目标

按照到本世纪末人均国内生产总值比1980年提前翻两番、人民生活基本达到小康水平、初步建立社会主义市场经济体制和为下世纪初开始实施第三步战略部署奠定良好基础的要求，云南省“九五”国民经济和社会发展的目标是：

（1）经济总量目标

国内生产总值年均增长10%左右，人均国内生产总值年均增长8.8%，到2000年实现人均国内生产总值比1980年翻2.4番。

（2）人民生活目标

到2000年，按1995年价格计算，城镇居民人均生活费收入达到5313元（90年价格计算为2766元），年均增长7.6%；农民人均纯收入1290元（90年价格计算为824元），年均增长5%。城镇居民人均居住面积达到10平方米，农村居民人均住房面积达到22平方米，城乡居民生活费支出中食品消费的比重下降到50%左右，电话普及率提高到7%。基本解决660万贫困人口的温饱，力争人民生活基本达到小康水平。

（3）产业发展目标

第一产业、第二产业和第三产业增加值年均分别增长3.5%、12%和13%，三次产业的结构转变为18∶48∶34。基础产业和基础设施“瓶颈”制约进一步得到缓解。在继续发挥烟草产业优势的同时，着力培植以食品为重点的生物资源开发产业，以磷化工、有色金属为重点的矿产资源开发产业和旅游产业，力争形成一批新的支柱产业和优势产业。

（4）科技教育发展目标

到2000年，科技进步对工业、农业和国民经济增长的贡献率分别提高到45%、42%和40%；支柱产业和高新技术产业的主要技术达到或接近国际90年代初的水平；科技综合实力进入全国中等省（区）行列。普及六年义务教育，在70%人口的地区普及九年义务教育，青壮年文盲率下降到10%左右。

（5）社会发展目标

到2000年，人口控制在4300万人以内。城镇失业率控制在4%以内。城镇社会保险覆盖面达到80%，农村参与各类保险的覆盖面达到30%。实现人人享有初级卫生保健，逐步建立起适应城乡居民多层次需要的卫生体系，全民身体素质有较大提高。城镇化水平提高到25%。环境污染趋势基本得到控制，生态逐步改善，解决好城乡生产、生活用水。

（6）经济效益目标

国民经济的整体素质和经济效益进一步提高。平均每个劳动力创造的国内生产总值平均提高7.5～8%；工业企业经济效益综合指数上升到210；万元国内生产总值耗能下降到2.0吨标煤，年均节能率达到5.1%。

2. 到2010年的发展和改革目标

2001～2010年，国内生产总值年均增长8%左右，人均国内生产总值年均增长7%，力争到2010年实现国内生产总值比2000年翻一番。农村居民生活全面达到小康，城镇居民生活在小康基础上更加富裕；经济结构大为改善，全省综合经济实力和社会发展水平进一步提高，社会主义市场经济体制更趋完善；经济和社会发展水平开始进入全国中等发达省（区）行列。

——经济结构进一步优化，综合经济实力明显增强。到2010年，国民经济基本达到中等工业化水平，三次产业的结构转变为11∶50∶39。农业初步形成产业化、规模化生产和经营；农业基础设施进一步完善，抗御自然灾害能力明显增强，农业劳动生产率有较大提高，主要农产品基本满足省内需要。交通、能源、通信、主要原材料工业的发展基本与经济社会发展相适应。一批支柱产业已经建成并成为推动国民经济发展的主导力量，优势产业和高新技术产业日益成长壮大，产业结构进一步优化，整体素质明显提高。企业初步成为技术开发的主体，主要产品的国际竞争力显著增强。非农产业的劳动力就业比重提高到50%左右。

——各民族人民科技文化素质显著提高，科学技术成为经济发展的主要动力，重要领域的生产技术达到或接近世界先进水平。九年义务教育全面普及，基本消除青壮年文盲。主要江湖污染治理取得成效，生态环境状况逐步好转，环境质量得到改善，抗灾减灾能力明显提高。

——民族地区经济和县域经济得到更快发展，地区之间、城乡之间差距逐步缩小；功能完备和布局合理的城市体系基本形成，城镇化水平提高到35%左右。

——现代企业制度普遍推行，国有经济活力明显提高，一批具有较强竞争力的大企业、大集团已经形成。市场体系趋于成熟，商品市场发达，要素市场完善；省级经济调控更加灵敏、有效。按劳分配为主，多种分配方式并存的制度更趋完善，健全的多层次社会保障体系业已形成，经济管理已走上法制化轨道。

二、战略重点

根据云南未来15年的发展战略目标、指导思想和思路，在立足市场需求，着眼于人民增收和地区综合实力有显著的增强，发展的战略重点：一是农业、交通、通信、能源等基础产业；二是具有比较优势的群体支柱产业的建设；三是为整个经济发展服务的第三产业。

1. 加强农业、能源、交通、通信等基础设施和基础产业建设

(1)农业。农业和农村经济发展的主要任务是两条；一是增加主要农产品产量，到2000年，实现粮食、油料、肉类自求平衡；二是较大幅度地增加农民收入，使大部分农民生活达到小康水平。加快农业和农村经济发展的措施；一是深化农村改革，把县和县以下的国有小型企业采取拍卖、出让、租赁、国有民营等形式转为私营或集体经营；积极发展个体和私营企业；把宜林、宜果、宜牧的荒山、荒坡、草地的开发使用权拍卖或有偿转让给有条件经营的私人或集体；在乡镇企业普遍推行股份合作制。二是变革生产经营方式，建立社会化服务体系，发展生产规模化、分工专业化、科技现代化、产品商品化的大生产。三是推行城乡结合、经济与科技结合、开发与开放结合、农工技贸一体化的经营体制。四是在抓好粮食生产的前提下，积极开展多种经营，发展高产优质高效农业、创汇农业和农副产品加工、林牧业以及第三产业。五是实施科技兴农战略，推动农村经济和农业增长方式向集约型转变。六是确保投入农业的资金占财政支出的比重逐年增加，重点用于农田水利建设和科技进步。

(2)能源。贯彻开发与节约并重的方针，以提高效率、合理利用资源为中心，在优先开发水电的同时，实现水火电协调发展；抓紧石油、天然气的勘探、开发和地热等能源的利用；采用先进适用技术，努力降低能源消耗；改善能源生产和消费结构，提高能源利用率。考虑到“九五”期间没有大型水电站投产，要重点加快火电和一批有调节能力的中小水电站的建设。

(3)交通。以昆明为中心，构筑云南对内对外畅通的综合运输体系。建设东、中、西对外交通运输体系。扩建昆明机场，增加昆明至东南亚国家及国内中心城市的航班，完善昆明作为全省交通枢纽的职能。东路加快南宁——昆明铁路建设；复工建设四川内江至昆明铁路；恢复昆明至河口到越南的铁路运输；开通红河航运；恢复昆明——河内航线。中路提高昆明经景洪至泰国曼谷的公路的通过能力；争取正式开通澜沧江——湄公河航运；把西双版纳机场辟为国际口岸机场；建设昆明——泰国曼谷的铁路。西路加快昆畹公路改造；考虑广大铁路向边境延伸；着手开发瑞丽江、大盈江、伊洛瓦底江的航道。省内交通优先改造与大通道相连接的干线公路，接通断头路；相应发展县、乡公路；同时发展地方航空运输。

(4)邮电通信。建成以程控交换为主的城乡电话网，以光缆、数字微波和卫星通信为主要手段的长途传输网及包括公路、铁路和航空等多种手段综合利用的快速高效的干线邮运网。

2. 开发具有比较优势的群体支柱产业

以国内外大市场为导向，以优势资源为依托，走高起点、规模化、集约化的路子。变单一的产业结构为多元群体优势的产业结构，重点发展四大支柱产业。

(1)烟草产业。云南的烟草产业原料具有不可替代的优点，加上技术装备等方面的领先条件，使烟草产业能够再创辉煌。烤烟生产必须稳定面积，完善政策，抓好基地建设，优化品种，提高质量，增加上等烟叶的比重；卷烟工业要实施名牌战略，调整产品结构，进一步提高质量，扩大国内外市场占有率，逐步走集团化的发展路子，到本世纪末，烟草产业产值和利税争取跃上400亿元台阶。

(2)以食品为重点的生物资源开发产业。以发展现代农业为基础，重点开发蔗糖、蚕桑、水果、干果、花卉、药材、藻类等资源，提高茶叶、橡胶等的加工深度，增加产业的科技含量和产品的附加值，逐步建立起新型的贸工农相结合的经营体制。重点实施“18生物资源开发工程”，起好示范作用。到2000年，力争生物资源开发产业的产值达到300亿元以上。

(3)以磷化工和有色金属加工为重点的矿产资源开发产业。面向国际国内两个市场，充分利用国内外两种资源，以新的方式和技术，推进矿产资源的开发。力争到本世纪末，把云南建成全国最大的磷化工基地和重要的有色工业基地，矿业产值达到300亿元以上。

(4)旅游业。云南发展旅游业有广阔的市场前景和有利的资源条件。要坚持国际和国内旅游并举，开发与保护资源并重，建设与促销共抓，遵循国际惯例，实现适度超前发展。加快重点旅游区的景点和基础设施建设，开发一批新的景区景点，提高服务质量和旅游产品的档次，增强吸引力和竞争力。力争到本世纪末旅游收入达到150亿元以上，把云南建成特色突出、水平较高、功能齐全的旅游省。

3. 大力发展第三产业

把商业贸易摆到经济发展的重要位置上来，促其加快发展。逐步完善市场体系，规范贸易行为，调整贸易结构，建立起不同层次、功能齐备的各种现货、期货和农业、工业品专业化市场及与之相适应的储运体系。同时大力发展金融、保险、科教文卫、咨询、信息、房地产、饮食等服务业。到本世纪末，力争第三产业在云南国民生产总值中的比重达到34％。

专题介绍

发挥区域资源优势，建立新支柱产业

——云南省18生物资源开发工程启动

为推动云南经济持续发展，富民兴滇，云南省委、省政府决定“九五”期间，在对烟草行业继续巩固提高的同时，将对我省的生物、矿产、旅游三大类优势自然资源加大开发力度，形成新的支柱产业。

“18生物资源开发工程”(以下简称“18工程”)是省政府组织的，对我省具有比较优势的18大类生物资源进行产业化综合开发的工程，力争经过5年努力，到2000年使“18大工程”项目的产值达到300亿元人民币以上，同时带动一批相关行业的发展。

一、实施“18工程”的基本依据

云南较明显的优势资源有四大类，一是生物资源，二是矿产资源，三是水能资源，四是旅游资源。其中最具持续利用和开发条件的是生物资源。云南生物资源具有种类众多、内在质量好、开发潜力大的特点，高等植物种类占全国的一半以上，动物种类约占全国的55%。由于立体气候特点，世界上许多动植物都能在云南找到较好的适生地。在云南经济发展历程中，通过开发生物资源，已形成了云南以烟、糖、茶、胶；特别是以烟草产业为支柱的经济格局。省委、省政府认为：通过进一步开发云南富集的生物资源，把更多的优势生物资源转化为优势产业，是云南经济持续发展的重要途径。

建国以来，在国家扶持下，云南建立了较完备的生物资源科研体系，有国内一流的植物、动物研究所，储备了一大批科研成果，造就了一支实力雄厚的科研队伍。云南科研力量为云南烟、糖、茶、胶产业的发展作出了贡献，也为生物资源的进一步开发、利用和保护奠定了强大的科技基础。

几十年来，云南对烟、糖、茶、胶等生物资源的开发，尤其是烟草产业的发展，使云南积累了产业化组织开发生物资源、规模化产品开发、以高科技高质量占有市场的经验，同时也培养了一批具有较高组织能力的干部及企业家。

云南共有127个县，其中73个是国家级贫困县，是全国贫困县最多的省份，近700万人尚未解决温饱问题。“18工程”项目所开发的生物资源又主要集中在这些贫困地区。实施“18工程”将对这些地区广大农民的脱贫致富以及经济和社会的发展起到巨大作用。

实施“18工程”，开发生物资源，是云南经济持续发展的客观要求。云南省交通不便，社会经济综合发展水平较低，不可能照搬沿海发展经济的路子，只能通过开发具有比较优势的自然资源来获得发展。在云南各种自然资源中，生物资源开发具有带动面广，可持续利用的特点，从广度和深度上规模化开发生物资源，可使云南有经济持续发展。

“18工程”的实施体现了经济效益、社会效益、生态效益三统一的原则。云南贫困地区由于收入增长机会较少，为求得收入增长，往往采用掠夺式的开发，使生态环境得不到保护。“18工程”的实施将改变掠夺式开发方式，通过对生物资源集约化、规模化的开发，提高经济效益，促进资源合理配置和利用，增加贫困地区收入，有效保护生态环境。

二、“18工程”的基本运作方式

“18工程”运作的基本指导思想是实现“两个转变”，一是从传统的计划经济体制向社会主义市场经济体制转变；二是经济增长方式从粗放型向集约型转变。

从计划经济向市场经济转变，表现在以下四个方面：

1. 以市场为导向，开发优势生物资源。市场需求是“18工程”项目选择的根本依据；深入广泛的市场调研是“18工程”立项的前提。进入“18工程”的项目产品都具有较大的市场容量，并具有较强的竞争力。

2. 企业是运作主体。项目选择、贷款、投资、生产、市场营销都是企业自主负责，政府负责导向和服务。

3. 银行是资金主渠道。“18工程”依据市场经济原则，多方筹集资金，银行是资金来源的主渠道，财政资金主要用于扶持公用性、综合服务性项目。企业是承贷主体，要求企业自筹资金不能低于项目总投资的30%。

4. 政府的职能主要是：制定全省性的生物资源开发产业规划和产业发展政策；建立协调贷款资金、产品储运服务、开展科技培训、提供进出口服务等四个支撑体系；引导项目承担企业组建产业联合会；引导企业与科研单位建立联合体；引导企业与项目所在地合作并实现“企业＋基地＋农户”的组织生产形式；引导企业积极与国外企业合作以尽快进入国际市场。

从粗放型经济向集约型经济转变表现在以下四个方面：

1. 高起点、规模化是“18工程”项目的基本要求。项目入选条件之一就是项目产品销售额到达产年时必须达到1亿元人民币以上，并具有产业链长、带动面广的特点。

2. 科技成果产业化是“18工程”的基本途径。要求项目产品具有较高的科技含量，附加价值高。

3. 项目产品市场占有率高是选入“18工程”的基本条件。要求项目产品具有较大国内外市场容量，在市场中与省外同类产品相比应占有较大市场份额。

4. “企业＋基地＋农户”是“18工程”运行的基本组织形式，目的是将资本技术密集型生产活动（企业）与劳动密集型生产活动（基地）有机结合起来，并通过基地将分散的农户组织起来，形成规模生产，实现规模效益，逐步实现农业产出化。

最终“18工程”将形成科、工、农、贸一体化的农业产业开发格局，生产专业化、经营规模化、管理现代化、服务社会化，起到富民兴滇的作用。

三、“18工程”进展情况

到1995年底，“18工程”已启动天成果汁饮品和蛋白饮料核桃乳、无公害蔬菜、澳洲坚果产业化、香荚兰产业化、肉牛综合开发、BR-120植物生长调节剂、螺旋藻产业化、咖啡产业化及热带兰花等10个项目。到目前，项目进展顺利。天成果汁饮品，已形成年产5万吨果汁饮料、5万吨矿泉水的生产能力；无公害生菜，到1995年底已完成100亩种植试验，1997年将进行800亩规模的生产；澳洲坚果，已完成种苗基地及种植示范基地各3000亩；香荚兰，已完成2000亩基地种植；肉牛综合开发，已建成年屠宰6万头牛的生产线及2万头牛的育肥场；BR-120已全面完成中试，正在进行规模化生产厂房建设；螺旋藻，已形成年产100吨藻粉的规模生产，正在建设年产600吨的生产基地；咖啡，已完成5万亩基地建设，达到年产2000吨咖啡粉的生产能力；正在进行1.57万亩咖啡基地建设；热带兰花已形成年产300万株的能力。

已启动的10个项目计划总投资达13亿元，目前已完成投资3.86亿元；其中企业自筹1.59亿元，占实际投资额的41.2%（其中外资投入5000万人民币）；银行贷款投入2.27亿元，占实际投资额的58.8%。

高原奇观——路南石林

一、概况

云南路南石林风景名胜区是我国著名的风景区之一。风景区位于云南省路南县境内距昆明126公里，交通便捷。

路南石林风景名胜区喀斯特地貌独特，类型齐全，具有重要的科学价值和美学价值。它以奇石、飞瀑、溶洞、民族风情而闻名。其景观群峰壁立、千嶂叠翠、奇石异洞、千姿百态。地上石林和地下溶洞巧夺天工，自然资源与民族风情融为一体，构成了雄、奇、险、秀、幽、雅的石林风光，被誉为“天下奇观”。

石林风景名胜区范围350平方公里，一级保护区15.7平方公里，二级保护区28.14平方公里，三级保护区306.1平方公里。风景区内千峰比肩，远望密密簇簇，近观神韵逼真。大自然的精雕细琢，使顽石无论状鸟、状兽、拟人、拟物均维妙维肖，栩栩如生。著名的“阿诗玛”宛如一位身材苗条、富有青春活力的撒尼少女；“母子偕游”、“凤凰梳翅”、“象踞台石”精巧别致，妙趣横生。石径、石门、石廊、石桥贯穿其间，使人觉得移步换景，奇景叠出，峰回路转，异境天开。现已命名的就有154处。

路南石林主要瀑布有3处：大叠水、小叠水、幽谷仙瀑，以大叠水瀑布为最。瀑布落差87.8米，水帘宽幅60米，水源来自巴江。瀑布从岩顶飞泻而下，响声如雷，势如排山倒海，令人惊心动魄。瀑下深潭像一池翻滚蒸腾的沸水，烟波弥漫，雾气腾升。飞溅的水花成团成群或丝丝片片，随风抛洒。除瀑布外，石林的水景还有潭3处，池6处，泉2处，湖泊6处和5处暗河。

路南石林溶洞数量多，分布广。现已发现30余处，其中15处价值较高。这些溶洞一般长300～500米，宽3～15米，高4～30米。洞中主要有钟乳石、石笋、石柱、石幔、石帘、石瀑、石盆、方解石晶体等十多种构造和形态，加之洞中的河、潭、池、光（天窗）等，形成了石林风景区独特的地下奇观。

地处路南县的石林，是汉、彝、苗、回等多民族地区，以撒尼人为多，占全县总人口的30%左右。撒尼是彝族四十多个支系之一。路南境内的彝族主要有撒尼、阿细、黑彝、白彝、干彝、二彝子共六大支系。

彝族历史悠久，有自己的文字。彝族人民能歌善舞，山歌小调种类很多，民族乐器以大三弦、口弦、巴乌最有特色。歌舞旋律优美，节奏明快，舞姿古朴素雅，以歌颂爱情，赞美大自然为主题。每年农历六月二十四日“火把节”是撒尼人最重大的民族节日，其时撒尼人高举火把载歌载舞，青年人寻找伴侣，一派欢欣喜悦的场面。

石林风景区内动植物物种也很丰富，有蕨类植物87种；种子植物990种。森林覆盖率为12.8%，灌木林覆盖率为6.1%。列入《国家珍稀保护植物名录》的5种；省级保护的18种。脊椎动物185种，其中兽类42种，鸟类87种，两栖类12种，鱼类12种。属二级保护的动物，兽类有7种，鸟类有8种。

路南石林属北亚热带季风气候，由于纬度底，海拔高（平均海拔1820米），四季气候温和宜人，具有“夏无酷暑，冬无严寒，干湿分明，四季如春”的特点。常年平均气温15.6℃，最热月平均气温20.6℃，最冷月平均气温8.2℃。每年的5月至10月为雨季，集中了全年降雨量的70～80%，11月至翌年4月内为旱季。年平均降雨量969.98毫米，相对湿度75%，平均年蒸发量2086.2毫米。全年日照时数2284小时。无霜期254天。常年主导风向为西南风，次主导风向为南风，平均风速3.13米/秒。

石林风景区大气环境经大气监测点测定SO_2、NO_x、TSP三项指标均优于大气环境质量标准的一级标准。水质也未受有毒物质的污染。风景区大气环境质量优良。

二、景区简介

路南石林风景区由大小石林、乃古石林、大叠水、芝云洞、长湖、月湖、奇风洞等7个景区组成。

1. 大、小石林

大、小石林，那里无数石峰，石柱拔地而起。矮者几米、10余米，高者可达30余米。在连绵分布的石林间散布着洼地、溶斗。部分洼地积聚了地表水及地下水形成了塘、湖。远眺大、小石林，大石林奇石危岩林立，或伸或立、或卧或曲；“双鸟渡食”，“凤凰梳翅”维妙维肖；“千钧一发”危岩欲坠，动人心魄；“象踞石台”“犀牛望月”“灵猫戏鼠”等等，栩栩如生，令人倍增乐趣。小石林地势开阔，“阿诗玛”宛如一撒尼少女，风姿绰约；“母子偕游”、“老僧漫游”等妙趣横生。近观石柱，柱身密布着宽窄不一、垂直的水流溶蚀痕、溶蚀槽，似冰蚀地貌角鳍与刃脊状；垂直柱体的方向上有多个近水平的断面，分割了柱身，使不少石柱，其整个柱身，犹如大石块层层堆叠而成。

2. 乃古石林

乃古石林，其貌与大、小石林迥然不同。组成乃古石林主体部分的那些高大的石柱脱颖挺拔，形如一片黑色树林。最高的石柱远40余米。石柱间或塌陷形成溶洼、溶斗，与地下洞穴交互出现；或有暗河通过，时隐时现。这里的象形石峰，有“雄狮戏珠”、“龙腾虎跃”、“孔雀开屏”、“十八相送”和大小“蘑菇”等等。

3. 芝云洞

芝云洞，洞长0.4公里，内较宽敞。洞内钟乳石、石笋鼎垂琳琊，美不胜收，犹如仙境、龙宫一般。溶洞系大型地下廊道，多沿层面裂隙、断层或其它构造裂隙发育，是地下水溶蚀作用和地下水流机械侵蚀作用形成的。景区内还有大小石洞、地下石林等。

4. 奇风洞

奇风洞是落水洞、虹吸泉、暗河三位一体的产物。奇风洞是一个与泉式地下河有关的穿洞，有较长的虹吸管道。经虹吸管的作用，使风间歇性地从洞内喷出。虹吸泉是奇风洞地区的最低点，地下河水从洞口流出进入一深落水洞，水位渐升，继而又猛落，间歇性地周而复始，可发现虹吸泉落水时正好是奇风洞喷风期，两者之间是相通的。

5. 长湖

在莽莽石林之中，还散布着一些大大小小的湖、池。这些湖、池多由溶斗、溶洼出水口被沉积的泥土淤塞积水而成，或是直接与地下含水层相联的低洼处。长湖是石林风景区内较大的喀斯特湖泊，如明珠镶嵌在奇峰异石之间，山水相连，浑然一体。

除长湖之外，景区内小型湖池还有剑峰池、石林湖、狮子池等。此外，还有众多的喀斯特泉，这些泉多数是地下河的出口，为水平径流带上的涌泉。如黑龙潭、大龙潭、白龙潭、冒水洞等。

6. 大叠水

大叠水瀑布是石林风景区内又一胜景。瀑布宽 60 米，下跌 87.8 米。长绢悬空，直落深潭，水雾升腾，十分壮观。大叠水瀑布是由巴江逶迤进入断层区，河谷崖壁陡峭，江水从峭壁上倾泻而下形成。大叠水附近还有温泉、大溶洞。溶洞下发育暗河，水中见有盲鱼。

三、石林的民族文化

1. 与自然景观融为一体的神话、民俗、工艺、题刻

（1）“阿诗玛”石峰造型

“阿诗玛”石峰飘然玉立于石峰峭壁之中，面对一湾清浅明丽的秀湖。“阿诗玛”头戴撒尼包头，背挎四方篓，仰首远望蓝天白云，似在思索，又似在呼唤，似在期待，又似在追求。《阿诗玛》是撒尼人民间叙事长诗。勤劳勇敢的撒尼姑娘，为追求自由幸福，与“阿黑哥”一起对邪恶势力作了不屈不挠的斗争，最后化为小石林中的那座奇峰和山谷间的回声。

“阿诗玛”是石林文化的中心，追求自由的精神象征，撒尼人民心中的女神。每当人们呼唤她的名字时，空谷中就会回荡起她的声音：“我的灵魂永不散，我的声音永不灭。”

（2）“虎族”的石头文化

彝族自称“虎族”，路南的彝族至今仍以虎月为彝历之岁首，他们在古老的密枝节中以石虎为祭拜对象。虎崇拜已被彝族人民一代一代地传递至今。

彝族人民从古至今都偏爱石头。远古时代，他们用石头做工具和武器，后来他们用石头砌房架桥，他们为石头编造了无数美丽的神话，这些神话都与石林的生成有密切的关系。

（3）黑色——崇高的颜色

黑色不仅是石林的自然特征，也是撒尼人的文化特征。撒尼人是彝族的一个支系，自称“尼”，即黑颜色的意思。“路南”即“黑色的石头城”。《阿诗玛》史诗中的“阿黑哥”是撒尼人崇敬的英雄。在撒尼人的民族服装中最重要的颜色就是黑色。

（4）民族工艺中的自然色彩

色彩斑斓的石林自然风光投射在精巧的民族手工艺中，构成彝族服饰、手工艺制品中的鲜明色彩。撒尼女青年头顶的包头像天上的彩虹。他们用白色、浅蓝、淡绿、粉红等鲜艳的色布制作自己的衣服，绣上自己心爱的花饰。在多姿多彩的花纹中，你不难看到蓝天白云、奇花异石的影子。

2. 石林崖画

外石林的石峰中矗立着一座顶天立地的巨石，巨石下半部保存了不同历史时期的作者重叠画就的崖画。内容有人头图、杂耍图、祭祀舞蹈图、佩剑人图、持棍人图、女阴图、狩猎图、战争图等。还有一些鲜为人知的古彝文。附近的石崖上还有一些零星的小崖画。初步研究的结果认为崖画有1700年的历史，它是彝族历史的见证。

3. 火把节

（1）盛大的民族节日

每年 6 月 24 日（农历），村寨的男女老少身着节日盛装，从四面八方汇集到集会场所，欢庆一年一度的传统节日。中午时分，身着褂衫的小伙子斜挎大三弦，带上竹笛；艳装打扮的姑娘们背上精心绣制的花挂包，纷纷涌进舞场翩翩起舞。紧接着的还有斗牛、摔跤等精彩活动。入夜，人们点起一支支火把，载歌载舞的人群穿梭在火阵之中，老老少少都加入了“跳乐”的队列。深夜，成群结队的火把舞向田间，人们相信这样可以驱除邪恶、以求五谷丰登、吉祥如意。

火把节的活动可以持续 3 天，它是彝族、白族、傈僳族、纳西族、拉祜族的共同节日，以路南石林的火把节规模为最大、最热烈。

（2）斗牛

和西班牙人牛相斗不同，火把节的斗牛是以牛斗牛。平素温顺的大水牛一上场就野性勃发，惊心动

魄。有的用尖角斜挑，有的从斜坡上向下猛冲，有的用盘角夹住对方拖扭……斗胜的牛和它的主人可以披红挂绿，获得优胜奖品。

(3) 摔跤

摔跤运动会一般在中午开始，先由小孩入场比赛，接下来是青壮年开始对阵。到太阳偏西时，远近闻名的“大力士”开始入场，一直进行到“大力士”没有对手为止。最后，主持人根据每位选手战胜对手的次数宣布优胜者名单，发给数丈红布，“挂红”以示胜利。

(4) “阿细跳月”

彝乡的舞蹈丰富多彩，有跳叉舞、跳鼓、狮子舞……其中普及最广、最为人所乐道的是“阿细跳月”。“阿细”是彝族的一个支系，但“阿细跳月”早已成为彝乡人民的共同爱好。“阿细跳乐”含有求偶的意义，先由拥有十余把大三弦和若干笛子的男青年率先起舞，待全部乐器的音度调准以后，姑娘们才成队地入舞。男女青年各成一排相向起舞，队形随乐声而变化。

典型地区

玉龙雪山传喜讯

——丽江县实现农村水电初级电气化

历史名城丽江，山河秀丽，文化灿烂，历史悠久。有举世闻名、海拔高达5596米的玉龙雪山，雄伟壮观的虎跳峡，长江第一湾等奇丽景观，还有闻名遐迩的“云岭第一枝”的万朵山茶树。

如今，丽江纳西族自治县又传出了喜讯，在经过5年的努力之后，实现了农村水电初级电气化，这是一件值得庆贺的喜事。这是在县委，县政府领导下，经过5年艰苦奋斗结出的丰硕成果。

丽江县不仅全面达到了农村初级电气化县的标准，有的方面还有较大的超过。到1994年底，全县已建成小型水电站16座，总装机达到28194千瓦，年发电量11904.8万千瓦时，24个乡镇全部通电，行政村通电率达到88%，户通电达到90.8%，人均年用电量218千瓦时，户均年生活用电量270千瓦时，全县用电保证率达到85%以上，发供电设备完好率96.5%，自供电率95.6%，综合网损率下降到10.8%。如果加上已安装完毕，近期内将投产的金庄河四级水电站装机1万千瓦在内，丽江县电气化水平将有更大的提高。

在丽江县农村初级电气化建设过程中，县委、县政府领导得力，工作扎实，方针明确，成效显著，认真抓好电力、电网建设的规划，尽可能增加对电力建设的投入，大力抓好电源、电网技改开发和建设，及时解决建设中出现的资金紧张，职工素质不适应，管理工作跟不上等方面的问题，促进电气化建设较好地发展。其主要特点是：

(一) 坚持电源与电网建设并重

丽江县委、县政府十分重视电力建设，作为振兴丽江经济的战略重点，坚持一手抓电源建设，一手抓电网建设。在电源建设上坚持“以新建骨干电源为主，原有电源技改为辅”的方针，搞好挖潜配套等技改工作。既抓了新建金庄河四级水电站的建设，协助地区电力公司兴建装机1.89万千瓦黑白水三级电站电源建设；又抓紧挖掘原有水电站潜力，对三股水电站、石头电站进行扩建，增加了电机组，新装电机1580千瓦。同时，挖掘原有小水电站的潜力，新增水电建设点，装机增加500千瓦。事实证明，对原有水电站的挖潜改造，是一条投资少、见效快的好路子。同时，县里十分重视电网配套，使电网建设达到较高的水平。建成110千伏输电线72.9公里，35千伏输电路116公里，10千伏线路1402公里，低压配电线路2076.9公里；建成110千伏变电站2座，容量达到3万千伏安，35千伏变电站5座，容量2.4万千伏安，10千伏安配电变压器929台，容量9.57万千伏安。同时，注意电力建设与队伍建设配套，初步建成了一支能适应中小水电发展的职工队伍。

(二) 坚持自力更生，多渠道筹集电力资金

丽江县重视放手发动群众，坚持自力更生办电的精神，建立了多层次、多渠道筹集办电资金的机制。5年来共筹集建设总资金8925万元。除中央“拨改贷”资金325万元，国家补助93万元，共占4.68%以外，银行贷款7029万元，占78.75%，县自筹1000万元，占11.2%，乡村及群众自筹310万元，占3.47%，企业自筹168万元，占1.88%。地处高寒贫困山区的杵峰村，依靠村社和群众筹资177.8万元，建起了2×250千瓦的杵峰电站，使全村除个别分散户外，都用上了电，结束了杵峰村40多年来“靠双手舂米，靠松柴照明”的历史。石头乡桃花行政村，为了解决莉苴、三岔口两个自然村的用电问题，没有向国家伸手要一分钱，全靠自己集资，建成了20多公里长的10千伏输电线。

这些事例说明，地方电力与山区贫困地区人民群众的生产、生活紧密相关，发展地方电力，在干部、群众中蕴藏着极大的积极性。

丽江县还积极探索兴办电力与合理开发资源紧密结合的途径。该县利用森林资源优势，实行林电结合，用过熟林材开发指标，由县林业部门负责采伐经营，积极筹集办电资金1045.9万元，保证了电力工程的顺利进行。据了解，以林办电，县里坚持了两条：一是采伐数量严格控制在林业部和省政府下达的森林采伐限额指标以内；二是采伐的林种限制在过熟林，强调搞好采伐迹地更新。这样按规定有计划地采伐，不会对生态环境造成危害，与此同时，丽江县还大力推广节柴改灶，以电代柴，以煤代柴，利用太阳能，建设沼气池等节柴措施，成为全国节能先进县之一。农村初级电气化的实现，使全县以电代柴户达到11862户，占总农户数的29%，节约木材10.8万立方米，促进了生态环境的改善。

（三）初级电气化加快了经济建设步伐

电力先行，为丽江县的经济发展，打下了坚实的基础。县委、县政府把发展电力作为经济发展的战略重点，有力地促进了经济的成倍增长，增强了经济综合实力，促进了两个文明建设，发挥了三个效益。

初级电气化县的实现，为丽江县经济、社会的发展创造了较好的条件。如丽江县造纸厂，由于得到了480万千瓦时的电力供应，经过技改，年产量将达到5000吨，电力供应保证了与卷烟工业配套的水松纸，铝箔衬纸的正常生产，并畅销省内和贵州、湖南等省、市。丽江玉峰水泥厂建设了3300千瓦的用电设备，能较好地发挥自动生产线的作用，使年产量将达到12万吨。电气化建设对农村乡镇企业的发展，人民生活的改善，意义重大。丽江金山乡良美行政村则古自然村的变化，更是喜人。这个仅有532人口的自然村，人均乡镇企业和粮食收入达3300元，如加上经济作物，畜牧业等收入，人均达到4000元以上，一个重要的原因是每年向该村提供了电力1300多万千瓦时，兴办了电石厂、粮油加工厂、木材加工厂、钢筋厂等6个企业，还依靠电力建起抽水站，使全村农田由种一季变为种两季，人均占有粮食达2000多斤，实现人均吨粮，又带动了烤烟和畜牧养殖业的发展。

丽江县初级电气化建设的发展，为全县粮食、经济作物、林果业、畜牧业、旅游业、建筑业，林业等八大产业的发展，提供了电力保证。1994年全县工农业总产值达到37981万元，比基准年1989年增长1.88倍，财政收入达5433万元，增长1倍，乡镇企业产值达15334万元，增长2.95倍，农民人均纯收入达593元，增长51%。电力系统发电销售收入1398.6万元，增长109.4%，利润367.9万元，增长2.68倍，人均创利税9622元。电力供应深入了山区村寨，使全县电视覆盖率达88%，广播覆盖率达95%。

（朱　平　撰稿）

1995年改革开发大事记

1月

6日 副省长刘京在省政府会见由伊万霍投资公司总裁罗伯特·弗里德兰和温哥华吞资源发展公司总裁赛吞野为首的加拿大投资代表团。

10日 中国航空器材公司、云南省航空公司引进美国波音公司波音767—300型宽体客机和美国罗·罗公司RB211—524H发动机签字仪式在昆明举行。国家民航总局副局长蒋筑平、云南省副省长李嘉廷、刘京等出席了签字仪式。

12～13日 克罗地亚总理尼基察·瓦伦蒂奇一行抵昆，和志强省长、刘京副省长到机场迎接。次日，和志强省长与瓦伦蒂奇总理在昆明国贸中心举行会谈，探讨双方合作的可能性。

14日 副省长刘京在翠湖宾馆会见以澳大利亚BHPM公司中国地区项目经理安德为团长的澳大利亚BHPM公司代表团。

15～16日 和志强省长在昆明饭店会见由日本丸红株式会社会长春名和雄率领的丸红株式会社代表团。次日，日本丸红香港有限公司昆明办事处在锦华大酒店挂牌，云南省与丸红株式会社合作意向书签字仪式同时举行。

19～23日 全国人大常委会副委员长王光英在滇视察。省委、省人大有关领导，省政府李嘉廷副省长陪同并前往机场迎送。

21～23日 牛绍尧副省长在昆明翠湖宾馆会见日本三井物产株式会社副社长上岛重二先生一行。23日，日本三井物产株式会社在昆明饭店举行驻昆事务所开业典礼，牛绍尧副省长代表和志强省长前往祝贺。

24日 牛绍尧副省长在昆明翠湖宾馆会见由里德先生为团长的世界银行云南环保项目准备团一行。

2月

7～11日 全国人口形势分析会议在昆明召开，国务委员、国家计生委主任彭珮云出席并作了重要指示。省长和志强到会讲了话。

15日 中国农业发展银行云南省分行成立，和志强省长代表省委、省政府到会祝贺。

15～18日 全省农业工作会议在昆明召开，黄炳生副省长到会讲话时强调，要坚定不移实施三大战略措施，确保本世纪末实现三大战略任务。

17日 省政协七届三次会议隆重开幕，和志强省长作关于《政府工作报告》的说明。

20～26日 省八届人大三次会议在昆明举行。会议审议通过了各项报告和有关决议，取得圆满成功。

24日 纪念云南解放45周年、云南人民英雄纪念碑落成大会在昆明举行。普朝柱、和志强为纪念碑揭幕。

25～26日 全省旅游工作会议在昆明召开，和志强省长到会讲话时强调，要加快发展，把云南建成旅游省。

3月

20日 由省对外经贸厅、中国国际贸促会云南分会与奥地利政府经贸代表团联合举办的“云南—奥地利经贸交流会”在昆明举行。刘京副省长会见了奥经贸代表团全体成员。

22日 副省长牛绍尧与泰国M集团董事长宋堤·林通君先生一行在昆明锦华大酒店就双方合作事宜举行会议。

23日 副省长刘京在昆明饭店会见前来我省考察的欧洲联盟援助云南奶类项目评估团一行。

▲ 全国水电工作会议在昆明召开，会议提出进一步加快农村水电建设。水利部副部长张家园、云南省副省长刘京分别在会上讲了话。

28日 我省重点工程之一——全长670米柴石

滩水库导流隧洞工程举行开工典礼，省委书记普朝柱、省长和志强、副省长牛绍尧等出席。

▲ 刘京副省长与香港新中港集团有限公司徐展堂先生在昆明饭店举行合资修建公路意向书签字仪式。

▲ 副省长刘京在昆明金龙饭店会见前来我省考察扶贫项目的德国联邦经济合作与发展部中国处处长亨利节先生一行。

30日 中国烟草育种研究中心在玉溪成立，省长和志强、中国烟草总公司副总经理陈元勤、副省长刘京赴玉溪参加庆典。

4月

3日 中国西南地区（云南省）经济发展与国际合作研讨会在昆明开幕。和志强省长和日本政府代表团团长安延伸分别致辞，刘京副省长在会上发表了题为《加快云南经济发展与国际合作》的演讲。

6日 世界经济论坛澜沧江——湄公河流域国家及地区云南研讨会在昆明国贸中心召开。

7日 刘京副省长在昆明翠湖宾馆会见法国大西洋西岸拉罗什市市长雷纳·巴赫先生一行，双方就发展云南省和法国大西洋西岸三地区友好合作关系进行了亲切交谈。

8日 由云南省电力公司与泰王国MDX大众有限公司合作组建的“中泰云南景洪电站咨询有限公司”在昆明挂牌。刘京副省长在挂牌仪式上代表省委、省政府对公司的成立表示祝贺。泰王国驻昆总领事朴·因图翁，老挝驻昆总领事贡乔·发努冯出席了挂牌仪式。

19日 我省的亚行贷款项目——楚雄至大理高等级公路的转贷协议和再转贷协议在北京举行签字仪式。牛绍尧副省长代表省政府分别同中国人民银行和云南楚大公路公司在转贷协议及再转贷协议书上签字。

26日 省政府召开实施“18生物资源开发工程”专题会议。和志强省长到会讲话，刘京、赵淑敏副省长出席了会议。

5月

10日 我省漫湾至昆明草铺的50万伏大型超高压骨干输电线路正式建成送电。

17日 ’95云南对外经贸展洽会在马来西亚首都吉隆坡开幕。

26日 省“八五”重点建设项目昆钢高速线材工程建成并进入热负荷试车。省党政领导普朝柱、李嘉廷出席在昆钢举行的庆祝大会。

6月

1日 国家对外经贸部部长吴仪应邀在省政府召开的情况通报会上，就加快中西部地区特别是云南的经济发展等问题讲了话。她要求发挥云南资源、地缘优势，高起点地抓好招商引资工作。省长和志强、副省长刘京、黄炳生出席。

3日 缅甸国家航空公司仰光——昆明航线正式开通。省长和志强、副省长刘京、缅甸交通部部长登温中将等出席了在昆明机场举行的开通仪式。

9日 丽江机场胜利通航。省党政领导孟继尧、刘京、赵廷光、牛绍尧等出席通航剪彩仪式。

14日 我国第一条高海拔500千伏漫（湾）昆（明）超高压输电线路实现带电作业。

18日 中共云南省委召开常委扩大会议，中组部副部长王旭东宣布中央决定，高严任省委书记。

21日 和志强省长主持召开省长办公会，专题研究我省扶贫工作，确定集中力量打好扶贫攻坚战，确保500个乡镇实现脱贫。赵淑敏、黄炳生、戴光禄副省长出席了办公会。

23日 广（通）大（理）铁路最长的隧道（1731米）——马厂箐隧道贯通。

24日 省政府在北京人民大会堂举行云大BR—120成果汇报会。刘京副省长代表省政府作汇报。

7月

5日 和志强省长在昆明金龙饭店会见了近日抵达我省进行友好访问的老挝人民民主共和国国家主席诺哈·冯沙万一行，宾主进行了亲切友好的交谈。

8月

8日 ’95中国昆明出口商品交易会在昆明国际贸易中心隆重开幕。省委书记高严宣布开幕，刘京副省长主持开幕式，和志强省长致开幕词。中外来宾3000余人出席了开幕式。

9日 由云南省烟草公司直属企业昆明国留中心与泰国捷达事集团合资兴建国贸大酒店项目举行签字仪式，省长和志强，副省长李嘉廷、刘京出席了签字仪式。

▲ 刘京副省长在昆明国贸中心与越南贸易部长黎文则举行了会谈，双方就共同关心的合作意向、边境贸易、合作方式等具体问题交换了意见。

10日 中国西南地区及湄公河次区域贸易投资研讨会在昆明国际贸易中心开幕。刘京副省长在研讨会上发表演讲。

11日 李嘉廷副省长在国贸中心会见澳大利亚BHP公司驻中国首席代表克林顿·丹尼斯先生一行，并出席了省地矿勘查工程总公司和澳大利亚BHP公司举行的滇东南多金属风险勘查项目签字仪式。

15日 历时8天的'95中国昆明出口商品交易会在国贸中心圆满闭幕。这届昆交会成交总额达15.16亿美元，进出口成交基本持平，引进外资保持较旺发展势头，对外经济技术合作增幅较大，边境贸易继续平稳发展。

22日 中国共产党云南省第六次代表大会在昆明人民胜利堂隆重开幕。和志强省长主持大会，省委书记高严代表云南省第五届委员会作工作报告。

26日 中国共产党云南省第六次代表大会在昆明人民胜利堂闭幕。和志强省长主持了大会。

27日 中国共产党云南省第六届委员会第一次全体会议在昆明举行。会议以无记名投票方式选举高严为中共云南省委书记，和志强、令狐安、李嘉廷为省委副书记。

9月

8月31日～9月5日 国务委员李贵鲜在和志强省长、牛绍尧副省长的陪同下对我省昆明、玉溪、西双版纳等地进行考察。4日，和志强省长作了工作汇报，省委书记高严主持了汇报会，副省长牛绍尧以及省有关部门负责同志参加。

8日 泰国总理兼内政部长班汉·西巴阿差会见了由李嘉廷副省长率领的中国云南省友好代表团，双方一致同意要加强云南省和泰国间的友好合作关系。

6～8日 国务院副总理邹家华在省委书记高严和省长和志强、副省长牛绍尧陪同下考察昆明、德宏等地，并听取了省委、省政府的工作汇报。

19日 云南红塔集团正式成立，省党政领导和志强、令狐安、李嘉廷、孙淦、保永康、梁公卿、刘京出席了成立大会。国家烟草专卖局局长江明、副局长郁源培专程前来出席大会。国家计委、国家体改委向大会发来了贺电。

▲和志强省长宣布："千秋工程"西园隧道全线贯通。刘京副省长出席庆典仪式，并代表省委、省政府对西园隧道全线贯通表示热烈祝贺。

27日 '95世界旅游日（昆明）主会场庆祝大会在云南民族村隆重举行，将中国民俗风情年推间新的高潮，刘京副省长在庆祝大会上讲话。

10月

1日 320国道南天门段高等级公路改造工程开工，这项工程总投资约1.5亿元人民币，工程完工后，320国道德宏段公路将全部实现高等级化。

4日 楚雄至大理汽车专用一级公路土建、监理合同签字，楚大公路建设进入实质性启动阶段。牛绍尧副省长出席了签字仪式，并担任楚大公路建设领导小组组长。

11日 '95中国昆明国际花卉展在昆明国贸中心开幕。本次花展由省政府和荷兰HPP公司及省国际贸促会联合主办。和志强省长和荷兰花卉协会总裁雷斯特先生为开幕式剪彩。刘京副省长出席了开幕式。

6～11日 中共中央政治局常委、国务院代总理朱鎔基在省委书记高严、省长和志强陪同下，先后到我省最为贫困的昭通地区、德宏州、丽江地区考察工作，强调指出，各地要认真贯彻落实党的十四届五中全会精神，加大扶贫工作力度，帮助群众脱贫致富，确保在"九五"期间基本解决目前仍处于贫困状态的700万人的温饱问题。考察期间，朱鎔基还听取了省委、省政府的工作汇报。

28日 云南省科学技术大会在昆明人民胜利堂隆重开幕，省委书记高严作了题为《解放思想，开拓前进，为实现小康目标而努力奋斗》的重要报告，和志强省长作了题为《全面实施"科教兴滇"战略，加速科技进步和经济社会发展》的重要讲话。

29日 云南省人民政府、中国科学院《关于进行全面、长期、稳定科技合作的协议书》在昆明签署。中科院副院长路甬祥，副省长李嘉廷在协议书上签字。赵淑敏副省长出席了签字仪式。

11月

1日 中国昆明科技成果暨新技术新产品展览交易会在昆明国际贸易中心隆重开幕，和志强省长致开幕词，省委书记高严，副省长李嘉廷、牛绍尧、赵淑敏、梁公卿等领导出席开幕式。

5日 中华人民共和国第五届少数民族传统体育运动会在昆明隆重开幕。江泽民、李鹏、乔石、李瑞环等党和国家领导人为这一民族体育盛会题了词。开幕式由云南省副省长、本届民运会副主席戴光禄主持，国务院副总理、本届民运会主席团名誉主席吴邦国宣布第五届民运会开幕，国家民委主任、本届民运会主席团主席司马义·艾买提致开幕词，和志强省长致欢迎词。国家有关部门的领导布赫、杨汝岱、伍绍祖、徐志坚、伍精华、顾秀莲、李晋有等出席了开幕式。省党政军领导高严、李嘉廷、尹俊、刘树生等出席开幕式。开幕式后，8000余人举行了气势恢宏、精彩纷呈、振奋人心的大型文体表演《共创辉煌》。来自全国30个省区的55个少数民族及汉族的3300余名裁判员、教练员、运动员在11个比赛项目和134个表演项目中展示各民族源远流长的传统体育竞技和民族风情。

9日 第五届少数民族传统体育运动会民族大联欢暨云南民族博物馆开馆剪彩仪式在昆明海埂举行。

12日 第五届全国少数民族传统体育运动会在昆明闭幕。国家民委主任司马义·艾买提、组委会主要领导伍绍祖、和志强、李晋有、刘吉、张发强、杨健强、戴光禄、李仁臣出席了闭幕式。云南省党政军主要领导高严、李嘉廷、尹俊、刘树生、李杰、马子龙出席了闭幕式。

5～12日 吴邦国副总理在省委书记高严、省长和志强的陪同下，考察了晋宁磷矿、云南磷肥工业基地、南天电子信息产业集团公司、昆明机床厂、天成食品有限公司、云南冶炼厂、云南铝厂、玉溪卷烟厂等厂矿企业和滇池污染治理情况，并在西双版纳走访了少数民族农户。听取了省委、省政府的汇报，并发表了重要讲话。

22日 大理海关正式开关。海关总署、省政府发了贺电。

27日 第二次全国教职工住房建设工作经验交流会在昆明人民胜利堂开幕。李岚清副总理到会与部分代表座谈，和志强省长致欢迎词，副省长梁公卿在会上作了题为《实施科教兴滇战略，加快全省教职工住房建设》的发言。

28日 大理机场正式通航。省委书记高严、省长和志强分别为大理机场通航题词。牛绍尧副省长代表省委、省政府讲话，刘京副省长参加了通航仪式。

12月

22日 中共云南省委六届二次全会在昆明召开。和志强省长在会上作《关于云南省国民经济和社会发展"九五"计划和2010年远景目标纲要的说明》。

27日 昆（明）、禄（劝）公路改扩建工程开工。牛绍尧副省长参加了奠基开工仪式。

西藏自治区

主　　编：王殿元
副 主 编：杜　杰
编写人员：曹宗杰　白　玛　付雪峰　饶　勇

西藏自治区分目录

西藏自治区概况 ………………………………………………………………………………… (457)
国民经济和社会发展 ………………………………………………………………………… (457)

典型地区

藏民族发祥地——西藏山南地区 …………………………………………………………… (460)

1995 年改革开发大事记 ………………………………………………………………………… (463)
彩色宣传图片
·西藏旧貌换新颜——62 个大庆建设项目取得重大进展·西藏风貌和自然资源·
西藏文明的发祥地——山南地区·

西藏自治区概况

面积：120万平方公里

人口：235.9万人

行政区划：6个地区，1个地级市，1个县级市，73个县、区

自治区党委书记：陈奎元

自治区六届人大常委会主任：热地

自治区主席：江村罗布

自治区六届政协委员会主席：帕巴拉·格列朗杰

西藏自治区国民经济主要指标

（单位：亿元）

项　　目	1995年	1995年比上年增长（%）
国民生产总值	55.98	17.9
工农业总产值	44.90	6.4
工业总产值	9.00	14.6
农业总产值	35.90	4.4
全社会固定资产投资	36.95	74.5
国有固定资产投资	36.06	79.4
社会商品零售总额	26.40	17.3
零售物价总指数（%）	117.40	17.4
职工工资总额	12.06	7.8

国民经济和社会发展

一、国民经济发展基本概况

1995年，全区各族人民在自治区党委和人民政府的领导下，认真贯彻落实中央第三次西藏工作座谈会精神，坚持“抓住机遇、深化改革、扩大改革、促进发展、保持稳定”和“一个中心，两件大事，三个确保”的方针，正确处理改革、发展和稳定的关系，改革开放和现代化建设取得了新的成绩。1995年全区国民生产总值达到55.98亿元，按可比价格计算，比1994年增长17.9%。宏观调控进一步改善和加强，各项改革继续深化，各项社会事业全面进步，人民生活有所改善，保持了经济发展的良好势头和社会局势的稳定，实现了宏观调控的主要目标。

二、农牧业

农牧业生产获得丰收，农牧区经济稳定发展。1995年，各级党委、政府坚定不移地把发展农牧业放在经济工作首位，继续深化农牧区改革，完善“两

个长期不变”的基本政策，努力改善生产条件，进一步调整结构，发展多种经营和乡镇企业，加大扶贫力度，制定对计划内定购粮油实行价外临时补贴的鼓励措施，调动了农牧民生产积极性，促进了农牧区经济的发展。尽管出现多种自然灾害，农牧业生产仍然夺得丰收，取得了可喜的成绩，1995年，全区农业总产值达到35.9亿元（现价），完成年度计划，按可比价计算，比上年增长4.4%。主要农畜产品产量：粮食71.96万吨，增长8.3%；油菜籽3.36万吨，增长14.6%；肉类11.3万吨，增长8.8%；绵羊8234吨，与上年基本持平。乡镇企业产值达到2.8亿元，增长47.4%。多种经营收入4.2亿元，增长60%。1995年农牧民人均纯收入按1990年综合平均价计算，达到878元，比上年增长7.5%。

三、工交生产

工交企业从深化改革、加强内部管理入手，坚持以市场为导向，积极生产适销对路产品，努力提高经济效益。主要产品产量和质量均有不同程度提高。全区工业总产值达到9亿元（现价），完成计划的100.5%，按可比价计算，比上年增长14.9%；发电量5.2亿千瓦小时，增长16.6%；铬矿石12.5万吨，增长68.9%；水泥19万吨，增长26.5%；原木12.20万立方米，与上年基本持平。全社会货运总量178.12万吨，增长10.7%；客运总量237.21万人次，增长2.3%。邮电业务总量5740万元，增长39.6%。

四、市场和物价

城乡市场日趋繁荣，商品供应充足，购销两旺。1995年，全社会商品零售总额达26.40亿元，比上年增长17.3%，其中：社会消费品零售总额24.5亿元，比上年增长17.2%。到1995年底，全区个体工商户已发展到39851家，注册资金1.94亿元，从业人员达57307人。

物价涨幅有所回落，人民生活水平进一步提高。按照国家统一部署，自治区人民政府坚持宏观调控以抑制通货膨胀为主要目标，采取严格控制新的调价项目出台，实行物价调控目标责任制，建立粮食风险基金和副食品储备基金，实施“菜篮子”工程，积极开展物价检查，强化监审商品和服务价格明码标价等一系列措施，使物价涨幅在一定程度上得到控制。全区商品零售价格涨幅为17.4%，比上年的18.9%下降1.5个百分点；居民消费品价格涨幅为19.4%，比上年的28.3%下降8.9个百分点。城镇居民人均生活费收入4000元，增长21%。

五、财税和金融

财税收入增长较快，金融运行良好。1995年地方财政收入2.15亿元，比上年增长51.4%；各项税收完成3.2亿元，增长23.6%。银行各项存款71.63亿元，增长36.2%；各项贷款52.25亿元，增长29.5%，货币净投放25.41亿元，增长45.5%。

六、固定资产投资

固定资产投资大幅度增长，重点建设项目进展顺利。在全国严格控制固定资产投资规模的情况下，中央从战略全局的高度，加大对西藏的投资力度，仅62个大庆项目，1995年投资就达17.32亿元。加上62个大庆建设项目，全区固定资产投资总规模达36.95亿元，比上年增长74.5%，是历史上投资规模最大的一年。在投资大、项目多、任务重的情况下，各级领导高度重视，集中精力抓重点、抓进度、抓质量，较好地完成了建设任务。列入自治区计划考核的基本建设限额以上项目68个（未包括大庆项目），其中重点建设项目15个；计划建成投产或交付使用的限额以上项目59个，到年底已建成投产或交付使用52个。62个大庆项目，在国家有关部委和援建省市的大力支持和帮助下，经过各方面的共同努力，已建成交付使用42个。这些项目的建成使用，为推进西藏经济的加快发展奠定了良好的基础。技术改造投资完成1.48亿元，比上年增长23.4%。以实施“510工程”为主的技术改造工作进展顺利。

七、对外经济和技术交流

1995年，全区进出口总额完成7052万美元，比上年下降77.5%，其中：进口3558万美元，下降86.5%；出口3494万美元，下降28.8%。去年对外贸易滑坡的原因，主要是由于外部条件发生重大变化，西藏经营战略的转变未及时跟上。但是，外经贸部门及其企业也做了大量工作，他们抓住机遇，调整战略，加强管理，使外经贸秩序逐步规范。外引内联取得新的成绩。经自治区外引内联办公室批准的外引内联项目9个，总投资9800万元人民币、300万元港币和100万美元，其中内联项目7个，投资9700万元人民币。

旅游接待人数平稳回升，营业收入增长较快。1995年，接待海外游客3.03万人次，比上年增长8.6%；营业收入2.14亿元，增长39.5%；利润2598万元，下降4.6%，利润下降的主要原因是成本费用开支过大；外汇收入1130万美元，比上年增长8.1%。

八、社会事业

教育科技得到加强，各项社会事业有较大发展。“科教兴藏”战略逐步深入人心，各级党委、政府把教育、科技摆在优先发展地位。1995年，安排教育基建投资7418万元，完成房建面积20万平方米，新建、改建中学25所、小学175所，使办学条件明显改善。全区适龄儿童入学率达到70%，增加3个百分点；中小学在校学生人数达到29万人，比上年增长10.8%。逐步增加科技投入，设立农牧推广奖励基金和科技推广专项基金；科技三项费用安排750万元，比上年增长2.9%；完成重点科研项目91项、“星火计划”项目2项。文化、卫生、广播电视、新闻出版、体育等各项事业也得到相应发展。布达拉宫广场建设、西藏广播电视制作中心土建工程、拉萨新华书店、550个乡级太阳能地面接收站等已建成交付使用，西藏博物馆、自治区藏药厂扩建和传染病医院等工程正在顺利实施。计划生育工作逐步深入，1995年年末，全区人口为235.9万人，自然增长率17‰。

（曹宗杰　撰稿）

典 型 地 区

藏民族发祥地
——西藏山南地区

一

山南地区位于西藏南部，辖12个县，总人口30万人。全地区东西长420公里，南北长392公里，总面积7.35万平方公里（实际控制面积4.36万平方公里），北靠曲水县，西接江孜县，东边朗县，南邻印度、不丹等国。由于地处喜马拉雅山脉与冈底斯山脉之间的河谷地带，又有“藏南谷地”之称。境内海拔最高点为7554米，最低点只有1100米，起伏较大。雅鲁藏布江由西向东横贯7县，沿江河谷地带，气候温和，土地肥沃，光、温、水配合较好，利于农作物的生长，素有“西藏粮仓”的美誉。其他5县海拔较高，畜牧业发达，毛、绒、皮等产品产量较高。全地区野生动植物和名贵中药材资源丰富。

山南地区历史文化悠久，是当之无愧的藏民族发祥地。自古所谓“经书莫早于《邦贡恰加》，农田莫早于索当，房屋莫早于雍布拉康，国王莫早于聂赤赞普”的“四早”，无一不是源于山南；西藏的第一座佛殿——昌珠寺，西藏的第一座寺庙桑耶寺等也都在山南。1988年国务院批准山南雅砻河流域为西藏第一个国家级风景名胜区，现已发现旅游景点100多处，开发22处，吸引了大批中外游客，是到西藏旅游的必去之地。

山南地区的交通条件极为便利。公路四通八达，黑色路面由地区所在地泽当镇直通拉萨、日喀则等地。西藏最大的航空港建于山南的贡嘎，是从空中进出西藏的门户。优越的区位，发达的交通，使山南成为西藏航空运输的重要物资集散地之一。全地区12个县，大部分实现市话程控化和光缆传输，进入国内、国际直拨网，特快专递、移动电话、无线寻呼也在全地区迅猛地发展起来。

山南地区资源丰富。土地广袤肥沃，人均占有耕地1.51亩，有可开发利用的宜农、宜林荒地荒滩数百万亩；可供加工转化利用的农副产品资源十分丰富；水能资源十分丰富，据有关部门提供的资料显示，全地区水能理论蕴藏量达3510万千瓦，一批新的水电站即将上马，其中投资达5.46亿元的沃卡一级电站是62个大庆建设项目之一，装机1.8万千瓦。森林资源主要分布在东南部，现有天然森林224.16万亩（实际控制森林面积），活立木蓄积量2391万立方米，居西藏第三位。此外，太阳能、风能资源也十分可观，太阳年辐射总值在7000～8000兆焦耳/平方米，年日照2600～3300小时。近几年的地质勘探工作表明，境内12个县都分布有矿产资源，主要有铬铁、铜、铝、锑、铁、金、银等金属矿床和大理石、花岗石、电气石、碧玉石、水晶、云母、软玉、滑石、高岭土等非金属矿藏。其中铬铁矿的储藏量约占全国总储量的一半左右，且品位极高，三氧化二铬平均品位在45%，是我国最重要的铬铁矿生产基地之一。目前，正在开采的矿种有铬铁、砂金和少量水晶、大理石、花岗石等。

山南地区是西藏重要的粮油生产基地，也是“一江两河”综合开发工程重点投资建设地区（有5个县属“一江两河”开发区）。“八五”期间，全地区在稳定粮油生产的基础上，狠抓以“肉、菜”为重点的多种经营，农牧区呈现林牧副各业兴旺的喜人景象。农牧民人均纯收入大幅度提高，"八五"末比"七五"末增长48.5%。农村产业化进程加快，粮油、畜牧、蔬菜、林果等产业一体化经营的格局正逐步形成。农牧区市场体系和社会化服务体系建设取得新成绩，推动了地区农牧区经济的全面发展。

山南地区市场繁荣，商贸活跃。商业网点遍布城乡，综合、专业市场发展迅速。多功能、多层次、多成分、开放型的市场格局正在形成。每年12月1日开始，为期7天的，以农畜产品为主的泽当物资交流大会是西藏历史最悠久，影响面最大的物资交易会之一，这促使山南地区朝着成为藏南商贸中心和商品集散地的目标发展。

山南地区全方位对内对外开放，以无比优惠的政策高速度发展开放型经济。全地区现已有采矿、冶炼、机械、粮油和饲料加工、土产、工艺等门类，上百个产品。经贸洽谈、产品展销、招商引资空前活跃。

山南地区各项社会事业全面进步。1995年全地区各类学校544所，在校学生3.57万人，学龄儿童入学率达87%，办学条件明显改善。职业教育、成人教育发展迅速，是西藏职业教育的样板地区。科技成果推广运用迈出新步伐。医疗卫生事业有新发展，全地区卫生机构163个，医院床位724张，每千人拥有专业医生2.92人。文化艺术、新闻、广播电视事业、社会治安综合治理、精神文明建设等都取得了令人鼓舞的成就。

二

中央第三次西藏工作会议确定湖南、湖北省支援山南，为实现本世纪末和下世纪初山南地区经济和社会发展战略奠定了基础。"九五"是山南地区经济和社会发展的关键时期，山南地区地委、行署决心牢牢把握这一历史机遇，带领全地区各族人民，坚持邓小平同志建设有中国特色的社会主义理论和党的基本路线，全面贯彻党的十四大和十四届三中、四中全会精神，继续把握"抓住机遇、深化改革、扩大开放、促进发展、保持稳定"的工作大局，以第三次西藏工作会议为契机，进一步处理好改革、发展、稳定的关系，解放思想，实事求是，振奋精神，大胆开拓，加快建立社会主义市场经济体制，努力实现全地区国民经济持续、快速、健康发展和社会全面进步。

"八五"计划的顺利完成，为山南地区今后的发展奠定了基础。"九五"计划和2010年远景规划的实施，将揭开山南地区发展史上新的一页。"九五"计划确定，到2000年，全地区国民生产总值，比1995年增长76%，平均每年递增12%；人均国民生产总值比1995年增长62.8%，平均每年增长10.2%，工农业总产值，按1990年不变价计算，比1995年增长57.1%，平均每年增长9.5%，其中工业总产值要比1995年增长2.16倍。从2001年到2010年，全地区国民生产总值平均每年递增15%。2000年，粮食和油菜籽分别要比1995年增长20%和2.57倍；农副产品综合商品率达40%；农牧民人均纯收入要比1995年增长77%，平均每年递增12.1%。

到2000年，能源建设实现全地区发电装机容量要比1995年增长1倍以上。交通建设主要抓好8条公路改、扩建，总里程近千公里。邮电通信实现县县程控化，80%的县进入全国长途自动交换网。加快工业发展步伐，大力发展饲料工业，增强畜牧业生产抗御自然灾害的能力；工业产品、产量要上规模、上档次，提高市场竞争力。

加快科技发展步伐，建立健全县级农牧科技推广站，2000年，使经济增长中科技含量占40%以上。基本普及义务教育，适龄儿童入学率达到或超过90%，基本扫除青壮年文盲。完成大部分乡级广播电视收转建设，广播电视覆盖率要有大幅度的提高。建立健全县、乡医疗卫生网，实现人人享有保健。

加快市场的培育和建设，到2000年恢复建设好亚玛荣、打隆、拉康等地边境贸易市场。

到本世纪末，实现上述目标，全地区就可以做到三个实现：(1)在注重经济效益的前提下，国民生产总值实现翻一番；(2)粮、油、肉自给有余，农牧民基本实现小康；(3)经济上实现从自然经济向市场经济、从供给型经济向经营型经济的转变；增强经济发展后劲，提高总体经济素质，为下个世纪的更快发展奠定坚实的基础，使全地区人均国民生产总值接近或达到全国平均水平，人民生活比较富裕，全地区综合实力水平有较大程度提高。

三

山南地区生产力布局是：以江河中部经济区为重点，同时兼顾东部和西南部两个经济区，实行统筹兼顾，因地制宜、优势互补、点线结合的战略。

江河中部经济区以雅鲁藏布江中部流域的5个县为中心。把这5个县作为发展山南经济的突破口，通过对经济运行机制的调整，使投资向该区域倾斜，以促进第二、三产业向这里集中，并使乡镇企业连片发展。争取在2010年前，把这一区域建设成为西藏粮油生产基地、河谷牧业基地、轻纺及民族手工业基地、建材基地和重点旅游观光区，使这一区域成为全区商品经济比较发达的综合经济区。

东部经济区包括3个县。加查和隆子县的自然条件较好，农牧业、林业开发前景可观，使其逐步发展成为山南地区的商品粮基地和薪炭林、经济林木生产基地；曲松县重点发展采矿、矿产品加工的同时，兼顾畜牧业的发展。通过加强农田水利基本建设和科技投入，提高灌溉面积，促使农业立体综合开发。

西南部经济区包括4个县。这一区域地处山南地区的西部和南部，大部分为高寒地区，同时又是边防、边远县，有辽阔的牧场和丰富的草地资源。在2000年前，着力改善畜牧业生产的外部环境条件和调整产业结构，将该区域建成畜牧业抗灾基地，提高生产力水平。完成错那县的宝石矿，措美县的锑矿，浪卡子县的砂金矿的勘探工作；完成洛扎、错那县森林资源开发建设的前期准备工作等。

2010年前，山南地区建设开发的重点主要放在江河中部经济区和沿江一带。在这期间改建和整治该区域内的4条公路干线，开发并合理利用东西部的森林资源。同时，积极开发泽当—拉萨、林芝—泽当的环线旅游项目和景点，发展旅游产品，使之形成规模。

四

勤劳智慧的山南人民创造辉煌的昨天，也必将创造出更加美好的明天！目前山南人民正以新的姿态、新的标准，新的起点，尽快把山南地区建设成为交通便捷，环境优美，管理体制先进，科技文化发达，经济繁荣，社会秩序安定的现代化新山南。

山南，正以崭新的面貌，开放的襟怀，一流的服务，良好的投资环境，无比优惠的政策，热诚欢迎国内外各界人士前来同谋大业，共展宏图！

（饶　勇　付雪峰　撰稿）

1995年改革开发大事记

1月

4日 自治区人民政府第一次常务会议决定，西藏自治区要求申办1999年第六届全国少数民族传统体育运动会。

5日 西藏明珠股份有限公司股票发行承销协议签署仪式暨新闻发布会在拉萨举行。区党委副书记、自治区常务副主席、自治区证券委员会副主任杨传堂，自治区常务副主席江措等领导出席会议。

11日 全区经济工作会议在拉萨召开。全国人大常委会副委员长帕巴拉·格列朗杰应邀出席会议。自治区常务副主席江措主持会议，自治区党委副书记巴桑，自治区党委副书记、自治区常务副主席杨传堂同志分别在会上作重要讲话。自治区领导拉巴平措、泽仁桑珠、顿珠、次仁卓嘎、洛桑顿珠、孙歧文出席会议。

12日 自治区党委副书记、自治区常务副主席杨传堂同志在拉萨为全区新闻记者作全区经济形势和经济宣传的报告。

15日 全区工业电力工作会议在拉萨召开。自治区常务副主席江措出席会议并讲话。

16日 全区计划经贸工作会议在拉萨闭幕。自治区党委副书记、自治区常务副主席杨传堂出席会议并讲话。

▲ 全区财政工作会议在拉萨闭幕。自治区副主席顿珠出席并讲话。

17日 全区经济体制改革工作会议在拉萨闭幕。自治区党委副书记、自治区常务副主席杨传堂出席会议并作重要讲话。

18日 全长92.37公里的贡（嘎）泽（当）三级柏油公路，经过10个月的努力，建成通车。自治区领导顿珠及有关部门前往祝贺。该公路投资1亿元，行车时间缩短近一半。

20日 《半月谈》藏文版首发式在自治区出版社举行。自治区副主席拉巴平措出席会议并讲话。

2月

13日 全区水利工作会议在拉萨召开。自治区副主席泽仁桑珠同志出席会议并讲话。

15日 全区金融工作会议在拉萨召开。自治区党委副书记、自治区常务副主席杨传堂，自治区副主席拉巴平措、顿珠、次仁卓嘎出席会议。

16日 全区交通工作会议在拉萨闭幕。自治区副主席顿珠同志出席会议并向全区交通系统的干部职工提出在社会主义市场经济体制下新的工作要求。

▲ 全区工商行政管理工作会议结束。自治区党委副书记、自治区常务副主席杨传堂、自治区副主席顿珠同志出席会议并分别讲话。

19日 全区金融工作会议在拉萨结束。自治区党委副书记、自治区常务副主席杨传堂对全区金融工作提出要求。自治区副主席泽仁桑珠、顿珠、次仁卓嘎、洛桑顿珠出席会议。

22日 自治区党委副书记、自治区常务副主席杨传堂同志在自治区成立三十周年大庆工程建设指挥部第二次会议上要求大庆工程建设项目必须做到工作高效率，建设高速度，工程高质量，管理高水平，确保62个项目中的三分之二在大庆前竣工并交付使用。

3月

5日 自治区副主席杨松同志在那曲雪灾最为严重的巴青县了解灾情，指导抗灾救灾工作。

14日 自治区副主席泽仁桑珠同志前往受灾最严重的巴青县调查了解灾情，指导救灾工作。

17日 西藏自治区人民政府申办1999年第六届全国民运会报告递交仪式在北京钓鱼台国宾馆隆重举行。全国人大副委员长帕巴拉·格列朗杰，全国政协副主席阿沛·阿旺晋美，自治区主席、申办领导小组组长江村罗布，自治区副主席、申办领导小组副组长吉普·平措次登和有关部门的负责同志出席申办报告递交仪式。江村罗布同志发表热情洋溢的讲话，吉普·平措次登同志向国家民委、国家体委递交《西藏自治区人民政府关于申办1999年第六届全国民运会的报告》。

23日 全区农牧业春耕备耕生产电话会议在拉萨召开。自治区党委常务副书记郭金龙、自治区副主席泽仁桑珠同志分别在电话会上作重要讲话。

25日 自治区妇联在拉萨首次召开西藏“十大女杰”表彰大会。自治区党委副书记巴桑、自治区常务副主席江措同志为他们颁奖。

28日 扎仓茶卡硼镁工程奠基开工仪式在拉萨举行。自治区常务副主席江措、化工部副部长李勇武等领导同志参加奠基开工仪式。

4月

6日 自治区副主席、中国对外贸易促进委员会西藏分会会长顿珠同志，在拉萨会见应邀来访的尼泊尔王国商会代表团。

▲ 西藏优质油菜加工基地在拉萨开工建设。自治区副主席泽仁桑珠、向阳同志出席开工典礼并为工程奠基。

9日 拉贡公路整治工程进展顺利。自治区副主席杨松同志赴施工现场检查指导工作。

25日 全区对外经贸工作会议在拉萨召开。自治区副主席顿珠同志出席会议并讲话。

5月

1日 昌都邦达至成都的空中航线正式开通。全国人大副委员长帕巴拉·格列朗杰，自治区党政领导热地、李光文、江措、向阳出席首航仪式。

8日 西藏藏药厂扩建工程破土动工。全国人大副委员长帕巴拉·格列朗杰，自治区党政领导陈奎元、丹增、杨传堂、叶普·平措次登、向阳参加开工典礼。

▲ 自治区党政领导郭金龙、杨传堂、陆惠民与湖南、湖北两省援藏干部带队领导座谈。

9日 西南五省区经济协调会第十一次会议在广西南宁隆重开幕。自治区副主席梁公卿率西藏代表团参加会议。

13日 全区“安全生产周”拉开序幕。自治区常务副主席江措发表电视讲话。

15日 自治区六届人大三次会议在拉萨隆重开幕。自治区党政领导陈奎元、热地、江村罗布、郭金龙、巴桑、丹增、杨传堂、列确、吉普·平措次登、拉巴平措、泽仁桑珠、洛桑顿珠、向阳等出席会议。

16日 自治区党委副书记、常务副主席杨传堂，在拉萨会见尼泊尔邮电部部长布特拉率领的尼泊尔通信代表团。

19日 自治区副主席泽仁桑珠带领区直有关部门和拉萨市有关单位负责人察看拉萨河堤修坝工程，并现场落实下一步工程的投资。

20日 自治区副主席、区大庆工程建设指挥部副指挥长向阳赴昌都、那曲视察大庆工程建设项目的进展情况。

25日 第二届西南五省七方青年企业家经贸洽谈会在拉萨召开。区党委常务副书记郭金龙、自治区副主席泽仁桑珠出席开幕式。

26～30日 西藏自治区国土规划审查会议在四川成都市召开。国家有关部委、研究单位，兄弟省区，自治区有关单位的专家、领导共120多人应邀参加会议。国务院发展研究中心主任孙尚青，中科院院士陈述彭、吴传钧，中国藏学研究中心副总干事洛桑，自治区副主席梁公卿、向阳等参加并主持会议。

28日 自治区党政领导热地、江村罗布、郭金龙、泽仁桑珠、杨松与国家交通部副部长刘锷同志就西藏“九五”期间公路交通建设规划等问题交换意见。

6月

6日 “中国经济长江行”出发仪式在拉萨举行。自治区副主席杨松同志为《上海证券报》采访团赠旗。

8日 北京西藏大厦破土动工。全国政协副主席阿沛·阿旺晋美，北京市、自治区和国家民委的领导李其炎、张百发、杨传堂、泽仁桑珠、梁公卿、顿珠、李晋有，以及原自治区领导阴法唐、多杰才旦等参加开工典礼并为工程奠基。

14日 自治区副主席杨松到堆龙德庆县视察乡镇企业发展情况。

18日 自治区副主席、区大庆工程建设指挥部副指挥长向阳陪同全国政协常委、甘肃省人大副主任木梓·洛桑久美·图丹却吉尼玛视察正在建设中的西藏优质油菜加工基地。

26日 受自治区主席江村罗布的委托，自治区常务副主席杨传堂在拉萨会见即将离任的尼泊尔王国驻拉萨总领事馆总领事玛尼克·马南达尔。

27日 自治区主席江村罗布就西藏国有企业

改组改制以及扭亏增盈等问题到拉萨皮革厂调查研究。

28日 中国农业银行行长史纪良一行抵达拉萨。自治区常务副主席杨传堂到迎宾馆看望。

29日 第五届西南西北省（区）文联工作座谈会在拉萨召开。自治区副主席拉巴平措出席会议并讲话。

▲ 中直机关和国务院部委的援藏干部抵达拉萨。自治区常务副主席列确前往贡嘎机场迎接。

7月

1日 中国农业银行西藏自治区分行在拉萨正式挂牌成立。自治区党委书记陈奎元、自治区主席江村罗布为农行西藏分行揭牌。

▲ 拉萨液化石油气储备站建成投产。自治区主席江村罗布、副主席泽仁桑珠、向阳、孙岐文参加竣工典礼。

3日 自治区主席江村罗布视察羊湖电站，并详细听取施工进展情况汇报。

5日 广播电影电视部在拉萨举行慰问大会。自治区副主席次仁卓嘎出席会议。

12日 西南五省七方工商系统信息网络工作协调会在拉萨召开。自治区副主席杨松出席会议并讲话。

17日 自治区人民政府召开第二十一次常务会议，听取西藏申办第六届全国民运会的情况汇报，研究部署进一步开展申办活动的计划。

▲ 自治区常务副主席杨传堂代表自治区人民政府同各地专员、市长签订全区粮食区域总量平衡责任书。

▲ 全区粮食工作会议在拉萨闭幕。自治区常务副主席杨传堂、列确，自治区副主席徐明阳、泽仁桑珠、杨松出席会议。杨传堂在会上作重要讲话。会议由列确同志主持。

21日 自治区人民政府在布达拉宫举行登巴大吉捐献文物表彰大会。表彰大会由自治区副主席拉巴平措主持。自治区常务副主席杨传堂代表区人民政府向登巴大吉颁发荣誉证书。

▲ 自治区常务副主席江措、副主席孙岐文视察羊湖电站。

▲ 自治区副主席泽仁桑珠在拉萨会见英国驻华使馆一秘莫美兰一行，宾主就共同关心的问题及西藏的发展成就进行交谈。

29日 中共西藏自治区第五次代表大会在拉萨隆重开幕。会议由自治区党委常务副书记热地同志主持，自治区党委书记陈奎元同志代表中共西藏自治区第四届委员会作题为《深入贯彻第三次西藏工作座谈会精神，为实现本世纪的宏伟目标而奋斗》的报告。

▲ 受中央统战部委托，由中国民营科技实业家协会援藏考察团一行39人抵达拉萨，在藏考察宣传、实施光彩事业。自治区党政领导巴桑、杨传堂会见了考察团一行。

8月

3日 由中国石油天然气总公司、解放军总后勤部、冶金工业部、青海省援建的62个大庆援藏项目之一的格尔木炼油厂至101油库输油管道工程竣工，投入试运行。

8日 拉萨至北京、成都、上海、广州、武汉、西安6个方向的450条全自动长途数字传输电路顺利开通。

▲ 羊湖抽水蓄能发电厂举行成立典礼。自治区领导陈奎元、郭金龙、江措、孙岐文和政府秘书长多吉出席典礼。陈奎元、江措为厂牌揭幕。

9日 自治区副主席泽仁桑珠在拉萨会见尼泊尔新闻代表团。

▲ 西藏档案国际研讨会在拉萨召开。自治区常务副主席列确、政府副秘书长王建出席开幕式。

11日 全区人民银行行长会议在拉萨闭幕。自治区主席江村罗布作重要讲话。自治区副主席杨松出席闭幕会。

14日 全区农行地（市）行长会议在拉萨闭幕。自治区江村罗布出席会议并讲话。

15日 应自治区人民政府邀请，国家民委副主任李晋一行9人抵达拉萨，考察西藏申办六届民运会工作。

16日 查龙电站第一台机组正式发电。自治区领导陈奎元、热地、江村罗布为机组发电剪彩。江措、孙岐文、刘源等出席剪彩仪式。

17日 西藏利用加拿大政府贷款引进SRT数字微波一点多址农话设备签字仪式在西藏迎宾馆举行。自治区副主席次仁卓嘎，加拿大SRT公司肯·哈特先生，国家经贸部、中国银行、邮电部、中信公司以及自治区有关部门的领导和专家出席签字仪式。

18日 ’95西藏拉萨经贸洽谈会在劳动人民文化宫隆重开幕。自治区常务副主席杨传堂、列确为开幕式剪彩。自治区副主席、拉萨市市委书记洛桑顿珠致开幕词。

▲　自治区常务副主席江措在拉萨会见尼泊尔王国驻拉萨总领事馆新任总领事安·丹迪·谢尔巴先生。

21日　30年大庆重点建设项目之一的中扎县崩纳藏布金矿开工建设。自治区党委副书记、常务副主席杨传堂出席奠基仪式。

22日　西藏高原大气环境科研所和拉萨市气象台正式成立。自治区副主席泽仁桑珠出席庆典并讲话。

23日　西藏农业广播电视学校在拉萨成立。自治区副主席泽仁桑珠出席开学典礼并讲话。

24日　西藏博物馆工程奠基。全国人大副委员长帕巴拉·格列朗杰和自治区领导陈奎元、热地、江村罗布、丹增、杨传堂、拉巴平措出席奠基仪式。

25日　布达拉宫广场建设项目竣工。自治区领导丹增、徐明阳、洛桑顿珠等参加竣工验收活动。

26日　西藏满拉水利枢纽工程开工。自治区领导陈奎元、泽仁桑珠、杨松等出席开工庆典。

▲　自治区常务副主席、西藏对外友好协会会长杨传堂在拉萨会见以海梅·马费特·穆里略为团长的玻利维亚共和国波托西市政府代表团。

▲　全国首届女子北京拉萨摩托车拉力赛车手抵达拉萨。丹增、吉普·平措次登等领导出席欢迎仪式，徐明阳副主席发表讲话。

▲　上海市援助日喀则希望工程800万元捐款仪式在拉萨市举行，自治区领导丹增、普穷、拉巴平措等参加捐赠仪式。上海市的这批捐款是西藏希望工程捐赠史上最大的一次，将在日喀则建设10多所全国一流的希望学校。

27日　以自治区副主席次仁卓嘎为团长的西藏出席第四次世界妇女代表大会的代表启程。自治区领导陈奎元、热地、江村罗布、巴桑、丹增、江措、拉巴平措等出席欢送仪式。

▲　自治区“一江两河”综合开发建设的骨干工程——日喀则雅江大桥正式竣工通车（总投资2100万元，桥全长498.7米，桥头引道3024.8米）。自治区党委常委、日喀则地委书记桑珠、自治区副主席泽仁桑珠、杨松出席通车典礼。

28日　由四川省投资1950万元修建的拉萨粮油加工厂技改工程竣工并通过验收。区党委常务副书记郭金龙、自治区副主席向阳出席竣工验收大会。

▲　《西南经济日报》驻西藏记者站在拉萨正式成立。

29日　参加庆祝西藏自治区成立三十周年的中央代表团团长吴邦国，副团长王兆国、钱正英、张万年乘专机到达拉萨。中央代表团副团长帕巴拉·格列朗杰和自治区领导陈奎元、热地、江村罗布、郭金龙等前往机场迎接。

30日　化工部援建的扎仓茶卡硼镁矿工程竣工。化工部部长顾秀莲，自治区领导陈奎元、热地、江村罗布、郭金龙、杨传堂为工程竣工剪彩，自治区副主席孙歧文同志主持剪彩仪式。

▲　珠峰摩托车公司与台湾光阳公司合资签字仪式在拉萨举行。全国人大副委员长帕巴拉·格列朗杰，自治区领导陈奎元、热地、江村罗布、郭金龙、杨传堂、列确、顿珠、杨松、孙歧文以及国家海关总署的领导出席签字仪式。

31日　西藏自治区成立三十周年建设成就展开幕。中央代表团团长吴邦国、副团长帕巴拉·格列朗杰、王兆国、钱正英、张万年及自治区领导陈奎元、热地、江村罗布、郭金龙、巴桑、丹增、杨传堂、列确等出席开幕式。开幕式由郭金龙主持。杨传堂同志在开幕式上讲话。

▲　自治区党委、政府在西藏人民会堂隆重举行干部大会，热烈庆祝自治区成立三十周年。中央代表团吴邦国、帕巴拉·格列朗杰、王兆国、钱正英、张万年，自治区领导陈奎元、热地、江村罗布、郭金龙、巴桑、丹增、杨传堂、列确，以及原自治区领导任荣、阴法唐、天宝等出席干部大会。吴邦国在会上作重要讲话。会议由热地同志主持。

▲　布达拉宫广场建设项目举行竣工剪彩仪式。中央代表团吴邦国、帕巴拉·格列朗杰、王兆国、钱正英、张万年、刘仲藜、陈耀邦、石万鹏和自治区领导陈奎元、热地、江村罗布、郭金龙等出席剪彩仪式。杨传堂同志主持。

▲　为热烈庆祝西藏自治区成立三十周年，自治区党委、政府在拉萨假日酒店举行盛大招待会。中央代表团吴邦国、帕巴拉·格列朗杰、王兆国、钱正英、张万年和自治区党政领导陈奎元、热地、江村罗布、郭金龙、巴桑、丹增、杨传堂、列确等出席招待会。招待会由江村罗布主持。热地、王兆国先后讲话。

9月

1日　拉萨4万余名各族干部、群众、解放军官兵在布达拉宫广场隆重集会，热烈庆祝西藏自治区成立三十周年。中央代表团团长吴邦国代表党中央、国务院发表重要讲话，并向大会赠送由中共中央总书记、国家主席江泽民亲笔题写的贺幛。中央代表团副团长帕巴拉·格列朗杰、王兆国、钱正英、张万年和自治区领导陈奎元、热地、江村罗布、郭金龙、巴桑、丹增、杨传堂、列确等，以及原自治区、原西藏军区领导任荣、阴法唐、天宝、范明、郄晋武出席庆祝大会。

▲ 自治区三十大庆联欢晚会在布达拉宫广场隆重举行。中央代表团吴邦国、帕巴拉·格列朗杰、王兆国、钱正英、张万年和自治区领导陈奎元、热地、江村罗布、郭金龙、巴桑、丹增、杨传堂、列确等与3万多名各族干部群众欢度良宵。

▲ 中央代表团慰问驻藏部队、武警官兵和政法战线代表。

▲ 自治区主要领导陪同中央代表团参观布达拉宫。

2日 中央代表团向西藏重点寺庙赠送贺幛，发放布施。

▲ 中央代表团视察参观自治区档案馆。吴邦国为档案馆题词："中华瑰宝，历史见证"。

▲ 中央艺术团在西藏人民会党举行首场演出。中央代表团吴邦国、帕巴拉·格列朗杰、王兆国、钱正英、张万年在自治区领导陈奎元、热地、江村罗布、郭金龙、巴桑、丹增、杨传堂陪同下观看演出。

3日 中央代表团与西藏民族宗教界爱国人士在西藏人民会堂座谈。帕巴拉·格列朗杰、王兆国代表中央代表团发表重要讲话。江村罗布、丹增等出席座谈会，会议由巴桑主持。

▲ 羊湖电站首台机组冲水调试。中央代表团前往祝贺。中央代表团吴邦国、钱正英、张万年和自治区领导陈奎元、热地等为仪式剪彩。

▲ 中央代表团吴邦国、张万年等在自治区领导陈奎元、热地陪同下，到曲水县其奴乡桑玛村慰问基层群众。中央代表团王兆国等在自治区领导江村罗布、丹增、陆惠民等陪同下走访慰问市区退休干部和工人。

▲ 由河南省援建的拉萨市新华书店举行竣工典礼。自治区副主席吉普·平措次登、顿珠出席典礼仪式。

▲ 拉萨市环行路第一期改扩建暨拉贡公路整治工程竣工典礼在拉萨举行。国家计委副主任陈耀邦、交通部部长黄镇东和自治区副主席除明阳等为工程竣工剪彩。

▲ 拉萨市粮油加工厂技改工程竣工。四川省委书记谢世杰和自治区领导陈奎元、郭金龙、洛桑顿珠为工程竣工剪彩。自治区常务副主席杨传堂和四川省副省长欧泽高分别讲话。

▲ 拉萨市人民医院住院部改扩建工程竣工。江苏省副省长陈必亭和自治区副主席拉巴平措为工程竣工剪彩，并分别讲话。

4日 中央代表团离开拉萨。帕巴拉·格列朗杰、陈奎元、热地、江村罗布、郭金龙、巴桑、丹增、杨传堂等前往机场欢送。

12日 中国残联赴藏调研组一行24人抵达拉萨。

▲ 中央艺术团在自治区副主席拉巴平措陪同下，分别赴那曲、山南、日喀则等地慰问演出。

13日 西藏参加世妇会非政府组织代表回到拉萨。自治区党委常委、区党委秘书长李立国等到机场迎接。

15日 自治区大庆活动领导小组举行自治区成立三十 周年庆祝活动总结表彰大会。自治区领导热地、江村罗布、郭金龙、丹增、杨传堂、孙歧文等出席表彰大会。

19日 全区扶贫开发工作会议在拉萨召开。自治区领导郭金龙、杨传堂、列确、泽仁桑珠等出席会议并讲话。会议由郭金龙主持。

28日 西藏水利电力工程有限公司成立。自治区副主席向阳、孙歧文为公司揭牌。孙歧文在成立大会上讲话。

▲ 拉萨啤酒有限责任公司成立。自治区领导巴桑、向阳、孙歧文等为公司揭牌。

30日 自治区人民政府举行庆祝中华人民共和国成立46周年招待会。全国人大副委员长帕巴拉·格列朗杰和自治区党政军领导郭金龙、巴桑、杨传堂、列确、李立国、徐明阳、吉普·平措次登、杨松、次仁卓嘎、洛桑顿珠、向阳、蒋成光等出席招待会。自治区常务副主席列确致祝酒词。

10月

6日 自治区常务副主席杨传堂在自治区农科所参观农业科研成果展览。

7日 第五十七届全国城市电台广告信息交流会在拉萨召开。自治区副主席次仁卓嘎出席会议。

9日 西藏自治区人民政府作出关于持续、快速、健康发展西藏对外经济贸易的决定。

15日 全区农牧业生产会议在拉萨召开。自治区领导江村罗布、列确、徐明阳、顿珠、杨松、洛桑顿珠、向阳、孙歧文等出席会议。

▲ 自治区召开税收、财务、物价大检查电话动员会。自治区副主席徐明阳出席会议并讲话。

18日 全区农牧业生产会议在拉萨闭幕。自治区主席江村罗布在会上作重要讲话。自治区领导列确、徐明阳、顿珠、次仁卓嘎出席闭幕会。闭幕会由自治区副主席杨松主持。

▲ 自治区领导江村罗布、丹增、顿珠在拉萨饭店看望来藏考察工作的全国政协委员、香港一洲集团主席兼总裁庄永竞先生。

▲ 全区第三次工业普查会议在拉萨召开。自治区副主席徐明阳出席会议并讲话。

24日 西藏艺术团赴沪参加“’95中国上海宝山国际民间艺术节”。自治区领导丹增、次仁卓嘎等为艺术团举行欢送会。次仁卓嘎副主席发表讲话。

11月

3日 《中国民族文化大观》(藏族、门巴族、珞巴族卷)首发式在拉萨举行。自治区副主席徐明阳、次仁卓嘎出席首发式。

4日 由自治区企业家协会主办的《西藏经济报》创刊。自治区主席江村罗布题写汉文报头。

5日 《西藏经济报》首发式在拉萨举行。丹增副书记题词:“西藏经济报为繁荣经济服务”。

14日 自治区常务副主席杨传堂、自治区副主席孙歧文到羊湖电站施工现场检查指导工作。

17日 自治区党委、政府在西藏人民会堂召开拉萨地区县级以上党员干部大会,传达贯彻班禅转世灵童寻访领导小组第三次会议精神。自治区领导陈奎元、江村罗布、巴桑、丹增、杨传堂、列确、拉巴平措等出席会议。自治区主席江村罗布主持会议,并发表重要讲话。丹增、子成、拉巴平措分别传达中央领导同志的重要讲话。巴桑在会上传达班禅转世灵童寻访会议精神。

20日 自治区副主席杨松率工作组前往日喀则地区检查指导抗灾救灾工作,慰问灾区群众。

22日 自治区副主席顿珠同志在拉萨会见以美国加利福尼亚大学圣巴巴拉分校教育学教授瑞那尔多·马希西斯为团长的美国文化经济考察团。

29日 第十世班禅转世灵童金瓶掣签仪式在拉萨大昭寺举行。国务院代表、国务委员罗干宣布国务院批准书并督察金瓶掣签仪式。国务院特派专员、自治区主席江村罗布主持仪式。国务院特派专员、国务院宗教事务局局长叶小文验核并密封名签。那曲地区嘉黎县候选灵童坚赞诺布中签。

▲ 第十世班禅转世灵童剃度仪式在拉萨大昭寺举行。国务院代表、国务委员罗干,国务院特派专员江村罗布、叶小文和自治区领导及区内外高僧大德出席剃度仪式。著名高僧波米·强巴洛追为转世灵童剃度并取法名:吉尊·洛桑强巴伦珠确吉杰布·白桑布。

30日 国务委员、国务院秘书长罗干在自治区领导陈奎元、热地、江村罗布、杨传堂的陪同下视察布达拉宫广场。

▲ 国务委员、国务院秘书长罗干前往西藏军区看望驻藏人民解放军和武警部队,并进行座谈。自治区领导陈奎元、热地、江村罗布、杨传堂陪同前往。

12月

1日 圆满完成督察第十一世班禅转世灵童金瓶掣签剃度仪式和册定第十一世班禅的国务院代表、国务委员罗干一行,离开拉萨返回北京。

5日 全区科学技术大会在拉萨召开。自治区主席江村罗布作重要讲话,自治区党政领导列确、子成、陈汉昌、布穷、李光文、李维伦、徐明阳、顿珠、杨松、孙歧文等出席大会。

6日 专程来藏主持第十一世班禅坐床典礼的国务院代表、中央政治局委员、国务委员李铁映抵达西藏。

7日 专程来藏主持十一世班禅坐床典礼的国务院代表、国务委员李铁映,在日喀则饭店接见参加即将举行的十一世班禅坐床典礼的区内外宗教界人士,并发表重要讲话。

8日 第十一世班禅坐床典礼在日喀则扎什伦布寺举行。国务院代表、国务委员李铁映主持照护十一世班禅坐床,宣读国务院的批准书;向扎寺颁赠江泽民主席题词的金字匾和国务院向十一世班禅颁赠的金印、金册。国务院特派专员、自治区主席江村罗布主持坐床典礼、坐床仪式。国务院特派专员、国务院宗教事务局局长叶小文,全国人大副委员长帕巴拉·格列朗杰,自治区党委书记陈奎元等领导出席坐床仪式。

▲ 日喀则地区行署、扎什伦布寺民管会举行宴会,庆祝第十一世班禅额尔德尼圆满坐床。国务院代表、国务委员李铁映发表重要讲话。

9日 日喀则隆重庆祝第十一世班禅圆满坐床。国务院代表、国务委员李铁映与5万僧俗群众一起观看文艺演出。

▲ 国务委员李铁映在自治区领导陈奎元、江村罗布的陪同下,到日喀则市城南派出所,亲切看望公安干警。

▲ 国务委员李铁映由日喀则到达拉萨,全国人大副委员长帕巴拉·格列朗杰,自治区领导陈奎元、江村罗布等陪同李铁映视察新建的布达拉宫广场和雪居民委员会新村。

12日 第十一世班禅专程到北京拜见江泽民

主席。

▲ 全区机构改革工作会议在拉萨召开，会议由自治区党委副书记、自治区常务副主席列确主持。自治区领导江村罗布、巴桑、布穷、普穷出席会议。自治区党委副书记、自治区常务副主席杨传堂在会上作讲话。

24日 区党委、区政府邀请区人大、区政协省级干部就西藏农村牧区工作的发展思路广泛征求意见，共商振兴农牧业大计。

25日 62项工程之一的拉萨“两变一线”工程竣工。自治区主席江村罗布按下拉萨城东变电站的合闸开关。自治区领导巴桑、杨传堂、普穷、江措、徐明阳、孙歧文等出席剪彩仪式。

▲ 西藏金珠（集团）有限公司成立。列确、李立国、普穷、徐明阳、顿珠等自治区领导参加剪彩仪式。

28日 全区农村牧区工作会议召开，自治区党委副书记巴桑主持开幕式，自治区主席江村罗布作重要讲话。自治区领导杨传堂、列确、布穷、李光文、李立国、普穷、徐明阳，杨松等出席会议。

▲ 尼泊尔王国驻拉萨总领事馆举行招待会，庆祝尼泊尔比兰德拉国王陛下50寿辰。自治区领导江村罗布、杨传堂、郑英、顿珠应邀出席招待会。自治区党委副书记、自治区常务副主席杨传堂发表祝辞。

（白　玛　撰稿）

※
※※※
※

陕 西 省

主　　编：李树元
副 主 编：李晓东　刘亚汉
编写人员：冯天元　姜维民
工作人员：马素梅　张建中

陕西省分目录

陕西省概况 …………………………………………………………………… (473)
国民经济与社会发展 ……………………………………………………………… (473)
经济体制改革和对外开放 ………………………………………………………… (478)
附录：陕西省对外经济技术合作意向性项目 …………………………………… (479)

典型地区

走向21世纪的宝鸡 ………………………………………………………………… (480)

1995年改革开发大事记 …………………………………………………………… (482)
彩色宣传图片
·扶风造纸厂·

陕西省概况

面积：20.56 万平方公里

人口：3513.1 万人

行政区划：5 个地区，1 个副省级市，4 个地级市，9 个县级市，98 个县区

省委书记：安启元

省八届人大常委会主任：张勃兴

省长：程安东

省七届政协委员会主席：周雅光

陕西省国民经济主要指标（单位：亿元）

项　　目	1995 年	1995 年比上年增长（%）
国内生产总值	1000.03	9
工农业总产值	1564.34	12.7
工业总产值	1182.72	15
重工业产值	741.27	15.3
轻工业产值	441.45	14.6
农业总产值	381.65	4
全社会固定资产投资	324.33	14.5
国有固定资产投资	226.61	11.7
社会消费品零售总额	369.46	20.8
零售物价总指数（%）	117.0	17.0
职工工资总额	172.26	17.2

国民经济与社会发展

一、国民经济持续快速发展

1995 年是“八五”计划的最后一年，也是承上启下的关键年份。一年来，在省委、省政府的领导下，全省认真贯彻党中央制定的“抓住机遇、深化改革、扩大开放、促进发展、保持稳定”的基本方针，坚持以经济建设为中心，正确处理改革、发展和稳定的关系，国民经济持续稳定增长，各项社会事业取得新成就，提前 5 年实现了国民生产总值本世纪末比 1980 年翻两番的目标。

（一）农业

1995 年，陕西农业再次遭受特大自然灾害，种植业中除油料、水果比上年增加外，粮、棉、烟等农产品较上年减产。全省人民奋力抗灾，采取一系列稳农、保农、促农措施，大力发展多种经营，在大灾之年，林、牧、渔业仍呈增长势头，农村经济持续稳定

发展。全年完成农业总产值381.65亿元，比上年增长4%。粮、棉因灾减产较为严重。其中，粮食产量913.4万吨，比上年减产3.4%；油料产量38.2万吨，比上年增长11.5%；棉花产量4.0万吨，比上年减产5%；多种经济作物有增有减，其中烤烟产量6.3万吨，比上年减产15%；水果产量284万吨，比上年增长29.1%。畜牧业发展稳定，生产水平继续提高，肉、奶等主要畜产品产量增加，肉类总产量79.3万吨，比上年增长8%。其中：猪肉60.2万吨，比上年增长5.9%。奶类总产量32.6万吨，增长4.2%，其中：牛奶17.4万吨，比上年减少0.2%。禽蛋产量为40.1万吨，比上年减少1.0%。绵羊毛产量为3713吨，比上年减少5.7%。肉猪出栏数798.7万头，比上年增加8.3%。大牲畜年末存栏数336万头，比上年增长2.9%。羊、猪年末存栏数分别为663.4万只和906.4万头，分别比上年增长2.5%和3.2%。蚕茧产量1.8万吨，比上年增长13.7%。渔业生产继续快速增长，水产品产量增加。全年水产品产量为3.8万吨，比上年增长12.2%。全省植树造林活动踊跃开展，林业结构进一步优化，林产品全面丰收。

1995年，全省进一步加大农业投入，全省农田水利设施建设取得了一定成绩，农业生产条件得到进一步改善。全年农田有效灌溉面积134万公顷，比上年增长1.1%；农业机械总动力780.5万千瓦，比上年增长5.6%；全年农用化肥施用量（折纯）112万吨，比上年增长11.0%。

全省农村第二、第三产业蓬勃兴起，乡镇企业持续快速发展，全年总产值达7.52亿元，比上年增长35%，整个农村经济保持了稳定发展的局面，乡镇企业已成为农村经济的重要支柱。1995年，在农林、水利、气象等部门多渠道、多形式社会化服务体系的支持、帮助下，在大灾之年全省农业仍取得了较好的成绩。

（二）工业和建筑业

1995年，陕西省继续认真贯彻《企业法》和《企业转机条例》，努力建立现代企业制度，在转换机制，调整资本结构、产业结构和企业组织结构等方面狠下功夫，加强管理，促进了全省工业生产较快增长。

1995年，陕西省全年实现工业增加值360亿元，比上年增长12.5%。其中乡及乡以上工业增加值277.41亿元，比上年增长10.9%。非国有工业继续保持高速增长势头，在全部工业增加值中，国有工业增长7.1%，集体工业增长18.5%（其中乡村工业增长20.2%），其他经济类型工业增长61.9%。重工业增长速度高于轻工业。全年重工业增加值216.1亿元，比上年增长14.6%；轻工业增加值143.9亿元，增长9.3%。

1995年，全省能源、支农产品、机电产品等均有所增长，部分纺织产品、家电产品和原材料产品等受市场需求因素影响产量有所下降。主要工业产品产量为：原煤3842.62万吨，比上年增长4.2%；原油171.53万吨，增长28.7%；发电量234.72亿千瓦小时，增长9%；生铁91.42万吨，增长15.6%；钢产量53.53万吨，比上年减少14.1%；钢材49.37万吨，减少10%；十种有色金属5.06万吨，减少5.1%；水泥793.16万吨，减少13.8%；木材110.80万立方米，增长7.6%；硫酸47.03万吨，增长11.6%；纯碱6.24万吨，减少19.5%；烧碱7.92万吨，增长16.6%；化肥（折纯量）61.96万吨，增长3.4%；化学农药（折纯量）743吨，增长1倍；化学纤维2.14万吨，减少14.3%；布6.47亿米，减少11.8%；纱13.65万吨，减少10.1%；毛线1646吨，增长3.3%；卷烟134.07万箱，减少1.3%；白酒（商品量）3.20万吨，减少36.6%；机制纸及纸板36.43万吨、增长9.7%；合成洗涤剂2.25万吨，增长16.9%；电视机46.67万部，减少30.9%，其中：彩电34.38万部，减少27.3%；家用洗衣机13.58万台，减少33.7%；家用电冰箱63.90万台，增长13.1%；金属切削机床3288台，减少13.7%；汽车1.29万辆，增长了5.7%；内燃机（商品量）36.29万千瓦，增长6.3%；交流电动机115.26万千瓦，增长3.2%。

全省工业经济效益仍比较低。全年工业经济效益综合指数61.54%，比上年下降了2.14个百分点，其中产品销售率93.53%，资金利税率4.77%，成本费用利润率0.04%，工业增加值率28.87%，全员劳动生产率（按增加值计算）9226元/人，流动资产周转次数1.07次。

全省建筑业随着改革的进一步深化，发展速度加快。1995年全年建筑业增加值为67.65亿元，增长8.8%，其中国有及县和县以上城镇集体施工企业完成建筑业增加值45.26亿元，比上年增长46%。国有建筑施工企业经济效益略有回升，全员劳动生产率（按施工产值计算）39147元/人，比上年增长4%，实现了利润增加的目标。

1995年地质普查勘探工作取得新成果。地质勘探系统完成机械岩心钻探工作量7.5万米，新发现矿产4处，提交各类地质报告19份。

（三）固定资产投资和重点项目建设

固定资产投资增幅回落。1995年，全省全社会固定资产投资完成329.8亿元，比上年增长16.4%，增幅回落7.7个百分点。其中：国有单位投资238.8亿元，增长17.7%，回落7.3个百分点；集体所有制单位投资21.5亿元，增长20.1%；城乡居民投资54.5亿元，增长14%；其它经济单位投资15亿元，增长2%。

在全省国有单位投资中，基本建设投资132.58亿元，比上年增长5.5%；更新改造投资70.95亿元，增长35.8%；房地产开发投资27.03亿元，增长1.1倍。其它固定资产投资8.23亿元，下降33.6%。随着产业结构的调整，1995年全省投资结构趋于合理。在全部基本建设和更新改造投资中，第一产业投资0.48亿元，比上年下降4%；第二产业投资119.64亿元，增长5.5%，投资比重由上年的61.3%下降到58.8%。其中能源工业投资增长16.1%，比重由上年的25.4%上升到25.7%；第三产业投资83.42亿元，增长17.3%，比重由上年的38.4%上升到40.98%。在第三产业投资中，交通运输和邮电通讯业投资增长77.1%，比重由上年的12.5%上升到20.9%，其中，邮电通讯业投资增长1.9倍，比重由上年的4.9%上升到13.1%。在所有基本建设和更新改造投资中，生产性建设投资156.24亿元，增长10.3%，比重由上年的75.7%上升到76.8%。全年非生产性建设投资47.29亿元，比上年增长9.0%，比重由上年的24.3%下降到23.2%。其中住宅建设投资下降2.7%。

1995年，全省重点项目及“兴陕工程”建设进展较快。在继续贯彻中央加强对固定资产投资总量的宏观调控中，确保了重点项目和“兴陕工程”的建设。全年建成投产或交付使用的项目有：全长155公里的西安至宝鸡高速公路；年产原煤300万吨的神府煤田大柳塔煤矿；援助西藏阿里地区供水工程；宝鸡至中卫电气化铁路；京—太—西光缆工程；安康机场扩建工程；西安秦川机械厂铝带材生产线和奥拓汽车生产线项目；西安人民搪瓷厂搪瓷车间技改项目；彩虹电子集团公司64厘米彩管生产线配套工程。彩虹显示器材股份有限公司64厘米彩管生产线技改项目等。这些项目的建成投产，将对全省国民经济持续、快速、健康发展起到重要作用。

全省基本建设和更新改造投资全部建成投产项目1861个，投产率48.9%。全年新增固定资产112.94亿元，交付使用率55.5%。

形成的主要生产能力有“年原煤开采805万吨，新增火力发电机组容量62万千瓦，年炼铁2万吨，水泥31万吨，农用化学肥料3万吨，机制纸及纸板1.4万吨，卷烟8万箱，平板玻璃11万重量箱，新建公路163公里，新建微波电路8公里，新增有效灌溉面积8万亩，城市自来水日供水能力18万吨，家用空气调节器2万台，市内电话自动交换机8.39万门，长途自动电话交换设备3.15万路端。

（四）交通、邮电

1995年，全省交通运输、邮电通信业务继续保持较快增长速度。随着社会主义市场经济的发展，运输市场呈现出多元化的态势。公路运输在激烈的市场竞争中，及时调整经营方式和结构，以适应市场的竞争机制。全省公路改造、高等级公路建设步伐加快；铁路运输克服重重困难，努力挖掘运输潜力。全年各种运输量完成情况为：①货物周转量568.3亿吨公里，比上年增长4.8%。其中：铁路463.1亿吨公里，比上年增长4.7%；公路104.2亿吨公里，比上年增长4.7%；水运0.3亿吨公里；空运0.7亿吨公里，比上年增长40%。②旅客周转量296.9亿人公里，比上年增长0.6%。其中：铁路168.7亿人公里，比上年减少2.1%；公路97.8亿人公里，比上年增长2.7%；水运0.2亿人公里；空运30.2亿人公里，比上年增长10.2%。

1995年，全省邮电通信业继续高速发展，全年完成邮电业务总量14.54亿元，比上年增长40.9%。其中：移动电话增长68.5%，无线寻呼增长63.8%，特快专递增长76.3%。长途、市内电话发展步伐加快，程控市内电话比上年净增加48万门，年末达到109万门，全省每百人电话拥有量由1994年的2.2部提高到2.85部。1995年邮电通信基础设施得到进一步加强，为社会经济的快速发展奠定了良好的基础。

（五）国内商业和市场物价

1995年全省消费品货源充裕，供求总体平衡，零售市场购销两旺，市场繁荣活跃。全年社会消费品零售总额为369.46亿元，比上年增长20.8%，扣除物价因素实际增长3.7%。

各种经济类型商品零售额均有增长。国有经济零售135.5亿元，比上年增长20.7%；集体经济84.5亿元，增长19.4%；其他经济151.2亿元，增长22.9%。生产资料市场交易平淡，购销存全面下降。

物价涨势减缓。1995年，国家加强宏观调控，有效地控制了物价上涨，全省零售物价涨幅由1994年的25.9%回落到17%，消费价格涨幅由1994年的

26.7%回落到19%，市场物价呈逐月回落势头。全省由于受1994年价格上涨翘尾因素影响，加之农业因灾减产，市场交易行为还不够规范等原因，1995年市场物价仍然偏高。

1995年各类价格指数为（以上年价格为100）：①商品零售价格指数比上年增长117.0%，其中：城市比上年增长115.3%，农村比上年增长119.4%；②居民消费价格指数比上年增长119%；③农业生产资料价格指数比上年增长了126.3%；④原材料（燃料、动力）购进价格指数比上年增长114.3%。

（六）金融和保险

金融货币政策取得积极效应，存款大幅度增加。1995年末全省金融机构各项存款余额为1097.2亿元，比上年末增加255.4亿元，增长了30.3%，其中企业存款余额249.9亿元，比上年末增加42.2亿元，增长20.3%；各项贷款余额1132.5亿元，比上年末增加198.7亿元，增长21.3%，其中短期贷款余额764.1亿元，增加125.2亿元，增长19.6%；中长期贷款余额254.2亿元，增加30.9亿元，增长13.8%。

全省保险公司1995年各类财产承保总额1129亿元，保险业务收入12.72亿元，比上年增加2.32亿元，增长了22.3%。全省有9000多户企业参加了企业财产保险，有142万户居民参加了家庭财产保险，共处理国内财产险赔案7万多件，支付赔款3.1亿元，在经济、社会发展中发挥了积极的作用。

二、各项社会事业取得新进展

（一）科技、教育、文化、卫生和体育

1995年，全省科技体制改革不断深化，科技投入增大，科技一体化进程加快，科学技术在经济和社会发展中有效地发挥了"第一生产力"的作用。

科技成果大量涌现，1995年全省共取得省、部级以上重大科技成果839项。其中，农业87项，工业347项，建筑业8项，地质勘探24项，交通邮电31项，卫生体育67项，教育文化25项，科研30项，金融保险4项。在重大科技成果中，居国际首创或国际领先水平的有68项，居国内首创或领先水平的有337项，居国内先进水平的279项。全年获省部级以上各种奖励的科技成果563项。受理专利申请量为1721件，专利授权量为1085件。

大力培育新兴产业，首批24项重大产业化攻关及产业化开发项目的启动，推进了科技经济一体化。1995年成功地举办了第二届中国杨陵农业科技博览会，并取得了丰硕的成果。本届博览会共接待前来洽谈参观的客商、观众近30万人次，技术及产品交易1668项，总金额达到8.87亿元，进一步促进了农业技术市场的发展。以西安高新技术产业开发区为龙头的关中高新技术产业开发带建设初具规模，民营科技事业蓬勃发展。1995年全省地方国有事业、企业单位共有各类专业技术人员53.7万人。全省技术市场成交项目5036项，成交金额约5.6亿元。全省共有产品质量监测机构56个，其中国家检测中心13个。

教育事业取得新进展。1995年，全省招收研究生3027人，在学研究生8880人，比上年增加917人。普通高等学校招收本、专科学生4.07万人，在校学生12.83万人。各类中等职业学校在校学生27万人（含技工学校学生5.6万人），占高中阶段在校学生总数的49.7%。全省初中在校学生117.69万人，小学在校学生451.58万人，小学学龄儿童入学率98.97%，小学毕业生升学率89.44%，普通初中和小学学生辍学率分别为5.02%和2.09%，均比上年有所下降。

1995年全省各类成人高等学校招收本、专科学生3.35万人，在校学生9.43万人，比上年增加1.49万人。成人中等专业学校在校学生5.21万人，成人技术培训学校在校学生176.44万人，成人中、小学在校学生25.3万人。全省1995年脱盲23.02万人。

全省1995年末共有艺术表演团体115个，文化馆111个，公共图书馆114个，博物馆59个，省、地、县广播电台61座，中短波广播发射台和转播台12座，电视台11座，一千瓦以上电视发射台和转播台24座。全年生产电影故事片10部，发行各种新片164部，有3部影片获11项国内奖、2项国际奖。全省出版报纸4.65亿份，出版各类杂志4280万册，出版图书1.7亿册。

1995年末全省医院拥有病床9.05万张，专业技术人员12.8万人，其中医生6.3万人（含中、西医师4.6万人），护师、护士3.1万人。

体育事业取得良好成绩。1995年全省在国际体育比赛中共获得16枚金牌，9枚银牌，5枚铜牌。在国内比赛中共获得26枚金牌，35枚银牌，29枚铜牌。

（二）人口与人民生活

严格执行计划生育政策，贯彻基本国策，1995年全省人口增长速度进一步得到控制。据1%人口抽样调查结果推算，1995年全省人口出生率为15.93‰，死亡率6.57‰，自然增长率9.36‰。年末总人口为3513.1万人，比上年增加32.6万人。

1995年全省城镇居民人均生活费收入3046元，比上年增长23.5%，扣除物价上涨因素后，实际增长4.6%。但城镇部分低收入家庭生活仍较困难。1995年农民人均纯收入为963元，比上年增加158元，增长19.6%，扣除物价上涨因素后，实际收入略有下降。

城乡居民储蓄存款增加。1995年末全省居民储蓄存款余额734亿元，比上年末增加186亿元，增长34%。

1995年全省职工工资总额172.26亿元，比上年增长17.2%。职工平均工资4445元，比上年增长16.9%，扣除物价上涨因素实际工资与上年基本持平。

劳动就业和劳动保障体系进一步完善。1995年全省各级职业介绍所发展到1322个，全省城镇安排就业14.6万人，年末登记失业率3.2%，合同制职工120万人，占全部职工的30.4%。全省已有177.2万职工和40.3万离退休人员参加省养老保险基金统筹。年末全省职工人数为394.8万人。城镇个体劳动者和私营企业从业人员达41.7万人，比上年末增加10.9万人。

社会福利事业发展较快。1995年全省各类社会福利院床位达1.72万张，收养1.22万人。城乡各种社会救济对象得到国家救济的达57.4万人次。全省13%的乡镇建立了农村社会保障网络，已建立城镇社会服务设施6222个。

环境保护继续加强。1995年末全省有各级环境监测站74个，国家级自然保护区4个，全年完成环境污染限期治理项目171个，总投资3858万元。全省已在13个城市建立了81个烟尘控制区，面积334平方公里；在12个城市建立了56个环境噪声达标区，面积161平方公里。

1995年全省国民经济和社会发展取得的成就，标志着省委，省政府确定的上台阶方案得到顺利实施，“八五”计划胜利完成，国民经济的市场化、社会化程度明显提高，为“九五”和下世纪的发展奠定了较好的物质技术基础。

经济体制改革和对外开放

一、经济体制改革取得新的进展

1995 年是“八五”计划最后一年，我省按照中央的统一部署，不断加大改革力度，强化市场机制的作用，使经济体制格局和运行机制发生了深刻的变化，在许多方面取得了新的进展。

1. 农村改革领域进一步深化拓展，全省认真贯彻落实党中央、国务院关于农业和农村经济发展的一系列方针政策，在农村改革上，进一步巩固和完善已有的改革措施，逐步推进农村土地使用制度的改革，使家庭联产承包责任制在新的层次和形式上实现稳定发展。目前，全省已有 20%以上的农村基层组织与农民重新签订了为期 30 年的长效土地承包合同；一半以上的县(市)有组织地开展四荒地拍卖活动，累计已拍卖可供开发利用的四荒地占总数的 22%。

2. 以建立现代企业制度为目标的国有企业改革继续深化发展。大中型国有企业的改革由放权让利为主的政策调整，逐步转向着力于进行制度创新的阶段。全省的国有企业改革不断深化，扩大了企业的经营自主权，国有企业逐步向独立的法人实体和市场竞争主体转变。产权制度改革已稳步推开，取得了新的成效；企业资产的流动与重组工作积极推进，促进了企业组织结构的优化调整，也为搞活国有企业，实现国有资产的保值增值开辟了新的有效途径，现代企业制度的试点工作进展顺利，纳入全省建立现代企业制度试点的 128 户企业，大部分已进入方案实施阶段。

3. 宏观管理体制改革逐步趋于完善。一是初步建立了省、地、县、乡四级财政分税的新体制，理顺了全省的财政体制，调动了各级政府培植地方财源和加强财政预算约束的积极性；二是在金融体制改革方面，逐步把金融工作和金融体制改革纳入法制化轨道；三是在抑制通货膨胀上，全省通过推行物价目标责任制和政府首长负责制，建立完善了各类风险基金和重要商品储备制度，制定和完善反暴利法规，强化了对物价的调控能力。

4. 计划体制改革迈出新的步伐。国家的宏观调控，由行政指令性的直接调控，向主要运用经济、法律手段的间接调控转变，指令性计划指标大大缩减，农业生产的指令性计划指标已全部取消；工业生产的指令性计划指标只保留国家安排的 3 种；纳入国家统一分配的生产资料和计划收购的商品也大幅度减少；其它方面的计划，除研究生、大中专学生国家任务部分的招生实行指令性计划外，都实行指导性计划。此外，在计划体制改革上，迈出了一步，下放了固定资产投资、利用外资和劳动工资等方面的计划管理权限。

5. 市场体系逐步发育完善。生产要素市场体系进一步向深层拓展，全省区域性的证券交易市场格局已基本形成；劳动力市场体系已具雏形；人才交易市场又有了较快的发展。此外，全省还形成了一批各类零售和批发商品的交易市场。

二、对外改革开放成果显著

在“以开放促开发，以开发求发展”的战略方针指导下，1995 年全省对外开放进一步扩大，对外经济贸易持续健康发展。全年外贸进出口总额为 17.3 亿美元，比上年增长了 8.6%。其中进口额 4.5 亿美元，增长 17.2%；出口总额 12.8 亿美元，增长 5.9%。深化外贸体制改革促进了出口商品结构的调整，制成品出口比重不断上升。1995 年全省机电产品出口总额 3.6 亿美元，比上年增长了 20.8%。

1995 年省委、省政府把利用外资工作作为全省对外开放工作中的“重中之重”，在全省范围内，掀起了利用外资工作的新高潮。全年实际利用外资 4.7 亿美元，其中利用国外贷款完成 1.5 亿美元，吸收外商直接投资完成 3.2 亿美元。

1995 年借用国外贷款工作取得了较大进展。第一，全省有七大项、20 个具体项目列入了国家国外贷款备选项目规划，计11.3亿美元。主要包括：(1)世界银行贷款23700万美元其中陕西公路项目2亿美元，可望明年开始实施；陕北黄土高原治理项目3700万美元，已经开始实施；(2)亚洲开发银行贷款28050万美元，其中陕北铁路项目1亿美元；陕西省化肥厂技术改造项目3050万美元；(3)日本协力基金贷款5.5亿美元，韩城二电厂项目，前期工作正在加紧进行；(4)日本输出入银行贷款5000万美元，靖边—西安天然气输气管道项目，国家计委已正式列入1996年利用外资计划；(5)几个双边政府贷款小项目，共约1300亿美元。第二，我省利用亚洲开发银行贷款工作实现了"零"的突破，陕西省化肥厂利用亚行贷款3050万美元技改项目已经开始实施；陕北铁路（包西线神木北至延安北段）利用亚行贷款1亿美元项目有望在1996年开始实施；"西安—咸阳—铜川"环境综合治理利用亚行贷款1.5亿美元项目前期工作正在顺利进行之中。

利用外资又上新水平。1995年全省新批外商投资企业272家，外商实际投资3.2亿美元，比上年增长36.1%。利用外资的质量明显提高，主要反映在外商投资来源的国家和地区更加多元化，分布更加合理。来陕投资的国际知名公司、大财团的数量明显增多，同时对大中项目投资、新项目投资和再投资大量增加。投资的行业结构较往年有较大改善，基础设施、基础产业、现有工业企业改造和农业发展项目比重上升，房地产建设项目比重下降。新签的外商直接投资项目中，原材料、能源建设项目，资源开发项目占到一半以上，反映出我省投资环境日趋改善。

国际旅游业稳步发展，旅游收入持续增加。1995年全省共接待境外游客44.2万人，比上年增长0.8%。其中外国游客39.7万人，增长0.9%。全年旅游收入1.4亿美元，比去年增长23.0%。

附录

陕西省对外经济技术合作意向性项目

编号	项目名称	建设规模	承办单位	建设地址	联系电话	联系人
1	电解铜箔生产线改造工程	年产1200吨	咸阳电子材料厂	陕西省咸阳市	(0910)319131	胡景贤
2	奥拓微型轿车	年产5万辆	西安秦川发展总公司	陕西省西安市	(029)3233211-2601	王伯宽
3	挖掘机生产	年产500台	黄河工程机械厂	陕西省华阴市	(013)612841	宫铁成
4	铝型材生产线	5000吨/a铝型材	铜川铝厂	陕西省铜川市	(0919)413771-330	李振毅
5	咸阳至三原二级公路改建工程	40公里二级路	咸阳市公路总段	咸阳—三原	(0910)212306-4008	余红
6	彬县朱家港火电厂二期工程	2×5万千瓦	彬县朱家湾火电厂	陕西省彬县	(09200)922872	王新长
7	横山火电厂扩建工程	2×5万千瓦	横山火电厂	陕西省横山县	(09224)612145	姬乃红
8	西安市三环路工程	68公里城市快速公路	西安市市政工程管理局	陕西省西安市	(029)7270612	张孝英
9	中讯国际大厦	五星级3300平方米	中讯经济发展总公司	陕西省西安市	(029)7284516	郭卫江
10	昆明安居小区	建筑面积65万平方米	西安市城建开发总公司	陕西省西安市	(029)7215797	屈增民

典 型 地 区

走向21世纪的宝鸡

一、概况与条件

宝鸡是陕西省关中西部新兴的工贸城市。辖宝鸡、凤翔、岐山、扶风、眉县、陇县、千阳、凤县、太白、麟游10县和金台、渭滨两区。总面积1.8万平方公里。素有“六山一水三分田”之称。总人口355万人，其中市区面积555平方公里，人口50万人。

宝鸡古称陈仓，是炎帝的诞生地，又是周秦王朝的发祥地。唐至德二年(公元757年)，因城东南鸡峰山有“宝鸡啼鸣”之祥兆而改称宝鸡，沿用至今。境内有省级以上文物保护景点62处，尤以西周青铜器名扬海内外，被誉为“青铜器之乡”。著名古迹有炎帝活动过的天台山，佛教圣地法门寺，张三丰的修道院金台观，典雅秀丽的诸葛亮庙，姜子牙隐居垂钓的钓鱼台，宏伟壮观的周公庙，隋唐帝王的避暑行宫九成宫，道教遗址龙门洞等。名胜风光有隋唐皇家温泉——眉县汤峪，太白山国家级森林公园，天台山国家级森林公园，大散关，凤翔东湖等。悠久的历史文化和众多的名胜古迹，使这古老的历史文化名城在社会主义建设中焕发了活力。

党的十一届三中全会以来，宝鸡的国民经济有了很大的发展。1995年，全市国民生产总值118亿元，工农业总产值190.9亿元(其中工业产值168亿元)，乡镇企业总产值119亿元，社会商品零售额37.2亿元，外贸供货出口总值9.8亿元，财政收入4.05亿元(老口径8.76亿元)，农民人均纯收入945元。社会经济的发展，为新兴的城市增添了辉煌，同时也为宝鸡走向21世纪奠定了基础和条件。从区域开发基础和条件来看，宝鸡具有以下优势：

——地处交通要道，战略位置突出。宝鸡山环水贯，是祖国腹地通往西南、西北的交通要道，古为“丝绸之路”必经之地。陇海、宝成、宝中铁路干线在此交汇，是陇海铁路线上第三个大“十”字中转中心。市区距咸阳国际机场100多公里。以市区为中心，已形成宝鸡到西安、平凉、成都、天水4条干线和110条支线的公路网络。特别是第二条欧亚大陆桥的开通和西宝高速公路的建成，使宝鸡的交通优势更加突出。

——工业基础雄厚，发展前景广阔。“一五”时期和以后的工业内迁、三线建设时期，国家在宝鸡布局了55家部省属企业(军工企业19家)。全市现有乡以上工业企业1452户，其中国有大中型企业76户，形成了以机械、电子、轻纺、食品、冶金、化工、建材为主，包括35个工业门类148个生产行业，可生产400多种主要产品的工业体系。钛材产量居全国第一；钢桥梁、铁路道岔居全国第二；灯泡居全国第三；石油钢管、石油钻采设备、重型汽车、叉车、摩托车、洗衣机、电冰箱、空调器、收录机、酒精、优质白酒等居西北或陕西第三。西凤酒为全国名酒，“猴王”香烟进入全国“四强”行列，高压冲洗泵、抗震压力表、曲颈安瓶等在国内享有盛誉，金属切削机床等180多种产品打入国际市场。火箭助推器、西凤酒等11种产品荣获国家金质奖，29种产品获银质奖，507种产品获部、省优质产品称号。经国务院批准，宝鸡建立了国家级高新技术产业开发区，为宝鸡现代工业的发展与腾飞注入了新的活力。

——物产资源丰富，开发潜力巨大。宝鸡是陕西省粮、油主产区，农林产品主要有小麦、玉米、高粱、杂豆、油菜籽、辣椒、烟叶、苹果、核桃、花椒、生漆、柿子等；野生经济作物有猕猴桃、五味子、沙棘果等；药用植物主要有党参、西洋参、党归、黄芪、天麻、杜仲、山萸、大黄、贝母、太白手儿参等500多种；太白原始森林是全国木材主要产区之一；太白山自然保护区有名贵植物2000余种，野生动物560种，其中金丝猴、大熊猫、秦岭虎、大鲵(娃娃鱼)、冬虫夏草等乃稀世之宝，已探明的矿产资源有铅、锌、金、铜、铝、银、煤等30多种，太白、凤县铅锌矿带金属储量500万吨，位居全国第三，品位高、易开采。太白金矿年产黄金4万多两。

——基础设施完备，投资环境优越。交通枢纽地位使宝鸡自古商贾云集，历来就是一个重要的商品交易和物资集散中心。当前宝鸡正在加快工贸城市建设步伐，形成了比较完备的城市基础设施。自来水日供应能力达到30万吨，煤气日供应能力4万立方米，万门程控电话通讯网络遍布城乡。经上级批准，宝鸡已获得外贸自营权，设立了二类陆港口岸，海关和商检机构已经成立。宝鸡先后被国务院列为综合经济体制改革、机构改革、金融体制改革、“优化资本结构、增强企业活力”试点城市，有力地推动了改革开放的深入发展。

二、走向21世纪的基本思路及目标和重点

宝鸡市为加快社会经济的发展，按照党的十四届五中全会精神，提出了该市“九五”及2010年国民经济和社会发展规划，总的指导思想是：以邓小平建设有中国特色的社会主义理论为指导，认真贯彻党的基本路线，正确处理改革、发展、稳定的关系，加快推进经济体制和经济增长方式的转变，依靠科技进步，立足市场，加快基础设施建设，培育优势产业，城乡协调发展，提高文明程度，把宝鸡建成经济繁荣、社会文明、人民富裕的工贸城市。从这一指导思想出发，“九五”及2010年的奋斗目标是：国内生产总值分别达到200亿元和520亿元，年均增长11%和10%，人均国内生产总值分别达到5340元和12900元；工业总产值达到340亿元和1150亿元，年均增长13%以上；农业总产值达到31.2亿元和56亿元，年均增长6%以上；农民人均纯收入达到2000元和7400元。

为了实现上述奋斗目标，宝鸡市的发展重点是：加强一个基础，壮大五大优势产业，优先发展教育和科技事业，提高第三产业在国民经济中的地位。加强基础，重点是加强农业基础设施建设和城乡交通、邮电通讯、能源及供水能力建设。壮大五大优势产业，即机械、电子、食品、有色金属、建筑建材等工业，重点是加强和提高五大产业技术装备水平和配套能力建设，形成名牌产业规模。优先发展教育和科技事业，重点是普及九年制义务教育，稳步发展高、中等专业教育，积极发展职业技术教育和成人教育；加强科技经济一体化进程和优势产业、名牌产品的重点科技攻关及科技成果转化，提高经济增长中的科技进步含量。大力发展第三产业，重点是发展旅游、商品流通、金融保险和信息咨询等业，到2010年第三产业增加值达到180亿元，占国民生产总值的比重达到35%，比1995年提高7个百分点。

实现上述奋斗目标和重点建设任务，开发建设宝鸡，在区域经济发展格局上，要按照建设“一个中心”和“一带两翼”的经济布局展开，发展一批经济大县，拓展周边经济，扩大联合与协作，形成有机联系、优势互补的地域经济格局。缩小地区之间的差距，增强区域经济整体实力，不断提高宝鸡在全国和全省经济中的地位。

目前，宝鸡正在按照市委、市政府提出的“九五”和2010年国民经济和社会发展纲要，以只争朝夕的精神努力工作。在不久的将来，宝鸡将以一个现代化的综合型大城市姿态屹立在关中西部。

1995年改革开发大事记

1月

9日　中共中央政治局委员、书记处书记姜春云1月7日至9日在我省调查研究，并就如何加快我省农业和农村经济发展提出以下意见：①坚定不移地抓好粮食生产；②因地制宜积极发展多种经营；③加快主要农产品的产业化进程；④进一步搞好农业基本建设；⑤依靠科技进步发展农业；⑥坚持两手抓两手都要硬。

12日　1995年陕西省计划会议召开，省上领导安启元、张勃兴、周雅光等同志出席了会议，省长程安东做了题为"以开放促开发，以开发求发展，实现我省经济持续快速健康发展"的重要讲话，省计委主任唐绩初做了《1995年国民经济和社会发展计划(草案)》的报告。

18日　西安至安康铁路控制工程秦岭隧道正式开工，从而揭开了西—康铁路建设的序幕。秦岭隧道长18.4公里，由两条基本平行的单线隧道组成，开通后将成为世界第六，我国最长的山岭隧道。

25日　国家重点建设项目——陕西渭河电厂扩建工程五号机组整套机组试运成功并网发电。这是继三、四号机组1992年双投产发电后建设的又一台30万千瓦机组。

2月

7日　陕西省人民政府颁布印发了陕西省1995年经济体制改革实施要点。

24日　陕西省八届人大三次会议17日至24日在西安召开，程安东同志代表省政府作了工作报告，报告提出了政府近期的工作思路，即：继续坚持教育奠基，科技兴陕的战略方针；努力推进重点发展关中，加快发展陕南、陕北的战略布局，充分发挥我省的资源优势，把"以开放促开发，以开发求发展"和加强基础建设、发展基础产业、培育支柱产业作为战略重点。会议审议批准了《政府工作报告》。经过全体代表选举，程安东同志当选为陕西省省长。

3月

3日　我省渭化项目建设进入倒计时。渭河化肥厂是我省利用外资引进世界先进技术和设备的首套大型化肥生产装置，也是国家"八五"重点建设项目和20项兴陕工程之一。设计能力年产合成氨30万吨，加工尿素52万吨。该工程自1992年开工建设以来已完成基建投资19.81亿元，生产区主体工程的土建施工已经进入后期，合成、尿素、空分三大装置的安装工作已进入高潮，主要静止设备50%已经就位，生产配套公用工程90%已完工，外围工程接近尾声。

4日　我省将与铁道部合建神—延铁路。为开发陕北地区丰富的能源资源，国家计委报请国务院同意了铁道部和我省合资建设包(头)—西(安)铁路神木北至延安北段工程。神—延铁路全长390公里，工程投资估算约33亿元，它的建设对缩小东西部地区差距，加快老区人民的脱贫致富都具有重要意义。

8日　陕北金鸡滩——麻黄梁煤矿详查报告通过审查，该煤矿区位于榆林市以北，面积730平方公里，由陕西省政府与地矿部共同批准立项，共同出资进行的重大拼盘项目，经地矿部门3年的努力工作，共获得详查储量41.2亿吨，为该矿区开发的总体设计奠定了可靠基础。

28日　陕西省有线电视台正式开播。陕西有线电视台的信号覆盖面西到武功、东到蒲城、北到富平、南到秦岭的广大区域，入网用户已达12万户，能转播传送中央和地方电视台节目9套，自办节目两套，以后还将开办一个信息台。

▲　法门寺考古又有重大发现，法门寺博物馆隆重推出的法门寺地宫唐代密宗曼荼罗文化陈列，正式对外开放，迎接国内外游客。

4月

13日 陕西省省委农村工作会议4月10日～13日召开，省委书记安启元在会上作了题为“进一步加强党对农村工作的领导，确保农产品有效供给，确保农民收入稳定增长”的重要讲话。

16日 中国开发银行行长姚振炎一行在副省长刘春茂的陪同下对榆林煤、气田开发、神朔铁路建设等项目进行了为期5天的考察。考察后姚振炎表示：应把陕北建成一个能源重化工基地，开发银行尽管资金很紧，但也要给予扶持。

5月

25日 省政府召开培育新兴产业会议，确定省政府当前集中力量抓好6项高新技术成果转化，组织实施6项重大新兴产业优化工程，从而带动全省经济的发展。

30日 西安大唐公司研制的SP30光纤到路边大型通信系统在宝鸡市开通。SP30是一个本地电话网交换系统，是当今世界上最先进的电话系统之一，这次在宝鸡市开通的用户容量为10000门，全网运行情况良好。

6月

10日 宝(鸡)—中(卫)电气化铁路正式通车投入运营。宝—中铁路是国家“八五”期间重点建设项目，穿越陕西的宝鸡、凤翔、千阳、陇县和甘肃、宁夏的14个县市，全长498.19公里，南接陇海铁路，北连包兰铁路。这条铁路设计为国家新建单线Ⅰ级干线电气化铁路，预留复线条件，设计年运输能力为1800万吨，逐步实施扩能措施后，最终单线运输能力可达2500万吨，这条线的开通对带动沿线地区经济发展和群众脱贫致富具有重要意义，这也是1995年我国开通的第一条新干线。

30日 陕西省开放促开发工作会议于1995年6月27日至30日召开，会上宣布了省政府决定实施的“82511开放工程”。即从1995年到2000年，全省外贸出口总额累计达到80亿美元，实际利用外资累计达20亿美元，对外承包劳务完成营业额累计超过5亿美元，旅游外汇收入累计达到10亿美元，引进外国专家和境外培训每年1000人。以上目标的实现将使全省经济实现新的跨越。

▲中国新技术、新产品交易博览会暨陕西省第四届技术成果交易洽谈会在西安召开。北京、黑龙江、辽宁、广东、江苏、四川、甘肃、河南、广西等10个省市50多家科教单位和企业前来参展，参展摊位300个，参展项目1000多个。日本东洋工程株式会社也派员参加。会上参观、洽谈、签订技术合同、产品供销合同1500多项，金额3亿元；达成技术转让、产品供销协议、意向2300项，金额7.8亿元，评出新技术、新产品奖励项目300多项。

7月

7日 靖边至西安天然气输气管道工程开工建设。靖边天然气输气管道北起榆林地区靖边县，南至西安市，途经15个县市，全长488.5公里，工程总投资7.98亿元，1997年6月底前建成。它的建设对改善西安、咸阳、铜川、延安等城市的环境污染状况，提高城市等级，改善投资环境，提高人民生活质量，都将发挥重要作用。

13日 陕西省人民政府颁布了以开放促开发工作会议7个规定性文件，即：《陕西省利用外资实施办法》、《陕西省鼓励发展对外贸易的若干规定》、《陕西省鼓励发展对外经济技术合作的若干规定》、《陕西省智力引进和外向型人才培训的若干规定》、《陕西省推动新一轮横向联合与经济协作的若干规定》、《陕西省加快发展旅游业的决定》和《陕西省外商投资企业管理办法》。

22日 陕西省考古研究所日前在秦始皇陵北发掘一处大型陵寝建筑遗址。其规模之大、等级之高、形制之特殊，内涵之丰富都是古代陵寝建筑中所罕见的。该遗址位于始皇陵园内域中部。它东西长近100米，南北宽20余米，总面积近2000平方米。遗址中还出土有云纹瓦当、板瓦、筒瓦、脊瓦等一些建筑材料。

27日 陕西省科学技术大会7月24日至27日在西安召开，在陕视察工作的国务院副总理李岚清到会看望了代表，省委书记安启元讲话、省长程安东主持会议。会议提出了从现在起到本世纪末我省科技进步工作的指导思想、目标和任务，即从现在起到本世纪末实施科技经济一体化计划、建设关中高新技术产业开发带、培育八大新兴产业、开发50个“三高”名牌拳头产品、形成10个科技先导型企业集团，目标明确，合乎省情，将会推动我省科技进步向纵深发展。

8月

18日 陕西省人民企盼已久的神府煤外运出海口——河北沧州黄骅港3.5万吨级大港前期工程目前启动。该工程分为三期：一期建设3个3.5万吨级泊位，1个5万吨级泊位；二期达到6000万吨；三期达到1亿吨。工程完成后黄骅港将成为神府煤外运最经济、最便捷的出海口。

28日　西安飞机工业公司举行中美合作生产MD90—30干线飞机项目开工典礼。MD90－30干线飞机项目是中国工业航空总公司在“九五”期间的重要项目。国内4家飞机工业公司联合与美国麦道公司合作生产这一机型。在该项目中，中方机体国产化率将达70%，西飞公司承担中机身、机翼零组件的制造和装配等任务，其工作量约占全机工作量的38%。

9月

18日　’95中国西安投资与贸易洽谈会隆重召开。洽谈会期间共接待洽谈和参观的客人34.3万人次，共有354个团组、1100多名外商到会洽谈。全省共签订外商直接投资合同221个，合同总金额10.85亿美元，其中外资额7.334亿美元。共签订外贸进出口合同金额8323万美元，其中出口6536万美元，进口1787万美元。引进国内投资合同项目176个，总投资28.72亿元，其中引进外地资金21.78亿元。内贸成交额18.72亿元。

10月

15日　我国数量最多的秦人墓葬在秦都咸阳发现。文物考古工作者共发掘清理秦人墓葬384座，出土文物1260余件，其中有我国发现最早的骑马俑两件，商鞅铜镦一件，170余件工艺纹饰精美的铜带钩、陶器等珍贵文物，为研究秦人丧葬制度、生活习俗及秦都咸阳城的功能区划提供了珍贵的实物资料，填补了我国目前对战国墓地研究的多项空白。

11月

11日　中共陕西省八届四次全会召开，省委书记安启元主持会议并作了《面向未来，团结奋进，以崭新的姿态胜利跨入21世纪》的讲话，会议一致通过了《中共陕西省委关于制定“九五”计划和2010年远景目标的建议》。

25日　中国西部21世纪开发战略研讨会在西安举行。省上领导李焕政、潘连生出席了会议。宁夏、青海、甘肃、贵州等兄弟省市的代表及一些专家参加了会议。会议分析研究了中国西部经济落后于东部的原因以及西部经济发展的条件和优势，并就如何加快发展西部经济提出了许多宝贵意见。

29日　我省将全面实施“三五人才工程”，即到本世纪末，培养50名国家级的学术技术带头人，500名代表我省科学技术水平的学术技术带头人，5000名代表各地市各部门科学技术水平的学术技术后备人才。通过人才的培养，促进我省科技事业的腾飞。

12月

19日　陕西省经济工作会议召开，省委书记安启元在会上作了题为《抓住两个根本性转变，做好明年经济工作，为顺利实施“九五”计划创造一个良好的开端》的重要讲话。省长程安东作了题为《抓关键，破难点，扎实工作，打好“九五”第一仗》的重要讲话。会议研究部署了全省1996年的经济工作，进一步动员全省人民解放思想，振奋精神，全面完成明年经济工作任务，为顺利实施“九五”计划创造一个良好的开端。

23日　第二届中国杨陵农业科技博览会在杨陵农展馆胜利召开。本届博览会取得了丰硕的成果，共接待前来参观、洽谈的客商、群众近30万人。技术及产品交易1668项，总金额达到8.87亿元。技术交易850项，总金额4.73亿元，其中意向3.84亿元，协议4196万元，合同4720万元；产品交易818项，总金额4.14亿元；其中意向2.56亿元，协议6435万元，合同8170万元。大会共评出563个后稷金像奖和优秀参展奖50个。

24日　渭河电厂扩建工程全面竣工。渭河电厂扩建工程是国家和我省合资兴建的“八五”重点工程。工程总投资为34亿元，分二期进行。渭河电厂扩建工程6号机组顺利通过72小时试运行并网发电一次成功，标志着该厂4×30万千瓦机组扩建工程全面竣工。工程全部投运后每年可为我省及西北电网提供发电量74亿千瓦时。这对缓解我省电力供需矛盾，促进我省经济发展将发挥积极作用。

26日　中共中央总书记，国家主席、中央军委主席江泽民专程到陕西商州、丹凤等地亲切慰问受灾农民和困难企业职工，并向他们祝贺新年。

甘 肃 省

主　　编：张忠敬
副 主 编：胡其昌　陈延诚　刘克贵
编写人员：梁镱锴　朱洪林　曹天民　杨天峰
周　强　包　惠　孟　开
工作人员：杨　瑗

甘肃省分目录

甘肃省概况 …………………………………………………………………………（487）
国民经济和社会发展 ………………………………………………………………（487）
经济体制改革和对外开放 …………………………………………………………（495）
附录：甘肃省鼓励引导外商投资若干政策规定 ……………………………（497）

专题介绍

甘肃省少数民族地区经济社会持续发展 ……………………………………（501）

1995 年改革开发大事记 ……………………………………………………………（504）

甘肃省概况

面积：45.44 万平方公里
人口：2437.95 万人
行政区划：7 个地区，2 个自治州，5 个地级市，8 个县级市，60 个县，7 个自治县
省委书记：阎海旺
省八届人大常委会主任：卢克俭
省长：张吾乐
省七届政协委员会主席：申效曾

甘肃省国民经济主要指标 (单位：亿元)

项目	1995 年	1995 年比上年增长（%）
国内生产总值	552	9.86
工农业总产值	1114.10	11.06

续表

项目	1995 年	1995 年比上年增长（%）
工业总产值	824.73	14
重工业产值	605.59	11.16
轻工业产值	219.14	23.42
农业总产值	289.37	1.09
全社会固定资产投资	186.5	17.26
国有固定资产投资	149.3	19.27
社会消费品零售总额	216.96	19.89
零售物价总指数（%）	116.5	16.5
职工工资总额	129.55	12.9

国民经济和社会发展

一、国民经济持续快速增长，翻番目标提前实现

"八五"期间，在国家的大力扶持下，依靠各族人民的力量，团结奋斗，努力进取，全省各项现代化建设取得了显著成就。在 1988 年实现国内生产总值第一个翻番的基础上，"八五"期间，全省经济继续以 9.6%的速度快速发展，提前一年实现了"八五"计划的主要指标，且经济波动较小。"八五"期间第一产业年均增长 5.1%，第二产业年均增长 10.9%，第三产业年均增长 11.3%；人均国内生产总值由 1036 元提高到 2286 元，年均增长 8.9%。财政收入由 34.3 亿元提高到 68.6 亿元，翻了一番。粮食获得丰收。1993 年达到 750 万吨，创历史最高水平，5 年年均产粮 688 万吨，基本实现省内粮食平衡。基础工业品产量有了较大幅度提高，1995 年十种有色金属达到 47.4 万吨，发电量达到 235 亿千瓦时，煤达到 1800 万吨，钢达到 133.5 万吨，化肥达到 25.76 万吨，增幅均为历个五年计划所少有的。产业结构有所改善，在继续夯实农业基础，加快发展能源、原材料

工业的同时，交通、邮电、物资流通、金融保险和房地产业等第三产业出现了明显加快发展的势头，三次产业的结构趋向合理。

（一）农业生产经受考验，农村经济全面发展

“八五”期间，由于受自然灾害的影响，全省粮食生产出现波折。特别是后3年连续遭受严重干旱，使得全省粮食生产继1993年创历史最高水平之后，连续两年减产，1995年比1993年减产14.1%，未能完成“八五”预定目标。但就总体水平而言，仍呈上升之势。5年年均产粮比“七五”增加88万吨，总产量增加440万吨；粮食调入量比“七五”减少100万吨，基本实现了粮食全省平衡。1995年全省粮食、油料、甜菜的产量分别达到644.19万吨、31.69万吨、107.01万吨，比1994年减少8.66%、20.55%和5.38%；棉花、蔬菜、水果、肉类总产则分别达到2.29万吨、327.59万吨、80.36万吨和62.7万吨，比1994年有不同程度的增长。

一是农业生产基本条件不断改善。“八五”时期，全省先后建成了景电二期、引大入秦主体、盐环定扬黄等大中型水利工程，新增灌溉面积11.02万公顷，累计达到110.84万公顷；新增“三田”30.67万公顷，累计达到133.33万公顷（2000万亩），提前5年实现了“22274”工程① 中有关目标。一批投资少、见效快的小型灌溉和人饮工程陆续建成，5年共新增水地62万亩，解决了117万人、118万头牲畜的饮水困难。在农村水电建设中，共兴建水电站28座，新增水电装机6.7万千瓦，建成了永昌、敦煌、夏河、和政4个农村水电电气化县。

二是科教兴农步伐明显加快。农业先进技术和科技成果在推广内容、规模、深度和效益上有了新的突破，优良品种、地膜覆盖、带状种植等逐步深入人心，配方施肥、节水灌溉、旱作农业等不断扩大应用，累计推广常规节水面积500万亩，管灌面积75万亩，对推动农业增产增收成效显著，探索并实践出一条“提高单产、增加总产”的有效途径。“八五”末科技进步对全省农业增长中的贡献率已提高到40%左右。

三是乡镇企业和支柱产业发展迅猛。全省乡镇企业近年来保持了较高的发展速度，乡企总产值由1990年的74亿元增加到1995年的400亿元，年均增长40.1%，出现了一批规模较大、效益较好、水平较高的骨干企业和企业集团。乡镇企业成为农村经济新的增长点。全省以畜牧业、林果业、蔬菜和农副产品加工业为主的农村支柱产业已初步形成，并逐渐向区域化、集约化、规模化、产业化方向发展，烤烟、啤酒大麦、黑瓜子、甜菜等具有地方特色的拳头产品已成为地方财政和农民收入的主要来源。

（二）工业生产稳步增长，经济效益和质量有待进一步提高

“八五”期间，全省乡及乡以上工业总产值年均递增10.03%，保持较高的增长速度。主要工业产品产量同步增长，其中十种有色金属由24.98万吨提高到48.35万吨；发电量由171.4亿千瓦时增加到233.19亿千瓦时，原煤由1564万吨增加到2074.82万吨；钢由66.93万吨增加到133.07万吨；化肥由23.55万吨增加到30.51万吨，增幅均为历个五年计划所少有。1995年完成现价工业总产值824.73亿元，其中轻工业219.14亿元，比上年增长23.42%；重工业605.59亿元，增长11.16%。各种经济类型中，非国有工业发展明显快于国有工业，全年国有企业产值541.07亿元，比上年增长7.46%，集体企业产值175.62亿元，增长19.30%，私营、联营、股份、外商分别增长82.70%、81.58%、29.8%和23.59%。

全省以技术改造为重点，加大了老工业基地的改造力度，加快了新型支柱产业的建设，为增强工业发展后劲增添了活力。“八五”期间，全省技术改造投入达131.7亿元，新建了一批交通、能源设施，缓解了工业生产的“瓶颈”制约。同时新建和扩建了酒钢二号、三号高炉，金川二期、陇西铝厂、宝川铝厂，西北铅锌冶炼厂、甘肃稀土公司等一批以有色、黑色工业为主体的原材料项目，形成了一批具有80或90年代国内外先进水平的重点骨干企业，优势产品的生产能力大大提高。在增强地方经济实力的开发性项目建设中，对河西地区的糖厂、中部和陇东地区的卷烟厂进行了改造和扩建，新建和扩建庆化、长风、华兴、敬东等一批石油化工和机械电子项目，促进了地方工业的发展。

值得注意的是，全省工业生产持续发展的同时，面临着提高质量和增长经济效益的难题。“八五”期间，全省相当一部分国有企业生产经营困难、效益下滑，1995年在725户预算内国有工业企业中，发生亏损的达241户，亏损面为33.24%，实际亏损额达6.26亿元，亏损面和亏损额均呈现逐年上升的趋

---

① “22274”工程是甘肃省为改善农业生产基本条件提出的建设目标。即到本世纪末或再长一点时间，全省水地面积达到2000万亩，“三田”面积达到2000万亩，科技承包面积达到2000万亩，抓好7个化肥厂和4个农药厂的改建、扩建。

段在校生的比例达50%，比1990年提高了13个百分点，全省各类职业技术学校招生数与普通高中招生数之比达到1∶1。

普通高等教育有了较大发展。1995年全省有17所高校（其中省属12所），在校生45480万人。有博士授予权点19个，博士生导师101名，硕士点125个。全省普通高校招生15119人（其中省属高校8717人），招收研究生689人。

成人教育、继续教育和扫盲教育工作成效显著。全省现有成人高校21所，在校生13889人，成人中专95所，在校生18737人。1995年，成人高校招生12984人，成人中专招生18737人。自学考试年均开设专业40个左右，平均每年有15.8万人参加考试，5年累计毕业2.16万人。在职人员的岗位培训和继续教育有了很大发展，每年均有40万人次接受各类职工岗位技术培训，约有100多万农民不同程度地受到各种形式的文化和实用技术培训。全省有57个县达到省颁扫除青壮年文盲标准，每年约有25万人通过扫盲学习脱盲，青壮年文盲率由1990年的26.0%下降到11.5%，比1990年降低了14.5个百分点。

教育投入逐年增加，办学条件有所改善。5年中，全省预算内教育基建投资2.12亿元，新建、扩建校舍207.07万平方米，中小学危房比重由1990年的5.85%下降到3.01%，55%的中小学实现校园“六配套”，20%的达到办学条件标准化。共筹资3.1亿元，修建教师住房67.2万平方米，有1.17万户教师迁入新居。教师家庭人均居住面积由4.8平方米上升到5.8平方米；省属高校教师家庭人均住房面积达7平方米。

（三）生态环境保护取得一定进展

“八五”期间，全省主要污染防治措施进一步落实，工业污染物的处理能力得到提高，环境保护各项指标和任务全面完成，全省主要河流的质量基本稳定。1995年，全省废气净化处理率、废水处理率分别达到74.5%和60.7%，工业固体废弃物综合治理率达到45.1%，均比1990年有了显著提高。实施了针对兰州市大气污染防治的包括绿化、煤气、供热、阳光、型煤等内容在内的“蓝天计划”工程，金昌市的治硫工程和白银市治水工程，及其他一些重点区域的环境整治工程。开展了一大批污染源企业污染限期治理工作，并选择了6家企业开展了污染全过程控制和清洁生产的试点工作，加强了对乡镇企业污染项目的治理。对老工业区——兰州市西固区100平方米范围内开展了区域发展环境影响评价国家级试点工作，为全省乃至全国老工业区的环境治理提供了经验。对全省主要工业城市进行了综合整治，共建烟尘控制区88个，面积达247.58平方公里。扩大了自然保护区的范围，新增了安西、敦煌、肃北等新的自然保护区，完善了雪鸡、蓝马鸡等国家一级保护动物的驯养繁育工作。建成一批生态农业示范村，落实了全国农业试点县泾川县的规划试点方案，并通过退耕还牧、三北防护林建设、小流域治理等工作，使农村生态环境得到了一定程度的改善。

但是从总体上看，全省污染物综合治理能力低于污染物的排放总量，环境污染加重的趋势还没有得到有效的遏制。特别是污染严重、生产规模小、管理水平和技术水平较低的乡镇工业迅速发展，使省内以城镇为中心的环境污染正在向农村蔓延。

（四）卫生事业持续发展，医疗保健水平有了较大提高

“八五”期间，全省卫生事业取得了较好成绩。卫生网络进一步健全，基础设施日渐完善，服务质量不断提高。到1995年，全省各级各类卫生机构发展到4131个，其中，县及县以上医院351个，乡镇卫生院1489个，卫生防疫站108个，妇幼保健机构92个，医学科研机构9个，专科防治所27个，药品检验所57个，高等医学院校2所，中等医药学校14所。全省人民的健康水平进一步提高，人均期望寿命达到69岁，接近全国平均水平。

预防保健和地方病防治工作成效显著。计划免疫工作继“七五”末实现了以省为单位，四苗接种率达到85%的目标，“八五”期间又实现了以县为单位85%的目标，并通过了联合国儿童基金会和WHO组织的审评。采用各种有效手段，加强了对监测网络的管理，提高了监测的敏感性，有效地控制了脊髓灰质炎、麻疹、百日咳等传染病的发生、流行，传染病的发病率大幅度下降。在地方病防治中，未发生过人间鼠疫，布鲁氏菌的防治达到国家控制标准，克山病从“七五”到“八五”末仅发生过5例，在普及碘缺乏病防治知识的同时，给特殊人群补服碘油丸，使居民户合格碘盐覆盖率提高到60%；目前有9个地市基本消灭了麻风病，3个地市控制了麻风病；全省累计建成改水防氟工程3.4万项，病区改水后，地方性氟中毒病人病情普遍减轻，氟中毒发病率大幅度下降。以初级卫生保健为核心的农村卫生工作全面展开，农村卫生三项建设，5年中共筹资1.1亿元，用于758所乡镇卫生院的改造，完成业务用房改、扩建面积43.33万平方米，筹集1857万元，用于42所县级防疫站、36所妇幼保健站的建设，已累计完成房

屋改造、扩建总面积8.98万平方米。

医疗和中医事业进展顺利。到1995年，全省医院病床总数5.28万张，比1990年增加0.39万张，平均每千人拥有病床2.13张。村卫生所和医疗点恢复发展到23001个，使无医疗点的行政村占行政村的比例下降到7.3%。拥有各类专业卫生技术人员8.28万人，其中医生3.88万人，护师、护士1.94万人。中医医疗机构稳步发展，队伍素质不断提高，到1995年，中医机构发展到75个，中医病床数达5380张，中医人员5593人，中医科技工作有较大进展，有6项成果获省级以上奖励。

（五）文化艺术事业健康发展

“八五”期间，甘肃省文化事业有了长足进展。文艺创作进一步繁荣，创作出一批突出社会主义主旋律，具有地方特色、弘扬优秀民族文化的剧（节）目，到1995年底，合作创作剧（节）目155个，演出70个，组织了首届“中国丝绸之路节”，承办了“第四届中国艺术节”，创作的剧（节）目在全国获多项奖；现有各种艺术表演团体77个，比“七五”减少8个，全省新建、扩建了15个图书馆，21个文化馆，3个博物馆和46个文物库房。1995年全省有文化馆83个，公共图书馆86个，博物馆52个，各类电影放影单位518个。广播电视事业也有所发展。“八五”期间，全省新增广播转播台13座，地县广播电台9座，开通了省台第二套电视节目，新增地、州电视台4座，初步建成省市结合的兰州地区有线电视网。到1995年底，全省共有广播电台31座，广播发射和转播台25座，电视台13座，千瓦以上电视发射和转播台26座，广播和电视人口覆盖率分别达到65.95%和71%。

（六）体育事业较快发展

“八五”期间，全省经常参加体育锻炼的人数达771万，占全省总人口的32.12%，比“七五”提高了2.89%，全民健身活动全面展开，学校体育设施达标率均达90%以上，适龄学生达标率达96.05%，比“七五”提高42.35个百分点。全省创体育先进县10个，其中国家级5个，省级5个。竞技体育成绩显著。在全国比赛中获得金牌83枚，银牌80枚，铜牌90枚，其中全国七运会金牌名列23位，总分21位。在国际比赛中，共获金牌13枚，银牌14枚，铜牌7枚。体育设施建设有了较大改观，先后完成了兰州体育馆、七里河体育场等多项建设。

（七）人口迅猛增长的势头得到有效遏制，人民生活水平大大提高

“八五”期间，全省人口控制工作成效显著，人口自然增长率明显下降，妇女的总和生育率从“四普”时的2.41下降到1995年的1.95左右，多孩率由“四普”时的22.84%下降到1995年的7.19%，妇女的综合避孕率达到90.72%。但是，全省的人口形势仍不容乐观，据1995年的全国1%人口抽样调查结果表明，我省“八五”末总人口为2437.95万人，突破了国家下达的2430万人的控制目标。由于人口基数增大，使得到2000年，把全省人口控制在2578万人的目标任务更加艰巨，因此，“九五”期间，必须坚定不移地落实计划生育政策，采取有效措施，确保人口计划的完成。

城乡人民生活水平得到较大提高。居民收入不断增加，全省城镇居民人均生活费收入由1990年的1245元增加到1995年的2893.59元；农民人均纯收入由1990年的431元提高到1995年的884.32元。城乡居民住房条件得到改善。全省城镇居民人均住房面积由1990年的8.86平方米提高到1995年的10.74平方米；农民人均住房面积由1990年的11.88平方米提高到1995年的15.64平方米。

劳动就业持续增加，失业率有所下降。1995年，全省城镇有各类从业人员285.5万人，其中：国有单位从业人员217.4万人，占76.1%，城镇集体单位从业人员41.8万人，占14.6%，其它26.3万人，占9.2%，城镇失业率由1990年的4.9%下降到1995年的3.16%。1995年，职工工资总额为129.55亿元，比1990年增加74.66亿元，职工平均货币工资5135元，比1990年增加2728元。

社会福利事业不断发展，1995年末，全省共有福利单位1813个，各类社会福利床位8200张，收养人员3886人，城乡有各类社会定期救济对象5.35万人得到救济。

经济体制改革和对外开放

一、各项改革逐步推进，国民经济市场化、社会化程度明显提高

“八五”时期，我省经济体制改革按照中央部署，以企业改革为重点，配套推进其它各项改革，取得了重大进展。

一是省委、省政府制定了《关于进一步解放思想，加快改革步伐的意见》，促使长期束缚人们行为的思想观念得以突破，全省上下在一些重大问题上统一了思想，形成了共识，改革的紧迫感和自觉性明显增强，改革进程逐步加快。

二是宏观改革迈出实质性的步伐。1994年，中央出台了关于财政、税收、金融、物价等宏观改革的一系列重大措施，我省研究提出了贯彻实施的具体办法，现已陆续落实到位。财政体制改革建立了分税制体制；税收体制改革确立了统一的企业所得税、个人所得税和以增值税为主的流转税制度；金融体制改革完成了政策性业务和商业性业务的分离工作，并成立了我省第一家政策性银行——农业发展银行；物价改革初步形成以市场形成价格为主的机制，市场调节价的比重达到90%以上。

三是以建立现代企业制度为方向的企业改革取得了初步成效。根据国家部署，开展了试点工作，现已转入实施阶段。企业的股份制工作虽然1992年才起步，但近几年发展比较快，尤其是《公司法》的颁布，进一步推动并且规范了企业改制工作。目前全省公司制企业达2580户。按照省政府5号令改制的城镇股份合作制企业332户，进展势头比较好。以资产和产权重组为主要内容的企业组织结构调整有了突破，1992年以来全省累计有752户企业进行了多种形式的调整，流动、重组资产16.2亿元，重新安置职工5.5万人，解决了多年来存在的一些难点问题，效果比较明显。这些改革探索，为企业建立新机制积累了经验。

四是市场建设、社会保障、房改、科技体制及教育体制等其它改革都有新进展。“八五”是我省市场体系建设发展最快的时期，特别是商品市场由小到大、由少到多，目前已有1800多个，基本形成了网络。金融、证券、产权、土地、劳动力、科技等要素市场也加快了发展步伐，市场对资源的配置能力明显提高。兰州商贸中心建设带动了全省市场建设上规模上档次。社会保障和住房制度改革都是这几年起步的，进展基本顺利。

五是横向经济联合发展趋势良好。“八五”期间，我省经协系统先后与全国29个省、市、自治区和中央10多个部委办建立了协作关系，特别是1994年以来，随着赴国外招商和经贸考察，同10多个国家和地区建立了协作联系，国际间的经济技术协作进一步发展，横联协作的网络基本形成。在国际之间的交流中，我省积极参与沿黄河九省区一委、西北五省区和陕甘川宁毗邻地区的联合开发，参加乌洽会、西交会、兰交会等各种经贸洽谈活动，有力地促进了招商引资、项目协作和物资贸易的持续发展。据不完全统计，“八五”全省签约的经济技术协作项目7090项，引进国内外资金29.9亿元，全省经协系统直接和参与组织引进的国内外资金达18.9亿元，引进、交流各类人才4.4万人次，组织劳务输出3.3万人次。

二、对外开放基本形成全方位、多层次的格局

（一）利用外资领域不断拓宽

“八五”期间，全省利用外资大幅度增长，实际利用外资总额由1990年的1.48亿美元增长到1995年的9.45亿美元；借用外资累计签约额8.33亿美元，实际使用额6.59亿美元。

“八五”期间全省借用外资的范围由农业、水利、教育、卫生事业逐步发展到工业、电力、邮电、基础设施、民航等行业。其中年引水量4.43亿立方米，增加灌溉面积86万亩、全国规模最大的跨流域调水自

流灌溉工程——“引大入秦工程”，利用世界银行贷款1.23亿美元，于1986年开始建设，1994年实现了总干渠正式贯通，不仅对改变甘肃省农业落后面貌，推动区域经济开发具有积极意义，也标志着甘肃省利用国外资金进行经济建设取得了巨大成功。定西地区的关川河小流域治理工程的完成，使该流域水土流失面积大大减少，人均纯收入和人均粮食产量显著提高，被国内外农业专家誉为改善农业生产条件和生态环境的示范。“八五”期间，全省利用世行贷款还新建或扩建医院、防疫站、妇幼保健站、乡卫生院、卫校、医疗器械维修服务中心等91个，新增医疗建筑面积11.5万平方米，引进先进医疗器械维修60个品种2572台（套），新增病床1070张。教育项目的效益也已初步显露，完成了21个县的小学普及教育和14个县的九年制义务教育项目，改善了5所师专、23所中师及省电大、西北师大的教学条件，为改变甘肃省的教育落后状况起到了积极作用。继1992年利用西班牙政府混合贷款2830万美元，对全省13个地州市引进10万门程控电话及省内数字微波通讯建成之后，1994年又利用澳大利亚政府混合贷款2673万美元，引进程控电话交换设备市话19.5万门、长话9030路端，用于12个地州市及陇南成县、兰州红古区等地，一举改变了全省通讯落后的状况。“八五”期间，全省利用日本“黑字还流”贷款建设了兰州1.5万吨SAN装置、甘光照像机技术引进、兰州电机厂的交流伺服电机项目，利用美国出口信贷1860万美元建设了兰炼40万吨润滑油加氢项目，利用法国政府贷款1682万美元建设了金昌磷二铵工程。利用国外贷款2.15亿美元的兰化公司30万吨合成氨、52万吨尿素工程，1994年底经国务院批准正式开工，项目建成后将大大改善省内化肥供应紧张状况，为全省农业发展创造良好的条件。

（二）吸收外商投资取得长足进步

“八五”期间，全省吸收外商投资发展较快，到1995年底全省累计批准外商投资企业1172家，总投资18亿美元，协议外资额7.6亿美元。

“八五”期间，全省引入外资和使用外资的质量都有明显的提高。主要表现在外商投资产业结构有所改善，由改革开放初期主要集中于劳动密集型的轻加工业和餐饮娱乐业，逐步扩展到基础产业、基础设施以及技术含量较高的石化、机械、电子和房地产等行业。出现了象宝川铝业公司、兰康皮革有限公司、金海湾房地产有限公司、兰州正大有限公司、黄河铝业有限公司以及靖远电厂与美国CEA合资建设靖远二期扩建工程等一大批中外合资企业。

从利用外资形式看，已由单一的吸收直接投资转变到综合利用多种方式。中外合资的股份制企业、租赁、承包、劳务等形式不断涌现。各部门和企业由只关注在国内利用外资发展到有效利用国外资源和资金市场，通过多种形式对外接触和交流。

从利用外资的效果看，“三资企业”投资成功率稳步提高，经济效益不断改善，引进大量先进技术、设备，促进了现有企业的技术进步；借鉴并吸收了国外先进科学的管理经验，提高了企业的经济效益，也开辟了国外销售渠道及信息渠道，增强了出口创汇能力，而且提供了新的就业机会，对国民经济的发展起着不可忽视的作用。

（三）国际经济合作进展较快

甘肃省现有境外投资企业和机构共47个，其中，企业45个，机构（驻外经理部）2个。总投资2000多万美元；中方投资占总投资的57.3%，分布在16个国家。境外企业所涉及的行业有：童装、布鞋、服装加工、家俱、水果糖、塑料包装彩印、电器仪表装配、饮料灌装、搪瓷生产、皮革、面包加工、劳务、租赁、咨询、中介服务等。这些企业在取得经济效益的同时也产生了很大的社会效益。

“八五”期间，全省共签订执行对外承包工程和劳务合作合同162项，累计合同额2.9亿美元，累计派出劳务人员5300多人次。仅1995年，甘肃省共执行对外承包工程和劳务合作项目57项，合同额2.54亿美元，派出劳务1249人次。多年来，甘肃省对外劳务输出主要是通过承担国家对外援助项目和承包工程项目来带动的。这些项目的实施，带动了甘肃省建筑、机械、电子、医疗卫生、加工等行业的发展。

全省经国家外经贸部批准赋予外贸经营权的企业1991年前只有甘肃省国际公司一家，1995年已达到8家。目前，全省各类外贸企业达到54家，外国及港澳企业常驻代表机构118家。已同五大洲90多个国家和地区有了经贸关系。

（四）对外贸易迅速发展

1985年甘肃省外贸出口额仅有7000多万美元，到1990年达到1.8亿美元。“八五”期间，全省对外贸易迅速发展，截止1995年底，全省进出口贸易总额达到6.89亿美元，年均增长27.8%以上。全省出口产品结构正在得到调整，工业制成品及机电产品的出口比重正在逐步增加，创汇能力有所增强。

附录

甘肃省鼓励引导外商投资若干政策规定

（1996年4月24日甘肃省人民政府第30次常务会议讨论通过）

一、总则

第一条 为进一步鼓励和促进中外合资经营企业、中外合作经营企业和外资企业及其它按国家法律规定由外商投资设立的企业（以下简称外商投资企业）在我省的发展，根据国家政策向中西部倾斜的方针和鼓励外商投资的有关法规、规定，结合我省的具体情况，特制定本规定。

第二条 本规定适用于台湾、港澳同胞和华侨在甘肃省境内投资设立的企业及其它外国公司、企业、经济组织和个人在甘肃省境内投资设立的企业。

二、外商投资方式

第三条 外商可在甘肃省境内采用以下方式进行投资：

（一）举办投资者拥有全部资本的企业；

（二）举办合资经营企业、合作经营企业；

（三）举办股份制企业；

（四）开展补偿贸易、来料加工、来件装配；

（五）举办“建设——经营——移交（BOT）”项目；

（六）购买、参股、承包和租赁经营省内国有、集体、私营企业；

（七）购置房地产；

（八）依法取得土地使用权，开发经营；

（九）共同投资，建立专项建设基金或投资公司；

（十）“无追索”融资或不增加债务的其它投资方式；

（十一）法律、法规允许的其它投资方式。

三、外商投资产业导向

第四条 外商可以举办国家《外商投资产业指导目录》中规定的任何产业项目。在甘肃境内特别鼓励外商投资于农业综合开发、基础设施、基础产业、社会公益性事业和高、新科技产品开发及其它新兴产业。

（一）农业综合开发

1. 共同建设经营农业水利灌溉工程；

2. 建设经营优良品种培育基地和先进的农业示范基地；

3. 建设经营农、林、牧、渔新产品；

4. 建设经营农副产品加工。

（二）能源、交通、通讯和城市基础设施建设

1. 建设经营火力和水力发电站；

2. 建设经营高等级公路；

3. 共同建设先进通讯设施；

4. 共同建设经营民航机场；

5. 共同建设经营甘肃境内铁路及地方铁路、城市地铁及其它交通设施；

6. 城郊土地连片开发及其配套设施；

7. 经批准建设经营城市供排水、煤气和热力管网。

（三）矿产品开采、冶炼和加工

1. 共同开采铅、锌矿产品；

2. 有色金属系列产品加工；

3. 钢铁系列产品开发和生产；

4. 非金属矿产品开发。

（四）化学工业

1. 化肥及高效安全的农药生产；

2. 聚乙烯、聚丙烯产品深加工；

3. 经批准的其它石油化工产品生产。

（五）产品出口企业和技术先进企业、高新技术企业

（六）现有企业的技术改造

外商可采用多种方式参与对全省范围的现有国有、集体和私营企业的技术改造，可以参与对一个车间、一个产品的嫁接改造和整厂的改造乃至全行业的嫁接改造或购买股权；

（七）医疗、卫生、教育、体育、环境治理保护及其它公益性事业

1. 建设经营医院；

2. 建设经营高等、中等和初等工程技术专业学校；

3. 建设经营卫生防疫项目；

4. 建设经营体育场馆；

5.建设经营资源再生和综合利用及环境治理工程；

6. 经批准的科学研究和新技术开发试验。

（八）旅游服务业

1. 历史遗迹和旅游景点的开发；

2. 旅游设施的建设与经营；

3. 旅游产品的开发。

（九）经省政府批准的其它产业。

四、外商投资地区导向

第五条 甘肃省欢迎外商在全省范围内建立外商投资企业，特别鼓励外商投资于兰州市区和兰州高新技术产业开发区、兰州连海经济技术开发区、兰州中川工业园区、白银经济技术开发区、敦煌旅游经济开发区、金昌经济技术开发区、西成经济技术开发区、天水经济技术开发区、临夏商贸经济开发区等国家和省级开发区（以下简称开发区）。

第六条 根据国家对外开放政策向中西部倾斜的方针，经批准外商可在兰州市区和开发区内举办金融保险、商业零售、对外贸易企业，及其它《外商投资产业指导目录》中列为限制类的项目。

五、外商投资优惠政策

第七条 外商投资企业享有以下自主权：

（一）企业有权决定本企业的经营管理方式，在人、财、物、产、供、销方面享有自主权；

（二）企业自主决定职工的工资、奖金。各种津贴除国家规定部分外，企业也可以自主决定；

（三）企业自主决定职工的招聘和解雇。允许跨地区、跨省招聘，不需送劳动管理部门报批；

（四）企业有权按本企业章程，设置组织机构，聘用和解聘各级负责人；

（五）外商投资企业在国内外购买自用的办公和生活用品（含汽车、摩托车等），不受社会集团购买力的控制，并免交地方附加费；

（六）企业享有产品定价自主权。

第八条 优先保证土地使用、劳动力雇用、原材料供应、水和电力供应、进出口配额等各种生产要素。

第九条 外商投资企业享有下列税收优惠：

（一）经营期在十年以下的生产性企业，从获利年度起，两年内免征企业所得税，第三年至第五年减半征收企业所得税；

（二）从事农业、林业、牧业的外商投资企业和设在兰州市区以外地区的外商投资企业减免所得税期满后，经企业申请，有关部门批准在以后的十年内，可按应纳税额减征15～30%的企业所得税；

（三）产品出口企业按国家规定减免企业所得税期满后，当年企业出口产品产值达到当年企业产品产值70%以上的企业，按现行税率减半征收企业所得税。属于先进技术企业按国家规定减免企业所得税期满后，延长三年减半征收企业所得税；

（四）外商将其在企业分得的利润在甘肃境内再投资于该企业或开办其他外商投资企业，经营期不少于五年的，经批准，返还其再投资部分已缴纳税款的40%的企业所得税税款；投资兴办、扩建产品出口企业或先进技术企业，经营期不少于五年的，经财税部门批准全部退还其再投资部分已缴纳的企业所得税税款；

（五）外商从所投资企业取得的股息、利息、红利收入可自由汇出境外，免征个人所得税；

（六）外商投资额在50万美元以上，经营期十年以上的缴纳3%的地方所得税实行财政返还；

（七）举办矿藏勘探、开采企业的，按国家规定缴纳的资源税，由财政返还50%给企业；

（八）新建的生产性外商投资企业、其他外商企业，其应纳的房地产税可分别享受五年和三年的先征后退税收优惠；

（九）为履行产品出口合同所需的原材料、元器件、燃料、零部件、辅料和包装物料等，可享受保税优惠；

（十）新建的外商投资企业的车辆（除从事交通运输业外）缴纳的车船使用牌照税实行先征后退；

（十一）外商投资企业免征牲畜屠宰税。

第十条 外商投资企业使用土地享有下列优惠：

（一）外商可依法取得土地使用权进行土地成片开发，其土地使用权最长为：农业用地60年；住宅用地70年；工业用地50年；商业服务用地40年。期满后可以依法申请延长。其土地使用权在使用期内可以依法转让、出租和抵押；

（二）土地使用权出让金有如下优惠：

1.成片开发荒山荒地建设以工业为主的新开发区，减收15%的土地出让金；

2. 开发荒山荒地、水面用地发展农、林、牧、渔业的项目，减半征收土地出让金；

3. 举办合营改造项目，中方以土地作价为出资条件的，减收15%的土地出让金；

4.举办本规定第四条特别鼓励产业的和在开发

区内举办的生产性的外商投资企业，减收20%土地出让金或经省政府批准划拨土地；

5.利用非宜农荒山、荒滩举办外商投资企业的，免征土地出让金。

（三）以出让方式取得土地使用权的外商投资企业和属于本规定"第四条"特别鼓励的产业及设在开发区内的外商投资企业，免征土地使用费；

（四）外商投资企业在基建期间（2年内），免缴土地使用费。经营期10年以上，投产开业后，投资额50～100万美元，免缴土地使用费5年；100～300万美元，免缴土地使用费7年；300～500万美元，免缴土地使用费10年；500万美元以上，免缴土地使用费15年。

第十一条 举办本规定第四条所列特别鼓励产业的外商投资企业及设立在兰州市区和开发区的外商投资企业，除享有前条所列税收优惠外，还享有以下特殊税收优惠。

（一）生产性企业，缴纳的地方所得税实行财政返还；

（二）服务性行业，缴纳的地方所得税财政返还50%；

（三）技术密集、知识密集的生产性企业，减按15%征收企业所得税或按国家规定税率纳税后，高于15%税率的部分，由地方同级财政返还给企业；

（四）交通、能源企业或外资额在1000万美元以上的生产性外商投资企业，按国家规定税率缴纳所得税后，高于15%税率的部分，由地方同级财政返还给企业；

（五）其它生产性外商投资企业，减按24%的税率征收企业所得税，或按国家规定税率纳税后，高于24%税率的部分，由地方同级财政返还给企业。

第十二条 外商投资企业享有以下费用优惠：

（一）国家产业政策鼓励的生产性外商投资企业，按外资实际到位资金所占比例，自项目投产之日起等比例减收一年期用电权资金；

（二）参与旧城改造的外商投资企业，减半征收商业网点配套费、城市基础设施配套费、增容费和人防结构费；产品出口企业、先进技术企业和能源、交通、基础设施建设、原材料生产企业免征收城市基础设施配套费；

（三）外商投资企业和外籍工作人员及其家属，在省内业务出差、旅行、食宿和就医收费与省内职工相同；

（四）外商投资企业按每出口创汇1美元，由地方同级财政给予0.05元人民币内陆运输补贴。

第十三条 举办第四条所列产业的外商投资企业，享有下列配套条件优惠：

（一）给予中方合营者优先安排扶持外商投资专项贷款，其中外商投资额在250万美元以上的项目，纳入地方重点基本建设和技术改造计划，并优先安排国家固定资产投资、开发性贷款和技术改造贷款；

（二）中方企业以现有厂房、场地、设备出资的合资、合作改造项目，经评估确认资产价格后，成交价可向下浮动5～10%；

（三）经营地方高等级公路及桥梁、隧道的，车辆过往收费标准按核准的高于省内同等级公路收费标准一定比例自主收取，经营期内政府不再批准新建其竞争性项目。经营期内不能获得预期利润的可以延长经营期，直至获得合理的利润；

（四）建设经营发电站的，其上网电价按有关规定从宽核定，由电力部门负责收购与销售，经营火力发电站的，保证动力煤和水的供应；

（五）经营医院、初等学校、经批准的社会公益性事业及污染物处理、再生利用和环保事业项目的，可给中方企业配套建设资金初助；

（六）成片开发荒山荒地用于农、林、牧、渔业发展项目的，政府给予农业建设资金配套开发；

（七）经政府批准的其它特殊配套条件优惠。

第十四条 外商投资企业可采用以下方式和渠道，为建设和生产经营筹措资金；

（一）经批准向社会发行债券，向企业内部发行股票；

（二）外商投资企业根据国家外汇管理的有关规定，可在有外汇经营权的银行开户，办理外汇收支和融资业务；

（三）外商投资企业可向境外借款，自借自还。经批准也可由中方担保向境外借款。

第十五条 外商投资企业在经营期内外汇平衡有困难的，经批准可以收购本企业以外的产品出口，解决外汇平衡。

第十六条 外商投资企业经税务部门批准，可实行固定资产加速折旧。

第十七条 外商持有25%以上股份的外商投资股份制企业，享有进出口经营权。

第十八条 国内其它地区的外商投资企业在我省新办的外商投资企业，外商资产占总投资达到25%以上者，可享受本规定所赋于的优惠政策。

第十九条 对引进外商直接投资的中介组织和个人，按实际到位资金给予适当奖励。合资、合作经营企业由企业的受益中方奖励；外资企业由受益县、市、区人民政府奖励。

第二十条 台湾、港澳同胞和华侨为国内亲友兴办生产企业捐赠10万美元以上的资金或生产设备者，可以申办为外资企业，享受外商投资企业的各种优惠政策；捐赠资金或生产设备用于向国内企业投资或购股达到企业资产总额25%以上者，该企业可申报合资或合作企业，经批准，分别享受该类企业的各种优惠。

第二十一条 凡一次实际投资10万美元以上的台湾、港澳同胞和华侨，可指定其大陆的一户亲友，在投资企业所在的城镇落户，包括由农村户口转为城镇户口。兴建或购置应纳房产税的民用房屋的个人，暂免征房产税。

第二十二条 台湾、港澳同胞和华侨为我省企业或公益事业捐资5万美元以上的，省人民政府授予荣誉证书以资鼓励。捐资价值占该项公益事业总投资80%以上的，经当地政府批准，允许以本人或其亲属的名字命名。

六、外商投资权益保障

第二十三条 各级政府、各有关部门要进一步增强服务意识，提高办事效率，为外商投资创造良好的投资环境，充分保障外商投资企业的合法权益。

（一）对外商投资企业项目的审批，资料齐全的，各审批部门须在7天内答复批准或不批准，并在15天内办理完本部门的审批手续。逾期不办者，申报者可直接报上一级主管部门审批；

（二）外商投资企业用地，由企业向土地管理部门提出申请，土地管理部门按审批权限，在收到申请15天内预先批用地批复，并在以后的六个月内补办完有关手续。

（三）禁止向外商投资企业乱摊派、乱收费、乱罚款。对外商投资企业的收费项目要进行清理，取消不合理的收费项目，制定统一的收费标准；

（四）进一步完善外商投资的法制环境，规范投资行为，对外商投资企业依法进行管理，严禁任何单位和个人干扰外商投资企业的合法经营。

七、实施

第二十四条 各地、各行业部门和开发区可以依据本规定，制定具体实施细则，报省人民政府备案后实施。

第二十五条 本规定自颁布之日起实施。

第二十六条 本规定由甘肃省计划委员会负责解释。

专 题 介 绍

甘肃省少数民族地区经济社会持续发展

甘肃省少数民族地区特指甘南、临夏两个自治州的15个县（市）及张家川、天祝、肃南、肃北和阿克塞5个自治县，共20个县（市）。土地面积为18万平方公里，占全省总面积的39.5%。1995年，民族地区总人口为292万人，占全省总人口的11.95%，其中少数民族人口占民族地区总人口的54.56%，占全省少数民族总人口的70.04%。东乡族、保安族和裕固族3个民族在甘人口均占全国本民族人口的85%以上。甘南藏族自治州在历史上是川、青、甘三省安多藏区的中心，著名的夏河拉卜楞寺系喇嘛教、黄教格鲁派六大寺院之一；临夏回族自治州历史上就是商贸中心，有“河湟雄镇”之称，又是我国伊斯兰教活动的重点地区之一，三大教派、四大门宦俱全。

改革开放以来，特别是“八五”期间，是民族地区自身经济发展建设最快，社会生产力、综合经济实力和人民生活上了一个新台阶的时期，为缩短与省内其他地（市）的发展差距，实现第二步战略目标和下世纪的稳定、持续发展奠定了一定的基础。“八五”期间，全省民族地区经济以8%的速度发展，实现了“八五”计划的主要指标。第一产业年均增长3.4%（按可比价计算），第二产业年均增长7%，第三产业年均增长5.6%；人均国内生产总值由746元提高到1072元，年均增长2.6%。工农业总产值由20.08亿元增加到29.62亿元，年均增长8%（按90年不变价计算）。其中工业总产值由9.8亿元增加到16.54亿元，年均增长11%。财政收入由1.05亿元提高到2.4亿元，年均增长18.66%。粮食获得丰收，1993年达到历史最高水平，总产量为60.70万吨。1995年发电量达到1.95亿千瓦时，原煤达到247.5万吨，水泥达到16.2万吨，猪牛羊肉产量达到7.55万吨，羊毛产量达到0.61万吨，增幅均为历史最好水平。同时，产业结构得到有效调整，经济发展结构趋向合理。三产结构由52∶17∶31调整到46∶22∶32。在工业结构中，轻重工业比重由27∶73，调整到35∶65。在农业结构中，种植业的产值比重由48.5%下降到46.7%，牧业产值比重由45.5%提高到48.5%，渔业产值比重由0.13%提高到0.42%。

1. 农牧业生产条件不断改善，农牧区经济全面发展。农区重点加强了农田水利设施建设和“三田”建设，按计划实施了一批大中小型水利灌溉工程，完成了大面积滩涂治理等工程。新增有效灌溉面积3万亩，“三田”面积37万亩。农业总产值由1990年的10.28亿元，增加到1995年的13.08亿元，年均增长3.5%。牧区加强了人畜饮水、防灾保畜基地、围栏种草等工程，共建成引水管道50条、110公里，开辟边远草场60万亩，解决了7万人、5.2万头（只）牲畜的饮水困难。初步建成了27.5万亩防灾保畜基地，大大降低了牲畜的死亡率；建成了一批具有地方特色的良种繁育基地。90%的县和65%的乡（镇）有了饲料加工厂（点），乡乡都有饲料加工点，有力地保障了畜牧业生产的稳步发展。牧业产值由1990年的4.96亿元，增加到1995年的6.3亿元，年均增长4.9%；大牲畜存栏由170.09万头，增加到171.23万头，年均增长0.13%，羊存栏370.78万只，同时出栏率和商品率分别由20%和17%提高到23%和20%。

2. 民族经济的市场化、社会化程度有了提高。“八五”以来，民族地区在以往改革经验的基础上，加快改革步伐，与全省一系列改革基本相协调，迈出了可喜的步伐。继续搞好国有经济，进行企业组织结构调整，推行企业内部三项制度改革，建立集团公司和股份制试点的改革有了开端。到1995年底，民族地区股份合作制企业发展到51家。非国有经济发展较快。“三资”企业发展到18家，开创了民族地区引进国内外资金技术的新纪元。肃北蒙古族自治县吸收外来投资4000多万元，建成了一批联营项目，引进各类人才152人，引进新技术6项。城乡集体、私营、个体经济发展较快，占民族地区经济的比重有所提高。1995年，临夏回族自治州集体、非公有制经济在工业总产值中分别占到13%和71%；在社会消费品零售总额中分别占到11%和58%。乡镇企业异军突起，经济实力不断壮大，总产值已由1990年的5.59亿元，增加到1995年的26.67亿元，年均增长36.69%。初步形成了以公有制经济为主、多种经济成份并存和共同发展的格局。民族地区各类要素市场逐渐发展。商业连锁点、民族贸易、饮食等服务业，也更臻规模和档次。农副产品、矿产资源、劳务、信息等逐步进入市场。社会商品零售总额由1990年的8.59亿元，增加到1995年的12.93亿元，年均增长8.52%。同时，民族地区开始在经济工作中运用经济政策、经济杠杆和法律法规等手段进行调节，促进了经济健康发展。"八五"时期的改革，对促进民族地区经济的全面发展，起到了巨大的推动作用。

3. 全社会固定资产投资额增大，使以基础设施为重点的建设得到加强。民族地区在国家的支持和帮助下，上下结合，挖掘潜力，积极筹资，着力加强能源、交通、通信等基础设施的建设。"八五"期间，新建和扩建了中小型电站25座，装机容量达到5.1万千瓦，年发电量由79.27万千瓦时，增加到1.95亿千瓦时，年均增加了3倍；建成了3个农村初级电气化县。85%的村通了电。所在地的国道、省道公路进行了升级改造。95%的乡镇通了汽车。20个民族县进行了通讯线路、机房和设备自动化改造，实现了县城电话程控化，沟通了同省内、国内的通讯联系，并已逐步向广大农村、牧区延伸。邮电业务量由880万元，增加到0.38亿元，年均增长33.98%。

4. 各项社会事业有了新的发展，人民生活条件逐步改善。1995年，民族地区从事畜医、农林牧业研究的机构已发展到34个，各类科技专业人员达2700多人；各级各类学校3763所，其中每个牧业县都有寄宿制中学，90%的牧业乡有了寄宿制小学。中学的生均校舍面积达到15.56平方米，小学达到3.48平方米。学龄儿童入学率达到85.6%，比1990年提高2.2个百分点。有4个县（市）实现了"两基"教育。全省有3所高校，9所重点中学，3所中师开办了民族班，在校学生700多人。广播覆盖率由53.18%提高到61%。电视覆盖率由60.93%提高到65%。每千人拥有卫生技术人员由2.25人提高到2.39人；卫生床位数由1.45张提高到1.57张；初级保健达标率达到45%；以乡为单位的计划免疫率达到75%。农民人均纯收入由330元增加到636元。贫困面由40.8%下降到34.22%。

全省民族地区也存在着一些突出问题，如农业基础薄弱，贫困人口多，工业弱小，财政困难，文化教育落后等，需要逐步加以解决。

"九五"期间，民族地区要进一步解放思想，深化改革，加快对外开放，强化农牧业基础设施建设，提高综合生产能力，大力发展地方工业、乡镇企业、第三产业，培育市场体系，稳定解决温饱，推动教育、文化、体育等各项社会事业的协调发展，使民族地区国民经济和社会发展目标与全省平均水平相接近。国内生产总值，2000年达到58.15亿元，年均增长8.5%。工农业总产值，2000年达到56亿元，年均增长7.5%。其中：工业总产值，2000年达到39.92亿元，年均增长9%；农业总产值，2000年达到17.5亿元，年均增长6%。乡镇企业总产值，2000年达到102.89亿元，年均增长31%。社会商品零售总额，2000年达到39.36亿元，年均增长8.1%。农牧民人均纯收入，2000年达到1000元，年均增加72.8元。人口，"九五"期间人口自然增长率控制在15‰以内，到2000年总人口控制在315万人以内。

民族地区产业的发展重点是：

种植业　要认真保护耕地，狠抓基本农田水利建设，扩大有效灌溉面积。积极推广先进适用的农业生产新技术，努力提高单产，增加粮食总产量。农区要依靠增大科技投入和社会化服务，大力发展"两高一优"农业，着力搞好小片商品粮基地建设。干旱半干旱区要努力发展水浇地，抓好旱作农业技术，发展粮食生产；高寒阴湿区要继续扩大地膜覆盖栽培技术，增施热性肥料，选用早熟耐阴的农作物品种，下大力改造中低产田，提高粮食单产。到2000年，民族地区粮食生产量达到80.55万吨，油料3.87万吨。

畜牧业　要继续抓好草场草原建设，扩大围栏种草和人工种草面积，新增围栏草场150万亩，开辟边远缺水草场280万亩。优化畜群结构，良种化程度达到70%。进一步巩固和扩建美丽奴、养鹿、白牦牛、绒山羊、骆驼、牛羊育肥、"西蒙达尔"改良牛等基地。建成小尾寒羊、宁夏滩羊和百万只细毛羊基地。

水电业　要充分利用民族地区丰富的水利资源，积极落实资金，加快肃北拉排二级、迭部尼傲峡、积石山大河家等电站的建设，争取早日建成运行，为区内经济发展创造条件。要加快输电线路、变电站配套设施建设。同时，要认真做好临夏大夏河一级、甘南九甸峡、舟曲沙川坝、临潭青石山等电站的前期工作，争取早日列入计划，开工建设。

工矿业 要加快地质勘探工作步伐，为开发利用资源提供可靠依据。对舟曲等县的黄金开采统一规划、统一开采，加快选厂建设，注重加工增值。已建成的肃南铜矿等一批项目要尽快达产达标。要建成肃北铬选厂、积石山铝厂等工程。认真做好天祝钛铁矿等项目的前期工作。搞好永靖、临潭石膏等厂新型建筑材料的生产，扩大在建筑中的使用比例，促进建材业迈上一个新的台阶。

旅游业 要以自然和民族宗教景观为景点，以点扩面，与省内其它旅游景点联网，发展旅游业。要加强“硬件”，提高“软件”水平，开发具有民族特色的旅游产品，开展草原风光观赏等多种内容的旅游活动。为旅游业的形成奠定基础。

商业流通 要把发展各类批发市场和要素市场作为主攻方向，争取有新的进展和突破。继续办好各县已有的交易市场，有条件的，要使其形成具有较大规模和较强辐射能力的专业市场。争取在甘南、临夏等地建成工业品、畜产品等大型综合批发市场。力争建一处市场，上一批项目，带一串产业，活一方经济，富一方群众。

1995年改革开发大事记

1月

4日 张吾乐省长主持召开今年省政府第一次常务会，审议通过兰州高新技术开发区有关政策。

19日 张吾乐省长主持召开省政府第二次常务会，审议通过《甘肃省劳动监察暂行规定》、《甘肃省实施矿产资源补偿费征收管理规定办法》。

24日 我省"七五"重点建设项目甘光照相机厂技术开发中心建设工程通过验收，工程建筑面积2695千平方米，总投资3956万元。

2月

13～17日 张吾乐省长带领有关部门负责同志，到金昌市、武威地区，就进一步发展农村经济、搞活大中型企业、增加地方财政收入、保持社会稳定等问题进行了调查研究，强调各地要千方百计增强经济发展实力。

3月

3日 中日双方合资兴建的甘肃·秋田友好会馆工程通过验收。工程建筑面积4920平方米，总投资1631万元。

22～24日 全省重点建设工作会议在兰州召开，会议期间，省人民政府表彰了"八五"前4年15个重点建设先进项目单位、3个重点建设项目先进经办行，总结了"八五"前4年重点建设经验，安排部置了1995年重点建设工作，确定了1995年27项重点建设项目。

4月

12日 张吾乐省长带领省上有关部门负责同志到白银调查研究，帮助企业排忧解难，探索加快农村致富步伐的有效途径。

5月

2日 副省长崔正华、贠小苏会见世界银行中国甘肃省河西走廊(疏勒河)农业灌溉暨移民安置综合开发项目评估团团长郑兰生先生一行。

5日 韩修国副省长带领省环保执法检查组，去天水、陇南、甘南3地州检查生态保护、水污染防治、水土保持和矿产资源开发方面的问题。

6～10日 吴邦国副总理到我省兰州、白银、嘉峪关等市和兰炼等大型国有企业进行了考察。

19日 全省农村支柱产业建设座谈会在白银市举行，会议总结交流了近年来发展支柱产业的经验，讨论了目前和今后加快发展农村支柱产业的目标、任务、重点和措施，制定了发展规划。

26日 韩国企业驻京机构代表处西北地区投资环境考察团前来考察我省投资环境和外商投资情况。

6月

6日 省长张吾乐、副省长郭琨、韩修国带领有关部门负责同志到省电力局现场办公，研究解决电力调度和电力建设中存在的问题。并决定成立"省电力建设指挥部"，由郭琨副省长负责指挥部的协调工作。

9～17日 中共中央政治局候补委员、书记处书记温家宝来我省考察，先后深入我省定西、临夏、白银、兰州调查研究，并到旱灾严重的地区查看灾情。

7月

4日 省政府召开全省企业组织结构调整工作会议，总结交流经验，研究措施和对策。

12日 省委、省政府向全省广大干部职工发出号召，开展捐助"121雨水集流工程"活动。省直机关工委在宁卧庄大礼堂举行了动员大会。

17日 省委书记阎海旺，省委常委仲兆隆，副省长郭琨及有关方面负责人，前往兰化公司，深入正在建设的30万吨合成氨、50万吨尿素工程建设工地了解情况，进行现场办公。

22日 6时44分，永登县七山乡发生5.8级中强破坏性地震，张吾乐省长在震后不久，即与兰州市领导赶赴现场查看震情。

23日 国务院总理李鹏在省委书记阎海旺、省长张吾乐的陪同下到引大入秦水利工程、定西县小流域治理、永登县进行了考察，并视察了灾情，慰问了灾区群众。

8月

1日 省委常委、副省长杨怀孝主持召开了省政府第十五次常务会，会议听取了全国扶贫工作会议的汇报和贯彻意见；还研究了疏勒河项目前期工作有关资金问题和“121雨水集流工作”的有关问题。

2～6日 省委、省政府分别在临夏、甘南、陇南召开了扶贫开发现场办公会议。省委书记阎海旺、省长张吾乐、省委秘书长仲兆隆、省人大常委会副主任马玉海、副省长郭琨、贠小苏出席会议并讲话。会议总结了扶贫开发经验，要求坚定不移实现扶贫攻坚目标。

8日 兰州市安居工程开工，总建筑面积为54万平米，其中金海湾小区金福花园住宅区和雁滩住宅区各14万平米和40万平米，总投资5.4亿元，单位平米造价估算1000元左右。1996年底前全部交付使用。

9日 全省第三次工业普查工作会在兰州召开，郭琨副省长到会讲话。会议要求摸清企业“家底”，提供决策依据。

12日 非洲多国气象考察团前来我省访问。

18日 ’95兰州丝绸之路经贸洽谈交易会隆重开幕，省委书记阎海旺、省长张吾乐出席并剪彩。

22～24日 西北五省区党政主要领导联席会议在银川召开，省长张吾乐出席了会议。会议研究了关于加强联合开发，加快脱贫致富等问题。

9月

9日 中川机场扩建完成可研报告　该项目建设等级为4D级，跑道3700米，航站楼30000平方米。今年4月国家计委批复项目建议书，投资估算10亿元，其中民航总局6.2亿元（利用第四批日元贷款70亿日元），甘肃省自筹3.8亿元。

12日 国家体改委等五部委和我省、兰州市联合召开的建设兰州商贸中心改革试点工作现场办公会开幕，国务院副总理李岚清、国务委员李铁映亲临指导。省上领导阎海旺、卢克俭、孙英、李虎林、杨怀孝出席了现场办公会。

16日 世界银行行长沃尔芬森先生及夫人一行来我省考察世行贷款项目执行情况和项目实施后发挥效益情况。

26日 兰州市环境治理工程完成可研报告。兰州市环境治理工程是利用第四批日本海外协力基金进行兰州煤气管网工程、兰州二热管网工程、兰州给水扩建工程及兰州污水处理工程建设的总称，总投资为139158万元，其中利用外资77.37亿日元（折合人民币68374万元）。目前煤气管网工程的长输管网34.4公里已完成，市区管网工程完成111.8公里，占总长度167公里的66.9%；完成调压站32座，占全部54座调压站的59.2%；完成投资8561万元。二热管网工程已完成管网敷设3.68公里，占管网总长31.92公里的11.5%；完成热力站7座，占全部69座热力站的10.1%；实现供热能力90万平方米，占总供热面积540万平方米的16.7%。

10月

6日 疏勒河综合开发项目通过可行评估。该项目主要包括新建1.94亿立方米昌马水库，新建、改建干支渠1249公里，排水干支渠500公里，新增装机3.5万千瓦及输电线路等工程，项目建成后新增灌地面积82万亩，改善灌溉面积65.4万亩，移民20万人。

16日 副省长郭琨带领省水利厅等部门负责人到庆阳马莲河工程现场办公，要求加快进度，保证质量，并实地解决具体问题。

该项目治理面积15万公顷，主要措施有梯田3.06万公顷，滩坝地420公顷，造林6.96万公顷，种草4万公顷，果园1万公顷等。总投资5.78亿元，其中利用世行贷款3.48亿元，内配资金2.3亿元。今年1～9月，完成治理面积1.44万公顷，占计划的64%。

20日 省委、省政府在庄浪河渡槽旁隆重举行引大入秦东二干渠全线通水庆祝典礼。

11月

8日 省委、省政府在景泰县城隆重举行景电二期延伸向民勤调水工程开工典礼，省委书记阎海旺出席典礼并剪彩，省长张吾乐发表讲话。民勤调水工程设计引水流量6立米/秒，输水距离全长160公里，其中新建输水渠101公里，利用天然河道输水距离59公里，新增灌地面积15万亩，总投资2.32亿元。

9日 武威万亩滴灌一期工程建成通水。

13～16日 全省科学技术大会在兰州隆重召开，省长张吾乐主持大会开幕式，省季书记阎海旺作重要讲话，副省长陈绮玲作会议总结。会议表彰奖励了10个科技工作先进县（市、区），确定了10个科技创新示范企业。

18日 东乡县南阳渠灌溉工程正式开工，省上领导阎海旺、张吾乐等到工地为工程奠基。该项目初步设计已由水利部批准，概算投资为20590万元，主要建设内容为新建牙塘水库，库容1920万立米；总干渠58.5公里，设计流量4秒立米；干渠4条，长43公里；支渠30条，长278公里；新增灌地面积12.2万亩。

26～30日 省政府、林业部、中国科协共同在武威、张掖召开河西走廊沙产业开发工作会议，总结经验，部署加快开发工作。宋平同志出席会议，并作了重要讲话。

30日 引洮灌溉工程完成预可研报告。工程主要以九甸峡枢扭、渠系和田间配套工程组成。年引水量5.5亿立方米，规划灌地100万亩，解决部分干旱地区人畜饮水问题。

▲ 永昌——嘉峪关330千伏送变电工程建成。该项目概算总投资为31268万元，工程送电线路全长410公里，变电15万千伏安。

12月

14日 韩修国副省长会见以铃木专务为首的日本旭光株式会社代表团一行，双方进一步就加强合作生产照相机进行了会谈。

18日 中外合资的靖远第二发电有限公司正式成立。

24～26日 在省委书记阎海旺，省长张吾乐陪同下，中共中央总书记江泽民先后到我省榆中、定西、兰州等地慰问受灾群众和困难企业职工。

青 海 省

主　　编：赵聘三
副 主 编：叶嘉煜　侯宝健
编写人员：佘双盈　刘玲芝
　　　　　翟永章　胡文娟
工作人员：曹　骊

青海省分目录

青海省概况 …………………………………………………………………………………… (509)
国民经济和社会发展……………………………………………………………………………… (509)
经济体制改革和对外开放 …………………………………………………………………… (514)
建设繁荣进步文明富裕的新青海
——青海省国民经济和社会发展“九五”计划和2010年远景目标简介……………… (516)
附录一：青海省柴达木资源开发研讨会纪要 …………………………………………… (519)
附录二：青海省柴达木盆地“九五”资源开发项目 ………………………………… (522)

典型企业

我国数控加工中心的重要生产基地——青海第一机床厂 ………………………………… (523)

1995年改革开发大事记 ……………………………………………………………………… (524)
彩色宣传图片
·青海第一机床厂·

青海省概况

面积：72.23万平方公里

人口：481.2万人

行政区划：1个地区，6个自治州，1个地级市，2个县级市，35个县，7个自治县

省委书记：尹克升

省八届人大常委会主任：宦爵才郎

省长：田成平

省八届政协委员会主席：韩应选

青海省国民经济主要指标（单位：亿元）

项　　目	1995年	1995年比上年增长(%)
国内生产总值	165.2	8.0
工农业总产值(90年不变价)	123.11	9.0
工业总产值(90年不变价)	94.88	12.1
重工业产值(90年不变价)	70.50	14.0
轻工业产值(90年不变价)	24.38	7.4
农业总产值(90年不变价)	28.23	-0.2
全社会固定资产投资	51.41	15.0
国有固定资产投资	43.62	10.5
社会消费品零售总额	56.39	17.6
商品零售物价总指数(%)	116.3	16.3
职工工资总额	37.92	15.9

国民经济和社会发展

一、国民经济发展情况

1995年，青海省在省委、省政府的领导下，认真贯彻中央经济工作会议和八届全国人大三次会议精神，认真落实省委八届三次全委会和省八届三次人代会提出的各项任务，改革开放和经济建设都取得了新的成绩，社会事业不断发展。全省国民生产总值完成165.2亿元按可比价格计算，比上年增长8%。其中，第一产业增加值39亿元，下降0.5%，第二产业增加值65.12亿元，增长8.6%，第三产业增加值61.03亿元，增长11.8%。完成了“八五”和年度计划目标。

(一)农牧业

1995年，青海面对干旱、冰雹、雪、霜等自然灾害的威胁，全省上下奋力抗灾，增加农牧业的投入，抢修水利工程，狠抓抗旱春播、抗灾保畜等措施，尽力将自然灾害造成的损失减少到最低程度。全省完成农业总产值28.23亿元(90年不变价)，比上年下降0.2%。其中农业产值13.62亿元，下降2.8%。农作物总播面积560.8千公顷，增长1.2%。粮食总产

量114.19万吨，下降2.3%，油料16.21万吨，下降12.1%。安排“菜篮子”工程建设项目39项，总投资3503万元，修建节能日光温室1241亩，扩大菜田面积5106亩，蔬菜总产量达到38.31万吨，增长13%。畜牧业产值13.79亿元，增长2.5%。据抽样调查，全省草食牲畜成幼畜死亡96.82万头(只)，死亡率为4.3%，比上年上升0.8个百分点；仔畜成活541.55万头(只)，成活率为79.5%，下降6.7个百分点；总增牲畜444.73万头(只)，总增率为19.6%，下降3.0个百分点；年末牲畜存栏2225.31万头(只)，下降1.7%；肉类总产量18.37万吨，增长3%；羊毛产量1.79万吨，下降0.4%；禽蛋产量1.24万吨，增长0.4%。林业产值0.74亿元，增长2.3%。人工造林面积50万亩。渔业，继续实行封湖限产，产值0.08亿元，下降21.3%。水产品产量2444吨，下降32.1%。乡镇企业快速增长。投入建设资金11.8亿元，新建、扩建项目365个，建成了一批市场前景好、技术含量高、效益好的项目。全年完成产值22.1亿元(90年不变价)，比上年增长40%。

(二)工业

1995年，青海省工业生产在电力不足、资金紧张的情况下，各有关部门密切合作，加强生产调度，按照“扶优扶强”的原则，抓紧节能改造、及时调整产品结构，使工业生产形势不断好转。全年完成工业总产值94.88亿元(1990年不变价)，比上年增长12.1%。其中，乡及乡以上产值86.37亿元，增长10.6%。乡及乡以上现价销售产值135.88亿元，增长16.2%，产品销售率为95.3%，下降0.7个百分点。主要特点是：(1)工业生产上半年增长缓慢，个别月份下降，下半年回升较快。1～2月增幅均为7.8%，3月增长2.4%，4月下降1.9%。为了保证全年生产任务的完成，省政府及时召开全省经济形势分析会，积极协调用电和工业流动资金贷款问题，并要求各地区、各工业主管部门加强管理，开拓市场，调整产品结构，增加适销对路产品的生产，使后几个月的生产出现了转机。5～9月各月的增幅分别达到7.2%、13.1%、10.4%、13.1%和8.3%，10月份以后有了更大幅度的增长，10～12月的增幅分别达到18.1%、24.6%、18.7%。(2)轻工业生产开始走出低谷，增长速度明显加快。全年完成产值22.24亿元，增长14.5%。(3)集体工业的增长速度高于国有工业。全省集体工业完成产值14亿元，比上年增长15.5%，其中乡办工业完成产值5.31亿元，增长47.1%。国有工业完成产值72.20亿元，增长9.5%。集体工业的增幅比国有工业高6个百分点。(4)大中型工业企业完成产值56.68亿元，比上年增长7.7%，占全省工业总产值的65.6%，比重虽比上年下降1.9个百分点，但仍是全省工业的支柱，是财政收入的贡献大户。

(三)运输邮电业

1995年，青海省交通运输有了新发展，邮电事业呈现出前所未有的快速发展局面。全年完成铁路运输量531.6万吨，比上年增长1.1%；货物运输周转量367320万吨公里，增长9.4%；客运量228.2万人次，增长3.2%。公路货运量2887万吨，增长7.2%；货物运输周转量248815万吨公里，增长5.9%；客运量2074万人次，增长6.7%。民航货物运输量0.03万吨，增长46.8%；货物运输周转量56.7万吨公里，增长38.8%；客运量3.3万人次，增长50%。全省邮电业务量迅猛增加，总量达15613.5万元，增长35.5%。省会西宁电话网顺利升位，各州(地、市)府所在地全部实现市话程控化，年末市内电话用户达9.12万户，增长69.2%。其中住宅电话5.61万户，增长1.3倍，农村电话用户0.28万户，增长26.4%，无线寻呼和移动电话15810部，增长1.1倍。

(四)固定资产投资

1995年，青海省全社会固定资产投资完成51.41亿元，比上年增长15%，扣除价格上涨因素实际增长9.2%，是青海历史上投资最多的一年。在总投资中，国有单位投资为43.62亿元，其中基本建设投资31.27亿元，增长12.2%(中央项目投资18.09亿元，下降2.5%；地方项目投资13.18亿元，增长41.6%)；更新改造投资7.37亿元，增长8.2%(中央项目投资1.31亿元，下降8.5%；地方项目投资6.06亿元，增长12.7%)。1995年，青海省在广辟资金渠道，努力加大资金投入的同时，着力调整投资结构，把有限的资金用于保证国家重点建设和地方资源开发及技术改造上，使能源、原材料等基础工业和基础设施的投资增加，技术改造投资增长，加快了资源开发的进程，提高了重点骨干企业的技术装备水平和新产品开发能力。国家重点建设项目李家峡水电站工程进展顺利，为争取1996年实现一台机组发电奠定了良好基础；桥头电厂五期扩建1号机组并网发电，2号机组也将在1996年年初建成投运；青海油田开发、龙羊峡虎山坡专项治理、茫崖石棉矿扩建等项目都基本完成了年度工程计划。地方资源开发取得了可喜成绩，建成了青海舒乐舍板公司、格尔木硫酸厂、海北联合碳化硅公司、海北铝厂、青海金昌磨料有限公司碳化硅生产线等项目。

(五)商业和市场物价

1995年,青海省社会消费品零售额56.39亿元,比上年增长17.6%,扣除物价上涨因素实际增长1.1%。商业消费品市场呈现如下特点:一是国有商业继续发挥主渠道作用,其他经济成份也有一定发展。在消费品零售总额中,国有商业零售额25.95亿元,增长16.4%;集体经济零售额8.55亿元,增长13%;其他经济成分的零售额21.15亿元,增长25.2%。二是消费品零售额的增幅城镇略高于农村牧区。在消费品零售额中,市的零售额32.51亿元,增长18.1%;县的零售额15.12亿元,增长16.9%;县以下的零售额8.76亿元,增长17.2%。三是农民直接进入市场,参与竞争的格局逐渐形成。在消费品零售总额中,农民对非农业居民的零售额5.78亿元,增长22.9%。四是农业生产资料销售继续增长。全省农业生产资料销售额3.9亿元,增长14.3%。

1995年,青海省各级政府把控制市场物价作为重要任务来抓,积极采取有效措施,抑制物价上涨,取得了明显成效。全年商品零售物价涨幅由上年的23.2%回落到16.3%,回落了6.9个百分点。其中12月份的涨幅由去年同月的26.1%回落到9.5%。全省商品零售价格上涨幅度农村高于城镇,农村为16.7%,城市为15.9%。

(六)金融和保险业

1995年,青海省金融运行平稳。年末银行和信用社各项存款余额138.2亿元,比上年末增加27.19亿元。其中企业存款42.71亿元,增加8.71亿元;城乡居民储蓄存款82.72亿元,增加19.57亿元。各项贷款余额224.91亿元,比上年末增加46.1亿元。全省银行各项现金收入232.02亿元,比上年增长34.2%;现金支出244.6亿元,增长30.7%。收支相抵后净投放货币12.58亿元。

保险业务稳步快速发展。全年国内保险业务总收入1.65亿元,比上年增长41.1%;保险业务支出0.82亿元,增长22.8%,赔付率49.6%。涉外保险业务总收入折58.7万美元,保险业务总支出折23.3万美元,赔付率为39.7%。

(七)旅游业

1995年,青海省共接待来青旅游、访问、从事商务等活动的外国人、港澳台同胞和华侨13332人,比上年增长40%;旅游外汇收入折合人民币1909万元,比上年增长4.2%。新建、改建、扩建三星级涉外旅游饭店一座、二星级3座、一星级3座,改变了青海省无星级饭店的状况。

二、国民经济结构调整情况

1995年,青海省在调整、优化产业结构、产品结构、投资结构和所有制结构方面,作了大量工作,取得了一定成绩。但是,青海的产业结构仍是以重工业为主,产品结构仍是以能矿品为主,所有制结构仍是以国有经济为主,投资结构仍是以国家投资为主,经济发展的活力不足,结构优化任务十分繁重。

(一)产业结构

1995年,青海第一产业占国民生产总值的比重为23.61%,比上年增加了0.67个百分点。在第一产业中,种植业的比重为43.8%,减少0.3个百分点;畜牧业为54.4%,增加0.4个百分点;林业为1.6%,增加0.1个百分点;渔业为0.23%,减少0.07个百分点。

第二产业在国民生产总值中的比重为39.43%,比上年减少了2.78个百分点。第二产业中,工业比重为79.9%,增加0.4个百分点;建筑业比重为20.1%,减少0.4个百分点。工业中,轻工业的增长速度快于重工业,轻工业总产值的比重为22%,比上年增加2个百分点;重工业比重78%,减少2个百分点。

第三产业在国民生产总值中的比重为36.96%,比上年增加2.11个百分点。在第三产业中,运输邮电业的比重为14.9%,增加0.4个百分点;商业、餐饮业为24%,减少2个百分点;金融、保险业22.8%,增加0.6个百分点;房地产业为2.2%,增加0.2个百分点;其他服务业为36.1%,增加0.9个百分点。

农村牧区非农产业产值20.76亿元,比上年增长32.6%。非农产业产值与农业产值的比例由上年的1:2.9变为1:2.7。

(二)投资结构

按中央、地方分,国有单位基本建设投资31.27亿元中,中央占58%,比上年减少8个百分点,地方占42%,增加8个百分点;国有单位更新改造投资7.37亿元中,中央投资占17.8%,减少5.6个百分点,地方占82.2%,增加5.6个百分点。

按资金投向分,国有单位基本建设投资中,用于生产性建设24.31亿元,增长11.9%,比重为77.7%,比上年减少0.5个百分点;非生产性6.96亿元,增长13%,比重为22.3%,增加0.5个百分点。国有单位更新改造投资中,用于生产性投资6.61亿元,下降7%,比重为90%,减少6个百分点;非生产性投资0.76亿元,增长19.6%,比重为

10%，增加 6 个百分点。

按产业投向分，国有单位投资中第一产业投资 0.85 亿元，比上年增长 1.2 倍，所占比重为 1.95%。第二产业投资 30.45 亿元，比上年增长 5.6%，比重为 69.81%。主要是能源、原材料工业的投入增加，能源工业投资 21.3 亿元，增长 12.3%。其中，电力煤气及水生产供应业投资 14.46 亿元，增长 21%；制造业投资 2.32 亿元，下降 46%。第三产业投资 12.32 亿元，增长 16.1%，比重为 28.24%。其中，运输邮电投资 4.47 亿元，增长 2.4%。

（三）所有制结构

工业：1995 年青海省公有制工业企业产值占工业总产值的比重为 99.84%，比上年减少 0.06 个百分点。其中国有工业企业为 88.39%，增加 4 个百分点；集体企业为 11.45%，减少 4 个百分点；个体、私营及其它的比重 0.16%，增加 0.06 个百分点。

社会消费品零售额：公有制单位所占比重为 61.2%，比上年减少 0.4 个百分点。其中国有经济为 46%，减少 0.5 个百分点；集体经济为 15.2%，增加 0.1 个百分点；个体、私营及其它经济为 38.8%，增加 0.4 个百分点。

固定资产投资：公有制单位固定资产投资占全社会固定资产投资总额的比重为 92.4%，比上年减少 1.8 个百分点。其中国有单位为 84.8%，减少 5.1 个百分点；集体单位为 7.6%，增加 3.3 个百分点；城乡居民个人为 7.6%，增加 1.8 个百分点。

三、基础设施完善情况

（一）水利设施

1995 年，青海省加大了对水利基础设施建设的投资，全年用于水利建设资金 2.58 亿元，比上年增长 2.8%，是投资额最多的一年。全年安排各类水利工程 474 项，建成 360 项，新增灌溉面积 4 万亩，治理水土流失面积 155 平方公里，兴修水平梯田 11.93 万亩，解决了 11.27 万人、45.46 万头（只）牲畜的饮水困难。

（二）交通通信设施

公路：全年完成投资 2.69 亿元，比上年增长 72.1%，新建公路 162 公里，改建公路 444 公里，新建桥梁 64 座、1519 延米。截止 1995 年底全省公路通车里程 17223 公里，比上年增加 134 公里；等级公路占公路总里程的比例达 74.1%，高级与次高级路面 4028 公里，增加 117 公里。截止 1995 年底，州（地、市）二级汽车站基本建成，县（镇）三级汽车站占应建总数的 55%。初步建成了交通专用长途卫星通信网西宁地面端站。这些设施，为旅客、货主和运输经营者提供了更加良好和有效的服务。

民航：格尔木机场复航试飞成功，西宁机场新开辟了西宁—成都、西宁—上海两条航线，增开了西宁—西安航班，民航总里程 8075 公里，比上年增加 2133 公里。

邮电通信：新建成民和至乐都、平安至互助、西宁经湟源至西海镇、平安至循化、李家峡至同仁 4 条光缆线路，总长 400 余公里；新增长途自动交换机 2210 路端，长话线路 537 条，分别比上年增长 30.8%和 35%；进入全国自动长途网的局数新增 23 个，总数达到 33 个。新辟了兰州—西宁省际快速干线邮政汽车邮路。本地通信网不断完善扩大，局用交换机新增 63560 门，比上年增长 74.7%。用户交换机改制入网进度加快，入网单位共 8 家，容量达数千门。市话建设取得了历年最好成绩。实现了州、地、市以上市话交换程控化，海东地区实现了全区交换程控化。移动通信完成了西宁、大通两地扩容，并新建了海东、乐都、民和、格尔木 4 个基站，新增移动电话用户 1487 户。无线寻呼完成省内联网和漫游的前期工程，新增无线寻呼用户 5823 户。

（三）能源建设

电力：装机 200 万千瓦的李家峡水电站主坝浇筑平均高程已达到 2128 米，主厂房安装间全部封顶，为争取 1996 年实现一台机组发电奠定了良好基础；桥头电厂五期扩建工程（2×12.5 万千瓦）1 号机组试运行成功，已并网发电，新增装机容量 12.5 万千瓦。地方小干沟水电站等建成投运，新增装机 2.32 万千瓦。截止 1995 年底，全省发电装机容量 190.6 万千瓦，其中水电 140.37 万千瓦；330 千伏输电线路 7 条、总长 594 公里，变电所 3 座、总容量 150 千伏安；110 千伏输电线路 48 条、总长 1305.21 公里，变电所 28 座，比 1994 年新增 9 条、133.28 公里和 2 座。

煤炭：建成柴达尔下平峒煤矿，新增原煤生产能力 30 万吨。

石油、天然气：全长 189.34 公里的涩北—格尔木天然气输气管道项目开工建设，预计 1996 年可建成使用；援藏输油管线—101 工程建成投运，有力地支援了西藏建设。

（四）城市基础设施建设

道路建设：对青南地区的甘德、久治、昂欠、玉树、祁连等县县城街道进行了改扩建；建成了西宁“六一”桥，打通了西宁南川东西路通道，改善了城市交通状况。

供水设施建设：建成了达日、昂欠县县城供水设施；对海南州恰卜恰镇的供水设施进行了改扩建，扩大供水容量6000吨。完成了西宁市第六水源的水文地质勘探工作，为1996年全面开工建设打下了基础。

四、科技和社会事业

科技工作：1995年，青海省认真贯彻全国科技大会精神，面向经济建设主战场，针对经济发展中的重点、热点和难点科技问题，组织科技攻关，加速科技成果向现实生产力转化。全省共登记科技成果108项，其中已推广应用的成果68项，应用后产生经济效益的22项，新增产值1.5亿元，新增利税3535万元。科技进步对经济发展贡献率30%，达到全国平均水平。3个科技示范县和3个星火密集区、7个科技先导型企业和西宁市"科技兴市"计划的实施，为发展"两高一优"农业，提高农村牧区科技水平，合理开发地方小资源，增加地方财政收入提供了技术保证。1995年全年批准专利65件，比上年增加7件。技术市场共签订技术合同415个，协议合同金额1375.39万元。

教育事业：1995年青海省在深化教育体制改革、改善办学条件、提高教育质量方面迈出了重大步伐，普及教育、职业教育、成人教育、高等教育都有了长足发展。全省共有小学3437所，在校学生44.8万人，适龄儿童入学率达到87.44%，比上年提高1.04个百分点，普及初等教育人口覆盖率达到64.8%，比上年略有提高。职业技术教育坚持多形式、多渠道、多层次办学，得到迅猛发展，全省共有职业中学28所，在校学生0.32万人，占高中阶段在校生的比重达到39.86%。成人教育在注重在职培训的同时，开展了大规模扫盲教育。全省有成人高校3所，在校学生3227人；中专19所，在校学生9892人；技工学校615所，在校学生227623人。全省青壮年中非文盲率达到84.79%。普通高等教育，面向经济建设进行了较大幅度的专业结构调整，全省共有高等院校7所，在校学生7835人。民族教育得到发展，基本形成了乡有寄小、县有民中、州有民师、省有民族高校的民族教育体系。全省各级各类学校少数民族在校生比重为35.9%。

文化艺术事业：1995年末，全省文化事业机构达到1081个，其中电影事业机构716个，图书馆41个、群众文化事业机构270个，专业艺术表演团体14个。基本形成了国家、集体、个体多种形式办文化的格局，群众文化活动空前活跃。

出版事业：1995年末，全省共有报社16家，全年印发报纸16种，5677万份；有杂志39种，总印刷数79万册。出版数量增加，质量提高。

广播电视事业。1995年末，全省有无线广播电台4座，发射台、转播台8座，总发射功率459千瓦，广播人口混合覆盖率达到58.5%，比上年提高0.5个百分点；有自办节目的电视台5座，有线电视台2座，转播台、差转台320座，总发射功率72.06千瓦，电视人口覆盖率达到75.4%，比上年提高0.4个百分点。

卫生事业：1995年末，全省共有卫生机构1176个，其中医院592所。医疗卫生单位拥有病床1.72万张，比上年增加0.03万张，卫生技术人员2.02万人，其中医生9435人，护师、护士5689人。

体育事业：1995年，全省组队参加国际、国内体育比赛45次，共获得国际比赛冠军1个，国内比赛冠军1个，亚军5个，第三名7个。在体育外事活动中，接待了境外225人来青海进行高原训练、登山、旅游、考察、观光和洽谈业务。

五、人口和人民生活

1995年，青海省认真贯彻计划生育的基本国策，实行计划生育目标责任制，计划生育工作取得了较好成绩。全省人口出生率22.01‰，比上年下降0.04个千分点；死亡率6.89‰；人口自然增长率15.12‰，下降0.12个千分点。年末全省总人口481.2万人，比上年增加7.2万人。

1995年，青海省在生产发展的基础上，人民生活进一步改善。城镇居民人均生活费收入3112元，扣除价格因素实际增长3.9%；人均消费支出2870元，实际增长0.2%。农牧民人均纯收入1030元，实际增长2.3%；人均年生活费支出914元。城乡居住条件有了一定改善。1995年，城镇新建住宅52万平方米；农村牧区新建房屋146.7万平方米。

1995年，青海省加大了扶贫资金投入，扶贫工作取得了可喜的成绩。当年全省有20万贫困人口实现脱贫，全省贫困人口减少到83万人。

（刘玲芝　撰稿）

经济体制改革和对外开放

1995年,青海省在省委、省政府的领导下,以建立社会主义市场经济体制为目标,以深化国有企业改革为重点,完善宏观管理体制,积极推进各项配套改革,国民经济的市场化、社会化程度进一步提高。坚持实行"东进西出,内联外引,敞开省门,全方位开放"的方针,对外贸易、利用外资和横向经济联合取得新成绩。

一、企业改革

建立现代企业制度试点工作全面展开。年初对试点企业作了调整,在1994年14户试点企业的基础上,新增4户,取消1户。其中,工业企业12户、商贸企业4户,工贸结合企业1户。17户试点企业陆续制定出试点方案,其中13户企业的试点方案已经论证批准。青海百货、三普药业、青海工程机械集团、山川铸造铁合金集团、青海青稞酒集团、青海纺织品公司等6户企业依照《公司法》完成了公司制改组。青海百货、三普药业两家上市公司的股票发行和上市获得成功。进入试点方案实际操作的试点企业,在确定产权主体、理顺产权关系、明确资产责任、分流富余人员、减轻企业负担、加强企业管理等方面,初步探索出了一些经验和办法。

企业组织结构调整迈出了新步伐。1995年青海省对69户企业的组织结构进行了调整,占1992年以来企业组织结构调整总数一半以上。企业兼并、破产工作取得了突破性进展。兼并、合并企业19对,租售1户,破产2户。青海曲轴厂兼并西宁车辆厂,突破了企业不同隶属关系的障碍。青海海力有限责任公司对青海铸造厂的兼并开创了弱弱联合,以小并大的先例。还有西宁冶炼厂、海北毛纺厂依法实施破产,都为今后的结构调整、资产重组提供了经验。国有小企业改革力度逐步加大。各地根据具体情况,分别采取改、转、租、售、承包等多种形式,努力搞活小企业,取得了一定成效。

劳动合同制试点工作进展顺利,签订劳动合同的总数达14.1万人,占全省职工的32.9%。颁布实施了《青海省最低工资规定》,并在7户企业中进行了厂长、经理年薪制试点。

二、宏观管理体制改革

财税体制改革。财税体制改革在巩固1994年改革成果的基础上,进一步深化,加强了增值税、消费税的征管,改进和完善了个人所得税、屠宰税等地方税种的征管办法,堵塞了漏洞,国税和地税收入都有一定增长。

金融体制改革。认真贯彻实施《中国人民银行法》、《商业银行法》、《保险法》、《票据法》和《贷款通则》等金融法律、法规。完成了政策性业务与商业性业务的划转和分帐管理,为实现国有专业银行向国有商业银行的转变打下了良好基础,促进了全省金融事业的发展。

投资体制改革。按照国家的要求,进行了建设项目法人投资责任制试点,推行了建设项目资本金制度和工程招标、投标制,促进了投资效益的提高。

三、流通体制改革

流通体制改革不断向深层次推进。在粮油、食品、蔬菜、饮食服务等条件较为成熟的行业,进行了联锁经营试点。粮食企业全面实行政策性业务和商业性经营分开,两条线运行;进一步加强了化肥和石油、成品油的市场管理,巩固了1994年的改革整顿成果。

在深化流通体制改革的同时,加强了市场体系的建设。到1995年末,全省已有各类商品市场330个,全年市场成交额17.5亿元,比上年增长34%。要素市场有一定发展。全省有各类中介组织700余个。对市场流通秩序进行了治理整顿,打击不法分子,查处假冒伪劣商品,为逐步形成统一、开放、竞争有序的市场体系创造了一定条件。

四、住房制度改革

1995 年初，青海省政府下发了《青海省深化城镇住房制度改革的实施意见》，各地认真贯彻落实。全省住房制度改革由单项改革的试点阶段，进入综合配套改革全面推进阶段。西宁市、海西、海南州和湟中、民和、乐都、互助、平安、化隆等县的房改方案已经批准，并开始实施；到 1995 年底全省共出售公房 150 万平方米，回收售房款 3273 万元；西宁市第一期国家安居工程建设项目 28 个，已开工项目建筑面积 13.64 万平方米，竣工 9 万平方米。

五、社会保障制度改革

继续进行了农牧民养老保险改革试点，并取得一定成效。企业职工的失业保险由国有企业向非国有企业扩展。社会保险统筹有了新发展，到 1995 年底全省参加社会保险统筹人数达到 31.30 万人，其中在职职工 25.2 万人，离退休职工 6.1 万人。

六、进出口贸易

1995 年，青海省的对外贸易克服种种困难，得到了新发展。全年外贸出口总额 13807 万美元，比上年增长 11.8%；进口 4800 万美元（含委托中央企业进口），增长 31.5%。主要特点：一是实施多元化战略初见成效。在与港澳地区、日本等传统贸易伙伴的贸易额继续增长的同时，新增贸易出口国家和地区 11 个，扩大了外贸出口范围。二是省级专业外贸公司经营思想有了很大转变，从过去的单纯注重出口创汇转到了在提高效益的前提下多出口、多创汇。三是自营出口企业成为进出口贸易的新增长点。1995 年青海省机电设备公司又获得自营进出口经营权，连同西宁市外贸公司、西宁钢厂、山川机床铸造厂、民和镁厂、省第一机床厂、青海铝厂、青海省糖酒副食品公司，全省自营进出口企业达到 8 家，自营企业实际出口额达到 1582 万美元，占全省外贸出口额的 11.5%，比上年增长 42.27%。四是出口商品结构进一步改善。工业制成品比重继续上升，出口额达 10295 美元，占出口总额的 74.56%，比上年增长 12.4%。其中机电产品出口 1696 万美元，增长 58.95%。

七、利用外资

1995 年青海省认真贯彻“积极、合理、有效”的利用外资工作方针，紧紧抓住国家利用外资向中西部倾斜的机遇，取得了显著成绩。在直接投资方面，全年共审批外商投资企业 23 家，投资总额 5006 万美元，协议外资 2303 万美元。其中已工商注册 13 家，总投资 3245 万美元，实际利用外资 1664 万美元。1995 年，青海省已审批的三资企业中，资源开发和生产型项目的比例占 70%以上。到 1995 年底，全省累计审批外商投资企业 153 家，总投资 27675 万美元，协议外资 12087 万美元，已工商注册 100 家，总投资 15534 万美元，合同外资 5932 万美元，实际到位 2593 万美元。在间接投资方面，利用外国政府和国际金融组织中长期优惠贷款项目 5 项，引进资金 1895 万美元，增长 81.5%，其中，利用国际金融组织贷款 230 万美元；借用外国政府贷款 1665 万美元。

八、横向经济联合

1995 年，青海省按照统筹协调、优势互补、互惠互利、共同发展的原则，积极发展跨地区的横向经济联合和经济技术协作，横向经济联合出现了新局面，特别是在联合开发青海的优势资源方面有了较大进展。海北州利用原 221 厂的厂房，从山东枣庄、济宁，辽宁大连 3 地引进资金 1757 万元，联合兴建年产 5000 吨的海北碳化硅厂；从兰州铝厂引进资金 2000 万元，联合兴建年产万吨的海北铝厂。大通县从山东青州热电厂引资 500 万元，联合兴建年产碳化硅 1.2 万吨的大通碳化硅厂；从甘肃华伟公司引资 3000 万元，联合兴建年产 3000 吨铝锭的大华铝厂等。通过这些联合，促进了地方资源的开发。

（刘玲芝　撰稿）

建设繁荣进步文明富裕的新青海

——青海省国民经济和社会发展“九五”计划和2010年远景目标简介

一、未来15年青海经济社会发展的现实基础

1.矿产资源丰富,发展潜力大。青海省是一个经济穷省、资源富省、面积大省、人口小省。全省总面积72万平方公里,人口481万,其中少数民族人口占42%。同全国各省(区、直辖市)比较,青海的优势主要是资源比较丰富:(1)水能资源丰富。总的理论蕴藏量2377万多千瓦,居全国第五位。仅黄河龙羊峡至寺沟峡276公里的河段,就可建设龙羊峡、拉西瓦、李家峡、公伯峡、寺沟峡、积石峡6座大型水电站和尼那、直岗拉卡等7座中型水电站,总装机1103万千瓦,年发电量368亿千瓦时。(2)矿产资源丰富,品种比较齐全,分布集中,有很高的开采价值。到1993年底,青海境内已发现的矿产123种,探明储量的矿种79种,探明矿区272处,65种矿产保有储量潜在价值约17.25万亿元,占全国矿产保有储量潜在价值的19.2%。青海省柴达木盆地的盐湖资源在全国有非常明显的比较优势,具有储量大、品位高、类型全、分布集中、组合好等特点,总储量3382亿吨,钾、镁、锂、锶储量各均占全国储量的94%以上,锂含量高达2.2～3.12克/升。青海省柴达木盆地石油、天然气有较好的成矿条件,现已探明石油储量1.88亿吨;天然气储量472亿立方米。(3)青海省有3330多万公顷天然草场,放牧着2300多万头(只)各类牲畜,是我国畜牧业主要生产基地之一。

2.国民经济和各项社会事业快速发展,为“九五”和下世纪初的进一步发展奠定了一定的物质技术基础。党的十一届三中全会以来,尤其是“八五”期间,青海省的改革开放和现代化建设取得了历史性的伟大成就,国民经济和各项社会事业快速发展。1995年,全省国民生产总值达到165.15亿元,其中,第一产业增加值39亿元,第二产业增加值65.2亿元,第三产业增加值61亿元;财政收入17.08亿元,财政支出28.8亿元;年末银行存款余额126.98亿元,贷款余额219.3亿元;固定资产投资51.41亿元;社会消费品零售总额56.39亿元;外贸进出口总额18607万美元,利用外资3559万美元;1995年,全省有耕地面积884.84万亩,其中农田有效灌溉面积265.97万亩,围栏草场面积2148万亩;发电装机190.6万千瓦;公路通车里程17061公里;铁路营运里程1095公里;民航机场2个,通航里程9千公里;市话交换机容量63万门,长话线路达到1052路。全省共有各类科技专业人员10.7万人,其中自然科学4.8万人,社会科学5.9万人。全省共有大中小学校3977所,在校学生67.45万人。其中,高等学校7所,在校学生0.74万人;普通中学471所,在校学生19.39万人;小学3437所,在校学生44.8万人;职业中学28所,在校学生0.32万人;中等专业学校34所,在校学生1.36万人。各级各类学校中少数民族在校生25.44万人,占在校学生总数的35.9%。全省拥有各类文化事业机构1081个;拥有广播电台4家,有自办节目的电视台5家,电视人口覆盖率达76%;出版发行报纸16种,杂志39种;各类卫生机构1176个,拥有病床1.72万张,卫生技术人员2.02万人。1995年,全省农牧民人均纯收入1030元,城镇居民人均生活费收入3112元。所有这些都为未来15年的发展奠定了一定的物质技术基础。

3.经济体制改革不断深入,对外开放不断扩大,为未来15年的发展奠定了一定的体制基础。青海省的改革,同全国一样,是从农村到城市,从侧重于突破传统计划经济体制的放权让利到以建立社会主义市场经济体制为目标的制度创新,逐步展开、不断深化的。对外开放是逐步推进、不断拓展的。“八五”期间取得了重大突破。农村以家庭联产承包责任制为主统分结合的双层经营机制不断完善;国有企业转换经营机制的改革不断深入,建立现代企业制度的改革顺利展开;流通体制改革,打破了统购包销和统

一调拨的体制，形成了多种经济成分、多种经营方式、多种流通渠道并存的竞争格局；新财税体制实现了平稳过渡，财政分级分税管理体制已基本落实到县级；银行政策性业务与商业性业务分离的金融体制已基本建立；价格改革取得重大进展，市场形成价格框架基本建立；转变政府职能、改革机构的方案正逐步实施，政府对经济的管理由指令性计划为主的直接控制，变为主要运用经济和法律手段的间接调控。社会保障等各项配套改革也有了较大进展。对外开放领域不断扩大，利用外资逐年增加，“八五”累计利用外资 3.6 亿元，到 1995 年底，已登记注册的三资企业 114 家。省际间的横向联合和对口支援日益扩大，有效地推动了经济的发展。这些都为实现建立社会主义市场经济体制的目标遵定了体制基础。

青海经济社会发展的主要制约因素是：(1)青海地处青藏高原，海拔高，气候寒冷，自然灾害频繁，严重制约农牧业的发展。(2)交通不便，基础设施落后，既无口岸，又无舟楫之利，利用外资难度大。(3)财政困难，建设资金不足。资金筹措难度大。(4)经济建设中急需的专业人才缺乏。(5)经济总量小，产业结构水平低。青海的产业结构以重工业为主体，产品结构以能矿产品为主体，所有制结构以国有经济为主体，投资结构以国家投资为主体。产业结构、产品结构的优化升级难度很大。

青海要依托优势资源，充分利用已有的基础和各种有利条件，努力克服制约因素，去争取更快发展。

二、“九五”和到 2010 年青海国民经济和社会发展的指导方针

“九五”和到 2010 年青海经济和社会发展总的指导思想是：继续实施“改革开放，治穷致富，开发资源，振兴青海”的发展战略，加大资源开发力度，加快脱贫致富步伐，加速工业化进程，促进青海国民经济持续、快速、健康发展和社会全面进步。工作中遵循以下方针：

——坚持实行经济增长方式由粗放型向集约型转变，把增加经济总量同提高国民经济整体素质和效益结合起来，实现速度、效益、后劲的统一。

——坚持实行经济体制由传统的计划体制向社会主义市场经济体制转变，进一步扩大对外开放。

——坚持把加强农牧业放在发展国民经济的首位。

——坚持把开发优势资源作为振兴经济的主要途径。

——坚持实施“科教兴青”战略。

——坚持实行可持续发展和全面节约战略。

——坚持实行分类指导的方针，促进区域经济协调发展。

——坚持物质文明和精神文明建设一起抓。

三、1996～2010 年青海经济社会发展的主要目标

青海省“九五”和到 2010 年经济社会发展的总体战略目标是：全面实现现代化建设的第二步战略目标，并向第三步战略目标迈出重大步伐，建立起比较完善的社会主义市场经济体制，人民生活实现小康并比较宽裕。国民经济持续、快速、健康发展，社会全面进步。

1. 经济总量目标：到 2000 年，按 1995 年价格计算，青海省国民生产总值达到 254 亿元，“九五”期间年均增长 9%，提前一年实现国民生产总值比 1980 年翻两番。到 2003 年，实现人均国民生产总值比 1980 年翻两番的战略目标。

到 2010 年，全省国民生产总值达到 660 亿元，比 2000 年翻 1.3 番，十年平均增长 10%，人均国民生产总值达到 11480 元，比 2000 年翻 1.18 番。

2. 人民生活目标：到 2000 年，青海城镇居民人均生活费收入达到 4160 元(1995 年价)，“九五”期间年均增长 6%；农牧民人均纯收入达到 1310 元，年均增长 5%。城镇居民人均居住面积达到 8 平方米，农村牧区居民人均住房面积达到 15 平方米(其中，钢筋砖木结构的比重达到 30%)。城镇居民基本达到小康生活水平，农村牧区人民多数达到小康生活水平，目前 83 万贫困人口基本解决温饱。

到 2005 年，全省城乡居民普遍过上小康生活，到 2010 年小康生活更加宽裕。

3. 经济体制改革目标：到 2000 年，初步建立起社会主义市场经济体制，市场在国家宏观调控下对资源配置起基础性作用。以公有制为主体，多种经济成份共同发展的格局进一步巩固和发展；以按劳分配为主体，多种分配方式并存的分配制度进一步完善；大多数国有大中型骨干企业初步建立现代企业制度，成为自主经营、自负盈亏、自我发展、自我约束的法人实体和市场竞争主体；形成以省会西宁市为依托，以商品集散地为重点，以区域性批发市场为骨干，以城乡基层商业网点为基点，覆盖全省、联结省外、信息灵敏，具有青海特色的商品市场体系和金融、技术、信息、咨询、房地产、劳动力等要素市场，实现主要由市场决定商品价格和要素价格的机制；

基本建立起适应社会主义市场经济需要的地方经济调节体系和地方法规体系。

到2010年，社会主义市场经济体制和管理体制、运行机制基本走上规范化、法制化轨道。现代企业制度基本完善，国有经济的产业布局和结构进一步合理，形成一批具有较强实力的企业和企业集团；市场体系基本健全，商品市场发达，要素市场完善；按劳分配为主，多种分配方式并存的制度较为完善；社会保障体系比较健全。

4. 产业发展目标："九五"期间，第一产业增加值年均增长3.5%，第二产业增加值年均增长11%（其中工业11.5%），第三产业增加值年均增长10%。到2000年，三次产业结构大体为18：48：34。

2001～2010年期间，第一产业增加值平均增长3.5%，第二产业年均增长10%（其中工业12.5%），第三产业年均增长10.5%，三次产业结构变为10：59：31，初步实现工业化。

5. 科技发展目标：到2000年，主要工业技术和一些重要行业的总体水平达到国内中等水平，高新技术产业形成一定规模，科技进步对经济增长的贡献率达到35%左右。

到2010年，主要产品的生产技术接近或达到发达国家下世纪初的水平，科技进步对经济增长的贡献率达到45%以上。

6. 教育发展目标：到2000年，基本普及初等义务教育，适龄儿童入学率达到90%，普及初中教育人口覆盖率达到68%，基本扫除青壮年文盲。少数民族学生占各级各类学校在校生的比重达到40%左右。高等教育和中等职业教育在调整结构、提高质量方面取得明显进展。

到2010年，基本普及初中义务教育，青壮年文盲率下降到5%左右，受高等教育的比重进一步提高，全省各族人民科技文化素质显著提高。

7. 社会发展目标：到2000年，全省人口控制在523万人以内，"九五"期间人口年均自然增长率14.7‰；初步形成社会保险、社会救济、社会福利、优抚安置和社会互助、个人储蓄积累相结合的多层次的社会保障制度。城镇失业率控制在3%左右，城镇社会保险覆盖面达到75%以上，农村达到25%以上；建立起满足人民健康基本要求的医疗卫生体系，基本实现人人享有初级卫生保健；西宁、格尔木市和湟水流域的环境污染基本得到控制，东部农业区的生态环境有所改善。

到2010年，人口控制在578万人以内，形成比较完善的社会保障体系；基本控制环境污染，环境质量明显改善，抗灾减灾能力大为提高。

四、工作重点和措施

1. 坚持把农牧业放在经济工作的首位，加强农牧业基础。继续贯彻"扩耕地、攻单产、建基地、增后劲"的方针，东部地区重点抓好"引大济湟"等水利骨干工程和现有水利设施的挖潜配套；西部地区重点抓好柴达木盆地绿洲农业开发工程，到2000年全省粮食产量达到135万吨，2010年达到180万吨，基本实现自给。坚持"立草为业，调整结构，提高总增，增加商品"的方针，稳定发展畜牧业，逐步把青海建成全国的畜产品基地。注重发挥油料生产的比较优势，搞好"菜篮子"工程建设，发展高产、优质、低耗、高效农牧业。加快发展乡镇企业。重点发展畜产品加工业、冶金、采矿、建筑、建材和第三产业，推进农村牧区工业化、城镇化和现代化进程。

2. 开发优势资源，加快工业化进程。资源开发的重点是水电、盐湖、石油天然气、有色金属、贵金属和非金属矿产资源，建成一批国内外市场急需，技术起点高，生产规模大，产业延伸长，对青海经济发展有重要影响的项目，形成氯化钾、硫酸钾、电解铝、金属镁、特种钢、铁合金、碳化硅、高纯镁砂、石棉等一批拳头产品，把青海建成全国重要的水电、钾肥、有色金属和石油天然气化学工业生产基地。技术改造的重点是机械、轻纺工业和其他"三线建设"时期的老企业。通过改造使规模和技术水平上一个新台阶。

3. 加强基础设施建设，努力改善投资和发展环境。"九五"期间，重点对青藏铁路进行扩能改造和兰青铁路省内段大修，提高运能。到2010年，争取建成西宁—成都铁路；改造提高以国道和省干线公路为骨干的通道网，修通省际间的断头路，建设通往资源开发地区和贫困地区的道路；抓好西宁、格尔木机场的扩能改造，完善生产和服务设施，增辟新航线，扩大客货运输量。下世纪，再建设一、二个地区性机场；建设兰州—西宁—拉萨一级干线光缆青海段，并以此为依托，带动两翼通信事业发展。到2010年，综合通信能力、通信质量和技术装备水平再上一个新台阶。

4. 多渠道筹措建设资金，加大固定资产投人实现"九五"计划和到2010年的远景目标，必须多渠道筹集建设资金，加大投入，建设一批重点项目。计划"九五"期间全省全社会固定资产投资规模为520亿元，投资率为37.5%，年均增长24.5%。要适应社会主义市场经济的新形势，建立筹集和使用资金的新机制，走多渠道、多形式、多层次筹措资金的新路子。

一是积极争取国家在青海多安排建设项目，多安排投资；二是加强财源建设，加强税收征管，狠抓增收节支，逐步形成比较稳固的多元化、多层次的梯级财源体系，壮大财政实力，提高自我投入、自我发展能力；三是拓宽金融业务领域，运用多种方式和多种信用工具，大力组织存款，扩充信贷资金。加大债券、股票等融资力度，拓宽融资渠道；四是加大引进外资力度，重点是借用世界银行贷款、外国政府优惠贷款和吸引外商直接投资；五是推动企业资产、资金重组，以产权换资金。同时，加强"拨改贷"资金本息和各类基金的回收，实行滚动发展；六是动员集体、私营和个体等社会各方面力量进行投资。

5. 深化改革，扩大开放。进一步解放思想，增强改革开放意识。积极推进以建立现代企业制度为目标的国有企业改革。深化农村牧区改革，发展市场化的农村牧区经济。加快培育市场体系，建立主要由市场决定商品价格的机制。加快社会保障制度改革，坚持和完善按劳分配为主体、多种分配形式并存的分配制度。转变政府职能，加强宏观经济管理，搞好地方经济调节。坚持"东进西出，内联外引，敞开省门，全方位开放"的方针，大力发展对外贸易，加大利用外资力度，加强横向经济联合，以开放促开发，以开放促发展。

6. 全面实施"科教兴青"战略，促进科技、教育与经济的紧密结合和全民整体素质的提高。把解放经济、社会发展中的重点、热点和难点问题放在科技工作的首位，力争在工农业科学研究和科技开发、科技成果转化、引进吸收国内外先进技术等方面取得重大进展。加强具有高原特色的农牧业科学研究，加强资源的综合开发利用研究，坚持实行引进、消化、吸收为主的方针，积极采用国内外成熟的科技成果，对于国内外没有现成技术可以引进的，集中力量进行联合攻关，努力缩短科研工作的周期，推动全省资源开发的顺利进行和产业结构、产品结构的升级。全面贯彻《中国教育改革和发展纲要》重点普及九年制义务教育和扫除青壮年文盲，扶持和发展民族教育、职业教育和成人教育，重视师范教育，调整高等教育结构，提高教育质量，改变目前院校、学科、专业设置重复，力量分散的状况，加快培养经济发展需要的各种实用人才。

7. 高度重视社会事业发展，努力提高人民生活水平。认真贯彻执行计划生育的基本国策，落实各项计划生育措施，严格控制人口增长，提高人口素质。坚持实行资源开发与节约并举，资源开发与环境保护并举的方针，减少资源浪费，控制环境污染和生态环境破坏。加强社会主义精神文明和民主法制建设，努力提高各族人民的物质和文化生活水平。

（佘双盈　撰稿）

附录一

青海省柴达木资源开发研讨会纪要

（一九九五年十月七日）

在国务院领导同志的关心下，青海省人民政府与国家计委于 1995 年 10 月 5 日～6 日在北京共同召开了青海省柴达木资源开发研讨会。国务院有关部委和直属机构 43 个单位的领导同志和专家，青海省党政领导及政府有关部门，地处柴达木盆地的海西蒙古族藏族自治州和格尔木市政府的负责同志，共 180 多人参加了会议。在此之前，党中央、国务院领导胡锦涛、邹家华、吴邦国同志先后视察了青海省柴达木盆地等地区，对开发柴达木资源提出了新的发展思路和要求。中央 29 个部委领导同志和专家 200 多人分期分批到青海和柴达木盆地进行了实地考察，为开好这次研讨会进行了充分准备。

会议以党的十四届五中全会精神为指导，研究讨论了王汉民副省长向大会介绍的柴达木资源开发的思路和规划。国务院副总理邹家华、吴邦国同志到会作了重要讲话，化工部、石油天然气总公司、农业部、国家科委、地矿部、国家体改委、中国国际工程咨询公司等部门的领导在大会上做了重点发言，国家计委叶青副主任作了总结。会议认为，加快开发柴达木资源开发，促进青海经济发展，完全符合党中央提出的从"九五"开始，要更加重视中西部地区的发展，缓解地区差距继续扩大趋势并逐步缩小差距的重大政策，是贯彻落实党的十四届五中全会精神的一个重要举措，要通过这次会议，把柴达木资源开发推向一个大规模开发的新阶段。中央各部门代表表示，将积极支持柴达木资源开发，化工部、中科院还分别与青海省签署了推进科技进步、合作开发柴达木资源的协议。

现将会议讨论的几个主要问题纪要如下：

一、加快柴达木资源开发的战略意义。柴达木盆地资源丰富，素有“聚宝盆”之称。盐湖资源、石油天然气资源、有色金属和非金属矿产资源富集，有6种矿产储量居全国第一位，其中相当一部分是国内紧缺的重要资源，市场前景广阔，具有重大的开发价值和经济价值。柴达木盆地还有大片宜农荒地和较多的水资源，发展农业也有较大潜力。柴达木盆地的中心城市格尔木是进出西藏的门户，是我国西部边防的后方基地，地理位置十分重要。开发柴达木资源，将有力地带动青海、西藏的经济发展，并对全国经济发展和改善地区经济布局产生积极影响。青藏地区的经济发展，对于逐步缩小东西部地区发展差距，进一步增强民族团结，促进社会稳定，巩固西部边防，维护祖国统一，必将产生深远影响。

经过40多年的地质勘探、科学研究和开发建设，柴达木盆地已经奠定了一定的经济基础，初步具备了大规模开发的条件。因此，会议一致认为，加快柴达木资源开发不仅是必要的，也是非常及时和可能的，这是更加重视和支持中西部地区发展的一个重大步骤。加快中西部地区发展是一个渐进过程。在初始阶段只能选择一些像柴达木盆地这样资源比较丰富又为全国所需要，并具备开发条件的地区，在国家的支持下加快发展，使之成为不发达地区新的经济增长点，进而带动整个中西部地区的经济发展。

二、开发柴达木资源的指导思想。研讨会基本肯定了青海省提出的柴达木资源开发的指导思想和规划思路，并从不同角度提出了修改意见，建议青海省进一步修改完善，并作为我国富有特色的区域经济开发纳入国家“九五”计划和2010年远景发展规划。

研讨会认为，柴达木的资源开发，必须以党的十四届五中全会通过的《中共中央关于制定国民经济和社会发展“九五”计划和2010年远景目标的建议》为指导，正确处理以下几个方面的关系：一是资源开发与市场经济的关系。必须摆脱过去计划经济的开发模式，按照市场机制进行运作，根据市场需求择优开发，在发展中不断提高经济效益；二是新建项目与现有企业的关系。青海现有企业不多，经济总量很小，柴达木资源开发需要新上一批建设项目，但要高度重视发挥现有企业的作用，尽可能依托现有企业扩建改造，扩大开发规模、积累资金、培养人才。三是资源开发与基础设施建设的关系。柴达木盆地是在过去一片空白的基础上发展起来的，基础设施状况与大规模资源开发的要求还很不适应，应当继续加强基础设施建设，进一步改善投资环境。四是资源开发与发展农牧业的关系。柴达木盆地是青海发展农牧业潜力较大的地区之一，柴达木资源开发应当包括农牧业资源的开发利用，使工农牧业协调发展，并为全省实现粮食自给作出贡献。五是资源开发与环境保护的关系。柴达木盆地生态环境脆弱，开发资源绝不能以破坏资源、牺牲环境为代价。要加强对柴达木资源开发的统一管理，贯彻可持续发展战略，合理开发利用资源，特别要重视发展节水农业、节水工业，防止水污染与盐湖污染。

三、柴达木资源开发的重点与布局。根据全国和青海经济发展的需要与市场供求趋势，柴达木资源开发的重点应当是盐湖资源、石油天然气资源、农牧业资源，以及其他具有优势的资源，并将柴达木盆地的丰富资源与青海东部地区充足的水电资源结合起来，促进资源优势更快更好地转化为经济优势。

（一）盐湖资源开发应以氯化钾为重点，大力发展钾肥生产，在此基础上，积极开展钠、镁、锂、锶、硼资源的综合利用，发展盐化工，将柴达木建设成为我国的钾肥、盐化工基地。建议把建设年产80万吨氯化钾的青海钾肥二期工程、10万吨硫酸钾工程列入国家“九五”计划，并进行无水氯化镁、高纯碳酸锶、盐湖提锂的工业性试验，加快盐湖资源的开发步伐。5万吨高纯镁砂工程，列入“九五”前期工作计划、切实做好市场和经济效益分析等工作。

（二）石油天然气资源在加强勘探、增加储量的同时，加强开发利用。在满足青藏两省（区）油气需要的前提下，逐步往下延伸，发展石油天然气化工，并与盐化工相结合，促进两者的共同发展。建议将青海天然气开发利用工程列入国家“九五”计划，建设进度上与青海钾肥厂二期工程错开。

（三）农牧业资源开发应以水利为龙头，防护林为屏障，发展“绿洲农业”，实现农林牧业的有机结合，在城镇和工矿区附近建设蔬菜副食品生产基地，建议将宗加巴隆农业开发工程等项目列入国家“九五”农业开发计划。

（四）加强基础工作和基础设施建设。地质勘查工作方面，“九五”期间重点是加强石油天然气、西部盐湖资源、贵金属资源的勘查，以及盆地周边地区的基础地质工作，进一步扩大矿产储量和新的找矿区域。能源建设，要充分利用黄河上游水能资源的优势，积极发展水电，把黄河上游建成全国水电基地之一。希望有关部门尽快上报和批准建设乌兰至格尔木的330千伏送变电工程，以满足柴达木资源大规模开发的用电需要。建议国家有关部门“九五”期间安排建设青藏铁路二期扩能改造工程，格尔木机场复航改造工程和已确定的西宁至拉萨的光缆工程，以及青新公路、柳格公路改造工程。加强格尔木等城镇的基础设施建设，完善城市功能。

(五)其他优势矿产资源的开发，应在抓好现有铅锌生产的同时，重点扩大金属镁、黄金和石棉的生产规模。

(六)柴达木盆地资源开发和加工利用项目应尽可能依托现有城镇，沿铁路和公路干线布置。近期内主要是依托格尔木市，重点开发周围地区的丰富资源，形成一批骨干企业，以带动全区的经济开发。

四、加大科技投入，实行集约经营，做到少投入、多产出、快回报、高效益。柴达木资源开发不能再走粗放经营的路子，而要依靠现代科学技术和科学管理，实行集约经营。要加强资源开发利用中科技问题的攻关研究，强化科技成果的推广应用，加强先进适用技术的引进和消化、广泛开展对外技术合作、重视科技人才的培养和职工的技术培训，提高总体科技素质。青海希望中央有关部门、东部沿海地区和科研单位、高等院校在科学技术、经营管理和科技人才培养等方面给予更多的支持。

五、深化改革，扩大开放，多方筹资，联合开发。研讨会认为，柴达木盆地资源的综合开发要多渠道筹集建设资金，走一条多方合作、联合开发的新路子。首先，要充分发挥青海自己的力量，并且积极采取更灵活的方式和有效措施吸引境外和沿海地区到柴达木投资办厂。同时，国家要选择一些符合国家产业政策、市场大、效益好的项目以及事关全局的能源、交通通信等重大基础设施项目做好前期工作，列入“九五”计划，加快建设。在资金筹措方面，要继续结合深化计划、投资体制改革，逐步扩大中西部地区对外开放步伐，对柴达木资源开发采取适当倾斜的政策措施。如适当增加对青海的投资补助，对要求地方共同投资的项目，适当降低地方投资比例；国家政策性贷款要逐步增加对青海投资份额，商业银行在可能条件下在信贷规模和信贷资金上给予照顾；逐步增加国际金融组织和外国政府贷款、引导外商向柴达木资源开发项目投资；将一些现有企业国家投资的拨改贷部分转为资本金，增强企业资金积累能力，实行滚动发展，等等。

六、加强柴达木资源开发的综合协调。柴达木资源开发涉及行业、部门、地区较多，需要协调的工作量大，研讨会建议国务院有关部门和青海省及时做好不同层次的，尤其是跨行业、跨地区的协调工作。与会中央部门表示，将在本部门业务和职责范围内，对柴达木资源开发给予支持和做好服务工作，组织同行业先进企业对青海同类企业实行对口帮扶，做好部门内的协调工作。国家计委将积极支持柴达木资源的开发，认真做好跨地区、跨部门的综合协调工作。青海省也表示将为柴达木资源开发做好省内的协调工作，创造良好的投资环境，在国家和各地的支持下，把柴达木资源开发推向一个新阶段。

附录二

青海省柴达木盆地“九五”资源开发项目

一、农牧项目

1. 都兰县宗加巴隆地区农业灌溉工程
2. 都兰察汗乌苏农业灌溉工程
3. 柴达木盆地国有农场中低产田改造工程

二、工业项目

1. 青海钾肥厂二期工程
2. 青海硫酸钾工程
3. 青海黎明化工厂烧碱扩建工程
4. 青海高纯镁砂厂
5. 民和镁厂扩建工程
6. 青海环氧丙烷工程
7. 青海天然气三项工程
8. 青海化肥厂
9. 格尔木天然气化纤厂
10. 格尔木铬铁冶炼厂
11. 330千伏乌兰—格尔木送变电工程
12. 海西州焦化厂
13. 海西州鱼卡煤矿
14. 格尔木水泥厂

三、科技攻关项目

1. 青海盐湖水氯镁石流态化脱水制取无水氯化镁工业性试验
2. 青海盐湖提锂工业性试验
3. 高纯碳酸锶工业性试验

四、地质勘查项目

1. 柴达木盆地西部石油、天然气勘探
2. 柴达木盆地北缘地区金矿勘查
3. 东昆仑中段金矿勘查
4. 大柴旦马海湖钾矿详查
5. 东台吉乃尔湖区供水水文地质普查
6. 东台吉乃尔湖锂矿勘探
7. 柴达木盆地绿洲农业1：50000水文地质、环境地质普查
8. 格尔木地区水泥原料矿产勘探

五、基础设施项目

1. 青藏铁路扩能改造工程
2. 西宁—成都铁路工程
3. 青新公路德令哈—大柴旦段改建工程
4. 青新公路花土沟—茫崖石棉矿段改建工程
5. 格尔木至察尔汗公路改建工程
6. 西宁—拉萨光缆工程
7. 格尔木机场改造工程

六、城市建设项目

1. 格尔木污水处理工程

项目归口管理单位：青海省海西州计委。

地点：青海省德令哈市　　联系人：齐光华主任

电话：(0977)222314　　邮政编码：817000

典 型 企 业

我国数控加工中心的重要生产基地
——青海第一机床厂

青海第一机床厂是我国机械行业的重点骨干企业，是我国生产和研制数控加工中心的重要基地，是荷兰富利得国际贸易公司的重要股东和董事单位，被国家外贸部授予进出口经营权。近年来，被机电部确定为"数控机床样板厂"，并先后荣获国家"技术进步奖"、"国家计量先进单位"、"全国设备管理先进单位"，以及"精神文明先进单位"等一系列荣誉称号。党和国家领导人江泽民、胡锦涛、倪志福、袁宝华、吴仪等同志先后到该厂视察，对工厂取得的成就给予了充分肯定和高度评价。

该厂地处高原古城——西宁市西郊，占地24万平方米，其中建设面积14万平方米。工厂环境优美，有"花园式工厂"的美称。目前该厂拥有恒温数控机床安装、调试生产场地3500平方米；拥有美国的双频激光干涉仪、德国的三座标测量仪、数字控制测高仪；还拥有德国的导轨磨床、瑞士的万能磨床、日本的大中型加工中心和五面加工中心。先进的加工设备，精密的检侧仪器，使加工速度、零件及产品质量有了很大提高，使该厂成为我国生产和研制数控加工中心的重要基础。

该厂始建于1958年。多年来已先后成功地开发10多个系列100多个品种的新产品，其中，有以高新科技产品——加工中心为主的技术密集型产品70余种。主导产品有：五面立卧式加工中心、五座标加工中心、卧式加工中心系列，立式加工中心系列，柔性制造单元，柔性制造系统，数控床身铣床系列，仿型铣床系列，数控仿型、数控工能工具铣床，万能工具铣床系列，升降台式铣床系列等。尤其是卧式加工中心系列的产品品种多，规格齐全，工作台从400×400到1200×1200，产销量均占全国机床行业之冠。国外专家在考察该厂产品后惊呼："没想到，青海高原竟有这么一颗灿烂的明珠！"

该厂拥有一支专业知识水平高，科技实力雄厚的科研队伍，承担国家重点科研攻关项目，跟踪国外技术发展方向，适应新技术含量在产品中不断增加的需要。"七五"、"八五"期间，主要科研成果有：UD80换刀换箱柔性制造单元，QH_1—FMC柔性制造单位，QH_1－FMS800柔性制造系列，以及XH7910/1五面加工、五座标卧式加工中心等。试制成功的XH754第一台样机，在参加日本国际机床博览会中，立即被日本发那科公司购买，用于无人化工厂与机器人联机；试制成功的第一台XH7910/1五面加工中心，在通过国家级鉴定会上，专家们一致认为，它在技术上属国内领先，达到国际同类产品90年代初期的水平，填补了我国立卧转换加工中心的空白。

该厂品种齐全的产品，源源不断地发送到汽车、机械、轻工、铁路、能源、化工等行业，已经在海内外广大客户中产生巨大的效益，已经成为各有关行业上技术水平、创经济效益不可缺少的工艺设备。该厂由于产品设计先进合理，工艺成熟，加工及时，加上周到的售前售后服务，从而使企业享誉海内外，产品行销国内28个省、市、自治区及美国、日本、德国、匈牙利、巴西、南非、东南亚等40多个国家和地区。

目前，青海第一机床厂正在逐步实施"九五"发展规划，决心继续抓住数控机床产业化，以高起点、高质量、上规模、上水平为重点，大力发展高新技术产品，把企业发展成达到国际先进水准的"小巨人企业"，为我国的机床事业做出更大的贡献。

青海第一机床厂愿以优质的产品，良好的信誉，继续竭诚地为国内外用户服务。

（翟永章　撰稿）

1995年改革开发大事记

1月

12日 我省经济工作会议召开，省党政领导参加了大会。省委常委、副省长王汉民在会上作题为《集中精力做好全省经济工作，为提前实现第二步战略目标打好基础》的报告。

16～18日 全省计划会议在西宁召开，省党政领导尹克升、田成平等出席了大会。王汉民副省长作了重要讲话。

23日 省委副书记、省长田成平，带着省委、省政府对州县亏损企业和困难职工的亲切关怀，前往海南藏族自治州看望企业职工。

2月

7日 省委发出《中共青海省委、青海省人民政府关于在本世纪末基本扫除青壮年文盲的决定》。

16～18日 全省农业工作会议在西宁召开，省党政领导桑结加、冯敏刚、高尼、刘光和、班玛丹增等参加了会议。

24日 青港塑料有限公司正式投产。省党政领导出席了投产剪彩仪式。

3月

4日 为迎接第四届世界妇女大会和庆祝“三八”妇女节，青海省“通向北京”象征性长跑活动在西宁鸣枪。省党政领导和全省1万多名各族各界妇女一起参加了长跑活动。

7月 国务院总理李鹏到出席八届全国人大三次会议的青海代表团参加讨论。代表们在讨论中谈到民族地区的经济发展和民族团结问题时，李鹏同志对此非常关心，他说，民族地区在社会主义现代化建设中取得显著成绩，民族团结也是好的。我国是一个多民族国家，民族团结十分重要。发展民族地区的经济是民族团结的基础。中央和经济发达地区应积极支持民族地区的经济发展。民族地区的广大干部群众也要努力为本地区的经济发展作出更大贡献。

17日 省委书记尹克升在八届全国人大三次会议上提出：青海在新时期的开发建设中，要继续弘扬艰苦奋斗、吃苦耐劳、锲而不舍的精神，这就是青海人常说的“高原精神”。尹克升同志认为，这种“高原精神”集中体现在三个方面，即“柴达木精神、青藏兵站部精神和湟源牧校精神”。

▲中外合资企业——西宁金昌磨料实业有限公司举行签字仪式，省党政领导出席了签字仪式并表示祝贺。

23日 全省“菜篮子”工程建设工作会议在西宁召开。省党政领导参加了大会。省长田成平作重要讲话。

4月

7日 省委副书记、省长田成平，副省长刘光和率省市有关部门的负责同志深入大通县农村检查春耕生产，并对贫困山区农民缺化肥问题，进行现场办公，就地解决。当日，还赴大通县北川河上游，实地勘察黑泉水库坝址，研究规划建设方案。

10日 省政府办公厅邀请国家有关部门的经济专家，就我省改革与发展问题进行专题讲座，省长田成平、副省长王汉民到会听讲。

28日 全省农村牧区小康村建设座谈会在西宁召开。

29日 省邮电管理局举行西宁本地电话网升位仪式。

27～29日 省委副书记桑结加率领省上有关部门的负责同志，到海西州实地考察乡镇企业，现场审核投资项目，当场协调解决资金，为乡镇企业的发展排忧解难。

5月

6日 西宁—兰州间游1/游2次“源峰”号旅游列车首行典礼在西宁火车站举行。省党政领导参加了典礼仪式并为列车开行剪彩。

10～14日 中共中央政治局委员、书记处书记、国务院副总理吴邦国在我省考察。在省党政领导陪同下，吴邦国同志先后到西宁钢厂、青海工程机械厂、龙羊峡水电厂、青海钾肥厂、格尔木炼油厂等国有大中型企业调查研究，还走访了共和县和格尔木市。

6月

2日 省委、省政府召开海东地区乡镇企业及重点项目建设通报会，协调解决突出问题。

9日 省政府召开全省经济形势分析会，就进一步加强对经济工作的领导，特别是要加强企业管理工作提出了重要意见。

12日 青海经济广播电台正式开播。

15～18日 全国人大财经委员会副主任黄毅诚一行，沿黄河视察已建成的龙羊峡水电站、正在建设的李家峡水电站和规划中的拉西瓦、公伯峡、积石峡水电站坝址。在青期间，黄毅诚受到省党政领导的亲切会见。

7月

3日 省委常委、副省长王汉民在省委党校礼堂作关于我省资源开发的现状及前景的报告。

4日 财政部副部长、国家国有资产管理局局长张佑才同志来我省检查指导工作。

7日 省党政领导就实施我省名牌战略等问题视察了青海曲轴厂和青海唐古特保健有限公司。

9～16日 中共中央政治局常委、书记处书记胡锦涛同志一行在我省考察。在省委、省政府领导的陪同下，胡锦涛同志先后到西宁、平安、乐都、海南州共和县、海西州格尔木市等地，实地考察了农业、牧业、企业和与人民群众生活密切相关的“菜篮子”工程建设，看望了生产一线的干部、职工、群众和解放军、武警部队官兵。

8月

1日 西宁铝厂建设工程正式破土动工。

4日 工商银行青海省分行召开座谈会，庆祝工行全国储蓄存款突破8000亿元，全省储蓄存款突破30亿元。

4～14日 省委常委、副省长王汉民在果洛藏族自治州调查研究，和当地干部群众共同商讨“九五”期间和2010年果洛州经济社会发展思路。

18日 我国目前海拔最高的公路隧道工程——国道227线宁张公路大板山隧道工程隆重开工。

15～22日 “青海资源环境与发展学术研讨会”在西宁召开。

22～24日 西北五省区党政主要领导联系会议在银川市召开，我省省委常委洛桑、副省长刘光和出席会议。

22～26日 中共中央政治局委员、国务院副总理邹家华在我省考察工作。在省党政领导的陪同下，邹家华副总理一行先后考察了我省国有大中型企业和海南藏族自治州共和县。邹家华副总理在考察时指出，青海资源丰富、人口少，发展经济的潜力很大，要研究市场、发挥优势、突出特色，形成有优势、有特色和协调发展的地方经济格局。

28日 国内最大的藏药生产企业——青海省藏药制药中心投产。

29日 应国家农业部邀请，国际农发基金会总裁阿尔苏丹先生一行6人来我省访问考察。

9月

3日 我省引大济湟工程规划报告评审会在西宁举行，该工程规划报告通过了省级评审。

8日 西北最大的碳化硅生产线在大通建成并投产。

12～15日 中国银行总行行长王雪冰来我省考察。省党政领导就我省资源开发问题与王雪冰行长一起进行了座谈。

10月

5～6日 由青海省政府和国家计委共同主办的柴达木资源开发研讨会在北京召开。省委常委、副省长王汉民介绍了柴达木资源分布和开发情况。中共中央政治局委员、国务院副总理邹家华、吴邦国到会讲话。省委副书记、省长田成平，省委书记尹克升分别致开幕、闭幕词。国家计委副主任叶青作了总结讲话。国家化工部、地矿部、农业部、国家科委、体改委等单位的领导作了重点发言。

9日 青海省政府在北京饭店隆重举行“青海省资源开发新闻发布会”。省委副书记、省长田成平，省委常委、副省长王汉民，省计委主任苏森分别回答了记者的提问。

16～21日 省委常委洛桑带领省农办等部门负责同志深入民和、乐都等地，就中川中低产田改造，松峡和李家等二期农业综合开发项目进行了实地考察。

11月

20日 省委书记尹克升、副省长贾锡太与青海汽车制造厂、青海微电机厂、青海无线电一厂、青海铸造厂等困难企业的部分离退休老同志，就如何摆脱企业困境问题进行座谈。

21日 省委、省政府办公厅印发《中共青海省委办公厅、省人民政府办公厅关于认真解决部分职工群众生活困难问题的通知》。

22日 全省科技大会在西宁隆重开幕。大会讨论制定了我省贯彻中共中央、国务院关于加速科学技术进步决定的《实施意见》，大会还对全省第六届科技进步奖95项获奖项目、获奖人员进行了表彰奖励；给获得“科技工作先进县”称号的乐都县人民政府颁发了奖牌和奖金。

12月

5～7日 省委八届四次全委会在西宁召开，会议审议通过了《中共青海省委关于制定全省国民经济和社会发展“九五”计划和2010年远景目标的建议》。

12日 全省第三次民族团结进步表彰大会在西宁隆重召开。

27日 省政府在乐都召开全省农业科技推广工作会议，对“九五”和明年的农技推广工作提出了要求。

28日 海北州顺利完成对原国营二二一厂基地的整体接收和州搬迁新址等工作，新州府所在地定名为西海镇。

宁夏回族自治区

主　　编： 李锦平
副 主 编： 李岳坤
编写人员： 刘加清　杨本学　赵军荣
勾红玉　刘秀丽　彭维克
王红梅　范　悦　党玉松
李　磊

宁夏回族自治区分目录

宁夏回族自治区概况 ……………………………………………………………………………… (529)
国民经济和社会发展 ……………………………………………………………………………… (529)
经济体制改革和对外开放 ………………………………………………………………………… (536)
附录：宁夏对外经济技术合作意向性项目 ……………………………………………………… (540)

典型地区与典型规划

宁夏扶贫扬黄灌溉一期工程 ……………………………………………………………………… (542)
宁夏隆湖扶贫经济开发区 ………………………………………………………………………… (543)
宁夏回族自治区大型骨干企业“九五”规划简介 ……………………………………………… (544)

1995年改革开发大事记 …………………………………………………………………………… (546)
彩色宣传图片
·隆湖铁合金厂·隆湖造厂·宁夏石嘴山发电厂兴达实业公司·宁夏石嘴山发电厂河滨铁合金有限责任公司·

宁夏回族自治区概况

面积：51800 平方公里

人口：512.5 万人

行政区划：2 个地区，2 个地级市，2 个县级市，16 个县

自治区党委书记：黄璜

自治区七届人大常委会主任：马思忠

自治区政府主席：白立忱

自治区六届政协委员主席：刘国范

宁夏国民经济主要指标（单位：亿元）

项　　目	1995 年	1995 年比上年增长（%）
国内生产总值	170	9
工农业总产值	249.5	
工业总产值	193	14.0
重工业产值	154	14.6
轻工业产值	39	12
农业总产值	56.5	5.6
全社会固定资产投资	67.01	9.9
国有固定资产投资	50.53	3.4
社会消费品零售总额	57.19	21.5
零售物价总指数（%）	15.3	
职工工资总额	37.2	21.2

国民经济和社会发展

一、国民经济发展情况

1995 年，我区认真贯彻党中央关于“抓住机遇、深化改革、扩大开放、促进发展、保持稳定”的基本方针，正确处理改革、发展和稳定的关系，以控制物价过快上涨、加强农业基础地位、深化国有企业改革和南部山区抗旱救灾等工作为重点，努力克服各种不利因素，使全区国民经济保持了健康平稳运行。全年完成国内生产总值 170 亿元，按可比价格计算，比上年增长 9%，其中第一产业增长 1.1%；第二产业增长 13%，第三产业增长 9%。

1. 农业在大灾之年获得较好收成。1995 年从中央到地方采取了一系列加强农业的措施，农民生产经营积极性普遍提高。在南部山区各县遭遇历史

上罕见的旱灾，夏粮大幅度减产的情况下，由于积极采取了多项抗灾自救措施；降低了减产幅度。全区粮食总产量仍达20.32亿公斤，比上年增产1%，与大丰收的1993年基本持平。其中山区3.98亿公斤，减产12.3%，川区16.34亿公斤，增产5%。由于比较效益下降和山区旱灾影响，甜菜、油料产量比上年减产。甜菜产量49.5万吨，减产6.3%。油料5600万公斤，减产20%。畜牧业发展势头良好。全区羊存栏292.7万只，牛存栏51.9万头，分别较上年增长8.8%和20.9%。肉类总产量12.1万吨，增长26.2%。牛奶产量14万吨，增长40%。林业、渔业继续发展。全年造林面积38.8万亩。水果产量11.6万吨，增长42.4%。水产品产量1.87万吨，增长9.9%。乡镇企业保持快速增长，全年完成总产值56.87亿元（1990年不变价），增长35.1%，实现利润、上缴税金分别增长33.9%和21.8%。

2. 工交生产速度加快，效益有所回升。 全年完成工业总产值193亿元，按可比口径计算增长14%，其中乡及乡以上工业完成总产值178.3亿元，比上年增长13.4%。轻工业扭转了连续3年低速徘徊局面，增长12%，增幅比上年提高9个百分点；重工业增长14.6%。乡及乡以上独立核算工业企业实现利税14.8亿元，比上年增长26%。工业综合经济效益指数回升到73.06%，比上年提高3.56个百分点。

3. 经济体制改革继续深化。 建立现代企业制度试点工作进入实施阶段，列入全国百家试点企业的西北轴承厂，完成公司化改造，成为我区第二家上市公司。自治区选定的10户建立现代企业制度试点企业，工作已全面展开。股份制改造稳步推进，全区已组建股份制企业1155户。中小企业拍卖、兼并、租赁、股份合作、外资嫁接等取得新进展。社会保障制度、城镇住房制度改革取得较大的进展，98%以上的国有企业职工参加了社会保险，普遍实行了住房公积金制度。流通体制改革实行了粮食政策性业务与商业性经营“两条线”运行。财税、金融、外贸外汇、价格等重大改革继续得到巩固和完善。

4. 财政金融形势良好。 地方财政收入保持了较快增长，全年地方财政收入完成8.98亿元，按可比口径，比上年增长17.6%。增值税、营业税、企业所得税增长较多，市县级收入完成情况好于区级收入。全年地方财政支出23亿元，增长16.3%，基本控制在年度预算之内。银行存款继续增加，贷款适度从紧，金融机构年末各项存款余额180.19亿元，比上年末增加41.28亿元，增长29.7%。各项贷款余额210.49亿元，比年初增加39.4亿元，增长23%；货币净投放14.58亿元，比上年同期减少1.92亿元，下降11.6%。

5. 对外开放取得新进展。 全年外贸出口总额2.4亿美元，比上年增长64.4%，进口0.38亿美元，增长15.2%。原煤、硅铁、羊绒等出口有较多增加。利用外资规模继续扩大，全年借用国外贷款2334万美元，吸收外商直接投资3316万美元。年末注册三资企业达365家。全年共完成国内经济技术协作项目91项。

6. 物价涨势明显回落。 自治区实行物价指数控制目标和市县控价目标管理责任制。整顿流通秩序，积极发挥国合商业稳定市场物价的作用。加强物价监管，严格控制调价项目。全年零售物价总指数由上年的20.6%降至15.3%，接近全国平均水平。

7. 城乡人民生活继续改善。 全年城镇居民人均生活费收入达到3026元，比上年增加368元，农民人均纯收入1037元，增加126.5元。全区城乡居民储蓄存款新增29.6亿元，增长34.4%。城乡居住条件进一步完善，全年城镇新建住宅131万平方米，农村新建住宅273万平方米。全年城镇安排就业2.07万人，年末失业率为5.47%。

8. 科技教育和各项社会事业全面发展。 全年共取得科技成果170项左右。农业高产栽培技术得到较大规模推广，全区吨粮田面积已达33.3万亩，比上年增长67%。在山区广泛推广了窖窖集水微灌技术，对充分利用天然降水资源，改变干旱带长期靠天吃饭局面具有重要意义。利用高新技术改造传统产业也取得进展。普及九年制义务教育进一步加强，在全区三分之二的地区基本普及了初等教育，银川市、石嘴山市5个市辖区基本普及九年制义务教育。青壮年非文盲率达到91.7%。人口自然增长率为13.79%，年末总人口512.5万人，控制在计划目标以内。卫生、文化、体育、新闻、出版等事业进一步发展。

1995年我区国民经济和社会发展取得的成就，标志着自治区“八五”计划顺利完成。“八五”期间，我区在山区连续5年干旱、铁路运输紧张、生产与建设资金短缺、市场竞争激烈的情况下，全区上下做了大量工作，主要依靠深化改革，扩大开放，靠现有企业挖潜，靠发挥地方资源优势，在国家的大力支持帮助下，保持国民经济稳定增长。国民生产总值年均增长8.1%，自治区经济实力显著增强。

二、国民经济结构调整情况

1995年，自治区国民经济在加快发展的同时，产业结构调整出现了一些新的变化。由于南部山区遭受连续5年的特大旱灾，粮食生产受到一定影响，特别是夏粮减产幅度较大，山区畜牧业发展比较缓慢；川区农业继续向“两高一优”方向发展，产业素质进一步提高。工业生产速度明显加快，产品市场有所回升，产供销情况良好。第三产业平稳发展，产业内部结构进一步优化。从国内生产总值构成看，1995年第一、二、三产业增加值分别达到35亿元、75亿元和60亿元，在国内生产总值中的比重分别为20.6%、44.1%和35.3%。同1994年相比，第一产业比重下降1.7个百分点，第二产业比重上升2.5个百分点，第三产业比重下降0.8个百分点。

农业和农村内部产业结构调整步伐加快。1995年农业内部结构进一步向合理方向发展，林业、牧业、渔业比重进一步上升。农村非农产业特别是乡镇企业发展速度加快，1995年全区农村社会总产值达到88.4亿元，其中乡镇企业实现总产值56.87亿元，所占比重达到45.1%，比1994年提高2.5个百分点。

第二产业中工业比重进一步提高，建筑业比重下降。1995年全区工业增加值达到64亿元，比上年增长14%，增幅提高4.4个百分点；建筑业增加值达到11亿元，增长5%，增幅提高2.4个百分点，工业与建筑业的比例由上年的81.8：18.2变为85.3：14.7。工业重型化结构依然十分明显，1995年全区工业完成总产值193亿元，其中，重工业154亿元，轻工业39亿元，轻重工业结构由上年的21.1：78.9变为20.2：79.8。从所有制结构看，国有工业仍占据主导地位。在全部工业总产值中，国有工业企业占到71.5%，集体工业占到11.5%，其他工业占到17%。大中型企业仍是工业的主要增长点。1995年全区83户大中型工业企业完成产值120.7亿元，比上年增长11.3%，增幅比上年提高1.4个百分点。工业产品结构调整步伐继续加快，产品的有效供给程度进一步提高，产品销售率达到96%

第三产业发展加快，内部结构日趋合理。1995年第三产业增加值为60亿元，比上年增长9%，占到国内生产总值的35.3%。从内部结构来看，金融、保险业、邮电通信业、交通运输业发展较快，比重趋于上升。这标志着第三产业内部结构的调整逐渐适应整个国民经济的发展，并正向着提高服务质量和产业素质的方向发展。

固定资产投资增速加快，基础设施建设进一步加强。全年全社会固定资产投资（不含宝中铁路、长庆油田投资）完成62.15亿元，比上年增长19.5%，增幅提高3.7个百分点。地方投资完成46亿元，增长7.7%，其中地方国有单位投资完成27.37亿元，集体和个体投资完成14.76亿元。列入计划施工的10个国家和自治区重点建设项目，有5个建成使用，它们分别是宝中铁路、京呼银兰光缆通信项目、宁夏残疾人康复中心、石嘴山钢铁厂异型钢丝绳项目、青铜峡唐渠电站。在党和国家领导同志的亲切关怀下，1995年12月13日宁夏扶贫扬黄灌溉工程经国务院批准立项，并纳入国家“九五”重点建设项目计划。

三、基础设施完善情况

（一）交通运输

铁路：截止1995年我区铁路线路里程为849.1公里，有两条铁路干线，为包（头）—兰（州）和宝（鸡）—中（卫）线。其中包兰线是我区的主要干线，境内全长361公里，年货物运输能力为1150万吨，其电气化改造正在紧张进行。宝中线在我区境内全长287公里，设计能力为年货运量1800万吨。该线已于1994年5月18日全线铺通，并于1995年6月1日投入试运营。地方铁路大（坝）—古（窑子）线也已于1995年11月正式贯通，并进入试运营中。

民航：宁夏现有民航机场一个，国内航线开通6条，即银川至广州、上海、北京、成都、西安、乌鲁木齐。国家批准新建的银川河东机场，自开工建设以来，进展顺利，预计到1997年可以建成交付使用。

公路：截至1995年底，我区公路通车里程已达8540公里。其中一级公路达50公里，二级路1240公里，三级路达3419公里。在黄河上已架起叶盛、中宁、石嘴山、青铜峡、银川5座公路桥，中卫黄河公路大桥正在紧张施工，预计1996年10月底完工。1995年底，全区民用汽车保有量已达5万辆。

（二）邮电通信

1995年邮电业务总量2.21亿元，比上年增长53.7%，市话交换机容量达30.3万门，市话普及率达4.5门/百人。全区县市均开通了无线寻呼，70%以上的县市开通了移动电话。1995年，电信业发展很快，基本形成以光缆为主、数字微波为辅的传输网络。国家“八五”重点建设项目京—呼—银—兰一级光缆干线工程和西—兰—乌一级光缆干线工程全部组成。本地网络也已形成1544公里的光缆支线传输网和全长745公里的数字微波网。截止1995年底，

全区邮电局、所已达312处。

（三）能源设施

截止1995年底，全区煤炭行业克服种种困难，生产原煤1477.83万吨，比上年增长6.4%，突破历史最高水平，入洗原煤392.37万吨，占总产量的27.5%。长庆油田宁夏部分生产原油38.50万吨，比上年增长27.9%。年加工能力为75万吨的宁夏炼油厂，加工原油53.1万吨，比上年约增加15.8%。全区电力系统装机容量169.632万千瓦，其中火电139万千瓦，水电30.632万千瓦。年发电量107.72亿千瓦小时，增长10.7%。主要电厂有大坝、大武口、石嘴山、中宁4座火电厂和青铜峡水电厂。自治区重点建设项目青铜峡唐渠电站建成并网发电。宁夏电网已覆盖全区20个市县以及内蒙古西部部分地区和陕西北部的定边、靖边县和甘肃环县部分地区。宁夏区内已形成北起大武口，经银川、青铜峡，南至中宁和中卫的220千伏主网架，并以330千伏输电线与西北大电网连接。到1995年底全区已建成330千伏线路454公里，330千伏变电站1座，2×15万千伏变电站总容量147万千伏安；110千伏输变电工程遍布全区。农村实现村村通电，使宁夏成为西北5省区和5个少数民族自治区中第一个实现村村通电的省区。

（四）城市基础设施

截止1995年底，宁夏拥有4座城市，即银川市、石嘴山市、青铜峡市和吴忠市。4座城市规划区面积为341.6平方公里，建成区面积为103.4平方公里。城市人口密度为258人/平方公里。公用道路长度为716.3公里。供水综合生产能力为82.6万吨/日，人均日生活用水量为179升，自来水普及率91%，污水处理率15.9%。气化率为59.4%。人均绿地面积2.6平方公里，人均居住面积7.8平方米。

四、国民经济和社会发展“九五”计划展望

“九五”期间，宁夏经济社会发展的主要奋斗目标是：到本世纪末，实现国内生产总值比1980年翻两番半，在全区人口比1980年增加近200万的情况下，争取实现人均国内生产总值翻两番；城乡多数人民生活接近和达到小康水平，南部山区贫困人口基本解决温饱，城乡面貌显著改观；大多数国有大中型企业初步建立现代企业制度，社会主义市场经济体制初步建立。

1. 经济总量和发展速度 到2000年，按1995年价格计算的国内生产总值从170亿元增加到262亿元，平均每年增长9%，其中：第一产业增加值年均增长4%；第二产业增加值年均增长10%；第三产业增加值年均增长10.3%。人均国内生产总值由3345元提高到4600元。

2. 结构调整 重点加强第一产业，大力调整和提高第二产业，积极发展第三产业。到2000年三次产业结构为17：46：37。农业的有效供给能力进一步增强，能源、交通、通信等基本适应国民经济发展需要，以较高的技术起点大力发展化工、冶金、机械、农副产品加工、建筑建材业等支柱产业，同时提高规模化集约化程度，形成10多户销售收入过10亿元、利税过亿元和40多户销售收入过亿元、利税过千万元的优势企业，创建一批名牌和优势拳头产品。

3. 经济体制改革 稳定和完善农村以家庭联产承包责任制为主的双层经营体制，建立健全农村社会化服务体系；大多数国有大中型骨干企业初步建立现代企业制度，以公有制为主体，多种经济成份共同发展的格局更具活力，国有工业以外的其他类型工业所占比重由1995年的30%，提高到2000年的40%以上；统一开放、竞争有序的市场体系初步形成，以按劳分配为主、多种方式并存的分配制度和社会再分配调节机制进一步完善；适应社会主义市场经济体制和民族地区特点的经济调节、管理及地方法律法规体系基本确立。

4. 经济效益和科技进步 着力转变经济增长方式，提高国民经济整体素质和经济效益。全社会劳动生产率平均每年提高到6.5%。万元国内生产总值消耗的能源由1995年7.8吨标煤下降到2000年的6.8吨标煤，年均节能率2.6%。基建固定资产交付使用率达到70%以上。工业流动资金周转次数提高到2次。加速科技成果向现实生产力的转化，科技进步对经济增长的贡献率，工业提高到40%以上，农业力争达到50%。工业主要行业达到国际80年代中期技术水平，一些重点行业和骨干企业达到发达国家80年代末期水平。

5. 地区发展 南部山区扶贫开发有较大突破，抗御自然灾害的能力显著增强，生产生活条件明显改善，基本消灭绝对贫困。实现人均拥有两亩以上高标准基本农田，绝大多数贫困户人均纯收入按1990年价格计算达到500元以上。以中心城市为依托，引导生产力合理布局。“九五”期间，全区各地经济社会发展都有较大的突破。基础设施进一步完善，城镇化水平显著提高。首府城市人口达到60万人左右。

6. 固定资产投资 保持投资适度稳定增长。按1995年价格计算，“九五”期间全区全社会固定资产

投资总规模为500亿元，按相同口径年均增长16.3%，其中：国有单位投资365亿元，集体、个体投资135亿元。在国有单位投资中基本建设投资205亿元，技术改造投资126亿元。按隶属关系划分，中央项目投资95亿元，地方项目投资405亿元。

努力改善投资结构，提高投资效益。集中力量，千方百计加快水利、交通、城镇、林业、畜牧业和能源基地、高耗能原材料基地、天然气化工基地等八大跨世纪工程建设，增强经济发展后劲。加快现有企业技术改造步伐。实行投资的合理分工，加强和改善对全社会投资的调控。

7. 财政 振兴财政，健全职能，实行适度从紧的财政政策。到2000年，财政总收入（包括中央、自治区、市县三级收入）达到35亿元，比1995年翻一番。其中地方财政收入达到16.5亿元，年均增长13%，5年累计61亿元。到2000年，财政支出达到32亿元，年均递增7%，5年合计141.5亿元。“九五”期间实现财政总收支基本平衡，力争2000年消灭财政赤字。在支出结构上，增加对农业、教育、科技的投入，积极支持基础设施建设，支持住房制度改革和社会保障制度的建立。进一步精减机构，压缩人、车、会支出，合理规范自治区、市（县）两级事权、财权范围。完善税收征管制度，清理整顿预算外收支和财政信用。

8. 金融 到2000年，全区金融机构存款余额从1995年末的180亿元增加到480亿元，年均递增22%，金融机构贷款余额从1995年末的210亿元增加到460亿元，年均增长17%。根据产业政策和信贷原则，优化信贷结构。重点支持“两高一优”农业、产粮大县、扶贫和农业综合开发，支持有市场、有效益的企业，特别是销售大户、利税大户。继续扶持集体、乡镇和私营企业。支持外贸出口。固定资产贷款要向重点基建、技术改造项目倾斜。贷款要坚持择优限劣的原则，保证贷款本息的回收，加快贷款周转速度。加强金融监督。

9. 外经外贸 调整结构，提高质量，进一步扩大对外贸易、利用外资，提高对外开放水平。到2000年全区进出口总额达到3.5亿美元，比“八五”增长70%以上，引进外资3亿美元，占全区社会固定资产投资5%左右。其中借用国外贷款2.25亿美元，吸收外商投资0.75亿美元。继续实行对外借款的全口径计划管理，保持合理的外债规模。按照产业政策引导外商直接投资方向。

10. 物价 “九五”期间，采取综合治理措施，明显降低物价上涨幅度，首先要使物价上涨率低于经济增长率。继续深化以建立健全价格调控机制为重点的价格改革。加强重要商品储备、风险基金和价格调节基金制度的建设，加强商品价格和服务收费的监督管理，规范市场价格秩序，制止价格欺诈、垄断和暴利行为。大力增加紧缺产品的有效供给，加强管理，降低生产和经营成本。同时进一步理顺基础产业重点产品和服务的价格，为合理配置资源创造条件。

11. 人口和就业 到2000年，全区总人口不超过570万人，“九五”期间人口自然增长率控制在15‰以内。大力加强计划生育宣传教育，把工作重点放在农村尤其是南部山区农村和城镇流动人口上，继续全面推进计划生育目标管理责任制，严肃计划生育政策，健全计划生育机构和服务网络。

“九五”期间，新增城镇就业1万人，向非农产业转移25万农业劳动力。城镇失业率力争控制在5%左右。积极拓宽就业渠道，建立与社会主义市场经济相适应的新型劳动制度，建立健全失业保险和促进再就业的新机制。推进残疾人按比例劳动就业。

12. 人民生活 在经济发展的基础上，促进人民生活水平进一步提高。“九五”期间，城镇居民人均生活费收入实际年均增长5.5%，农民人均纯收入实际年均增长5%。到2000年，按当年价格计算的城镇居民人均生活费收入达到5450元，农民人均纯收入达到1830元（按1990年价格为800元）。城镇居民人均住房面积由7.9平方米提高到9平方米，农村居民住房质量得到明显改善。彩电普及率由58%提高到70%，电话由4.5部/百人提高到10部/百人以上。

13. 社会事业 全区各项社会事业要与国民经济同步发展。高度重视教育事业，提高劳动者素质。在全区70%的人口地区基本普及九年义务教育，25%的人口地区普及初等义务教育；基本扫除青壮年文盲，人均受教育年限达6.5年以上。努力改变贫困地区卫生条件落后状况，实现人人享有初级卫生保健。文化事业更加繁荣，广播、电视人口覆盖率分别达到85%和90%。体育事业进一步发展。环境污染和生态破坏加剧的趋势力争得到初步控制。

五、1995年社会事业发展情况

（一）科学

1995年全区获部级以上科技进步奖的技术成果2项，受理专利申请169件，授权专利111件。科技队伍继续扩大，地方国有企事业单位共有各类专业技术人员12.67万人，比上年增长2.6%。全区县级以上国有科研与开发机构60个，从事科技活动人员2421人，情报文献机构4个。科技经费有所增加，全区科学事业经费支出2373万元，比上年增长6.7%。

（二）教育

普及九年制义务教育，在1995年取得了新进展，实现了由"普及六年制基础教育"向"普及九年制义务教育"转变。1995年全区小学学龄儿童入学率达96.2%，初中阶段入学率达到56.75%，均比上年有所提高。

通过多渠道筹措教育经费，教育投入的总体水平有所提高，对改善办学条件起到了积极作用。截止1995年底，有243所中小学基本落实了标准化建设任务。高等教育改革在积极探索中迈出了新的步伐。一是积极开展高校体制改革调研，为下一步高校体制改革作了基础性的准备。二是顺利地在宁夏工学院进行高校招生、收费"并轨"改革试点，专项资金重点向骨干学校倾斜。三是继续推进城乡成人教育。通过调整成人招生计划与专业设置，进一步提高教学质量和办学效益，并拓宽成人学校的社会服务面。

1995年全区在校研究生48人，新招28人；普通高等学校在校生10686人，新招收本、专科学生2910人；各类中等专业学校26所，在校生12463人。各类成人高等学校招生2613人，在校生6816人；成人中等专业学校在校生5374人。基础教育稳步发展，1995年末全区共有普通中学438所，在校生27.23万人，有小学3821所，在校生61.75万人。

（三）文化

截止1995年底，全区共有艺术表演团体15个，群艺馆4个，文化馆22个，公共图书馆21个，博物馆4个，影剧院17个，电影放映单位138个。全年出版报纸4699万份，各类杂志96.74万册，图书出版2310万册（张）。

（四）体育

1995年我区5名残疾人运动员在全国比赛中取得4个前3名的好成绩，其中1人超过残疾人奥运会两项世界纪录。我区运动员参加第五届全国少数民族传统体育运动会，在5个项目中共获得名次8个，集体表演项目一、二等各1个。全年共有107名运动员参加国内、国际各类比赛216人次，取得27个录取名次，其中1人取得世界女子举重锦标赛3枚金牌，9人达到国家级健将标准。群众性体育活动积极开展，在校学生普遍开展了《国家体育锻炼标准》达标活动，达标率达到93.5%。

（五）卫生

截止1995年底，全区共有卫生机构1028个，医院床位达12144张，专业卫生技术人员21223人，平均每千人拥有床位2.4张，每万人拥有医生20人。全年卫生基本建设投资约2100万元。通过引进部分先进的医疗设备，改善医疗条件，医疗技术水平有了较大提高。

（六）广播电视

目前全区共有广播电台10座，发射台22座，发射功率285.6千瓦，广播人口覆盖率达到78%。全区现有无线电视台5座，发射台和转播台5座，发射功率162千瓦，电视人口覆盖率79.8%。全区已建成行政区域性有线电视系统21个，用户近15万户。

六、扶贫情况

1995年，全区扶贫开发工作，在遭受连年特大旱灾的情况下，又取得了新进展。山区8县粮食总产量达到3.97亿公斤，油料总产达到2565万公斤，虽比1994年有较大幅度减产，但明显高于历史上大旱之年的产量。农、林、牧、渔业总产值达到128337万元，乡镇企业总产值95688万元，分别比上一年增长0.6%和26.8%。人均有粮192.7公斤，人均纯收入达到599.6元。

1995年扶贫开发工作成绩主要表现在以下几个方面：(1)农业生产条件继续改善，抗御自然灾害的能力有所增强。继续以小流域综合治理为主，人机修结合，建设基本农田和水利水保工程。1995年新增人修、机修高标准基本农田22.59万亩，新建水保骨干工程5座，人畜饮水工程5处，打机井52眼，修建小高抽9处，新增水浇地3.5万多亩。农电线路也有了新发展。全年新增10千伏输变电线路565公里，解决了128个行政村的通电，实现了全区村村通电。(2)积极培育支柱产业，加快区域经济的开发。按照"区域化布局、基地化生产、系列化加工、社会化服务、市场化经营"的总体思路，集中力量，进行了淀粉、油麻、畜产品、林果4个系列的开发，经过努力，基地建设初具规模，8县豆薯基地已扩大到179万亩，胡麻基地面积稳定在100万亩，以"两杏"为主的经果林面积累计达33万亩，六盘山针叶林基地面积达50万亩。肉牛、羊只养殖规模逐步扩大，彭阳县烤烟基地成效显著，移民吊庄基地棉花试种也初获成功。(3)努力开展劳务输出，增加农民收入。一年来，山区8县都把劳务输出作为抗旱自救、脱贫致富的一项重要措施。据统计，全年8县采取各种形式输出劳动力32.79万人次，劳务收入20600

万元。与中建公司合作，组织农民合同工790人。20个特困乡之一的同心羊路乡，全年共输出4086人，收入达342.3万元。海原县瓦口子自然村共有75户人家，430口人，280多个劳动力，目前有50多户农民走南闯北，从事运输业，仅此一项，1995年收入78.6万元。(4)广泛开展社会扶贫和对外协作。1995年社会各界共向西海固地区捐资571万元，捐赠各种实物折价576万元，两项合计1147万元，捐粮159.6万公斤，捐赠衣被88507件，捐赠课桌凳10792套，帮助打水窖3930眼，输出劳务1478人，1+1助学1275人，培训技术人员3881次，拉电19.8公里。同时，还不断加强同国内发达省区及世界伊斯兰基金会、世界宣明会等国内外组织的联系，帮助群众开展生产自救。(5)积极推进科教扶贫。智力开发与实用技术培训是改变贫困地区面貌的一项基础性工程，1995年继续加大科教扶贫工作力度，强化科技兴农的思想认识。山区8县及有关部门举办种、养、加、劳务输出等多种形式的培训班共788期，培训93694人次。自治区农建委与国务院扶贫办培训中心在银川联合举办了一期世界银行项目管理培训班，为今后实施世行项目和搞好扶贫项目奠守了基础。

经济体制改革和对外开放

一、企业和城市综合试点情况

现代企业制度试点全面展开。全国百家试点企业西北轴承厂公司化改造顺利完成，成为宁夏第二家上市公司。自治区确定的10户建立现代企业制度试点企业基本上都拿出了改制实施方案，其中4户企业的方案已上报自治区进行论证审批。

股份制改造试点继续深入。1995年全区新增股份制企业728户，至此我区共组建股份制企业1155户，股本金总额14.9亿元，其中国有企业改组为股份制企业的59户，全区乡镇企业实行股份合作制的515户，占全区乡村集体企业总数的25%，形成股金总额2.7亿元。

以产权重组为主要内容的企业组织结构调整取得新进展。自治区确定青铜峡、中卫为企业产权制度改革试点市县，以点促面。青铜峡市以产权制度改革为突破口，在探索中小企业整体拍卖、切块出售、兼并合并、租赁经营、股份合作、外资嫁接等多种形式的产权改革的同时，组建了国有工业、商业两大资产经营公司，对全市49户企业实行了资产委托经营。全区有62户企业兼并69户企业，拍卖各类企业36户。

多种形式的经营机制转换力度加大，按照分类指导的原则，进一步放开放活小型企业，普遍实行了资产经营风险抵押目标责任制、“国有民营”、承包租赁、股份合作等多种改制形式。银川、吴忠等市县全面推行资产经营风险抵押目标责任制。银川市在商业、城建、经贸、物资、房管、交通等系统72%的企业签订了责任书，针对不同企业的经营状况确定了不同的目标责任制，建立了经营目标考核体系；同时撤消了原有的8个工业公司，组建了2个资产经营公司。国合流通企业在普遍推行以“抽资租赁”经营为特征的“国有民营”、“社有民营”改革的基础上，注重加强规范管理，提高国有（公有）资产的运营效益。石嘴山、盐池等市县在轻工行业进行“一厂一策”转换机制试点，帮助企业走出困境。固原地区在实施“南部放开”战略中，坚持大胆改革试验，将多年亏损的18家国有和城乡集体企业委托给自然人经营，改变企业管理机制，减轻地方财政负担，有效促进地方经济的发展。

二、宏观经济调控改革和政府职能转变情况

（一）宏观经济调控改革

1995年，我区围绕抑制通货膨胀，调整固定资产投资规模、改善财政收支结构三个中心，加大宏观调控力度，努力提高经济增长质量，使国民经济得到健康、持续、稳定的发展。

1.物价控制工作取得明显成效。特别是1995年下半年以来，自治区各级政府和有关部门围绕实现全年上涨15%左右的控价目标，实行市县控价目标管理责任制，加大调控力度，采取有效措施，狠抓落实，全年控价工作取得明显成效。与上年相比，全社会商品零售价格上涨15.3%，涨幅比上年回落4.8个百分点；居民消费价格涨幅由上年的23.1%回落到17.1%。进入9月份以后的4个月零售物价涨幅均被控制在1位数以内。为经济的稳定增长创造了有利条件。

2.调整固定资产投资规模与结构。1995年全社会固定资产投资约70亿元，比上年增长15.9%，增幅与上年大致持平。在固定资产投资总额有所增加的前提条件下，调整建设项目结构，缩小在建规模，使新开工项目得到了有效控制。全年国有单位基本建设和更新改造项目共1148个，比上年减少66个，其中新开工项目769个，减少33个。

继续加强固定资产投资向基础产业的倾斜力度，以增强经济发展后劲。从固定资产投资的产业分布看，第一产业投资1.01亿元，增长5.2%；能源工业投资13.11亿元，增长2.7%；运输邮电业投资16.43亿元，增长22.3%。

续表

编号	项目名称	建设规模	承办单位	地址	电话	联系人
4	啤酒花浸膏生产项目	建立啤酒花生产基地，年产干啤酒花5000吨。年产颗粒啤酒花2250吨，啤酒浸膏150吨。项目投资：啤酒花基地建设投资1亿元；加工厂投资29840万元	宁夏计委	银川市解放西街39号	6026080	李惠弟
5	黄河沙坡头水利枢纽工程	总装机容量12.48万千瓦，年发电量6.71亿千瓦时，枢纽主坝长325.5米，最大坝高5米，设计总库容2600万立方米。可灌溉面积11.95万公顷。工程总投资9.16亿元人民币	宁夏水利厅	银川市解放西街188号	5045548	刘汉忠
6	30万吨水泥扩建工程	年产普通525水泥5.8万吨，矿渣硅酸盐水泥13万吨，油井、道路水泥6.1万吨，项目投资2.03亿元人民币	宁夏固原行署	宁夏固原县	202723	李天惠
7	宁夏化工厂1.2万吨三聚氢胺装置改扩建	年产1.2万吨三聚氢胺项目投资1190万元人民币	宁夏化工厂	宁夏银川市新市区	2072662	吴铭东
8	宁夏化工厂碳酸二甲酯装置改扩建	年产6000吨碳酸二甲酯。项目投资1190万元人民币	宁夏化工厂	宁夏银川市新市区	2072662	吴铭东
9	宁夏万得实业总公司中宁铝厂	年产1万吨电解铝。项目投资1570万元人民币	宁夏中宁铝厂	宁夏中宁县	6023719	陈小平
10	特级热压铸造型焦扩建项目	扩建30万吨热压铸造型焦。项目投资2400万元人民币	宁夏石嘴山焦化厂	宁夏石嘴山市	6023719	陈小平

典型地区与典型规划

宁夏扶贫扬黄灌溉一期工程

宁夏南部山区自然条件严酷，经济落后，是国家重点扶持的贫困地区之一。经过10余年“三西”扶贫开发建设，区域经济发展取得了明显成效。但是，南部山区的农业生产尚未摆脱靠天吃饭的局面和形成区域发展的机制与能力。目前，生活在温饱线（人均纯收入500元）以下的贫困人口还有139.8万，约占我区农村总人口的37.8%，其中生活在极贫线（人均纯收入300元）以下的人口有63.9万，占贫困人口总数的45.7%。宁夏南部山区的这种贫困落后局面，不仅极大地制约当地以至全自治区经济的发展，而且严重影响社会稳定和民族团结。

宁夏10多年扶贫建设的成功经验表明，在有条件的地方发展扬黄新灌区，成建制地安置山区吊庄移民，是一项从根本上解决山区贫困面貌的有效途径。因此，在宁夏中北部地区引扬黄河水，大规模开发黄河两岸荒地资源，将宁南山区缺乏基本生产生活条件的贫困人口吊庄搬迁进行异地开发，使其早日脱贫，是十分必要和迫切的。

1994年9月，全国政协副主席钱正英在宁夏考察期间，提出建设宁夏扶贫扬黄灌溉工程的初步设想。在此基础之上，自治区党委、政府积极组织安排，进行周密的调查研究和艰苦扎实的前期工作。根据自治区党委和政府确定的“从实际出发，立足山区，科学规划，择优启动，分步实施”的指导思想和国家水利部“两个结合”、“两个降低”（即尽量和大柳树工程结合，和自流灌区开发结合，尽量降低扬程、降低投资）的建议，经过有关专家的科学论证，最终确定宁夏扶贫扬黄灌溉工程规划方案为：开发灌溉土地200万亩，包括红寺堡灌区75万亩，固海扩灌区55万亩，马场滩灌区55万亩，红临灌区15万亩，设计灌溉流量60立米/秒，静态总投资32.89亿元。1995年12月中旬，该项工程经国务院同意正式批准立项，并列入国家“九五”计划。

根据国家计委1995年11月以计农经〔1995〕2248号文下达的关于审批宁夏扶贫扬黄灌溉一期项目建议书的通知，确定将建设条件相对较好的红寺堡和固海扩灌两片灌区作为扶贫扬黄灌溉第一期工程，先期建设。一期工程静态总投资22.82亿元，动态投资初步计算为26.48亿元（红寺堡灌区14.12亿元，固海扩灌区12.36亿元），其中中央安排投资三分之二，拟争取利用科威特政府贷款1.4亿美元（折合人民币约12亿元），由国家统借统还，另安排资金约6.0亿元。自治区负责筹措资金9.0亿元。

宁夏扶贫扬黄灌溉一期工程开发总规模130万亩，其中红寺堡灌区75万亩，主要分布在苦水河西部的红寺堡川地和烟筒山北麓、大罗山东麓倾斜平原；固海扩灌灌区55万亩，主要分布于固原七营附近清水河沿岸。一期工程建成后，可解决67.5万人的脱贫，其中除就地解决19.67万人脱贫外，还可安置南部山区特贫困移民47.83万人。

红寺堡灌区和固海扩灌灌区，设计从七星渠的支渠高干渠取水。红寺堡取水口位于现在高干渠20＋650处，设计扬水流量25立方米/秒，设置五级泵站，累计净扬程264.82米；固海扩灌由东线灌区和西线灌区两部分组成。东线灌区取水口位于现高干渠13＋0.50处取水，设计扬水流量12.7立方米/秒，设置十一级泵站，最大累计净扬程430.47米。西线灌区利用现有固海扬水系统，在不增加引水流量的基础上，调整种植作物结构和推广节水灌溉技术，以满足灌溉需要。设计两片灌区年总用水量5.1亿立方米。一期工程电力总负荷22.84万千瓦，共布置6—110千伏变电所34座，泵站32座，总容量50.3千伏安，架设6—110千伏输电线路475公里。

一期水利骨干工程土石方开挖1670.38万立方米，填筑1248.51万立方米，浆砌石44.2万立方米，砼及钢筋砼71.45万立方米，予应力钢筋砼管安装46.97公里，金属结构安装3877万吨。

一期工程施工总工期安排为6年（包括施工准备期和尾工期各半年），从主体工程开工到第一片灌区开始灌溉发挥效益约2年。

该工程已于1995年11月开始启动，预计到1998年可开发红寺堡灌区45万亩，搬迁移民10万人；到2000年，全部完成开发任务。

宁夏隆湖扶贫经济开发区

宁夏隆湖扶贫经济开发区是在隆德县移民吊庄的基础上，经自治区人民政府批准建立的以"扶贫开发为宗旨"综合经济开发区。

开发区地处宁夏重工业区腹地，可开发面积达108平方公里。东临包兰线，西与110国道相接，与石嘴山市仅一路之隔，南有姚汝公路通过，北有大平公路横穿，隆湖大道贯穿开发区南北，境内有平罗、西大滩、青草圈3个火车站，交通十分便利，四通八达。开发区距世界著名的"太西煤"产地仅10公里，就近有硅石、铁矿石、石英砂、石灰石、粘土等资源；内部又有三条10千伏供电线路和一条35千伏供电专线，近期将建成110千伏变电站，供电能力可达10万千伏安以上，电力资源充足、可靠，通讯工程进入全国程控网络，对外联系便捷，信息反馈迅速；已建成水厂1座，日供水能力达2400吨，有线电视辐射全境。

为了使开发区得到迅速发展，自治区党委、政府十分重视、关心和支持开发区的建设，给予了十分优惠的政策：在计划上开发区实行单列；在项目审批上授权一次性审批1000万元以下的建设项目，在税收上给予了全国最优惠的税收政策，即增值税的25%可返还给企业，营业税减半征收，其它税全免（返）；在土地管理上，有权对境内的土地出让、转让和审批征用，每亩价格分别比同类地价优惠50%，使用期限30～50年，期满后，可办理延期手续。

开发区党委、管委会始终坚持"政策、产业、思想、户籍"放开和"让名、让权、让利"的指导思想，发展外引内联项目。在内部管理上本着精简高效的原则，实行一站式办事程序，立项、环评、征地、工商税务登记手续不超过两个工作日，并建立了学校、医院、政法和税收、金融、保险、供电、邮电等必要的社会服务体系和保障机构。

目前开发区通过引进、自办、联办等各种形式兴办各类企业311家，注册资金2.59亿元，项目涉及冶金、化工、建材、食品、机械等诸多门类，产品有硅铁、炭化硅、硫化碱、活性炭、炭素、水泥、金属镁、金属锰、电线电缆、黄板纸等30多个品种。1995年全年实现社会总产值达1.44亿元，其中：工业总产值1.2亿元。年底实现税收1410万元，已经形成了宁夏高耗能产品生产基地雏型。江泽民总书记、乔石委员长先后视察了开发区，对开发扶贫工作给予很高评价。国务院扶贫开发领导小组的同志也多次来隆湖视察指导工作，称开发区是"扶贫开发的一个创举"。

隆湖扶贫经济开发区真诚欢迎各界有识之士前来考察投资。

地　　址：宁夏石嘴山市大平路六站
邮　　编：753000
联系电话：（0952）2011000 2011001
2695069 2695068

宁夏回族自治区大型骨干企业“九五”规划简介

我区“九五”计划确定：“九五”期间工业经济发展将以经济效益为中心，以产品市场为导向，以现有企业改造、扩建为重点，实施资源转化、企业规模化战略，再造支柱产业和拳头产品新优势。为此，在“九五”期间，我区工业生产将围绕“改进经济增长方式，提高经济增长质量”这个中心，制定了发展工业经济的一系列措施，其中包括发展培育10个年销售收入过10亿元，利税超1亿元的大型骨干企业(集团)，通过对其改制、改组、扩建、改造，依靠科技进步，投入少量资金，使这些企业的生产能力上规模，工艺技术上水平，产品质量上档次，成为“九五”期间国内同类产品生产企业中，竞争实力较强、经济效益较好的企业，成为区内工业经济重要增长点。下面将这10个大型骨干企业及其发展目标简要介绍如下。

1. 青铜峡铝厂 青铜峡铝厂是中国有色金属总公司直属企业，为全国八大铝厂之一。现有产品和生产能力为：电解铝10万吨/年；炭素制品7万吨/年；铝合金型材加工能力0.6万吨。固定资产净值5.32亿元。在“九五”期间，青铜峡铝厂将利用一期工程原整流所的基础扩建3万吨工程，总投资2.5亿元，同时建设三期工程，新增铝锭生产能力10万吨，需投资22.72亿元。该项目可行性研究报告与初步设计已经国家计委批准，预计1998年完成扩建工程并投入试生产。到2000年，青铜峡铝厂电解铝产量将达23万吨，销售收入可达27亿元，利税达5亿元。

2. 宁夏电力公司 宁夏电力公司是中国西北电力集团紧密层成员之一，肩负着宁夏境内的电力建设、发电、供电与用电的经营和管理任务。公司拥有下属单位18个，固定资产净值28亿元，装机容量152.2万千瓦，1995年发电量105亿千瓦时。“九五”期间，将继续充分利用我区具有发展火电的优势条件，建设大坝电厂二期工程2×30万千瓦、石嘴山电厂扩建4×30万千瓦等工程。到“九五”末宁夏电力除满足本区需要外，将成为全国和西北地区电力主要输出省之一。实现发电量145亿千瓦时，实现销售收入24.6亿元，利税3.7亿元。

3. 银川中策橡胶有限公司 银川中策(长城)橡胶有限公司，现有年生产能力为：斜交胎170万套，半钢子午胎50万套，航空轮胎8万套，主要产品有六大系列100个规格201个品种，其中：民用轮胎系列获美国DOT认证。该公司是我国大型航空轮胎骨干生产厂及国内唯一航空轮胎翻新生产厂。拥有固定资产净值2.75亿元。1995年实现销售收入11.5亿元，实现利税1.65亿元。“九五”期间，主要建设项目为30万套载重子午胎及整体配套工程。总投资为10.63亿元。到2000年轮胎产量达315万套，销售收入23亿元，利税33亿元。

4. 宁夏炼油厂 宁夏炼油厂现有主要生产装置为75万吨/年常减压装置；20万吨/年馏分油催化裂化装置；15万吨/年催化重整装置；10万吨/年催化汽油脱硫醇装置及5万吨/年氧化沥清装置。主要产品为汽油、柴油、渣油和液化石油气。1995年完成原油加工量53.1万吨。“九五”期间，为提高现有装置配套生产能力和原油加工深度，通过技术改造，使重油催化裂化装置能力达30万吨/年，催化汽油脱硫醇装置达15万吨/年，同时新增部分生产设备，使产品品种、产量都有所增加。项目完成后，预计销售收入达10亿元；利税1.68亿元。

5. 宁夏化工厂 宁夏化工厂是直属中国石油化工总公司的技术密集型大型现代化工企业。现有生产能力，以重油为原料，年产30万吨合成氨、52万吨尿素。拥有固定资产原值12.97亿元。1995年实现销售收入7.02亿元，利税1.1亿元。“九五”期间，该厂将利用陕甘宁天然气资源，依托老厂，选用国外成套的二手合成氨设备和二手库存设备，再建设一套年产50万吨尿素的第二套大化肥生产装置。该工程已经国务院同意和国家计委批准立项，总投资14.8亿元。同时还将进行第一套化肥扩能改造和10万吨甲醇扩建。到“九五”末实现销售收入23.85亿元，利税5.17亿元。

6.西北轴承集团有限责任公司 该公司是我国机械工业百强企业，也是国家现代企业制度试点企业之一。主导产品为铁路轴承，石油机械轴承，冶金、矿山轴承。“九五”期间，西北轴承集团有限责任公司将采取扩散产品、扩散零部件的办法，带动一批市县属企业，形成集团生产框架；在改组、改制的前提下，通过技术革新改造公司核心企业，促使大型轴承生产形成规模；集中力量优先发展球面滚子轴承，开发汽车轴承等。技改投资约3.043亿元。“九五”末，预计届时轴承总生产能力达750万套，实现销售收入18.4亿元，利税2.41亿元。

7. 大坝电厂 宁夏大坝电厂，是自治区和国家合资建设的企业，设备技术先进，是西北电网中的大型骨干电厂之一。现有装机容量为2×30万千瓦。1995年发电量为41.01亿千瓦时。“九五”期间，大坝电厂将新建成投产两台30万千瓦机组。该工程已经国家计委批准，1994年正式开工建设。工程总投资22.61亿元。到“九五”末，该厂装机容量将达120万千瓦，发电量为72亿千瓦时，销售收入达11亿元，利税为1.2亿元。

8.石炭井矿务局 石炭井矿务局为全国国有重点大型矿山企业。目前生产规模为年产原煤530万吨(其中无烟煤165万吨)、入洗炼焦煤350万吨，入洗无烟煤210万吨，发电装机容量2×0.6万千瓦。“九五”期间，将投资6.4亿元改扩建白芨沟煤矿和乌兰煤矿，预计新增生产能力250万吨。到2000年销售收入达10.12亿元，实现利税1.03亿元。

9.宁夏有色金属冶炼厂 宁夏有色金属冶炼厂是世界四大钽妮生产企业之一，也是我国最大的钽铌科研、生产基地和全国唯一的铍材研究中心。现有生产能力为钽粉80吨，钽丝12吨，产品主要销往海外。“九五”期间，争取通过改组、改制的方式兼并石嘴山电容器厂，组建中国钽铌工业集团，并投资1.5亿元重点改造钽粉和钽电容器生产线，到“九五”末，超高比容钽粉生产能力达110吨，钽丝达35吨，钽电容器1.25亿只等，实现销售收入12.5亿元，利税过1.5亿元。

10. 宁夏石嘴山钢铁厂 宁夏石嘴山钢铁厂是冶金部重点企业，我国金属制品生产基地。现有固定资产净值2.7亿元，炼钢生产能力7.4万吨，轧材能力6.5万吨，金属制品6.6万吨，主导产品为钢丝绳系列。“九五”期间，将重点改造冶轧系统、金属制品生产系统，新建年产1万吨轮胎钢帘线生产线，发展具有高科技含量的特种钢丝绳系列。预计到2000年石嘴山钢铁厂生产能力为钢15万吨，钢材14万吨，金属制品8.1万吨，实现销售收入10.3亿元，利税过1.5亿元。

1995年改革开发大事记

1月

上旬 国家计委正式批准建设吴忠市农产品转化型示范区。示范区建设期为5年，投资规模为21600万元。这一国家级高产优质高效农业示范区项目全部建成投产后，预计年新增产值33961万元，利税11144万元。

16～18日 全区经济工作会议在银川召开，自治区党、政、军和人大、政协领导黄璜、白立忱、马思忠等参加了会议。会议主要议题是贯彻中央经济工作会议精神，分析当前经济形势，研究确定1995年全区经济工作指导思想、主要任务和各项措施。

29日 由我国自行研究设计的4万吨/年“热压铸造型焦”生产装置，在石嘴山市焦化厂投料试车成功，首次生产出合格的国家特级铸造型焦。不仅填补了国内无烟煤炼焦历史上的空白，而且也为我区乃至全国大量积压的无烟煤末找到了一条高附加值的加工转化途径。

2月

13～16日 自治区政府主席白立忱、区政协主席刘国范一行40多人开展了“1236”工程大型调研活动，经过现场勘查和研讨论证，开始了这项世纪性工程全面启动的准备工作。

3月

15日 国家“八五”重点通信建设项目：北京—呼和浩特—银川—兰州光缆通信干线工程正式开工。工程线路在宁夏全长486公里，投资10702万元，途径大武口、银川、吴忠、青铜峡、海原等10个县市。该干线建成后通过固原至同心二级通信光缆与西兰乌光缆干线沟通，形成我区长途通信的南出口，从根本上改变我区长途通信出口电路不足和技术落后的状况，使我区长途通信能力跃上一个新的台阶。

4月

18日 国家计委对宁夏计委提出的把宁夏扶贫扬黄灌溉工程列入“九五”期间国家重点建设项目的建议进行了批复，原则同意该项工程的规划；并建议宁夏本着投资少、见效快、先易后难和量力而行的原则，研究提出分步实施方案。

25日 我区大型企业西北轴承厂“八五”技术改造和“八五”脱险搬迁项目竣工，并由国家计委、机械工业部、经贸委、宁夏经委等有关部门验收通过。

26日 我区第一家省级农业政策性金融机构——中国农业发展银行宁夏分行正式宣布成立运营。

5月

19日 国务院副总理邹家华在京召集农业部、水利部、国家计委、电力部等相关部委负责人，专门研究宁夏扶贫扬黄灌溉工程问题。会议高度评价了全国政协在促成解决宁夏南部山区贫困问题方面所做的大量富有成效的工作，并对工程建设的有关原则问题取得了共识。根据会议纪要，国务院原则上同意在宁夏兴建扶贫扬黄灌溉工程，并责成水利部与宁夏协商落实前期准备工作，争取于1995年内批复项目建议书。

19～24日 中共中央政治局委员、国务院副总理李岚清在宁夏考察。考察期间，李岚清副总理指出，党中央和国务院十分重视中西部地区经济发展问题，中西部要立足本地优势，抓住关键问题，不断总结自身的经验，改善投资环境，扩大对外开放，发挥规模效益，力争在本世纪末逐步减缓东西部差距扩大的趋势。随同李岚清考察的还有国家计委副主任郝建秀、外经贸部部长助理陈新华等国务院有关部门的负责同志。

23～25日 国家水利部副部长张春园带领5名水利专家来宁夏现场勘查扶贫扬黄灌溉工程，并对工程的规划设计、启动方式等提出了重要的指导意见。

6月

8日 国家"八五"重点建设项目——宝中电气化铁路建成通车。宝中铁路是连接西北与内地的新的骨干通道,它南起陇海铁路虢镇车站,北与包兰铁路迎水桥车站接轨,穿越陕、甘、宁3省(区)14个县、市,全长498.19公里,设计年运输能力为1800万吨。它的投入运营,对于缓解西北地区运输紧张状况,开发西北丰富的资源,发展沿线地方经济,加强民族团结,都具有重要意义。

7月

4日 宁夏唯一列入全国百家大中型企业现代企业制度改革试点的企业——西北轴承厂,经国家经贸委、自治区人民政府及自治区经委、体改委等有关部门审查考核,通过了该厂现代企业制度试点实施方案。

16日 中国、澳大利亚两国代表在银川国际饭店正式签署了《中华人民共和国和澳大利亚政府技术合作促进发展计划关于宁夏计划生育/妇幼保健项目备忘录》,标志着"中澳技术合作和宁夏计划生育妇幼保健项目"正式实施。该项目的目的在于提高项目区域妇女、儿童的卫生保健水平,并通过采取群众参与和自愿结合的方法,达到计划生育和妇幼保健目标的有效性和持续性。项目总投资为1009万澳元,计划3年完成。

12~20日 由国家民委副主任马文精率领的国务院经济考察团一行26人在宁夏考察。在宁期间,考察团主要考察了宁夏经济体制改革、市场经济发展、资源开发、扶贫等方面的情况。

24~28日 自治区首府银川市举行"九五"计划及2010年规划研讨班,谋划发展大计,绘制跨世纪蓝图。区内代表300多人参加会议,自治区党委书记黄璜作了重要讲话。

▲ 由国务院副秘书长刘济民带领的国务院抗旱救灾工作组一行12人赴宁夏察看旱情,慰问灾民,指导我区抗旱救灾工作。

31~8月2日 水利部在京召开会议,对《宁夏扶贫扬黄灌溉工程项目建议书》和《宁夏扶贫扬黄灌溉工程预可行性研究报告》进行预审。经国务院扶贫办、国家计委、电力部、农业部等有关部门代表、专家审查,基本同意了该《建议书》。

下旬 我区申请由德国政府赠款1200万马克建设宁夏贺兰山东麓生态林业工程项目协议,由我国外经贸部贷款司与德国复兴银行代表两国政府正式签署。项目实施区域为北起石嘴山、南止青铜峡的银西荒漠区,土地总面积达3689平方公里,规划造林面积58.25万亩,其中人工造林13.25万亩,封山育林45万亩。

8月

4日 中国和日本两国代表在固原举行"中国原州古墓合作考古协议"签字仪式。经国家文物局批准,固原博物馆、自治区文物考古研究所与日本东京共立女子大学合作,联合组成"原州古墓考古队",对宁夏境内固原北朝至隋唐时期墓葬进行为期两年的勘测调查和发掘研究活动。这是我国首次与国外学术团体进行墓葬考古。

22~24日 西北5省区党政主要领导联席会议第三次会议在银川召开。会议代表围绕"加强联合开发,加快脱贫致富"这一主题进行了深入讨论,同时交流了5省区"九五"计划思路和主要框架及加强区域经济合作问题的意见。会议期间,与会代表审议通过了西北5省区党委、政府上报党中央、国务院的《关于加强联合开发、加快脱贫致富若干问题的请示》和《西北五省区党政主要领导联席会议第三次会议纪要》。国家经贸委、交通部、铁道部、农业部、水利部、电力部、中国人民建设银行、中国农业发展银行等国家有关部委代表也应邀出席了会议。

22~26日 首届西夏学国际学术研讨会在银川召开。来自俄罗斯、日本、韩国、美国、法国、德国和国内研究西夏学的专家、学者120多人对西夏历史和文化进行了国际学术研讨。这是我国历史上首次举行的西夏学国际学术研讨活动。

26~28日 国家煤炭工业部部长王森浩率煤炭部有关部门负责人来宁考察我区煤炭系统企业工作,探讨市场经济条件下煤炭工业的改革与发展思路。期间国家煤炭工业部还与宁夏回族自治区人民政府就灵武矿区羊场湾煤矿列入煤炭部"九五"开工项目、共同报请国务院专款解决汝箕沟矿区灭火后续资金、石炭井矿区百灵井田划属、"九五"期间太西煤年出口扩大到100万吨以上、宁夏发电用煤价格调整等问题形成纪要,为宁夏煤炭工业"九五"期间的调整发展奠定基础。

9月

2~9日 全国第八届中华诗词研讨会在银川召开。

15～20日 自治区第九届运动会在银川召开。

30日 全区最后一个市县陶乐县的电话程控交换设备割接开通。标志着我区地市县电话全部实现了程控化，成为我区电信发展史上一个重要里程碑，也使我区成为西部各省区中率先实现交换程控化省区。

10月

9日 日本新进商会、松下公司、日宝公司与广夏（银川）实业股份有限公司合资兴建高级印刷暨软件拷贝有限公司建设合同在银川签署。项目总投资为5221万元人民币。这是我区目前投资额最大的合资经营性项目。

12日 国务院批复同意《内蒙古自治区人民政府和宁夏回族自治区人民政府行政区域界线联合勘定协议书》。至此，历时8年的内蒙古与宁夏之间行政区域界线勘定工作顺利完成。内蒙古——宁夏线是新中国成立后，由国家组织实地划定，并形成一整套准确反映边界走向的文件、资料和标界地形图并全线贯通的第一条陆地界级边界线。

16～18日 全区科学技术大会在银川召开。会议期间，主要讨论了自治区党委、政府《关于贯彻中共中央、国务院关于加速科学技术进步的决定的实施意见》；交流了各部门、各地区依靠科技进步促进经济发展的经验和做法，并进一步明确了加速我区科技进步的各项任务和政策措施。

中旬 我区电力系统利用法国政府贷款转贷引进数字微波通信成套设备项目协议在银川签署。该项目是国家重点建设项目大坝电厂二期工程的送变电配套项目，总投资4604万元人民币，设备引进后将大大改善宁夏电网与西北电网调度通讯落后的状态。

22日 我区第一条与国家开发投资公司合资兴建并经营的地方铁路——大古铁路全线贯通并投入试运营。该线全长70公里，是国家重点项目灵武矿区配套工程，也是灵武矿区与大坝电厂的连锁工程。该铁路的建成投产，对于发展我区能源工业和促进银南地区经济发展有重要意义。该项目批准设计调整概算为5.8亿元，历时5年建成。

11月

16日 宁夏扶贫扬黄灌溉工程一期工程启动开工。

28～29日 自治区党委召开常委会议，讨论修改《自治区党委关于制定全区国民经济和社会发展“九五”计划和2010年远景目标的建议（初稿）》。

12月

6日 我国第一条穿越沙漠的复线电气化铁路——包兰铁路迎（水桥）甘（塘）段投入试运营。该段电气化铁路全长67.8公里，其中89%的路段穿越腾格里沙漠，是我国铁路建设史上的首创。迎甘段电气化铁路建成后年通过能力达3500万吨，对调剂包兰、宝中、甘武、兰新等干线铁路运量、提高西北铁路网运力，将发挥纽带作用。

7日 自治区人民政府在我区最后一个通电的村彭阳县沟口乡太寺村举行合闸送电仪式。至此，我区2564个行政村已全部通电，使宁夏成为西北5省区和5个少数民族自治区中第一个实现村村通电的省区，也是全国第七个实现村村通电的省区。

13日 国务院正式批准宁夏扶贫扬黄灌溉工程项目建议书，确定规划灌溉面积200万亩，其中红寺堡灌区75万亩，固海扬黄灌区扩灌55万亩，马场滩灌区55万亩，红临灌区15万亩，工程静态总投资22.82亿元，动态投资26.48亿元。建设所需资金中，由国家统借统还外国政府贷款1.4亿美元，国内资金由中央和宁夏共同筹集。

18日 经国务院批准，银川河东机场正式开工建设。银川河东机场位于宁夏灵武县境内，距首府银川市19公里，占地6300亩。机场飞行区技术标准为民航4D级，可满足波音747等大中型飞机起降要求，为国内干线机场。工程概算总投资5.38亿元。该机场建成后，可与全国各大中城市通航，也可开通与中东、东南亚、香港等国家和地区的国际航班，将使我区航空运输条件得到根本改善。

中旬 国家计委批准陕西靖边至银川天然气输气管道工程项目建议书。该工程是宁夏化工厂第二套大化肥生产系统的配套工程，建设规模为管径426毫米，管线全长313公里。

19～21日 自治区党委七届四次全体会议在银川举行，审议并通过了自治区党委《关于制定全区国民经济和社会发展“九五”计划和2010年远景目标的建议》，黄璜作了重要讲话，白立忱就《建议》（讨论稿）作了说明。

新疆维吾尔自治区概况

面积：166 万平方公里

人口：1661.35 万人

行政区划：8 个地区，5 个自治州，2 个地级市，8 个县级市，65 个县，6 个自治县

自治区党委书记：王乐泉

自治区八届人大常委会主任：阿不冬·尼牙孜

自治区主席：阿不来提·阿不都热西提

自治区七届政协委员会主席：贾那布尔

新疆维吾尔自治区国民经济主要指标（单位：亿元）

项目	1995 年	1995 年比上年增长（%）
国内生产总值	880	11
工农业总产值	1208.04	13.7

续表

项目	1995 年	1995 年比上年增长（%）
工业总产值	795.04	16.7
重工业产值	409.26	15.0
轻工业产值	386.78	14.9
农业总产值	413	8.0
全社会固定资产投资	303.83	6.4
国有固定资产投资	243.51	1.4
社会消费品零售总额	253.20	28.5
零售物价总指数（%）	116.7	16.7
职工工资总额	158.4	19.3

国民经济和社会发展

1995 年，新疆维吾尔自治区认真贯彻党的十四届四中全会精神和党中央确定的“抓住机遇，深化改革，扩大开放，促进发展，保持稳定”二十字方针，紧紧围绕抑制通货膨胀、大力发展农业、搞活国有企业、抓好重大项目建设、发展对外贸易等任务，加强和改善宏观调控，巩固和完善已出台的各项改革措施，努力做好各项工作，生产、流通、建设及社会事业取得明显进展，宏观经济运行环境进一步改善，国民经济继续保持了较快的发展势头。1995 年实现国内生产总值 880 亿元（1990 年不变价为 474.7 亿元），完成计划的 102%，按可比价格计算，比上年增长 11%。其中第一产业增长 8%，第二产业增长 14.1%，第三产业增长 10.9%。自治区八届人大三次会议审议通过的 1995 年国民经济和社会发展计划的各项主要计划指标基本完成或超额完成。

（一）农牧业生产再夺丰收

1995 年，自治区坚持把发展农业放在经济工作的首位，制定和落实一系列发展、支持、保护农业的

政策措施，大力扶持粮棉生产，合理调整种植业结构，多渠道加大农业投入，促进了农牧业综合生产能力的提高。全年实现农业总产值413亿元（1990年不变价为217.4亿元），完成计划的104.6%，按可比价格计算，比上年增长8%。粮、棉、肉类总产均创历史最高水平。粮食总产量730万吨，完成计划的104.3%，比上年增长9.6%；棉花总产量92.5万吨，完成计划的102.8%，比上年增长4.9%，甜菜288万吨，完成计划的90%，比上年减少3.5%；油料50万吨，完成计划的125%；肉类总产47万吨，完成计划目标，比上年增长9.8%；水产品产量4.4万吨，完成计划的115.8%，比上年增长25.7%。乡镇企业继续快速发展，预计实现总产值136.3亿元（1990年不变价），完成年计划的101%，比上年增长25.3%。百万人温饱工程全面实施，扶贫工作取得成效。预计全区脱贫人口18.64万人。

（二）工业交通生产保持良好增长势头

1995年，我区工业企业深入开展“转机制、抓管理、练内功、增效益”活动，积极开拓市场，加强产品开发和企业技术进步，加快结构调整，工业生产保持了持续快速增长的势头。全年完成工业总产值795.04亿元（1990年不变价为420.23亿元），完成计划的106.9%，按可比价格计算，比上年增长16.7%。适销对路产品特别是支农和能源、原材料等产品产量均有不同程度的增长。原油产量1263.34万吨，完成计划的94.6%，比上年增长9.2%；原油加工688.94万吨，完成计划的100.4%，比上年增长6.9%；发电量117.89亿千瓦·小时，完成计划的102.5%，比上年增长11%；钢材60.67万吨，完成计划的97.9%，比上年增长5.1%；棉纱24.05万吨，完成计划的104%，比上年增长21.7%；机制糖29.95万吨，完成计划的88%，比上年增长5.5%。交通邮电事业继续发展，运输通信条件大为改善。铁路货物发送量完成2735.2万吨，完成计划的105%，比上年增长18%。其中疏勒河口交出量1681.3万吨，完成计划的105.1%，比上年增长25.5%；民航运输总周转量2.97亿吨公里，完成计划的123.8%，比上年增长30.3%；邮电业务总量9.02亿元，完成计划的120.3%，比上年增长60.8%。

（三）固定资产投资有所增长，重点建设进展顺利。

全年全社会固定资产投资完成303.83亿元，比上年增长6.4%，其中国有单位完成243.51亿元，比上年增长1.4%。地方全社会固定资产投资完成135.7亿元，完成计划的97%，比上年增长26.4%。其中：基本建设投资54.69亿元，完成计划的88.5%，比上年增长21.8%。；技术改造投资16.7亿元，完成计划的83.5%，比上年增长19.5%。列入自治区计划的30个重点建设项目进展较好，基本实现了原定的建设目标。独山子乙烯、乌石化聚酯、兰新铁路复线、阿希金矿等6个投产项目按期或提前建成投产；三大油田产能建设及塔里木农业灌排和环境保护一期工程等4个单项投产项目实现了计划目标。全区基本建设新增生产能力为：原煤105万吨，原油开采182.9万吨，发电装机容量7.1万千瓦，乙烯14万吨，对苯二甲酸7.5万吨，对二甲苯5.5万吨，新建公路567公里，增建铁路复线交付运营里程439公里，市内电话装机容量4万门，长途光缆823延长公里。

（四）城乡市场繁荣兴旺，物价涨幅明显回落。

1995年，全区消费品和生产资料货源充裕，重要农产品及农业生产资料基本保证了供应，城乡市场购销两旺。全年社会消费品零售总额253.2亿元，完成计划的107.1%，比上年增长28.5%，扣除价格因素，实际增长10.1%。县及县以上物资供销企业购进总额和销售总额分别达到31.5亿元和35.3亿元，分别比上年增长21.2%和18.6%。

1995年，自治区坚持把抑制通货膨胀作为宏观调控的首要任务，普遍建立了物价控制目标责任制，努力增加有效供给，供求总量基本平衡，控制物价过快上涨取得明显成效。全年社会商品零售价格上涨幅度为16.7%，比上年回落9个百分点。

（五）财政收入增长较快，金融形势平稳

1995年，随着经济发展、流通扩大，地方财政收入和全区金融机构存贷款继续保持了较快的增长。全年完成财政收入37.5亿元，完成计划的120.7%，比上年增长30.7%；年末金融机构各项存款余额838.4亿元，比上年末增加198.4亿元，增长31%；其中城乡居民储蓄存款余额477.2亿元，增加129.6亿元，增长37.3%；各项贷款余额843.4亿元，增加210.9亿元，增长33.3%。

（六）科技、教育和各项社会事业稳步发展，人民生活继续有所改善

自治区科技大会确立了“科教兴新”战略，科学教育事业全面发展，医疗卫生条件继续改善，文化、体育、广播影视、新闻出版事业取得新的成绩。劳动就业逐步扩大，城镇新安置就业人员10.5万人，城镇失业率为3.9%。人口控制成效显著，根据1995年1%人口抽样调查推算，人口自然增长率预计为12.45‰，比18.2‰的计划目标低5.75个千分点。人民生活继续得到改善，全年农民人均纯收入达到1136元，首次突破千元大关，完成计划的109.2%，比上年增加200元，增长21.5%，扣除价格因素实际增长10%。其中贫困县农民人均纯收入达到750元，比上年增加108元；城市居民人均生活费收入达3828.4元，比上年增长32.9%，扣除价格因素实际增长12.2%，城镇居民生活水平有所提高。

（七）为群众办的几件实事取得成效

自治区确定的从1992至1995年新建和改扩建723所乡镇卫生院的工作，已全部按期完成并交付使用。除阿合奇县玉山古西水利水电枢纽尚在建设之外，全区无电县供电问题基本得到解决。乡镇广播电视设施建设取得进展。全年新建乡镇级调频广播收转站129个，乡镇级电视收转站127个。防病改水工程初见成效。通过实施改水工程，全年解决47万人、116万头牲畜的饮水问题，其中和田县人民告别了饮用涝坝水的历史。

1995年国民经济和社会发展计划的实现，标志着自治区"八五"计划确定的各项主要任务已胜利完成。"八五"期间，自治区改革开放和经济建设都取得了很大成就，计划、财税、金融、投资、外贸外汇、物价等项体制改革顺利展开，市场在资源配置中的基础性作用逐步增强，建立社会主义市场经济体制迈出重大步伐；对外贸易和对外经济技术合作与交流日益扩大，一个全方位、多层次对外开放的新格局初步形成。农牧业生产连年丰收，农业基础地位进一步加强；实施"优势资源转换"战略初见成效，石油、石油化工业和纺织、食品业及建筑、建材业等支柱产业地位得到加强；能源、交通、通信等基础设施和基础产业建设加快，经济发展的"瓶颈"制约得到初步缓解，经济基础进一步巩固，经济实力明显增强，国民经济实现了持续、稳定、快速增长。1995年国内生产总值比1980年翻了2.3番，5年国内生产总值年平均增长率达到12.3%，比自治区八届人大一次会议批准的调整计划高出1.3个百分点，比"七五"时期高出3.4个百分点，是建国以来自治区国民经济和社会发展最好的五年计划时期。"八五"期间我区经济和社会发展取得的巨大成就，为"九五"时期和下一世纪自治区经济社会发展奠定了较好的基础。

但是，必须清醒地看到，自治区经济运行中的一些突出问题还没有得到根本解决：一是抑制通货膨胀、降低物价上涨幅度未达到调控目标；二是农业基础薄弱；三是国有企业经济效益总体水平不高。四是财政形势仍然十分严峻。五是建设资金到位率低，固定资产投资增长缓慢。

（韩学琦　刘彦群　撰稿）

经济体制改革和对外开放

一、经济体制改革

1995年，在自治区党委和自治区人民政府的领导下，通过上上下下各方面的共同努力，克服多种困难，新疆经济体制改革取得了新的进展。

1. 建立现代企业制度的试点工作开始起步，落实企业自主权引起各方面进一步重视，进行清产核资和加强企业管理等项基础性工作进展顺利。新疆八一钢铁总厂的试点方案已经自治区人民政府和国家经贸委批准实施，新钢集团已挂牌运行。乌鲁木齐铝厂完成了股份制改造，股票发行和上市申请已经获得中国证鉴会的批准，发行股票的工作正在组织实施。其他试点企业的试点方案也已经制定上报，目前正在进行论证和协调。以财政、国有资产部门为主，各有关部门、中介机构和企业积极配合，完成了全区3653户国有企业的清产核资工作，基本掌握了国有资产总量及分布情况，搞清了资产负债及损益状况，为下一步企业改制和国有资产存量结构调整打下了基础。

2. 在国家实施大公司、大集团战略的引导下，企业走集团化经营的积极性高涨。到1995年底，全区共组建企业集团65个，比上年增加22个。集团经营资产达17亿多元，比上年增加4.3亿元。新纺集团、新钢集团、新疆奶业集团、阿勒泰皮革集团等一批老的企业集团在强化资产联结纽带，理顺母子公司体制和管理制度的基础上逐步发展壮大。建筑、建材、医药、畜牧养殖开发等行业正在积极酝酿成立新的集团。同时，越来越多的民营企业也认准了集团化经营的方向，纷纷要求加入集团行列。

3. 股份制试点企业的规范化工作全面展开。原有的定向募集公司在充实资本金、完善公司治理结构、建立健全内部管理制度等方面做了大量工作，经营机制发生了明显变化。有的正在积极准备上市，有的已在新疆证券交易中心挂牌，进行柜台交易试点。依据新的公司登记管理条例，对有限责任公司实行直接登记制以后，有限责任公司已成为新设公司的主要组织形式，仅1995年一年，就登记设立有限责任公司1387户，资本总额10多亿元。

4. 小企业多种形式的改组改制又有新的发展。尤其是昌吉回族自治州、伊犁哈萨克自治州和哈密地区等继续走在各地州市的前面，一手抓加快推进，一手抓规范巩固，使中小企业产权制度改革初步形成气候，在解决现实困难、促进企业发展方面收到了良好效果。

5. 流通体制改革和市场体系建设取得新的成就。粮食企业“两条线”运行方案已经制定并开始实施。商业连锁经营和汽车、钢材销售代理制等新的流通形式已经在乌鲁木齐等城市开始试点。在积极探索新的流通形式的同时，各类商品交易市场进一步发展，其服务功能逐步完善，成交量大幅度上升。在全社会商品流通中，市场机制的作用大为增强，市场调节价格的比重已占92.3%。资金、劳动力、技术、信息等要素市场开始发育。据不完全统计，到1995年末，全区共建资金拆借及证券交易机构16个，通过拆借市场，融进短期资金总额达40多亿元。建立劳动力市场12个，职业介绍所360多个，1995年内通过职业介绍所和市场招聘，安排就业人口达11万多人。

6. 以建立个人帐户为重点的深化企业职工养老保险制度改革方案已经制定，并确定在乌鲁木齐市、昌吉回族自治州、博尔塔拉蒙古自治州和哈密地区进行试点。目前，各试点地区正在进行实施前的准备工作。

7. 县级综合试点迈出了可喜的步伐。有关试点县(市)的领导对试点工作非常重视，有的成立了试点领导小组和办事机构，有的试点方案已经制定、上报。库尔勒、和硕、奎屯等县市的部分改革项目已开始实施并取得初步成效。

与此同时，财税、金融、计划、外贸等方面的改革，经过两年运行，也逐步走向完善，对维护经济秩序，促进宏观经济形势稳步好转，发挥了积极的作用。

在肯定自治区经济体制改革取得新进展的同时，同全国相比，改革的最大差距在于国有企业改革滞后，现代企业制度试点进展不理想，目前大部分试点企业还停留在方案设计阶段，试点企业的公司制改组形式单一，启动困难，尤其在增资减债、解决历史包袱问题上缺乏实质性的措施。由于体制改革滞后，多数国有企业缺乏激励和约束机制，管理放松，效益下滑，反过来又成为影响整个改革和发展的一个突出问题。

二、对外开放

新疆对外开放连续几年跨上新台阶，对外经贸成为自治区成立以来最活跃、最快的发展时期。“八五”期间，累计完成进出口额46亿美元，其中出口26.5亿美元，进口19.49亿美元，分别比“七五”增长1.41倍、0.87倍和3.06倍，相当于自治区成立后的前35年累计完成进出口额的1.3倍。主要发展成就表现在以下几个方面：

1. 外贸体制改革成效显著，“大经贸”的格局初步形成。进入90年代以来，新疆在巩固发展大贸的同时，实施沿边开放战略，地边贸易得到较快发展。全区有外贸经营权的企业已由1990年的32家发展到目前的300多家，外经贸部批准经营权的企业已达78家，全区逐步形成了大贸、边贸、“三资”企业、生产自营企业等多层次、多形式的外贸格局。国有外贸企业贯彻“条例”，转换机制，增强了活力。继1994年外贸进出口总额突破10亿美元达到10.41亿美元后，1995年又登上了新台阶，达到14.28亿美元，比1990年的4.1亿美元增长2.48倍，5年间平均递增29.6%，大大高于同期自治区国民经济的增长速度。

2. 实施贸易多元化战略，进一步拓宽了国际市场。先后四届乌洽会的成功举办，加大了招商引资的力度，到1995年，全区已与世界上60多个国家和地区建立了经贸往来关系，比1990年增加了20多个国家和地区，出口商品种类400余种，形成了现汇贸易、易货贸易、来料加工、补偿贸易、转口贸易、旅游购物与边民互市等多种形式的贸易方式和以国有为主体、集体、合资、独资等多种经济成份并存的外贸、外资、外经工作的新格局。

3. 边境贸易快速发展，起到了贸易兴边的作用。“八五”期间，国家给予了鼓励地边贸易发展的一系列优惠政策，使得新疆边境贸易蓬勃发展。1995年全区边境贸易总额达6.95亿美元，比1990年增长8.89倍。其中出口增长6.86倍，进口增长10.91倍，边境贸易占全区外贸进出口总额的比重，已由1990年的17.1%上升到1995年的48.04%，发挥了兴边、富民的作用。

4. 外贸出口的快速增长，有力地促进了国民经济的发展。1995年，全区外贸实际出口总额为6.57亿美元（按可比口径计算，含以出顶进是7.6亿美元），比1990年增长了95.33%，平均每年递增14.35%，高于自治区经济增长速度3.35个百分点。随着外贸出口的迅速增长，外贸出口对国民经济的贡献率也在逐步提高，1990年出口总额占同期国内生产总值的比重为5.86%，到1995年上升到6.24%。对外贸易的发展为增加外汇收入、增加税收、技术引进、利用外资、开展对外经济技术合作都作出了贡献。

5. 利用外资和对外经济技术合作成绩显著。“八五”时期，新疆利用外资工作成绩显著，外商直接投资项目793个，协议外资金额5.3亿美元，实际利用外资3.8亿美元，利用我国政府贷款项目46个，协议贷款金额8.9亿美元。对外经济技术合作发展迅速，累计批准境外投资的各类经济技术合作项目480多个，中方投资额1.2亿美元，为贫困地区争取联合国多边、双边无偿援助项目近70个，援助金额达5000万美元。1995年外商投资项目同比虽减少了27.4%，但合同金额同比增长44.73%，实际利用外资同比增长43.9%，“三资”企业单项平均规模同比增长25.6万美元，“三资”企业的出口同比增长了3.82%。

（韩学琦　牛树华　撰稿）

附录

新疆维吾尔自治区对外经济技术合作项目

编号	项目名称	建设规模
1	德隆农牧业综合开发	总投资2379万美元,开发生产基地14万亩,年产粮食2.4万吨,育肥牛1万头,生产特种蔬菜3000吨
2	农业综合开发	总投资2500万美元,生产棉花3000吨,玉米1.5万吨,甜菜3万吨
3	新疆博斯腾湖造纸厂扩建工程	总投资5992万美元,年产漂白苇浆板5万吨
4	新疆浮法玻璃厂项目	总投资4780万美元,年产平板玻璃215万重箱
5	阿尔泰山林业局中密度纤维板厂	总投资820万美元,年产中密度纤维板2万立方米
6	新疆天山造纸厂	总投资1900万美元,年产1.7万吨胶印新闻纸和普通新闻纸
7	年处理4万吨蓖麻籽深加工项目	总投资938万美元,年产国际标准1号蓖麻油1.8万吨,去毒蛋白蓖麻粕1.8万吨
8	玉米深加工项目	总投资1450万美元,年产50%山梨醇2.5万吨、蛋白粉1.8万吨、混合饲料7442吨
9	新疆日用玻璃厂项目	总投资715万美元,年产玻璃瓶、罐2.6万吨
10	新疆哈巴河糖厂	总投资1924万美元,年产砂糖3.4万吨
11	棉短绒深度开发项目	总投资1850万美元,年产1万吨高级棉浆板
12	新疆涤纶纤维厂6000吨涤纶长丝项目	总投资952万美元,年产6000吨FDY涤纶长丝
13	新疆涤纶纤维厂丝绸织染分厂项目	总投资3090万美元,年产涤轮双绉165万米,花月缎145万米,花瑶310万米
14	1万锭精梳针织专用纱出口线	总投资349万美元,年产精梳棉筒纱669吨
15	出口纱专线项目	总投资690万美元,年产29T纱1040吨,18.2T纱4562吨
16	中、高档针织内衣系列产品项目	总投资300万美元,年产各类中高档针织内衣200万件
17	细旦、超细旦丙纶长丝项目	总投资905万美元,年产400吨70D/725、400吨70D/965、1200吨100D/965丙纶长丝
18	吐鲁番—鄯善公路工程	总投资2800万美元,二级公路90公里,通过能力5000辆/日
19	新疆吉林台水电站	总投资36370万美元,年平均发电量9.6亿千瓦时
20	巴州察汗乌苏水电站	总投资35621万美元,年有效发电量8.2亿千瓦时
21	伊犁第二水电厂	总投资3839万美元,年发电量2.3亿千瓦时
22	新疆苇湖梁电厂技术改造项目	总投资13000万美元
23	哈密第二发电厂三期工程	总投资21687万美元,新增装机容量20万千瓦
24	新疆八一钢铁厂直流电炉车间	总投资8768万美元,年产连铸坯35万吨
25	新疆八一钢铁厂无缝钢管车间工程	总投资10728万美元,年产180毫米无缝钢管151万吨
26	新疆独山子醇醚工程	总投资1386万美元,年产10000吨醇醚
27	新疆独山子聚烯烃后加工工程	总投资3166万美元,年产6000吨双向拉伸膜,5000吨无纺布,5000吨丙纶丝

续表

编号	项目名称	建设规模	编号	项目名称	建设规模
28	乌鲁木齐石油化工总厂腈纶工程	总投资72783万美元,年产腈纶10万吨,丙烯腈10万吨,乙腈精制0.4万吨	35	新疆化学工业公司1万吨再生胶粉	总投资650万美元,年产胶粉1万吨
29	新疆哈密铬盐厂2万吨红矾钠工程	总投资3200万美元,年产2万吨红矾钠及其他铬盐	36	乌鲁木齐油漆厂改扩建工程	总投资1733万美元,年产涂料1.8万吨,润滑脂2700吨,其他化工产品1500吨
30	年产100万套子午线轮胎工程	总投资9810万美元,年产轿车轮胎(半钢丝)50万套,轻卡车轮胎20万套,载重车轮胎(全钢丝)30万套	37	奎屯市宽幅聚乙烯土工膜生产厂	总投资650万美元,年产土工膜5000吨
			38	奎屯市4000吨丙纶强力丝厂	总投资692万美元,年产丙纶强力丝4000吨
31	双向拉伸膜生产	总投资772万美元,年产双向拉伸膜5000吨	39	奎屯市5000吨丙纶非织布生产	总投资1655万美元,年产丙纶非织造布5000吨
32	新疆独山子氯化聚乙烯工程	总投资747万美元,年产10000吨氯化聚乙烯			
33	昌吉州天山化工厂3000吨聚苯硫醚	总投资1800万美元,年产聚苯硫醚3000吨	40	外球面轴承扩建项目	总投资600万美元,年产外球面轴承300万套
			41	新疆齿轮及传动机械加工中心	总投资900万美元,年产齿轮25万件,传动机械8000台(套)
34	吐哈4万吨顺酐,2万吨1.4—丁二醇	总投资15600万美元,年产4万吨顺酐,1.4—丁二醇2万吨,四氢呋喃2000吨	42	和硕制药总厂麻黄素制剂项目	总投资1194万美元,年产2亿片含右旋麻黄碱制剂

上述项目承办单位:新疆维吾尔自治区人民政府外资办公室
地　　址:新疆乌鲁木齐市明德路16号
电　　话:(0991) 2838803
联 系 人:任春梅

(刘彦群　任春梅　撰稿)

新疆今后15年主要奋斗目标和基本指导方针

根据中共中央十四届五中全会对今后15年经济和社会发展的总体部署及自治区党委《关于国民经济和社会发展"九五"计划和2010年远景目标的建议》，新疆维吾尔自治区八届人大四次会议1996年4月6日审议通过了《新疆维吾尔自治区国民经济和社会发展"九五"计划和2010年远景目标纲要》。本纲要确定的新疆今后15年主要奋斗目标和基本指导方针如下：

（一）1996～2010年经济和社会发展有利条件和制约因素

我区经济和社会发展面临诸多有利的条件和机遇，有着良好的内外部环境。

第一，世界向多极化格局演变，和平和发展仍是当代世界的两大主题，在较长的时期内为我们经济建设提供较为稳定的国际环境。

第二，全区各族人民思稳定、求团结、盼发展、争富强的共同意志，为振兴新疆经济凝聚了巨大的力量。

第三，国家高度重视东西部地区差距扩大问题，在产业政策和生产力布局等方面，采取积极措施，加速中、西部地区发展，正在把新疆列为今后国家商品棉和石油及石油天然气化工基地建设的重点地区，十分有利于我区潜在资源优势向现实经济优势的转化。

第四，经济体制改革的深入开展，对外开放总体格局的初步形成，对于加强我区同国内、外的经济技术合作与交流创造了极为有利的条件。

第五，经过40多年，特别是改革开放以来的建设和发展，我区基础设施、基础产业已初具规模，技术、管理水平不断提高，经济实力大为增强，为今后的发展奠定了较好的物质技术基础。

第六，随着经济的发展和人民生活水平的提高，对基本物质产品的需求不断增长，城乡市场具有广阔的前景。

第七，社会主义市场经济体制的逐步建立将增强国民经济的活力，精神文明建设的深入进行和全区社会政治稳定，将为今后继续前进提供有力的保证。

前进中还面临着一些比较突出的困难和矛盾。主要是：综合经济实力还比较薄弱，自我发展能力差，国有企业整体素质不高，市场竞争能力不强，管理体制和经营机制还不适应社会主义市场经济的要求，通货膨胀压力大，宏观调控能力不强；在发展市场经济、扩大对外开放的过程中，社会主义精神文明建设面临着不少亟待解决的问题。

只要我们能够把握历史发展趋势，采取正确的发展战略，充分利用有利条件，努力化解不利因素，克服困难，迎接挑战，加快现代化建设步伐，就一定能够圆满地完成新的发展阶段的历史任务。

（二）2000年主要奋斗目标

国民经济和社会发展的总体目标是，在着力优化结构、提高效益的前提下，到本世纪末，全面完成自治区经济发展第二步战略部署。全区国内生产总值实现比1980年翻三番，在总人口控制在1831万人以内的情况下，人均国内生产总值翻两番半，人民生活基本与全国同步进入小康，初步建立社会主义市场经济体制。这一时期我区国民经济和社会发展的主要奋斗目标是：

1. 不断增强综合经济实力，提高各民族人民生活水平

按1995年价格计算，国内生产总值达到1450亿元，比1995年的880亿元增加570亿元。人均国内生产总值7920元，比1995年的5000元增加2920元。农业增加值达到315亿元，比1995年的247亿元增加68亿元，工业增加值达到472亿元，比1995年的258亿元增加214亿元。

财政收入达到75.4亿元，比1995年的37.5亿元增加37.9亿元。

社会商品零售总额520亿元，比1995年的253.2亿元增加266.8亿元。

进出口总额年均递增12%以上，5年实际利用外资20亿美元。

城镇居民人均生活费收入年均实际增长6%，城镇居民人均居住面积达到10平方米。农民人均纯收入实际增长5%，农村居民住房质量和卫生条件有较大的提高。全区电话普及率10%。

2.初步建立社会主义市场经济体制的基本框架

以公有制为主体、多种经济成份共同发展的格局从制度上得以巩固，企业基本上建立起适应市场经济的经营机制，半数以上国有大中型企业初步建立现代企业制度。全区统一开放、竞争有序的市场体系初步形成。以间接手段为主的宏观调控体系初步确立。以按劳分配为主体，效率优先、兼顾公平的个人收入分配制度趋于完善。社会保障体系与经济发展水平相适应。全方位、多层次、多形式的对外开放格局进一步发展。

3. 产业结构进一步调整和优化，主要产品产量大幅度提高

三次产业增加值的比重由1995年的28.1：39.3：32.6调整为2000年的22：42：36左右。农业的基础地位继续得到加强，水利、能源、交通、通信等基础产业对经济的制约进一步缓解，基本适应国民经济发展需要。石油、天然气化工成为实力强大的支柱产业，纺织和食品、建筑和建材等支柱产业规模和效益提高到一个新水平。建设国家的商品棉基地、石油基地和以石油、天然气化工为主的综合性化工基地，西北最大的纺织基地和重要的粮食基地、畜牧业基地。到2000年，主要产品产量为：

粮食产量850万吨，比1995年的730万吨增加120万吨。

棉花产量150万吨，比1995年的92.5万吨增加57.5万吨。

甜菜产量600万吨，比1995年的288万吨增加312万吨。

肉类总产量85万吨，比1995年的47万吨增加38万吨。

原煤产量3300万吨，比1995年的2693.28万吨增加606.72万吨。

发电量215亿千瓦小时，比1995年的117.89亿千瓦小时增加97.11亿千瓦小时。

原油2500万吨，比1995年的1263.34万吨增加1236.66万吨。

原油加工量1500万吨，比1995年的688.94万吨增加811.06万吨。

钢材100万吨，比1995年的60.67万吨增加39.33万吨。

化肥（折纯100%）117万吨，比1995年的38.5万吨增加78.5万吨。

聚酯10万吨，比1995年的4.2万吨增加5.8万吨。

乙烯20万吨，比1995年的3.5万吨增加16.5万吨。

棉纱53.73万吨，比1995年的24.05万吨增加29.68万吨。

机制糖80万吨，比1995年的29.95万吨增加50.05万吨。

4. 科技和教育水平明显提高，社会事业全面发展

科技进步在经济增长中的作用明显提高，综合科技能力达到全国同期平均水平，国民经济的主要行业接近或达到发达国家80年代初的技术水平。

全民受教育的水平有明显提高。全面普及小学阶段的义务教育，在占全区总人口70%左右的地区基本普及九年制义务教育，中等职业教育、高等教育和成人教育有较大发展。

通过发展各类社会保险、社会福利、加强劳动保护，加速建立社会保障制度。完善医疗卫生服务体系，实现人人享有初级卫生保健。文化、体育、广播、影视等社会事业全面发展，社会治安、生活秩序良好，生态环境状况有所改善。

5. 国民经济整体素质和效益有显著提高

5年合计全社会节能量1200万吨标准煤，年均节能率5.4%以上。万元国内生产总值能耗由1995年的5.56吨标准煤降低到5.26吨标准煤。

工业企业全员劳动生产率提高30%，资金利税率提高3～5个百分点。

固定资产投资效益有明显提高，固定资产交付使用率70%以上。

6. 集中力量搞好28项重点工程建设

“九五”期间，重点建设国家棉花基地、粮食基地、乌鲁瓦提水利水电枢纽工程、引额济克工程、特克斯河山口水利枢纽工程、南疆铁路库尔勒—喀什段延伸工程、乌鲁木齐地窝堡机场、吐—乌—大高等级公路、乌—奎高速公路、南北疆光缆、兰州—西宁—乌鲁木齐光缆通信干线、红雁池第二发电厂、吉林台水电站、独山子乙烯扩建工程、烷基苯工程、乌鲁木齐石化总厂腈纶工程、聚酯扩建工程、塔里木石油化工厂、塔里木大化肥工程、库车大化肥工程、泽普大化肥工程、哈密顺酐工程、克拉玛依大化肥工程、腈纶工程、八钢改扩建工程、乌鲁木齐轮胎厂子午线

轮胎改扩建工程、阿舍勒铜矿和新疆浮法玻璃厂等工程。

（三）2010年远景目标

2010年力争使国内生产总值比2000年再翻一番，使人民生活由小康达到初步富裕，形成比较完善的社会主义市场经济体制，显著提高国民经济的整体水平，为实现第三步战略目标奠定坚实的基础。

按1995年价格计算，国内生产总值达到3400亿元，比2000年增加1950亿元，10年平均增长9%左右。在总人口控制在2200万人以内的情况下，人均国内生产总值15450元，比2000年增加7530元。

建立比较完善的社会主义市场经济体制。现代企业制度基本建立，形成一批具有较强竞争能力的大中型企业，市场体系进一步完善，宏观调控体系比较健全，建立起多层次的社会保障体系，经济管理的法制化程度达到较高水平。

初步实现产业结构合理化。农业形成“高产、低耗、优质、高效”的新格局，支柱产业形成规模，高技术产业在第二产业中所占份额有较大提高，初步建立服务高效、功能健全的第三产业体系。

继续建设引额供水工程、特克斯河山口水利枢纽工程、红雁池第二发电厂、吉林台水电站，新建盖孜河布伦口—公格尔水利水电枢纽工程、喀什下板地水利水电枢纽工程、察汗乌苏水利水电枢纽工程、引喀济奎工程、乌鲁木齐硫磺沟煤矿、库车俄霍布拉克煤矿、乌鲁木齐第五电源、全疆统一电网建设工程、库车俄霍布拉克电厂、精河—伊宁铁路、奎屯—阿勒泰铁路、乌鲁木齐—库尔勒高等级公路、50万吨乙烯工程、大聚酯工程、八钢300万吨改扩建工程、塔里木水泥厂等重大项目，进一步提高我区经济整体实力。

全民有良好的受教育条件，劳动者技术和文化素质显著提高，民主法制健全，治安秩序良好，社会道德高尚，精神文化生活充实，基本实现社会、环境和经济协调发展。

城乡人民生活水平进一步提高，争取城镇居民生活费收入和农民纯收入达到全国同期平均水平，人民群众安居乐业。

（四）基本指导方针

1996～2010年，新疆国民经济和社会发展要以邓小平建设有中国特色社会主义理论和党的基本路线为指针，坚持“抓住机遇、深化改革、扩大开放、促进发展、保持稳定”的基本方针，正确处理好改革、发展与稳定的关系，坚持把是否有利于发展生产力，增强综合经济实力和提高人民生活作为检验各项工作的根本标准，全面推进建立社会主义市场经济体制和扩大对外开放，努力转变经济体制和经济增长方式，根据国家产业政策和国内外市场需求，以提高经济效益为中心，继续实施优势资源转换战略，并把战略重点放在依靠科技进步和扩大对外开放，加快优势产业和优势产品发展上，实现国民经济持续、快速、健康发展，全面提高各族人民的生活水平和社会文明程度。

——保持国民经济持续、快速、健康发展。发展是硬道理，解决所有问题的关键是要靠自己的发展。要逐步缩小同全国经济发展的差距，必须保证我区经济的快速发展。要正确处理速度与效益的关系，快必须是讲效益的、实实在在的速度。

——把提高经济效益作为经济工作的中心，积极推进经济增长方式从粗放型向集约型转变。处理好内涵与外延扩大再生产的关系，向结构优化要效益，向规模经济要效益，向科技进步要效益，向科学管理要效益。

——实施科教兴新战略，使科技、教育与经济建设紧密结合。科学技术是第一生产力，教育是基础。要坚持经济建设必须依靠科学技术，科学技术工作必须面向经济建设，努力提高国民经济中的科技含量。要着力培养和积极引进一批跨世纪的科技人才，提高劳动者素质和全民文明程度。

——继续把加强农业放在发展国民经济的首位，深化农村经济体制改革，稳定党在农村的各项政策，增加对农业的投入，强化农业基础地位，全面振兴农村经济，加速从农业大区向农业强区和经济富区迈进。

——继续调整和优化产业结构，加强基础设施和基础产业，大力发展支柱产业，提高国民经济的整体素质，努力增强综合经济实力。

——坚持以公有制为主体，多种经济成份共同发展。按照建立社会主义市场经济体制的要求，以国有企业改革为重点，全面深化经济体制改革。

——进一步扩大开放，加强国际经济技术合作，扩大和提高利用外资的规模和效益，扩大进出口贸易。广泛开展国内横向经济联合和技术合作，加快实现同国内外经济的互接互补。

——按照统筹规划，共同发展的原则，充分发挥地方、兵团和中央企业各方面积极性，走融合式发展经济的道路，共同开发建设新疆。

——坚持经济、社会、资源与环境相互协调和可持续发展战略方针，在开发建设中，充分重视提高资源的利用效率和生态环境保护，促进生态系统良性循环，实现经济、社会和生态效益的统一。

——逐步缩小同全国经济发展差距，促进经济合理布局和区域经济协调发展，积极扶持贫困地区发展经济，走共同富裕的道路。

——发扬自力更生、艰苦奋斗、勤俭节约的精神，反对铺张浪费，节约一切可以节约的财力、物力、人力和自然资源，加速经济建设。

——大力加强精神文明建设，增强民族团结，坚持不懈抓稳定，巩固和发展安定团结的政治局面，为经济发展创造良好的社会环境。

实现1996～2010年的奋斗目标，关键要按照中央的要求，加速经济体制从传统的计划经济体制向社会主义市场经济体制转变，经济增长方式由粗放型向集约型转变。

第一，充分发挥市场竞争的作用，实现优胜劣汰和资源的优化配置，通过深化改革在更多的领域中强化市场机制的作用。凡是应当由市场调节的经济活动要进一步放开搞活，竞争性产业要由市场配置资源，基础性产业也要引入竞争机制，使经济更富有活力和效率。

第二，正确处理好新上项目与利用现有基础的关系，充分发挥现有基础的潜力，提高投入产出的效益。今后，除新建一些优化产业结构、提高产业技术水平的重点项目外，能够依托现有企业改革、改组、改造的，就不再铺新的摊子。必须新建的项目也要提高技术起点，达到经济规模。

第三，提高科技进步对经济增长的贡献度。把科技体制改革与国有企业改革有机结合起来，力争在科技与经济的结合上有新的推进。以推动产业技术进步为重点，加快科技成果向现实生产力的转化，加快高新技术的产业化步伐，形成新的经济增长点。

第四，狠抓资源节约和综合利用。资源开发与节约并举，把节约放在首位，在生产、建设、流通、消费各个领域，千方百计节水、节能、节地、节材、节粮，减少资源的占用与消耗，坚决改变高投入、低产出、高消耗、低效益的局面，把资源综合利用提高到一个新水平。

第五，按照搞好社会化大生产和规模经济的要求，优化企业组织结构，打破地区、部门和行业的界线，通过联合投资、联合生产以及专业化协作来发展规模经济，形成产业化优势，专业化协作。

第六，深化流通领域的改革，提高流通效益。建立公平、公开、公正的市场秩序，打破各种封锁和垄断，形成统一开放竞争有序的流通体系，建立新型的流通体制和流通交易形式，减少流通环节，降低流通费用，促进生产和消费的顺利进行。

第七，加强宏观调控，以市场为基础，通过实施产业政策、区域政策等，运用掌握的财务、物力和经济调节手段，引导产业结构的优化和生产力的合理布局，保持宏观经济的健康运行。

典型地区和典型单位

新疆巴音郭楞蒙古自治州

巴音郭楞蒙古自治州(简称巴州)地处新疆维吾尔自治区腹地，东邻甘肃、青海；南倚昆仑山与西藏相接；西连和田、阿克苏地区；北以天山为界，与伊犁、塔城、昌吉、乌鲁木齐、吐鲁番、哈密等地、州、市相连。总面积48.27万平方公里，其中山地23.61万平方公里，占48.98%；戈壁沙漠14.46万平方公里，占30%；平原10.13万平方公里，占21%。巴州总面积占新疆维吾尔自治区面积的四分之一，是中国面积最大的自治州。

巴州辖焉耆、和静、和硕、尉犁、轮台、博湖、若羌、且末8县和库尔勒市。境内还有塔里木石油勘探开发指挥部、南疆铁路临管处、新疆生产建设兵团农二师师部及所属17个农牧团场、3个工程团。巴州首府设在库尔勒市，北距乌鲁木齐市471公里。

巴州是以蒙古族为自治民族的多民族聚居区，共有33个民族，主要有蒙古族、维吾尔族、回族、哈萨克族和汉族，1995年末总人口达93.3万人，其中少数民族人口42.2万人。

一、自然资源

巴州幅员辽阔，土地资源丰富。拥有可利用荒地6458万亩，耕地247万亩，丰富的土地资源使巴州农业，特别是种植业的发展具备很大潜力。焉耆盆地、天山南坡区和东阿尔金山北坡区气候各异，适宜各种农作物的栽培，为优化种植业结构，发展优势经济作物奠定了基础。林地859.11万亩，天然草场1.65亿亩，其中可利用天然草场面积1.24亿亩。巴州是新疆发展畜牧业重要地区，现有39个畜禽品种。

巴州境内有塔里木河、开都河、孔雀河、迪那河、车尔臣河、米兰河等50多条大小河流和69个大小湖泊。地下水天然补给量为30.41亿立方米/年，地下水可采量为21.73亿立方米/年，水能蕴藏量为296万千瓦。

巴州地质构造复杂，有生成多类矿产的良好地质基础，已发现具有一定储量规模的矿产地84处，分属29个矿种，矿产储量在新疆占首位的有锰、菱镁矿、白云岩、石棉、石膏、陶土等5种，其中石棉在全国亦占有重要地位。塔里木盆地已测定石油天然气资源储量205亿吨。另外，焉耆盆地也是“小而富”的油田。塔里木盆地东部罗布泊一带。盐区面积3667平方公里，初步调查钾盐储量超过4000万吨。

巴州有着特殊的自然条件，许多地方自古以来人迹罕至，一直保持着原始的生态系统和自然景观。境内有中国最大的自然保护区——阿尔金山自然保护区和中国最大的高原天鹅湖自然保护区、最大的天然胡杨林自然保护区，为野生动植物生存、繁衍提供了良好环境。还有浩瀚无限的塔克拉玛干大沙漠，广袤的巴音布鲁克大草原，美丽的天鹅湖，中国最大的内陆淡水湖博斯腾湖，古丝绸之路重镇楼兰遗址等等。巴州旅游资源的开发前景美好。

二、经济社会发展概况

改革开放17年来，特别是“八五”时期以来，巴州国民经济和社会发展取得了重大成就，人民生活水平显著提高。

1. 综合经济实力明显增强。自1980年以来，按可比价格计算，巴州国民经济基本保持14%以上的增长速度。1995年全州国内生产总值、工农业总产值、地方财政收入分别达到66.3亿元、100.3亿元和2.6亿元，“八五”期间年均增长速度分别为14.7%、12.3%和16%，比1980年翻两番以上，人均国内生产总值增长近两倍。

2. 农业连续丰收，农村经济全面发展。1995年农业生产获得第十八个丰收年，全州农业总产值达到30亿元，其中地方农业总产值达到20.8亿元。主要农作物粮食、棉花总产创历史最高水平，粮食总产42.7万吨，棉花总产7万吨，其中地方分别为31.7万吨和3.92万吨；肉类总产3.8万吨，年末牲畜存栏273.3万头，其中地方肉类总产为3.2万吨，地方年末牲畜存栏247万头；农牧民人均纯收入达到1197元。

3.工业体系初具规模，产业结构初步优化升级。“八五”期间，通过实施优势资源转换战略，1988年巴州工农业总产值中工业比重首次超过农业，1991年第二产业增加值首次超过第一产业增加值，现已逐步形成了以石油、轻纺、食品、造纸、电力、机电和建材业为龙头，矿产开发、冶金、煤炭、皮毛制革、医药化工等产业配套发展的体系。石油工业成为巴州工业的第一支柱，塔里木油田已成为中国十大油田之一。1995年，全州完成工业总产值69.9亿元，其中地方工业总产值达23.4亿元。

4. 乡镇企业是巴州经济发展的一支重要力量。“八五”期间，乡镇企业总产值、总收入分别以年均42%和45.5%的速度递增。现有工业、农业、建筑建材业、交通运输业、商业和饮食业等五大行业，生产商品达150余种，产品中水泥、甘草膏、麻黄素、蛭石、石棉等产品跨入了国家、自治区和巴州的优质产品行列，并依托本地资源优势，建立了肉、禽、水产品、蔬菜、牛奶等加工基地。

5.“八五”期间，巴州对外经贸工作取得了重要进展，目前具有一定规模的名特优出口商品11类，主要以农副土特产品和优势资源的初加工产品为主，如“香梨、蕃茄酱、甘草及其制品、棉纱、蛭石、地毯等。已有7家企业获得了大贸权，21家企业获得了地边贸进出口自营权，已开业的三资企业有28家。现与世界20多个国家和地区建立了直接和间接的经贸关系。1995年，进出口商品总值3395万美元。

6. “八五”期间，全州共完成固定资产投资174.7亿元，建成了一大批重点工程。大规模的投资，使交通、邮电通信、电力、城市建设等基础设施、基础产业建设明显加快，投资环境大大改善。

三、未来发展思路和战略目标

“九五”计划及到2010年巴州国民经济和社会发展的总体战略是：实施“三三一”发展战略，即加强三个基础（农业、基础设施、科技教育）、确立三个重点（石油石化、传统优势产业、大经贸）、坚持一条路子（开放性融合型经济发展的路子）。

通过今后15年的建设，把巴州特别是库尔勒市建设成为新疆乃至我国西部重要的石油化工基地，全疆重要的纺织、造纸、食品、能源、建材基地，增强库尔勒市辐集辐射能力，建成南疆经济中心城市，形成“北乌（乌鲁木齐）南库（库尔勒）”经济格局。

“九五”期间及到2010年，巴州的主要奋斗目标为：到本世纪末，全面完成自治州现代化建设的第二步战略目标，全州国内生产总值实现比1980年翻四番，比1990年翻两番，人均国内生产总值实现比1980年翻三番；基本消除贫困现象，人民生活达到小康水平；逐步建立现代企业制度，初步建立社会主义市场经济体制。2010年力争实现国内生产总值比2000年翻一番以上，人民的生活由小康达到较宽裕的水平，形成比较完善的社会主义市场经济体制。

2000年，国内生产总值达到80亿元（按1990年不变价格计算，下同），“九五”期间年均增长17.2%，人均国内生产总值达到7600元。工农业总产值112亿，5年平均增长18.5%，其中工业总产值87亿元，年均增长22.5%。2010年，国内生产总值达到214亿元，10年平均增长10.3%，人均国内生产总值1.6万元。

四、“九五”和到2010年重点建设项目

今后15年，巴州将按优化投资结构的要求，合理安排新开工项目，保持投资总规模的快速增长，集中资金加强农业、水利、能源、石化、交通、邮电通信、城建等重点建设。计划“九五”期间全社会固定资产投资总规模为300亿元，其中基本建设投资270亿元。巴州重点建设项目有：塔里木石油化工厂、塔里木大化肥工程、焉耆（丙纶）化纤厂、新疆橡胶厂扩建、博湖纸厂二期扩建工程、和硕制药总厂麻黄素厂片剂项目、开都河第一分水枢纽工程、且末恰瓦勒墩水土开发工程、粘胶长丝工程、粘胶短纤维项目等。

（巴音郭楞蒙古自治州计划委员会　供稿）

塔里木石油勘探开发指挥部

【概况】1989年4月10日，塔里木石油勘探开发指挥部在新疆库尔勒成立，拉开了塔里木石油会战的序幕。1989年，为了认真贯彻党中央、国务院关于陆上石油工业“稳定东部，发展西部”的战略方针，进一步加快塔里木盆地油气勘探的步伐，经国务院批准，并征得新疆维吾尔自治区的同意，中国石油天然气总公司在原新疆石油管理局南疆石油勘探公司基础上，组建成立了塔里木石油勘探开发指挥部，调集全国部分油田的力量，组织开展塔里木石油勘探开发会战。塔指直属中国石油天然气总公司领导，做为塔里木石油会战的领导机关和总甲方，负责掌管投资使用方向，决策实施勘探开发方案及部署，并对所有会战队伍进行统一领导、管理、协调和监察。

为了实现塔里木石油会战的高水平和高效益，中国石油天然气总公司领导总结以往石油会战的经验和教训，从塔里木的实际出发，创造性地提出了“采用新工艺技术和新管理体制，取得勘探开发高水平、高效益”的“两新两高”工作方针。会战以来，塔里木石油勘探开发指挥部根据“两新两高”工作方针要求，借鉴海洋石油的先进经验，大胆实践，积极探索改革石油勘探开发管理新体制，不搞“大而全、小而全”，以项目管理为重点、以甲乙方合同制为中心、以统一定额标价为基础，全面实行专业化承包和社会化服务，形成了具有中国特色的“油公司”管理体制。新型管理体制的特点包括六个方面：

一是管理体制上不搞“大而全、小而全”，指挥部作为油公司，不组建自己的施工队伍，各项专业技术施工依靠石油行业主力队伍，生产生活后勤服务按照“依靠行业主力，依托社会基础，统筹规则，共同发展”的“二十字”方针，依托行业和地方服务队伍，由指挥部实行统一管理，逐步形成了一定规模。建立了不同行政隶属关系的油公司、专业技术服务公司、生产生活社会服务三大系统。二是在勘探、开发和基本建设上实行项目管理和甲乙方合同制，建立和完善了市场体系，做到了规范运作，甲方对乙方施工作业的全过程进行监督和监理。三是在作业队伍的选择上，实行招标竞争，择优录用，使会战队伍的结构、整体素质得到优化和提高。四是油田开发上实行指挥部——油气开发公司——作业区管理模式，取消了中间环节，抛弃了老油田的管理模式，通过实行专业化服务和自动化管理，使油田管理人员减少，实现了油田生产的高效率和高效益。五是建立了“三位一体”的劳动用工制度。采用了固定职工、借聘职工和临时合同的用工方式，在保证会战职工技术素质和有效控制职工总量方面起到了重要作用。六是党建和政工工作实行工委统一领导，探区甲乙方各单位基层组织建设、思想建设和队伍建设不断加强，形成了具有塔里木特色的党建和思想政治工作模式。

新的管理体制为企业带来了较高的效益。会战以来，已累计投入资金151.6亿元，累计实现销售收入69.8亿元，通过原油销售收入筹集到的资金在总投入中的比例逐年增大，1993年以前不到10%，1994年增至20%，1995年增至36.5%。塔里木是新探区，工作区域遍及整个盆地，中部是号称“死亡之海”的塔克拉玛干大沙漠，周边是山地或戈壁滩。油田基础设施需大量投入，但勘探开发效益仍然很好。在勘探上，“八五”期间统计平均每口探井探明油气储量为209万吨，是全国水平（68万吨）的3倍多，探明1亿吨储量的投资为19.5亿元（扣除探井转开发井后为16.1亿元），与全国水平（17.7亿元）相当；每建成100万吨原油生产能力需投资17.9亿元，低于全国平均水平（19.34亿元）。在企业经济效益不断提高的基础上，职工个人收入也逐年提高。

目前，全石油探区共有来自大庆、胜利、辽河、新疆、中原、华北、四川等油田和单位的35个物探作业队，45个深井钻井队、3个浅井钻井队、8个试油队、1个油气开发公司和240多个相应专业配套的技术后勤保障和生活服务队伍。全部会战职工25000余人，其中甲方职工4300多人（含借聘职工

600人)，乙方职工16000人、物探局参战队伍4800多人。全探区一线和二、三线的人员比例为3：2：1。

党中央、国务院领导同志，对塔里木盆地的石油勘探开发非常重视。早在1987年6月，李鹏、朱镕基同志到塔里木探区视察，李鹏同志指出塔里木盆地的石油勘探“已经引起全世界的瞩目”。1989年8月，邹家华同志带领国务院工作组到塔里木现场办公，帮助解决石油会战中的有关问题。1990年7月，乔石同志视察探区，提出“要在塔里木建设90年代新大庆”。同年8月，江泽民同志又冒雨视察塔里木会战前线，并作了重要讲话和题词，希望我们“加快塔里木石油勘探开发，为实现国民经济持续稳定发展做出更大贡献”。王震、姜春云、铁木尔·达瓦买提、宋健、王恩茂、司马义·艾买提、温家宝等党和国家领导人也先后视察探区，作了一系列重要指示。这些，都极大地鼓舞参加会战的各级干部和广大职工，成为推动石油会战各项工作的强大动力。

【油气资源情况】塔里木盆地油气资源十分丰富。全盆地预测石油资源蕴藏量为107亿吨，天然气资源蕴藏量为8.4万亿立方米，分别为全国油气资源蕴藏量的七分之一和四分之一，是我国石油工业发展重要的战略接替地区，被中外地质家和石油界人士看作中国石油工业的希望所在。指挥部成立以后，经过几年较大规模的勘探工作，取得了对全盆地资源情况及特点较为一致的共识，掌握了大量的第一手地下地质资料。

一是塔里木盆地沉积岩厚度大，生油岩层系多，提供了丰富的油气资源。塔里木盆地面积56万平方千米，沉积岩最大厚度在满加尔坳陷厚约16000米，平均厚度8300米，这样的盆地与国外同类盆地相比较，油气资源量规模可达300亿吨。经过1986年、1993年两轮的资源量测算，塔里木资源量为191亿吨，列入了全国三大油气资源量超过100亿吨的盆地之首（另外两大盆地是松辽盆地129亿吨和渤海湾盆地188亿吨)。

二是勘探实践证明塔里木盆地的油气资源蕴藏量非常丰富。指挥部几乎在30万平方千米范围内发现了工业性油气流、油气显示和油气田，包括塔中、塔北、塔西南、麦盖提斜坡、库车坳陷等地都见到广泛的工业油气流。塔里木盆地的含油层系比较多，从上第三系的库车组一直到寒武—奥陶系均有油气显示。含油气层系多，油气藏类型丰富，油气显示地域广泛，充分证明塔里木盆地油气资源丰富。

三是塔里木盆地的油气田分布相对集中，为发现大油气田提供了有利条件。在平面上，我们现在发现的油气田都集中在寒武—奥陶系生油凹陷的两侧，集中在塔中隆起和塔北隆起，还有库车侏罗系生油凹陷的南侧。在纵向层位上也是集中的，塔北隆起海相油集中在三叠系和石炭系，陆相油集中在第三系。塔中隆起的油层集中在石炭系。油气分布的相对集中是寻找大型特大型油气田的希望所在。

【油气勘探】截止1995年底，共完成二维地震14.1万千米，三维地震5620平方千米，共钻探井228口，总进尺123万米，有105口探井获得工业油气流，探井成功率为46%。探明和基本探明了轮南、桑塔木、解放渠东、吉拉克、东河塘、英买力7号、牙哈、塔中4号、羊塔克等9个整装油气田，发现了26个工业性含油气构造，它们组成了轮南、东河塘、塔中3个油气田群和1个塔北隆起北部天然气—凝析油富集带。累计探明和基本探明油气储量4.4亿吨。7年中累计探明的石油天然气资源带来三笔宝贵的财富，可以保证建设460万吨原油、100万吨凝析油和40亿立方米天然气生产能力。

轮南油田 位于轮台县以南35千米处。1987年9月3日，轮南1井获日产44.2立方米的工业油流；1988年11月25日轮南2井试出高产油气流，折日产油631.8立方米，从而发现了轮南油田。该油田呈北东—东西弧形展布，长约40千米，宽约3千米。自东向西有轮南10井区，轮南2—3井区，轮南26井区，轮南1井区等4个区块组成。该油田叠合含油面积31.6平方千米，主力产层为三叠系、侏罗系，油气储量5323.3万吨，为中型油田。已建成100万吨年生产能力，目前日产油3000吨，日产气56万立方米。

桑塔木油田 位于轮台县正南45千米。1990年3月10日轮南14井获日产油316.8立方米，气1.83万立方米的高产油气流，从而发现了桑塔木油田。桑塔木油田分布在叠塔木构造带上。该构造带是一个东西长约23.3千米，南北宽约2千米的狭长披覆背斜构造带。桑塔木油田三叠系共有14个油藏，各油藏叠合面积18.6平方千米，主要产油层三叠系，油层埋深4430～4760米，探明石油地质储量1381万吨，溶解气16.27亿立方米。已建成20万吨年产能力。

解放渠东油田 位于轮台县南部。1991年7月，轮南55井中途测试获日产油214.4立方米，日产气1.25万立方米。随后解放100井相继出油，从而发现了该油田。各油组叠合含油面积14平方千米，主力产层三叠系，油层埋深4250～4500米，探明石油地质储量1491万吨，溶解气21.91亿立方米，天然气地质储量12.48亿立方米，凝析油41.2万吨，为中型油田。已建成40万吨年产能力。

吉拉克油气田 位于轮台县城以南约50千米的塔里木河北岸。1991年5月，轮南57井中测获高产油气流，用12.7毫米油嘴求产，日产油445立方米，日产气28.87万立方米，从而发现了吉拉克三叠系凝析气藏。1991年10月在轮南59井石炭系完井测试获高产工业油气流，日产凝析油97.47立方米，日产气118.87万立方米，又发现了吉拉克石炭系凝析气藏。吉拉克凝析气藏叠合含气面积52.5平方千米，主力气层为三叠系、石炭系、气层埋深三叠系为4320～4360米，石炭系为5360～5430米，油气当量储量2150万吨，是一个中型凝析气田。因气的出路没有解决，现已作开发方案，但未开发。

东河塘油田 位于库车县墩阔坦乡西南5～9千米处。1990年7月东河1井中测获高产油气流，用11.11毫米油嘴求产，日产油389立方米，从而发现东河1号构造石炭系油藏。1994年7月东河20井对侏罗系裸眼中测，用7毫米油嘴求产，日产油170立方米，气14.4万立方米，从而发现了东河塘油田侏罗系油藏。该油田叠合含油气面积8.2平方千米，主力产层石炭系、侏罗系，石炭系油层埋深5450～5490米、侏罗系5400～5440米，油气当量储量2844.2万吨，为一中型油田。已建成60万吨年生产能力，目前日产油1450吨，日产气1.5万立方米。

英买力7号油气田 位于新和县城西南50～95千米处。这个油田在英买9井下第三系首次见到油气显示，1992年4月对该井完井测试，日产油43.6立方米，气15.7万立方米。后对以前完钻的英买7井下第三系进行测井复查，重新解释出油气层35米，测试获高产油气流，日产油40.32～121.77立方米，日产气12.2408～31.3971万立方米，从而发现英买7—9井区第三系凝析气藏。以后又发现了英买17、21、23号3个构造，1993年6～11月先后投入钻探，同年11月～1994年6月，3口井均获高产油气流，从而发现了该油气田。英买力7号油气田下第三系含油气面积45.2平方千米，探明石油地质储量1053万吨，溶解气13.41亿立方米，天然气295.74亿立方米，凝析油463.1万吨；白垩系含油面积3.1平方千米，探明石油地质储量434万吨；奥陶系已提交控制储量277万吨。该构造探明加控制油气当量5324.6万吨，为一大型凝析气田。目前尚未开发。

塔中四油田 位于塔克拉玛干沙漠腹地。塔中4井于1992年4月在石炭系测试获工业油流，日产油285方，日产气5.3万立方米。随即在油藏描述基础上布署了5口评价井，均获高产工业油气流，从而发现了塔中四油田。塔中4油田产层集中分布在石炭系，埋深3200～3800米。叠合含油面积35.7平方千米，探明石油地质储量8054万吨，溶解气108.25亿立方米，天然气11.02亿立方米，凝析油83万吨，控制石油地质储量1954万吨，天然气60.1亿立方米，探明加控制油气当量11885万吨。目前正在建设200万吨年产能力，预计1996年底可投产。

牙哈油气田 位于库车县境内。1993年11月牙哈3井在下第三系中测，获日产油110立方米，日产气16.01万立方米的高产工业油气流，从而发现了牙哈油气田。牙哈油气田共包括9个凝析气藏、2个油藏，整个牙哈油气田叠合含油气面积60.2平方千米，探明石油地质储量1363万吨，溶解气35.14亿立方米，探明天然气储量357.78亿立方米，凝析油2826.9万吨，油气当量储量8119万吨；以后又在深层寒武系潜山白云岩中发现高产油气藏，日产油70～150立方米，预计整个牙哈油气田总储量超过1亿吨。牙哈油气田是1994年快速高效探明的大型油气田。目前正在编制开发方案。

羊塔克油气田 位于新和县境内，该地区自1994年9月羊塔—1井获工业油气流后，羊塔—2、羊塔—4、羊塔—5、羊塔—101井相继得手，目前三维地震的成果图也已完成，初步测算，含油气面积15.8平方千米，天然气储量250亿立方米，原油及凝析油储量318万吨，油气当量2810万吨。

【油田开发】塔里木石油勘探开发指挥部坚持“以油养油、以油发展油”的指导思想，实行勘探开发同步发展。目前，已正式投入开发的有轮南、桑塔木、解放渠东和东河塘4个油田，投产127口油井、19口注水井，配套建成产能230万吨，通过对塔中四油田进行较大规模试采，目前日产水平可达9000多吨，已经踏上了年产原油320万吨的步子。目前，油田生产形势好，单井产量高，生产能力旺盛。

1991年元旦，塔里木盆地第一列车原油已经东运兰州炼油厂。1992年7月，轮南—库尔勒192千米长，377毫米大管径长输管线正式投产，原油从轮南、桑塔木、解放渠东、东河塘源源不断地输抵库尔勒。目前，已建成2座大型联合站、3座转油站、2条285.5千米输油管线，40万方储油罐群、850千米油田公路，塔中4油田200万吨产能建设正在加快进行，塔中到轮南的两条油气管线和轮库复线即将竣工投产，500万吨油田的骨架工程已基本形成。

塔里木探区从1987年底在轮南1井获工业油

气流后，1989年生产原油3.38万吨，1990年生产原油18.7万吨，1991年生产原油55.1万吨，1992年生产原油88.89万吨，1993年生产原油160万吨，1994年生产原油195万吨，1995年生产原油253万吨，今年计划生产320万吨，这样大幅度的原油增长率，为陆上石油工业年产量稳中有升做出了贡献。到1995年底，指挥部累计生产原油771万吨，在风险勘探阶段，为全国原油产量稳步增长和国民经济持续发展作出了积极贡献。

【"九五"目标】"九五"时期是塔里木加快发展，实施中央"稳定东部、发展西部"战略的关键时期，"九五"期间，塔里木探区要努力实现以下5个方面的奋斗目标：

(1)油气勘探要有突破性进展。探明加控制石油地质储量5～8亿吨，天然气储量3300亿立方米，合计油气储量10亿吨，加上"八五"期间探明的油气储量，争取达到累计探明加控制油气储量14～15亿吨。

(2)实现油气产量高速增长。到2000年，年生产原油800万吨，年产天然气10亿立方米。

(3)实施上下游一体化发展战略。建设1座年加工能力250万吨的石油化工厂和两套30万吨合成氨、104万吨尿素大化肥厂，同时发展一批下游加工产业，把库尔勒建成总公司五大石化基地之一。

(4)建立起完善的油公司管理体制。依靠科技进步和科学管理，合理控制职工总量增长，2000年，上游人数控制在5000人以内，全员劳动生产率超过120万元/人年。

(5)企业经济效益进一步提高，到2000年，上游实现销售收入80亿元，随着企业经济效益的提高，职工收入逐步增长，生活水平不断提高。

为了实现以上目标，指挥部在"九五"期间要做好以下几个方面的工作：一是坚持把油气勘探始终摆在各项工作的首位，努力发展勘探的更大场面，找到优质高效储量，尽快实现油气资源良性循环；二是坚持从全国油气生产稳定增长的大局出发，依托优质资源，加快产能建设，提高油气产量，尽快实现投入与产出的良性循环；三是坚持把科技工作放到重要的战略位置，加速石油科技进步和人才培养；四是以完善油公司管理体制为目标，以经济效益为中心，加速与国际油公司管理模式接轨，建立上下游、产供销、内外贸一体化的企业运行机制；五是大力发展石油化工，建成年产104万吨尿素的大化肥厂和年加工能力250万吨原油的石化厂，完成大乙烯工程的前期准备工作。

(孙明旭　何晓庆　陈　平　撰稿)

新疆生产建设兵团农二师经济现状及发展前景

新疆生产建设兵团农二师位于新疆天山南麓的巴音郭楞蒙古自治州境内，总人口19.6万人，职工9万人。北倚天山、南抵昆仑山，自北向南按自然地理区划分为焉耆、库尔勒、塔里木、米兰、且末5个垦区。全师土地规划面积57.3万公顷，其中农区面积40.2万公顷，山区面积17.1万公顷。现有耕地5.8万公顷，果林1万公顷，养殖水面0.5万公顷。师属17个农业团场，23个独立工交建商贸企业和科、教、文、卫等事业单位，分布在巴州八县一市。是一个农林牧副渔全面发展、工交商建服综合经营、科教文卫体俱全的大型垦区。

农二师垦区自然特点是：光热资源丰富，日照时间长，昼夜温差大，年日照时数2907～3138小时，年太阳幅射能148～156千卡/平方厘米，年平均气温7.9～11.4℃，大于等于10℃的积温为3404～4245℃，无霜期161～230天，多晴少雨。气候条件非常有利于棉花、小麦、水稻、玉米、甜菜、瓜果、啤酒花、蕃茄等多种农作物生长。垦区内水资源，主要来自开都河、塔里木河、孔雀河、米兰河等河流，垦区总引水量11.8亿立方米。在规划的57.3万公顷的土地中，已开垦利用的土地有6万余公顷，未垦荒地中，质量较好，经一般改良后就可利用的土地约

2.5万公顷。动植物资源中，有经济价值较高的塔里木马鹿和库尔勒香梨以及甘草、罗布麻、芦苇等。已查明的矿产资源29种，开发利用的矿产资源主要有煤炭、石棉、蛭石、花岗岩、石灰石、滑石、石膏以及石油、天然气等。旅游资源丰富，州域内有国内最大的淡水湖——博斯腾湖，其水域面积1080平方公里，“古丝绸之路”的南道、北道均途径农二师属垦区，其中楼兰的海头、米兰的伊循等古遗址至今尚存。总之，各种资源都具有很大的开发潜力。

农二师师部设在巴州首府库尔勒市，这里交通及通讯便利，南疆铁路吐鲁番—库尔勒段于1982年开通，并将由库尔勒向阿克苏、喀什延伸，垦区内有314、315、218等3条国道穿过，公路、铁路客货运输十分方便，并开通了库尔勒—北京的往返空中航线。亚欧光缆及新疆南北疆光缆的开通，使农二师垦区内通讯条件大大改善，程控电话快捷方便。

40多年来，特别是党的十一届三中全会以来，农二师的社会主义现代化建设得到了迅速发展。1995年，国内生产总值10.69亿元，其中第一产业4.61亿元，第二产业3.69亿元，第三产业2.39亿元。

农业生产水平不断提高，连续取得了17个丰收年。1995年，全师农业总产值9.54亿元，粮食总产11.2万吨；棉花总产3.13万吨，甜菜总产24万吨，果品总产3.34万吨，鹿茸总产7200公斤，分别是1978年的1.5倍、15倍、55.8倍、10.5倍和11.5倍；小麦、水稻、棉花、甜菜等农作物每公顷产量已分别达到4650公斤、7550公斤、1500公斤和49500公斤，分别比1978年提高2.6倍、2.1倍、3.3倍和6倍；人工防护林面积1.56万公顷，耕地覆盖率为21.6%。1989年率先在自治区实现农田林网化。农业机械总动力为9.18万千瓦，农业综合机械化程度达到84.9%。

1994年，农二师被国家批准为“特色农业”即“两高一优”农业示范区，突出特色是香梨、马鹿、棉花、糖料等。现在特色高效农业已初具规模，5个垦区按其自然地理位置和资源条件，形成了“北麦南稻、北糖南棉、北果南梨、北羊南鹿、水库养殖”的区域化、规模化经营的大农业生产布局。建立了粮食、棉花、甜菜、香梨、啤酒花、马鹿、细毛羊等七大优势产品生产基地。

粮食生产基地　主要以小麦、水稻、玉米等粮食作物为主，全师粮食种植面积2万公顷，总产粮食11.2万吨，除满足本师需要外，每年向国家上交合同定购粮2.9万公斤。

棉花生产基地　主要生产长绒棉和陆地棉，棉花品质优良，商品率高。全师棉花种植面积2万顷，总产皮棉3500万公斤。是兵团50万吨优质商品棉基地项目重点垦区之一。

甜菜生产基地　位于焉耆垦区，种植面积0.5万公顷，总产甜菜25万吨，主要满足我师湖光糖厂制糖生产。

香梨生产基地　主要在库尔勒、塔里木垦区。库尔勒香梨以皮薄肉嫩、酥脆汁多、香气馥郁、营养丰富闻名于世，在全国梨果评比中多次夺魁，曾被某外国首相誉为“果品王子”。目前，全师种植面积0.5万公顷，总产2500万公斤。畅销香港及东南亚各国。

马鹿生产基地　目前，全师饲养马鹿8700余头，90年代以来，年增长率在20%以上，年产优质鹿茸7500公斤，马鹿鹿茸肥嫩，含有丰富的活性物质，既是名贵中药材，又是滋补佳品。已分别在29团、33团、34团等农场建立了千头马鹿养饲场。

细毛羊生产基地　主要位于焉耆垦区，品种为中国美利奴军垦型细毛羊，体格健壮、肥大，生长快，毛、肉兼优，羊毛单产可达6公斤。现已发展到15万只。

啤酒花生产基地　主要产于焉耆垦区，色泽鲜绿，花型齐整，品质优良，甲酸含量居全国之首，是酿制高档优质啤酒的上等原料。如今全师种植啤酒花1255公顷，总产量280万公斤。

以资产为纽带，以科技为先导，面向国内外市场，贸工农一体化经营，全方位发展的新疆鹿业集团（有限）公司已经投入运营，同时正在加紧筹备香梨集团和糖业集团，使特色农业形成整体优势。

农二师在开荒造田、兴修水利、发展现代化农业的同时，靠自力更生、艰苦奋斗，逐步建立了包括棉纺、造纸、制糖、制药、食品、化工、农业机械制造、煤炭、非金属矿以及建筑、建材等工业门类。各类工业企业119个，其中：大型企业1个，中型企业5个，预算内独立核算企业10个。棉纺行业拥有11万纱锭、700余台织布机和年产300万件的针织服装生产能力。新疆湖光纺织针织厂是大中型纺织针织联合企业，拥有纱锭5万枚，织布机500台和300万件针织生产线，主要生产各种牌号纯棉纱、纯绵纱卡、纯棉府绸、纯棉防羽布、中高档针织内衣及T恤。新疆湖光毛巾被单厂是全疆最大的棉制品生产经营企业，设备工艺先进，主要生产各类毛巾、浴巾、枕巾、被单等。新疆湖光糖厂日处理甜菜1650吨，年产砂糖3万吨、酒精0.3万吨、颗粒粕1万吨。新疆湖光造纸厂，年生产能力1.5万吨，拥有西北地区技术水平领先的低定量涂布纸生产线，主要产品有胶印书刊纸，单、双胶纸及低定量涂布纸等。新疆湖光制药厂拥有符合GMP规范制药厂房及片剂、胶囊剂、冲剂、口服液、霜粉生产线和检测分析、试验设施，主要生产甘草膏、罗布麻、霜甘草酸粉和国家中药基本药物——中药二类新药安胃疡以及马鹿系列保健品。21团和25团蕃茄制品厂，引进意大利先进生产设备，日处理原料600吨，生产的蕃茄酱红色素含量极高，品质优良。隶属于36团的巴州石棉矿是大型石棉采选加工企业，年产各种规格石棉3万余吨。1995年，全师工业总产值10.64亿元。主要工业产品产量为煤炭28万吨，石棉2.3万吨，蛭石0.8万吨，水泥9.3万吨，白砂糖2.3万吨，酒精0.25万吨，蕃茄酱0.7万吨，食用植物油0.75万吨，棉纱0.96万吨，棉布1250万米，机制纸1.2万吨。目前，主要工业产品的生产能力为：煤炭30万吨，石棉采选3万吨，蛭石采选1万吨，水泥18万吨，其它新型建筑材料4万立方米，制糖日处理原料1650吨，机制糖3万吨，蕃茄制品日处理原料1200吨，蕃茄酱罐头1.5万吨，棉纺11万纱锭，织布1500万米，造纸1.8万吨，精炼植物油1.5万吨，其中：石棉和蛭石的采选规模、品种及质量均位居国内同行业前列。一批产品被评选为省部优产品和名牌产品。“松树牌”甘草浸膏、“香梨牌”和“文竹牌”纯棉纱、“绿原牌”白砂糖、“静月牌”食用酒精、啤酒花等都多次获省部优产品和新疆名牌称号。中药二类新药安胃疡荣获墨西哥国际博览会金奖，是国内首创的治疗消化性溃疡的纯中药制剂。

按照邓小平建设有中国特色社会主义理论，解放思想，实事求是，农二师将着眼于巴州区域经济和兵团经济发展大目标，积极参与构造融合型经济大框架，优先发展现代化大农业，巩固发展一产，提高壮大二产，积极发展三产，努力实现一二三产业协调发展，促使农二师经济持续、协调、健康发展。积极推进“两个转变”，建立起优质高效的多元化产业结构；依靠科技振兴经济，以经济发展带动其他社会事业的全面发展，实现人民生活与自治区、巴州同步进入小康并向更加富裕迈进。

“九五”期间，实现“2048”工程，即国民生产总值达到20亿元，年平均增长15%；人均收入4000元，年均增长12.7%；职工人均收入8000元。继续贯彻“稳粮、增棉、保糖、兴畜牧、上园林、发展现代化特色高效农业”的方针，充分发挥现代化国有大农业的整体优势，加大农业科技力度，大力推广新品种、新技术，巩固提高已初步形成的粮食、棉花、梨果、马鹿、甜菜等七大农产品基地，进一步搞好农业综合开发。

粮食生产要稳定种植面积，增加科技投入，着力提高单产，确保总产，实现“2812”目标，即：粮食面积28万亩，单产450公斤，总产12万吨。棉花生产面积增加8～10万亩，达到38～40万亩，单产120公斤，总产4.5万吨。香梨生产面积要由7万亩发展到10万亩，总产梨果10万吨。马鹿饲养数量要翻一番，达到1.85万头，鹿茸总产2万公斤。甜菜生产要稳定种植面积，提高单产与含糖量，单产达4吨，总产达28万吨。

从五大垦区实际出发，坚持因地制宜，统筹兼顾，综合治理的方针，加大农业综合开发力度，在“九五”期间开垦耕地20万亩，完成中低产田改造30万亩，投资2.5亿元，重点开发治理米兰河流域，建成库容5000万立方米的米兰河反调节水库，开垦耕地6万亩，为进一步开发米兰河流域奠定基础。投资2500万元，开发四建公司策大雅喷灌示范农场，新增耕地2万亩。到2000年全师耕地面积达到100万亩。

“九五”期间，工业及乡镇企业产值达到28亿元(现价)，在优化结构、提高效益的前提下，工业技术改造与新建相结合，大力培育支柱产业，加快煤炭、纺织、食品、造纸、建材工业的发展。

煤炭工业重点建设哈满沟煤矿60万吨矿井，煤炭生产能力达到100万吨。非金属矿重点对36团巴州石棉矿和32团蛭石矿进行技术改造，使技术水平、产品质量上一个新台阶，能力达到5万吨。建材行业重点改造米兰新型建材厂，形成年产10万立方米新型建筑装饰及墙体材料；完成一建公司3万立方米超轻陶粒生产线；完成水泥厂日产300吨熟料特种水泥生产线技术改造。纺织行业重点实施湖光纺织针织厂50台特宽幅喷气织机生产线技术改造；完成29团孔雀棉纺厂100台喷气织机织布分厂；积极组建农工贸一体化经营的大型棉纺织集团公司，到2000年，棉纺达到11万纱锭，年产优质棉纱2万吨，棉布3000万米。食品工业重点对湖光糖厂进行技术改造，达到日处理甜菜2000吨，年产机制糖3.5万吨；组建香梨产业集团公司，从香梨种植、储运、加工、市场销售、科技开发实现规模化、集团经营，重点建设5000吨气调冷库，香梨及苹果浓缩汁和饮料生产线；加快马鹿系列保健品的科研开发、生产、市场开拓，包括活性鹿茸片、鹿茸胶囊、鹿血精口服液、鹿胎膏、鹿血补酒等，通过开发马鹿系列产品，增加马鹿饲养加工附加值2亿元。造纸业通过技术改造，加强环境保护，减少废水排放，完成年产6000吨高档板纸生产线技改，生产能力达到2万吨，积极推进原料基地建设。积极参与石油天然气化工及下游产品项目的开发建设。

党的十四届五中全会的强劲东风，为农二师经济的大发展提供了新的机遇，我们将充分发挥优势，突出特色，抢抓发展机遇，实现两个文明建设的全面发展，为建设繁荣富裕文明的华夏第一州作出贡献。

（新疆生产建设兵团农二师
计划委员会　供稿）

新疆巴州的旅游风光

新疆巴音郭楞蒙古自治州具有独特的自然和人文旅游资源，让中外游人神往。

阿尔金山自然保护区位于若羌县境内，面积4.5万平方公里，为我国最大的自然保护区，有野生动物60余种、野生植物241种。它既有高山沙漠和高山湖泊，又保留着较为完整的原始生态系统，成为野生有蹄类动物的天然乐园，具有很高的科研和观赏价值。近年有关阿尔金山发现雪人踪迹的报道，更为自然保护区蒙上了一层神秘的色彩。

中国最大的内陆淡水湖——博斯腾湖，面积1004平方公里，容积80亿立米，古称“西海”，它既是《西游记》中传说的通天河即全长456公里的开都河的归缩，又是全长523公里的孔雀河的源头。博斯腾湖距巴州首府库尔勒仅67公里，其西南小湖区的莲花湖已成为新崛起的水上旅游新星。有诗赞美道：“雪融博湖芦苇，四色一体连天，游之消暑忘倦，居之世外桃园”。

世界第二的塔克拉玛干沙漠，总面积33.7万平方公里，在巴州境内有13万平方公里。举世闻名的罗布泊，千姿百态的“雅丹”奇观，东方的庞贝城——楼兰古城均在于此，它既是考古、探险旅游者的乐园，更是当代中国人征服大自然的代表作。作为巴州特种旅游的强项，巴音郭楞国际旅游总公司已带海外游人成功四次穿越大漠。

美丽的巴音布鲁克大草原，不仅有闻名中外的国家级天鹅自然保护区，有林海之称的巩乃斯，具有多功能医疗保健作用的阿尔先沟温泉更是避暑疗养的胜地。

闪烁着我国古代灿烂文化和东西方文明之光的丝绸之路中、南两道贯穿巴州境内，汉唐城遗迹遍布全州8县1市，有文物保护点240余处，有自治区级文物保护单位16个。

改革开放以来，巴州旅游局以完善旅游接待的设施为基础，并于近年转入旅游景点、景区的开发和建设。现有一、二、三星级宾馆各1家，旅游社2家。累计接待中外游人13万人次。规划和形成了以库尔勒为中心，辐射博斯腾湖、天山草原、塔里木盆地和阿尔金山5个旅游区。择巴州旅游精华，归纳为“大山（万山之祖的昆仑山、阿尔金山）、大海（博斯腾湖）、大漠（塔克拉玛干沙漠）、大草原（巴音布鲁克高山草原）和楼兰古城”这被誉为巴州旅游业“五朵金花”的“四大一古城”，作为“九五”期间优先开发建设的重点，献给中外游人。

“山有草木地有美，沙漠新路双奇景，草原葱葱天鹅伴，平湖万顷雪水情，久居城市般般趣，巴音郭楞游人迎”。这就是国家旅游局原局长刘毅同志对巴州旅游的评价。谁不说风景这边独好！

巴州旅游局局长：雷世鸣
电话：（0096）2026029　2023035
邮编：841000
通讯地址：新疆库尔勒市巴音东路

（新疆巴州旅游局　供稿）

新疆巴州沙依东园艺场

沙依东园艺场位于新疆巴音郭楞蒙古自治州首府库尔勒市西郊10公里处，是新疆名优物产——库尔勒香梨的盛产地，也是巴州最大的专业化国营园艺场。沙依东园艺场1959年建场，全场总面积6万亩，1986年列为国家优质出口商品生产基地。现拥有1.6万亩新老梨园，年产香梨已达7千吨。库尔勒香梨多次荣获自治区、国家级奖，驰名国内外市场。

该场交通方便，柏油路直通库尔勒市，汽车、火车站、机场近便。水资源丰富。属典型大陆气候。全年雨量少，日照充足，昼夜温差大，全年有效积温4300℃。非常适宜瓜果尤其库尔勒香梨的栽培。现有职工1700人，各类管理人员112人，其中科技人员46人。场属基层单位30个，其中园艺生产分场12个，拥有果树研究所、果酒罐头加工厂、1000吨保鲜冷贮库和3000平方米办公科研楼。22座地下果窖可贮梨1千多吨。

库尔勒香梨是该场出口创汇的重要产品。自1975年起试销香港，现已销往新加坡、菲律宾、马来西亚、加拿大、台湾等国家和地区。年出口数量从50吨增加到3000吨左右。

为适应市场经济发展的需要，该场积极进行产业结构调整，以库尔勒香梨为龙头，大力发展优质、高产、高效农业。生产建设飞跃发展，经济效益大幅度上升，已初步实现了农、工、商一体化，产、供、销一条龙的规模经营，具有较强的经济技术实力。近年来，国家领导及自治区领导多次到该场视察指导并题词，区内外许多单位、团体和外国客商、友人、来场参观、学习、交流、洽谈。市场上库尔勒香梨呈现供不应求的喜人局面。计划到本世纪末果园面积发展到2万亩，果品总产达2万吨，进一步满足国内外市场需求。

沙依东园艺场竭诚欢迎国内外客户联营、合资、独资，进行香梨的开发性生产，希望在香梨的生产、贮藏、加工、包装、运输和新产品开发等方面进行广泛的合作，该场将提供一切可能的优惠条件，为国内外宾客服务。

场长（法人代表）：任海彦
电话：（0996）2025862、2025888
邮政编码：841000
通讯地址：新疆巴州库尔勒市英下路

（新疆巴州沙依东园艺场　供稿）

新疆巴州博斯腾湖造纸厂

新疆博斯腾湖造纸厂于1992年底正式投产，由年产17000吨机制纸和机制漂白苇浆板的造纸厂发展成为年生产能力30000吨的综合性大型企业，成为西北地区最大的造纸厂。产品不仅牢固占领西北市场并进入北京印刷界，漂白苇浆板在提高京津沪市场占有率的同时，又打入四川、浙江两省市场，并通过香港向台湾高雄转口1000余吨，在外贸出口方面迈出坚实步伐。

新疆博斯腾湖造纸厂先后开发出胶印书刊纸、双胶纸、瓦楞原纸等产品，形成多品种、多规格、系列化的机制纸产品。其中52克胶印书刊纸填补了新疆造纸行业空白，结束了胶印书刊纸靠内地供应的历史，并被评为新疆优秀新产品二等奖，成为《邓小平文选》等经典著作指定用纸。52克胶印书刊纸已成为新疆造纸行业的名牌产品。

为适应浆纸市场宏观调控的要求，该厂开辟一条漂白苇浆板生产线，已形成13000吨年生产能力。通过建立质量保证体系和实施自动化仪表监控等手段，使漂白苇浆板在1995年全国轻工业新产品展示会上被中国轻工总会授予"全国轻工业优秀新产品一等奖"，同年底被新疆维吾尔自治区人民政府授予"新疆名牌产品"光荣称号，获新疆优秀新产品一等奖。

70克双面胶版纸是造纸行业中高附加值产品，它以外观漂亮、纸张平滑、适销对路而著称，博斯腾湖造纸厂该产品年生产能力已达8000吨，由于采用浆料水份自动监控浓度和自动调节的质量保证手段，使产品质量稳步提高，在新疆及西北出版界已享有盛誉。

此外，新疆博斯腾湖造纸厂还生产烧碱、液氯、盐酸等化工产品，不仅作为主导产品的配套产品，还有效解决了制浆漂液污染环境的问题。

厂长（法人代表）：田成功

电话：（0996）2151000转2006

邮编：841001

厂址：新疆巴州库尔勒市新城区

（新疆博斯腾湖造纸厂　供稿）

西尼尔全国乡镇企业东西合作示范区

新疆巴音郭楞蒙古自治州西尼尔全国乡镇企业东西合作示范区位于尉犁县境内，近期规划5平方公里，远期规划16平方公里。近几年来，西尼尔示范区在巴州泰昌工业总公司的带动下，经过不断努力和建设，初步形成了一个集中连片发展的乡镇企业工业区。现在示范区已有棉纺、浆粕、热电、蛭石、甘草加工、建材等工业企业20余家。1995年示范区共完成工业销售收入4亿元，已经成为巴州经济发展的一个重要增长点。

目前，示范区基础设施建设正在不断完善：巴州电力局11万伏输变电工程已投入运营；邮电局3000门程控电话已开通；日处理15万立方米与库尔勒、尉犁排污工程相连的西尼尔示范区排污外管网已开工建设。示范区距火车站15公里，机场20公里，218国道贯穿其中。整个区域初步形成了水、电、汽、排污、通讯、交通、社会服务等基础设施配套体系，为乡镇工业发展打下了较好的基础。

该区内占主导地位的巴州泰昌工业总公司主要企业有：

尉犁棉麻纺织厂：固定资产8100万元，现已形成45000纱锭规模，年产纯棉纱8500余吨。1996年，55000锭续建工程全面展开，计划年内试车生产，形成10万锭生产能力，可实现销售收入94.5亿元左右。

棉浆粕厂：投资规模9094万元，生产规模为年产2.4万吨棉浆粕。计划将扩建到4.1万吨，将成为全国最大的棉浆粕厂。

余热发电厂：为示范区和棉浆粕厂配套节能项目。设计规模为5台35吨工业蒸汽锅炉，配1.5万千瓦的发电机组，投资规模为8200万元。本项目投入运行后，即可解决现有企业工业用气，同时又给西尼尔示范区解决了统一供热、供气问题，为示范区工业发展奠定了基础。

拟建设的项目还有：将引进国外最先进的生产技术建设年产6000吨连续纺粘胶长丝生产线。目前，项目已通过中国国际工程咨询总公司咨询评估，国家计委正审核批准立项。

该区将充分利用丰富的资源和政策优势，抓住国家产业政策调整机遇，愿与国内外各界朋友携手合作，为共同开发美丽富饶的巴音郭楞做出自己不懈的努力。

示范区管理委员会主任：吉力力（尉犁县县长）

电话：（0996）4022108

常务副主任：谢培华（巴州乡镇企业局副局长）

电话：（0996）2100398

副主任：李延杰（巴州泰昌工业总公司总经理）

电话：（0996）2100001 2100002

邮政编码：841016

通信地址：新疆巴州库尔勒市16号信箱

（西尼尔全国乡镇企业东西合作示范区　供稿）

新疆库尔勒棉纺织厂

新疆库尔勒棉纺织厂始建于1982年，是新疆“六五”计划的重点建设项目，1986年投产，原设计规模为5万纱锭，1296台布机，年生产能力棉纱7000吨、棉布3000万米，固定资产8711万元。经过十几年的发展，现生产规模已达8.3万锭，拥有2条服装生产线，固定资产增至22483万元。全厂职工5480人，各类工程技术人员232人，其中中级以上30人，管理人员398人。

新疆库尔勒棉纺织厂1988年试产出品$20^{s}/2$筒子纱，1995年达到18000件，现已占到新疆同类产品出口量的62.7%。自1992年以来，该厂实施名牌战略，以提高外贸纱的产量、质量为龙头，狠抓设备的更新、改造，先后进行技术改造40余项，1995年投资6500万元引进了先进纺锭，完成3万锭改扩建工程。经过历年的设备改造更新，大部分技术装备水平达到国内80年代的中末期水平，部分设备接近当代国际水平，精梳、气流纺、定长无接头纱比重增至12%、11%和5%，$20^{s}/2$纯棉筒子纱1995年被评为自治区名牌产品。其间，还培养了一支高素质的职工队伍，建立了以标准化管理体系为目标的一整套规章制度和考核办法，优化了内部管理。

新疆库尔勒棉纺织厂在1995年纺织品市场下滑形势下，紧紧地把握市场脉膊，依靠全厂干部、职工的共同努力，经受住了市场考验，生产棉纱12189吨、棉布3778万米，实现工业产值15628万元，销售收入26355万元，完成利税1320万元，实现利润692万元。

1996年该厂按照建立现代企业制度的要求，在1994年“三项制度”改革的基础上，又进行了改组、改制，实行了分场体制，全面推行二级核算，在改革和管理上都取得了重大的突破，企业经营管理步入了良性循环的轨道，流动资金周转加快，资产负债率下降。与此同时，精神文明建设迈出了较大的步伐，取得了可喜的成绩，企业凝聚力得到进一步加强。1994年被国家发展研究中心认定在新疆百家最大工业企业中名列第24位，1995年又被新疆纺织工业厅评为“十佳”企业。

厂长（法人代表）：王用来

电话：（0996）2151012

邮编：841001

厂址：新疆巴州库尔勒市新城区

（新疆库尔勒棉纺织厂　供稿）

新疆博湖番茄制品厂

博湖番茄制品厂是巴州博湖县商业局与商业部中国土特产品开发公司联合兴建的商办工业企业，位于天山南麓的恶耆盆地，傍依全国最大的内陆淡水湖——博斯腾湖。焉耆盆地土地肥沃，地域辽阔，水源充足，日照时间长，昼夜温差大，霉雨天气少，无公害，无污染，保证了原料质优丰实，为该厂发展提供了有利条件。

博湖番茄制品厂创建于1990年，建厂伊始，就着眼于高起点，高技术，大发展，先后引进3条意大利番茄酱生产线，目前年生产能力达到1万余吨，年创利300余万元，拥有固定资产5500万元。产品以生产番茄系列产品为主，主要有198克、425克、1000克、3000克、4500克及220公斤大桶无菌包装等。

目前，该厂拥有职工130名，具有大中专学历的技术人员50余人。优越的自然条件，雄厚的技术力量，加之完善的现代化管理体系，以及先进的检测手段，使博湖番茄酱红色素霉菌含量低，色泽、质地、稠度好，酱体细腻，味道鲜美，酸甜适口。该厂产品远销日本、东南亚及欧美等国。该厂先后被评为“重合同守信用”单位、“新疆工业行业十强企业”。

厂长（法人代表）：黄崇信

电话：(0996) 6622371 6622733

邮编：841400

厂址：新疆巴州博湖县中华北路

（博湖番茄制品厂　供稿）

新疆湖光制药厂

新疆湖光制药厂是已建厂35年的国有企业，是目前全国最大的甘草系列制品厂家之一。现有员工570人，其中有中高级专业技术人员117人。拥有固定资产原值3000万元。1993年，被新疆维吾尔自治区社会经济评价中心评为“新疆工业行为十强企业”。

自1964年以来，该厂通过不断更新设备，改进工艺，产品品种不断增加，质量不断提高。甘草膏连续30年远销欧美和东南亚等国家和地区。1979～1982年，该厂生产的“梨乡牌”、“雪莲牌”甘草膏连续4年获新疆维吾尔自治区优质产品称号，1983年被国家对外经济贸易部列为“甘草膏出口产品品质优良生产基地”。1986年甘草膏再次荣获国家农牧渔业部“优质产品证书”。1991年、1992年，“梨乡牌”甘草膏分别荣获“中国优质保健产品银奖”和“中国中医药管理局优质产品”称号。

1992年，该厂引进生产的国家中药二类新药“安胃疡”被列为国家“七五”重点科研成果，是目前国内首创的新型抗消化性溃疡药物，主治胃溃疡及十二指肠球部溃疡。对虚寒型和气滞型胃病患者亦有较好的疗效。可用于溃疡愈合后的维持治疗。在广州、内蒙、新疆等7家省级医院三期临床验证和远期随访，安胃疡疗效确切，治愈率高，复发率低，无毒副作用。自1992年以来，先后获得“内蒙古自治区科技成果一等奖”、“国家科技成果三等奖”、“国家精品奖”、“墨西哥国际实用技术暨新产品博览会金奖”、“北京第二届国际中小型企业新产品新技术展览暨洽谈会金奖”。1994年1月，安胃疡胶囊被国家卫生部、国家医药管理局、国家中医药管理局、总后卫生部等5个部门联合评审列为首批《国家基本药物》。1995年1月，国家卫生部正式批准安胃疡批量生产供应市场。

近年来，该厂还根据市场需要，引进、开发生产出四大类、42个品种的中成药、原料药、西药。主要产品有：甘草浸膏、格莱林素、贝梨润肺止咳膏、罗布麻霜、巴胺磷乳剂等。

（新疆湖光制药厂　供稿）

1995年改革开发大事记

1月

9日 列入国家开发重点的自治区第三期农业综合开发项目最近经国家批准正式开始实施。该项目开发范围为伊犁、塔城等12个地（州）、54个县（市）和3个国有农场，建设任务为1996年改造中低产田150万亩，开垦宜农荒地60万亩（净增耕地50万亩），造林8万亩，草原建设63万亩，项目总投资规模6.77亿元。

21日 克拉玛依油田勘探出现好势头。新疆石油局不断加快勘探步伐，1994年取得了“八五”以来的最好成绩，探明储量，控制储量均居全国第二位，预测储量居全国各油田之首。

25日 玛纳斯发电厂二期工程投产。至此，玛纳斯发电厂已形成6×100MW装机容量。玛电二期工程投产，将大大缓解我区电力供需矛盾，标志着我区电力建设已跨入全国先进行列。

2月

2日 位于新疆塔克拉玛干大沙漠北缘的东河塘油田采用高科技、革新传统管理模式，建成一座人年均产原油3万吨，总产60万吨的全国样板油田。这样规模的中型油田，在国内其他老油田起码需要上千人管理，而在这里只有21名职工。

4日 据报道，经过新疆各族农牧民6年的努力，国家、自治区和广大农牧民投入20多亿元资金，使新疆棉花连续两年夺得全国棉花总产第一名。继1993～1994年榨期新疆首次超过北方菜糖大省黑龙江，一跃成为全国采糖生产最大省区之后，1994～1995年榨期预计可产优质白砂糖35万吨，继续保持菜糖生产的全国领先地位。

22日 新疆第一条利用世界银行贷款建设的吐鲁番—乌鲁木齐—大黄山高等级公路前期准备工作就绪，将于3月正式开工。吐鲁番—乌鲁木齐—大黄山高等级公路总投资概算为22.8亿元人民币。

3月

9日 国务院副总理朱鎔基3月8日上午同出席八届全国人大三次会议的新疆代表一起审议李鹏总理的政府工作报告。朱鎔基在谈到对少数民族地区的支援问题时说，最根本的支援有三个方面。第一，必须向农业倾斜，发挥少数民族地区、中西部地区的农业优势。第二，国家重点建设项目向少数民族地区、边疆地区、中西部地区倾斜。国家计委、经贸委等各有关部门，要积极贯彻中央这个方针，中西部地区、少数民族地区集中了全国80%以上的自然资源。新疆的石油、天然气、有色金属等资源丰富，国家应把开发的重点放在中西部地区。第三，在财政、金融上，中央也应该向中西部地区、少数民族地区、边疆地区倾斜。

20日 乌鲁木齐至霍尔果斯口岸的通信光缆光路已打通，至此，亚欧光缆国内段全线贯通。亚欧光缆东起我国上海，西至德国的法兰克福，途径11个国家，全程1.6万公里，是当今世界上最长的陆地光缆。亚欧光缆中国段东起上海，西至新疆霍尔果斯口岸，全长5000余公里。

21日 自治区公路史上第一条高等级公路，总投资达22.8亿元的吐鲁番—乌鲁木齐—大黄山公路开工典礼在它的起点隆重举行。

28日“500万亩粮食高产综合技术开发”项目最近通过专家论证，目前，有关部门正在组织力量付诸实施。计划到1998年，平均单产达到400公斤，总产达到200万吨，做到用全疆1/5的粮田面积获得1/4的总产量。

30日 自治区发展大农业的重点工程项目——乌石化二化肥工程总承包合同签字仪式，于3月29日上午在乌鲁木齐石化举行。

4月

2日 南疆铁路库喀段完成勘测设计。

16日 经国家审定的塔里木盆地的天然气，累计探明储量已超过1000亿立方米，列陕甘宁、四川气区之后，成为我国三大气区之一。且天然气品质优良，是凝析油气藏，每立方米天然气中，凝析油的含量多在300～700克，其中牙哈油气田还高达780克，有很高的经济价值。

5月

2日 乌鲁木齐经济技术开发区经过两年的艰苦创业，1.5平方公里起步区初具规模。截至目前，在开发区内登记注册的企业达567家，其中外商投资企业91家，内联企业476家，批准境外投资企业6家。投资总额20亿元，注册资金16亿元，引进外资8420万美元。

13日 一种能与埃及棉吉札70相媲美的长绒棉新品系88—346，4月上旬通过了自治区农作物品种审定委员会审定，被正式命名为"新海13号"，并准予在南疆长绒棉无病区推广。

14日 武汉至乌鲁木齐间的直飞航线正式开通。

19日 1991年至今，自治区吸引外省市区投资2.7亿元，累计联合开发棉花基地105万亩。

21日 "八五"国家重点科技攻关项目——"塔里木沙漠石油公路工程技术研究"项目通过国家级鉴定验收。鉴定验收结论指出，这一科研成果总体达到了世界领先水平。

29日 自治区国有大型企业中首家以局部嫁接方式改造的中外合资企业——新疆海德水泥有限公司成立，标志着新疆水泥厂在向现代企业制度改造的道路上迈出了扎实的一步。

6月

7日 自治区出台了《关于鼓励外地投资加快发展新疆棉纺工业的优惠办法》。优惠办法共有13条。

8日 塔里木石油勘探经过6年会战，已经获得三大成果。这些成果折合石油、天然气当量，可建成800多万吨的年生产能力。

在"中国一百个水果总产量最高县市"活动中，新疆吐鲁番市和鄯善县分别以年水果总产量12.36万吨、11.58万吨评为全国一百个水果总产量最高县市中的第二十七位和三十三位。

9日 据报道，新疆依靠科技振兴棉花产业取得巨大经济效益。1980年至1993年新疆棉花生产技术年平均进步率达10.02%，棉花产业科学技术进步对棉花生产增长的综合贡献率达40%。

12日 据报道，自治区第二期农业综合开发三年中，共投入资金7.77亿元，完成开荒造田124.17万亩，其中净增加耕地面积109.94万亩；改造中低产田171.89万亩，建设人工饲草、饲料基地14万亩，改良天然草场39.8万亩，营造农田防护林14.37万亩，共新建扩建小型水库11座，新增灌溉面积139.7万亩，改善灌溉面积191.7万亩。

13日 新疆血红蛋白病研究协作组经过15年的艰苦努力，提出了"血红蛋白旁遮普"起源的新见解，并在世界上首次发现两例新的异常血红蛋白，填补了世界血红蛋白研究的两项空白，具有很大的科学研究价值和社会效益。

26日 塔城市依托口岸优势大力发展边贸经济，1993年以来，澳大利亚、美国、日本和独联体国家，以及香港、台湾和内地28个省区200多个市县的客商来塔城市考察，投资经商，共设办事机构和成立各类公司100多家，塔城市的城市建设速度和规模也达到空前水平，总投资达4亿元人民币。

29日 乌鲁木齐—比什凯克包机航线开通。

7月

1日 自治区重点工程乌鲁木齐石化聚酯PTA.PX两套装置主体工程全面竣工，进入试车阶段。这是迄今为止，西北地区最大的化纤生产基地，意味着新疆石化工业向精深加工迈出了可喜的一步。

▲ 兰新铁路复线正式编入铁道部新的运行图。

3日 据报道，自治区小麦高产开发喜讯频传，截至1994年，全区小麦面积较1980年减少36.7%，但由于新疆农科院推广使用了十几个小麦新品种，使小麦单产提高144.82%，总产增加96.79%，冬小麦新品种在小麦增产中的贡献份额为52.6%。

4日 据报道，我国"东锭"大规模西移。截至目前，沿海及内地9个省市先后与新疆达成了总投资约14亿元的91万锭棉纺能力转移协议，其中的49.1万锭的工程正在天山南北实施兴建，2.7万纱锭已投入生产。

23日 我国首次制造的年产52万吨尿素关键设备于7月11日安全运至乌鲁木齐石化总厂，现已进行安装。

▲ 截至今日，塔里木油气开发会战已走过5个春秋，其原油产量不仅从1990年的15.2万吨上升到今年的260万吨，而且排名也从1990年全国第十八位跃居今年全国第十大油田。

31日 国家"八五"计划重点工程——乌鲁木齐地窝堡国际机场改扩建工程进展顺利。预计新跑道道面可在自治区成立40周年大庆前建成，候机楼将于近日投入使用，中心变电站已投入使用，航管楼、航管气象中心等工程已按计划开工。

8月

3日 塔里木盆地兴建第四座油田。一座设计年产原油200万吨的沙漠油田——塔中四号油田，已经开始在新疆塔克拉玛干沙漠腹地开始建设。

6日 自治区上半年引进外省市区到位资金3.61亿元，是去年同期的2.2倍。

7日 独山子14万吨乙烯装置点火投料。它是目前西北地区最大的乙烯工程。

8日 中国国际工程咨询公司专家组近日来到巴音郭楞蒙古自治州，开始对南疆铁路库尔勒至喀什段项目建设进行现场调研评估，从而拉开了南疆铁路西延工程的序幕。

13日 据报道，随着7月1日巴克图口岸正式向第三国开放，自治区15个对外开放的一类口岸已正式开通10个，另外吉木乃、都拉塔、木札尔特等5个口岸也正在抓紧落实资金，进行总体规划、机构设置等前期工作。

14日 新疆目前规模最大的堆浸铜矿——乔迁哈拉金铜铁矿，最近在富蕴县建成。该矿属多金属矿，今年4月开始筹建，总投资为320万元，目前已堆浸铜矿石2万吨。到8月初已产海绵铜20吨，创产值35万元。

15日 中国新疆国际博览中心扩建工程举行竣工典礼。新落成的博览中心建筑面积1.3万多平方米，分上下两层，可摆设400余节柜台。

18日 由中国纺织总会和自治区人民政府联合召开的新疆纺织工业"九五"规划暨棉纺锭西移座谈会于8月18日在乌鲁木齐召开，此次正式签订合同的转移规模达17万锭。此外，新疆纺织工业局还分别与山东纺织工业厅、西北纺织学院达成了20万锭棉纺能力转移合作协议和人才培训与科研合作协议。

22日 全国最大的番茄酱生产线——农七师高泉红果酱厂万吨番茄酱生产线建成投产，年生产能力为1.8万吨。

27日 凌晨7时30分，乌鲁木齐石化聚酯二期工程PTA装置试车一次成功。PTA装置投产后，每年可生产化纤原料7.5万吨，不仅可以满足乌鲁木齐石化化纤生产需要，还可以外销3.5万吨，仅此一项就可增收7亿多元。

28日 新疆吐哈盆地最大的油田——丘陵油田于8月上旬基本建成投产，原油从各个井口汇入集中处理站装车外运。至此，吐哈盆地原油年产能力由160万吨提高到300万吨。

29日 国家"八五"重点建设项目——西兰乌光缆通信工程正式通过国家竣工验收。

9月

7日 乌鲁木齐石化总厂又一套新建装置——年加工量为250万吨的新常减压装置投料试车一次成功，至此，该厂实际年原油加工能力已由原来的250万吨猛增到500万吨。

8日 7国铁路专家会议在乌鲁木齐结束，哈萨克斯坦、俄罗斯联邦、吉尔吉斯坦、塔吉克斯坦、土库曼斯坦、乌兹别克斯坦和中国铁路专家，就进一步落实去年7国铁道（运输）部长会议决议，畅通德鲁日巴至阿拉山口国际通道签署了有关协议。

9日 历时8天的'95乌洽会取得圆满成功。乌洽会共签订对外经济贸易成交合同总金额11.67亿美元，其中出口成交4.59亿美元，进口订货4.90亿美元，对外经济技术合作项目2.18亿美元，国内贸易和经济技术合作项目合同成交52.59亿元，其中商贸成交28.33亿元，经济技术合作项目24.26亿元。

10日 截至今年8月底，在1994棉花年度中，新疆维吾尔自治区已将1048万担棉花调运到全国各地，完成调拨任务的94%。"八五"期间，新疆共调出纺织用棉和出口用棉4700多万担，占同期全区收购量的71%。

11日 据报道，新疆公路建设已进入了一个全面快速的发展阶段，仅今后5年内新建改建公路项目就达20多项，总投资约超过100亿元。据统计，"八五"期间全区新增公路里程达1900公里，公路建设投资达40多亿元，超过了建国以来自治区用于公路建设资金的总和。

14日 兰新铁路复线开通运营庆祝大会在乌鲁木齐西站隆重举行。兰新铁路复线东起武威南，西至乌鲁木齐西，全长1622公里，是我国铁路建设史上一次完成复线改造里程最长的项目。

15日 中共中央政治局常委、国务院副总理朱镕基于9月8日至13日，在新疆的喀什、和田、阿克苏、吐鲁番地区和新疆生产建设兵团农一师及吐哈油田考察工作。朱镕基察看了南疆的棉花生产情况和大面积荒地开垦现场后，一再强调，新疆要充分发挥特有的棉花生产优势，建设中国最大的棉花生产基地。新疆要利用自己的优势，稳住粮食，加快发展棉花，力争本世纪末，使新疆棉花产量能达到全国总产的一半。

16日 据报道，乌鲁木齐经济技术开发区已基本完成了"七通一平"的基础设施建设，项目全部铺满，起步区初具规模，1.5平方公里的投资小环境已形成。截至1995年6月进区企业234家，其中外商投资企业45家，境外投资企业6家，总投资15.5亿元人民币，注册资金10.2亿元人民币，其中协议外资金额4994万美元。

17日 据报道，新疆大开发时期临近，一批国家级工农业生产基地建设计划已制定。国家有关部委与新疆共同研究制订了包括棉花、棉纺、石油、化工、食糖以及有色金属等一批建设项目的实施计划。自治区在今后5年内将棉花播种面积扩大到1600万亩，年总产量提高到150万吨以上；棉纺能力从现有的114万锭扩大到本世纪末的300万锭。

20日 全疆最大的城市路桥工程——乌鲁木齐西虹路立交桥高架路竣工通车。

24日 中国石油天然气总公司和自治区共同投资兴建的"八五"计划重点工程项目，目前西北地区最大的乙烯工程独山子乙烯工程建成投产。

10月

1日 中共中央、全国人大常委会、国务院、全国政协、中央军委发来贺电，庆祝新疆维吾尔自治区成立40周年。中央代表团团长姜春云在庆祝大会上发表重要讲话，并向大会赠送由中共中央总书记、国家主席江泽民亲笔题写的贺幛。

4日 全国及自治区重点水利建设项目乌鲁瓦提水利枢纽工程奠基，乌鲁瓦提水利枢纽工程处于和田河西支流喀拉喀什河中游河段，工程设计最大坝高138米，正常蓄水位1962米，总库容3.47亿立方米，可改善灌溉面积113万亩，扩大灌溉面积69万亩，水电站装机为6万千瓦，是一项具有灌溉、发电、防洪和改善生态环境等综合效益的重点工程。

▲ 自治区"八五"重点技改项目新疆烧碱厂氯碱技改工程投料试车。

▲ 塔里木沙漠公路全线贯通。这条北起轮南油田，南抵民丰县315国道，全长522公里的沙漠公路全线贯通，不论从公路建设史来讲，还是从人类战胜沙漠史来讲，均堪称世界奇迹。这条沙漠公路的建成，加快了塔里木石油勘探开发的步伐，改善了南疆的交通条件，使和田至乌鲁木齐的距离缩短了500多公里。

19日 我区第一条成品油管道日前在克拉玛依油田动工敷设。这条成品油管道，北起克拉玛依油田输油总站，南至乌鲁木齐王家沟油库，全长280.15公里，投资2.42亿元，最大年输量可达130万吨，计划1996年投产。

11月

1日 据报道，克拉玛依油田40年间累计生产原油1.28亿吨，上缴利税93亿元，迄今，克拉玛依累计发现油气田18个，建成了810万吨的年产能力；1994年原油产量达到792万吨，比1978年翻了一番多。

▲ 1995年我区原油一次加工能力由845万吨聚增到1420万吨，一跃而跻身于国内特大型原油加工基地的行列，实现了历史性的大跨越，今年新增的575万吨加工能力相当于过去30年累计建设的总和。至此，我区已成为继黑龙江、山东、河南等地之后国内最大的原油加工基地之一。

2日 据报道，新疆历史上粮食总产水平最高的年份是1993年，粮食总产720万吨。1995年全疆粮食种植面积2400万亩，较1993年减少了近150万亩，但总产预计将达725万吨以上。

3日 据报道，"八五"期间新疆化学工业快速发展，自治区与化工部、石油天然气总公司及石化总公司联合投资70多亿元，相继建成以哈密8万吨纯碱、独山子14万吨乙烯和乌鲁木齐8万吨聚酯为代表的一批重大化工项目。

5日 据报道，40多年来，新疆累计投入水利建设资金超过百亿元，在大漠戈壁中建成466座水库，30多万公里渠道；还修建配套机电井2万余眼，防洪堤坝3000多公里。目前，新疆耕地有效灌溉面积已由解放前的1681万亩扩大到5800多万亩，人均水浇地居全国前列。

6日 自治区党委四届八次全委扩大会议于11月5日通过了《中共新疆维吾尔自治区委员会关于国民经济和社会发展"九五"计划和2010年远景目标的建议》。

7日 乌鲁木齐至奎屯高速公路，各项前期准备工作已经就绪。乌—奎高速公路是国家和自治区"九五"公路建设重点工程，全长267公里，总投资约50亿元人民币，其中世界银行贷款3亿美元，是目前我国利用世行贷款建设高速公路投资额最大的一个项目。

8日 自治区今年棉花再获丰收，皮棉总产量可达92.5万吨，比去年增加10万吨，棉花总产约占全国的1/5强，高居各主产省区榜首。今年新疆棉花销售收入将突破100亿元大关，仅此一项，可使全自治区农牧民人均收入达650元左右，比去年增增100余元。

10日 据报道，“八五”期间，兵团国民经济和社会发展取得显著成就，预计1995年兵团国内生产总值120亿元，较1990年增长45.3%。

21日 9月份以来，吐—乌—大高等级公路建设按国际标准开始快速推进。增均每月完成投资都在3000万元以上。最近，世界银行中蒙工业交通局和公路项目代表团在对工程进度、质量、管理等进行了认真细致的检查后，一致称赞吐—乌—大高等级公路建设做到了高标准、高质量、高效益。

▲ 新疆石油管理局独山子石化总厂宣告成立。40年来，独山子炼油厂年原油加工能力达到600万吨，比建国初期提高了100倍。

▲ 阿拉山口海关正式开关。阿拉山口口岸，是第二座亚欧大陆桥在我国西端的桥头堡。1990年6月经国务院批准，阿拉山口为国家一类口岸，也是西北地区唯一的铁路、公路并举的开放口岸。

24日 据报道，截至10月底，我区今年又有42.05万人喝上了清洁卫生水，同时有87.31万头牲畜的饮水得到解决。全区农村改水工作覆盖85个县市，重点是南疆3地州和30个贫困县。

25日 年输6亿立方米天然气的鄯善—乌鲁木齐输气管道工程全线铺开。该工程建成后，吐哈油田的天然气将通过该管道通向乌鲁木齐千家万户，预计1996年10月将全线贯通。

27日 新疆联合收割机厂研制生产的“新疆—2”自走式轴流谷物联合收割机，最近被国家科委等部门评为1995年度国家级新产品。“新疆—2”小型自走式联合收割机具有国内90年代先进水平，被农业部指定为推广产品，又被国家内贸部授予“第二届中国工业企业技术进步巨大成就产品”称号，这在全国收割机行业中独此一家。

30日 由连云港始发的首趟国际集装箱直达快运专列，于今日12时45分在阿拉山口铁路口岸发出，抵乌兹别克斯坦。这趟专列编组39车，装有集装箱78个。阿拉山口口岸于1991年7月开办国际货物联运，已完成进出口货运量300万吨，运送旅客7.4万人次。

12月

4日 由于今年我区棉花收购工作中各项收购政策到位，收购进度快于往年。截至11月25日，全区已收购皮棉73.6万吨，完成收购计划85万吨的86%，为去年同期的101.2%。

7日 日前，我区800兆移动通信二期工程通过终验，工程总投资8023万元。该工程自1995年4月经初验投入试运行以来，新增用户1.8万户，这使全区移动通信总客量达到3万余户。

▲ 中科院新疆生物土壤沙漠研究所主持攻克的“流沙地、重盐碱地引洪大面积快速发展红柳灌木林育林新技术”项目，获得联合国环境规划科技成果奖。

10日 独山子乙烯化工厂聚乙烯装置安全生产100天，已产出合格产品2.28万吨，创产值2亿元。负责安装调试这套装置的意大利专家对记者说。迄今，在世界同类装置中，安全运行100天，不出现任何事故，这是罕见的，独山子人创造了奇迹。

11日 一批50箱优质新产品——金蕊牌雪莲药垫，出口东欧波兰市场。乌鲁木齐海关人员欣喜地说：“这是乌鲁木齐高新技术产业开发区正式出口的第一批产品，也是新疆正式出口国外的第一批自产医药产品。”

（师惠瑛　撰稿）

政策法规

国家计委办公厅、国家科委办公厅、国家经贸委办公厅关于印发《新能源和可再生能源发展纲要》的通知

（一九九五年一月五日）

为了促进我国新能源和可再生能源事业的发展，国家计委、国家科委、国家经贸委共同制定了我国《新能源和可再生能源发展纲要》，提出了“九五”以至2010年新能源和可再生能源的发展目标、任务以及相应的对策和措施。现将《纲要》印发你们，请根据《纲要》的要求，结合本地区、本部门的实际情况，在编制各自计划时予以安排。

新能源和可再生能源发展纲要
（1996～2010）

导　　言

能源工业作为国民经济的基础，对于社会、经济发展和提高人民生活质量都极为重要。在高速增长的经济环境下，我国能源工业面临经济增长与环境保护的双重压力。

世界上越来越多的国家认识到：一个能够持续发展的社会应该是一个既能满足社会的需要，而又不危及后代人前途的社会。因此，节约能源，提高能源利用效率，尽可能多地用洁净能源替代高含碳量的矿物燃料，是我国能源建设遵循的原则。

我国是世界上最大的煤炭生产国和消费国，煤炭约占商品能源消费构成的76%，已成为我国大气污染的主要来源。大力开发太阳能、风能、生物质能、地热能和海洋能等新能源和可再生能源利用技术将成为减少环境污染的重要措施之一。

我国是世界上最大的发展中国家，有9亿多人口生活在农村。农村能源短缺，利用水平低，严重阻碍了农村经济和社会的发展，我国迄今尚有：1.2亿人口没用上电；5～8%的人口未解决清洁饮水；约8000万的人口生活在贫困线以下。此外，由于农村燃料短缺，造成森林过度樵采，植被破坏，生态环境恶化。因地制宜，大力开发利用新能源和可再生能源，特别是把他们转化为高品位的电能，为边远偏僻和海岛等缺电无电地区提供照明、电视、水泵等动力能源，促进这些地区脱贫致富，使农村经济和生态环境协调发展，对实现小康具有重大意义，也是落实“八七”扶贫攻坚计划的重要内容。

从能源长期发展战略高度来审视，我国必须寻求一条可持续发展的能源道路。新能源和可再生能源对环境不产生或很少产生污染，既是近期急需的补充能源，又是未来能源结构的基础。

我国政府一直关心新能源和可再生能源的开发利用。1992年联合国全球环境与发展大会后，国务院提出了我国对环境与发展采取的10条对策和措施，明确要“因地制宜地开发和推广太阳能、风能、地热能、潮汐能、生物质能等清洁能源”。我国是世界上最先完成“中国21世纪议程”报告的国家。在科技研究和示范推广方面，国家“六五”、“七五”以及“八五”科技攻关中都安排了新能源和可再生能源项目。但由于我国在该领域投入资金数量过少，与实际需要相差甚远，虽在单项技术的研究示范方面有所进展，但新能源和可再生能源系统技术的发展水平，尚与发达国家有较大的差距，在资金投入力度上甚至还不如一些发展中国家。

我国具有丰富的新能源和可再生能源资源，在其开发利用方面也取得了很大的进展，为进一步发展奠定了良好基础。在国际上，新能源和可再生能源技术越来越受到重视，交流频繁。因而，有必要抓住当前的发展机遇，制定好“1996～2010年新能源和可再生能源发展纲要”，这将对我国经济、社会和环境持续协调发展起到重大深远的影响。

一、现状和差距

1. 国外概况

70年代以来，鉴于常规能源资源的有限性和环境压力的增加，世界上许多国家重新加强了对新能源和可再生能源技术发展的支持。1973年，美国制定了政府级阳光发电计划，1980年又正式将光伏发电列入公共电力规划，累计投资达8亿多美元。1992年，美国政府颁布一项新的支持光伏发电发展的计划，目标要使2000年美国太阳能电池的总产量达到1400兆瓦，约相当于目前全世界太阳能电池总用量的10倍。克林顿政府1994年度的财政预算中，光伏发电的预算达7800多万美元，比1993年增加了22.4%。日本、德国等欧共体国家及一些发展中国家也都纷纷制定了国家有关发展规划或计划，大幅度增加了对新能源和可再生能源开发利用的投入。

与此同时，许多国家还从政策上采取措施鼓励开发利用洁净能源。如丹麦政府对安装风力发电机的用户给予100%的安装费用补贴，以后随风力发电技术进步则逐步减少直至完全取消。

近年来，国际上新能源和可再生能源的开发利用取得长足进展。到目前为止，世界太阳能电池年销量已超过60兆瓦，电池转换效率提高到15%以上，系统造价和发电成本已分别降至4美元/峰瓦和25美分/度电；在太阳热利用方面由于技术日趋成熟，应用规模越来越大，仅美国太阳能热水器年销售额就逾10亿美元。太阳能热发电在技术上也有所突破，目前已有20余座大型太阳能热发电站正在运行或建设。

风力发电技术进展迅速，基本实现了规模性生产和应用。1992年底，全世界风力发电的装机容量已达270万千瓦，发电47亿度电；近年来美国和欧洲一些国家正在积极开发第三代风力发电机组。这种机组重量轻，单位面积获能大、可靠性高、装机费用低，发电成本将降至4～5美分/度电。

生物质能作为一项低碳能源技术受到广泛的重视。英国、德国、法国、日本、美国及原苏联等国家早在50年代就利用厌氧消化技术处理城市和工厂污水，既治理了污染，又获得了能源。稻壳、蔗渣等农林废弃物，直接发电或通过热解气化供热发电的装置在北美、西欧、日本和巴西等许多地区和国家屡见不鲜，在美国即有近400万千瓦的装机；利用液化技术将生物质转换成液体燃烧替代石油是科学家的长期愿望，80年代已在巴、美等国家实现。

氢能作为一种无污染的清洁能源及能源载体，近年来其开发与利用技术在工业化国家中得到高度重视，投入大量财力开展研究工作，如日本的“阳光计划”中制定了氢能发展规划，加拿大利用丰富的水力资源电解制氢开发利用氢能，在欧洲利用核能发展氢能技术，美国利用太阳能，到2020年规划可建成供30万辆燃料电池汽车使用的城市供氢系统，并可大大降低汽车能耗。氢能的应用可望在21世纪得到飞速的发展。

2. 国内现状

我国具有丰富的新能源和可再生能源资源；水能可开发资源为3.78亿千瓦，目前已开发利用11%；生物质能资源，包括农作物秸秆、薪柴和各种有机废物，利用量约为2.6亿吨标准煤，占农村生活能源消费的70%，整个用能的50%；在我国约600万平方公里的国土上，太阳能年总辐射量超过60万焦耳/平方厘米，开发利用前景广阔；风能资源总量为16亿千瓦，约10%可供开发利用；地热资源尚待继续勘探，目前已探明的地热储量约4626亿吨标准煤，现利用的仅约十万分之一；我国海洋能源资源亦十分丰富，其中可开发的潮汐能就有2000万千瓦以上。

近20年来，我国新能源和可再生能源的开发利用有很大发展，已经成为现实能源系统中不可缺少的组成部分。目前各类新能源和可再生能源，年提供约3亿多吨标准煤(其中大部分是生物质能，在目前的商品能源统计数字中并未计入）这对促进国民经济发展和满足广大农村和边远地区人民生活的能源需求起了重要作用，成绩主要表现在：

(1)小水电开发和利用取得世界公认的成就。到1993年底，全国运行中的小水电站达6万多座，目前全国97%的乡、92%的村和87%的农户通了电；小水电作为一种有效的农村能源，在实现中国农村电气化进程中起着重要的作用，已有109个县实现了初级农村电气化，200个县正在开展第二批初级农村电气化建设。

(2) 薪炭林建设和薪材能源开发取得了显著进展。“六五”以来的13年，全国营造薪炭林472万多公顷，使我国薪炭林总面积达到540万公顷，加上其他森林年合理生产薪材能源约1亿吨标准煤。发展薪炭林对缓解当地农村能源紧张，保护森林资源、林草植被和生态环境，促进农村经济发展起到了积极的作用。

生物质能利用技术又有新的发展。全国一半以上的农户普及了高效率节柴灶，每年可以节约1/3到1/2的燃料消耗；户用沼气克服了历史上的大起大落，走上了稳定发展阶段，全国525万个沼气池年产气12亿多立方米；大中型沼气工程作为一项能源环保技术，如雨后春笋，发展很快，100立方米以上的有600多处；集中供气已达8.4万户，沼气综合利用与生态农业和农村持续发展紧密结合，蓬勃发展，方兴未艾。近年来为了进一步改进生物质能利用技术，提高利用效率，还开展了把秸秆等农林废弃物转换为优质气体、液化燃料等新技术的研究和开发，并已建成一些示范工程。

(3)太阳能的利用技术进入新的发展阶段。国内太阳能热利用方面，主要有太阳能热水器、太阳灶、被动式太阳房和太阳能干燥器。经过以往10年的努力，我国太阳能热利用在这四个领域技术已基本过关，科技成果不同程度地转入小批量生产，有了一定数量推广应用的覆盖面，在缓解当地常规能源短缺和减轻生态和环境恶化等方面收到实效。据1993年不完全统计，全国已推广太阳能热水器230万平方米，被动式太阳房180万平方米，太阳能农作物温室34.2万公顷，太阳灶14万台，太阳能干燥器13200平方米，并一直保持发展势头。国产太阳能热水器平均每平方米每年可节约100～150公斤标准煤，被动式太阳房平均每平方米建筑面积在采暖期可节约20～40公斤标煤，太阳灶每台每年可节约柴草500～700公斤，节能和社会效益十分明显。

我国的太阳能光伏发电应用始于70年代，但直到1982年以后方真正发展起来，在1983～1987年短短几年内先后从美国、加拿大等国引进了7条太阳能电池生产线，使我国太阳能电池的生产能力从1984年以前的年产200千瓦跃到1988年的4.5兆瓦。在应用方面，我国目前太阳能电池主要用于通信系统和边远无电地区，年销售约1.1兆瓦。特别是我国迄今尚有28个无电县，上千个无电乡村，成千个无电岛屿，对解决这些边远偏僻地区供电问题光伏发电已经并将更有效地发挥作用。目前西藏的9个无水力无电县中，已建成2个功率分别为10千瓦和20千瓦的光伏电站，其余7个已纳入国家计划正在兴建之中。在太阳电池研究方面，实用型单晶硅电池效率达12～13%，多晶硅电池为9～10%，非晶硅电池为5～6%。虽然高效硅电池及非晶电池的实验室水平与国外相差不大，但在向生产力转化方面却差得很多，有些新型且有潜力的太阳能电池的研究国内尚属空白。

(4)风能开发利用继续发展。我国风力发电总装机容量达到2.6万千瓦。80年代以来，50瓦至200瓦微型风力发电机相继研制成功并投入批量生产，目前约有12万余台在内蒙、新疆、青海等牧区草原和沿海无电网地区运行，解决了渔、牧民看电视和照明问题。1～20千瓦中、小型风力发电机组达到小批量生产阶段，目前正在研制50～200千瓦的中、大型风力发电机，有14个风电场正在建设当中。与此同时，低扬程大流量和高扬程小流量两种新型风力提水机已研制成功。此外，在全国风能资源调查，风力机性能测试技术、基础理论研究、风能综合利用、国外风力机引进技术的消化吸收及风电场的试验运行方面均取得进展。

(5)其他新能源和可再生能源的开发利用，也有了一定的发展。我国地热资源现已利用的相当于400万吨标准煤。值得一提的是我国西藏的地热开发利用，羊八井地热电站现装机总容量2.5万千瓦，年发电量达9700万度电，为拉萨电网供电的50%，是我国目前最大的地热电站。我国海洋能开发利用方面，目前已建有潮汐发电站总装机容量5930千瓦，年发电量1021万度电；波浪发电试验电站也在建设之中。氢能等极有应用前景的新能源技术开发尚处于实验室试验研究阶段。

3. 存在的问题

综合上述可以看出，近20年来，我国新能源和可再生能源技术和开发利用的确取得可喜成绩，甚至在一些项目上处于世界的领先地位。但是，从总体来看，无论是科研水平，开发利用规模，还是产业发展等都同国际水平有很大差距。其主要问题是：

——没有纳入国家能源建设计划；

——没有纳入各级正常的财政拨款渠道；

——缺乏鼓励推广及扶持新能源和可再生能源发展的相应政策、法规等；

——对新能源和可再生能源的投入太少，如对太阳能研究与开发经费投入不及美国的1%，甚至不及印度等国家。

——商品化程度低，产业化薄弱。

二、目标和任务

1. 目标

今后15年，新能源和可再生能源发展的总目标是：提高转换效率，降低生产成本，增大在能源结构中所占比例。新技术、新工艺有大的突破，国内外已成熟的技术要求实现大规模、现代化生产、形成比较完善的生产体系和服务体系；实际使用数量要达到39000万吨标准煤以上（包括生物质能传统利用方式的利用量，下同），为保护环境和国民经济持续发展做出贡献。这个目标可分为两个阶段实施，即：

第一阶段，从现在至2000年，通过强化科技研制和试点示范工作，使多数新能源技术接近或赶上目前世界先进水平，其中一些成熟的实用技术，要尽快形成产业，扩大应用，进入市场；逐步改变生物质传统的低效利用方式，发挥风能和太阳能等新能源和可再生能源的作用，为解决边远和海岛等无电地区用电问题作出贡献。全国新能源和可再生能源的开发利用总量达到29800万吨标准煤。

第二阶段，从2001年至2010年，全面推广应用新能源技术，建立起世界先进水平的工业体系和科研体系，主要技术项目基本上都要求达到规模生产水平，各类新能源和可再生能源的开发利用总量增加到39000万吨标准煤。

2. 任务

为了实现上述目标，新能源和可再生能源开发利用的主要任务要是在本世纪末和下世纪初的10年间，选择一批对国民经济和生态环境建设具有重大价值的关键技术进行研究开发，其工作重点是加强这些技术的试点示范和科技成果的转化工作，促进产业形成，尽快实现商品化生产和推广应用。

工作的主要方面是：

——研究开发高产和多功能的薪炭林树种及栽培工艺技术和速生林营造技术，建设商品性薪炭林基地，重点放在农民缺柴、水土流失严重和有条件发展薪炭林地区，力争2000年和2010年全国薪炭林面积分别达到640万公顷和1340万公顷，加上其它每年提供薪柴18000万吨（相当于10000万吨标准煤）和27000万吨（15400吨标准煤）。

——在巩固、提高节柴改灶的成果基础上，实现居民节煤炉灶具的商品化生产和销售，完善省柴灶的产业体系和服务体系，使每年节柴数量达到10000万吨以上，约相当于5000万吨标准煤量；

——加速农村生物质能利用技术的更新换代，发展高效的直接燃烧技术、致密固化成型、气化和液化技术，形成和完善产业服务体系，到2000年和2010年生物质能高品位利用能力达到250和1700万吨标准煤；利用农村及城镇酒厂、糖厂和畜禽养殖场的有机废弃物，发展沼气，使之转化为高品位能源，并开展综合利用，提高利用价值；同时加强大中型沼气工程的设计规范、标准和设备的成套供应，使全国沼气总用户（含集中供气户）2000年和2010年分别达755万户和1235万户，沼气供应量达到22.6亿立方米和40亿立方米，约相当于180万和314万吨标准煤的能量；

——加快小水能资源的开发，2000年和2010年小水电站的总装机达到1985万千瓦和2788万千瓦，发电量为744和1170亿度电，分别相当于3132万吨和4930万吨标准煤量；

——扩大太阳能的开发利用，把推广应用节能型太阳能建筑、太阳能热水器和光伏发电系统作为重点来抓。太阳能建筑和太阳能热水器等要形成规模生产，完善产业体系，进一步拓宽市场，特别要在太阳能电池组件和配套关键技术装备方面努力，降低系统造价，在2000年前完成西藏9个无电县独立光伏电站的建设，大力推广应用小功率光伏系统，建立分散型和集中型兆瓦级联网光伏示范性电站，太阳能开发利用总量到2000年和2010年分别达到123万吨和467万吨标准煤。

——继续抓好小风机生产、销售服务工作，同时下大力气提高大型风机的设计能力和制造工艺水平，加速国产化进程，改进风力透平机的特性，集中力量开发200千瓦以上风力机、风力田控制和管理系统，加强和完善风力田规划选点和勘察设计工作，建造若干个大型风力田，为2000年和2010年全国风能开发能力达到30～40万千瓦（35—46万吨标准煤）和100～110万千瓦（108万吨标准煤）创造条件。

——在继续抓好西藏地热电站的同时积极开发其他有高温热储地区的资源，采用热泵等新技术，解决好地热腐蚀、防垢和回灌问题，进一步扩大地热直接利用和发电规模，争取2000年和2010年应用规模分别实现88万吨标准煤和151万吨标准煤；

——潮汐能的开发重点以浙江和福建等地区为主，2000年以前开展低水头、大流量万千瓦级的全贯流机组及海工技术的试验和研究。开发能力达到5万千瓦；2010年争取建成30万千瓦实用型电站，年供能量达到31万吨标准煤。

——加快氢能制取、贮存和利用装置的开发步伐，取得技术上的突破。2010年建成具有商业意义的太阳能——氢能系统和煤化学制氢装置，其规模应不少于5000立方米H_2/日；

——加强城乡人民生活和工农业的有机废弃物再生利用技术的研究和应用，2000年稻壳发电、木屑发电、蔗渣发电和垃圾发电的装机容量要求超过5万千瓦，2010年达到30万千瓦，届时全年提供的能量分别约为8万和50万吨标准煤。

三、对策和措施

开发利用新能源和可再生能源是一项远有前景，近有实效的事业。但由于尚处在发展初期，同其他能源建设相比，需要政府给予更多的支持和相应的扶持政策。

1. 提高认识，加强领导

发展新能源和可再生能源关系到我国生态环境的改善和全国能源供需平衡，对解决我国城乡，特别是广大边远地区的能源供应问题具有特殊重要的作用。各级政府和有关主管部门要提高对新能源和可再生能源重要战略地位和作用的认识，把推进其开发利用作为一项基本的能源政策，切实加强领导。把新能源和可再生能源建设纳入到国民经济建设总体规划之中，列入政府的财政预算。

国家计委、国家科委、国家经贸委和中央有关部委要加强协调与合作，制定统一的、切实可行的新能源和可再生能源的发展规划，指导和协调各个部门、地区的有关发展计划，并及时就规划的制定和实施中的某些重大问题共同商量，分头实施，既分工又协调，建立科学研究和产业化一条龙的开发体制，避免重复研究，重复引进。

2. 制定优惠政策

新能源和可再生能源是一项具有深远意义的公益事业。目前大多数新能源和可再生能源技术处于发展的初期，产业规模小而获益能力低，尚不具备参与市场竞争的能力。因此，必须得到国家宏观调控政策的保护。

制定有利于新能源和可再生能源的政策是国家扶持新能源和可再生能源发展最有力的支持。国家计委、国家科委和国家经贸委与财政、金融、税务等部门共同协商，根据我国新能源和可再生能源发展纲要和规划目标，技术类型和特点，应用前景和获利能力，分门别类地研究和制定相应的财政、投资、信贷、税收和价格等方面的优惠政策。

增加财政资助和投资力度。一定要从全局的长远的利益出发增加对新能源和可再生能源的科研、技术产品的研制和开发的财政资助的投资力度，保证必须的资金投入，及时到位，加速产品工艺技术的突破和系统开发的过程。

加大信贷规模，提供低息贷款。要比常规能源发展有更具体的优惠的投资政策，加大产业化建设和服务体系的信贷规模，提供长期的低利率贷款。同时加强宣传，调动各方面投资热情，扩大资金渠道，提高资金使用效果。

制订减免税收，价格补贴和奖励政策。这些政策的制订必将加速新能源和可再生能源的产品进入市场，提高竞争力，最终依靠自身的发展潜力，确立并占有其应有的市场份额。

3. 加强新能源和可再生能源的科研和示范

根据本纲要的要求，主管部委将研究和制定1996年到2010年的科技发展规划，并据此制定“九五”计划，集中资金、集中力量支持优先发展项目，加强科研示范和产业化的衔接，促进科研成果迅速转化为生产力。

4. 加强产业化建设

中央及各地区、各部门要重视科研成果的转化，把技术上基本成熟的产品尽快定型，鼓励企业打破部门、地区界限，实行横向联合，组织专业化生产。国家在投资、价格和税收等方面要有计划，有步骤地支持一批新能源骨干企业的发展，建立有规模生产能力的产业体系，使之不断提高产品质量，降低生产成本，扩大销路。建立国家级的质量监测系统。抓好产品生产的标准化、系列化和通用化。

随着新能源和可再生能源产业的发展，必须尽快建立和发展相应的技术服务体系。应鼓励有条件有能力的个体和集体开办新能源技术服务公司，承包新能源设备的销售、安装、调试、维修等技术服务工作，加强对各类技术服务公司的技术指导和职业培训，不断提高他们的服务能力和质量。

5. 开展国际合作，引进国际先进技术和资金

新能源和可再生能源开发利用是当今国际上的一大热点，要抓住当前大好时机，继续坚持自主开发与引进消化吸收相结合的技术路线，积极开展对外交流与合作，克服一切从头做起的思想，有目的、有选择地引进先进的技术工艺和主要设备，在高起点上发展我国新能源和可再生能源技术，进一步拓宽合作领域，加强与国际组织和机构的联系与合作，提倡双边的、多边的合作研究及合作生产。加强人、技术和信息交流。采取切实步骤，为吸收国际机构和社会团体、企业家和个人来华投资、独资或合资开办各种新能源和可再生能源实体创造条件。

国务院办公厅关于清理整顿以三峡工程名义进行各种非法经济活动的通知

（一九九五年一月九日）

各省、自治区、直辖市人民政府，国务院各部委、各直属机构：

自七届全国人大五次会议通过兴建三峡工程的决议以来，三峡工程各项前期准备工作进展顺利，1994年12月14日已正式开工。两年多来，一些省、自治区、直辖市和中央有关部门，为了支援三峡工程建设，相继成立了支援和为三峡工程服务的机构或经济实体，同时也有不少单位和个人注册开办了各种公司。这对促进三峡工程建设、搞活库区经济，发挥了一定的作用。但也出现了一些以“三峡”名义成立的企事业单位，称谓重叠交叉，有的名不符实或与三峡工程并无直接关系，甚至还有少数不法分子假借三峡工程名义在国内外进行经济诈骗活动。这不仅有损三峡工程声誉，而且也干扰了三峡工程的正常建设。为了确保三峡工程建设顺利进行，现通知如下：

一、重申三峡工程的企业法人是中国长江三峡工程开发总公司。国家授权中国长江三峡工程开发总公司全面负责三峡工程的建设和经营。

二、有关三峡工程建设的经济活动，包括资金筹集、招标议标和物资、设备的采购订货等，由中国长江三峡工程开发总公司或经国务院三峡工程建设委员会批准的承担三峡工程任务的有关部门（单位），根据国家有关规定办理。其它单位，必须经上述部门（单位）出具委托证书，方可从事委托证书规定范围内的三峡工程建设经济活动。

三、各地区和各部门应加强对所属对口支援三峡工程建设机构（单位）的统一管理，并要在机构（单位）名称上冠以“支援”二字，以示区别。

四、各省、自治区、直辖市人民政府接到本通知后，应组织工商行政管理等有关部门，对以“三峡工程”或“支援三峡工程”名义设立的企业和机构进行一次清理。在清理过程中，发现有诈骗行为的，应立即移送公安机关处理。今后凡是以“三峡工程”或“支援三峡工程”名义申请设立金融性机构，物资贸易经销机构以及各类开发公司、咨询公司、房地产公司等，均应由有关企业登记机关、机构设立机关或审批机关征求本地同级人民政府对口支援三峡工程机构或有关负责对口支援三峡工程的部门的意见后，严格按照审批权限履行审批手续。

五、凡是以三峡工程名义在国外进行融资和筹资活动的，必须严格遵守我国有关利用外资的法规，由国务院主管部门和国务院三峡工程建设委员会办公室及中国长江三峡工程开发总公司统一研究平衡后，报国务院批准。非经批准，任何部门和单位无权进行此项活动。

六、各地、各部门应警惕以三峡工程建设名义进行的各种经济诈骗活动，一经发现，务必认真依法查处，严厉打击。

国务院办公厅转发农业部乡镇企业东西合作示范工程方案的通知

（一九九五年二月二十二日）

各省、自治区、直辖市人民政府，国务院各部委、各直属机构：

国务院原则上同意农业部提出的《乡镇企业东西合作示范工程方案》，现转发给你们，请结合本地区、本部门的实际情况认真组织实施。

乡镇企业东西合作示范工程方案

一、目的和原则

改革开放以来，我国农村经济的发展取得了举世瞩目的成就，但也存在一些突出的困难和问题，其中一个重要方面是，中西部地区与东部地区之间的经济发展差距很大，这种差距的一个明显表现是乡镇企业发展的差距。中西部地区农村人口占全国农村总人口的三分之二，1994 年乡镇企业产值仅占全国乡镇企业总产值的三分之一。加快发展中西部地区乡镇企业，关系到全国特别是中西部地区人民生活达到小康水平战略目标的顺利实现，关系到整个国民经济的发展和社会稳定。根据《中共中央、国务院 1994 年农业和农村工作的意见》（中发〔1994〕4 号）中关于“组织实施乡镇企业东西合作示范工程，推动地区间的经济合作”和中央政治局会议通过的 1995 年工作要点提出的“引导东部地区乡镇企业改善结构，提高产品质量和经济效益，积极扶持中西部地区乡镇企业”的要求，决定组织实施《乡镇企业东西合作示范工程》（以下简称《工程》）。

这项《工程》是引导东部地区乡镇企业改善产业结构，积极扶持中西部地区乡镇企业，推进全国乡镇企业均衡发展，从而逐步缩小地区间差距的示范工程。实施《工程》要根据建立社会主义市场经济体制的要求，坚持因地制宜、优势互补、经济互利、风险共担、共同发展的原则，以经济效益为中心，以企业为合作主体，以项目为合作基础。合作范围包括东部与中西部、中部与西部地区间的经济技术合作。合作对象指省际间的乡镇企业与乡镇企业、乡镇企业与科研单位、大专院校、国有大中型企业及其它企业之间的合作。合作项目以发展农副产品、矿产品等资源和原料加工业，以及高新技术产业、出口创汇等项目为重点。合作内容主要包括资金、设备、资源、技术、管理、人才、信息、劳务等方面。合作可以采取多种方式进行，既可采用股份合作制或股份制的方式，也可采用联合、联营或独资的方式。

二、目标和任务

《工程》的主要目标是：通过《工程》的示范和导向作用，全面推动乡镇企业东西合作，促进东部地区的先进技术、雄厚的经济实力、科学管理等优势与中西部地区丰富的原材料、能源和劳动力资源优势广泛地结合起来，提高中西部地区乡镇企业的技术素质、管理水平和经济效益，变资源优势为经济优势，推动中西部地区乡镇企业的进一步发展和农村经济的振兴，加快农村剩余劳动力的就地转移和农民收入水平的提高，逐步缩小地区间的经济差距。同时，也为东部地区乡镇企业加快产业结构调整、产品更新和提高经济效益拓宽路子，达到东、中、西部地区乡镇企业优势互补、共同发展与提高的目的。

1995年至2000年是组织实施《工程》和全面推进乡镇企业东西合作的关键时期。这个期间《工程》的主要任务是：

（一）根据国家产业政策、区域优势和效益，确立1000个东西合作示范项目，为中西部地区乡镇企业的发展与提高起示范和导向作用。

（二）国家科委的“星火计划”、“火炬计划”项目在同等条件下，应优先支持乡镇企业东西合作示范项目。由国家科委和农业部共同在中西部地区乡镇企业组织推广1000项经省、部级以上鉴定、成熟的新技术、新产品，其中一半以上的项目要形成一定的经营规模。

（三）在充分协商的基础上，组建100对对口双边合作市、县，为发展乡镇企业开展经济、技术、商贸、劳务等合作。

（四）采取各种形式（包括代培养、带班学习或中西部就地培训等），为中西部地区培养1万名技术骨干和厂长，造就一批懂技术、会管理、善经营的乡镇企业人才。

（五）开展干部交流。根据《工程》实施需要，在原有基础上进一步扩大东、中、西部地区间的干部交流。

三、优惠条件和保障措施

（一）各级人民政府和有关职能部门要切实加强对乡镇企业东西合作的领导和支持。中西部各省（区）要创造良好的合作环境，制定能够吸引合作对象的优惠政策，并简化审批手续。东部各省（市）要把支持加快发展中西部地区乡镇企业作为一项重要任务。

（二）农业部根据国民经济发展总体规划和《国务院关于加快发展中西部地区乡镇企业的决定》（国发〔1993〕10号）的要求，制定《工程》总体规划、实施细则并组织实施。各省（市、区）根据本方案要求，结合各地的实际情况，制定本地区东西合作规划，提出具体目标、政策、措施、示范项目及分年度执行计划并积极组织省际间、省内发达地区与欠发达地区间不同层次、不同范围的合作，全面推进乡镇企业的发展与提高。

（三）建立全国乡镇企业东西合作示范工程项目库，为《工程》提供有效的信息咨询服务。

（四）自1995年起，每年在新增的乡镇企业贷款中安排一定数额（不少于5亿元）用于实施《工程》项目。按照项目管理的要求，由农业部根据国家产业政策负责协调；农业银行按贷款管理规定评估论证，按贷款审批权限审查决策，按项目安排资金。

（五）中央财政和地方各级财政每年用于支持乡镇企业的资金应优先安排东西合作示范工程项目；各级财政要安排一定数额的专项经费用于示范项目主要管理人员、技术骨干的培训和《工程》项目库建设。

（六）鼓励发展外向型经济，鼓励吸引外资，增加出口创汇。对示范项目中高科技和外向型乡镇企业符合条件的要赋予进出口经营权。

（七）建立《工程》考核制度，定期表彰、奖励为实施《工程》作出突出贡献的地区、部门、企业和个人。

农业部

1995年1月15日

对外贸易经济合作部关于印发《外经贸部开展对口支援三峡工程库区移民工作方案》的通知

（一九九五年三月二十二日）

本部各直属单位，各商会，各总公司：

长江三峡水利工程是一项具有重大经济效益和社会效益的宏伟工程。关心和支持三峡工程建设，对口支援三峡库区移民开发建设，是我部系统各单位义不容辞的责任。根据国务院关于要积极开展对口支援三峡工程库区移民开发建设的要求，我部对口支援三峡工程库区移民领导小组拟订的《外经贸部开展对口支援三峡工程库区移民工作方案》经多次征求意见和修改，并报经部党组批准，现印发给你们。

对口支援三峡移民是一项长期的工作任务。请结合本单位具体情况，积极行动，加强领导，抓好落实，努力为三峡库区移民开发工作多办实事。部对口支援三峡工程库区移民领导小组将定期对这项工作进行检查。请各单位将工作进展情况和有关意见、建议及时反映给领导小组办公室。

外经贸部开展对口支援三峡工程库区移民工作方案

根据国务院关于对口支援三峡工程库区移民的通知精神，结合我部实际情况和库区受援单位的要求，现将我部对口支援三峡库区移民工作安排如下：

一、对口支援重点地区

经与四川、湖北两省外经贸委协商，并报部党组批准，我部对口支援的重点地区是四川万县市、湖北省宜昌市的宜昌县。此外，对库区上游的重庆市视情况适当给予支持。

二、对口支援的指导思想

我部开展对口支援的指导思想是：突出“外”字和“实”字，发挥外经贸优势，运用多种形式，注意实际效果。要树立长期对口支援的思想，作出对口支援规划，做到工作扎实、项目落实。要坚持把开发性移民建设项目作为重点，把发展库区外经贸作为发展全国外经贸的重要组成部分，大力支持当地外经贸系统抓住三峡工程上马的机遇，努力将当地资源优势转化为商品优势和出口创汇优势，促进库区外经贸事业持续发展。

三、对口支援方式和内容

（一）充分利用外国政府贷款、非政府组织援款、联合国组织有关基金和其他组织提供的无偿援助，积极支持三峡库区上一批社会效益和经济效益比较好的基本建设项目。在条件符合的情况下，予以优先安排。

（二）积极“穿针引线”，帮助库区引进外资发展“三来一补”等多种形式的经济技术合作。

（三）我部所属各进出口总公司要发挥各自优势，按照对口支援、形式多样、互利互惠、共同发展的原则，积极参与三峡库区移民建设项目的开发。在项目实施中应优先考虑安排移民，要注意充分利用当地资源优势，抓好有市场、有效益的短平快创汇项目建设，要积极开拓国际市场，帮助库区扩大农副土特产品和其它产品的出口。各进出口总公司在今后的对口支援工作中要力争为库区办成一两件实事。

（四）帮助库区外经贸企业搞好移民开发，对出口商品生产基地或专厂专车间进行技术改造，促进外贸出口生产企业产品上质量、上档次。

（五）尽可能利用我国成套设备出口、对外承包工程等形式扩大劳务出口。要帮助库区搞好劳务培训，提供出口劳务机遇，力争每年安排适当数量的劳务输出。

（六）通过经贸大学等院校承担培训库区中高级外经贸管理干部和其他外经贸专业人才的任务，力争每年安排一定数量的人员参加培训。部分学员结业后可以到有关总公司实习锻炼，有关公司要热情支持，搞好传帮带。

（七）实行必要的政策倾斜。在安排国外贷款和国内外贸自属生产企业贷款、科技贷款、“贸工农”贷款，以及出口配额、外商投资企业出口计划、承包劳务、办展参展、人员出访等方面，尽可能予以照顾和支持。

（八）提供人才和信息支援。根据库区需要，派出政治思想和业务能力较强的同志到库区挂职工作，定期轮换，帮助库区开展工作；或组织专家咨询小组，协助库区在调查研究的基础上搞好本地区经济和外经贸中长期发展规划，研究制订切实可行的落实措施。

四、组织领导和实施

经部领导批准，我部已成立对口支援三峡工程库区移民工作领导小组，刘山在副部长任组长，计财司司长和办公厅一名副主任任副组长，人事司、发展司、贸管司、国际司、合作司、外贸司、贷款司、科技司和粮油、土畜、纺织、轻工、工艺、化工、机械、五矿、技术、包装、基地、成套公司及经贸大学为领导小组成员单位。领导小组的主要任务是，研究决定我部对口支援的重大事宜，并组织实施。领导小组办公室设在计财司，长期规划处，负责协调和推动我部系统的对口支援工作，并具体办理日常业务。各有关单位要指定一名联络员，与领导小组办公室保持经常联系。

我部各有关单位要按照本方案提出的原则要求，结合工作实际，认真实施。对库区受援单位提出的要求，能够办理的要及时办理，不能办理的也要耐心说明情况。各单位的对口支援工作进展情况，要及时向部对口支援工作领导小组通报。

国务院批转农业部关于稳定和完善土地承包关系意见的通知

（一九九五年三月二十八日）

各省、自治区、直辖市人民政府，国务院各部委、各直属机构：

国务院同意农业部《关于稳定和完善土地承包关系的意见》，现转发给你们，请结合本地实际情况，认真贯彻执行。

《中共中央、国务院关于当前农业和农村经济发展的若干政策措施》（中发〔1993〕11号）下发后，各地、各部门认真贯彻落实，在延长土地承包期、稳定和完善家庭联产承包责任制方面做了大量工作，效果是好的。但在实际工作中也存在一些问题，需要认真研究解决。以家庭联产承包为主的责任制和统分结合的双层经营体制，是党在农村的一项基本政策和我国农村经济的一项基本制度，必须保持长期稳定，任何时候都不能动摇。要通过强化农业承包合同管理等一系列措施，使农村的土地承包关系真正得到稳定和完善。

关于稳定和完善土地承包关系的意见

为了更好地贯彻落实《中共中央、国务院关于当前农业和农村经济发展的若干政策措施》（中发〔1993〕11号）的精神，进一步稳定和完善家庭联产承包责任制，加快农村经济发展，维护农村社会的稳定，我部用了一年时间，对各地延长土地承包期、"增人不增地，减人不减地"、建立土地承包经营权流转机制等问题，进行了深入细致的调查研究。

从大量的实地考察和对百县3.9万个村的统计及农户问卷调查结果看，各地在稳定和完善土地承包关系方面做了大量的工作，进行了有益的探索。广大农民和基层干部对土地承包期再延长30年的政策普遍拥护。百县调查结果表明，现已有三分之一左右的村完成了延长土地承包期工作。从各地实践看，总的情况和效果是好的。但是，在此过程中，也存在和暴露出一些问题：一是干部、群众对某些政策的理解差异较大；二是一些地方在具体实施中出现偏差，还需要有相应配套的政策措施和及时的工作指导。针对上述情况，现就稳定和完善土地承包关系的有关问题提出如下意见：

一、切实维护农业承包合同的严肃性。各地要严格按照法律、法规的规定和《国务院批转农业部关于加强农业承包合同管理意见的通知》（国发〔1992〕52号文件）的要求，依法加强农业承包合同管理，做好承包合同的续订、鉴证、纠纷调解和仲裁工作，以稳定家庭联产承包责任制，并将其纳入法制管理的轨道。要坚决维护承包合同的严肃性。一方面，严禁强行解除未到期的承包合同，对违反法律、法规和政策，强行解除未到期承包合同，侵害农民合法权益的行为，要坚决纠正；造成严重后果的，要依法查处。另一方面，要教育农民严格履行承包合同约定的权利和义务，对无正当理由拒绝履行承包合同规定义务的，应依法严肃处理。

二、积极、稳妥地做好延长土地承包期工作。延长土地承包期的工作，应在原承包合同期满后，在总经经验、完善承包办法的基础上进行。发包方与农户签订的合同，到期一批，续订一批，把土地承包期再延长30年。在此过程中，要根据不同情况，区别对待，切忌“一刀切”。原土地承包办法基本合理，群众基本满意的，尽量保持原承包办法不变，直接延长承包期；因人口增减、耕地被占用等原因造成承包土地严重不均、群众意见较大的，应经民主议定，作适当调整后再延长承包期。

进行土地调整时，严禁强行改变土地权属关系，不得将已经属于组级集体经济组织（原生产队）所有的土地收归村有，在全村范围内平均承包。如人少地多的组级集体经济组织绝大多数农民愿意在全村范围内进行重新调整的，应由县、乡两级农业承包合同管理机关一起调查核实，并对土地补偿及债权、债务提出切实可行的处理意见，报县级人民政府批准后方可进行。

严禁发包方借调整土地之机多留机动地。原则上不留机动地，确需留的，机动地占耕地总面积的比例一般不得超过5%。

三、提倡在承包期内实行“增人不减地、减人不减地”。“增人不增地、减人不减地”有利于稳定农村土地承包关系，巩固家庭联产承包责任制，各地应积极提倡。实行“增人不增地、减人不减地”的地方，要不断开辟新的就业门路，切实解决好新增劳动力的出路问题。

未实行“增人不增地、减人不减地”的地方，也应保持土地承包关系的长期稳定：对于确因人口增加较多，集体和家庭均无力解决就业问题而生活困难的农户，尽量通过“动帐不动地”的办法解决，也可以按照“大稳定、小调整”的原则，经该集体经济组织内部大多数农民同意，适当调整土地。但“小调整”的间隔期最短不得少于5年。

四、建立土地承包经营权流转机制。农村集体土地承包经营权的流转，是家庭联产承包责任制的延续和发展，应纳入农业承包合同管理的范围。在坚持土地集体所有和不改变土地农业用途的前提下，经发包方同意，允许承包方在承包期内，对承包标的依法转包、转让、互换、入股，其合法权益受法律保护，但严禁擅自将耕地转为非耕地。土地承包经营权流转的形式、经济补偿，应由双方协商，签订书面合同，并报发包方和农业承包合同管理机关备案。在承包经营权转让时，必须保护实际耕地者的权益，各地要制定土地承包经营权转让费最高限额。债务人不得以土地抵顶债款。

在二、三产业比较发达、大部分劳动力转向非农产业并有稳定收入、农业社会化服务体系比较健全的地方，在充分尊重农民意愿的基础上，可以采取多种形式，适时加以引导，发展农业适度规模经营。

在坚持家庭联产承包责任制长期稳定的基础上，要不断完善和健全双层经营体制，鼓励和引导集体经济组织逐步壮大经济实力，从而增强集体经济组织为农户提供生产、经营和技术服务的实力。

五、不得借调整土地之机变相增加农民负担。延长土地承包期和进行必要的土地调整时，不得随意提高承包费，变相增加农民负担。除工副业、果园、鱼塘、“四荒”等实行专业承包和招标承包的项目外，其它土地，无论是叫“口粮田”、“责任田”，还是叫“经济田”，其承包费都属于农民向集体经济组织上交的村提留、乡统筹的范围，要严格控制在上年农民人均纯收入的5%以内。

六、保护继承人的合法权益。承包人以个人名义承包的土地（包括耕地、荒地、果园、茶园、桑园等）、山岭、草原、滩涂、水面及集体所有的畜禽、水利设施、农机具等，如承包人在承包期内死亡，该承包人的继承人可以继续承包，承包合同由继承人继续履行，直至承包合同到期。为保护集体资产和促进生产发展，对技术要求较高的专业性承包项目，如第一顺序继承人（配偶、子女、父母）中只有不满16周岁的子女、或者只有不能辨认或不能完全辨认自己行为的精神病人，集体可收回承包项目，重新公开发包。但死者“个人承包应得的个人收益”，由发包方或接续承包合同者给予合理补偿，其补偿作为遗产，依法继承。

七、要加强对延长土地承包期工作的领导。延长土地承包期工作政策性强，涉及千家万户，关系到农村经济发展、改革和社会稳定的大局，各级人民政府要高度重视，加强对这项工作的领导。各级主管部门要在同级党委和人民政府的领导下，做深入细致的工作，引导农村基层干部和广大农民全面理解和正确贯彻中央政策；要深入基层调查研究，认真总结实践经验，发现问题及时处理；要督促和支持农业承包合同管理部门做好延长土地承包期的指导、土地承包经营权流转的监督、各类承包合同的管理、承包纠纷的调解和仲裁等工作，以避免承包纠纷的发生和蔓延，维护农村正常的生产秩序和社会的稳定。

农业部

1994年12月30日

国务院批转中国人民银行等六部门关于加强粮棉油政策性收购资金管理意见的通知

（一九九五年六月七日）

各省、自治区、直辖市人民政府、国务院各部委、各直属机构：

1993年以来，在各地区、各部门的共同努力下，保证了农副产品收购资金的需要，基本杜绝了收购农副产品打“白条”的现象，这对调动广大农民的种田积极性，促进农业的发展起到了积极的作用。但是，在农副产品收购资金的使用和管理中也存在一些不容忽视的问题，粮食财务挂帐日趋增多，挤占挪用农副产品收购资金的问题十分严重。对这些问题如不采取有效措施，切实加以纠正，将对发展农业、抑制通货膨胀产生十分不利的影响。根据中央农村工作会议精神，国务院发出了《关于深化粮食棉花化肥购销体制改革的通知》（国发〔1995〕8号），各地区、各部门要认真贯彻落实，进一步坚持和完善省长（自治区主席、直辖市市长）负责制，做好粮棉油的收购工作，加强对农副产品收购资金的管理，做到既不打“白条”，又要防止收购资金的流失。

国务院同意中国人民银行、财政部、国内贸易部、中国农业银行、中国农业发展银行、国家粮食储备局《关于加强粮棉油政策性收购资金管理的意见》，现转发给你们，请认真组织落实。

《关于加强粮棉油政策性收购资金管理意见》（摘要）

中国人民银行、财政部、国内贸易部、中国农业银行、中国农业发展银行和国家粮食储备局等六部门《关于加强粮棉油政策性收购资金管理的意见》指出，近年来，国家采取一系列政策措施，保证了粮棉油收购资金的供应，对调动农民的种田积极性、发展农业生产起到了积极作用。但是，在粮棉油收购资金使用和管理中也存在着一些不容忽视的问题。为了进一步贯彻落实中央经济工作会议、中央农村工作会议精神和国家关于粮棉油收购资金管理的各项政策措施，制止挤占挪用收购资金，防止收购资金流失，以保证收购不打“白条”，现提出以下意见：

一、粮棉油收购资金供应和管理要在当地政府的统一领导下，坚持实行分级、分部门责任制。各省、自治区、直辖市的粮棉油收购工作实行省长（自治区主席、直辖市市长）负责制。在各级政府统一领导下，收购部门、财政部门和银行要各负其责，保证本部门应筹措的收购资金及时足额到位，并切实防止被挤占挪用。银行要根据收购部门的粮棉油库存和收购数量负责安排收购贷款；中央财政负责拨补中央储备粮补贴；地方财政负责拨补地方储备粮补贴、粮食政策性补贴及定购粮价外补贴；收购部门负责调销回笼款及保证企业其他收购资金的到位。地方补贴款不到位或挤占挪用收购资金的，要由该地区政府领导负责；有关部门和银行的收购资金不到位或被挤占挪用收购资金的，由该部门或银行的领导负责。由此而造成收购打“白条”的，要严肃追究有关人员的责任。

二、认真清理收回被挤占挪用的收购资金。各地人民政府要组织力量，对1994年粮棉油收购资金进行清理，对超出粮棉油库存数量的收购贷款，要核对帐目、查清去向、明确责任、落实收回措施。从今年起，各地人民政府和粮食部门不得以任何理由新增财务挂帐。定购粮价外补贴，应全部由地方财政拨补，不得由企业和银行承担。对1994年银行为地方财政垫付的定购粮价外补贴款和地方财政欠拨粮食政策性补贴款，要求地方限期归还；如地方财政不按期归还，由财政部从中央对该地区财政返还款中扣回，用于归还中国农业发展银行的贷款。收购企业挤占挪用的收购资金，由地方政府和有关收购企业制订还款计划，落实还款资金来源，在8月底以前归还中国农业发展银行的贷款。中国农业银行挤占挪用的收购资金，必须按照中国人民银行规定的时间归还中国农业发展银行。

三、财政拨补资金实行按省（自治区、直辖市）保证总量、专户管理的原则。各省（自治区、直辖市）人民政府及其财政部门要采取措施，负责落实本省（自治区、直辖市）内各级财政应拨补的粮棉油收购资金，保证总量，不得欠拨。各级财政安排的粮食拨补款，一律通过中国农业发展银行的财政拨补款专户下拨。各地定购粮价外补贴，由地方财政负责拨补，地方财政确有困难的，可以从粮食风险基金中列支，在收购前必须预拨到位。地方财政欠拨的政策性补贴，一律不得用银行贷款、调销回笼款和中央财政政策性补贴款垫付，谁垫付追究谁的责任。

四、粮棉油收购部门要切实加强对本系统收购资金的管理。粮棉油收购主管部门要强化对收购企业资金使用情况的监督和检查，建立内部管理责任制。要加快粮棉油收购部门政策性业务与经营性业务的分离。今年收购部门粮棉油收购以外的经营性业务，包括加工（不含棉花初加工）、零售和附营业务要与收购业务分开，所需信贷资金向中国农业银行等商业银行申请，不得以任何形式占用收购资金；对已占用的收购资金要逐步清理收回。收购企业不得以系统内往来等任何形式将收购资金用于经营性业务，对将收购资金用于经营性业务的，一律按挤占挪用收购资金处理，要追究企业负责人的责任，并对经营性业务占用的收购资金加息、罚息，限期收回。

五、中国农业银行和中国农业发展银行要相互配合，加强协作，共同承担粮棉油收购资金管理的责任，做好粮棉油收购资金的供应和管理工作。中国农业发展银行要及时测算收购资金需求，安排收购贷款规模，积极筹措和调度收购资金，及时收回收购企业的回笼资金，对代理行收购资金管理工作进行指导、督促、检查和稽核。中国农业银行要充分认识到加强粮棉油政策性收购资金管理的重要性，严格执行粮棉油收购资金供应和管理的各项规定，把代理中国农业发展银行业务和粮棉油收购资金管理工作当作主要任务来抓，并将其作为考核银行工作的主要内容。

六、中国人民银行要加强对收购资金的监督和检查。中国人民银行主要领导要亲自抓收购资金监管工作，组织有关银行清理收购企业多头开户，加强收购资金专户管理，监督中国农业银行和中国农业发展银行搞好资金清算。清理收购企业多头开户工作。今后，中国人民银行各级分支行每年都要对收购企业开户情况进行检查，对中国农业发展银行专户资金收支及与中国农业银行资金清算的情况进行监督，发现问题立即纠正。

七、改进粮棉油收购贷款管理办法。中国农业发展银行和代理行要按照粮棉油库存增减的数量、国家规定的价格和合理的费用，每月调整贷款数量，对超库存占用的贷款必须立即收回。中国人民银行根据粮棉油库存的数量、价格和合理费用，安排农业发展银行粮棉油收购贷款限额。

八、要加强对粮棉油收购资金的专户管理。承担收购、调拨、储备等政策性业务的粮棉油企业，只能在中国农业发展银行一家开立帐户，在其它银行的帐户必须予以撤销。专户资金只能用于收购及相关费用支出，不得逃避检查监督。粮棉油收购企业的贷款结算，要严格按照中国人民银行的有关规定执行，任何单位（包括收购部门的经营性业务）用粮用棉，必须钱货两清、现款结算。违反规定的，按挪用收购资金予以处罚。

九、尽快建立健全粮棉油收购资金管理台帐及统计报告制度。由中国农业发展银行负责，层层建立与粮棉油购、销、调、存及收购贷款等有关资料统计台帐。收购部门要按照银行的需要，定期提供有关数字和资料。

十、建立收购资金的定期稽核检查制度。中国人民银行、中国农业银行、中国农业发展银行、审计署和监察部要定期联合对财政部门、收购企业和有关银行的收购资金到位及使用情况进行稽核检查。对查出的问题，要按有关规定进行严肃处理。

财政部、国家税务总局关于修订《中外合作开采陆上石油资源缴纳矿区使用费暂行规定》的通知

（一九九五年七月二十八日）

各省、自治区、直辖市财政厅（局）、国家税务局，各计划单列市财政局、国家税务局：

1990年1月财政部发布了关于《中外合作开采陆上石油资源缴纳矿区使用费暂行规定》。为了适应当前对外合作开采石油资源的需要，鼓励外商来华投资合作开采陆上石油资源，经研究，现决定对《中外合作开采陆上石油资源缴纳矿区使用费暂行规定》第三条、第十二条修订如下：

第三条　矿区使用费按照每个油、气田日历年度原油或者天然气总产量分别计征。矿区使用费费率如下：

（一）位于青海、西藏、新疆三省、区及浅海地区的中外合作油气田适用以下矿区使用费费率：

1. 原油

每个油田日历年度原油总产量	矿区使用费费率
不超过100万吨的部分	免征
超过100万吨至150万吨的部分	4%
超过150万吨至200万吨的部分	6%
超过200万吨至300万吨的部分	8%
超过300万吨至400万吨的部分	10%
超过400万吨的部分	12.5%

2. 天然气每个气田

日历年度天然气总产量	矿区使用费费率
不超过20亿标立方米的部分	免征
超过20亿标立方米至35亿标立方米的部分	1%
超过35亿标立方米至50亿标立方米的部分	2%
超过50亿标立方米的部分	3%

（二）位于其它省、自治区、直辖市的中外合作油气田适用以下矿区使用费费率：

1. 原油

每个油田每个日历年度	矿区使用费费率
不超过50万吨的部分	免征
超过50万吨至100万吨的部分	2%
超过100万吨至150万吨的部分	4%
超过150万吨至200万吨的部分	6%
超过200万吨至300万吨的部分	8%
超过300万吨至400万吨的部分	10%
超过400万吨的部分	12.5%

2. 天然气

每个气田日历年度天然气总产量	矿区使用费费率
不超过10亿标立方米的部分	免征
超过10亿标立方米至25亿标立方米的部分	1%
超过25亿标立方米至50亿标立方米的部分	2%
超过50亿标立方米的部分	3%

第十二条　本规定修订后自1995年1月1日起执行。

附件

中外合作开采陆上石油资源缴纳矿区使用费暂行规定

第一条　为促进国民经济的发展，扩大国际经济技术合作,鼓励开发我国陆上石油资源,制定本规定。

第二条　在中华人民共和国境内从事合作开采陆上石油资源的中国企业和外国企业，应当依照本规定缴纳矿区使用费。

第三条　矿区使用费按照每个油、气田日历年度原油或者天然气总产量分别计征。矿区使用费费率如下：

（一）原油

年度原油总产量不超过五万吨的部分，免征矿区使用费；

年度原油总产量超过五万吨至十万吨的部分，费率为1%；

年度原油总产量超过十万吨至十五万吨的部分，费率为2%；

年度原油总产量超过十五万吨至二十万吨的部分，费率为3%；

年度原油总产量超过二十万吨至三十万吨的部分，费率为4%；

年度原油总产量超过三十万吨至五十万吨的部分，费率为6%；

年度原油总产量超过五十万吨至七十五万吨的部分，费率为8%；

年度原油总产量超过七十五万吨至一百万吨的部分，费率为10%；

年度原油总产量超过一百万吨的部分，费率为12.5%。

（二）天然气

年度天然气总产量不超过一亿标立方米的部分，免征矿区使用费：

年度天然气总产量超过一亿标立方米至二亿标立方米的部分，费率为1%；

年度天然气总产量超过二亿标立方米至三亿标立方米的部分，费率为2%；

年度天然气总产量超过三亿标立方米至四亿标立方米的部分，费率为3%；

年度天然气总产量超过四亿标立方米至六亿标立方米的部分，费率为4%；

年度天然气总产量超过六亿标立方米至十亿标立方米的部分，费率为6%；

年度天然气总产量超过十亿标立方米至十五亿标立方米的部分，费率为8%；

年度天然气总产量超过十五亿标立方米至二十亿标立方米的部分，费率为10%；

年度天然气总产量超过二十亿标立方米的部分，费率为12.5%；

第四条　原油和天然气的矿区使用费，均用实物缴纳。

第五条　原油和天然气的矿区使用费，由税务机关负责征收管理。中外合作开采的油、气田的矿区使用费，由油、气田的作业者代扣，交由中国石油开发公司负责代缴。

第六条　矿区使用费按年计算，分次或者分期预缴，年度终了后汇算清缴。预缴期限和汇算清缴期限，由税务机关确定。

第七条　油、气田的作业者应当在每一季度终了后十日内向税务机关报送油、气田的产量，以及税务机关所需要的其他有关资料。

第八条　矿区使用费的代扣义务人和代缴义务

人，必须按照税务机关确定的期限缴纳矿区使用费。逾期缴纳的，税务机关从逾期之日起，按日加收滞纳矿区使用费的1%的滞纳金。

第九条 油、气田的作业者违反第七条的规定，不按期向税务机关报送油、气田的实际产量和税务机关所需其他有关资料的，税务机关可酌情处以人民币五千元以下的罚款；隐匿产量的，除追缴应缴纳的矿区使用费外，可酌情处以应补缴矿区使用费五倍以下的罚款。

第十条 本规定下列用语的含义是：

（一）原油：指在自然状态下的固态和液态烃，也包括从天然气中提取的除甲烷（CH_4）以外的任何液态烃。

（二）天然气：指在自然状态下的非伴生天然气及伴生天然气。

非伴生天然气：指从气藏中采出的所有气态烃包括湿气、干气，以及从湿气中提取液态烃后的剩余气体。

伴生天然气：指从油藏中与原油同时采出的所有气态烃，包括从中提取液态烃后的剩余气体。

（三）年度原油总产量：指合同区内每一个油、气田在每一日历年度内的原油量，扣除石油作业用油和损耗量之后的原油总量。

（四）年度天然气总产量：指合同区每一个油、气田在每一日历年度内生产的天然气量，扣除石油作业用气和损耗量之后的天然气总量。

第十一条 本规定由国家税务局负责解释。

第十二条 本规定自一九九〇年一月一日起施行。

国务院办公厅关于加强羊绒产销管理的通知

（一九九五年十月十九日）

各省、自治区、直辖市人民政府，国务院各部委、各直属机构：

羊绒是我国高档毛纺织品的重要原料和出口创汇的重要商品，是主产区牧民的重要收入来源。从1985年开始，羊绒经营逐步放开，对活跃产区经济，增加牧民收入起到了积极作用。但羊绒产销也出现了一些新的矛盾和问题，如经营渠道过多，加工能力过剩，盲目竞争，价格起伏过大，质量不稳定等。为建立良好的流通秩序，确保我国羊绒在国际市场的独特优势，促进羊绒生产的持续、稳定、健康发展，经国务院批准，现就加强羊绒产销管理的有关问题通知如下：

一、整顿流通渠道，理顺产销关系，控制加工能力，规范经营行为

（一）经营羊绒收购、加工、生产及出口业务企业的基本条件是：

1. 有固定的经营机构、场所、仓储设施以及比较高的技术水平和较先进的机器设备；有相对固定的购销渠道；有工商局核发的含有收购或加工、生产、出口羊绒业务的营业执照。

2. 经营羊绒收购业务的企业必须已在羊绒主产区设有常设机构，有相对固定的收购网点和经纤检机构确认合格的验质人员、质检设备；对羊绒进行初加工，必须有经纤检机构检验合格的羊绒分梳机器。

3. 有能够保证羊绒收购或加工、生产、出口业务正常进行的资金。

4. 经营羊绒出口业务企业的其他条件仍参照《国务院批转经贸部关于〈出口商品管理暂行办法〉的通知》（国发〔1992〕69号）有关规定执行。

（二）由羊绒主产省、自治区人民政府指定一个部门牵头并会同其他部门，按照有关法律法规和本通知的规定，对现有经营收购或加工、生产、出口羊绒业务的企业进行清理整顿并重新认定经营资格，工商行政管理机关要对羊绒经营企业进行重新登记，坚决取缔不符合羊绒经营条件的单位。要坚决取缔无照经营，对存在不法行为的经营者，要依照有关法律、法规严厉打击。

（三）经审查合格的供销合作总社系统、外经贸部系统所属羊绒经营企业以及大中型骨干羊绒制成品企业为羊绒收购、加工、生产、出口业务的主渠道。收购羊绒以主产区各级供销社为主，羊绒原料及制成品加工、生产、出口业务以外经贸部和纺织总会系统大中型重点企业为主。到羊绒主产区采购羊绒，必须通过当地有羊绒经营资格的企业进行。

（四）各级计委（计经委）等部门要严格控制羊绒加工能力。对不符合调整产业结构要求、无明显产业优势、技术水平较低的重复性新增加工项目，一律不予审批。对国内新办羊绒加工企业，要本着增值、创汇和科技含量高的原则从严把关。根据目前国内羊绒产销状况，不再审批外商投资的羊绒加工企业。坚决淘汰、销毁落后和超期服役的羊绒分梳机器。对纺织部门退役羊绒分梳机器设备的处理办法，由国家经贸委会同纺织总会等有关部门另行下达。

（五）银行对不具有羊绒经营资格而经营羊绒的单位，一律不予贷款。

二、加强价格的协调和管理

（一）每年由中国食品土畜进出口商会根据国家物价管理部门、外经贸部授权，会同供销合作社、纺织总会等有关部门及国内从事收购、加工、生产、出口业务的大中型骨干企业，根据羊绒国际需求和国内产销状况，确定羊绒原料及制成品的主要品种（主要包括无毛绒和羊绒衫普通款式、羊绒粗纺面料等）的出口协调价格，并及时通知海关总署和主产省、自治区。

（二）每年由中国畜产品流通协会根据国家物价管理部门、供销合作总社授权，会同农业部、外经贸部、纺织总会等，根据国内外羊绒产销情况，合理制定国内羊绒收购的指导性价格，并定期公布。

三、建立地方储备制度

为稳定市场，平抑物价，保护牧民和企业的利益，羊绒主产省、自治区可根据本省、自治区的实际情况建立羊绒储备制度。羊绒储备的收购、动用和管理均由地方人民政府负责。

四、加强出口管理

（一）国家对羊绒出口实行总量控制；继续调整结构，提倡规模化经营，创造条件，逐步扩大制成品出口数量，减少原料和初级产品出口数量；在一定条件下，适当照顾少数民族地区的利益；继续改善出口经营秩序，强化出口羊绒质检。

（二）海关要按羊绒出口指导价格对羊绒出口实行审价，并将情况通知有关部门，由有关部门对低价出口者依照有关规定进行处罚。

五、搞好市场与质量管理

国家计委、国家经贸委、国家工商局、国家技术监督局、国家商检局等部门和主产区人民政府要加强对羊绒产销有关环节的监督管理。

（一）成包羊绒须经技术监督部门专业纤维检验机构检验后方可出售。销售羊绒产品，在产品包装上须有用中文标注的类别、等级、品号、规格、色号、羊绒含量、重量、厂址、厂名、出厂日期及价格。

（二）国家技术监督局要抓紧制定并颁布有关羊绒质量的监督管理办法，加强监督管理。

（三）羊绒主产省、自治区人民政府要将羊绒列为监控商品范围，定期发布产销指导性信息，并及时处理产销过程中出现的问题。

（四）有关部门和羊绒主产省、自治区可根据条件进行牧工商产供销“一条龙”的羊绒经营企业集团试点，实行利益共享、风险共担。各级政府要加强领导，国务院有关部门要做好协调工作。

六、扶持羊绒生产

发展生产是解决供需矛盾的重要手段。各部门要积极配合，增加资金投入，把改良草场、加强草原建设、建立生产基地作为一项长期工作来抓。农业部门和供销社系统要在改良品种、提高单产、技术培训、防疫治病和社会化服务等方面加强工作。

※

※※※

※

附　　录

1995年中西部地区国民经济和社会发展统计资料

表1 中西部地区主要社会经济指标（1995年）

地区		土地面积（平方公里）	人口（万人）	国内生产总值		工业总产值（亿元）	农业总产值（亿元）
				总额（亿元）	人均（元）		
全国总计		约960	121121	58260.5	4810	65599.3	20328.0
中部地区	山西省	15	3077	1092.5	3550	1081.0	299.7
	内蒙古自治区	110	2284	832.9	3647	632.1	373.6
	吉林省	18	2592	1129.2	4356	1260.7	490.3
	黑龙江	46	3701	2014.5	5443	1934.2	670.0
	安徽省	13	6013	2003.6	3332	2094.7	980.3
	江西省	16	4063	1205.1	2966	1185.9	631.7
	河南省	16	9100	3002.7	3300	2638.5	1304.3
	湖北省	18	5772	2391.4	4143	2748.1	988.5
	湖南省	21	6392	2195.7	3435	1667.5	1047.0
西部地区	四川省	56	11325	3534.0	3121	3207.4	1520.3
	贵州省	17	3508	630.1	1796	473.6	344.9
	云南省	38	3990	1206.7	3024	995.0	474.5
	西藏自治区	120	240	56.0	2333		23.1
	广西自治区	23	4543	1606.2	3536	1143.8	743.5
	陕西省	19	3514	1000.0	2846	920.7	381.6
	甘肃省	39	2438	553.4	2270	679.0	289.4
	青海省	72	481	165.3	3436	142.5	55.1
	宁夏自治区	6.6	513	169.8	3310	178.3	56.5
	新疆自治区	160	1661	834.6	5025	741.2	415.2
中部地区合计		273	42994	15867.6		15242.8	6785.4
西部地区合计		550.6	32213	9756.1		8481.5	4304.1
中西部地区合计		823.6	75207	25623.7		23724.3	11089.5
中西部地区合计占全国比重（%）		85.8	62.09	43.98		36.17	54.55

续表1

地区		居民消费水平（元）①	农村居民家庭平均每人纯收入（元）②	全社会固定资产投资（亿元）	社会消费品零售额（万元）	物价指数（上年＝100）	
						商品零售物价总指数	居民消费价格指数
全国总计		2311	1577.7	19445.2	20597.9	114.8	117.1
中部地区	山西省	1250	1208.3	265.3	366.9	115.6	116.9
	内蒙古自治区	1387	1208.4	242.1	289.3	116.8	117.5
	吉林省	1872	1609.6	309.4	476.9	114.2	115.2
	黑龙江	2334	1766.3	496.1	666.2	114.3	116.1
	安徽省	1254	1302.8	463.6	577.6	112.7	114.8
	江西省	1182	1537.4	272.4	403.5	115.9	116.9
	河南省	1034	1232.0	769.3	915.2	114.9	116.5
	湖北省	1527	1511.2	781.8	932.0	116.6	120.0
	湖南省	1408	1425.2	520.6	831.4	115.5	119.0
西部地区	四川省	1261	1158.3	885.5	1225.2	117.0	118.5
	贵州省	942	1086.6	152.2	195.4	117.2	121.4
	云南省	1261	1011.0	441.7	342.4	118.1	121.3
	西藏自治区	1110	1200.3	37.0			
	广西自治区	1314	1446.1	387.0	519.3	116.4	118.4
	陕西省	1208	962.9	299.9	371.2	117.0	119.0
	甘肃省	1007	880.3	162.8	217.0	116.5	119.8
	青海省	1445	1029.8	50.7	56.4	116.3	118.0
	宁夏自治区	1355	998.8	58.8	57.2	115.3	117.1
	新疆自治区	1649	1136.4	298.8	239.8	116.7	119.7
中部地区合计				4120.	5459.0		
西部地区合计				2774.4	3223.9		
中西部地区合计				6895.0	8682.9		
中西部地区合计占全国比重（%）				35.46	42.15		

注：1. 除①②项数字外，均根据《中国统计摘要（1996）》编制。

2. ①②项数字系根据《中国统计年鉴（1996）》编制。

3. 工业总产值为乡及乡以上工业的数字。

表 2　中西部地区国内生产总值和指数

单位：亿元

地区		国内生产总值 1994 年	国内生产总值 1995 年	指数（上年＝100）1994 年	指数（上年＝100）1995 年
全国总计		46622.3	58260.5	112.6	110.5
中部地区	山西省	853.8	1092.5	109.4	111.1
	内蒙古自治区	681.9	832.9	110.1	109.1
	吉林省	936.08	1129.2	114.3	109.7
	黑龙江	1618.6	2014.5	108.8	109.6
	安徽省	1488.5	2003.6	120.7	114.3
	江西省	948.2	1205.1	117.0	114.5
	河南省	2224.4	3002.7	113.8	114.8
	湖北省	1878.6	2391.4	115.2	114.6
	湖南省	1694.4	2195.7	111.0	110.9
西部地区	四川省	2777.9	3534.0	111.1	110.0
	贵州省	521.2	630.1	108.5	107.5
	云南省	974.0	1206.7	111.6	111.2
	西藏自治区	45.8	56.0	115.6	117.9
	广西自治区	1241.8	1606.2	116.0	115.3
	陕西省	816.6	1000.0	108.5	109.0
	甘肃省	451.7	553.4	110.4	109.9
	青海省	138.2	165.3	108.2	108.0
	宁夏自治区	134.0	169.8	108.2	109.0
	新疆自治区	673.7	834.6	110.9	110.3
中部地区合计		12325.2	15867.6		
西部地区合计		7774.9	9756.1		
中西部地区合计		20100.1	25623.7		
中西部地区合计占全国比重（%）		43.11	43.98		

注：1. 绝对值按当年价计算，指数按可比价格计算。

2. 根据《中国统计年鉴（1996）》编制。

表 3　中西部地区行政区划（1995 年底）

单位：个

省级单位名称		地级单位数	地级市	县级单位数	县级市	各级市单位数	市辖区数
全国总计		334	210	2143	427	637	700
中部地区	山西省	11	6	100	14	20	18
	内蒙古自治区	12	4	84	15	19	16
	吉林省	9	8	41	19	27	19
	黑龙江	14	11	68	19	30	64
	安徽省	16	10	68	10	20	35
	江西省	11	6	84	14	20	15
	河南省	17	13	116	23	36	41
	湖北省	12	10	63	24	34	33
	湖南省	14	11	90	17	29	32
西部地区	四川省	23	14	172	22	36	49
	贵州省	9	2	80	10	12	6
	云南省	17	2	123	14	16	4
	西藏自治区	7	1	77	1	2	1
	广西自治区	15	8	80	9	17	28
	陕西省	10	5	92	8	13	15
	甘肃省	14	5	75	8	13	10
	青海省	8	1	39	2	3	4
	宁夏自治区	4	2	18	2	4	6
	新疆自治区	15	2	85	15	17	11
中部地区合计		116	79	719	155	236	273
西部地区合计		122	42	841	91	133	135
中西部地区合计		238	121	1560	246	369	408
中西部地区合计占全国比重（%）		71.2	57.6	72.8	57.6	57.9	57.8

表 4 中西部地区三次产业就业人员和构成（1995 年）

地区		合计（万人）	第一产业	第二产业	第三产业	构成（%）第一产业	第二产业	第三产业
全国总计		62388	33018	14315	15055	52.9	23.0	24.1
中部地区	山西省	1460.4	636.0	435.7	388.7	43.5	29.8	26.6
	内蒙古自治区	1024.5	536.7	225.0	262.6	52.4	22.0	25.6
	吉林省	1254.5	561.6	335.6	357.5	44.8	26.7	28.5
	黑龙江	1552.4	571.8	529.8	450.8	36.8	34.1	29.0
	安徽省	3206.8	1945.4	574.6	686.9	60.7	17.9	21.4
	江西省	2059.2	1141.3	373.1	544.7	55.4	18.1	26.5
	河南省	4696.7	2819.2	928.7	948.8	60.0	19.8	20.2
	湖北省	2707.0	1383.4	596.5	727.0	51.1	22.0	26.9
	湖南省	3506.1	2153.3	573.0	779.8	61.4	16.3	22.2
西部地区	四川省	6335.3	3996.0	1008.6	1330.9	63.1	15.9	21.0
	贵州省	1857.1	1368.5	185.0	303.4	73.7	10.0	16.3
	云南省	2186.3	1656.2	216.7	313.2	75.8	9.9	14.3
	西藏自治区	113.7	87.8	5.2	20.4	77.2	4.6	17.9
	广西自治区	2382.5	1582.5	282.0	517.8	66.4	11.8	21.7
	陕西省	1774.4	1056.1	341.3	376.8	59.5	19.2	21.2
	甘肃省	1159.4	676.6	203.2	279.4	58.4	17.5	24.1
	青海省	226.0	135.4	41.0	49.7	59.9	18.2	22.0
	宁夏自治区	243.6	143.5	46.5	53.4	58.9	19.1	21.9
	新疆自治区	662.2	376.5	124.3	161.0	56.9	18.8	24.3

注：根据《中国统计年鉴（1996）》编制。

表 5 中西部地区固定资产投资额（1995 年） 单位：亿元

地区		国有经济	基本建设	更新改造	集体经济	个体经济	其他名称经济类型	总计
全国总计		10821.5	6350.1	2763.6	2978.2	2380.9	3264.5	19445.2
中部地区	山西省	198.4	125.8	56.4	22.4	31.5	13.0	265.3
	内蒙古自治区	187.3	114.2	65.7	6.7	40.8	7.3	242.1
	吉林省	236.3	147.8	46.3	8.0	40.8	24.2	309.4
	黑龙江	375.6	189.7	87.3	20.0	70.0	30.5	496.1
	安徽省	256.1	151.3	72.9	47.4	117.0	43.2	463.6
	江西省	154.1	94.2	46.3	17.2	71.5	29.6	272.4
	河南省	433.2	260.8	119.2	89.1	147.3	99.7	769.3
	湖北省	506.3	313.8	128.6	68.1	72.9	134.5	781.8
	湖南省	308.1	194.3	83.7	33.0	137.9	41.5	520.6

续表

地区		国有经济	基本建设	更新改造	集体经济	个体经济	其他名称经济类型	总计
西部地区	四川省	511.9	306.1	129.4	101.1	140.5	131.9	885.5
	贵州省	101.1	59.9	33.9	5.9	29.8	15.3	152.2
	云南省	248.8	137.0	86.3	107.3	58.0	27.6	441.7
	西藏自治区	37.0	35.0	2.0				37.0
	广西自治区	214.2	129.7	59.5	28.8	92.0	52.0	387.0
	陕西省	195.8	105.6	68.7	15.6	66.5	21.9	299.9
	甘肃省	127.4	74.8	40.8	8.1	15.0	12.4	162.8
	青海省	41.4	30.3	6.0	4.4	3.9	0.9	50.7
	宁夏自治区	42.3	25.8	13.9	3.6	10.7	2.2	58.8
	新疆自治区	238.5	162.7	50.9	13.7	24.0	22.6	298.8
中部地区合计		2655.4	1591.9	706.4	311.9	729.7	423.5	4120.6
西部地区合计		1758.4	1066.9	423.3	288.5	440.4	286.8	2774.4
中西部地区合计		4413.8	2658.8	1129.7	600.4	1170.1	710.3	6895.0
中西部地区合计占全国比重（%）		40.79	41.87	40.88	20.16	49.15	21.76	35.46

注：根据《中国统计摘要（1996年）》编制。

表6 中西部地区进出口商品总额（1995年）

单位：亿元

地区		进出口总额	出口总额	进口总额
全国总计		2808.5	1487.7	1320.8
中部地区	山西省	22.5	18.0	4.5
	内蒙古自治区	13.1	5.1	8.0
	吉林省	28.9	11.2	17.6
	黑龙江	45.8	29.6	16.2
	安徽省	21.6	13.3	8.3
	江西省	14.7	8.4	6.2
	河南省	28.6	14.9	13.7
	湖北省	37.5	18.2	19.3
	湖南省	23.4	13.5	9.9

续表

地区		进出口总额	出口总额	进口总额
西部地区	四川省	39.5	20.4	19.1
	贵州省	7.4	4.0	3.4
	云南省	23.1	11.8	11.3
	西藏自治区	1.9	0.1	1.8
	广西自治区	33.6	16.3	17.3
	陕西省	19.8	10.4	9.4
	甘肃省	7.7	3.4	4.3
	青海省	1.6	1.2	0.4
	宁夏自治区	2.4	1.7	0.7
	新疆自治区	14.7	5.2	9.5
中部地区合计		236.1	132.3	103.8
西部地区合计		151.6	74.4	77.2
中西部地区合计		387.7	206.7	181.0
中西部地区合计占全国比重（%）		13.80	13.89	13.70

注：根据《中国统计摘要（1996）》编制。

表7 中西部地区主要农作物产品产量及其比重增减幅度（1995年）

单位：万吨 百分点

地区		谷物	棉花	油料	糖料	猪牛羊肉
全国总计		41612.3	476.5	2243.7	7940.1	4253.8
中部地区	山西省	816.2	9.1	22.3	39.7	56.1
	内蒙古自治区	914.1		70.2	263.5	74.0
	吉林省	1867.9		25.6	83.6	96.7
	黑龙江	2033.8		20.1	500.8	106.5
	安徽省	2273.3	30.1	191.8	17.9	165.8
	江西省	1508.2	11.9	103.6	200.0	193.4
	河南省	3059.3	77.0	298.0	20.7	295.9
	湖北省	2264.0	58.6	189.4	73.6	250.7
	湖南省	2517.2	22.4	112.0	141.5	317.4
西部地区	四川省	3578.0	11.2	170.2	179.6	553.3
	贵州省	783.6	0.1	58.8	27.2	100.5
	云南省	1032.8	0.1	19.6	1056.3	120.4

续表

地区		谷物	棉花	油料	糖料	猪牛羊肉
西部地区	西藏自治区					
	广西自治区	1421.4	0.1	45.3	2555.7	204.9
	陕西省	814.0	4.0	38.2	1.0	71.6
	甘肃省	550.2	2.3	31.7	107.0	57.7
	青海省	86.2		16.2		18.0
	宁夏自治区	188.8		5.6	49.5	10.3
	新疆自治区	701.1	99.4	49.4	288.1	46.0
中部地区合计		17254.0	209.1	1033.0	1341.3	1556.5
中部地区占全国比重比上年增减		－0.84	1.63	3.21	0.80	1.30
西部地区合计		9156.1	117.2	435.0	4264.4	1182.7
西部地区占全国比重比上年增减		－0.02	1.29	－0.18	0.49	－0.86
中西部地区合计		26410.1	326.3	1468.0	5605.7	2739.2
中西部地区占全国比重比上年增减		－0.86	2.92	2.94	1.29	0.44
中西部地区合计占全国比重(%)		63.47	68.48	65.43	70.60	64.39

注：根据《中国统计摘要（1996）》编制。

表8 中西部地区农林牧渔业总产值和指数（1995年）

单位：亿元
指数：上年＝100

地区		农林牧渔业总产值	农业	林业	牧业	渔业	农林牧渔业总产值指数
全国总计		20328.0	11876.9	709.8	6040.0	1701.3	110.5
中部地区	山西省	299.7	203.4	13.3	81.7	1.2	104.1
	内蒙古自治区	373.6	231.2	12.1	127.2	3.1	104.1
	吉林省	490.3	301.4	8.3	173.3	7.2	105.9
	黑龙江	670.0	462.2	14.7	180.8	12.4	109.2
	安徽省	980.3	637.9	39.6	246.2	56.6	114.2
	江西省	631.7	331.6	41.5	209.5	49.1	105.2
	河南省	1304.3	865.8	38.3	391.1	9.0	123.7
	湖北省	988.5	612.1	28.3	268.1	80.0	114.1
	湖南省	1047.0	579.7	42.6	369.7	54.9	108.8
西部地区	四川省	1520.3	886.9	45.2	558.5	29.6	107.8
	贵州省	344.9	224.2	15.3	102.5	2.9	103.0
	云南省	474.9	299.5	40.5	127.2	7.3	106.5

续表

地区		农林牧渔业总产值	农业	林业	牧业	渔业	农林牧渔业总产值指数
西部地区	西藏自治区	23.1	10.1	0.6	12.4		100.0
	广西自治区	743.5	384.2	32.6	270.8	56.0	117.2
	陕西省	381.6	257.9	16.9	104.7	2.2	104.0
	甘肃省	289.4	200.2	6.5	81.8	0.8	101.1
	青海省	55.1	26.5	0.9	27.6	0.1	99.8
	宁夏自治区	56.5	38.1	1.0	16.3	1.2	105.6
	新疆自治区	415.2	324.5	5.6	82.3	2.8	109.3
中部地区合计		6785.4	4225.3	238.7	2047.6	249.6	
西部地区合计		4304.1	2652.1	165.1	1384.6	102.9	
中西部地区合计		11089.5	6877.4	403.8	3432.2	352.5	
中西部地区合计占全国比重（%）		54.55	57.90	56.89	56.82	20.72	

注：根据《中国统计摘要（1996）》编制。

表9 中西部地区主要工业产品产量及其比重增减幅度（百分点）（1995年）

地区		钢（万吨）	原油（万吨）	原煤（万吨）	发电量（亿千瓦小时）	化纤（万吨）
全国总计		9296.8	14902.0	129232.0	9860.9	288.5
中部地区	山西省	337.7		33972.5	495.6	2.4
	内蒙古自治区	355.3		6425.5	282.2	0.7
	吉林省	111.4	342.7	2425.3	280.1	6.0
	黑龙江	89.0	5600.7	7822.1	387.4	13.7
	安徽省	322.1		4319.8	305.3	2.6
	江西省	149.1		2598.4	180.8	4.8
	河南省	273.6	593.6	9752.4	542.8	11.7
	湖北省	714.5	85.0	1186.5	443.2	4.3
	湖南省	173.2		5498.5	329.9	4.2
西部地区	四川省	656.2	18.5	9887.6	558.6	7.0
	贵州省	64.6		5509.7	225.9	0.4
	云南省	137.2	10.2	2774.9	224.1	0.8
	西藏自治区					
	广西自治区	87.3	13.6	1045.2	213.7	2.2
	陕西省	53.5	171.5	3842.6	234.7	2.1
	甘肃省	133.0	262.3	2074.8	233.2	2.0
	青海省	35.5	121.7	268.2	59.2	
	宁夏自治区	3.6	38.5	1308.3	107.7	0.1
	新疆自治区	67.1	1263.3	2520.5	118.5	1.4

续表

地　区	钢（万吨）	原油（万吨）	原煤（万吨）	发电量（亿千瓦小时）	化纤（万吨）
中部地区合计	2526.0	6621.9	74001.1	3247.3	50.5
中部地区占全国比重比上年增减	−0.24	−1.75	0.17	6.91	−0.50
西部地区合计	1238.0	1899.7	29231.9	1975.6	14.7
西部地区占全国比重比上年增减	−0.30	1.40	0.16	0.11	−0.91
中西部地区合计	3764.0	8521.6	103233.0	5222.9	65.2
中西部地区占全国比重比上年增减	−0.54	−0.36	0.33	7.14	−1.41
中西部地区合计占全国比重（%）	40.49	57.18	79.88	52.97	22.60

注：根据《中国统计摘要（1996）》编制。

表 10　中西部地区工业总产值和指数（1995 年）　　单位：亿元

地　区		工业总产值	国有工业	集体工业	#乡办工业	其他经济类型工业	工业总产值指数（上年=100）
全国总计		65599.3	30400.1	22255.2	15450.6	12944.0	116.0
中部地区	山西省	1081.0	766.8	282.5	173.5	31.6	112.0
	内蒙古自治区	632.0	473.5	104.4	43.5	54.1	111.3
	吉林省	1260.7	781.5	216.4	98.7	262.8	113.7
	黑龙江	1934.2	1483.4	343.3	188.4	107.4	114.0
	安徽省	2094.7	974.5	959.9	702.0	160.3	123.2
	江西省	1185.9	682.4	452.7	337.7	50.8	120.3
	河南省	2638.5	1523.3	844.8	511.0	270.4	121.7
	湖北省	2748.1	1536.7	936.3	600.4	275.1	118.0
	湖南省	1667.5	1007.3	536.8	338.1	123.4	112.8
西部地区	四川省	3207.4	1655.7	1119.3	813.8	432.4	115.8
	贵州省	473.6	376.4	84.8	56.3	12.4	113.7
	云南省	995.0	817.4	149.9	66.8	27.7	110.3
	西藏自治区						
	广西自治区	1143.8	667.9	327.0	208.0	148.8	117.3
	陕西省	920.7	691.6	171.7	97.0	57.4	111.8
	甘肃省	679.0	541.1	116.8	64.5	21.1	109.9
	青海省	142.5	125.0	16.3	6.1	0.2	110.7
	宁夏自治区	178.3	138.0	22.2	11.7	18.1	113.0
	新疆自治区	741.2	574.0	147.9	29.7	19.3	114.5

续表

地　　区	工业总产值	国有工业	集体工业	#乡办工业	其他经济类型工业	工业总产值指数（上年=100）
中部地区合计	15242.8	9229.5	4677.3	2993.3	1332.9	
西部地区合计	8481.5	5588.1	2155.9	1353.9	737.6	
中西部地区合计	23724.3	14817.6	6833.2	4347.2	2070.5	
中西部地区合计占全国比重（%）	36.17	48.74	30.70	28.14	16.00	

注：1. 范围为乡及乡以上工业的数字。
2. 根据《中国统计摘要（1996）》编制。

表 11　中西部地区工业经济效益综合指数（1995 年）

地　　区		综合指数	产品销售率（%）	资金利税率（%）	成本费用利润率（%）	劳动生产率（员/人）	流动资产周转次数（次）	增加值率（%）
全国总计		90.02	95.88	9.10	3.62	13863	1.55	27.21
中部地区	山西省	84.39	98.12	8.71	5.16	9064	1.30	34.75
	内蒙古自治区	73.47	95.74	6.60	2.68	9284	1.19	33.00
	吉林省	73.86	95.36	6.75	1.99	10443	1.23	30.20
	黑龙江	103.58	94.75	12.27	7.99	12226	1.27	40.60
	安徽省	86.36	94.19	9.48	2.25	11276	1.72	28.69
	江西省	76.90	97.03	7.47	2.10	9686	1.54	26.79
	河南省	94.55	96.80	10.37	4.85	12267	1.63	30.53
	湖北省	91.26	95.90	10.47	2.94	13021	1.53	30.09
	湖南省	84.00	95.33	10.00	0.74	10626	1.64	31.39
西部地区	四川省	70.30	94.42	6.23	1.18	10050	1.27	28.40
	贵州省	80.55	94.68	9.00	1.49	12722	0.98	35.35
	云南省	170.17	96.92	28.97	14.47	20665	1.50	45.27
	西藏自治区							
	广西自治区	91.85	94.18	8.98	3.23	15199	1.50	31.37
	陕西省	61.75	94.89	4.77	0.04	9226	1.07	28.87
	甘肃省	74.09	95.59	6.90	2.25	10113	1.15	32.54
	青海省	512.57	95.34	1.83	−4.40	11336	0.98	33.98
	宁夏自治区	72.85	96.02	6.51	1.95	10306	1.23	29.38
	新疆自治区	70.67	94.66	4.44	−0.40	13826	1.13	35.83

注：根据《中国统计摘要（1996）》编制。

表 12　中西部地区社会消费品零售总额（1995 年）

单位：亿元

地区		社会消费品零售总额	市	县	县以下
全国总计		20597.9	12389.1	2832.8	5376.0
中部地区	山西省	366.9	211.1	78.9	76.9
	内蒙古自治区	289.3	171.9	68.8	48.6
	吉林省	476.9	352.5	59.5	64.9
	黑龙江	666.2	472.0	106.6	87.6
	安徽省	577.6	276.4	132.3	168.9
	江西省	403.5	171.9	99.8	131.8
	河南省	915.2	447.0	199.6	268.6
	湖北省	932.0	550.0	118.2	263.8
	湖南省	831.4	421.4	158.3	251.7

续表

地区		社会消费品零售总额	市	县	县以下
西部地区	四川省	1225.2	625.4	206.7	393.1
	贵州省	195.4	102.3	43.1	50.0
	云南省	342.4	163.0	92.8	86.6
	西藏自治区				
	广西省治区	519.3	235.7	126.1	157.5
	陕西省	371.2	233.4	69.0	68.8
	甘肃省	217.0	137.2	37.4	42.4
	青海省	56.4	32.5	15.1	8.8
	宁夏自治区	57.2	35.5	14.0	7.7
	新疆自治区	239.8	141.7	46.7	51.4
中部地区合计		5459.0	3074.2	1022.0	1362.8
西部地区合计		3223.9	1706.7	650.9	866.3
中西部地区合计		8682.9	4780.9	1672.9	2229.1
中西部地区合计占全国比重（%）		42.15	38.59	59.05	41.46

注：根据《中国统计摘要（1996）》编制。

表 13　中西部地区外商直接投资额

单位：万美元

地区		1994 年			1995 年		
		合同数（个）	协议投资额	实际投资额	合同数（个）	协议投资额	实际投资额
全国总计		47549	8267977	3376650	37011	9128153	3752053
中部地区	山西省	241	21480	3170	178	22841	6383
	内蒙古自治区	215	13023	4007	160	9890	5200
	吉林省	1028	67788	24152	667	84735	39876
	黑龙江	692	55068	34176	843	110567	45018
	安徽省	626	64101	37000	753	120640	48256
	江西省	556	39158	26168	522	53966	28796
	河南省	897	78645	38567	805	91570	47622
	湖北省	1418	139429	60183	881	108847	62474
	湖南省	738	69222	32511	574	135462	48802
西部地区	四川省	1142	150342	88859	823	120682	53940
	贵州省	171	11775	6363	103	8626	5703
	云南省	262	28482	6500	269	37399	9769
	西藏自治区	19	1260				
	广西省治区	909	116209	81506	571	104177	66952

续表

地区		1994年			1995年		
		合同数（个）	协议投资额	实际投资额	合同数（个）	协议投资额	实际投资额
西部地区	陕西省	444	41038	23880	272	40328	32407
	甘肃省	183	8720	8776	156	10983	6392
	青海省	19	1059	241	28	2423	164
	宁夏自治区	63	2423	727	42	2878	390
	新疆自治区	167	8547	4830	114	9127	5490
中部地区合计		6411	547914	259934	5383	738518	332427
西部地区合计		3379	369855	221682	2378	336623	181207
中西部地区合计		9790	917769	481616	7761	1075141	513634
中西部地区合计占全国比重（%）		20.59	11.10	14.26	20.97	11.78	13.69

注：根据《中国统计摘要（1996）》编制。

表14 中西部地区城乡居民收入和支出（1995年） 单位：元

地区		城镇居民			农村居民		
		平均每人全年全部收入	#生活费收入	平均每人全年消费支出	平均每人全年纯收入	平均每人全年现金收入	平均每人全年生活消费支出
全国总计		4288.1	3892.9	3537.6	1577.7	1595.6	1310.4
中部地区	山西省	3306.7	2927.2	2640.7	1208.3	1088.2	928.0
	内蒙古自治区	2873.9	2587.0	2482.2	1208.4	1197.0	1180.5
	吉林省	3176.3	2914.1	2598.0	1609.6	1853.9	1494.6
	黑龙江	3377.2	2968.4	2776.5	1766.3	2195.1	1479.8
	安徽省	3796.9	3406.0	3161.4	1302.8	1367.7	1070.6
	江西省	3380.9	3046.1	2712.4	1537.4	1539.9	1256.1
	河南省	3302.1	3029.5	2673.9	1232.0	1020.7	929.4
	湖北省	4031.9	3606.0	3433.8	1511.2	1380.2	1245.1
	湖南省	4705.2	4069.6	3885.6	1425.2	1515.3	1367.3
西部地区	四川省	4004.8	3586.4	3429.0	1158.3	1129.1	1092.9
	贵州省	3935.5	3426.7	3250.6	1086.6	913.7	930.6
	云南省	4113.2	3683.8	3448.3	1011.0	1209.7	981.1
	西藏自治区				1200.3	772.4	896.8
	广西自治区	4809.4	4289.0	4045.8	1446.1	1550.2	1202.9
	陕西省	3311.1	3048.2	2837.7	962.9	881.1	913.7
	甘肃省	3155.8	2893.6	2617.7	880.3	674.3	915.3
	青海省	3319.9	3111.6	2870.1	1029.8	733.2	913.8
	宁夏自治区	3386.8	3026.5	2865.7	998.8	1279.6	1063.2
	新疆自治区	4183.8	3852.8	3186.8	1136.5	1876.6	941.6

注：根据《中国统计摘要（1996）》编制。

表 15 中西部地区乡镇企业总产值（1995 年） 单位：亿元

地区		合计	农业	工业	建筑业	交通运输业	商业饮食业
全国总计		68915.2	1018.1	51259.2	6336.0	4116.7	6185.3
中部地区	山西省	1402.1	13.4	861.9	121.2	246.2	159.5
	内蒙古自治区	635.3	23.4	265.1	108.1	110.9	127.7
	吉林省	641.9	25.6	342.4	70.3	91.3	112.3
	黑龙江	939.9		569.3	143.1	116.8	110.7
	安徽省	3012.4	71.3	1971.0	385.6	243.4	341.0
	江西省	2094.4	18.4	1423.0	190.6	175.1	287.3
	河南省	3373.6	37.5	2514.6	323.0	212.7	285.8
	湖北省	3033.9	138.6	1943.7	380.3	180.9	390.5
	湖南省	2377.4	85.0	1236.0	382.5	266.5	407.4
西部地区	四川省	5148.9	46.9	2811.0	989.5	544.8	756.7
	贵州省	172.6	2.2	112.8	13.4	20.4	23.8
	云南省	489.7	12.9	248.2	95.7	72.1	60.8
	西藏自治区						
	广西自治区	988.6	49.0	535.0	131.4	113.9	159.3
	陕西省	719.5	8.5	437.7	114.7	85.7	72.8
	甘肃省	421.5	4.9	203.9	80.6	62.8	69.3
	青海省	16.4	0.4	11.8	2.3	0.4	1.5
	宁夏自治区	31.2	0.8	21.1	6.2	1.0	2.2
	新疆自治区	112.7	2.3	67.0	20.6	7.9	14.8
中部地区合计		17510.9					
西部地区合计		8101.1					
中西部地区合计		25612.0					
中西部地区合计占全国比重（%）		37.16					

注：根据《中国统计年鉴（1996）》编制。

表 16 中西部地区城市数（1995 年）

地区		合计	按人口分组				
			200 万以上	100—200 万	50—100 万	20—100 万	20 万以下
全国总计		640	10	22	43	192	373
中部地区	山西省	20		1	1	4	14
	内蒙古自治区	19		1	1	4	13
	吉林省	27		2		11	14
	黑龙江	30	1	1	6	10	12
	安徽省	20			3	8	9
	江西省	20		1		7	12
	河南省	36		1	4	10	21
	湖北省	34	1		3	11	19
	湖南省	28		1	1	9	17
西部地区	四川省	36	1	1		14	20
	贵州省	12		1		3	8
	云南省	16		1		2	13
	西藏自治区	2					2
	广西自治区	17			2	4	11
	陕西省	13	1			4	8
	甘肃省	13		1		2	10
	青海省	3			1		2
	宁夏自治区	4			2	2	
	新疆自治区	17		1		4	12
中部地区合计		234	2	8	19	74	131
西部地区合计		133	2	5	3	35	88
中西部地区合计		367	4	13	22	109	219
中西部地区合计占全国比重（%）		57.34	40.00	59.09	51.16	56.77	58.71

注：根据《中国统计年鉴（1996）》编制。

※
※※
※

宣传图片目录

内蒙古自治区

内蒙赤峰市克什克腾旗

哈尔滨市

哈尔滨经济技术开发区

湖北省

湖北红旗电缆厂、宜昌市江南铜版纸厂

湖南省

湘潭高新技术产业开发区

常德市德山经济科技开发区

益阳市朝阳综合经济开发区

广西壮族自治区

广西维尼纶厂

广西岑溪市“岑溪红花岗岩”和五大基地

广西黑五类食品集团公司

广西南化集团公司

桂林能源开发集团公司

广西天等县制药厂

中国柳州微型汽车厂

广西灵山县

四川省

欣欣向荣的西南航空港经济开发区

成都市

大邑县花水湾温泉疗养旅游度假区

乡镇企业家具行业全国规模第一的成都八一家具实业公司

西南地区制冷业的明珠——四川省制冷设备安装维修技能培训中心

房地产开发、建筑企业的一颗明星——成都市向阳房屋建筑开发公司

四川省都市菜篮子工程养殖有限责任公司

中国变频器研制生产的骨干企业——成都市佳灵电气制造公司

成都市新兴的卫星城——华阳镇

四川省小城镇建设试点镇——温江县永宁镇

四川省小城镇建设试点镇——金堂县清江镇

重庆市

重庆新貌

云南省

云南的花卉业

云南的能源、交通建设

云南的农、牧业

云南的环保和水利工程

西藏自治区

西藏旧貌换新颜——62 个大庆建设项目取得重大进展

西藏风貌和自然资源

西藏文明的发祥地—山南地区

青海省

青海第一机床厂

宁夏回族自治区

隆湖铁合金厂、隆湖造纸厂

宁夏石嘴山发电厂兴达实业公司、宁夏石嘴山发电厂河滨铁合金有限责任公司

新疆维吾尔自治区

新疆巴音郭楞蒙古自治州

塔里木石油勘探开发指挥部

新疆生产建设兵团农二师

陕西省

扶风造纸厂

内蒙赤峰市克什克腾旗

张彦斌旗长(右一)考察集成铁路

克什克腾旗位于内蒙古自治区东部，全旗总面积20673平方公里，总人口24万人。

素有“草原明珠”、“内蒙古缩影”之誉的克什克腾旗，幅员辽阔，具有十大资源优势。人均6亩耕地，百亩草场，5头(只)牲畜，20亩林地，150度电，2亩水面；矿产、动植物、电力、地热、旅游资源丰富，具有广阔的开发前景。集通铁路、程控电话的开通，为我旗经济开发带来了大好机遇。“要想富，先修路，道路通，百业兴”已成为全旗人民的共识。

做为赤峰市对外开放示范旗的克什克腾旗，对外开放的口号是：“让利在先，获益其中，得利在后”。全旗“九五”对外开放和横向联合发展规划正在实施，鞍山、沈阳、呼和浩特、北京办事处扩大了对外开放的窗口，25条优惠政策吸引了一大批有识之士。克旗愿在平等互利的条件下，以优越的环境、优惠的政策和优质的服务与所有前来投资开发的各界人士进行真诚的合作。(这是张彦斌旗长在集通铁路建成通车时的讲话)

集通铁路铺轨到旗所在地经棚镇

草原风情

湖家电站一角

开发中的黄岗铁锡矿

响水风光

达来诺日湖之晨

芝瑞黑色玄武岩采石场

哈尔滨经济技术开发区

正在建设中的管理服务区大型高级第三产业项目群

亚洲最大的室内水池——辰龙游乐城和五洲大酒店

综合工业区标准厂房已建成投入使用

开发区内已建成投产的可口可乐生产线

湖北红旗电缆厂

厂 76 米高的硫化塔交流电线生产线

湖北红旗电缆厂是国家大型综合性电线电缆制造厂，该厂坚持科技兴厂，注重引进世界先进技术、设备，建成了国内一流 110 千伏～500 千伏超高压电缆生产线和大截面、大长度塑力缆生产线。

该厂开发研制生产的 120 路浅海通信电缆、浅海光缆等产品填补了国内空白并多次荣获国家、部、省级科技成果奖和优质产品称号及出口质量许可证。

该厂为荣获国家科技进步特等奖的北京正负电子对撞机建设工程所提供的优质电缆，受到李鹏总理的嘉奖。

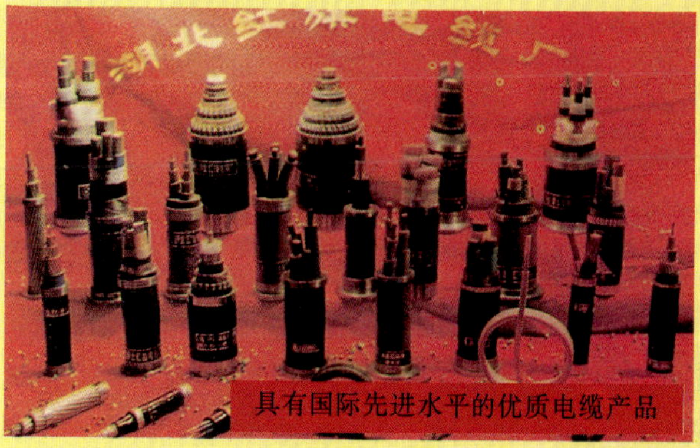

具有国际先进水平的优质电缆产品

宜昌市江南铜版纸厂

法人代表:刘德荣　　地址:宜昌市朱市街
电　话(0717)6671759　6671965　邮编　443004

工厂主要设备 1760 毫米单双面涂布机

工厂主要设备超高级压光机

宜昌市江南铜版纸厂，建于 1987 年，以生产 80～120 克单面铜版纸为主导产品，拥有 1760 毫米单双面涂布机、超高级压光机等主要设备 6 台套，生产线 2 条，年生产能力可达 9000 吨。产品质地优良，畅销全国各地。

工厂技术力量雄厚，工艺设备精良，检测手段齐全，经营方式灵活，服务体系健全，多次被市府授予“重合同守信用”单位、“市乡镇企业综合实力百强单位”等荣誉称号。

湘潭高新技术产业开发区

湘潭市人民政府市长助理、湘潭高新技术产业开发区管委会主任　卢东南

欣欣向荣的湘潭高新区一角

高新区新修主干道芙蓉路通车

开发区说话算数、兑现政策、重奖招商引资“功臣”

（本版图片均由宋杰摄）

常德市德山经济科技开发区

德山孤峰塔

常德市德山经济科技开发区党委书记、管委会主任、开发总公司总经理张家安

管委会主任张家安率管委会一班人在建设现场指挥施工

正在建设中的德山开发区管委会综合办公大楼

益阳市朝阳综合经济开发区

益阳朝阳经济开发区一角

省委书记王茂林（前排左三）等省市领导视察朝阳开发区建设工地

省长杨正午(前排左二)视察朝阳开发区金山路建设工地

意大利专家在核工业总公司所属湖南无纺布厂安装调试设备

屹立在开发区境内的益阳广播电视中心

广　西
维尼纶厂

广西维尼纶厂是国家大型一档企业，是广西目前规模最大的化工化纤联合企业。现有固定资产 2.2 亿元，职工 3200 人，占地面积 110 万平方米。总厂下设 13 个分厂。“八五”期间经过技改扩建，企业已达到年产维尼纶 1 万吨、聚乙烯醇 2.2 万吨、牵切纱 3 千吨、电石 6.6 万吨、水泥 8 万吨、机制砖 1800 万块。

该厂位于广西宜州市。厂内铁路专用线与黔桂铁路相连，贯通黔桂两省区的国道 323 干线亦穿厂而过，交通便利。

广西维尼纶厂的化工、化纤、建材三大类产品，畅销全国及国际市场。主导产品维尼纶短纤、聚乙烯醇系列产品、维纶牵切纱均采用中华人民共和国标准组织生产，产品质量稳定，性能优异，规格齐全，并能满足国内外客户的特定要求。

广西维尼纶厂将一如既往真诚地与国内外用户合作。

厂长牟善良(右)、党委书记覃济清(左)正在研究工作

工厂生产区一角

工厂生产区一角

生产控制室

厂长：　牟善良
厂址：　广西宜州市
邮编：　546307
电话：　(0778)3212235
传真：　(0778)3211945
电挂：　1441

广西岑溪市"岑溪红花岗岩"

岑溪市市委书记、市长、市人大主任、市政协主席与市委班子其他领导：前排左起吴福安、潘永建、黄以华、肖军忍（市委书记）、江　涛（市长）、程柱德、梁树清；后排左起李文波、刘志明、罗伯林、谢德荣、李健、罗树松、陈有积。

岑溪市出产的著名岑溪红花岗石材及其加工设备

地藏瑰宝花岗石　天生丽质岑溪红

广西岑溪市五大基地

粮食基地

三黄鸡基地

眼基地

松脂基地

玉桂基地

公司荣获的国际十大健康食品奖和金塔大奖

集团公司大门

广西黑五类食品集团公司

广西黑五类食品集团公司组建于 1994 年，是集工贸、技为一体的集团企业，国家大型二档企业，下属有家专业食品生产分厂和 6 家经营公司，拥有当今世界进的食品生产线，用电脑配料和电视监控生产。现有定资产 1.5 亿元，员工 2200 多人，其中具有大专以上历的员工 550 多人。目前主要产品有南方黑芝麻糊、八珍等五大类黑色食品，儿童营养系列食品和阿伍休果蔬食品共 50 多个品种，产品先后获国际十大健康品奖、国际优秀产品奖、国际钻石星质量奖、中国乡镇业名牌产品、当代青年心目中的中国名牌奖等国际、家和省级荣誉奖 50 多项(次)。

1995 年，该集团公司实现营业收入 4.59 亿元，创税 5530 万元。“八五”期末与“七五”期末相比，产值增 16 倍、销售收入增长 17 倍、税利增长 10 倍，资产增长倍，生产能力增长 12 倍。

“九五”期间，该集团公司将投资扩大黑色食品生能力，兴建年产 10 万吨黑糊、黑粥、黑酒、黑液、黑涉大类黑色食品的生产基地，“九五”期末，集团公司资将达 5 亿元、年产食品 10 万吨、年营业总收入 20 亿年实现税后利润 1 亿元。集团公司热情欢迎国内外友和客商前来洽谈业务，共谋发展。

集团公司生产的主要食品

黑五类黑色食品生产基地

董事长：韦清文
总经理：覃旦文
公司地址：广西容县城西路 299 号
邮编：537500
电话：(0775)5321628
传真：(0775)5322443

广西南化集团公司

南化集团公司总经理　曾代宏

广西南化集团公司座落于广西壮族自治区首府——南宁市。该公司始建于1958年8月，现有固定资产原值近5亿元，职工4500多人，其中各类专业技术、管理人员近800人；占地93万平方米。

该公司是化工部氯碱行业重点厂家，也是我国化学工业以生产烧碱、农药和聚乙烯为主的综合骨干企业之一。主要生产有烧碱、聚氯乙烯等33个产品并形成系列网络产品；以有机磷农药为主的三大农药品种；以聚氯乙烯为龙头，配套生产各种塑料制品；以木薯淀粉为原料深加工系列产品。其中，高效消毒剂——强氯精，是该公司自行研制开发，在国内首先实现工业化生产，而且产量居全国首位。固体山梨醇是引进国外装置和技术，是目前国内工业生产规模最大的产品，并填补该产品在国内的空白。目前，该公司已拥有6个部优产品，而且远销国际市场，深受广大用户的欢迎。

公司地址：广西南宁市亭洪路80号　传真：(0771)4835643
电话：(0771)4821093　电挂：4354
邮编：530031　总经理：曾代宏

掩映在绿荫中的南化主厂房

南化聚氯乙烯车间分馏工段外景

桂林能源开发集团公司

兴安火电厂

桂林能源开发集团公司是一个工贸结合、跨行业、跨地区的综合性国家中型企业，以开发桂林市自备电源为主，并经营矿产、建材、石油制品等多种产品。

至1995年底，集团公司拥有固定资产7130万元，自备电源容量8.35万千瓦，有4个经营公司，1个建材厂，1个硅锰合金冶炼厂和1个2号精锑冶炼厂等。其生产、经营规模逐年扩大，经济效益连年稳步增长。1995年，集团公司实现产值1.61亿元，利税1042.5万元，供电量3.91亿千瓦时，分别比1994年增长22.24%、20.4%、14.35%。1995年度企业获桂林市增产增收十佳工商企业称号。集团公司总经理郭太辉连续被评为1991年度至1995年度桂林市优秀厂长(经理)。

公司地址：桂林市安新小区126栋　　邮政编码：541002
电话：(0773)3844182、3844112　　总经理：郭太辉

集团公司总经理　郭太辉

公司办公大楼

桂林市热电厂发电机组

广西天等县制药厂

天等县制药厂建于1969年，拥有固定资产1800多万元，年产值3000多万元。该厂建立以来，坚持挖掘、整理祖国传统的中医药秘方，开发生产疗效显著的新产品。经过几十年的努力，产品由建厂初期单一的产品发展到现在中西成药的几十种产品。目前，产品畅销全国各地，以及台湾、香港地区及东南亚各国。《桂龙药膏》是全国独家研制生产的产品，曾获自治区优质产品奖，《咳特灵片》也获自治区星火计划科技进步奖。

厂长：吴红善
厂址：广西天等县和平街51号
电话：0771－3521274
电挂：0455
邮编：532800

扩建的厂房一角

药品化验车间

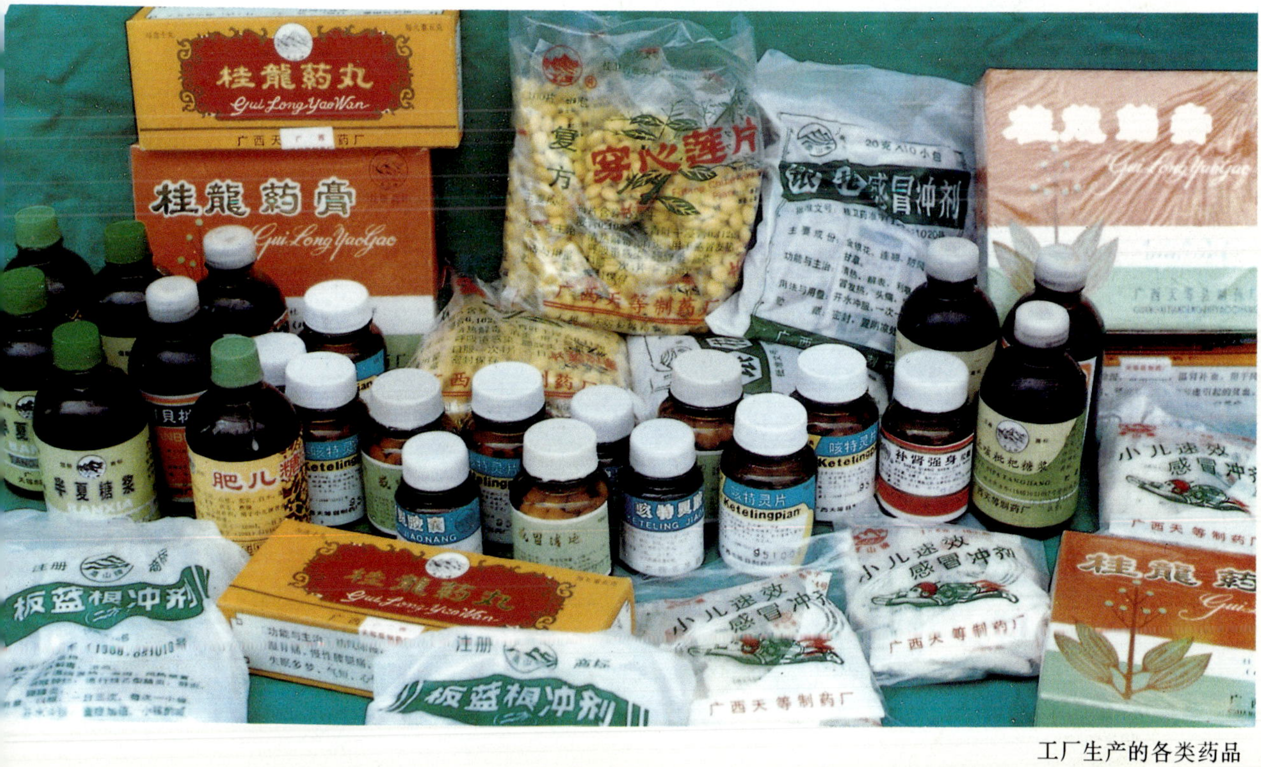

工厂生产的各类药品

中国柳州微型汽车厂

作为中国500家大型工业企业之一的柳州微型汽车厂（简称柳微），是国家定点生产微型汽车的主要厂家。

柳微在中国“七五”、“八五”计划期间，投以巨资，引进美、德、日等国的汽车设计技术和生产、检测先进设备，跨上了年产50000辆微型汽车的台阶，年产销量已跃居全国同行业前列。到“九五”末期即2000年，年产微型汽车能力将达到15万辆，成为中国微型汽车南方重要生产基地。

拥有6200多职工、750多名工程技术人员的柳微，以质量第一、用户第一、信誉第一为宗旨，跻身国际汽车发展潮头；面向现代，面向市场，面向未来；依靠当代科技利器，坚持生产一代、试制一代、研究一代的开发思想，现已开发出四代产品，14个品种。引进新技术生产的LZW1010P和LZW1010VH车型均为国内先进水平。五菱牌微型汽车1992年被中国社会调查事务所评为“中国公认名牌产品”，1994年被中国质量检验协会评为“国产精品”，1995年被中国汽车工程学会、中国科协联合评为“中华精品”。

柳微所产微型汽车的商标为“
菱”。“五菱”标志造型设计，有如一个
奋飞的鲲鹏。这正显示出柳微“艰苦创
自强不息”的企业精神，映现出柳微“
登攀，争创一流”的企业品格。柳微产
销全国各地，并以优良品质获准为出
检产品，出口泰国、越南、叙利亚、约
国家。

1995年，柳微产值和销售收入
双超17亿元。靠国家的扶持，社会
赖，柳微全体员工的团结拼搏，到本
末，柳微的这两个经济指标，将超过
亿元。那时，柳微将发挥集团化现代
的优势，为丰富与开拓汽车市场，为
中国民族汽车工业，作出更大贡献。

LZW1010VH 厢式车

LZW1010P 货车

工厂地址：广西柳州市河西路
电话：(0772)3831152
传真：(0772)3836036
邮编：545007 电挂：
厂长：金振华

广西灵山县

广西灵山县茶叶基地

灵山县县委书记梁春绿(左)县长黄桂廷(右)

广西灵山县荔枝基地

欣欣向荣的西南航空港经济开发区

西南航空港经济开发区位于成都市外南场路双流段，西起西南最大航空港双流国际场，东与成都接壤，规划占地 7.86 平方公里，省级开发区。开发区地理位置十分优越，交通输极为便捷，是四川省乃至西南地区经济开发金三角。开发区自 1992 年 5 月 25 日成立以来在招商引资方面取得了显著的成效，引进了中合资四川嘉里粮油工业有限公司、中日合资四凯特姆球阀制造有限公司、中美合资四川太极药有限公司、中港合资成都——大昌汽车服务限公司、泰国正大集团等三资企业共 60 家，计投资 2.2 亿美元；引进了希望集团、西南邮政纽、西南国际贸易中心、热缩制品厂等一大批资企业。截止 1996 年 6 月，到开发区投资的单有 218 个，项目 268 个，计划总投资 65 亿元，区各类资金投人达 17.68 亿元 。

管委会主任：屈建宏　　邮编：610225

地址：成都市外南机场路

电话：(028)5184187　　传真：(08202)88108

◀ 中新合资四川嘉里粮油工业有限公司，主要生产销售各种植物油料、食用油脂、油脂食品等，年处理油菜籽 15 万吨，加工精炼高级食品油 6 万吨

中日合资凯特姆球阀制造（四川）有限公司，全部采用 ▶ KTM 技术，主要生产 8″、2500LB 以下法兰联接二通、三通、夹套、金属密封、特种石墨密封球阀系列的各种球阀

◀ 成都希望房屋开发公司属民营企业。其独家开发的“花园”豪华住宅区，博采欧美建筑和中国园林之精华，具花优美环境，低密度、超豪华，“五星级酒店式”周全服务三大

大邑县花水湾温泉疗养旅游度假区

依山傍水、环境优美的花水湾温泉疗养旅游度假区一角

成都市大邑县花水湾温泉，井口水温 68℃，昼夜出水 8400 立方米，储量达 2 亿多立方米，可供水 100 年以上。该温泉水含有多种对人体有益的元素和化合物，具有较高医疗、康复和保健作用，是投资开发医疗保健，旅游度假和休闲娱乐项目的理想场所。第一期工程占地面积 70 公顷，已有 16 家企业和单位进区开发建设，预计 1996 年下半年可投入营业。热忱欢迎国内外朋友前来投资开发、浴疗休闲、旅游观光和指导工作。

1994 年 8 月 5 日，花水湾温泉钻探获得一次性试水成功

1994 年 10 月 22 日大邑花水湾温泉疗养旅游度假区破土动工，省、市有关领导出席隆重的奠基仪式

四川省委常委、成都市委书记黄寅逵（左三）和副市长吴平国（左二）在大邑县委书记梁思玉（左一）、县长金嘉祥（右三）同志陪同下来花水湾度假区视察工作，公司总经理朱志敏（右一）在向市、县领导汇报开发建设情况

乡镇企业家具行业全国规模第一的

成都八一家具实业公司

该公司始建于1985年。10年来，职工由20人发展到1200人，固定资产从1.2万元增长到3455万元，产值由19万元增长到17885万元，利税由1.9万元增长到1500万元。主导产品从单一的床垫发展到十多个产品，30多个品种，企业规模从一个作坊式小厂发展到工贸一体化的集团公司。先后荣获四川省先进企业、农业部先进企业等称号；主导产品席梦思床垫先后荣获成都市优质产品、四川省优质产品、农业部优质产品、中华精品最高优质金奖、中国名牌、四川名牌等诸多殊荣，成为乡镇企业中家具行业全国规模第一的企业。

1. 公司1995年荣获农业部乡镇企业局和中国乡镇企业协会授予的“'95行业最大规模乡镇企业”第一名奖牌

2. 1994年，公司主导产品荣获中国名牌产品认定暨明星企业评选活动组织委员会授予的“中国名牌产品”奖牌

3. 公司与香港鼎盛家具有限公司合资生产的富尔特家具

4. 公司所属“成都八一家具城”

5. 公司生产的卧室家具

西南地区制冷业的明珠

四川省制冷设备安装维修技能培训中心

省制冷培训中心总经理刘帆（左三）正在布置、安排培训中心新大楼的建设工作

该中心是集制冷产品设计、科研、生产、营销、安装、维修及职业培训为一体的专业技术公司。它始终把售后服务放在第一位，赢得了社会各界的信赖和认可。它与成都南国暖通制冷设备配套公司共同投资兴建的“南国空调城”，为国内外企业的制冷产品提供了一个良好的经营环境，欢迎国内外客商前来经销制冷产品。

培训中心“南国杯”制冷产品展销活动参展的部分产品

培训中心“南国杯”制冷产品展销活动的承办单位——南国空调城

售后服务中心的工作人员正在精心地为用户检修产品

房地产开发、建筑企业的一颗明星

——成都市向阳房屋建筑开发公司

该公司是成都市唯一具有开发、建筑双二级资质的建筑企业，年产值2亿元以上。是四川省百强房地产开发企业之一，名列第58位。是成都市房地产五十强企业之一，名列第25位。在全市乡镇企业中，综合实力居第25位。公司法人代表、董事长于贵昌被授予“优秀经理”。“优秀乡镇企业家”称号，并是荣获全国首届“创业之星”的34名四川省代表之一。

公司以“服务社会、面向大众”为宗旨，“以质量求生存，以信誉求发展，以管理求效益”为工作信条和经营方针，迅速成为四川省和成都市房地产开发、建筑企业的一颗明星。

由公司独资自建的高23层、面积2.4万平方米的“向阳大厦”，雄踞在成都市人民南路立交桥头

九眼桥二次商品市场（亚细亚商厦）地下2层，地上20层，建筑面积3.7万平方米，是迄今为止乡镇企业修建规模最大的商业建筑

工期提前106天质量优良交工的市政府的重点工程——冻青树市场，参加“创卫”评检时受到中央检查团的高度赞许

由公司建设的全市最高的省人行18层住宅，首次大规模采用后张无粘接预应力新技术

四川省都市菜篮子工程养殖有限责任公司

该公司于1994年10月成立，下辖“四川省现代企业经营管理对策研究所”、“四川省家庭菜篮子综合服务公司”、“四川省都市獭兔开发公司”、“鳄鱼潭餐饮娱乐中心”、“珍稀动物研究所”等5个子公司。是一个集种植养殖、科研教学、经营服务为一体的新型企业。

1995年4月27日，日本山梨县农业考察团来都市公司考察访问。公司董事长兼总经理曾伟先生(右三)向客人介绍公司发展规划

正在建设中的扬子鳄养殖观赏池

净菜大棚种植基地一角

公司生产的獭兔裘皮制品

中国变频器研制生产的骨干企业

——成都市佳灵电气制造公司

公司总部大楼

董事长吴加林(中)同公司领导制定"九五"发展规划

成都市佳灵电气制造公司是我国变频器专业生产厂家，是成都市高新技术企业，开发实力雄厚，其产品列入国家科委 1995 年重点推广项目。

主要产品：中频变频器、气流纺纱机专用变频器、通用型系列变频器、空调专用变频器等各种变频器；

IGBT 直流逆变焊机、手工焊、氩弧焊、等离子切割机、CO_2 气体保护焊、脉冲点焊机、MAG 焊等；

航空电源 KA—400Hz 标准正弦波电源、邮基础电源。

公司在产品开发中始终立足于国内，坚持走展民族工业道路，同国外进口产品竞争。

公司地址：成都市外南太平园佳灵公司

联系人：吴加林、黄进

电话：(028)5182948、5182724

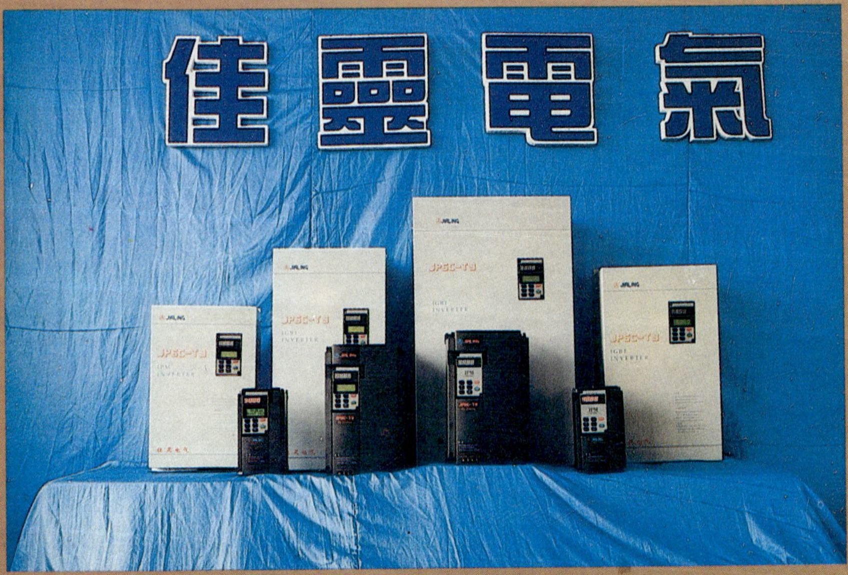

公司最新推出的 JP6C—T9/ J9 系列 (0.75—280 千瓦) 汉字显示 IPM IGBT 高性能变频器

成都市新兴的卫星城
——华阳镇

成都市双流县华阳镇是成都市的卫星城，城镇面积为5平方公里，常住人口5.2万人，乡镇企业产值达15.8亿元，是成都市重要的肉鸡、肉鸭生产基地，经济发展水平进入了“四川省乡镇200强”之一。该镇地理位置优越，投资环境良好。欢迎有识之士前来经商、投资办企业。

华阳镇城镇建设新貌

华阳镇的110千伏变电站

华阳镇的高效农业示范区

华阳二中

四川省小城镇建设试点镇

——温江县永宁镇

永宁镇人民政府办公大楼

永宁镇 1994 年被四川省政府列为小城镇试点镇。近几年,全镇经济快速发展,3 年实现了翻三番,农民人均年纯收入达 2005.13 元,基本实现了小康。

该镇土地肥沃,物产丰富,地理位置优越,基础设施良好,政策优惠。欢迎国内外有识之士前来投资开发。

镇党委书记:官尚军　镇长:周贵全
联系电话:(0815)722750、724346

永宁镇党委在研究工作。右四为党委书记官尚军

该镇引进的高科技企业——成都阿日山食品开发有限公司

该镇投资修建的永(宁)——文(家)高等级公路

四川省小城镇建设试点镇
——金堂县清江镇

城镇建设初具规模的成都市金堂县清江镇街景

四川省小城镇建设办公室主任赵文欣（左二）在县委副书记王世禄（中）、副县长廖兴恕（左一）、镇党委书记陈文建（右一）、镇长淡庆华（右二）陪同下视察清江镇

金堂县委书记晏永和（左二）、副书记王世禄（左一）在镇长淡庆华（右二）等陪同下视察清江镇城镇建设

清江镇建设规划平面图

重庆市嘉陵江滨江路市区远眺

重庆新貌

重庆夜景

新建的重庆市朝天门客运中

重庆市大田湾体育场鸟

云南的花卉业

中甸县郁金香种球基地(罗绍轩摄)

'95昆明国际花卉博览会(严丽辉摄)

黑郁金香(罗绍轩摄)

'95昆明国际花卉博览会(严丽辉摄)

◀庆祝南昆线顺利铺轨的热烈场面（贾云摄）

▼加紧建设中的南昆铁路（贾云摄）

云南的能源、交通建设

▲漫湾水电站装机总容量为 125 万千瓦的 5 台机组全部投产发电（张金明摄

云南的农、牧业

① 滇龙公司的肉牛基地(张金明摄)
② 滇龙公司的牛肉生产线(张金明摄)
③ 广南县粮食上台阶(张金明摄)
④ 瑞丽口岸的边境贸易(王滇云摄)

云南的环保和水利工程

西园隧道试通水成功

正在施工的滇池防洪保护
及污水资源化工程

船闸工程建成

（此版照片均由严丽

西藏旧貌换新颜

——62个大庆建设项目取得重大进展

布达拉宫新姿(柴川阳摄)

1995年，中央从战略全局的高度，加大了对西藏的投资力度，仅62个大庆项目中央投资就达17.32亿元。62个项目中，经过各方面的共同努力，已建成交付使用的42个。这些项目的建成使用，为推进西藏经济的快速发展奠定了良好的基础。

新建成的布达拉宫广场(曹宗杰摄)

布达拉宫广场一侧(柴川阳摄)

西藏旧貌换新颜

——62个大庆建设项目取淂重大进展

④	⑦	⑧	
⑤	②	⑨	
③	①	⑥	⑩

① 西藏彩电中心(曹宗杰摄)
② 拉萨市图书馆(曹宗杰摄)
③ 新落成的拉萨市新华书店(王殿元摄)
④ 拉萨市西干道(曹宗杰摄)
⑤ 拉萨市环城路(曹宗杰摄)
⑥ 满拉水利枢纽工程开工典礼(柴川阳摄)
⑦ 正在施工的聂荣县水电站(王念东摄)
⑧ 已竣工的巴青县电站厂房一角(王念东摄)
⑨ 自治区领导视察日喀则自来水厂(王念东摄)
⑩ 竣工的西藏生育健康培训中心(王念东摄)

西藏风貌和自然

①林周农业开发区(柴川阳摄)
②藏北牧场(曹宗杰摄)
③丰收在望(曹宗杰摄)
④农业技术专家在田间检查小麦长势(柴川阳摄)

资源

②	③	④ ⑥
⑤	①	⑦ ⑧

⑤错高湖度假村(柴川阳摄)

⑥江孜地毯)(曹宗杰摄)

⑦申扎县雄梅乡玉多扎嗄铜矿的氧化富铜矿石(米玛平措摄)

⑧申扎县玛尔崆砂金矿经粗淘后的砂金(米玛平措摄)

国家风景名胜区——雅砻风景之一(马宜刚摄)

西藏文明的发祥地——山南地区

今日泽当镇一瞥

民族手工业产品

泽当镇南北干道

泽当镇商业综合楼(邱卓敏摄)

隆湖铁合金厂

隆湖铁合金厂厂长王世荣

隆湖铁合金厂，是宁夏隆湖经济开发区的重点工业企业。现有一台3000千伏安硅铁矿热炉和一套250公斤中频电炉。主要产品有Si75、Si72、Si65等系列硅铁产品，年产量2500吨。

本厂严格遵循“靠质量求生存，靠信誉求发展”。竭诚为国内外铁合金用户服务。

法人代表：王世荣　　电　话：(0952)2695013

邮　编：753000　　厂　址：宁夏隆湖经济开发区五

工厂厂景

硅铁产品

隆湖造纸厂

隆湖造纸厂是宁夏隆湖经济开发区骨干企业之一，现有年产4000吨黄板纸和年产6000吨牛皮挂面箱板纸两条生产线，产品销往苏、浙、粤、川、沪、内蒙古等十几个省、市、自治区。拥有固定资产1800万元，职工300人，年产值2500万元。我厂地处石嘴山市，铁路、公路运输方便快捷，产品保证质量，代办托运。

法人代表：刘万吉

厂址：宁夏隆湖经济开发区一站

邮编：753000

电话：(0952)2695022 269501

隆湖造纸厂生产车间

整装待运的产品

新疆巴音郭楞蒙古自治州

① 南疆新城——库尔勒市城区一瞥

② 新疆最大的水电站——大山口水电站

③④ 新疆巴州沙依东园艺场库尔勒香梨获丰收

⑤⑥西北最大的造纸厂——新疆巴州博斯腾湖造纸厂
⑦全国乡镇企业东西合作示范区——新疆尉犁县西尼尔工业园区

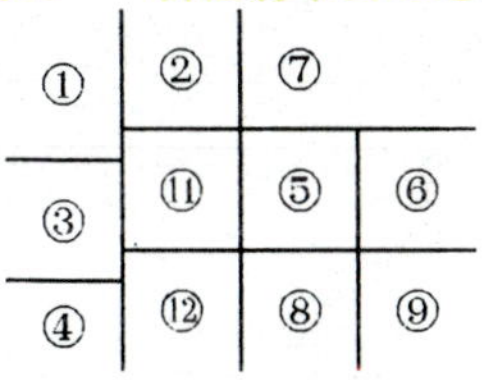

⑧⑨新疆库尔勒棉纺厂外景及生产车间一角
⑩新疆博湖蕃茄制品厂
⑪新疆巴州旅游景点——巴音布鲁克风光
（本版图片均由巴州计划委员会提供）

党中央、国务院十分关心塔里木石油勘探开发，江泽民总书记 1990 年 8 月 23 日视察塔里木油田（李杰摄）

塔里木石油勘

沙漠石油公路全长 522 公里，贯穿塔克拉玛干大沙

沙漠钻井（任国良摄）

塔里木石油勘探开发指挥部被评为 1995 年“新疆维吾尔自治区民族团结模范单位”（贾存甫摄）

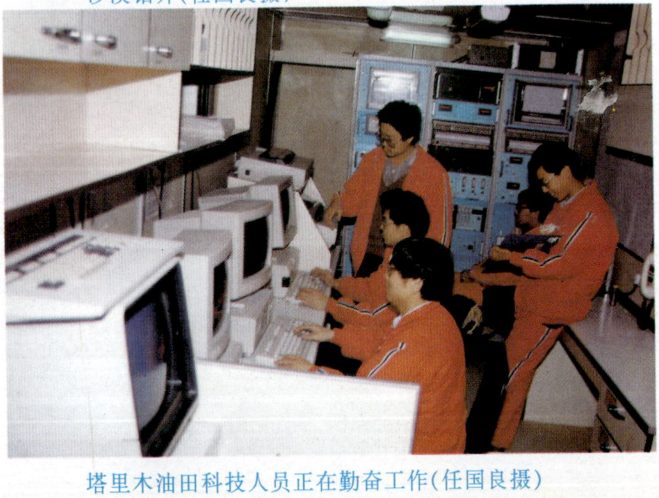

塔里木油田科技人员正在勤奋工作（任国良摄）

塔中采油（周淑霞摄）

探开发指挥部

世界上在流动性沙漠上修建的第一条等级公路(王兆霖摄)

1996年4月10日250万吨石油化工厂和两套30万吨合成氨大化肥厂奠基。(张志辉摄)

塔里木东河塘油田是按照“两新两高”工作方针建设的现代化油田,年产原油70万吨,管理人员仅有20人(任国良摄)

塔里木油田已累计外运原油770万吨(任国良摄)

塔中四油田正在建设年产200万吨原油的生产能力,1996年底投产(任国良摄)

全长772公里的轮南至库尔勒、塔中至轮南石油管道复线经过7年建设现已建成(任国良摄)

新疆生产建

① 农二师占地 30 万亩、年产 11 万吨的粮食生产基地，机械化程度达 85%以上。图为机械化收割小麦

② 棉花生产已在农二师形成规模，目前已拥有种植面积 30 万亩，年产 3 万吨棉花

③ 库尔勒香梨是农二师特色产品之一，种植面积 8 万多亩，年产量 3 万吨。图为刚采收的香梨

④ 农二师盛产的啤酒花，畅销国内外市场。图为意大利企业家在该师的啤酒花生产基地考察

⑤ 农二师已建成全国最大的马鹿饲养基地，拥有 8000 余头马鹿，年产鹿茸 7000 多公斤。图为马鹿场一角

⑥ 农二师拥有草场 250 多万亩，养羊 12 万只，形成畜牧业生产基地。图为小尤鲁都斯草原的牧羊点

（图片①②③⑤⑨⑩由农二师宣传部提供）

设兵团农二师

⑦ 农二师依托农业资源发展的棉纺工业已进入高档次、高水平的发展阶段。图为湖光纺织针织厂的车间一角

⑧ 农二师乡镇企业迅速发展，已建成 30 余家，年创产值 1 亿多元。图为建在团场的万吨蕃茄酱厂

⑨ 新疆湖光制药厂安胃疡技改工程投产剪彩

⑩ 湖光制药厂生产的中药二类新药“安胃疡”

⑪ 农二师商贸流通业蓬勃发展。图为位于库尔勒市中心的农二师德丰商厦

(图片④⑥⑦⑧⑪为吕长青摄)

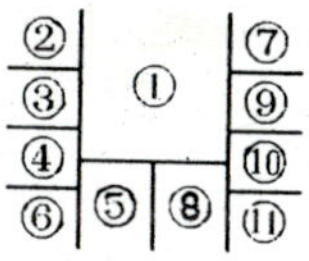

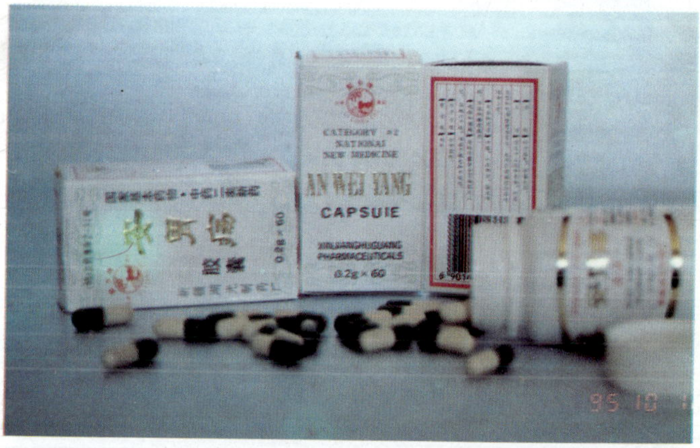

扶风造纸厂

厂长王周权

陕西扶风县造纸厂始建于 1976 年，位于世界佛教圣地法门寺南侧 8 公里。建厂 20 年来，先后经过 6 次大的技改、扩建工程。现固定资产已达 150 万元，两个生产区，7 条生产线。安装 1092 单网单缸纸机 5 台，1575 双网双缸造纸机 2 台，产品共四大系列 12 个品种。主要生产 28 克/ 平方米～3 克/平方米打字纸，32 克/平方米～35 克/平方米单面书写纸，40 克/平方米招贴纸，45 克/平方米～5 克/ 平方米单面书写纸，52 克/ 平方米凸版纸，6 克/平方米单胶纸，60 克/平方米～80 克/平方米书写纸。产品远销全国 13 个省、市上百家批发、印刷单位，该厂以适应市场需求的产品质量，热忱的售后服务，深受广大用户的青睐。

扶风造纸厂现有 550 名员工，其中高、中级技术人员 124 名，技术力量雄厚。同时有一支超前观念强的知识化、专业化、年轻化的领导班子，为企业的发展奠定了坚实的基础。

该厂主导产品 35 克/ 平方米单面书写纸，克/ 平方米凸版纸先后获得省优质产品、省名优品博览会金奖。企业先后荣获省级先进企业、TQ 部、省级达标企业、产品质量优胜企业、基础管理级优良级企业、省、市科技示范企业、县级文明单等十多项荣誉。目前，本厂年产 1200 吨的胶印书纸生产线正在建设之中。

全国乡镇企业家、陕西省劳动模范、扶风造厂厂长王周权同志携全体员工热忱欢迎各界新用户光临并洽谈业务。

厂领导班子正在研究工作

厂长：王周权
电话：(0917)5211488
5211697
电挂：4786

邮编：7222
厂址：陕西
风县

工厂外景